회계감사 Study Guide

이창우
송혁준
전규안
권오상
송정선

2026

서 문

2025년은 많은 변화가 있었던 공인회계사 시험이 시행된 첫해였다. '회계감사' 과목에서도 IT 분야 출제 비중이 5%에서 15%로 증가하였다. 또한 공인회계사 시험에 합격한 수험생 중 상당수가 수습기관을 정하지 못한 안타까운 일이 발생하기도 했다. 이런 여파로 2026년 공인회계사 1차 시험 지원자는 전년 대비 1,921명(11.6%) 감소한 14,614명이다. 현재 회계산업이 다시 정체기를 겪고 있지만, 하루빨리 회복되어 학생들이 희망을 가지고 공인회계사 시험을 준비하는 때가 다시 오길 기대해 본다.

본서를 집필하면서 가장 염두에 두는 부분은 회계감사 실무를 접해보지 않은 학생들이 회계감사를 쉽게 이해하도록 하는 것이다. 그러나 실무를 접해보지 않으면 회계감사는 암기 과목이 되고, 더구나 사례 문제는 학생들이 풀기 더 어려운 문제가 된다. 따라서 회계감사 실무를 접해보지 않은 학생도 쉽게 이해할 수 있도록 책을 쓰고자 하는데, 항상 아쉬움이 남는다.

회계감사 Study Guide 2026년판의 주요 변화는 다음과 같다.

첫째, 2025년 공인회계사 2차 시험부터 출제가 확대된 IT 분야와 관련된 '제11장 정보기술 환경에서의 디지털 감사' 부분을 보완하였다.

둘째, 지난 1년간 일부 개정된 회계감사기준의 내용을 반영하였다.

셋째, 공인회계사 시험을 준비하는 학생들에게 도움을 주기 위하여 2025년도 공인회계사 2차 시험문제와 풀이를 충실히 반영하였다. 특히 실무를 접해보지 않은 학생들이 어려움을 겪는 사례 문제에 대한 풀이를 충실하게 작성하여 학생들에게 도움이 되도록 하였다.

넷째, 2025년판의 오타를 수정하고 용어와 문장을 이해하기 쉽도록 수정하였다.

다섯째, 개정된 법과 시행령 등을 반영하고 법과 시행령, 회계감사기준 문단 등을 이해하기 쉽게 수정하였다.

본서의 출간을 위해 항상 애써주신 경문사의 한헌주 사장님과 열심히 수고해 주시는 편집부 직원분들께 진심으로 감사드린다. 본서를 교재로 사용하면서 여러 유익한 조언을 해주시는 교수님들께도 감사드린다. 본서를 통해 회계감사를 접하면서 많은 격려와 함께 애정어린 질책을 주는 독자들께는 항상 감사한 마음뿐이다. 최근에도 우연히 만난 공인회계사분이 본서로 공부해서 공인회계사 시험에 합격했다는 얘기를 해주셨다. 감사한 마음과 함께 더 많은 책임감을 느끼게 된다. 더 좋은 책을 만들어서 이분들께 보답하자고 다짐해 본다. 본서를 통해 독자들이 회계감사의 이론과 실무, 우리나라의 회계감사 환경과 제도를 쉽게 이해할 수 있기를 바란다.

2026년 2월

이창우 (changwoo@snu.ac.kr)

송혁준 (hjsong@duksung.ac.kr)

전규안 (kajeon@ssu.ac.kr)

권오상 (kwon532@hanmia.com)

송정선 (jssong21c@gmail.com)

차 례

제 1 부

회계감사와 감사인

AUDITING

제 1 장

회계감사의 의의와 기초적 개념

1 공인회계사의 업무범위

<table>
<tr><th>구 분</th><th colspan="2">인증업무(Assurance)</th><th colspan="2">관련서비스</th></tr>
<tr><td>내 용</td><td colspan="2">공인회계사가 인증대상에 대해 준거기준에 따라 평가나 측정한 결과를 인증대상업무 책임자가 아닌 다른 의도된 이용자의 신뢰수준을 향상시키기 위하여 결론을 표명하는 업무</td><td colspan="2">공인회계사가 제공하는 업무 중에서 인증업무로 분류되지 않는 것은 관련서비스로 분류됨.</td></tr>
<tr><td>업무의 성격에 따른 구분</td><td>합리적 확신업무</td><td>제한적 확신업무</td><td>합의된 절차수행 업무</td><td>재무정보 작성업무</td></tr>
<tr><td>제공하는 확신의 수준</td><td>높은 수준의 확신 (절대적 확신은 제공하지 아니함)</td><td>중간수준의 확신</td><td>확신을 제공하지 아니함.</td><td>확신을 제공하지 아니함.</td></tr>
<tr><td>보고의 형태</td><td>주장에 대하여 적극적인 확신을 표명</td><td>주장에 대하여 소극적으로 확신을 표명</td><td>절차의 수행결과 발견된 사항을 보고</td><td>정보의 수집, 분류 및 요약</td></tr>
</table>

2 | 인증업무의 정의

(1) 정의 : 공인회계사가 인증대상(subject matter)에 대해 준거기준에 따라 평가나 측정한 결과를 인증대상업무 책임자가 아닌 다른 의도된 이용자의 신뢰수준을 향상시키기 위하여 결론을 표명하는 업무

(2) 구성요소
① 공인회계사, 인증대상업무 책임자 및 의도된 이용자로 구성되는 삼자관계
② 적절한 인증대상
③ 적절한 준거기준
④ 충분하고 적합한 증거
⑤ 합리적 확신업무와 제한적 확신업무 각각의 성격에 적합한 형태의 인증보고서

결국, 인증업무란 수많은 정보가 산출되는 현대사회에서 제3자인 공인회계사가 그 인증대상(정보)이 일정한 준거기준(판단기준)에 부합하는지 여부를 충분하고 적합한 증거를 수집하여 확신(assurance)을 제공함으로써 그 정보에 대한 불확실성 또는 위험(uncertainty or risk)을 제거시켜주는 업무이다. 이러한 인증대상에는 현재 인증업무개념체계를 보면 다음과 같은 예시가 있다.

(1) 역사적 재무제표 및 역사적 재무제표의 일부항목 또는 역사적 재무제표에 대한 요약재무제표
(2) 내부회계관리제도
(3) 추정재무정보 등

3 | 감사(auditing)의 정의 및 분류

인증대상에 대하여 공인회계사가 적극적인 확신(Positive Assurance)을 제공하는 업무를 감사라고 지칭하고 이러한 감사의 종류는 수행하는 주체 및 그 감사의 목적 즉 인증대상에 따라 다음과 같이 분류할 수 있다.

목적/주체	외부감사	내부감사
재무제표 감사 (목적: 재무제표의 신뢰성을 검증)	외부감사인인 공인회계사가 재무제표의 신뢰성을 검증하는 감사 ➡ 일반적으로 회계감사라 함은 이를 지칭한다.	내부감사인이 해당 회사의 재무제표의 신뢰성을 검증하는 감사 ➡ 다만, 내부감사인은 감사대상회사와 독립성이 만족되지 않기 때문에 재무제표에 대한 감사보고서를 발행할 수는 없다.
업무감사 (목적: 업무의 효율성과 효과성을 검증)	(예) 공공기관이 그 설립취지에 맞도록 경영활동을 수행하고 있는가(효과성에 대한 평가)와 그 기관이 소유하고 있는 재무적 자원을 얼마나 지혜롭게 사용하고 있는가(효율성에 대한 평가)를 감사원이 평가하는 감사	(예) 새로 신설된 홍보부서가 본래 의도한 대로 잘 운영되고 있는가를 내부감사인이 평가(효과성에 대한 평가)하는 감사
이행감사 (목적: 법규나 규정의 이행 여부를 검증)	(예) 국가나 지방자치단체, 기업들이 법률이나 규칙 등을 제대로 준수하고 있는가의 여부를 평가하는 감사. 국세청에 의한 세무조사의 경우가 대표적인 예	(예) 회사의 종업원이 회사가 설정한 정책이나 절차에 따라 규정을 적절하게 수행하고 있는가를 내부감사인이 평가하는 감사

이제부터 이 책은 외부 공인회계사가 수행하는 인증업무 중 역사적 재무정보에 대한 적극적인 확신을 제공하는 감사, 즉 재무제표 감사(회계감사)업무에 대해서 논의하기로 한다.

4 | 재무제표감사(회계감사)의 정의

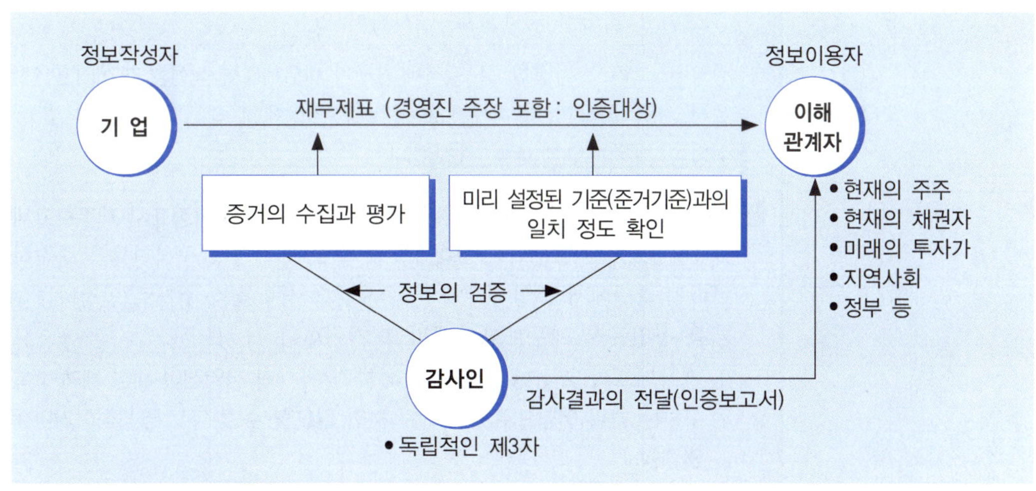

<table>
<tr><td>(1)
재무제표
주장
(감사목적)(주1)</td><td>1. 감사대상기간의 거래 및 사건의 유형에 대한 경영진 주장
(1) 발생사실(Occurrence) : 기록된 거래와 사건은 발생되었고 기업에 귀속됨
(2) 완전성(Completeness) : 기록되어야 하는 모든 거래와 사건은 기록되었음
(3) 정확성(Accuracy) : 기록된 거래와 사건에 관련된 금액 및 기타 데이터는 적합하게 기록되었음.
(4) 기간귀속(Cut-off) : 거래와 사건은 해당 보고기간에 기록되었음
(5) 분류(Classification) : 거래와 사건은 적절한 계정으로 기록되었음

2. 보고기간말 계정잔액에 대한 경영진 주장
(1) 실재성(Existence) : 자산, 부채 및 주주지분은 실재함
(2) 완전성(Completeness) : 기록되어야 하는 자산, 부채 및 주주지분은 모두 기록되었음
(3) 권리와 의무(Right and Obligation) : 기업은 자산에 대한 권리를 보유하거나 통제하고 있으며 부채는 기업의 의무임
(4) 평가와 배분(Valuation and Allocation) : 자산, 부채 및 주주지분은 적합한 금액으로 재무제표에 계상되어 있으며, 평가나 배분의 결과는 적합하게 기록되어 있음

3. 표시와 공시에 대한 경영진 주장
(1) 발생사실과 권리와 의무(Occurrence and Right and Obligation) : 공시된 사건, 거래와 기타 사항들은 발생되었고 기업에 귀속됨
(2) 완전성(Completeness) : 재무제표에 포함되어야 하는 공시들은 모두 포함되어 있음
(3) 분류와 이해가능성(Classification and Understandability) : 재무정보는 적절하게 표시되고 기술되어 있으며 공시들은 명확하게 표현되어 있음
(4) 정확성과 평가(Accuracy and Valuation) : 재무정보 및 기타의 정보는 공정하게 그리고 적합한 금액으로 공시되어 있음.</td></tr>
<tr><td>(2)
준거(판단)
기준</td><td>① 경영진, 그리고 적절한 경우 지배기구가 재무제표를 작성할 때 채택한 재무보고체계로서 기업의 성격 및 재무제표 목적의 관점에서 수용가능하거나 법규에 의해 요구되는 재무보고체계를 지칭한다.

② (ISA 200 문단 13) 이러한 재무보고 체계는 다시 공정표시 재무보고체계와 준수 재무보고체계로 구분되어 있다. 그 체계 모두 해당 요구사항들을 준수하도록 요구한다는 측면에서 동일하지만 다음과 같은 사항들을 추가로 인정하는 재무보고체계를 공정표시 재무보고체계라고 지칭한다.
가. 재무제표의 공정한 표시를 달성하기 위하여 경영진이 해당 체계가 특정하여 요구하는 범위 이상으로 공시하는 것이 필요할 수 있다고 명시적이거나 묵시적으로 인정함.
나. 재무제표의 공정한 표시를 달성하기 위하여 경영진이 해당 체계의 요구사항에서</td></tr>
</table>

이탈하는 것이 필요할 수 있다고 명시적으로 인정함. 그러한 이탈은 극히 드문 상황에서만 인정함.

③ (ISA 200 문단 A1) 재무제표 감사의견은 해당 재무보고체계에 따라 작성되었는지 여부만을 언급하기 때문에 기업의 향후 존속가능성이나 경영진이 기업의 업무를 효과적으로 또는 효율적으로 수행하였는지를 인증하는 것은 아니다.

④ 감사대상 재무제표를 재무보고체계에 따라 공정하게 작성할 책임은 경영진 및 지배기구에게 있으며 재무제표 감사가 이러한 경영진 또는 지배기구에 대한 책임을 경감시키는 것은 아니다. 참고로 감사기준이 제시하고 있는 경영진과 지배기구가 책임을 지는 것으로 전제하는 주요 내용은 다음과 같다 (ISA 200 문단 A2)

1) 해당 재무보고체계에 따라 재무제표를 작성하고 표시할 책임
2) 부정이나 오류에 의한 중요한 왜곡표시가 없는 재무제표를 작성하기 위한 내부통제에 대한 책임
3) 감사인에게 기록, 문서, 기타 사항 등 재무제표 작성과 관련한 모든 정보 및 기업내부 관계자들에 대한 접근 책임

감사인은 감사업무 수임의 전제조건으로 경영진, 그리고 적절한 경우 지배기구로부터 위 상기 책임을 인정하고 이해하였다는 동의서를 입수하도록 요구된다

(3) 행위기준

① (ISA 200 문단 18) 감사인은 당해 감사와 관련하여 감사기준서들을 모두 준수해야 한다. 이 경우 감사기준과 함께 법규의 요구사항을 준수하도록 요구될 수 있는데 그러한 법규가 감사기준과 다른 경우 감사가 단지 법규만을 준수하여 수행되었다면 이것이 자동적으로 감사기준을 준수한 것을 의미하지는 않는다. 또한, 감사인은 감사와 관련성이 있는 모든 감사기준서들의 요구사항을 준수하지 않는 한 감사보고서에 감사기준을 준수하였다고 기술하여서는 안된다.

② (ISA 200 문단 21) 감사인은 감사의 전반적인 목적을 달성하기 위하여 관련 감사기준서의 목적을 달성하기 위한 다음의 절차를 수행하여야 한다.

1) 각 감사기준에서 요구하는 감사절차외에 감사기준서에 기술된 목적들을 달성하기 위해 필요한 감사절차가 더 있는지 여부에 대한 결정
2) 충분하고 적합한 감사증거를 입수하였는지 여부에 대한 평가 → 만약 해당 기준서 준수를 통한 충분하고 적합한 증거수집이 이루어지지 않았다고 판단되는 경우 감사인은 다음 중 하나 이상의 접근방법을 따를 수 있다 (ISA 200 문단 A71)

가. 다른 감사기준서의 준수에 따라 더욱 관련성 있는 감사증거가 입수되었거나 입수될 것인지 여부를 평가함.
나. 하나 이상의 요구사항을 적용할 때 수행되는 업무를 확대함
다. 그 상황에 필요할 것으로 판단되는 다른 절차를 수행함

③ 감사기준은 감사인이 정당한 주의의무를 다했는가를 판단하는 판단기준이다. 따라서 이러한 회계감사기준은 일반적으로 감사업무수행의 기본원리로 사용되어야 한다. 하지만, 감사기준에 따라 적절하게 계획되고 수행되었다 하더라도 감사의 고유한계로 인해 재무제표의 중요한 왜곡표시가 발견되지 않을 불가피한 위험이 존재한다. 따라서 부정이나 오류에 의한 재무제표의 중요한 왜곡표시가 차후에 발견되었다는 것만으로 그 사실 자체가 감사기준에 따른 감사를 수행하지 못했다는 것을 의미하는 것은 아니다.

감사인이 감사기준에 따라 감사를 수행하였는지 여부의 판단기준은 다음과 같다. (ISA 200 문단 A52)

가. 각 상황에서 감사인이 수행한 감사절차, 이 결과 입수된 감사증거의 충분성과 적합성 나. 감사증거에 대한 평가를 기초로 한 감사보고서의 적합성

④ 다만, 다음의 1)번을 전제로 하여 2)번의 요건이 만족되었을 경우에는 회계감사기준을 적용함에 있어서 예외가 적용될 수 있다. (ISA 200 문단 22~23)

1) 감사기준이 요구하는 사항이 특정의 절차를 수행하는 것이고 당해 감사상황에서 이러한 절차가 동 요구사항의 목표를 달성하는데 비효과적일 경우로 예상되는 경우로서 (전제조건) 2) 개별 감사기준서 전체가 관련이 없거나 (예를 들어 내부감사기능이 없는 경우 내부감사부서의 활용 기준은 적용할 수 없음) 또는 요구사항이 조건부인데 해당 조건이 존재하지 않아 그 요구사항이 관련이 없는 경우 (예를 들어 식별된 유의적 내부통제 미비점을 지배기구에 커뮤니케이션하라는 요구사항은 그러한 미비점이 존재하는지 여부에 따른다)

다만, 감사인은 예외적인 상황에서 특정 감사기준서의 관련 요구사항으로부터 이탈할 필요가 있다고 판단되는 경우에는 다음의 사항을 문서화하여야 한다. (ISA 230 문단 12)

1) 해당 요구사항이 의도하는 목적을 달성하기 위해 수행한 대체적 절차 2) 그 목적을 달성한 방법 3) 이탈의 이유

⑤ 회계감사기준은 한국공인회계사회가 정하되, 금융위원회의 사전승인을 얻어야 한다. (외감법 제16조)

(4) 감사의견의 종류

일반목적 재무제표(General-Purpose Financial Statement)의 경우 재무보고체계는 일반적으로 공정표시체계이며 이 경우 감사인에게 요구되는 의견은 재무제표가 중요성의 관점에서 공정하게 표시되어 있는지 여부 또는 진실되고 공정한 관점을 제시하는지 여부에 관한 것이다. 이 경우 감사인이 표명하는 감사의견의 종류는 아래와 같다.

① 적정의견
감사범위의 제한을 받지 아니하고 회계감사기준을 준수하여 감사를 실시한 결과 재무제표가 재무보고체계에 따라 공정하게 작성되었다고 판단되는 경우

② 한정의견
재무제표에 중요하지만 전반적인 영향을 미치지 않는 감사범위의 제한(충분하고 적합한 감사증거수집의 제한) 또는 경영진과 의견불일치(회계기준위배)가 있는 경우(왜곡표시가 포함되어 있는 경우)

③ 부적정의견
재무제표에 중요하고 전반적인 영향을 미치는 경영진과 의견불일치(회계기준위배)가 있는 경우(왜곡표시가 포함되어 있는 경우)

④ 의견거절
재무제표에 중요하고 전반적인 영향을 미치는 감사범위의 제한(충분하고 적합한 감사증거수집의 제한)으로 인하여 감사의견을 표명할 만큼 충분한 근거를 가지지 못한 경우

다만, 경영진의 의견불일치(재무제표에 왜곡표시가 포함되어 있는 경우)나 감사범위의 제한(충분하고 적합한 감사증거수집의 제한)이 중요한 경우에만 감사의견에 영향이 있다. 따라서 중요하지 않은 경영진의 의견불일치(재무제표에 왜곡표시가 포함되어 있는 경우)나 감사범위의 제한(충분하고 적합한 감사증거수집의 제한)인 경우 감사인은 적정의견을 표명한다(재무제표에 대한 합리적인 확신만 제공).

주 1

만약 감사대상 회사의 재무제표에 매출채권과 매출액이 각각 250억과 400억이라고 기록되어 있다고 가정하자.

감사대상기간의 거래 및 사건의 유형에 대한 경영진 주장	
발생사실	매출액이 실제 발생한 거래임을 의미한다. 따라서 감사인은 장부에 기록된 매출거래에서 표본을 추출하여 관련 증빙서류를 검토하여 실제 매출액이 발생한 거래인지 검증한다.
완전성	회사에서 발생한 모든 거래가 장부에 누락됨이 없이 다 기록되었음을 의미한다. 따라서 감사인은 매출 관련된 증빙서류를 검토하여 관련 매출이 장부에 모두 다 기록되었는지 여부를 검증한다.

정확성	장부에 기록된 매출기록이 정확한 금액으로 기록되었음을 의미한다. 따라서 감사인은 회사가 인식한 매출 거래를 표본으로 추출하여 세금계산서 및 계약서 등을 검토하여 장부에 기록된 매출 거래 금액이 정확한 금액인지 확인해 본다.
기간귀속	회사가 인식한 매출거래가 정확한 기간에 귀속되어 기록되었음을 의미한다. 따라서 감사인은 재무제표일 전후에 발생한 매출거래에 대하여 표본을 추출하여 정확한 기간에 매출이 인식되었는지 여부를 검증해 본다.
분류	관련 거래가 정확한 계정과목에 기록되었고 분류가 정확하게 되었음을 의미한다. 따라서 감사인은 장부에 기록된 매출이 정확한 계정과목으로 분류되고 기록되었는지 여부를 검증해 본다.

보고기간말 계정잔액에 대한 경영진 주장	
실재성	장부에 기록된 금액만큼 실제로 존재하는 매출채권임을 의미한다. 따라서 감사인은 매출채권 명세서를 입수한 뒤 표본을 추출하여 거래처에게 조회를 실시해 본다.
완전성	회사가 현재 보유하고 있는 모든 매출채권을 다 포함한 금액임을 의미한다. 따라서 감사인은 매출 관련 증빙서류를 검토하여 회사가 재무제표일 현재 보유하고 있는 모든 채권이 누락됨이 없이 장부에 완전하게 다 기록되었는지 확인해 본다.
권리와 의무	회사가 보유하고 있는 매출채권은 적절한 소유권을 가지고 있으며 권리의 제한은 적절하게 공시되어 있음을 의미한다. 따라서 감사인은 매출채권에 대한 실제 권리가 있는지 여부를 거래처에 조회를 통하여 확인하고 매출채권 중에 담보 설정된 채권이 존재하는지 여부를 확인해 본다.
평가와 배분	매출채권은 재무제표에 적절한 금액으로 기록되어 있으며 실제 실현가능한 금액으로 평가가 되어있음을 의미한다. 따라서 감사인은 매출채권의 금액 정확성을 검증하기 위하여 관련 증빙서류를 검토해 보아야 하며 채권의 실현가능성을 평가하기 위하여 대손충당금 설정금액의 적정성을 검증해 본다.

따라서 경영진 주장은 감사인이 감사계획을 수립하는 데 이용할 뿐만 아니라 이러한 경영진 주장에 대하여 감사인은 충분하고 적합한 감사증거를 수집함으로써 감사목적을 달성할 수 있다

5 회계감사의 목적

(1) 기준 (ISA 200 문단 3, 11)

재무제표가 중요성의 관점에서 해당 재무보고체계에 따라 작성되었는지에 관해 감사인이 의견 (적극적인 확신 또는 합리적인 확신)을 표명함으로써 의도된 재무제표 이용자의 신뢰수준을 향상(주1) 시키는 데 있다. 여기서 말하는 합리적인 확신(Reasonable Assurance)이란 높은 수준의 그러나 절대적이지는 아니한 수준의 확신을 말한다.

(2) <사회적 기능>

회계감사는 재무제표 이용자가 기업들에 관하여 올바른 판단을 함으로써 사회 전체적으로는 기업의 건전한 발전을 도모하고 효율적인 자원의 배분이 이루어지게 하는 데 도움을 준다고 할 수 있다.

(3) <부수적 기능>

① 자본조달비용의 감소(주2) : 대출이자율 결정 시 고려되는 정보위험에 대한 프리미엄이 감사에 의해서 제거됨으로써 감사를 받는 기업이 적용받는 자본조달비용이 감소될 수 있다.

② 내부통제제도의 개선 : 원칙적으로 감사인은 감사계획수립을 위하여 회계제도와 내부통제제도의 유효성을 평가하도록 되어 있지만 회계제도와 내부통제제도에 대하여 확신을 제공하도록 요구되지는 않는다. 그렇기 때문에 원칙적으로 효과적인 내부통제제도를 구축하고 운영할 책임은 회사 경영진에게 있는 것이지 감사인에게는 존재하지 않는다. 다만, 감사인이 회사의 회계제도와 내부통제제도를 평가하는 과정에서 유의적인 미비점 및 중요한 취약점을 발견할 수 있고 이러한 취약점을 지배기구(경영진 포함)와 커뮤니케이션하도록 회계감사기준은 요구하고 있다.

③ 부정, 오류에 대한 방지 : 감사인은 감사대상회사 재무제표에 존재하는 부정과 오류에 대한 예방책임을 지는 것은 아니다. 다만, 재무제표 감사를 수행하는 것이 감사대상회사의 부정이나 오류가 발생하는 것을 억제하는 기능을 수행한다. 참고로 감사인은 감사대상회사 재무제표에 중요한 왜곡표시를 야기하는 부정이나 오류를 적발하도록 감사를 계획하고 수행할 책임은 존재한다.

주1 재무제표에는 항상 부정이나 오류 등으로 인한 중요한 왜곡표시가 포함될 수 있고 이로 인하여 재무제표이용자가 잘못된 판단을 내릴 가능성, 즉 정보위험(Information Risk)이 존재할 수 있다. 감사는 이러한 정보위험을 제3자인 공인회계사가 제거함으로써 재무제표의 신뢰성이 제고된다. 이때 정보위험이 발생할 수 있는 원인은 다음과 같다.

(1) 회계정보의 중요성과 복잡성(complexity)의 증대
(2) 정보원천으로부터의 분리(remoteness)
(3) 이해관계의 상충(conflict of interest)
(4) 회계정보가 사회에 미치는 영향의 중대성(consequence)

결국, 재무제표 감사는 정보의 비대칭성 및 회계정보의 복잡성 등으로 야기되는 정보위험을 회계전문가인 공인회계사(제3자)로 하여금 제거하게 함으로써 재무제표의 신뢰수준을 향상시키는 기능이 있는 것이다.

참고로 이러한 원인으로 발생하는 정보위험을 제거하는 방법에는 다음과 같은2가지 방법도 존재하지만 각각 서술하는 문제점으로 인하여 제3자에 의해 제거하는 방법을 이용하고 있다.
① 정보이용자가 제거하는 방법 : 비용의 문제로 인하여 현실적으로 불가능
② 정보이용자 및 제공자가 위험을 분담하는 방법 : 사후적인 구제방법으로 실효성이 결여

이와 같이 정보위험을 제거한 신뢰성 있는 재무제표가 제공된 경우 이러한 재무제표를 이용하는 정보이용자 입장에서는 다음과 같은 효익이 있을 수 있다.

정보이용자	효 익
채권자	기업에 대한 대출의사결정 및 채권 투자 의사결정에 대한 올바른 판단
주 주	기업의 주식 투자의사결정에 대한 올바른 판단
정 부	세수확보를 위한 정확한 근거 및 기업들의 규제를 위한 수단으로 이용
상장주선인	상장을 하려고 하는 기업 주식 공모가격(인수가격)의 정확한 산정
신용평가기관	기업의 정확한 신용평가를 위한 수단으로 이용

위와 같은 이해관계자들의 올바른 의사결정 메커니즘을 통하여 제한적인 사회 전체적 자원은 효율적으로 배분될 수 있다.

주 2 | 관련 사례

단군기업은 조선은행으로부터 연이자율 8%로 10억 원을 차입하기를 원하여 은행에 차입신청을 하였다. 조선은행은 신용조사를 통하여 1년 뒤 원리금을 상환할 능력이 충분한 기업에 대해서만 대출하는 것을 정책으로 삼고 있다. 은행의 신용조사담당자는 그 기업에 대하여 검사를 한 결과 기업이 파산할 가능성은 10%라는 것을 확인하였다. 조선은행은 단군기업에 대출하는 것이 유리한지의 여부를 알기 위해 정확도 100%인 정확해 회계사에게 단군기업에 대한 감사를 의뢰하였다. 원리금은 1년 뒤 전액 상환하는 것이 조건이며 조선은행은 단군기업에 대한 대

출 이외에 자금을 활용할 만한 다른 대안이 없다고 가정하자.

감사결과를 이용하여 의사결정할 경우의 기대이익과 감사결과를 이용하지 않았을 경우의 기대이익의 차이를 감사의 기대가치라고 한다면, 위의 상황에서 자본시장에서 회계감사의 가치를 구하시오(2001년, KICPA 기출문제 응용).

풀이

① 감사보고서에 근거하지 않고 의사결정을 하는 경우의 기대되는 현금흐름
- ▸대출하지 않았을 경우 1년 후 기대현금흐름 : 10억 원
- ▸대출하였을 경우 1년 후 기대현금흐름 : 10.8억 원×90%+0×10%=9.72억 원
  - 조선은행의 가장 최적의 의사결정은 대출하지 않는 것임 따라서 감사보고서에 근거하지 않았을 경우 기대되는 현금흐름은 10억 원임.

② 감사보고서에 근거하여 의사결정을 하는 경우의 기대되는 현금흐름
- ▸상환한다고 판단되는 경우는 대출을 하고 그때의 기대현금흐름은 10.8억 원임. 반면, 상환하지 못할 것이라고 판단되는 경우는 대출하지 않을 것이며 그때의 기대현금흐름은10억 원임.
  - 따라서 1년 후 기대현금흐름은 10.8억 원×90%+10억 원×10%=10.72억 원

③ 감사의 기대가치 : 10.72억 원−10억 원=0.72억 원

6 | 법령에 의하여 반드시 회계감사를 받아야 하는 회사

(1) 주요 근거법령

① 주식회사등의 외부감사에 관한 법률(외감법)
② 독점규제 및 공정거래에 관한 법률
③ 자본시장과 금융투자업에 관한 법률 등

(2) 주식회사등의 외부감사에 관한 법률에 의하여 감사를 받아야 하는 회사

가. 해당 회사

① 주권상장법인(「자본시장과 금융투자업에 관한 법률」에 따른 주권상장법인을 말한다)과 해당 사업연도 또는 다음 사업연도 중에 주권상장법인이 되려는 주식회사

② 직전 사업연도 말의 자산, 부채, 종업원수 또는 매출액 등 다음의 기준에 해당하는 회사
1) 직전 사업연도 말의 자산총액이 500억원 이상인 회사
2) 직전 사업연도의 매출액(직전 사업연도가 12개월 미만인 경우에는 12개월로 환산하며, 1개월 미만은 1개월로 본다. 이하 같다)이 500억원 이상인 회사
3) 다음 각 사항 중 2개 이상에 해당하는 회사
   a. 직전 사업연도 말의 자산총액이 120억원 이상

b. 직전 사업연도 말의 부채총액이 70억원 이상
c. 직전 사업연도의 매출액이 100억원 이상
d. 직전 사업연도 말의 종업원(근로기준법상 근로자 중 일용근로자, 계약기간이 3개월 이하인 근로자 및 파견근로자는 제외)이 100명 이상

단, 해당 회사가 유한회사인 경우에는 3)의 요건 외에 사원 수가 50인 이상인 회사를 포함하여 3개 이상에 해당하는 경우 외부감사대상이 된다(즉, 유한회사는 5개 요건 중 3개 이상에 해당하면 외부감사 대상이 됨).

외부감사의 대상 기준	주식회사	유한회사
1) 직전 사업연도 말의 자산총액이 500억원 이상인 회사	1)에 해당하면 외부감사 대상	1)에 해당하면 외부감사 대상
2) 직전 사업연도의 매출액(직전 사업연도가 12개월 미만인 경우에는 12개월로 환산하며, 1개월 미만은 1개월로 본다. 이하 같다)이 500억원 이상인 회사	2)에 해당하면 외부감사 대상	2)에 해당하면 외부감사 대상
3) 자산, 부채, 매출액, 종업원, 사원 기준 가. 직전 사업연도 말의 자산총액이 120억원 이상 나. 직전 사업연도 말의 부채총액이 70억원 이상 다. 직전 사업연도의 매출액이 100억원 이상 라. 직전 사업연도 말의 종업원이 100명 이상 마. 직전 사업연도 말의 사원(「상법」에 따라 정관에 기재된 사원을 말함)이 50명 이상	3)의 4개 기준(가~라) 중 2개 이상에 해당하면 외부감사 대상	3)의 5개 기준(가~마) 중 3개 이상에 해당하면 외부감사 대상

나. 취지

외감법 시행령상 법정감사업체를 일정한 자산 및 부채, 매출규모 이상의 회사로 규정하거나 공개예정법인(주권상장법인 포함)으로 규정하는 이유는 자산, 부채 및 매출규모가 큰 회사이거나 지분이 분산되는 회사일수록 정보위험(information risk)에 노출되는 정보이용자 및 이해관계자가 다수이기 때문에 법에 의하여 감사를 강제화함으로써 정보이용자 및 이해관계자들의 피해를 줄이기 위함이다. 외부감사는 이해관계자의 보호 및 기업 경영의 건전성 확보를 목적으로 한다는 점에서 모든 회사에 적용되어야 하는 의무임에도 불구하고 종전에는 일정 규모 이상의 회사를 정하여 외부감사를 받도록 하는 규제방식을 유지하여 왔고, 매출액이 커서 이해관계자의 범위가 넓음에도 불구하고 자산이 120억원 미만인 회사라는 이유로 외부감사를 받지 아니하는 등 외부감사의 대상이 불합리하게 제한되어 왔다. 하지만, 이번 외감법 개정에서는 앞으로는 모든 회사는 원칙

적으로 외부감사를 받도록 하고, 예외적으로 자산 또는 매출액이 500억원 미만인 회사로서 자산, 부채, 종업원 수, 매출액 등이 일정 기준에 미달하는 경우에 외부감사를 받지 아니하도록 하며, 유한회사의 경우에는 그 특성을 고려하여 사원 수를 추가적으로 고려하도록 하는 등 외부감사의 규율대상이 되는 회사를 결정하는 기준을 합리적으로 규정하였다. 따라서 과거의 "주식회사의 외부감사에 관한 법률"의 명칭을 "주식회사등의 외부감사에 관한 법률"로 수정하였다.

7 | 회계감사의 요구사항 (ISA 200 문단 14~24)

(1) 재무제표 감사와 관련된 윤리적 요구사항 준수(Compliance with ethical requirement)
(2) 전문가적 의구심(Professional Skepticism)
(3) 전문가적 판단(Professional Judgement)
(4) 충분하고 적합한 감사증거 및 감사위험(Sufficient Appropriate Evidence and Audit Risk)
(5) 감사기준에 따른 감사의 수행(Conduct of an Audit in Accordance with ISAs)

(1) 재무제표 감사와 관련된 윤리적 요구사항 준수(compliance with ethical requirement)

(ISA 200 문단 14) 감사인은 재무제표 감사를 수행할 때 공인회계사법 제21조 및 제33조, 동법 시행령 그리고 감사와 관련된 독립성 요구사항을 포함한 관련 윤리적 요구사항을 준수하여야 한다. 참고로 이러한 윤리기준은 공인회계사로서 지켜야 할 최소한의 윤리적인 지침이기 때문에 공인회계사가 감사 업무를 포함한 어떠한 업무를 수행함에 있어서도 지켜야 할 기본적인 윤리강령이다.

(2) 전문가적 의구심(professional skepticism: ISA 200 문단 A18~A22)

1) 정의

오류나 부정에 의한 왜곡표시 가능성을 나타내는 것일 수 있는 상황에 유의하면서 의심하는 마음(questioning mind)과 감사증거에 대한 비판적인 평가(critical assessment)를 포함하는 태도이다.

여기에는 이미 입수한 다른 감사증거와 상반되는 감사증거가 존재하는지, 감사증거로 사용될 문서 및 질의에 대한 답변의 신뢰성에 의문을 갖게 하는 정보가 존재하는지, 부정의 존재가능성을 나타내는 것일 수 있는 조건이 있는지 주의를 유지하는 것을 포함한다.

2) 필요성

감사의 전 과정에 걸쳐 전문가적 의구심을 유지하는 것은 다음과 같은 위험을 감소시키는 데 필요하다.

가. 비경상적 상황의 간과
나. 감사상 관찰과정에서 결론을 도출할 때의 과도한 일반화
다. 감사절차의 성격, 시기 및 범위를 결정하고 그 결과를 평가할 때 부적합한 가정의 이용

3) 감사인은 그렇지 않다고 믿을 만한 사유가 없는 한, 기록과 문서들은 진실하다고 인정할 수 있다. 그럼에도 불구하고 감사인은 감사증거로 사용될 정보의 신뢰성을 고려하도록 요구된다. 따라서 정보의 신뢰성에 의문이 있거나 부정가능성의 징후가 있는 경우 감사인은 그 사항을 해결하기 위해 감사절차의 변경이나 추가가 필요한지 더 검사하고 결정할 것을 요구한다.

또한 감사인은 경영진과 지배기구의 정직성과 성실성에 대한 과거의 경험을 무시할 수 없다. 그러나 감사인이 경영진과 지배기구의 성실과 정직성을 믿는다고 해서 합리적 확신을 얻을 때 전문가적 의구심을 유지할 필요성이 경감되거나 설득력이 낮은 감사증거에 만족할 수 있도록 허용되지는 않는다. 따라서 감사인은 경영진이 무조건 부정직하다거나 또는 무조건 정직하다는 가정을 하지 않아야 한다. (Assumes that management is neither dishonest nor honest.)

| 사례 1 |

다음 중 전문가적 의구심을 적용하는 사례로 가장 보기 힘든 예2가지를 선택하시오(2006년, KICPA 기출문제 응용).

① 특정 경영진의 재무제표 주장을 확신하기 위하여 보다 신뢰성 있는 감사증거를 얻기 위하여 추가적인 감사절차를 수행하였다.
② 재고자산과 관련된 경영진의 설명을 확인하기 위하여 전문가를 활용하는 감사절차를 수행하였다.
③ 경영진의 정직, 성실성을 파악하기 위하여 전기 조서를 참조하고 작년도 감사 참여자들에게 질문한 결과 올해에도 경영진의 정직, 성실성에 대해서는 큰 문제가 없는 것으로 판단하였다.
④ 경영진의 주장을 뒷받침하기 위한 감사증거를 확보하기 위하여 제3자에게 외부조회서를 발송하

였다.

⑤ 팩스로 회신된 조회서나 등기부등본 등 감사대상회사로부터 입수한 증빙자료가 사본일 경우 원본을 확인해 보았다.

⑥ 일반적으로 감사를 위하여 감사대상회사가 제출한 회계장부, 서류, 자료 등의 문서가 위조되었거나 변조되었을 가능성이 아주 높다고 간주하는 비판적 태도

⑦ 재무제표에 중요한 왜곡표시가 포함되어 있을지도 모른다는 의문을 제기하는 정신적인 자세

⑧ 그렇지 않다고 믿을 만한 사유가 없는 한, 기록과 문서들은 진실하다고 인정할 수 있는 태도

⑨ 경영진이 무조건 부정직하다거나 또는 무조건 정직하다는 가정을 하지 않는 자세

해답 : ③, ⑥

▌사례 2 ▌

다음의 사례를 읽고 물음에 답하시오.

N사는 코스닥상장법인으로서 반도체장비를 생산하여 판매하는 회사이다. 모든 반도체장비는 주문제작방식에 의하여 이루어지고 있으며 이번 사업연도에는 사업의 다각화를 위하여 슬롯머신 관련 사업을 추진하려고 한다는 사실을 감사계획단계에서 알게 되었다. 따라서 N사의 회계담당이사의 말에 의하면 사업을 추진하기 위한 여러 가지 선급금들이 발생하였으며 경쟁사와의 상대적 우위를 점하기 위한 대규모의 연구개발이 발생할 것이라고 이야기하였다. N사를 담당하는 김철수 회계사는 해당 상황을 숙지하고 기말 감사계획을 수립하였고 이에 따라 기말 재무제표일 이후 실증절차를 수행하였다. 기말 실증절차를 수행하는 단계에서 김철수 회계사는 다음과 같은 사실을 알게 되었다.

(1) 연구부서 부장과의 인터뷰 결과 N사는 개발에 실패하여 슬롯머신 사업추진을 포기한다는 말을 듣게 되었다.

(2) 연말 재고실사 입회 전 다음과 같은 분석적 절차 결과를 얻게 되었다.

	2006년	2005년
매출액	2,500,000,000	2,300,000,000
제 품	300,000,000	260,000,000
재공품	200,000,000	190,000,000
원재료	150,000,000	10,000,000

분석적 절차 결과 원재료 금액이 작년에 비해서 급격히 증가하였으며 급격히 증가한 원인을 살펴본 결과 가장 큰 2개의 품목이 슬롯머신 사업 관련된 원재료임이 확인되었다.

(1) 회계감사기준에서는 감사인이 감사업무를 수행하여야 할 때 따라야 할 요구사항으로서 전문가적 의구심을 가지고 감사를 수행하고 계획하도록 요구하고 있다. 이때 전문가적 의구심의 정의를 서술하고 이러한 전문가적 의구심이 감사업무를 수행함에 있어서 왜 필요한지 여부에 대하여 서술하시오.

(2) 위 회사의 상황에서 김철수 회계사가 전문가적 의구심으로 바라볼 때 N사의 재무제표에 존재할 수 있는 잠재적인 왜곡표시의 유형을 서술하고 김철수 회계사가 실증절차를 수행할 때 유념해야 할 부분에 대하여 서술하시오.

풀이

(1) 감사인이 오류나 부정에 의한 왜곡표시 가능성을 나타내는 것일 수 있는 상황에 유의하면서 의심하는 마음(questioning mind)과 감사증거에 대한 비판적인 평가(Critical assessment)를 포함하는 태도이다. 여기에는 이미 입수한 다른 감사증거와 상반되는 감사증거가 존재하는지, 감사증거로 사용될 문서 및 질의에 대한 답변의 신뢰성에 의문을 갖게 하는 정보가 존재하는지, 부정의 존재가능성을 나타내는 것일 수 있는 조건이 있는지 주의를 유지하는 것을 포함한다. 이러한 전문가적 의구심은 의심스러운 상황을 간과하거나 감사증거에 기초하여 결론을 내릴 때 지나치게 일반화하는 감사상의 위험을 감소시키는데 필요한 자세이다.

(2) 신규사업을 추진하는 경우 동 사업의 추진배경과 추진경과를 검토하여 관련자산의 허위계상여부 및 적절한 평가에 유의하여야 한다. 위와 같은 상황에서 김철수 회계사는 슬롯머신사업과 관련하여 발생한 선급금에 대한 회수가능성 여부 및 개발비의 손상차손 인식에 대한 필요성을 고려해 보아야 한다. 또한 원재료 금액이 급격하게 증가되었기 때문에 재고자산 실사 입회하여 원재료의 실재성을 확인하는 절차를 강화하여야 하며 원재료에 포함되어 있는 슬롯머신과 관련된 재고자산의 경우 시가가 하락하였을 가능성이 높기 때문에 저가법 평가의 필요성에 대해서 검토해 보아야 한다.

(3) 전문가적 판단(professional judgement : ISA 200 문단 13, A23~27)

1) 정의

감사업무 상황에 적합한 일련의 행동에 관하여 정보에 근거한 의사결정을 내릴 때 감사기준, 회계기준 및 윤리기준에 근거하여 관련된 훈련과 지식 및 경험을 적용

2) 필요한 분야

가. 중요성과 감사위험
나. 감사절차의 성격, 범위, 시기의 결정
다. 충분하고 적합한 감사증거가 입수되었는지 여부
라. 입수된 감사증거에 기초한 결론의 도출

3) 감사인에게 기대되는 전문가적 판단은 훈련과 지식 및 경험을 통하여 합리적 판단을 하는 데 필요한 적격성을 갖춘 감사인에 의해 수행되는 점이 현저한 특징이다.

또한, 전문가적 판단은 감사의 전 과정에 걸쳐 수행되고 또한 적합하게 문서화될 필요가 있다. 이와 관련하여 감사인은 감사 중 발생한 유의적 사항에 대한 결론도출을 위해 수행한 유의적인 전문가적 판단에 대해 이전에 해당 감사에 관여되지 아니한 숙련된 감사인(An experienced auditor who does not have previous connection with audit client)이 충분히 이해할 수 있을 만큼 감사문서를 작성할 것을 요구된다. 따라서, 전문가적 판단은 당해 업무의 사실과 상황 또는 충분하고 적합한 감사증거에 의해 뒷받침되지 않는 의사결정을 정당화하는 수단으로 이용되어서는 안 된다.

(4) 충분하고 적합한 감사증거 및 감사위험 (Sufficient Appropriate Evidence and Audit Risk)

감사인은 합리적 확신을 얻기 위하여 감사위험을 수용 가능한 수준으로 감소시키고 이에 의해 감사의견의 근거가 되는 합리적인 결론을 도출할 수 있도록 충분하고 적합한 감사증거를 수집하여야 한다. (감사증거의 충분성, 적합성 및 감사위험과의 관계 등은 뒤에서 자세하게 후술할 예정임)

(5) 감사기준에 의한 감사의 수행

8 | 회계감사의 고유한계 및 그 원인

(1) 회계감사의 고유한계

① (ISA 200 문단 5) 감사기준은 감사인이 감사의견의 기초로서 재무제표가 전체적으로 부정이나 오류로 인해 중요하게 왜곡표시되지 아니하였지에 대한 합리적인 확신을 얻을 것을 요구하고 있다. 합리적인 확신은 절대적 확신이 아닌 수준에서 높은 수준의 확신을 의미하며 감사인은 충분하고 적합한 감사증거를 입수하여 감사위험(재무제표가 중요하게 왜곡표시되어 있음에도 불구하고 감사인이 부적합한 의견을 표명할 위험)을 수용가능한 낮은 수준으로 감소시켰을 때 이러한 확신을 얻는다.

감사인이 이러한 높은 수준의 확신을 얻기 위해서 국제감사기준은 다음과 같은 구체적인 감사계획 및 감사절차를 요구하고 있다. (ISA 200 문단 A49~50)

위험평가절차 등을 통하여 재무제표 및 경영진 주장 수준의 **중요왜곡표시위험을 식별하고 평가**

⬇

부정이나 오류로 인한 **중요왜곡표시위험이 포함될 것으로 가장 높게 예상되는 분야에 감사노력을 집중**, 그렇지 아니한 분야에는 상대적으로 적은 노력을 기울임으로써 감사가 효과적이고 효율적으로 수행될 수 있도록 계획함

② (ISA 200 문단 A1) 재무제표 감사의견은 해당 재무보고체계에 따라 작성되었는지 여부만을 언급하기 때문에 기업의 향후 존속가능성이나 경영진이 기업의 업무를 효과적으로 또는 효율적으로 수행하였는지를 인증하는 것은 아니다.

(2) 회계감사의 고유한계 원인(ISA 200 문단 A45~52)

① 재무보고의 성격
② 감사절차의 성격
③ 합리적인 시간 내에 합리적인 비용으로 감사가 수행될 필요성

① 재무보고의 성격

기업이 해당 재무보고체계에서 요구하는 사항을 그 기업의 사실과 상황에 적용하여 재무제표를 작성할 때는 경영진의 판단이 수반되며 다수의 항목에는 주관적인 결정이나 평가 또

는 불확실성이 존재함. 이러한 회계추정치와 같이 재무제표의 어떤 항목은 추가적인 감사절차를 적용해도 제거될 수 없는 고유한 수준의 가변성이 있음.

② 감사절차의 성격(감사증거 입수능력의 실무적, 법률적 한계)

1) 경영진이나 기타의 사람들은 의도적으로 또는 비의도적으로 재무제표 작성과 관련된 정보나 감사인이 요청한 정보를 완전하게 제공하지 않을 수 있음. (정보 완전성의 제한)
2) 일반적인 감사절차는 공모를 통해 문서를 조작하여 해당 문서가 진실하지 않음에도 진실하다고 믿게 하는 것과 같은 의도적인 왜곡표시를 적발하는데 효과적이지 않을 수 있음. (공모를 통한 문서의 조작) 감사인은 문서의 진위판단에 대하여 전문가로서 훈련을 받지 않았으며 그렇게 기대될 수도 없음.
3) 감사는 범죄 협의를 밝히려는 공적 수사가 아니기 때문에 그러한 수사를 하는 경우에 필요한 수색권한과 같은 특정한 법적 권한을 부여받고 있지 않음. (감사절차 범위의 한계)

③ 합리적인 시간 내에 합리적인 비용으로 감사가 수행될 필요성

1) 어려움, 시간 또는 비용의 문제 그 자체는 감사인이 대체적인 절차가 없는 감사절차를 생략하거나 보다 설득력이 낮은 감사증거에 만족하는 정당한 근거가 되지 못함. 하지만, 정보의 관련성 및 그 가치는 시간이 지남에 따라 감소하는 경향이 있고 정보의 신뢰성과 비용 간에는 어떠한 균형이 존재함. (비용과 효익관계) 따라서 정보이용자는 합리적인 기간 내에 합리적인 비용으로 재무제표에 대한 의견을 형성할 것이라고 정보이용자도 기대함.
2) 따라서 감사인은 감사가 효과적으로 수행됨을 전제로 하여 부정이나 오류로 인한 중요왜곡표시위험이 포함될 것으로 가장 높게 예상되는 분야에 감사노력을 집중하고 모집단의 왜곡표시를 검사하기 위해 테스트나 기타 수단을 사용함. (위험 평가결과에 따른 표본감사 원칙)
3) 참고로 감사기준은 중요한 왜곡표시를 발견할 수 있는 감사인의 능력에 고유한계가 미치는 잠재적 영향이 특히 유의적인 분야로 다음을 예시하고 있음.

가. 부정이나 공모, 특히 고위 경영진이 연루된 부정
나. 특수관계 및 특수관계자 거래내역의 실재성과 완전성
다. 법규위반
라. 계속기업으로서 존속을 중단시킬 미래의 사건이나 상황

▌사례 ▌ 2006년도 금융위원회 감리지적 사례

K사의 자금팀장(20X5년 말 재무제표 작성 시에는 회계업무를 담당하는 관리이사로 승진)인 김분식 씨는 개인적인 목적으로 회사의 자금을 횡령하고 이에 따라 20X1년부터 20X5년까지 매 회계연도 말 현재 현금및현금성자산을 각각 18억 원, 157억 원, 204억 원, 283억 원, 400억 원만큼 허위계상하였다. 현금및현금성자산의 시재액을 확인하기 위하여 담당 공인회계사 김철수는 재무제표일 현재 금융기관에 대하여 외부조회를 발송하였다. 사후적인 감리결과 김분식 씨는 해당 기간의 재무제표에 대한 외부감사 시 금융거래에 대한 조회과정에서 회신자의 성명과 전화번호, 금융거래조회서의 발송용 봉투 및 수신용 봉투의 금융기관 주소를 허위로 기재하여 외부감사인에게 이를 제출한 후 허위의 주소로 배달된 조회서를 절취, 변조하는 수법으로 자신의 부정을 은폐하였다는 사실을 알게 되었다.

<**감사인의 감사절차**>

역마진 손실이 발생하는 상황에서 장, 단기 차입금 또는 회사채 이자율보다 수익률이 현저히 낮은 MMF에 거액의 예금을 예치하고 단기차입금을 상환하지 않는 등 특이사항이 발견되었고 김분식 씨가 횡령 관련 금융거래처에 대한 자금입출금, 거래승인, 잔액조회를 직접 담당하는 등 내부통제운영에 중대한 결함이 있었음에도 불구하고 내부통제위험이 높지 않다고 잘못 평가하여 회사의 자산총액에서 차지하는 비중이 매우 큰 CMA 및 MMF의 실재성과 결산일 전후의 거래내역을 직접 확인하는 절차(거래원장 또는 통장확인 등)를 취하지 않고 금융기관조회만을 실시하였으며 조회처의 주소의 정확성과 회신자의 객관성 여부를 확인하지 않아 조회를 부실하게 실시하는 등 현금및현금성자산 등에 대한 감사절차를 소홀히 수행하였다.

<**시사점**>

1. 우선 위 감사인이 재무제표 왜곡표시를 적발하지 못한 경우 정당한 주의의무를 다 하였는지 판단해 보아야 한다. 감사인이 정당한 주의의무를 다하였는지를 판단하는 기준은 회계감사기준을 준수하였는지 여부이다. 감사인은 조회서를 발송하기 전에 회신처(은행 포함)의 주소 정확성을 확인하고 난 이후에 조회서를 발송하도록 감사기준이 요구하고 있다. 따라서 회계감사기준을 준수하지 않은 이유로 부정으로 인한 왜곡표시를 적발하지 못하였기 때문에 위 감사인은 정당한 주의의무를 다한 것으로 볼 수 없다.

2. 만약 위 감사인이 주소의 정확성을 확인하여 발송하였으나 감사대상회사의 담당자가 위 조회서를 중도에서 편취 조작하여 회계법인에게 회신을 하였다고 가정해 보자 이 경우에 감사인은 회계감사기준에 근거하여 직접 조회서를 발송, 회신하였으며 주소의 정확성도 확인하였고 또한 회계감사 고유한계의 원인인 공모를 통한 문서의 조작 및 감사범위의 한계를 근거로 정당한 주의의무를 다한 것으로 주장을 할 수 있다. 하지만 그러한 경우에도 이 회사의 상황은 부정으로 인한 왜곡표시가 있을 개연성이 상당히 높은 아래와 같은 여러 가지 징후가 있다는 사실을 전문가적 의구심을 가진 감사인이라

면 판단할 수 있다.

> (1) 내부통제운영에 중대한 결함이 존재
> (2) 금리가 낮은 금융상품 대비 고금리인 차입금이 많은 상태 (역마진 상태)
> (3) 금리가 낮은 금융상품이 자산총액에서 차지하는 비중이 회사의 성격(예를 들어 금융업의 경우는 금융상품의 비중이 높을 수 있음)을 고려해 보았을 때 지나치게 높은 측면

따라서 단순히 금융상품에 대한 외부조회 발송 및 직접 회신만을 수행한 경우에는 정당한 주의의무를 다한 것으로 보지 않을 개연성이 높다.

3. 위 상황에서는 외부조회 발송(물론 사전 주소의 정확성 확인 및 직접 발송 및 회신을 포함한다) 이외에도 재무제표일 시점에 존재하는 예금 잔액에 대하여 통장잔액을 확인해 보기 위하여 금융기관 담당자와의 유선 확인 및 통장 확인, 인터넷 뱅킹 등을 통한 예금 실재성 잔액 확인 검증을 해 보았어야 한다.

9 현대 회계감사의 특징

기업의 지배구조 투명성 제고	회계, 공시의 투명성 제고
(1) 사외이사제도의 도입 (2) 상근감사의무화 (3) 감사위원회제도의 도입 (4) 사실상 이사에 대한 책임부과 (5) 소수주주권 행사요건 완화 (6) 집중투표제 및 주주제안제도의 도입 등을 통한 소액주주의 권리 강화 (7) 회계감사인과 지배기구간의 커뮤니케이션 강화	(1) 독립된 민간단체에 의한 회계기준의 제고 및 국제기준에의 정합 노력 (2) 분기보고서제도의 도입(회계정보의 적시성과 신뢰성 제고 위한 노력) (3) CEO/CFO에 의한 재무제표, 유가증권신고서 등에 대한 인증 의무화 (4) 주요 주주 및 이사에 대한 회사재산의 대여 및 담보제공을 금지 (5) 외부감사인의 독립성 제고를 위해 동일 이사로 하여금 일정기간 이후 이사 및 소속공인회계사의 교체 의무화 (6) 내부회계관리제도를 검토대상에서 감사대상으로 변경 (7) 증권분야에 대한 집단소송제도의 도입 (8) 지정감사의 범위 확대 (9) 감사보고서 핵심감사사항 도입

10 | 재무제표 감사의 전체적인 흐름 및 해당 ISA 기준 체계

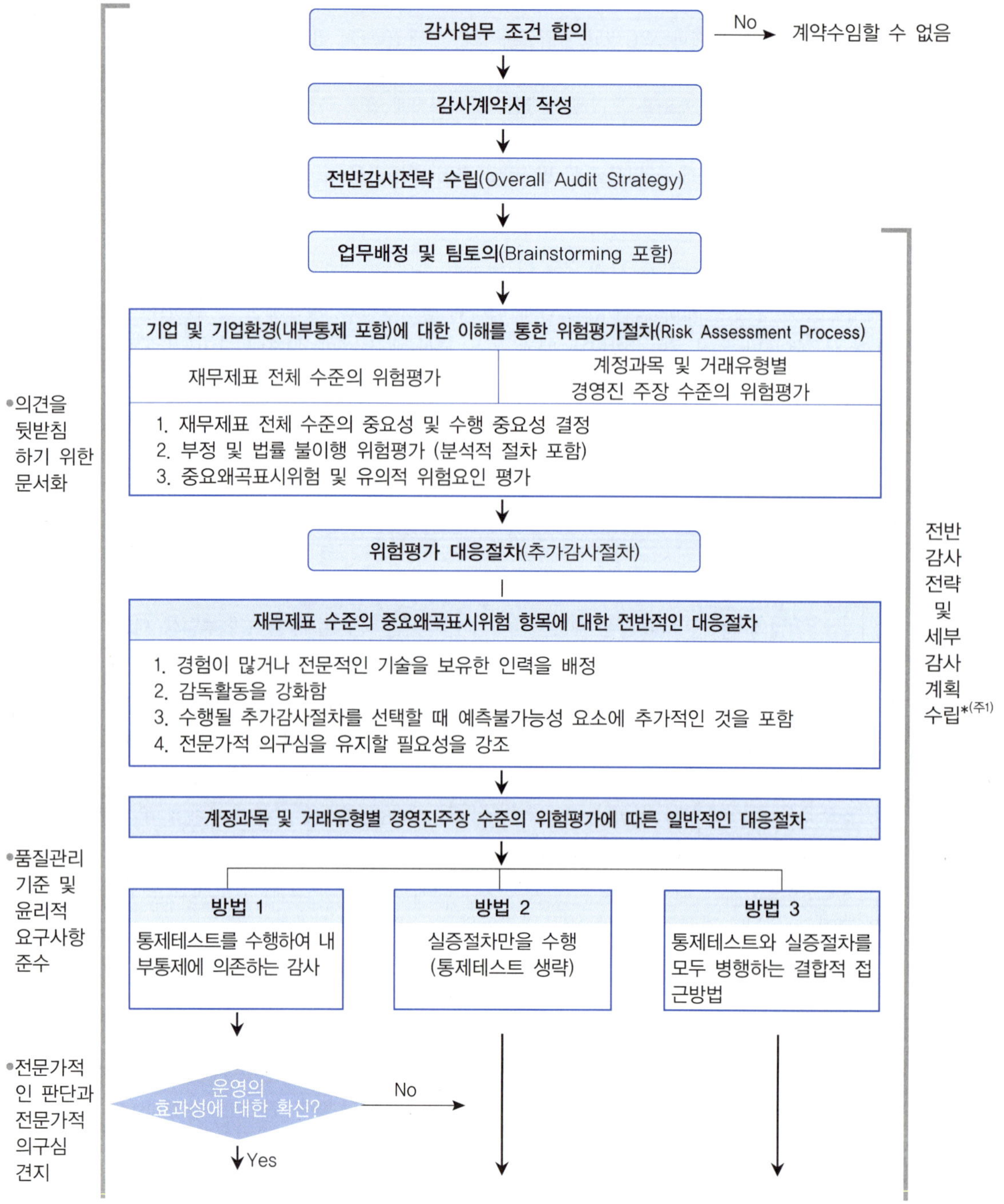

- 감사업무 조건 합의 → No → 계약수임할 수 없음
- ↓ 감사계약서 작성
- ↓ 전반감사전략 수립(Overall Audit Strategy)
- ↓ 업무배정 및 팀토의(Brainstorming 포함)
- ↓ 기업 및 기업환경(내부통제 포함)에 대한 이해를 통한 위험평가절차(Risk Assessment Process)

재무제표 전체 수준의 위험평가	계정과목 및 거래유형별 경영진 주장 수준의 위험평가

1. 재무제표 전체 수준의 중요성 및 수행 중요성 결정
2. 부정 및 법률 불이행 위험평가 (분석적 절차 포함)
3. 중요왜곡표시위험 및 유의적 위험요인 평가

- ↓ 위험평가 대응절차(추가감사절차)

재무제표 수준의 중요왜곡표시위험 항목에 대한 전반적인 대응절차

1. 경험이 많거나 전문적인 기술을 보유한 인력을 배정
2. 감독활동을 강화함
3. 수행될 추가감사절차를 선택할 때 예측불가능성 요소에 추가적인 것을 포함
4. 전문가적 의구심을 유지할 필요성을 강조

- ↓ 계정과목 및 거래유형별 경영진주장 수준의 위험평가에 따른 일반적인 대응절차

방법 1	방법 2	방법 3
통제테스트를 수행하여 내부통제에 의존하는 감사	실증절차만을 수행 (통제테스트 생략)	통제테스트와 실증절차를 모두 병행하는 결합적 접근방법

- 방법 1 ↓ 운영의 효과성에 대한 확신? → No → (방법 2로) / ↓ Yes

(좌측)
- 의견을 뒷받침 하기 위한 문서화
- 품질관리 기준 및 윤리적 요구사항 준수
- 전문가적인 판단과 전문가적 의구심 견지

(우측) 전반 감사 전략 및 세부 감사 계획 수립*(주1)

실증절차	실증절차	실증절차
① **성격** : 실증적 분석절차만 수행하는 것으로 감사위험을 수용가능한 낮은 수준으로 감소시키기에 충분함. ② **시기** : 기중에 실증절차를 수행할 수 있음. ③ **범위** : 표본규모를 줄여서 실증절차를 수행	① **성격** : 보다 신뢰할 수 있거나 관련성이 있는 감사증거 또는 추가적인 보강정보를 입수하는 것으로 대응. 즉, 실증적 분석절차보다는 세부테스트에 더 의존하는 감사 ② **시기** : 기중보다는 보고기간말 또는 보고기간말에 근접한 시기에 실증절차를 수행 ③ **범위** : 표본규모를 늘이거나 보다 상세한 수준의 실증적 분석절차를 수행	통제테스트 결과에 따라서 방법 1 또는 방법 2 형태로 진행이 이루어짐. 다만, 통상적으로 통제테스트 결과 운영의 효과성에 대한 충분하고 적합한 감사증거를 확보하지 못한 경우 일반적으로 감사범위제한으로 의견거절을 표명할 개연성이 높음.

↓

회사 결산 재무제표 제시

↓

실증절차의 수행

재무제표 경영진 주장		감사절차
1. 실재성 및 발생사실 2. 완전성 3. 권리와 의무 4. 평가와 배분, 정확성 5. 표시 및 공시	←	1. 실증적 분석절차 2. 세부테스트 (1) 계정잔액 Test (2) 거래유형 Test (3) 공시 Test

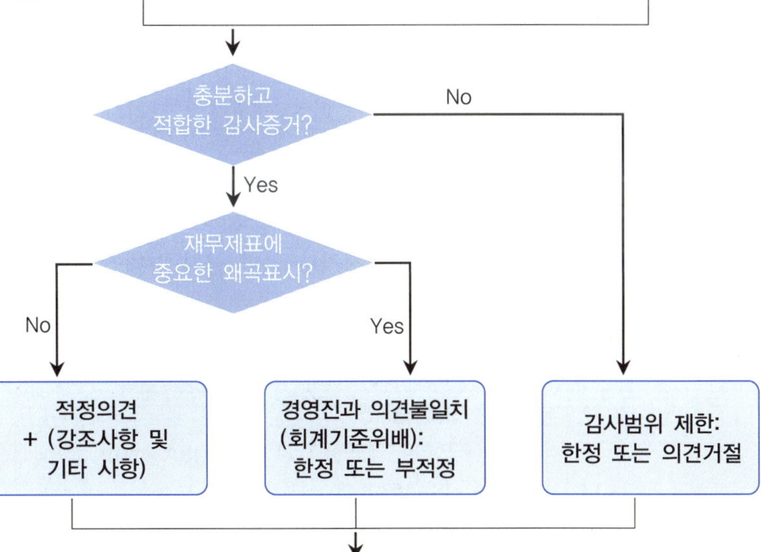

감사의견 형성 및 감사보고서 초안작성

↓

업무수행이사의 분석적 절차를 통한 검토절차

↓

감사보고서 최종확정 및 보고서 제출

*(주1) 감사종료시점까지 추가적인 감사증거수집으로 인하여 언제든지 수정 가능

I. 감사계약의 수임단계	1. 감사업무 조건의 합의 (ISA 210) 2. 재무제표 감사의 계획수립 (ISA 300)
II. 위험평가 및 감사계획수립	1. 기업과 기업환경 이해를 통한 중요왜곡표시위험의 식별과 평가 (ISA 315) 2. 감사의 계획수립과 수행에 있어서의 중요성 (ISA 320) 3. 재무제표 감사에서의 부정에 관한 감사인의 책임 (ISA 240) 4. 재무제표 감사에서의 법률과 규정의 고려 (ISA 250) 5. 평가된 위험에 대한 감사인의 대응 (ISA 330) 6. 지배기구와의 커뮤니케이션 (ISA 260) 7. 내부통제 미비점에 대한 지배기구와 경영진과의 커뮤니케이션 (ISA 265) 8. 서비스 조직을 이용하는 기업에 관한 감사 고려사항 (ISA 402)
III. 감사증거의 수집	1. 감사증거 (ISA 500) 2. 분석적 절차 (ISA 520) 3. 감사문서 (ISA 230) 4. 감사증거–특정항목에 대한 구체적인 고려사항 (ISA 501) 5. 특수관계자 (ISA 550) 6. 내부감사인이 수행한 업무의 활용 (ISA 610) 7. 감사인 측 전문가가 수행한 업무의 활용 (ISA 620) 8. 공정가치 등 회계추정치와 관련 공시에 대한 감사 (ISA 540) 9. 외부조회 (ISA 505) 10. 계속기업 (ISA 570) 11. 후속사건 (ISA 560) 12. 서면진술 (ISA 580) 13. 감사 중 식별된 왜곡표시의 평가 (ISA 450) 14. 표본감사 (ISA 530)

IV. 감사의견의 형성 및 보고서 작성	1. 재무제표에 대한 의견형성과 보고 (ISA 700) 2. 감사보고서의 강조사항문단과 기타사항문단 (ISA 706) 3. 감사의견의 변형 (ISA 705) 4. 초도감사-기초잔액 (ISA 510) 5. 비교정보 (ISA 710) 6. 그룹재무제표 감사-부문감사인이 수행한 업무 등 특별고려사항 (ISA 600) 7. 감사받은 재무제표를 포함하고 있는 문서 내의 기타정보와 관련된 감사인의 책임 (ISA 720) 8. 특정목적 감사보고서 (ISA 800~810)

Q&A 사례문제 1

다음의 내용을 읽고 틀린 내용을 모두 지적하고 그 이유를 서술하시오.

① 감사인이 감사를 수행하는 업무는 재무제표의 인증업무에 해당된다.
② 감사인의 적정의견은 감사대상회사의 내부통제제도가 건전하다는 것을 의미한다.
③ 감사인은 감사대상회사의 모든 거래를 검토한다.
④ 감사인이 감사를 수행함에 있어서 재무제표의 주석에 들어가는 내용을 작성해 주는 것은 재무제표 작성업무이기 때문에 독립성에 문제가 야기될 수 있다.
⑤ 감사인의 적정의견 감사보고서는 투자자들에게 투자의 안전성을 보장한다. 따라서 감사인이 적정의견을 표명하였다는 것은 그 기업의 계속기업 가정 타당성에 대하여 확신을 제공한 것으로 볼 수 있다.
⑥ 감사인은 감사대상회사가 적용할 회계방침을 결정한다.
⑦ 외부회계감사는 감사대상회사 내부에서 발생하는 모든 부정행위를 적발하도록 설계된다.
⑧ 감사인의 적정의견은 재무제표가 정확하다는 의미이다.
⑨ 감사인은 회계감사의 요구사항으로서 윤리기준을 준수하여야 하며 이러한 윤리기준은 공인회계사가 모든 인증업무를 수행하는 데 따라야 할 행동원리이지만 재무제표 작성 및 컨설팅과 같은 비인증업무를 수행할 때는 적용되지 않는 기준이다.
⑩ 감사인은 감사를 위하여 회사로부터 열람, 등사, 제출받은 회계에 관한 장부, 서류, 자료 등의 문서가 실제거래를 기초로 한 진실내용이라고 받아들일 수 있는 권리가 있다.
⑪ 회계감사기준은 감사업무수행을 함에 있어서 준수하여야 할 기본원리일 뿐이며 감사인이 직면할 수 있는 모든 상황에 적용할 수 있는 기준을 제정한 것은 아니기 때문에 감사를 효율적으로 수행할 수 있다고 판단되면 회계감사기준에서 정한 바와 다르게 감사를 수행할 수 있다. 다만, 그 경우 이탈의 이유, 해당 요구사항이 의도하는 목적을 달성하기 위하여 수행한 대체적 감사절차, 그리고 그 목적을 달성한 방법을 문서화하여야 한다.
⑫ 감사인은 부정이나 오류에 의한 재무제표의 중요한 왜곡표시가 사후적으로 발견된 경우 자동적으로 감사인은 회계감사기준을 준수하지 않은 것으로 간주할 수 있다.

풀이

②: 감사인의 적정의견은 감사대상회사의 재무제표가 재무보고체계에 따라 중요성의 관점에서 공정하게 작성되었다는 의미일 뿐이지 내부통제제도가 건전하다는 의미는 아니다. 즉, 감사인의 감사의견은 재무제표에 대한 것이지 내부통제제도에 대한 것이 아니며 감사인은 재무제표 감사 시 내부통제제도에 대한 의견을 표명하지 아니한다.

③: 감사인은 위험평가결과에 따른 표본감사를 원칙으로 한다.

⑤: 감사인의 적정의견 의미는 감사대상회사의 재무제표가 재무보고체계에 따라 작성되었다는 의미일 뿐이지 기업의 향후 존속가능성이나 경영진이 기업의 업무를 효과적으로 또는 효율적으로 수행하였다는 것을 의미하지는 않는다.

⑥ : 감사대상회사가 적용할 회계방침을 결정하여야 할 책임은 경영진에게 있다.

⑦ : 외부회계감사는 재무제표의 중요한 왜곡표시를 야기하는 부정에 대해서만 적발할 수 있도록 설계된다. 즉, 재무제표에 대한 합리적인 확신만을 제공할 뿐이지 절대적 확신을 제공하지는 않는다.

⑧ : 감사인의 적정의견은 회사의 재무제표가 재무보고체계에 따라 중요성 관점에서 공정하게 작성되었다는 합리적인 확신만을 제공할 뿐이며 재무제표가 정확하다는 절대적 확신을 제공하는 것은 아니다.

⑨ : 윤리기준은 공인회계사가 수행하는 인증업무뿐만 아니라 비인증업무를 수행할 때도 모두 적용되는 행위기준이다.

⑪ : 감사인이 감사기준에 따라 감사를 수행함에 있어서 예외가 적용되기 위해서는 해당 감사기준이 감사목표를 달성함에 있어서 비효과적인 경우가 대전제가 된다. 따라서 효율적이지 않다고 해서 감사기준을 생략할 수는 없다.

⑫ : 감사인은 부정이나 오류에 의한 재무제표의 중요한 왜곡표시가 사후적으로 발견되었다는 사실만으로 감사인이 정당한 주의의무를 결여하였거나 감사기준을 준수하지 않았다고 볼 수는 없다. 감사인이 감사를 수행함에 있어 감사기준을 준수하였는지 여부는 주어진 환경 하에서 수행된 감사절차가 적절하였으며 감사보고가 그러한 감사절차의 결과에 근거하여 적합한지에 따라 결정된다.

Q&A 사례문제 2 : 2008년, KICPA 기출문제 수정

기업은 재무제표를 통해 경제활동을 수행한 결과를 다양한 이해관계자에게 보고한다. 기업의 규모가 커지고 자본시장의 발달로 기업의 이해관계자가 확대되면서 합리적인 판단과 의사결정을 위해 회계정보의 유용성과 투명성이 더욱 강조되고 있다. 하지만 경영진 입장에서는 외부의 이해관계자에 비해 정보우위를 점하고 있는 정보비대칭(information asymmetry)으로 인하여 자신이나 특정 집단에게 유리하게 회계정보를 보고하려는 경제적 동기가 존재할 수 있다. 이러한 상황에서 경영진의 주장인 재무제표가 부정이나 오류로 인하여 중대하게 왜곡표시된다면 정보위험(information risk)이 매우 높다고 할 수 있다. 회계정보의 정보위험이 매우 높아서 결과적으로 기업 이해관계자의 의사결정을 오도하게 된다면 당사자는 물론이고 사회전체적으로 제한된 자원이 비효율적으로 배분되는 결과를 초래한다.

1 정보비대칭 및 회계정보의 정보위험을 고려하여 회계감사의 필요성을 설명하시오.(3줄 이내)

풀이

① 감사는 경영진과 독립적인 제3자인 감사인을 통해 재무제표의 정보위험을 감소시키고 정보비대칭을 줄여주는 감시자로서의 기능(monitoring)을 수행한다.

② 감사는 재무제표의 신뢰성을 제고하고 재무제표이용자가 회사에 관하여 올바른 판단을 하도록 한다.

2 "주식회사등의 외부감사에 관한 법률"에 의하면 감사를 반드시 받아야 하는 회사가 있다. 주권상장법인 및 주권상장예정법인에 대하여 외부감사를 의무화한 이유를 기술하시오. (상기 제시문의 내용을 참조하여 답할 것) (3줄 이내)

풀이

지분이 분산되는 상장기업일수록 정보위험에 노출되는 이해관계자 및 정보이용자가 다수이기 때문에 상대적으로 피해가 클 것으로 예상되기에 법에 의해 외부감사를 의무화하고 있다.

3 감사인이 수행하는 회계감사의 고유한계를 2가지 기술하시오.

풀이

(1) 재무제표가 전체적으로 부정이나 오류에 의해 중요하게 왜곡표시 되지 아니하였는지에 대한 합리적인 확신만을 제공한다.
(2) 재무제표가 재무보고체계에 따라 작성되었는지에 대해서만 의견을 표명하는 것이지 기업의 향후 존속가능성이나 경영진이 기업의 업무를 효과적으로 또는 효율적으로 수행하였다는 것을 의미하지는 않는다.

4 회계감사에는 재무제표의 중요한 왜곡표시를 발견하는 감사인의 능력에 영향을 미치는 고유한계가 있다. 감사시 고유한계를 발생시키는 원인 3가지를 서술하시오.

풀이

① 재무보고의 성격
② 감사절차의 성격
③ 합리적인 시간내에 합리적인 비용으로 감사가 수행될 필요성

5 회계감사의 고유한계를 발생시키는 원인 중 하나가 감사절차의 성격이라고 볼 수 있다. 이러한 감사절차의 성격으로 인한 고유한계가 발생하는 이유에 대해서 3가지를 자세하게 설명하시오.

풀이

① 정보완전성의 제한
② 공모를 통한 문서의 조작
③ 감사절차 범위의 한계

6 회계감사는 경영진의 주장을 나타내는 재무제표가 재무보고체계에 따라 공정하게 표시되고 있는가에 대한 감사인의 의견을 감사보고서를 통해 재무제표 이용자에게 전달하는 과정이다. 감사인이 감사를 수행하는 모든 과정에서 준수해야 할 회계감사의 요구사항으로 회계감사기준의 준수 이외에 추가적인 4가지를 제시하시오.

풀이

① 윤리적 요구사항 준수 ② 전문가적 의구심 견지
③ 전문가적인 판단 ④ 충분하고 적합한 감사증거 입수를 통한 감사위험통제

7 감사인은 감사를 수행함에 있어서 전문가로서의 정당한 주의의무를 다하여 체계적이고 합리적인 감사절차를 수행하여야 한다. 회계감사기준은 감사인의 정당한 주의의무에 대한 판단기준이며, 일반적으로 감사업무수행의 기본원리로 사용되어야 한다 감사인이 회계감사기준이 요구하는 요구사항으로부터 이탈할 수 있는 상황을 서술하고 이 경우 감사인이 취하여야 할 조치를 서술하시오. (6줄 이내)

풀이

1. 요구사항을 달성하는데 비효과적으로 판단되는 경우로서 (전제조건) 개별감사기준서 전체가 관련이 없거나 요구사항이 조건부인데 해당 조건이 존재하지 않아 그 요구사항이 관련이 없는 경우
2. 요구사항으로부터 이탈할 필요가 있다고 판단되는 경우 다음의 사항을 문서화하여야 한다.

> (1) 해당 요구사항이 의도하는 목적을 달성하기 위해 수행하는 대체적 절차
> (2) 그 목적을 달성한 방법
> (3) 이탈의 이유

사례문제 3 : 2008년, KICPA 기출문제

다음의 내용을 읽고 틀린 설명의 번호와 그 이유를 설명하시오.

> (1) 재무제표에 대한 감사인의 의견은 회사의 재무상태 또는 경영성과의 양호 여부를 평가하거나 장래전망을 보장하는 것은 아니다.
> (2) 감사인에 의한 재무제표 감사는 경영진의 재무제표 작성과 제시책임을 경감시키는 효과를 지닌다.
> (3) 감사인은 감사대상회사에서 발생한 모든 거래를 검토하지는 않는다.
> (4) 감사인이 적정의견을 표명한 경우에도 감사대상회사의 재무제표가 정확하다고 확신할 수는 없다.
> (5) 감사인은 감사대상회사의 내부통제구조가 취약하다면 적정의견을 표명하지 않아야 한다.
> (6) 감사인은 회계감사를 수행함에 있어 경영진이 정직하다고 전제한다.
> (7) 회사의 임직원에 의한 내부공모, 위조 또는 변조 등 문서의 허위성 여부에 대한 검사 및 판단은 재무제표 감사의 범위에 포함된다.
> (8) 감사인이 적정의견을 표명한 후에 감사된 재무제표에서 부정이나 오류에 의한 중요한 왜곡표시가 사후적으로 발견되었다고 하더라도 감사인이 회계감사기준을 준수하지 않았음을 반드시 의미하지는 않는다.
> (9) 감사인의 재무제표 감사범위에 감사대상회사의 조직의 효율성 평가는 포함되지 않는다.
> (10) 외관상 독립성이 충족되었다면 실질적으로 감사인의 독립성은 충족되었다고 볼 수 있다.

답안 양식 :

번 호	틀린 이유
⋮	⋮

풀 이

번 호	틀린 이유
(2)	재무제표의 작성 및 제시책임은 경영진에게 있으며 재무제표 감사가 재무제표에 대한 경영진 책임을 경감시키지는 아니한다.
(5)	감사인은 회사의 내부통제구조에 대해서가 아니라 재무제표에 대한 감사의견을 표명한다.
(6)	감사인은 전문가적 의구심을 가지고 경영진진술의 신뢰성과 관련된 감사증거에 대해 지속적인 관심을 가져야 한다.
(7)	재무제표 감사범위에 포함되지 않는다.
(10)	정신적 독립성이 만족되지 않으면 독립성이 충족되었다고 볼 수 없다.

Q&A 사례문제 4 : 2009년, KICPA 기출문제

다음의 내용을 읽고 물음에 답하시오. 각 물음은 서로 독립적이다.

(주)한국유통은 외국에서 농수산물을 수입하여 국내에 판매하는 업체로 20X1년 초에 설립되었다. 회사는 설립 이후 몇 년 동안 지속적인 성장을 거듭하였으며, 20X6년 초에는 한국증권거래소에 주식을 상장하였다.
그런데 20X7년부터 외국식자재에 대한 불신, 광우병 파동 및 환율상승 등이 겹치면서 (주)한국유통의 수익성은 급격히 악화되기 시작하였으며, 20X8년에는 대규모 적자를 보고하게 되었다. 또한 20X8년 중에는 재무담당이사가 자금을 횡령하여 중국으로 도주하는 사건이 발생하기도 하였다. 이런 여러 이유 때문에 20X9년 3월 말 현재 (주)한국유통의 주가는 20X8년 말 대비 40%나 하락하였다. 또한 회사는 운전자금 부족으로 추가자금 조달이 필요하나 자금조달도 쉽지 않은 상황이다.
(주)한국유통에 대한 외부감사는 회사설립 당시인 20X1년부터 대한회계법인이 담당하고 있으며, 지금까지의 감사의견은 모두 적정의견이었다.
(주)한국유통의 이사회는 20X9년부터 외부감사인을 교체하기로 결정하였다. (주)한국유통은 현재 대표이사의 대학동창이 대표로 있는 백두회계법인과 접촉하고 있다.

각 물음에 대한 답안양식은 다음과 같다(1~2문제).

답안 양식 :

타당성 여부	답변에 대한 근거

1 20X9년 5월에 (주)한국유통의 투자자들은 (주)한국유통이 20X8년에 대규모 적자를 보고하였음에도 불구하고 감사인이 적정의견을 제시하여 이를 믿고 투자하였다가 상당한 손해를 보았으므로 이를 배상하라고 대한회계법인을 상대로 소송을 제기하였다 이러한 투자자들의 주장은 타당한가? 답변에 대한 근거도 함께 2줄 이내로 서술하시오.

풀이

타당성 여부	답변에 대한 근거
타당하지 않음	재무제표에 대한 적정의견은 재무제표가 재무보고체계에 따라 작성되었는지에 대해서만 의견을 표명하는 것이지 기업의 향후 존속가능성을 언급한 것은 아니기 때문임.

2 20X9년 4월에 (주)한국유통은 대한회계법인이 20X8년 내부통제제도 평가과정에서 종업원의 횡령사실을 적발해내지 못해 회사가 손해를 입게 되었다는 이유로 대한회계법인을 상대로 손해배상청구소송을 제기하였다. 이러한 (주)한국유통의 주장은 타당한가? 답변에 대한 근거도 함께 2줄 이내로 서술하시오.

풀이

타당성 여부	답변에 대한 근거
타당하지 않음	내부통제제도의 평가는 실증절차의 성격, 범위, 시기를 결정하기 위해 이루어지는 것이며, 내부통제제도의 중요한 취약점이 발견된 경우 이를 회사에 보고만 할 뿐이지 확신을 제공하지는 아니함.

3 대한회계법인은 20X6년에 (주)한국유통에 대한 담당이사를 교체하였다. 그 이유는 동일한 이사로 하여금 회사의 연속하는 6개 사업연도(주권상장법인의 경우에는 4개 사업연도)에 대한 감사업무를 행하게 할 수 없기 때문이다. 이와 같은 담당이사 강제교체제도가 감사품질에 미치는 긍정적인 영향과 부정적인 영향을 각각 2줄 이내로 서술하시오.

풀이

긍정적 영향	감사인에 대한 유착위협이 줄어들고 독립성이 향상됨에 따라 재무제표 왜곡표시에 대한 보고 확률 상승을 가져올 수 있음.
부정적 영향	주기적인 감사인 교체는 감사인의 적격성 하락을 가져옴으로써 재무제표 왜곡표시에 대한 적발 확률 하락을 야기할 수 있음.

4 (주)한국유통은 20X9년에 백두회계법인을 외부감사인으로 선임하기 위해서 어떤 절차를 거쳐야 하는가? (회사는 감사위원회가 설치되어 있지 아니하다는 가정하에 서술)

풀이

감사인선임위원회의 승인을 받아 감사가 백두회계법인을 외부감사인으로 선임하여야 한다.

5 백두회계법인은 (주)한국유통과의 감사계약을 체결하기 전에 전임감사인과의 의견교환을 통하여 경영진의 정직, 성실성, 감사인 교체사유 및 회사와 감사인간의 의견불일치 사항 등을 파악하여 전기의 감사업무를 수행하는 중에 발생한 유의적인 사항들을 파악하고 그러한 사항들이 의뢰인과의 관계유지에 대해 어떠한 시사점이 있는지 검토하여야 한다 이 외에 백두회계법인이 감사계약 체결 전에 추가적으로 검토해야 할 사항을New ISA에 근거하여 5가지만 서술해 보시오.

풀이

(1) 주요 주주, 주요 경영진 및 지배기구의 성실성 확인
(2) 업무팀이 감사업무를 수행할 능력(적격성 및 독립성)이 있으며 시간과 자원 등 필요한 역량을 갖추었는지 여부
(3) 회계법인과 업무팀이 관련 윤리적 요구사항을 준수할 수 있는지 여부
(4) 재무제표 작성에 적용되는 재무보고체계가 수용가능한지 여부를 결정함
(5) 경영진이 재무제표, 내부통제제도 및 자료협조에 대한 책임을 인정하고 이해하고 있다는 점에 대하여 경영진의 동의를 받음.
(6) 제안된 감사업무에 대한 조건에서 경영진 또는 지배기구가 감사인의 감사업무범위 제한을 부과하는지 여부(즉, 충분하고 적합한 감사증거 수집이 가능한지 여부 판단)

6 최근 투자자 및 채권자들이 감사인을 상대로 손해배상청구소송을 제기하는 사례가 증가함에 따라 백두회계법인은 감사로 인한 미래 기대손실을 최소화하고자 다양한 노력을 기울이고 있다 **감사수임단계**에서 백두회계법인이 소송위험이 높은 고객에 대하여 미래의 손해배상 등으로 인한 손실을 감소시키기 위해 취할 수 있는 방안을 2가지만 제시하시오.

풀이

1. 감사인 조직 전체 차원에서 신규감사계약 체결 시 소송위험이 높은 고객에 대해서는 감사계약을 수임하지 않도록 하는 품질관리시스템을 유지
2. 손해배상 관련 보험에 가입
3. 감사보수를 증가시킴(소송위험이 높은 고객에 대해서는 감사인이 더 많은 노력(예를 들어, 감사시간)을 기울여야 하고 소송위험에 대한 프리미엄(risk premium)을 요구하여야 하므로)

7 백두회계법인이 (주)한국유통과 감사계약을 체결하기로 하였다고 가정하자. 백두회계법인은 (주)한국유통에 대한 **목표감사위험수준**을 어느 정도(높게, 중간, 낮게)로 설정하겠는가? 답변에 대한 이유도 함께 2줄 이내로 서술하시오.

답안 양식 :

목표감사위험수준	답변에 대한 근거

풀이

목표감사위험수준	답변에 대한 근거
낮게 설정	코스닥시장 상장법인으로서 외부정보이용자들이 재무제표에 대한 의존도가 높으며 계속기업으로서 존속가능성이 낮기 때문임.

8 다음은 감사보고서의 유용성에 대한 질문이다. 상장예정회사인 ABC(주)는 A회계법인으로부터 감사받은 재무제표와 그 감사보고서가 회사에게 많은 효익을 가져다 줄 것으로 기대하고 있다. 재무제표에 대한 감사보고서가 회사 및 감사보고서 이용자에게 어떤 효익을 가져다 줄 것으로 기대할 수 있는가? 이를 1) ABC(주)가 신규로 주식을 발행할 때, 2) ABC(주)가 신규대출을 받을 때, 3) 기관투자자가 ABC(주)의 신규발행 주식을 인수할 때로 구분하여 총 10줄 이내로 서술하시오.

답안 양식 :

1) ABC(주)가 신규로 주식을 발행할 때

2) ABC(주)가 신규대출을 받을 때

3) 기관투자자가 ABC(주)의 신규발행 주식을 인수할 때

풀이

1) 주주는 자신이 투자한 회사의 경영성과에 대하여 지속적인 관심을 가지고 있으며 회계이익과 주가는 꾸준한 상관관계가 있는 것이 일반적이다. 따라서 감사받은 재무제표는 주주가 신규증자에 참여할 것인지 의사결정에 유용한 정보를 제공하며 회사는 신뢰성 있는 정보를 제공하여 높은 가액으로 신규 자금조달을 원활하게 할 수 있다.
2) 채권자는 기업의 대출 여부를 결정할 때 기업이 대출금과 이자를 상환할 수 있는지 여부에 대하여 관심을 가지게 된다. 이때 감사받은 재무제표는 채권자가 대출 여부와 대출이자율을 결정할 때 유용한 정보를 제공하며 회사는 정보위험 제거에 따른 자본조달비용 감소효과를 가져올 수 있다.
3) 기관투자자는 신규발행주식을 인수하여 제3자에게 판매하고, 판매를 하지 못하는 경우에는 나머지를 스스로 취득한다. 이때 감사받은 재무제표는 기관투자자가 인수업무의 수행 여부 및 인수가격을 결정할 때 유용한 정보를 제공하며, 회사에게는 신뢰성 있는 정보를 제공하여 높은 가액으로 인수가격이 결정될 수 있도록 해줄 수 있다.

9 재무제표에 대한 감사는 자본시장에서 중요한 기능을 한다고 알려져 있다. 채권을 발행하려는 ㈜갑을이 품질이 높은 감사인에게 회계감사를 받는 것을 가정할 때 다음 사항을 각각 3줄 이내로 서술하시오. (2013년, 기출문제)

(1) ㈜ 갑을의 회계감사로 인하여 ㈜갑을이 채권시장에서 얻을 수 있는 효익
(2) ㈜ 갑을의 회계감사로 인하여 채권시장에서 잠재적 투자자가 얻을 수 있는 효익

풀이

(1) 정보위험으로 야기되는 위험프리미엄을 감사를 통해서 제거함으로써 재무제표의 신뢰성 제고를 통한 자본조달비용의 감소 효익을 누릴 수 있음
(2) 신뢰성 있는 재무제표를 통한 의사결정을 통하여 대출 여부에 대한 올바른 판단을 할 수 있음.

Q&A 사례문제 5 : 2010년, KICPA 기출문제

회계감사의 효익에 대한 다음의 물음에 답하시오.

1 정보위험(information risk)의 정의를 기술(3줄 이내)하고, 어떻게 회계감사가 정보위험을 줄일 수 있는지를 설명(5줄 내외)하시오.

풀이

정보위험이란 재무제표에 포함되어 있는 왜곡된 정보를 믿고 의사결정을 한 정보이용자가 피해를 볼 수 있는 위험을 말한다.

독립성 및 회계정보에 대한 적격성을 갖춘 감사인이 충분하고 적합한 감사증거를 수집하고 이에 따라 재무제표에 대하여 감사의견을 표명하게 되면 정보위험을 일으키는 대표적인 원인 중 하나인 정보의 비대칭 및 복잡성을 줄여 주게 되어 기업들이 제공하는 재무정보의 신뢰성이 제고된다. 이에 따라 재무제표 이용자들은 보다 신뢰성 있는 정보에 근거하여 의사결정을 하기 때문에 잘못된 의사결정을 내릴 가능성이 줄어들게 된다.

2 현재 우리나라는 국제회계기준(IFRS)의 도입에 이어, 신국제감사기준(New ISA)을 도입하였다. 이들 국제기준의 도입으로 우리나라 기업들이 해외자본시장에서 자금을 조달할 때 얻을 수 있는 효익을 (물음 1)의 답안과 관련지어 구체적으로 답하시오

풀이

국제회계기준과 신국제감사기준이 도입되면 회계정보의 국제적 정합성이 제고되고 정보의 신뢰성과 회계투명성의 향상으로 우리나라 기업들이 제공하는 재무제표에 대한 정보위험 프리미엄이 감소하게 된다. 이에 따라 주식을 발행하여 자금을 조달할 경우 보다 높은 금액으로 자금조달을 원활하게 하고, 신규자금을 차입할 경우 정보위험의 감소에 따른 자본조달비용의 감소효과를 가져올 수 있다.

※다음은 (물음 3) 및 (물음 4)에 관한 내용이다.

(주)신혁은 안정적이나 수익성은 높지 않은 사업을 영위하며, 감사를 받지 않은 재무제표에 따르면 2×10년 12월 31일 현재 자산총계는 700억원, 부채총계는 500억원이다. 회사는 매우 혁신적인 신사업에 진출하기로 하였다. 신사업에 100억원을 투자하면, 만 1년 뒤의 투자성과는 다음과 같이 결정된다(단, 화폐의 시간가치는 고려하지 않는다).

상 황	확 률	신사업부의 시장가치
성 공	70%	300억원
실 패	30%	0원

(주)신혁은 투자자금 조달을 위해 은행에 100억원을 대출 신청하였다. 한편, 은행은 감사를 받지 않은 재무제표를 신뢰하지 않기 때문에, 감사를 받지 않은 상태의 2×10년 12월 31일 현재 (주)신혁의 진정한 순자산가치를 0원으로 간주하고 있다. 은행은 (주)신혁에게 재무제표에 대한 감사를 받지 않으면 100억원을 만기 1년, 대출이자 50억원의 조건으로 대출해야 하나, 감사를 받으면 이자율을 낮추어 줄 수 있다고 하였다.

ABC 회계법인으로부터 감사를 받은 결과, 2×10년 12월 31일 현재 (주)신혁의 기존 사업부의 자산총계는 감사보수 차감 후 550억원, 부채총계는 500억원으로 확인되었다. (주)신혁의 기존 사업부의 영업이 안정적이기 때문에, 1년 뒤에도 순자산가액은 동일하며, 감사받은 순자산가액은 시장가치와 동일한 것으로 가정한다.

3 감사받은 재무제표를 통한 이자절감액을 감사의 효익으로 간주할 경우, (주)신혁이 ABC 회계법인으로부터 얻을 수 있는 감사의 효익은 얼마인가? 단, **감사실패의 가능성은 없다고 가정**하시오.

풀이

신사업이 성공할 경우 은행은 대출원금과 이자를 모두 회수할 수 있으나, 실패할 경우에는 회사의 순자산가액만큼만 회수할 수 있으므로, 이를 이용하여 감사의 효익을 계산하면 다음과 같다.

1. 감사보고서에 근거하지 않고 의사결정을 하는 경우의 기대현금흐름
   : 150억원×0.7+0×0.3=105억원
2. 감사보고서에 근거하여 의사결정을 하는 경우의 기대현금흐름(X=대출이자)
   : (100억원+X)×0.7+50억원×0.3=85억원+0.7X
3. 감사를 받을 경우 은행이 제공할 수 있는 최소이자의 산출
   : 105억원=85억원+0.7X, X=28.6억원
4. 감사의 효익(=이자절감액)
   : 50억원−28.6억원=21.4억원

4 이제는 **감사실패의 가능성이 5%**인 보다 현실적인 경우를 고려한다. 즉, (주)신혁의 진정한 순자산가액이 0원이지만, 결과적으로 ABC 회계법인이 이를 50억원으로 잘못 확인할 확률은 5%이다. 감사받은 재무제표를 통한 이자절감액을 감사의 효익으로 간주할 경우, (주)신혁이 ABC 회계법인으로부터 얻을 수 있는 감사의 효익은 얼마인가?

풀이

신사업에 실패할 경우 은행은 대출원금과 이자를 회사의 순자산가액만큼 회수할 수 있으나, 감사실패의 가능성이 5%이므로, 이를 반영하여 감사의 효익을 산출하면 다음과 같다.

1. 감사보고서에 근거하지 않고 의사결정을 하는 경우의 기대현금흐름
   : 150억원×0.7+0×0.3=105억원
2. 감사보고서에 근거하여 의사결정을 하는 경우의 기대현금흐름(X=대출이자)
   : (100억원+X)×0.7+50억원×0.3×(1−0.05)=84.25억원+0.7X
3. 감사를 받을 경우 은행이 제공할 수 있는 최소이자의 산출
   : 105억원=84.25억원+0.7X, X=29.6억원
4. 감사의 효익(=이자절감액)
   : 50억원−29.6억원=20.4억원

Q&A 사례문제 6

다음의 각 사례가 재무제표감사, 업무감사, 이행감사 또는 어떤 것에도 해당되지 않는 것인지 기술하시오.

(1) 과세소득이 누락되지 않고 기재되어 있는지의 여부를 파악하기 위하여 납세자가 세무서에 제출한 세무조정계산서를 과세관청이 감사하였다.
(2) 전산부문이 효율적으로 운영되고 있는지를 평가하기 위하여 회사의 전산처리시스템을 감사하였다.
(3) 정관 또는 업무규정에 따라 종업원의 업무수행이 이루어지는지를 감사하였다.
(4) 세무공무원 감사관이 근무시간을 효율적으로 이용하는지의 여부를 결정하기 위하여 일선 세무서의 근무상태를 감사하였다.
(5) 일정기간 동안의 실제 예산지출에 대한 내용이 적절하게 표시되어 있다는 것을 확인하기 위하여 정부관련기관의 회계자료 및 재무서류를 감사하였다.
(6) 내부감사인이 상근하고 있는 회사의 주주를 위한 재무제표를 감사하였다.
(7) 사채발행회사가 부채약정조건을 이행하고 있는지를 파악하기 위한 사채발행계약서상의 약정사항에 대해 감사하였다.
(8) 내부통제제도가 어느 정도 회계 및 내부자료에 대한 오류를 효과적으로 예방할 수 있는지를 평가하기 위한 대기업의 전산부서에 대한 감사를 하였다.

(9) 정부부서가 특별연구계획을 위해 지출한 금액이 당초 계획을 승인한 입법부서의 예산승인내역과 일관성이 있는지의 여부를 감사하였다.
(10) 회사의 의뢰로 추정재무제표를 작성하였다.

풀이

(1) 이행감사
(2) 업무감사
(3) 이행감사
(4) 업무감사
(5) 재무제표감사
(6) 재무제표감사
(7) 이행감사
(8) 업무감사
(9) 이행감사
(10) 해당사항 없음 (재무제표작성 업무임)

Q&A 사례문제 7 : 2016년, KICPA 기출문제

감사는 회사가 제시한 재무제표를 감사하고 이에 대한 의견을 표명하는 것으로 정의될 수 있다. 감사받은 재무제표는 회사의 정보이용자들이 그들의 경제적 의사결정에 활용한다. 만약 감사받은 후 회사가 재무적 곤란에 처하게 되어 투자자들이 손해를 입을 경우, 감사보고서를 이용한 투자자들이 감사인을 상대로 손해배상을 청구할 수도 있다.

1 신문기자인 친구가 공인회계사인 당신에게 "적정의견을 받은 기업이 왜 도산하는가?"를 질문해 왔다. 공인회계사로서 이러한 질문에 대한 답변을 서술하시오.

풀이

재무제표에 대한 적정의견은 재무제표가 재무보고체계에 따라 작성되었는지에 대해서만 의견을 표명하는 것이지 기업의 향후 존속가능성을 언급하는 것은 아니기 때문에 적정의견을 받은 기업도 도산할 수 있다.

2 생명과학업종을 영위하고 있는 A㈜는 20X1년 중에 주식을 상장할 것을 준비하고 있다. A㈜는 생명과학업종의 특성상 현재보다는 미래의 성장가능성이 주식가치에 미치는 영향이 크다고 판단하고, 향후 3년간의 추정재무제표를 작성하여 X회계법인에 감사를 의뢰하였다. X회계법인은 A㈜의 향후 3년간 추정재무제표에 대하여 감사의견(높은 수준의 확신, 적극적 확신)을 제공할 수 있는지를 고민하고 있다. X회계법인이 감사의견을 제공할 수 있는지를 아래 주장에서 고르고 그 근거를 [답안양식]에 따라 서술하시오.

<주 장>

주장 ①: 추정재무제표는 어떤 경우에도 높은 수준의 확신, 즉 감사의견을 제공할 수 없다.

주장 ②: 추정재무제표는 회계감사기준에 따라 감사를 수행한다면 높은 수준의 확신 즉 감사의견을 제공할 수 있다.

[답안양식]

맞는 주장 (다음 중 선택)	근 거
(주장 ①)	
(주장 ②)	

풀 이

맞는 주장 (다음 중 선택)	근 거
(주장 ②)	추정재무제표라는 인증대상이 정해지고 회계감사기준에 맞춰서 충분하고 적합한 감사증거를 수집하였다면 높은 수준의 확신을 제공할 수 있다.

〈참고〉 추정재무정보 검토업무기준 (9문단)

추정재무정보의 기초가정을 평가할 때 제반 유형의 증거를 이용할 수 있다고 하여도, 감사인이 그 가정에 중요한 왜곡표시가 없다는 적극적인 의견표명을 할 만큼 충분한 수준의 만족을 얻는 것은 용이하지 않다고 볼 수 있다. 따라서 감사인은 이 기준에 따라 경영자가정의 합리성에 대하여 보고할 때 중간수준의 확신만을 제공한다. 그러나 감사인이 경영자의 가정에 관해 충분한 수준의 만족을 얻었다고 판단할 때에는 그 가정에 대하여 적극적인 확신을 표명할 수도 있다.

※ 다음은 (물음 3)과 (물음 4)에 관한 자료이다.

〈자료〉

B㈜의 20X1회계연도 재무제표를 감사하는 Y회계법인은 20X2년 2월 25일자로 감사보고서를 B㈜에 제출하였다. Y회계법인은 20X2년 7월 2일에 20X2회계연도의 재무제표를 감사하던 중 20X1회계연도 재무제표가 중요하게 왜곡표시되었다는 것을 알게 되었다. 회사는 20X1회계연도의 재무제표를 수정하였고, 감사인은 20X2년 7월 28일자로 감사보고서를 재발행하였다.

감사보고서를 재발행하는 과정에서 Y회계법인은 내부적으로 업무수행이사(engagement partner), 현장책임회계사(in-charge CPA) 그리고 2년차 계정담당회계사(staff)와 해당 문제를 협의하였다. 다음은 협의과정에서 이루어진 대화 내용 중 일부이다.

계정담당회계사 : 회사의 재무제표가 명백하게 왜곡표시된 것은 확인되었습니다. 그런데 지금 와서 감사보고서를 재발행하는 것은 자동차로 보면 자동차 회사가 자발적 리콜(recall)을 하는 것과 같습니

다. 우리나라의 경우, 자동차 회사가 자발적으로 리콜하면, 언론에서는 소비자를 보호하기 위한 자동차 회사의 용기있는 행동을 존중하기보다는 해당 자동차의 품질을 문제 삼는 비판적 기사만 전파하여, 자동차 회사가 어려움을 겪는 경우가 많았습니다. 굳이 감사보고서를 재발행해야 할까요?

현장책임회계사: 저도 계정담당회계사가 우려하는 바에 동의합니다. 감사보고서를 재발행하면, 언론에서는 "감사인이 자신의 잘못을 자백했다"는 비판적 기사로 마치 감사인이 과거에 묵인했던 재무제표 왜곡표시를 이제와서 자백한 것으로 매도하기도 합니다. 감사보고서를 재발행할 경우 혹여 불이익이 있지 않을까요?

업무수행이사: 20X1회계연도의 감사보고서를 발행할 때는 회계감사기준에 따른 감사절차를 모두 준수하였는데도 이번에 문제가 된 재무제표 왜곡표시를 발견할 수 없었던 것인가요?

현장책임회계사: 네! 그렇습니다. 저뿐만 아니라 <u>내부 품질관리부서에서도 다시 감사조서를 검토하였는데, 당시의 감사절차는 회계감사기준을 모두 준수한 것으로 판단하고 있습니다.</u>

업무수행이사: 그러면 그 당시에는 해당 왜곡표시가 왜 발견되지 않았던 것인가요?

현장책임회계사: 회사의 경영진이 거래와 관련된 증빙을 위조하고 감사인에게 은폐하는 등 조직적으로 부정을 저질렀기 때문에 회계감사기준에 따른 절차로는 발견할 수 없었던 것입니다. 해당 재무제표 왜곡표시는 내부 직원이 검찰에 익명으로 사실을 제보하고 검찰조사과정에서 회사의 경영진이 자백하여 현재 수사 중에 있습니다.

업무수행이사: 알겠습니다. 미국에서는 자동차 회사가 자발적으로 리콜했을 경우 오히려 소비자를 위한다는 평을 얻어 해당 자동차 회사의 브랜드 이미지가 높아진다고 보고되기도 합니다. 감사보고서 재발행은 회계감사기준에 명시된 것입니다. 회계법인으로서는 감사보고서를 재발행하는 것이 최선의 방법이고, 회계감사기준에도 맞는 절차라고 판단합니다. 회사가 재무제표를 수정공시한다고 하니, 우리도 감사보고서를 재발행합시다.

3 위에서 제시한 자료가 모두 사실이라고 가정할 때, 감사보고서를 재발행하는 것이 감사인에게 추가적으로 혹여 일어날 수도 있는 손해배상책임을 가중하게 하는지에 대한 의견을 아래 두 가지 주장 중에서 선택하고 [답안양식]에 따라 서술하시오

<주 장>

주장 ①: 감사가 회계감사기준에 따라 수행되었더라도 감사인이 감사보고서를 재발행하면 감사인의 손해배상책임은 가중된다

주장 ②: 감사인이 감사보고서를 재발행하면 오히려 재무제표의 왜곡으로 인한 정보이용자의 손실을 방지할 수 있어 향후 감사인의 손해배상책임이 경감된다

[답안양식]

맞는 주장 (다음 중 선택)	근 거
(주장 ①) (주장 ②)	

풀 이

맞는 주장 (다음 중 선택)	근 거
(주장 ②)	감사보고서일에 감사인에게 알려졌을 경우 동 감사보고서를 수정할 원인이 될 수 있었던 어떤 사실을 알게 되어 이를 반영하여 경영진이 재무제표를 수정하였을 경우 감사보고서를 재발행하도록 되어 있다. 이렇게 회계감사기준에 따라 재발행하여야지만 정보이용자들의 피해도 최소화될 것이며 손해배상책임도 경감될 것이다. (*)

(*) 참고로 이런 경우 실무적으로는 금융감독원의 회계법인 규제조치에서 회계법인이 수정감사보고서를 발행하는 경우 경감조치를 해주고 있음.

4 위에서 제시한 자료가 모두 사실이라고 가정할 때, 최초 감사보고서를 제대로 발행하지 못하였다고 감사인을 비판하는 것이 사회적으로 바람직한지 여부를 서술하시오.

풀 이

바람직하지 않다. 왜냐하면 감사인이 정당한 주의의무를 다했는가를 판단하는 판단기준은 회계감사기준이며 회계감사기준에 따라 적절하게 계획되고 수행되었다 하더라도 감사의 고유한계로 인해 재무제표의 중요한 왜곡표시가 발견되지 않을 불가피한 위험은 항상 존재하기 때문이다.

Q&A 사례문제 8 : 2021년, KICPA 기출문제

다음은 회계감사 및 회계감사 수행에 필요한 전반적 개념에 관한 물음이다.

1 감사대상 재무제표는 기업의 경영진에 의해 작성되며, 회계감사기준에 따른 감사는 경영진이 해당 감사를 수행하는데 있어 근본적인 책임을 인정하고 있다는 전제 아래 수행된다. 재무제표 감사의 전제로 요구되는 경영진(적절한 경우 지배기구를 포함)의 책임 중 <u>두 가지</u>를 서술하시오(단, 아래 <예시>는 제외할 것).

> *<예시>*
> *해당 재무보고체계에 따라 재무제표를 작성할 책임*

풀이

첫째, 부정이나 오류에 의한 중요한 왜곡표시가 없는 재무제표를 작성하기 위한 내부통제에 대한 책임
둘째, 감사인에게 기록, 문서, 기타 사항 등 재무제표 작성과 관련한 모든 정보 및 기업내부 관계자들에 대한 접근 책임

2 감사인이 외감법에 의한 감사업무를 수행할 때에는 관련된 감사기준서를 모두 준수하여야 한다. 다만 예외적인 상황에서, 감사인은 어떤 감사기준서의 관련 요구사항을 이탈할 필요가 있다고 판단할 수 있다. 관련 요구사항을 이탈할 필요성이 발생하는 경우(또는 요건)를 서술하시오.

풀이

첫째, 감사기준이 요구하는 절차가 요구사항의 목표를 달성하는데 비효과적인 경우
둘째, 개별 감사기준서 전체가 관련이 없거나 요구사항이 조건부인데 해당 조건이 존재하지 않아 그 요구사항이 관련이 없는 경우

3 감사기준은 감사인이 감사의견의 기초로서 재무제표가 중요하게 왜곡표시되지 아니하였는지에 대한 합리적인 확신을 얻을 것을 요구한다. 합리적인 확신은 높은 수준의 확신을 의미하지만 절대적인 수준의 확신을 의미하지는 않는다. 감사기준이 절대적인 수준의 확신을 요구하지 **않는** 이유를 서술하시오.

풀이

첫째, 의견을 표명하는 대상인 재무제표에는 다수의 주관적인 결정이나 평가 또는 불확실성이 존재하며 회계추정치와 같은 어떤 항목은 제거될 수 없는 고유한 수준의 가변성이 있음
둘째, 감사증거 입수능력의 실무적, 법률적 한계가 존재함. 왜냐하면 경영진이 의도적 또는 비의도적으로 재무제표와 관련된 정보를 완전하게 제공하지 않을 수 있으며 공모를 통한 문서의 조작도 존재할 수 있고 마지막으로 감사인은 법적 공권력이 없기 때문임.
셋째, 합리적인 시간 내에 합리적인 비용으로 감사가 수행될 필요성이 존재함.

4 합리적인 확신은 감사인이 충분하고 적합한 감사증거를 입수하여 감사위험을 수용가능한 수준으로 감소시킴으로써 얻을 수 있다. 회계감사기준에 따른 '감사위험'의 정의를 서술하시오.

풀이

재무제표가 중요하게 왜곡표시되어 있음에도 불구하고 감사인이 부적합한 의견을 표명할 위험을 말한다.

Q&A 사례문제 9 : 2023년, KICPA 기출문제

1 다음은 회계감사 개요에 대한 설명이다. 각 항목별로 설명이 적절한지 여부를 기재하고, 적절하지 않은 경우 그 이유를 2줄 이내로 서술하시오.

항목	설명
①	회계감사는 고유한계로 인해 감사대상 재무제표에 중요한 왜곡표시가 없다는 절대적인 확신을 얻을 수 없다.
②	제한적 확신업무에서 인증인은 수행된 절차와 입수된 증거에 근거하여 인증대상정보가 중요하게 왜곡표시되지 않았다는 정보를 전달하는 형태로 결론을 표명하게 된다.
③	공인회계사 개인은 외부감사법에서 정의하는 감사인이다.
④	감사인은 감사수행 과정에서 전문가적 의구심을 유지하기 위해 경영자가 부정직하다는 가정을 해야 한다.

풀이

항목	설명
①	적절함.
②	검토의 경우는 소극적(제한적) 확신만을 제공하기 때문에 중요하게 왜곡표시되지 않았다는 정보를 전달하는 것이 아니라 중요한 왜곡표시가 발견되지 아니하였다는 정보는 전달하는 것임.
③	외부감사법상 감사인에는 회계법인 및 감사반만을 포함하는 것임.
④	전문가적 의구심은 경영진이 정직하거나 부정직하다고 전제해서는 안 됨.

제 2 장 감사인의 의의 및 선임절차

1 감사인의 선임절차 및 선임방법, 보고대상 및 보고기한, 계속감사 여부

	감사 가능한 감사인(주1)	감사인 선임절차
유가증권시장 상장법인 코스닥시장 상장법인 대형비상장법인(직전 사업연도말 현재 자산총액 5,000억 이상인 법인) 및 금융기관	회계법인만 가능(주2)	감사위원회가 선임 또는 감사인선임위원회(주3) 승인을 받아 감사가 선임 후 주주총회 보고
기타 비상장법인	회계법인, 감사반 모두 가능	감사 또는 감사위원회 선임 이후 주주총회 보고(계속감사시 감사 또는 감사위원회 선임절차 불필요). 단, 유한회사의 경우 자본금 10억 이상인 감사가 없는 유한회사는 사원총회승인, 자본금 10억 미만인 감사가 없는 유한회사는 회사가 선정
증권선물위원회 감사인 지정 등의 경우	회계법인만 가능(주2)	감사인 지정사유(주4)

	감사인 선임기한(주5)	선임 후 보고대상 및 기한	계속감사 여부(주6)
유가증권시장 상장법인	연속하는 3개 사업연도의 감사인을 동일 감사인으로 하여 최초 사업연도 개시일로부터 45일 이내 선임. 단, 상장법인(자산 2조원 이상) 및 금융회사의 경우는 사업연도개시일 전 선임	(1) 회사 : 계약체결일로부터 2주 이내 증권선물위원회에 보고 (2) 감사인 : 회사와 동일 (예외 없음)	(1) 이사(감사업무담당이사 및 품질관리담당이사 포함) : 3개 사업연도 연속 감사 가능 (2) 감사보조자 : 3개 사업연도까지 감사 가능. 4개 사업연도부터는 2/3 이상을 교체하여야 함. (단, 대형비상장법인 및 금융기관은 적용배제) (3) 감사반 : 규정상 감사보조자와 동일. (단, 감사반이 할 수 있는 주권상장법인등이 열거되어 있지 아니하기 때문에 지금 현재는 해당 사항이 없음)
코스닥시장 상장법인			
대형비상장법인 (직전 사업연도말 현재 자산총액 5,000억 이상 및 「독점규제 및 공정거래에 관한 법률」에 따른 공시대상기업집단에 속하는 국내 회사 및 직전 사업연도 말 기준 「자본시장과 금융투자업에 관한 법률」에 따른 사업보고서 제출대상법인의 경우 자산총액 1,000억 이상인 법인) 및 금융기관			
기타 비상장법인	매기 사업연도 개시일로부터 45일 이내 선임. 단, 최초 감사인을 선임하는 경우 사업연도 개시일로부터 4월 이내 선임. (매년 감사계약 체결)	상동 (직전 사업연도의 감사인을 다시 선임하는 경우 회사의 보고의무 면제)	(1) 이사 : 5개 사업연도 연속 감사 가능 (2) 감사보조자 및 감사반 : 제한규정 없음.

	감사인 선임기한(주5)	선임 후 보고대상 및 기한	계속감사 여부(주6)
증권선물위원회 감사인 지정 등의 경우	통보받은 날로부터 2주 이내 감사계약을 체결하여야 함.	(1) 회사의 요청에 의하여 증권선물위원회가 지명하는 자를 감사인으로 선임하였거나, (2) 증권선물위원회의 요구에 의하여 감사인을 변경선임 또는 선정하는 경우 회사는 보고의무 면제	지정감사인의 독립성 강화를 위해 지정감사 이후 자유선임으로 전환되는 첫 해에는 기존 지정감사인을 선임 금지

주1 | 감사인의 종류 및 구분 실익

회계법인	감사반
가. 자본금이 5억 이상 및 공인회계사 7인 이상(사원 3인 이상) 필요한 공인회계사법상 특수법인이며 공인회계사법에 특별한 규정이 없으면 상법상 유한회사 규정을 적용받음.	가. 공인회계사 3인 이상으로 구성되며 공인회계사회에 등록한 감사업체를 말함.
나. 모든 대상 기업을 원칙적으로 감사할 수 있음. 단, 주권상장법인의 경우에는 일정요건을 갖춘 금융위원회에 등록된 회계법인만 감사를 할 수 있음.	나. 주권상장법인, 대형비상장주식회사, 금융기관 및 감사인 지정대상 기업은 감사할 수 없음.
다. 외감법상 손해배상공동기금 및 공인회계사법상 손해배상준비금을 원칙적으로 적립하여야 함.	다. 손해배상책임을 위하여 보험가입 등 필요한 조치를 취하면 됨. 손해배상공동기금 적립이 강제사항이 아님.
라. 동일한 이사로 하여금 6개 사업연도 (주권상장법인의 경우 4개 사업연도)에 대한 감사를 연속하여 할 수 없음. 소속공인회계사의 경우에는 주권상장법인의 경우 4개사업연도부터 2/3 이상을 교체하여야 하며 비상장법인의 경우 교체 규정이 없음.	

주2 | 감사반의 경우 주권상장법인 및 증선위 지정법인에 대한 감사를 수행할 수 없는 이유

① 손해배상 조치　　② 감사품질 유지

* 상장법인 등록제와 관련된 자세한 내용은 제3장 품질관리 참조. 또한 감사반의 경우 외감법상 주권상장법인을 감사할 수 있는 것으로 규정은 되어 있으나 현재 외감법상 감사반이 감사할 수 있는 주권상장법인이 위임되어 있지 아니하기 때문에 실질적으로는 감사반은 주권상장법인을 감사할 수 없음.

주 3 | 감사인 선임절차 개정

기존에 감사인 선임은 경영진이 감사인을 선임한 후 감사 또는 감사인선임위원회 승인을 받는 구조였으나 감사인 선임절차의 공정성을 보장하고 감사의 품질관리개선을 위하여 다음과 같이 외감법(제10조 4항~6항)이 개정되었다.

회사의 유형	감사인 선임절차
주권상장법인, 대형비상장주식회사 또는 금융회사	(1) 감사위원회가 설치된 경우 : 감사위원회가 선정한 감사인 (2) 감사위원회가 설치되지 아니한 경우 : 감사인을 선임하기 위하여 대통령령으로 정하는 바에 따라 구성한 감사인선임위원회(주)의 승인을 받아 감사가 선정한 감사인
그 밖의 회사	감사 또는 감사위원회가 선정한 감사인 다만, 다음 각 목의 어느 하나에 해당하는 경우에는 해당 목에서 정한 바에 따라 선정한다. (1) 직전 사업연도의 감사인을 다시 감사인으로 선임하는 경우 : 그 감사인 (즉, 별도의 절차 불필요) (2) 감사가 없는 대통령령으로 정하는 일정규모(자본금 10억) 이상의 유한회사인 경우 : 사원총회의 승인을 받은 감사인. 단, 일정규모 이하의 감사가 없는 유한회사인 경우는 회사가 선정한 감사인

감사 또는 감사위원회는 감사인의 감사보수와 감사시간, 감사에 필요한 인력에 관한 사항을 문서로 정하여야 한다. 이 경우 감사위원회가 설치되지 아니한 주권상장법인, 대형비상장주식회사 또는 금융회사의 감사는 감사인선임위원회의 승인을 받아야 한다. 또한, 감사 또는 감사위원회는 감사보고서를 제출받은 경우 감사보수와 감사시간, 감사에 필요한 인력에 관한 사항을 문서로 정한 사항이 준수되었는지를 확인하여야 한다.

또한, 감사인을 선임한 이후에 소집되는 정기총회(주주총회 및 사원총회)에 보고하거나 법률에서 정하는 바에 따라 주주 또는 사원에게 통지 또는 공고하여야 한다

*㈜ 감사인선임위원회의 구성

감사인선임위원회는 위원장 1명을 포함하여 5명 이상의 위원으로 구성한다.

1. 감사(監事) 1명
2. 사외이사가 있는 회사의 경우에는 사외이사 중 2명 이내
3. 지배주주 및 그와 특수관계가 있는 주주를 제외한 기관투자자 중에서 의결권 있는 주식을 가장 많이 소유하고 있는 기관투자자의 임직원 1명
4. 지배주주 및 그와 특수관계에 있는 주주와 해당 회사의 임원인 주주, 기관투자자를 제외한 주주 중에서 의결권 있는 주식을 가장 많이 소유한 주주 1명
5. 지배주주 및 그와 특수한 관계가 있는 주주를 제외한 채권자 중 채권액이 가장 많은 금융회사의 임직원 1명

주 4 | 증권선물위원회에 의한 감사인 지정사유 중 대표적 예(외감법 제11조 1항)

증권선물위원회는 다음 중 어느 하나에 해당하는 회사에 3개 사업연도의 범위에서 증권선물위원회가 지정하는 회계법인을 감사인으로 선임하거나 변경선임할 것을 요구할 수 있다.

1. 감사 또는 감사위원회(또는 감사인선임위원회)의 승인을 받아 감사인의 선임기간 내에 증권선물위원회에 감사인 지정을 요청한 회사
2. 감사인의 선임기간 내에 감사인을 선임하지 아니한 회사
3. 외감법을 위반하여 감사인을 선임하거나 증권선물위원회가 회사의 감사인 교체 사유가 부당하다고 인정한 회사
4. 증권선물위원회의 감리 결과 회계처리기준을 위반하여 재무제표를 작성한 사실이 확인된 회사(다만, 증권선물위원회가 정하는 경미한 위반이 확인된 회사는 제외)
5. 회사의 재무제표를 감사인이 대신하여 작성하거나, 재무제표 작성과 관련된 회계처리에 대한 자문을 요구하거나 받은 회사
6. 주권상장법인 중 다음 중 어느 하나에 해당하는 회사
   ① 3개 사업연도 연속 영업이익이 0보다 작은 회사
   ② 3개 사업연도 연속 영업현금흐름이 0보다 작은 회사
   ③ 3개 사업연도 연속 이자보상배율이 1 미만인 회사
7. 주권상장법인 중 대통령령으로 정하는 바에 따라 증권선물위원회가 공정한 감사가 필요하다고 인정하여 지정하는 회사(관리종목으로 지정된 회사, 투자주의 환기종목으로 지정된 법인)

8. 「기업구조조정 촉진법」에 따른 주채권은행 또는 대통령령으로 정하는 주주(기관투자자)가 증권선물위원회에 감사인 지정을 요청하는 경우의 해당 회사

9. 외감법을 위반하여 감사계약의 해지 또는 감사인의 해임을 하지 아니하거나 새로운 감사인을 선임하지 아니한 회사

10. 감사인의 감사시간이 표준 감사시간보다 현저히 낮은 수준이라고 증권선물위원회가 인정한 회사

11. 직전 사업연도를 포함하여 과거 3년간 최대주주의 변경이 2회 이상 발생하거나 대표이사의 교체가 3회 이상 발생한 주권상장법인

12. 그 밖에 공정한 감사가 특히 필요하다고 인정되어 대통령령으로 정하는 회사로서 다음의 경우에 해당하는 회사
   ① 해당 사업연도 또는 다음 사업연도 중에 주권상장법인이 되려는 회사(코스닥시장상장법인이 유가증권시장상장법인이 되거나 유가증권시장상장법인이 코스닥시장상장법인이 되거나, 코넥스시장에 주권을 상장하려는 법인, 또는 주권상장법인이 되려는 기업인수목적회사는 제외)
   ② 감사인이 감사업무에 대한 계약을 해지한 회사 등

주 5 | 감사인 선임절차 기한 및 감사인 유지제도 대상 범위 확대

1. 감사인 선임절차 기한 변경
   (1) 과거에는 사업연도 개시일로부터 4월 이내 감사인을 선임하도록 되어 있었으나 이번 외감법 (제10조 제1항~2항) 개정에 따라 다음과 같이 감사인 선임절차 기한이 변경되었다.
      ① 회사는 매 사업연도 개시일부터 45일 이내(「상법」 제542조의 11 또는 「금융회사의 지배구조에 관한 법률」 제16조에 따라 감사위원회를 설치하여야 하는 회사(자산 2조원 이상인 회사)의 경우에는 매 사업연도 개시일 이전)에 해당 사업연도의 감사인을 선임하여야 한다.
      ② 직전 사업연도에 회계감사를 받지 아니한 회사는 해당 사업연도 개시일부터 4개월 이내에 감사인을 선임하여야 한다.

   (2) **취지** : 과거에는 감사인 선임기간이 전년도 감사업무가 집중되는 기간과 겹치게 되고 재무제표 감사의견과 감사인 계속 선임여부가 회사에 의해 좌우됨으로써 독립적인 감사업무 수행에 지장 (압력위협)을 줄 수 있었다. 이에 따라 감사인의 감사보고서 발행 이전에 차기연도의 감사인 선임을 미리 결정함으로써 이러한 압력위협을 줄일 수 있을 것으로 기대된다.

2. 감사인 유지제도 대상 확대

(1) 과거에는 주권상장법인에 대해서만 감사인 유지제도가 적용되었으나 이번 외감법 개정(제10조 3항)에 따라 해당 대상법인이 대형비상장회사 및 금융회사로 적용이 확대되었다.

(2) **취지** : 자유선임제도하에서 감사인의 교체압력을 줄이고 독립적인 감사를 수행할 수 있도록 하여 감사품질을 개선시키기 위함이다.

주 6 | 주기적 지정제 (외감법 제11조 2항 및 3항)

증권선물위원회는 다음 각 호의 어느 하나에 해당하는 회사가 연속하는 6개 사업연도에 대하여 감사인을 선임한 경우에는 증권선물위원회가 지정하는 회계법인을 감사인으로 선임하거나 변경선임할 것을 요구할 수 있다

(1) 주권상장법인. 다만, 코넥스상장법인은 제외

(2) 제1호에 해당하지 아니하는 회사 가운데 자산총액이 1천억 이상이고 대주주 및 그 대주주와 대통령령으로 정하는 특수관계에 있는 자가 합하여 발행주식총수(의결권이 없는 주식은 제외한다. 이하 같다)의 100분의 50 이상을 소유하고 있는 회사로서 대주주 또는 그 대주주와 특수관계에 있는 자가 해당 회사의 대표이사인 회사

단, 다음의 법인은 예외적으로 주기적 지정대상에서 제외한다

가. 증권선물위원회가 정하는 기준일로부터 과거 6년 이내에 제26조에 따른 증권선물위원회의 감리를 받은 회사로서 그 감리 결과 제5조에 따른 회계처리기준 위반이 발견되지 아니한 회사

나. 그 밖에 회계처리의 신뢰성이 양호한 경우로서 다음 각 호의 요건을 모두 갖춘 회사가 증권선물위원회에 감리를 신청하여 감리 결과 회계처리기준 위반이 발견되지 아니한 회사를 말한다.

① 증권선물위원회가 감사인의 선임 또는 변경선임을 요구하는 날부터 과거 6년 이내에 감리를 받지 아니하였을 것

② 회사가 증권선물위원회에 감리를 신청한 날이 속하는 사업연도 및 그 직전 2개 사업연도의 감사 의견(내부회계관리제도에 대한 검토 의견을 포함한다)에 회사의 내부회계관리제도에 중요한 취약점이 발견되었다는 내용이 표명되지 아니하였을 것

③ 회사가 감사 의견을 작성한 감사인을 지정기준일 이후 도래하는 다음 3개 사업연도의 감사인으로 선임하지 아니하기로 하는 확약서를 증권선물위원회에 제출할 것

2 감사인 유지 및 교체제도

(1) 계속감사와 독립성의 관계 및 관련제도

계속감사와 독립성	관 련 제 도
① 계속감사가 보장되면 압력위협 감소(교체압력 회피) ⇒ 독립성 향상	감사인 유지제도: 계속감사의 장점을 살리는 제도
② 계속감사를 보장하면 유착위협 증가 ⇒ 독립성 하락	감사인 교체제도: 계속감사의 단점을 보완하는 제도

(2) 감사인 유지제도 정리

자유선임제도하에서 감사인의 교체압력을 회피하고 독립적인 감사를 수행할 수 있도록 하기 위하여 마련된 제도 ➡ 외감법상 유가증권시장 상장법인 및 코스닥시장 상장법인, 그리고 대형비상장회사 및 금융회사는 연속하는 매 3개 사업연도의 감사인을 동일 감사인으로 선임하도록 되어 있다.

(3) 감사인 교체제도 정리

규제대상	규제성격	규 제 내 용
회계법인	회계법인 내부에서 담당이사 교체	① 비상장법인: 5개 사업연도까지 감사 가능 ② 유가증권시장, 코스닥시장상장법인, 대형비상장회사 및 금융회사: 3개 사업연도까지 감사 가능
회계법인	회계법인 내부에서 보조자인 회계사 교체	3개 사업연도 감사 후 보조자인 회계사의 2/3 이상 교체 (유가증권시장, 코스닥시장상장법인만 적용)

추가로 외감법 개정에 따른 주기적 지정제(주권상장법인 및 지배구조가 투명하지 않은 일정규모 이상의 비상장회사) 또한 강제적으로 회계법인을 교체하도록 하는 제도의 일부이다

3 감사인의 선임방식

(1) 배정방식과 자유선임방식의 비교

구 분	배정방식	자유선임방식
독립성(independence)	높음	낮음
감사인의 적격성(competence)	낮음	높음
감사품질(audit quality)	낮음	높음

(2) 자유선임방식의 보완제도

① 감사인 선임주체를 경영진에서 감사 또는 감사위원회로 권한 이전

감사인을 선임하는 주체를 경영진에서 감사 또는 감사위원회(또는 감사인선임위원회)로 권한을 이전함으로써 감사인 선임절차에 객관성 및 공정성을 보장하도록 하였다.

② 감사인 유지제도(Auditor Retention)

유가증권시장 상장법인, 코스닥시장 상장법인, 대형비상장회사 및 금융회사의 경우 3개 사업연도 연속감사를 강제화시켜 놓고 있다.

➡ 윤리기준상 독립성 훼손위험 중 압력위협을 막기 위한 제도임.

따라서 그 사업연도 내에서는 감사인이 특별한 사유가 없는 이상(비밀유지의무 위반 등) 계속감사를 수행할 수 있기 때문에 독립적으로 감사를 수행할 수가 있다.

③ 감사인 교체 또는 순환제도(Auditor Rotation)

유가증권시장 상장법인, 코스닥시장 상장법인(일반 비상장법인), 대형비상장회사 및 금융회사의 경우의 경우 동일이사가 3개 사업연도(5개 사업연도)까지밖에 감사를 하지 못하게 하는 이유도 회사와의 친밀관계를 통한 독립성 유지의 어려운 점을 고려한 규정이다. 또한 유가증권시장 상장법인, 코스닥시장 상장법인, 대형비상장회사 및 금융회사의 감사보조자 및 감사반의 인원교체 규정(2/3 이상 교체)도 이와 같은 맥락이며 주기적지정제 도입도 같은 취지이다.

➡ 윤리기준상 독립성 훼손위험 중 유착위협을 막기 위한 제도임.

④ 전기감사인의 의견진술권

회사가 감사인을 신규로 선임하거나 유가증권시장 상장법인, 코스닥시장 상장법인이 연속하는 3개 사업연도 중에 감사인을 해임(주1)하는 경우 전기감사인 및 해임되는 감사인은 감

사 또는 감사인선임위원회에 의견을 진술할 수 있다. 이때 연속하는 3개 사업연도 중에 감사인을 해임한 이유로 전기감사인이 의견을 진술한 경우 그 내용을 증권선물위원회에 보고하여야 한다(▶증선위에 의한 감사인 지정사유).

⑤ 증권선물위원회에 의한 감사인 지정
증권선물위원회는 법규를 위반하였거나 기타 공정한 감사가 필요하다고 인정되는 회사에 대하여 증권선물위원회가 지명하는 자를 감사인으로 변경선임하거나 선정할 것을 요구할 수 있다.

주 1 | 회사가 감사계약을 해지할 수 있는 경우

가. 감사인이 회사의 기밀을 누설하는 등 직무상 의무를 위반한 경우
나. 감사인이 그 임무를 게을리 하여 회사에 손해를 발생하게 한 경우
다. 감사인이 회계감사와 관련하여 부당한 요구를 하거나 압력을 행사한 경우
라. 감사보고서에 대한 감리 또는 품질관리감리 결과 금융위원회가 정하는 사유가 발생하는 경우

위와 같이 회사의 경우는 일정한 경우 감사계약 해지권이 있었으나 최근까지 감사인은 감사계약을 해지할 수 있는 권리가 존재하지 아니함. 하지만 외감법 개정에 따라 감사인도 제한된 범위 내에서 감사인에게 해당 사업연도 중 또는 사업연도 종료 후 3개월 이내에 잔여 사업연도에 대한 감사계약을 해지할 수 있도록 함. (취지 : 감사인의 과도한 부담을 완화하고 감사가 정상적으로 이루어질 수 있도록 하여 감사품질 향상에 도움을 주기 위함) 다음은 감사인이 감사계약을 해지할 수 있는 구체적인 상황임.

① 독립성이 훼손된 경우
② 회사가 직전 사업연도 또는 사업연도 중 감사보수의 지급에 관한 감사계약상의 의무를 이행하지 아니한 경우
③ 회사가 직전 사업연도 또는 사업연도 중 감사보수의 지급에 관한 감사계약을 체결한 후 회사의 합병, 분할 또는 사업의 양도·양수로 주요 사업부문의 성격이나 회사의 규모가 현저히 달라졌으나 감사보수에 대한 재계약이 이루어지지 않은 경우, 감사계약상의 의무를 이행하지 아니한 경우
④ 감사인(주권상장법인, 대형비상장주식회사 또는 금융회사의 감사인으로 한정한다)이 감사업무와 관련하여 회사에 자료를 요청하였으나 회사가 특별한 사유 없이 요청한 자료를 제출하지 아니하여 감사업무에 현저한 지장을 주었다고 인정되는 경우

4 감사인의 관련 보고서 제출기한

① 재무제표에 대한 감사보고서의 경우에는 다음 각목의 구분에 의한 기한

가. 회사에 대하여는 정기총회 1주일 전(회사정리절차가 진행 중인 회사의 경우에는 사업연도 종료 후 3월 이내)

나. 증권선물위원회 및 한국공인회계사회에 대하여는 정기총회 종료 후 2주일 이내(회사정리절차가 진행 중인 회사의 경우에는 당해 회사의 관리인에게 보고한 후2주 이내) 단, 사업보고서 제출대상법인인 회사가 사업보고서에 감사보고서를 첨부하여 금융위원회와 거래소에 제출하는 경우에는 감사인이 증권선물위원회 및 한국공인회계사회에 감사보고서를 제출한 것으로 본다

② 연결재무제표에 대한 감사보고서

가. 한국채택국제회계기준을 적용하는 회사: 개별 재무제표에 대한 감사보고서 제출기한과 동일하다. 따라서 재무제표에 대한 감사보고서와 동시에 제출한다

나. 한국채택국제회계기준을 적용하지 아니하는 회사: 사업연도 종료 후 120일 이내. 단, 직전 사업연도 말 현재 자산총액이 2조 원 이상인 법인은 사업연도 종료 후 90일 이내

❖ 회사의 재무제표 제출시기 준수 유도를 통한 재무제표 주책임자로서의 경영진 책임 강화 ❖

회사는 재무제표를 작성하여, 정기주총 6주일 전에 감사인에게 제출하고, 감사인은 동 재무제표에 대한 감사를 실시한 후 정기총회 1주일 전까지 감사보고서를 회사에 제출하여야 한다. 하지만 일부 회사의 경우에는 재무제표 작성시 감사인에 대한 의존도가 높은 경우가 있다. 즉, 외감법상 재무제표 작성책임은 회사에 있음에도 불구하고, 일부 회사는 재무제표 작성책임자로서의 의식이 부족하다. 특히 주석과 현금흐름표 등 일부 재무제표에 대해서 감사인이 회사를 대신하여 작성하는 경우가 많아 독립성 훼손이 심각한 문제점으로 야기되고 있다. 또한, 재무제표의 지연 제출은 감사기간의 단축으로 이어져 부실 감사를 초래할 가능성이 높다. 따라서, 개정된 외감법에서는 회사의 재무제표 작성 책임 명확화 및 제출시기 준수 촉구를 위하여, 회사가 감사인에게 재무제표 제출시 동 재무제표를 증선위(직전년도 자산총액이 5,000억 이상인 비상장법인의 경우 금융감독원)에도 제출하도록 하였으며 기한 내 미제출시 사유 등을 공시하도록 의무를 강화하였다. 이러한 개정을 통해서 감사인이 회사의 재무제표를 직접 작성해 주는 관행이 근절됨으로써 자기검토위협으로 인한 독립성 훼손이 야기되는 현실적인 문제가 많이 줄어들 것으로 기대된다.

(회계감사실무지침 2018-3) 감사 전 재무제표 확인 등에 관한 회계감사실무지침

구 분	주 요 내 용
감사 전 재무제표간 일치 여부	• 회사가 감사인에게 제출한 감사 전 재무제표와 증권선물위원회에 제출한 감사 전 재무제표가 서로 일치하는지 확인 • 감사인의 불일치 위험 평가에 적합한 비교 절차 수행 • 불일치 시 내부통제 미비점을 시사하는지 평가
감사 전 재무제표를 법정 기한 내에 제출하지 않은 경우	• 회사가 법정 제출기한 내에 감사 전 재무제표를 제출하지 않았다면 내부통제 미비점의 징후로 고려
회사의 감사 전 재무제표 수정	• 회사가 감사 전 재무제표를 수정하는 경우, 감사인은 조정사항의 적절성 여부와 재무제표 수정이 회사의 적합한 내부통제를 거쳐 이루어졌는지 여부를 확인
감사인이 발견한 왜곡표시	• 회사의 내부통제에 의해 수정되지 않은 왜곡표시를 감사인이 발견한 경우 내부통제 미비점을 시사하는지 평가 • 감사인이 중요한 왜곡표시를 발견한 경우, 중요한 취약점의 강력한 징후로 고려
문서화	• 감사 전 재무제표간 일치 여부 확인 결과 • 회사가 법정 제출기한 내에 감사 전 재무제표를 제출하지 않은 경우, 그러한 사실과 내부통제의 미비점 존재에 대한 결론 • 회사가 감사 전 재무제표를 수정한 경우, 적절한 내부통제를 거쳤는지 평가한 절차 및 결과 • 감사인이 왜곡표시를 발견한 경우 내부통제 미비점을 시사하는지 평가한 결과

Q&A 사례문제 1

상장회사인 (주)진영은 5개 계열회사를 거느린 독점규제및공정거래에관한법률 상의 기업집단의 모기업이며 지분소유현황 및 재무상태는 다음과 같다(2003 & 2004년, KICPA 기출문제 응용).

1. (주)진영의 총자산은 10조 원이며 결산일은 20X7년 12월 31일이며 주주총회예정일은 20X8년 3월 1일이며 작년도 주주총회도 같은 일자에 개최되었다.
2. (주)진영의 감사법인인 연정회계법인의 A팀은 20X7년 사업연도까지 3년째 (주)진영의 재무제표를 계속하여 감사해 오고 있다.
3. (주)진영이 30% 이상 지분을 소유하면서 최대주주인 회사는 3사이며 50% 이상 지분소유사는 2사이다.

1 연정회계법인이 (주)진영을 계속감사함으로써 얻게 되는 감사수행의 이점을 설명하고, 이러한 이점을 살리기 위하여 현재 외감법에서 존재하는 규정을 서술하시오.

풀이

계속감사를 통한 감사대상회사의 이해도를 증진시켜 보다 충실하고 효과적, 효율적인 회계감사의 수행이 이루어질 수 있다. 또한 계속감사를 법으로 강제화함으로써 감사인의 교체에 대한 압력위협을 줄일 수 있으며, 외감법에서는 이를 위하여 주권상장법인에 대하여 동일 감사인으로 하여금 3개 사업연도를 계속하여 감사하도록 감사인 유지제도를 규정하고 있다.

2 이 경우 연정회계법인이 발생할 수 있는 독립성 훼손위협의 종류를 기술하고 이를 위하여 외감법에서 서술하고 있는 규정 중 연정회계법인의 상황에 구체적으로 적용되는 내용을 설명하시오.

풀이

감사인이 동일한 의뢰인에 대하여 감사업무를 장기간 계속적으로 담당하는 경우 의뢰인과의 유착위협으로 인해 독립성이 훼손될 수 있다. 이에 따라 외감법에서는 동일한 이사에게 3개 사업연도를 초과하여 감사받을 수 없도록 감사인 교체제도를 규정하고 있다. 따라서 연정회계법인의 A팀 이사는 (주)진영의 20X8년 재무제표를 감사할 수 없으며 A팀 감사보조자들은 2/3 이상을 교체하여 감사를 수행하여야 한다.

3 (주)진영의 재무제표에 대하여 2007년도에 연정회계법인이 외감법 및 자본시장과금융투자업에 관한법률의 관련 규정에 의거 작성 제출되어야 할 모든 보고서를 다음 요령으로 기재하시오(단, (주)진영은 한국채택국제회계기준을 적용하지 않는 회사라고 가정하고, 회사는 사업보고서를 거래소에 제출하지 않는 것으로 가정한다).

<예시> ××××년 ××월 ××일 : ×××× 보고서

풀이

① 20X7년 5월 15일, 11월 14일 : 분기검토보고서
② 20X7년 8월 14일 : 반기검토보고서
③ 20X7년 3월 31일 : 연결재무제표에 대한 감사보고서
④ 20X7년 3월 15일 : 개별재무제표에 대한 감사보고서

Q&A 사례문제 2 : 2011년, KICPA 기출문제

회계감사는 재무제표에 포함된 정보위험을 감소시켜 불특정 다수의 투자자들이 합리적으로 의사결정을 할 수 있도록 하는 것을 목적으로 하기 때문에 감사품질을 높게 유지하는 것이 매우 중요하다. 어떠한 회사를 누가 감사하도록 하느냐 하는 감사인 선임 관련제도는 감사인의 독립성과 적격성에 많은 영향을 미친다. 우리나라는 1980년대 초까지 배정방식으로 감사인을 선임하다가 감사대상회사가 임의로 감사인을 선임할 수 있는 자유선임방식으로 변경하여 오늘에 이르고 있다. 자유선임방식은 감사인이 항상 교체압력에 노출되어 있을 뿐만 아니라 낮은 품질의 감사를 원하는 회사들의 경우 부적격한 감사인을 선임할 가능성을 내포하고 있다. 자유선임제의 이러한 약점을 보완하기 위해 감사인 선임과정에서 주권상장법인의 경우 3개 사업연도 연속감사를 강제하여 감사인의 독립성을 향상시키는 등 이를 보완하는 제도를 마련하고 있다.

1 위에서 언급하고 있는 제도 이외에 우리나라에서 일정수준의 감사품질을 유지하기 위하여 감사인 선임과정에서 감사인의 독립성을 향상시키기 위해 채택하고 있는 제도를 2가지만 각각 3줄 이내로 기술하시오.

답안 양식 :

구 분	제 도	내 용
①		
②		

풀이

구 분	제 도	내 용
①	감사위원회 또는 감사인선임위원회 승인 후 감사가 감사인을 선임	주권상장법인의 경우 감사인을 선임할 때 감사위원회가 있으면 감사위원회에서 그리고 감사위원회가 없으면 감사인선임위원회 승인 후 감사가 감사인을 선임하도록 되어 있다.
②	증권선물위원회 감사인 지정	법규를 위반하거나 기타 공정한 감사가 필요하다고 판단되는 경우에는 증권선물위원회가 감사인을 선임하도록 하는 제도

2 감사품질과 관련하여 감사인 선임단계에서 감사인의 적격성을 일정수준 이상으로 유지하기 위해 우리나라에서 채택하고 있는 제도를 3줄 이내로 기술하시오.

풀이

주권상장법인의 경우 금융위에 등록된 일정한 자격요건을 갖춘 회계법인만 감사를 할 수 있도록 되어 있으며 감사반의 경우에는 주권상장법인 및 증선위 지정법인에 대한 감사업무를 제한하고 있다.

3 (위 문제와 독립적. 2004년, KICPA 기출) 투명회계법인은 ㈜우주에 대하여 6년째 감사를 수행하고 있다. 투명회계법인이 이러한 계속감사를 함으로써 얻게 되는 감사수행의 이점을 설명하고 이 경우 투명회계법인에게 발생할 수 있는 독립성 훼손위협의 종류를 기술하시오.

풀이

(1) 이점 : 계속감사를 통한 감사대상회사의 이해도를 증진시켜 보다 효과적이고 효율적인 회계감사의 수행이 가능함.

(2) 감사인이 동일한 의뢰인에 대하여 감사업무를 장기간 계속적으로 진행하는 경우 감사인과 의뢰인과는 유착위협이 야기될 수 있음.

4 주권상장법인의 경우 특정한 재무상황이 3개 사업연도 연속된다면, 이는 외부감사법상 증권선물위원회에 의한 감사인 지정사유가 된다. 해당되는 재무상황 두 가지를 각각 1줄 이내로 서술하시오. (단, 아래 <예시>는 제외할 것). (2022년, KICPA 기출문제)

<예시>3개 사업연도 연속 영업현금흐름이 0보다 작은 회사

풀이

3개 사업연도 연속 영업이익이 0보다 작은 회사

3개 사업연도 연속 이자보상배율이 1 미만인 회사

5 감사계약의 해지는 감사인뿐만 아니라 감사대상회사도 할 수 있다 외부감사법상 주권상장법인이 3개 사업연도 중에 감사인을 해임할 수 있는 경우 세 가지를 각각1줄 이내로 서술하시오. (단, 아래 <예시>는 제외할 것). (2022년, KICPA 기출문제)

<예시> - 외국투자가가 출자한 회사로서 그 출자조건에서 감사인을 한정하고 있는 경우 - 지배회사 또는 종속회사가 그 지배·종속의 관계에 있는 회사와 같은 지정감사인을 선임하여야 하는 경우

풀이

첫째, 감사인이 회사의 기밀을 누설하는 등 직무상 의무를 위반한 경우
둘째, 감사인이 그 임무를 게을리하여 회사에 손해가 발생한 경우
셋째, 감사인이 회계감사와 관련하여 부당한 요구를 하거나 압력을 행사한 경우

Q&A 사례문제 3 : 감사관련법률규정 취지

다음은 최근에 개정된 외감법 및 공인회계사법 내용들이다. 해당 외감법 및 공인회계사법 개정내용들에 대한 취지를 아래 양식에 맞추어 간략하게 2줄 이내로 각각 서술하시오.

관련 법률 및 규정	취 지
회사가 감사인에게 재무제표를 제출할 때 증선위나 금감원에 같이 제출하도록 규정하는 제도	
감사인도 회사와 마찬가지로 감사계약을 일정한 경우 해지할 수 있도록 권리를 부여한 제도	
감사인의 선임기한을 사업연도개시전 또는 사업연도 종료일로부터 45일 이내 (신규 외감대상은 기존처럼 4월 이내) 선임하도록 하는 제도	
감사보고서에 감사참여인원의 수와 감사시간, 그리고 감사업무내용 등을 감사보고서에 기재하도록 규정한 제도	
감사인을 증권선물위원회에서 지정하도록 하는 사유를 대폭 확대 강화한 제도	
감사인이 감사대상회사의 재무제표 작성, 자문행위 및 기타 비감사업무 제한범위를 확대한 제도	
감사인이 제3자에 대한 손해배상책임을 지는 경우 원칙적으로 이사 및 감사와 연대책임이 아닌 비례책임으로 변경된 제도	
내부회계관리제도검토제도를 내부회계관리제도감사제도로 변경	
주식회사뿐만 아니라 유한회사에 대해서도 법으로 재무제표 외부감사범위를 확대하려는 제도 (주식회사등의외부감사에 관한법률로 용어도 변경)	
이해관계자가 많은 대형비상장주식회사에 대해 상장회사에 준하는 강화된 회계규율 (회계법인만 감사 가능, 감사인 유지제도 등) 적용하려는 제도	

관련 법률 및 규정	취 지
외부감사 대상회사의 기준으로 자산·부채·종업원 수 외에 매출액을 추가	
감사인이 이사의 법위반 등 부정행위를 발견하는 경우 감사 또는 감사위원회 뿐만 아니라, 증선위에도 보고하도록 의무부과하려는 제도	
감사업무 품질관리 소홀로 중대한 부실감사가 발생하는 경우 회계법인 대표이사에 대해서도 제재할 수 있는 근거 마련	

풀이

관련 법률 및 규정	취 지
회사가 감사인에게 재무제표를 제출할 때 증선위나 금감원에 같이 제출하도록 규정하는 제도	감사인이 감사대상회사의 재무제표를 작성하는 업무에 관여함으로써 야기되는 독립성 문제(자기검토위협)를 줄이기 위함.
감사인도 회사와 마찬가지로 감사계약을 일정한 경우 해지할 수 있도록 권리를 부여한 제도	감사인의 과도한 부담을 완화하고 감사가 정상적으로 이루어질 수 있도록 하여 감사품질 향상에 도움을 주기 위함
감사인의 선임기한을 사업연도개시전 또는 사업연도 종료일로부터 45일 이내 (신규 외감대상은 기존처럼 4월 이내) 선임하도록 하는 제도	현행 감사인 선임기간은 전년도 감사업무가 집중되는 기간과 겹쳐, 독립적인 감사업무 수행에 지장(압력 위협)을 줄 수 있기 때문임.
감사보고서에 감사참여인원의 수와 감사시간, 그리고 감사업무내용 등을 감사보고서에 기재하도록 규정한 제도	일정한 감사시간을 투입하게 함으로써 감사품질을 유지하기 위함.
감사인을 증권선물위원회에서 지정하도록 하는 사유를 대폭 확대 강화한 제도	자유선임제도에서 야기되는 독립성 문제(압력위협 등)를 완화시키기 위함.
감사인이 감사대상회사의 재무제표 작성, 자문행위 및 기타 비감사업무 제한범위를 확대한 제도	재무제표 작성 또는 자문업무를 수행함으로써 야기되는 독립성 문제(자기검토위협)를 완화시키기 위함.
감사인이 제3자에 대한 손해배상책임을 지는 경우 원칙적으로 이사 및 감사와 연대책임이 아닌 비례책임으로 변경된 제도	감사인의 과도한 책임을 완화시키고 재무제표 작성책임은 원칙적으로 회사에게 있음을 강조하기 위함.
내부회계관리제도검토제도를 내부회계관리제도감사제도로 변경	내부회계관리제도에 대한 검증절차를 강화함으로써 재무제표에 대한 신뢰성을 보다 향상시키기 위함.
주식회사뿐만 아니라 유한회사에 대해서도 법으로 재무제표 외부감사범위를 확대하려는 제도 (주식회사등의외부감사에 관한법률로 용어도 변경)	유한회사의 보다 신뢰성 있는 회계정보 생산을 유도함으로써 이해관계자(거래처, 채권자, 소비자 등)에 대한 보호 강화
이해관계자가 많은 대형비상장주식회사[(*1)]에 대해 상장회사에 준하는 강화된 회계규율 (회계법인만 감사 가능, 감사인 유지제도 등) 적용하려는 제도	이해관계자 보호 강화 및 상장-비상장사간 회계규제차이 해소

관련 법률 및 규정	취 지
외부감사 대상회사의 기준으로 자산·부채·종업원 수 외에 매출액을 추가	회사의 규모가 작더라도 이해관계자(거래처·채권자·소비자·정부 등)가 많은 매출액이 큰 회사를 외감대상에 포함시킴으로써 회계투명성 강화
감사인이 이사의 법위반 등 부정행위를 발견하는 경우 감사 또는 감사위원회 뿐만 아니라, 증선위에도 보고하도록 의무 부과하려는 제도	증선위 보고를 통해 이사의 부정행위에 대한 사전 억지력을 강화하는 가운데, 감사인의 실질적인 감사권한 확보 도모
감사업무 품질관리 소홀로 중대한 부실감사가 발생하는 경우 회계법인 대표이사에 대해서도 제재할 수 있는 근거 마련	회계법인 대표이사가 법인의 감사업무 품질관리를 직접 챙기고 부실감사 차단노력을 수행토록 함으로써 감사품질 제고 유도

(*1)

대형비상장법인

1. 정의

(1) 직전사업연도말 자산총액 5,000억 이상인 비상장법인.
단, 아래의 경우는 직전사업연도말 자산총액 1,000억 이상인 비상장법인

(2) 「독점규제 및 공정거래에 관한 법률」에 따른 공시대상기업집단에 속하는 국내 회사

(3) 「자본시장과 금융투자업에 관한 법률」에 따른 사업보고서 제출대상법인

2. 주권상장법인과 동일하게 적용받는 규정과 적용받지 않는 규정

동일하게 적용받는 규정	동일하게 적용받지 않는 규정
(1) 회계법인만 감사할 수 있는 규정 (2) 감사인 선임절차 (감사위원회 선임 또는 감사인선임위원회 승인후 감사 선임) (3) 감사인 유지제도 (4) 감사인 교체제도 (5) 사전재무제표 제출의무 (6) 내부회계관리제도 검토대상	(1) 등록법인만이 감사할 수 있는 규정 (2) 자산총액 2조 이상 사업연도개시일 전 감사인 선임규정 (3) 소속공인회계사의 경우 4개 사업연도부터 2/3 이상 교체 규정 (4) 자산총액 1,000억 이상의 경우 내부회계관리제도 감사대상

Q&A 사례문제 4 : 2018년, KICPA 기출문제

현재 우리나라는 사회 전반적으로 회계투명성 및 신뢰성을 제고시키고자 여러 가지 회계제도 개혁 방안을 마련하고 있다. 이러한 제도 개혁의 핵심은 높은 감사품질을 확보할 수 있는 감사환경을 조성하고, 신뢰성 높은 회계정보를 생산하여 이해관계자들에게 제공하도록 기업의 자발적인 투명한 회계처리를 유인하는 것이다.

1 감사인의 선임이나 교체는 매우 중요한 절차이며 상법 자본시장과 금융투자업에 관한 법률, 주식회사의 외부감사에 관한 법률(이하 외감법) 등에서 요건과 절차를 규정하고 있다. 우리나라

는 배정방식으로 감사인을 선임하다가 1980년대 초 외감법이 도입되면서 자유선임방식으로 변경되어 오늘에 이르고 있다. 원칙적으로 회사는 감사인을 계속하여 선임할 수 있으며 필요에 따라서는 다른 감사인으로 교체할 수 있다

한편 외감법 제11조 제1항에 의하면, 회사가 감사인을 선임 혹은 교체한 사유가 부당하다고 판단되는 경우 등에 해당되면 증권선물위원회는 감사인을 강제 지정하고 있다.

[요구사항]

(1) 감사인 배정제와 비교해볼 때, 현행의 자유선임제가 가지는 장점을 서술하시오.

풀이

자유선임제의 경우 감사인의 적격성 측면에 긍정적인 영향을 미치게 되어 재무제표 왜곡표시를 적발할 확률을 높여서 감사품질 향상에 기여할 수 있는 측면이 장점이다.

(2) 자유선임제의 한계점을 고려하여 감사인 지정제도가 필요한 이유를 서술하시오.

풀이

자유선임방식의 경우 감사인의 독립성에 부정적인 영향을 미치게 되어 재무제표 왜곡표시를 보고할 확률을 낮추게 됨으로써 감사품질에 부정적인 영향을 미칠 수 있다. 이러한 독립성이 훼손될 수 있는 문제점을 보완하기 위해서 감사인 지정방식이 필요한 것이다.

(3) 향후 우리나라는 주권상장법인 등에 대하여 주기적 감사인 지정제도(6년간 자유선임으로 감사인을 선임한 회사는 이후 3년간은 증권선물위원회가 지정한 감사인을 선임)를 시행할 예정이다. 감사인 지정제도를 확대할 경우 고려하여야 할 사항을 이해관계자(기업, 감사인, 감독당국, 정보이용자 등) 입장에서 서술하시오.

풀이

구분	고려하여야 할 사항
기업	– 지정대상의 확대로 인해 감사인 교체가능성과 교체시 발생할 위험요인에 대한 사전검토와 대응방안 마련 – 주기적 지정을 면제받기 위해 증권선물위원회에 감리를 요청할지 결정
감사인	– 피감사회사의 주기적 지정제 대상 여부 확인 – 지정받을 회사에 대한 철저한 회계감사 계획 수립
감독당국	– 지정방식의 합리화 – 주기적 지정에서 제외되는 회사의 예외 규정 마련
정보이용자	– 회사의 지정 여부 확인 – 지정 이후 감사보수와 감사시간의 변동 고려

2 회사의 분식가능성을 최소화하기 위한 기본적인 사항으로서 재무제표 작성에 대한 내부관리를 강화하고자 하는 움직임이 있다. 이런 취지에서 우리나라 기업들은 내부회계관리제도를 운영하고 있다.

외감법 제8조에 따라 회사(주권상장법인이 아닌 회사로서 직전 사업연도 말의 자산총액이 1천억원 미만인 회사는 제외)는 신뢰할 수 있는 회계정보의 작성과 공시를 위하여 내부회계관리제도를 갖추어야 한다. 또한 외감법 제8조에 의하면, 감사인은 연차재무제표의 외부감사를 실시할 때 기업의 내부회계관리제도 운영 규정 사항의 준수 여부 및 내부회계관리제도의 운영실태에 관한 보고내용을 검토하고 검토결과에 대한 종합의견을 감사보고서에 표명하도록 규정하고 있다.

[요구사항]

현행 내부회계관리제도는 제도의 취지와는 다르게 기업에서 실질적으로 운용되지 못하고 있다는 비판이 제기되고 있다. 우리나라에서 내부회계관리제도가 실질적으로 운용되어 제도의 실효성을 제고시킬 수 있는 방안을 서술하시오.

풀이

회사가 내부회계관리규정에 포함하여야 하는 사항에 회사 대표자의 내부회계관리제도 운영실태 점검·보고의 기준 및 절차, 내부회계관리자의 자격요건 및 임면절차 등을 추가하고, 감사인이 내부회계관리제도를 감사하는 경우에 회계감사기준을 준수할 의무를 부과하는 방안이 있을 수 있다.

Q&A 사례문제 5 : 2019년, KICPA 기출문제

최근 분식회계·부실감사를 보다 효과적으로 억제할 수 있도록 내부감사기구의 감시, 통제 강화 등 그 역할과 책임이 대폭 강화되고 있다. 그 중심에 서있는 감사(위원회)는 매우 중요한 역할을 수행하여야 한다.

1 외부감사인의 관점에서 감사대상회사의 감사위원회를 구성하고 있는 위원의 독립성 및 전문성이 중요한 이유를 서술하시오.

풀이

(1) **독립성이 중요한 이유:**
- 감사위원회는 감사를 대신하여 회사의 업무감사와 회계감사를 담당하므로 감사업무를 독립적이고 효과적으로 수행하기 위하여 경영진으로부터 독립적으로 구성되어야 함.
- 감사위원회가 독립적으로 구성되어야 감사업무의 독립성이 확보될 수 있고 외부감사인의 감사위험이 감소될 수 있음.

(2) **전문성이 필요한 이유:**
- 감사위원회 업무를 효과적으로 수행하기 위하여 재무, 회계, 감사 관련 경험이나 지식을 보유하고 있

어야 함.

- 감사위원회가 전문성을 갖춘 감사위원으로 구성되어야 감사업무가 효과적으로 수행될 수 있고 외부감사인의 감사위험이 감소될 수 있음.

2 「주식회사등의외부감사에관한법률(외부감사법)」에서는 기업규모, 기업형태, 감사위원회 설치 여부에 따라 외부감사인 선정 주체를 달리 규정하고 있다. 아래 표에 표시된 번호에 적합한 외부감사인 <u>선정 주체</u>를 기재하시오(아래 [답안양식]을 사용할 것).

구분			외부감사인 선정 주체
주식회사	주권상장법인, 대형비상장 주식회사 또는 금융회사	감사위원회가 설치된 경우	①
		감사위원회가 설치되지 아니한 경우	②
	그 밖의 회사	감사위원회가 설치된 경우	③
		감사위원회가 설치되지 아니한 경우	④

[답안양식]

번호	외부감사인 선정 주체
①	
②	
③	
④	

풀 이

번호	외부감사인 선정 주체
①	감사위원회
②	감사(감사인선임위원회의 승인을 받아 감사가 선정)
③	감사위원회
④	감사

3 감사위원회는 외부감사인과 외부감사 상황에 대하여 수시로 논의하여 외부감사에 대한 이해를 높이고 재무제표에 대한 내부감사기능을 수행하여야 한다. 또한 외부감사인에게 구체적인 거래나 사건에 대한 정보를 제공하여 외부감사인의 감사증거 수집에 도움을 주는 등 외부감사인과의 공조를 통해 감사역할을 수행하여야 한다. 이와 관련하여 회계감사기준에서 감사위원회가 수행하도록 <u>권장하고 있는 사항</u>을 서술하시오.

풀 이

회계감사기준(감사기준서 260 A7)에서는 감사위원회가 다음을 수행할 것을 권장하고 있음.

① 감사위원회의 회의에 감사인이 정기적으로 참여하도록 초청함

② 감사위원회의 위원장 및 관련되는 경우 감사위원회의 구성원은 감사인과 주기적으로 연락함
③ 감사위원회는 최소한 1년에 한 번씩 경영진을 참석시키지 않고 감사인과 만남

4 외부감사법상 감사위원회가 이사의 직무수행에 관하여 부정행위 또는 정관에 위반되는 중대한 사실을 발견한 경우 취해야 할 후속 조치사항에 대해서 서술하시오.

풀이

감사위원회가 이사의 직무수행에 관하여 부정행위 또는 법령이나 정관에 위반되는 중대한 사실을 발견한 경우
① 감사위원회는 감사인에게 통보
② 감사위원회로부터 통보받은 감사인은 증권선물위원회에 보고

Q&A 사례문제 6 : 2023년, KICPA 기출문제

1 외부감사법에 의하면, 감사인의 독립성을 제고하기 위해 감사수행기간의 경과에 따라 감사참여자에 대해 의무교체규정을 적용해야 한다. 업무수행이사와 업무보조자의 의무교체규정을 감사대상회사 유형별로 서술하시오.

[답안양식]

감사대상회사	업무수행이사 교체규정	업무보조자 교체규정
주권상장법인		
대형비상장법인, 금융회사		
기타 비상장법인		

풀이

감사대상회사	업무수행이사 교체규정	업무보조자 교체규정
주권상장법인	3개 사업연도까지 연속감사 가능	3개 사업연도까지 감사 가능. 4개 사업연도부터는 2/3 이상 교체
대형비상장법인, 금융회사	3개 사업연도까지 연속감사 가능	교체규정 존재하지 아니함.
기타 비상장법인	5개 사업연도까지 연속감사 가능	교체규정 존재하지 아니함.

AUDITING

제 3 장

감사품질 및 감사인의 자격요건

1 감사품질 및 품질관리의 정의

❖ 감사품질 및 품질관리의 정의 ❖

감사품질(Audit Quality)	품질관리(Quality Control)
① 감사보고서에 표명된 감사의견의 적절성	① 감사(보고서)품질을 향상시키기 위한 제도적 관리
② 재무제표상의 오류가 사실대로 발견될 확률과 발견된 오류가 정직하게 보고될 확률의 결합치	② 감사인의 전문지식, 업무수행능력을 향상시키고 독립성 및 객관성을 향상시키기 위한 모든 제도적 관리

결국, 감사품질은 재무제표의 중요한 왜곡표시를 적발할 확률과 보고할 확률의 결합치이며, 이러한 적발확률(적격성의 종속변수)과 보고확률(독립성의 종속변수)을 향상시키기 위한 모든 제도적 장치를 품질관리(QC: Quality Control)라고 정의한다.

〈감사품질〉
재무제표 왜곡표시 적발확률 (적격성의 변수) × 동 왜곡표시의 보고확률 (독립성의 변수)

2 | 현재 우리나라의 품질관리 시스템

(1) 자율적인 품질관리 (품질관리 기준서 및 ISA 220)
(2) 외부규제기관에 의한 품질관리 (외감법, 공인회계사법 그리고 윤리기준에 근거)

(1) 자율적인 품질관리(품질관리 기준서 및 ISA 220)

감사인은 적절한 품질관리절차를 수립하여 다음에 대한 합리적인 확신을 제공할 수 있어야 한다.

가. 감사는 전문가적 기준 및 법규의 요구사항을 준수함 (절차의 적정성)
나. 감사인이 발행한 보고서는 해당 상황에 적합함. (보고의 적정성)

자율적인 품질관리로서 ISA 220이 요구하고 있는 품질관리요인(QC Elements)은 다음과 같다.

① 감사품질에 대한 리더십 책임 (Leadership Responsibility)
② 관련 윤리적 요구사항의 준수 (Compliance with Relevant Ethical Requirement)
③ 의뢰인 관계와 감사업무의 수용과 유지 (Acceptance and Continuation of Client Relationship and Audit Engagements)
④ 업무팀의 배정 (Assignment of Engagement Teams)
⑤ 감사업무의 수행 (Engagement Performance)
⑥ 모니터링 (Monitoring)
⑦ 문서화 (Documentation)

① 감사품질에 대한 리더십 책임 (Leadership Responsibility)

업무수행이사(Engagement Partner)는 자신이 담당하는 각 회사의 감사업무의 전반적인 품질에 대한 책임을 져야 한다. 이 때 업무수행이사라 함은 감사업무와 그 수행 그리고 회계법인을 대신하여 발행된 감사보고서에 대하여 책임을 지는 자를 말한다.

따라서 업무수행이사의 경우에는 소속 업무팀원들에게 1) 업무수행에 있어서 전문직 기준과 법규의 요구사항을 준수하고 2) 해당 상황에 적합한 보고서를 발행하며 3) 회계법인의 해당 품질관리정책과 절차를 준수하는 것이 중요하다는 사실을 강조하여야 한다. 또한, 감사업무를 수행하는 데 있어서 4) 품질이 본질적이라는 사실을 주지시켜야 한다.

② **관련 윤리적 요구사항의 준수**(Compliance with Relevant Ethical Requirements)

업무수행이사는 감사업무의 전 과정에 걸쳐 필요한 관찰과 질문을 통해 업무팀원이 관련 윤리적 요구사항을 위반하고 있다는 증거에 대해 주의를 유지하여야 한다 그 과정에서 업무팀원이 관련 윤리적 요구사항을 위반하고 있음을 시사하는 사항을 알게 되면 회계법인 내부의 다른 자들로부터 자문을 받아 적합한 조치를 결정하여야 한다.

관련 윤리적 요구사항 중 가장 대표적인 사안이 구성원들이 인증업무를 수행하는 데 있어서 요구되는 독립성(Independence)이다. 업무수행이사는

1) 회계법인에게 항상 독립성 위협을 일으키는 상황과 관계를 식별하고 평가하여야 하며
2) 만약 해당 사실이 식별된 경우 그 사실이 감사업무의 독립성에 위협을 발생시키는지 여부를 평가하여야 한다.
3) 만약 위협이 야기되는 사실이라고 판단하는 경우에는 안전장치를 적용하여 그러한 위협을 제거하거나 수용가능한 수준으로 감소시키기 위한 적합한 조치를 취하여야 하며 이러한 적합한 조치를 통하여 해당 사항을 해결할 수 없다면 신속히 이를 회계법인 내부에 보고하여야 한다.

예 (주)서울을 감사하고 있는 한국회계법인의 업무참여자들은 모두 (주)서울에 대하여 재무적 이해관계를 포함하여 관련 기준이 요구하는 독립성이 만족되는 상황에서 감사를 수행하고 있다. 당해 사업연도 감사 중 (주)서울이 (주)부산을 인수합병하는 것으로 언론을 통해서 보도가 된 사실을 업무수행이사는 알게 되었다. 이 경우 업무수행이사는 감사수임단계에서 존재하지 않았던 상황이 새로이 발생하였기 때문에 반드시 업무구성원들에게 혹시 재무적, 신분적 이해관계를 포함한 독립성 훼손 사유가 존재하는지 확인해 보는 절차를 수행하여야 한다. 이 경우 해당 독립성 훼손을 야기시키는 위협을 제거하거나 수용가능한 수준으로 감소시키기 위한 노력을 업무수행이사는 수행하여야 하며 해당 사례에서는 해당 주식을 처분하거나 관련 업무구성원을 감사업무에서 배제하는 것이다. 만약, 그런 방법을 통해서도 독립성을 유지하기 힘들다 판단되면 업무수행이사는 회계법인 내부에 해당 사실을 통보하여야 한다.

③ **의뢰인 관계와 감사업무의 수용과 유지**(Acceptance and Continuation of Client Relationship and Audit Engagements)

업무수행이사는 의뢰인 관계의 수용과 계속 및 감사업무의 수임과 계속에 관하여 적합한 절차들이 지켜졌는지 만족할 수 있어야 하며, 이에 대해 도달된 결론이 적합한지 결정하여야 한다. 따라서 의뢰인으로부터 새로운 감사업무를 수임하거나 이를 계속하기 위한 결론을 내리기 위해서는 다음과 같은 내용을 고려하여야 한다. (ISA 220 A8)

> 1) 주요 주주, 주요 경영진 및 지배기구의 성실성
> 2) 업무팀이 감사업무를 수행할 능력 (적격성)이 있으며 시간과 자원 등 필요한 역량을 갖추었는지 여부
> 3) 회계법인과 업무팀이 관련 윤리적 요구사항을 준수할 수 있는지 여부
> 4) 현재 또는 전기의 감사업무를 수행하는 중에 발생한 유의적 사항들과 그러한 사항들이 의뢰인과의 관계유지에 대해 시사하는 점. 특히 전기의 감사업무를 수행하는 중에 발생한 유의적인 사항들을 파악하기 위하여는 반드시 전임감사인과의 의견교환절차가 중요하다 이를 통하여 감사인은 다음과 같은 내용을 전임감사인에게 반드시 질문하여야 한다.
> 가. 경영진의 정직, 성실성
> 나. 경영진과 전임감사인과의 회계처리방법 및 감사절차 적용과 관련한 의견의 불일치사안
> 다. 전임감사인의 교체 사유

<예> 한국회계법인은 (주)서울을 감사하기 위해서 반드시 (주)서울 경영진의 성실성에 대한 만족이 이루어져야 한다. 만약, 회사의 이해 및 전임감사인과의 의견교환을 통하여 경영진의 성실성에 대한 의구심이 생기는 경우에는 감사계약을 수임하지 않도록 회계법인 내부방침은 규정되어 있어야 한다. 또한, 해당 감사업무를 수임하는 단계에서 해소할 수 없는 독립성 훼손사유가 발생하였거나 해당 산업에 대한 지식과 경험이 없는 경우 (적격성이 결여되어 있는 경우) 감사인은 해당 계약 체결을 거부할지 여부를 고려해 보아야 하며, 마지막으로 전임감사인의 감사계약 해지 사유가 무엇인지 파악하여 신규 감사대상회사에서 중대한 부정이나 불법행위가 발생하였다는 사실을 인지하였거나 전임 감사인 교체사유가 부당하다고 판단되면 감사계약 수임을 하지 않도록 내부 방침이 되어 있어야 한다.

④ **업무팀의 배정**(Assignment of Engagement Teams)

업무수행이사는 업무팀, 그리고 업무팀원이 아닌 감사인 측 전문가들이 총체적으로 다음 사항을 수행하는데 적합한 적격성과 역량을 보유하고 있는지에 대해 만족할 수 있어야 한다.

> 1) 전문직 기준과 해당 법규의 요구사항을 준수하여 감사업무를 지휘, 감독하고 수행함.
> 2) 감사보고서는 해당 상황에 적합함.

이 경우 업무팀 전체적으로 기대되는 적합한 적격성과 역량을 고려할 때는 가 각 참여자들의 유사한 성격과 복잡성을 가진 감사업무에 이해와 실무 경험, 나. 관련 산업에 대한 지식 및 다. 전문가적 판단을 수행할 수 있는 능력을 고려하여야 한다.

이는 곧 업무수행이사는 해당 구성원들의 역량 및 적격성 향상을 위하여 사전에 해당 관련 지식에 대한 교육, 훈련 등이 지속적으로 수행되도록 하여야 하며 업무 배정도 각 구성원들의 지식과 경험들을 고려하여 수행하는 것을 포함한다.

⑤ **감사업무의 수행**(Engagement Performance)

1) 지휘, 감독 및 수행

업무수행이사는 전문직 기준과 해당 법규의 요구사항을 준수하여 감사업무를 지휘, 감독하고 수행하여야 하며 해당 상황에 맞는 적합한 감사보고서를 발행하여야 할 책임을 져야 한다.

2) 검토

업무수행이사는 회계법인의 검토정책과 절차에 따라 검토가 수행되도록 책임을 져야 하며 감사보고서일 이전에 업무수행이사는 감사문서의 검토와 업무팀과의 토의를 통하여, 감사에서 도달된 결론과 발행될 감사보고서를 뒷받침하는 데 충분하고 적합한 감사증거가 입수되었다는 것에 대해 만족할 수 있어야 한다.

3) 자문

업무수행이사는 어렵거나 논쟁의 여지가 있는 사항들에 관하여 업무팀이 적합한 자문을 실시하도록 하는 책임을 지며 업무팀원이 감사업무 중 업무팀 내부 및 업무팀과 회계법인 내, 외부의 적합한 위치의 자들 간에 적합한 자문을 실시하였다는 것에 대해 만족할 수 있어야 하고, 그러한 자문의 결론들이 적절하게 도달하였는지 판단하여야 한다.

4) 업무품질관리검토

업무품질관리검토와 관련하여 업무수행이사와 업무품질관리검토자는 다음과 같은 업무를 수행하여야 한다.

업무수행이사	업무품질관리검토자
가. 업무품질관리검토자가 선임되었는지 결정 나. 업무품질관리검토 중에 식별된 사항 등 감사업무의 수행 중에 야기된 유의적 사항을 업무품질관리검토자와 논의함 다. 업무품질관리검토가 완료되기 전까지는 감사보고서일을 기재하지 아니함.	가. 유의적 사항을 업무수행이사와 논의 나. 재무제표와 감사보고서의 초안을 검토 다. 감사문서를 선정하여 업무팀이 내린 유의적 판단과 그 도달된 결론들을 검토 라. 감사보고서를 형성할 때 도달된 결론들을 평가하고 감사보고서 초안이 적합한지 여부를 고려

상장기업의 재무제표 감사에 대하여 업무품질관리검토자는 업무품질관리검토 수행에 관하여 다음 사항도 추가적으로 고려하여야 한다.

가. 당해 감사업무와 관련, 회계법인의 독립성에 대한 업무팀의 평가
나. 어렵거나 논쟁의 여지가 있는 사항들에 관하여 적합한 자문이 있었는지 여부, 그리고 그러한 자문으로부터 도출된 결론
다. 검토를 위해 선정된 감사문서는 유의적 판단들과 관련된 업무를 반영하고 있으며 도달된 결론들을 뒷받침하는지 여부

5) 의견의 차이

업무팀은 업무팀 내부나 자문수행자, 또는 해당되는 경우 업무수행이사와 업무품질관리검토자 간에 의견의 불일치가 발생하면, 이를 처리하고 해결하기 위한 회계법인의 정책과 절차를 따라야 한다.

⑥ 모니터링(Monitoring)

효과적인 품질관리시스템에는 동 품질관리시스템과 관련된 정책과 절차가 관련성이 있고 적절하며 효과적으로 운영되고 있다는 합리적 확신을 회계법인에게 제공할 수 있도록 설계된 모니터링 절차가 포함된다.

⑦ 문서화(Documentation)

감사인 및 업무품질관리검토자는 다음과 같은 사항에 대하여 문서화하여야 한다.

감사인	업무품질관리검토자
1) 관련 윤리적 요구사항의 준수에 관하여 식별된 쟁점 및 그러한 쟁점을 해결한 방법 2) 당해 감사업무에 해당되는 독립성 요구사항의 준수에 관한 결론 및 그러한 결론을 뒷받침하는 회계법인과의 논의내용 3) 의뢰인 관계의 수용과 계속 및 감사업무의 수임과 계속에 관하여 도달된 결론 4) 감사업무 수행과정에서 실시된 자문의 성격, 범위와 그 결론	1) 업무품질관리 검토에 관하여 회계법인의 정책에서 요구되는 절차를 수행하였음 2) 업무품질관리검토는 감사보고서일 이전에 종료되었음 3) 검토자는 업무팀이 내린 유의적 판단과 도달된 결론이 적합하지 않았다고 판단할만한 어떠한 미해결 사항도 인지하고 있지 아니함.

(2) 외부규제기관에 의한 품질관리

적격성 향상과 관련된 품질관리제도	독립성 향상과 관련된 품질관리 제도
① 감사반의 경우 주권상장법인, 대형비상장법인과 금융기관 감사수임을 제한 (2장) ② 주권상장법인 감사인 등록제도 (3장) ③ 공인회계사 윤리기준 및 공인회계사법상 지속적인 연수, 훈련 요구	① 감사인 유지제도 (2장) ② 감사인 교체제도 (2장) ③ 감사위원회와 감사를 통한 감사인 선임 (2장) ④ 전기감사인의 의견진술권 (2장) ⑤ 증선위가 일정 요건 만족시 감사인 지정 (2장) ⑥ 공인회계사 윤리기준을 통한 독립성 준수요구 (3장) ⑦ 공인회계사법을 통한 독립성 준수요구 (3장)

(3) 감사품질 강화를 위한 외부규제기관의 추가적인 규정

① 표준감사시간 도입 (외감법 제16조의 2)

한국공인회계사회는 감사업무의 품질을 제고하고 투자자 등 이해관계인의 보호를 위하여 감사인이 투입하여야 할 표준감사시간을 정할 수 있다. 이 경우 대통령령으로 정하는 절차에 따라 금융감독원 등 대통령령으로 정하는 이해관계자의 의견을 청취하고 이를 반영하여야 한다. 또한 한국공인회계사회는 3년마다 감사환경 변화 등을 고려하여 사전에 정한 표준 감사시간의 타당성 여부를 검토하여 이를 반영하고 그 결과를 공개하여야 한다. 이는 결국 회사의 성격, 규모, 위험 등을 고려한 일정한 감사시간을 감사인으로 투입하게 함으로써 감사품질을 유지하기 위한 취지이다.

② 품질관리기준 준수의무 평가 및 개선권고 실시 (제17조, 제29조 5항~7항)

감사인은 감사업무의 품질이 보장될 수 있도록 감사인의 업무설계 및 운영에 관한 기준(품질관리기준)을 준수하여야 하며 품질관리기준은 한국공인회계사회가 감사업무의 품질관리 절차, 감사인의 독립성 유지를 위한 내부통제 등 감사업무의 품질보장을 위하여 필요한 사항을 포함하여 대통령령으로 정하는 바에 따라 금융위원회의 사전승인을 받아 정한다.

증권선물위원회는 감사인에 대한 품질관리기준 준수 여부에 대한 감리 결과 감사업무의 품질 향상을 위하여 필요한 경우에는 1년 이내의 기한을 정하여 감사인의 업무설계 및 운영에 대하여 개선을 권고하고, 그 이행 여부를 점검할 수 있다. 또한, 증권선물위원회는 해당 개선권고사항을 외부에 공개할 수 있으며 만약 감사인이 개선권고를 정당한 이유 없이 이행하지 아니하는 경우에는 미이행 사실을 외부에 공개할 수 있다.

③ 회계법인 대표이사 등 제재 근거 신설 (제17조 3항, 제29조 4항)

감사인의 대표자는 품질관리기준에 따른 업무설계 및 운영에 대한 책임을 지며, 이를 담당하는 이사(품질관리업무 담당이사) 1명을 지정하여야 한다. 만약, 품질관리기준에 따른 업무설계, 운영을 소홀히 함으로써 중대한 부실감사 발생시 대표이사 등에 대한 조치를 강화함으로써 회계법인 대표이사가 법인의 감사업무 품질관리를 직접 챙기고 부실감사 차단노력을 수행토록 함으로써 감사품질제고를 유도하기 위함이다.

(4) 감사인은 자율적인 품질관리와 외부규제기관에 의한 품질관리가 효과적으로 운영되고 있는지 여부를 외부규제기관에 의하여 감독, 감시를 받도록 되어 있다. 이를 감리제도라고 하는데 이러한 감리제도에 대하여 외부감사법에서는 다음과 같이 규정하고 있다.

제26조(증권선물위원회의 감리업무 등) ① 증권선물위원회는 재무제표 및 감사보고서의 신뢰도를 높이기 위하여 다음 각 호의 업무를 한다.

1. 제23조 제1항에 따라 감사인이 제출한 감사보고서에 대하여 제16조에 따른 회계감사기준의 준수 여부에 대한 감리 → 감사인 감리
2. 제23조 제3항에 따라 회사가 제출한 재무제표에 대하여 제5조에 따른 회계처리기준의 준수 여부에 대한 감리 → 재무제표 감리
3. 감사인의 감사업무에 대하여 제17조에 따른 품질관리기준의 준수 여부에 대한 감리 및 품질관리수준에 대한 평가 → 감사인 감리
4. 그 밖에 대통령령으로 정하는 업무 → 내부회계관리제도 감리 (외부감사법 시행령 제29조)

[참고] 내부회계관리제도 감리: 재무제표 감리를 수행하면서 필요한 경우로 한정한다. (외부감사법 시행령 제29조)

따라서 외부감사법상 감리의 종류는 아래와 같이 2가지 유형으로 나눠질 수 있다.

재무제표 감리	감사인 감리
증권선물위원회와 공인회계사회가 외부감사대상 법인의 **재무제표에 대한 감리**를 실시(공인회계사회는 주권상장예정, 채권상장법인 등을 포함한 **비상장법인**에 한함)	증권선물위원회와 공인회계사회가 감사대상상장법인 수 등을 기준으로 **감사인의 회계감사기준 준수 여부** 또는 **품질관리기준의 준수 여부** 및 **품질관리 수준에 대한 평가**를 실시

결국 감사인 감리는 회계처리기준과 회계감사기준의 준수 여부에 대한 감리(구, 감사보고서 감리)와 품질관리기준의 준수 여부에 대한 감리 및 품질관리 수준에 대한 평가(구, 품질관리 감리)로 나눠질 수 있는 것이며, 두 가지 유형 감리 모두 총괄하는 곳은 증권선물위원회이며 일부 감리를 한국공인회계사를 통하여 위탁감리를 수행하도록 되어 있다.

참고 ▌ 상장법인 감사인 등록제 도입

<개정> 상장법인 감사인 등록제 도입
(외감법 제9조의 2 : 시행시기는 2020년 사업연도부터 적용)

미국은 엔론, 월드콤, 썬빔 등과 같은 회계부정사건으로 말미암아 회계법인들 간의 자율규제인 상호감리(Peer Review : Self-Regulation)를 통한 품질관리제도의 효과성에 대해서 재검토가 이루어졌다. 이에 따라 Sarbanes-Oxley Act에 근거 PCAOB를 국가 주도 하에 설립하였으며 현재는 미국 내 상장법인 재무제표를 감사하는 감사인은 PCAOB가 직접 감리하는 제도로 변경되었다. 따라서 현재 미국 증권시장에 상장되어 있는 우리나라 기업의 재무제표를 감사하기 위해서는 우리나라 국내 회계법인들도 PCAOB에 등록이 되어야 하며 또한 PCAOB의 동일한 감리대상이 되었다.

반면, 우리나라에서는 감사품질 및 손해배상능력 등과 상관없이 금융위원회에 등록된 회계법인은 상장법인에 대한 감사를 제한없이 할 수 있었다. 즉, 국내회계법인은 형식적인 설립요건(공인회계사 7인 이상, 자본금 5억 원 이상)만 갖추면 공인회계사법상 특수법인으로서(법에 특별히 명시되어 있지 아니한 사항은 상법상 유한회사 규정을 준용) 모두 금융위에 등록가능하며, 감사업무 대상에 제한이 없었다.

그에 따라 우리나라에서는 품질관리시스템이 갖춰지지 않은 회계법인도 상장법인을 감사하는데 아무런 제약이 없었으며 손해배상능력도 없는 회계법인도 상장법인 등을 감사할 수 있으므로 부실감사로 인해 다수 이해관계자의 피해 우려가 컸었다. 따라서 이번 외감법 개정(제9조의 2)에 따라 일정한 요건(감사품질 확보를 위한 금융위원회가 정하는 바에 따른 충분한 예산, 인력, 그 밖의 물적 설비를 갖추고 있어야 하며 감사품질 관리를 위한 사후 심리체계, 보상체계, 업무방법 등 금융위원회가 정하는 요건을 갖추고 있어야 함)을 모두 충족한 회계법인만 주권상장법인을 감사할 수 있도록 상장법인 감사인 등록제를 도입하기로 하였으며, 이에 따라 상장법인 감사인 등록제를 통해 상장법인을 감사하는 외부감사인의 품질제고로 인해 다수의 이해관계자에게 신뢰성 있는 재무정보를 제공할 수 있을 것으로 기대된다.

3 | 독립성

(1) 독립성 정의

감사 또는 증명(인증)업무를 행함에 있어서는 독립성이 유지되어야 함.

정신적 독립성	외관상 독립성
① 성실하고, ② 공정하며, ③ 전문가적 의구심을 가지고 행동함으로써 감사의견을 표명할 때 전문가로서의 판단을 훼손시키는 요인에 영향을 받지 않는 내면적 자세	합리적이며 관련 지식이 있는 제3자가 감사인의 성실성과 공정성 및 전문가적 의구심이 훼손되었다고 합리적으로 판단할 수 있을 만큼 독립성이 훼손되는 상황이나 사실을 회피하는 것, 즉 정신적 독립성이 훼손될 만한 이해관계를 가지지 아니하는 자세

(2) 외관상 독립성과 정신적 독립성 간의 관계

① 외관상 독립성은 제3자로 하여금 감사인의 독립성에 관한 의문을 배제하고감사보고서를 신뢰할 수 있도록 하기 위하여 요구되는 최소한의 전제조건이다.
② 외관상 독립성이 만족되었다 하더라도 정신적 독립성이 만족되지 않을 수 있으며 이러한 경우는 독립성이 만족되었다고 볼 수 없다.
③ 정신적 독립성이 만족되었다 하더라도 외관상 독립성이 만족되지 않으면 감사보고서에 대한 사회적 신뢰도가 낮아지게 된다.
④ 정신적 독립성과 외관상 독립성은 상호보완적인 관계이다.

(3) 독립성의 최소유지기간

인증업무팀의 구성원과 회계법인은 인증업무수임기간 동안 인증의뢰인에 대한 독립성을 유지하여야 한다. 업무수임기간은 인증업무팀이 업무를 착수한 일로부터 인증보고서 발행일까지이다. 반복적인 인증업무의 수임기간 종료일은 어느 일방의 계약당사자가 전문적 관계가 종료되었음을 통고한 일자와 최종 인증업무보고서의 발행일자 중 더 나중 일자로 한다(윤리기준 290.31).

감사대상 재무제표의 회계기간 중 또는 그 이후에 재무제표 감사업무를 착수한 경우, 감사업무기간 동안 제공이 금지되어 있는 비인증업무를 해당 감사업무를 착수하기 이전에 제공한 경우, 이러한 비인증업무가 해당 재무제표 감사업무에 대한 독립성을 위협하는지 여부를 고려하여야 함. 해당 위협이 명백하게 경미한 경우 외에는 해당 위협을 수용가능한 수준 이하로 감소시키기 위해 필요한 안전장치를 적용하여야 하며, 안전장치의 예는 다음과 같다.

안전장치 (윤리기준 290.33)
① 당해 의뢰인의 감사위원회 등 내부감시기구와 이미 제공된 비인증업무와 관련된 독립성 문제를 논의 ② 비인증업무의 결과에 대한 책임이 당해 의뢰인에게 있음을 인정하는 확인서 입수 ③ 비인증업무를 제공한 구성원을 해당 재무제표 감사업무에서 제외 ④ 다른 회계법인에게 해당 비인증업무의 결과를 검토하게 하거나, 해당 비인증업무를 재수행하도록 함으로써, 타 회계법인이 해당 비인증업무에 대한 책임을 질 수 있도록 함

(4) 감사인이 감사대상회사와 독립성을 유지하기 힘든 이유

① 감사인 선임방식이 자유선임제인 현행 제도 하에서는 항상 감사인은 교체압력을 받는다. (압력위협과 관련)

② 감사대상회사가 감사인에게 감사보수를 지급함으로써 정신적 독립성을 유지하기 어렵다. 따라서 회계법인이 대형화될수록 한 피감사대상회사에 대한 경제적인 종속도가 약화될 수 있기 때문에 독립성 유지가 용이하다. (이기적 위협과 관련)

(5) 독립성 판단의 절차

(Step 1) 독립성에 훼손이 될 수 있는 위협 및 상황에 대한 파악

(Step 2) 독립성 훼손 위협을 줄일 수 있는 안전장치 강구

(Step 3) 독립성 훼손 위협을 줄일 수 없는 경우 후속조치

(Step 1) 독립성 훼손 위협의 종류

잠재적인 위협의 종류	내 용
① 이기적 위협 (self-interest threats)	공인회계사 본인, 그의 직계가족(immediate family) 또는 측근가족(close family)이 재무적 또는 기타 이해관계가 있는 경우에 발생
② 자기검토위협 (self-review threats)	공인회계사가 과거에 본인이 판단한 사항에 대하여 검토를 수행하는 경우에 발생
③ 변호위협 (advocacy threats)	공인회계사가 객관성이 손상될 수 있을 정도로 어떤 입장이나 의견을 옹호하는 경우에 발생
④ 유착위협 (familiarity threats)	공인회계사가 밀접한 관계로 인하여 타인의 이익에 지나치게 동정적이 되는 경우에 발생
⑤ 압력위협 (intimidation threats)	공인회계사가 현실적 또는 잠재적인 협박의 가능성 때문에 공정하지 못하게 되는 경우에 발생

구체적으로 위협이 발생하는 상황을 열거하고 있는 공인회계사법 외부감사법 및 공인회계사윤리기준 내용은 절을 달리해서 자세하게 설명하기로 한다.

(Step 2) 독립성 훼손위협을 감소시키기 위한 안전장치

1. 한국공인회계사회 또는 법규에 의하여 마련된 안전장치
2. 업무환경내의 안전장치

1. 한국공인회계사회 또는 법규에 의하여 마련된 안전장치

① 교육, 훈련 및 실무경험 등 공인회계사 등록에 요구되는 사항
② 계속적 전문가적 개발에 대한 요구사항
③ 내부감시기구에 대한 규정
④ 전문적 기준
⑤ 한국공인회계사회 또는 감독기관의 모니터링 및 제재 절차
⑥ 공인회계사가 작성한 보고서 신고서, 통신문 또는 기타정보에 대하여 법적 권한을 가진 제3자가 수행하는 외부 감리

2. 업무환경내의 안전장치

구 분	"업무환경 내의 안전장치"
① 회계법인 전체 수준	1. 윤리강령준수의 중요성을 강조하는 회계법인의 경영방침 2. 인증업무의 공익성을 강조하고 인증업무가 공익을 위해 수행될 것이라는 기대를 회계법인 전체에 확립시키는 경영진의 의지 3. 인증업무에 대한 품질관리의 실시와 이에 대한 모니터링을 위한 정책과 절차 4. 윤리강령의 준수를 저해할 위협을 파악하고 동 위협의 심각성을 평가한 후, 동 위협이 명백하게 경미한 경우 외에는 동 위협을 제거하거나 수용가능한 수준이하로 감소시키기 위한 안전장치의 강구와 그 적용에 관한 문서화된 정책 5. 인증업무에 대한 독립성(independence) 훼손위협을 파악하고, 동 위협의 심각성을 평가한 후, 동 위협이 명백하게 경미한 경우외에는 동 위협을 제거하거나 수용가능한 수준 이하로 감소시키기 위한 안전장치의 강구와 그 적용에 관한 문서화된 독립성 정책 6. 윤리강령의 준수를 요구하는 문서화된 내부 정책과 절차 등
② 개별업무 수준	1. 수행된 업무를 재검토하거나 필요한 조언을 제공하는 역할을 수행할 공인회계사를 추가로 투입 2. 독립된 이사들로 구성된 위원회, 한국공인회계사회 또는 타 공인회계사와 같은 독립적인 제3자에 대한 자문 요청 3. 의뢰인의 내부감시기구와 윤리적 문제에 대해 논의 4. 의뢰인에게 제공한 업무의 성격과 청구한 보수금액을 의뢰인의 내부감시기구에 통보 5. 타 회계법인으로 하여금 감사업무의 일부를 수행토록 하거나 재수행하도록 의뢰 6. 인증업무팀의 상급자 교체 등
③ 의뢰인 조직 수준	1. 회계법인의 선임시 경영자 이외의 다른 사람이 이를 추인하거나 승인하는 절차 2. 경영의사결정을 할 수 있는 경험과 연륜을 갖춘 적격한 인력의 보유 3. 비인증업무를 수행하는 회계법인을 위촉함에 있어 공정한 선정을 보장하는 내부절차의 수행 4. 회계법인이 제공하는 업무에 관하여 적절한 감독과 의사소통기능을 수행하는 내부감시기구의 유지 등

(Step 3) 독립성이 만족되지 아니한 경우 감사인의 대응조치

합리적이며 관련 지식이 있는 제3자(Reasonable and Informed third party)가 판단할 때 관련 위협을 일정수준 이하로 낮출 수 없다고 판단되는 경우 아래와 같은 조치를 취하여야 한다.

시 기	대 응 조 치
법률상의 계약체결기한 이전	감사인은 감사계약의 체결을 거부 또는 해지하여야 한다. 다만, 감사인이 감사 또는 비감사업무의 착수 이전에 독립성 위반사유를 해소할 수 있는 경우에는 이를 해소한 이후 감사계약을 체결하여야 한다.
법률상의 계약체결기한 이후	감사인은 즉시 증권선물위원회에 이를 보고하고 감사계약을 취소하여야 한다. 이 경우에는 증권선물위원회가 감사인을 지정한다. 다만, 감사인이 감사업무계약을 체결한 이후 업무수행 중 알게 된 독립성 위반사유를 감사의 종결 전 단기간 내에 해소할 수 있을 때에는 감사계약을 해지하지 않아도 된다.
감사업무 수행을 완료한 후에 감사보고서를 발행하는 시점	감사인이 공인회계사법 제21조 또는 제33조를 위반한 경우 회사는 지체 없이 감사인과의 감사계약을 해지하여야 하며, 감사인은 회계감사기준에서 정하는 독립성이 훼손된 경우 등에는 사업연도 중이라도 감사계약을 해지할 수 있음.

(주의) 감사인의 조직적인 제도적 안전장치에도 불구하고 감사인의 일부구성원이 독립성이 훼손되는 상황을 알지 못한 경우 그러한 사유만으로는 독립성이 상실되었다고 볼 수 없다 또한 독립성 훼손위협이 명백하게 경미한 경우가 아님에도 불구하고, 회계법인이 해당 인증업무를 수임하거나 유지하기로 결정하는 경우에는, 파악된 위협, 해당 위협을 제거하거나 수용 가능한 수준 이하로 감소시키기 위해 적용한 안전장치, 이에 따른 결론 및 그 결론의 근거를 문서화하여야 한다.

(6) 감사제한대상기업(Restricted Entity) 및 독립성 준수 대상(Covered persons)

① 감사제한대상기업(Restricted Entity)

공인회계사 윤리기준상 감사고객에는 기본적으로 감사대상회사의 지배회사와 감사대상회사의 종속회사, 그리고 동일지배하에 있는 회사가 포함됨. 단, 공인회계사법상은 감사고객 및 연결대상 종속기업만 적용되며 지분법적용회사는 적용대상이 아님.

〈공인회계사 윤리기준에 따른 독립성 준수 대상 : 한국공인회계사 교육자료 참조〉

1) 상장기업 : 제한기업의 범위는 다음과 같음

구분	회계상 분류	정의
Upstream	지배기업	직·간접적으로 감사고객을 지배하는 기업으로서 감사고객이 해당 회사에 중요(*)한 경우 해당 기업
	유의적 영향력 행사기업	기업이 감사고객에 대하여 유의적인 영향력을 행사하는 지분을 보유하고 있고 감사고객에 대한 지분이 그 기업에게 중요(*)한 경우 당해 기업
DownStream	종속기업	감사고객이 직·간접적으로 지배하는 기업(즉, 감사고객의 종속기업)
	관계기업 및 공동기업	감사고객 또는 감사고객의 종속기업이 유의적인 영향력을 행사하는 지분을 기업에 대해 보유하고 있고, 해당 지분이 감사고객 및 감사고객의 종속기업에 중요(*)한 경우 해당 기업
Sister	동일지배하 기업(자매기업)	감사고객과 동일지배하에 있는 기업("자매기업")으로서 감사고객 및 자매기업을 모두 지배하고 있는 지배기업에게 감사고객 및 자매기업이 모두 중요(*)한 경우 그 자매기업

(*) 통상, 실무적으로 중요성은 10% Rule을 적용하여 계산(연결총자산 10% or 연결세전이익 10%)

2) 비상장기업 : 감사고객 및 연결대상 종속기업

② 독립성 준수 대상(Covered persons)

공인회계사법	공인회계사윤리기준
회계법인, 회계법인의 사원(파트너)과 그 배우자, 감사업무에 참여하는 공인회계사와 그 배우자	가. 회계법인, 감사팀원과 그 직계가족 등은 독립성을 준수해야 함. 용역팀의 파트너와 관리자 직급 직원도 감사고객에 대해 재무적 이해관계에 대한 제한이 있음. 나. 감사결과에 직접적으로 영향을 미칠 수 있는 회계법인에 소속된 다음의 임직원 ▸인증업무의 수행과 관련하여 인증업무담당 파트너를 직접적으로 관리·감독 또는 감시하는 자 ▸인증업무의 수행에 필요한 기술적 자문이나 산업별 특정 문제, 거래 또는 사건에 관하여

	자문을 제공하는 자 ▸인증업무에 대한 품질관리를 제공한 자로서 인증업무에 대한 품질관리검토를 수행한 자 다. 네트워크 회계법인에 소속된 직원 중 재무제표감사업무의 결과에 직접적으로 영향을 미칠 수 있는 모든 사람

(7) 독립성 위협을 야기시키는 구체적인 상황별 예시

1) 인적 독립성이 훼손되는 상황(윤리기준상 이기적, 자기검토, 유착위협과 관련)

❖ 공인회계사법 및 시행령 독립성 규정정리 ❖

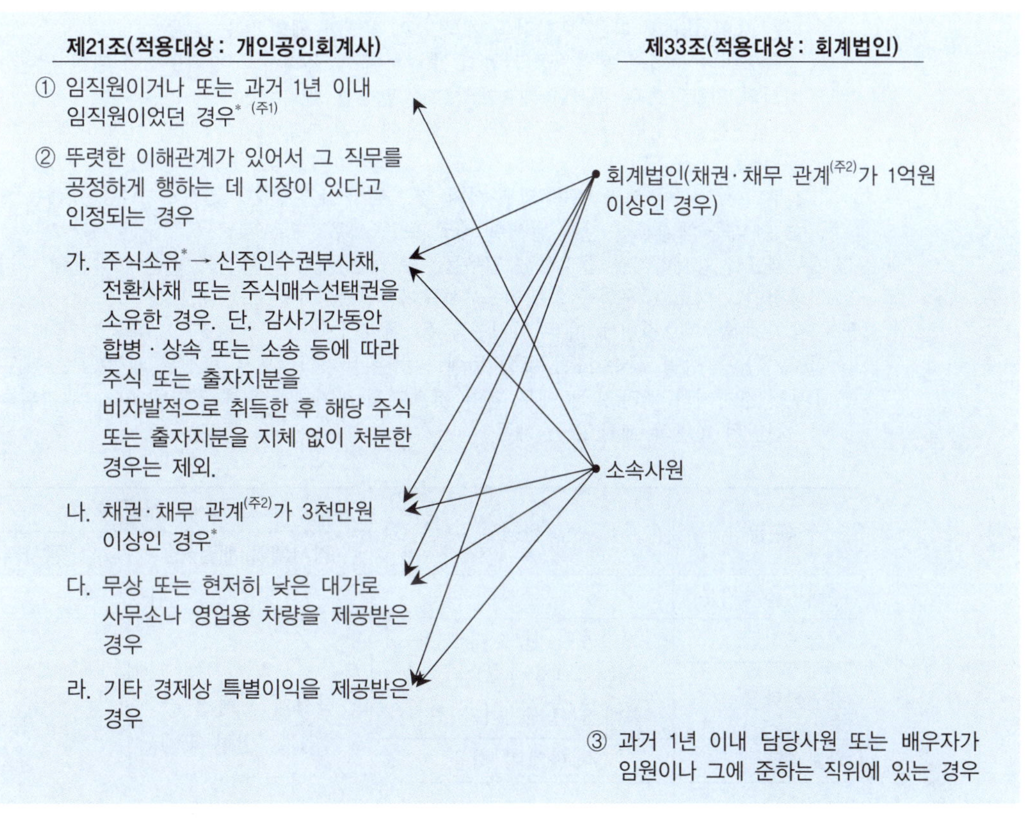

* 이 경우는 본인뿐만 아니라 배우자도 규제

(주1)

① 자기 또는 배우자가 임원이나 그에 준하는 직위(재무에 관한 사무의 책임있는 담당자를 포함한다)에 있거나, 과거 1년 이내에 그러한 직위에 있었던 자

② 자기 또는 배우자가 그 직원이거나 과거 1년 이내에 직원이었던 사람(배우자의 경우 재무에 관한 사무를 수행하는 직원으로 한정한다)

(주2) 다음과 관련된 채권, 채무는 제외한다.

① 공인회계사의 직무와 직접 관련된 채권

② 「금융소비자 보호에 관한 법률」에 따른 금융상품에 대해 「약관의 규제에 관한 법률」에 따른 약관(이하 "약관"이라 한다)에 따라 체결한 계약으로 발생한 채권 또는 채무 중 다음의 채권 또는 채무다만, 정당한 사유 없이 일반적인 거래조건보다 유리하게 체결한 계약이나 「금융산업의 구조개선에 관한 법률」 제10조 제2항에 따른 적기시정조치를 받거나 받아야 하는 금융기관과 체결한 계약으로 발생한 채권 또는 채무는 제외한다.

1) 다음의 채권 또는 채무 중 감사기간 중에 만기를 연장한 계약으로 발생한 채권 또는 채무

가) 주택담보대출·예금담보대출 등 일반적인 절차에 따라 담보를 제공하고 성립된 채무

나) 「보험업법」에 따른 보험상품 계약으로 발생한 채권 또는 채무

2) 건축물이나 주택의 분양·공급 등과 관련하여 「금융회사의 지배구조에 관한 법률」에 따른 금융회사와 일괄적으로 체결한 대출계약으로 발생한 채무

3) 「여신전문금융업법」에 따른 신용카드 사용에 따른 지급기일이 2개월 이내인 채무 중 연체되지 않은 채무

4) 1)부터 3)까지의 채권 또는 채무 외의 것으로서 재무제표를 감사하거나 증명하는 업무를 수행하는 계약을 체결하기 전에 발생한 채권 또는 채무

③ 재무제표를 감사하거나 증명하는 업무를 수행하는 계약을 체결하기 전에 약관에 따라 구입하거나 정상적인 가액으로 구입한 회원권·시설물이용권 등 채권

④ 근로자퇴직급여보장법에 따른 퇴직연금 등 채권

⑤ 감사기간 중 합병, 상속 또는 소송 등에 의하여 비자발적으로 발생된 채권 또는 채무

⑥ ①부터 ⑤까지의 채권 또는 채무 외의 것으로서 상거래를 위해 약관에 따라 체결된 계약으로 발생한 3천만원 미만의 채권 또는 채무

<table>
<tr><th rowspan="2">구분</th><th rowspan="2">현행</th><th colspan="2">개정 후</th></tr>
<tr><th>감사계약 체결 전</th><th>감사기간 중</th></tr>
<tr><td>주식·출자지분</td><td>금지</td><td colspan="2">현행유지</td></tr>
<tr><td>예금·적금</td><td rowspan="2">3천만원 한도 내 허용
(예금자보호가 되는 경우 최대 8천만원 미만 허용)</td><td rowspan="5">감사계약 체결 전 가입·차입한 금액 유지 허용(*)</td><td rowspan="5">신규 또는 증액 금지(*)</td></tr>
<tr><td>증권예탁금</td></tr>
<tr><td>담보대출</td><td>제한없이 허용</td></tr>
<tr><td>신용대출</td><td rowspan="2">3천만원 한도 내 허용</td></tr>
<tr><td>보험</td></tr>
<tr><td>신용카드</td><td>신용카드 사용에 의한 지급기일이 2월 이내인 채무 중 연체되지 아니한 채무</td><td colspan="2">현행유지</td></tr>
</table>

<table>
<tr><th rowspan="2">구분</th><th rowspan="2">현행</th><th colspan="2">개정 후</th></tr>
<tr><th>감사계약 체결 전</th><th>감사기간 중</th></tr>
<tr><td>회원권·시설물 이용권 등</td><td>표준약관이나 정상적인 가액으로 구입한 경우 제한없이 허용</td><td>표준약관이나 정상적인 가액으로 구입한 경우 유지 허용</td><td>신규 또는 증액 금지</td></tr>
<tr><td>상기 항목 외 상거래 및 사인간 채권·채무</td><td>규정 없음
(3천만원 한도 내 허용)</td><td colspan="2">상거래를 위해 약관에 따라 체결된 계약으로 인해 발생한 3천만원 미만의 채권·채무 허용</td></tr>
</table>

(*) 기존 3천만원 금액 기준 삭제됨. 개정 규정하에서는 감사계약 체결 전 보유하고 있는 예금 대출 등은 금액에 관계없이 허용이 되지만, 감사계약 기간 동안은 예금, 대출 등은 금지되며, 또한 기존 예금, 대출 등도 금액 증액이 금지됨. (한국공인회계사회 교육자료 참조)

2) 수행이 금지된 비감사업무(공인회계사 윤리기준상 자기검토위협과 관련)

참고 ❙ 감사업무와 비감사업무 동시 제공에 대한 논란

1. 논란의 배경이 되는 미국회계개혁 법안: Sarbanes-Oxley Act
2. 찬반 논란의 근거

   ① 병행하지 말자는 주장의 논거: 회계감사의 염가상품화(loss leader phenomenon)

   ➡ 이러한 염가상품화는 감사대상회사와 감사인과의 경제적 종속도를 강화하여 감사인의 독립성문제를 야기(구체적으로 윤리기준상 자기검토위협 및 이기적 위협과 관련)

   ② 병행하자는 주장의 논거

   ➡ 병행을 금지하게 되면 공인회계사가 그 피감사회사에 경제적으로 더 의존하게 되어 독립성을 해칠 수 있는 상황이 발생할 수 있으며 외부감사인의 피감사회사에 대한 이해도를 저하시켜 보다 충실하고, 효과적·효율적인 회계감사의 수행이 어렵게 될 수 있음.

현행 공인회계사법 21조 2항에 따르면 특정 회사의 재무제표(해당 회사가 다른 회사와 지배·종속 관계에 있어 연결재무제표를 작성하는 경우 그 다른 회사를 포함한다)를 감사하거나 증명하는 업무를 수행하는 계약을 체결하고 있는 기간 동안에는 동일 회사에 대하여 다음의 업무를 수행할 수 없도록 배제하고 있다

① 외감법 개정에 따라 회사가 재무제표 작성을 감사인에게 요구하는 것에 대하여 금지하는 조항을 명문화하였으며 이를 위반한 경우에는 감사인 지정사유에 해당.
외감법상 재무제표 작성업무 범위에 들어가는 행위는 다음과 같다.
가. 해당 회사의 재무제표를 대표이사와 회계담당 이사를 대신하여 작성하는 행위
나. 해당 회사의 재무제표 작성과 관련하여 회계처리에 대한 자문에 응하는 행위
다. 해당 회사의 재무제표 작성에 필요한 계산 또는 회계 분개를 대신해 주는 행위
라. 해당 회사의 재무제표 작성과 관련된 회계처리방법의 결정에 관여하는 행위
② 내부감사업무의 대행
③ 재무정보체제의 구축 또는 운영
④ 회사의 자산 · 자본, 그 밖의 권리 등("자산 등")을 매도 또는 매수하기 위한 다음 각 목의 업무(부실채권의 회수를 목적으로 하는 실사 등의 업무는 제외)
가. 자산 등에 대한 실사 · 재무보고 · 가치평가
나. 자산 등의 매도거래 또는 계약의 타당성에 대한 의견제시
⑤ 회사의 인사 및 조직 등에 관한 지원업무
⑥ 재무제표에 계상되는 보험충당부채 금액 산출과 관련되는 보험계리업무
⑦ 회사의 민 · 형사 소송에 대한 자문업무
⑧ 자금조달 · 투자 관련 알선 및 중개업무
⑨ 중요한 자산의 처분 및 양도, 지배인의 선임 또는 해임 등 경영에 관한 의사결정으로서 임원이나 이에 준하는 직위의 역할에 해당하는 업무
⑩ 그 밖에 재무제표의 감사 또는 증명업무와 이해상충의 소지가 있는 것으로서 대통령령으로 정하는 업무(현재 대통령령으로 정한 업무는 없음)

3) 감사 등의 동의 또는 협의가 필요한 비감사업무

위에서 열거되어 있는 업무 외의 업무는 내부통제절차 등 시행령에서 정하는 절차를 수행한 이후 감사업무를 수행할 수 있다. 따라서 위에서 열거된 업무 이외의 업무를 수행하기 이전에 그 회사의 감사(감사위원회 포함)와 그 업무에 대하여 협의하고, 이해상충의 소지가 높은 업무에 대하여는 감사 등의 동의를 얻어야 하며, 그 업무를 수행한 경우에는 감사 등과의 협의사항 및 감사 등의 동의와 관련한 사항을 문서화하여 8년간 보존한다.

참고 ▎회계감사에 관한 실무의견서 2005-2

외부감사인이 피감사회사에 제공할 수 있는 내부회계관리제도 관련 자문업무의 범위

【질의】

1. 외부감사인은 피감사회사의 내부회계관리제도를 직접 설계·구축 및 운영할 수 있는가?
2. 외부감사인이 피감사회사의 내부회계관리제도와 관련하여 수행할 수 있는 자문업무의 범위는 어디까지인가?

【의견요약】

1. 외부감사인이 직접적으로 피감사회사(이하 '회사'라 함)의 내부회계관리제도를 설계·구축 또는 운영하는 경우에는 당해 회사의 경영진 역할을 수행하거나 자기가 한 일을 자기가 감사하는 자기검토위협에 노출되어 감사업무의 독립성이 훼손되므로 외부감사인은 회사의 내부회계관리제도를 직접 설계·구축 또는 운영할 수 없음.
2. 외부감사인은 회사에 대한 독립성 유지를 위하여 회사의 내부회계관리제도에 대한 설계·구축·운영에 직접적·주도적으로 참여하지 않는 수준에서 내부회계관리제도에 대한 자문업무를 수행할 수 있음.

[공인회계사 윤리기준]

잠재적인 위협의 종류	내 용
① 이기적 위협 (self-interest threats)	공인회계사 본인, 그의 직계가족(immediate family) 또는 측근가족(close family)이 재무적 또는 기타 이해관계가 있는 경우에 발생
② 자기검토위협 (self-review threats)	공인회계사가 과거에 본인이 판단한 사항에 대하여 검토를 수행하는 경우에 발생
③ 변호위협 (advocacy threats)	공인회계사가 객관성이 손상될 수 있을 정도로 어떤 입장이나 의견을 옹호하는 경우에 발생
④ 유착위협 (familiarity threats)	공인회계사가 밀접한 관계로 인하여 타인의 이익에 지나치게 동정적이 되는 경우에 발생
⑤ 압력위협 (intimidation threats)	공인회계사가 현실적 또는 잠재적인 협박의 가능성 때문에 공정하지 못하게 되는 경우에 발생

1) 이기적 위협

직접적인 재무적 이해관계	간접적인 재무적 이해관계
재무적 이해관계를 가진 자가 통제력을 행사할 수 있는 재무적 이해관계 ➡ 중요성 개념이 적용되지 아니한다. 따라서 무조건 독립성 상실로 간주	재무적 이해관계를 가진 자가 통제력을 행사할 능력이 없는 재무적 이해관계 ➡ 중요성 개념이 적용된다. 따라서 중요한 간접적인 재무적 이해관계를 가진 경우만 독립성 상실로 간주

① 회계법인 등이 재무제표감사의뢰인에 대하여 지배력을 가지고 있는 자와 중요한 재무적 이해관계를 가지는 경우 이기적 위협이 발생한다. 이러한 위협은 독립성에 매우 심각한 영향을 미치므로 이러한 위협을 수용 가능한 수준 이하로 감소시킬 수 있는 안전장치가 없을 것이다. 해당 재무제표 감사업무를 수행하기 위한 유일한 대책은 회계법인 등이 해당 재무적 이해관계를 전부 청산하거나 남아 있는 재무적 이해관계가 더 이상 중요하지 않게 되도록 재무적 이해관계를 충분히 청산하는 것이다.

② 재무제표감사의뢰인에게 비인증업무를 제공하는 다른 파트너와 관리자급 직원 또는 그 직계가족이 당해 재무제표감사의뢰인과 직접적인 재무적 이해관계를 가지고 있거나 중요한 간접적인 재무적 이해관계를 가지는 경우가 있다. 당해 파트너와 관리자급 직원이 제공하는 비인증업무가 명백하게 경미한 경우가 아닌 한, 이러한 재무적 이해관계로부터 발생하는 이기적 위협은 독립성에 매우 심각한 영향을 미치게 되므로 이러한 위협을 수용 가능한 수준 이하로 감소시킬 수 있는 안전장치가 없을 것이다. 따라서 당해 파트너와 관리자급 직원 또는 그 직계가족은 당해 재무제표감사의뢰인과 직접적인 재무적 이해관계를 가지거나 중요한 간접적인 재무적 이해관계를 가져서는 아니 된다.

③ 회계법인이나 인증업무팀의 구성원이 은행이나 기타 이와 유사한 금융기관이 아닌 인증의뢰인에게 대출이나 차입에 대한 보증을 제공한 경우에 발생하는 이기적 위협은 독립성에 매우 심각한 영향을 미치게 되므로 이러한 위협을 수용 가능한 수준 이하로 감소시킬 수 있는 안전장치가 없을 것이다. 다만, 이러한 대출이나 보증이 회계법인이나 인증업무팀의 구성원과 인증의뢰인 모두에게 중요하지 않은 경우는 그렇지 아니하다.

④ 의뢰인과의 친밀한 다음의 사업관계인 경우 회계법인 등과 감사 및 인증업무의뢰인 모두에게 중요하지 않고 그 관계가 명백하게 경미한 경우가 아닌 한 이러한 독립성 훼손위협을 수용 가능한 수준 이하로 감소시킬 수 있는 안전장치가 거의 존재하지 아니한다.

> 가. 인증의뢰인 또는 그 지배주주, 임원 또는 기타 경영의사결정을 하는 자와의 공동투자에서 중요한 재무적 이해관계를 가지는 경우
> 나. 회계법인과 인증의뢰인의 서비스나 상품을 결합하여 일괄 판매하는 약정을 체결한 경우
> 다. 회계법인이나 인증의뢰인이 상대방의 상품이나 서비스를 유통하거나 마케팅을 수행하는 약정을 체결한 경우

(주의) 회계법인이나 인증업무팀의 구성원이 인증의뢰인으로부터 상품과 서비스를 구입하거나, 또는 네트워크 회계법인이 재무제표감사의뢰인으로부터 상품과 서비스를 구입하는 경우, 해당 거래가 정상적인 거래과정에 따라 공정하게 이루어지는 경우에는 일반적으로 독립성에 대한 위협이 발생하지 아니한다.

⑤ 특정 인증의뢰인에 대한 보수총액이 전체보수총액의 상당부분을 차지하는 경우 이기적 위협이 발생할 수 있다. 이 경우 독립성 훼손위협의 심각성을 평가하여야 하며, 해당 위협이 명백하게 경미한 경우 외에는 해당 위협을 수용 가능한 수준 이하로 감소시키는데 필요한 다음의 안전장치를 강구하고 적용하여야 한다.

> 가. 감사위원회 등 내부감시기구와 보수의 범위와 성격에 관하여 논의함.
> 나. 의뢰인에 대한 수임의존도를 줄이기 위한 조치를 취함.
> 다. 외부의 품질관리검토를 받음.
> 라. 해당 감독기관 또는 다른 공인회계사 등 제3자로부터 자문을 받음.

⑥ 보수가 연체된 경우, 특히 차기연도의 인증보고서가 발행되기 전까지 회수되지 않고 남아있는 경우 이기적 위협이 발생할 수 있다. 일반적으로 이러한 보수는 차기연도의 인증보고서를 발행하기 전에 회수하도록 해야 한다. 이러한 경우에 적용하는 안전장치를 예시하면 다음과 같다.

> 가. 감사위원회 등 내부감시기구와 연체보수의 규모에 관하여 논의함.
> 나. 해당 인증업무에 참여하지 않은 공인회계사를 추가로 투입하여 인증업무팀이 수행한 업무를 검토하거나 필요한 경우 조언을 제공하도록 함.
> 다. 연체보수가 의뢰인에 대한 대출에 상응한 것으로 간주될 수 있는지 여부와 연체보수의 심각성을 감안할 때, 회계법인이 재선임되는 것이 적절한지의 여부를 고려

⑦ 회계법인이 전임회계법인의 보수 또는 다른 회계법인의 제안보수보다 상당히 더 낮은 금액의 보수로 인증업무를 수임하는 경우에 발생하는 이기적 위협은 다음의 안전장치를 모두 충족하지 않는 한, 수용 가능한 수준 이하로 감소되지 아니할 것이다.

> 가. 적절한 시간의 투입과 자질 있는 구성원을 해당 업무에 배정함을 입증함.
> 나. 인증업무와 관련된 모든 기준, 지침 및 품질관리절차의 준수를 입증함.

⑧ 회계법인이 인증업무와 관련하여 성공보수를 지급받기로 하는 경우 이기적 위협과 변호위협이 발생하며, 이러한 위협을 수용 가능한 수준 이하로 감소시키기 위한 안전장치가 존재하지 아니한다. 따라서 회계법인은 인증업무의 결과나 인증대상정보항목에 의해 결정되는 성공보수를 조건으로 인증업무계약을 체결하여서는 아니 된다(비인증업무의 경우 4장의 윤리기준 참조).

2) 유착위협

① 과거에 인증업무팀의 구성원이었던 자가 현재 인증의뢰인의 임직원으로서 인증대상 정보에 직접적이고 심각한 영향을 미칠 수 있는 직위에 있는 경우 독립성 훼손위협이 발생할 수 있다. 따라서 위협의 심각성을 평가하고, 위협을 수용가능한 수준 이하로 감소시키기 위해 필요한 안전장치 적용이 필요하다.

> 가. 경험이 충분한 인증업무팀을 배정하거나,
> 나. 해당 인증업무팀에 참여하지 아니한 공인회계사를 추가로 투입하여 해당 인증업무 구성원이 수행한 업무를 검토하거나,
> 다. 해당 인증업무에 대하여 품질관리검토를 실시하는 등의 안전장치 적용

다만, 공인회계사법상은 회계법인 소속 임직원이 감사고객으로 이직하는 경우 사원 본인이 감사한 감사고객의 임원 또는 그에 준하는 직위로 1년간 이직불가이며, 감사팀원의 경우는 독립성 위협을 평가하고 독립성 훼손 위협의 심각성 판단 후 필요한 경우 안전장치 강구 필요

② 인증업무팀의 구성원의 직계가족[배우자(사실상의 배우자 포함)와 동일 거소에서 부양하는 본인 및 배우자의 직계존비속을 말한다]이 관련 인증업무의 수행기간 동안 인증의뢰인의 임직원으로서, 인증대상정보에 직접적이고 심각한 영향을 미칠 수 있는 직위에 있거나 또는 이러한 직위에 있었던 경우에는 독립성 훼손위협이 발생할 수 있다. 이러한 위협을 수용 가능한 수준 이하로 감소시키기 위해서는 해당 개인을 인증업무팀에서 제외시켜야 한다. 이러한 관계의 친밀도가 독립성에 미치는 영향은 매우 심각하므로, 이러한 위협을 수용 가능한 수준 이하로 감소시킬 수 있는 다른 안전장치가 존재하지 아니한다. 해당 개인을 인증업무팀에서 제외시킬 수 없는 경우의 유일한 대책은 해당 인증업무를 해지하는 것이다.

③ 인증업무팀 구성원의 측근가족(부양가족이 아닌 본인 및 배우자의 직계존비속과 형제자매를 말한다)이 인증의뢰인의 임직원으로서, 인증대상정보에 직접적이고 심각한 영향을 미칠 수 있는 직위에 있는 경우 독립성 훼손위협이 발생할 수 있다. 이러한 독립성 훼손위협의 심각성은 당해 측근가족의 직위 및 인증업무팀 내에서 구성원의 역할에 의하여 결정될 것이며 해당 위협이 명백하게 경미한 경우 외에는 해당 위협을 수용 가능한 수준 이하로 감소시키는 데 필요한 안전장치를 강구하고 적용하여야 한다. 이러한 안전장치를 예시하면 다음과 같다.

> 가. 가능하면 해당 구성원이 그 측근가족의 책임 하에 있는 사항들을 다루지 않도록 인증업무팀의 책임을 조정함.
> 나. 회계법인 소속 구성원이 독립성 및 공정의 준수와 관련된 문제를 회계법인 내의 상급자에게 전달하도록 하는 정책과 절차를 마련함.
> 다. 해당 개인을 인증업무팀에서 제외시킴.

④ 인증업무팀의 구성원이, 그의 직계가족 또는 측근가족이 아닌 자로서 인증의뢰인의 임직원으로서, 인증대상정보에 직접적이고 심각한 영향을 미칠 수 있는 직위에 있는 자와 친밀한 관계에 있는 경우 유착위협이 발생할 수 있다. 그러므로 인증업무팀의 구성원은 이러한 자를 식별하여 회계법인이 정한 절차에 따라 자문을 구할 책임이 있다

⑤ 인증업무에 참여하고 있는 인증업무팀의 구성원이 장래의 특정 시점에 인증의뢰인에게 고용될 것을 알고 있거나 또는 이를 믿을 만한 근거가 있는 경우 이기적 위협이 발생한다. 이러한 위협을 수용 가능한 수준 이하로 감소시키기 위해서는 다음의 모든 안전장치를 적용하여야 한다.

> 가. 인증의뢰인과 진지하게 고용협상을 시작하는 해당 개인에게 이러한 사실을 회계법인에게 통보하도록 요구하는 정책과 절차
> 나. 해당 개인을 해당 인증업무에서 제외시킴.
> 다. 해당 개인이 업무수행기간 동안 행한 중요한 판단에 대하여 독립적인 검토를 수행할 것을 고려하여야 한다.

⑥ 인증의뢰인으로부터 선물이나 접대를 받은 경우 유착위협이 발생할 수 있다. 회계법인이나 인증업무팀의 구성원이 선물이나 접대를 받은 경우, 그것의 가치가 명백하게 경미한 경우 외에는 이로 인해 발생하는 독립성 훼손위협을 수용 가능한 수준 이하로 감소시킬 수 있는 안전장치가 존재하지 아니한다. 결과적으로, 회계법인이나 인증업무팀의 구성원은 이와 같은 선물이나 접대를 받아서는 아니 된다.

⑦ 윤리기준상 인적자원조달업무에 대한 내용

가능한 업무영역 (일정한 안전장치 수행 후 계약수임)	불가능한 업무영역
가. 다수의 지원자들의 전문적 자질을 검토해주는 업무와 그들이 해당 직위에 적합한지에 대한 조언 나. 일반적으로 인증의뢰인이 구체적으로 제시한 선발기준을 따르는 경우에 한하여 최종면접 후보자를 선발해 줄 수 있다.	경영의사결정을 하여서는 아니 되며, 고용에 대한 의사결정은 의뢰인이 하여야 한다.

3) 자기검토위협

① 다음의 활동은 일반적으로 이기적 위협이나 자기검토위협을 발생시키며 이러한 위협은 독립성에 매우 심각한 영향을 미치게 되므로, 해당 위협을 수용 가능한 수준 이하로 감소시키기 위한 유일한 대책은 다음의 활동을 회피하거나 해당 인증업무의 수행을 거절하는 것이다.

> 가. 거래를 승인, 실행, 완결하는 행위 또는 인증의뢰인을 대신하여 권한을 행사하거나 이와 같은 권한을 갖는 것
> 나. 회계법인의 권고사항 중 특정 사항을 이행해야 한다고 결정해주는 행위
> 다. 감사위원회 등 내부감시기구에 경영진의 역할로 보고하는 행위

② 회계법인 등이 재무제표감사의뢰인에게 제공한 가치평가업무의 결과가 당해 재무제표감사의뢰인의 재무제표에 반영되는 경우 자기검토위협이 발생할 수 있다. 재무제표의 중요한 사항에 대한 가치평가로서, 상당한 정도의 주관성이 개입되는 매도목적의 가치평가가 발생시키는 자기검토위협에 대해서는 해당 위협을 수용 가능한 수준 이하로 감소시킬 수 있는 안전장치가 존재하지 아니한다. 다만, 회계법인 등이 재무제표감사의뢰인에게 세무신고서의 작성, 세액산정 또는 세무계획수립 목적의 가치평가업무를 제공한 경우, 이러한 가치평가는 일반적으로 세무당국 등 외부의 검토를 받도록 되어 있기 때문에 독립성에 심각한 위협을 발생시키지 않을 것이다.

③ 세무업무에는 세무규정의 준수, 세무계획의 수립, 공식적인 세무의견의 제공 및 세금분쟁 해결의 지원 등 광범위한 업무가 포함된다. 이러한 업무는 일반적으로 독립성에 대한 위협을 발생시키는 것으로 간주되지 아니한다.

④ 소송지원서비스는 전문가로서의 증인 역할, 추정손실액 또는 소송이나 기타 법정분쟁 결과로 받거나 지급할 금액의 계산 그리고 분쟁이나 소송과 관련된 서류를 관리하고 복구하는 활동의 지원 등을 포함한다. 이때 소송지원서비스의 일환으로 제공된 추정치가

재무제표에 반영되는 금액이나 공시에 영향을 주는 경우, 자기검토위협이 발생한다.

회계법인 등은 이러한 독립성 훼손위협의 심각성을 평가하여야 하며 해당 위협이 명백하게 경미한 경우 외에는 해당 위협을 제거하거나 수용 가능한 수준 이하로 감소시키는 데 필요한 안전장치를 강구하고 적용하여야 한다.

4) 압력위협

① 감사인의 교체 또는 해임의 위협이 있는 경우: 감사인 유지제도로 보완

② 회계법인이나 인증업무팀의 구성원과 인증의뢰인 간에 소송이 제기되거나 제기될 것으로 판단되는 경우, 이기적 위협이나 압력위협이 발생할 수 있다.

이러한 위협이 중요한 것으로 판단되는 경우, 해당 위협을 수용 가능한 수준 이하로 감소시키는 데 필요한 다음의 안전장치를 적용하여야 한다.

> 가. 소송의 성격과 범위를 감사위원회 등 내부감시기구에 보고
> 나. 소송에 연루되어 있는 인증업무팀의 당해 구성원을 인증업무팀에서 제외
> 다. 인증업무팀의 구성원이 아닌 공인회계사를 추가로 투입하여 인증업무팀이 수행한 업무를 검토하거나 필요한 경우 조언을 제공하도록 함.

5) 변호위협

① **법률자문서비스를 제공하는 경우**

재무제표감사의뢰인에게 거래의 집행에 관한 법률서비스(예를 들어, 계약에 대한 지원, 법률자문, 법적 실사 및 구조조정 등)를 제공하는 경우 자기검토위협이 발생할 수 있다. 하지만 이러한 위협에 대해서는 해당 위협을 수용 가능한 수준 이하로 감소시킬 수 있는 안전장치가 존재한다. 이러한 서비스는 일반적으로 다음과 같은 경우에 한하여 독립성을 손상시키지 아니한다.

> 가. 해당 서비스를 제공함에 있어서 인증업무팀의 구성원이 참여하지 않는 경우
> 나. 법률 자문이나 거래의 집행 서비스와 관련하여 재무제표감사의뢰인이 궁극적인 의사결정을 하는 경우

② **재무제표상 중요한 금액에 대한 분쟁이나 소송을 위하여 법률서비스를 제공하는 경우**

재무제표감사의뢰인의 재무제표상 중요한 금액에 대한 분쟁이나 소송에서 회계법인이 재무제표감사의뢰인을 위하여 법률서비스를 제공하는 것은 변호위협과 자기검토위협을 발생시킬 것이며, 이러한 위협은 독립성에 매우 심각한 영향을 미치게 되므로 해당 위협을

수용 가능한 수준 이하로 감소시킬 수 있는 안전장치가 존재하지 아니한다. 따라서 회계법인은 재무제표감사의뢰인에게 이러한 종류의 서비스를 제공하여서는 아니 된다.

③ 재무제표감사의뢰인의 법률고문으로 선임되는 경우

회계법인 등의 파트너나 직원이 재무제표감사의뢰인의 법률고문으로 선임되는 경우 자기검토위협과 변호위협이 발생할 것이며, 이러한 위협은 독립성에 매우 심각한 영향을 미치게 되므로 해당 위협을 수용 가능한 수준 이하로 감소시킬 수 있는 안전장치가 존재하지 아니한다.

④ 기업금융 및 이와 유사한 활동

안전장치가 존재하지 아니하는 기업금융활동의 예시	안전장치가 존재하는 기업금융활동의 예시
① 인증의뢰인의 주식을 알선, 중개 및 인수(underwriting)하는 활동 ② 인증의뢰인을 구속할 수 있는 거래의 조건을 정하거나, 의뢰인을 대신하여 거래를 완수하는 활동	① 의뢰인의 기업전략 개발을 지원하는 업무 ② 기업구조조정 관련 자문업무 ③ 자금조달 관련 자문업무 ④ 매도 · 매수 · 중개 관련 자문업무 ⑤ 의뢰인이 제안하거나 의뢰인에게 제안된 거래가 회계에 미치는 영향을 분석하는 업무

사례문제 1

다음 상황을 읽고 독립성 만족 여부를 판단하고 윤리기준상 독립성 훼손위협의 종류도 서술하시오.

1 서울회계법인은 대전(주)가 소유하고 있는 건물을 현저히 낮은 임차료로 제공받고 있는 상태에서 대전(주)로부터 감사의뢰를 받았다.

풀이

회계법인이 무상으로 또는 통상의 거래가격보다 현저히 낮은 대가로 공인회계사에게 사무실을 제공하는 경우 독립성이 훼손되어 감사계약을 수임할 수 없다. 다만, 감사계약 체결 전 계약조건을 변경하거나 해지하면 감사계약을 체결할 수 있다. 윤리기준상 이기적 위협과 관련된 사례이다.

2 서울회계법인이 대전(주)에 대하여 감사업무를 수임한 이후 감사업무 수행 중에 회계법인의 사원 1인이 주식을 0.1% 소유하고 있다는 사실을 알게 되었다.

풀이

회계법인의 사원이 감사대상회사에 대하여 주식을 1주라도 소유하고 있는 경우 회계법인은 감사대상회사에 대하여 감사를 수행할 수 없다. 따라서 서울회계법인은 감사계약을 해지하고 증권선물위원회에 해당 사실을 보고하여야 한다. 다만, 감사의 종결 전 단기간 내에 그 사유를 해소(주식의 처분)할 수 있을 때에는 계속해서 감사를 진행할 수 있다. 윤리기준상 이기적 위협과 관련된 사례이다.

3 서울회계법인은 용인리조트(주)에 대하여 채권 3억 원을 가지고 있다. 이 채권 중에 작년도 감사업무와 관련된 채권금액이 1억 원이며, 회계법인 명의로 표준약관에 의하여 구입한 콘도회원권 1억 원, 나머지 채권은 금전소비대차거래로 인한 채권이다.

풀이

회계법인이 감사대상회사에 대하여 채권, 채무 금액이 1억 원 이상 있는 경우는 감사계약을 수임할 수 없다. 다만, 업무와 관련된 채권, 채무 및 표준약관에 따라 구입한 회원권 및 시설물이용권 등 금액은 여기에서 제외되는데 이 사례의 경우 서울회계법인은 금전소비대차거래로 인한 채권금액이 1억 원 존재하므로 감사계약을 수임할 수 없다. 다만, 감사업무 착수 이전에 독립성 위반사유를 해소할 수 있는 경우에는 감사계약을 수임할 수 있다. 윤리기준상 이기적 위협과 관련된 사례이다.

4 서울회계법인의 사원인 김철수 씨의 배우자는 직계존속의 사망으로 인하여 대전(주)에 대하여 5천만 원의 채권을 가지게 되었다. 이때 서울회계법인이 대전(주)로부터 감사업무를 의뢰받았다.

풀이

회계법인의 사원의 배우자가 감사대상회사에 대하여 3천만 원 이상의 채권, 채무를 가지고 있는 경우 해당 사원이 포함된 회계법인은 감사계약을 체결할 수 없다. 다만, 감사기간 중 합병, 상속 또는 소송 등에 의하여 비자발적으로 발생된 채권 또는 채무는 제외한다. 따라서 서울회계법인은 감사계약을 수임할 수 있다.

윤리기준상 이기적 위협과 관련된 사례이다.

5 서울회계법인의 사원이 대전(주)의 전환사채에 투자를 하고 있는 상태에서 대전(주)로부터 감사업무를 의뢰받았다.

풀이

회계법인의 사원이 감사대상회사에 대하여 전환사채, 주식매수선택권, 신주인수권부사채 등을 제공받은 경우에는 해당 사원이 소속되어 있는 회계법인은 감사계약을 수임할 수 없다. 다만, 감사업무의 착수 이전에 독립성 위반사유를 해소할 수 있는 경우에는 감사계약을 체결할 수 있다. 윤리기준상 이기적 위협과 관련된 사례이다.

6 서울회계법인의 김철수 공인회계사가 6개월 전 대전(주)의 영업부장으로 근무하다가 지금 현재는 서울회계법인의 소속공인회계사이다(사원은 아님). 이때 대전(주)가 서울회계법인에게 감사업무를 의뢰하였다.

풀이

과거 1년 이내 감사대상회사의 임·직원으로 근무하던 자가 회계법인의 소속공인회계사로 근무하는 경우 독립성이 만족되지 않기 때문에 당해 소속공인회계사는 감사업무에 참여할 수 없다. 윤리기준상 자기검토 위협과 관련된 사례이다.

7 서울회계법인의 소속사원인 김철수 공인회계사의 배우자 박순희 씨는 대전(주)의 기획부장으로 근무하다가 과거 1년 6개월 전에 퇴직하였다. 다만, 박순희 씨는 지금 현재 대전(주)에 근무할 때 부여받은 자사주를 소유하고 있다. 이때 대전(주)가 서울회계법인에게 감사업무를 의뢰하였다.

풀이

감사인의 배우자가 과거 1년 이내 임·직원으로 근무하고 있는 경우에 한해서 독립성이 만족되지 않기 때문에 이 사례는 여기에 해당되지 않는다. 하지만 회계법인 사원의 배우자가 감사대상회사의 주식을 보유하고 있기 때문에 해당 사원이 속해 있는 회계법인은 감사업무를 수임할 수 없다. 다만, 감사업무 착수 전에 독립성 위반사유를 해소할 수 있는 경우에는 감사계약을 체결할 수 있다. 윤리기준상 이기적 위협과 관련된 사례이다.

8 서울회계법인에서 대전(주) 감사업무를 담당하였던 사원 김철수 회계사는 감사대상 기간 개시일 5개월 전 회계법인을 퇴사한 후 대전(주)의 재무담당이사로 취직하였다. 이 경우 대전(주)로부터 서울회계법인이 감사업무를 의뢰받았다.

풀이

과거 1년 이내 감사대상회사의 감사업무를 담당하였던 사원이 감사대상회사의 임원이나 이에 준하는 직위에 있는 경우 해당 회계법인은 감사계약을 수임할 수 없다. 윤리기준상 유착위협과 관련된 사례이다.

9 회계법인의 사원이 피감사회사의 지분 중0.5%를 소유하고 있다. 그러나 출자자인 사원은 감사업무에 관여하지 아니하였다.

풀이

회계법인의 사원이 감사대상회사의 주식을 1주라도 가지고 있는 경우에는 해당 사원이 감사업무에 참여 불문하고 회계법인은 감사를 수임할 수 없다. 다만, 감사업무 착수 전 독립성 위반사유를 해소할 수 있으면 감사계약을 체결할 수 있다. 윤리기준상 이기적 위협과 관련된 사례이다.

10 김 회계사는 피감사회사의 관계회사로부터 경영자문업무를 위임받아 수행하고 있으며 동 전문직 수수료와 피감사회사의 감사수임료의 합계는 감사인의 과거5년간 연평균 전체 수입수수료의 25%를 차지하고 있다.

풀이

윤리기준상 특정 의뢰인이 보수총액 중 상당부분을 차지하는 경우 일정한 안전장치 강구 이후 감사계약을 체결하여야 한다. 이기적 위협과 관련된 사례이다.

11 (주)강원에 경리과장으로 근무하던 왕치밀은 20X4년 9월에 공인회계사시험에 합격하여 회사를 퇴직하고 회계법인의 소속공인회계사로 입사하였다 20X5년 3월에 당해 회계법인과 (주)강원은 감사계약을 체결하였으나 왕치밀은 당해 피감사회사의 감사업무에 관여하지 아니하였다

풀이

과거 1년 이내 감사대상회사의 임·직원으로 근무하였던 회계법인의 소속공인회계사는 감사업무에 참여할 수 없다. 다만, 해당 공인회계사가 감사업무참여에서 배제된 경우 회계법인은 감사계약을 체결할 수 있다. 윤리기준상 자기검토위협과 관련된 사례이다.

12 (주)강원의 감사인인 김 회계사는 (주)강원이 주주들로부터 손해배상청구소송을 제기받음에 따라 회사의 입장을 대변하기 위하여 동 소송사건에 관여하였다.

풀이

윤리기준상 일정한 안전장치를 강구한 이후 감사계약을 체결할 수 있으며 변호위협과 관련된 사례이다.

13 서울회계법인의 사원인 김철수 회계사는(주)외환은행에 대하여 주택담보대출 및 예금담보대출로 2억 원의 채무가 존재하며 (주)외환카드에 대하여는 자동차 할부대금으로 2개월 내 지급하여야 할 채무금액이 4천만 원 존재한다. 이 경우 김철수 회계사가 포함된 서울회계법인이 (주)외환은행 및 (주)외환카드를 감사계약을 체결하려고 한다.

풀이

주택담보대출, 예금담보대출 등 통상의 절차에 따라 담보를 제공하고 성립된 채무이거나 신용카드의 사용에 의한 지급기일이 2월 이내인 채무 중 연체되지 아니한 채무는 독립성 판단의 채권, 채무 금액 계산에서 제외되기 때문에 김철수 회계사가 포함된 서울회계법인은 (주)외환은행 및 (주)외환카드를 감사할 수 있다.

만약 금융기관이 아닌 의뢰인에 대하여 대출 및 차입에 대한 보증을 한 경우 윤리기준상은 규제가 존재함을 주의하여야 한다. 윤리기준상 이기적 위협과 관련된 사례이다.

14 왕갑돌은 치밀회계법인의 사원으로 근무하고 있으며 동 회계법인은 강원주식회사를 감사하고 있으며, 왕갑돌 씨의 아버지는 강원주식회사의 대표이사로 재직 중이다. 왕갑돌 씨는 당해 감사업무에 참여하고 있지는 않다.

풀이

인증업무팀의 구성원의 직계가족이 관련 인증업무의 수행기간 동안 인증의뢰인의 임직원으로서, 인증대상정보에 직접적이고 심각한 영향을 미칠 수 있는 직위에 있거나 또는 이러한 직위에 있었던 경우에는 독립성 훼손위협이 발생할 수 있다. 이러한 위협을 수용 가능한 수준 이하로 감소시키기 위해서는 해당 개인을 인증업무팀에서 제외시켜야 한다. 따라서 왕갑돌 씨가 업무에서 제외되었기 때문에 치밀회계법인은 강원주식회사를 감사할 수 있다. 윤리기준상 유착위협과 관련된 사례이다.

15 수색회계법인의 김 회계사가 과거 6개월 전 감사대상회사인 분식회사의 사용인으로 근무를 하였다. 김 회계사는 수색회계법인의 사원은 아니며, 분식회사의 재무에 관한 책임자로 근무하지도 아니하였다. 김 회계사는 분식회사 감사에 참여하였다.

풀이

과거 1년 이내 감사대상회사의 임·직원으로 근무하던 자가 회계법인의 소속공인회계사로서 감사업무에 참여하는 것은 허용되지 않는다. 따라서 해당 소속 공인회계사는 감사업무에서 배제되어야 한다. 하지만 수색회계법인이 감사계약을 체결하는 것은 김 회계사를 배제한다면 가능하며 윤리기준상 자기검토위협과 관련된 사례이다.

16 김 회계사는 친형이 비상임감사로 재직하고 있는 비영리법인인 자선재단의 회계감사를 수임하였다. 김 회계사와 친형은 동일한 주택에 거주하지 않으며, 생계를 같이 하지는 않는다.

풀이

인증업무팀 구성원의 측근가족이 인증의뢰인의 임직원으로서, 인증대상정보에 직접적이고 심각한 영향을 미칠 수 있는 직위에 있는 경우 독립성 훼손위협이 발생할 수 있다. 이러한 독립성 훼손위협의 심각성은 당해 측근가족의 직위 및 인증업무팀 내에서 구성원의 역할에 의하여 결정될 것이며 해당 위협이 명백하게 경미한 경우 외에는 해당 위협을 수용 가능한 수준 이하로 감소시키는 데 필요한 안전장치를 강구하고 적용하여야 한다.

17 강원주식회사를 감사하였던 수색회계법인은 감사업무 중 감사대상회사의 부정을 발견하지 못한 사유로 강원주식회사가 수색회계법인에 대하여 민사상 손해배상책임을 청구하는 소송을 제기하였다. 이러한 소송이 진행되는 중에 법정감사계약체결기한이 도래하였다. 이 경우 수색회계법인이 강원주식회사를 감사할 수 있는지 여부

풀이

감사대상회사와 감사인과 법정소송 관계인 경우 일정한 안전장치를 강구한 이후 감사계약을 체결할 수 있다. 다만, 안전장치 중 소송에 연루되어 있는 감사업무팀의 당해 구성원을 감사업무팀에서 제외하도록 되어 있는 점을 고려해 보았을 때 회계법인이 피고가 된 경우에는 현실적으로 감사계약을 체결할 수가 없다. 압력위협과 관련된 사례이다.

18 (주)서울의 감사를 담당하는 in-charge auditor인 김철수 회계사는 (주)서울을 3년째 감사해 오고 있다. (주)서울의 대표이사인 이수철은 전 회계담당자인 박영봉 이사의 후임을 찾던 중 김철수 회계사가 적임이라고 생각하고 고액의 연봉조건을 제시하고 김철수 회계사를 채용하기로 하였으며 김철수 회계사는 이번 감사시즌이 종료되고 나면 박영봉 이사의 후임으로(주)서울의 재무담당이사로 일할 예정이다.

풀이

인증업무에 참여하고 있는 인증업무팀의 구성원이 장래의 특정 시점에 인증의뢰인에게 고용될 것을 알고 있거나 또는 이를 믿을 만한 근거가 있는 경우 이기적 위협이 발생한다. 이러한 위협을 수용 가능한 수준 이하로 감소시키기 위해서는 다음의 모든 안전장치를 적용하여야 한다.

> 가. 인증의뢰인과 진지하게 고용협상을 시작하는 해당 개인에게 이러한 사실을 회계법인에게 통보하도록 요구하는 정책과 절차
> 나. 해당 개인을 해당 인증업무에서 제외시킴.
> 다. 해당 개인이 업무수행기간 동안 행한 중요한 판단에 대하여 독립적인 검토를 수행할 것을 고려하여야 한다.

19 <위 문제에 이어지는 사례>
위 상황에서 김철수 회계사가 자신의 가장 친한 친구인 김영희 회계사를 (주)서울의 재무담당이사로 소개시켜 주었다. 이 경우 김철수 회계사가 (주)서울을 감사할 수 있는지 여부에 대하여 서술하시오.

풀이

김철수 회계사는 다수의 지원자들의 전문적 자질을 검토해 주는 업무와 그들이 해당 직위에 적합한지에 대한 조언을 해 줄 수 있으며 일반적으로 인증의뢰인이 구체적으로 제시한 선발기준에 따르는 경우에 한하여 최종면접 후보자를 선발해 줄 수 있다. 하지만 경영의사결정을 하거나 고용에 대한 최종의사결정은 반드시 의뢰인이 하여야 한다. 윤리기준상 유착위협과 관련된 사례이다.

20 A회사의 경영진은 A회사에 대한 내부회계관리제도에 대한 설계, 구축 및 운영을 금감회계법인에게 의뢰하였으며 이에 따라 금감회계법인은 내부회계관리제도에 대한 구축업무를 수행하였다. 이와는 별개로 A회사와 금감회계법인은 A회사의 재무제표에 대한 감사계약을 체결하고자 한다. 외감법 개정에 따라 내부회계관리제도에 대한 외부 공인회계사에 대한 검토를 강제화한 취지를 설명하고 위와 같은 경우 금감회계법인과 A회사 간에 감사계약을 체결할 수 있는지 여

부, 또한 감사계약을 체결할 수 없다면 그 이유를 서술하시오

풀이

내부회계관리제도에 대하여 자체적인 감사대상회사의 책임자에 의한 검증을 법으로 강제하고, 제3자인 감사인에 의해서 그 과정 및 결과에 대하여 검토를 법으로 강제하고 검토를 받도록 함으로써 회사가 정보이용자들에게 제공하는 정보의 신뢰성 및 회계투명성을 보다 강화시킬 수 있다.

금감원 회계감사에 대한 실무의견서(발표일 2005년 12월 28일)에 의하면 내부회계관리제도에 대한 설계, 구축 및 운영업무를 수행한 감사인은 자기검토위협으로 인하여 독립성이 훼손되기 때문에 감사계약을 체결할 수 없는 것으로 되어 있다.

21 (Case 1) 삼삼회계법인은 유행주식회사가 코스닥에 상장하는 것(IPO : Initial Public Offering)과 관련하여 자문업무(Consulting)를 수행하고 있다. 이와 관련된 자문업무의 보수는 계약서상 일정금액으로 사전에 정한 것이 아니라 IPO에 성공하는 경우 공모금액의 1%를 성공보수로 받기로 하였다.

(Case 2) 유행주식회사는 코스닥 상장 예정법인으로 삼삼회계법인이 감사인으로 증권선물위원회에 의하여 지정받았다. 삼삼회계법인과 유행주식회사는 감사보수를 기본 2천만 원으로 정하고 만약 코스닥 상장에 성공하는 경우 3천만 원의 추가적인 감사보수를 받기로 하였다.

풀이

윤리기준상 1번의 경우(비인증업무 수행 시 성공보수 약정)는 만약 성공보수약정으로 이기적 위협이 심각하다고 판단하는 경우 다음과 같은 안전장치를 강구하여 적용하여야 한다.

가. 보수의 산정근거와 관련하여 의뢰인에게 서면으로 된 사전동의서를 징구함.
나. 개업공인회계사가 수행한 업무결과를 이용할 것으로 예정된 자에게 수행한 업무의 내용과 함께 보수의 산정근거를 제시함.
다. 개업공인회계사가 수행한 업무를 객관적인 제3자가 검토함.

윤리기준상 2번의 경우(인증업무 수행 시 성공보수 약정) 성공보수약정을 체결하는 경우 감사계약을 체결할 수 없다.

22 김철수 회계사는 금촌주식회사를 감사하는 삼미회계법인의 담당 공인회계사이다 금촌주식회사의 재무담당 이사는 김철수 회계사의 고교동창인 박순혁 이사이며 둘 사이는 아주 친밀한 친구 사이이다. 이 경우 김철수 회계사가 금촌주식회사를 감사할 수 있는지 여부에 대하여 서술하시오.

풀이

인증업무팀의 구성원이, 그의 직계가족 또는 측근가족이 아닌 자로서, 인증의뢰인의 임직원으로서, 인증대상정보에 직접적이고 심각한 영향을 미칠 수 있는 직위에 있는 자와 친밀한 관계에 있는 경우 유착위협이 발생할 수 있다. 그러므로 인증업무팀의 구성원은 이러한 자를 식별하여 회계법인이 정한 절차에 따라 자

문을 구할 책임이 있다

23 (Case 1) 삼미회계법인은 소속 공인회계사의 모든 노트북을 회사에서 지급하고 있는 방침을 채택하고 있다. 삼미회계법인은 내부적으로 노트북을 구입하기보다는 노트북을 리스하는 것이 효율적이라고 판단하여 삼미회계법인의 감사대상회사인 사성전자와 계약을 체결하고 3년마다 최고급 기종으로 변경하기로 약정하였다. 이 경우 삼미회계법인이 사성전자와 감사계약을 체결할 수 있는지 여부

(Case 2) 두전주식회사는 내부회계관리제도 시스템을 개발하고 기업들에게 구축해 주는 업무를 수행하는 코스닥상장법인이다. 이때 내부회계관리제도를 기업들에게 구축해 주는 업무를 할 때 삼미회계법인은 내부회계관리 시스템 구축과 관련된 자문서비스를 기업들에게 통합적으로 제공하는 사업제휴관계를 두전주식회사와 맺었다. 이때 두전주식회사의 재무제표를 삼미회계법인이 감사할 수 있는지 여부

풀이

회계법인이나 인증업무팀의 구성원이 인증의뢰인으로부터 상품과 서비스를 구입하거나, 또는 네트워크 회계법인이 재무제표감사의뢰인으로부터 상품과 서비스를 구입하는 경우, 해당 거래가 정상적인 거래과정에 따라 공정하게 이루어지는 경우에는 일반적으로 독립성에 대한 위협이 발생하지 아니한다. 따라서 (Case 1)의 경우는 감사를 수행할 수 있다. 하지만 (Case 2)의 경우와 같이 회계법인과 인증의뢰인의 서비스나 상품을 결합하여 일괄 판매하는 약정을 체결하는 경우 회계법인 등과 감사 및 인증업무의뢰인 모두에게 중요하지 않고 그 관계가 명백하게 경미한 경우가 아닌 한, 이러한 독립성 훼손위협을 수용 가능한 수준 이하로 감소시킬 수 있는 안전장치가 거의 존재하지 아니한다. 따라서 (Case 2)의 경우에는 감사를 수행할 수 없다. 윤리기준상 이기적 위협과 관련된 사례이다.

24 한국회계법인의 담당사원인 김철수 회계사는 여유자금을 운영할 목적으로 간접투자상품(Mutual Fund)에 투자하였다. 이 상품은 상장법인의 가장 대표적 법인인 사성전자의 주식을 80% 이상 편입한 금융상품으로서 펀드 운용 설정금액은 1,000억 원이다. 해당 펀드 투자금액은 김철수 회계사의 주요 재산의 일부이다. 이 경우 한국 회계법인이 사성전자의 재무제표를 감사할 수 있는지 여부

풀이

간접적인 재무적 이해관계의 경우라 하더라도 중요한 경우에는 이기적 위협으로 인하여 감사를 수임할 수 없다. 따라서 한국 회계법인은 사성전자의 재무제표를 감사할 수 없다.

25 금촌주식회사는 영업권을 양도하고 그 차익에 대하여 법인세를 납부하려고 한다. 다만, 영업권의 양수인은 금촌주식회사의 특수관계자인 율촌주식회사로서 저가양도로 인한 부당행위계산 부인에 해당되지 않기 위하여 영업권의 가치평가를 김철수 공인회계사에게 의뢰하였고 이에 따라 김철수 공인회계사는 해당 영업권에 대한 가치평가를 수행하고 관련서류를 관할세무서에 제출하였다. 이 경우 김철수 공인회계사가 금촌주식회사의 재무제표를 감사할 수 있는지 여부를 서술하시오

풀이

감사인이 재무제표감사의뢰인에게 세무신고서의 작성, 세액산정 또는 세무계획 수립목적의 가치평가업무를 제공한 경우, 이러한 가치평가는 일반적으로 세무당국 등 외부의 검토를 받도록 되어 있기 때문에 독립성에 영향을 미치지 아니한다. 따라서 김철수 공인회계사는 금촌주식회사의 재무제표를 감사할 수 있다.

Q&A 사례문제 2 : 독립성 관련 기출문제(2007년)

정다은 회계사가 지배회사인 (주)우주와 관련된 다음의 업무를 수행할 수 있으면 O, 없으면 X로 표시하고 해당 업무를 수행할 수 있는 경우에는 동 업무를 수행하기 위해 필요한 절차를 1줄 이내로 기술하시오.

(1) 자산의 일부를 매도하기 위한 가치평가 및 그 매도거래에 대하여 의견을 제시하는 업무
(2) 내부회계관리제도의 검토 및 평가 또는 개선방안을 제시하는 업무
(3) 재무정보시스템을 구축하는 업무

구 분	O 또는 X	업무수행을 위해 필요한 절차
(1)		
(2)		
(3)		

풀이

구분	O 또는 X	업무수행을 위해 필요한 절차
(1)	X	–
(2)	O	회사의 감사 또는 감사위원회의 동의
(3)	X	–

Q&A 사례문제 3 : 2008년, KICPA 기출문제

다음 물음에 답하시오.

1 다음 사례를 읽고 감사인의 독립성 충족 여부에 따라 감사가능 여부를 판단하고 공인회계사 윤리기준상 관련된 잠재적인 위협의 종류를 제시하시오.

(1) (주)하늘은 2008년에 보유 중인 비상장주식의 공정가치평가를 홍길동 공인회계사에게 의뢰하였다. 이에 따라 홍길동 공인회계사는 해당 비상장주식에 대한 가치평가업무를 수행하였다. (주)하늘은 2008년 재무제표에 대한 회계감사를 홍길동 공인회계사에게 의뢰하였다. 동 비상장주식은 (주)하늘의 자산총액에서 중요한 비중을 차지하고 있다.

(2) (주)한림은 한국회계법인에게 감사업무를 의뢰하였다. 한국회계법인의 담당사원(partner)인 김투명 공인회계사의 배우자인 김순자 씨는 (주)한림의 홍보부장으로 재직하다가 최근 9개월 전에 퇴직하였다.

답안 양식 :

번 호	독립성 충족 여부	감사 가능 여부	잠재적 위협의 종류
(1)			
(2)			

풀이

번 호	독립성 충족 여부	감사 가능 여부	잠재적 위협의 종류
(1)	충족 안 함	감사 불가	자기검토위협
(2)	충족함	감사 가능	유착위협

2 감사품질은 감사인이 (1) 재무제표에 포함된 왜곡표시사항을 발견할 확률과 (2) 발견된 왜곡표시사항을 보고할 확률의 결합확률로 정의된다. 발견된 왜곡표시사항을 보고할 확률을 높이기 위해 외감법에 규정되어 있는 제도 3가지만 기술하시오.

풀이

(1) 전기감사인의 의견진술권
(2) 감사인 선임 시 감사위원회 또는 감사인선임위원회의 승인을 얻도록 한 제도
(3) 감사인지정제도
(4) 유가증권시장 상장법인 및 코스닥시장 상장법인에 대한 3년단위 감사계약 체결제도
(5) 이사교체 및 감사보조자 교체제도

3 최근 감사인의 감사업무와 비감사업무의 동시 제공에 대한 논란이 일고 있다. 일부 사람들은 감사업무와 비감사업무의 동시 제공이 감사품질을 저하시킬 수 있다는 주장을 하고 있는 반면, 일부 사람들은 감사업무와 비감사업무를 동시에 제공할 경우 오히려 감사품질이 향상될 수 있다는 주장을 하고 있다. 감사품질이 저하된다고 주장하는 근거와 감사품질이 향상될 수 있다고 주장하는 근거를 각각 3줄 이내로 서술하시오.

(1) 감사품질 저하 주장근거 :
(2) 감사품질 향상 주장근거 :

풀 이

(1) 감사품질 저하 주장근거 : 감사업무와 비감사용역을 동시에 제공할 경우 피감사회사에 대한 경제적 의존도가 커져 독립성이 저하되기 때문에 감사품질이 낮아진다.

(2) 감사품질 향상 주장근거 : 감사업무와 비감사용역을 동시에 제공할 경우 피감사회사에 대하여 더 많은 정보를 습득하게 되므로 재무제표 왜곡표시사항을 발견할 확률이 높아져 감사품질이 향상된다.

Q&A 사례문제 4 : 2009년, KICPA 기출문제

다음 물음에 답하시오.

1 정신적 독립성과 외관상 독립성의 관계를 비교· 설명하시오. (5줄 이내)

풀 이

외관상 독립성은 제3자로 하여금 감사인의 독립성에 관한 의문을 배제하고 감사보고서를 신뢰할 수 있도록 하기 위하여 요구되는 최소한의 전제조건이며 외관상 독립성이 만족되었다 하더라도 정신적 독립성이 만족되지 않을 수 있으며 정신적 독립성이 만족되었다 하더라도 외관상 독립성이 만족되지 않으면 감사보고서에 대한 사회적 신뢰도가 낮아지게 된다. 따라서 정신적 독립성과 외관상 독립성은 상호 보완적인 관계이다.

2 회계법인 독립은 (주)한라산의 회계감사업무를 수행하고 있다. 이 감사와 관련하여 다음에 제시하는 다수의 사례는 서로 별개이다. 각각의 사례마다 독립성이 유지되고 있는지 판단을 제시하고 그 근거를 2줄 이내로 설명하시오.

답안 양식 :

사례	독립성 유지(○), 훼손(×), 불명확(△)	판단근거
A		
B		
C		
D		
E		
F		

(A) (주)한라산이 비상장기업이고, 회계법인 독립이 (주)한라산의 회계기록과 재무제표의 작성업무와 동시에 회계감사업무도 수행한다.

(B) (주)한라산이 시가총액기준으로 국내 최대기업이고, (주)한라산의 감사업무에 일체의 관여를 할 수 없는 이사들 중 한 명인 곽해룡 회계사가 (주)한라산의 주식을 30,000주(0.2%) 보유하고 있다. 이 지분은 곽해룡의 주요 재산이다.

(C) (주)한라산이 시가총액기준으로 국내 최대기업이고, (주)한라산의 감사업무에 일체의 관여를 할 수 없는 이사 중 한 명인 곽해룡 회계사가 (주)한라산의 주식을 30,000주 (0.2%) 보유하고 있다. 이 지분은 곽해룡의 주요 재산이 아니다.

(D) (주)한라산이 비상장기업이고, 회계법인 독립의 이사인 곽해룡 회계사는 (주)한라산의 감사업무에 참여하였다. 곽해룡이 퇴직 후 6개월 뒤에 (주)한라산의 재무담당 등기임원으로 취임하였다.

(E) (주)한라산은 비상장기업이고, 회계법인 독립의 이사인 곽해룡 회계사는 (주)한라산의 회계감사를 수행하고 있다. 곽해룡이 일시불을 지급하고 가입한 펀드가 (주)한라산의 주식을 20% 보유하고 있다. 이 펀드에 대한 투자는 곽해룡의 주요 재산이 아니다.

(F) 회계법인 독립은 지난 몇 년간 (주)한라산의 회계감사 업무를 수행해 오고 있다. 그런데 (주)한라산의 상무이사 한 명이 수년간 횡령한 회사의 공금을 가지고 해외로 잠적하였다. (주)한라산은 회계법인 독립에게 손해배상 소송을 제기하였다. 소송과정에서 양자 간의 관계가 적대적으로 변하였다.

풀이

사례	독립성 유지(○), 훼손(×), 불명확(△)	판단근거
A	×	재무제표 작성업무와 회계감사업무를 동시에 수행하게 되면 자기검토위협에 기인하여 독립성이 훼손된다.
B	×	직접 감사업무를 담당하지 않아도 회계법인의 사원[주)]의 경우 감사대상회사의 주식을 1주라도 보유하고 있으면 해당 회계법인은 이기적 위협으로 인하여 독립성이 훼손된다.
C	×	상동
D	×	과거 1년 이내 재무제표 감사에 직접 참여한 회계법인의 담당사원이 감사대상회사의 재무담당임원으로 근무하게 되는 경우에는 유착위협으로 인하여 감사업무를 수임할 수 없다.
E	○	간접투자상품의 경우 감사인의 주요재산 일부(material to CPA's net worth)가 아닌 경우에는 이기적 위협으로 인한 독립성 훼손이 발생하지 아니한다. 따라서 감사업무를 수임할 수 있다.
F	△	의뢰인과의 소송관계에서는 압력위협으로 인한 독립성 훼손 위험이 존재하기 때문에 일정한 안전장치를 수행한 이후 감사계약을 체결할 수 있다. 이 Case에서는 이러한 안전장치가 수행되었는지 판단할 수가 없다. (단, 안전장치 중 소송에 연루되어 있는 감사업무팀의 당해 구성원을 감사업무팀에서 제외하도록 되어 있는 점을 고려해 보았을 때 회계법인이 피고가 된 경우에는 현실적으로 감사계약을 체결할 수가 없는 것으로 서술해도 무방)

(주) 해당 회계법인의 이사라고 제시되었기 때문에 사원이라고 간주함 만약 이사이지만 해당 회계법인의 사원이 아니라면 답이 달라질 수 있음.

Q&A 사례문제 5 : 2011년, KICPA 기출문제

A회계법인은 2×09년 3월 2일 현재 유가증권 상장법인인 B건설(주)과 2×09년도 이후 재무제표에 대한 회계감사계약을 이전 계약과 동일한 형태로 추진하고 있다. A회계법인은 B건설(주)의 지난 3년간 (2×06년부터 2×08년)의 재무제표감사를 수행하였으며 감사의견으로 3년 모두 적정의견을 제시하였다. 감사계약은 2×06년 3월 31일 한 번만 이루어졌다. 2×06년에 작성된 감사계약서에는 3년간의 감사보수계산의 기준, 감사보수의 청구, 지급방법 등이 구체적으로 포함되어 있었다.

B건설(주)의 감사업무는 3년간 A회계법인의 김 이사가 담당하여 왔으며, B건설(주)에 대한 감사팀 구성원의 변화도 없었다. A회계법인은 B건설(주)에게 2×08년 중 '주식회사등의 외부감사에 관한 법률'에 의한 내부회계관리제도의 설계, 구축 및 운영에 대한 개선방안을 제시하는 용역을 제공하였으며 그 대금은 총 20억원이었다. A회계법인은 아직 해당 용역에 대한 잔금 10억원을 받지 못하였다. 2×08년도 감사수수료 4억원의 잔금 2억원도 받지 못하고 있다.

※ 위의 상황과 관련하여 다음의 물음에 답하시오. 각 물음은 명시하는 경우를 제외하고는 각각 독립적이다.

1 A회계법인과 B건설(주)은 2×09년 이후에도 재무제표에 대한 감사를 계속하기로 하였다. A회계법인이 B건설(주)을 감사할 수 있는지 여부와 그 이유를 3줄 이내로 기술하시오.

풀이

감사할 수 있다. 감사보수가 연체된 경우에도 2009년도 감사보고서가 발행되기 전에 해당 보수를 회수하도록 노력하면 되고 이와 관련하여 지배기구와 연체보수의 규모에 관하여 논의하고 감사업무에 직접 참여하지 않은 공인회계사를 투입하여 감사업무 수행한 업무를 검토하면 감사업무를 수임할 수 있다. (참고로 내부회계관리제도 설계, 구축, 운영에 대한 개선업무는 2008년도에 이미 수행된 업무이기 때문에 2009년도 계약 체결 여부에 대해서 논의할 때는 언급이 필요 없음. 왜냐하면 2008년도에 해당 업무를 수행할 때 이미 감사 등의 동의를 받고 수행되었을 것이기 때문임)

2 B건설(주)에 대한 감사를 계속하기로 한 경우 A회계법인이 취하여야 할 조치를 2줄 이내로 기술하시오.

풀이

감사인 교체제도가 적용되어 해당 담당이사는 교체되어야 하며 감사보조자는 3분의 2 이상이 교체되어야 한다.

3 A회계법인은 B건설(주)을 계속 감사하는 경우 2×06년에 이루어진 계약과 같이 3개 연도에 대한 계약을 하기로 하였다. 이때 New ISA에 근거하여 감사계약서에 원칙적 기재사항과 선택적 기재사항을 2가지만 각각 기술하시오.

답안 양식 :

구 분		내 용
원칙적 기재사항	①	
	②	
선택적 기재사항	①	
	②	

풀이

구 분		내 용
원칙적 기재사항	①	재무제표 감사의 목적 및 범위
	②	감사인 및 경영진 책임
선택적 기재사항	①	부문감사인 및 전문가의 참여에 관한 사항
	②	내부감사인 및 기업 내 기타 직원의 참여에 관한 사항

※ 다음은 (물음 4)에 대하여 추가되는 정보이다.

> B건설(주)은 2×11년부터 의무적으로 한국채택국제회계기준에 따라 재무정보를 작성・공시해야 하기 때문에 2×10년에 한국채택국제회계기준을 조기도입하기로 2×09년 10월 초에 결정하였다. 이와 관련하여 2×09년 10월 10일에 A회계법인으로부터 한국채택국제회계기준 도입용역에 관련한 비감사업무를 제공받을지 여부를 검토중이다.

4 2×09년 3월에 A회계법인이 B건설(주)을 앞으로 3년간 다시 감사하기로 한 경우 2×10년 중 A회계법인이 감사계약과 관련하여 취하여야 할 조치와 그 이유가 무엇인지3줄 이내로 기술하시오.

풀이

한국채택국제회계기준과 관련하여 A회계법인에게 추가적인 서비스를 제공받기로 한 경우에는 계약조건이 변경되었거나 새로운 계약조건이 추가된 경우에 해당되기 때문에 새롭게 신규감사계약을 작성하는 것이 타당하다.

Q&A 사례문제 6 : 2012년, KICPA 기출문제

회계감사는 이해관계자들에게 독립된 외부의 감사인이 회사에 대한 회계감사를 실시하여 회계처리를 공정하게 하도록 함으로써 이해관계인을 보호하고 기업의 건전한 발전을 도모하는데 기여한다. 회계감사에 대한 다음 질문에 답하시오.

1 최근 미국의 상장회사회계감독위원회(PCAOB)는 감사인을 일정주기마다 교체할 것을 고려하고 관련 이해당사자들로부터 의견을 수렴하고 있다. 이해관계자들과 연구자들 중 일부는 감사인을 일정주기마다 교체하는 것이 감사품질을 높이는데 기여할 것이라고 주장하고 있으며 일부는 오히려 감사품질을 떨어뜨릴 것이라고 주장하고 있다.

감사인을 일정주기마다 교체함으로써 감사품질에 미칠 수 있는 영향의 긍정적인 면과 부정적인 면을 다음 양식에 따라 각각 2줄 이내로 기술하시오.

답안 양식 :

긍정적 측면	
부정적 측면	

풀이

긍정적 측면	감사인에 대한 유착위협이 줄어들고 독립성이 향상됨에 따라 재무제표 왜곡표시에 대한 보고확률 상승을 가져올 수 있음.
부정적 측면	감사인의 적격성 하락을 가져옴으로써 재무제표 왜곡표시에 대한 적발확률 하락을 야기할 수 있음.

2 우리나라는 현재 상장기업을 대상으로 증권집단소송제도를 시행하고 있다. 증권집단소송제도란 기업의 분식회계 등으로 소액주주들이 피해를 보았을 경우 피해를 본 소액주주가 해당기업을 상대로 소송을 제기해 승소하면 같은 피해를 본 나머지 투자자들도 별도의 소송없이 피해를 보상받을 수 있도록 한 제도이다.

기업과 투자자들을 고려할 때 증권집단소송제도의 긍정적인 면과 부정적인 면을 다음 양식에 따라 각각 2줄 이내로 기술하시오.

답안 양식 :

긍정적 측면	
부정적 측면	

풀 이

긍정적 측면	기업의 투명성 제고 및 신뢰성 있는 재무정보 제공으로 인하여 투자자들이 합리적인 투자의사결정 가능
부정적 측면	소액주주들의 지나친 소송남발로 기업의 정상적인 경영활동에 위축을 초래할 수 있는 측면

3 갑㈜는 당기에 특수관계자 을㈜와의 중요한 거래와 채권, 채무가 있다. 당기 매출액의 60%는 특수관계자 을㈜와의 거래로부터 발생하였다. 당해 특수관계자에 대한 채권은 총 채권잔액의 80%에 이르며, 올해 들어 채권회수가 지연되고 있다. 갑㈜는 특수관계자와의 거래 및 채권, 채무를 재무제표의 주석에 적절하게 기재하고 있다. 감사인은 감사과정에서 어떤 중요한 왜곡사항도 발견할 수 없었기 때문에 적정의견을 표명하기로 결정하고 강조사항문단이 없는 적정의견 감사보고서(표준감사보고서)를 발행하였다. 감사보고서를 발행한 3개월 후 투자자 중 1인이 이 감사보고서를 보고 투자를 결정하였다. 그 후 특수관계자 을㈜가 도산하였고 이에 따라 갑㈜의 주가가 크게 폭락하자 갑㈜에 투자한 위 투자자가 감사인을 상대로 손해배상소송을 제기하였다. 투자자는, 실제로는 특히 중요한 특수관계자와의 거래 및 채권 채무가 존재하였고 감사보고서의 강조사항문단에 특수관계자와의 거래 등을 기재하지 않았으므로 자신의 손해를 감사인이 배상하여야 한다고 주장한다. 그러나 감사인은 강조사항문단을 기재하지 않았다는 것으로 감사인에게 책임을 물을 수 없다고 주장하고 있다.

투자자와 감사인의 주장 중 어떤 주장이 합리적인지 선택하고 이에 대한 판단근거를 다음 양식에 따라 2줄 이내로 기술하시오.

답안 양식 :

합리적인 주장	투자자 / 감사인
판단의 근거	

풀 이

합리적인 주장	감사인
판단의 근거	갑㈜는 특수관계자와의 거래 및 채권, 채무를 재무제표의 주석에 적절하게 기재하고 있고 감사인은 감사과정에서 어떤 중요한 왜곡사항도 발견할 수 없었기 때문

4 비상장회사인 병㈜는 현금흐름표를 작성할 수 있는 능력 있는 회계직원이 없다. 따라서 병㈜는 감사인인 X회계법인에게 재무제표 감사를 수행할 때 필요한 자료를 제시하면서 현금흐름표를 작성해 줄 것을 요청하였다. X회계법인의 공인회계사는 회사의 경영진에게 '재무제표를 작성할

책임이 회사의 경영진에게 있으며, 감사인은 회사를 대신하여 현금흐름표를 대리하여 작성해 준다'는 것을 주지하였으며, 회사의 경영진도 이에 동의하였다. 또한 공인회계사가 작성해 준 현금흐름표로 인하여 문제가 발생한다면 이 책임은 전적으로 회사의 경영진에게 있다는 것을 감사인과 회사의 경영진이 모두 알고 있다.
위 상황에서 공인회계사가 현금흐름표를 작성해 주는 것이 법률(또는 회계감사관련 규정)에 위배되는지 여부와 그 법률 등에서 허용 또는 금지하는 이유를 다음 양식에 따라 기술하시오.

답안 양식 :

구 분	답 안
대리작성가능 여부	O / X
판단의 근거	

풀이

구 분	답 안
대리작성가능 여부	X
판단의 근거	현금흐름표를 작성해 주는 것은 공인회계사법상 재무제표 작성업무에 해당되기 때문에 자기검토위협으로 인한 독립성 문제 야기

5 갑㈜의 회계담당자는 X회계법인의 갑㈜ 회계감사 담당회계사인 김○○ 회계사에게 IFRS의 도입에 따른 연결재무제표 작성의 어려움을 호소하며 회사의 연결조정 관련 분개를 직접 작성해 주도록 요청하였다. 위 상황에서 김○○ 회계사는, 연결조정 분개를 작성하여 줄 경우, 감사인이 재무제표 감사계약 체결기간 중 법규상 금지된 업무를 행하는 결과가 될 수 있다고 회사 측에 설명하였다. (2013년, 기출문제)

(1) 김○○ 회계사가 설명한 내용은 법규상 수행이 금지된 업무 중 어떠한 유형에 해당되는가?
(2) 위 업무는 감사인의 독립성 훼손 위협 중 어떠한 항목과 관련된 것인가?

답안양식:

번호	내 용
(1)	
(2)	

풀이

번호	내 용
(1)	재무제표 작성업무
(2)	자기 검토위협

Q&A 사례문제 7 : 2011년, 2013년, KICPA 기출문제

1 감사인 선임과정 이후에 감사품질을 유지하기 위해 우리나라가 채택하고 있는 제도를 감사보고서 발행 이전 단계와 감사보고서 발행 이후 단계로 구분하여 단계별로 각각1가지를 3줄 이내로 기술하시오.

답안양식 :

구 분	제 도	내 용
감사보고서 발행이전		
감사보고서 발행이후		

풀 이

구 분	제 도	내 용
감사보고서 발행 이전	자율적인 품질관리요인	감사업무수행과 관련하여 지휘, 감독 및 그리고 업무수행이사에 의한 해당 보고서의 검토수행
감사보고서 발행 이후	감사인 감리	주권상장법인의 경우 증권선물위원회가 감사보고서에 대한 감리를 수행하고 비상장법인의 경우에는 한국공인회계사회에서 감사보고서를 위탁감리 수행. 증권선물위원회에서 주요 회계법인에 대하여 품질관리업무 수행. 나머지 회계법인에 대해서는 한국공인회계사회에서 위탁감리 수행.

2 다음은 New ISA가 요구하고 있는 자율적인 품질관리요인과 관련된 사례들을 제시한 것이다 (2013년, KICPA 기출문제)

[요구사항]
아래 표의 (A)~(F)의 내용에 해당하는 자율적인 품질관리요인이 무엇인지 기재하시오.

내 용	자율적인 품질관리요인
A회계법인은 모든 소속 회계사들에게 매년 1회 독립성 규정 준수 여부를 표본검사하고, 동시에 전 회계사들에게 본인의 독립성 준수 사실을 확인하는 확인서를 서명 날인하여 제출하도록 규정하고 있다.	(A)

내 용	자율적인 품질관리요인
B회계법인은 회계감사업무에 참여하는 소속회계사들에게 공인회계사법에서 요구하는 최소 교육시간 이외에도 연 80시간 이상의 IFRS 지식, 회계감사방법론, 산업별 전문감사교육 등 일정수준의 추가교육을 이수한 사람에 한하여 감사업무에 참여할 수 있도록 내부규정을 제정하여 시행하고 있다.	(B)
C회계법인은 각 회계사들이 수행한 감사절차에 대해서 최소한 1명 이상의 상급자가 검토한 후에 감사조서를 문서화하도록 의무화하고 있다.	(C)
D회계법인은 신규감사 체결시 품질관리부서에서 정한 신규수임회사 재무상태 점검 프로그램에서 일정 평가점수 이하가 나온 회사에 대해서는 신규감사계약 특별승인위원회의 별도 승인절차를 거친 경우에 한하여 계약을 수임하도록 정하고 있다.	(D)
E회계법인의 업무수행이사는 업무수행에 있어서 회계법인의 해당 품질관리정책과 절차를 준수하는 것이 중요하다는 사실을 소속업무팀에게 주지시키고 있다.	(E)
F회계법인의 경우 품질관리시스템과 관련된 정책과 절차가 관련성이 있고 적절하며 효과적으로 운영되고 있다는 합리적인 확신을 당 회계법인에게 제공할 수 있도록 제도화되어 있다.	(F)

[답안양식]

번호	자율적인 품질관리요인
(A)	
(B)	
(C)	
(D)	
(E)	
(F)	

풀 이

번호	자율적인 품질관리요인
(A)	관련 윤리적 요구사항
(B)	인적자원 관리
(C)	감사업무의 수행 및 문서화
(D)	의뢰인 관계의 수용과 계속 및 감사업무의 수임과 계속
(E)	감사품질에 대한 리더십 책임
(F)	모니터링

Q&A 사례문제 8 : 2016년, KICPA 기출문제

다음의 각 상황에 대하여 감사인의 외부감사업무 수임가능 여부를 판단하고, 그 이유를 [답안양식]에 따라 서술하시오.

(상황 1) X회계법인은 A㈜와 주식매수자문계약을 체결하고 매수대상인 B㈜의 주식가치평가업무를 수행하고 있다. 최근에 X회계법인은 A㈜로부터 외부감사업무를 의뢰받았다.

(상황 2) Y회계법인의 업무수행이사(engagement partner)인 정 회계사는 C㈜의 신임 대표이사인 박 사장과 초등학교 동창으로 둘도 없는 친구이다. 최근에 Y회계법인은 C㈜로부터 외부감사업무를 의뢰받았다.

(상황 3) Z회계법인은 교육프로그램을 제작하는 D㈜와 제휴하여 모바일 회계교육프로그램을 공동으로 개발·판매하고 있다. 모바일 회계교육프로그램 매출이 Z회계법인의 전체 매출액에서 차지하는 비중은 1%에 불과하지만, D㈜의 전체 매출액에서 차지하는 비중은 30%에 달한다. 최근에 Z회계법인은 D㈜로부터 외부감사업무를 의뢰받았다.

[답안양식]

상황	감사가능 여부 (O 또는 X)	판단 이유
(1)		
(2)		
(3)		

풀이

상황	감사가능 여부 (O 또는 X)	판단 이유
(1)	X	감사인이 회사의 자산, 자본 그리고 그 밖의 권리를 매도 또는 매수를 위한 실사, 가치평가를 수행하게 되면 자기검토위협이 발생하여 감사업무를 수임할 수 없다.
(2)	O	인증업무팀 구성원이 그의 직계가족 또는 측근가족이 아닌 자로서, 인증의뢰인의 인증대상정보에 직접적이고 심각한 영향을 미칠 수 있는 직위에 있는 자와 친밀한 관계에 있는 경우 회계법인이 정한 절차에 따라 자문을 구하는 절차를 취하게 되면 감사업무를 수임할 수 있다.

상황	감사가능 여부 (O 또는 X)	판단 이유
(3)	X	의뢰인과 친밀한 사업관계인 경우에는 회계법인과 의뢰인 모두에게 중요하지 않고 명백하게 경미한 경우가 아닌 한 이기적 위협으로 인하여 감사업무를 수임할 수 없다.

Q&A 사례문제 9 : 2017년, KICPA 기출문제

품질관리기준서1과 감사기준서 220은 감사인이 재무제표감사 등 인증업무를 수행할 때 준수하여야 할 감사인의 품질관리 책임을 전사적 조직 차원과 개별감사업무 차원으로 각각 정하고 있다.

다음은 양 기준서가 정한 ① 전사적 조직 차원과 ② 개별감사업무 차원의 품질관리 항목 중 서로 관계가 있는 항목을 나타낸 것이다.

구분	① 전사적 조직 차원의 품질관리		② 개별감사업무 차원의 품질관리	
근거 기준서	품질관리기준서 1 *[재무제표 감사와 검토, 그리고 기타 인증 및 관련 서비스 업무를 수행하는 회계법인의 품질관리]*		감사기준서 220 *[재무제표감사의 품질관리]*	
대응 항목	(a)	회계법인내 품질에 대한 리더십 책임	(a)	감사품질에 대한 리더십 책임
	(b)	관련 윤리적 요구사항	(b)	관련 윤리적 요구사항
	(c)	의뢰인 관계 및 특정 업무의 수용과 유지	(c)	의뢰인 관계와 감사업무의 수용과 유지
	(d)	인적자원	(d)	업무팀의 배정
	(e)	업무의 수행	(e)	감사업무의 수행
	(f)	모니터링	(f)	모니터링
	(g)	품질관리시스템의 문서화	(g)	문서화

1 상기 기준서들에서 정하고 있는 ① 전사적 조직 차원과 ② 개별감사업무 차원의 감사인 품질관리 책임에 대한 <u>궁극적 책임자</u>를 <u>각각</u> 기재하시오.

풀이

전사적 차원의 품질관리의 책임자는 회계법인이며 개별 감사업무의 책임자는 업무수행이사 (파트너)이다.

2 감사기준서 220에 따르면, "개별감사업무 차원" 품질관리절차 중 일부 항목의 품질관리 책임에 대해서는 원칙적으로 "전사적 조직 차원의 품질관리시스템"에 의존할 권리가 있다고 정하였다. ① 전사적 조직 차원의 (b), (c), (d), (f)가 이러한 항목에 해당된다.

다음은 이 네 가지 전사적 조직 차원 품질관리항목과 관련이 있는 "개별감사업무 차원"의 품질관리 절차에 대한 설명이다.

> (가) 새로운 의뢰인으로부터 감사업무 수임 전에, 의뢰인 관계와 감사업무의 수용과 유지에 대하여 주주 · 경영진 · 지배기구의 성실성, 전사적 및 개별감사업무 차원의 윤리적 요구사항 충족 여부, 당기 또는 이전에 감사업무 수행시 발생한 유의적 사항의 검토 등 의뢰인 관계 및 감사업무의 수용 · 유지에 대한 절차를 충족하여야 한다.
>
> (나) 전문적 기준과 해당 법규의 요구 사항에 따라 필요한 적격성과 역량을 보유한 적합한 구성원으로 업무팀을 구성하여야 한다.
>
> (다) 해당 개별감사업무에 적용되는 독립성이 준수되는지 확인하고, 위반사항 식별시 독립성 위협 여부, 안전장치 적용 및 감사계약 해지 등의 조치를 취하여야 한다.
>
> (라) 전사적 조직 차원의 모니터링 결과 발견된 미비점들이 해당 개별감사업무에 어떻게 영향을 미치는지 고려한다.

[요구사항]

(가), (나), (다)의 각 항목에 대하여 다음에 답하시오.

(1) "① 전사적 조직 차원의 품질관리" 항목인 (b), (c), (d) 중 **어느 항목**과 관련되는지 기재하시오.

(2) "② 개별감사업무 차원" 품질관리에 활용되는 해당 **"① 전사적 조직 차원"의 품질관리제도 또는 시스템의 구체적 내용**을 서술하시오.

(답안 작성은 아래 [답안양식]을 사용하되, 예시로 제시한 모니터링 관련 (라) 항목은 제외할 것).

[답안양식]

구분	(1) 항목 번호(*)	(2) 품질관리제도 또는 시스템 내용 설명
(가)		*[두 줄 이상으로 기재]*
(나)		*[두 줄 이상으로 기재]*
(다)		*[두 줄 이상으로 기재]*
(라)	*[예시]* *(f)*	*[예시] 매년 기말감사가 종료된 후 일부 개별감사업무를 선정하여 감사절차 적절성을 전사적 차원에서 검토하는 절차. 즉, "전사적 조직 차원"의 주기적 품질관리 시스템에 대한 모니터링 절차 (미비점 평가 및 커뮤니케이션 포함)의 수행.*

(*) "① 전사적 조직 차원의 품질관리" 항목의 번호 (b), (c), (d) 중에서 선택하여 기재. 예시로 제시된 (라)와 관련된 (f)는 위에 표시하였음.

풀이

구분	(1) 항목 번호(*)	(2) 품질관리제도 또는 시스템 내용 설명
(가)	c	새로운 의뢰인이나 기존 의뢰인의 업무를 수임할 때 잠재적인 이해상충이 식별되거나 윤리적 요구사항이 만족되지 않는 경우, 회계법인은 해당 업무를 수임하는 것이 적합한지 여부를 결정하여야 한다.
(나)	d	회계법인은 전문적 기준과 해당 법규의 요구사항에 따라 업무를 수행하고 회계법인이나 업무수행이사가 해당 상황에 적합한 보고서를 발행할 수 있기 위한 필요한 적격성과 역량을 갖추고 윤리원칙을 준수하는 충분한 인력을 보유하고 있다는 합리적 확신을 제공하도록 설계된 정책과 절차를 수립하여야 한다.
(다)	b	업무 전반적인 과정에서 필요한 관찰과 질문을 통하여 업무팀원이 관련 윤리적 요구사항을 위반하고 있다는 증거에 대하여 주의를 기울이고 업무팀원이 관련 윤리적 요구사항을 위반하고 있음을 시사하는 사항을 알게 된 경우 회계법인 내부의 다른 자로부터 자문을 받아 적합한 조치를 결정하여야 한다.

3 "(감사)업무품질관리검토"는 감사인의 품질관리책임 항목 중 "(e) (감사)업무의 수행"과 관련된 사항이다. 이에 대한 내용은 다음과 같이 요약된다.

구분	① 전사적 조직 차원의 품질관리	② 개별감사업무 차원의 품질관리
관련 요구사항	(i) 업무품질관리검토 정책과 절차 수립 (ii) 업무품질관리검토자의 적격성 기준 수립	전사적 업무품질관리 검토 관련 정책을 개별 감사 업무에 적용

위와 같은 관점을 고려하여, "(감사)업무품질관리 검토"에 대하여 다음 질문에 답하시오.

[요구사항]

(1) 업무품질관리검토자의 **업무품질관리검토 수행목적**을 서술하시오.

(2) 전사적 조직차원의 업무품질관리검토 관련 정책을 개별감사업무에 적용함에 있어서 **모든 상장기업 감사**에서 수행하여야 할 **업무품질관리검토 절차 세 가지**를 서술하시오.

풀이

(1) 업무품질관리검토자의 업무품질관리검토의 목적은 업무팀이 내린 유의적 판단과 그 도달된 결론들을

검토하여 감사보고서를 형성할 때 도달된 결론들을 평가하고 감사보고서 초안이 적합한지 여부를 판단하기 위함이다.

(2) 첫째, 당해 감사업무와 관련, 회계법인의 독립성에 대한 업무팀의 평가
둘째, 어렵거나 논쟁의 여지가 있는 사항들에 관하여 적합한 자문이 있었는지 여부, 그리고 그러한 자문으로부터의 도출된 결론
셋째, 검토를 위해 선정된 감사문서는 유의적 판단들과 관련된 업무를 반영하고 있으며 도달된 결론들을 뒷받침 하는지 여부를 평가하여야 한다.

4 「주식회사등의 외부감사에 관한 법률」 등은 회계감사의 품질관리를 규제하기 위한 감리제도를 정하고 있다. 이에 따른 ① 전사적 조직 차원 품질관리와 ② 개별감사업무 차원 품질관리를 대상으로 하는 **감리제도의 유형**을 기재하시오.

풀이

감사인 감리

Q&A 사례문제 10 : 2017년, KICPA 기출문제

공인회계사는 더 높은 품질의 감사서비스를 제공함으로써 감사보고서 이용자로부터 신뢰받기 위하여 공인회계사윤리기준을 준수하고자 노력한다. 다음 공인회계사 윤리에 대한 물음에 답하시오.

1 감사인은 독립성이 위협받는 경우 이를 완전히 제거하거나 일정수준 이하로 낮추려는 노력(안전장치)이 필요하다. 공인회계사윤리기준은 안전장치를 (i) 한국공인회계사회 또는 법규상 안전장치와 (ii) 업무환경 내의 안전장치로 구분하고 있다.

[요구사항]
공인회계사윤리기준이 정한 **"업무환경 내의 안전장치"**를 (1) 회계법인 전체 수준 (2) 개별업무 수준 (3) 의뢰인 조직 수준의 **세 가지**로 구분하여 서술하시오(아래 [답안양식]을 사용할 것).

[답안양식]

구 분	"업무환경 내의 안전장치" 설명
(1) 회계법인 전체 수준	[두 줄 이상 서술]
(2) 개별업무 수준	[두 줄 이상 서술]
(3) 의뢰인 조직 수준	[두 줄 이상 서술]

풀 이

구 분	"업무환경 내의 안전장치" 설명
(1) 회계법인 전체 수준	1. 윤리강령준수의 중요성을 강조하는 회계법인의 경영방침 2. 인증업무의 공익성을 강조하고 인증업무가 공익을 위해 수행될 것이라는 기대를 회계법인 전체에 확립시키는 경영진의 의지 3. 인증업무에 대한 품질관리의 실시와 이에 대한 모니터링을 위한 정책과 절차 4. 윤리강령의 준수를 저해할 위협을 파악하고 동 위협의 심각성을 평가한 후, 동 위협이 명백하게 경미한 경우 외에는 동 위협을 제거하거나 수용가능한 수준이하로 감소시키기 위한 안전장치의 강구와 그 적용에 관한 문서화된 정책 5. 인증업무에 대한 **독립성**(independence) 훼손위협을 파악하고, 동 위협의 심각성을 평가한 후, 동 위협이 명백하게 경미한 경우외에는 동 위협을 제거하거나 수용가능한 수준 이하로 감소시키기 위한 안전장치의 강구와 그 적용에 관한 문서화된 독립성 정책 6. 윤리강령의 준수를 요구하는 문서화된 내부 정책과 절차 등
(2) 개별업무 수준	1. 수행된 업무를 재검토하거나 필요한 조언을 제공하는 역할을 수행할 공인회계사를 추가로 투입 2. 독립된 이사들로 구성된 위원회, 한국공인회계사회 또는 타 공인회계사와 같은 독립적인 제3자에 대한 자문 요청 3. 의뢰인의 내부감시기구와 윤리적 문제에 대해 논의 4. 의뢰인에게 제공한 업무의 성격과 청구한 보수금액을 의뢰인의 내부감시기구에 통보 5. 타 회계법인으로 하여금 감사업무의 일부를 수행토록 하거나 재수행하도록 의뢰 6. 인증업무팀의 상급자 교체 등
(3) 의뢰인 조직 수준	1. 회계법인의 선임시 경영자 이외의 다른 사람이 이를 추인하거나 승인하는 절차 2. 경영의사결정을 할 수 있는 경험과 연륜을 갖춘 적격한 인력의 보유 3. 비인증업무를 수행하는 회계법인을 위촉함에 있어 공정한 선정을 보장하는 내부절차의 수행 4. 회계법인이 제공하는 업무에 관하여 적절한 감독과 의사소통기능을 수행하는 내부감시기구의 유지 등

2 A회계법인은 가나다그룹의 지배회사 갑㈜와 모든 종속회사들에 대한 감사업무 수임을 협의 중에 있다. A회계법인의 품질관리부서는 가나다그룹 감사업무 수임에 있어 두 가지 관점을 고려하고 있다.

> ① 가나다그룹 감사업무를 수임하게 될 경우, A회계법인의 총매출액(감사보수총액)에서 가나다그룹 전체의 감사보수가 차지하는 비중이 높다.
> ② 가나다그룹 감사업무를 묶음단위로 수임하게 되면, 갑㈜와 종속회사들 각각의 감사보수가 적정보수 수준보다 지나치게 낮게 된다.

위 ①과 ② 상황은 공인회계사윤리기준에 기초하여 문제를 발생시킬 우려가 있다.

[요구사항]

위 ①과 ②의 상황이 공인회계사윤리기준상 문제가 있을 수 있는 내용을 (1) 공인회계사윤리기준에 기초하여 **어떠한 문제가 우려**되는지와 (2) 이러한 문제를 해소하고 감사업무를 수임하고자 할 때 감사인이 취할 수 있는 **품질관리 방안**으로 나누어 서술하시오(아래 [답안양식]을 사용할 것).

[답안양식]

항목	(1) 우려되는 문제점	(2) 감사인이 취할 수 있는 품질관리 방안
①		
②		

풀이

항목	(1) 우려되는 문제점	(2) 감사인이 취할 수 있는 품질관리 방안
①	이기적 위협이 야기될 수 있음.	감사위원회 등 내부감시기구와 보수의 범위와 성격에 관하여 논의하고 의뢰인에 대한 수임의존도를 줄이기 위한 조치를 취하며 외부의 품질관리검토를 받도록 함.
②	이기적 위협이 야기될 수 있음.	적절한 시간의 투입과 자질있는 구성원을 해당 업무에 배정함을 입증하고 인증업무와 관련된 모든 기준, 지침 및 품질관리절차의 준수를 입증하여야 함.

3 회계감사와 관련한 독립성은 정신적 독립성과 외관상 독립성으로 구분된다. 다음은 1년차 스태프 회계사와 그 상급자인 현장 책임회계사와의 대화 내용이다.

(현장 책임회계사)	감사에 참여하는 모든 회계사들은 본인이 회사와의 외관상 독립성을 준수하였는지 체크해서 저에게 알려주세요.
(스태프 회계사)	회계사님! 감사인은 정신적 독립성을 유지하는 자세가 중요하지, 외관상 독립성이 그렇게 중요한가요?
(현장 책임회계사)	정신적 독립성과 외관상 독립성 모두 감사품질을 유지하는데 중요하지만 특히 감사인은 외관상 독립성을 유지하는 것이 무엇보다 중요합니다.
(스태프 회계사)	글쎄요. 실제로는 정신적으로 독립적이지 못한 경우도 있는데, 외관상 독립성만을 그렇게 요란스럽게 따지는 이유가 잘 이해되지 않습니다.

[요구사항]
당신이 현장 책임회계사라면 1년차 스태프 회계사에게 **외관상 독립성의 중요성**을 어떻게 강조할 것인지 **두 가지**만 서술하시오(각각 세 줄 이상 서술할 것).

풀이

첫 번째, 외관상 독립성은 제3자로 하여금 감사인의 독립성에 관한 의문을 배제하고 감사보고서를 신뢰할 수 있도록 하기 위하여 요구되는 최소한의 전제조건이다.

두 번째, 정신적 독립성이 만족되었다 하더라도 외관상 독립성이 만족되지 않으면 감사보고서에 대한 사회적 신뢰도가 낮아지게 된다. 결국, 정신적 독립성과 외관상 독립성은 독립성이 만족되기 위한 상호보완적인 관계이다.

Q&A 사례문제 11 : 2020년, KICPA 기출문제

감사인은 재무제표 감사업무와 관련된 독립성 요구사항 등 윤리적 요구사항을 준수하여야 한다. 공인회계사 윤리기준에 근거하여 다음 물음에 답하시오.

1 공인회계사는 광고를 하는 경우, 전문직의 명예를 저해하는 행위를 해서는 안 된다. 공인회계사가 광고를 할 때, 해서는 안 되는 행위 **두 가지**를 서술하시오.

풀이

첫째, 제공하는 서비스, 보유한 자격의 내용 또는 업무경력에 대한 과장된 주장을 하여서는 아니되며
둘째, 입증되지 아니한 비교결과를 인용하여 다른 공인회계사의 업무를 비난하는 내용을 해서는 안 된다.

2 과거에는 주권상장법인에 대해서만 동일 감사인이 3개 사업연도를 연속감사하는 감사인 유지제도가 적용되었다. 그러나 2018년에 개정된 「주식회사등의외부감사에관한법률」에서는 직전연도 말 현재 자산총액 1,000억 원 이상인 대형비상장회사 및 금융회사로 감사인 유지제도가 확대되었다. 이처럼 감사인 유지제도 대상을 확대한 취지를 공인회계사 윤리기준에 규정된 잠재적인 위협의 유형에 근거하여 간략히 서술하시오.

풀이

자유선임제도하에 감사인 교체압력위협에 따른 독립성 훼손이 될 수 있는 개연성을 줄이기 위해서 도입된 제도이다.

다음 [상황 1]은 (물음 3)과 관련된 것이며, 각 번호는 서로 독립적이다.

[상황 1]

(1) 한국회계법인은 ㈜민국으로부터 재무제표감사를 의뢰받았다. ㈜민국의 지배기업은 ㈜대한이며, ㈜민국은 ㈜대한의 유의적 부문에 해당한다. 한편, 한국회계법인은 ㈜민국으로부터 재무제표 감사를 의뢰받은 시점에 ㈜대한과 중요한 재무적 이해관계를 가지고 있다.

(2) 한국회계법인은 ㈜서울로부터 재무제표 감사를 의뢰받았다. ㈜서울은 한국회계법인에게 감사보수로 보유중인 자기주식을 제공할 예정이다.

(3) 한국회계법인은 ㈜강남과 인증업무 계약을 추진 중이다. 한국회계법인은 ㈜강남과 중요한 간접적인 재무적 이해관계를 가지고 있다.

3 위 [상황 1]의 각 번호별로 한국회계법인이 해당 감사업무 또는 인증업무를 수행할 수 있는지 여부를 결정하고, 수행가능한 경우 한국회계법인이 해당 감사업무 등을 실제로 수행하기 위해 필요한 대책이 있으면 그 대책을 서술하시오

[답안양식]

번 호	수행가능 여부(가능, 불가능)	수행가능한 경우 필요한 대책
(1)		
(2)		
(3)		

풀이

번 호	수행가능 여부(가능, 불가능)	수행가능한 경우 필요한 대책
(1)	불가능	*(주)
(2)	불가능	*(주)
(3)	불가능	*(주)

*(주) 상기 사례 모두 이기적 위협으로 인하여 독립성이 훼손된 사례들이다. 따라서 해당 사례를 문제 그대로 주어진 상황에서 감사업무를 수행할 수 있는지 물어보는 경우 감사업무 수행은 불가능하다. 단, 해당 재무적인 이해관계를 감사계약 체결전에 해소(예를 들어, 재무적 이해관계가 채권, 채무 관계인 경우 이를 해결한다라든지 주식등의 경우는 처분하는 방법)할 수 있으면 이를 해소하고 난 이후에 계약을 체결할 수는 있다.

다음 [상황 2]는 (물음 4)~(물음 5)에 관련된 것이다.

[상황 2]

다음은 회계감사 수업시간에 이루어진 교수와 학생 간의 대화 내용이다.

(교수) 공인회계사는 감사업무를 수행함에 있어 정신적 독립성과 외관상 독립성을 유지하여야 합니다.

(학생) 교수님! 그럼 독립성은 언제부터 언제까지 유지해야 하는 건가요?

(교수) 회계법인과 감사업무팀의 구성원은 감사업무 수임기간 동안 감사의뢰인에 대한 독립성을 유지해야 합니다.

(학생) 그럼 감사업무 수임기간에는 감사대상 재무제표의 회계기간은 포함되지 않는 건가요?

(교수) 아닙니다. 감사업무 수임기간에는 감사대상 재무제표의 회계기간이 포함됩니다. 따라서 감사대상 재무제표의 회계기간 개시일 이후에 감사업무를 수임하려는 회계법인은 독립성 훼손위협을 발생시키는 상황이 있는지 여부를 확인해야 합니다. 예를 들어, 회계법인이 재무제표 회계기간 개시일로부터 해당 감사업무를 수임하기 이전 기간 동안 감사의뢰인에게 비감사업무를 제공했을 수도 있습니다. 이런 경우 회계법인은 감사업무 수임 이전에 제공한 비감사업무가 해당 감사업무에 대한 독립성을 위협하는 지를 판단해야 합니다.

4 인증업무 수임기간은 인증업무 착수일(인증업무 계약체결일과 실제 인증업무 착수일 중 빠른 날)로부터 인증업무 종료일까지이다. 인증업무가 ① 비반복적인 경우와 ② 반복적인 경우로 구분하여 인증업무 종료일이 언제인지 서술하시오.

[답안양식]

구분	인증업무 종료일
① 비반복적인 경우	
② 반복적인 경우	

풀이

구분	인증업무 종료일
① 비반복적인 경우	인증업무보고서발행일까지
② 반복적인 경우	어느 일방의 계약당사자가 전문적 관계가 종료되었음을 통고한 일자와 최종 인증업무보고서의 발행일자 중 더 나중 일자까지

5 위 대화의 마지막 부분에 제시된 예에서 비감사업무 제공으로 인한 독립성 위협이 명백하게 경미한 경우가 아니라면, 회계법인이 해당 위협을 수용가능한 수준 이하로 감소시키는데 필요한 안전장치를 **두 가지만** 서술하시오(단, 해당 비감사업무는 적절한 안전장치를 통해 독립성 위협을 수용가능한 수준 이하로 감소시킬 수 있는 경우에 해당함).

풀이

첫째, 윤리강령준수의 중요성을 강조하는 회계법인의 경영방침

둘째, 인증업무의 공익성을 강조하고 인증업무가 공익을 위해 수행될 것이라는 기대를 회계법인 전체에 확립시키는 경영진의 의지

셋째, 인증업무에 대한 품질관리의 실시와 이에 대한 모니터링을 위한 정책과 절차

넷째, 윤리강령의 준수를 저해할 위협을 파악하고 동 위협의 심각성을 평가한 후, 동 위협이 명백하게 경미한 경우 외에는 동 위협을 제거하거나 수용가능한 수준이하로 감소시키기 위한 안전장치의 강구와 그 적용에 관한 문서화된 정책

다섯째, 인증업무에 대한 독립성(independence) 훼손위협을 파악하고, 동 위협의 심각성을 평가한 후, 동 위협이 명백하게 경미한 경우 외에는 동 위협을 제거하거나 수용가능한 수준 이하로 감소시키기 위한 안전장치의 강구와 그 적용에 관한 문서화된 독립성 정책

여섯째, 윤리강령의 준수를 요구하는 문서화된 내부 정책과 절차 등

Q&A 사례문제 12 : 2023년, KICPA 기출문제

1 다음 각 독립적인 상황별로 한국회계법인의 업무 수임이 가능한지 여부와 독립성 훼손위협의 종류를 기재하시오.

[상황 1] 한국회계법인의 사원이 아닌 구성원 박 회계사는 비상장회사 ㈜A의 상근감사직을 수행하고 있다. 한국회계법인은 비상장회사 ㈜A의 외부감사업무를 수임하고자 한다.

[상황 2] 한국회계법인의 사원인 이 회계사는 상장회사 ㈜B의 비상근감사직을 수행하고 있다. 한국회계법인은 ㈜B의 비상장자회사 ㈜C에 대한 외부감사업무를 수임하고자 한다.

[상황 3] 한국회계법인의 지점 사원인 김 회계사는 비상장회사 ㈜D의 비상근감사직을 수행하고 있다. 한국회계법인의 본점 사원인 정 회계사가 ㈜D의 외부감사업무를 수임하고자 한다.

[상황 4] 한국회계법인은 상장회사 ㈜E의 외부감사를 수행하고 있다. 한국회계법인의 사원인 강 회계사가 ㈜E의 종속회사인 ㈜F에 대해 자산 실사업무를 수임하고자 한다.

[상황 5] 상장회사 ㈜G는 비상장자회사 ㈜H와 ㈜I에 대해 각각 60%와 70%의 지분율을 보유하고 있다. ㈜G는 자회사 ㈜H의 사업부를 인수하고자 하는데, ㈜I의 감사인인 한국회계법인의 사원인 최 회계사가 이에 대한 평가업무를 수임하고자 한다. 단, 한국회계법인은 ㈜G와 ㈜H의 감사인이 아니다.

[답안양식]

구분	수임가능 여부 (예, 아니오)	독립성훼손위협
[상황 1]		
⋮		
[상황 5]		

풀 이

구분	수임가능 여부 (예, 아니오)	독립성훼손위협
[상황 1]	아니오	자기검토위협
[상황 2]	아니오	자기검토위협
[상황 3]	아니오	자기검토위협
[상황 4]	아니오	자기검토위협
[상황 5]	아니오	자기검토위협

2 한국회계법인의 사원인 나 회계사는 현저히 낮은 감사보수로㈜A와 신규 감사계약을 체결하였다. 이 경우 발생하게 되는 독립성 훼손위협의 종류를 기재하고, 이러한 위협에 대응하여 한국회계법인이 고려할 수 있는 안전장치 중 한 가지를 2줄 이내로 서술하시오.

풀 이

이기적 위협이 존재함.
이에 따른 안전장치는 첫째, 적절한 시간의 투입과 자질있는 구성원을 해당 업무에 배정함을 입증하고, 둘째, 인증업무와 관련된 기준 및 품질관리절차의 준수를 입증하는 것임.

Q&A 사례문제 13 : 2024년, KICPA 기출문제

다음은 윤리기준과 관련된 물음이다.

1 다음은 투명회계법인이 신입회계사를 대상으로 실시한 윤리기준 교육사례 내용 중 일부를 정리한 것이다. 각 항목에서 고려해야 할 윤리강령을 기재하시오.

항목	사례
①	A회계법인은 최근 B회계법인을 합병하여 대형회계법인으로 출범하게 된 것을 기념하고, 신규고객을 유치하기 위해 지하철 전면광고를 계획하고 있다

②	자동차 제조회사인 ㈜대한은 주요 원재료인 브레이크패드를 ㈜민국으로부터 공급받아 가공한 후, 다시 ㈜민국에 납품하는 계약을 체결하였다. 회계팀 나몰라 과장은 해당 계약의 수익인식 회계처리에 대해 감사인인 C회계법인의 김기준 회계사에게 질문하였으나 원하는 답변을 얻을 수 없었다. 이에 나몰라 과장은 원하는 답변을 얻기 위해 지인인 D회계법인의 회계사에게 동일한 사안에 대해 의견을 구하였다

[답안양식]

항목	고려해야 할 윤리강령
①	
②	

풀이

항목	고려해야 할 윤리강령
①	전문가적 품위
②	전문가적 적격성 및 정당한 주의

2 다음의 각 독립적인 상황별로 독립성 훼손 여부를 기재하고, 훼손된 경우 그 이유를 2줄 이내로 서술하시오.

항목	상황
①	A회계법인의 사원인 김대한 회계사는 갑은행의 재무제표감사를 수행하고 있다 김대한 회계사는 감사를 수행하기 전부터 갑은행에서 2억원의 주택담보대출을 받았다. 감사기간 동안 동 주택담보대출의 만기가 도래하여 동일한 조건으로 만기를 연장하였다.
②	B회계법인의 사원인 김한국 회계사는 ㈜대한그룹의 재무제표감사를 수행하고 있다. ㈜대한그룹으로부터 받은 감사보수 총액이 B회계법인의 연간 전체 매출액의 30%에 달한다.
③	C회계법인의 사원인 김만세 회계사는 을은행의 재무제표감사를 수행하고 있다 감사기간 중 김만세 회계사는 여유자금이 생겨 5천만원을 한도로 예금자보호법을 적용받는 을은행의 예금상품에 새로 가입하였다.
④	D회계법인은 ㈜대한교육과 IT교육프로그램을 공동으로 개발판매하고 있다. D회계법인의 전체 매출액에서 해당 판매수익이 차지하는 비중은 경미하지만, ㈜대한교육의 전체 매출액에서 차지하는 비중은 높다

[답안양식]

항목	독립성 훼손 여부 (예, 아니오)	훼손된 경우, 그 이유
①		
⋮		
④		

풀이

항목	독립성 훼손 여부 (예, 아니오)	훼손된 경우, 그 이유
①	아니오	–
②	예	감사의뢰인에 대한 보수총액이 전체 보수총액의 상당 부분을 차지하고 있기 때문에 이기적 위협이 발생함.
③	예	감사기간 중 추가적인 신규대출 및 예금을 가입하게 되는 경우 이기적 위협이 발생함.
④	예	의뢰인과의 친밀한 사업관계인 경우 의뢰인과 감사인 모두에게 중요하지 않고 그 관계가 명백하게 경미한 경우가 아닌 한 이기적 위협이 발생함.

3 다음은 주권상장법인의 감사인인 A회계법인의 윤리적 위협을 감소시키기 위한 노력(안전장치)을 정리한 것이다.

> A회계법인은 소속공인회계사가 감사업무에 적용 가능한 전사적 수준의 업무품질관리 절차를 운영하고 있고, 소속 공인회계사들의 독립성 규정 준수 여부를 매년 1회 검사하고 확인서에 서명을 받고 있다.
>
> 갑은행을 감사하고 있는 A회계법인의 업무수행이사 김대한 회계사는 갑은행의 감사업무 수행에 있어 회계법인의 품질관리정책과 절차를 준수하는 것이 중요하다는 사실을 업무팀에게 주지시키고 있다. 감사 수행 과정에서 감사대상회사의 감사위원회 등 내부감시기구와 윤리적 문제에 대해 지속적으로 커뮤니케이션하고 있다.
>
> 갑은행은 최근 내부통제 관리소홀로 인해 횡령과 부실대출이 빈번히 발생하고 있다. 이에 김대한 회계사는 금융권 감사 경험이 있는 회계사를 추가로 업무팀에 투입할 필요가 있다고 판단하고 있다. 현재 A회계법인은 증권선물위원회로부터 품질관리기준의 준수 여부에 대한 감리를 받고 있다.

위의 노력(안전장치)을 <보기>와 같이 네 가지로 구분하여 각각 2줄 이내로 서술하시오.

<보기>

(1) 한국공인회계사회 또는 법규상 안전장치 (2) 업무환경 내의 안전장치 (2)−1 회계법인 전체 수준 (2)−2 개별업무 수준 (2)−3 의뢰인 조직 수준

풀이

본문 내용 참조

Q&A 사례문제 14 : 2025년, KICPA 기출문제

다음은 윤리기준과 품질관리에 대한 물음이다.

1 다음 각 상황은 독립적이다. 회계법인이 감사업무를 수임할 수 있는지를 상황별로 판단하고 그 근거를 각각 1줄 이내로 서술하시오.

항목	상황
①	정승회계법인은 회원제골프장을 운영하는 ㈜CC의 감사업무를 수임하려는 과정에서 컨설팅본부 소속 사원인 이황희 회계사가 ㈜CC로부터 정상가액인 1억원에 골프회원권을 취득한 사실을 알게 되었다.
②	한국회계법인은 확정급여채무금액 산출과 관련되는 보험계리업무를 ㈜P에게 제공하고 있다. 이러한 상황에서 한국회계법인은 ㈜P의 지배기업인 ㈜I에 대한 그룹재무제표감사업무의 수임이 가능한지를 검토하고 있다. ㈜P는 ㈜I의 그룹재무제표에서 유의적일 것으로 예상되는 부문에 해당한다.
③	한국회계법인은 ㈜카드의 감사업무를 수임하려는 과정에서, 감사본부 소속 사원인 이지은 회계사가 약관에 따라 ㈜카드에서 발급받은 신용카드를 이용하여 8천만원 상당의 차량을 한달 전에 2개월 균등할부로 구매하였음을 알게 되었다.
④	한국회계법인 감사본부 소속 사원인 김투명 회계사는 ㈜D의 감사업무 수임가능성을 검토하고 있다. 김투명 회계사는 세무본부 소속 사원인 나인정 회계사의 배우자가 ㈜D의 마케팅 담당임원으로 근무하고 있음을 확인하였다.
⑤	민국회계법인은 주권상장법인 감사인으로 등록되지 않은 법인이었는데 최근에 대한회계법인을 흡수합병하여 주권상장법인 감사인으로 등록하였다. 합병 후, 민국회계법인의 계속감사거래처였던 ㈜E와 감사계약을 체결하려고 한다. 그런데 대한회계법인이 ㈜E의 지분 10%를 보유하고 있음이 확인되었다.

[답안양식]

항목	수임 가능 여부 (O, X)	판단 근거
①		
⋮		
⑤		

풀 이

항목	수임 가능 여부 (O, X)	판단 근거
①	O	감사업무를 수행하기 전에 정상적인 가액으로 구입한 회원권등은 채권, 채무 금액 계산시 포함이 되지 아니한다.
②	X	그룹감사인의 경우 자회사에 대하여 보험계리업무를 수행하는 경우 자기검토위협이 발생하기 때문에 감사를 수임할 수 없다.
③	O	신용카드 사용에 따른 지급기일이 2개월 이내인 채무는 채권, 채무 금액 계산시 포함이 되지 아니한다.
④	X	사원의 배우자가 감사대상회사의 임원인 경우 재무에 관한 사무를 수행하는 임원으로 한정하지 않기 때문에 유착위협으로 인하여 감사를 수임할 수 없다.
⑤	O	합병 등으로 인한 비자발적 취득한 주식이 있는 경우에는 지체없이 처분하는 경우 독립성 훼손위협이 발생하지 아니한다.

2 다음의 독립적인 상황별로, 회계법인이 감사업무를 수임하는 경우 독립성 훼손위협이 발생하는지를 판단하고, 발생가능한 훼손위협의 종류를 윤리기준에 근거하여 모두 기재하시오. 또한, 회계법인이 훼손위협을 수용가능한 수준으로 감소시키고 감사업무를 수임하기 위해 수행하여야 할 안전장치(절차)를 상황별로 세 가지씩 서술하시오.

항목	상황
①	대신회계법인은 지난 3년간 상장기업 ㈜F에 대해 재무제표 작성지원(Private Accounting, “PA”) 업무를 수행하였다. 이에 따라 대신회계법인은 ㈜F의 재무 및 회계에 대한 높은 이해도를 갖게 되어 전문성이 높아졌다고 판단한다.
②	한국회계법인은 상장기업 ㈜B의 감사업무를 수임하려는 과정에서, ㈜B에 대한 조세불복업무를 세무본부에서 성공보수 조건으로 수임하여 수행 중인 사실을 확인하였다.
③	한국회계법인은 비영리법인인 희망재단의 감사업무를 수임하고자 한다. 한국회계법인 소속 사원인 김누리 회계사만 비영리법인에 대한 감사경험이 있다. 그런데 희망재단의 재무담당이사(CFO)가 김누리 회계사의 친형임을 확인하였다. 김누리 회계사와 친형은 한집에 거주하지 않으며 생계를 같이 하지 않는 것으로 파악되었다.

[답안양식]

항목	훼손위협 발생 여부 (O, X)	위협 종류	안전장치(절차)
①			
②			
③			

풀이

항목	훼손위협 발생 여부 (O, X)	위협 종류	안전장치(절차)
①	O	자기검토위협	첫째, 타회계법인으로 하여금 감사업무의 일부를 수행토록 하거나 재수행하도록 한다. 둘째, 업무수행팀을 분리하도록 하거나 업무팀의 상급자를 교체하도록 한다. 셋째, 의뢰인의 내부감시기구와 해당 독립성 문제에 대해서 논의하도록 한다.
②	O	이기적 위협 및 변호위협, 자기검토위협	첫째, 보수의 산정근거와 관련하여 의뢰인에게 서면으로 사전 동의서를 징구한다. 둘째, 보수의 산정근거를 제시한다. 셋째, 세무팀이 수행한 업무를 객관적인 제3자가 검토하도록 한다.
③	O	유착위협	첫째, 회계법인 내의 상급자에게 전달하도록 하는 정책과 절차가 수행되어야 한다. 둘째, 해당 구성원이 형의 책임하에 있는 사항들을 다루지 않도록 인증업무팀의 책임을 조정한다. 셋째, 해당 개인을 감사업무팀에서 제외시킨다.

다음은 (물음 3)~(물음 5)와 관련된 내용이다.
감사인의 적격성과 독립성을 향상시키기 위한 모든 제도, 정책 및 절차를 감사의 품질관리제도라고 한다. 회계감사기준 220에서는 재무제표감사의 품질관리절차에 관한 감사인의 구체적인 책임을 다루고 있다. 이에 대한 다음 물음에 답하시오.

3 업무품질관리검토가 필요하다고 결정된 감사업무의 수행과 관련하여 업무품질관리검토자는 업무팀이 내린 유의적 판단사항과 감사보고서의 형성 과정에서 도달된 결론들에 대하여 객관적인 평가를 수행하여야 한다. 이 평가에 포함되어야 할 절차 두 가지를 각각 1줄 이내로 서술하시오(단, 아래 예시는 제외할 것).

> <예시>
> 유의적 사항을 업무수행이사와 논의

풀이

첫째, 재무제표와 감사보고서의 초안을 검토한다.
둘째, 감사문서를 선정하여 업무팀이 내린 유의적 판단과 그 도달된 결론을 검토한다.
(참고) 셋째, 감사보고서를 형성할 때 도달된 결론들을 평가하고 감사보고서 초안이 적합하지 여부를 고려한다.

4 업무품질관리검토와 관련하여 업무수행이사가 수행하여야 할 절차 두 가지를 각각 1줄 이내로 서술하시오(단, 아래 예시는 제외할 것).

> <예시>
> 업무품질관리검토 중에 식별된 사항 등 감사업무의 수행 중에 야기된 유의적 사항을 업무품질관리검토자와 논의함

풀이

첫째, 업무품질관리자가 선임되었는지 결정한다.
둘째, 업무품질관리검토가 완료되기 전까지는 감사보고서일을 기재하지 아니한다.

5 감사업무 수행에서 자문과 관련하여 업무수행이사가 수행하여야 할 절차 두 가지를 각각 1줄 이내로 서술하시오.

풀이

첫째, 어렵거나 논쟁의 여지가 있는 사항들에 관하여 업무팀이 적절한 자문을 실시하도록 하여야 한다.
둘째, 해당 자문이 적합하게 실시되어 팀원들이 만족하며, 자문의 결론들의 적절하게 도달되었는지 판단하여야 한다.

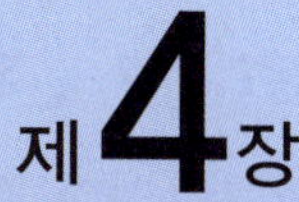

제 4 장 감사인의 책임

❖ 감사인의 책임에 대한 제규정 정리 ❖

	공인회계사 윤리기준	외감법	공인회계사법	자본시장과금융투자업에관한법률
윤리적 책임	○			
법률적 책임				
(1) 민사책임				
① 감사대상회사에 대한 책임		○		
② 제3자에 대한 책임		○		○
(2) 형사책임		○	○	

* 자본시장과금융투자업에관한법률의 경우 내용이 외감법과 동일하며 직접적인 감사인 책임을 묻는 법규는 아니지만 민사책임에 있어서 손해배상책임을 물을 수 있는 포괄적인 법인 민법도 감사인의 책임에 대한 근거법령이 될 수도 있다. 다만, 민법에 의한 소멸시효는 안 날로부터 3년, 불법행위시로부터 10년이며, 입증책임이 피해자에게 있다는 측면에서 외감법과 차이가 발생한다.

1 | 공인회계사 윤리기준

(1) 현 윤리기준의 특징

① 국제회계사연맹이 제정한 국제윤리기준 전면 수용. 다만, 국제윤리기준보다 국내 법규에서 강제하고 있는 사항에 대해서는, 공인회계사가 국제윤리기준보다 국내 법규를 우선적으로 준수하도록 규정
② 법조문식의 윤리기준에서 문단식으로 모든 내용이 서술
③ 내규로 되어 있는 이전 지위를 감사기준과 동일한 일반기준의 지위로 변경 (따라서 윤리규정에서 윤리기준으로 용어 변경)
④ 비개업공인회계사(professional accountant in business)에 대한 윤리적 요구사항도 포함

(2) 윤리기준의 목적

공인회계사가 전문직업인으로서 준수하여야 할 윤리기준을 정함으로써 공인회계사로 하여금 그 직무를 높은 수준으로 수행하게 하고 공익에 부합되게 하여, 공인회계사에 대한 사회적 신뢰를 제고함을 목적으로 한다.

(3) 5가지 윤리강령

성실	공인회계사는 그 내용이 중대하게 잘못되었거나 사실을 오도하는 정보, 무모한 내용이 삽입되어 있는 정보, 또한 필요한 정보가 누락되거나 애매하게 표현되어 있는 보고서에 자신의 명칭이 사용되는 것을 허용하지 말아야 한다. 다만, 위와 같은 경우와 관련하여 공인회계사가 수정보고서를 제출하는 경우에는 이를 위반한 것으로 간주하지 아니한다.
공정	지금까지는 공인회계사 직무의 주종을 이루었던 것이 '감사'이었으므로 외부감사인으로서의 '독립성'이 강조됐지만, 최근 들어서는 공인회계사 직무의 주종이 '감사' 이외의 다양한 영역으로 확장됐기 때문에 ① 이들 확장된 직무영역을 포괄하는 규범으로서 '공정성'이 보편화된 현실과 ② 국제공인회계사 윤리기준에서도 우선되어야 할 기본윤리원칙으로서 공정성을 중시하고 있다는 점을 반영하여 독립성이 아닌 공정성의 표현을 쓰고 있다.
전문가적 적격성과 정당한 주의	① 전문가적 적격성 가. 적격성의 습득 나. 적격성의 유지 ② 정당한 주의 가. 업무의 요구조건에 따라, 철저하고도 신중하며 적시에 업무를 수행할 책임 나. 자신의 통솔하에 전문가의 자격으로 업무를 수행하는 모든 구성원이 적절한 훈련과 감독을 받도록 조치 다. 의뢰인, 고용주 또는 기타 전문서비스의 이용자에게 전문서비스가 갖는 고유한계를 일깨워 줌으로써 공인회계사의 의견표명이 사실에 대한 주장으로 잘못 해석되지 않도록 하여야 한다.
비밀유지	〈기밀정보를 공개할 수 있는 경우〉 ① 법규에 의해 정보의 공개가 허용되고 의뢰인 또는 고용주로부터 공개를 허락받은 경우 ② 다음과 같이 법규에 의해 정보의 공개가 요구되는 경우 가. 소송절차에 따라 문서를 제시하거나 기타 증거로 제시하는 경우 나. 이미 알려진 법규위반 사실을 해당 공공기관에 공개하는 경우

	③ 법규에 의해 정보의 공개가 금지되지 아니한 경우로서, 정보의 공개에 대하여 전문가적인 권리 또는 의무가 있는 경우 가. 한국공인회계사회 또는 감독기관의 품질관리 감리의무를 준수하기 위한 경우 나. 한국공인회계사회 또는 감독기관의 질의 또는 검사에 응하기 위한 경우 다. 소송에서 공인회계사의 직업상의 이해관계를 보호하기 위한 경우 라. 기술적 기준 및 윤리적 요구사항을 준수하기 위한 경우
전문가적 품위	① 부당 광고(advertising) 금지 ② 중개인을 내세우거나 권력의 이용 및 금전 제공 등을 통한 업무 위촉을 강요하거나 수임하는 행위 금지

(4) 윤리강령준수에 지장을 초래할 수 있는 위협의 종류

잠재적인 위협의 종류	내 용
① 이기적 위협 (self-interest threats)	공인회계사 본인, 그의 직계가족(immediate family) 또는 측근가족(close family)이 재무적 또는 기타 이해관계가 있는 경우에 발생
② 자기검토위협 (self-review threats)	공인회계사가 과거에 본인이 판단한 사항에 대하여 검토를 수행하는 경우에 발생
③ 변호위협 (advocacy threats)	공인회계사가 객관성이 손상될 수 있을 정도로 어떤 입장이나 의견을 옹호하는 경우에 발생
④ 유착위협 (familiarity threats)	공인회계사가 밀접한 관계로 인하여 타인의 이익에 지나치게 동정적이 되는 경우에 발생
⑤ 압력위협 (intimidation threats)	공인회계사가 현실적 또는 잠재적인 협박의 가능성 때문에 공정하지 못하게 되는 경우에 발생

(5) 윤리적 갈등의 해결방법

I 사례 I

수색회계법인의 왕치밀 회계사는 울산(주)를 감사하는 책임회계사이다. 이때 울산(주)의 대표이사는 수색회계법인 왕치밀 회계사팀 담당사원(partner) 왕고압 씨의 고등학교 동창생으로서 대표이사는 특별한 사안이 없으면 적정의견을 주도록 왕치밀 회계사에게 부당한 지시를 내렸다. 하지만 왕치밀 회계사는 감사결과 울산(주)의 재무제표에는 중요성 기준을 초과하는 중요한 왜곡표시가 포함되어 있었음을 알게 되었고 이에 따라 적정의견이 적절하지 않음을 알게 되었다.

① 회계법인 또는 소속기관 내의 적절한 타 구성원에게 해결책을 얻기 위하여 도움을 요청
② 이사회나 감사위원회와 같은 당해 조직의 지배기구에게 이러한 갈등과 관련된 사안에 대하여 자문을 구할 것인지를 고려
③ 중요한 갈등이 해결될 수 없는 경우, 한국공인회계사회 또는 법률전문가에게 조언을 요청
④ 관련 내용에 대한 문서화
가. 갈등과 관련된 사안의 요지
나. 세부 논의 내용
다. 사안과 관련된 결정사항. 그리고 윤리적 갈등이 해결되지 않은 경우 해당 사안과의 연관을 거부한다는 내용

(6) 이해상충의 경우(Conflict of interest): 공정 및 비밀유지 강령 위협 발생

| 사례 |

1. 개업공인회계사가 직접적으로 의뢰인과 경쟁하거나 또는 의뢰인의 주요 경쟁자와 동업 관계 또는 유사한 협약을 맺고 있는 경우
2. 개업공인회계사가 이해가 서로 상충하는 의뢰인들 또는 어떤 문제나 거래와 관련하여 서로 다른 입장에서 분쟁 중에 있는 의뢰인들에게 동시에 업무를 제공하는 경우

<예 1> 금촌주식회사는 회사의 전자사업부분을 매각하기로 하고 잠재적 매수자인 합병주식회사로부터 입찰가격을 제시받으려고 한다. 이때 금촌주식회사가 선임한 매도자측 담당회계사는 이삼회계법인의 김철수 파트너이며 잠재적 매수자인 합병주식회사가 선임한 매수자측 담당회계법인도 이삼회계법인이며 담당회계사는 이영호 파트너이다.

<예 2> 금촌주식회사는 회사의 전자사업부분을 매각하기로 하고 여러 잠재적 매수자로부터 입찰가격을 제시받으려고 한다. 이때 입찰에 참여하는 A회사와 B회사는 금촌주식회사의 전자사업부분을 실사하고 가치평가를 이삼회계법인 김철수 파트너와 이영호 파트너에게 각각 의뢰하였다.

❖ 이해상충과 관련된 안전장치 ❖

기본적인 안전장치
① 회계법인은 이해상충이 있을 수 있는 사업적 이해관계나 영업활동 중 의뢰인과 이해상충이 될 수 있는 사항이 생긴 경우에는, 이를 의뢰인에게 통보하고 이러한 상황에 대하여 의뢰인의 동의를 얻어야 한다. ② 개업공인회계사는 어떤 사항에 관하여 이해관계가 서로 상충하고 있는 둘 이상의 당사자들을 위하여 직무를 수행하는 경우, 이를 관련된 모든 이해관계자에게 통보하여야 하며 이러한 입장에 대한 동의를 얻어야 한다. ③ 개업공인회계사는 신규수임업무(예를 들어, 특정 지역이나 특정 직무와 관련됨)를 제공함에 있어서 어느 한 의뢰인을 위해서만 배타적으로 활동하지 않는다는 점을의뢰인에게 통보하여야하며 이러한 입장에 대한 동의를 얻어야 한다.
추가적인 안전장치
④ 업무수행팀의 분리 운영 ⑤ 정보에 대한 접근금지(예를 들어, 업무 수행팀의 엄격한 물리적 격리, 자료보관의 기밀과 보안유지) ⑥ 업무수행팀 구성원에게 기밀유지와 보안문제에 대한 명확한 지침 제공 ⑦ 회계법인의 파트너와 직원에게 기밀유지약정서에 대한 서명 요구 ⑧ 안전장치의 적용상황에 대하여, 해당 의뢰인에 대한 업무에 참여하지 아니하는 상급자가 정기적으로 검토 실시

안전장치에 의해서도 해당 위협이 제거되거나 수용 가능한 수준 이하로 감소되지 않을 경우, 개업공인회계사는 해당 업무를 수임하지 말거나 이해상충이 있는 모든 업무로부터 사임하여야 한다.

(7) 제2의견(Second Opinion): 전문가적 적격성 및 정당한 주의 강령 문제 발생

Ⅰ 사례 Ⅰ

금촌주식회사는 의류제조업을 영위하고 있는 코스닥상장법인으로서 삼삼회계법인으로부터 2년째 감사를 받아 오고 있다. 올해 금촌주식회사는 작년도까지 발생하지 않은 매출거래유형이 발생하였고 이러한 매출거래에 대한 수익인식을 총액으로 해야 될 것인지 순액으로 인식해야 될 것인지 여부에 대하여 삼삼회계법인에게 질문을 하였다. 이에 삼삼회계법인의 담당 공인회계사는 매출인식을 순액으로 인식하는 것이 바람직하다는 의견을 제시하였고, 이는 금촌주식회사 경리담당이사의 의견하고는 상이하였다. 이에 금촌주식회사 경리담당이사는 삼삼회계법인이 아닌 기존에 지인으로 알고 있었던 을촌회계법인의 담당 공인회계사인 김철수 회계사에게 동일한 사안과 관련하여 전문가적인 의견을 구하였다.

❖ 제2의견 제공 시 발생할 수 있는 위협에 대한 안전장치 ❖

① 해당 회사에게 기존 공인회계사와의 논의를 허용하여 줄 것을 요청
회사가 기존 공인회계사와의 의견교환을 허용하지 않는 경우, 모든 상황을 감안하여 회사가 요청하는 의견을 제공하는 것이 적절한지 여부를 고려
② 제2의견 표명의 한계를 설명
③ 기존 공인회계사에게 당해 제2의견의 사본을 제공

(8) 보수와 관련된 윤리기준

① 지나치게 현저히 낮은 보수로 감사계약을 수임한 경우: 공정강령 및 이기적 위협 발생

| 사례 |

(주)대한 : 감사용역계약 체결현황

사업연도	감사인	내 용	보수(원)	총소요시간
제41기	삼삼회계법인	중간 및 기말감사	63,800,000	790
제40기	한일회계법인	중간 및 기말감사	92,261,000	800
제39기	한일회계법인	중간 및 기말감사	72,954,000	810

삼삼회계법인이 한일회계법인에 비해서 낮은 보수로 감사계약을 체결하였다는 자체만으로 비윤리적은 아니다. 다만, 삼삼회계법인은 다음과 같은 안전장치를 강구하고 적용하여야 한다.
가. 적절한 시간의 투입과 자질 있는 구성원을 해당 업무에 배정함을 입증함.
나. 인증업무와 관련된 모든 기준, 지침 및 품질관리절차의 준수를 입증함.

② 비인증업무 중 성공보수(contingent fees) 조건으로 수행되는 경우: 공정강령 및 이기적 위협 발생

| 사례 |

삼삼회계법인은 유행주식회사가 코스닥에 상장하는 것(IPO : Initial Public Offering)과 관련하여 자문업무(Consulting)를 수행하고 있다. 이와 관련된 자문업무의 보수는 계약서상 일정금액으로 사전에 정한 것이 아니라 IPO에 성공하는 경우 공모금액의 1%를 성공보수로 받기로 하였다.

성공보수는 공정강령의 준수에 대한 이기적 위협을 발생시킬 수 있다. 이러한 위협이 얼마나 중요한지 여부는 업무의 성격, 보수의 범위, 보수의 산정기준 및 해당 거래의 산출물이나 결과를 독립적인 제3자가 검토하는지 여부에 의해 결정될 것이다. 만약 성공보수약정으로 이기적 위협이 심각하다고 판단하는 경우 다음과 같은 안전장치를 강구하여 적용하여야 한다.

가. 보수의 산정근거와 관련하여 의뢰인에게 서면으로 된 사전동의서를 징구함.

나. 개업공인회계사가 수행한 업무결과를 이용할 것으로 예정된 자에게 수행한 업무의 내용과 함께 보수의 산정근거를 제시함.

다. 개업공인회계사가 수행한 업무를 객관적인 제3자가 검토함.

참고 |

회계법인이 인증업무와 관련하여 성공보수를 지급받기로 하는 경우 이기적 위협과 변호위협이 발생하며, 이러한 위협을 수용 가능한 수준 이하로 감소시키기 위한 안전장치가 존재하지 아니한다. 따라서 회계법인은 인증업무의 결과나 인증대상정보항목에 의해 결정되는 성공보수를 조건으로 인증업무계약을 체결하여서는 아니 된다.

③ 알선수수료(Commission)를 제공하거나 받는 경우: 공정강령 및 이기적 위협 발생

| 사례 |

가. 의뢰인으로부터 요청받은 특정 업무를 본인이 스스로 수행하지 아니하고 다른 개업공인회계사나 다른 전문가에게 소개하여 주고, 그 대가로 알선수수료를 받는 경우

나. 제3자(예를 들어, 소프트웨어 판매업자)로부터 의뢰인에게 제공된 상품 또는 서비스와 연계하여 알선수수료를 받는 경우

다. 다른 개업공인회계사의 의뢰인을 위하여 그 공인회계사가 제공하지 않는 서비스의 제공을 요청받은 경우, 그 공인회계사에게 의뢰인을 소개받은 대가로 알선수수료를 지급하는 경우

이러한 위협을 제거하거나 수용 가능한 수준 이하로 감소시킬 수 있는 안전장치가 존재하지 아니한다. 따라서 개업공인회계사는 어떠한 종류의 알선수수료도 지급하거나 수령해서는 아니된다. 다만, 개업공인회계사가 다른 회계법인 업무의 전부 또는 일부를 인수하는 경우, 그 회계법인의 전 소유자인 개인 또는 그의 상속인에게 지급하는 인수대가는 알선수수료로 간주되지 아니한다.

(9) 광고와 관련된 윤리기준: 전문가적 품위 강령 및 이기적 위협 발생

| 사례 |

이번에 새롭게 설립된 한국회계법인은 최근 대한회계법인을 인수; 합병하여 국내 굴지의 대형회계법인으로 출범하게 된 것을 기념하고 이를 계기로 새로운 업무를 개발하기 위하여 주요 일간지 및 방송을 통하여 광고를 계획 중에 있다.

① 서비스, 업적 또는 산출물에 대한 마케팅방식이 전문가적 품위의 윤리강령에 부합하지 않는 경우에는 전문가적 품위강령의 준수에 대한 이기적 위협이 발생

② 광고에 포함되지 말아야 하는 내용

가. 전문직의 명예를 저해하는 내용

나. 제공하는 서비스, 보유한 자격의 내용 또는 업무경력에 대한 과장된 주장이나 입증되지 아니한 비교결과를 인용하여 다른 공인회계사의 업무를 비난하는 내용

③ 개업공인회계사는 광고방식이 적절한지 의문시되는 경우, 한국공인회계사회에 자문을 요청

(10) 선물과 접대: 공정강령 및 이기적 위협 발생

| 사례 |

개업공인회계사와 그의 직계가족 또는 측근가족이 의뢰인으로부터 선물과 접대의 제공을 제의받으면, 통상적으로 윤리강령의 준수에 대한 위협이 발생한다. 예컨대, 의뢰인으로부터 선물을 받은 경우에는 이기적 위협으로 인하여 공정함을 잃게 될 수 있으며, 또한 선물을 받은 사실이 공개될 가능성 때문에 공정 강령의 준수에 대한 압력위협이 발생한다.

① 해당 위협이 안전장치의 적용에 의하여 제거되거나 수용 가능한 수준 이하로 감소되지 아니한 경우에는 선물과 접대를 받아서는 아니 된다.
② 예외 : 제의받은 선물이나 접대가 관련 상황을 잘 알고 있는 합리적인 제3자에 의하여 명백하게 경미한 것으로 판단되는 경우에는, 개업공인회계사는 제의받은 선물이나 접대가 의사결정에 영향을 미치거나 정보를 획득하기 위하여 특별히 의도된 것이 아니고 사업상의 통상적인 과정에서 제공된 것이라는 결론을 내릴 수 있다.

(11) 의뢰인 자산의 보관: 전문가적 품위 및 공정강령, 이기적 위협 발생

| 사례 |

금촌주식회사의 대표이사 김갑순 씨는 해당 회사의 내부통제제도를 구축하는 과정에서 업무를 철저하게 분장하기 위하여 회사의 투자주식, 사채증서의 실물보관 업무를 삼삼회계법인에게 의뢰하였다. 이러한 투자주식 및 사채의 보관업무는 특별히 법률에서 금지하고 있지는 아니하다.

〈의뢰인 자산의 보관 시 야기되는 위협에 대한 안전장치〉

① 담당공인회계사 자신 또는 당해 회계법인의 자산과 의뢰인 자산을 분리하여 보관함.
② 의뢰인 자산은 오로지 의도된 목적에만 사용하도록 함.
③ 의뢰인 자산과 그 자산에서 발생하는 이익이나 배당수입 등에 대한 수지보고서를 정기적으로 작성 비치함.
④ 의뢰인 자산의 보관 및 회계와 관련된 모든 법규를 준수함.

2 외감법상 감사인 책임

(1) 감사보고서 제출의무 (외감법 23조)
(2) 비밀엄수 의무 (외감법 20조)
(3) 부정행위 등의 보고의무 (외감법 22조)
(4) 주주총회에의 출석의무 (외감법 24조)

(1) 감사보고서의 제출(외감법 제23조)

① 감사인은 감사보고서를 작성하여 당해 회사(감사 또는 감사위원회를 포함)에 대하여는 정기총회 1주일 전에, 증권선물위원회 및 한국공인회계사회에 대하여는 정기총회 종료 후 2주일 이내에 각각 제출하여야 한다. 단, 사업보고서 제출대상법인인 회사가 사업보고서에 감사보고서를 첨부하여 거래소에 제출하는 경우에는 감사인이 증권선물위원회 및 한국공인회계사회에 감사보고서를 제출한 것으로 본다

② 연결재무제표에 대한 감사보고서

가. 한국채택국제회계기준을 적용하는 회사: 개별 재무제표에 대한 감사보고서 제출기한과 동일. 따라서 재무제표에 대한 감사보고서와 동시에 제출한다

나. 한국채택국제회계기준을 적용하지 아니하는 회사: 사업연도 종료 후 120일 이내. (단, 직전 사업연도 말 현재 자산총액이 2조 원 이상인 법인은 사업연도 종료 후 90일 이내)

(2) 비밀엄수(외감법 제20조)

감사인과 그에 소속된 공인회계사, 증권선물위원회위원, 기타 감사 또는 감리업무와 관련하여 이들을 보조하는 자와 증권선물위원회의 업무를 위탁받아 수행하는 한국공인회계사회의 관련자는 그 직무상 알게 된 비밀을 누설하여서는 아니 된다.

(3) 부정행위 등의 보고(외감법 제22조)

① 감사인은 직무를 수행할 때 이사의 직무수행에 관하여 부정행위 또는 법령이나 정관에 위반되는 중대한 사실을 발견하면 감사 또는 감사위원회에 통보하고 주주총회 또는 사원총회(이하 "주주총회등"이라 한다)에 보고하여야 한다.

② 감사인은 회사가 회계처리 등에 관하여 회계처리기준을 위반한 사실을 발견하면 감사 또는 감사위원회에 통보하여야 한다. 이때 회사의 회계처리기준 위반사실을 통보받은

감사 또는 감사위원회는 회사의 비용으로 외부전문가를 선임하여 위반사실 등을 조사하도록 하고 그 결과에 따라 회사의 대표자에게 시정 등을 요구하여야 한다 감사 또는 감사위원회는 조사결과 및 회사의 시정조치 결과 등을 즉시 증권선물위원회와 감사인에게 제출하여야 한다.

③ 감사 또는 감사위원회는 이사의 직무수행에 관하여 부정행위 또는 법령이나 정관에 위반되는 중대한 사실을 발견하면 감사인에게 통보하여야 한다.

④ 감사인은 이사의 직무수행에 관하여 부정행위 또는 법령에 위반되는 중대한 사실을 발견하거나 감사 또는 감사위원회로부터 이러한 사실을 통보받은 경우에는 증권선물위원회에 보고하여야 한다.

(4) 주주총회에의 출석(외감법 제24조)

감사인 또는 그에 소속된 공인회계사는 주주총회의 요구가 있는 때에는 이에 출석하여 의견을 진술하거나 주주의 질문에 답변하여야 한다.

3 외감법상 민사적 책임

(1) 감사대상회사에 대한 책임

귀책사유	감사인이 그 임무를 게을리하여 회사에 대하여 손해를 발생하게 한 때
연대책임	감사인이 회사에 대하여 손해를 배상할 책임이 있는 경우에 당해 회사의 이사 또는 감사(감사위원회가 설치된 경우에는 감사위원회 위원을 말한다)도 그 책임이 있는 때에는 그 감사인과 당해 회사의 이사 및 감사는 연대하여 손해를 배상할 책임이 존재함(원칙 : 연대책임). 다만, 손해를 배상할 책임이 있는 자가 고의가 없는 경우에 그 자는 법원이 귀책사유에 따라 정하는 책임비율에 따라 손해를 배상할 책임이 있다(고의성이 없는 경우에 비례책임). 다만, 손해배상을 청구하는 자의 그 손해배상 청구일이 속하는 달의 직전 12개월간의 소득인정액 합산금액이 1억5천만원 이하인 경우에는 감사인과 해당 회사의 이사 및 감사는 연대하여 손해를 배상할 책임이 있음(연소득 1억 5천만원 이하의 피해자에 대해서는 연대책임).
면책사유	감사인을 선임한 회사가 감사인이 그 임무를 게을리하였음을 입증하지 못하는 경우 감사인은 손해배상책임을 지지 아니한다.
소멸시효	손해배상책임은 그 청구권자가 당해 사실을 안 날로부터 1년 이내 또는 감사보고서를 제출한 날로부터 8년 이내에 청구권을 행사하지 아니한 때에는 소멸한다. 감사인 선임 시 계약으로 그 기간을 8년을 초과하는 기간으로 연장할 수 있다.

(2) 제3자 정보이용자에 대한 책임

귀책사유	감사인이 중요한 사항에 관하여 감사보고서에 기재하지 아니하거나 허위의 기재를 함으로써 이를 믿고 이용한 제3자에게 손해를 발생하게 한 경우(사례 1)
연대책임	감사인이 제3자에 대하여 손해를 배상할 책임이 있는 경우에 당해 회사의 이사 또는 감사(감사위원회가 설치된 경우에는 감사위원회 위원을 말한다)도 그 책임이 있는 때에는 그 감사인과 당해 회사의 이사 및 감사는 연대하여 손해를 배상할 책임이 존재함(원칙 : 연대책임). 다만, 손해를 배상할 책임이 있는 자가 고의가 없는 경우에 그 자는 법원이 귀책사유에 따라 정하는 책임비율에 따라 손해를 배상할 책임이 있다(고의성이 없는 경우에 비례책임). 다만, 손해배상을 청구하는 자의 그 손해배상 청구일이 속하는 달의 직전 12개월간의 소득인정액 합산금액이 1억5천만원 이하인 경우에는 감사인과 해당 회사의 이사 및 감사는 연대하여 손해를 배상할 책임이 있음(연소득 1억 5천만원 이하의 피해자에 대해서는 연대책임).
면책사유	감사인 또는 감사에 참여한 공인회계사가 손해배상책임을 면하기 위해서는 그 임무를 게을리하지 아니하였음을 증명하여야 한다. 다만, 시행령에서 언급되어 있는 일부 금융기관의 경우에는 그 금융기관이 감사인 또는 감사에 참여한 공인회계사가 임무를 게을리하였음을 입증하여야 한다.
소멸시효	손해배상책임은 그 청구권자가 당해 사실을 안 날로부터 1년 이내 또는 감사보고서를 제출한 날로부터 8년 이내에 청구권을 행사하지 아니한 때에는 소멸한다. 감사인 선임 시 계약으로 그 기간을 8년을 초과하는 기간으로 연장할 수 있다.

지금까지는 현재 외감법상 감사인은 감사대상회사 및 회사의 이사, 감사와 연대책임만이 존재하였다. 이러한 경우 고의적인 분식회계를 저지른 회사 담당자와 과실로 부정으로 인한 재무제표 분식을 발견하지 못한 감사인이 동일한 책임을 지는 부당한 결과가 빈번하게 발생함에 따라 개정된 외감법에서는 일부 감사인이 고의가 아닌 경우에는 감사인과 감사대상회사 및 회사의 이사, 감사와 비례책임을 지는 것으로 확정되었다

4 공인회계사법상 감사인 책임

(1) 사무소 2개 이상 설치금지 의무
(2) 장부의 비치 의무
(3) 비밀유지 의무
(4) 직무제한 의무
(5) 명의대여 금지

5 감사인의 손해배상책임 보장제도

	외 감 법	공인회계사법
회계법인	손해배상공동기금적립 또는 보험가입 (손해배상공동기금 적립 강제)	① 손해배상준비금 적립 ② 최소자본금 5억 원 이상 요구
감사반	① 손해배상공동기금 적립 또는 보험가입 (손해배상공동기금 적립 강제사항이 아님. 현실적으로 보험에 가입) ② 주권상장법인, 대형비상장법인, 금융기관 및 증선위 감사인 지정시 감사제한	–
개인공인회계사	–	공제사업 또는 보험에 가입(대부분 보험에 가입)

6 감사인의 법률적 책임에 대한 방어수단

① 감사인이 감사를 실시함에 있어서 정당한 주의의무를 다하였다는 것을 증명한다. 이에는 감사대상이 된 재무제표에 중요한 왜곡사실이 없다는 것을 확신하게 된 근거를 제시하는 것이 포함된다.

② 감사대상회사의 재무제표에 중요한 왜곡사실이 포함되어 있지 않다는 것을 증명하거나, 재무제표에 존재하는 왜곡사항이 중요하지 않다는 것을 증명한다.

③ 손해배상청구권자의 손해발생이 재무제표에 포함된 중요한 왜곡사실에 의한 것이 아니라는 것을 증명한다. 즉, 감사인은 청구권자가 입은 손해가 감사보고서의 허위기재와 무관하다는 점을 주장·입증하거나, 당해 청구권자가 감사보고서의 허위기재를 알았더라도 거래하였을 것이라는 점을 주장·입증함으로써 인과관계를 부정할 수 있을 것이다.

④ 외감법상 감사인의 책임을 물을 수 있는 제3자는 '감사보고서를 믿고 이용한 제3자'이며 '믿고 이용하였음'을 주장·입증할 책임은 제3자에게 있다. 따라서 감사인은 이러한 제3자의 주장·입증에 대하여 공격함으로써 책임을 면할 수 있게 된다.

⑤ 감사인이 자신의 과실을 부정할 수 없는 경우에는 제3자의 과실을 입증하여 과실상계를 통해서 책임을 감축할 수 있을 것이다.

사례문제 1 : 감사보수 관련 문제

상장법인의 사업보고서상에는 "최근 3사업연도의 외부감사인에게 지급한 보수 등"에 관한 사항이 공시된다. 아래의 자료는 12월 결산법인인 (주)대한과 (주)을지의 사업보고서상에 실제로 공시된 내용을 재구성한 것이다.

A. (주)대한 :

가. 감사용역계약 체결현황

사업연도	감사인	내 용	보수(원)	총소요시간
제41기	삼삼회계법인	중간 및 기말감사	63,800,000	790
제40기	한일회계법인	중간 및 기말감사	92,261,000	800
제39기	한일회계법인	중간 및 기말감사	72,954,000	810

B. (주)을지 :

가. 감사용역계약 체결현황

사업연도	감사인	내 용	보수(원)	총소요시간
제39기	삼삼회계법인	개별, 연결, 영문감사	160,000,000	1,861
제38기	삼삼회계법인	개별, 연결, 영문감사	200,000,000	1,615
제37기	삼삼회계법인	개별, 연결, 영문감사	185,000,000	1,578

나. 외부감사인과의 비감사용역계약 체결현황

사업연도	계약체결일	용역내용	용역수행기간	보수(원)
제39기	2005년 4월	내부회계관리제도 자문용역	2005.4.18~6.24 (10주)	320,000,000
제38기	2004년 3월	세무조정	2004.3.7~3.24	10,440,000
제37기	2003년 3월	세무조정	2003.3.5~3.25	11,000,000

1 앞의 자료에 나타난 (주)대한과 (주)을지의 가장 최근 사업연도 감사용역과 관련하여 삼삼회계법인이 수수한 감사보수에 대해 공인회계사 윤리기준과 관련되어 제기될 수 있는 문제점을 지적하시오(단, 감사대상회사의 영업이나 감사범위 및 감사환경이 전기와 비교하여 크게 달라지지 않았다고 가정한다).

풀이

의뢰인에 대한 감사수임료가 종전에 직무를 수행한 다른 공인회계사나 또 다른 공인회계사가 제시하는 보수보다 현저하게 낮게 결정된 경우 또는 비감사용역계약을 체결함으로써 감사수임료를 현저하게 낮게 책정한 경우 이기적 위협으로 인한 독립성 훼손이 야기될 수 있다.

2 위의 요구사항 1과 관련하여 삼삼회계법인이 감사업무를 수행하기 위하여 공인회계사 윤리기준상 충족하여야 할 구체적인 내용을 2가지만 제시하시오.

풀이

회계법인이 전임회계법인의 보수 또는 다른 회계법인의 제안보수보다 상당히 더 낮은 금액의 보수로 인증업무를 수임하는 경우에 발생하는 이기적 위협은 다음의 안전장치를 모두 충족하여야 한다.

가. 적절한 시간의 투입과 자질 있는 구성원을 해당 업무에 배정함을 입증함. 나. 인증업무와 관련된 모든 기준, 지침 및 품질관리절차의 준수를 입증함.

3 앞에서와 같이 사업보고서상에 "최근 3사업연도의 외부감사인에게 지급한 보수 등"에 관한 사항을 공시하는 이유는 무엇인가?

풀이

(1) 감사보고서 이용자들이 감사인의 독립성과 직업적 전문가로서 윤리기준을 충실히 지키고 있는지 확신시켜 준다.
(2) 회계법인 스스로 독립성유지에 대한 간접적인 모니터링장치가 될 수 있다.

4 과거 우리나라의 감사보수 산정기준은 총자산 규모에 따라 일률적으로 결정되었다. 그러나 현재 감사인이 감사 또는 감사인선임위원회와 협의하여 결정하는 방식으로 바뀌었다. 감사보수가 자산총계에 따라 결정되는 방식의 문제점을 감사품질에 견주어 약술하시오(단, 자산총계에 따라 결정되는 보수산정기준을 비판하는 논지로 답할 것).

풀이

감사품질과 감사투입시간이 감사보수에 포함되지 않기 때문에 감사인은 되도록 적은 시간을 투입하려고 하고, 감사대상회사는 감사에 비협조적일 수 있으므로 부실감사의 문제와 감사인의 시간손실문제가 발생할 수 있다.

5 많은 연구에서 그리고 실무에서도 일반적으로 초도감사계약을 체결할 때 감사보수는 이전의 그것보다 할인되는 경향이 있다고 보고하고 있다. 초도감사계약에서 감사보수가 할인되는 현상을 일반적으로 low-balling이라고 지칭하는데 이때 초도감사 시 보수할인으로 인한 감사품질의 저하를 방지하기 위해 현행 존재하는 제도적인 장치를 3가지만 서술하시오.

풀이

① 타감사인이 제시하는 보수보다 현저하게 낮은 보수를 제시하고 감사업무를 수임한 경우 충분한 감사시간을 투입하고, 숙련된 감사인력을 참여시켰으며 적절한 품질관리정책을 시행하였다는 근거를 문서화하도록 한 점
② 현저히 낮은 감사보수로 감사계약을 체결하는 경우 부당한 감사인 교체사유 중 하나로 간주하여 증권선물위원회가 감사인을 지정할 수 있게 한 점
③ 유가증권시장 상장법인 및 코스닥시장 상장법인의 경우 사업보고서에 감사보수 및 감사시간에 관한 정

보를 공시하게 함으로써 이해관계자들로 하여금 감사보수 할인사실 및 부족한 감사시간 투입사실을 알게 하고 감사품질이 낮아질 가능성에 대하여 인지하게 하고 감사인으로 하여금 충분한 감사시간을 투입하여 철저한 감사를 실시하도록 유도하게 한 점

6 감사인이 한 번 감사계약을 체결한 경우 감사계약기간을 일정기간 유지할 수 있도록 하는 것이 감사품질에 긍정적인 영향을 미친다는 주장과 감사품질에 부정적인 영향을 미친다는 주장이 있다. 각각 주장 입장에서의 논거를 감사품질의 의미 관점에서 설명해 보시오

풀이

감사품질이란 감사인이 재무제표상의 왜곡표시가 사실대로 발견될 확률과 발견된 오류가 정직하게 보고될 확률의 결합치로 정의하고 있다. 이때 왜곡표시의 발견확률은 감사인의 적격성과 밀접한 관련이 있으며 보고될 확률은 감사인의 독립성과 밀접한 상관관계가 존재한다. 만약 계속감사를 수행하는 경우 감사인들은 감사대상회사에 대한 지식과 경험이 쌓이면서 감사인의 감사대상회사에 대한 정보비대칭이 줄어들어 감사인의 적격성 향상으로 말미암아 발견확률의 증가로 감사품질이 향상된다고 주장한다. 다른 한편에서는 계속감사를 수행함으로써 감사대상회사와의 유착관계 및 경제적 종속도로 인하여 독립성이 상실되어 보고확률의 감소로 감사품질이 악화된다는 반대의 주장도 있다.

7 삼삼회계법인이 (주)을지에 대하여 수행한 비감사업무는 감사인의 독립성에 상당한 위협이 될 수 있다. 윤리기준상 어떠한 위협이 야기될 수 있는지 서술하고 구체적으로 내부회계관리제도 자문용역의 범위는 어디까지 독립성을 위협하지 않는 것으로 간주되는지 또한 세무조정업무를 하기 위해서는 감사인인 삼삼회계법인은 (주)을지에 대하여 어떠한 절차를 수행하여야 되는지를 서술하시오.

풀이

자기검토위협이 야기될 수 있다. 삼삼회계법인은 회사의 내부회계관리제도에 대한 설계, 구축, 운영에 직접적이고 주도적으로 참여하지 않는 수준에서 내부회계관리제도에 대한 자문업무를 수행할 수 있다. 또한 세무조정 업무를 수행하는 경우는 감사 등의 협의를 거쳐서 수행하여야 한다.

8 외감법 개정에 의하면 감사보고서에 감사인은 다음과 같은 내용을 첨부하여 발행하도록 요구하고 있다.

		품질관리 검토자	감사업무 담당 회계사			전문가	합계
			업무수행 이사	등록 회계사	수습 회계사		
투입 인원수		1	1	3	2	1	8
투입 시간	반기검토	3	8	90	60		161
	감사	6	32	340	240	8	626
	합계	9	40	430	300	9	787

위와 같은 내용을 감사보고서에 기재하도록 외감법이 개정된 이유를 1줄 이내로 간략하게 서술하시오.

풀이

일정한 감사시간 및 감사인원을 투입하게 함으로써 감사품질을 유지하기 위함.

Q&A 사례문제 2 : 공인회계사 윤리기준(2007년, KICPA 기출문제)

개업공인회계사인 하늘회계법인은 최근 구름회계법인을 인수·합병하여 국내 굴지의 대형회계법인으로 출범하게 된 것을 기념하고, 이를 계기로 새로운 업무를 개발하기 위하여 주요 일간지를 통하여 전면광고를 계획 중에 있다.

한편, 인수·합병 이전에 구름회계법인의 주요 고객인 공간디자인(주)와 하늘회계법인의 주요 고객인 창조인테리어(주)는 사업상 경쟁관계에 있으나, 회계법인의 합병으로 두 회사 모두 하늘회계법인의 고객이 되었다. 두 회사 모두 주요 건설회사가 시공하는 아파트, 오피스텔 등의 내부 인테리어업무를 수주받아 수행하고 있다. 사업의 특성상 시공사와의 계약관계, 내부인테리어설계 및 사용하는 내장재의 종류, 규격, 품질 등이 사업의 성공을 좌우하는 중요한 영업상의 기밀로 간주되어 두 회사의 경영진은 경쟁사와 동일한 회계법인에 의해 감사받게 되는 상황을 우려하고 있다.

특히, 창조인테리어(주)의 경영진은 외부감사와 관련하여 회사의 사업상 기밀 유출방지를 위하여 하늘회계법인에게 다음과 같은 내용을 포함하는 비밀준수합의서를 요구하고 있다.

- 하늘회계법인의 감사팀과 감사책임자(partner)는 창조인테리어(주)가 수주하여 시공하고 있는 아파트나 오피스텔의 위치와 명칭을 공개하지 않는다.
- 하늘회계법인의 감사팀과 감사책임자는 인테리어시공을 발주한 건설회사의 누구와도 직접 접촉하거나, 서신, 이메일, 전화통화 등의 연락을 하지 않는다.
- 인테리어시공 현장방문은 창조인테리어(주)와 사전에 협의된 시간과 장소에 한하여, 창조인테리어(주)의 현장안내 규정을 준수할 경우에만 가능하다.

이 같은 상황에서 하늘회계법인이 공인회계사 윤리기준의 적용과 관련하여 검토해야 할 내용을 제시하면 다음과 같다.

(가) 개업공인회계사가 광고 또는 기타 마케팅방식을 이용하여 새로운 업무에 대한 수임을 권유하는 경우, 윤리강령의 준수에 대한 잠재적 위협이 발생할 수 있다. 개업공인회계사는 정직하고 진실해야 하며, 광고 또는 기타 마케팅방식과 관련하여 다음과 같은 행위를 하여서는 아니 된다.

(나) 개업공인회계사는 이해상충을 유발할 수 있는 상황을 파악하기 위하여 합리적인 조치를 취하여야 한다. 이해상충을 유발할 수 있는 상황은 윤리강령준수에 대한 위협을 야기할 수 있다. 예를 들어, 개업공인회계사가 이해가 서로 상충하는 의뢰인들에게 동시에 업무를 제공하는 경우에는

이해상충을 유발하여 윤리강령준수에 대한 위협을 야기할 수 있다.

1 위의 (가)에서 광고내용 또는 기타 마케팅방식이 적절하지 않을 경우 공인회계사 윤리강령의 어떤 강령에 부합하지 않을 가능성이 있으며, 이러한 윤리강령준수에 대한 잠재적 위협이란 어떤 위협을 말하는가?

풀이

전문가적 품위강령에 부합하지 않을 가능성이 존재하며 이 경우에 전문가적 품위강령의 준수에 대한 이기적 위협이 발생한다.

2 앞의 (가)에서 광고 또는 기타 마케팅방식과 관련하여 개업공인회계사가 하여서는 아니 되는 행위의 구체적인 사례 2가지를 예시하시오.

풀이

① 제공되는 서비스, 보유한 자격의 내용 또는 업무경력에 대한 과장된 주장
② 입증되지 아니한 비교결과를 인용하여 다른 공인회계사의 업무를 비난하는 행위
③ 공인회계사(또는 전문가)의 품위를 해친다는 내용

3 앞의 (나)에서 공인회계사 윤리강령의 어떤 강령의 준수에 대한 위협이 발생할 수 있나?

풀이

공정강령 및 비밀유지 강령의 준수에 대한 위협이 발생할 수 있다.

4 창조인테리어(주)의 비밀준수합의서 요구에 대해 하늘회계법인이 수용해야 할 것인지 여부에 대해 답하고, 그 이유를 제시하시오.

풀이

공정강령에 위배 또는 감사범위의 중대한 제한이 있으므로 감사계약을 체결하여서는 안 된다.

5 공간디자인(주) 경영진의 우려에 대해 하늘회계법인이 강구해야 할 안전장치 중 2가지를 선택하여 답하시오.

풀이

① 관련된 이해당사자(창조와 공간)에게 통보하고, 동의를 얻는다(만약 동의를 얻지 못하면 의뢰인은 감사인을 교체하면 될 것이다).
② 감사인은 어느 한 의뢰인만을 위해서만 배타적으로 활동하지 않는다는 점을 의뢰인에게 통보하고 동의를 얻는다.
③ 업무수행팀의 분리

④ 정보에 대한 접근금지(업무수행팀의 엄격한 물리적 격리, 자료보관의 기밀과 보안유지) 업무수행팀 구성원에게 기밀유지와 보안문제에 대한 명확한 지침제공
⑤ 회계법인의 파트너와 직원에게 기밀유지약정서에 대한 서명요구
⑥ 안전장치의 적용상황에 대하여 해당 의뢰인에 대한 업무에 참여하지 아니하는 상급자가 정기적으로 검토실시

6 창조인테리어(주)는 인테리어사업 이외에 부동산 개발 및 골프장과 리조트를 건설하여 운영하고 있으며, 거액의 차입금을 조달하여 2006년 10월에 골프장과 리조트 건설을 완료하고 개장하였다. 회사는 금융비용을 자본화하는 회계처리를 계속 적용해오고 있다. 이와 관련하여, 하늘회계법인의 담당회계사는 건설중인자산 계정의2006회계연도 기말잔액이 상당히 거액임을 발견하고, 회사담당자에게 질문한 결과 기말 현재 건설중이거나 취득중에 있는 자산으로 그 금액이나 규모가 큰 것은 없다는 사실을 확인하였다.
이러한 사실을 토대로 감사인이 전문가적 의구심을 가지고 중점적으로 검토해야 할 사항은 무엇인지 기술하시오.

풀이

건설중인자산계정을 본 계정으로 대체하지 아니함으로써 이자비용의 계상누락, 감가상각비의 계상누락으로 당기순이익을 과대계상하려는 분식가능성에 대해 중점적으로 검토해야 한다.

7 창조인테리어(주)는 2006년 중 보유하고 있는 부동산을 특수목적회사(SPE)에 매각하고, 매각대금을 수령한 다음, 신탁회사와 스왑계약(Total Return Swap : TRS)을 체결하였다.
하늘회계법인의 담당회계사는 이러한 스왑계약이 실질적인 자금차입거래로서 해당 부동산을 장부에서 제거해서는 아니 되며, 유입된 현금을 부채로 계상해야 한다고 지적하였다. 그러나 창조인테리어(주)의 경영진은 정상적인 자산매각거래로 회계처리하는 것이 타당하다고 주장하면서, 명성 있는 우주회계법인에 의뢰하여 해당 거래가 정상적인 자산매각거래에 해당되는지 여부에 대한 의견을 받아 자신의 주장을 관철하려고 한다.
이와 같은 상황에서 의견을 제공해달라는 요청을 받은 우주회계법인의 대응방안을 공인회계사 윤리기준과 관련하여 설명하시오.

풀이

개업공인회계사가 이와 같이 제2의견을 제공해달라는 요청을 받은 경우 발생하는 위협이 얼마나 중요한지를 평가하여야 하며, 해당 위협이 명백하게 경미한 경우 이외에는 해당 위협을 제거하거나 수용 가능한 수준 이하로 감소시키기 위해 필요한 안전장치를 강구하고 이를 적용해야 한다. 이러한 안전장치에 해당하는 것에는
① 해당 회사에 기존 공인회계사 또는 감사인에게 논의(의견교환)를 허용할 것을 요청
② 제2의견 표명의 한계를 해당 회사에게 설명하고,
③ 기존 공인회계사에게 당해 제2의견의 사본을 제공하여야 한다.
만약 제2의견을 요청하는 회사가 기존 공인회계사와의 의견교환을 허용하지 않는 경우에는 모든 상황을 감안하여 회사가 요청하는 의견을 제공하는 것이 적절한지 여부를 고려하여야 한다.

Q&A 사례문제 3 : 감사인의 손해배상책임(2008년, KICPA 기출문제)

다음의 내용을 읽고 물음에 답하시오.

> 최근 감사인을 상대로 한 손해배상청구소송이 급증하고 있다. 금융감독원(2005)에 따르면 회계법인 대상 손해배상청구소송은 2001년 3건에 불과하였지만 2003년 이후 매년 10건씩 추가되어 2005년 3월 말 현재 회계법인을 상대로 제기되어 있는 손해배상 소송건수는 26건에 이르고 있다. 그리고 감사인을 상대로 한 이러한 손해배상 소송은 "증권관련집단소송법"이 시행됨에 따라 더욱 증가할 것으로 예상된다.
> "주식회사등의 외부감사에 관한 법률"(이하, 외감법이라 칭함) 제31조(손해배상책임)에 따르면 감사인은 감사대상회사 및 감사보고서 이용자에 대해서 손해배상책임을 진다. 하지만 지금까지 감사인을 상대로 제기된 소송을 분석해보면 대부분이 투자자나 채권자 등 감사보고서 이용자들에 의해 제기된 것이다. 감사보고서를 믿고 이용하였다가 손실을 본 투자자나 채권자들이 그들의 손해를 보상받기 위하여 감사인들을 상대로 손해배상청구소송을 제기하고 있는 것이다.
> 이처럼 소송위험이 증가됨에 따라 감사인들은 손해배상책임을 보장하기 위하여 손해배상준비금과 손해배상공동기금 등을 적립하고 전문가책임배상보험에 가입하고 있으며, 감사품질 향상을 통해 소송위험을 감소시키고자 노력하고 있다. 감사인들은 조직 전체의 품질관리정책뿐만 아니라 개별 감사의 품질관리정책도 마련하여 감사품질 향상을 도모하고 있으며, 증권선물위원회 및 한국공인회계사회도 감사보고서 감리 및 품질관리 감리 등을 통해 감사품질 향상을 추구하고 있다.

1 외감법에 의하면 감사인은 어떤 경우에 피감사회사에 대하여 손해배상책임을 지는가? 부실감사 또는 감사실패 등의 포괄적인 표현을 사용하지 말고 외감법의 규정에 따라 서술하시오. (3줄 이내)

풀이

감사인이 그 임무를 게을리하여 회사에 대하여 손해를 발생하게 한 때

2 감사인은 피감사회사뿐만 아니라 투자자나 채권자와 같은 제3자에 대해서도 손해배상책임을 진다. 외감법에 의하면 감사인은 어떤 경우에 제3자에 대하여 손해배상책임을 지는가? 부실감사 또는 감사실패 등의 포괄적인 표현을 사용하지 말고 외감법의 규정에 따라 서술하시오.(3줄 이내)

풀이

감사인이 중요한 사항에 관하여 감사보고서에 기재하지 않거나 허위의 기재를 함으로써 이를 믿고 이용한 제3자에게 손해를 발생하게 한 경우

3 왕부자 씨는 2006년 3월에 하늘회계법인이 발행한 (주)한강(거래소상장법인임)의 2005년 감사보

고서를 믿고 이 회사 주식에 투자하였다가 회사가 2006년 5월에 법정관리 대상이 됨에 따라 막대한 손실을 입었다. 그런데 왕부자 씨는 2007년 2월 초에 (주)한강의 2005년 재무제표에 중대한 오류가 존재하였으며, 하늘회계법인은 2005년 회계감사 당시에 이러한 사실을 발견하였음에도 불구하고 적정의견을 제시하였다는 사실을 알게 되었다. 왕부자 씨는 2007년 2월 현재시점에서 하늘회계법인을 상대로 손해배상청구소송을 제기할 수 있는가? 답변에 대한 이유도 함께 서술하시오. (3줄 이내)

풀이

외감법상 소멸시효는 당해 사실을 안 날로부터 1년 또는 감사보고서 제출일로부터 8년 이내이므로 왕부자 씨는 외감법에 따라 손해배상청구소송을 제기할 수 있다

4 "자본시장과금융투자업에관한법률"에 의하면 부실감사에 따른 손해배상액은 유가증권의 취득원가와 변론 종결시점에서의 시장가격(변론 종결 전에 유가증권을 처분한 경우에는 처분가격)과의 차이로 계산된다. 예를 들어, 2006년 10월 5일에 투자자 갑이 A사 주식을 50,000원에 취득하였다고 가정하자. A사는 2006년 결산재무제표를 왜곡표시하였으나 감사인은 중요한 감사절차 누락으로 이를 발견하지 못하고 적정의견을 제시하였다 2007년 5월 1일에 증권선물위원회 검사에서 이러한 사실이 적발되었으며 이에 따라 A사 주가는 40% 이상 하락하였다. 이에 감사보고서를 믿고 주식을 계속 보유하다 손해를 입은 투자자 갑은 감사인을 상대로 그가 입은 손실을 배상하라는 소송을 제기하였다. 소송 변론 종결시점에서의 종가는 20,000원이었다. 이 경우 감사인이 배상해야 할 손해액은 30,000원(취득가격 50,000원 – 변론 종결 시 종가 20,000원)이 된다. 이와 같은 손해배상액 산정방법이 갖고 있는 문제점을 서술하시오. (3줄 이내)

풀이

유가증권 취득일과 변론 종결일(또는 처분일) 사이에 부실감사 이외의 다른 요인으로 인한 주가하락분까지 감사인이 배상해야 하는 문제점이 있음.

Q&A 사례문제 4 : 독립성 및 감사인의 손해배상책임(2014년, KICPA 기출문제)

다음은 한국회계법인과 관련된 자료이다.

- 한국회계법인은 치열한 업무수임 경쟁을 거친 후 2014년에 유가증권시장상장법인 2개사, 코스닥시장상장법인 1개사, 비상장법인 4개사에 대해 감사계약을 체결하였다.
- 한국회계법인은 감사대상 회사에 대해 다양한 경영컨설팅 업무를 제공하고 있다.
- 한국회계법인의 대표이사 공인회계사는 회계감사와 관련하여 수익성과 독립성을 고려하고 있다.

※ 다음의 각 물음들은 문제에서 특별한 언급이 없는 한 독립적인 상황이다.

1 「주식회사등의 외부감사에 관한 법률」(이하 "외감법"이라 한다) 규정에 따르면 감사인은 감사기간이 경과함에 따라 감사참여자(파트너 포함)를 의무적으로 교체하여야 한다. 한국회계법인이 상기 7개 고객회사들의 외부감사인으로 선임될 경우에 외감법규정에 따라 적용해야 할 감사참여자(파트너 포함) 의무교체규정을 고려해야 한다.

[요구사항]

한국회계법인이 고려해야 할 외감법상 감사참여자(파트너 포함) 의무교체규정의 내용을 상장·비상장법인(대형비상장법인 및 금융기관 제외)의 경우로 구분하여 각각 2줄 이내로 기술하시오(아래 답안양식 사용).

[답안양식]

구 분	주권상장법인	비상장법인(대형비상장법인 및 금융기관 제외)
담당이사 의무교체 규정		
감사보조자 의무교체 규정		

풀이

구 분	주권상장법인	비상장법인(대형비상장법인 및 금융기관 제외)
담당이사 의무교체 규정	3개 사업연도까지 연속감사 가능. 4개 사업연도부터 담당이사 교체	5개 사업연도까지 연속감사 가능. 6개 사업연도부터 담당이사 교체
감사보조자 의무교체 규정	3개 사업연도까지 연속 감사 가능. 4개 사업연도부터 2/3이상 교체	제한 규정 존재하지 아니함.

2 코스닥시장상장법인 A사는 2013년도에 신규상장을 하였다. 이 회사의 대표이사는 회사가 이미 코스닥상장을 완료하였으므로, 2013년 외부감사보수 50백만원이 너무 높다고 생각하고 있었다. 그러던 중 한국회계법인으로부터 연간감사보수20백만원의 감사계약을 제안받고 외부감사인을 변경하여, 한국회계법인과 2014년부터 3개 사업년도 감사계약을 체결하였다.

위와 같은 감사보수의 현저한 하락 상황은 공인회계사윤리기준에서 정한 전문가적 적격성과 정당한 주의강령의 준수에 대한 이기적 위협이 발생할 수 있다. 그러나 한국회계법인은 윤리기준상 안전장치(safeguard)를 적용함으로써 해당 위협을 제거하거나 수용 가능한 수준 이하로 감소시킬 수 있다고 판단하였다.

[요구사항]

(1) 감사보수의 현저한 하락이 왜 이기적 위협이 될 수 있는지 그 이유를 설명하고, (2) 이기적

위협에 대응하여 한국회계법인이 고려해야 할 안전장치의 예2가지를 다음의 답안양식에 맞추어 각각 2줄 이내로 기술하시오.

[답안양식]

이유 설명	
가능한 안전장치 예	

풀이

이유 설명	현저히 낮은 보수로 계약을 체결하는 경우 회계법인은 수익성 측면에서 시간과 인원을 적게 투입하려고 할 것이고 이는 결국 이기적 위협을 야기시킨다.
가능한 안전장치 예	적절한 시간의 투입과 자질 있는 구성원을 해당 업무에 배정함을 입증하여야 함.
	감사업무와 관련된 모든 기준, 지침 및 품질관리절차의 준수를 입증하여야 함.

3 (물음 2) 상황과 같이 A사의 파격적으로 낮은 감사보수계약 체결 소문을 들은 코스닥시장상장법인 Z사는 한국회계법인에 차년도 감사계약 체결가능성을 문의하여 왔다 이에 한국회계법인은 Z사와 접촉하였으며, 그 결과 Z사가 현 감사인의 높은 감사보수와 지나치게 까다로운 감사절차 및 많은 감사증거 요구에 대해서 불만을 갖고 있었음을 알게 되었다. 위 상황을 인지한 후 한국회계법인은 Z사와 감사업무를 수임할지 여부를 결정하기 위해서 회계감사기준에서 정한 감사의 전제조건(preconditions for an audit)의 충족여부를 검토하고 다음과 같이 판단하였다.

- 신규수임 고려시 재무제표 작성에 적용되는 재무보고체계가 수용가능한지 여부를 판단한 결과, 한국채택국제회계기준(K-IFRS)을 적용할 것이므로 문제가 없다고 판단하였다.
- 반면에 입수된 상황정보에 근거하여 볼 때 Z사 경영진으로부터 회계감사와 관련된 경영진 책임을 인정하고 이해하고 있다는 동의가 필요하다고 판단하였다.

[요구사항]

한국회계법인은 감사수행의 전제로서Z사 경영진으로부터 "경영진의 책임을 인정한다"는 동의절차를 취하고자 한다. 이러한 절차의 대상이 되는 회계감사 관련 경영진 책임3가지 중 2가지를 각각 2줄 이내로 기재하시오.

[답안양식]

경영진 책임의 내용

풀 이

아래 내용 중 2가지를 서술하면 됨.

경영진 책임의 내용
재무제표의 공정표시를 포함하여 해당 재무보고체계에 따라 재무제표를 작성할 책임
부정이나 오류에 의한 중요한 왜곡표시가 없는 재무제표를 작성하기 위하여 경영진이 필요하다고 결정한 내부통제에 대한 책임
감사인에게 기록, 문서, 기타 사항 등 재무제표 작성과 관련한 모든 정보 및 기업내부 관계자들에게 대한 접근 책임.

4 유가증권시장상장법인 B사에 대한 감사의견은 '적정'이었으며 감사보고서는 적절히 공시되었다. 그런데 B사의 소액주주들로부터 회계감사에 대한 소송가능성이 제기되었다. 이에 따라 한국회계법인은 감사보고서이용자에 대한 감사인의 법적 책임을 검토하였다. 조사결과 해당 법률은 민법, 「자본시장과 금융투자업에 관한 법률」(이하 "자본시장법"이라 한다), 외감법의 규정이 해당됨을 확인하였으며, 이 법률들이 정하고 있는 감사보고서 이용자에 대한 감사인의 법적책임 내용은 원고·피고의 자격, 위법사유, 입증책임자 및 소멸시효 등이 서로 다르다는 것을 파악하였다.

[요구사항]

위 사항과 관련하여, "감사보고서이용자에 대한 감사인의 손해배상책임"과 관련하여 민법, 자본시장법, 외감법이 각각 정하고 있는 (1) 원고, (2) 입증책임자, (3) 소멸시효의 내용을 아래 답안양식에 따라 비교하여 요약하시오.

[답안양식]

구 분	민법	자본시장법	외감법
(1) 원고			
(2) 입증책임자			
(3) 소멸시효			

풀 이

구 분	민법	자본시장법	외감법
(1) 원고	피해자	감사보고서를 믿고 이용한 제3자	감사보고서를 믿고 이용한 제3자
(2) 입증책임자	피해자	원칙은 피고 입증책임이며 예외적으로 원고 입증책임임	원칙은 피고 입증책임이며 예외적으로 원고 입증책임임
(3) 소멸시효	안 날로부터 3년, 불법행위시로부터 10년	안 날로부터 1년, 감사보고서 제출일로부터 8년	안 날로부터 1년, 감사보고서 제출일로부터 8년

Q&A 사례문제 5 : 2018년, KICPA 기출문제

공인회계사는 직무를 수행함에 있어 단지 의뢰인이나 본인이 속한 조직의 요구사항을 충족시키는 데에만 그치지 않고 공익을 보호해야 할 책임이 있다. 공인회계사에게 요구되는 윤리사항과 법적 의무에 대한 다음의 독립적인 사례별로 물음에 답하시오.

[사례 1]

X회계법인은 5개의 사업부(1~5본부)로 구성되어 있으며, 주요 업무영역은 인증업무와 재무자문(deal service)업무이다. 현재 1본부의 파트너(사원)인 김 회계사는 A㈜가 보유중인 비상장주식(C)의 매각자문업무를 수행하고 있다. 한편 최근에 3본부의 파트너(사원)인 박 회계사는 B㈜로부터 A㈜가 매각을 추진하고 있는 C주식을 매수하고 싶다는 의향과 함께 매수자문서비스를 제공해 줄 것을 요청 받았다.

1 박 회계사가 B㈜의 업무요청을 수용한다면, X회계법인 입장에서 어떠한 윤리강령 준수에 위협이 발생할 수 있는가?

풀이
이해상충이 발생하여 공정 및 비밀유지 강령 위협이 발생할 수 있다.

2 위 사례에서 발생하는 위협이 명백하게 경미하지 않다면, 이를 수용 가능한 수준 이하로 감소시키기 위해 X회계법인이 강구해야 할 필수적(기본적) 안전장치와 추가적 안전장치를 서술하시오. 단, 추가적 안전장치는 [예시] 외의 사항으로 두 가지만 서술하시오.

[답안양식]

구분	안전장치
필수적(기본적) 안전장치	
추가적 안전장치	*[예시]* *업무수행팀을 분리하여 운영한다.*
	① ②

풀이

구분	안전장치
필수적(기본적) 안전장치	의뢰인에게 이러한 이해상충의 상황을 통보하고 의뢰인 및 모든 이해관계자에게 통보하여야 하며 이러한 입장에 대하여 동의를 얻어야 한다.
추가적 안전장치	① 정보에 대한 접근금지
	② 업무수행팀 구성원에게 기밀유지와 보안문제에 대한 명확한 지침 제공

[사례 2]

Y회계법인의 감사본부는 건설 및 분양사업을 영위하고 있는 C㈜와 감사계약을 추진하고 있다. Y회계법인의 감사본부는 건설업에 대해 높은 수준의 전문지식과 감사경험을 보유하고 있다. 한편 Y회계법인의 세무본부 파트너(사원)인 이 회계사는 C㈜가 분양한 아파트에 입주하면서 부족한 구입자금 7천만원을 C㈜로부터 차입한 상황이다. Y회계법인의 감사본부와 세무본부는 독립채산제로 운영되고 있다.

3 Y회계법인이 C㈜의 감사계약 의뢰를 수용할 수 있는지 여부를 밝히고, 그 이유(또는 근거)를 서술하시오.

풀이

회계법인의 사원이 감사대상회사에 대하여 3천만원 이상의 채권을 보유하고 있기 때문에 해당 회계법인은 이기적 위협으로 인한 독립성 문제로 해당 계약을 체결할 수 없다.

[사례 3]

Z회계법인의 파트너(사원)인 최 회계사는 D㈜의 감사업무를 수행하는 과정에서, D㈜의 대표이사가 별도의 페이퍼컴퍼니를 활용하여 회사의 자금을 부당하게 횡령하고 있음을 발견하였다.

4 최 회계사는 D㈜ 대표이사의 횡령행위가 법령과 정관을 중대하게 위반하는 것으로 판단하였다. 이 경우에 최 회계사가 취해야 할 조치를 ①주식회사의 외부감사에 관한 법률(이하 외감법)과 ②회계감사기준에 근거하여 각각 서술하시오.

[답안양식]

근거 법령 또는 기준	필요한 조치
① 외감법	
② 회계감사기준	

풀 이

근거 법령 또는 기준	필요한 조치
① 외감법	감사 또는 감사위원회에 통보하고 주주총회에 보고하여야 하며 증권선물위원회에 해당 사실을 보고하여야 한다.
② 회계감사기준	해당 부정에 대하여 구두 또는 서면으로 적시에 지배기구에 커뮤니케이션하여야 하며 경영진의 적격성과 성실성에 대하여 매우 우려가 되는 상황이라면 법규상 감사업무의 해지가 가능한 경우 해당 감사업무를 해지하는 것이 적절한지 여부를 고려하여야 한다.

Q&A 사례문제 6 : 2019년, KICPA 기출문제

공인회계사윤리기준은 개념체계접근법을 기본원리로 삼으면서 윤리강령의 준수, 위협유형의 파악, 제도적 안전장치의 강구, 적절한 조치로 구성되어 있으며, 공인회계사가 업무를 수행하면서 윤리기준의 준수에 위협을 받을 때 대처하는 접근방법을 체계화시켜 보여주고 있다.

※ 다음의 독립적인 사례 또는 상황별로 물음에 답하시오.

[사 례]

X회계법인은 가람㈜로부터 재무제표 감사업무의 수임을 요청받았다. 가람㈜는 전기에 Y회계법인으로부터 재무제표 감사를 받았으며, 전기에 지급한 감사수수료는 1억 원이었다. 가람㈜는 X회계법인에게 감사보수를 7천만 원으로 낮추어 감사계약을 요청하였다.

1 X회계법인이 가람㈜의 감사업무요청을 수용한다면, 윤리강령 준수를 방해하는 다양한 위협 중 어느 위협이 발생할 수 있는지를 기재하시오.

풀 이

현저히 낮은 보수로 감사계약을 체결하는 경우 이기적 위협이 발생할 수 있다.

2 위의 사례에서 발생할 수 있는 윤리강령 준수에 대한 위협을 수용 가능한 수준 이하로 감소시키기 위해서, X회계법인이 반드시 취해야 할 안전장치 두 가지를 서술하시오.

풀 이

첫 번째, 적절한 시간의 투입과 자질 있는 구성원을 해당 업무에 배정함을 입증하여야 하며,
두 번째, 감사업무와 관련된 모든 기준, 지침 및 품질관리절차의 준수를 입증하여야 한다.

3 위의 사례와 관계없이 공인회계사가 윤리기준에서 정한 필수적(기본적) 안전장치와 추가적 안전장치를 적용한 이후에도 관련 위협을 수용가능한 수준 이하로 감소시킬 수 없다면 이는 윤리강령을 준수하기 어려운 상황을 의미한다. 이러한 상황에서 공인회계사가 취할 수 있는 적절한 조치에 대해서 서술하시오.

풀이

공인회계사가 안전장치를 적용한 이후에도 관련 위협을 수용가능한 수준 이하로 감소시킬 수 없다면 해당 업무를 수임하지 아니하거나 해당 업무계약을 해지하여야 한다.

4 아래의 각 독립된 상황이 야기시킬 수 있는 공인회계사윤리기준상 독립성 훼손위협의 종류를 예시에서 하나를 선택하여 기재하시오(아래 [답안양식]을 사용할 것).

[예 시]

이기적 위협, 자기검토위협, 변호위협, 유착위협, 압력위협

[상 황]

① B회계법인은 지리산관광㈜에 대하여 채권 3억 원을 가지고 있다. 이 채권 중에서 전기 재무제표 감사업무와 관련된 채권이 1억 원이며, 나머지 채권 2억 원은 금전소비대차거래로 인한 채권이다.

② B회계법인 소속 이유명 공인회계사는 회계법인 퇴직 후 10개월 뒤에 B회계법인의 감사대상회사인 서울㈜의 재무담당임원으로 취임하였다. 이유명 공인회계사는 B회계법인 재직 당시 서울㈜의 재무제표 감사업무에 관여하지 않았다.

③ 공인회계사 자격증 소지자인 이대한씨는 경기㈜에서 경리과장으로 근무하던 중 20x8년 11월에 B회계법인 소속 공인회계사로 입사하였다. 20x9년 1월에 B회계법인과 경기㈜는 재무제표 감사계약을 체결하였다.

④ 전북㈜의 외부감사인인 이언변 공인회계사는 전북㈜가 주주들로부터 손해배상청구소송을 제기 받음에 따라 회사의 입장을 대변하기 위하여 동 소송사건에 관여하였다.

⑤ B회계법인의 사원인 이영희 공인회계사는 직계비속의 사망으로 인하여 B회계법인의 감사대상회사 주식 0.5%를 소유하게 되었다.

⑥ 이지수 공인회계사는 B회계법인의 사원으로 근무하고 있으며, B회계법인은 경북㈜를 감사하고 있다. 이지수 공인회계사의 부친은 경북㈜의 대표이사로 재직 중이다.

⑦ 부산㈜의 재무제표감사 인증업무팀의 구성원인 이장래 공인회계사는 이번 부산㈜의 감사업무가 종료된 후에 부산㈜의 재무담당이사로 합류할 예정이다.

⑧ 이관상 공인회계사는 전남㈜의 대표이사의 부탁으로 회계부서 직원 채용면접심사에 참여하

고 가장 적합한 후보자를 선발하여 추천하였다. 또한, 대표이사와 함께 최종면접에 참석하여 박수리씨를 회계팀장으로 선발하였다. 해당 연도에 이관상 공인회계사는 전남㈜의 재무제표에 대한 외부감사업무를 의뢰받았다.

[답안양식]

번호	윤리기준상 독립성 훼손위협의 종류
①	
②	
③	
④	
⑤	
⑥	
⑦	
⑧	

풀 이

번호	윤리기준상 독립성 훼손위협의 종류
①	이기적 위협
②	유착위협
③	자기검토위협
④	변호위협
⑤	이기적 위협
⑥	유착위협
⑦	이기적 위협
⑧	유착위협

5 공인회계사는 업무수행과정에서 직면하는 윤리강령 준수의 위협을 유발할 수 있는 다양한 상황(예를 들어, 이해상충, 제2의견, 알선수수료 등)을 파악하기 위한 합리적 조치를 취하고 각 상황이 발생시킬 수 있는 위협의 심각성을 평가하여야 한다. 해당 위협이 명백하게 경미한 경우 외에는 위협을 제거하거나 수용 가능한 수준 이하로 감소시키는데 필요한 기본적인 안전장치 및 추가적인 안전장치를 강구하고 이를 적용하여야 한다.

[요구사항 1]

이해상충 상황이 발생시킬 수 있는 위협과 관련하여 강구하여야 할 <u>추가적인 안전장치</u>의 예를 <u>세 가지</u>만 서술하시오(주의: 기본적인 안전장치에 대해서는 서술하지 않을 것).

풀 이

첫째, 업무수행팀의 분리 운영하여야 하며 둘째, 정보에 대한 접근금지 셋째, 업무수행팀 구성원에게 기밀유지와 보안문제에 대한 명확한 지침 제공하여야 하고 넷째, 회계법인의 파트너와 직원에게 기밀유지약정서에 대한 서명요구하여야 한다.

[요구사항 2]
제2의견의 제공을 요청받은 공인회계사는 의뢰인에게 기존 공인회계사와의 논의를 허용해 줄 것을 요청하고, 제2의견 표명의 한계를 설명하며, 기존 공인회계사에게 제2의견 사본을 제공하는 등의 안전장치를 고려하여야 한다. 그 이유를 서술하시오.

풀이

안전장치 강구 없이 제2의견을 표명하였을 경우 전문가적 적격성 및 정당한 주의 강령 문제가 발생할 수 있기 때문이다.

Q&A 사례문제 7 : 2019년, KICPA 기출문제

1 회계투명성을 향상시키기 위한 기본적인 출발점은 회계정보의 생산단계에서부터 기업의 경제적 실질을 적정하게 보고하는 환경을 조성하고, 회사 경영진들에게 재무제표 작성에 대한 책임을 인식시키는 것이다. 이러한 점을 반영하여 관련 법규 등에서 재무제표 작성에 대한 회사의 책임 강화를 규정하고 있다.

「주식회사등의외부감사에관한법률」에서는 감사인은 해당 회사의 재무제표 작성 등에 응해서는 아니 되며, 특히 회사가 감사인에게 이를 요구해서는 아니 된다고 규정하고 있다. 또한 동법 시행령에서 이를 구체화하여 규정하고 있는 바, 재무제표 작성책임과 관련된 회사 및 감사인의 세부 금지행위를 제시하시오(단, 아래 [답안양식]을 사용하되, [예시]는 제외할 것).

[답안양식]

[예시]	*해당 회사의 재무제표를 대표이사와 회계담당 이사(회계담당 이사가 없는 경우에는 회계업무를 집행하는 직원을 말한다)를 대신하여 작성하는 행위*
①	
②	
③	

풀이

①	해당 회사의 재무제표 작성과 관련된 회계처리에 대한 자문에 응하는 행위
②	해당 회사의 재무제표 작성에 필요한 계산 또는 회계 분개를 대신하여 해주는 행위
③	해당 회사의 재무제표 작성과 관련된 회계처리방법의 결정에 관여하는 행위

2 경영진과 외부감사인 간에는 각각의 역할과 책임이 구분되어 있다. 경영진과 지배기구는 해당 재무보고체계에 따라 재무제표를 공정하게 작성하고 표시해야 할 책임이 있으며 외부감사인은 경영진이 작성한 재무제표가 해당 재무보고체계에 따라 공정하게 표시되어 있는지에 관하여 감사의견을 표명할 책임을 질 뿐이다.

경영진과 외부감사인의 책임을 명백하게 하기 위하여 경영진의 책임을 기술하고 있는 문서를 제시하시오(단, 아래 [답안양식]을 사용하되, [예시]는 제외할 것).

[답안양식]

[예시]	*감사보고서*
①	
②	

풀이

①	경영진 서면진술
②	감사계약서

3 감사인은 관련 법률에서 규정한 감사계약 해지 사유에 해당하는 경우에는 사업연도 중이라도 감사계약을 해지할 수 있다. 특히 주권상장법인, 대형비상장주식회사 또는 금융회사의 감사인은 특정 사유에 해당하는 경우에는 연속하는 3개 사업연도 중이라도 매 사업연도 종료 후 3개월 이내에 남은 사업연도에 대한 감사계약을 해지할 수 있다.

감사인이 [A]감사계약을 해지할 수 있는 경우들을 제시하고, [B]감사계약 해지 후 취하여야 할 조치를 서술하시오(아래 [답안양식]을 사용할 것).

[답안양식]

[A]	
[B]	

풀이

[A]	가. 독립성이 만족되지 아니하는 경우 나. 감사보수 지급과 관련하여 회사가 이를 이행하지 아니하는 경우 다. 회사의 성격이나 규모의 차이가 발생하였으나 감사보수에 대한 협의가 이루어지지 아니하는 경우 라. 회사가 감사업무와 관련한 자료제공요청을 정당한 사유없이 거부하는 경우 등
[B]	감사계약해지 사실 및 해지 사유를 감사 또는 감사위원회에 보고하고 규제기관(증권선물위원회)에 보고하여야 한다.

4 최근 개정된 「주식회사등의외부감사에관한법률」에는 회계투명성 제고와 감사품질의 향상을 위한 여러 제도들을 마련하였다. 반면에 회계부정 및 감사부실에 대하여는 엄격한 벌칙 등을 부과하여 제도의 효과성을 달성하려 하고 있다.

「주식회사등의외부감사에관한법률」에서 규정하고 있는 회계부정 및 감사부실에 대한 <u>제재수준을 강화한 방안들</u>을 제시하시오.

풀이

1. 부실감사를 수행한 김사인에 대한 형사책임 강화
2. 민사상 손해배상청구 소멸시효에 대한 연장
3. 부실감사에 대한 과징금 및 손해배상공동기금 적립금액 제도에 대한 강화
4. 회계법인 대표이사 책임 강화 등

Q&A 사례문제 8 : 2021년, KICPA 기출문제

다음은 공인회계사가 준수해야 할 윤리기준에 대한 물음이다.

1 공인회계사는 재무제표 감사를 수행함에 있어 윤리기준의 윤리강령을 준수하여야 한다. 다음 (1)~(3)의 내용이 설명하는 윤리강령을 각각 쓰시오.

> (1) 공인회계사는 직무를 수행함에 있어서 솔직하고 정직하여야 한다.
>
> (2) 공인회계사는 명목여하를 불문하고 금전 등의 제공에 의하여 자신에게 업무를 위촉할 것을 강요하거나 수임하는 것과 같은 부당한 방법으로 직무상의 경쟁을 하여서는 아니된다.
>
> (3) 공인회계사는 직무상 지득한 기밀정보를 본인이나 제3자의 이익을 위해 사용하는 행위를 하지 말아야 한다.

풀이

(1) 성실
(2) 전문가적 품위
(3) 비밀유지

2 다음의 각 독립적인 상황별로 나투명 회계사가 준수하지 못할 가능성이 있는 윤리강령이 무엇인지 제시하고, 윤리강령을 준수하지 못할 위협을 수용 가능한 수준 이하로 감소시키기 위한 안전장치를 서술하시오(단, 안전장치가 없는 경우에는 '없음'으로 쓸 것).

(1) 나투명 회계사는 감사대상회사로부터 요청받은 특정업무를 본인이 스스로 수행하지 아니하고 다른 개업공인회계사인 이기자 회계사에게 소개하여 주고, 그 대가로 알선수수료를 받았다.

(2) ㈜대한은 신주인수권 회계처리에 대해 감사인과 이견이 발생하여 나투명 회계사에게 제2의견을 요청하였다. 나투명 회계사는 ㈜대한이 원하는 답을 얻기 위해 감사인에게 정보를 제공할 때와는 달리 회사에 유리한 정보만 제공할 가능성이 높다고 판단하고 있다.

[답안양식]

상황	윤리강령	안전장치
(1)		
(2)		

풀 이

상황	윤리강령	안전장치
(1)	공정강령	안전장치 없음
(2)	전문가적 적격성 및 정당한 주의 강령	첫째, 해당 회사에게 기존 공인회계사와 논의를 허용하여 줄 것을 요청 둘째, 제2의견 표명의 한계를 설명 셋째, 기존 공인회계사에게 당해 제2의견의 사본을 제공

3 다음의 각 독립적인 상황별로 한국회계법인의 재무제표 감사업무에 대한 독립성 충족여부 그리고 관련되는 독립성 훼손위협의 종류를 쓰시오.

(1) 한국회계법인의 업무수행이사인 나투명 회계사는 대한은행에서 주택담보대출로 9천만 원을 차입한 상태에서 한국회계법인은 대한은행과 감사계약을 체결하였다.

(2) 한국회계법인은 ㈜대한에 대해 감사업무와 관련된 채권 5천만 원과 금전소비대차거래로 인한 채권 1억 2천만 원을 가지고 있다.

(3) 한국회계법인은 ㈜대한의 신규 감사인이며, 한국회계법인 업무수행이사의 배우자는 ㈜대한의 재무담당이사였다가 2년 전에 퇴직하였다. 업무수행이사의 배우자는 퇴직 후 ㈜대한의 주식을 취득하여 소유하고 있다.

(4) 한국회계법인은 ㈜만세에 재무정보체제 구축 용역을 제공하고 있는 상태에서 ㈜만세의 지배기업인 ㈜대한과 연결재무제표에 대한 감사계약을 체결하였다. ㈜만세는 ㈜대한의 연결재무제표에서 중요한 비중을 차지하고 있다.

풀이

(1) **이기적 위협** 발생. 단, 주택담보대출의 경우 채권, 채무 금액에서 제외하기 때문에 독립성은 만족될 수 있음.

(2) **이기적 위협** 발생. 업무관련 채권, 채무를 제외하더라도 한국회계법인의 경우 채권, 채무 금액이 1억 원 이상이기 때문에 독립성은 만족될 수 없음.

(3) **이기적 위협** 발생. 업무수행이사의 배우자가 감사대상회사의 주식을 보유하고 있기 때문에 한국회계법인은 독립성이 만족될 수 없음.

(4) **자기검토위협** 발생. 종속회사에 대한 허용되지 않는 비감사업무를 수행하고 있고 해당 종속회사가 연결재무제표에서 차지하는 비중이 중요하기 때문에 독립성은 만족될 수 없음.

4 ㈜대한을 5년째 감사하고 있는 나투명 회계사는 이번 감사시즌이 끝난 후 ㈜대한의 재무담당 부장으로 이직할 예정이다. 이 경우 발생할 수 있는 독립성 훼손위협을 수용 가능한 수준 이하로 감소시키기 위해 나투명 회계사의 소속 회계법인이 갖추어야 할 안전장치 두 가지를 서술하시오(단, 아래 <예시>는 제외할 것).

> <예시>
> *해당 개인이 업무수행기간 동안 행한 중요한 판단에 대하여 독립적인 검토를 수행할 것을 고려하여야 한다.*

풀이

첫째, 인증의뢰인과 진지하게 고용협상을 시작하는 해당 개인에게 이러한 사실을 회계법인에게 통보하도록 요구하는 정책과 절차 수행

둘째, 해당 개인을 해당 인증업무에서 제외시킴

다음은 (물음 5)와 (물음 6)에 관련된 [상황]이다.

[상황]

> 한국회계법인은 주권상장법인인 ㈜대한의 감사인이다. 다음은 감사현장책임자와 업무수행이사의 대화이다.
>
> **(감사현장책임자)** ㈜대한에 대한 당기 감사 결과, 재무제표에 미반영된 재고자산 평가손실이 재무제표 수준의 중요성 금액을 크게 상회합니다. 이를 근거로 ㈜대한의 경영진에게 재무제표 수정을 요구하였으나, 경영진은 이를 거부하였습니다. 따라서 의견변형이 불가피해 보입니다.
>
> **(업무수행이사)** ㈜대한의 재무담당이사가 내 친구인데, 당기에 미반영한 평가손실을 내년에 인식하겠다고 하니 올해는 그냥 넘어가고 적정의견으로 합시다.

5 공인회계사는 윤리강령의 준수여부를 판단함에 있어 윤리적 갈등을 해결하여야 한다. 윤리기준에 따르면, 위 [상황]에서 감사현장책임자가 겪고 있는 윤리적 갈등을 어떠한 단계적 절차를 거쳐 해결해야 하는지 서술하시오.

풀이

첫째, 회계법인 또는 소속기관 내의 적절한 타 구성원에게 해결책을 얻기 위하여 도움을 요청
둘째, 당해 조직의 지배기구에게 이러한 갈등과 관련된 사안에 대하여 자문을 구할 것인지 고려
셋째, 중요한 갈등이 해결될 수 없는 경우, 한국공인회계사회 또는 법률자문가에게 조언을 요청
그리고 관련 내용에 대해서는 문서화를 진행하여야 한다.

6 위 [상황]에서는 감사인과 감사대상회사 간 유착으로 인한 감사실패 가능성이 존재한다. 유착위협으로 인한 감사품질 저하를 방지하기 위해 외감법에 규정된 제도 중 위[상황]과 관련하여 가장 효과적이라고 생각하는 제도 한 가지를 제시하고, 그렇게 생각하는 이유를 간략히 서술하시오(단, 아래 <예시>에 언급된 제도는 제외할 것).

<예시> 감사인 지정제도, 감사(감사인선임)위원회를 통한 감사인 선임제도

풀이

감사인 교체제도가 가장 효과적이다. 왜냐하면 장기간 동일한 감사인에 의해서 감사인과 의뢰인 사이에 존재할 수 있는 유착관계가 존재할 수 있는데 감사인 교체제도를 통하여 독립성이 개선될 수 있고 이에 따라 보고확률이 올라감으로 인하여 감사품질이 개선될 수 있기 때문이다.

Q&A 사례문제 9 : 2022년, KICPA 기출문제

다음은 공인회계사가 준수해야 할 윤리기준과 감사인의 법적책임에 대한 물음이다.

1 한국공인회계사회는 공인회계사 시험에 합격하여 공인회계사법 제7조의 규정에 의하여 등록한 공인회계사가 전문직업인으로서 준수하여야 할 윤리기준을 제정하고 있다. 윤리기준에 명시되어 있는 윤리기준의 목적을 서술하시오.

풀이

공인회계사로 하여금 그 직무를 높은 수준으로 수행하게 하고 공익에 부합되게 하여, 공인회계사에 대한 사회적 신뢰를 제고함을 목적으로 한다.

2 다음은 윤리기준에 대한 설명이다. 각 항목의 설명이 적절한지 여부를 기재하고, 적절하지 않은 경우 그 이유를 서술하시오.

1번	공인회계사는 의뢰인과의 관계가 종료된 이후에도 비밀유지 강령을 준수할 필요가 있다. 따라서 공인회계사가 새로운 의뢰인으로부터 업무를 수임한 경우, 이전의 업무경험을 이용하거나 공개해서는 안 된다.
2번	개업공인회계사는 어떠한 종류의 알선수수료도 지급하거나 수령해서는 안 된다. 다만, 개업공인회계사가 다른 회계법인업무의 일부를 인수하고 지급하는 인수대가는 알선수수료로 보지 않는다.
3번	개업공인회계사는 의뢰인으로부터 어떠한 종류의 선물이나 접대도 받아서는 안 된다.
4번	개업공인회계사는 전문서비스의 제인과 관련하여 보수를 협상함에 있어서 본인이 적절하다고 생각하는 보수를 얼마든지 제시할 수 있다. 따라서 어느 한 개업공인회계사가 다른 개업공인회계사보다 낮은 보수를 제시하는 것, 그 자체로는 비윤리적인 것이 아니다.

풀이

1번 : 적절하지 않음. → 관계가 종료된 이후에도 비밀유지 강령은 준수하여야 하나 이전의 업무경험을 업무수임시 공개하는 것은 비밀유지의무에 위배되지 아니한다.

2번 : 적절함

3번 : 적절하지 않음. → 사회통념에 반하지 않는 선물이나 접대는 허용된다.

4번 : 적절함

3 다음의 각 독립적인 상황별로 A회계법인의 외부감사업무 수임가능 여부를 판단하고, 그 이유를 서술하시오.

상황 1	A회계법인에서 ㈜대한의 외부감사 업무를 담당해왔던 나잘나 회계사는 감사대상 기간 개시일 7개월 전 A회계법인을 퇴사한 후 ㈜대한의 재무담당이사로 이직하였다. A회계법인은 ㈜대한으로부터 외부감사인 재선임을 요청받은 상황이다.
상황 2	㈜민국은 A회계법인에 ㈜민국의 자기주식을 대가로 제공하는 조건으로 외부감사를 의뢰하였다.
상황 3	A회계법인의 업무수행이사인 나똑똑 회계사는 여유자금을 운용할 목적으로 ㈜만세의 주식에 70% 투자하고 있는 펀드에 가입하였다. 해당 펀드 투자 금액이 나똑똑 회계사의 전체 재산에서 차지하는 비중은 미미하다. ㈜만세는 A회계법인에 외부감사를 의뢰한 상황이다.

〈답안양식〉

	수임가능여부	이유
상황 1		
상황 2		
상황 3		

풀 이

	수임가능여부	이유
상황 1	수임불가	감사대상회사의 감사를 담당하였던 인증업무팀의 구성원이 감사대상회사의 재무제표 작성에 직접적이고 중요한 직위를 담당하는 경우에는 유착위협으로 인하여 독립성에 심각하게 훼손될 수 있음.
상황 2	수임불가	감사인이 감사대상회사에 대하여 주식을 보유하게 되는 경우 이기적 위협으로 인하여 독립성에 훼손됨.
상황 3	수임가능	간접적인 재무적 이해관계인 경우 해당 투자금액이 재산에서 차지하는 비중이 중요하지 않은 경우에는 독립성이 만족되는 것으로 봄.

4 감사인은 감사업무를 수행할 때 독립성을 충족하여야 한다. 감사인이 독립성 훼손사실을 알게 된 경우 적절한 감사인의 대응조치를 그 시기에 따라 (1) 계약체결기한 이전, (2) 계약체결기한 이후로 구분하여 각각 1줄 이내로 서술하시오 (단, 독립성 위반 사유를 단기간 내에 해소할 수 없다고 가정함).

풀 이

(1) 계약체결기한 이전 : 감사계약을 수임하지 아니한다.
(2) 계약체결기한 이후 : 감사계약을 해지하여야 한다.

5 감사인의 책임은 다양한 법률에 규정되어 있다. 외부감사법은 감사인의 손해배상책임을 제3자에 대한 손해배상책임과 감사대상회사에 대한 손해배상책임으로 구분하고 있다. 이 중 감사인의 제3자에 대한 손해배상책임의 (1) 책임사유, (2) 면책사유, (3) 소멸시효를 각각 서술하시오. (단, 소멸시효의 경우, 감사인 선임시 계약으로 기간을 연장하지 않는 경우를 가정함).

풀 이

(1) 책임사유 : 중요한 사항에 관하여 감사보고서에 기재하지 아니하거나 허위의 기재를 함으로써 이를 믿고 이용한 제3자에게 손해가 발생한 경우
(2) 면책사유 : 감사인 또는 감사에 참여한 공인회계사가 손해배상책임을 면하기 위해서는 그 임무를 게을리하지 아니하였음을 입증하여야 한다. 다만, 일부 금융기관의 경우에는 그 금융기관이 감사인 또는 그 감사에 참여한 공인회계사가 임무를 게을리하였음을 입증하여야 한다.
(3) 소멸시효 : 당해 사실을 안 날로부터 1년 이내 또는 감사보고서를 제출한 날로부터 8년 이내에 청구권을 행사하여야 한다.

6 공인회계사법상 특수법인인 회계법인은 상법상 유한회사의 준용규정에 따라 유한책임을 지게 된다. 감사인의 손해배상책임 보장제도로는 손해배상공동기금과 손해배상준비금이 있다. 손해배상 공동기금과 손해배상준비금의 차이점을 두 가지만 서술하시오.

풀이

첫째, 손해배상공동기금을 적립하여야 하는 근거법령(주식회사등의외부감사에관한법률)과 손해배상준비금을 적립하여야 하는 근거법령(공인회계사법)이 상이하다.

둘째, 손해배상공동기금의 경우 적극적으로 회계법인의 자금을 외부에 예치하는 제도인 반면, 손해배상준비금은 회계법인의 배당금 지급을 제한하여 소극적으로 자금을 적립하는 손해배상조치이다.

〈참고〉 보험 가입에 따라 강제적립의무의 차이도 존재함.

Q&A 사례문제 10 : 2023년, KICPA 기출문제

1 한국회계법인의 사원인 나 회계사는 세무소송 자문용역 계약을 ㈜B와 체결하고 세무소송에서 승소하는 경우 자문수수료를 승소금액의 일정 비율로 받기로 하였다. 이 경우 발생하게 되는 독립성 훼손위협에 대응하여 한국회계법인이 고려할 수 있는 안전장치 중 두 가지를 각각 2줄 이내로 서술하시오(단, 아래 <예시>는 제외할 것).

<예시> *– 업무담당 회계사가 수행한 업무를 객관적인 제3자가 검토함*

풀이

첫째, 보수의 산정근거와 관련하여 의뢰인에게 서면으로 된 사전동의서를 징구함.

둘째, 공인회계사가 수행한 업무결과를 이용할 것으로 예정된 자에게 수행한 업무의 내용과 함께 보수의 산정근거를 제시함.

2 다음은 감사품질 관련 제도 및 절차에 대한 설명이다. 각 항목별로 설명이 적절한지 여부를 기재하고, 적절하지 않은 경우 그 이유를 2줄 이내로 서술하시오.

항목	설명
①	감사인 주기적 지정제도와 상장법인 감사인 등록제도는 감사인의 독립성을 제고함으로써 감사인의 감사품질을 개선하기 위한 제도이다.
②	감사인의 자체적인 품질관리 활동인 업무품질관리검토는 감사기준서 220에서 제시하는 품질관리요인 6개 항목 중 '모니터링'과 관련된 사항이다.

풀이

항목	설명
①	상장법인 감사인 등록제도는 적격성을 제고함으로써 감사인의 감사품질을 개선하기 위한 제도임.
②	이는 품질관리요인 중 감사업무의 수행과 관련된 사항임.

AUDITING StudyGuide

제 2 부

감사의 계획과 감사위험

AUDITING

제 5 장

감사계약의 체결 및 감사 계획수립을 위한 예비적 절차

1 | 감사계약의 체결 및 감사 계획수립을 위한 예비적 절차

1. 감사업무 수임시 고려사항

(1) 감사인의 통제 범위에 있는 업무수임의 제반측면(ISA 220 문단 A8)

1) 주요 주주, 주요 경영진 및 지배기구의 성실성 확인
2) 업무팀이 감사업무를 수행할 능력(적격성)이 있으며 시간과 자원 등 필요한 역량을 갖추었는지 여부
3) 회계법인과 업무팀이 관련 윤리적 요구사항을 준수할 수 있는지 여부(특히, 독립성에 대한 부분)
4) 현재 또는 전기의 감사업무를 수행하는 중에 발생한 유의적 사항들과 그러한 사항들이 의뢰인과의 관계유지에 대해 시사하는 점. 특히, 이 경우 전임감사인과의 의견교환이 중요함
전임감사인에게 질의해야 할 내용은 다음과 같다.
   가. 경영진의 정직, 성실성
   나. 전임감사인과 경영진사이에 회계정책 적용에 있어서 의견의 불일치사항
   다. 전임감사인의 교체사유

(2) 기업의 통제 내에 있고 감사인과 기업의 경영진이 합의할 필요가 있는 사항(전제조건) (ISA 210 문단 6~7)

1) 재무제표 작성에 적용되는 재무보고체계가 수용가능한지 여부를 결정함.(주1)
2) 경영진이 다음과 같은 책임을 인정하고 이해하고 있다는 점에 대하여 경영진의 동의를 받음
 가. 관련될 경우 재무제표의 공정표시를 포함하여, 해당 재무보고체계에 따라 재무제표를 작성할 책임
 나. 부정이나 오류에 의한 중요한 왜곡표시가 없는 재무제표를 작성하기 위해 경영진이 필요하다고 결정한 내부통제에 대한 책임
 다. 감사인에게 다음 사항들을 제공할 책임
  다-1) 기록, 문서, 기타사항 등 재무제표의 작성과 관련하여 경영진이 알고 있는 모든 정보에 대한 접근
  다-2) 감사인이 감사목적으로 경영진에게 요청하는 추가적인 정보
  다-3) 감사인이 감사증거를 입수하기 위하여 필요하다고 판단한 기업 내부의 관계자들에 대한 무제한적 접근
3) 제안된 감사업무에 대한 조건에서 경영진 또는 지배기구가 감사인의 감사업무범위 제한을 부과하는지 여부(즉, 충분하고 적합한 감사증거 수집이 가능한지 여부 판단)

1) 감사인이 재무제표 작성에 적용된 재무보고체계가 수용가능하지 않다고 결정한 경우
2) 경영진의 열거된 책임에 대해서 동의를 받지 못하는 경우
3) 경영진 또는 지배기구가 감사인의 업무범위에 제한을 부과하고 그 결과 감사인이 재무제표에 대한 의견이 거절될 것이라고 믿는 경우

감사인은 위 사유 중 하나에 해당되는 경우에는 감사업무를 수임해서는 안된다.

주1 감사인이 재무제표 작성에 적용되는 재무보고체계의 수용가능성을 결정할 때 고려하여야 할 요인은 다음과 같다.

가. 실체의 성격(예를 들어, 영리기업, 공공부문 또는 비영리 조직인지 여부)
나. 재무제표의 목적(예를 들어, 재무제표가 광범위한 이용자의 공통의 재무정보 요구를 충족시키기 위해 작성되는지 또는 특정 이용자의 재무정보 요구를 충족시키기 위해 작성되는지 여부)
다. 재무제표의 성격(예를 들어, 재무제표가 전체 재무제표인지 또는 단위재무제표인지 여부)

라. 해당 재무보고체계가 법규에서 규정되고 있는지 여부

⬇

항 목	내 용
실체의 성격	해당 기업이 영리법인이고 상장법인의 경우 K-IFRS가 재무보고체계가 되어야 하며 그 보고체계가 아닌 기준으로 감사계약을 원칙적으로 체결할 수는 없다.
재무제표의 목적	일반목적 재무제표(General-Purpose FS)의 경우는 불특정 정보이용자에게 공표되고 또한 많은 정보이용자들이 해당 재무제표에 의존하여 의사결정을 하기 때문에 특정 목적 재무보고체계, 즉 현금주의 등으로 재무제표의 판단기준을 사용할 수 없다.
재무제표의 성격	단위 재무제표의 경우에는 특정목적 재무제표(Special-Purpose FS)일 개연성이 높기 때문에 그 경우에는 특정정보이용자와 특정정보제공자가 일정한 기준을 합의하고 그 기준에 따라서 감사를 진행할 수 있다.
해당 보고체계가 법규에서 규정하고 있는지 여부	원칙적으로 해당 보고체계가 법규에서 허용하고 있지 아니한 경우에는 해당 보고체계로 감사계약을 수임할 수 없다.

이때 감사인이 법규에 의해 규정된 재무보고체계가 그것이 법규에 의해 규정되었다는 사실을 제외하면 수용가능하지 않았을 것이라고 결정한 경우 감사인은 다음의 조건이 충족되는 경우에만 당해 감사업무를 수임할 수 있다. (ISA 210 문단 19)

가. 재무제표가 오도를 일으키지 않도록 경영진이 추가적인 공시를 제공하기로 동의한 경우
나. 감사업무의 조건에서 다음사항이 인정된 경우
  나-1. 재무제표에 대한 감사보고서에 이용자의 주의를 환기시키는 강조사항문단을 포함할 것임.
  나-2. 법규상 감사인이 해당 재무보고체계에 따라 "중요성의 관점에서 공정하게 표시하고 있다" 또는 "진실하고 공정한 관점을 제시하고 있다"라는 문구로 재무제표에 대한 감사의견을 표명하도록 요구되는 것이 아닌 한, 재무제표에 대한 감사의견에는 그러한 문구를 포함시키지 않을 것임.

만약, 위 요건(가, 나)이 만족되지 않으면 기언급하였듯이 감사업무를 수임할 수가 없지만 감사인이 법규에 의하여 감사업무를 수행하도록 강제된다면, 감사인은 다음의 절차를 수행하여야 한다. (ISA 210 문단 20)

가. 재무제표의 오도하는 성격이 감사보고서에 미치는 영향을 평가함.
나. 감사업무 조건에 이러한 사항을 적합하게 언급함.

2 감사업무 조건의 합의(감사계약의 체결)

(1) 감사계약 체결의 효익

감사에 관한 오해(misunderstanding)를 피하기 위해 감사에 착수하기 전에 감사인이 감사계약서를 보내는 것은 기업과 감사인에게 이익이 된다. (ISA 210 문단 A22)

(2) 감사계약서에 포함하여야 할 내용

원칙적 기재사항(ISA 210 문단 10)
① 재무제표 감사의 목적과 범위 ② 감사인의 책임 ③ 경영진의 책임 ④ 재무제표 작성을 위한 재무보고체계의 식별 ⑤ 감사인에 의해 발행될 보고서의 예상되는 형태와 내용에 대한 언급

⇩

선택적 기재사항(ISA 210 A24)
① 감사의 일부 분야에서의 부문감사인 및 전문가의 참여에 관한 사항 ② 내부감사인 및 기업 내 기타 직원의 참여에 관한 사항 ③ 초도감사의 경우 전임감사인과의 관련된 사항 ④ 그럴 가능성이 존재하는 경우 감사인 책임의 제한 ⑤ 감사인과 기업간 추가적인 합의에 대한 언급 ⑥ 감사조서를 기타 당사자에게 제공해야 할 의무(존재하는 경우)

(3) 지배기업의 감사인이 동시에 부문감사인(component Auditor)이기도 할 때 별도의 감사계약서를 작성할지 여부를 결정할 때 고려하여야 할 요인(ISA 210 A26)

① 부문감사인을 선임하는 주체
② 부문에 대해 별도의 감사보고서가 발행되는지 여부
③ 감사인의 선임과 관련된 법적 요구사항
④ 지배기업의 소유 정도
⑤ 부문 경영진의 지배기업으로부터의 독립성 정도

부문감사인을 선임하는 주체가 개별 부문회사의 별도 감사 또는 감사위원회인 경우 감사계약서는 따로 작성이 되어야 할 것이다. 또한, 부문이 중간지배기업으로서 연결재무제표 작성의 면제가 되지 아니하는 경우라면 별도로 재무제표 감사를 받고 감사보고서를 발행하여야 하기 때문에 감사계약서는 따로 부문에 대해서 체결되어야 한다. 하지만 지배기업이 부문을 완전지배, 소유하는 경우에는 별도의 부문에 대한 감사계약이 필요없이 지배기업 감사계약 체결시 동일하게 체결될 수도 있을 것이다.

(4) 감사계약서의 예시

ABC 회사
경영진 또는 지배기구의(적합한) 대표자 귀중

[감사의 목적과 범위]
귀하는 우리에게 주식회사 ABC의 20X1년 12월 31일 현재의 재무상태표와 동일로 종료되는 보고기간의 손익계산서(또는 포괄손익계산서), 자본변동표, 현금흐름표 그리고 중요한 회계정책의 요약과 그 밖의 설명정보에 대한 감사를 요청한 바 있습니다. 우리는 본 계약서를 통하여 이 감사업무를 수임하고 우리의 이해를 확인할 수 있게 되어 기쁘게 생각합니다. 우리의 감사는 재무제표에 대한 의견표명을 위한 목적으로 수행될 것입니다.

[감사인의 책임]
우리는 감사기준에 따라 감사를 수행할 것입니다. 이 기준은 우리가 윤리적 요구사항을 준수하며 재무제표가 중요하게 왜곡표시되지 않았다는 합리적인 확신을 얻을 수 있도록 감사를 계획하고 수행할 것을 요구하고 있습니다. 감사는 재무제표의 금액과 공시에 대한 감사증거를 입수하기 위한 절차의 수행을 포함합니다. 절차의 선택은 부정이나 오류에 의한 재무제표의

중요왜곡표시위험에 대한 평가 등 감사인의 판단에 의존하고 있습니다. 감사는 또한 재무제표의 전반적 표시에 대한 평가뿐 아니라, 재무제표를 작성하기 위하여 경영진이 적용한 회계정책의 적합성과 경영진이 행한 회계추정치의 합리성에 대한 평가를 포함합니다.

감사가 감사기준에 따라 적절하게 계획되고 수행되어도 내부통제의 고유한계와 더불어 감사의 고유한계로 인해 중요왜곡표시위험이 발견되지 않을 수 있는 불가피한 위험이 존재합니다.

우리는 이러한 위험을 평가할 때, 상황에 적합한 감사절차를 설계하기 위하여 기업의 재무제표 작성에 관련된 내부통제를 고려하지만, 이는 내부통제의 효과성에 대해 의견을 표명하기 위한 것이 아닙니다. 그러나 우리가 감사 중에 식별한 것으로서 재무제표감사에 관련된 유의적 내부통제 미비점에 관해서는 귀하에게 서면으로 커뮤니케이션을 할 것입니다.

[경영진의 책임과 해당 재무보고체계의 식별](본 사례의 목적상 감사인은 법규가 적절하게 경영진의 책임을 규정하지 않은 것으로 결정했다고 가정한다. 그러므로 문단 6(b)에서 기술된 내용이 이용된다)

우리의 감사는 [경영진, 그리고 적절한 경우 지배기구]가 다음 사항에 대해 책임이 있음을 인정하고 이해한다는 것을 토대로 하여 수행될 것입니다.

(a) 한국채택국제회계기준에 따라 재무제표를 작성하고 공정하게 표시할 책임

(b) 부정이나 오류에 의한 중요한 왜곡표시가 없는 재무제표를 작성하기 위해[경영진]이 필요하다고 결정한 내부통제에 대한 책임

(c) 우리에게 다음 사항을 제공할 책임

(i) 기록, 문서 및 기타사항 등 재무제표의 작성과 관련하여 경영진이 알고 있는 모든 정보에 대한 접근

(ii) 우리가 감사목적으로 [경영진]에게 요청할 수도 있는 추가적인 정보

(iii) 감사증거를 입수하기 위해 우리가 필요하다고 결정하는 기업 내 관계자에 대한 무제한적 접근

우리는 감사과정 중 일부로서, [경영진, 그리고 적절한 경우 지배기구]가 감사와 관련하여 우리에게 행한 진술에 관해서 서면확인을 요청할 것입니다.
우리는 감사 중 귀 직원의 충분한 협조를 기대합니다.

[기타 관련 정보]
[보수약정, 대금 청구, 기타 특약사항 등 기타 정보를 적합하게 삽입한다]

[보고]
[예상되는 감사보고서의 형태와 내용에 대한 적합한 언급을 삽입한다]

우리의 보고서 형태와 내용은 감사의 발견사항에 따라 수정이 필요할 수도 있습니다
귀하와 우리의 책임을 포함하여 재무제표감사에 대한 우리의 합의와 약정에 대해 귀하가 확인하고 동의한다는 뜻을 표시하기 위해, 본 계약서에 첨부된 사본에 서명하신 후 회송하여 주시기 바랍니다.

XYZ 회계법인
ABC 회사를 대표하여 확인하고 동의함.
(서명)
성명과 직함
일자

(5) 계속감사시 감사계약 내용을 다시 알리는 것이 적합한 경우(ISA 210 문단 A28)

① 기업이 감사의 목적과 범위를 오해하고 있다는 징후
② 감사업무 조건의 변경 또는 특약의 존재
③ 최근의 고위 경영진 교체
④ 소유권의 유의적인 변동
⑤ 기업의 사업 성격 또는 규모의 유의적인 변동
⑥ 법규상 요구사항의 변경
⑦ 재무제표 작성시 채택된 재무보고체계의 변경
⑧ 기타의 보고 요구사항에서의 변경

(6) 감사업무 조건의 변경에 대한 수용(ISA 210 문단 14~17)

<예> 감사를 종료하기 이전에 감사업무를 보다 낮은 수준의 확신을 제공하는 업무로 변경할 것을 요청받은 경우

사유가 합리적인 경우	사유가 합리적이지 않은 경우
① 상황 1) 감사의 필요성에 영향을 미치는 상황의 변화 2) 당초 요청했던 감사의 성격에 대한 오해	① 상황 감사업무의 제한. 이러한 예로는 감사인이 매출채권에 관한 충분하고 적합한 감사증거를 입수할 수 없고 기업이 한정의견이나 의견거절을 피하기 위해 감사업무를 검토업무로 변경해 줄 것으로 요청하는 경우
② 후속조치 1) 감사인과 경영진은 새로운 업무조건에 합의하고 계약서 또는 기타 적절한 형태의 합의서에 이를 기록한다. 2) 보고서를 읽는 자의 혼란을 피하기 위하여 관련 서비스의 보고서에는 다음 어느 사항에 대한 언급도 포함하지 않아야 할 것이다. 가. 당초 감사업무 나. 당초 감사업무에서 수행되었던 절차. 단, 당해 감사업무가 합의된 절차를 수행하는 업무로 변경된 경우, 합의된 절차의 수행에 따른 보고서에는 언급하는 것이 통상적인 일부분에 해당되는 절차는 제외한다.	② 후속조치 1) 합리적 정당성이 없는 경우, 감사인은 그 변경에 동의해서는 안 된다. 2) 감사업무 조건의 변경에 동의할 수 없고 경영진은 원래의 감사업무를 계속하는 것을 허용하지 않은 경우 감사인은 다음과 같은 절차를 수행하여야 한다. 가. 해당 법규에서 허용하는 경우 감사업무를 해지함. 나. 지배기구, 소유주 또는 규제기관과 같은 기타 이해관계자에게 그러한 상황을 보고하여야 할 계약상 또는 기타 형태의 의무가 존재하는지 여부를 결정함.

3 | 재무제표 감사계획(Audit Planning) 수립

(1) 감사계획 수립 및 그 효익

계획수립은 감사업무에 대한 전반감사전략을 수립하고(세부)감사계획을 개발하는 것과 관련된다. 적절한 계획수립을 통한 재무제표감사의 진행은 다음과 같은 도움을 제공한다.

〈감사계획 수립에 대한 효익 및 유용성〉(ISA 300 문단 2)

① 감사인이 중요한 감사분야에 적합한 주의를 기울임.
② 감사인이 잠재적 문제를 적시에 식별하고 해결함.
③ 감사인이 감사업무를 적절히 조직화하고 관리함으로써 효율적이고 효과적인 감사가 수행되게 함.
④ 예상되는 위험에 대응하기 위해 적합한 수준의 역량과 적격성을 갖춘 업무팀원을 선정하고, 적절하게 업무를 배정하는 것을 도움.
⑤ 업무팀원에 대한 지휘 및 감독과 업무결과에 대한 검토가 용이하게 이루어지도록 함.
⑥ 해당되는 경우, 부문감사인 및 전문가가 수행한 업무의 조정을 도움.

1) 계획수립 활동의 성격과 범위는 기업의 규모나 복잡성 핵심 업무팀원의 당해 기업에 대한 업무경험 그리고 감사 중에 발생하는 상황의 변화에 따라 달라질 것이다 또한, 감사계획수립은 감사에 있어서 따로 분리된 단계가 아니라 전기감사의 종료직후에 시작하여 당기감사가 끝날 때까지 진행되는 연속적이고 반복적인 과정이다. (ISA 300 문단 A1~2)

2) 감사인은 감사업무의 수행과 관리를 원활하게 하기 위하여 계획수립의 제 요소에 관해 경영진과 논의하기로 결정(예를 들어, 계획된 감사절차 중 일부를 당해 기업 인원의 작업에 맞추어 조정함)할 수 있을 것이다. 이 같은 논의는 종종 일어나지만 전반감사전략과 (세부)감사계획의 책임은 감사인에게 있다. 전반감사전략이나 감사계획에 포함된 사항을 기업의 경영진과 논의하는 경우, 감사의 효과성이 손상되지 않도록 주의가 요구된다. 예를 들어 경영진과 세부감사절차의 성격과 시기를 논의하는 것은 감사절차가 지나치게 예측가능하게 되어 감사의 효과성이 손상될 수 있다. (ISA 300 문단 A3)

(2) 전반감사전략(Overall Audit Strategy)의 수립

감사인은 감사의 범위, 시기 및 방향을 수립하고 감사계획 개발의 지침이 되는 전반감사전략을 수립하여야 한다.

① **전반감사전략을 수립하기 위하여 수행하여야 할 절차(ISA 300 문단 8)**

1) 감사범위를 정의하게 될 해당 감사업무의 특성을 식별함.
2) 감사일정을 계획하기 위하여 해당 업무의 보고목적을 확인하며 요구되는 커뮤니케이션의 성격을 확인함.
3) 감사인의 전문가적 판단에 따라, 업무팀의 업무방향을 설정하는 데 유의적이라고 판단되는 요소들을 고려함.
4) 감사업무의 예비적 활동의 결과, 그리고 해당되는 경우 업무수행이사가 감사대상기업을 위해 수행하였던 다른 업무에서 얻은 지식이 관련성이 있는지를 고려함.
5) 해당 감사를 수행하는 데 필요한 자원의 성격, 시기 및 범위를 확인함.

⬇

〈전반감사전략의 수립시 고려사항: ISA 300 보론 참조〉

구 분	내 용
감사업무의 특성	가. 감사대상 재무정보의 작성기준이 된 재무보고체계 나. 그 산업특유의 보고 요구사항 다. 포함될 사업부문의 수와 소재지 등 감사의 예상되는 범위 라. 타감사인이 감사할 부문의 범위 마. 사용되는 보고통화 등
보고목적, 감사시기 및 커뮤니케이션의 성격	가. 중간보고 또는 최종단계의 보고와 같은 기업의 보고일정 나. 경영진 및 지배기구와 감사업무의 성격 다. 발행될 보고서의 예상 형태와 시기에 대한 경영진 및 지배기구와의 논의 라. 감사의 전 과정에 걸쳐 업무의 진행상황과 관련하여 예상되는 커뮤니케이션에 대해 경영진과 논의
유의적이라고 판단되는 요소	가. 중요왜곡표시위험이 보다 크게 존재할 수 있는 분야의 예비적 식별 나. 식별된 내부통제의 미비점의 성격 및 이에 대한 대응조치 등 내부통제의 운영효과성 평가와 관련된 과거 감사의 결과
자원의 성격, 시기 및 범위	가. 업무팀의 구성. 중요왜곡표시위험이 더 크게 존재할 수 있는 분야에 대하여 적합한 경험이 있는 업무팀원의 배정 등 업무팀원에 대한 감사업무의 배정 나. 중요왜곡표시위험이 더 크게 존재할 수 있는 분야에 적절한 감사시간이 확보되도록 고려하는 등 업무예산의 수립

② 이러한 전반감사전략을 수립하는 과정은 감사인이 위험평가절차를 수행할 때 다음과 같은 사항의 결정에 도움이 된다. (ISA 300 문단 A8)

〈전반감사전략 수립의 효익〉

1) 특정 감사분야에 배치할 자원(성격). 예를 들어, 위험이 높은 분야에는 경험이 많은 팀원을 배정하고 복잡한 사항에 대하여는 전문가를 참여시킴.
2) 특정 감사분야에 할당할 자원의 양(범위). 예를 들어, 중요한 사업장의 재고실사에 입회할 업무팀원의 수, 그룹감사의 경우 부문감사인이 수행한 작업에 대한 검토범위, 또는 위험이 높은 분야에 사용할 시간 예산 등
3) 자원의 배치시기. 예를 들어, 중간감사단계에서 배치할 것인지 또는 기간귀속의 주요 기준일에 배치할 것인지 여부.
4) 자원을 관리, 지휘 및 감독하는 방법. 예를 들어 사전 및 사후 보고회의를 언제 할 것인지, 해당감사의 업무수행이사와 매니저의 검토는 어떻게 수행할 것인지 그리고 업무품질관리 검토를 수행할 것인지 여부.

1) 업무팀 구성(Assignment)

가. 업무팀 구성원들의 적격성과 독립성 고려
나. 업무팀 구성원들의 경험과 지식을 고려한 계정과목의 배정
다. 재무제표의 계정과목의 연계성 고려(재무상태표와 손익계산서간의 관계)
라. 전문가의 업무협조가 필요한지 여부 고려

가. 업무팀을 구성할 때는 반드시 업무수행원들의 적격성과 역량 그리고 감사대상회사에 대한 독립성을 고려하여야 한다. 이때 업무수행이사는 업무수행원들의 적격성과 독립성 만족 여부를 판단하기 위하여 다음과 같은 사안을 고려하여야 한다.

적격성과 역량(ISA 220 문단 A11)	독립성(공인회계사 윤리기준 및 공인회계사법)
① 유사한 성격과 복잡성을 가진 감사업무에 대한 이해와 실무 경험 ② 관련 산업에 대한 지식 ③ 전문직 기준과 법규의 요구사항에 대한 이해 ④ 전문가적 판단을 할 수 있는 능력 등	① 공인회계사법상 독립성 규정 check. 특히 업무참여 공인회계사의 경우에도 재무적 이해관계가 있으면 감사에 참여할 수 없음. ② 공인회계사 윤리기준상 야기되는 여러 가지 위협상황을 통제할 수 있는 안전장치가 있는지 확인 필요

나. 업무 참여자들에게 배정되는 각각의 재무제표 계정과목은 업무 참여자들의 적격성 즉, 지식과 경험에 따라서 달라진다. 상대적으로 유의적인 왜곡표시위험이 높은 매출 관련 계정과목(매출액 및 매출채권)은 지식과 경험이 많은 참여자에게 배정되어야 하며 경험이 상대적으로 적격성이 떨어지는 업무참여자들에게는 왜곡표시위험이 적은 계정과목을 배정하는 것이 적합할 것이다. 또한, 신입 참여자의 경우에는 원칙적으로 반드시 배정 전 철저한 사전교육이 품질관리상 필요할 것이다.

다. 마지막으로 실증절차시 재무상태표상의 계정과목과 손익계산서상 계정과목이 서로 연계되어서 감사가 이루어질 수 있도록 배정하여야 하며 만약, 그러하지 아니하면 동일한 계정과목에 대한 중복적인 감사가 이루어져 비효율적인 문제가 야기될 수 있다.

재무상태표	손익계산서
매출채권	매출액, 대손상각비
매입채무 및 재고자산	매출원가
유형자산	감가상각비, 손상차손, 처분손익, 수선유지비등
금융자산	이자수익, 배당금수익, 처분손익, 평가손익, 손상차손 등
차입금	이자비용 등

라. 업무팀에는 회계법인과 계약이나 고용관계에 있으면서, 회계나 감사의 특정분야에 전문성을 이용하여 감사절차를 수행하는 자를 포함할 수 있다. 예를 들어 은행감사의 경우 통계전문가라든지 보험회사감사의 경우 보험계리사, 그리고 복잡한 전산시스템을 운영하는 회사의 경우 전산전문가의 참여 필요성을 고려하여야 한다. 다만, 그러한 전문성을 가진 자의 감사업무 참여가 단지 자문일 뿐이라면 이러한 자는 업무팀원에 포함되지 아니한다. (ISA 220 문단 A10)

2) 팀토의 수행(Brainstorming)(ISA 300 문단 5)

업무 배정이 된 이 후 해당감사의 업무수행이사와 다른 핵심업무팀원들은 업무팀원간의 토의를 계획하고 참여하는 등 감사계획에 참여하여야 한다.

가. 참여자

팀토의 수행시 원칙적으로 해당감사의 업무수행이사와 다른 핵심업무팀원들(적합하다고 고려되면 전문가 및 부문감사의 책임자를 포함)은 참석하여야 한다. 이들을 팀토의 수행시 참석시키는 실익은 다음과 같다. (ISA 300 문단 A4)

가-1. 이들의 경험과 식견을 이용할 수 있고
가-2. 이에 따라 계획수립과정의 효과성과 효율성이 높아진다.

다만, 어떤 토의에 있어서는 업무팀원들을 참석시키는 것이 항상 필요하거나 가능한 것은 아니며(예를 들어, 여러 장소에서 수행되는 감사의 경우) 또한 토의에서 내려진 모든 결정을 반드시 모든 업무팀원들에게 알릴 필요가 있는 것도 아니다. 다만, 토의에 참여하지 않은 업무팀원들에게 어떤 사항을 커뮤니케이션할 것인지 결정하여야 한다. (ISA 315 문단 10)

나. 토의 대상

팀토의 수행시 참여자들은 기업의 재무제표가 중요하게 왜곡표시될 가능성에 대한 토의를 수행하게 되며 부정이 어떻게 발생할 것인지 등 기업의 재무제표가 부정에 의하여 어디서 어떻게 중요하게 왜곡표시될 위험성이 높은지를 특히 강조하여야 한다. 특히, 이러한 토의시 참여자들은 전문가적 의구심을 기초로 하여 항상 경영진과 지배기구가 정직하고 성실하다는 업무팀원들의 믿음을 배제하고 수행되어야 한다. 이러한 토의에 포함될 수 있는 구체적인 사항은 다음과 같다. (ISA 240 문단 A11)

나-1. 재무제표가 어떻게 그리고 어느 부분에서 부정에 의하여 중요한 왜곡표시 되기 쉬운지, 경영진이 부정한 재무보고를 어떻게 수행하고 은폐하는지, 그리고 기업의 자산이 어떻게 횡령될 수 있는지에 대한 업무팀원간의 교환
나-2. 이익조정을 나타내는 상황
나-3. 경영진 또는 그 외의 사람들이 부정을 저지를 동기나 압력을 유발하고, 부정이 실행될 기회를 제공하며 부정을 범하는 것을 합리화 시킬 수 있는 문화 또는 환경
나-4. 횡령하기 쉬운 현금이나 기타의 자산을 다루는 종업원에 대한 경영진의 감독
나-5. 경영진이 내부통제를 무력화할 위험에 대한 고려 등

다. 토의의 기능 및 실익(ISA 315 문단 A14)

다-1. 업무수행이사 등 경험이 많은 업무팀원들이 기업에 대한 지식에 기초하여 가지고 있는 견해를 서로 공유하는 기회를 제공함.
다-2. 업무팀원들이 기업에 영향을 미치는 사업위험에 대한 정보와 재무제표의 어느 부분이 부정과 오류에 의한 왜곡표시위험에 어떻게 취약한지에 대한 정보를 교환할 수 있게 함.
다-3. 업무팀원들이 자신에게 배정된 특정 분야의 중요한 왜곡표시 가능성을 더 잘 이해하게 하고 업무팀원들이 수행하는 감사절차의 결과가 추가감사절차의 성격, 시기 및 범위의 결정 등 감사절차와 다른 측면에 어떻게 영향을 미칠 수 있는지 이해하게 함.

> 다-4. 업무팀원들이 감사의 전 과정에 걸쳐 중요왜곡표시위험의 평가 또는 이러한 위험에 대처하기 위해 수행되는 감사절차에 영향을 미칠 수 있는 새로운 정보를 입수하는 경우, 이를 공유하고 커뮤니케이션할 수 있는 기초를 제공함.

3) 내부감사인이 수행한 업무를 활용할지 여부(ISA 610) 및 전문가가 수행한 업무를 활용(ISA 620)할지 여부에 대한 자세한 내용은 3부에서 후술할 예정임.

(3) 세부감사계획의 수립

① 세부감사계획에 포함되어야 할 사항(ISA 300 문단 9)

> 1) 위험평가절차(Risk Assessment Process)의 성격, 시기 및 범위
> 2) 내부통제제도의 이해 및 통제테스트에 따라 결정된 경영진 주장 수준에서 계획된 추가감사절차의 성격, 시기 및 범위(Test of Control and Substantive Procedures)
> 3) 해당 감사를 감사기준에 따라 수행하기 위해 요구되는 기타의 계획된 감사절차

② 세부감사계획은 업무팀원에 의해 수행될 감사절차의 성격, 시기 및 범위를 포함한다는 점에서 전반감사전략보다 더 상세하다. 세부적인 감사절차에 대한 계획수립은 해당 감사업무를 위한 감사계획의 개발에 맞추어 감사의 전 과정에서 발생된다. 예를 들면, 감사인의 위험평가절차에 대한 계획수립은 감사과정의 초기단계에서 이루어진다. 그러나 특정한 추가감사절차의 성격, 시기 및 범위에 대한 계획수립은 이러한 위험평가절차의 결과에 따라 달라진다. 아울러 감사인은 일부의 거래유형과 계정잔액 및 공시에 대한 추가감사절차를 먼저 시작한 후, 남아 있는 모든 추가감사절차에 대한 계획을 수립할 수도 있다.

③ 감사인은 감사의 진행 중 필요에 따라 전반감사전략과(세부)감사계획을 갱신하고 변경해야 한다. 예상하지 못한 사건의 발생이나 상황의 변경 또는 감사절차로부터 입수된 감사증거의 결과 기존의 평가된 위험은 재고려될 수도 있고 감사인은 이에 기초하여 전반감사전략 및 세부감사계획과 그리고 이에 따라 계획되었던 추가감사절차의 성격시기 및 범위를 변경할 필요가 있을 수 있다. 예를 들어, 실증절차를 수행하여 얻은 감사증거가 통제테스트를 통해 얻은 감사증거와 모순되는 경우를 들 수 있다.

(4) 문서화(Audit Documentation)

감사인은 다음 사항을 감사문서에 포함시켜야 한다. (ISA 300 문단 12)

① 전반감사전략
② (세부)감사계획
③ 감사의 진행 중 발생한 전반감사전략 또는 세부감사계획의 중요한 변경과 그러한 변경의 이유

① 전반감사전략의 문서화는 감사를 적절히 계획하고 업무팀과 유의적 사안을 커뮤니케이션하는 데 필요하다고 판단한 핵심적 의사결정사항들에 대한 기록이다. 예를 들어, 감사인은 감사의 전반적인 범위, 시기 및 그 수행과 관련하여 핵심적 의사결정을 포함하고 있는 비망록형태로 전반감사전략을 요약할 수 있을 것이다. (ISA 300 문단 A16)

② 세부감사계획의 문서화는 위험평가절차의 계획된 성격, 시기 및 범위와 위험평가결과에 대응한 경영진 주장 수준의 추가감사절차에 대한 기록이다. 이것은 또한 감사절차에 대한 세부계획이 적절히 수립되었다는 기록의 역할도 하며, 그 수행 전에 검토와 승인이 이루어질 수 있을 것이다. 감사인은 특정 감사상황에 맞추어 필요한 사항을 수정반영한 표준적 감사프로그램이나 감사완료점검표를 사용할 수 있다. (ISA 300 문단 A17)

③ 전반감사전략 및 세부감사계획의 중요한 변경과 이에 따른 감사절차의 계획된 성격,시기 및 범위에 대한 변경기록은 중요한 변경이 이루어진 이유와 당해 감사를 위해 최종적으로 채택된 전반감사전략과 감사계획을 설명해 준다. 이러한 기록은 또한 감사중에 발생한 중요한 변경에 대해 적합하게 대응하였다는 것도 반영한다. (ISA 300 문단 A18)

Q&A 사례문제 1

서울회계법인은 20X4년도 2월 10일 강원주식회사로부터 감사인 선임의뢰를 받았다. 강원주식회사는 20X3년도 12월 31일까지 부산회계법인으로부터 감사를 받았으며 감사의견은 20X4년도 1월 15일자로 적정의견이었다. 강원주식회사는 20X3년도 12월 31일 현재 보험업을 영위하는 상장법인이다. 서울회계법인은 보험업에 대한 감사경험은 전무하지만, 그 이외의 업종에서는 탁월한 감사능력을 인정받고 있으며, 강원주식회사의 감사업무를 수임하고 있는 A팀의 사원 및 감사보조자들은 강원주식회사와 어떠한 재무적 이해관계를 가지고 있지 아니하다. 다만, 강원주식회사의 직접적인 감사업무를 담당하지 않는 서울회계법인의 B팀 사원은 강원주식회사에 대한 주식을 0.1% 보유하고 있는 상태이다.

1 서울회계법인이 위와 같은 경우에 있어서 감사계약을 수임할 때 고려하여야 할 요인을 서술하고 감사인의 자격 측면에서 감사계약 수임가능 여부를 서술하시오.

풀이

1. 감사계약을 수임할 때 감사인이 고려하여야 할 요인은 본문 내용 (5-1, 5-2 페이지) 참조
2. 감사인의 자격측면에서 감사계약 수임여부
   (1) 독립성 측면
   회계법인의 사원이 감사대상회사의 주식을 1주라고 보유하고 있는 경우에는 감사참여 불문하고 이기적위협으로 인한 독립성 훼손으로 감사를 수행할 수 없다.
   (2) 적격성 및 역량 측면
   감사인은 유사한 성격과 복잡성을 가진 감사업무에 이해와 실무경험, 관련 산업에 대한 지식, 전문가적 판단을 수행할 수 있는 능력을 고려하여야 한다. 서울 회계법인의 경우 보험업 방면에는 감사경험이 전무한 상태이기 때문에 일단 해당 분야의 전문가로부터의 자문 및 지원을 통하여 감사위험을 충분히 통제할 수 있는지 여부를 판단해 보아야 하며, 만약 이것이 불가능하다고 판단되면 감사계약을 체결하여서는 안 된다. 왜냐하면 재무제표에 내재되어 있는 감사위험을 충분히 통제하지 못할 것으로 판단되는 경우는 감사실패로 이어질 수도 있기 때문이다. 결론적으로 서울회계법인은 당해 감사계약을 수임하여서는 안 된다.

2 서울회계법인이 위와 같은 상황에서 서울회계법인의 감사품질을 향상시키기 위해서는 감사계약을 수임하지 않도록 내부적인 방침과 절차를 갖추고 있어야 한다. 회사의 자율적인 품질관리요인에서 이와 관련된 요인이 무엇인지 한 줄로 간략하게 서술하시오.

풀이

의뢰인 관계의 수용과 계속 및 감사업무의 수임과 계속

3 위의 문제와 상관없이 서울회계법인은 강원주식회사와 감사계약을 수임하기로 결정하였다. 이때 강원주식회사 입장에서 감사인을 선임하는 절차 및 선임기한 및 서울회계법인의 계속감사 여부에 대하여 서술하시오. (개정 외감법에 근거하여 서술하시오. 단, 회사의 자산규모는 2조가 넘지 않으며 금융기관은 아니라고 가정하고 회사는 감사위원회가 설치되어 있지 않다고 가정함)

풀이

강원주식회사는 감사인을 선임하기 위하여 감사인선임위원회의 승인을 받아 감사가 선정한 감사인에게 감사를 받아야 한다. 선임기한은 연속하는 3개 사업연도의 감사인을 동일 감사인으로 하여 최초 사업연도 개시일로부터 45일 이내 선임하여야 하며 감사계약을 체결한 시점으로부터 14일 이내 증권선물위원회에 보고하여야 한다.

이렇게 선임된 서울회계법인은 외감법상 상장법인인 강원주식회사를 대통령령이 정하는 사유가 발생하지 않는 이상 3개 사업연도를 계속감사할 수 있으며, 반면 4개 사업연도(즉, 20X7년도부터)가 개시되는 연도부터 A사원은 강원주식회사를 계속감사할 수가 없다. 그리고 A팀의 감사보조자들은 2/3 이상이 교체되어야 한다.

4 서울회계법인과 강원주식회사는 감사계약서를 작성하였다. 아래의 물음에 각각 답하시오.

(1) New ISA에 근거하여 감사계약서 내용에 원칙적으로 기재하여야 할 사항 5가지를 서술하시오.

풀이

① 재무제표 감사의 목적과 범위
② 감사인의 책임
③ 경영진의 책임
④ 재무제표 작성을 위한 재무보고체계의 식별
⑤ 감사보고서의 예상되는 형태와 내용

(2) 감사계약서를 작성하는 경우 지배기업의 감사인이 동시에 부문감사인인 경우 부문 재무제표에 대한 감사계약서를 다시 작성할지 여부에 대해서 고려하여야 한다. 이때 부문에 대한 감사계약서를 다시 작성하여야 하는 경우 3가지만 서술하시오.

풀이

① 부문감사인을 선임하는 주체가 지배기업의 주체와 상이한 경우
② 부문에 대한 별도의 감사보고서가 발행되어야 하는 경우
③ 지배기업의 부문에 대한 지배력이 상대적으로 덜한 경우

(3) 감사계약서의 경우에는 감사보수의 산정방식에 대한 내용이 언급되는 것이 일반적이다. 공인회계사 윤리기준상 현저히 낮은 보수로 감사계약이 체결된 경우 감사인이 반드시 갖추어야 할 안전장치에 대하여 서술하고 외감법상 야기될 수 있는 문제점에 대해서 논하시오.

풀이

공인회계사 윤리기준상 갖추어야 할 안전장치는 다음과 같다.

가. 적절한 시간의 투입과 자질 있는 구성원을 해당 업무에 배정함을 입증함.
나. 인증업무와 관련된 모든 기준, 지침 및 품질관리절차의 준수를 입증함.

외감법상 현저히 낮은 보수로 신규 감사계약을 체결하기 위하여 기존 감사인을 교체한 경우에는 부당한 감사인 교체사유에 해당되어 감사인을 증권선물위원회에서 지정하는 사유가 될 수 있다.

(4) 감사계약을 체결하고 계속감사를 진행하고 있는 과정에서 아래와 같은 상황이 발생한 경우 감사인이 공통적으로 고려하여야 할 조치는 무엇인지 간략하게 2줄 이내로 서술하시오.

> ① 감사대상회사가 감사계약서에 있는 감사인의 책임에 대해서 잘못 오해하고 있는 경우
> ② 일반기업회계기준에서 기업이 상장이 됨에 따라 K-IFRS로 보고체계가 변경되어야 하는 경우
> ③ 최근 회사의 대표이사 및 재무담당이사가 교체된 경우
> ④ 최근 회사가 합병으로 인하여 규모가 작년 대비 3배 이상 증가한 경우

풀이

감사계약 내용을 다시 주지시키는 것이 바람직하며 필요에 따라서는 감사계약서를 다시 작성하는 것이 바람직할 수 있다.

(5) 강원(주)가 외감법상 법정감사업체가 아니라고 가정하자 앞의 감사계약서를 서울회계법인 파트너인 왕치밀 회계사는 강원(주)에 제시하고 감사계약에 서명하려고 하였다. 이때, 강원(주) 대표이사 김나라 씨는 당해 회사가 재무제표감사를 받으려는 원래의 목적이 대출을 받기 위한 금융기관 제출목적이었으나 금융기관 내부방침의 변경으로 인하여 감사계약을 검토계약으로 변경할 것을 요구하였다 이때 왕치밀 회계사가 검토계약으로 변경할 수 있는지 여부에 대하여 서술하시오.

풀이

이 경우는 감사의 필요성에 영향을 주는 환경의 변화에 해당되기 때문에 사유가 합리적인 경우에 해당되며, 따라서 검토계약으로 변경 가능하다.

(6) (5)번 문제와 연결되어 왕치밀 회계사는 강원(주)가 감사계약을 검토계약으로 변경하고자 하는 이유가 합리적이라고 판단되어 다음과 같은 내용을 포함한 검토계약서를 작성하였다 다음 검토계약서 내용 중 누락된 내용을 지적하시오

> ① 수행될 검토업무의 목적
> ② 재무제표에 대한 경영진의 책임
> ③ 검토의 범위
> ④ 검토업무와 관련하여 요구되는 각종 기록, 서류 및 정보에 대한 제한 없는 접근
> ⑤ 발행될 검토보고서의 사례
> ⑥ 검토업무의 수행결과 존재하는 모든 오류, 부정 또는 횡령 등의 위법행위를 적발하도록 기대할 수는 없다는 사실

풀 이

역사적 재무제표에 대한 검토업무기준에 의하면 검토업무계약서에 들어가야 할 내용은 다음과 같다.

① 수행될 검토업무의 목적
② 재무제표에 대한 경영진의 책임
③ 검토업무의 범위
④ 검토업무와 관련하여 요구되는 각종 기록, 서류 및 정보에 대한 제한 없는 접근
⑤ 발행될 검토보고서의 사례
⑥ 검토업무의 수행결과 존재하는 모든 오류, 부정 또는 횡령 등의 위법행위를 적발하도록 기대할 수는 없다는 사실
⑦ 감사가 수행되지 아니하였으므로 감사의견을 표명할 수 없다는 사실

위의 내용을 검토해 보면 결국 감사계약서상 내용과 거의 일치하지만 추가로 ⑦번 항목이 들어감을 알 수 있다.

(7) 검토계약으로 변경된 이후 왕치밀 회계사가 발행하는 검토보고서는 아래와 같은 내용이 절대로 언급되어서는 안 된다. 그에 대한 이유를 제공하는 확신의 정도와 연결하여 4줄 이내로 간략하게 서술하시오.

① 당초 감사업무
② 당초 감사업무에서 수행되었던 절차

풀 이

감사는 재무제표에 대한 적극적인 확신을 제공하는 업무로서 소극적인 확신을 제공하는 검토보고서에 당초 감사업무나 감사업무에서 수행되었던 절차를 언급하게 되면 정보이용자에게 해당 재무제표는 적극적인 확신이 제공되는 것으로 혼란이 야기될 수 있기 때문이다.

(8) 서울회계법인의 왕치밀 회계사와 강원(주)가 감사계약을 체결하였다고 가정하자. 감사계약을 체결한 이후 담당 파트너인 왕치밀 회계사는 다음과 같이 감사업무를 배정하였다. 다음의 배정표상의 문제점을 지적하고 다음과 같은 배정을 하였을 경우 위배가 되는 자율적인 품질관리 요인을 지적해 보시오.

업무할당	내부통제제도의 평가 및 테스트	실증절차
A회계사 (Staff)	주요 자산항목 관련 내부통제제도	재고자산 및 매출채권 등 주요 자산계정
B회계사 (Senior)	부채 및 자본계정 관련 내부통제제도	부채 및 자본계정
C회계사 (Manager)	손익항목 내부통제제도	손익항목 계정
Total		

풀이

① 업무팀 구성원들의 적격성이 고려되지 아니하였다. 왜냐하면 경험 및 지식이 부족한 Staffs의 경우 왜곡표시위험이 높은 재고자산 및 매출채권을 배정받았기 때문이다.

② 재무제표 계정과목의 연계성이 고려되지 아니하였다. 자산항목을 배정받은 회계사와 손익항목을 배정받은 회계사간에 중복감사의 문제가 야기될 수 있다.

위와 같은 업무팀의 구성은 자율적인 품질관리 요인 중 인적자원의 관리와 관련된 부분이다.

5 업무배정을 받은 회계사들은 강원(주) 재무제표 감사계획수립을 위하여 반드시 팀 토의를 수행하도록 New ISA는 요구하고 있다. 이 팀 토의시 반드시 논의되어야 할 대상을 3가지 이상 서술하고 이러한 토의의 실익에 대해서도 3가지 이상 서술하시오.

풀이

토의 대상	① 재무제표가 어떻게 그리고, 어느 부분에서 부정에 의하여 중요한 왜곡표시되기 쉬운지 경영진이 부정한 재무보고를 어떻게 수행하고 은폐하는지 그리고 기업의 자산이 어떻게 횡령될 수 있는지에 대한 업무팀원간의 교환 ② 이익조정을 나타내는 상황 ③ 경영진 또는 그 외의 사람들이 부정을 저지를 동기나 압력을 유발하고, 부정이 실행될 기회를 제공하며 부정을 범하는 것을 합리화 시킬 수 있는 문화 또는 환경 ④ 횡령하기 쉬운 현금이나 기타의 자산을 다루는 종업원에 대한 경영진의 감독 ⑤ 경영진이 내부통제를 무력화할 위험에 대한 고려 등
토의 실익	① 업무수행이사 등 경험이 많은 업무팀원들이 기업에 대한 지식에 기초하여 가지고 있는 견해를 서로 공유하는 기회를 제공함. ② 업무팀원들이 기업에 영향을 미치는 사업위험에 대한 정보와 재무제표의 어느 부분이 부정과 오류에 의한 왜곡표시위험에 어떻게 취약한지에 대한 정보를 교환할 수 있게 함. ③ 업무팀원들이 자신에게 배정된 특정 분야의 중요한 왜곡표시 가능성을 더 잘 이해하게 하고 업무팀원들이 수행하는 감사절차의 결과가 추가감사절차의 성격, 시기 및 범위의 결정 등 감사절차와 다른 측면에 어떻게 영향을 미칠 수 있는지 이해하게 함. ④ 업무팀원들이 감사의 전 과정에 걸쳐 중요왜곡표시위험의 평가 또는 이러한 위험에 대처하기 위해 수행되는 감사절차에 영향을 미칠 수 있는 새로운 정보를 입수하는 경우, 이를 공유하고 커뮤니케이션할 수 있는 기초를 제공함

6 감사계획은 New ISA에 따르면 전반감사전략 및 세부감사계획으로 나뉘어져 있다 전반감사전략 수립시 왕치밀 회계사가 고려하여야 할 사항을 기술하시오.

풀이

① 감사업무의 특성

② 보고의 목적 및 감사시기 및 커뮤니케이션의 성격

③ 유의적이라고 판단되는 요소
④ 자원의 성격, 시기 및 범위

7 세부감사계획 수립시 반드시 포함되어야 할 사항 3가지만 서술해 보시오.

풀이

① 위험평가절차(Risk Assessment Process)의 성격, 시기 및 범위
② 내부통제제도의 이해 및 통제테스트에 따라 결정된 경영진 주장 수준에서 계획된 추가감사절차의 성격, 시기 및 범위(Test of Control and Substantive Procedures)
③ 해당 감사를 감사기준에 따라 수행하기 위해 요구되는 기타의 계획된 감사절차

8 적절한 감사계획이 감사인의 감사업무에 미치는 영향을 New ISA에 근거하여 구체적으로 두 가지만 서술하시오.

풀이

① 감사인이 중요한 감사분야에 적합한 주의를 기울임.
② 감사인이 잠재적 문제를 적시에 식별하고 해결함.
③ 감사인이 감사업무를 조직화하고 관리함으로써 효율적이고 효과적인 감사가 수행되게 함.
④ 업무팀원에 대한 지휘 및 감독과 업무결과에 대한 검토가 용이하게 이루어지도록 함.
⑤ 해당되는 경우, 부문감사인 및 전문가가 수행한 업무의 조정을 도움

9 다음은 주권상장법인 ㈜한국의 20×1년 12월 31일로 종료되는 보고기간의 재무제표 감사에 관련된 상황이다. (2022년, KICPA 기출문제)

> **(업무수행이사)** ㈜한국은 최근 3년간 재무상황이 급격히 악화되었고, 투자주의 환기종목으로 지정된 바 있습니다. 이에 증권선물위원회에 의한 감사인 지정으로 인해 20×1년부터 우리 법인이 회계감사를 수행하게 되었습니다.
>
> **(업무팀원)** ㈜한국은 재작년부터 매출액의 95%가 모회사와의 거래에서 발생되었는데, 이 매출액이 유상사급으로 인해 과대계상되었을 수 있다는 언론보도가 있습니다. 위험 관리 차원에서 감사계약 해지를 고려하는 것이 바람직하지 않을까요?

감사계획 수립과 관련하여 감사인은 전반감사전략뿐만 아니라 감사계획을 개발하여야 한다. 감사계획에 포함되어야 할 사항 두 가지를 각각 1줄 이내로 서술하시오. (단, 아래 <예시>는 제외할 것).

> <예시> 해당 감사를 감사기준에 따라 수행하기 위해 요구되는 기타의 계획된 감사절차

풀이

첫째, 위험평가절차
둘째, 추가감사절차의 성격, 범위, 시기에 대한 결정

Q&A 사례문제 2 : 2012년, KICPA 기출문제

※ 다음의 기본정보는 아래 문제에 공통으로 적용되는 정보이다.

> 오늘회계법인은 KOSDAQ 상장기업인 갑㈜의 외부감사인으로 선임되었다. 이에 오늘회계법인은 2012년 3월 초에 갑㈜와 2012년부터 2014년까지 연속하는 3개 회계연도의 재무제표에 대한 외부감사계약을 체결하려고 한다. 2011년까지의 외부감사인은 어제회계법인이었으며 어제회계법인은 갑㈜의 2011년 재무제표에 대하여 적정의견을 표명한 바 있다.

※ 아래 각 물음은 서로 독립적인 질문이다.

1 오늘회계법인의 1년차 회계사인 A회계사는 회사의 회계실무담당자와 협의한 내역을 토대로 외부감사계약서 초안을 아래와 같이 작성하였다. 오늘회계법인의 5년차 회계사인 B회계사는 A회계사가 작성한 감사계약서 초안을 검토하고 있다

외부감사계약서

갑㈜(이하, "갑")와 오늘회계법인(이하, "을")은 을이 '주식회사등의 외부감사에 관한 법률'에 의한 외부감사인으로서 갑의 2012 회계연도부터 2014 회계연도까지 3개년간의 재무제표를 감사하는데 있어서 필요한 세부사항을 정하기 위하여 본 계약을 체결한다.

… [중 략] …

(1) 을은 갑의 수익인식 회계처리가 한국채택국제회계기준에 부합한다는 의견을 감사보고서에 별도로 기재하기로 한다.
(2) 을은 한국채택국제회계기준의 제 · 개정사항을 갑에서 적시에 안내하기로 한다.
(3) 을이 회계감사기준에 따른 정당한 주의의무를 기울여 감사업무를 수행하고도 재무제표상 중요한 왜곡사항을 파악하지 못하고 그 결과로서 갑에게 손해가 발생하였을 경우에는 을은 동 손해를 갑에게 배상해야 한다.

… [중 략] …

(4) 감사보수는 일금 50백만 원으로 하고 갑은 동 감사보수를 계약금, 중도금, 잔금으로 나누어서 지급한다. 감사보수의 지급시기는 계약금은 계약시점에, 중도금은 중간감사 완료시에, 잔금은 을이 적정의견을 표명하는 때에 지급하기로 한다.
(5) 2012 회계연도 재무제표에 대한 회계감사와 관련하여 을은 기초잔액에 대한 감사절차의 일환

> 으로 전기감사인의 조서열람 등 2011회계연도 재무제표에 대하여 추가적인 감사절차를 수행할 것이며 동 수행절차에 대해서 갑은 20백만 원의 감사보수를 추가로 지급하기로 한다.
>
> … 후단생략 …

앞의 감사계약서 초안의 문단(1)에서 문단(5)까지의 계약 내용 중 수정이 필요한 3개 문단을 지적하고 동 사유를 각각 3줄 이내로 아래의 답안양식에 따라 기술하시오.

답안 양식 :

문단번호	수정이 필요한 이유

풀 이

문단번호	수정이 필요한 이유
(1)	감사보고서에 수익인식기준에 대하여 별도로 의견을 기재할 필요가 없다.(특정목적감사기준이 적용되지 않는다는 전제)
(3)	감사인이 회계감사기준에 따라 정당한 주의의무를 다한 경우에는 별도의 손해배상책임을 질 필요가 없다.
(4)	적정의견을 표명한다는 전제하에 잔금을 수령하는 것은 성공보수약정과 동일한 의미가 되고 이는 독립성을 훼손시키는 문구임.

2 5년차 회계사인 B회계사는 수정된 감사계약서를 들고 감사계약을 체결하기 위하여 갑(주)의 회계담당임원 난몰라 씨를 만나게 되었다. 난몰라 씨는 영업부서에 근무하다가 2012년부터 회계담당임원으로 부임한 사람이다. B회계사는 난몰라 씨와 외부감사와 관련하여 다음과 같은 대화를 나누었다.

> **난몰라** : 만나서 반갑습니다. 앞으로 잘 부탁드리겠습니다.
> **B회계사** : 네, 만나 뵙게 되어 반갑습니다. 2012년 감사와 관련해서 궁금하신 부분이나 부탁하실 부분이 있으시면 말씀하시죠.
> **난몰라** : 우리 회사는 벤처기업으로서 자산규모가 70억 원에 크게 미달하고 중소기업기준법에 따른 중소기업이므로 외부감사 수감의무가 없음에도 불구하고 재무보고의 신뢰성을 향상시키기 위해서 자발적으로 외부감사를 꾸준히 받아오고 있습니다.
> 우리 회사의 주요 주주 중에 중국회사가 있습니다. 우리 회사에 이사 한 명을 파견시키고 있

고요. 최근에 부임한 중국 주주회사에서 파견 나온 이사는 왜 5천만 원씩이나 지출하면서 외부 감사를 받아야 하느냐고 계속 물어봅니다.

요즘은 재무제표 왜곡에 대해서 외부 재무제표 이용자들이 회사 경영진을 상대로 소송을 하는 경우도 자주 있잖아요. 중국에서 온 이사에게 신뢰도가 높은 오늘회계법인으로부터 회계감사를 받음으로써 그러한 소송이 제기되었을 때 경영진의 책임이 면책될 수 있다고 설명하고 있어요.

그리고 회계사님, 2012년도 감사 진행하시면서 내부통제제도에 대해서도 테스트하실 거죠? 우리 회사의 주요 매출처인 병㈜가 매년 우리 회사의 내부통제제도에 대한 점검을 요구하고 있어요. 병㈜는 테스트 범위와 항목을 자세하게 지정하고 있어요. 매년 회계부서 직원들이 병㈜에 보고할 내부통제테스트를 한다고 고생이 많았지요. 금년부터는 오늘회계법인이 재무제표 감사의 일환으로 내부통제제도에 대한 테스트를 수행하시면 그 결과를 기초로 우리 회사의 전반적인 내부통제가 효과적으로 작동하고 있다고 고객인 병㈜에게 보고할까 합니다.

〈추가정보〉

B회계사는 갑㈜의 2012년 재무제표 감사목적으로 필요한 범위와 수준의 내부통제테스트를 수행할 계획이며 동 계획의 변경을 고려하고 있지 않다.

B회계사는 갑㈜의 회계담당임원 난몰라 씨의 상기와 같은 외부감사에 대한 이해와 기대 중 잘못된 부분을 알려주고자 한다. 난몰라 씨의 외부감사에 대한 이해 중 바로잡아야 할 부분 세 가지와 그 이유를 각각 3줄 이내로 기술하시오.

답안 양식 :

	바로 잡아야 할 부분과 이유
1	
2	
3	

풀이

	바로 잡아야 할 부분과 이유
1	자산총액이 70억 미만이고 중소기업이라 하더라도 상장예정법인이거나 주권상장법인의 경우에는 반드시 외부감사를 받아야 함.
2	재무제표 감사를 감사인이 수행하였다 하더라도 재무제표에 대한 궁극적인 작성책임은 경영진에게 존재함. 따라서 왜곡표시에 따른 소송에 대한 책임은 일차적으로 경영진에게 존재함.
3	재무제표 감사의 경우 내부통제제도에 대한 확신은 원칙적으로 제공하지 아니하며 어떠한 의견도 표명하지 아니함.

3 B회계사는 갑㈜의 2012년 재무제표에 대한 감사의견을 형성하기 위하여 기초잔액에 대해서도 감사확신을 확보하기 위하여 전기감사인의 감사결과를 활용하는 계획을 수립하였다. 전기감사인 어제회계법인의 감사절차를 검토하던 B회계사는 어제회계법인이 2011년 말 현재 중요한 매출채권 잔액에 대해서 조회절차를 수행하지 않았고 매출채권의 실재성을 확인하기 위한 다른 대체적인 절차도 수행하지 않았다는 사실을 발견하였다.
위 사실이 B회계사가 기초잔액에 대하여 전기감사인의 감사결과를 활용하고자 하는 감사계획에 미치는 영향을 4줄 이내로 기술하시오.

풀이

전기 감사인의 감사절차 검토를 통하여 기초 잔액에 대한 충분하고 적합한 감사증거를 입수하지 못하는 경우 후임감사인은 동 잔액에 대하여 대체적인 감사절차를 수행하도록 감사계획에 반영하여야 함. 이때 대체적인 감사절차는 기초 잔액이 회수되었는지 여부를 검토하도록 계획에 반영하여야 함.

4 B회계사는 매출액의 기간귀속과 관련하여 수행한 감사절차를 검토하던 중, 전기감사인인 어제회계법인이 보고기간 종료일 이전에 작성된40건의 선적서류를 확인하였고 보고기간 종료일 이후에 작성된 10건의 선적서류를 확인하였다는 사실을 발견하였다(전체표본규모 50개는 적절한 규모이다). 어제회계법인은 매출액의 과대계상위험이 감사목적상 더 중요하므로 보고기간 종료일 이전 거래내역에 보다 많은 테스트를 수행했다고 설명하였다. 갑㈜의 매출 거래들(보고기간 종료일 전후의 거래들 포함)은 선적지인도조건과 도착지인도조건이 혼재되어 있다.
어제회계법인의 매출액 기간귀속과 관련한 감사절차에 대하여 보완해야 할 부분과 그 이유를 3줄 이내로 기술하시오.

풀이

매출채권의 과대계상 적발이 더 중요한 감사목적으로 설정하여 보고기간 이전에 작성한 선적서류의 표본을 증가시켰으나 보고기간 이후에 작성된 선적서류인 경우에도 재무제표일 시점에 매출을 인식하였다면 매출채권이 과대계상되기 때문에 재무제표일 이후 작성된 선적서류에 대한 표본도 동일하게 유지하여야 함.

5 B회계사는 갑㈜의 2012년 재무제표 감사를 수행하는 과정에서 전기인 2011년 재무제표에 중요한 오류가 존재함을 발견하였다. 이 경우 B회계사가 취해야 할 조치를 New ISA에 근거하여 5줄 이내로 간략하게 서술하시오.

풀이

적합한 수준의 경영진, 그리고 지배기구의 모든 구성원이 그 기업의 경영에 참여하고 있지 않는 한 지배기구와 해당 왜곡표시를 커뮤니케이션하고 전임감사인이 이러한 사실을 통보받도록 하게 하여 전기 재무제표에 대한 감사보고서가 재발행될 수 있도록 하여야 한다.

Q&A 사례문제 3 : 2013년, KICPA 기출문제

㈜갑을은 하나회계법인과 2X13 회계연도의 재무제표에 대한 감사계약을 체결하기로 하고 다음과 같은 계약서를 작성하였다. ㈜갑을은 당해연도 중에 회사채 500억원을 발행할 예정이다. 다음 물음에 답하시오.

> **외 부 감 사 계 약 서**
>
> 감사의뢰인(갑) : ㈜갑을
> 감 사 인(을) : XY회계법인
>
> 위의 갑 · 을 양자는 공인회계사법 제21조 및 제33조에 따른 특별한 이해관계가 없음을 확인하고 주식회사 등의 외부감사에 관한 법률에 의한 회계감사를 위하여 다음과 같이 계약을 체결한다.
>
> **제1조(감사 및 검토의 목적)**
>
> --- 일부 생략 ---
>
> ③ 재무제표 작성과 적절한 공시 · 회계자료 유지 · 내부통제제도의 구축과 운용 · 회계정책의 선정과 적용 · 회사자산의 보호에 대한 책임은 갑에게 있다. <u>갑의 이와 같은 책임은 이 계약에 따라 을이 수행하는 재무제표에 대한 감사에 의하여 경감되지 아니한다.</u>
>
> **제3조(을의 업무수행 기준)**
>
> --- 일부 생략 ---
>
> ③ ……을이 준수하는 감사기준에 의한 감사가 갑의 전체거래 중 일부의 자료에 대하여 표본시사를 원칙으로 한다는 <u>감사의 고유한계로 인하여 중요한 왜곡표시가 발견되지 않을 수도 있음을 인정한다.</u>

1 상기 계약서에서 밑줄로 표시한 부분을 포함하는 이유는 무엇인지 <u>3줄 이내</u>로 서술하시오.

풀이

재무제표 작성책임 및 내부통제에 대한 책임은 경영진에게 있음을 강조하고 감사로 인하여 해당 책임이 감사인에게 전가되지 않음을 주지시킴으로써 향후 발생할 수 있는 오해나 분쟁의 소지를 줄이기 위해서이다.

2 상기와 같이 감사계약서를 문서로 작성하고 쌍방이 기명날인하여 보관함으로서 얻을 수 있는 효익을 New ISA에 근거하여 서술하시오.

풀이

감사에 관한 오해 (Misunderstanding)를 피하기 위하여 감사에 착수하기 전에 감사계약서를 작성하는 것이 기업과 감사인에게 이익이 된다.

Q&A 사례문제 4 : 2024년, KICPA 기출문제

다음은 감사인 선임 및 계약과 관련된 물음이다.

1 외부감사법에서는 기업규모, 기업형태 및 감사위원회 설치 여부에 따라 감사인 선정주체 및 선임기한에 대해 규정하고 있다. 다음의 각 항목별로 감사인 선정주체 및 선임기한을 기재하시오.

항목	설명
①	㈜대한은 감사위원회를 의무적으로 설치하여야 하는 주권상장법인으로 다음 사업연도 감사인을 변경할 예정이다.
②	비상장회사인 ㈜민국은 전년도 결산 결과 외부감사 대상이 되어 신규 감사인을 선임할 예정이다. 감사위원회는 설치되지 않았다.
③	유한회사 우리는 자본금이 12억원이며, 다음 사업연도 감사인을 변경할 예정이다. 감사는 두고 있지 않다.
④	비상장회사인 ㈜나라는 당기말 자산총액이 7,000억원으로 예상된다. 회사는 감사위원회를 설치하지 않았으며, 다음 사업연도 감사인을 변경할 예정이다.

[답안양식]

항목	선정주체	선임기한
①		
⋮		
④		

풀이

항목	선정주체	선임기한
①	감사위원회	사업연도 개시일 전까지
②	감사	사업연도 개시일로부터 4월 이내
③	사원총회 승인	사업연도 개시일로부터 45일 이내
④	감사인 선임위원회 승인 후 감사가 선임	사업연도 개시일로부터 45일 이내

2 감사인은 경영진 또는 적합한 경우 지배기구와 감사업무 조건에 대하여 합의하여야 하며, 합의된 조건은 감사계약서 또는 기타 적절한 형태의 합의서에 기록되어야 한다. 감사계약서에 필수적으로 기재해야 하는 사항 세 가지를 기재하시오(단, 감사인은 계약서에 위의 조건을 기록할 필요가 없는 상황은 아니며, 아래 <예시>는 제외할 것).

> *<예시>*
> *－감사인에 의해 발행될 보고서의 예상되는 형태와 내용에 대한 언급*
> *－해당 보고서가 예상되는 형태와 내용과 다를 수 있는 상황이 존재할 수 있다는 기술*

풀이

1. 재무제표 감사의 목적과 범위
2. 감사인의 책임
3. 경영진의 책임
4. 재무제표 작성을 위한 재무보고체계의 식별

3 ㈜대한은 차기 감사인으로 A회계법인을 선임하고 감사계약을 체결하였다 과거 다양한 유형의 업무를 ㈜대한에 제공한 경험이 있는 A회계법인이 감사계약을 체결하고 있는 기간 중 공인회계사법에 따라 수행할 수 없는 업무를 네 가지만 기재하시오(단, 아래 <예시>는 제외할 것).

> *<예시>*
> *－회계기록과 재무제표의 작성*
> *－내부감사업무의 대행*
> *－재무정보체제의 구축 또는 운영*
> *－자산·자본, 그 밖의 권리 등을 매도 또는 매수하기 위한 업무(실사··재무보고·가치평가, 매도·매수거래 또는 계약의 타당성에 대한 의견제시)*

풀이

1. 회사의 인사 및 조직 등에 관한 지원업무
2. 재무제표에 계상되는 보험충당부채 금액 산출과 관련되는 보험계리업무
3. 회사의 민, 형사 소송에 대한 자문업무
4. 자금조달, 투자 관련 알선 중개업무
5. 중요한 자산의 처분 및 양도, 지배인의 선임 또는 해임 등 경영에 관한 의사결정으로서 임원이나 그에 준하는 지위의 역할에 해당하는 업무

제 6 장 중요성 설정 및 감사위험

1 | 중요성(Materiality)

감사인은 재무제표감사를 계획하고 수행할 때 중요성 개념을 적용하도록 되어 있다.

(1) 중요성의 개념(ISA 320 문단 2)

① 누락 등 왜곡표시가 개별적으로 또는 집합적으로 재무제표에 기초한 이용자의 경제적 의사결정에 영향을 미칠 것으로 합리적으로 예상될 수 있는 경우 중요하다고 간주된다. 결국 감사를 수행함에 있어서 중요성이란 재무제표이용자들의 의사결정에 영향을 미칠 것이라고 판단되는 허용가능한 오류금액(Tolerable Misstatement)을 말한다.

② 이러한 중요성에 대한 판단은 주변 상황에 비추어 내려지며, 왜곡표시의 크기(양적인 판단)나 성격(질적인 판단) 또는 양자 모두에 의해 영향을 받는다.

(2) 중요성 금액 설정의 주체(ISA 320 문단 3)

① 감사인의 중요성 결론은 전문가적 판단의 문제이다. 그런데 감사인마다 감사실패가능성에 대한 위험성향이 상이하고 이미 언급하였다시피 중요성 금액의 판단은 양적판단뿐만 아니라 질적판단도 이루어져야 하기 때문에 동일한 회사라 하더라도 감사인에 따라서 중요성 금액은 다르게 설정될 수 있다. 보수적인 감사인일수록 중요성 금액은 낮게 설정될 수 있다.

② 감사인은 중요성 결정시 재무제표 이용자들이 필요로 하는 재무정보에 대한 감사인의 인식에 의해 영향을 받는다. 이러한 관점에서, 감사인은 이용자에 대하여 다음과 같이 가정하는 것이 합리적이다.

1) 이용자는 사업과 경제활동 및 회계에 대하여 합리적인 지식을 보유하고 있으며, 합리적인 주의를 기울여 재무제표에 담긴 정보를 연구하려는 의향을 가지고 있음
2) 이용자는 재무제표가 중요성 수준에서 작성, 표시되고 감사가 이루어지고 있다는 점을 이해하고 있음.
3) 이용자는 추정과 판단 그리고 미래 사건들에 대한 고려에 기초한 금액 측정에 내재하는 불확실성을 인식하고 있음.
4) 이용자는 재무제표에 담긴 정보에 기초하여 합리적인 경제적 의사결정을 함.

(3) 중요성 금액 설정 이유(ISA 320 문단 6)

① 중요왜곡표시위험의 식별과 평가. 즉, 식별된 왜곡표시가 감사에 미치는 영향 평가
② 추가감사절차의 성격, 시기 및 범위의 결정
③ 미수정된 왜곡표시가 있는 경우 재무제표에 미치는 영향을 평가

① 중요왜곡표시위험의 식별과 평가. 즉, 식별된 왜곡표시가 감사에 미치는 영향 평가

차후 서술하게 될 중요왜곡표시위험을 식별하고 평가하기 위해서는 감사인은 사전에 중요성 금액을 설정하여야 한다. 사전에 설정된 중요성 금액을 기준으로 감사인이 위험평가과정에서 식별된 여러 가지 위험요인들에 대한 중요성을 판단하게 되고 만약 감사인이 중요성 금액을 낮게 설정할수록 위험평가과정에서 식별된 요인들은 훨씬 중요한 왜곡표시를 야기시킬 수 있는 위험이 높아지게 되는 것이다.

② 추가감사절차의 성격, 시기 및 범위의 결정

이러한 중요왜곡표시위험이 식별되고 나면 감사인은 그 위험평가 결과에 따라서 감사위험을 통제하기 위하여 적발위험의 수준을 결정하게 된다. 이에 따라 후속적으로 수행하게 될 감사절차의 성격, 시기 및 범위가 아래와 같이 달라질 수 있다.

중요성 금액	중요왜곡표시위험	적발위험의 수준	추가감사절차 중 실증절차의 성격, 범위, 시기
낮음	높음	낮음	1) 성격 : 보다 효과적인 방법 2) 범위 : 보다 많은 표본추출 3) 시기 : 보고기간말 근접한 시점
높음	낮음	높음	1) 성격 : 보다 효율적인 방법 2) 범위 : 적은 표본 추출 3) 시기 : 보고기간말 근접한 시점이 아닌 시점도 가능

③ 미수정된 왜곡표시가 있는 경우 재무제표에 미치는 영향을 평가

감사인이 감사증거를 수집하고 그 증거수집의 결과 발견된 미수정왜곡표시에 대하여 재무제표에 어떠한 영향을 미치는지 대해서 그 영향을 판단하여야 하며 그 결과에 따라 감사의견 표명이 아래와 같이 달라질 수 있다.

재무제표에 존재하는 미수정왜곡표시 > 재무제표 전체 중요성금액	한정 또는 부적정
재무제표에 존재하는 미수정왜곡표시 ≤ 재무제표 전체 중요성금액	적정의견

이 부분에 대한 내용은 감사종결단계 중 감사의견형성 단계에서 자세하게 설명하기로 한다.

(4) 중요성 설정방법

① 재무제표 전체에 대한 중요성 금액 결정

일반적으로 중요성 금액을 결정할 때에는 일관성을 유지하기 위하여 다음의2단계 과정을 적용하는 것이 도움이 된다. (한국공인회계사회, 개정회계감사기준 설명책자 참조)

과 정	고려사항 및 예시(ISA 320 문단 A3~A7)
(1단계) 적절한 벤치마크 정의	1) 재무제표의 요소(예를 들어 자산, 부채, 자본, 수익, 비용) 2) 재무제표 이용자가 중점을 둘 가능성이 높은 항목들이 존재하는지 여부 3) 기업의 성격, 기업 수명주기 상의 위치, 그리고 기업이 속한 산업 및 경제 환경 4) 기업의 소유구조와 자본조달방법 5) 기준의 상대적 변동성
(2단계) 적합한 벤치마크에 적용할 경험률 결정	1) 영리기업이나 공개기업의 경우 : 세전 계속사업이익의 5% 적용 2) 비영리기업의 경우 : 총수익 또는 총비용의 1%

(1단계) 적절한 벤치마크 정의

고려할 요인	기준금액 사례
이용자들이 주목하는 재무제표 항목	예를 들어 주주는 세전계속사업이익에 대하여 관심을 가지고 채권자는 영업이익으로 이자비용을 상환할 수 있는지에 관심을 가질 것이다. 따라서 공개기업의 경우는 세전계속사업이익을 기준으로, 채권자의 의존도가 높은 비상장기업의 경우에는 영업이익 등을 벤치마크로 이용할 수 있다.
기업의 성격, 기업수명주기 상의 위치 그리고 기업이 속한 산업 및 경제환경	가. 영리기업의 경우는 일반적으로 법인세차감전순이익 나. 펀드 등 자산 기반 회사는 순자산가치 다. 비영리법인의 경우 총자산 또는 총비용 라. 신생회사의 경우는 세전손익보다는 총매출, 총비용, 총자산 등이 적절
기업의 소유구조와 자본조달 방법 등	어떤 기업이 자본이 아닌 부채만으로 자금을 조달한다면, 이용자는 기업의 이익보다는 자산 및 이에 대한 청구권에 더욱 중점을 둘 것이다.
기준금액의 상대적 변동성	세전손익이 변동이 큰 경우는 총매출이나 총매출이익이 적절할 수도 있으며 동 이익의 예외적인 증감이 올해 발생한 상황이라면 감사인이 과거 실적에 기초한 평준화된 법인세비용차감전 계속사업이익 수치를 사용하여 재무제표 전체의 중요성을 결정하는 것이 보다 적합하다고 결론을 내릴 수 있다.

(2단계) 적합한 벤치마크에 적용할 경험률 결정

선택된 기준에 적용할 특정 백분율을 결정할 때는 전문가적 판단이 수반된다. 선택된 기준과 백분율 간에는 어떤 관련성이 존재하며, 법인세 비용차감전 계속사업이익에 적용되는 백분율은 일반적으로 총 수익에 적용되는 백분율보다 클 것이다. 예를 들어, 감사인은 법인세비용차감전 계속사업이익의 5%가 영리 제조업에게 적합하다고 판단할 수 있는 반면에, 비영리기업에는 총수익이나 총비용의 1%가 적합하다고 판단할 수도 있다. 하지만 상황에 따라서는 다음과 같이 회사의 상황을 고려하여 더 높거나 더 낮은 비율이 보다 적합하다고 여길 수도 있다.

사 례	기준금액 사례
가. 순액기준금액 세전손익× 5~10% 또는 순자산× 0.5~3.0% 나. 총액기준금액 총매출× 0.08%~2% 또는 총자산× 0.5~2%	1) 이해관계자의 범위/정도 재무제표가 소수의 이용자에게만 제한적으로 배포 또는 사용되는 경우 높은 수준의 백분율 적용. 하지만 재무제표 이용자가 널리 분산되어 있거나 회사가 공개예정기업의 경우는 낮은 수준의 백분율 적용 2) 차입약정 규모 회사에 유의한 수준의 외부차입금이 있거나 재무비율약정의 존재와 같이 영업실적에 민감한 약정사항이 있거나 공모채인 경우 낮은 수준의 백분율을 적용 3) 사업환경 회사가 복잡하고 다양한 사업을 영위하거나 경제적 사회적 환경이 불안정한 경우 낮은 수준의 백분율을 적용

② **거래유형과 계정잔액 및 공시에 적용되는 중요성 수준**(ISA 320 문단 10)

당해 기업의 특정한 상황에서, 하나 이상의 특정 거래유형과 계정잔액 및 공시에 대하여 재무제표 전체에 대한 중요성 보다 작은 왜곡표시가 재무제표에 기초한 이용자의 경제적 의사결정에 영향을 줄 것이라고 합리적으로 예상되는 경우, 감사인은 이러한 거래유형과 계정잔액 및 공시에 적용되는 중요성 수준도 재무제표 전체에 대한 중요성 금액과 별도로 결정하여야 한다.

그 왜곡표시가 재무제표 전체의 중요성보다는 작지만 재무제표를 근거로 한 이용자의 경제적 의사결정에 영향을 미칠 것이라고 합리적으로 예상될 수 있는 특정 거래 유형과 계정잔액 및 공시가 하나 이상 존재하고 있다는 것을 나타내는 요인에는 다음이 포함된다.(ISA 320 문단 A10)

1) 법규 또는 해당 재무보고 체계가 어떤 항목의 측정이나 공시에 대한 이용자의 기대에 영향을 미치는지 여부(예를 들어, 특수관계자의 거래, 경영진과 지배기구에 대한 보상)
2) 기업이 속한 산업에 관련된 핵심 공시(예를 들어, 제약회사의 연구개발비)
3) 재무제표에 별도로 공시되는 특정 측면의 사업을 주의하고 있는지 여부(예를 들어, 신규인수사업)

③ 수행중요성결정(Performance materiality)

1) 의미

미수정왜곡표시와 미발견왜곡표시의 합계가 재무제표 전체의 중요성을 초과할 확률을 적절하게 낮은 수준으로 감소시키기 위하여 감사인이 재무제표 전체의 중요성 보다 작게 설정하는 금액을 의미한다. 또 어떤 경우에는 감사인이 특정 거래유형과 계정잔액 및 공시에 대한 중요성 수준보다 작게 설정한 금액을 말하기도 한다.

2) 설정이유

미수정왜곡표시와 미발견왜곡표시의 합계가 재무제표 전체에 대한 중요성을 초과할 가능성을 적절하게 낮은 수준으로 감소시키기 위해 설정된다.

개별적으로 중요한 왜곡표시만을 발견하기 위한 감사계획은 어떤 왜곡표시가 개별적으로 중요하지 않지만 합산하면 재무제표를 중요하게 왜곡표시 시킬 수 있다는 사실을 간과할 수 있기 때문이다.

3) 설정방법

수행중요성의 결정도 단순한 기계적 계산이 아니라 전문가적 판단이 수반되는 것이다. 수행중요성의 결정은 감사인의 위험평가절차의 수행 중 갱신된 기업에 대한 이해, 과거의 감사에서 식별된 왜곡표시의 성격과 범위 그리고 이에 따른 당기의 왜곡표시와 관련된 감사인의 예상에 영향을 받는다.

수행중요성의 의미 고찰

A회사의 전체 재무제표 수준의 중요성 금액이 100억이라고 가정하자. 우선 수행 중요성 금액을 전체 재무제표 수준의 중요성 금액보다 낮게 설정(50억이라고 가정)하게 되면 감사인은 보수적인 감사계획수립을 통하여 훨씬 많은 감사증거량을 수집하게 된다. 또한, 감사인이 감사증거 수집결과 미수정왜곡표시 금액이 아래와 같이 산출되었다고 가정해 보고 각 상황에 따라 그 의미를 살펴보면 다음과 같다.

[Case 1] 미수정왜곡표시가 40억이라고 가정

미수정왜곡표시가 이미 수행중요성보다도 미치지 못하기 때문에 감사인이 발견하지 못한 미발견왜곡표시(표본위험 및 비표본위험)를 추가로 고려한다 하더라도 회사의 재무제표에 존재할 수 있는 왜곡표시가 전체 중요성 금액을 초과할 확률은 낮아지게 된다. 결국, 적정의견을 표명한다 하더라도 감사의견이 잘못 표명될 개연성이 낮은 것이다.

[Case 2] 미수정왜곡표시가 70억이라고 가정

미수정왜곡표시가 수행중요성을 초과한 상황이다. 이 경우 전체 중요성금액과 미수정왜곡표시금액을 비교해서 의견을 표명하면 적정의견을 표명할 수 있다. 하지만 이 경우 미수정왜곡표시금액에 감사인이 발견하지 못한 왜곡표시금액(미발견왜곡표시금액)이 추가로 고려되면 회사 재무제표에 존재할 수 있는 왜곡표시가 전체 중요성 금액을 초과할 수 있는 확률이 존재하게 되며 이 경우 적정의견을 표명했을 경우 감사의견은 잘못 표명될 개연성이 존재하게 된다. 따라서, 감사인은 이 경우 자신이 수립한 감사계획을 수정할 필요가 있는지 고려하여야 한다(ISA 450 문단 6). 이 의미는 결국, 추가적인 감사증거를 더 수집하여 그 결과를 감사의견에 반영하여야 한다는 것이다.

위 사례를 종합해 보면, 감사인은 전체 중요성보다 낮은 수행중요성금액을 설정함으로써 미수정왜곡표시에 자신이 발견하지 못한 왜곡표시금액을 합산하였을 경우 전체 중요성금액이 초과됨에도 불구하고 의견을 적정으로 잘못 표명할 수 있는 개연성을 줄이기 위하여 설정하는 감사인의 안전장치(Warning Sign) 같은 역할로 이해하면 된다.

〈중요성 설정 : 사례 예시〉

(한국공인회계사회 개정감사기준 책자 참조)

1. 회사의 상황

계정과목	금액(단위 : 백만원)
매 출 액	84,276
총 자 산	139,532
세전손익	6,816
자 본	55,256

고객인 A사는 국내 상장법인인 회사로서 제조업을 영위하고 있는 업체이다. 회사는 과거 5년간 연간 10% 정도 성장하여 왔으며 과거 5년간 이익을 실현하였고 회사의 목표는 주당순이익을 향상시키는 것이다. 또한, 회사는 개발비 부분에 대하여 상당 부분 지출이 발생하고 있는 상황이며 이러한 개발비에 대한 국가보조금을 지급받는 상황이다. 감사인은 다른 계정과목에 비해서 개발비의 자산성 판단이 중요하며 추가로 국가보조금에 대한 편취 부정 개연성에 대해서 의심을 하고 있다.

2. 중요성 산출 예시(단위 : 백만원)

구 분	적용예시	사용근거
① 벤치마크 선정	세전손익 : 6,816	영리법인이기 때문에 순익이 정보이용자에게 가장 큰 관심사임. 또한, 과거 5년간 이익을 꾸준히 실현하고 있기 때문에 평균치를 사용하지는 아니함.
② 재무제표 전체에 대한 중요성	6,816×5%=341	공개법인이기 때문에 상대적으로 낮은 백분율을 적용.
③ 수행중요성	341×50%	재무제표 수준의 중요성 기준금액보다 낮은 금액 설정
④ 특정거래유형과 공시 관련 중요성	341×75%	개발비 관련 계정과목 및 국고보조금과 관련된 항목에 대해서는 제약 회사의 성격 및 국가보조금 편취에 따른 위험이 높다고 판단하여 전체 중요성 금액에 비하여 낮은 금액을 설정.

참고 Ⅰ 소규모기업에 대한 고려(ISA 320, A8)

소유자가 경영하는 사업과 같이 소유주가 자신에 대한 보수형태로 세전이익의 상당부분을 취하고 법인세비용차감전 계속영업이익이 지속적으로 경미한 금액일 때에는 해당 보수 및 세금을 차감하기 전의 이익과 같은 벤치마크가 중요성 금액을 결정할 때 보다 관련성이 있을 것이다.

예를 들어 감사인의 중요성 설정 기준이 법인세비용차감전 계속영업이익의10%라고 가정하자. 그리고 회사의 재무상황에 대한 개요는 다음과 같다.

법인세비용차감전 계속영업이익 (경영진보수차감전)	10억원
경영진 보수금액	9.5억원
법인세비용차감전 계속영업이익 (경영진보수차감후)	0.5억원

이 경우, 일반적인 중요성 설정 논리로 가게 되면 중요성 금액은5백만원(0.5억원 × 10%)이 된다. 하지만, 이 회사의 경우 소유자가 가져가는 보수가 세전이익의 상당부분을 차지하고 있기 때문에 그 보수를 차감하기 전 이익금액에 10%인 1억원 (10억원 × 10%)을 설정하는 것이 바람직할 것이다.

(5) 감사의 진행에 따른 중요성 기준의 수정

감사인은 재무제표 전체에 대한 중요성(해당되는 경우, 특정 거래유형과 계정잔액 및 공시에 대한 중요성 수준)은 감사 중에 발생된 상황의 변화(예를 들어, 주요사업의 처분결정), 새로운 정보 또는 추가감사절차의 수행에 따른 기업과 사업에 대한 이해의 변화에 따라 수정될 필요성이 생길 수도 있다. 예를 들어, 감사인은 감사중에 실제의 재무결과가 재무제표 전체에 대한 중요성을 결정하기 위하여 처음 사용되었던 연간 재무결과의 예측치와 상당히 차이가 있을 것 같다면 최초 중요성을 수정한다.

이 경우 만약 최초에 결정한 중요성보다 낮추는 것이 적합하다고 결정한 경우, 수행중요성을 수정하는 것이 필요한지 그리고 추가감사절차의 성격 시기, 범위가 여전히 적합한지 여부를 결정하여야 한다. 예를 들어 재무제표 전체에 대한 중요성 금액이 보다 낮게 설정되는 경우 수행중요성 금액이 보통 낮아지게 되고 이러한 경우 감사인은 자신이 수집한 감사증거량이 충분하지 판단해 보아야 하며 추가적인 감사절차를 확대해야 될 필요성에 대해서 반드시 고려해 보아야 한다.

재무제표 전체 중요성 기준금액이 하락변경	재무제표 전체 중요성 기준금액이 상승변경
감사인은 자신이 수집한 감사증거량이 충분한지 판단해 보아야 하며 추가적인 감사절차를 확대해야 될 필요성에 대해서 반드시 고려하여야 함	충분한 감사가 이루어졌기 때문에 비효율적인 감사는 되었지만 추가적인 실증절차를 수행할 필요는 없음.

(6) 문서화

감사인은 중요성 설정과 관련한 다음의 내용을 반드시 감사문서에 포함시켜야 한다(ISA 320 문단 14)

① 재무제표 전체에 대한 중요성
② 해당되는 경우, 특정 거래유형과 계정잔액 및 공시에 대한 중요성 수준
③ 수행중요성
④ 감사의 진행에 따른 ①~③의 수정내용

2 | 감사위험 및 감사계획

감사인은 감사계획 수립을 위하여 재무제표의 중요한 왜곡표시에 대한 위험평가를 수행하여야 하며 이러한 평가결과에 따라서 감사계획을 수립하게 된다.

(1) 감사위험의 정의 및 구성요인(ISA 200 문단 13)

> 감사위험(Audit Risk)
> = 중요왜곡표시위험(Risk of Material Misstatement) × 적발위험(Detection Risk)

감사위험은 중요왜곡표시위험과 적발위험이 동시에 발생하여야만 존재할 수 있는 결합위험이기 때문에 곱의 형태로 표시된다. 즉, 중요왜곡표시위험이 전혀 존재하지 아니하는 회사의 경우에는 감사위험이 존재할 수 없으며 중요왜곡표시위험이 존재하더라도 적발위험이 "0"인 경우에는 감사위험은 존재하지 않게 된다. 하지만 모든 회사에는 중요왜곡표시위험이 항상 존재(내부통제제도의 한계 등의 이유)하며 또한 감사의 고유한계를 야기시키는 원인으로 인하여 적발위험도 늘 존재할 수 있기 때문에 감사인은 이러한 감사위험을 자신이 허용할 수 있는 일정 수준 이하로 낮출 수 있도록 감사계획을 수립하고 감사를 수행하여야 한다. 다만, 감사인은 경영진주장 수준에서 고유위험과 통제위험을 반드시 분리 평가하여야 한다.

① 감사위험(Audit risk)

재무제표가 중요하게 왜곡표시되어 있을 경우 감사인이 부적합한 감사의견을 표명할 위험으로서 감사위험은 중요왜곡표시위험과 적발위험의 함수이다.

② 중요왜곡표시위험(RMM)

감사의 착수 이전에 재무제표가 중요하게 왜곡표시 되어 있을 위험 이것은 경영진 주장의 수준에서 다음과 같이 두 가지 구성요소로 설명된다.

1) 고유위험(Inherent Risk)

모든 관련 통제를 고려하기 전에 거래유형과 계정잔액 및 공시에 대한 경영진의 주장이, 개별적으로 또는 다른 왜곡표시와 합칠 때 중요하게 왜곡표시될 가능성을 언급하며 고유위험요소는 ① 복잡성, ② 주관성, ③ 변화, ④ 불확실성 ⑤ 경영진 편의나 기타 부정위험요소로 인한 왜곡 가능성 등이 있을 수 있다.

예 **고유위험요소**

I. 재무제표 전체 수준의 고유위험

가. 회사사업의 성격 (예를 들어 건설업의 경우는 진행기준에 따라 수익을 인식하기 때문에 부동산임대업 등의 업종을 영위하는 사업에 비해서 고유위험이 높다고 보아야 함)

나. 회사가 속한 산업의 상황 (예를 들어, 회사가 속하여 있는 산업이 불황인 상황이면 호황인 회사에 비해서는 훨씬 재무제표를 조작할 개연성이 높고 매출채권의 회수가능성 하락 및 재고자산의 진부화와 같은 재무제표의 왜곡표시가 개입될 개연성이 높음)

다. 경영진에 대한 비정상적인 압력 (예를 들어, 상장기업의 경우 경영진이 공격적으로 재무예측치를 공표한 경우 이를 달성하기 위한 비정상적인 압력에 노출될 수 있음. 또한, 상장을 예정하고 있는 기업의 경우 상장심사 조건을 달성하여야 하는 경영진은 부담이 있을 것이고 이 경우 재무제표를 분식하고자 하는 동기가 훨씬 높을 수 있음)

라. 경영진의 정직&성실성, 경험, 지식 및 교체 (예를 들어, 경영진이 관련 회사사업에 대한 경험 및 지식이 부족하거나 경영진이 잦은 교체가 발생하면 고유위험이 높음)

II. 계정과목 및 거래유형에 대한 고유위험

가. 판단이나 추정이 개입되는지 여부 (예를 들어, 판단이나 추정이 많이 개입되는 대손충당금, 충당부채 등이 선급비용이나 미지급비용과 같은 계정과목에 비해서는 고유위험이 높음)

나. 계정잔액을 확정하는데 있어서 전문가의 도움이 필요한지 여부(예를 들어, 확정급여부채를 확정하기 위해서는 보험계리사의 도움이 필요하며 이러한 전문가의 도움이 필요한 계정과목일수록 고유위험이 높음)

다. 거래가 기말에 발생하였는지 기중에 발생하였는지 여부 (예를 들어, 기중에 발생한 매출거래보다는 기말에 발생한 매출거래가 기간귀속이 잘못됨으로 인한 왜곡표시가 개입될 개연성이 훨씬 높음)

라. 분실 또는 횡령에 쉽게 노출될 개연성이 높은지 여부(예를 들어, 횡령개연성이 높은 재고자산이나 유가증권 등이 유형자산에 비해서는 고유위험이 높음)

감사인은 고유위험을 평가할 때, 감사인이 왜곡표시의 가능성과 규모를 바탕으로 고유위험의 범위를 더욱 높은 수준부터 낮은 수준까지 판단하도록 하고 있다. 그 과정에서 고유위험의 범위의 위쪽 끝에 가까운 위험을 유의적 위험이라고 한다.

〈유의적 위험〉

식별된 중요왜곡표시위험으로 고유위험요소가 왜곡표시의 발생가능성과 왜곡표시가 발생했을 때 그 규모의 결합에 영향을 미치는 정도로 인하여 고유위험의 평가가 고유위험의 범위의 위쪽 끝에 가까운 위험 또는 타 감사기준서의 요구사항에 따라 유의적 위험으로 다루는 위험을 의미 (예 : 특수관계자 거래 중 유의적 위험이 있는 분야)

2) 통제위험(Control Risk)

거래유형과 계정잔액 및 공시에 대한 경영진의 주장에서 발생할 수 있으며, 개별적으로 또는 다른 왜곡표시와 합쳐 중요할 수 있는 왜곡표시가 기업의 내부통제에 의해 적시에 예방되거나 발견, 수정되지 못할 위험

예

I. 재무제표 전체 수준의 통제위험

가. 경영진을 감독, 감시할 만한 지배기구가 미흡하거나 무용지물인 경우(예를 들어 이사회 구성이 특수관계자들로 구성되어 있으며 감사의 기능도 유명무실한 상황일 때 통제위험은 높다고 보아야 함)

나. 경영진이 내부통제제도를 무시하는 성향이 강한 경우 (예를 들어, 회사의 규정이나 방침을 경영진이 먼저 무시하고 따르지 않는 경영방식이나 경영철학을 가지고 있는 경우 통제위험은 높다고 판단하여야 함)

다. 조직의 구성이 소수의 경영진에 의하여 지배되고 있는 경우(예를 들어, 최대주주가 동시에 대표이사를 겸임하고 있으면서 모든 의사결정이 대표이사에 의해서 수행되는 경우)

라. 내부감사부서의 기능이 취약한 경우 (예를 들어, 내부감사부서의 기능이 없거나 있다 하더라도 능력 및 객관성이 결여되어 있는 내부감사인이 내부감사업무를 수행하는 경우)

II. 계정과목 및 거래유형에 대한 통제위험

가. 횡령이나 유용가능성이 높은 자산에 대한 물리적 통제(Physical Control) (예를 들어, 재고자산을 보관하고 있는 창고에 물리적 보안장치가 안되어 있거나 현금시재액에 대하여 매일 은행에 입금하는 내부통제가 없다면 통제위험이 높음)

나. 거래에 대한 승인절차(Authorization) (예를 들어, 일정한 거래가 재무제표에 반영되기까지 적절한 승인권자에 의한 승인절차가 없을 경우 통제위험은 높음)

다. 성과검토 절차(Performance Review) (예를 들어, 재고자산 표준원가시스템을 구축하고 실제원가금액을 집계하여 매출총이익율을 비교해보는 절차가 구비되어 있거나 계속기록법에 의한 장부기록과 주기적인 재고자산 실사를 통하여 차이나는 금액에 대한 조사등의 내부통제가 구비되어 있을수록 통제위험은 낮음)

라. 업무분장절차의 구비(Separation of duties) (예를 들어, 매출채권에 대한 기록과 현금입금에 대한 보호, 그리고 대손에 대한 승인을 수행하는 업무가 분리되어 있지 아니할수록 통제위험은 높음)

③ **적발위험**(Detection Risk)

감사인이 실증절차를 통하여 거래유형과 계정잔액 및 공시에 대한 경영진의 주장에서 발생할 수 있는 중요한 왜곡표시를 적발하지 못할 위험

실증절차의 종류에는 실증적인 분석적 절차와 세부테스트로 구분이 되는 점을 고려해 보면

(7장에서 자세히 언급), 결국 적발위험은 분석적 절차를 잘못할 위험과 세부테스트를 잘못할 위험으로 구분될 수 있다.

참고 Ⅰ 감사실패와 감사위험

① 감사실패(audit failure) : 감사인이 감사기준이나 관련법규를 준수하지 못한 결과로서 잘못된 감사의견을 표명하였을 때 발생한다. 예를 들어, 적격하지 못한 감사보조자를 사용하여 감사를 실시하였고 보조자에 대한 감독을 게을리 함으로써 마땅히 발견되어야 할 오류나 부정이 발견되지 못하였거나, 재고자산의 감사절차에서 감사기준이 정하는 실사입회 절차를 정당한 이유 없이 생략함으로써 오류가 발견되지 못한 채 잘못된 감사의견이 제시되었다면 이는 감사실패에 해당된다.

② 감사위험(audit risk) : 감사인이 합리적인 확신수준 하에서 감사증거를 구하기 위해 감사기준에서 정하는 감사절차를 적용하였음에도 불구하고 사실은 오류가 존재하는 재무제표에 대해 잘못된 감사의견을 표명할 위험을 말한다.

(2) 감사위험과 감사계획과의 관계

(Step 1) 목표감사위험의 설정

⬇

(Step 2) 중요왜곡표시위험의 평가

⬇

(Step 3) 적발위험 수준의 결정

⬇

(Step 4) 위험평가 결과에 따른 실증절차의 성격, 범위, 시기 결정

⬇

(Step 5) 목표감사위험과 달성감사위험과의 비교

(Step 1) 목표감사위험의 설정

① 정의

감사인이 감사업무를 실기하기 전에 사전적으로 설정한 계획된 감사위험으로서 감사인이 허용가능하다고 판단하는 감사위험의 목표수준(1－목표감사위험 = 감사의견에 대한 신뢰수

준). 감사인은 감사의 고유한계로 인하여 100% 절대적인 확신을 제공할 수가 없기 때문에 목표감사위험은 "0"으로 설정할 수 없음.

② **설정시 고려요인**

1) 이해관계자의 재무제표에 대한 의존도: 상장기업같이 주주지분이 분산되어 있어서 주주가 다수이거나 채권자가 다수의 경우는 그만큼 감사의견이 잘못 표명되었을 경우 소송에 노출될 개연성이 높기 때문에 목표감사위험을 낮게 설정하여야 함.
2) 감사대상회사의 계속기업으로서의 존속가능성: 계속기업으로서의 존속가능성이 낮을수록 목표감사위험은 낮게 설정하여야 함.

③ 이러한 목표감사위험은 감사인의 위험에 대한 선호도 차이 및 위험 측정에 대한 주관적 판단으로 인하여 동일한 회사에 대해서도 다르게 설정되는 것이 일반적이다. 즉, 위험회피도가 큰 감사인일수록 목표감사위험은 낮게 설정하려고 할 것이다. 다만, 감사의 신뢰성을 위해서는 동일한 회사에 대하여 목표감사위험은 동일하게 설정될 수 있도록 감사인들은 품질관리 등을 통하여 노력하여야 한다.

(Step 2) 중요왜곡표시위험의 평가

감사인은 중요왜곡표시위험 평가과정에서 통제테스트의 필요성에 대해서 반드시 고려하여야 한다. 감사인은 다음 중 하나에 해당한다면 관련 통제의 운영효과성에 대한 충분하고 적합한 감사증거를 입수할 수 있도록 통제테스트를 설계하고 수행하여야 한다. (ISA 330 문단 8)

① 감사인이 경영진 주장 수준의 중요왜곡표시위험을 평가할 때 통제가 효과적으로 운영되고 있다는 기대를 하고(즉, 감사인이 실증절차의 성격, 시기 및 범위를 결정할 때 통제의 운영효과성에 의존하려고 하는 경우) 이러한 통제를 테스트하는 것이 효율적이라고 판단할 때
② 실증절차만으로는 경영진 주장 수준의 충분하고 적합한 감사증거를 제공할 수 없는 경우.

만약 위에 해당되는 요건이 만족하지 아니하여 통제테스트를 수행하지 않는 경우 통제위험은 높은 것으로 판단할 것이며 만약 통제테스트를 통하여 통제의 운영효과성에 대하여 충분하고 적합한 감사증거를 수집하게 되면 감사인은 통제위험을 높지 않은 것으로 판단할 수 있다.

(Step 3) 적발위험의 수준 결정

중요왜곡표시위험의 수준과 적발위험과의 관계는 역의 관계에 있다.즉, 중요왜곡표시위험의 수준이 높다고 판단되는 경우 감사인은 목표감사위험을 달성하기 위하여 적발위험의 수준을 낮춰야 하며 중요왜곡표시위험의 수준이 낮다고 판단되는 경우 감사인은 적발위험의 수준을 높게 설정할 수 있다.

(Step 4) 위험평가 결과에 따른 실증절차의 성격, 범위, 시기의 결정(ISA 240 문단 A37)

감사인은 중요한 왜곡표시의 위험이 높다고 판단하면 적발위험의 수준을 감소시켜 목표감사위험을 달성하기 위해서는 다음과 같이 감사절차의 성격, 범위, 시기를 변경하여야 한다.

성 격	보다 신뢰할 수 있거나 관련성이 있는 감사증거 또는 추가적인 보강정보를 입수하는 것으로 대응
시 기	보고기간말 또는 보고기간말에 근접한 때에 실증절차를 수행하는 것으로 대응
범 위	표본규모를 확대하거나 세부적인 수준에서 분석적 절차를 수행하는 것으로 대응

감사인은 평가된 중요왜곡표시위험과 관계없이 중요한 각 거래유형과 계정잔액 및 공시에 대하여는 실증절차를 설계하고 수행하여야 한다. 그 이유는 다음과 같다. (ISA 330 문단 A42)

① 감사인의 위험평가에는 판단이 수반되므로 모든 중요왜곡표시위험이 식별되지 않을 수 있음.
② 경영진의 통제무력화 등 내부통제에 고유한계가 존재하기 때문임

위 내용을 계량화하여 설명하면 다음과 같다.

	목표감사위험	고유위험	통제위험
사례 1	5%	100%	80%
사례 2	5%	80%	5%
사례 3	6%	60%	50%

<사례 1>의 경우 목표적발위험의 수준을 6.25%[5% / (100% × 80%)]로 설정하여야 하며 <사례 3>의 경우에는 20%로 설정하여야 한다. 즉, <사례 1>의 경우는 <사례 3>에 비해서 목표감사위험의 수준도 낮고 고유위험과 통제위험의 결합위험인 중요왜곡표시위험이 훨씬

높기 때문에 목표적발위험의 수준이 낮게 설정된다. 따라서 <사례 1>의 경우는 보다 효과적인 감사에 중점을 두는 실증절차계획을 수립하여야 하며 <사례 3>의 경우에는 <사례 1>에 비해서 훨씬 효율성에 중점을 둔 실증절차계획을 수립할 수 있다

<사례 2>의 경우에는 이미 재무제표의 중요왜곡표시위험(4%)이 목표감사위험(5%)보다 낮은 상황이다. 하지만, 이 경우라 하더라도 위에서 언급하였던 이유로 인하여 반드시 중요한 거래유형과 계정잔액 및 공시에 대해서는 실증절차를 설계하고 수행하여야 함을 유의하여야 한다.

(Step 5) 목표감사위험과 달성감사위험의 비교(주)

① 목표감사위험 = 달성감사위험
적정의견 : 합리적인 감사증거량

② 목표감사위험 > 달성감사위험
적정의견 : 비효율적인 감사증거량

③ 목표감사위험 < 달성감사위험
한정 또는 의견거절 : 비효과적인 감사증거량

주 | 목표감사위험과 달성감사위험과의 관계 도식화

❖ 감사위험과 감사증거량 ❖

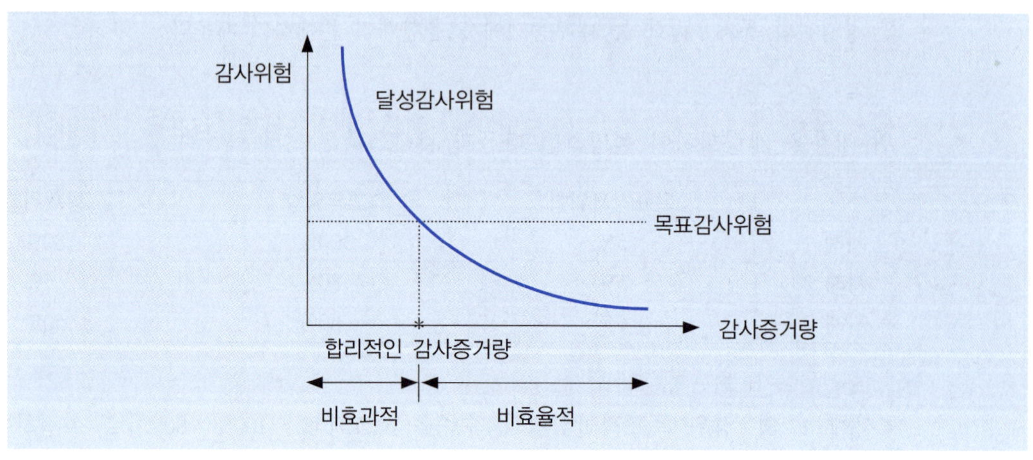

참고 ▌중요성과 감사위험과의 관계(ISA 320 문단 A1)

재무제표감사를 수행할 때 감사인의 전반적인 목적은 재무제표가 전체적으로 부정이나 오류에 의하여 중요하게 왜곡표시 되지 아니하였는지에 대하여 합리적인 확신을 얻는 것이다 감사인은 이에 따라 재무제표가 중요성의 관점에서 해당 재무보고체계에 따라 작성되었는지에 대해 의견을 표명할 수 있으며, 감사인의 발견사항에 입각하여 감사기준이 요구하는 바에 따라 재무제표에 대하여 보고하고 커뮤니케이션하는 것이다. 감사인은 감사위험을 수용가능한 낮은 수준으로 감소시키기 위해 충분하고 적합한 감사증거를 입수함으로써, 합리적 확신을 얻는다.

감사위험은 재무제표가 중요하게 왜곡표시되어 있을 경우에 감사인은 부적합한 감사의견을 표명할 위험이다. 감사위험은 중요왜곡표시위험과 적발위험의 함수이다. 중요성과 감사위험은 감사의 전 과정을 통하여 특히 다음과 같은 경우에 고려된다.

1) 중요왜곡표시위험의 식별과 평가
2) 추가감사절차의 성격, 시기 및 범위의 결정
3) 미수정왜곡표시가 재무제표 및 감사의견 형성에 미치는 영향에 대한 평가

결국, 중요성 금액을 최초에 어떻게 설정할 것인지에 따라 감사인은 위험평가의 식별이 달라지게 될 것이고 이러한 1) 중요성 금액이 낮을수록 식별되는 왜곡표시위험은 훨씬 중요하다고 판단이 될 것이다. 이러한 경우 감사인은 목표로 하는 감사위험을 달성하기 위하여 2) 적발위험을 낮게 설정하여 감사증거량을 확대하게 될 것이며 이러한 과정에서 감사인은 발견한 3) 미수정왜곡표시 금액이 재무제표에 미치는 영향이 중요한지 판단을 하게 된다.

Q&A 사례문제 1 : 중요성과 감사위험

1 김철수 회계사가 감사계획단계에서 중요성 금액을 결정하는 이유 중 하나는 향후 실증절차의 성격, 범위, 시기를 결정하기 위함이다. 김철수 회계사가 설정한 중요성 금액에 따라 향후 실증절차의 성격, 시기, 범위가 어떻게 결정되는지 서술하고 김철수 회계사가 중요성 금액을 결정하는 또 다른 이유 2가지를 New ISA에 근거하여 서술하시오.

풀이

(1) 중요성 금액에 따른 후속절차의 성격, 범위, 시기

중요성 금액	추가감사절차 (실증절차)의 성격, 범위, 시기
낮음	① 성격 : 보다 효과적인 방법 ② 범위 : 보다 많은 표본 추출 ③ 시기 : 보고기간말 근접한 시점
높음	① 성격 : 보다 효율적인 방법 ② 범위 : 적은 표본 추출 ③ 시기 : 보고기간말 근접한 시점이 아닌 시점도 가능

(2) 중요성 금액을 결정하는 또 다른 이유 2가지

① 중요왜곡표시위험의 식별과 평가
② 미수정된 왜곡표시가 있는 경우 재무제표에 미치는 영향 평가

2 중요성 금액은 감사인이 감사계획을 수립하는 단계에서 결정하지만 후속적인 감사절차를 통한 감사증거를 수집하는 과정에서 언제든지 변경이 가능하다. 이 경우 중요성 금액이 하락하는 경우와 상승하는 경우 어떤 경우가 감사인 입장에서는 더 유의를 해야 되는 상황인지 New ISA에 근거하여 그 이유를 포함 4줄 이내로 서술하시오.

풀이

중요성 금액이 하락하는 경우 감사인은 자신이 수집한 감사증거량이 충분하지 판단해 보아야 하며 추가적인 감사절차를 확대해야 될 필요성에 대해서 반드시 고려하여야 한다. 왜냐하면 중요성 금액과 실증절차를 통한 감사증거량의 관계는 역의 관계에 있기 때문에 기존에 수행하였던 실증절차를 통한 감사증거량이 중요성 금액이 높은 경우 충분하지 않을 수 있기 때문이다.

3 다음은 New ISA에 제시된 중요성과 관련된 설명이다. 해당 내용이 맞으면 O, 틀리면 X로 표시하시오. (2008년, KICPA 기출)

내 용	(O, X 중 선택)
① 중요성에 대한 감사인의 평가는 감사계획의 수립시점과 감사절차 수행의 결과를 평가하는 시점에서 달라질 수 있다.	
② 동일한 회계기간의 동일한 회사에 대하여 서로 다른 회계법인이 감사할 경우에 중요성 금액은 서로 달라질 수 있다.	

풀이

① O ② O

4 New ISA에 따르면 감사인은 감사계획을 수립하는 단계에서 전체 재무제표에 대한 중요성 금액과 별도로 수행중요성 금액을 결정하도록 되어 있다. 이처럼 감사인이 재무제표 전체에 대한 중요성 금액이 아닌 수행 중요성 금액을 따로 설정하는 이유를 간단하게3줄 이내로 서술하시오.

풀이

미수정왜곡표시와 미발견왜곡표시의 합계가 재무제표 전체에 대한 중요성을 초과할 가능성을 적절하게 낮은 수준으로 감소시키기 위해

5 김철수 공인회계사는 서울주식회사의 재무제표 정보이용자가 전체적으로 증가할 것으로 예상하고 있으며 분석적 절차 수행결과 파산가능성, 즉 계속기업에 대한 유의적인 불확실성도 작년에 비해서 증가한 것으로 판단하여 목표감사위험을 작년 5%에 비해서 높게 설정하였다. 또한, 재무제표 전체적인 중요성 금액을 설정함에 있어서 동일한 벤치마크를 사용하는 동종기업에 비해서 적용율을 낮게 적용하였다. 위와 같은 김철수 공인회계사가 수행한 절차를 검토하고 잘못된 부분을 지적하고 그 이유까지 서술하시오.

풀이

재무제표의 정보이용자가 많을수록, 계속기업의 존속가능성이 낮을수록 감사인은 목표감사위험을 낮게 설정하여야 한다. 따라서 김철수 공인회계사는 작년에 비해서 목표감사위험을 낮게 설정하였어야 한다.

6 아래 사례를 읽고 물음에 답하시오.

부산회계법인의 김철수 회계사는 2006년도 서울주식회사를 감사하는 감사인이다 김철수 회계사는 감사계획단계에서 다음과 같은 정보를 입수하였다.

〈회사 및 산업의 개요 및 상황〉

서울주식회사는 핸드폰 생산에 필요한 회로기판을 생산하는 비상장 중소기업으로서 주된 거래처는 국내 핸드폰 업계 2위인 B전자이다. 회사는 조만간 거래소에 상장할 목표를 가지고 있으며 주주는 모두 대표이사와 특수관계에 있는 자들로 구성되어 있다. 최근 몇 년간 핸드폰 업계의 호황으로 회사의 매출 및 이익규모는 매년 큰 폭으로 성장하였으나 당기 중 B전자의 매출부진 및 핸드폰시장의 성장 둔화로 당기 서울(주)의 매출증가율도 둔화된 상태이다. 생산량이 급격히 증가하는 관계로 최근까지 지속적인 설비투자가 이루어진 상태로서 B전자의 중국 생산공장에 대한 제품공급을 위해 중국 생산법인 및 기타 거래처에 대한 영업과 판매를 위한 지점을 운영하고 있다. 회사 경영진은 B전자에만 집중된 회사의 매출구조를 변화시키기 위하여 새로운 거래처의 발굴을 위해 노력하고 있으며, 이를 위해 회사는 매년 순이익의 일정금액 이상을 연구개발비로 사용하고 있다.

〈경영진의 속성〉

서울(주)의 경영진은 대표이사, 재무이사, 영업이사, 생산관리이사로 구분되어 있으나 모든 임원진이 기술진 출신으로 설립 시부터 근무해 왔으며, 생산관리이사를 제외하고는 모든 임원진이 거래처에 대한 영업에 주력하고 있다. 대표이사 한바탕 씨는 개인적으로 골동품을 수집하는 데 관심이 많기 때문에 회사공금으로 이러한 개인적인 목적으로 유용할 수 있는 개연성이 존재할 수 있다고 김철수 회계사는 생각하고 있으며 김철수 회계사가 작년 감사 시 지적하였던 내부통제제도의 취약점에 대하여 한바탕 씨는 거의 개선을 하고 있지 아니하다.

〈기타 회사의 상황〉

서울주식회사의 이사회는 대주주이면서 대표이사인 한바탕 씨에 의해서 통제되고 있으며, 내부감사부서는 한바탕 씨의 특수관계자들로 구성되어 있고 대부분의 신입사원은 공식적인 인사정책에 의하여 선발되는 것이 아니라 특수관계자들의 지인들을 통하여 선발이 이루어지고 있고 대부분의 종업원들은 직무에 대한 순환이 거의 없는 상태이다.

(1) 김철수 공인회계사는 감사계획을 수립하는 단계에서 고유위험과 통제위험을 평가하여야 함을 알고 있으며, 위험평가과정에서 확보한 감사증거를 근거로 먼저 고유위험을 평가하고자 한다. 위 사례에서 서울주식회사의 전체 재무제표 수준의 고유위험을 증가시키는 요인 및 개별 계정과목 및 거래유형별 고유위험이 높을 것으로 예상되는 계정과목을 지적하시오.

풀이

(1) 재무제표 수준에서의 고유위험

서울(주)의 경영진은 오랜 기간 해당 업종에 종사해 왔으므로 해당 산업에 대한 경험과 지식은 풍부하다고 할 수 있으나 재무이사를 비롯한 모든 경영진이 기술직 출신이라는 점(경영진의 경험과 지식)은 재무적인 부분에서의 지식이 부족하여 정확한 재무정보를 산출해 내지 못할 가능성을 내포하고 있다. 또한 최근 몇 년간 지속적인 증가세에 있다가 당기 중 시장상황이 좋아지지 않아 예년에 비해 실적이 좋지 않게 나타나는 것은 외부이해관계자에게 발표할 재무제표를 왜곡시키고자 하는 유인(경영진에 대한 비정상적인 압력)을 경영진에게 제공할 수 있다. 또한 상장예정법인이며(회사사업성격 및 회사가 속한 산업에 영향을 미치는 요인) 경영진이 개인적인 목적으로 회사자금의 유용가능성이 높은 측면(경영진의 정직, 성실성)들이 전체 재무제표 수준의 고유위험평가에 영향을 미친다.

(2) 계정잔액과 거래유형 수준에서의 고유위험의 평가

1) 개발비 : 새로운 거래처의 발굴로 인하여 순이익의 큰 부분을 개발비로 사용하고 있으나 매출 발생 가능성 등을 고려하여 자산 계상한 개발비의 자본화 적정성 여부를 평가하여야 한다.

2) 매출 : 예년 대비 당기 시장규모의 축소 등으로 매출이 부진한 상황이므로 가공 매출 계상 가능성을 검토하여야 한다.

3) 유형자산 : 최근까지 지속적인 설비투자가 있었으므로 실증절차과정에서 놓칠 수 있는 소액단위의 유형자산 계상을 통한 가공자산 계상 가능성이 높음.

4) 원가 : 설비투자 규모의 증가 및 회사 영업 규모의 확장으로 인한 감가상각비 및 급여 계정의 부정과 오류 가능성이 커짐.

(2) 김철수 회계사가 위험평가과정에서 확보한 정보(문제에 제시되어 있는 상황)를 근거로 재무제표 전체 수준의 통제위험에 영향을 미칠 수 있는 요인들을 서술하시오.

풀 이

서울주식회사의 상황에 근거하여 통제환경에 부정적인 영향을 미칠 수 있는 사례는 다음과 같다.

① 경영진의 경영철학과 경영방식 : 감사인이 개선권고한 내부통제제도의 취약점을 경영진이 내부통제제도에 반영하고 있지 아니한 점

② 내부감사기능 : 객관성이 결여된 특수관계자들로 구성되어 있는 내부감사부서

③ 인사정책과 절차 : 지인들을 통한 신입사원의 선발로 능력 있고 믿을 수 있는 인사정책과 절차가 구비되어 있지 아니한 점과 직무순환제도가 거의 이루어지고 있지 아니한 점

④ 회사의 조직구조와 권한과 책임의 위임방법 : 회사의 경영 및 소유가 대표이사 및 관련 특수관계자들에 의해 지배되고 있는 점. 한바탕 씨가 회사의 조직구조를 지배하고 있는 점. 즉, 권한이 적절하게 위임되고 배분되지 아니한 점.

(3) 다음에 서술되어 있는 서울주식회사의 내부통제제도 기술서를 읽어보고 재고자산과 관련된 경영진 주장 수준의 통제위험에 영향을 미칠 수 있는 요인들을 서술해 보시오.

창고부서에서는 원재료가 부족한 경우 창고 담당직원이 직접 구매요청서를 작성하여 구매부서에게 구매요청을 하며 이러한 구매요청을 받은 구매부서에서는 과거에 거래하였던 대형 공급처 A, B 두 군데에 대하여 공개입찰을 실시하였고 더 낮은 가격을 제시한 공급처에 대하여 구매주문서를 발송한다. 구매부서에서 수량과 금액, 입고예정을 기입한 구매주문서를 창고부서에 전달하고 창고부서에서는 재고자산을 받은 즉시 입고처리하고 그 사실을 구두로 구매부서와 회계부서로 통보한다. 회계부서에는 관련 매입거래를 장부에 기록하고 있으며 구매부서에서는 미처리된 주문서철에서 처리된 주문서철로 구분 재분류하였다.

재고자산을 보관하고 있는 창고부서는 승인된 자만이 접근이 가능하며 재고자산의 관리자들은 주기적으로 직무순환제도가 있고 신원보증제도도 실시하고 있다. 서울주식회사는 재무제표일 시

점 창고부서장의 책임 아래 재고자산 실사를 통하여 재고자산의 수량을 확정짓고 매출원가를 인식하는 실지재고조사법을 사용하고 있다.

매출흐름과 관련하여서는 매출주문 시 영업부서의 구두통보에 의하여 재고자산은 선적부서로 재고자산 출고가 이루어지며 선적부서에서는 거래처에게 재고자산을 선적한 이후 일련번호가 부여된 관련 선적서류를 작성하고 적절히 보관하고 있다. 이러한 선적서류는 매주 금요일에 회계부서로 전달이 이루어지고 회계부서에서는 관련 증빙서류에 근거하여 매출을 인식한다.

풀이

① 승인절차

1) 창고부서(구매요청부서)에서 구매요청을 하는 경우 구매요청서를 작성하여 부서장의 승인을 받은 이후 구매부서로 구매요청이 이루어져야 한다.
2) 구매부서의 공급자 선택 승인절차의 부적절성: 과거에 거래하였던 대형거래처를 공급처로 한정하면 안 되며 가장 좋은 조건을 제시하는 공급자를 객관적으로 선택할 수 있는 시스템이 갖추어져야 한다. 한정된 거래처에 대하여 구매부서에서 계속적인 구매를 하는 경우 구매부서는 항상 부정의 개연성이 존재할 수 있기 때문이다. 또한 항상 낮은 가격을 제시하는 거래처가 선택되는 것은 좋은 시스템이 아니며 가격 및 품질에 대한 판단도 이루어져야 한다.
3) 영업부서에서 물건 주문을 받은 경우 반드시 신용조사부서에서 신용승인절차가 있어야 한다.

② 성과검토절차의 미비(검수기능의 미비)

1) 물건을 매입하는 경우에는 반드시 구매를 요청한 부서가 아닌 검수부서에서 주문한 물건의 수량과 일관성이 있는지 여부를 확인하여야 하며(따라서 구매주문서는 수량이 생략된 상태로 검수부서로 이전되어야 효과적인 내부통제제도가 된다.) 매입한 물건이 하자가 있는지 주문한 물건과 일관성이 있는지 여부에 대하여 확인하여야 한다.

③ 자료처리기능

1) 물건이 창고부서에 입고된 경우 반드시 관련 증빙서류(검수보고서 및 거래처의 거래명세표 등)가 작성되어야 하며 이러한 증빙서류에 근거하여 회계부서에는 장부기록이 되어야 한다.
2) 선적부서에서 선적서류가 작성된 경우에는 그러한 거래가 발생하였다는 사실을 즉시 회계부서에 전달하여야 한다. 만약 그렇지 못한 경우에는 매출채권 또는 매출액이 완전하게 장부에 계상되지 않을 수 있다.

④ 물리적 보안장치의 미비

1) 영업부서의 구두적인 통보로 재고자산이 반출되어서는 안 되고 반드시 신용조사부서의 신용승인이 이루어진 이후 승인된 판매지시서에 근거하여 재고자산이 반출되어야 한다.
2) 재고자산의 경우 실지재고조사법에 의하여 재고자산의 수량을 확인하는 경우 재고자산의 부정을 적발할 수 없다. 따라서 재고자산의 수량은 계속기록법으로 관리하여야 하며 정기적, 부정기적으로 독립적인 제3자 책임 하에 재고실사를 수행하여야 한다. 따라서 창고담당자에 의하여 수행되는 실사절차도 객관성이 결여되기 때문에 효과적인 통제활동이라고 볼 수 없다.

7 (1) 김철수 회계사는 위와 같이 목표감사위험을 설정한 뒤 고유위험, 통제위험 평가결과를 반영하여 실증절차를 설계하려고 한다. 아래의 사례 4가지 중에서 실증절차로서 계정잔액 및 거래유형별 세부 테스트를 수행할 필요가 없는 경우를 선택하시오.

	목표감사위험	통제위험	분석적 절차의 적발위험
사례 1	10%	40%	20%
사례 2	5%	60%	20%
사례 3	4.5%	70%	10%
사례 4	5.5%	40%	30%

풀이

사례 1 : 다음의 모형에 대입시켜 보면 사례 1번은 더 이상의 계정잔액 및 거래유형별 세부 테스트를 수행할 필요가 없다.

$$AR = IR \times CR \times APDR \times TDDR$$

APDR : 분석적 절차에 의한 적발위험(Analytical Procedure Detection Risk)

TDDR : 거래와 계정잔액의 내역에 대한 세부 테스트에 의한 적발위험(Test of Details Detection Risk)

(2) 감사인은 매출채권 및 재고자산과 관련된 계정잔액에 대하여 중요한 왜곡표시가 있다고 평가하였고 다음과 같은 실증절차를 수행하려고 한다. 아래의 내용 중에서 잘못된 부분을 지적하시오.

김철수 회계사는 매출채권에 대하여 실증적 분석절차에 의존하기보다는 외부조회절차에 보다 의존하기로 감사계획을 수립하였다. 따라서 외부조회 거래처의 수를 결정하기 위하여 모집단의 예상오류금액 및 허용오류금액을 높게 설정하여 표본의 크기를 확대하기로 결정하였으며, 외부조회시점은 중간감사기간이 종료되는 11월 30일자로 주요 거래처에 대해서는 외부조회를 먼저 발송하기로 계획을 수립하였다. 반면, 재고자산과 관련해서는 김철수 회계사는 재고자산과 관련된 통제위험이 높다고 판단하였고 재고자산에 배분된 중요성 기준도 낮았으나, 현재 재무제표일 시점에서 재고자산의 입고, 출고가 워낙 빈번하여 서울주식회사에서 재고실사를 앞당겨 11월 30일자로 실시할 것을 요구하는 바람에 그 날짜에 수행하기로 하였다. 현재 서울주식회사의 경우 서울과 부산, 대전, 대구 등지에 재고자산이 분산·보관되어 있으며, 김철수 회계사는 사전에 서울과 부산 두 곳에 대한 재고자산실사의 입회를 계획하고 회사에 통보하였다. 또한 서울주식회사의 업종은 보석을 가공하여 판매하는 회사로서 김철수 회계사는 당일 감사보조자의 확보가 불가능한 관계로 김철수 회계사 혼자만이 11월 30일자로 서울에 보관되어 있는 재고자산의 실사입회를 마치고 다음날 부산에 있는 재고자산에 대한 실사입회를 수행하려고 한다.

풀이

① 매출채권에 배분된 중요성 기준금액이 낮다는 것은 매출채권의 허용오류금액을 낮게 설정하였다는 의미이기 때문에 허용오류금액을 높게 설정하였다는 내용은 일관성이 없다.

② 고유위험과 통제위험이 높은 경우에는 외부조회시기를 재무제표일 시점으로 조정하여야 한다. 따라서 미리 재무제표일 이전에 외부조회를 발송할 수는 없다.
③ 재고자산에 대한 통제위험이 높은 경우에는 반드시 재무제표일 전후에 재고자산 실사를 하도록 요청하여야 한다. 또한 분산 보관되어 있는 재고자산의 실사 입회 시 실사장소를 선택하여야 하는 경우에 감사인은 실사장소에 대하여 미리 통보해서는 안 된다.
④ 업종이 보석을 가공하는 회사의 경우에는 반드시 전문가 활용 여부에 대하여 고려하여야 한다.

8 감사인은 중요왜곡표시위험 수준이 아무리 낮다 하더라도 중요한 계정과목 및 거래유형에 대한 실증절차를 생략할 수 없다. 그 이유 2가지를 New ISA에 근거하여 서술하시오.

풀이

① 감사인의 위험평가에는 판단이 수반되므로 모든 중요왜곡표시위험이 식별되지 않을 수 있음.
② 경영진의 통제무력화 등 내부통제에 고유한계가 존재하기 때문임.

9 감사위험과 감사실패와의 차이점에 대해서 서술하고 감사위험의 구성요인이 왜 합이 아니고 곱으로 연결되어 있는지 그 이유에 대해서 간단하게 서술하시오. (2006년, KICPA 기출)

풀이

① 감사실패는 감사기준이나 관련 법류를 이행하지 아니하여서 잘못된 감사의견을 표명할 위험을 말하며 감사위험은 감사기준을 적용하였음에도 불구하고 감사의견을 잘못 표명할 위험을 말한다.
② 감사위험은 중요왜곡표시위험과 적발위험이 동시에 발생할 때만 존재하는 결합위험이기 때문임.

Q&A 사례문제 2 : 중요성과 감사위험(2014년, KICPA 기출문제 수정)

코스닥시장상장법인 (주)태양은 12월말 법인으로 태양광설비를 제조 · 판매하는 사업을 영위하고 있다. 회사의 최근 3개년도 주요 재무정보는 다음과 같다.

항목	2X11년	2X12년	2X13년
총매출	1,200억원	1,300억원	1,250억원
세전이익	60억원	(−)30억원	90억원
자산총계	1,500억원	800억원	1,490억원
자본총계	400억원	80억원	410억원

회사는 2X12년도에 관계회사대여금에 대한 손상평가의 영향으로 일시적인 세전손실을 기록하였다. 회사는 최근 태양광발전 사업의 불황이 계속되면서 영업이익의 변동성위험에 노출되어 있다.

※ 다음의 각 물음들은 문제에서 특별한 언급이 없는 한 독립적인 상황이다.

1 회계감사기준에서는 중요성 결정에 전문가적 판단이 수반되며 재무제표 전체에 대한 중요성 결정의 출발점으로서 선택된 벤치마크(benchmark) 항목에 백분율을 적용한다고 설명하고 있다. (주)태양의 외부감사인은 (주)태양의 2X13년 감사를 수행하면서, 위 회사상황을 고려하여 위 표에 제시된 4가지 재무제표 항목 중 특정항목을 벤치마크 항목으로 선택하고 이를 기준으로 중요성을 설정하는 것이 타당하다고 판단하였다.

[요구사항]
위 상황에서 중요성기준 결정 출발점이 되는 벤치마크 항목에 적합한 재무제표 항목이 무엇인지 기재하고, 그 판단근거를 다음의 답안양식에 맞추어 기술하시오.

[답안양식]

재무제표항목	판단 근거

풀 이

재무제표항목	판단 근거
매출액	영리법인이면서 주주가 다수인 코스닥기업은 일반적으로 법인세차감전 영업이익이 벤치마크로 많이 이용되지만 주어진 회사의 경우 법인세비용차감전 계속사업이익 변동성이 크기 때문에 가장 안정적인 수치를 나타내고 있는 매출액이 가장 바람직한 벤치마크이다.

2 (주)태양의 외부감사인은 감사계획을 수립하면서 수행중요성(Performance materiality)을 재무제표 전체에 대한 중요성 금액의 약70%로 설정하여 실증절차를 수행하기로 결정하였다. 이 경우 수행중요성은 약 1,000백만원으로 계산되었다. 또한 명백하게 사소한(clearly trivial) 금액의 기준은 20백만원으로 정하였다.

(주)태양의 외부감사인이 2X13년 기말감사 수행결과 파악한 발견사항은 아래와 같다. 회사는 외부감사인이 발견한 수정사항을 재무제표에 반영할 계획이 없다고 설명하였다

(A)	당기에 공장건물에 대한 화재보험료로 2X13년 4월 1일자로 72백만원이 지급되었으며, 보험기간은 2X13년 4월 1일에서 2X14년 3월 31일까지임. 회사는 지급시점에 모두 비용처리 함.
(B)	회사의 주요거래처의 재무상황 악화 및 대금회수가 지연됨에 따라 감사인은 해당 거래처의 채권잔액에 대하여 1,000백만원의 대손충당금을 추가 적립할 것을 제시함.
(C)	회사의 제품 중 500백만원이 3년 이상 매출이 발생하지 않은 장기 진부화재고로 파악되어 100% 충당금 설정을 제시하였으나, 재무제표일 이후 감사보고서일 전에 150백만원에 전량 매각되었음.

위 상황에서, (1) 감사인이 작성하여 회사에 제시한 미수정왜곡표시 금액이 얼마인지 기재하고, (2) 이 금액을 수행중요성과 비교한 후에 감사위험·중요성 판단 및 감사계획 수정 여부와 관련하여 감사인의 추가적 고려가 필요한 사항이 무엇인지 기술하시오.

[답안양식]

(1) 미수정왜곡표시 금액	백만원
(2) 추가적 고려 필요 사항	

풀 이

(1) 미수정왜곡표시 금액	1,350 백만원
(2) 추가적 고려 필요 사항	감사 중 집계한 왜곡표시와 미발견된 왜곡표시와 합칠 때 중요성을 초과할 수 있는 위험이 수용가능한 수준보다 더 클 수 있다. 이 경우 감사인은 감사계획을 수정하여 추가적인 감사절차를 수행할지 여부에 대하여 고려해 보아야 한다.

3 외부감사인이 감사계획단계에서 설정한 재무제표 전체에 대한 중요성보다 낮은 수준(after hair-cut)으로 수행중요성을 정하는 이유를 기술하시오(2줄 이내).

풀 이

미수정왜곡표시와 미발견왜곡표시의 합계가 재무제표 전체에 대한 중요성을 초과할 가능성을 적절하게 낮은 수준으로 감소시키기 위해 설정한다.

4 감사위험 평가와 관련하여, 다음 항목들의 관계를 감사위험모형(또는 감사위험 구성요소들의 상호관계)을 이용하여 각각 3줄 이내로 설명하시오.

(1) 중요왜곡표시위험(RoMM)과 감사위험 구성요소들의 관계

(2) 중요왜곡표시위험(RoMM)과 목표감사위험 (또는 허용감사위험, desired audit risk)의 관계

[답안양식]

항 목	설 명
(1) RoMM과 감사위험 구성요소들의 관계 설명	
(2) RoMM과 목표감사위험(허용감사위험)의 관계 설명	

풀이

항 목	설 명
(1) RoMM과 감사위험 구성요소들의 관계 설명	중요왜곡표시위험은 고유위험과 통제위험의 결합위험이며 고유위험과 통제위험이 높을수록 중요왜곡표시위험은 높아지며 감사인은 중요왜곡표시위험이 높을수록 감사위험을 목표수준이하로 달성하기 위하여 적발위험을 낮추게 된다.
(2) RoMM과 목표감사위험(허용감사위험)의 관계 설명	목표감사위험은 중요왜곡표시위험을 평가하기 전에 감사인이 설정하는 위험이며 목표감사위험을 달성하기 위하여 감사인은 중요왜곡표시위험을 평가한 후 적발위험의 수준을 결정하도록 되어 있다.

5 회계감사기준에서는 감사인이 위험평가절차를 수행할 때 추가감사절차의 설계와 수행에 대한 근거를 제공하기 위해서 중요왜곡표시위험(Risk of Material Misstatements: RoMM)을 식별하고 평가하도록 정하고 있다. 회계감사기준에서는 이러한 중요왜곡표시위험(RoMM)을 2가지 수준(차원)으로 구분하여 식별·평가하도록 정하고 있다. 이러한 RoMM의 2가지 수준(차원)이 무엇인지 2줄 이내로 기술하시오.

풀이

1. 재무제표 전체 수준의 중요왜곡표시위험
2. 계정과목, 거래유형 및 공시에 대한 경영진 주장 수준의 중요왜곡표시위험

Q&A 사례문제 3 : 중요성과 감사위험

1 감사인은 전수조사를 하는 경우에 있어서도 적발위험은 존재한다. 그 이유를 감사인이 수행하는 감사절차의 성격과 연결하여 간략하게 서술하시오.

풀이

1. 정보 완전성의 제한 : 경영진들이 의도적이든 비의도적이든 정보를 완전하게 제공하지 않을 수 있음.
2. 공모를 통한 문서의 조작 : 일반적인 감사절차는 공모를 통해 제시되는 조작된 문서를 적발하는데 효과적이지 아니함.
3. 감사절차 범위의 한계 : 감사는 수색권한과 같은 특정한 법적 권한이 존재하지 아니함.

2 왕치밀 회계사는 쓰레기(주)의 20X3년 12월 31일 현재 재무제표 감사를 위한 계획단계에서 중요왜곡표시위험을 고려하고 있다. 쓰레기(주)는 정부와의 계약을 통하여 쓰레기 유해물질을 제거하는 서비스를 제공하는 업체이며 비상장회사이다. 다음 상황을 읽고, 중요왜곡표시위험을 증가시키는 요인이면 증가, 중요왜곡표시위험을 감소시키는 요인이면 감소라고 서술하시오.

(1) 쓰레기(주)의 이사회는 청소(주)의 대표이사가 지배하고 있으며, 청소(주)는 이 회사의 대주주이기도 하다.

(2) 쓰레기(주)에는 내부감사인이 존재하고 그 내부감사인은 발견사항을 회계부서담당자에게 보고하고, 그 회계담당자가 대표이사에게 보고하는 체계를 갖추었다.

(3) 경영진들의 회전율이 지나치게 높다.

(4) 쓰레기(주)의 주거래은행 대출담당자는 정기적으로 쓰레기(주)의 대표이사와 회계부서담당자를 만나서 쓰레기(주)의 영업성과에 대한 감독을 하고 있다.

(5) 20X3년도 중에 쓰레기(주)는 자신이 가지고 있던 A회사(주) 주식 지분 절반을 매각하였으며, 처분 후에도 동회사에 대하여 중대한 영향력을 행사하고 있다.

(6) 20X2년도 중에 쓰레기(주)에 대하여 오염물질을 방출한 사실로 소송이 제기되었으나 올해 그 소송이 해결이 되어서 재무제표일 시점에 공시에 대한 필요성이 없어졌다.

(7) 20X3년도 중에 쓰레기(주)는 청소(주)의 대표이사의 아버지가 소유하고 있는 회사와 쓰레기장비에 대한 리스계약을 체결하였다. 이 특수관계자 거래는 20X3년도 재무제표에 공시되어 있지 않고 있다.

(8) 이 쓰레기(주)는 내년도 중에 상장을 예정하고 있다.

풀이

(1) 증가 (2) 증가 (3) 증가 (4) 감소 (5) 증가 (6) 감소 (7) 증가 (8) 증가

3 다음은 중요성과 감사위험에 대한 설명이다. 적절하지 않은 항목을 선택하고 그 이유를 서술하시오. (2022년, KICPA 기출문제)

1	중요성은 감사인의 전문가적 판단사항이므로 재무제표 이용자들의 재무정보 수요에 대한 고려 없이 독립적으로 결정된다.
2	개별적으로는 중요하지 않더라도 다른 왜곡표시와 합쳐져 집합적으로 중요해질 가능성이 있다면 명백하게 사소한 금액에 해당하지 않는다.
3	감사인은 평가된 중요왜곡표시위험과 무관하게 중요한 각 거래유형과 계정잔액 및 공시에 대해서는 일정 수준 이상의 실증절차를 설계하고 수행해야 한다.

4	감사위험은 재무제표가 중요하게 왜곡표시되어 있지 않을 때 감사인이 재무제표가 중요하게 왜곡표시되어 있다는 의견을 표명할 위험을 포함한다.
5	수행중요성이란 미수정왜곡표시가 재무제표 전체의 중요성을 초과할 확률을 적절하게 낮은 수준으로 감소시키기 위해 감사인이 재무제표 전체의 중요성보다 작게 설정하는 금액을 의미한다.

풀이

1 : 중요성에 대한 판단은 합리적인 정보이용자 관점에서 판단하여야 한다.

〈참고〉 4번의 경우 이론적인 감사위험의 정의는 감사의견을 잘못 표명할 위험인 알파위험과 베타위험이 다 존재하기 때문에 맞는 설명이다. 다만, 감사인은 알파위험보다는 베타위험, 즉 재무제표가 왜곡표시되어 있음에도 불구하고 재무제표가 적정하다고 의견을 표명할 위험을 줄이기 위해서 노력하여야 한다. 재무제표가 왜곡표시되지 아니하였음에도 불구하고 재무제표가 중요하게 왜곡표시되어 있다고 의견을 표명하는 경우에도 회사에 의하여 손해배상책임이 야기되는 경우가 실무적으로 존재하기 때문에 감사위험의 이론상 정의에는 알파위험도 포함시키는 것이 적절하다.

Q&A 사례문제 4

1 a와 b의 두 가지 항목으로 구성된 재무제표에 대한 감사를 감사인이 실시하는 것으로 가정할 때 감사인은 목표감사위험을 일정수준(G) 이하로 통제하면서 가장 효율적인 감사를 수행하고자 한다. 각 계정과목에 대한 감사증거를 수집하는 비용은 감사증거량에 비례한다고 가정하고 감사위험과 증거량과의 관계는 다음과 같은 식으로 표시될 수 있다

$$\text{감사위험} = \frac{100}{(X_a + X_b)}$$

(Xa, X_b : a, b 항목에 대한 감사증거량)

a, b 항목에 대한 감사증거 한 단위를 수집하는 데 들어가는 비용을 C_a, C_b라고 가정할 때 감사인이 수집해야 할 증거량을 결정하는 의사결정문제를 목적함수와 제약조건으로 표시하시오

풀이

$$\text{Min}(X_aC_a + X_bC_b) \quad \text{subject to} \quad \frac{100}{(X_a + X_b)} \leq G$$

2 감사위험수준을 종축으로 하고 감사증거량을 횡축으로 하였을 경우 감사위험과 감사증거량과의 관계를 그림으로 나타내시오 (1998년, KICPA 기출문제)

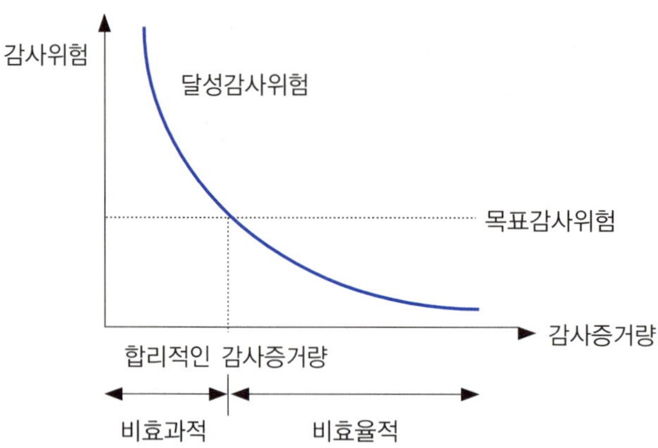

3 감사위험은 중요왜곡표시위험(고유위험×통제위험)×적발위험으로 구성된다. 감사위험모형에서 구성요소가 각각의 합으로 표시되지 않고 각 구성요소의 곱으로 표시되는 이유를 간단하게 설명하시오.

풀이

감사위험은 고유위험과 통제위험, 적발위험이 동시에 존재하여야지만 발생하는 결합위험이기 때문이다. (만약 고유위험 또는 통제위험, 적발위험 중 한 요인이 "0"이면 감사위험이 "0"가 되는 논리를 이해하면 된다)

4 다음에 제시하는 사항이 어느 위험과 관련되어 있는지를 서술하시오. (2001년, KICPA 기출문제, AICPA 기출문제 응용)

① 매출채권은 횡령 등의 가능성이 있다.
② 종업원 간의 공모로 인하여 재고자산수량이 과대평가되었다.
③ 감사인이 감사업무의 수행 중 발견된 오류를 인식하지 못하였다.
④ 고가의 의료장비는 취득 후 진부화의 속도가 빠르다.
⑤ 매입된 상품에 대한 검수보고서가 제대로 작성되지 않았다.
⑥ 재고자산 계정과목에 대한 실증절차의 범위를 확대하였다.
⑦ 회사의 운전자본이 부족하여 이익을 조작할 가능성이 높다.
⑧ 적절한 승인절차 없이 자금이 결제되었다.
⑨ 재고자산의 평가 시 다른 자산에 비해서 전문가의 도움이 더 필요하다.
⑩ 회사는 다음연도에 코스닥시장에 상장할 예정이다.
⑪ 구매부서에서 작성한 수량이 기입된 구매주문서가 검수부서로 이전되었다.
⑫ 감사인이 목표감사위험을 달성하기 위하여 통제할 수 있는 위험이다.
⑬ 매출발생 시 주문자에 대한 신용승인이 적절하게 이루어지지 않고 있다.
⑭ 재고자산의 보관 시 보험가입 및 물리적 보안장치가 허술하게 이루어지고 있다.
⑮ 회사는 재무제표일 시점 전후에 복잡한 거래가 비경상적으로 많이 발생하고 있다.

풀이

① 고유위험 ② 통제위험 ③ 적발위험 ④ 고유위험 ⑤ 통제위험 ⑥ 적발위험
⑦ 고유위험 ⑧ 통제위험 ⑨ 고유위험 ⑩ 고유위험 ⑪ 통제위험 ⑫ 적발위험
⑬ 통제위험 ⑭ 통제위험 ⑮ 고유위험

5 감사인이 목표감사위험을 20%로 설정하였다. 10개의 동질적인 거래로 구성된 계정과목을 감사한다고 가정할 때 10개의 거래 중 회계제도와 내부통제제도가 없을 때 나타날 수 있는 오류는 9개로 판단된다. 또한 그 중 5개 거래는 회사의 회계제도와 내부통제제도에 의하여 발견되어 수정되지 않을 것으로 예상된다. 적발위험의 목표수준을 계산하시오. (1999년, KICPA 기출문제)

풀이

감사위험모형에 의하면 적발위험의 목표치는 40%로 설정하여야 한다.

6 다음에서 예시한 내용 중 틀린 내용을 지적하고 그 이유도 서술하시오. (2000년, KICPA 기출문제)

① 중요왜곡표시위험이 매우 낮은 경우 실증절차는 생략할 수 있다.
② 목표감사위험보다 달성감사위험을 낮추었다면 감사는 효과적인 감사인 것으로 판단할 수는 있지만 효율적인 감사인 것으로 판단할 수는 없다.
③ 목표감사위험을 낮추면 중요왜곡표시위험은 높아진다.
④ 목표감사위험은 감사인마다 다르게 설정되는 것이 일반적이만, 감사의 신뢰성을 위하여 동일한 회사에 대해서는 유사하게 설정될 수 있도록 노력하여야 한다.
⑤ 고유위험이 높으면 통제위험이 높다.

풀이

① 중요왜곡표시위험이 낮다 하더라도 실증절차는 생략할 수 없다. 그 이유는 다음과 같다.

가. 감사인의 위험평가에는 판단이 수반되므로 모든 중요왜곡표시위험이 식별되지 않을 수 있음.
나. 경영진의 통제무력화 등 내부통제에 고유한계가 존재하기 때문임.

③ 목표감사위험은 중요왜곡표시위험 평가 전 감사인이 설정하는 목표치이다.
⑤ 고유위험은 내부통제제도와 상관없이 재무제표에 중요한 왜곡표시가 내재될 위험이다. 따라서 내부통제제도의 위험인 통제위험과 관련성이 없다.

7 감사실패와 감사위험은 어떻게 다른지 서술하고 이들 개념을 각각 예를 들어 설명하시오. (2006년, KICPA 기출)

풀이

① 감사실패(audit failure) : 감사인이 감사기준이나 관련법규를 준수하지 못한 결과로서 잘못된 감사의견을 표명하였을 때 발생한다. 예를 들어, 적격하지 못한 감사보조자를 사용하여 감사를 실시하고 보조자에 감독을 게을리 함으로써 마땅히 발견되어야 할 오류나 부정이 발견되지 못하거나, 재고자산의 감사

절차에서 감사기준이 정하는 실사입회 절차를 정당한 이유 없이 생략함으로써 오류가 발견되지 못한 채 잘못된 감사의견이 제시되었다면 이는 감사실패에 해당된다.

② 감사위험(audit risk) : 감사인이 합리적인 확신수준 하에서 감사증거를 구하기 위해 감사 기준에서 정하는 감사절차를 적용하였음에도 불구하고 사실은 오류가 존재하는 재무제표에 대해 잘못된 감사의견을 표명할 위험을 말한다.

8 감사인이 전문가로서 정단한 주의의무를 다한 경우에도 정상적인 감사위험이 발생할 수 있기 때문에 감사인의 책임을 묻지 말아야 한다는 주장이 있다. 귀하는 이 의견에 동의하는지 여부를 서술하고 정당한 주의의무를 다한다는 의미가 무엇인지 감사기준에 근거하여 서술하시오. (2006년, KICPA 기출)

풀이

적절한 주장이다. 감사인의 회계감사기준에 따라 감사를 수행하게 되면 정당한 주의의무를 다한 것으로 볼 수 있고 이 경우에도 항상 감사위험은 존재할 수 있다. 이때 감사기준에 따라 감사를 수행하였는지 여부는 다음과 같이 판단한다.

> 가. 각 상황에서 감사인이 수행한 감사절차, 이 결과 입수된 감사증거의 충분성과 적합성
> 나. 감사증거에 대한 평가를 기초로 한 감사보고서의 적합성

9 중요성이란 재무제표에 포함된 왜곡표시가 개별적으로 또는 집합적으로 재무제표 이용자의 경제적 의사결정에 미치는 영향력의 크기를 말한다. 감사과정에서 중요성 개념이 적용되는 경우(또는 시기) 두 가지를 서술하시오(단, 아래 <예시>는 제외할 것). (2021년, KICPA 기출)

> <예시>
> *감사인이 감사를 계획하고 수행할 때*

풀이

첫째, 중요왜곡표시의 식별과 평가를 위하여
둘째, 미수정 왜곡표시가 재무제표에 미치는 영향을 평가할 때

10 다음은 중요성 및 감사위험 등에 관한 설명이다. 각 항목(①~⑥)별로 설명이 적절한지 여부를 기재하고, 적절하지 않은 경우 그 이유를 서술하시오. (2021년, KICPA 기출)

항목	설명
①	감사인은 전반감사전략을 수립할 때 재무제표 전체에 대한 중요성을 결정하여야 한다.
②	중요성 결정은 감사인의 전문가적 판단사항이므로 재무제표 이용자들의 재무정보 수요에 영향을 받지 않아야 한다.

③	수행중요성을 설정하는 이유는 미발견 왜곡표시액 등이 재무제표 전체에 대한 중요성 금액을 초과할 확률을 적절하게 높은 수준으로 증가시키기 위함이다.
④	경영진주장 수준의 중요왜곡표시위험은 기업 측의 위험으로서, 재무제표감사와 독립적으로 존재한다.
⑤	감사인은 재무제표 수준의 평가된 중요왜곡표시위험을 기초로 하여 이에 대응하는 추가감사절차의 성격, 시기 및 범위를 설계하고 수행하여야 한다.
⑥	주어진 수준의 감사위험에서 감사인이 수용가능한 적발위험의 수준은 경영진주장 수준의 평가된 중요왜곡표시위험과 역(-)의 관계에 있다.

[답안양식]

항 목	적절한가? (예, 아니오)	적절하지 않은 경우, 그 이유 서술
①		
⋮		
⑥		

풀 이

항 목	적절한가? (예, 아니오)	적절하지 않은 경우, 그 이유 서술
①	예	
②	아니오	중요성 기준은 합리적인 이용자의 의사결정에 영향을 미치는지 여부를 고려하여야 함
③	아니오	수행중요성을 설정하는 이유는 미발견 왜곡표시액 등이 재무제표 전체에 대한 중요성 금액을 초과할 확률을 적절하게 낮은 수준으로 증가시키기 위함이다.
④	예	
⑤	예	
⑥	예	

11 다음은 목표감사위험과 달성감사위험에 대한 설명이다. 각 항목별로 설명이 적절한지 여부를 기재하고, 적절하지 않은 경우 그 이유를 서술하시오. (2023년, KICPA 기출)

항목	설명
①	목표감사위험은 감사증거량이 증가하면 감소한다.
②	감사증거량을 충분히 증가시키면 달성감사위험은 0이 될 수 있다.
③	목표감사위험보다 달성감사위험을 낮추면 효과적이고 효율적인 감사라고 할 수 있다.

풀 이

항목	설명
①	감사증거량이 증가하면 달성감사위험이 감소한다.
②	감사의 고유한계로 인하여 달성감사위험은 "0"이 될 수 없다.
③	효과적인 감사는 될 수 있지만 효율적인 감사는 될 수 없다.

제 7 장 감사증거, 감사기술 및 감사문서

1 감사증거가 갖추어야 할 요건 : 적합성과 충분성

감사인이 정보이용자에게 제공하는 재무제표에 중요한 왜곡표시가 존재하지 않는다는 합리적인 확신(Reasonable Assurance)은 충분하고 적합한 감사증거를 입수하여 감사위험(Audit Risk), 즉 재무제표가 중요하게 왜곡표시되어 있음에도 불구하고 감사인이 부적합한 의견을 표명할 위험을 수용가능한 낮은 수준으로 감소시켰을 때 얻어진다. 따라서 감사인이 충분하고 적합한 감사증거를 확보하는 것은 감사인이 표명하는 의견의 신뢰도에 핵심이 되는 필수 조건이다.

(1) 적합성(Appropriateness)

감사증거의 질적 척도(Quality)를 의미하며 감사증거의 관련성(Relevance to FS Assertions) 및 감사증거의 신뢰성(Reliability)을 의미한다.

① 감사증거의 관련성(Relevance to FS Assertions)

| 사례 |

1) 매출채권의 실재성 주장을 확인하기 위한 절차: 매출채권명세서에서 표본을 추출하여 거래처에 대하여 외부조회 등을 통해 실재성을 확인한다.
2) 부외부채를 확인하기 위한 절차(부채의 완전성 주장을 확인하기 위한 절차) : 기중거래 모든

금융기관에 대하여 금융기관조회서 등을 발송하여 차입금내역을 확인한 뒤 모든 거래내역이 장부에 다 반영되었는지 여부를 확인한다. 또한 매입채무의 완전성을 확인하기 위하여 기말 현재 주된 매입처이지만 잔액이 거의 없는 거래처에 대하여 외부조회를 발송한다.

3) 매입채무의 실재성(과대계상)을 테스트하는 것이라면 장부에 기록된 매입채무를 테스트하는 것이 관련성이 있는 감사절차가 되지만 완전성(과소계상)을 테스트하는 것이라면 후속적인 지급거래, 미지급된 송장, 매입처 계산서 그리고 일치하지 않는 검수보고서 같은 정보를 테스트하는 것이 관련성이 있는 것이다. (ISA 500 문단 A27)

일반적으로 감사증거는 재무제표에 의한 주장항목별로 수집한다. 일반적으로 하나의 주장, 예를 들어 재고자산의 실재성에 대한 감사증거는 다른 주장인 재고자산 평가의 적정성에 대한 감사증거를 제공해 주지 못한다. 하지만 경우에 따라서는 감사인이 적용하는 감사절차는 하나 이상의 주장에 대한 감사증거를 제공할 수 있다. 예를 들어, 매출채권의 회수에 대한 감사증거는 매출채권이 실제로 존재한다는 사실(실재성)과 매출채권의 평가가 적정하다(평가)는 사실에 대한 증거를 제공할 수 있다.

② **신뢰성(Reliability) (ISA 500 문단 A31)**

영향요인	사 례
감사증거를 기업외부의 독립된 원천에서 얻을 때 그 신뢰성이 증가됨.(주1)	매출채권에 대한 조회서 또는 변호사조회서에 의해 수집한 감사증거의 신뢰성이 내부적으로 경영진이 제공하는 선적서류나 소송 관련된 회사 내부 서류보다 신뢰성이 높다.
내부적으로 생성된 감사증거는 기업이 수립한 통제가 효과적일 때 그 신뢰성이 증가됨.	내부통제의 주요 목적 중 하나가 재무제표의 신뢰성을 향상시키기 위한 것임을 기억하면 된다.
감사인이 직접 입수한 감사증거는 간접적으로 입수한 감사증거보다 그 신뢰성이 높음.	1) 감사인이 직접 수집한 감사증거가 신뢰성이 높기 때문에 외부조회를 발송하는 경우 조회서를 감사대상회사가 아닌 감사인이 직접 발송, 회수하도록 되어 있다. 2) 통제테스트시 질문보다 직접 운영에 대한 관찰이 훨씬 신뢰성이 높다.
감사대상회사가 구두로 제시하는 감사증거보다 문서로 제시하는 감사증거가 그 신뢰성이 높음.	경영진으로부터 서면진술을 입수하는 것은 경영진의 구두진술만 입수하는 것보다 훨씬 진술의 질을 향상시킬 수 있다. (ISA 580 문단 A1)

주1 외부 원천에서 얻어지는 감사증거라 하더라도 정보제공자가 지식이 부족하거나 경영진측 전문가가 객관성을 결여하고 있다면 독립된 외부의 원천에서 입수된 정보라도 신뢰할 수 없을 것이다.

(2) 충분성(Sufficiency)

① 감사증거의 양적 척도이다. 감사증거의 충분성에 영향을 미치는 요인은 다음과 같다. (ISA 500 문단 A4)

영향요인	관 계
중요왜곡표시위험	중요왜곡표시위험이 높다고 평가할수록 더 많은 감사증거량이 요구됨.
허용오류액 (율)	허용오류액이 낮을수록 더 많은 감사증거량이 요구됨.
감사증거의 질 (적합성)	감사증거의 질이 낮을수록 더 많은 감사증거량이 요구됨. 하지만 더 많은 감사증거를 확보한다고 해서 그 증거의 낮은 품질을 보완할 수는 없음.

② 감사증거의 양에 따라 이용가능한 방법은 다음과 같이 세 가지이다.

1) 모든 항목의 추출 (전수검사)
2) 특정 항목의 추출
3) 표본감사

1) 모든 항목의 추출 (전수검사)

어떤 거래유형이나 계정잔액을 구성하는 항목의 전체 모집단을 검사하는 것을 말한다. 통제테스트에서는 전수검사가 거의 이용되지 아니하며 세부테스트의 경우에는 다음과 같은 경우 전수검사가 적합하다. (ISA 500 문단 A53)

가. 모집단의 금액이 큰 소수의 항목으로 구성되어 있을 때
나. 유의적 위험이 존재하며 다른 방법으로는 충분하고 적합한 감사증거를 제공하지 못할 때

특히, 정보시스템에 의해 자동적으로 수행되는 계산이나(예 : 감가상각비 재계산) 기타 처리는 그 반복적 특성으로 인해 전수검사가 비용 측면에서 효과적이다.

2) 특정 항목의 추출

감사인은 모집단으로부터 특정항목을 추출하기로 결정할 수도 있다. 이러한 특정 항목에 대한 판단적 추출은 비표본위험을 낳는다. 특정항목 추출에는 다음과 같은 것이 포함될 수 있다. (ISA 500 문단 A54)

가. 금액이 크거나 핵심적인 항목. 즉 의심스럽고 비정상적이며 특별히 위험성이 있거나 과거에 오류가 발생되었던 항목 등을 추출하는 방법
나. 일정 금액 이상의 모든 항목
다. 정보를 입수하기 위한 항목

3) **표본감사**

표본감사는 모집단으로부터 도출된 표본에 대한 테스트에 근거하여 모집단 전체에 대한 결론을 이끌어 낼 수 있도록 설계된다. 이 부분이 특정항목 추출과 가장 큰 차이를 야기시키는 부분이다.

❙ 사례 ❙

매출채권 1,000억(거래처는 1,000명)인 회사의 경우 외부조회를 위해 거래처 선택을 하는 경우 다음과 같이 3가지 방법이 가능하다.

1) **전수검사** : 거래처 1,000명 모두에게 전수로 확인하는 방법
2) **특정항목 검사** : 거래처 1,000명 중에 일정금액 이상의 모든 항목을 추출하거나 의심이 되는 거래처 항목만 일부 추출하는 방법
3) **표본감사** : 1,000명 중에서 모집단을 대표할 수 있는 일부 거래처를 추출하여 외부조회를 한 뒤 그 결론을 모집단 전체로 확대하여 결론내리는 방법

(3) 충분하고 적합한 감사증거 입수여부 판단 (ISA 330 문단 25~27)

감사인은 수행한 감사절차와 입수된 감사증거에 기초하여 감사를 종결하기 전에 경영진 주장 수준의 중요왜곡표시위험에 대한 평가가 여전히 적합한지 여부를 평가하여야 하며 또한 충분하고 적합한 감사증거를 입수하였는지 여부에 대하여 결론을 내려야 한다. 만약, 감사인이 재무제표에 대한 경영진의 중요한 주장에 대해 충분하고 적합한 감사증거를 입수하지 못한 경우, 감사인은 감사증거를 추가로 입수할 수 있도록 노력하여야 한다. 그럼에도 불구하고 감사인이 충분하고 적합한 감사증거를 입수할 수 없는 경우에는 한정의견을 표명하거나 재무제표에 대한 의견을 거절하여야 한다. 참고로 감사인이 감사계약을 수임하는 과정에서 감사업무범위 제한을 요구(충분하고 적합한 감사증거를 제공하지 못하겠다는 의사를 표명)하는 경우에는 원칙적으로 감사계약을 수임하여서는 안 된다.

감사증거가 갖추어야 할 요건	
충분성	적합성
상호 보완적(*)	
(1) 감사증거의 양적 척도 (2) 감사증거의 충분성에 영향을 주는 요인 ① 중요왜곡표시위험 ② 허용오류액 (율) ③ 감사증거의 질 (품질) (3) 감사증거 양 결정 ① 모든 항목 추출 ② 특정항목의 추출 ③ 표본감사	(1) 감사증거의 질적 척도 (2) 재무제표 주장 관련성 (3) 신뢰성 ① 외부로부터 입수한 감사증거 ② 유효한 내부통제제도로부터 입수한 감사증거 ③ 직접적으로 입수한 감사증거 ④ 문서적 형태의 감사증거

〈충분하고 적합한 감사증거를 입수하지 못하는 경우〉

단 계	대응조치
감사 계약수임 전	감사계약을 체결해서는 아니됨.
감사 업무수행 중	충분하고 적합한 감사증거를 추가로 입수할 수 있도록 노력하여야 함.
감사 의견표명 시	한정의견 또는 의견거절을 표명하여야 함.

(*) 감사증거의 품질이 높을수록 감사증거의 양은 줄어들지만 감사증거의 양이 늘어난다고 해서 감사증거의 품질이 올라가는 것은 아님.

▌사례 1 ▌ 감사증거의 신뢰성 판단문제

감사인 입장에서 다음에 제시된 감사증거의 신뢰성이 높고 낮음을 판단하고 그 이유를 간단히 기술하시오. (2006년, KICPA 기출문제)

	수집된 감사증거	신뢰성 (높음/낮음)	이 유
1	영업사원이 대신 회수해 준 매출채권조회서		
2	진행 중인 소송사건의 향후 전망에 대한 경영진 서면진술		
3	감사인이 재고자산 실사에 입회하여 입수한 재고자산 리스트		
4	은행출납업무를 담당하지 않는 회사 내 독립된 제3자에 의해 매주 정기적으로 이루어지고 있는 은행계정조정표의 입수		

풀 이

	수집된 감사증거	신뢰성 (높음/낮음)	이 유
1	영업사원이 대신 회수해 준 매출채권조회서	낮음	조회서를 감사인이 직접 회수하지 않고 영업사원을 통해서 간접적으로 확보하였음.
2	진행 중인 소송사건의 향후 전망에 대한 경영자 서면진술	낮음	소송사건과 관련하여 외부감사증거인 변호사조회서를 입수하지 않고 내부감사증거인 경영자 서면진술을 입수하였음.
3	감사인이 재고자산 실사에 입회하여 입수한 재고자산 리스트	높음	감사인이 직접 실사에 입회하여 확인한 감사증거임.
4	은행출납업무를 담당하지 않는 회사 내 독립된 제3자에 의해 매주 정기적으로 이루어지고 있는 은행계정조정표의 입수	높음	효과적인 내부통제제도에서 만들어진 감사증거임.

▌사례 2 ▌ 감사증거의 적합성 판단문제

다음 감사증거의 적합성에 대하여 논의해 보시오.

① 회사의 예금 실재성 및 차입금 누락여부를 확인하기 위하여 재무제표일 시점에 계좌를 개설하고 있는 금융기관에 대하여 조회서 발송 및 회수

② 현재 10억 원의 피해청구금액에 해당되는 소송이 진행 중이라는 감사대상회사의 구두적 증거

③ 건물의 소유권 확인을 위한 등기부등본의 복사본

④ 재무제표일 시점 잔액이 큰 채권자에 대한 조회서 발송을 통하여 매입채무의 완전성 확인

풀 이

① 감사증거의 적합성(재무제표주장과의 관련성)에 문제가 있다. 차입금 잔액의 완전성을 확인하기 위해서는 기중거래 모든 은행에 대하여 조회서를 발송하여야 한다(참고로 직접 회수하였기 때문에 감사증거의 신뢰성부분은 문제가 없다).

② 감사증거의 적합성(신뢰성)에 문제가 있다. 소송사건과 관련된 감사증거는 외부로부터 직접 문서증거(예 : 변호사조회서)를 입수하여야 한다.

③ 감사증거의 적합성(신뢰성)에 문제가 있다. 감사인은 신뢰성 있는 감사증거를 확보하기 위하여 반드시 문서의 원본을 확인하여야 한다.

④ 감사증거의 적합성(재무제표주장과의 관련성)에 문제가 있다. 매입채무의 완전성을 확인하기 위해서는 재무제표일 시점 잔액이 거의 없는 주된 거래처에 대하여 외부조회를 발송하여야 한다.

▌사례 3 ▌ 감사증거의 충분성과 적합성(2007년, KICPA 기출문제)

창조(주)의 경영진은 외부감사와 관련하여 회사의 사업상 기밀 유출방지를 위하여 하늘회계법인에게 다음과 같은 내용을 포함하는 비밀준수합의서를 요구하고 있다.

- 하늘회계법인의 감사팀과 감사책임자(partner)는 창조(주)가 수주하여 시공하고 있는 아파트나 오피스텔의 위치와 명칭을 공개하지 않는다.
- 하늘회계법인의 감사팀과 감사책임자는 인테리어시공을 발주한 건설회사의 누구와도 직접 접촉하거나, 서신, 이메일, 전화통화 등의 연락을 하지 않는다.
- 인테리어시공 현장방문은 창조(주)와 사전에 협의된 시간과 장소에 한하여, 창조인테리어(주)의 현장안내 규정을 준수할 경우에만 가능하다.

창조(주)의 비밀준수합의서 요구에 대해 하늘회계법인이 수용해야 할 것인지 여부에 대해 답하고, 그 이유를 제시하시오. 또한 감사계약을 체결하였다고 가정하고 감사수행 후 의견을 형성하는 과정에서 이러한 일이 발생한 경우 어떠한 절차를 수행하여야 하는지도 서술하시오.

풀이

하늘회계법인은 창조(주)의 재무제표 감사와 관련하여 비밀준수합의서에 있는 내용으로 감사를 진행하는 경우 충분하고 적합한 감사증거를 확보할 수 없기 때문에 감사계약을 체결하여서는 안 된다. 만약 감사의견 형성 시 이러한 일이 발생한 경우에는 감사범위제한을 이유로 한정 또는 의견표명을 거절하여야 한다.

2 감사증거의 유형 및 감사기술

감사기술의 종류	감사증거의 유형
문서검사	문서적 증거
실물검사 및 관찰	물리적 증거
질 문	구두적 증거
외부조회	제3자로부터 확인
재계산	수리적 증거
분석적 절차 및 소극적 조회	상황적 증거

(1) 문서검사(Inspection of Documents)

① 내・외부의 소재를 떠나 종이나 전자 또는 기타 매체 형태의 기록이나 문서에 대한 검사를 말한다. 내부 기록과 문서의 경우 그 생성에 대한 통제의 효과성에 따라 다양한 수준의 신뢰성을 가지는 감사증거를 제공한다.

② 문서검사를 통하여 얻을 수 있는 구체적인 감사증거 (ISA 500 문단 A14~15 응용)

1) 주식이나 채권과 같은 금융상품의 서류검사 : 실재성에 대한 감사증거는 제시하지만 권리나 평가에 대한 감사증거를 제공하지는 못한다.
2) 계약서에 대한 검사 : 수익인식과 같은 회계정책의 적용에 관련된 감사증거(기간귀속이나 측정에 대한 감사증거)를 제공할 수 있지만 실재성에 대한 강력한 감사증거는 되지 못한다.

③ 문서적 증거의 유형

1) 제3자가 작성하고 보관하는 문서적 감사증거
2) 제3자가 작성하고 회사가 보관하는 문서적 감사증거
3) 회사가 작성하고 보관하는 문서적 감사증거

감사증거의 신뢰성은 1), 2)번의 문서적 감사증거가 제3자가 작성한 외부문서이기 때문에 3)번 회사가 작성한 내부문서보다는 신뢰성이 있으며 1)번은 직접 제3자로부터 확인한 문서적 증거이기 때문에 2)번보다는 신뢰성이 높다. 또한, 회사가 직접 작성하고 보관하는 문서적 감사증거라 하더라도 통제 유효성에 따라 신뢰성은 달라질 수 있다

④ 문서검사의 유형

전진법	거래기록의 완전성을 검증하기 위하여 적용하는 문서검증방법이다. 이는 거래에 대한 원시증빙철로부터 분개장과 전표, 그리고 총계정원장으로 추적하여 나가는 방법을 말한다.
역진법	실재성에 대한 검증을 위하여 적용하는 문서검증방법이다. 이는 총계정원장으로부터 분개장 및 전표, 그리고 거래에 대한 원시증빙철로 역추적하는 방법을 말한다

예시

가. 매출거래 유형

■ **전진법 (거래기록의 완전성 검증)**

구매주문서 ⇨ 판매지시서 ⇨ 제품출고증 ⇨ 선적서류 및 운송서류 ⇨ 인도(수)증 ⇨ 세금계산서 ⇨ 매출원장 및 매출채권 명세서

■ **역진법 (거래기록의 실재성 및 발생사실 검증)**

매출원장 및 매출채권 명세서 ⇨ 세금계산서 ⇨ 인도(수)증 ⇨ 선적서류 및 운송서류 ⇨ 제품출고증 ⇨ 판매지시서 ⇨ 구매주문서

나. 매입거래 유형

■ **전진법 (거래기록의 완전성 검증)**

구매요청서 ⇨ 구매주문서 ⇨ 검수보고서 ⇨ 인도(수)증 ⇨ 세금계산서 ⇨ 승인된 지출승인서 ⇨ 매입원장 및 매입채무 명세서

■ **역진법 (거래기록의 실재성 및 발생사실 검증)**

매입원장 및 매입채무 명세서 ⇨ 승인된 지출승인서 ⇨ 세금계산서 ⇨ 인도(수)증 ⇨ 검수보고서 ⇨ 구매주문서 ⇨ 구매요청서

▌사례 1▐

다음 중 가장 신뢰성이 떨어지는 감사증거는? (AICPA 기출문제)

① 구매주문서

② 회사로부터 입수한 은행잔액증명서

③ 감사인이 직접 수행한 재고자산실사

④ 소송사건과 관련하여 입수한 변호사조회서

해답 : ①

▎사례 2▎

감사증거는 수집원천에 따라 내부증거와 외부증거로 분류될 수 있다. ① 어음발행대장, ② 금융기관조회서(은행조회서), ③ 어음보관영수증 원본을 내부증거와 외부증거로 구분하여 각각 해당하는 번호를 기재하시오. (2003년, KICPA 기출문제)

해답 : 내부증거-①, 외부증거-②, ③

▎사례 3▎

아래 감사절차의 미비점을 지적해 보시오. (2002년, KICPA 기출문제 응용)

왕치밀 회계사는 20X3년도 12월 31일자 서울주식회사의 부외부채에 대한 감사절차를 수행하고 있다. 먼저, 매입채무의 완전성을 확인하기 위하여 12월 31일자 매입채무 보조원장에서 표본을 추출하여 그 매입채무에 상응하는 검수보고서 유무를 확인해 보았다. 또한 그 완전성 여부를 확인해 보기 위하여 12월 31일자 매입채무의 잔액이 큰 상대방 거래처에게 조회서를 발송하여 그 진위를 확인해 보려고 하고 있다.

해답 : 매입채무의 완전성을 확인하기 위한 문서검사는 전진법이 적합한 방법이며 따라서 매입채무 보조원장에서 표본을 선택하기보다는 검수보고서에서 표본을 추출하고 해당 매입거래가 매입채무 보조원장에 전부 다 기입되었는지 확인해 보아야 한다. 또한 적합한 감사증거가 되기 위해서는 외부조회시 매입채무의 잔액이 큰 거래처가 아닌 재무제표일 시점에 잔액이 없는 주된 거래처를 대상으로 하여야 한다.

(2) 실물검사(Physical Inspection)

① 실물자산이 분산·보관되어 있는 경우 회사는 상호 융통을 통하여 부정을 저지를 수 있기 때문에 반드시 실물검사를 하는 감사인은 모든 실물자산의 리스트를 입수하여 동시에 실사하여야 한다. 만약 선택실사를 수행하여야 하는 경우 실사 장소는 사전에 통보하지 않아야 한다.

② 증거의 적시성을 확보하기 위해 가능하면 재무제표일 전후에 실물확인절차를 수행한다. 만약 감사인이 재무제표일 전후에 실물검사를 수행하지 못한 경우에는 실사일과 재무제표일 사이의 거래에 대한 추가적인 감사절차를 통하여 재무제표일 시점의 계정잔액에 대한 확신을 얻어야 한다.

③ 감사인은 분실에 대한 오해를 줄이기 위하여 실사 시 감사대상회사 책임자의 참관 아래 실사를 수행한 후 실사가 완료되고 나면 전액 다 반납하였음을 감사대상회사 책임자로부터 문서로 확인받아야 한다.

④ 실물확인을 통한 검사는 자산의 실재성에 대한 신뢰성 있는 감사증거를 제공해 주지만 자산

에 대한 회사의 소유권(권리와 의무)이나 금액(평가 및 배분의 적정성)에 대한 증거를 제공해 주지는 않는다.

(3) 관찰(Observation)

기업 측 인원에 의한 재고자산 실사나 통제활동 수행을 감사인이 관찰하는 것과 같이, 관찰은 타인이 수행하는 어떤 과정이나 절차를 육안으로 보는 것으로 이루어진다. 관찰은 어떤 과정이나 절차의 수행에 대한 감사증거를 제공하지만, 관찰이 행해지는 시점으로만 제한되며, 그 행위가 관찰되고 있다는 사실 그 자체가 그 과정이나 절차가 수행되는 방식에 영향을 미칠 수 있다는 제한이 있다. 따라서 부정으로 인한 중요한 왜곡표시 개연성이 높을수록 관찰기법도 실물검사와 마찬가지로 불시에 이루어지는 것이 효과적일 수 있다. (ISA 500 문단 A17 응용) 관찰기법이 이용되는 가장 대표적인 재고자산 실사 입회와 관련된 내용은 재고자산 실증절차에서 자세하게 논의하기로 한다.

(4) 질문(Inquiry)

① 질문은 중요한 감사증거를 제공하고 왜곡표시의 증거까지도 생성할 수도 있지만 일반적으로 질문만으로는 경영진 주장 수준의 중요한 왜곡표시가 없다는 것 또는 통제의 운영효과성에 대한 충분한 감사증거를 제공하지 아니한다.

② 감사인은 어떤 사항의 구두질문에 대한 답변을 확인하기 위하여 (경영자 구두진술에 대한 증거력을 보완하기 위하여) 경영진, 그리고 적절한 경우 지배기구로부터 서면진술을 입수하는 것이 필요하다. 후술하겠지만, 감사인은 감사업무 종료시점을 기준으로 경영진에게 중요한 사안에 대해서 서면진술을 요구하도록 되어 있고 이러한 서면진술을 수령하는 목적은 다음과 같다.

〈경영진으로부터 서면진술을 수령하는 목적 : ISA 580 문단 10 & A1〉
1) 경영진의 책임을 다시 한번 경영진에게 주지시키기 위함이다. 이때 경영진 책임이라 함은 재무제표 작성책임, 그리고 감사인에게 모든 정보를 제공하고 접근하게 하였다는 책임 등을 이야기 한다. 2) 경영진의 구두진술에 대한 질(신뢰성)을 향상시키기 위함이다.

(5) 재계산(Recalculation)

재계산은 문서나 기록의 산술적 정확성을 점검하는 것으로 이루어진다. 재계산은 수작업 또는 전자적 수단으로 수행될 수 있다. 실무적으로 회사가 계산명세서(예를 들어 감가상각비 계산내역, 이자수익 계산내역 또는 사채의 상각표 등)를 제시하거나 계정과목별 명세서를 제시하였을 경우 감사인은 구체적인 감사증거를 입수하기 전에 재계산을 통한 숫자의 정확성을 먼저 확인하는 작업이 반드시 선행되어야 한다.

(6) 재수행(Reperformance)

재수행은 감사인이 원래 내부통제의 일부로서 수행되었던 절차와 통제를 독립적으로 실행하는 것을 말한다. 해당 재수행 절차는 통제테스트를 수행하는 과정에서 가장 신뢰성이 있는 감사증거를 제시하는 감사절차이기도 하지만 재무제표의 왜곡표시를 적발하는 실증절차 기법으로는 적합하지 않은 절차이다.

(7) 외부조회(Confirmation by third parties)

외부조회는 문서나 전자 형태 또는 기타 형태의 매체에 의해, 제3자(확인당사자)가 감사인에게 직접 회신함으로써 감사인에게 입수되는 감사증거를 나타낸다. 외부조회절차는 일반적으로 특정 계정잔액 및 그 구성요소와 관련된 경영진 주장을 다룰 때 유용하다. 그러나 외부조회가 계정잔액에만 국한될 필요는 없다. 예를 들어, 감사인은 어떤 기업이 제3자와 맺은 계약이나 거래조건에 대하여 확인을 요청할 수 있을 것이다. 동 조회 요청은 계약에 어떤 수정이 있었는지 그리고 수정이 있다면 관련 세부사항은 무엇인지 묻기 위해 설계될 수 있을 것이다. 외부조회절차는 예를 들어 수익인식에 영향을 미칠 수 있는 "이면계약"이 없다는 것과 같이, 특정 조건이 존재하지 않는다는 것에 대한 감사증거를 얻기 위해 사용되기도 한다. 자세한 내용은 이 장 5번 부분에서 후술하기로 한다.

(8) 분석적 절차(Analytical Procedures)

분석적 절차는 재무데이터와 비재무데이터 간의 개연적인 관계를 연구함으로써 재무정보를 평가하는 것으로 이루어진다. 분석적 절차에는 다른 관련된 정보와 일관성이 없거나 예측금액에서 유의적으로 벗어난 것으로 식별된 추세 또는 관계에 대한 검사가 포함되기도 한다. 자세한 내용은 이 장 4번에서 후술하기로 한다.

3 감사증거 및 감사기술의 적용(ISA 500 문단 A10)

	위험평가절차 (Risk Assessment Process)	추가감사절차	
		통제테스트 (Test of Control)	실증절차 (Substantive Procedures)
증거수집의 목적	재무제표의 중요왜곡표시위험을 평가하여 추가감사절차를 설계하기 위함.	통제 운영의 효과성에 대하여 감사증거를 수집하는 단계임.	재무제표의 중요한 왜곡표시를 적발하기 위하여 감사증거를 수집하는 단계임.
감사기술	(1) 질문 (2) 관찰 (3) 검사(문서검사) (4) 분석적 절차	(1) 질문 (2) 관찰 (3) 검사(문서검사) (4) 재수행	(1) 실증적인 분석적절차 (2) 세부테스트(Test of Details) ① 계정잔액에 대한 테스트 ② 거래유형에 대한 테스트 ③ 공시와 관련된 테스트

(1) 위험평가절차결과 추가감사절차의 유형은 실증절차에 중점을 두거나(실증절차 접근방법) 실증절차와 통제테스트를 병행하는 방법(결합적 접근방법)을 이용하여 다음과 같이 3가지 방법으로 나누어질 수 있다.

(방법 1)	통제테스트를 수행하는 것만으로 특정 경영진 주장에 대한 평가된 중요왜곡표시위험에 효과적으로 대응할 수 있는 경우. 다만, 이 경우에도 중요한 계정잔액 및 거래유형에 대해서는 반드시 실증절차를 수행하여야 함.
(방법 2)	특정 경영진 주장에 대하여는 실증절차만을 수행하는 것이 적합하므로, 관련된 위험을 평가할 때 통제가 미치는 영향을 배제하는 경우
(방법 3)	통제테스트와 실증절차를 반드시 모두 병행하는 결합적 접근방법을 사용하는 경우

(2) 감사인이 특정 경영진 주장에 대해 통제테스트가 필요한 상황(ISA 330 문단 8 및 15 응용)은 다음과 같다.

① 감사인이 경영진 주장 수준의 중요왜곡표시위험을 평가할 때 통제가 효과적으로 운영되고 있다는 기대를 한 경우(즉, 감사인이 실증절차의 성격, 시기 및 범위를 결정할 때 통제의 운영효과성에 의존하려고 하는 경우). 단, 이 경우에도 통제테스트를 수행하는 것이 효율적이라고 판단이 되어야 한다. (방법 1)

② 실증절차만으로는 경영진 주장 수준의 충분하고 적합한 감사증거를 제공할 수 없는 경우 (방법 3)

결국, (방법 2)의 경우에는 통제테스트가 필요 없지만(방법 1) 또는 (방법 3)으로 추가적인 감사절차를 수행하는 경우에는 반드시 통제테스트가 필요하다. (방법 1)의 경우는 내부통제제도가 효과적으로 운영되고 있다고 기대가 되고 통제테스트를 수행하는 것이 효율적으로 판단하여 통제테스트의 범위를 확대함으로써 실증절차의 범위를 상대적으로 줄이겠다는 방법이다. 또한, (방법 3)의 경우는 대규모의 거래가 대부분 전산으로 처리되는 은행과 같은 회사의 경우를 말하는 것으로서 실증절차만으로는 감사인이 자신이 목표로 하는 감사위험을 낮출 수 없을 것으로 판단하는 회사의 경우에 주로 취하는 방법이다 이 경우는 통제테스트를 통하여 반드시 중요왜곡표시위험이 없다는 확신하에 실증절차를 병행함으로써 감사인이 목표로 하는 감사위험을 달성하는 방법으로 만약 통제테스트 결과 내부통제가 효과적으로 운영이 되지 않는다고 판단하는 경우에는 바로 의견거절 등을 표명하는 방법이다 마지막으로 (방법 2)의 경우는 벤처기업으로서 초도감사를 받는 기업처럼 감사인이 위험평가절차를 통하여 해당 경영진 주장과 관련된 효과적인 통제가 식별되지 아니한 경우이거나 소규모기업처럼 거래규모가 빈번하지 아니하여 통제를 테스트하는 것이 비효율적이라고 판단한 경우를 말한다.

(3) 실증절차의 방법

① 실증적인 분석적절차
② 세부테스트
1) 계정잔액에 대한 테스트 (예 : 외부조회, 실물검사, 관찰, 재계산 등)
2) 거래유형에 대한 테스트 (예 : 문서검사, 질문, 재계산 등)
3) 표시 및 공시에 대한 테스트

세부테스트로서 계정잔액에 대한 테스트(Test of Financial Balance)와 거래유형에 대한 테스트(Test of Transaction)의 의미를 살펴보면 다음과 같다.

계정잔액에 대한 테스트	거래유형에 대한 테스트
기말잔액의 구성내역을 직접 확인하는 테스트 예를 들어, 매출채권잔액에 대한 외부조회, 재고자산잔액에 대한 관찰 및 실물검사 그리고 동 금액에 대한 재계산등의 방법으로 기말잔액의 적정성을 확인하는 감사절차이다.	기초잔액에서 출발하여 증가, 감소의 거래증빙을 확인하는 테스트. 예를 들어, 매출거래내역을 확인하기 위하여 선적서류, 출고증, 인도(수)증, 운송서류 등을 검사하거나 현금입금거래를 확인하기 위하여 입금표 및 현금입금통장등을 검사하는 절차이다.

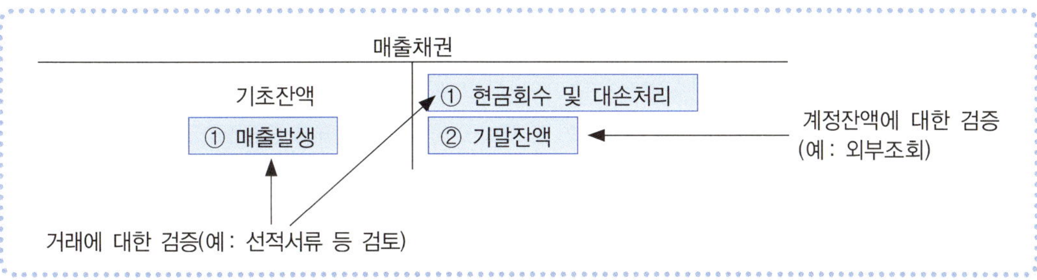

거래 유형에 대한 테스트가 필요한 이유는 일반적으로 계정잔액에 대한 테스트(예 : 매출채권 외부조회)를 통하여 충분하고 적합한 감사증거를 확보하지 못한 경우 이를 대체하기 위한 감사절차로서 거래유형에 대한 테스트(예 : 선적서류 및 기타 내부문서검사)가 필요하며 또한, 계정잔액에 대한 테스트를 통한 기말잔액(예 : 매출채권잔액)을 검증할 때에는 관련 거래항목(예 : 매출액)도 동시에 검증하는 것이 필요하기 때문이다. 아래는 거래 유형에 대한 테스트가 수행되지 않았을 경우 발생할 수 있는 문제점을 지적한 금감원 감리지적사례를 소개한다.

▌사례 1 ▌ 매출 및 매출원가 과대계상(2006년 금융위원회 감리지적사례)

〈상황〉

소프트웨어 개발업체인 S사는 다른 3개 회사와 공모하여 가공의 세금계산서 등을 발행하는 방법으로 매출액 26억 원 및 매출원가 20억 원을 허위로 계상하고 자기자본 6억 원을 과대계상하였다. 회사의 매출액 33억 원이 코스닥 퇴출사유 중 하나인 매출액 30억 원 유지 기준을 겨우 상회하고 3분기에 집중적으로 발생하는 등 분식의 가능성이 존재하였다. 하지만 감사인은 코스닥 퇴출사유와 직결되는 자본잠식과 우발채무에 초점을 맞추고 매출액에는 상대적으로 중요성이 덜하다고 판단하고 감사절차로서 채권채무조회서 발송확인 등의 감사절차만을 수행하였다.

〈시사점〉

1. 매출액 33억 원이 코스닥 퇴출요건 30억 원을 간신히 초과하는 등 외형상 회계조작의 가능성이 높은 회사였다면 매출액의 발생사실 여부에 대한 감사절차를 확대 실시하였어야 한다.
2. 3분기에 발생한 매출거래가 전체 매출액의 81%를 차지하는 비정상적인 상황이고, 거래품목이 회사의 기존영업내용과 다른 품목(컴퓨터 부품)의 일시적인 도매매출인 점과 상품이 회사로 유입되지 않고 동일자에 매입처로부터 직접 매출처로 이동된 점 등을 고려하여 거래처에 대한 계약서 확인 등의 절차와 더불어 거래의 실질을 파악하였어야 한다. 따

라서 감사인은 계정잔액에 대한 테스트로서 채권채무조회서 발송확인 등의 감사절차만을 수행하였지만, 정당한 주의의무를 다하였다고 입증하기 위해서는 반드시 3분기 매출에 대한 발생사실을 확인하기 위하여 거래유형에 대한 테스트(예 : 운송관련 증빙, 선적서류, 인도(수)증, 출고증 등에 대한 확인)가 이루어졌어야 한다.

위 사례와 비교하여 아래 금감원 감리지적사례는 감사인이 계정잔액에 대한 테스트 및 거래유형에 대한 테스트를 수행하였음에도 불구하고 회사의 공모로 인한 부정을 적발하지 못한 감사인에 대해서 귀책사유가 없음을 지적한 예이다.

▌사례 2 ▌ 매출 과대계상(2007년 감리지적사례)

〈상황〉

2년 연속 매출액 30억 원의 달성이 사실상 어려워 코스닥상장규정에 따라 상장폐지가 예상되자 최대주주 등과 조직적으로 공모하여 가공의 세금계산서 등을 발행 및 수취하는 방법으로 매출 및 매출원가를 과대계상하였다. 참고로 직전 사업연도 말 매출액 30억 원에 미달하여 관리종목으로 지정되었으며, 당기에도 매출액이 30억 원에 미달할 경우 상장이 폐지된다.

〈감사인의 감사절차〉

감사인은 대부분의 매출이 연말에 발생된 점 등을 이유로 가공매출에 대한 상당한 의구심을 가지고 일반적인 감사범위를 확대하여 다음과 같은 감사절차를 취하였다.

(1) 재고 및 재고의 이동경로 확인을 위하여 매출처에 대한 현장실사 실시
(2) 매출채권 및 매입채무에 대한 적극적인 조회의 Coverage를 잔액의 96%로 대폭 상향
(3) 매출채권 및 매입채무에 대한 Subsequent Test(통장 등을 통한 결산일 이후 매출・매입대금 회수・지급 확인)의 범위를 확대 실시

그러나 위와 같은 감사절차에도 불구하고 거래처와 회사가 조직적으로 가공매매 사실을 은폐하여 감사인이 당해 위반사실을 알기가 어려웠으므로 감사인 및 공인회계사에 대한 지적사항은 없음.

〈시사점〉

위와 같은 경우 감사인은 회사가 2년 연속 매출액 30억원 미만이라는 상장폐지 요건을 회피하기 위하여 매출액이 과대계상되었을 유의적 위험이 있다고 판단하여 계정잔액에 대한 테스트로서 매출채권, 매입채무에 대한 외부조회 절차를 확대 실시하였을 뿐만 아니라 매출 거

래유형에 대한 테스트를 위하여 재고 및 재고의 이동경로 확인을 위한 매출처에 대한 현장 실사 등을 실시하였다. 이는 계정잔액에 대한 테스트 및 거래유형에 대한 테스트가 동시에 수행되었음을 의미하고 그럼에도 불구하고 회계감사 고유한계 원인 중 하나인 공모로 인한 자료 접근성의 제한으로 부정을 적발하지 못한 경우에는 규제기관의 경우에도 감사인에게 귀책사유가 없다는 입장을 표명한 좋은 사례이다.

4 분석적 절차

(1) 정의(ISA 520 문단 4)

재무데이터와 비재무데이터 간의 개연적인 관계를 분석하여 재무정보를 평가하는 것을 의미한다. 또한, 분석적 절차에는 다른 관련 정보와 불일치하거나 기대치와 유의적인 금액만큼 차이가 있는 변동이나 관계를 검사하는 것도 포함된다. 이 때 감사인이 재무정보에 대해 비교할 수 있는 고려대상은 다음과 같다. (ISA 520 문단 A1)

① 과거 보고기간과 비교가능한 정보
② 기업의 예산 또는 예측과 같은 기대치 또는 감가상각비의 추정과 같은 감사인의 기대치
③ 산업평균 또는 동일한 산업에서 비슷한 규모를 가진 기업의 매출채권회전율 등 유사정보
④ 매출총이익률과 같이, 기업의 과거경험에 근거하면 예측가능한 형태와 일치할 것으로 기대되는 재무정보 구성요소들 간의 관계 또는1인당 노무원가와 같이 재무정보와 관련 비재무정보 간의 관계

(2) 사례

1. 비율분석(Ratio Analysis)

	전기 재무제표(또는 예산재무제표 또는 동종산업 평균치)	당기 재무제표
재고자산회전율	3.00	1.50
매출채권회전율	5.00	3.50

(Case 1) 재고자산회전율(매출원가/평균재고자산)

작년에 비해서 지나치게 감소하는 경우 재고자산의 과대계상 및 매출원가의 과소계상을 의심해 볼 수 있으며 나아가서 재고자산의 진부화 여부 및 저가법 평가의 필요성을 생각해 볼 수 있다. 반면 재고자산의 회전율이 지나치게 상승하는 경우 실제로 해당 회사의 재고자산 수요가 증가하여 회전율이 증가할 수도 있지만 연말에 급격하게 상승하는 경우 재고자산의 밀어내기로 인한 매출의 과대계상 및 기간귀속이 적절한지 여부에 대하여 중점적으로 감사를 수행하여야 한다.

(Case 2) 매출채권회전율(매출액/평균매출채권)

작년에 비해서 지나치게 감소하는 경우 매출채권 및 매출액의 과대계상 및 대손충당금의 추가설정 여부에 대하여 감사인은 의심하여야 한다. 반대로 매출채권회전율이 급격하게 상승하는 경우 감사인은 매출채권에 대한 팩토링이 빈번하게 일어나서 회전율이 상승하였는지 여부를 확인해 보아야 하며, 만약 그러하다면 이는 계속기업에 대한 중대한 불확실성을 야기하는 사건 또는 상황으로 간주될 수 있다. 또한 회사의 신용정책이 엄격하게 변경되었거나 거래처에 대해서 현금할인정책을 올해부터 제공하는 경우에도 회전율이 급격하게 상승할 수 있다.

2. 추세 분석(Trend Analysis)

(Case 1)

손익계산서에 대한 추세분석

계정과목	20X4	20X5	증감(%)	비　　고
매 출 액	2,000,000	2,230,000	11.5	새로운 점포의 증가
매출원가	1,400,000	1,440,000	2.8	매출액의 증가에 따른 증가
감가상각비	160,000	184,000	15.0	새로운 점포추가로 인하여 증가함
판매수수료	100,000	136,000	36.0	매출액과 판매수수료지급률의 증가
소모품비	20,000	20,800	4.0	적정하다고 판단됨
광고선전비	16,000	16,640	4.0	적정하다고 판단됨
이자비용	24,000	8,000	-66.7	사채의 상환이 있었음
전기, 수도료 등	20,000	24,000	20.0	새로운 점포의 증가로 인함
수선유지비	6,000	6,200	3.3	적정하다고 판단됨
계	1,746,000	1,835,640		

위 사례와 같은 추세분석의 경우에도 감사인에 따라서는 전문가적인 판단에 따라 의구심을 가질 수 있는 항목들도 존재한다. 예를 들어, 매출액에 비해서 매출원가의 증가율이 지나치게 낮게 상승하였기 때문에 만약 회사제품의 원가구성이 고정비 비중이 높지 않다면 재고자산의 과대계상을 통한 매출원가의 과소계상을 의심해 볼 수 있다. 또한 새로운 점포의 증가는 추

가적인 투자활동이 당기에 이루어진 것이기 때문에 재무활동으로 인한 현금유입이 더 증가하였을 가능성이 높다. 따라서 사채의 상환보다는 추가적인 발행 또는 추가적인 금융기관 차입이 있었을 개연성이 높고, 따라서 이자비용의 급격한 감소는 감사인으로 하여금 부외부채의 가능성을 의심하게 해볼 수 있다.

(Case 2) 월별 주요 매출별 현황

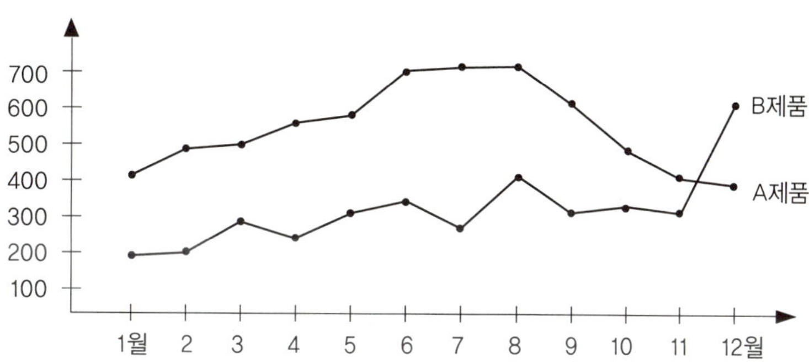

A제품의 경우 6월에서 8월에 걸쳐 매출액이 다른 월에 비해서 급격히 상승하였음을 알 수 있다. 이 경우 이러한 매출액이 급격히 상승한 원인을 실증절차단계에서 감사인은 반드시 확인해 보아야 한다. 일반적으로 이러한 경우에는 A제품이 계절적 특성에 민감한 제품인지 여부를 확인해 보아야 할 것이다(예 : 냉장고, 에어컨, 아이스크림 등).

B제품의 경우에는 12월 말 급격한 매출액의 증가를 확인해 볼 수 있다. 이러한 경우에 감사인은 매출액의 과대계상 및 재고자산의 과소계상 여부를 확인해 보아야 한다. 따라서 감사인은 재고실사일 전·후의 입출고수량이 일상적인 시기의 입출고수량과 비교하여 정상적인지를 검토하고 재고자산 실사의 입회 시 최종적으로 출고된 재고품목의 번호와 수량이 회사 장부에 계상된 내역과 일관성이 있는지 여부를 반드시 확인해 보아야 한다(▶cut-off test).

3. 상관관계(개연성) 분석(Plausible Relationship Analysis)

(Case 1) 재무정보 간의 상관관계(개연성) 분석

(1) 재무상태표상 차입금의 연평균잔액 : 1,000,000원
(2) 손익계산서상 이자비용 : 120,000원
(3) 차입계약서상 감사대상회사의 평균차입이자율 : 10%

재무제표상 연평균차입금과 이자비용과의 상관관계를 분석해 보면 유효이자율이 12%로 계산되지만, 실제 계약서상 평균차입이자율은 10%이기 때문에 감사인 입장에서는 재무상태표상에 계상된 차입금의 과소계상, 즉 부외부채의 가능성에 대해서 의심해 볼 수 있다.

(Case 2) 재무정보와 비재무정보 간의 상관관계(개연성) 분석
전반적인 종업원수에 변동이 없고, 임률에 변동이 없음에도 불구하고 작년에 비해서 인건비가 급격히 증가된 경우 인건비의 과대계상을 통한 세금탈세 및 비자금 조성에 대한 의심을 해볼 수 있다.

(3) 적용단계 및 단계별 목적 & 특징

적용단계	목 적	특 징
위험평가단계	가. 중요왜곡표시위험, 특히 부정에 의한 중요왜곡표시위험을 식별하는데 도움을 줄 수 있다. 나. 이러한 중요왜곡표시위험을 평가하여 위험평가에 대한 대응을 설계하고 수행하는 기반을 제공해 준다.	반드시 수행하여야 하며 상위수준(High level)으로 요약된 데이터가 이용
실증절차단계	가. 이를 수행하는 것이 효과적, 효율적이라고 상대적으로 판단하는 경우 계정과목별 잠재적 왜곡표시 유형을 식별하고 감사인의 감사위험을 일정수준 이하로 낮추기 위하여 수행하는 단계이다. 나. 실증적인 분석절차를 이용하여 관련성이 있고 신뢰할 수 있는 감사증거를 입수하기 위함이다.	회사의 상황이나 감사인의 판단에 따라 세부테스트와 병행 또는 선택하여 이용하며 주로 하위수준(Lower level)으로 요약된 데이터가 이용
감사종료시 결론형성단계	가. 기업에 대하여 이해한 바와 재무제표가 일관성이 있는지에 대해 전반적인 결론을 내리고 자신의 의견의 근거가 되는 합리적인 결론을 도출하는데 도움을 줄 수 있다. 나. 이전에 인식되지 않았던 중요왜곡표시위험을 식별하고 이에 따라 왜곡표시위험평가를 수정하고 그에 따른 추가감사절차를 변경하기 위함이다.	위험평가절차로서 수행된 분석적 절차와 유사. 따라서 반드시 수행하여야 하며 상위수준으로 요약된 데이터가 이용

① 위험평가절차로서 분석적 절차

이우리 회계사는 위험평가단계에서 (주)금성에 대한 분석적 절차를 수행하던 중 매출총이익률의 변동이유에 대하여 재무팀장인 조민국 이사에게 질문한 결과 다음과 같은 답변을 들었다.

> 원래 저희 회사는 두 개의 사업부를 운영하고 있었습니다. 2004년도에 두 사업부에 대한 매출총이익률을 분석한 결과 생산구조가 복잡해 주로 자동화 제조장비에 의해 생산되는 A-type제품 사업부에서는 매출총이익이 발생하나, 생산구조가 단순해 주로 수작업에 의존하는 B-type제품 사업부에서는 매출총손실이 발생하고 있음을 밝혀냈습니다.
> 이 분석결과를 바탕으로 이사회에서는 회사 전체의 매출총이익률을 높이기 위해 2004년 말 B-type제품 사업부를 폐쇄하고 이후 신규 투자자금을 차입하여 A-type제품 사업부의 자동화 제조장비 증설에 투자하였습니다.
> 이로 인해 2005년과 2006년 A-type제품 사업부의 판매규모가 두 배로 증가함에 따라 2004년도의 매출규모를 유지하면서도 매출총이익률은 지속적으로 증가할 수 있었습니다.

조민국 이사의 답변과 관련하여 이우리 회계사는 추가적으로 다음과 같은 사실을 확인하였다.

- 2004년까지 (주)금성에는 직접노무비의 비중이 작은 A-type제품 사업부와 직접노무비의 비중이 큰 B-type제품 사업부가 있었다.
- (주)금성은 자동화 제조장비에 대한 감가상각비가 대부분인 제조간접원가를 직접노무비를 기준으로 배부하는 전통적인 원가배부시스템을 사업 초기부터 2004년까지 계속 유지하고 있었다.
- 2004년 A-type제품과 B-type제품 사업부의 생산·판매수량과 판매단가에는 큰 차이가 없어 각 사업부의 매출규모도 비슷하였다.
- 공장 전체 발생원가 중 재료비의 비중은 미미하였으며, 직접노무비와 제조간접원가의 비중은 1:3 정도였다.
- 최근 3년간 A-type제품과 관련된 시장상황의 변화는 거의 없었으며, 그에 따라 판매단가와 단위당 원재료비 및 시간당 노무비 역시 거의 변동이 없었다.

<문제> 전문가적 의구심을 가진 이우리 회계사가 재무제표의 왜곡표시 가능성이 높은 것으로 판단하였다면, 이러한 판단의 근거를 설명하고, 상대적으로 왜곡표시위험이 높을 것으로 예상되는 항목을 지적하시오.

풀이

(1) 상대적으로 비중이 큰 제조간접원가의 잘못된 배부(B-type제품 사업부로 과대배부)로 인해 중대한 원가의 왜곡현상(실제로는 B-type제품 사업부의 매출총이익률이 더 높음)이 발생했으며, 이를 근거로 경영진이 잘못된 의사결정을 함으로써 회사 전체의 매출총이익률이 오히려 하락했을 가능성이 높음. 그런데 회사 제시 매출총이익률은 오히려 증가하는 패턴을 보이고 있음.

(2) 매출액이 일정한 반면, 매출총이익률이 증가하므로 매출원가가 과소계상됨. 예를 들어, 감가상각비 등 제조간접원가 과소계상, 재고자산 과대계상 등

<문제> 이우리 회계사는 (주)금성의 이자비용과 차입금에 대한 분석적 절차(overall test)를 수행하였다. 이와 관련하여 회사로부터 입수한 자료는 다음과 같다.

계정과목	2006.1.1	증가*	감소**	2006.12.31
차입금	100억 원	50억 원	20억 원	130억 원

* 동 차입금은 2006. 7. 1.에 신규로 조달되었다.
** 기초에 존재하던 차입금 중 일부가 2006. 10. 1.에 만기가 도래하여 상환되었다.

이우리 회계사가 차입계약서를 검토한 결과 평균약정이자율은 8%, (포괄)손익계산서에 계상된 이자비용은 14.4억 원으로 파악되었다. 이 경우 어떤 왜곡표시 가능성이 존재하는지 판단근거를 명시하여 3줄 이내로 기술하시오(금융비용자본화는 고려하지 아니함).

풀 이

① 부외부채
② 차입금 연평균잔액 120억 원이고 (포괄)손익계산서에 계상된 이자비용이 14.4억 원이므로 유효이자율은 12%이다. 실제 계약서상 평균약정차입이자율은 8%이므로 차입금의 과소계상, 즉 부외부채의 가능성을 의심

② 실증절차로서 분석적 절차

구체적으로 실증절차 단계에서 분석적 절차를 수행하는 순서는 다음과 같다 (ISA 520 문단 5)

순서	절 차
1	분석적 절차 수행 여부 및 의존범위에 대한 결정
2	분석적 절차의 결과에 대한 추가적인 검사를 하지 않고 수용할 수 있는 기록된 금액과 기대치의 차이를 결정함.
3	만약 유의적인 금액차이가 발생한 경우 추가적인 검사

(1단계) 분석적 절차의 수행 여부 및 의존범위에 대한 결정

감사인은 위험평가결과에 따른 실증절차로서 분석적절차를 단독 또는 세부테스트와 결합하여 설계하고 수행하여야 하며 또한 경영진 주장에 대한 감사위험을 수용가능한 낮은 수준으로 감소시키기 위해 이용가능한 감사절차에서 예상되는 효율성과 효과성에 대한 판단에 근거하여 분석적 절차에 대한 의존범위를 결정하게 된다. 결국, 감사인은 실증절차로서 분석적 절차를 수행하기 위해서는 다음과 같은 사안을 고려하여야 한다.

고려요인	분석적 절차 의존여부
1) 주어진 경영진 주장에 대한 평가된 중요왜곡표시위험에 해당되는 경우 이러한 주장에 대한 세부테스트를 고려하여, 특정 실증적 분석절차가 적절한지를 결정함. (중요왜곡표시위험)	중요왜곡표시위험이 낮을수록 분석적 절차에 보다 의존하게 되며 중요왜곡표시위험이 높을수록 세부테스트에 중점을 두고 실증절차를 수행한다.
2) 효율성과 효과성	
가. 예측가능성	예측가능성이 높을수록 분석적 절차를 수행하는 것이 효과적이기 때문에 해당 절차에 보다 더 의존하게 된다.
나. 기록된 금액이나 비율에 대한 감사인의 기대치가 도출될 데이터의 신뢰성을 평가함. 이때 이용가능한 정보의 원천과 비교가능성 및 그 성격과 관련성 그리고 그 작성에 대한 통제의 신뢰성을 고려한다. (신뢰성)	분석적 절차에 사용되는 자료가 신뢰성이 높을수록 분석적 절차를 수행하는 것이 효과적이기 때문에 분석적 절차에 더 의존하게 된다.
다. 기록된 금액이나 비율에 대한 기대치를 도출하고, 그러한 기대치가 개별적으로 또는 다른 왜곡표시와 합칠 때 재무제표의 중요한 왜곡표시를 식별할 수 있을 정도로 충분히 정교한지 여부를 평가함. (정교성)	감사인의 기대치가 충분히 정교하게 개발될 수 있을수록 분석적 절차를 수행하는 것이 훨씬 효과적이다.

1) 언급하였던 바와 같이 중요왜곡표시위험이 높을수록 감사인은 실증절차로서 분석적 절차보다는 세부테스트에 보다 의존하여 감사를 진행하게 된다.

중요왜곡표시위험이 낮은 경우	중요왜곡표시위험이 높은 경우
감사인의 위험평가결과가 통제테스트를 통하여 왜곡표시위험이 낮다고 판단되는 경우 실증적 분석절차만 수행하는 것으로 감사위험을 수용가능한 낮은 수준으로 감소시키기에 충분함.	실증적 분석절차보다는 세부테스트에 보다 더 의존하는 감사를 수행함. 예를 들어, 매출주문의 처리에 대한 통제미비점이 있다면, 감사인은 매출채권과 관련된 경영진 주장에 실증적 분석절차보다는 세부테스트에 보다 신뢰성을 둘 수 있을 것이다.

또한, 다른 세부테스트를 통하여 후속검증이 가능한 경우 분석적 절차로부터 입수하는 증거는 유용하게 이용될 수도 있다. (ISA 520 문단 A8, A10)

❙ 사례 1 ❙

매출채권에 대한 대손충당금의 적정성을 확인하기 위해 수행하는 매출처 계정의 연령에 대한 분석적 절차의 경우 회수가능성을 결정하기 위하여 후속 입금에 대한 세부테스트를 수행함으로써 훨씬 유용성이 증가하게 될 것이다.

❙ 사례 2 ❙

수익금액을 확인하는 수단으로 매출총이익률을 계산하고 비교하는 것은 보다 설득력이 낮은 증거를 제공하겠지만 다른 세부테스트와 병행되어 이용되면 유용한 보강증거를 제공할 수 있을 것이다.

2) 분석적 절차를 수행하는 것이 상대적으로 효과적인지 효율적(Relative Effectiveness and Efficiency)인지 여부 결정

가. 예측가능성(Predictability) (ISA 520 문단 A6~A8)

실증적 분석절차는 일반적으로 시간의 경과에 따라 예측가능성이 높아지는 대규모의 거래에 더 적합하다. 다시 말해서 예측가능성이 높은 회사나 계정과목일수록 분석적 절차를 수행하는 것이 훨씬 효과적인 것이다. 그 이유는 분석적 절차를 수행하는 기본가정이 알려진 반대의 조건이 존재하지 않은 상황에서 데이터간 상관관계가 있으며 이것이 지속된다는 예상에 기초하여 적용되기 때문이다.

❙ 사례 1 ❙

일반적으로 고정급을 지급하는 회사의 인건비의 경우 고정급을 지급하는 종업원의 수를 알고 있는 경우 당기의 총 노무원가를 비교적 정확하게 추정할 수 있다.

❙ 사례 2 ❙

서로 다른 형태의 소매기업에서 인식되고 있는 매출총이익률의 경우 해당 산업군이 안정적으로 판단되면 해당 매출총이익률은 예측가능성이 높고 이를 이용하여 매출 및 매출원가에 대한 적정성을 검토하게 되면 세부테스트를 수행할 필요 없이 감사인이 해당 계정과목에 대한 확신을 가질 수 있다.

| 사례 3 |

단위 사무실로 분할된 건물에 대하여 임대요율과 사무실의 수 및 공실율을 고려하여 총 임대수익을 예측하는 분석적절차는 그 요소들이 적합하다고 입증된다고 가정하면 설득력 있는 증거를 제공할 수 있으며 추가적인 세부테스트에 의한 후속검증의 필요성도 없앨 수 있을 것이다.

나. 신뢰성(Reliability) (ISA 520 문단 A12~14)

신뢰성이 있는 자료를 근거로 수행하는 분석적 절차결과가 훨씬 의미있는 결과가 도출될 것이다. 데이터의 신뢰성은 그 원천과 성격에 영향을 받으며 데이터가 수집된 상황에도 영향을 받게 되는데 다음 사항들이 관련성이 있다.

신뢰성에 영향을 주는 요인	신뢰성과의 관계
이용가능한 정보의 원천	예를 들어, 정보가 기업의 외부에서 독립적으로 입수된다면 더욱 신뢰성이 높을 것이다.
이용가능한 정보의 비교가능성	예를 들어, 광범위한 산업 데이터를 특정 제품을 생산, 판매하는 개별 기업의 데이터와 비교하기 위해서는 동 데이터는 보충될 필요가 있을 것이다.
이용가능한 정보의 성격과 관련성	예를 들어, 어떤 예산이 달성할 목표가 아니라 예상되는 결과에 따라 수립되었는지 여부
데이터의 완전성과 정확성 및 타당성을 보장하도록 설계된, 정보의 작성에 대한 통제	예를 들어, 예산의 작성과 검토 및 유지에 대한 통제가 잘 이루어질수록 정보의 신뢰성은 높을 것이다. 따라서, 통제가 효과적이라면 일반적으로 정보의 신뢰성과 이에 따른 분석적절차의 결과를 더욱 확신하게 된다.

다. 측정의 정교성(Precision)

감사인이 기대치가 재무제표의 중요한 왜곡표시를 식별할 수 있도록 충분히 정확하게 개발될 수 있는 사안에 대해서 분석적 절차를 수행하는 것이 효과적이다. 결과를 충분히 정확하게 개발될 수 있는지를 평가할 때 고려할 요인은 다음과 같다

요 인	관 계
예측되는 정확성	예를 들어, 감사인은 연구비 또는 광고비와 같은 재량적인 비용을 비교하는 것보다는 한 기간의 매출총이익을 다른 기간의 그것과 비교할 때 더 큰 일관성을 기대할 수 있을 것이다.
정보가 세분될 수 있는 정도	예를 들어, 실증적 분석절차는 재무제표 전체에 적용될 때 보다 개별 운영단위의 재무정보 또는 다각화기업의 경우라면 부문의 재무제표에 적용될 때 더욱 효과적일 수 있다.
재무 및 비재무정보의 이용가능성	예를 들어, 감사인은 실증적 분석절차를 계획하는 데 예산이나 예측과 같은 재무정보와 생산수량이나 판매수량과 같은 비재무정보가 이용가능한지 고려할 것이다.

▍사례 1 ▍

다음 계정과목 중에서 감사인이 분석적 절차를 수행하였을 경우 가장 높은 확신을 제공할 수 있는 항목을 선택하시오(AICPA 기출문제 응용).

① 매출채권 ② 접대비 ③ 매입채무 ④ 이자비용

해답 : ④

▍사례 2 ▍ 분석적 절차의 의존범위(2007년, KICPA 기출문제)

우리 회계사가 분석적 절차의 결과에 의존하는 정도와 관련하여 다음에 기술된 사항이 타당하면 ○, 타당하지 않으면 ×로 표시하고, 타당하지 않은 경우에는 기술된 내용을 적절히 수정하시오.

(1) 매출채권의 회수가능성을 검토하기 위해 재무제표일 이후의 회수결과를 검토하게 되면, 매출채권의 연령분석과 같은 분석적 절차 결과 나타난 의문점을 재확인해주거나 제거시켜 줄 수 있다.
(2) 개별적으로 중요왜곡표시위험이 낮을 것으로 판단되는 특정 수익이나 비용항목이라고 하더라도 분석적 절차에만 의존할 수는 없다.
(3) 연구비나 광고선전비의 기간별 비교결과와 매출총이익률의 기간별 비교결과는 추세의 일관성정도에서 큰 차이가 없을 것으로 기대된다.
(4) 매출주문처리에 대한 내부통제가 취약하여 통제위험이 높은 경우, 매출채권에 대한 결론을 도출하는 데는 실증적 분석절차보다는 거래유형과 계정잔액에 대한 세부테스트에 더 의존하게 될 것이다.

구분	O 또는 ×	수 정 내 용
(1)		
(2)		
(3)		
(4)		

해답 :

구분	O 또는 ×	수 정 내 용
(1)	O	-
(2)	×	개별적으로 중요왜곡표시위험이 낮을 것으로 판단되는 특정 수익이나 비용 항목에 대하여는 분석적 절차에만 의존할 수 있다.
(3)	×	기간별 연구비나 광고선전비 등 재량적 비용의 비교결과보다 기간별 매출총이익률의 비교결과에서 더 높은 일관성이 나타날 것으로 기대한다.
(4)	O	-

(2단계) 수용가능한 차이금액 결정 (ISA 520 문단 A16)

감사인이 기대와 차이가 있는 금액이 추가적인 검사 없이 수용될 수 있는지 여부를 결정할 때는 중요성 및 요구되는 확신수준과의 부합 정도에 영향을 받는다. 이 경우 감사인은 왜곡표시가 개별적으로 또는 다른 왜곡표시들과 합칠 때 재무제표를 중요하게 왜곡표시 시킬 가능성을 고려한다. 만약 감사인이 위험평가 수준이 높다고 판단하면 보다 설득력 있는 감사증거를 입수하여야 하고 이 경우(평가된 위험이 높다고 판단하는 경우) 추가적인 검사 없이 수용가능한 차이금액은 감소하게 될 것이다. (결국 중요왜곡표시위험이 높다고 판단되는 경우 수용가능한 차이금액, 즉 중요성 금액은 낮아지게 된다)

(3단계) 분석적 절차의 결과에 대한 검사 (ISA 520 문단 7)

분석적 절차의 결과 감사인이 다른 관련 정보와 불일치하거나 기대치와 유의적인 금액만큼 차이가 있는 변동이나 관계를 식별한 경우에는 그러한 차이에 대해서 다음과 같이 검사하여야 한다.

1) 경영진에게 질문하고 경영진의 답변과 관련성이 있는 적합한 감사증거를 입수함
2) 그러한 상황에 필요한 기타의 감사절차를 수행함. 이 때 경영진의 답변과 관련된 감사증거는 기업과 그 환경에 대한 감사인의 이해 및 감사의 진행 중에 입수한 다른 감사증거를 고려하여 그 적정성 여부를 평가하여야 한다.

❙ 사례 1 ❙ (2010년, KICPA 기출문제)

㈜검토의 급여에 대해 적절한 감사증거를 활용하여 실증절차로서 분석적 절차를 수행한 결과 감사인은 다음과 같은 결과를 확인하였다.

(단위 : 원)

① 급여의 장부가액	② 급여의 감사인의 예측치	③ 차이금액 (=②-①)	④ 허용가능 차이금액	⑤ 허용가능 차이금액 초과액 (=③-④)
2,000,000	1,500,000	500,000	100,000	400,000

상기 허용가능차이금액을 초과하는 차이금액인 400,000원에 대해 (주)검토의 경영진에게 질문을 한 바, 다음과 같은 답변을 입수하였다.

〈답변내용〉

당기 중에 새로운 영업담당 임원을 영입하였는바, 동 임원에게 3년 근무조건으로 영입보너스(Signing Bonus) 450,000원을 지급하고 이를 당기 급여로 계상하였다.

이러한 상황에서 감사인이 비정상적 항목을 검사하기 위해 추가적으로 수행하여야 할 절차를 기술하시오.

풀이

감사인은 분석적 절차 수행결과 자신이 허용할 수 있는 금액 이상 차이가 나는 경우 해당 사유에 대해서 경영진에게 질문하고 그 질문에 대한 추가적인 감사증거를 수집하기 위한 절차를 수행하여야 한다. 지금 회사가 올해 비경상적인 Signing Bonus를 지급하였다는 경영진의 진술을 확인하기 위해서는 반드시 임원과 체결한 고용계약서를 확인하고 통장이체 내역 및 원천징수 내역을 확인해 보았어야 하며 3년 근무조건으로 영입 보너스를 지급한 것이기 때문에 해당 급여가 3년의 근무기간에 걸쳐 안분으로 계산되어야 하는지 여부에 대해서 확인해 보아야 한다.

❙ 사례 2 ❙

김철수 공인회계사는 회계감사기준에 의해 실증적 분석절차를 수행하고 있다. 다음은 김철수 공인회계사가 서울주식회사와 관련하여 실증절차단계에서 확보한 자료이다.
서울주식회사는 가구를 제조, 판매하는 회사이며 회사의 자본금은 1,000억 원이며 종업원수는 3,000명에 해당되는 비상장법인이다. 또한 가구산업은 경쟁이 치열한 업종으로서 주요 고객은 대형할인매장들이다. 다음은 서울주식회사와 관련하여 분석적 절차를 위하여 입수한 여러 가지 자료이다.

<자료 1>

매출환입(재고반품)에 대한 추세분석(매출 대비 반품률) (단위 : %)

	2005년	2004년	2003년	2002년	2001년
감사대상회사	2.1	2.6	2.5	2.7	2.5
산업 평균	2.3	2.1	2.2	2.1	2.0

<자료 2>

주요 비율분석(단위 : 만원)

	당기제시 재무제표	전기 감사받은 재무제표
매출액	60,000	59,000
매출채권	11,000	7,200
매출채권 중 유동성 매출채권이 차지하는 비율	72%	65%
매출채권 회수기간	64	42
매출총이익률(회사)	18.7%	15.9%
매출총이익률(산업평균)	16.3%	16.3%
전기 대비 11월, 12월 매출증가율	12%	3.1%

(물음 1) 김철수 공인회계사가 위에 입수한 자료를 근거로 하여 의심할 수 있는 재무제표의 잠재적 왜곡표시 유형을 서술하시오.

풀이

① 매출환입이 총매출액에서 차지하는 비중이 하락한 점을 미루어볼 때 과거에 비해서 2005년도 총매출액이 과대계상되었을 가능성이 존재한다.

② 실제 2005년도 재고반품에 대한 기록이 적절하게 계상되지 않았을 가능성도 존재한다.

③ 매출채권회전율의 감소, 매출총이익률의 증가는 매출채권 및 매출액의 과대계상 및 대손충당금의 과소계상을 의심해 볼 수 있으며, 특히 연말시점에 발생한 매출액 및 매출채권의 과대계상 가능성이 존재한다.

(물음 2) 위와 같은 비정상적 항목에 대하여 허용범위를 넘어 간 것으로 판단한 김철수 공인회계사는 경영진에게 그 원인에 대하여 질문을 하였으며 아래와 같은 경영진의 답변을 확보하였다.

> ① 고객과의 원활한 관계를 유지하기 위하여 지속적으로 자사의 제품을 구입하여 사용하기로 약속하신 고객들은 채권만기가 11월이 되는 시점에 기존에 매입하였던 제품을 반품처리해 드리고 다시 1년 만기로 11월에 물건을 판 것으로 세금계산서를 발행해 드렸습니다.
>
> ② 새로운 전산화된 제조공정시스템으로 말미암아 생산성이 향상되었고 전기에 도입한 품질관리시스템으로 인하여 반품률이 전기에 비하여 많이 감소하였습니다.

위와 같은 답변을 듣고 ①번의 경우는 경영진의 답변에 대한 논리적 모순점에 대해서 서술하고 ②번의 답변에 대해서는 감사인이 경영진의 답변을 듣고 추가적으로 수행하여야 할 절차를 서술하시오.

풀 이

① 11월에 적절하게 반품처리를 하고 다시 세금계산서를 발행하였다면 전기와 매출규모는 동일하게 발생하여야 하기 때문에 11월, 12월에 급격하게 매출이 증가한 회사의 금액은 논리적으로 설명되지 아니한다.

② 제조공정시스템이 도입되었다는 경영진의 진술을 확인하기 위해서 제조공정시스템에 투입되었던 지출과 관련된 증빙을 확인해 보아야 하며 해당 시스템에서의 실제 품질관리시스템이 어떻게 이루어지는지 해당 시스템에 대한 관찰 및 품질관리 관련 문서검사를 해 보아야 한다.

③ 감사종료시 감사결론형성단계의 분석적 절차

업무수행이사는 자율적 품질관리 목적상 업무보조자들이 수행한 감사절차로 합리적인 확신을 제공할 수 있을 정도의 충분하고 적합한 감사증거 수집이 이루어졌는지 감사문서(조서)의 검토를 통하여 확인해 보아야 하며 감사보고서 초안에 대한 결론의 적정성을 검토하기 위하여 분석적 절차를 수행하여야 한다.

| 사례 |

㈜서울의 재무제표를 감사한 부산회계법인의 담당 현장책임 회계사 김철수는 재무제표에 대한 실증절차를 마무리한 후 감사보고서 초안을 작성한 뒤 해당 재무제표, 감사보고서 초안을 감사문서와 함께 업무담당이사인 박검토 회계사에게 제출하였다. 이에 박검토 회계사는 작년도 해당 회사의 재무제표와 의견을 표명하는 당기 재무제표에 대하여 다음과 같이 비교하였다.

재무상태표

과 목	당기 재무제표	전기 재무제표	과 목	당기 재무제표	전기 재무제표
현 금	50,000	40,000	매 입 채 무	130,000	100,000
매 출 채 권	200,000	100,000	단기차입금	200,000	100,000
재 고 자 산	200,000	100,000	장기차입금	100,000	50,000
투 자 자 산	150,000	100,000	자 본 금	150,000	100,000
유 형 자 산	200,000	150,000	자본잉여금	120,000	100,000
감가상각누계액	(100,000)	(50,000)	이익잉여금	100,000	40,000
무 형 자 산	100,000	50,000			
합 계	800,000	490,000	합 계	800,000	490,000

손익계산서

과 목	당기 재무제표	전기 재무제표
매 출 액	2,000,000	1,800,000
매 출 원 가	1,600,000	1,584,000
매출총이익	400,000	216,000
판 매 비	50,000	40,000
관 리 비	40,000	60,000
영 업 이 익	310,000	116,000
영업외수익	180,000	150,000
영업외비용	400,000	100,000
법인세비용	30,000	50,000
당기순이익	60,000	116,000

제시된 재무자료를 보고 중요왜곡표시위험이 있다고 판단하여 추가적인 감사증거가 수집되어야 하는 계정과목 3곳을 지적하고 그 이유를 기술하시오.

풀이

① 매출액과 매출채권: 매출액은 약 10% 증가한 반면 매출채권 잔액이 전기 대비 100% 급증한 것과 관련하여 매출채권의 과대계상 및 대손충당금의 과소설정 여부를 검토해 보아야 한다.

② 매출원가와 재고자산: 매출원가율이 전기 88%에서 당기 80%로 급격하게 감소하고 재고자산이 100%나 급증한 것과 관련하여 재고자산의 과대계상 여부 및 재고자산의 진부화 여부를 검토해 보아야 한다.

③ 장·단기 차입금과 이자비용: 장·단기 차입금이 전기 대비 100% 급증하였으나 영업외비용(이자비용)은 300%나 급증한 것과 관련하여 부외부채의 존재 여부를 확인해 보아야 한다.

5 외부조회

(1) 외부조회절차의 의의 및 유용성

감사인이 제 3자로부터 종이, 전자문서 및 기타 매체를 통하여 직접적인 서면의 회신으로 입수한 감사증거를 외부조회라고 한다.

언급하였던 바와 같이 감사증거의 신뢰성은 기업 외부의 독립된 원천으로부터 입수될수록 감사인이 직접 입수할수록, 또한 종이나 전자문서와 같이 문서형태의 감사증거가 훨씬 신뢰성이 높다. 이러한 측면에서 감사의 상황에 따라 다르겠지만 감사인이 확인당사자로부터 직접 수령한 외부조회 형태의 감사증거는 당해 기업의 내부적으로 생성된 감사증거보다 신뢰성이 더욱 높을 것이다. (ISA 505 문단 2)

여타 다른 기준서에서도 이러한 외부조회의 유용성은 다음과 같이 언급을 하고 있다. (ISA 505 문단 3)

관련 기준서	해당 내용
(기준서 330) 모든 중요한 거래유형과 계정잔액 및 공시에 대한 실증절차 설계시	실증감사절차로서 외부조회절차를 수행할지 여부를 고려하여야 한다.
(기준서 330) 재무제표에 대한 왜곡표시위험평가 수준이 높을수록 더욱 설득력 있는 감사증거 수집이 필요	보다 신뢰성이 높은 감사증거를 입수하여야 하며 이 때 감사인은 제 3자로부터 직접 증거를 입수하거나 다수의 독립된 원천으로부터 보강증거를 입수하는 데 더 중점을 둘 수 있다.
(기준서 240) 경영진 주장 수준의 부정에 의한 평가된 중요왜곡표시위험에 대처하기 위한 방법	추가적인 보강정보를 입수하기 위하여 조회요청서를 설계할 수 있다.
(기준서 500) 감사인이 경영진의 진술로부터 얻은 확신 및 회계기록에 존재하는 증거로부터 얻은 확신을 보강하기 위하여	외부조회와 같이 당해 기업과 독립된 원천으로부터 보강정보를 입수할 수 있다

(2) 외부조회절차 Flow

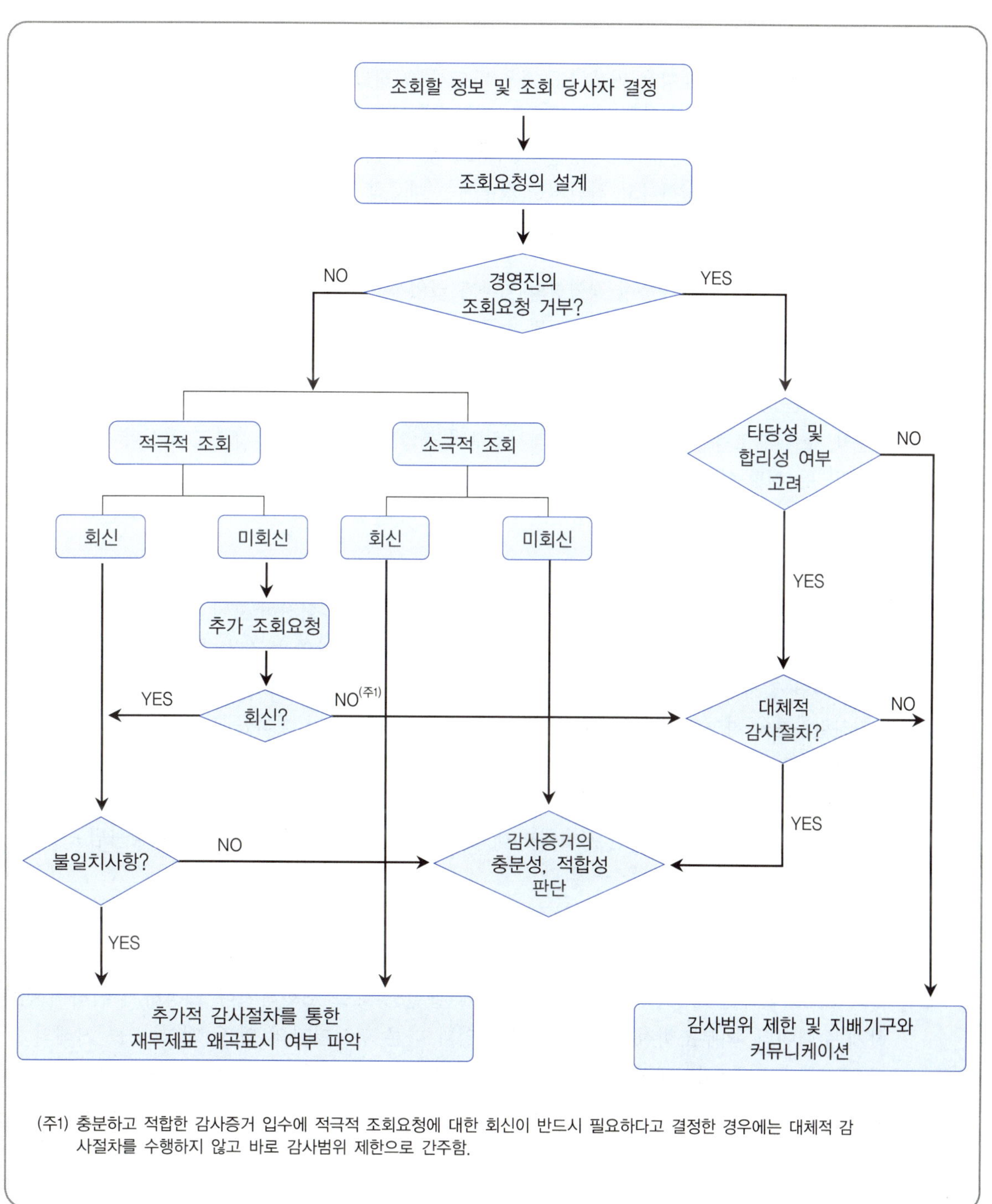

(주1) 충분하고 적합한 감사증거 입수에 적극적 조회요청에 대한 회신이 반드시 필요하다고 결정한 경우에는 대체적 감사절차를 수행하지 않고 바로 감사범위 제한으로 간주함.

설명

감사인은 조회할 정보 및 조회 당사자를 결정하여 조회를 발송하기 위한 계획을 수립한다. 이때 경영진이 조회요청을 거부하는 경우 반드시 그 타당성 및 합리성 여부를 고려하여야 하며, 만약 그 거부사유가 합리적이지 않은 경우 감사인은 해당 사안에 대해서 범위제한으로 간주하여 감사보고서에 미치는 영향을 고려하고 동 사항을 지배기구와 커뮤니케이션하여야 한다. 만약, 사유가 타당하다고 판단되는 경우에는 대체적 감사절차를 통하여 충분하고 적합한 감사증거를 수집하여야 한다.

감사인의 조회요청에 대하여 경영진의 거부가 없었을 경우 감사인은 해당 항목의 중요왜곡표시위험 등을 고려하여 적극적 조회 및 소극적 조회 양식을 선택하여야 한다. 만약 소극적 조회양식을 선택한 경우 거래처가 회신을 하지 않은 경우에는 해당 항목에 대하여 일단 왜곡표시가 없는 것으로 간주할 수 있으나 반드시 감사증거의 적합성 여부를 고려해 보아야 한다. 만약, 소극적 조회를 발송한 경우 거래처로부터 불일치 사항이 있는 것으로 회신이 왔을 경우 감사인은 해당 항목에 대하여 추가적인 감사절차를 통한 재무제표 왜곡표시 여부를 파악하여야 하며, 이는 적극적 조회를 발송하여 거래처로부터 불일치사항이 있는 것으로 회신이 온 경우에도 동일하다.

감사인이 만약 적극적 조회양식을 선택한 경우 거래처로부터 회신이 오지 않은 경우 감사인은 추가 조회요청을 하여야 하며 이를 통하여도 회신이 오지 않았을 경우 감사인은 원칙적으로 대체적인 감사절차를 통하여 충분하고 적합한 감사증거를 수집하여야 한다. 만약, 대체적인 감사절차를 통하여서도 충분하고 적합한 감사증거를 수집하지 못하는 경우에는 이를 범위제한으로 간주하여 감사보고서에 미치는 영향을 고려하고 동 사항을 지배기구와 커뮤니케이션하여야 한다. 또한, 거래처로부터 적극적 조회에 대한 회신을 받지 못하고 감사인이 조회 회신이 반드시 필요하다고 결정한 경우에는 대체적 감사절차를 수행하지 않고 바로 감사범위 제한으로 간주되는 경우도 있을 수 있다.

① 조회하거나 요청할 정보 및 조회당사자의 결정 (ISA 505 문단 A1~A2)

외부조회절차는 계정잔액과 그 구성요소에 관한 정보를 조회하거나 요청하기 위하여 빈번하게 수행된다. 외부조회절차는 또 당해 기업과 다른 당사자간의 약정, 계약 또는 거래의 조건을 조회하거나 "이면계약"과 같은 특정의 조건이 없다는 것을 조회하기 위하여 이용되기도 한다. 참고로 소송과 배상청구와 관련하여 변호사에 대한 외부조회는 13장에서 자세하게 후술하기로 한다.

▎외부조회로 수집하는 감사증거의 예

가. 공급처 및 거래처에 조회하는 채권, 채무에 대한 실재성 및 완전성
나. 금융기관에 조회하는 예금, 차입금에 대한 실재성 및 완전성
다. 금융기관에 조회하는 유가증권 잔액에 대한 실재성
라. 타처보관 재고에 대한 실재성
마. 금융기관에 조회하는 퇴직연금운용자산에 대한 실재성 등

또한, 조회요청은 조회할 정보에 대해 지식이 있다고 감사인이 믿는 당사자에게 할 때 그 회신은 보다 관련성이 있고 신뢰할 수 있는 감사증거를 제공한다. 예를 들어 금융기관에 조회을 요청하는 경우, 조회할 거래나 약정에 대해 잘 알고 있는 관리자가 그 금융기관에서는 조회을 요청할 가장 적합한 자이다.

② **조회요청의 설계**

1) 조회요청의 설계는 회신율, 그리고 회신을 통해 입수된 감사증거의 신뢰성과 성격에 직접적으로 영향을 미칠 수 있다. 따라서, 조회요청을 설계할 때는 다음과 같은 내용을 고려하여야 한다. (ISA 505 문단 A4)

고려내용	추가설명
관련 경영진 주장	가. 매출채권의 실재성을 조회하려고 하는 경우에는 채권 금액 중에 금액이 큰 거래처 위주로 조회요청을 설계. 단, 매출채권의 외부조회는 평가주장(거래처의 회수가능성) 및 완전성(매출채권의 과소계상)을 조회하기는 쉽지 않다. 나. 매입채무의 완전성을 조회하려고 하는 경우에는 주된 거래처임에도 불구하고 잔액이 거의 없는 거래처 위주로 조회요청을 설계 다. 타처보관 재고자산의 경우 재고자산의 실재성은 조회할 수가 있지만 진부화된 재고자산 즉, 평가주장을 조회하기 쉽지 않기 때문에 조회요청시 진부화된 재고의 존재여부를 조회해 달라는 요청문구 삽입
부정위험 등 중요한 왜곡표시에 대해 구체적으로 식별된 위험	중요한 왜곡표시에 대한 위험이 높다고 판단되는 경우에는 소극적 조회요청보다 설득력이 높은 적극적 조회요청을 수행하여야 한다.
당해 감사업무 또는 유사업무에 관한 사전 경험	과거 사전경험상 적극적 조회요청 결과 불일치가 없다고 조회되었으나 실제는 해당 잔액에 대한 불일치가 있는 것으로 조회된 경우 올해 감사인은 조회요청서에 금액이나 기타의 정보를 기재하지 않고 조회당사자

고려내용	추가설명
	가 해당 금액을 기재하거나 기타의 정보를 제공해 주도록 요청함으로써 조회당사자가 해당 정보가 정확한지 여부를 검증하지 않고 조회요청에 회신할 위험을 감소시킬 수 있다.
커뮤니케이션 방법	예를 들어, 종이형태 또는 전자문서 및 기타매체 중 어떠한 방법을 이용할 것인지 여부에 대하여 결정하여야 한다. 특히, 전자적으로 수령하는 회신은 발송처를 입증하고 회신자의 권한을 조회하거나 변조를 발견하는 것이 어려울 수 있기 때문에 조회요청시 송신자를 식별하기 위한 다양한 기법이 구축될 수 있다. (주1)
의도된 조회당사자가 요청된 정보를 조회를 하거나 제공할 수 있는 능력	예를 들어 의도된 조회당사자의 회계시스템이 채권, 채무에 대한 총잔액을 조회하기 쉽지 않은 상황이라면 감사인은 총잔액에 대한 조회요청이 아닌 개별송장별 금액에 대해서 조회요청을 설계하는 것이 훨씬 해당 증거의 신뢰성 및 회수율을 올릴 수 있다.

주1 (ISA 505 문단 A12)
감사인과 회신자는 전자적으로 전달되는 회신에 대해 **안전한 환경이 창출되는 절차를 이용함으로써 이러한 위험을 감소시킬 수 있을 것이다.** 만약 감사인이 그러한 절차가 안전하고 적절하게 통제되고 있다는 점에 만족하고 있다면 관련 회신의 신뢰성은 향상된다 전자적 조회절차에서는 전자형태 정보의 송신자를 식별하기 위한 다양한 기법이 구축할 수 있을 것이다 예를 들어, **암호, 전자서명, 그리고 웹사이트의 신뢰성을 검증하는 절차를 이용하는** 것이 그것이다.

2) 외부조회를 설계하는 경우 반드시 감사인은 요청서에 수신인이 제대로 표시되었는지 여부 및 주소의 일부 또는 전부에 대해 그 타당성을 테스트하는 것이 포함된다 또한, 이러한 조회요청이 신뢰성을 가지기 위해서는 반드시 회신이 감사인에게 직접 전달될 수 있도록 설계 요청해야 한다.

감사인에 의해서 이루어져야 하는 절차	감사대상회사에 의해서 이루어질 수 있는 절차
가. 회신요청 정보 및 당사자 결정 나. 조회요청서 발송시 주소 타당성 조회 다. 조회요청서 발송 및 직접 회수	가. 외부조회서 작성 나. 회신요청에 답변이 없는 경우 회신요청

| 사례 1 | (2007년, KICPA 기출)

대한회계법인은 전자부품인 A-type제품을 제조하는 (주)금성과 감사계약을 체결하고 2006년 재무제표에 대한 초도감사를 진행 중이다. (주)금성의 재고자산 중 대부분은 타 지역에서 창고시설 임대업을 영위하는 제3자의 보관과 통제하에 있다.
다음은 (주)금성의 감사현장책임자(in-charge)인 이우리 회계사와 감사책임자(partner)인 김나라 회계사가 감사현장에서 주고받은 대화내용의 일부이다.

> 김나라 : 이 회계사는 타처에 보관 중인 재고자산, 매출채권과 매입채무에 대해 어떤 감사절차를 수행할 계획인가요?
>
> 이우리 : 재고자산을 보관 중인 창고시설 임대업자와 중요한 매출, 매입거래처에 대해 직접 외부조회서를 발송할 계획입니다.
>
> 김나라 : 좋습니다. 외부증빙은 내부증빙에 비해 강력한 감사증거가 될 수 있습니다. 그럼, 이 회계사는 타처에 보관 중인 재고자산과 매출채권의 외부조회를 통해 경영진의 주장에 대한 어떤 감사목표를 달성할 수 있다고 생각합니까?
>
> 이우리 : 예, 외부조회를 통해서 실재성에 대한 감사증거를 입수할 수 있는 것으로 알고 있습니다.
>
> 김나라 : 만족스럽지 않군요. 타처에 보관 중인 재고자산에 대한 외부조회는 일반적으로 실재성 및 (1)에 관한 경영진의 주장에 대해서는 강력한 증거를 제공하지만, (2)에 관한 경영진의 주장에 대하여는 이를 뒷받침할 증거를 제공하지 못할 가능성이 높습니다.
> 또한, 매출채권에 대한 외부조회는 계정잔액의 실재성에 대한 강력한 증거를 제공할 뿐 아니라 (3)에 대한 감사증거도 됩니다. 그러나 (4)에 대한 경영진의 주장에 대해서는 일반적으로 필요한 감사증거를 모두 제공하지는 않습니다.
> 그리고 매입채무에 대한 완전성 주장을 감사하는 경우에는 반드시 중요한 부외부채가 없다는 증거를 얻어야 합니다. 매입채무에 대한 외부조회서 작성 시 부외부채의 발견을 위해서는 어떤 방법을 사용하는 것이 효과적인지를 고려해 보세요.

(물음 1) 김나라 회계사의 지적사항과 관련하여 빈칸(1), (2), (3), (4)에 적합한 경영진의 주장(계정잔액 관점)을 기술하고, 이 중 (2)와 (4)를 확인하기 위한 실증감사절차 중 각각 1가지를 선택하여 2줄 이내로 기술하시오.

구분	경영진의 주장	실증감사절차
(1)		–
(2)		
(3)		–
(4)		

풀이

구분	경영진의 주장	실증감사절차
(1)	권리와 의무	-
(2)	평가	• 진부화된 재고자산의 존재 여부 파악 및 저가법 평가 여부의 적정성 확인. 원칙적으로 진부화된 재고자산의 존재 여부 확인은 타처보관 재고자산에 대한 실사 및 실사입회를 통하여 확인. 다만, 조회를 통하여 확인하는 실무적인 방법은 창고임대업자에게 진부화된 재고자산의 존재 여부를 확인하는 요청문구를 외부조회서에 삽입하거나 창고입고일을 명시해 줄 것을 요청하는 작업을 통하여 이루어진다.
(3)	권리와 의무	-
(4)	평가	대손충당금에 대한 감사절차로서 • 회사의 대손충당금 설정과정 검토 및 검사, 계산검증, 과거 설정한 대손율의 적정성 확인, 대손에 대한 승인과정 확인 • 중요한 채권은 개별 채권분석, 기타 채권은 연령분석법 등으로 감사인이 독립적으로 대손충당금을 추정 • 재무제표일 이후에 현금이 회수되었는지, 재무제표일 이후 채권자에 대한 파산 여부 등을 검토하여 대손충당금의 적정성 확인

(물음 2) 김나라 회계사의 지적사항과 관련하여 매입채무조회서를 통한 부외부채에 대한 감사증거 수집은 어떤 경영진의 주장과 관련이 있는지 답하시오. 그리고 부외부채 발견을 위한 매입채무조회서 작성방법을 조회처 선정과 관련하여 2줄 이내로 기술하시오.

풀이

(1) 완전성

(2) 매입채무 보조부상 잔액이 큰 매입처를 중심으로 선정하기보다, 잔액이 없더라도 중요한 매입처를 대상으로 거래내역을 기재해 주도록 요청

❙ 사례 2 ❙ 취약점 지적문제

김철수 회계사는 한국(주)에 대한 매출채권에 대한 외부조회서를 발송하기 위하여 한국(주)의 매출채권명세서 세부내역을 수령하였다. 김철수 회계사는 한국(주)의 주주총회가 타년도에 비해서 일찍 열리기 때문에 감사가 속히 마무리되어야 한다는 사실을 알고 있고 이에 따라 미리 김주호 경리과장에게 회사와 논란의 여지가 있는 거래처를 포함하여 주요 거래처 20군데를 표본으로 선택·의뢰하였으며 그 거래처에 대한 외부조회서를 작성해 놓도록 요청하였다. 실증감사 시 김철수 회계사는 김주호 과장이 미리 작성해 놓은 외부조회서를 받아 특

별한 절차 없이 직접 거래처에게 발송하였으며 한국(주)와 지리적으로 가까운 몇 군데 거래처에 대해서는 김주호 과장에게 직접 조회서를 받아오도록 요청하였다. 또한 회신이 오지 않는 거래처에 대해서는 회사로 하여금 거래처에 직접 회신요청을 부탁하였다. 조회서를 우편으로 발송한 경우 답변은 감사인이 직접 수령하였다. 위와 같은 김철수 회계사의 절차 중에 문제가 있다고 판단되는 내용에 대해서 서술해 보시오.

풀 이

(1) 매출채권명세서 세부내역을 수령한 경우 해당 명세서에 대한 재계산을 수행하여야 한다.
(2) 외부조회서를 발송할 대상 거래처는 회사가 아닌 감사인이 선정하여야 한다.
(3) 외부조회서 발송시 반드시 감사인은 주소의 정확성을 확인해 보아야 한다.
(4) 외부조회서에 대한 회신은 반드시 감사인이 통제하여야 한다. 따라서 회사를 통해서 간접적으로 수령해서는 안 된다.

③ 경영진이 감사인의 조회서 발송을 거부하는 경우 (ISA 505 문단 8~9)

만약 경영진이 감사인의 조회서 발송을 거부하면, 감사인은 다음의 절차를 수행하여야 한다.

(Step 1)
경영진의 거부사유에 관하여 질문하고 그 타당성과 합리성에 대한 감사증거 수집. 일반적으로 제시되는 이유는 의도된 확인당사자와 법적 분쟁이나 협상이 진행 중이어서 조회 요청이 이러한 분쟁이나 협상에 영향을 미칠 수 있는 경우이다. 다만, 이 경우에도 부정이 나타날 수 있는 감사증거에 대한 감사인의 접근을 거절하고자 하는 의도인지는 반드시 파악하여야 한다.

⇩

(Step 2)
타당하다고 판단되는 경우 관련성이 있고 신뢰할 수 있는 감사증거를 입수하기 위한 대체적 감사절차(차후 서술) 수행. 만약, 1) 조회서 발송을 거부하는 것이 비합리적이라고 감사인이 결론을 내리거나 2) 감사인이 대체적 감사절차로부터 관련성이 있고 신뢰할 수 있는 감사증거를 입수할 수 없다면 감사의견에 미치는 시사점(중요하다고 판단되는 경우 감사범위 제한으로 한정 또는 의견거절)을 결정하고 지배기구와의 커뮤니케이션을 수행함.

⇩

(Step 3)
경영진의 거부가 부정위험 등 중요한 왜곡표시의 관련 위험과 다른 감사절차의 성격과 시기 및 범위에 대해 갖는 시사점을 평가하여야 함.

④ 적극적 조회(Positive Confirmation)과 소극적 조회(Negative Confirmation)

	적극적 조회	소극적 조회
정의	확인당사자가 조회서의 정보에 동의하는지 여부를 표시하여 또는 요청하고 있는 정보를 제공하여 감사인에게 직접 회신해 주도록 하는 요청	확인당사자가 조회서의 정보에 동의하지 않은 경우에만 감사인에게 직접 회신해 주도록 하는 요청
장점	설득력이 높은 감사증거	낮은 감사비용
단점	높은 감사비용	설득력이 낮은 감사증거

1) 소극적 조회는 적극적 조회보다 설득력이 낮은 감사증거를 제공한다. 따라서, 감사인은 다음 사항이 모두 충족되지 않는 한 경영진 주장 수준의 평가된 중요왜곡표시위험에 대처하기 위한 유일한 실증감사절차로서 소극적 조회를 이용하여서는 안된다. (ISA 505 문단 15)

소극적 조회를 이용할 수 있는 경우
가. 감사인은 중요왜곡표시위험이 낮다고 평가하였고, 경영진 주장과 관련된 통제의 운영효과성에 대해 충분하고 적합한 감사증거를 입수하였음
나. 소극적 조회절차의 대상이 되는 항목과 관련, 그 모집단이 소액의 동질적인 다수 계정잔액이나 거래 또는 조건들로 구성되어 있음.
다. 불일치사항의 발생률이 매우 낮을 것으로 예상됨.
라. 감사인은 소극적 조회요청의 수신자가 그러한 요청을 무시할 상황이나 조건에 대하여 알고 있지 아니함.

2) 소극적 조회요청에 대한 회신을 받지 못하였다면 이는 당해 조회 요청의 의도된 확인당사자가 해당 조회서를 수령하였다거나 동 조회서에 포함된 정보의 정확성을 검증하였음을 명시적으로 나타내는 것이 아니다. 따라서, 확인당사자로부터 소극적 조회요청에 대한 회신을 받지 못할 경우 적극적 조회요청에 대한 회신을 받은 것보다 유의적으로 설득력이 보다 낮은 감사증거를 제공한다. 또한 확인당사자는 조회서에 있는 정보가 자신에게 유리하지 않은 경우에 의견차이가 있다는 회신을 더 많이 하고, 반대의 경우에는 회신을 덜 할 수 있을 것이다. 예를 들어, 은행의 예금주가 예금잔액에 대한 조회서의 잔액이 과소표시되어 있다고 판단하면 조회서에 대해 회신을 더 많이 할 것이고, 동 잔액이 과대 표시되어 있다고 판단하는 경우에는 회신을 더 적게 할 수 있다. 그러므로, 은행의 예금주에게 소극적 조회요청서를 보내는 것은 동 예금잔액이 과소평가 되었는지 여부를 고려할 때 유용한 절차가 될 수 있을 것이다. 그러나 예금잔액의 과대표시에 관한 증거를 구하고 있을 때에는 효과적이지 않을 수 있다. (ISA 505 문단 A23)

3) 적극적 조회요청은 소극적 조회요청에 비해서 일반적으로 신뢰할 수 있는 감사증거를 제공한다. 다만, 확인당사자가 해당 정보가 정확한지 여부를 검증하지 않고 조회 요청에 회신할 위험이 있을 수 있다. 이러한 경우 감사인은 조회서에 금액이나 기타의 정보를 기재하지 않고 확인당사자가 해당 금액을 기재하거나 기타의 정보를 제공해 주도록 요청하는 적극적 조회요청을 이용함으로써 이러한 위험을 감소시킬 수 있다(Blank Form Confirmation) 그러나 이러한 공란형태의 조회 요청은 확인당사자의 추가적인 노력을 요구하기 때문에 회신율이 보다 낮을 수 있다. (ISA 505 문단 A5)

〈공란형태의 조회서(Blank Form confirmation)의 장단점〉

장 점	단 점
확인당사자가 해당 정보가 정확한지 여부를 검증하지 않고 조회 요청에 회신할 위험을 낮출 수 있음 (조회서에 대한 설득력이 높음)	회신율이 낮음

4) 조회서 회신 및 미회신의 경우 감사인의 대응조치

가. 적극적 조회요청에 대한 대응조치

회신이 온 경우	회신이 오지 않은 경우
a. 불일치사항이 발견된 경우 감사인은 해당 내용이 재무제표의 왜곡표시를 의미하는지 여부를 파악하여야 한다. 예를 들어 불일치사항이 발견된 경우 그 이유가 외부조회절차의 시기나 측정상의 문제 또는 사무적 오류에서 기인한 것이라고 결론을 내릴 수 있다. 또한, 해당 불일치사항이 재무제표의 왜곡표시라고 판단되는 경우에는 이러한 왜곡표시가 재무제표에 미치는 영향을 판단하고 이러한 왜곡표시가 부정의 징후인지 여부를 판단하여야 한다. 또한, 불일치사항은 또 기업의 재무보고에 대한 내부통제의 미비점을 나타내는 것일 수도 있다. (주3) b. 일치가 되는 것으로 회신이 된 경우라 하더라도 반드시 감사인은 그러한 회신이 신뢰할 수 있는 회신인지 여부에 대해서 추가적인 감사증거를 입수하여야 한다. (주4)	a. 감사인은 조회 요청에 대해 합리적인 기간내에 회신을 받지 못하였을 경우 추가적인 조회서를 보낼 수 있다. (예를 들어, 최초의 주소가 정확한지 다시 확인한 후 추가적인 조회서를 발송) b. 그럼에도 불구하고 미회신의 경우에는 감사인은 대체적 감사절차를 일반적으로 수행한다. (주1) c. 만약 감사인이 충분하고 적합한 감사증거 입수하는 데 적극적 조회요청에 대한 회신이 반드시 필요하다고 결정(주2)하였다면, 대체적인 감사절차는 감사인이 요구하는 감사증거를 제공하지 못한다. 이러한 경우에 감사인이 그러한 적극적인 확인을 입수하지 못한다면 감사의견에 미치는 영향을 판단하여야 한다

주1 대체적 감사절차 (ISA 505 문단 A18)

계정과목	대체적 감사절차의 유형
매출채권	1. 특정 항목에 대한 후속적 회수(Subsequent Cash Collection) 2. 선적서류에 대한 검사(Inspection of Shipping Documents) 3. 보고기간말에 근접하여 발생한 매출거래에 대한 검사(Cut-off Test)
매입채무	1. 후속적 지급(Subsequent Cash Payment) 2. 제3자로부터의 서신(Correspondence from the 3rd Parties) 3. 상품검수기록과 같은 기타 기록의 검사(Inspection of Receiving Report)

주2 충분하고 적합한 감사증거 입수에 적극적 조회요청에 대한 회신이 반드시 필요한 경우 (ISA 505 문단 A20)

1. 경영진 주장을 보강하기 위해 이용가능한 정보가 오직 기업의 외부에서만 입수가능한 경우
2. 경영진의 통제무력화 위험, 종업원 및 경영진이 관여될 수 있는 공모위험과 같이 구체적인 부정위험요소로 인해 감사인이 기업에서 입수한 증거를 신뢰할 수 없는 경우

주3 구체적인 사례

사례 (회신자의 답변)	감사인의 후속조치
(Case 1) 재무제표일 이후 FOB 도착지 조건으로 8백만원의 재고자산을 수령하였습니다. 하지만 세금계산서는 재무제표일 시점으로 발행하여 귀사가 채권을 인식하고 있는 것으로 판단됩니다.	매출거래와 관련된 선적서류 및 기타 내부문서 검사를 통하여 선적조건 및 선적일 등을 확인하고 매출인식과 관련된 기간귀속이 적절한지 여부를 확인해 보아야 함.
(Case 2) 이미 우리는 매입채무 7백만원을 재무제표일 기준으로 지급하였습니다. 따라서 재무제표일 기준으로 당사는 귀사에게 지급할 채무가 존재하지 아니합니다.	재무제표일 이후 매출채권 대금이 회수되었는지 여부를 확인해 보아야 하며 혹시 입금일이 부정의 형태(랩핑: Lapping)로 지연되었는지 확인해 보아야 함.
(Case 3) 우리는 재무제표일 이전에 재고자산을 수령하였으며 해당 매입채무 3백만원을 재무제표일 이후에 지급하였습니다.	재무제표의 왜곡표시가 아님을 확인해 주는 답변임.

주4 회신의 신뢰성 평가 (ISA 505 문단 A11~A16)

아무리 회신이 기업외부의 원천으로부터 입수되었다 하더라도 다음과 같은 경우에는 그 회신에 대한 신뢰성에 의심이 들 수 있다.

1. 회신이 원래 의도된 확인당사자로부터 발송되지 않은 것으로 보임 2. 회신이 감사인에게 간접적으로 전달됨

위와 같은 경우에는 반드시 확인당사자와 접촉하여 조회 요청에 대한 회신의 원천과 내용을 검증하는 절차를 취하여야 한다. 구체적인 예는 다음과 같다.

상 황	후속절차
전자메일로 회신하는 경우(확인당사자로부터 발송되지 않았을 것으로 보이는 대표적인 경우)	감사인이 확인당사자에게 전화하여 확인당사자가 실제 그 회신을 보냈는지 여부를 결정
감사인에게 간접적으로 전달된 경우: 예를 들어, 확인당사자가 주소를 잘못 기재하여 감사인 주소 대신 해당 기업의 주소를 기재한 경우	감사인은 확인당사자가 감사인에게 직접 서면으로 회신해 달라고 요청
확인당사자가 구두로 회신한 경우	원칙적으로 외부조회의 정의를 충족하지 못함. 따라서 감사인에게 직접 서면으로 회신해 달라고 확인당사자에게 요청.

* 조회 요청에 대한 회신에 그 회신의 이용에 관한 제한적인 문구가 포함되어 있을 수 있다. 그러한 제한이 있다고 해서 반드시 감사증거로서의 회신의 신뢰성이 무효화되는 것은 아님 (ISA 505 문단 A16)

나. 소극적 조회요청에 대한 대응조치

회신이 온 경우	회신이 오지 않은 경우
불일치사항이 발견된 경우로서 적극적 조회요청시 불일치사항이 발견된 경우와 동일한 대응절차를 수행하면 된다.	불일치사항이 없는 것으로 간주할 수 있음. 다만, 이는 당해 조회 요청의 의도된 확인당사자가 해당 조회서를 수령하였다거나 동 조회서에 포함된 정보의 정확성을 검증하였음을 명시적으로 나타내는 것은 아님. 결국 적극적 조회요청에 비해서 설득력이 낮은 감사증거를 제공함.

결국, 외부조회요청의 결과를 평가할 때 이를 다음과 같은 범주로 분류할 수 있다 (ISA 505 문단 A24)

1. 적합한 확인당사자로부터 받은 회신으로, 조회서에 제시된 정보에 대해 동의를 표하였거나 어떠한 불일치사항이 없어 요청된 정보를 제공해 온 회신
2. 신뢰할 수 없다고 여겨지는 회신
3. 미회신
4. 불일치사항을 표시하고 있는 회신

6 감사문서(Audit Documentation)

감사문서(화)란 감사인이 수행한 감사절차, 입수한 관련 감사증거 및 감사인이 도달한 결론에 관한 기록을 말한다. 이러한 감사문서는 종이, 전자, 혹은 기타 매체의 형태로 기록될 수 있을 것이다.

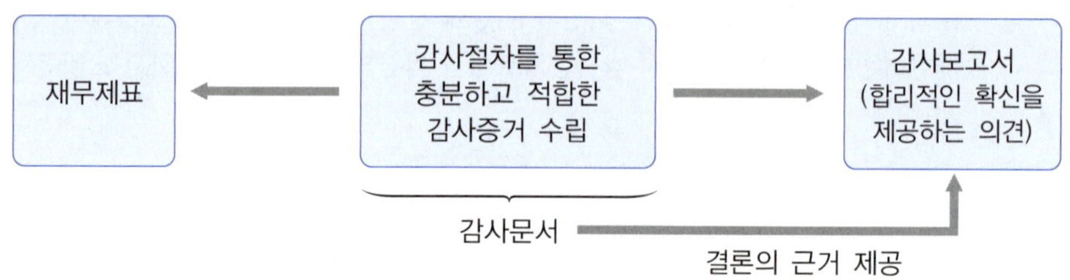

(1) 감사문서화의 목적 (ISA 230 문단 2~3)

① 감사인의 전반적인 목적의 달성에 관한 결론의 근거
② 감사가 감사기준과 관련 법규의 요구사항에 따라 계획되고 수행되었다는 사실 입증
③ 기타의 목적
  1) 업무팀이 감사를 계획하고 수행하는 것을 지원함.
  2) 감독책임이 있는 업무팀원들이 감사업무를 지휘, 감독하며 검토책임을 완수하도록 지원함.
  3) 업무팀이 자신이 수행한 업무에 대해 책임질 수 있도록 함.
  4) 향후의 감사에 지속적으로 유의적인 사건에 대한 기록을 유지함.
  5) 관련 국가 규제기관에 의하여 품질관리검토와 검사를 가능하게 하며 외부검사업무 수행을 가능하게 함.

위 감사기준의 내용을 다시 정리하면 결국, 감사인은 감사문서화를 통하여 자신이 관련 감사기준과 관련 법규를 전문가적 판단에 따라 정당한 주의의무를 다하여 준수하였다는 것을 입증하고 외부검사기관이나 품질관리검토가 가능하게 하며 또한 그러한 문서화를 통하여 자신이 표명한 감사결론이 적정하다는 사실을 주장하는데 그 근거로 사용하기 위함이다.

또한, 감사문서화는 감사인이 감사업무를 효율적, 효과적으로 계획하고 감독, 검토하게 함으로써 감사품질을 높이는데 도움을 준다. (ISA 230 문단 A1) 다만, 향후 감사에 지속적인 도움을 주기 위하여 감사인은 감사문서화를 하지만 항상 전기에 문서화한 내용을 참조할 때는 반드시 전문가적 의구심을 통하여 전기와 비교해서 회사의 환경의 변화 등을 잘 고려하여야 한다. 아래 사례를 통하여 살펴보자.

| 사례 |

감사경험이 없는 신입회계사인 신입이 회계사는 계속감사기업인 (주)뛰띠자동차의 매출채권(기말잔액 : 5,000억 원)에 대한 실재성 확인업무를 배정받았다. 전기 선임회계사의 감사조서를 보니 회사로부터 징구한 매출채권명세서의 합계잔액과 재무상태표상의 금액을 대사한 후, 동 명세서로부터 표본을 추출하고 추출된 표본항목에 대하여 외부조회하는 방법으로 매출채권의 실재성을 검토하였다. 이에 신입이 회계사도 회사로부터 매출채권명세서를 징구하였고 동일한 감사절차를 수행하였다. 회사가 제시한 명세서는 매우 방대하고 전산으로 출력된 것이므로 신입이 회계사는 별도의 합계검증 없이 전기에 수행한 절차대로 최종 합계란의 금액이 재무상태표 및 시산표상의 금액과 일관성이 있는지의 여부만 확인하였다.
위에서 수행한 신입이 회계사의 감사절차 중 문제점 2가지를 지적해 보시오.

풀이

① 감사계획을 세우고 감사업무를 수행하는 데 있어서 가장 효과적인 방법이 전기 감사조서를 참조하는 것인데 이 경우 반드시 전문가적 의구심을 가지고 작년도와 비교하여 당해 연도 변화된 감사환경에 비추어 적절하게 감사절차를 변경하여야 한다.

② 감사인은 감사효율을 향상시키기 위하여 회사가 작성한 명세서, 분석자료 및 기타 서류를 활용할 수 있는데 이 경우 감사인은 이러한 자료가 올바르게 작성되었는지를 먼저 확인(예 : 재계산)할 필요가 있다.

(2) 감사문서의 소유권 및 이에 대한 제약

① 감사문서의 소유권은 감사인에게 있다. 따라서, 감사인은 감사문서의 보안유지, 안전보관 및 일정기간 보존을 위하여 적합한 절차를 수립, 시행하여야 한다.

② **소유권에 대한 제약**

1) 감사문서의 보관기한 : 감사종료 시점으로부터 8년간 보전하기로 되어 있다. (외감법 제19조) 여기서 감사종료일 시점은 일반적으로 감사증거 수집완료일 즉, 감사보고서일 시점으로 간주한다. 참고로 감사기준에서는 일반적으로 감사관련 문서의 보존기간을 감사보고서(그룹감사의 경우는 그룹감사보고서일)로부터 5년 이상으로 규정하고 있다. (ISA 500 문단 A23)

2) 감사문서의 비밀유지

근거법령 및 규정	외감법, 공인회계사법, 공인회계사 윤리기준
비밀유지의무의 예외	① 법규에 의해 정보의 공개가 허용되고 의뢰인 또는 고용주로부터 공개를 허락받은 경우 ② 다음과 같이 법규에 의해 정보의 공개가 요구되는 경우 가. 소송절차에 따라 문서를 제시하거나 기타 증거로 제시하는 경우 나. 이미 알려진 법규위반 사실을 해당 공공기관에 공개하는 경우 ③ 법규에 의해 정보의 공개가 금지되지 아니한 경우로서, 정보의 공개에 대하여 전문가적인 권리 또는 의무가 있는 경우 가. 한국공인회계사회 또는 감독기관의 품질관리 감리의무를 준수하기 위한 경우 나. 한국공인회계사회 또는 감독기관의 질의 또는 검사에 응하기 위한 경우 다. 소송에서 공인회계사의 직업상의 이해관계를 보호하기 위한 경우 라. 기술적 기준 및 윤리적 요구사항을 준수하기 위한 경우

(3) 감사문서의 예시 및 구분(실무적인 구분이며 New ISA에서는 구체적인 내용이 언급되지 아니함)

영구조서	당기조서
계속감사의 경우 계속하여 사용할 수 있는 중요한 자료를 새로운 정보가 있을 때마다 갱신·정리한 감사조서 <예시> ① 회사의 법적 · 조직적 체계에 대한 정보 <예> 정관, 법인 등기부등본, 사업자등록증, 정부승인서 등 ② 중요한 법적 문서, 계약서 및 의사록의 발췌 또는 복사본 <예> 합작계약서, 기술도입계약서, 차관계약서, 임대차계약서, 주주총회와 이사회회의록 등 ③ 회사가 속하는 산업, 경제환경 및 법적 환경에 대한 정보	당해 연도 감사와 관련된 정보를 정리한 감사조서

➡ 영구조서와 당기조서를 구분하는 실익 : 장기적으로 중요한 영향을 미치는 영구조서를 당기조서와 구분함으로써 훨씬 효율적인 감사업무를 수행할 수 있다.

이때 주의할 점은 문서화는 감사인이 작성한 기록으로 제한되는 것이 아니며 기업측 인원이 작성하고 감사인이 동의한 회의록과 같이 다른 적합한 기록들도 포함될 수 있다 다만, 이러한 감사문서가 기업의 회계기록을 대신하는 것은 아니다. (ISA 230 문단 A4)

〈기출문제〉 다음에 열거되어 있는 감사증거 중 영구조서에 문서화할 내용을 선택하시오.

(1) 감사업무수행점검표
(2) 중요한 주주총회의사록, 이사회의사록
(3) 공시사항점검표
(4) 정부승인서, 합작투자계약서
(5) 중요한 비망사항 또는 질의사항
(6) 경영자서면진술, 변호사조회서
(7) 감사보고서초안, 회사의 재무제표
(8) 감사결과요약서, 감사수정사항요약서

해답 : (2), (4), (5)

(4) 감사문서의 내용과 형태 (ISA 230 문단 8)

1. 감사문서의 형식적인 요건
   (1) 감사대상회사명
   (2) 해당 문서의 내용(Subject)
   (3) 재무제표일
   (4) 감사업무의 수행자 및 그 수행업무의 종료일 (감사문서화의 목적 ③-3)와 연결)
   (5) 수행된 감사업무를 검토한 자, 검토일 및 검토범위 (감사문서화의 목적 ③-2)와 연결)
2. 감사절차의 수행결과 및 입수한 감사증거[주1]
3. 감사 중 발생한 유의적 사항[주2]
4. 감사절차 수행 후 도달된 결론(Conclusion) 및 결론에 도달할 때 행한 유의적인 전문가적 판단근거(Basis for Conclusion). ⇨ 특히, 감사 중 발생한 유의적 사항과 결론은 일관성이 있어야 하며 결론을 표명할 때 사용하는 용어는 "정확하다" 등의 표현이 아닌 "공정하게 표시하고 있다" 또는 "진실되고 공정하다" 등의 표현을 사용함으로써 합리적인 확신을 제공하는

용어를 사용하여야 한다.

5. 감사인이 수행한 절차에 대해서는 명료하게 작성이 되어야 하며 약자(tickmark)를 사용하는 경우에는 그 약자에 대한 설명(tickmark legend)을 명시하여야 한다.
6. 감사문서에 기재되는 모든 금액에 대해서는 계산 등이 정확하게 되어 있어야 한다.
7. 해당 항목과 관련하여 추가적인 내용을 설명하는 감사조서가 있는 경우에는 색인부호(working paper index)를 사용하여 서로 연결관계를 표시하도록 한다.

주 1

감사문서는 감사가 감사기준을 준수하여 수행되었다는 증거를 제공한다. 그러나 감사인이 감사에 있어서 고려한 모든 사항이나 모든 전문가적 판단에 대해 문서화를 할 필요는 없으며 실행가능하지도 않다. 또한, 감사파일에 포함된 문서로서 감사기준을 준수한 것이 밝혀진 사항들에 대하여는 예를 들어 점검표와 같이 감사인이 별도로 문서화할 필요가 없다 그 예는 다음과 같다. (ISA 230 문단 A7)

가. 문서화된 감사계획서 : 감사인이 감사를 계획했다는 입증이 가능
나. 서명된 감사계약서 : 경영진과 감사업무 조건에 합의했다는 것을 나타냄
다. 적합하게 한정의견을 표명한 감사보고서 : 한정의견을 표명할 요구사항을 준수했다는 것을 나타냄
라. 업무수행이사의 업무팀 토의 참여 문서화 : 업무수행이사가 감사업무의 지휘, 감독,수행의 책임을 감사기준에 따라 수행했다는 것을 의미함

주 2 유의적 사항의 예 (ISA 230 문단 A8)

가. 유의적 위험을 발생시키는 사건
나. 감사절차 수행결과 그것이 재무제표가 중요하게 왜곡표시 될 수 있다는 것을 나타내는 경우
다. 감사의견을 변형시키거나 강조사항문단에 포함될 수도 있는 사항을 발견한 경우

▌사례 ▌

다음 작성된 조서의 취약점을 지적하시오.

철수주식회사
매출채권 — 외부조회 회신요약표

		고객수		금 액	
		숫 자	비 율	금 액	비 율
20X1년 12월 31일자 기준		4,000	100%	40,000,000■τ	100%
표본으로 선택한 항목		220	5.5%	22,000,000	55%
외부조회 형태	적극적 조회	40	1%	16,000,000	40%
	소극적 조회	160	4%	4,000,000	1%
경영진의 요구에 의해 표본으로 선택되었으나 발송하지 않은 항목		20	0.5%	2,000,000	5%

<회신결과>

① 예외사항이 없는 것으로 확인됨

적극적 조회	C 35 μ	0.875%	14,000,000	35%
소극적 조회(회신이 오지 않은 거래처)	C 150	3.750%	3,500,000	8.75%
합 계	185	4.625%	17,500,000	43.75%

② 예외사항이 있는 것으로 확인됨

적극적 조회	CX 3	0.075%	1,500,000	3.75%
소극적 조회	CX 10	0.250%	500,000	1.25%
합 계	13<	0.325%	2,000,000	5.00%

③ 표본으로 선택되었으나 발송하지 않은 항목

	20	0.5%	2,000,000	5.00%

<Tickmark 설명>	<감사결론>
■ : 매출채권 보조원장과 일치 τ : 총계정원장 및 계정일괄표와 일치 μ : 특수관계자 거래를 포함하고 있음. C : 예외사항 없음, see W/P 3300-4 CX : 예외사항 발견, see W/P 3300-5	잠재적 왜곡표시금액 ₩2,000,000은 중요성 기준보다 낮음. 따라서 매출채권금액은 정확함.

풀 이

1) 작성자, 작성일자, 검토자 및 검토자의 서명이 누락되어 있다.
2) Tickmark legend 중에서 '<'에 대한 설명이 누락되어 있다.
3) 소극적 조회를 발송한 금액이 전체 채권에서 차지하는 비율이 잘못 계산되어 있다.
4) 매출채권에 대하여 표본으로 선택된 고객에 대하여 감사대상회사가 발송하지 않을 것을 요구한 경우

그 사유의 정당성에 대하여 질문하였어야 한다.
5) 적극적 외부조회의 경우 40곳의 고객에게 발송을 하였고 회신이 되지 않은 거래처가 2곳이 있는데, 그 고객에 대한 회신요청이나 대체적인 절차의 수행 여부에 대한 언급이 누락되어 있다.
6) 소극적 외부조회 결과 회신이 되지 않은 거래처에 대해서는 잔액이 적정하다는 상황적인 증거만 제시할 뿐이지 잔액이 정확하다고 확인되는 것은 아니다. 따라서 추가적인 감사절차를 수행할지 여부에 대하여 고려하여야 한다.
7) 매출채권에 대하여 포함되어 있는 특수관계자 거래에 대하여 추가적인 감사절차를 수행하였어야 한다(예 : 적절한 공시 여부 검토 등).
8) 결론부분에서 언급하고 있는 중요성 기준에 대한 근거가 언급이 없으며, 거래처 4,000군데에서 220명의 거래처를 표본으로 선택한 근거에 대해서도 자세한 언급이 누락되어 있다.
9) 외부조회 결과 오류금액으로 도출된 금액이 2,000,000원인데, 매출채권에 대한 결론을 도출할 때에는 조회결과 발견한 오류금액을 모집단으로 추정하여 오류상한액을 계산한 다음 그 금액을 매출채권에 배분된 중요성 기준과 비교하였어야 한다. 또한 결론을 표명할 때 "정확하다"라는 표현은 절대적 확신을 제공하는 것으로 오해될 수 있기 때문에 "공정하다"라는 표현으로 변경되어야 한다.

(5) 감사문서의 내용 및 형태에 영향을 주는 요인

감사문서의 내용 및 형태는 아래와 같은 주요 요인에 의해서 영향을 받는다. (ISA 230 문단 A2)

① 기업의 규모와 복잡성
② 중요한 왜곡표시 식별된 위험
③ 수행하여야 할 감사절차의 성격
④ 예외사항의 성격과 범위

예를 들어 금융업을 감사할 때 감사문서의 내용과 부동산임대업을 감사문서화할 때 내용과 형태는 상당히 다를 수 있으며 중요왜곡표시위험평가 결과는 감사인의 추가감사절차인 통제테스트와 실증절차의 범위에 상당한 영향을 미칠 수 있다. 또한, 중요한 예외사항이 없었던 적정의견을 표명하는 회사에 대한 감사문서와 의견거절을 표명하는 감사문서의 내용도 차이는 발생할 것이다.

여기서 주의할 점은 위와 같은 요인에 의해서 감사문서의 내용과 형태가 영향을 받는다 하더라도 감사인은 이전에 당해 감사에 관여하지 아니한 숙련된 감사인(Experienced Auditor who does not have previous connection with audit client)이 다음 사항을 충분히 이해할 수 있도록 감사문서를 작성하여야 한다. (ISA 230 문단 6, 8)

숙련된 감사인	이해 대상
감사실무의 경험이 있으며 다음 사항에 대한 합리적인 이해를 가지고 있는 감사인 가. 감사과정 나. 감사기준과 관련 법규의 요구사항 다. 당해 기업이 활동하는 사업환경 라. 해당 업종과 관련된 감사 및 재무보고상의 쟁점	가. 수행한 감사절차의 성격, 시기 및 범위 나. 감사절차의 수행결과 및 입수한 감사증거 다. 감사 중 발생한 유의적 사항 라. 감사절차 수행 후 도달된 결론 및 결론에 도달할 때 행한 유의적인 전문가적 판단근거

결국, 국제감사기준에서는 위 숙련된 감사인이 감사인의 감사문서를 이해하지 못하는 상황이 발생하게 되면 감사를 수행한 감사인은 실제로는 감사기준을 준수하였음에도 불구하고 자신이 감사기준을 준수하였다는 사실을 입증할 때 상당히 불리할 수 있음을 의미한다.

(6) 최종감사파일의 취합

① 감사인은 감사문서를 적시에 작성하여야 하며 이러한 절차는 감사보고서일로부터 60일 이내에 완료하여야 한다. 이러한 감사문서의 취합, 완료한 날을 감사문서취합완료일(Audit Documentation Completion Date)이라고 한다.

② 감사문서 취합완료일 이후에는 그 보존기간 종료 전까지 어떠한 성격의 감사문서도 삭제(Delete) 하거나 폐기(Discard) 해서는 안 된다. 다만, 다음의 예외적인 상황 2가지가 발생하는 경우에는 감사문서를 수정(Change)하거나 새로운 감사문서를 추가(Addition)할 수 있다.

(상황 1)	감사보고서일 후 감사인이 알게 된 사실로서 감사보고서일 현재 존재하였으며 만약 그 일자에 알려졌을 경우 재무제표를 수정하거나 감사인이 감사의견을 변형시켰을 수도 있는 경우
(상황 2)	내부 또는 외부에서 수행한 모니터링 검사 중에 받은 검토의견에 따라 기존 감사문서를 명확하게 할 필요가 있을 때

하지만, 이 경우에도 반드시 감사인은 다음 사항을 문서화하여야 한다. (ISA 230 문단 16)

1) 감사문서를 수정하거나 추가하는 구체적 이유(Why)
2) 감사문서를 수정, 추가하고 이를 검토한 자(Who)와 그 시기(When)

③ 이러한 규정의 취지는 감리나 소송에 있어서 감사문서를 감사인에게 유리하게 작용하도록 감사인이 부당하게 수정 또는 추가하거나 감사조서를 삭제, 폐기하는 행위를 예방하기 위해서이다. 결국, 감사문서취합완료일 이후 감사문서를 삭제, 폐기하는 행위는 엄격하게 제한이 되는 것이다.

(7) 해당 기준서 문서화 요구사항 정리

<table>
<tr><th>해당 기준서</th><th>요구되는 감사문서</th></tr>
<tr><td>감사업무조건의 합의</td><td>가. 재무제표감사의 목적과 범위
나. 감사인의 책임
다. 경영진의 책임
라. 재무제표 작성을 위한 재무보고체계의 식별
마. 보고서의 예상되는 형태와 내용에 대한 언급</td></tr>
<tr><td>재무제표감사의 품질관리</td><td><table><tr><th>감사인</th><th>업무품질관리검토자</th></tr><tr><td>가. 관련 윤리적 요구사항 준수에 관하여 식별된 쟁점 및 그러한 쟁점을 해결한 방법
나. 독립성 요구사항의 준수에 관한 결론 및 그러한 결론을 뒷받침하는 회계법인과의 논의 내용
다. 의뢰인 관계의 수용과 계속에 관하여 도달된 결론
라. 감사업무 수행과정에서 실시된 자문의 성격, 범위와 그 결론</td><td>가. 업무품질관리검토에 관하여 회계법인의 정책에서 요구되는 절차를 수행하였음.
나. 업무품질관리검토는 감사보고서일 이전에 종료되었음
다. 검토자는 업무팀이 내린 유의적 판단과 도달된 결론이 적합하지 않았다고 판단할만한 어떠한 미해결 사항도 인지하고 있지 아니함</td></tr></table></td></tr>
<tr><td>부정에 의한 감사인 책임</td><td>가. 기업과 그 환경에 대한 감사인의 이해 그리고 중요왜곡표시위험의 평가와 관련된 내용
① 업무팀이 기업의 재무제표가 부정에 의하여 중요한 왜곡표시될 취약성에 대해 토론한 결과 유의적 결정들
② 재무제표 수준과 경영진 주장 수준에서 부정에 의해 중요하게 왜곡표시되었다고 식별되고 평가한 위험
나. 평가된 중요왜곡표시위험에 대해 수행한 대응과 관련된 내용
① 재무제표 수준의 부정에 의한 중요한 왜곡표시 평가 위험에 대처하기 위한 전반적인 대응. 감사절차의 성격, 범위, 시기
② 경영진 통제무력화 위험에 대응하기 위하여 설계된 절차 등 감사절차의 적용결과</td></tr>
</table>

해당 기준서	요구되는 감사문서
	다. 부정과 관련하여 경영진, 지배기구, 규제감독기관 및 기타 당사자와 수행한 커뮤니케이션 라. 수익인식과 관련하여 부정에 의한 중요왜곡표시위험이 존재한다는 가정을 해당 감사업무의 상황에 적용할 수 없다고 결론을 내린 경우, 그러한 결론을 내리게 된 이유
지배기구와의 커뮤니케이션	가. 구두로 커뮤니케이션한 경우 그 내용과 함께 언제, 누구와 실시했는지 여부 나. 서면으로 커뮤니케이션을 하였다면, 감사인은 그 사본을 감사문서의 일부로 유지
재무제표 감사계획의 수립	가. 전반감사전략 나. 감사계획 다. 감사의 진행 중 발견한 전반감사전략 또는 감사계획의 중요한 변경과 그러한 변경의 이유
기업과 기업환경 이해를 통한 중요왜곡표시 위험의 식별과 평가	가. 업무팀원간의 토론내용 및 도달된 유의적 결정사항 나. 기업과 기업환경의 각 측면 및 내부통제 구성요소와 관련하여 얻은 이해의 핵심요소, 그러한 이해를 얻은 정보의 원천 및 수행된 위험평가절차 다. 재무제표 수준과 경영진 주장 수준에서 식별되고 평가된 중요왜곡표시위험 라. 식별된 위험 및 감사인이 이해한 관련 통제
감사의 계획수립과 수행에 있어서의 중요성	가. 재무제표 전체에 대한 중요성 나. 특정 거래유형과 계정잔액 및 공시에 대한 중요성 수준 다. 수행중요성 라. 감사의 진행에 따른 가~다의 수정 내용
평가된 위험에 대한 감사인의 대응	가. 재무제표 수준의 평가된 중요왜곡표시위험에 대처하기 위한 전반적인 대응, 수행된 추가감사절차의 성격과 시기 및 범위 나. 이러한 감사절차와 경영진 주장 수준의 평가된 위험과의 연결관계 다. 감사절차의 결과 라. 과거의 감사에서 입수된 통제의 운영효과성에 관한 감사증거를 이용할 계획이라면 감사인은 과거의 감사에서 테스트한 통제에의 의존과 관련하여 그 도달된 결론 마. 재무제표가 그 기초가 되는 회계기록과 대조 또는 조정되었다는 것
식별된 왜곡표시의 평가	가. 그 미만의 왜곡표시는 명백하게 경미하다고 간주될 금액 나. 감사 중 집계한 모든 왜곡표시 및 그러한 왜곡표시가 수정되었는지 여부 다. 미수정왜곡표시가 개별적으로 또는 집합적으로 중요한지 여부에 대한 감사인의 결론과 그 근거

해당 기준서	요구되는 감사문서
특수관계자	식별된 특수관계자의 명칭과 특수관계의 성격
그룹재무제표 감사	가. 유의적으로 나타나는 부문들에 대한 분석 및 그러한 부문들의 재무정보에 대해 수행된 업무의 유형 나. 해당되는 경우 부문감사인의 감사문서 중 관련성이 있는 부분과 그 결론에 대한 그룹업무팀의 검토 등 부문감사인이 유의적 부문에 대하여 수행한 업무에 대하여 그룹업무팀이 관여한 업무의 성격과 시기 및 범위 다. 그룹업무팀의 요구사항에 대하여 그룹업무팀과 부문감사인 간에 이루어진 서면커뮤니케이션
내부감사인이 수행한 업무의 활용	가. 내부감사인이 수행한 업무의 적합성에 대하여 실시한 평가와 관련하여 그 도달된 결론 나. 외부감사인이 동 업무에 대해 수행한 감사절차

Q&A 사례문제 1

1 감사인이 감사증거를 수집하는 방법을 감사기술이라고 한다. 감사인이 감사기술을 통하여 통제테스트와 실증절차 단계에서 충분하고 적합한 감사증거를 수집하여야 한다. 그렇다면 통제테스트와 실증절차 단계에서 감사증거를 수집하는 목적을 각각 2줄 이내로 기술하시오. (2011년, KICPA 기출문제)

답안양식:

통제테스트의 목적은	
실증절차의 목적은	

풀 이

통제테스트의 목적은	내부통제제도 운영의 효과성에 대한 감사증거를 확보하기 위함이다.
실증절차의 목적은	재무제표에 중요한 왜곡표시가 포함되어 있는지 여부를 확인하기 위하여 감사증거를 수집하는 것이다.

2 감사인이 수집하는 감사증거의 충분성에 영향을 미치는 요인을 고려하고 해당 요인과 감사증거량과의 관계를 기술하시오.

풀 이

영향요인	관계
중요왜곡표시위험	중요왜곡표시위험이 높다고 평가할수록 더 많은 감사증거량이 요구됨
허용오류액 (율)	허용오류액이 낮을수록 더 많은 감사증거량이 요구됨
감사증거의 질 (적합성)	감사증거의 질이 낮을수록 더 많은 감사증거량이 요구됨. 하지만 더 많은 감사증거를 확보한다고 해서 그 증거의 낮은 품질을 보완할 수는 없음.

3 감사증거의 신뢰성은 증거의 입수원천에 따라서도 달라진다. 감사증거의 입수원천 이외에 감사증거의 신뢰성에 영향을 미치는 요인을 3가지만 기술하시오. (1998년, KICPA 기출)

풀 이

(1) 내부통제제도의 유효성
(2) 감사인이 직접 입수한 감사증거가 간접적으로 입수한 감사증거보다 그 신뢰성이 높음
(3) 구두증거보다는 문서로 제시하는 감사증거가 신뢰성이 높음

4 다음 중 감사증거로 볼 수 없는 것이 2가지가 존재한다. 이를 모두 열거하시오. (2000년, KICPA 기출문제)

(1) 회사조직도, 업무분장표	(2) 경영진이 제시한 재무제표
(3) 전반감사전략서, 세부감사계획서	(4) 내부심리조서
(5) 한공회에 제출한 감사계약현황	(6) 회사의 자료를 감사인의 소프트웨어로 처리한 결과
(7) 경영진과 면담메모	(8) 감사팀 구성원 업무실적평가표
(9) 주주총회의사록	

풀이

(5), (8)

5 감사인이 충분하고 적합한 감사증거를 확보하지 못하는 경우 감사인의 대응조치를 감사계약수임단계, 감사업무수행단계 및 감사의견표명시로 구분하여 서술하시오.

풀이

단계	대응조치
감사 계약수임 전	감사계약을 체결해서는 아니됨.
감사 업무수행 중	충분하고 적합한 감사증거를 추가로 입수할 수 있도록 노력하여야 함.
감사 의견표명 시	한정의견 또는 의견거절을 표명하여야 함.

6 감사인은 감사계획을 수립하는 단계에서 위험평가결과 추가감사절차로서 통제테스트를 수행하기로 의사 결정하였다. 감사인이 통제테스트를 수행하기로 의사결정하는 일반적인 경우 2가지를 서술하시오.

풀이

① 감사인이 경영진 주장 수준의 중요왜곡표시위험을 평가할 때 통제가 효과적으로 운영되고 있다는 기대를 한 경우(즉, 감사인이 실증절차의 성격, 시기 및 범위를 결정할 때 통제의 운영효과성에 의존하려고 하는 경우). 단, 이 경우에도 통제테스트를 수행하는 것이 효율적이라고 판단이 되어야 한다.
② 실증절차만으로는 경영진 주장 수준의 충분하고 적합한 감사증거를 제공할 수 없는 경우

Q&A 사례문제 2 : 2013년, 기출문제

<기본정보>

(1) 을㈜의 2×12년 차입금 현황 자료는 다음과 같다.

(단위: 원)

구분	이자율(%)	기초잔액 (2X11.12.31)	기말잔액 (2X12.12.31)	평균
차입금 A	15	₩2,000	₩1,000	₩1,500
차입금 B	10	900	600	750
차입금 C	5	100	400	250
계		₩3,000	₩2,000	₩2,500

(2) 을㈜의 2×12년 12월 31일 종료 손익계산서상 이자비용이 300원으로 계상되어 있다.

(3) 다음은 을㈜의 감사업무 차입금 담당 A회계사 가 작성한 이자비용에 대한 분석적 절차 감사조서에서 발췌한 내용이다.

> 분석적 절차에 적용할 중요성기준 금액 : ₩60
>
> 1. 회사의 평균 차입금
> 회사의 기초와 기말 평균 차입금 : ₩2,500
>
> 2. 회사의 평균 이자율 추정
> 회사 차입금 A, B, C의 이자율 평균 계산
> = (15%+10%+5%)/3 = 10%
>
> 3. 감사인의 기대치 추정
> = ₩2,500 x 10%
> = ₩250
>
> 4. 회사계상액과 감사인의 기대치 비교
> 감사인의 기대치 ₩250 < 회사계상액 ₩300
> 차이금액 : ₩50
>
> 5. 결 론
> 회사계상액과 감사인 기대치와 차이가 중요성기준 금액 미만이므로 적정하다고 판단하고, 추가적 절차는 생략함

(물음 1) 상기 차입금 담당자 A회계사의 분석적 절차 수행에서 차입금 추정 및 이자율 추정에 적용한 가정에는 문제점을 내포하고 있다.

A회계사가 적용한 가정의 문제점과, 각 문제점에 대한 개선방안을 다음 답안 양식에 따

라 각각 2줄 이내로 기술하시오.

<답안양식>

	적용한 가정의 문제점	개선 방안
① 차입금 추정 관련		
② 이자율 추정 관련		

풀이

	적용한 가정의 문제점	개선 방안
① 차입금 추정 관련	기초차입금과 기말차입금의 산술평균으로 차입금잔액을 추정하였음. 만약, 차입금의 기중 증감이 큰 상황의 경우 차입금의 적절한 평균잔액이 반영되지 아니함.	차입금의 월별(또는 일별) 잔액으로 평균잔액을 계산하도록 권고
② 이자율 추정 관련	차입금 3군데의 금리를 산술평균적용하여 이자율을 적용하였음.	차입금의 규모를 고려한 가중평균으로 이자율을 적용하여야 함.

(물음 2) 감사인의 기대치와 회사계상 이자비용이 아래와 같을 경우 감사인이 의심할 수 있는 부정이나 오류가 차입금과 이자비용에 미치는 영향을 각각 구분하여 "과대계상" 또는 "과소계상"으로 표시하시오.

(상황 1) 감사인의 기대치 > 회사의 장부가액
(상황 2) 감사인의 기대치 < 회사의 장부가액

<답안양식>

구분	의심되는 부정이나 오류의 영향 ("과대계상" 또는 "과소계상"으로 표기)	
	차입금에 미치는 영향	이자비용에 미치는 영향
상황 1		
상황 2		

풀이

구분	의심되는 부정이나 오류의 영향 ("과대계상" 또는 "과소계상"으로 표기)	
	차입금에 미치는 영향	이자비용에 미치는 영향
상황 1	"과대계상"	"과소계상"
상황 2	"과소계상"	"과대계상"

사례문제 3 : 2008년, KICPA 기출응용

다음 각 물음은 독립적인 상황이다. 물음에 답하시오.

1 김나라 회계사는 다음과 같이 감가상각비의 적정성에 대한 분석적 절차를 수행하였다. 이에 대해 심리부서에서는 김나라 회계사가 수행한 분석적 절차가 전반적으로 적절하지 않다는 의견서(review note)를 보내왔다. 심리부서에서 지적했을 것으로 예상되는 가장 큰 문제점과 수정요구사항을 구체적으로 2가지만 기술하시오.

김나라 회계사는 (주)도미의 회계팀장으로부터 아래 유형자산명세서를 포함한 출력물 자료를 전달받아 유형자산의 취득과 처분이 연중 평균적으로 발생한다는 가정 하에 다음과 같이 감가상각비의 적정성에 대한 분석적 절차를 수행하였다.

〈수행된 분석적 절차〉

- 평균감가상각대상 자산금액 : 394,000백만 원[(352,000백만 원+436,000백만 원)/2]
- 평균상각률 : 7.5%(29,550백만 원/394,000백만 원)
- 평균상각기간 : 13.3년

〈분석적 절차의 결과〉

- 2007년의 평균상각기간은 13.3년으로 2006년의 분석결과인 10.7년이나 동종업종 평균상각기간인 10년보다 긴 것으로 분석되므로 감가상각비의 과소계상 가능성이 매우 높다.

추가적으로 (주)도미의 유형자산 담당자에게 유형자산항목 중 특이한 사항이 있는지에 대해 질문한 결과, 2007년 중 (주)도미가 부담한 공장진입로 포장공사비 5,000백만 원은 보수 및 유지책임이 지방자치단체에 있으므로 토지로 분류하였으며, 국고보조금은 전액 특정 기계장치 취득목적으로 정부로부터 수령한 상환의무가 없는 보조금이라는 설명을 들었다. 현재 (주)도미는 모든 상각대상자산에 대해 정액법을 채택하고 있으며 잔존가치는 미미한 것으로 판단하고 있다.

〈유형자산명세서〉

(단위 : 백만 원)

구 분	2006년	2007년
토 지	85,000	102,000
건물과 구축물	101,000	125,000
기계장치	93,000	117,000
(국고보조금)	(12,000)	(10,000)
리스자산	53,000	53,000
건설중인자산	32,000	49,000
합 계	352,000	436,000
감가상각비		29,550

풀이

① 평균상각대상자산 = (235,000 + 285,000)/2 = 260,000
감가상각비 = 29,550
평균상각률 = 29,550/260,000 = 11.37%
평균상각기간 = 1/0.1137 = 8.8년 : 동종업종의 평균상각기간 10년보다 짧으므로 감가상각 과소계상 가능성은 낮음.

② 출력물이 아닌 파일로 받아 재계산 후 분석적 절차를 수행함.

2 서울 소재 (주)한강은 부산에 위치한 (주)광안과 위탁판매계약을 체결하여 영업을 하는 컴퓨터제조업체이다. 2007년도 (주)한강의 위탁매출을 감사 중인 김소망 회계사는 연도 말에 위탁판매를 위해 (주)광안에 발송한 물품 중 상당부분이 당기 매출로 처리되었다는 사실을 발견하였다. (주)한강은 위탁판매를 통해 충분한 이익을 실현하고 있으며, 재고자산에 대해 계속기록법을 사용하고 있다. 김소망 회계사는 위탁매출 관련 회계처리의 오류가(주)한강의 재무지표에 미치는 영향에 대해 경영진에게 보고하고자 한다. 동 오류가 (주)한강의 재무지표에 미치는 영향을 기술하시오. 단, 해당 재무지표를 증가시키면 +, 감소시키면 −, 영향이 없으면 ×로 표시하시오.

재무지표	(+, −, × 중 선택)
① 매출채권 평균회수기간	
② 재고자산 평균회전기간	

풀이

① +, ② −

3 최고수 회계사는 실증절차의 목적으로 거래와 계정잔액의 세부테스트나 실증절차로서 분석절차 또는 두 절차 모두를 이용할 수 있다. 최고수 회계사가 특정 계정의 감사목적을 달성하기 위하여 계정잔액의 세부테스트 또는 분석적 절차 중 어떤 감사절차를 적용할 것인지를 결정할 때 고려할 상황을 New ISA에 근거하여 서술하시오.

풀이

(1) 중요왜곡표시위험
(2) 분석적 절차를 수행하는 것이 효과적이고 효율적인 것인지 여부
가. 예측가능성
나. 정보 및 데이터의 신뢰성
다. 측정의 정교성

4 New ISA에 의하면 감사인은 연구비 또는 광고비와 같은 재량적인 비용을 비교하는 것보다는 한 기간의 매출총이익에 대하여 분석적 절차를 더 수행할 것으로 기대하고 있다 또한, 세분화된 정보가 입수가능한 회사일수록 분석적 절차에 더 의존할 것으로 기대하고 있는데 이러한 이유를 간단하게 1줄 이내로 서술하시오.

풀이

문제에 주어진 계정과목이나 상황에서 분석적 절차를 수행하는 것이 훨씬 측정이 정교하게 이루어질 수 있기 때문이다.

Q&A 사례문제 4

나선명 회계사는 B회사의 외부감사인으로 2006 회계연도의 재무제표에 대한 기말 회계감사를 수행하고 있다. B회사는 반도체조립업체로 주요 원재료인 고가의 반도체칩을 외국에서 수입하여 공정 30% 정도에 투입한 후 자동화 공정을 거쳐 완제품을 제조하는 중견기업이다. 고가의 반도체칩의 경우는 반도체 수요의 변화에 따라 단가의 변화가 상당히 심하며, 전체적인 고가의 반도체칩 시장의 수요가 연말 최근 폭발적이어서 4분기에 수입한 원재료의 단가는 이전 3분기에 비해서 거의 1.5배의 수준에 이르는 편이다. 회사의 재고자산에 대한 원가흐름의 가정은 총평균법을 사용하고 있다고 가정하고 다음은 나선명 회계사가 입수한 B회사의 2005년와 2006년도 재무제표이다.

〈재무상태표〉 (단위 : 억 원)

계정과목	2006년	2005년	계정과목	2006년	2005년
현　금	100	80	매입채무	260	100
매출채권	400	200	단기차입금	300	200
재고자산	600	300	장기차입금	500	300
원재료	300	80	퇴직급여충당부채	40	100
미착품	100	0			
재공품	100	110			
제　품	100	110			
투자자산	300	200	자 본 금	200	100
유형자산	400	100	자본잉여금	300	100
무형자산	200	120	이익잉여금	400	100
	2,000	1,000		2,000	1,000

〈(포괄)손익계산서〉 (단위 : 억 원)

	2006년	2005년
매 출 액	3,600	3,000
매출원가	2,700	2,700
매출총이익	900	300
판 매 비		
(1) 급 여	70	30
(2) 수선유지비	20	50
(3) 퇴직급여	30	50
(4) 감가상각비	40	40
(5) 기 타	240	80
영업이익	500	50
이자비용	12	3
법 인 세	188	17
당기순이익	300	30

1 위의 상황에 근거하여 나선명 회계사는 재고자산과 관련한 실사입회를 수행하기 이전에 재고자산과 관련하여 분석적 절차를 수행한 뒤 지나치게 원재료의 비중이 높은 이유, 또한 매출총이익률이 급격하게 상승한 이유 및 미착상품이 증가한 이유에 대하여 경영진에게 질문을 하였으며 경영진에게 다음과 같은 답변을 들었다.

(1) 회사의 재고자산은 600억 원으로 이 중 원재료는 300억 원이며 원재료의 비중이 높은 이유는 회사가 제품수요를 충당하기 위하여 반도체칩을 미리 확보하여 보관하고 있기 때문인 것으로 회사의 경영진은 설명하였다.

(2) 2006년도 임금(모든 인건비 및 경비는 직접변동비로 간주)은 전년 수준으로 동결되었고 제품판매단가도 200원으로 전년에 비해 변함이 없음에도 불구하고 매출총이익률이 2005년의 10%에서 2006년에는 25%로 상승한 이유는 다음과 같이 제품 단위당 제조원가가 변화하였기 때문임을 경영진이 제시하였다.

(단위 : 원)

항 목	2006년		2005년	
	금 액	비 율(%)	금 액	비 율(%)
재료비	100	66	130	72
노무비	20	14	20	11
경 비	30	20	30	17
합 계	150	100	180	100

나선명 회계사는 회사의 경영진으로부터 “회사는 2006년 중 품질검사 시점에서 판명된 불량품을 해체하여 불량품에 포함되어 있던 고가의 반도체칩을 분리 회수한 후 제조공정에 원재료로 재활용함으로써 원가절감 효과를 보았다”는 설명을 들었다.

(3) 미착품에 대하여 경영진에게 질문한 결과 회사의 원료 누적적체로 인하여 동 원재료를 보세구역 내에서 보관하고 있다는 말을 들었다.

위 경영진의 설명에 대하여 각각 감사인이 수행하여야 할 절차를 서술하고 이와 관련하여 유추할 수 있는 재고자산의 왜곡표시 유형을 아래와 같은 형태로 서술하시오.

경영진의 설명	감사인의 수행절차	재고자산의 왜곡표시 유형
(1)		
(2)		
(3)		

풀이

경영진의 설명	감사인의 수행절차	재고자산의 왜곡표시 유형
(1)	원재료의 실재성에 대하여 보다 확대된 실증절차를 수행하여야 하며 따라서 원재료의 실사입회 수행 시 주요 항목에 대하여 감사인이 보다 많은 실사를 수행하여야 한다.	실제 공정에 투입된 원재료에 대하여 매출원가로 인식되어야 할 부분에 대한 회계처리를 하지 않음으로써 원재료의 과대계상 및 매출원가의 과소계상을 의심해 볼 수 있다.
(2)	재고자산수불부를 열람하여 불량품이 재투입되었는지를 문서검사하며 타계정대체 시 불량품의 원가가 원재료비로 회계처리되는지를 질문하고 문서검사한다. 또한 불량품이 재투입되는 공정에 대한 관찰을 수행한다.	원재료로 재활용되지 않은 고가의 반도체칩을 실제 투입한 것으로 처리하여 매출원가를 과소계상을 한 것으로 의심해 볼 수 있다.
(3)	기말 미착상품에 대한 기간귀속 검증(cut-off 절차)을 강화하여야 하며, 보세구역 내에 있는 재고자산의 실재성을 확인하기 위하여 동 장소에 대한 실사입회 및 관련 통관서류 등을 검토해 본다. 또한 실제 보세구역에 보관하고 있지만 통관절차가 완료되었는지 여부에 대하여서도 확인해 보아야 한다.	원재료 금액의 과대계상 및 통관절차가 완료되었음에도 보세구역 내에 보관하고 있었다는 이유만으로 동 미착품을 원재료로 계정대체하지 않음으로써 연초 대비 단가가 상승한 동 미착품을 제외하고 총평균법으로 원재료비를 계산함으로써 원가를 과소시켰을 가능성이 존재한다.

2 나선명 회계사는 유형자산, 감가상각비 및 수선유지비에 대한 분석적 절차 수행결과 유형자산이 급격하게 증가한 이유 및 수선유지비가 감소한 이유, 유형자산에 대한 감가상각비가 유형자산이 증가한 비율에 비해서 증가하지 않은 이유에 대해 경영진에게 질문을 하였으며, 이에 대하여 다음과 같은 설명을 하였다. 경영진의 설명 및 위에 제시한 자료를 근거로 다음과 같은 형식의 답안을 작성해 보시오.

[경영진의 답변]

나 회계사님 … 저희가 이번에 유형자산이 급격하게 증가한 이유는 다음연도 매출이 증가할 것에 대비하여 올해 2분기부터 새로운 공장에 투자를 시작하였으며 그 결과 건설중인자산이 증가하였기 때문입니다. 회계사님도 알다시피 건설중인자산은 감가상각 대상 자산이 아니기 때문에 그 결과 작년과 비교했을 때 감가상각비는 크게 증가하지 않은 것입니다. 또한 작년도는 기계장치에 대한 수선유지비가 많이 발생하였지만 기계장치 공급업체에서 작년도에 중요한 부분에 대하여 대규모 수선이 있었기 때문에 올해는 수선유지비가 크게 증가하지 않은 것입니다.

	왜곡표시의 유형	감사인의 추가감사절차
(1)		
(2)		

풀이

	왜곡표시의 유형	감사인의 추가감사절차
(1)	건설중인자산에 대한 본계정 대체를 지연시킴으로써 감가상각비의 과소계상 및 유형자산의 과대계상을 의심해 볼 수 있다.	투자 중인 유형자산이 투자완료 후 본계정으로 대체되어야 되는지 여부를 현장확인에 대한 관찰 및 문서검사해 보아야 한다.
(2)	수선유지비로 인식하였어야 할 금액을 자본적 지출로 인식함으로써 수선유지비용의 과소계상 및 유형자산의 과대계상을 의심해 볼 수 있다.	유형자산의 증가내역을 검토하여 일부 항목에 대한 실재성 검증 및 증빙문서검사를 통하여 수익적 지출 성격의 항목이 자본적 지출로서 유형자산 취득원가에 포함되었는지 여부를 확인해 보아야 한다.

3 앞의 재무제표상에 나와 있는 차입금과 이자비용과의 관계를 근거로 감사인이 의심해 볼 수 있는 재무제표상의 왜곡표시 유형을 1줄로 간단하게 서술하시오.

풀이

차입금에 대한 부외부채 여부를 의심해 보아야 한다.

4 앞에 제시된 회사의 재무제표를 근거로 위 물음에서 언급되지 않은 항목 중에서 잠재적인 왜곡표시라고 의심스러운 항목에 대하여 서술하시오.

풀이

① 매출액과 매출채권과의 상관관계를 분석해 보면 매출채권회전율이 급격히 감소하고 있기 때문에 매출채권, 매출액의 과대계상 및 대손충당금의 추가설정 여부를 검토해 보아야 한다.

② 퇴직급여충당부채가 작년 기말잔액과 비교해 보았을 때 급격히 감소한 것으로 보아 전체적인 임·직원 수가 감소하였음을 유추할 수 있는데, 이에 반해 급여는 급격히 증가하였음을 알 수 있다. 이에 따라 급여의 과대계상을 의심해 볼 수 있다.

③ 무형자산의 급격한 증가로 인한 개발비의 자산성 여부 및 무형자산 상각비 계산의 적정성 등을 검토해

보아야 한다.

④ 투자자산의 급격한 증가로 인한 투자자산의 실재성, 평가의 적정성 여부 및 투자주식의 계정분류 적정성에 대하여 검토해 보아야 한다.

⑤ 자본금 및 자본잉여금의 증가에 따른 자본증자처리의 적법성과 주식발행초과금 및 주식발행비용 등 회계처리의 적정성에 대한 검토가 이루어져야 한다.

Q&A 사례문제 5 : 2008년, KICPA 기출문제

이가을 회계사는 (주)신라컴퓨터의 2007년 재무제표에 대한 감사에 참여하고 있다. (주)신라컴퓨터는 컴퓨터를 제조하여 국내 및 중국 등에 판매하는 회사로서 2005년 초에 코스닥시장에 상장된 회사이다. 이가을 회계사가 이번 감사에서 담당한 계정은 매출채권과 매출이며, 2007년 10월 5일부터 9일까지 5일 동안 (주)신라컴퓨터를 방문하여 매출 및 대금회수활동에 대한 내부통제제도 평가를 수행하였다. 이가을 회계사는 통제테스트 과정에서 고객에 대한 신용승인 없이 외상매출을 한 건수를 다수 발견하였으며, 이에 따라 (주)신라컴퓨터의 통제위험 수준을 높게 평가하였다. 이가을 회계사는 현재 매출채권 및 매출에 대한 실증절차를 수행 중에 있으며, 다음과 같은 총괄표를 작성하였다.

(단위 : 원)

구 분	기초금액	당기증가	당기감소	기말금액
매출채권	17,600,000	68,500,000	62,100,000	24,000,000*
대손충당금	(170,000)	200,000	170,000	(200,000)

구 분	전 기	당 기
매 출	84,000,000	87,000,000

* 기말 매출채권 24,000,000원 중 5,800,000원은 받을어음이며, 이 중 1,000,000원은 회사가 현재 보관중이고, 나머지 잔액은 대한은행에 위탁 보관하고 있다.

1 이가을 회계사는 통제테스트 및 실증절차 수행과정에서 합리적인 감사결론을 도출하기 위하여 충분하고 적합한 감사증거를 확보하여야 한다. 이가을 회계사는 이러한 감사증거를 수집하기 위하여 다양한 감사기술(감사증거를 수집하는 방법)을 적용하게 될 것이다. 이가을 회계사가 매출 및 대금회수활동에 대한 통제테스트를 수행하는 과정과 매출채권 및 매출에 대한 실증절차를 수행하는 과정에서 적용하게 될 감사기술을 아래 보기에서 골라 해당되는 번호를 모두 기재하시오.

보기: ① 문서검사, ② 실물검사, ③ 관찰, ④ 질문, ⑤ 외부조회, ⑥ 재계산, ⑦ 분석적 절차

답안 양식 :

	통제테스트	실증절차 수행
감사기술		

풀 이

	통제테스트	실증절차 수행
해당 번호	① ③ ④	① ② ④ ⑤ ⑥ ⑦

2 이가을 회계사는 매출채권에 대한 외부조회요청을 수립하고 있다. 언제 날짜를 기준으로 외부조회를 할 것인지, 그리고 외부조회의 방법 및 조회처의 선정범위(표본규모)를 각각 어떻게 할 것인지를 간단하게 기술하고 답변에 대한 근거를 2줄 이내로 서술하시오.

답안 양식 :

1. 외부조회요청 기준일	
2. 외부조회 방법	
3. 외부조회범위	
4. 답변 근거	

풀 이

1. 외부조회요청 기준일	재무제표일(결산일, 12월 31일)
2. 외부조회 방법	적극적 조회요청
3. 외부조회범위	외부조회범위 확대
4. 답변 근거	통제위험 수준이 높기 때문에

3 이가을 회계사는 최근 2년 동안의 매출채권회전율을 분석하기 위하여 다음과 같은 자료를 수집하였다. 2006년과 2007년의 매출채권회전율을 계산(소수점 이하 둘째자리까지 계산)하여 아래에 주어진 양식대로 작성하고, 이를 바탕으로 이가을 회계사가 매출채권에 대한 실증절차 수행과정에서 특히 관심을 기울여야 할 사항이 무엇인지를 기술하시오. (2줄 이내)

(단위 : 원)

구 분	2005년	2006년	2007년
기말 매출채권	10,500,000	17,600,000	24,000,000
매 출	57,000,000	84,000,000	87,000,000

답안 양식 :

구 분	2006년	2007년
매출채권회전율		
특히 관심을 기울여야 할 사항		

풀 이

	2007	2006
매출채권회전율	4.18회	5.98회

감사인이 관심을 기울여야 할 부분 : 매출채권의 회수 가능성(또는 대손충당금 설정의 적정성)

Q&A 사례문제 6

1 다음 문제 (1)부터 (6)까지는 재무제표비율의 변동에서 감사인이 발견한 사항이다. 각각의 변동된 비율의 원인을 가장 잘 설명한 상황을 다음에서 선택하시오. 단, 회전율 계산시 평균잔액이 아닌 기말잔액을 사용한다고 가정한다.

(1) 재고자산회전율이 작년에 비해서 급격하게 증가하였다(3가지를 선택하시오).

(2) 매출채권회전율이 작년에 비해서 급격하게 감소하였다(3가지를 선택하시오).

(3) 대손충당금이 과거에 비해서 급격하게 증가하였지만 매출채권 대비 충당금 비율은 작년에 비해서 감소하였다(3가지를 선택하시오).

(4) 장기부채가 작년에 비해서 급격하게 증가하였지만, 이자비용은 장기부채가 증가한 비율보다 더 큰 비율로 증가하였다(1가지를 선택하시오).

(5) 과거에 비해서 당기순이익은 감소하였지만 영업이익은 증가하였다(2가지를 선택하시오).

(6) 매출총이익률이 과거에 비해서 변동은 없지만 매출총이익은 과거에 비해서 증가하였다(1가지를 선택하시오).

A. 마지막 달에 위탁매출한 제품을 매출로 기록하였다.
B. 마지막 달에 반품되어 돌아온 재고에 대해서 기록이 되지 않았다.
C. 실제 다음년도 초에 구입한 재고를 올해 말에 구입한 것으로 기록하여 재고자산을 과대계상하였다.
D. 실제 올해 말에 구입한 재고를 기록하지 않음으로 인하여 재고자산을 과소계상하였다.
E. 작년에 비해서 매출이 연말에 더 집중되었다.
F. 작년에 비해서 매출이 연초에 더 집중되었다.
G. 작년에 비해서 매출 발생시점이 거의 차이가 없다.
H. 과거에 비해서 매출액 증가율이 매출원가 증가율과 동일하였다.
I. 과거에 비해서 매출액 증가율이 매출원가 증가율보다 높은 비율로 증가하였다.
J. 과거에 비해서 매출액 증가율이 매출원가 증가율보다 낮은 비율로 증가하였다.
K. 이자비용이 과거에 비해서 감소하였다.
L. 유효법인세율이 과거에 비해서 인상되었다.
M. 유효법인세율이 과거에 비해서 인하되었다.
N. 단기차입금이 동일이자율 조건으로 장기차입금으로 차환되었다.

O. 단기차입금이 더 낮은 이자율 조건으로 장기차입금으로 차환되었다.
P. 단기차입금이 더 높은 이자율 조건으로 장기차입금으로 차환되었다.

풀이

(1) A, B, D (2) A, B, E (3) A, B, E (4) P (5) L, P (6) H

2 분석적 절차는 감사의 전 과정에서 수행될 수 있으나 New ISA에서는 원칙적으로 세 단계에서 적용하는 것으로 한다. 이러한 세 단계를 서술하고 각 단계별 분석적 절차를 수행하는 목적을 각각 기술하시오.

풀이

적용단계	목적
위험평가단계	가. 중요왜곡표시위험, 특히 부정에 의한 중요왜곡표시위험을 식별하는데 도움을 줄 수 있다. 나. 이러한 중요왜곡표시위험을 평가하여 위험평가에 대한 대응을 설계하고 수행하는 기반을 제공해 준다.
실증절차단계	가. 이를 수행하는 것이 효과적, 효율적이라고 상대적으로 판단하는 경우 계정과목별 잠재적 왜곡표시 유형을 식별하고 감사인의 감사위험을 일정수준이하로 낮추기 위하여 수행하는 단계이다. 나. 실증적인 분석절차를 이용하여 관련성이 있고 신뢰할 수 있는 감사증거를 입수하기 위함이다.
감사종료시 결론형성단계	가. 기업에 대하여 이해한 바와 재무제표가 일관성이 있는지에 대해 전반적인 결론을 내리고 자신의 의견의 근거가 되는 합리적인 결론을 도출하는데 도움을 줄 수 있다. 나. 이전에 인식되지 않았던 중요왜곡표시위험을 식별하고 이에 따라 왜곡표시위험 평가를 수정하고 그에 따른 추가감사절차를 변경하기 위함이다.

3 다음의 각 물음은 독립적이다. (2005년, KICPA 기출문제)

[물음 1] 김으뜸 회계사는 전자부품 제조회사인 A사에 대한 분석적 절차를 수행하던 중 매출원가율이 전기 75%에서 당기 65%로 크게 감소한 것을 발견하였다. A사의 원가관리 책임자에게 그 이유를 질문한 결과 두 개의 사업부 중 한 사업부는 원재료의 대부분을 수입에 의존하고 있으며, 환율 변동으로 인해 원재료비가 하락하였기 때문이라는 설명을 들었다. 이에 대해 김 회계사가 추가로 수행하여야 할 감사절차를 기술하시오.

풀이

감사인은 수입 원재료가 원가에서 차지하는 비중 및 기중 연평균 환율하락폭이 실제 수입 원재료의 단가에 미치는 영향 등을 고려하여 원가하락폭 비율과 일관성이 있는지 여부를 살펴보아야 할 것이다.

[물음 2] 나선명 회계사가 수행한 다음과 같은 분석적 절차 결과 추가로 검토하여야 할 상황에 대해서 서술하시오.

〈상황 1〉
A석유화학(주)는 당기 중 노후설비에 대한 대폭적인 교체를 진행 중이다. A사의 재무제표상 차입금과 이자비용의 상관관계를 분석한 결과, 연평균 차입금에 대한 이자비용, 즉 유효이자율이 차입계약서 약정이자율보다 상당히 낮은 것을 발견하였다. 한편, A사의 내부통제제도를 평가한 결과 차입금과 이자비용에 대한 통제위험이 매우 낮은 것으로 판단하였다.

〈상황 2〉
B사는 유형자산의 감가상각방법으로 정액법을 채택하고 있다. B사의 감사인인 정직해 회계사는 유형자산의 취득 및 처분을 연중 평균적으로 발생할 것이라는 가정하에 감가상각비 금액을 추정하였다. 그 결과 추정한 감가상각비 금액보다 B사의 재무제표상 감가상각비 금액이 현저히 적은 것을 발견하였다. 단, 회사의 내부통제제도에 대한 위험은 낮은 것으로 판단하고 있다.

〈상황 3〉
C사는 재고자산의 평가방법으로 선입선출법을 사용하고 있으며 C사의 재고자산은 전체적인 수요상승으로 단가가 급격하게 상승하고 있다. C사의 재고자산회전율을 분석해 본 결과 산업평균에 비해서 상당히 낮은 것을 발견하였다. 한편, C사의 내부통제제도를 평가한 결과 재고자산 및 매출원가에 대한 통제위험이 매우 낮은 것으로 판단하였다.

〈상황 4〉
D사의 감사를 담당하고 있는 김철수 회계사는 이자수익과 선급법인세와의 분석적 절차를 수행하기 위해서 재무상태표상 선급법인세(중간예납세액을 제외)를 법인세법상 원천징수세율로 나누어서 (포괄)손익계산서상 이자수익과의 관계를 분석해 본 결과 이자수익이 지나치게 너무 높다는 사실을 알게 되었다. 단, 회사의 내부통제제도에 대한 위험은 낮은 것으로 판단하고 있다.

풀이

〈상황 1〉 차입금과 이자비용과의 상관관계를 분석 시 (포괄)손익계산서상 이자비용뿐만 아니라 건설중인자산에 포함되어 있는 이자비용도 함께 고려하여야 한다.

〈상황 2〉 반드시 유형자산의 취득, 처분이 연평균적으로 발생하였는지 여부를 살펴보아야 하며 만약 연말에 집중적으로 투자가 발생한 경우에는 추정감가상각비가 재무제표상 감가상각비 금액보다 클 수 있다.

〈상황 3〉 재고자산의 단가가 급격하게 상승함을 고려해 볼 때 산업평균의 재고자산 평가방법이 선입선출법이 아닌 평균법을 사용한 회사가 많은지 여부를 검토해 보아야 한다. 만약 타 회사가 주로 평균법을 사용하는 경우 선입선출법을 사용한 감사대상회사의 재고자산 금액이 크게 인식되고 매출원가가 낮게 인식됨으로써 재고자산회전율이 감소할 수 있다.

〈상황 4〉 이자수익과 선급법인세와의 상관관계 분석 시 법인세법상 원천징수 대상 소득은 현금으로 지급받는 이자수익에 대해서만 원천징수가 이루어지기 때문에 재무제표일 현재 미수이자의 존재 여부도 살펴보아야 한다.

[물음 3] 다음은 박순진 회계사가 수행한 유형자산과 관련한 감사절차이다. 다음의 내용을 검토해 보고 당신이 담당 책임회계사(In-charge Auditor)인 경우 박순진 회계사에게 추가적으로 검토해 보도록 지시를 내려야 할 사항이 어떤 내용이 있는지 2가지를 서술해 보시오.

> 박순진 회계사는 강릉주식회사 재무상태표에서 40%가량을 차지하고 있는 유형자산에 대한 감사업무를 배정받았다. 강릉주식회사는 이자비용을 자본화하는 정책을 채택하고 있으며 유형자산과 관련된 손익항목은 감가상각비 및 관련 처분손익이 재무제표상에 인식되어 있다. 박순진 회계사는 자신이 알고 있는 모든 감사지식과 감사경험을 토대로 감사를 수행하였으며 그 결과 충분하고 적합한 감사증거를 확보하였다고 판단하였고 유형자산의 계정잔액은 적정하게 표시되었다고 결론 맺었다.
> 담당 책임회계사는 박순진 회계사가 작성한 유형자산 감사조서를 검토해 보는 과정에서 분석적 절차 수행결과 건설중인자산은 감소된 내역이 없이 급격히 증가하였음을 알게 되었다. 또한 매출 및 매출원가를 검토해 본 결과 당기 4분기 말에 신규투자한 울산공장이 최초로 가동됨에 따라 매출액과 매출원가가 증가하였으나 매출원가율이 작년도 대비 급격히 감소하고 당기순이익도 증가하였음을 발견하였으며 후속사건에 대한 감사절차 수행결과 확보한 이사회의사록에 의하면 광주공장 폐쇄의 건이 상장되어 의결되었음을 알게 되었다.

풀이

첫 번째, 당기 4분기 말 신규 투자한 울산공장이 최초로 가동되었다는 의미는 건설중인자산에 있던 유형자산이 본 계정(건물 및 기계 등)으로 일부가 대체되었어야 한다. 하지만 위에서 건설중인자산의 계정은 감소함이 없이 증가만 이루어졌다는 것은 건설중인자산이 적절한 계정으로 대체가 이루어지지 않은 것으로 추정할 수 있고 그 결과 감가상각비의 과소계상으로 매출원가가 과소계상되었고 이자비용이 자본화됨에 따라 당기순이익이 과대계상된 것으로 의심할 수 있다.

두 번째, 재무제표일 이후 광주공장 폐쇄건이 의결되었다면 관련공장의 유형자산에 대한 손상차손 여부에 대해서 검토하였어야 한다.

[물음 4] 다음은 박순진 회계사가 수행한 급여와 관련된 분석적 절차 감사결과이다. 다음의 내용을 검토하고 강릉 주식회사의 재무제표에 잠재적으로 존재할 수 있는 왜곡표시의 유형2가지를 서술하시오.

〈20X5년도 급여와 관련된 정보〉

① 인사담당 부장과의 상담결과 20X4년도 대비 1인당 총급여는 작년도 임금협상 결과 10% 상승한 것으로 알게 되었다.

② 급여와 관련된 재무적, 비재무적 정보요약

		20X5	20X4	증 감
급 여	제조원가	80억 원	90억 원	-10억 원
	판 관 비	70억 원	30억 원	40억 원
	계	150억 원	120억 원	30억 원
기말 종업원수		80명	100명	(20명)

풀이

첫 번째, 1인당 급여가 10% 상승하였지만 전체적인 종업원의 숫자가 감소한 것으로 고려해 볼 때 전체적인 급여 상승률(30억/120억=25%)이 지나침을 알 수 있다. 이 경우 박순진 회계사는 인건비의 과대계상을 의심해 보아야 한다.

두 번째, 작년도 제조원가 및 판관비에 포함되어 있는 인건비의 비율에 비해서 올해 관련비율을 검토해 보면 제조원가에 비해 판관비에 포함되어 있는 인건비의 비율이 지나치게 높다. 따라서 감사인은 제조원가의 과소계상으로 인한 매출총이익의 과대계상을 의심해 보아야 한다.

[물음 5] 인건비에 대한 분석적 절차문제 (2005년, KICPA 기출문제)

대한용역(주)는 경기도 남부지역에서 도로공사를 하고 있는 튼튼건설(주)에 일용직을 파견해주고 매 3개월마다 일용직근로자 인건비를 정산받고 있다. 인건비는 다음과 같이 정산된다.

작업에 투입된 일용직 인원수×실제 작업일수×사전에 결정된 노임

튼튼건설(주)는 공사현장에 감독관을 수시로 파견하여 실제 작업에 투입된 인원수를 파악하고 있다. 다음은 대한용역(주)에서 5월 1일부터 7월 31일까지 3개월간 파견된 일용직 인건비 청구내역이다. 튼튼건설(주)는 청구내역대로 인건비를 지급하였다.

〈인건비 청구내역〉

일반 일용직	기능 일용직(굴삭기 등 중장비작업)
1) 작업에 투입된 일용직 인원수: 50명	1) 작업에 투입된 일용직 인원수: 5명
2) 실제 작업일수: 92일	2) 실제 작업일수: 92일
3) 노임: ₩70,000/일	3) 노임: ₩300,000/일
4) 정산금액: ₩322,000,000	4) 정산금액: ₩138,000,000

튼튼건설(주)의 감사를 담당하고 있는 정지영 회계사는 최근 공사 현장관계자로부터 "지난 5월부터 7월 사이에는 공사가 순조롭게 진행이 안 되고, 굴삭기 등 중장비작업에 투입된 기능 일용직들도 장비조작에 미숙하여 자주 공사가 중단되는 바람에 공사일정에 차질이 생길 것 같아 걱정이야"라는 말을 듣게 되었다. 그뿐만 아니라 도로공사원가에 대한 분석적 검토결과 인건비가 과대계상되었을 가능성을 발견하고, 대한용역(주)의 청구내역을 검토한 결과 인건비가 과다지급되었을 가능성이 매우 높다는 판단을 하게 되었다.

정지영 회계사가 그러한 판단을 내리게 된 근거는 무엇인지 답하시오

풀이

공사 현장관계자들의 진술에 근거하면 인건비 청구내역상의 작업일수에 비해서 실제 작업이 진행되지 않은 작업일수도 존재할 개연성이 높으며, 또한 기능 일용직들이 장비조작이 미숙하였던 점을 고려해 볼 때 기능 일용직에 대한 노임이 지나치게 높음을 의심해 볼 수 있다.

Q&A 사례문제 7 : 2010년, KICPA 기출응용

분석적 절차에 대한 다음의 물음에 답하시오.

1 다음에 기술된 분석적 절차에 대한 설명이 적절한지 여부와, 적절하지 않다고 판단하였으면 그 근거를 아래의 답안양식을 이용하여 간략히 2줄 이내로 기술하시오.

번호	분석적 절차에 대한 설명
1	계정잔액뿐만 아니라 공시사항 중 금액의 과대계상 및 과소계상에 대한 경영진의 주장을 테스트하는 절차로 활용될 수 있다.
2	일반적으로 손익계산서계정이 재무상태표계정보다 예측가능성이 떨어진다.
3	이용 가능한 정보의 원천과 관련하여, 회사와 독립된 원천은 내부적 원천보다 높은 신뢰성을 가진다.
4	회사의 정보가 상세하게 구분될수록 측정의 정교성이 떨어진다.
5	비재무적 정보의 입수 가능성도 분석적 절차수행 시 고려하여야 한다.
6	필요한 충분한 수준의 감사확신을 얻을 수 있는 예측치를 추정할 수 없을 때에는, 더 정확한 예측치를 위해 모집단을 세분화한다.
7	테스트 대상 계정과 관련된 내부통제절차가 유효하지 않은 경우에 실증절차로서의 분석적 절차가 세부테스트보다 효과적인 감사절차가 된다.
8	영업환경이 불안정한 회사보다 안정적인 회사에서 분석적 절차가 더 효과적인 감사절차로 활용될 수 있다.

답안 양식 :

번호	적절한지의 여부 (예 또는 아니오)	적절하지 않을 경우, 그 판단근거

풀이

번호	적절한지의 여부 (예 또는 아니오)	적절하지 않을 경우, 그 판단근거
1	예	–
2	아니오	일반적으로 손익계산서계정이 재무상태표계정보다 예측 가능성이 높다.
3	예	–
4	아니오	회사의 정보가 상세하게 구분될수록 측정의 정교성이 높아진다.
5	예	–
6	예	–
7	아니오	분석적 절차는 관련된 내부통제절차가 유효할 때 더욱 효과적이다.
8	예	–

2 (주)분석의 현장책임공인회계사인 이하늘 회계사는 매출계정에 대해 실증절차로서의 분석적 절차를 수행하기로 결정하고 매출계정 담당공인회계사인 김바다 회계사에게 이와 관련된 감사절차를 수행하고 이를 조서화하도록 지시하였다. (주)분석의 차량매출과 관련된 주요 정보는 다음과 같다.

- (주)분석은 세 종류의 차량을 판매하고 있으며, 차량매출에 대해서 실증절차로서의 분석적 절차를 통해서 테스트할 것이다.
- 차량 판매대수는 평균적으로 전기(2×09년) 대비 5% 증가하였다.
- 차량 판매대수는 모든 차종 공통으로 5개 지역에서 20% 이상 증가하였다.
- Truck 차종은 경쟁이 심화되어 차량 판매부진을 해소하기 위해 당기에 평균 판매단가가 전기 대비 5% 인하되었다. 그렇지만 상대적으로 판매대수가 증가되어 결국 매출액 대비 매출총이익률은 전기와 동일한 8%가 되었다.
- Van 차종의 평균 판매단가는 2×10년 7월 1일자로 전기 대비 10% 인상되었으며(2×10년 상반기 평균 판매단가는 전기와 동일함), 통상적으로 (주)분석의 차량은 1년 동안 매 월별로 균등하게 판매가 이루어진다.
- Mini 차종의 주요 거래처는 렌탈회사로서 당기에 신규고객으로 확보한 (주)독도렌트카에서 대량구매에 따른 할인을 요구한 바, 동 거래처에 당기 중에 판매한 차량 50,000대는 전기 대비 20% 인하된 가격으로 거래가 이루어졌다. 나머지 Mini 차량의 당기 평균 판매단가는 전기와 동일하다.
- 모든 차종에 대해 당기부터 판매보증기간을 종전 3년에서 4년으로 1년 연장함에 따라 당기 판매 차량부터 향후 평균 10%의 판매보증비용 증가가 예상된다.
- 아래 표에 제시된 전기(2×09년) 차량 평균 판매단가 및 당기(2×10년) 차량 판매대수는 적절한 감사절차를 통해 그 적정성을 확인하였다.

차종	2×10년 차량매출 장부계상액 (단위: 원)	2×10년 차량 판매대수 (단위: 대)	2×09년 차량 평균 판매단가 (단위: 원)
Truck	1,000,000	20,000	60
Van	780,000	11,000	70
Mini	2,090,000	104,000	20

상기 정보를 토대로 실증절차로서의 분석적 절차를 수행하여, 2×10년 각 차종별 감사인의 추정매출액을 계산하시오.

답안 양식:

차종	감사인의 2×10년 추정매출액
Truck	
Van	
Mini	

풀이

차종	감사인의 2×10년 추정매출액
Truck	20,000대×(₩60×(1−0.05)) = ₩1,140,000
Van	5,500대×₩70+5,500대×(₩70×(1+0.1)) = ₩808,500
Mini	54,000대×₩20+50,000×(₩20×(1−0.2)) = ₩1,880,000

Q&A 사례문제 8 : 1999년, KICPA 기출응용

왕치밀 회계사는 보조자인 김철수 회계사로 하여금 매출채권에 대한 실증절차를 담당하도록 하였다. 김철수 회계사는 매출채권계정에 대한 실증절차를 실시하고, 다음과 같이 수행한 감사절차와 감사결론을 담은 감사문서화를 왕치밀 회계사에게 제시하였다.

> 수습공인회계사 김철수 회계사는 매출채권에 대한 실증절차를 수행하고 있다. 김철수 회계사는 매출채권명세서를 수령하여 100개의 거래처(총금액 ₩10,000,000) 중 50개의 표본을 추출하여 적극적 조회를 실시하였다. 50개의 조회항목 중 45군데의 거래처에서 회신을 받았으며, 나머지 거래처는 미회신되었다. 수습공인회계사는 회신된 거래처의 금액에서 ₩150,000의 오류를 발견하였으나 중요하지 않다고 여겨 수정요구를 하지 않았다고 감사책임자에게 보고하였다.

(질문) 감사책임자의 입장에서 앞의 수습공인회계사에게 추가적으로 요구하거나 질문하여야 할 사항 두 가지를 쓰시오

풀이

(1) 매출채권명세서의 합계액을 계산검증하지 않았으며, 명세서 합계액과 재무제표 상 매출채권 합계액을 비교검증해 보지 않았다.

(2) 표본추출에 대한 구체적인 방법 및 근거가 누락되어 있다.

(3) 금액 대비 거래처의 숫자를 고려해 볼 때 적극적 조회보다는 소극적 조회의 발송을 고려해 보았어야 한다. ▸다수의 소액거래처로 구성되어 있는 경우임.

(4) 미회신거래처에 대해서는 추가회신요청절차를 수행하여야 하며 그럼에도 불구하고 회신이 되지 않은 거래처에 대해서는 대체적 감사절차를 수행하여야 한다.

(5) 중요하지 않다고 판단한 근거의 설명이 누락되어 있다.

사례문제 9 : 2002년, KICPA 기출응용

귀하는 K회계법인 소속 공인회계사이다. K회계법인은 20X2년 11월 1일에 중소기업(그 전에 회계감사를 받은 적이 없음)인 N주식회사(결산기 : 제3기 : 20X2년 1월 1일부터 12월 31일까지)와 감사계약을 체결하여 귀하를 책임(in-charge)회계사로 선임하였다. 여러 가지 사정상 N사의 중간감사(내부통제평가)를 생략하기로 하고 계정잔액의 실증절차를 확대하는 감사절차를 취하기로 하였다. 감사절차 중 ① 재고자산수량에 관해서는 N사는 결산기인 연말에 제품출고가 집중되는 업종으로 재고실사의 효율성을 위해 20X2년 11월 30일을 기준일로 재고실사를 하였고 귀하가 입회를 한 결과 재고자산수량에 대해서는 만족하여 재무제표일 현재의 재고자산수량에 대해서는 추가절차 없이 N사가 제시한 대로 인정하였다. ② 또한 매출채권에 대한 외부조회도 11월 30일을 기준으로 귀하가 직접 표본추출 후 피감사회사인 N사의 담당자에게 외부조회서를 발송 및 회수를 의뢰한 후 20X3년 2월 결산감사 시 그 외부조회서를 수거하여 검토한 결과 예외사항을 발견할 수 없었다. 단, ③ 금융거래에 대해서는 20X2년 12월 31일을 기준으로 N사의 20X2년 1년 동안의 6개 거래은행 중 기말현재 예금과 차입금 잔액이 있는 4개 은행에 대하여 N사의 자금담당자에게 직접 발송 및 회수를 의뢰한 후 결산감사 시 제출받아 확인을 한 결과 예외사항을 발견할 수 없었다(N사의 재무제표에서 재고자산, 매출채권, 예금 및 차입금은 중요하다).

1 앞의 ①에서 귀하가 실시한 N사의 20X2년 재무상태표상 재고자산의 수량에 대한 감사절차가 (1) 적절한지 여부와 (2) 그 이유를 설명하고, (3) 만약 적절하지 않다면 이러한 상황에서 적절한 감사절차는 무엇인지 기술하시오.

풀이

위의 감사절차는 적절하지 않다. 왜냐하면 N주식회사의 경우 초도감사이기 때문에 고유위험이 높으며, 또한 내부통제평가를 생략하였기 때문에 통제위험도 높은 상황이다. 따라서 재고자산의 실사는 반드시 재무제표일에 수행하였어야 하며, 만약 부득이한 상황으로 재무제표일 이전에 실시한 경우에는 반드시 재고실사일로부터 재무제표일까지의 물량흐름에 대한 추가적인 감사절차를 수행하였어야 한다.

2 앞의 ②에서 매출채권의 외부조회절차가 (1) 적절한지 여부를 기술하고, (2) 그 이유를 설명하시오.

풀이

감사인이 수행한 매출채권 외부조회절차는 적절하지 못하다. 감사인은 외부조회절차를 실시할 경우 외부조회처의 선택, 외부조회서의 발송 및 외부조회서 회수과정을 직접 통제하여야 한다. 또한 고유위험과 통제위험이 높기 때문에 재무제표일을 기준으로 외부조회를 발송하였어야 한다.

3 앞의 ③에서 금융거래에 대한 외부조회절차 중 (1) 잘못된 부분이 있으면 그 이유를 설명하고, (2) 이로 인하여 발생할 수 있는 재무제표의 왜곡표시 가능성을 약술하시오.

풀이

금융거래에 대한 외부조회도 적절하지 못하다. 왜냐하면 감사인은 금융기관조회서의 발송을 통하여 예금의 잔액에 대한 실재성도 확인하지만 차입금에 대한 완전성도 확인할 수 있기 때문이다. 따라서 감사인은 기말 현재 잔액이 있는 은행에 대해서만 외부조회서를 발송하는 것이 아니라 기중에 거래를 한 모든 은행에 대하여 금융기관조회서를 발송하여야 한다. 또한, 외부조회서의 발송 및 외부조회서 회수과정을 감사인이 직접 통제하여야 한다.

Q&A 사례문제 10 : 2003년, KICPA 기출응용

김고수 회계사는 지난 5년간 종로주식회사의 재무제표를 감사해 왔다. 김 회계사는 회사의 구매담당 임원이었던 부정직 씨가 1998년경부터 주요 원자재 공급처인 오아시스로부터 지급받는 매입 할인금액을 고의적으로 과다하게 추정하고, 그 금액을 회계담당 부서에 통보하여 결과적으로 회사의 수익과 자산이 과다하게 기록되어온 사실을 최근에 알게 되었다. 지난 5년 동안의 회계감사과정에서 이와 같은 회계문제가 논의된 경우가 없었으므로 회사의 경영진은 회계감사의 질적 수준에 대해 의문을 제기하였다. 김 회계사는 감사의 고유한계로 인하여 이러한 부정이 감사과정에서 발견되지 아니할 가능성이 있다는 사실을 경영진에게 설명하였으며, 추가적으로 감사문서화를 검토한 후 다음과 같은 사실을 확인하였다.
첫째, 감사인은 오아시스로부터의 기말 현재의 채권을 확인하기 위해 외부조회서를 발송하였다. 외부조회서 발송 대상회사는 통계적 표본추출방법에 의해 선정되었다. 둘째, 오아시스로부터 외부조회서에 대한 회신을 E-Mail로 입수하여 금액을 확인하였다. 셋째, 20X3년 1월 초 회사가 전체 채권 중의 일부를 오아시스로부터 어음으로 회수한 사실을 수령한 받을어음의 사본과 대조확인하였다.

1 김 회계사가 언급한 감사의 고유한계는 무엇을 의미하는지 그 내용을 간략히 기술하시오(단, 감사의 고유한계가 발생하는 이유는 제외함).

풀이

회계감사의 고유한계는 감사인이 감사의견의 기초로서 재무제표가 전체적으로 부정이나 오류에 의해 중요하게 왜곡표시되지 아니하였는지에 대한 합리적인 확신을 얻을 것을 요구하고 있다.

2 감사인이 수행한 외부조회관련 감사절차 중 보완했어야 할 부분이 있다면 그 내용을 3줄 이내로 간략히 기술하시오.

풀이

(1) 감사인이 확인당사자에게 전화하여 확인당사자가 실제 그 회신을 보냈는지 확인하여야 한다.

(2) 또한 감사인은 받을어음의 사본을 통하여 채권의 실재성을 확인하였으나, 감사인은 반드시 어음에 대한 원본을 확인하였어야 한다.

3 적절한 회계제도와 내부통제제도의 실행과 계속적인 운영을 통한 부정과 오류의 발견책임은 회사의 경영진에게 있으며, 감사인은 부정과 오류의 방지에 대하여 책임을 부담하지 아니하며 부정과 오류가 발생할 위험에 대한 평가와 발견 노력에 대하여 책임을 부담한다. 그렇기 때문에 감사계약서는 감사인과 경영진의 책임을 명확하게 구분하도록 작성되어야 한다. 감사인과 경영진의 책임을 명확하게 구분하기 위하여 감사계약서에 일반적으로 포함되는 사항 중 4가지를 기술하시오.

풀이

① 재무제표 감사의 목적과 범위
② 감사인의 책임
③ 경영진의 책임
④ 재무제표 작성을 위한 재무보고체계의 식별
⑤ 감사인에 의해 발행될 보고서의 예상되는 형태와 내용

Q&A 사례문제 11 : 2004년, KICPA 기출응용

김태평 공인회계사는 소망주식회사의 재무제표에 대한 실증절차의 일환으로 매출채권과 매입채무에 대해 외부조회요청를 실시하였다. 김태평 공인회계사가 수행한 감사절차는 다음과 같다.

1) 김 회계사는 회사로부터 매출채권과 매입채무의 내역을 제시받아 채권과 채무의 잔액이 일정금액 이상인 거래처를 외부조회요청 대상으로 선정하였다.
2) 김 회계사는 외부조회서에 외부조회요청대상의 주소가 정확하게 표시되었으며 외부조회서를 직접 감사인에게 회신하도록 요청했음을 확인한 후, 회사에 외부조회서의 발송을 요청하였다.
3) 김 회계사는 회수된 외부조회서 내용의 진실성을 고려한 후 의문이 있는 경우 회신자에게 직접 확인절차를 수행하였다.
4) 외부조회서에 대해 회신을 하지 아니한 외부조회요청대상에 대하여, 김 회계사는 소망주식회사의 직원을 통하여 외부조회요청대상의 담당자가 외부조회서를 받았는지 여부를 확인하고 조회요청에 대한 신속한 답변을 요청하였다.
5) 외부조회요청대상에서 외부조회서 상의 금액이 자신의 장부 상 금액과 일치하지 않는다고 확인해 준 경우, 김 회계사는 소망주식회사로부터 차이금액에 대한 원인분석을 제시받아 검토하고 중요한 차이에 대하여 외부조회요청대상에 직접 확인하였다.
6) 상기와 같은 절차를 수행한 후 여전히 조회·확인되지 아니한 금액에 대하여 김 회계사는 그 금액의 중요성을 고려하여 일정금액 이상의 미회신거래처에 대해서만 대체적 감사절차를 수행하였다.

1 외부조회요청은 경영진의 재무제표에 대한 주장 중 자산에 대하여는 실재성, 부채에 대하여는 완전성에 대해 강력한 감사증거를 제시한다. 김태평 공인회계사가 수행한 절차 1)에서 언급한 조회대상 거래처 선정방법 상의 문제점과 그에 대한 대안을 3줄 이내로 기술하시오.

풀이

매입채무에 대한 완전성 주장을 확인하기 위해서는 중요한 부외부채가 없다는 증거를 얻어야 하기 때문에 부외부채의 적발을 위해서 매입채무보조부상 잔액이 큰 매입처를 중심으로 선정하기보다는 잔액이 없더라도 중요한 매입처를 대상으로 조회를 하는 것이 효과적이다.

2 김태평 공인회계사가 수행한 절차 2)~6) 중 New ISA에 위배되는 내용을 지적하고 올바른 절차를 기술하시오.

풀이

2 : 감사인은 조회절차를 실시할 경우 외부조회서를 직접 발송, 통제하여야 한다.

6 : 적극적 조회에 대해 회신이 없는 모든 거래처에 대하여 감사인은 대체적 절차를 수행하여야 한다.

3 동일한 계정에 대하여 적극적 조회와 소극적 조회를 병행하여 실시할 수 있다. 채권잔액에 대해 소극적 조회를 이용할 수 있는 경우 3가지를 기술하시오.

풀이

가. 감사인은 중요왜곡표시위험이 낮다고 평가하였고, 경영진 주장과 관련된 통제의 운영효과성에 대해 충분하고 적합한 감사증거를 입수하였음

나. 소극적 조회절차의 대상이 되는 항목과 관련, 그 모집단이 소액의 동질적인 다수 계정잔액이나 거래 또는 조건들로 구성되어 있음.

다. 불일치사항의 발생률이 매우 낮을 것으로 예상됨.

라. 감사인은 소극적 조회요청의 수신자가 그러한 요청을 무시할 상황이나 조건에 대하여 알고 있지 아니함.

사례문제 12 : 2006년, KICPA 기출문제 응용

다음 글을 읽고 물음에 답하시오.

> 한국회계법인은 대한(주)의 2005년 12월 31일로 종료되는 회계연도의 재무제표에 대한 외부감사를 수행하고 있다. 대한(주)의 매출채권은 통상 총자산의 30%를 차지하는 매우 중요한 계정이다. 감사인인 홍길동 회계사는 외부의 객관적인 감사증거를 수집하기 위해 2005년 12월 31일 현재의 매출채권 잔액에 대한 외부조회요청을 보내기로 하였다. 홍길동 회계사는 매출채권의 고유위험과 통제위험의 수준이 높다고 평가하고 있으며 중요성기준은 총자산의 5%로 설정하고 있다. 홍길동 회계사는 통계적 방법에 의해 조회대상 거래처를 선정한 후 2006년 1월 10일에 본인이 직접 외부조회서를 송부하였다. 한국회계법인은 2006년 3월 10일에 기말실증절차를 시작하였으며 대한(주)의 주주총회 일정 등을 고려하여 3월 28일까지 감사보고서를 회사에 제출하여야 한다.
>
> 기말감사가 종료되기 전날까지 모든 외부회신요청대상으로부터 외부조회서가 회수되었으나 매출채권 중 가장 많은 잔액(총매출채권 잔액의 20%)을 보유하고 있는 Singapore 소재 ABC Corp.로부터의 외부조회서만 입수되지 않았다. 홍길동 회계사가 ABC Corp.의 담당자와 수차례 직접 전화통화를 시도하였으나 연락이 되지 않았다.
>
> ABC Corp.에 대한 외부조회서는 2006년 3월 27일까지도 도착하지 않았으며 한국회계법인은 2006년 3월 28일까지는 감사보고서를 발행해야 하는 상황에 처해 있다.

1 감사인은 신뢰성이 높은 감사증거를 수집하기 위하여 외부조회요청을 이용한다. 일반적으로 외부조회요청은 매출채권 및 매입채무 잔액의 조회, 금융기관에 대한 예금, 차입금 및 기타 금융정보에 대한 조회 등에 많이 이용되고 있다. 이외에 외부조회요청이 이용되는 실제적 사례를 2가지만 기술하시오.

풀이

① 가공이나 위탁판매의 목적으로 제3자의 창고에 보관 중인 물품의 실재성 및 권리 확인(타처보관 재고자산조회서)

② 중개인을 통하여 취득한 유가증권으로서 재무제표일 현재 인도받지 아니한 것(유가증권의 실재성을 확인하기 위한 외부조회서)

2 홍길동 회계사는 미회수된 ABC Corp.로부터의 매출채권조회서가 도착하기를 기다리는 대신 대체적인 감사절차를 적용하여 매출채권 잔액의 적정성을 입증하기로 하였다. 매출채권조회서 미회수로 인해 가장 많은 영향을 받는 경영진의 주장 2가지와, 홍길동 회계사가 취할 것으로 예상되는 대체적 절차 중 2가지를 기술하시오.

풀이

① 실재성, 권리

② 재무제표일 이후 회수내역을 검사하거나 선적서류 또는 기타 내부문서를 검토

3 한국회계법인의 홍길동 회계사는 ABC Corp.의 매출채권에 대하여 대체적인 감사절차를 취하였으나 만족할 만한 결과를 얻지 못하였다. 그러나 홍길동 회계사는 ABC Corp.의 매출채권 잔액을 제외한 타 거래처의 매출채권 잔액과 매출채권계정을 제외한 다른 계정과목에 대해서는 적절한 감사절차를 수행하였고 중요한 예외사항은 없다고 판단하였다. 위의 사례를 기초로 한국회계법인이 표명하게 될 감사의견의 종류 및 그 의견의 근거는 무엇인지 서술하시오.

풀이

감사범위가 제한된 거래처의 금액이 중요성 기준을 초과(30% X 20% = 6% 〉 5%)하기 때문에 한정의견을 표명하거나 의견표명을 거절할 수 있지만 다른 계정과목에 감사범위가 제한이 없기 때문에 한정의견을 표명하는 것이 적절하다.

4 홍길동 회계사가 외부조회요청 설계시 고려하여야 하는 요인4가지 이상 서술하고 받을어음에 대한 실사 및 외부조회서를 설계, 발송하고 회수하는 다음의 상황을 읽고 홍길동 회계사가 수행한 절차의 미비점 및 추가적으로 고려해야 할 상황에 대하여 서술하시오.

〈상황 1〉 홍길동 회계사는 매출채권의 실재성 및 매입채무의 완전성 여부를 확인하기 위하여 금액비례확률표본감사를 사용하여 표본을 직접 추출하고 발송 및 회수절차를 직접 통제하였다.

〈상황 2〉 홍길동 회계사는 외부조회요청절차를 통하여 보다 높은 신뢰성 있는 감사증거를 얻기를 원하고 있다. 하지만 매출채권의 거래처가 다수로 구성되어 있기 때문에 적극적 조회를 하는 것은 비용이 많이 발생할 것으로 판단되어 소극적 조회를 하려고 한다.

〈상황 3〉 홍길동 회계사는 한국(주)의 거래처들이 주로 영세한 비상장 중소기업들로서 회계시스템이 구축되어 있지 않아 전체 계정잔액을 확인하기 힘들기 때문에 외부조회서를 발송하는 경우 회신율이 매우 낮을 것으로 우려하고 있다.

〈상황 4〉 작년 회계감사 결과 적극적 조회를 통하여 답변을 수령하였고 매출채권 금액에 이상이 없는 것으로 회신되었으나, 추가적인 감사절차 수행결과 대부분의 거래처가 정확성을 확인하지 않고 회신을 하였음을 발견하였다.

〈상황 5〉 회신율을 높이기 위하여 매출채권 외부조회요청을 Fax나 E-mail로 외부조회서 답변을 수령하였으며 잔액에 대하여 큰 차이점이 발견되지 않은 거래처에 대해서는 특별한 추가조치를 취하지 않았다. 또한 회신이 오지 않은 거래처에 대해서는 회신율을 올리기 위하여 감사대상 회사를 통하여 거래처에 대한 회신을 종용하도록 하였다.

〈상황 6〉 홍길동 회계사는 기타의 감사절차를 수행하는 과정에서 매출채권의 20%를 차지하는 중요한 A거래처에 대하여 유선으로 채권의 실재성을 간접적으로 확인하게 되었다. 홍길동 회계사는 구두로 이러한 실재성을 확인하였다는 사실을 감사조서에 문서화하였다.

〈상황 7〉 홍길동 회계사가 외부조회요청절차를 설계하는 과정에서 경영진이 외부조회요청절차의 생략을 요구하는 경우 감사범위의 제한을 받은 것으로 간주하여 감사보고서에 미칠 영향을 고려하였다.

〈상황 8〉 적극적 조회를 하는 경우 회신을 받지 못한 거래처에 대하여 홍길동 회계사는 회신요청을 수행하였으며 그러한 회신요청에도 불구하고 회신결과를 받지 못한 거래처에 대해서는 감사범위의 제한을 받은 것으로 간주하여 감사보고서에 미칠 영향을 고려하였다.

〈상황 9〉 소극적 조회를 한 거래처에 대하여 회신을 받지 못한 거래처에 대해서는 이상항목이 없다는 결론을 내리기 위한 충분하고 적합한 감사증거를 확보한 것으로 간주하고 추가적인 감사절차를 수행하지 않기로 하였다.

〈상황 10〉 홍길동 회계사는 한국(주)의 2005년도 사업연도 주주총회가 1월 30일에 열릴 예정이며 감사인은 외감법상 주주총회 1주일 전까지 감사보고서를 회사(감사 또는 감사위원회 포함)에 제출하여야 하기 때문에 감사업무가 재무제표일 후 단기간에 종료되어야 할 것으로 보고 외부조회요청을 11월 30일자로 발송하기로 계획을 수립하였다.

〈상황 11〉 감사인은 12월 31일자로 감사대상회사의 개입을 차단하기 위하여 회사담당자를 배제한 후, 책임회계사인 나금감 회계사 감독 하에 받을어음에 대한 실재성을 확인하기 위하여 받을어음 사본에 대한 실사를 수행하였다.

풀이

(1) 외부조회요청 설계시 고려요인

① 관련 경영진 주장
② 부정위험 등 중요한 왜곡표시에 대해 구체적으로 식별된 위험
③ 당해 감사업무 또는 유사업무에 관한 사전 경험
④ 커뮤니케이션 방법
⑤ 의도된 확인당사자가 요청된 정보를 확인을 하거나 제공할 수 있는 능력

(2)

〈상황 1〉 매입채무 완전성을 확인하기 위해서는 기말현재 매입채무 보조부상 잔액이 큰 매입처를 중심으로 선정하기보다 잔액이 없더라도 중요한 매입처를 대상으로 하여 거래내역을 기재해 주도록 요청하여야 한다. 일반적으로 금액비례확률표본감사는 표본단위를 화폐단위로 구성하기 때문에 자동층화기능이 있어서 금액이 큰 거래처를 주로 표본으로 선택하게 된다. 따라서 매입채무의 완전성을 확인하는 데 있어서는 적합한 표본감사기법이 아니다.

〈상황 2〉 감사인이 외부조회절차를 통하여 보다 신뢰성 있는 감사증거를 얻기 위해서는 반드시 적극적 조회를 하여야 하며 단순히 비용이 높다는 이유만으로 소극적 조회를 할 수는 없다. 다수의 거래처로 구성되어 있다 하더라도 그 금액이 크고 중요하다면 반드시 적극적 조회를 하여야 한다.

〈상황 3〉 감사인은 외부조회절차를 설계할 때 응답자가 쉽게 회신할 수 있는 형태를 고려하여야 한다. 특히, 거래처가 회계시스템에 따라서는 전체 계정잔액 금액보다는 개별 거래내역의 조회가 보다 용이할 수도 있다. 따라서 홍길동 회계사는 회신율을 올리기 위하여 매출채권의 전체 잔액이 아닌 개별 거래내역별로 조회를 설계하여야 한다.

〈상황 4〉 적극적 조회라 하더라도 회신자가 조회내용을 확인하지 않고 회신할 위험이 있으며, 감사인은 회신자가 조회내용을 확인하고 응답했는지 여부를 알 수 없다. 따라서 홍길동 회계사는 조회서상에 조회금액을 기재하지 않고 회신자가 직접 금액을 적게 하거나 다른 정보를 추가로 기술하도록 하여 그러한 위험을 줄일 수 있다. 다만 조회금액을 기재하지 않고 조회서를 발송할 경우 낮은

응답률을 초래할 수도 있다.

〈상황 5〉 감사인은 정보기술 이용의 증가추세에 따라 팩스나 전자우편 등 전자문서형태로 회신서를 수령한 경우 그 신뢰성에 대한 추가적인 확인절차가 필요하다. 따라서, 반드시 확인당사자와 전화 등으로 접촉하여 조회 요청에 대한 회신의 원천과 내용을 검증하는 절차를 취하여야 한다. 또한, 감사인은 조회처의 선택, 조회서의 작성과 발송 및 조회서 회수과정을 통제하여야 하는데, 특히 조회처의 선택 및 발송, 회수는 감사인이 직접 수행하여야 한다. 다만, 적극적 조회서를 발송한 이후 회신이 오지 않은 거래처에 대하여 감사인은 회신율을 올리기 위하여 감사대상회사의 직원을 통하여 거래처의 담당자가 조회서를 받았는지 여부를 확인하고 조회요청에 대한 신속한 답변을 요청하는 것은 인정이 된다(참고로 조회서의 작성도 감사대상회사를 통하여 수행하는 것도 가능하다. 다만, 이 경우도 감사인이 그 내용을 반드시 확인하고 발송하여야 한다).

〈상황 6〉 구두확인은 원칙적으로 외부조회 정의를 만족하지 못하기 때문에 중요한 경우 반드시 서면으로 회신요청을 하여야 한다.

〈상황 7〉 외부조회절차를 발송하려고 하는 경우 경영진이 거부하였을 때 감사인은 반드시 경영진의 요구에 정당한 이유가 있는지 검토하고 그 정당성을 입증할 증거를 입수하여야 한다. 만약 경영진의 요구에 정당성이 있다고 판단하는 경우 감사인은 대체적인 절차를 수행하여야 하며, 그 요구에 정당성이 없다고 판단되는 경우에는 감사범위의 제한을 받은 것으로 보고 감사보고서에 미칠 영향을 고려하여야 한다.

〈상황 8〉 적극적 조회를 하는 경우 회신요청에도 불구하고 회신을 받지 못한 경우에는 바로 감사범위 제한으로 결론내리는 것이 아니라 감사인은 일반적으로 대체적인 감사절차를 수행하여야 한다. 다만, 충분하고 적합한 감사증거 입수에 적극적 조회요청에 대한 회신이 반드시 필요하다고 결정한 경우에는 대체적 감사절차를 수행하지 않고 바로 감사범위제한으로 간주될 수도 있다.

〈상황 9〉 소극적 조회결과 회신이 없는 경우 해당 거래처에 대하여 왜곡표시가 없는 것으로 간주할 수 있지만 이 경우는 상황적인 증거만을 제공할 뿐이기 때문에 반드시 감사인은 이러한 미회신이 감사증거로 충분하고 적합한지 여부에 대하여 판단해 보아야 한다.

〈상황 10〉 외부조회를 반드시 재무제표일 이전에 발송하기 위해서는 고유위험과 통제위험이 높지 않아야 한다. 앞의 문제에서는 매출채권과 관련된 계정잔액 및 거래유형의 통제위험이 높다고 평가하였기 때문에 아무리 감사업무를 단기간에 종료하여야 됨에도 불구하고 재무제표일 시점으로 외부조회를 하여야 한다.

〈상황 11〉 받을어음에 대한 실재성을 확인하기 위하여 실물검사를 수행하는 것은 적절하지만 반드시 상호 융통이나 횡령에 쉽게 노출될 수 있는 자산을 실사하는 경우에는 반드시 감사대상회사의 담당자 참관 아래 실물검사를 수행하여야 하며, 감사인은 반드시 문서의 원본을 통하여 감사증거를 확보하여야 하며 사본을 확인하여서는 안 된다. 다만, 감사인은 그 문서의 진위 여부까지 판단할 책임은 없으며, 또한 그러한 내용을 식별할 수 있을 만큼 전문적인 지식이 요구되는 것도 아니다.

Q&A 사례문제 13

1 New ISA상 감사문서화의 목적을 서술하고 해당 감사문서의 형식과 내용에 영향을 주는 요인을 각각 서술하시오.

풀이

(1) 감사문서(화)의 목적

① 감사인의 전반적인 목적의 달성에 관한 결론의 근거
② 감사가 감사기준과 관련 법규의 요구사항에 따라 계획되고 수행되었다는 사실 입증
③ 기타의 목적
1) 업무팀이 감사를 계획하고 수행하는 것을 지원함
2) 감독책임이 있는 업무팀원들이 감사업무를 지휘, 감독하며 검토책임을 완수하도록 지원함
3) 업무팀이 자신이 수행한 업무에 대해 책임질 수 있도록 함
4) 향후의 감사에 지속적으로 유의적인 사건에 대한 기록을 유지함
5) 관련 국가 규제기관에 의하여 품질관리검토와 검사를 가능하게 하며 외부검사업무 수행을 가능하게 함.

(2) 감사문서의 형태와 내용에 영향을 주는 요인

① 기업의 규모와 복잡성
② 중요한 왜곡표시 식별된 위험
③ 수행하여야 할 감사절차의 성격
④ 예외사항의 성격과 범위

2 다음 자료를 기본으로 감사문서의 보관기한은 언제까지인지 서술하고 감사문서취합완료일이 언제까지인지 서술하시오.

(1) 재무제표일 : 20X1년 12월 31일
(2) 감사보고서일 : 20X2년 2월 28일
(3) 감사보고서 제출일 : 20X2년 3월 5일
(4) 재무제표 주주총회승인일 : 20X2년 3월 15일

풀이

① 감사문서 보관기한 : 20X2년 2월 28일로부터 8년간 보관하여야 한다
② 감사문서 취합완료일 : 20X2년 2월 28일로부터 60일까지 취합완료가 이루어져야 한다.

3 New ISA상 감사문서는 취합완료일까지 반드시 모든 문서화가 이루어져야 한다. 그 이후는 원칙적으로 기존의 감사문서에 대해서 폐기나 삭제는 엄격히 금지되어 있다. 이러한 기준의 취지가 무엇인지 간략하게 설명하고 취합완료일 이후 수정이나 추가가 되는 예외상황 2가지 및 그 경우 추가로 문서화하여야 하는 내용에 대해서 서술하시오.

풀이

(1) 취지 : 감리나 소송에 있어서 감사문서를 감사인에게 유리하게 작용하도록 감사인이 부당하게 수정 또는 추가하거나 감사조서를 삭제, 폐기하는 행위를 예방하기 위해서이다.

(2) 예외상황 2가지

(상황 1)	감사보고서일 후 감사인이 알게 된 사실로서 감사보고서일 현재 존재하였으며 만약 그 일자에 알려졌을 경우 재무제표를 수정하거나 감사인이 감사의견을 변형시켰을 수도 있는 경우
(상황 2)	내부 또는 외부에서 수행한 모니터링 검사 중에 받은 검토의견에 따라 기존 감사문서를 명확하게 할 필요가 있을 때

(3) 추가적인 감사문서 내용

1) 감사문서를 수정하거나 추가하는 구체적 이유 (Why) 2) 감사문서를 수정, 추가하고 이를 검토한 자 (Who)와 그 시기 (When)

Q&A 사례문제 14 : 2013년, KICPA 기출문제 응용

갑㈜와 을㈜는 2X13년 1월 1일에 50:50 합작투자계약(자본금 100억원)을 체결하고, 동 계약에 따라 병㈜를 설립하였다. 동시에 동 합작계약조건에는 갑㈜는 병㈜가 계획 중인 신제품 개발을 위하여 총 100억원의 자금을 제공하고, 을㈜는 병㈜의 신제품 개발을 위한 핵심기술 및 인력을 제공하기로 하였다. 갑㈜는 병㈜에 대한 대출계약서(초안)에 따라 2X13년 10월 31일에 지급된 100억원을 대여금 계정으로 회계처리 하였다.

갑㈜의 외부감사인인 X회계법인 소속 김완벽 회계사는 갑㈜의 회계감사를 담당하는 매니저이다. 김회계사는 위 거래내용을 파악하여 전반감사전략에 그 내용을 기재하고, 대여금계정 담당 스탭인 박허실 회계사에게 중간감사 때부터 관련 증거를 수집하도록 요청하였다.

감사계획의 내용에 기초하여, 박허실 회계사는 10월에 실시한 중간감사시 합작계약서(최종본)와 대출계약서(초안) 서류 원본을 열람하여 내용을 확인한 후 동 문서들의 복사본을 입수하여 감사조서에 편철하였다. 또한 기말감사 때에는 추가로 병㈜에게 외부조회확인서를 발송하여 회수하였다. 병㈜로부터 수령한 외부조회확인서(답변서)에는 다음의 내용이 기재되어 있다.

병㈜는 갑㈜가 제공한 대출금 100억원을 2X13년 10월 31일에 수령하였으며, 2X13년 12월 31일 현재 동 금액은 전액이 미상환잔액으로 남아 있습니다.

김완벽 회계사는, 연말감사 진행 중 박허실 회계사가 작성한 대여금 감사조서를 검토하는 과정에서 위 절차에 문제점을 발견하고 추가 감사절차를 취하도록 요청하였다. 김회계사가 요청한 추가확인절차까지 모두 성공적으로 완료되었고 최종확인된 내용을 모두 감사조서에 적절하게 문서화한 후에 감사절차가 종결되었으며, X회계법인은 2X14년 3월에 갑㈜ 재무제표에 대한 감사보고서를 발행하였다.

※ 아래 [요구사항]을 읽고 각 물음별로 답안 양식에 따라 답하시오. 단 개별 물음 항목들은 서로 독립적이다.

[요구사항]

(물음 1) 김완벽 회계사가 박허실 회계사의 감사절차가 대여금 계정에 대한 감사증거로서 증거력에 문제가 있다고 판단하였다. 이렇게 판단한 이유를 감사증거의 원천 또는 성격(종류)의 관점에서 설명하시오(문제가 없으면 "문제 없음"으로 표시할 것).

(절차 A) 대출계약서(초안)의 문서증거에 대한 검사
(절차 B) 대출채권 잔액에 대한 외부조회

<답안양식>

번호	문제점의 내용(각각 2줄 이내로 기재)
(절차 A)	
(절차 B)	
[답안작성사례]	"xx(증거자료 내용)은 담당자가 아닌 사람이 제시한 구두증거이므로 증거력이 낮음" 또는 "문제 없음"

풀이

번호	문제점의 내용(각각 2줄 이내로 기재)
(절차 A)	대출계약서는 내부문서이면서 초안이였기 때문에 감사증거로서 신뢰성이 낮음.
(절차 B)	특수관계자로부터의 외부조회는 감사증거로서 증거력이 낮음

(물음 2) (물음 1)에서 설명한 (절차A)와 (절차B)의 감사절차에 대해서 다음 항목별로 답하시오

(1) 위 감사절차는 대여금 계정의 어떠한 주된 감사목적(경영진 주장)을 확인하기 위한 것인가?

(2) 위 감사절차들은 채권에 대한 또 다른 유의적 경영진 주장인 "평가"에 대해서는 부수적인 증거력만 가질 뿐 강력한 증거가 되지 못한다. 채권계정의 "평가" 감사목적(경영진 주

장)에 대해서 수집해야 할 감사증거의 예를 2줄 이내로 기재하시오.

<답안양식>

번호	내 용
(1)	
(2)	

풀 이

번호	내 용
(1)	실재성과 권리
(2)	대여금에 대한 회수가능성 평가를 해 보아야 한다. ① "병"에 대한 재무제표 수령 후 재무상태나 경영성과, 현금흐름 검토 후 회수가능성 여부 판단 ② "병"의 신제품 개발의 실현가능성 검토를 위한 신제품 관련 연구개발 지출 내역 및 타당성 검토

(물음 3) 김완벽 회계사는 필요한 추가절차까지 모두 취한 후에 수집한 모든 정보를 감사조서로 문서화하였다. 이러한 박허실 회계사와 김완벽 회계사가 감사조서를 완결하기까지의 과정을 읽어보고 New ISA에 근거하여 감사문서화의 목적을 세 가지만 서술해 보시오

<답안양식>

번호	내용 (각각 2줄 이내로 기재)
(1)	
(2)	
(3)	

풀 이

번호	내용 (각각 2줄 이내로 기재)
(1)	전반적인 목적 달성에 관한 결론의 근거를 마련하기 위함
(2)	감사기준과 관련 법규의 요구사항에 따라 계획되고 수행되었다는 사실을 입증하기 위함
(3)	감사를 계획하고 수행하는 것을 지원하기 위함. 또한 향후의 감사에 지속적으로 유의적인 사건에 대한 기록을 유지하기 위함.

Q&A 사례문제 15 : 2017년, KICPA 기출문제

다음 실증절차에 대한 각 물음에 답하시오.

1 감사인은 매출채권의 실재성을 확인하기 위하여 다음 외부조회(적극적 조회)를 수행하였다.

> ① 조회대상자로 선택한 거래처 A에서 회신이 없어 다른 거래처를 조회처로 대체하여 조회서를 발송하였다.
> ② 조회대상자가 확인 없이 회신할 위험을 낮추고 조회 회신율을 높이기 위하여 '공란' 형태로 조회하기로 하였다.
> ③ 감사대상회사로부터 조회처로 선택된 거래처의 주소를 받아 조회서가 발송되기 전에 수신인이 제대로 표시되었는지 확인하기 위하여 주소의 타당성을 테스트하였다.
> ④ 감사대상회사는 감사인이 선정한 조회대상자와 법적 분쟁 중이라 조회가 분쟁에 영향을 미칠 수 있다고 주장하고 조회서 발송을 거부하였다. 이에 감사인은 외부조회 대신 대체적인 감사절차를 수행하였다.
> ⑤ 회수율을 높이기 위하여 감사인의 팩스를 통해서 미회신 조회대상자로부터 팩스조회서를 수령하고, 조회대상자에게 전화로 확인하였다.
> ⑥ 조회대상자의 회신이 없어 전화로 구두확인하고 감사조서에 통화내용과 통화대상을 기록하였다.
> ⑦ 회신받은 조회서에 그 회신 이용에 대한 제한적인 문구가 포함되어 감사증거로서의 회신의 신뢰성을 무효화하였다.

[요구사항]
상기 감사인이 수행한 외부조회절차 중 (1) **적절하지 못한 항목번호 네 개**를 기재하고 (2) **그 이유**를 서술하시오.

풀이

① 회신이 오지 않은 거래처에 대해서는 회신요청절차를 수행하여야 되며, 그럼에도 불구하고 회신이 오지 않은 거래처에 대해서는 대체적인 감사절차를 수행하여야 한다.
② "공란" 형태의 조회서의 경우 신뢰성은 높일 수 있으나 회신율이 낮다는 것이 단점이다.
⑥ 원칙적으로 구두로 회신하는 경우는 외부조회의 정의를 만족하지 못한다. 따라서 감사인에게 직접 서면으로 회신해 달라고 거래처에게 요청하여야 한다.
⑦ 조회요청에 대한 회신에 그 회신의 이용에 관한 제한적인 문구가 포함되어 있을 수 있지만 그러한 제한이 있다고 해서 반드시 감사증거로서의 회신의 신뢰성이 무효화되는 것은 아니다.

2 다음은 외부감사인의 외부조회와 관련된 상황에 대한 설명이다.

외부감사인은 회사의 매출채권에서 통계적 표본추출을 통해 선정된 A, B 및 C 거래처의 거래처별 매출채권 기말잔액에 대해 외부조회절차를 수행하였다. 그 결과 A와 B 거래처로부터 차이가 있다는 회신을 받았으며, 추가감사 결과, 회사의 회계처리 오류임이 밝혀졌다.

(단위 : 억원)

구분	회사 장부금액	회신금액	차이금액
외부조회			
A	10	9	(−)1
B	20	18	(−)2
C	20	20	−
소계	**50**	**47**	**(−)3**
기타 거래처	450	표본으로 선정되지 않음	
합계	**500**		

상기 감사업무와 관련한 중요성은 아래와 같다.

- 중요성 : 500억원
- 수행중요성 : 350억원
- 명백하게 사소한(clearly trivial) 중요성 : 25억원

위 상황을 고려하여 아래 요구사항에 답하시오(아래 [답안양식]을 사용할 것).

[요구사항]

(1) 모집단의 오류금액 **기대치**를 산출하시오(단, 매출채권 모집단의 오류는 매출채권 금액에 비례하여 발생한다고 가정한다).

(2) 회사가 위 오류를 수정 반영하지 않기로 결정한 경우에, 미수정왜곡표시의 영향에 대한 평가와 관련하여 ① 경영자의 서면진술에 미반영 수정사항으로 첨부되어야 하는지 **여부**와 ② 그 **이유**를 서술하시오.

[답안양식]

<table>
<tr><td>(1)</td><td colspan="2"></td></tr>
<tr><td rowspan="2">(2)</td><td>O, X 표시
[첨부시 O, 미첨부시 X]</td><td>이유</td></tr>
<tr><td></td><td></td></tr>
</table>

풀이

<table>
<tr><td>(1)</td><td colspan="2">30억원</td></tr>
<tr><td rowspan="2">(2)</td><td>O, X 표시
[첨부시 O, 미첨부시 X]</td><td>이유</td></tr>
<tr><td>O</td><td>명백하게 사소한 금액이 아닌 경우에는 경영진에 해당 왜곡표시를 수정요구하게 되어 있으며 만약, 해당 왜곡표시를 수정하지 않는 경우 해당 미수정왜곡표시가 개별적으로 또는 집합적으로 재무제표 전체에 중요하지 않다고 믿는다는 서면진술을 요구하여야 한다.</td></tr>
</table>

Q&A 사례문제 16 : 2018년, KICPA 기출문제

회계감사의 모든 과정은 증거입수와 입수한 증거의 평가절차로 이루어진다. 따라서 감사인은 감사의견의 근거가 되는 합리적인 결론을 도출할 수 있도록 충분하고 적합한 감사증거를 입수하여야 한다. 다음의 감사증거 및 감사문서(감사조서)에 대한 물음에 답하시오.

1 감사증거가 갖추어야 할 속성으로서 '적합성'은 감사증거의 질적 척도이다. 적합한 감사증거란 어떠한 감사증거를 의미하는지 서술하시오.

풀이

감사증거의 관련성 및 감사증거의 신뢰성을 의미한다.

2 감사증거가 갖추어야 할 속성으로서 '충분성'은 감사증거의 양적 척도를 말하며, 감사증거의 양을 결정하는 요인에는 ①왜곡표시위험의 평가수준, ②중요성기준(허용오류액), ③감사증거의 질이 있다. 이들 각각의 요인이 감사증거의 양에 미치는 영향(관계)을 서술하시오.

풀이

왜곡표시위험이 높다고 평가할수록 더 많은 감사증거량이 요구되고 허용오류액이 낮을수록 더 많은 감사증거량이 요구되며 감사증거의 질이 낮을수록 더 많은 감사증거량이 요구된다.

3 감사인이 충분하고 적합한 감사증거를 입수하지 못할 경우에 취해야 하는 조치를 감사단계별(감사절차 수행단계는 제외)로 서술하시오.

[답안양식]

감사단계	조치
감사업무조건 합의단계	①
감사절차 수행단계	*[예시] 감사계획을 대체적 절차로 수정하거나 보완적 절차를 추가한다.*
감사의견 형성단계	②

풀이

감사단계	조치
감사업무조건 합의단계	① 감사계약을 체결해서는 아니된다.
감사절차 수행단계	*[예시] 감사계획을 대체적 절차로 수정하거나 보완적 절차를 추가한다.*
감사의견 형성단계	② 한정의견 또는 의견거절을 표명해야 한다.

4 감사증거(또는 감사증거의 입수방법)와 감사문서(감사조서)에 대한 다음의 설명 중 가장 적절하지 않은 항목 두 가지를 지적하고, 옳은 내용으로 수정하시오.

①	질문은 감사의 전 과정에 걸쳐 폭넓게 이용되는 감사증거 입수방법으로서 중요한 감사증거를 제공하지만 왜곡표시의 증거까지는 제공하지 못한다.
②	주식이나 채권과 같은 금융상품의 문서검사는 자산의 실재성에 대한 직접적인 감사증거를 제공한다. 또한 계약서에 대한 문서검사는 수익인식과 같이 회계정책의 적용에 관련된 감사증거를 제공할 수 있다.
③	감사문서(감사조서)의 소유권은 감사인에게 있으나, 감사인의 비밀유지의무에 따라 사용이나 처분에 제한이 따른다.
④	소극적 조회를 요청한 결과 조회처의 회신이 없다면, 감사인은 조회한 금액에 이상이 없다는 상황적 증거를 입수한 것이다.
⑤	일반적으로 위험평가단계에서 활용되는 감사증거의 입수방법은 질문, 관찰, 검사, 분석적 절차이다.
⑥	우리나라의 현행 법규상 감사인은 감사문서(감사조서)를 재무제표 종료일로부터 8년간 보존해야 한다.

[답안양식]

번호	옳은 내용

풀이

번호	옳은 내용
①	질문도 중요한 감사증거를 제공하고 왜곡표시의 증거까지도 생성할 수 있다. 다만, 질문만으로는 중요한 왜곡표시가 없다는 충분한 감사증거를 제공하지는 아니한다.
⑥	감사문서 보존기한은 감사보고서일로부터 8년간 보존해야 한다.

5 분석적절차는 재무자료 및 비재무자료 간의 개연적인 관계를 분석하여 재무정보를 평가하는 절차이다. 회계감사기준상 분석적절차를 반드시 수행해야 하는 감사단계(두 가지)를 제시하고, 각 단계에서 분석적절차를 수행하는 이유(목적)를 서술하시오.

[답안양식]

감사단계	이유(목적)

풀이

감사단계	이유(목적)
위험평가단계	중요왜곡표시위험을 식별하는데 도움을 주며 이러한 중요왜곡표시위험을 평가하여 위험평가에 대한 대응을 설계하고 수행하는 기반을 제공해 준다.
감사종료시 결론형성단계	기업에 대하여 이해한 바와 재무제표가 일관성이 있는지에 대해 전반적인 결론을 내리고 자신의 의견의 근거가 되는 합리적인 결론을 도출하는데 도움을 줄 수 있으며 이전에 인식되지 않았던 중요왜곡표시위험을 식별하고 이에 따라 왜곡표시위험평가를 수정하고 그에 따른 추가감사절차를 변경하기 위함이다.

6 감사인은 수행한 감사절차, 입수한 감사증거 및 도달한 결론을 감사문서(감사조서)로 기록하여야 한다. 감사인이 감사문서(감사조서)를 작성하는 가장 주요한 목적 두 가지를 서술하시오.

풀이

감사문서화를 통하여 감사인이 관련 감사기준과 관련 법규를 전문가적 판단에 따라 정당한 주의의무를 다하여 준수하였다는 것을 입증하고 외부검사기관이나 품질관리검토가 가능하게 하며 그러한 문서화를 통하여 자신이 표명한 감사결론이 적당하다는 사실을 주장하는데 그 근거로 사용하기 위함이다.

Q&A 사례문제 17 : 2021년, KICPA 기출문제

감사증거는 감사인이 감사의견의 근거가 되는 결론에 도달할 때 이용한 정보를 의미한다. 감사인은 충분하고 적합한 감사증거를 입수하기 위하여 상황에 적합한 감사절차를 설계하고 수행하여야 한다.

1 나투명 회계사는 감사현장책임자로서 ㈜구룡에 대한 감사업무를 수행 중이다. 아래 각 상황은 서로 독립적이다.

①	나투명 회계사는 매출의 발생사실을 검증하기 위해 표본을 추출하여 관련 증빙과 대사를 하던 계정 담당회계사로부터 회사가 제공한 원천증빙의 신뢰성이 낮다는 보고를 받았다. 나투명 회계사는 더 많은 감사증거의 입수, 즉 표본수를 증가시키면 감사증거의 낮은 품질을 보완할 수 있다고 판단하고 있다.
②	계정담당회계사는 당기 감사 중 중요한 매출계약이 체결된 것을 발견하고, 나투명 회계사에게 동 매출계약을 외부조회절차를 통해 확인하면 어떻겠냐고 질문하였다. 그러나 나투명 회계사는 외부조회가 특정 계정잔액 및 그 구성요소와 연관된 경영진주장을 다룰 때 관련성이 있으므로 계정잔액에만 국한하여 사용가능한 감사방법이라고 판단하고 있다.
③	나투명 회계사는 매입채무의 과소계상 여부를 확인하기 위한 실증절차를 수행할 예정이다. 이를 위해 나투명 회계사는 후속적인 지급거래, 미지급된 송장(invoice), 매입처 계산서, 일치하지 않는 검수보고서 같은 정보를 테스트하는 것이 관련성 있는 감사증거를 얻는 방법이라고 판단하고 있다.
④	㈜구룡은 FOB선적지인도조건, FOB도착지인도조건 등으로 수출을 하고 있다. 나투명 회계사는 수출금액에 대한 경영진주장 중 발생사실과 기간 귀속의 적정성을 확인하기 위해 매출원장에서 표본을 추출하였다. 회사는 관련 증빙으로 선적서류와 송장을 제공하였다. 나투명 회계사는 이 증빙들이 검증하고자 하는 경영진주장 모두를 확인하는데 적합한 감사증거라고 판단하고 있다.
⑤	나투명 회계사는 적극적 조회를 통해 매출채권의 실재성을 확인하려고 한다. 나투명 회계사는 조회처가 해당 정보의 정확성 여부를 검증하지 않고 조회에 회신할 위험을 피하기 위하여 조회서에 금액을 기재하지 않은 공란 형태의 조회서를 발송할 계획이다. 그러나 나투명 회계사는 이러한 공란 형태의 조회가 조회처의 추가적인 노력을 요구하기 때문에 회신율이 더 낮을 수 있다고 판단하고 있다.

위의 밑줄 친 각 판단이 적절한지 여부를 기재하고, 적절하지 않은 경우 그 이유를 서술하시오

[답안양식]

상 황	적절한가? (예, 아니오)	적절하지 않은 경우, 그 이유 서술
①		
⋮		
⑤		

풀이

상 황	적절한가? (예, 아니오)	적절하지 않은 경우, 그 이유 서술
1	아니오	감사증거의 양이 늘어난다고 해서 감사증거의 품질이 올라가는 것은 아님.
2	아니오	외부조회절차는 기업과 다른 당사자 간의 약정, 계약 또는 거래의 조건을 조회하거나 이면계약과 같은 특정의 조건이 없다는 것을 조회하기 위하여 이용되기도 함.
3	예	–
4	아니오	매출원장에서만 표본을 추출한 경우 실제 재무제표일 이전에 선적되었으나 재무제표일 이후에 기록된 거래에 대해서는 확인이 어려움. 따라서 재무제표일 전후 작성된 선적서류를 모집단으로 표본을 추출하는 과정도 필요함.
5	예	–

Q&A 사례문제 18 : 2022년, KICPA 기출문제

1 정보기술의 발달로 외부감사시 전산감사 기법을 활용한 전수조사가 확대되는 추세다 그러나 전수조사를 실시하더라도 적발위험은 완전히 제거되지 않는다 이처럼 전수조사에도 불구하고 적발위험이 발생할 수 있는 이유(혹은 경우)를 비표본위험과 연계하여 <u>두 가지</u>만 서술하시오(단, 아래 <예시>는 제외할 것).

> <예시>
> 감사인의 부주의 또는 전문지식 부족

풀이

첫째, 감사인이 부적합한 감사절차를 적용하는 경우
둘째, 왜곡표시 또는 이탈을 인식하지 못하는 경우
셋째, 감사증거를 잘못 해석하는 경우

2 감사인은 감사목적을 달성하기 위해 다양한 감사증거입수방법을 활용한다. 감사인이 실재성, 발생사실, 완전성에 대한 합리적 확신을 얻고자 할 때 적합한 감사증거입수방법을 아래에서 모두 선택하시오.

> ① 실물검사
> ② 문서검사(전진법)
> ③ 문서검사(역진법)

〈답안양식〉

감사목적	감사기술
실재성	
발생사실	
완전성	

풀이

감사목적	감사기술
실재성	① 실물검사 ③ 문서검사(역진법)
발생사실	③ 문서검사(역진법)
완전성	② 문서검사(전진법)

3 외부조회시 감사증거의 신뢰성 확보를 위해 감사인이 직접 수행해야 하는 절차를 **두 가지**만 서술하시오(단, 아래 <예시>는 제외할 것).

> <예시>
> －조회서에 수신인이 적절히 표시되었으며 감사인에게 직접 발송되도록 회신에 관한 정보가 포함되었는지에 대한 결정 등 조회서의 설계
> －조회처에 대한 조회요청서의 발송과 회수

풀이

첫째, 회신요청 정보 및 당사자 결정
둘째, 조회요청서 발송시 주소 타당성 조회

4 감사증거의 질적 요건인 적합성은 개념적으로 관련성과 신뢰성 두 요소로 구성된다이 중 (1) 감사 증거의 신뢰성에 영향을 주는 요소를 두 가지 제시하고, (2) 각 요소별로 신뢰성이 높다고 볼 수 있는 예시를 **한 가지씩** 서술하시오(단, 아래 <예시>는 제외할 것).

> <예시>
> 감사증거의 원천 : 기업 내부가 아닌 외부의 독립된 원천에서 감사증거를 입수한 경우

풀이

첫째, 감사인이 직접 입수한 증거인지 간접적으로 입수한 증거인지 : 직접적으로 입수한 감사증거가 간접적으로 입수한 증거보다 신뢰성이 높음.
둘째, 구두증거인지 문서증거인지 여부 : 문서증거가 구두증거보다는 신뢰성이 높음.
셋째, 회사의 내부통제제도의 유효성 : 내부통제가 유효할수록 회사의 감사증거는 신뢰성이 높음.

5 다음은 감사증거와 감사증거입수방법에 대한 설명이다. 각 항목별로 설명이 적절하지 않은 항목을 선택하고 그 이유를 서술하시오.

항목	설명
1	분석적 절차는 알려진 조건에 대한 반증이 없는 한 데이터 간 상관관계가 존재하며 그러한 상관관계가 지속될 것이라는 전제하에 수행하는 감사증거입수방법이다.
2	관찰은 어떤 과정이나 절차의 수행이 감사인에 의해 관찰될 수 있다는 사실로 인해 영향을 받지 않는 경우에 사용가능하며, 수집할 수 있는 증거의 범위는 관찰이 행해진 시점으로 제한된다.
3	질문은 공식적인 서면질의에서 비공식적인 구두질문까지 망라되며, 질문에 대한 답변을 평가하는 것은 질문 절차에서 필수적인 부분이다
4	감사인은 어떤 예외적인 상황에서 특정 감사기준의 요구사항을 이탈할 필요가 있다고 판단한 경우 이탈의 이유와 함께 해당 요구사항이 의도하는 목적을 달성하기 위해 수행한 대체적 감사절차가 그 목적을 어떻게 달성하였는지를 문서화해야 한다.
5	경영진의 주장을 확인하기 위해 이용가능한 정보가 기업 외부에서만 입수할 수 있거나 특정 부정위험요소로 인해 감사인이 기업에서 입수한 증거를 신뢰할 수 없는 경우에는 적극적 조회를 실시하고, 미회신시에는 대체적 감사절차를 수행해야 한다.

풀이

5번 : 기업 외부에서만 입수가 가능한 상황이라고 판단된 경우는 외부조회절차를 생략할 수 없으며 미회신시 대체적 절차를 수행할 필요가 없고 즉시 범위제한으로 감사인은 판단하여야 한다.

Q&A 사례문제 19 : 2023년, KICPA 기출문제

1 감사인은 감사의견의 근거가 되는 합리적인 결론을 도출할 수 있도록 충분하고 적합한 감사증거를 입수하여야 한다. 감사증거가 갖추어야 할 속성인 '충분성'에 영향을 미치는 요소와 '적합성' 있는 감사증거가 되기 위한 요건을 회계감사기준에 근거하여 각각 두 가지씩 제시하시오.

풀이

충분성에 영향을 미치는 요소는 중요성과 재무제표 중요왜곡표시위험이며,
적합한 감사증거가 되기 위해서는 재무제표 주장과 관련성이 있어야 하며 신뢰성이 있어야 함.

2 감사인은 재무제표 및 경영진주장 수준의 중요왜곡표시위험 식별과 평가에 대한 근거를 제공하기 위하여 위험평가절차를 수행하여야 한다. 위험평가절차를 수행할 때 일반적으로 사용하는 감사증거입수방법을 모두 기재하시오.

풀이

질문, 문서검사, 관찰, 분석적 절차

3 외부조회 시 경영진이 감사인의 조회서 발송을 거부하는 경우 감사인이 의견변형 등을 고려하기 전에 수행해야 하는 절차를 두 가지만 서술하시오(단, 아래 <예시>는 제외할 것).

<예시> *– 경영진의 거부사유에 관하여 질문하고 그 타당성과 합리성에 관해 감사증거를 구함.*

풀이

첫째, 타당하다고 판단되는 경우 관련성이 있고 신뢰할 수 없는 감사증거를 입수하기 위한 대체적 감사절차를 수행. 둘째, 경영진이 거부하는 의도에 부정이 연루되어 있을지 여부에 대한 감사증거를 수집.

AUDITING

제8장 내부통제를 포함한 기업 및 기업환경의 이해를 통한 위험평가

1 내부통제(제도)(Internal Control)

(1) 정의

① 재무보고의 신뢰성, ② 경영의 효과성 및 효율성, 그리고 ③ 관련법규의 준수에 관련된 기업의 목적 달성에 관한 합리적 확신을 제공할 목적으로 지배기구, 경영진 및 기타의 인원에 의해 설계, 실행, 유지되고 있는 절차를 말한다.

(2) 구성요인

1) 통제환경(Control Environment)
2) 기업의 위험평가절차(Risk Assessment Process)
3) 재무보고에 관련된 정보시스템 및 커뮤니케이션(Information & Communication)
4) 통제활동(Control Activities)
5) 통제활동의 모니터링(Monitoring)

❖ 내부통제의 개념 및 구성요인 ❖

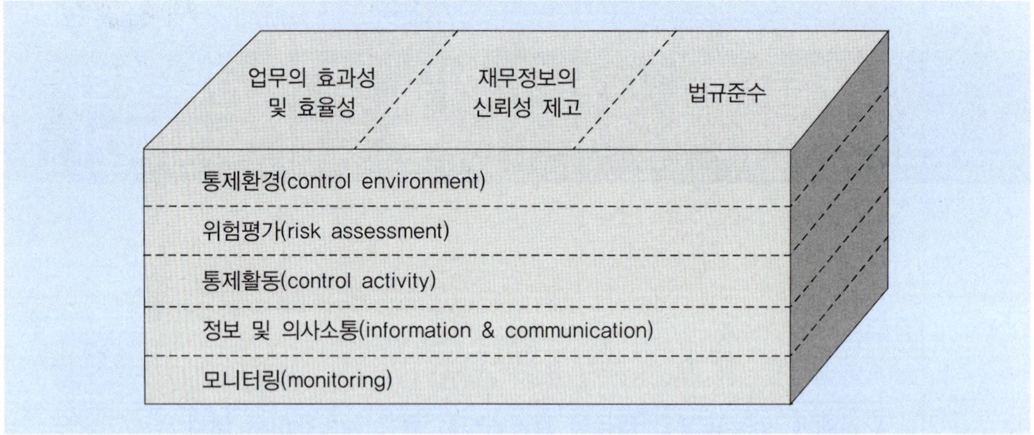

1) 통제환경

① 성실성(정직성)과 윤리적 가치에 대한 커뮤니케이션과 실천
② 적격성 구비
③ 지배기구의 참여
④ 경영진의 철학과 경영방식
⑤ 조직구조
⑥ 권한과 책임의 위임
⑦ 인적자원에 대한 정책과 실무

① 성실성(정직성)과 윤리적 가치에 대한 커뮤니케이션과 실천

통제의 효과성은 그러한 통제를 수립하고 관리하며 모니터링하는 자들의 정직성과 윤리적 가치를 초월할 수 없을 것이다. 정직성과 윤리적 가치의 실현은 예를 들어 구성원들이 부정한 행동, 불법적이거나 비윤리적인 행동을 하도록 충동하는 자극이나 유혹을 제거하거나 완화시키는 경영진의 행동 같은 것이 포함된다. 정직성과 윤리적 가치에 대한 기업정책의 커뮤니케이션은 정책성명서, 직무규범 그리고 사례 등을 통하여 구성원들에게 행동기준을 커뮤니케이션하는 것을 포함한다.

② 적격성 구비

특정 직무를 위한 적격성 수준 및 그러한 적격성 수준이 필수적 지식과 기술로 구체화되는 방법에 대한 경영진의 고려사항을 의미한다.

③ **지배기구의 참여**

경영진으로부터 지배기구가 얼마나 독립성을 유지하는지 또한 이러한 지배기구의 경험과 성숙도, 지배기구의 참여 및 보고받는 정보의 범위, 그리고 어려운 문제를 제기하고 경영진과 이를 처리하는 정도 등 지배기구의 행위 그리고 내부감사인과 외부감사인의 상호작용의 적절성을 의미한다.

④ **경영진의 경영철학과 경영방식**

경영진의 경영철학과 경영방식은 광범위한 특성을 지니고 있다. 예를 들어, 재무보고에 대한 경영진의 태도와 행동은 선택가능한 회계원칙 중 보수적인 선택과 공격적인 선택의 여부, 회계추정치를 도출할 때에 신중한 판단과 보수적인 성향의 여부를 통해 명확하게 드러날 것이다.

⑤ **조직구조**

관련성이 있는 조직구조를 구축하기 위해서는 권한과 책임의 핵심분야와 적합한 보고경로를 고려하는 것이 포함된다. 기업 조직구조의 적합성은 부분적으로 그 활동의 규모와 성격에 의존한다.

⑥ **권한과 책임의 할당**

권한과 책임의 할당은 적합한 사업실무, 핵심인력의 지식과 경험 그리고 직무수행에 필요한 자원의 제공에 관한 정책들이 포함될 수 있다. 뿐만 아니라 이것은 모든 구성원들이 기업의 목적을 이해하고, 그들 각 개인의 행동이 기업의 목적에 어떻게 서로 연관되며 기여하는지 이해하며, 자신들이 어떻게 그리고 무슨 책임을 질 것인지를 깨닫도록 하는 정책과 커뮤니케이션을 포함하기도 한다.

⑦ **인적자원에 대한 정책과 실무**

인적자원에 대한 정책과 실무는 종종 기업의 통제의지와 관련하여 중요한 문제를 표출하기도 한다. 예를 들어, 최고 적임자를 채용하는 기준(학력, 경력, 성과 및 정직성과 윤리적 행동에 대한 증거의 강조)은 기업이 역량 있고 신뢰할 수 있는 인력을 원하고 있다는 것을 보인다. 장래의 역할과 책임을 커뮤니케이션하고, 훈련과정과 세미나와 같은 실무를 포함하는 훈련정책은 성과와 행동에 대한 기대수준을 보인다. 또 주기적 성과평가를 통한 승진은 기업이 적격한 자를 상위직책으로 진급시킨다는 약속을 보이는 것이다.

❙ 사례 ❙ 적합한 통제환경(지배구조)를 구비하고 있는 (주)서울의 내부통제시스템

(주)서울은 상장기업으로서 전문경영인 A씨를 새로운 대표이사로 선임하였다. 이러한 전문경영인을 선임하는 과정에서 회사의 윤리강령을 준수할 것을 새로운 대표이사는 서명받도록 요구받고 있으며 해당 사실을 정보이용자들에게 공시하였다. 또한, 해당 A씨는 공격적인 재무성과를 달성하여야 하는 요구조건이 대표이사 고용계약서에 명시되어 있지는 아니하다. 해당 (주)서울은 사외이사로 구성되어 있는 감사위원회가 구성되어 있으며 이러한 감사위원회 위원들은 이사회에 항상 참여하여 회사의 재무보고과정에 대한 이슈를 적극적으로 감독, 감시하고 있고 경험과 지식을 갖춘 대표이사 직속의 내부감사인은 항상 내부감사 결과를 직접 지배기구에 보고하고 필요에 따라서는 외부감사인과 의견을 교환하고 있다. 마지막으로, 이사회 구성멤버들은 주주와의 특수관계자들로 구성되어 있지 아니하고 해당 분야에 전문성이 있는 경영진들로 구성되어 있다. 또한, 능력있고 믿을 수 있는 신입사원(신원보증제도 및 직무순환 제도 등)을 선발할 수 있는 인적자원 정책이 수행됨으로써 회사 내부에서 발생할 수 있는 오류나 부정의 개연성을 줄이도록 통제환경이 수립되어 있다.

2) 기업의 위험평가절차(Risk Assessment Process)

감사인은 기업이 다음 사항들을 위한 절차를 갖추고 있는지 여부에 대해 이해하여야 한다.

① 재무보고 목적에 관련된 사업위험의 식별
② 동 사업위험의 발생가능성에 대한 평가
③ 동 사업위험의 유의성에 대한 추정
④ 동 사업위험에 대처하기 위한 행동의 결정

재무보고 목적상 기업의 위험평가절차에는 경영진이 해당 재무보고체계에 따른 재무제표의 작성에 관련된 사업위험을 어떻게 식별하는지, 그러한 위험의 유의성을 어떻게 추정하는지, 그 발생가능성을 어떻게 평가하는지, 그리고 그러한 위험에 대처하고 관리하기 위한 행동과 그 결과에 대하여 어떻게 결정하는지가 포함된다. 구체적으로 예를 들면, 기업의 위험평가절차는 거래기록이 누락될 가능성을 어떻게 고려하는지 또는 재무제표에 기록된 유의적 추정치를 어떻게 식별하고 분석하는지에 대한 것을 다룰 수 있을 것이다.

신뢰할 수 있는 재무보고에 관련된 위험에는 재무제표의 경영진 주장과 일관성 있게 재무데이터를 개시, 기록, 처리, 보고하는 기업의 능력에 부정적 영향을 미치는 내·외부의 사건이나 거래 또는 상황이 포함된다. 경영진은 특정 위험에 대처하기 위한 계획이나 프로그램, 또는 행동에 착수할 수도 있고, 비용이나 기타 고려사항들 때문에 위험을 수용하기로 결정할 수도 있다. 이러한 위험은 다음과 같은 상황 때문에 발생되거나 변화할 수 있다.

- **사업환경의 변화.** 규제 또는 영업환경의 변화는 경쟁상 압력의 변화 및 유의적으로 상이한 위험을 초래할 수 있다.
- **신규인력.** 신규인력은 내부통제에 대해 다른 관점을 가지거나 내부통제를 다르게 이해할 수 있다.
- **신규 또는 개편된 정보시스템.** 중요하고 급속한 정보시스템의 변화는 내부통제와 관련된 위험을 변화시킬 수 있다.
- **급속한 성장.** 중요하고 급속한 영업확장은 통제를 왜곡시킬 수 있고, 또 통제를 와해시킬 위험을 증가시킨다.
- **새로운 기술.** 생산공정 또는 정보시스템에 새로운 기술이 도입되면 내부통제와 관련된 위험을 변화시킬 수 있다.
- **새로운 사업모델, 제품 또는 활동.** 기업이 거의 경험이 없는 사업분야나 거래에 참여하는 것은 내부통제와 관련하여 새로운 위험을 발생시킬 수 있다.
- **기업 구조조정.** 인원감축, 감독과 업무분장의 변화를 가져오는 구조조정은 내부통제와 관련된 위험을 변화시킬 수 있다.
- **해외사업의 확장.** 예를 들어 외환거래에서의 추가적이거나 변화된 위험과 같이, 해외사업의 확장이나 취득은 내부통제에 영향을 미치는 새로운 위험이나 종종 독특한 위험을 유발한다.
- **새로운 회계기준의 공표.** 새로운 회계기준의 도입 또는 회계기준의 변경은 재무제표를 작성할 때의 위험에 영향을 미칠 수 있다.

| 사례 | 위험평가절차를 감사인이 재무제표 감사시 고려하여야 하는 구체적인 예시

기업은 항상 새로운 사건, 거래나 변화된 환경에 직면하게 된다. 이러한 변화나 새로운 사건은 기업에 대해서 Risk를 야기시키게 되고 이러한 Risk는 재무보고의 신뢰성 측면, 업무의 효율성 측면, 그리고 법률이나 규정의 이행 여부에 대한 측면으로 나뉘어서 영향을 미치게 된다

예를 들어, (주)서울이 해외에 최초로 자회사를 설립 (해외사업의 확장)한다고 가정하자. 그런 경우 (주)서울에게 야기될 수 있는 위험을 3가지 관점으로 구분하여 생각해 보자

재무제표의 신뢰성 측면	새로운 연결대상이 되는 신설자회사의 설립. 이에 따른 해외 환산손익에 따른 재무제표에 미치는 영향 및 위험 야기
영업의 효율성 측면	환율 변동에 따른 환헷지에 대한 필요성 대두
법률, 규정에 대한 준수 측면	새롭게 자회사를 설립하고자 하는 국가의 새로운 법률이나 규정에 대한 불이행이 야기될 수 있는 위험

적절한 내부통제를 구축하고 있는 회사의 경우는 이러한 위험 (특히, 재무보고에 영향을 미치는 위험에 대한 평가) 요인들이 어떠한 것이 있는지 적시에 파악하고 이러한 위험이 발생할 수 있는 가능성, 그리고 해당 위험요인이 재무제표에 미치는 유의성을 판단하여 해당 위험에 대한 대응전략을 수립하게 된다. 이러한 회사의 위험평가과정이 제대로 설계되어 있고 운영되고 있는지 파악하는 것은 감사인 입장에서 재무제표의 중요왜곡표시위험을 파악하는데 있어서 아주 중요한 부분을 차지하게 된다.

3) 재무보고에 관련된 정보시스템 및 커뮤니케이션(Information & Communication)

재무보고에 관련된 정보시스템 및 커뮤니케이션에는 다음과 같은 사항이 포함된다.

① 기업의 경영활동에서 재무제표에 유의적인 거래유형

② 정보기술 및 수작업시스템 내에서 거래가 개시, 기록, 처리되고, 필요한 수정이 이루어져 총계정원장으로 전기되고 재무제표에 보고되는 절차

③ 거래의 개시, 기록, 처리, 보고에 이용되는 관련 회계기록과 증빙 그리고 재무제표 내의 특정 계정. 이에는 부정확한 정보의 수정과 정보가 총계정원장으로 전기되는 방법이 포함된다. 기록은 수작업 형태일 수도 있고 전자적 형태일 수도 있다.

④ 정보시스템이 제반 거래 외에도 재무제표에 유의적인 사건과 상황을 포착하는 방법

⑤ 유의적 회계추정과 공시 등 기업의 재무제표 작성에 이용되는 재무보고절차

⑥ 비반복적이고 비경상적인 거래 또는 조정사항을 기록할 때 이용되는 비표준적인 분개 등 분개와 관련된 주변 통제.

❙ 사례 ❙ 재무보고와 관련된 정보시스템 및 커뮤니케이션 예시

감사인은 정보시스템 및 커뮤니케이션을 이해하는 과정에서 재무제표에 영향을 주는 거래 유형을 먼저 이해하여야 한다. 보통 일반적인 제조업의 경우는 매출과 현금회수거래 유형, 매입과 현금지급거래 유형, 재고자산 및 제조활동거래 유형, 급여 지급을 포함한 일반 영업활동 거래유형, 유형자산 및 유가증권에 대한 투자 거래유형, 차입금 및 자기자본조달과 관련된 재무 거래유형으로 나누어진다.
매출과 현금회수 거래 유형을 가지고 예를 들어본다. 매출거래유형은 통상 영업부서에서 구매주문서를 받음으로써 시작되고 이러한 구매주문서를 받은 후 신용조사부서에서는 해당 고객에 대한 신용을 평가하고 승인을 하게 된다. 이렇게 승인을 거친 이후 선적부서에서는 해당 거래처에 대하여 재고자산을 선적하고 선적서류를 작성한 다음 거래처와 인도(수)증을 수령하고 운송서류와 함께 회계부서에 해당 문서를 전달한다. 회계부서는 관련 증빙서류를 다 취합한 후 비교대사한 뒤 세금계산서를 발행하고 매출전표를 회계시스템에 입력을 한다. 그 이후 매출채권에 대한 회수가능성을 법률부서나 내부감사부서의 주기적인 검토를 통하여 대손충당금을 결산시 적절히 반영한다.

감사인은 내부통제를 이해하는 과정에서 위와 같이 재무보고와 관련된 정보시스템 및 커뮤니케이션 과정을 이해하여야 한다.

4) 통제활동(Control Activities)

통제활동은 경영진의 지시가 확실하게 이행되도록 도와주는 정책과 절차이다. 정보기술 또는 수작업 시스템 내의 통제활동은 다양한 목적을 가지고 있으며 다양한 직급과 직능 수준에서 적용된다. 구체적인 통제활동은 예를 들어 다음에 관련된 것들이 포함된다.

① 승인(Authorization)
② 성과검토(Performance Review)
③ 정보처리(Data Processing)
④ 물리적 통제(Physical Control)
⑤ 업무분장(Separation of Duties)

① **승인**(Authorization)

1) 의미 : 거래가 진행되는 경우 적절한 책임을 가진 자가 해당 거래에 대해서 사전 또는 사후적 인·허가를 하는 절차

2) 사례

가. 매출거래가 발생하는 경우 반드시 거래처에 대한 신용조사가 이루어진 다음 매출금액에 대한 회수 가능성을 평가한 뒤 **신용승인절차**를 거쳐 매출이 이루어진다. 만약, 이러한 내부통제제도를 가진 회사에서 만들어진 재무제표에 기록된 매출채권에 대해서 생각해 보자. 그러한 내부통제제도를 구비하고 있지 아니한 회사에 비해서 당해 회사는 매출채권에 대한 평가주장(대손충당금에 대한 적정성)에 대해서 감사인은 훨씬 높은 신뢰성을 부여할 수 있다.

나. 횡령의 가능성이 높은 재고자산을 보관하고 있는 창고부서의 경우 반드시 승인된 문서에 의해서만 재고자산이 반출되도록 내부통제제도를 갖춤으로써 부정의 가능성을 줄이고 재고자산에 대한 신뢰성을 부여할 수 있다. 또한 승인된 사람만이 재고자산의 보관장소에 접근 가능하게 함으로써 재고자산의 횡령 가능성을 줄일 수 있다.

다. 구매대금의 결제에 있어서 반드시 지급결의부서의 승인된 지급결의서에 의하여 자금부서에서 자금이 집행되도록 내부통제제도를 갖추게 되면 종업원들에 의해서 개인적인 자금유용을 방지할 수 있고 그에 따른 현금 및 매입채무에 대한 신뢰성을 부여할 수 있다.

② **성과검토**(Performance Review)

1) 의미 : 실제 성과를 예산, 예측치 및 전기 성과와 비교하여 검토, 분석하는 것이다. 즉, 운영데이터 또는 재무데이터와 같이 관련된 다른 일련의 데이터를 다른 것과 연결시키고 그 관계를 분석하여 검사를 하거나 수정조치를 취하는 것, 내부데이터를 외부원천의 정보와 비교하는 것, 그리고 직능성과나 활동성과를 검토하는 것

2) 사례

가. 회사가 연초에 예산을 매년 설정하고 내부감사부서에서 이러한 예산과 실적치를 비교하여 해당 차이의 원인을 규명해 보는 절차

나. 회사 내부적으로 계산하고 있는 종업원들의 확정급여채무 금액에 대해서 연금운용기관에서 제시하는 보험계리보고서상의 금액을 비교대사해 보는 절차

③ **정보처리**(Data Processing)

	일반통제(General Control)	응용통제(Application Control)
의미	여러 응용프로그램과 관련되어 있는 정책과 절차로서 정보시스템이 계속하여 적절히 운영되게 함으로써 응용통제의 효과적인 작동을 지원하는 통제활동	개별 응용프로그램의 처리과정에 적용하는 통제활동
예시	1) 프로그램 변경통제, 프로그램이나 데이터의 접근통제 2) 새로 출시된 패키지 형태 응용프로그램의 실행에 대한 통제 3) 감사증적을 남기지 않고 재무적 데이터나 기록을 변경할 수 있는 시스템 유틸리티의 사용에 대한 접근을 제한하거나 모니터링하는 시스템 소프트웨어 통제	1) 기록의 수리적 정확성 점검 2) 장부와 시산표의 유지와 검토 3) 입력데이터의 편집점검 4) 일련번호점검 같은 자동화된 통제 5) 예외보고서에 대한 수작업 후속조치

자세한 내용은 전산감사에서 세부적으로 논의하기로 한다.

④ **물리적 통제**(Physical Control)

1) 의미 : 다음과 같은 내용을 포괄하는 통제이다.

가. 자산과 기록의 접근에 대한 안전설비와 같은 적절한 안전장치 등 자산의 물리적 보안
나. 컴퓨터 프로그램과 데이터 파일에 대한 접근의 승인
다. 주기적으로 금액을 실사하고 이를 통제기록상 금액과 비교(예를 들어 현금, 증권, 재고자산의 실사결과를 회계기록과 비교)

2) 사례

가. 재고자산의 보관 시 적절한 경비시스템과 방화시설을 갖추는 것과 옥내창고와 특수자물쇠의 사용 및 중요 재고자산에 대한 보험가입 및 실물자산이나 기록에의 접근 시 적절한 승인절차를 취하도록 하는 등의 통제활동을 말한다.
나. 현금입금과 관련하여 항상 자동이체시스템을 권장하며 만약 현금이나 수표 등으로 회수된 경우 반드시 동일날짜에 즉시 입금될 수 있는 시스템을 갖추어야 한다.
다. 어음·수표를 발행할 수 있는 회사의 인감도장은 반드시 승인권자의 책임 아래 안전하게 보관될 수 있도록 하여야 한다.
라. 매출과 관련하여 일정기간 동안 작성된 선적서류와 장부에 계상된 매출채권과의 기록을

독립된 제3자에 의하여 정기적 또는 부정기적으로 비교검증해 봄으로써 매출채권에 대한 실재성 및 완전성에 대한 신뢰성을 부여할 수 있다.

마. 월별로 매출채권잔액에 대하여 거래처별 잔액증명서(monthly or quarterly statement)를 발송하여 실제 장부에 기록된 금액과 거래처의 회신금액을 비교검증해 봄으로써 매출채권의 실재성에 대한 신뢰성을 부여할 수 있다.

바. 현금입금된 기록과 은행에 입금된 잔액과를 비교검증하는 은행계정조정표를 주기적으로 작성해 봄으로써 현금유용에 대한 가능성을 미연에 예방하고 현금과 관련된 기록 시 발생한 오류를 발견할 수 있다.

사. 재고자산의 입·출고 시 계속기록법으로 재고자산의 수량을 관리하고 수시로 독립적인 제3자에 의하여 실제 창고에 존재하는 수량과 비교검증함으로써 재고자산에서 발생할 수 있는 부정이나 오류 등을 미연에 방지 또는 사후 적발할 수 있다.

⑤ **업무분장**(Separation of Duties)

1) 의미 : 거래의 승인, 거래의 기록, 자산의 보호에 대한 책임을 서로 다른 자에게 배정하는 것을 의미

2) 실익 : 누구든지 일상적인 직무수행 중 오류나 부정을 범하고 동시에 이를 은폐시킬 수 있는 위치에 있을 수 있는 기회를 감소시키기 위한 것

3) 사례

가. 외상매출금의 대손승인과 관련하여 만약 현금의 입출금을 담당하는 종업원이 기록 및 대손승인에 대한 권한까지 동시에 수행할 수 있는 경우 실제 입금이 된 거래처에 대하여 현금을 유용하고 대손처리를 함으로써 부정을 저지를 수 있다. 따라서 반드시 현금 입·출금 및 기록을 담당하는 부서와 대손에 대한 승인부서를 분리하여 이러한 부정을 방지하여야 한다.

나. 자금을 집행하는 부서와 자금집행에 대한 승인부서, 그리고 이를 기록하는 부서는 분리되어야 한다. 만약 자금에 대한 결제승인을 실제 자금을 집행하는 부서에서 동시에 수행하는 경우 언제든지 회사에 대한 자금을 개인적인 자금으로 유용할 수 있는 개연성이 존재할 수 있다.

통제활동이 구체적으로 적용되는 예시는 다음과 같다.

❙ 예시 1 ❙ 재고자산과 관련된 내부통제제도

① 재고자산이 창고에 입고되는 경우 반드시 검수부서에 의하여 하자가 있거나 수량이 일관성이 있는지(일반적으로 검수부서에는 수량에 대한 정보가 통보되지 않아야 한다) 검수과정을 거친 후 입고 승인절차를 거친다. 그 이후 일련번호가 부여된 검수보고서가 작성되고 이러한 검수보고서가 즉시 회계부서로 전달되어 적시에 재무제표에 재고입고와 관련된 기록이 될 수 있도록 한다(승인 및 정보처리 절차).

② 재고자산이 보관되어 있는 곳에서는 승인된 사람만이 접근 가능하여야 하며, 물리적 보안장치가 잘되어 있어야 하고 중요한 재고에 대해서는 보험 등이 가입되어 있어야 한다. 또한 재고자산이 출고되는 경우에는 반드시 승인부서의 승인된 문서(일반적으로 승인된 매출지시서 또는 판매지시서)에 의하여 재고자산이 출고되어야 한다. 또한 재고자산이 환금성이 높은 자산인 경우에는 담당자의 신원보증제도 또는 강제순환제도가 실시되는 것이 바람직하다(물리적 통제활동).

③ 재고자산의 입고와 출고 시 관련된 서류가 작성되고 이에 대한 계속적인 기록이 이루어져야 하며 독립적인 제3자의 정기적인 실물검사 등을 통하여 재고자산의 부정 가능성이나 기록의 오류 가능성을 사후적으로 적발하도록 한다(물리적 통제).

④ 재고자산의 보관기능 및 기록을 담당하는 기능, 그리고 이에 대한 입고, 출고에 대한 승인기능이 반드시 독립적으로 이루어져야 한다(업무분장기능).

⑤ 표준원가 시스템을 연초에 설정하여 재무제표 마감후 실제원가와 비교하여 차이 내역을 분석하고 해당 차이를 재무제표에 적절하게 반영해 나가는 내부통제시스템(성과검토)

❙ 예시 2 ❙ 미술관의 내부통제제도(AICPA 기출문제)

서울 미술 감정가협회는 취미와 영리를 위하여 미술관을 운영하고 있다. 일반인들에게는 입구에서 2명의 검표원이 비회원입장자들을 대상으로 500원의 입장료를 받고 있다. 회원들은 회원증의 제시만으로 자유롭게 입장이 허락되고 있다. 매일 마감시간이 되면 1명의 검표원이 입장료 수입액을 회계책임자에게 건네주고, 회계책임자는 검표원의 입회하에 현금을 확인한 후 금고에 보관한다. 매주 금요일 오후 회계책임자는 금고에 보관하고 있는 모든 현금을 은행에 예입한다. 회계책임자는 입금액을 현금수입장에 기록하고 이를 증빙하기 위하여 입금확인서를 수령첨부한다.

협회의 운영위원회는 현금입장수수료에 관련한 내부통제제도의 개선 필요성을 절감해 왔다. 그러나 위원회에서는 입장인원 자동계산을 위한 회전식 문 및 매표소 설치, 미술관의 구조변경 등 운영개선에 필요한 자금소요액이 전체수입을 초과한다는 것을 알고 있다. 위원회는 개선노력의 일부로서 입장권의 발매제도에 동의한 바 있다. S회계사는 위원회로부터 현금입장료에 대한 내부통제제도 평가와 개선에 대한 의견을 요청받았다.

➡ 내부통제 개선권고안

① **업무분장, 승인 및 정보처리** : 입장에 대한 승인절차와 현금수령에 대한 보관기능이 검표원에 의해서 동시에 수행되고 있다. 따라서, 한명의 검표원에게는 일련번호가 인쇄된 입장권을 발행하며 판매대장을 기록하게 한다. 반면에 다른 검표원은 입장권이나 회원증을 받고 입장을 시킨다(승인). 또한 회계기록을 담당하는 부서와 현금입금에 대한 기능(보관기능)은 분리되어야 한다. 따라서 입장권을 발행하여 현금을 수령하는 자가 입금하여 입금표를 관리하는 것이 효과적이며 회계부서는 관련 증빙서류에 근거하여 입금기록만을 수행하여야 한다.

② **물리적 통제** : 일주일에 한 번씩 입금을 하는 절차는 현금의 접근통제 측면에서 효과적이지 못하다. 따라서 현금입금업무를 담당하는 자는 매일매일 현금을 입금하고 관련 증빙서류를 보관하고 있어야 한다.
검표원이 회수한 입장권 회수함에 있는 모든 입장권의 합계와 매일매일 입금한 증빙내역이 일관성이 있는지 여부를 독립적인 제3자가 확인하는 절차가 필요하다.

③ **성과검토** : 연 입장객 수입에 대한 예산설정 및 실제 입장객 수입에 대한 대표자의 비교검증절차를 구비하고 해당 금액의 차이가 발생하는 경우 그 원인에 대해서 분석해 보는 내부통제활동이 필요하다.

더 자세한 구체적인 통제활동의 예시는 보론에서 설명하도록 한다.

5) 통제활동의 모니터링(Monitoring)

경영진의 중요한 책임은 지속적으로 내부통제를 수립하고 유지하는 것이다. 경영진의 통제활동의 모니터링에는 통제가 의도한 대로 운영되고 있는지 여부와 상황의 변화에 따라 적합하게 수정되는지 여부를 고려하는 것이 포함된다. 이에는 또 은행계정이 적시에 작성되고 있는지 여부에 대한 경영진의 검토, 영업사원의 판매계약조건에 관한 정책의 준수 여부에 대한 내부감사인의 평가, 기업의 윤리정책이나 기업실무 정책의 준수 여부에 대한 법률부서의 감독이 포함되기도 한다. 모니터링은 또한 통제가 지속적이고 효과적으로 운영되는지 확인하기 위해 수행된다. 예를 들어, 은행계정 조정의 적시성과 정확성이 모니터링되지 않는다면 담당자는 은행계정의 조정을 중단할 가능성이 있다.

내부감사인 또는 이와 유사한 기능을 수행하는 인원은 별도의 평가를 통해서 통제의 모니터링에 기여한다. 통상적으로 이들은 내부통제의 효과성을 평가하는 데 상당한 주의를 기울

이며 그 작동에 대해 정기적으로 정보를 제공하고, 그 강점과 미비점에 대한 정보를 커뮤니케이션하며 내부통제의 개선에 대하여 권고를 수행한다.

(3) 내부통제에 대한 경영진 및 감사인 책임

① 경영진 책임

부정이나 오류에 의한 중요한 왜곡표시가 없는 재무제표를 작성하기 위해 경영진이 필요하다고 결정한 내부통제에 대해서는 경영진에게 책임이 존재한다.

② 감사인 책임

감사인은 원칙적으로 감사대상회사의 내부통제제도에 대하여 책임이 없다. 다만, 감사인이 내부통제의 이해 및 통제테스트 중에서 발견한 내부통제의 유의적인 미비점 및 중요한 취약점은 경영진을 포함한 지배기구에게 커뮤니케이션을 하도록 감사기준은 요구하고 있다.

(4) 내부통제의 한계(ISA 315 문단 A46~A48)

내부통제는 아무리 효과적이어도 기업의 재무보고목적 달성에 대하여 합리적 확신만을 제공할 수 있다. 이러한 목적을 달성할 수 있을 가능성은 내부통제의 고유한계에 영향을 받는다. 다음은 내부통제의 고유한계를 발생시키는 대표적인 예는 다음과 같다.

① 의사결정에 있어 인적인 판단이 잘못될 수 있는 가능성 및 인적 오류(Human Error and mistake in judgement)
② 2명 이상이 공모(Collusion)
③ 경영진이 부적합하게 내부통제를 무시(Management override)

예를 들어, 통제의 설계 또는 변경과정에서 오류가 있을 수 있다. 또한, 정보의 검토책임자가 정보의 목적을 이해하지 못하거나 적합한 조치를 취하지 않기 때문에 내부통제의 목적으로 생성된 정보(예 : 예외보고서)가 효과적으로 사용되지 못하는 경우처럼 통제가 효과적으로 운영되지 못할 수 있다. 또한, 경영진이 기업의 판매계약상 표준적 조건을 변경하여 고객과 별도의 어떤 약정을 맺음으로써 수익이 부당하게 인식되는 결과를 초래할 수 있으며 또는 신용한도를 초과하여 이루어진 거래를 식별하고 보고하기 위해 설계된 소프트웨어의 점검기능 역시 무력화되거나 작동하지 않을 수 있다.

참고 ▎소규모 기업에 대한 내부통제(ISA 315 문단 A49~50)

소규모기업은 종종 종업원의 수가 적기 때문에 업무분장의 실행가능한 범위에 한계가 있다. 그러나 소유자가 경영하는 소규모기업에 있어서 소유경영진은 규모가 큰 기업보다 더 효과적인 감독을 수행할 수 있다. 이러한 감독은 일반적으로 업무분장 기회가 보다 제한되고 있는 것을 보완시킬 수 있을 것이다. 다만, 소규모 기업의 경우 내부통제제도가 덜 구조화되어 있기 때문에 보다 쉽게 소유경영진에 의해서 통제가 무력화될 수 있다. 감사인은 부정에 의한 중요왜곡표시위험을 식별할 때 이 점을 고려하여야 한다.

소규모 기업에 대한 내부통제의 특징을 구성요인별로 정리하면 다음과 같다.

내부통제제도의 구성요인	특 징
통제환경	경영진과 종업원과의 커뮤니케이션이 비공식적이고 문서화된 행동규범이 일반적으로 없음 따라서 경영진의 태도, 의식 및 행동을 이해하는 것이 특히 소규모기업은 중요함
위험평가절차	위험평가절차가 일반적으로 수립되어 있지 아니하고 경영진이 직접 사업에 참여하여 위험을 식별함. 따라서, 식별된 위험에 대해서 어떻게 경영진이 대처하는지 질문은 여전히 필요함.
정보 및 의사소통	경영진이 적극적으로 관여하기 때문에 정교한 회계기록이나 문서화된 정책이 필요하지 않을 수 있음. 따라서 기업의 시스템과 절차에 대한 이해가 더 용이하며 문서의 검토보다 질문에 더 의존할 수 있음.
통제활동	경영진이 직접 통제활동을 수행하기 때문에 특정유형의 통제활동은 관련성이 없다고 인식할 수 있음. 예를 들어 신용등급 부여를 경영진이 독자적 권한에 의해 수행하면 세부적인 통제활동은 그 필요성이 감소됨.
모니터링	경영진이 경영활동에 밀접하게 참여함으로써 이루어짐.

2 | 위험평가절차(Risk Assessment Process)

감사인은 재무제표 및 경영진 주장의 수준의 중요왜곡표시위험의 식별과 평가에 대한 근거를 제공하기 위하여 위험평가절차를 수행하여야 한다. 그러나 위험평가절차 그 자체만으로는 감사의견의 근거가 되는 충분하고 적합한 감사증거를 제공하지는 않는다

❑ 위험평가절차의 과정(Process)

(Step 1)	① 기업과 기업환경, ② 해당 재무보고체계 및 ③ 기업의 내부통제 시스템에 대한 이해
	⬇
(Step 2)	중요왜곡표시위험의 식별과 평가
	⬇
(Step 3)	유의적 위험(Significant risk)에 해당되는 요인들 고려 및 식별
	⬇
(Step 4)	위험평가에 대한 대응 (추가감사절차의 성격, 범위 및 시기 결정: 9장에서 자세히 서술)
	⬇
(Step 5)	문서화(Documentations)

(Step 1) ① 기업과 기업환경, ② 해당 재무보고체계 및 ③ 기업의 내부통제 시스템에 대한 이해

(1) 이해의 대상(ISA 315 문단 11)

I. 기업과 기업환경

① 해당 재무보고체계 등 관련 산업적 요인, 규제적 요인 및 기타 외부적 요인
② 재무제표에 예상되는 거래유형과 계정잔액 및 공시 등의 이해를 위한 기업의 성격
③ 회계정책의 선택과 적용
④ 중요왜곡표시위험을 초래할 수 있는 관련 사업위험
⑤ 재무성과의 측정과 검토

II. 내부통제

① 통제환경
② 기업의 위험평가 절차
③ 정보시스템 및 커뮤니케이션
④ 통제활동
⑤ 모니터링

I-① 해당 재무보고체계 등 관련 산업적 요인, 규제적 요인 및 기타 외부적 요인(ISA 315 문단 A17~23)

항 목	내 용
산업적 요인	가. 수요, 생산능력 및 가격 경쟁 등 시장과 경쟁상황 나. 순환적 또는 계절적 활동 다. 기업의 제품과 관련된 기술 라. 에너지의 수급과 원가
규제적 요인	가. 회계원칙, 산업특유의 실무관행 나. 규제산업에서의 규제 법규 다. 직접적 감독을 포함하여 기업경영에 중요한 영향을 미치는 법규 라. 조세제도(법인세 및 기타) 마. 기업경영에 영향을 미치고 있는 외환규제 및 통화정책, 재정정책, 재무적 인센티브와 관세 등 바. 산업전반 및 당해 기업의 경영에 영향을 미치는 환경 관련 요구사항
기타 외부적 요인	가. 일반적인 경제여건 나. 이자율과 자금조달 가능성 다. 인플레이션 또는 화폐재평가등

I-② 재무제표에 예상되는 거래유형과 계정잔액 및 공시 등의 이해를 위한 기업의 성격 (ISA 315 문단 A24)

항 목	내 용
영업활동	가. 수익의 원천, 해당 제품 또는 서비스, 인터넷을 통한 판매와 마케팅 활동 등 전자상거래의 수행 정도 나. 조업의 수행(예를 들어, 생산의 절차 및 방법, 환경적 위험에 노출된 활동)

항 목	내 용
	다. 제휴, 조인트벤처, 외주활동 라. 지리적 분산의 정도, 산업구분 마. 생산설비, 창고, 사무실의 위치 및 재고자산의 소재와 수량 바. 제품과 서비스의 주요 고객과 공급자, 고용약정(노동조합계약, 연금, 기타 퇴직 후 복리후생, 스톡옵션이나 인센티브상여 약정, 고용문제와 관련된 정부규제 등) 사. 연구개발 활동과 지출 아. 특수관계자와의 거래
투자활동	가. 계획 중인 또는 최근에 실행한 취득 또는 매각 나. 주식과 채권의 투자와 처분 다. 자본투자 활동 라. 파트너십, 조인트벤처, 특수목적기업 등 연결대상에서 제외되는 기업들에 대한 투자
재무활동	가. 연결 또는 비연결되는 주요 종속기업과 관계기업 나. 부외 금융약정과 리스약정 등 채무구조 및 관련 조건 다. 수익적 소유자(국내, 국외, 사업평판과 경험)와 특수관계자 라. 파생금융상품의 이용
재무보고	가. 예를 들어 은행의 대여금과 투자, 의약업의 연구개발비같은 산업특유의 유의적 항목 등, 회계원칙과 산업특유의 실무 나. 수익인식에 관한 실무 다. 공정가치 회계처리 라. 외화자산, 외화부채 및 외화거래 마. 예를 들어 주식기준 보상에 대한 회계처리와 같이 논란이 있거나 새로 대두된 분야 등, 비경상적이거나 복잡한 거래에 대한 회계처리

I-③ 회계정책의 선택과 적용(ISA 315 문단 A28)

가. 기업이 유의적이고 비경상적인 거래에 대한 회계처리를 위해 적용되는 방법론
나. 논란이 있거나 새로 대두된 분야의 경우, 권위있는 지침이나 합의가 없을 때의 중요한 회계정책의 영향
다. 기업의 회계정책 변경
라. 당해 기업에 새로 적용되는 재무보고기준 및 법규, 그리고 기업이 동 요구사항을 언제 어떻게 채택할 것인지에 관한 사항

I-④ 중요왜곡표시위험을 초래할 수 있는 관련 사업위험(ISA 315 문단 A29~34)

1) 사업위험(Business Risk) : 기업의 목적을 달성하고 경영전략을 집행하는 능력에 부정적인 영향을 줄 수 있는 유의적 상황, 사건, 환경, 작위 또는 부작위의 행위로 인하여 발생하는 위험 또는 기업이 부적합한 목적과 전략을 수립하여 발생하는 위험
2) 중요왜곡표시위험도 사업위험에 포함되지만 사업위험은 이보다 더 광범위하다. 사업위험의 예는 다음과 같다.

가. 실패의 가능성 있는 신제품이나 새로운 서비스의 개발 나. 성공적인 개발에도 불구하고 제품과 서비스를 지탱하기에 부적절한 시장 다. 배상책임 또는 평판위험을 초래할 수 있는 제품 및 서비스상의 결함

3) 대부분의 사업위험은 종국적으로 재무적 피해로 귀결되어 재무제표에 영향을 미칠 것이므로, 기업이 당면 사업위험을 이해하는 것은 중요왜곡표시위험의 식별가능성을 증가시킨다. 그러나 모든 사업위험이 중요왜곡표시위험을 초래하는 것은 아니기 때문에 감사인이 모든 사업위험을 식별하고 평가할 책임은 없다

   또한, 사업위험은 경영진 주장 수준 또는 재무제표 수준의 거래유형과 계정잔액 및 공시에 대한 중요왜곡표시위험에 즉각 영향을 미칠 수 있다. 예를 들어, 계약고객 중심의 거래에서 생기는 사업위험은 매출채권의 평가와 관련하여 중요왜곡표시위험을 증가시킬 수 있다. 그러나 같은 위험이 특히 경기침체와 결합되는 경우에는 보다 장기적인 결과로 이어질 수 있으므로, 감사인은 계속기업가정의 적절성을 평가할 때 이러한 위험을 고려한다. 따라서, 사업위험이 중요왜곡표시위험을 초래할 수 있는지 여부에 대해서는 그 기업의 환경에 비추어 고려해야 한다

I-⑤ 재무성과의 측정과 검토(ISA 315 문단 A36~40)

경영진 등은 자신들이 중요하다고 여기는 것들을 측정하고 검토할 것이다. 내부이든지 또는 외부이든지 성과측정은 기업에 압박을 가한다. 이에 따라 이러한 압박은 경영진에게 사업성과를 개선시키거나 재무제표를 왜곡시키는 행동을 취할 동기를 제공할 수 있다. 아래는 이를 위해 감사인이 고려하여야 할 내부정보 및 외부정보의 예시이다

내부에서 생성되는 정보의 예	외부에서 생성되는 정보의 예
가. 주요 성과지표와 주요 비율, 추세, 경영통계 나. 기간별 재무성과분석 다. 예산, 예측, 편차분석, 부문정보, 사업부분 또는 부서별 성과보고서, 기타 조직단계의 성	가. 재무분석가의 보고서 나. 신용평가기관의 보고서

내부에서 생성되는 정보의 예	외부에서 생성되는 정보의 예
과보고서 라. 종업원 성과측정과 성과보상정책 마. 경쟁기업과의 성과 비교	

▌예시▐ 기업 및 산업에 대한 이해를 통한 분석표(한공회 교육자료 변형)

분석요소	이해내용	감사의 시사점
외부적 요인	1. 낮은 진입장벽으로 인하여 어떤 사업분야에서 살아남기 위해 마케팅/광고에 대한 많은 노력이 필요한 부분 2. 원자재를 수입에 의존하는 사업구조에서 환율의 급격한 변화	1. 매출을 장려하기 위하여 승인되지 않은 리베이트를 지급할 위험 2. 화폐성 외화부채, 자산에 대한 평가손실이 적정하게 이루어지지 않을 개연성 및 원가율에 대한 왜곡
기업의 성격	1. 이윤을 추구하는 상장회사 2. 특수목적기업(SPC)의 설립 및 해당 회사에 대한 자산의 양도	1. 세전이익이 회사의 주주에게 중요한 성과지표가 되므로 세전이익을 기준으로 중요성 기준을 산정하는 것이 적정함. 2. 해당 자산이 매각거래가 아닌 차입거래로 간주되어 부외부채의 개연성 및 연결에 포함되어야 할 개연성
기업의 회계정책과 성격	IFRS의 최초적용한 회사	기존과 상이한 IFRS에 적용되는 새로운 회계처리가 영향을 미치는 계정과목에 대한 왜곡표시 개입 개연성
관련 사업위험	1. 제품의 디자인이 최근 패션 트렌드에 따라서 자주 바뀌는 측면 2. 실패할 수 있는 제품에 대한 개발활동에 상당 지출 투입	1. 진부화 재고에 대한 저가법 평가의 필요성 2. 개발비에 대한 자산성 여부 판단 필요성

분석요소	이해내용	감사의 시사점
기업의 재무실적	수익을 창출하고 산업에서 경쟁력을 갖기 위해 판매와 마케팅 매니저와 판매담당임원은 적절한 수준의 매출할인을 해야 하는 부분	경영진은 거래처와 합의된 할인액을 적게 계상하거나 추가된 거래처의 할인액을 인식하지 못할 수 있는 위험

II-① **통제환경(Control Environment)**

가. 만족스러운 통제환경의 존재는 감사인이 중요왜곡표시위험을 평가할 때 긍정적인 요인이 될 수 있다. 그러나 만족스러운 통제환경은 부정위험을 감소시키는데 도움이 될 수 있지만, 부정에 대한 완벽한 제지수단은 아니다. 반대로, 통제환경에 미비점이 있으면 특히 부정과 관련된 통제효과성을 약화시킬 수도 있다. 예를 들어, 경영진이 정보기술의 보안위험을 다룰 수 있는 자원을 충분히 확보하지 못한 경우에는, 컴퓨터 프로그램이나 데이터의 부당한 변경이나 승인되지 않은 거래의 처리를 허용함으로써 내부통제에 부정적인 영향을 미칠 수 있다.

나. 통제환경의 어떤 요소들은 중요왜곡표시위험을 평가하는 데 전반적인 영향을 미친다. 예를 들어, 기업의 통제의식은 지배기구에 의해 많은 영향을 받는데, 이는 지배기구의 역할 중 하나가 재무보고와 관련하여 시장의 요구 또는 보상제도로부터 발생할 수 있는 경영진에 대한 압력을 상쇄시키는 것이기 때문이다. 또한, 적극적이고 독립적인 이사회는 고위 경영진의 경영철학과 경영방식에 영향을 미칠 수 있다. 그러나 다른 요소들이 미치는 영향은 보다 제한적일 수 있을 것이다. 예를 들어 역량 있는 재무, 회계, 정보기술 인력을 채용하는 인적자원 정책과 실무는 재무정보처리의 오류를 감소시킬 수 있지만, 이익을 과대계상하려는 최고경영진의 강한 편의를 완화시킬 수는 없을 것이다.

다. 통제환경 그 자체가 중요한 왜곡표시를 예방하거나 이를 발견하고 수정하지는 않는다. 그러나 통제환경은 감사인이 다른 통제들(예를 들어, 통제의 모니터링과 특정 통제활동의 수행)의 효과성을 평가하는 데 영향을 미침으로써 감사인이 중요왜곡표시위험을 평가하는 데 영향을 줄 수 있다.

II-② **기업의 위험평가 절차**

가. 감사인은 기업이 다음 사항들을 위한 절차를 갖추고 있는지 여부에 대해 이해하여야 한다.

> 가-1. 재무보고 목적에 관련된 사업위험의 식별
> 가-2. 동 사업위험의 발생가능성에 대한 평가
> 가-3. 동 사업위험의 유의성에 대한 추정
> 가-4. 동 사업위험에 대처하기 위한 행동의 결정

나. 감사인은 기업이 위험평가절차(이하 단순히 "절차"라고도 한다)를 갖추고 있는 경우 그러한 절차와 이에 따른 결과를 이해하여야 한다. 경영진이 식별하지 못한 중요왜곡표시위험을 감사인이 식별한 경우, 감사인은 기업의 위험평가절차에 의해 식별되었을 것으로 예상되는 것과 같은 종류의 근원적인 위험이 존재했는지 여부를 평가하여야 한다. 만약 이러한 위험이 존재한다면, 감사인은 기업의 위험평가절차가 이를 식별하지 못한 이유를 이해하고, 해당 절차가 기업의 상황에 적합한지 여부를 평가하여야 한다. 또는 기업의 위험평가절차와 관련하여 유의적 내부통제 미비점이 존재하는지 여부를 결정하여야 한다.

다. 기업이 이러한 절차를 갖추고 있지 않거나 임시적인 절차만을 갖추고 있는 경우, 감사인은 재무보고 목적에 관련된 사업위험이 식별되었는지 그리고 이러한 위험에 대해 어떻게 대처하였는지 경영진과 토의하여야 한다. 감사인은 기업에 문서화된 위험평가절차가 없는 경우 이것이 해당 상황에 적합한지 여부를 평가하여야 한다. 또는 이것이 유의적 내부통제 미비점을 나타내는 것인지 여부를 결정하여야 한다.

II-③ 정보시스템 및 커뮤니케이션

가. 기업의 정보시스템에는 반복적으로 발생하는 거래를 기록할 때 요구되는 표준적 분개가 전형적으로 내장되어 있다. 매출, 매입 및 현금지출을 총계정원장에 기록하는 분개, 또는 회수불능 채권에 대한 추정의 변경과 같이 경영진에 의해 주기적으로 이루어지는 회계추정을 기록하기 위한 분개들이 이러한 예이다.

나. 기업의 재무보고절차에는 비반복적이고 비경상적인 거래 또는 조정사항을 기록하기 위한 비표준적인 분개가 포함되기도 한다. 이러한 분개는 예를 들어 기업합병 또는 매각을 위한 연결조정이나 분개, 또는 자산손상과 같은 비반복적인 추정 등이 포함된다. 수작업 총계정원장 시스템에서 비표준적인 분개는 원장, 분개장 및 관련 증빙에 대한 검사를 통해 식별될 수 있다. 총계정원장을 유지하고 재무제표를 작성하는 데 자동화된 절차가 사용되는 경우, 이러한 분개는 전자적 형태로만 존재하므로 컴퓨터를 이용한 감사기법을 사용하여 보다 용이하게 식별될 수 있을 것이다.

다. 기업의 사업프로세스란 다음을 위해 설계된 활동을 말한다.

> • 제품과 서비스의 개발, 구매, 생산, 판매 및 유통
> • 제반 법규의 준수
> • 회계와 재무보고 정보 등 제반 정보의 기록

사업프로세스는 거래로 귀결되며, 이는 정보시스템에 기록, 처리 및 보고된다. 거래가 어떻게 시작되는지 등 기업의 사업프로세스를 이해하는 것은 감사인이 재무보고와 관련성이 있고 당해 기업의 상황에 적합한 정보시스템을 이해하는 데 도움을 준다.

라. 기업이 재무보고의 역할과 책임 재무보고와 관련된 유의적 사항들을 커뮤니케이션할 때는 재무보고에 대한 내부통제와 관련된 개인의 역할과 책임을 이해하는 것이 수반된다. 이러한 커뮤니케이션에는 구성원들이 재무보고 정보시스템에서 자신의 활동이 다른 자의 업무와 어떻게 관련되는지에 대한 이해의 정도, 그리고 기업 내의 적절한 상급자에게 예외사항을 보고하는 방법과 같은 것이 포함된다. 커뮤니케이션에 관한 사항은 정책매뉴얼과 재무보고매뉴얼 같은 형태를 취할 수도 있을 것이다. 개방적인 커뮤니케이션 통로는 예외사항이 확실하게 보고되고 조치되도록 하는 데 도움을 준다.

II-④ 통제활동

가. 감사인은 경영진 주장 수준의 중요왜곡표시위험을 평가하고 평가된 위험에 대응하는 추가감사절차를 설계하기 위하여 이해할 필요가 있다고 판단되는, 감사에 관련성이 있는 통제활동을 이해하여야 한다. 감사는 재무제표에 유의적인 각 거래유형과 계정잔액 및 공시 또는 이들과 관련된 모든 경영진 주장에 대하여 그 모든 통제활동을 이해할 것을 요구하지는 아니한다. 감사에 관련된 통제활동의 종류는 다음과 같다.

> 가-1. 유의적 위험과 관련이 있어 감사에 관련된 것으로 다루도록 요구되는 통제활동과, 실증절차만으로는 충분하고 적합한 감사증거를 제공하지 못하는 위험과 관계가 있는 통제활동
> 가-2. 감사와 관련이 있는 것으로 감사인이 판단한 통제활동

나. 어떤 통제활동이 감사와 관련되는지 여부에 대한 판단은 감사인이 식별한 위험이 중요왜곡표시위험을 초래할 수 있는지 그리고 감사인이 실증테스트의 범위를 결정할 때 통제의 운영효과성을 테스트하는 것이 적합한지 여부에 의해 영향을 받는다.

다. 감사인은 중요왜곡표시위험이 더 높다고 고려하는 분야에 대응하는 통제활동을 식별하고 이해하는 데 중점을 둘 수 있을 것이다. 또한, 감사인이 내부통제의 다른 구성요

소들에 대한 이해 과정에서 얻은 통제활동의 존부에 대한 지식은 통제활동을 이해할 때 추가적으로 주의해야 될 필요가 있는지 여부를 결정하는 데 도움을 준다.

II-⑤ 모니터링

가. 감사인은 감사에 관련된 통제활동과 관계가 있는 활동 등 기업이 재무보고에 대한 내부통제를 모니터링 하기 위해 사용하는 주요 활동, 그리고 기업이 그러한 통제의 미비점에 대해 어떻게 개선조치를 취하는지 이해하여야 한다.

나. 이 경우 기업이 내부감사기능을 가지고 있는 경우 내부감사기능의 책임과 활동의 성격이 기업의 재무보고와 관련되어 있고, 감사인이 수행될 감사절차의 성격이나 시기를 변경하거나 그 범위를 축소시키기 위해 내부감사인의 업무를 활용할 예정이라면 기업의 내부감사기능은 감사와 관련될 것이다. 이 경우에 감사인은 해당 보고기간에 대한 내부감사기능의 감사계획 검토, 그리고 경우에 따라 그러한 계획을 내부감사인과 토의하는 문제를 포함시킬 수 있을 것이다.

다. 하지만 내부감사기능의 책임이 경영의 경제성 효율성 및 효과성에 국한될 수 있고, 이에 따라 기업의 재무보고와는 관련되지 않을 수 있다.

(2) 위험평가절차의 방법 및 내용(ISA 315 문단 6)

① 경영진, 그리고 부정이나 오류에 의한 중요왜곡표시위험을 식별할 때 도움이 될 수 있는 정보를 가지고 있다고 판단되는 기업 내부의 관련자에 대한 질문(Inquiry)
② 분석적 절차(Analytical Procedures)
③ 관찰과 검사(Observation and Inspection)
④ 과거의 보고기간에 입수된 정보 검토(Inspection)
⑤ 기타 사항

① 경영진, 그리고 부정이나 오류에 의한 중요왜곡표시위험을 식별할 때 도움이 될 수 있는 정보를 가지고 있다고 판단되는 기업 내부의 관련자에 대한 질문(Inquiry)

감사인이 질문으로 얻는 정보는 대부분 경영진과 재무보고 책임자로부터 입수된다. 그러나 감사인은 기업 내부의 관련자 및 기타 다양한 직급의 구성원들에게 질문함으로써 중요왜곡표시위험을 식별하기 위한 정보 또는 상이한 견해를 입수할 수도 있다. 예를 들어 다음과 같다.

1) 지배기구에 대한 질문은 감사인이 재무제표가 작성되는 환경을 이해하는 데 도움이 될 수 있음.
2) 내부감사 인원들에 대한 질문은 내부통제의 설계와 그 효과성에 관하여 연중 수행되는 내부감사절차에 관한 정보와, 이러한 절차로부터 발견된 사항에 대해 경영진이 만족스럽게 대처하였는지에 대한 정보를 제공할 수 있음
3) 복잡하고 비경상적인 거래의 개시, 처리, 기록에 관여하는 종업원에 대한 질문은 감사인이 특정 회계정책의 선택과 적용의 적합성을 평가하는 데 도움이 될 수 있음
4) 내부 법률고문에 대한 질문은 소송, 법규준수, 기업에 영향을 미치는 부정 또는 의심되는 부정에 대한 지식, 품질보증, 매각 후 의무사항, 사업파트너와의 약정(조인트 벤처 등) 및 계약조건의 의미 등에 대한 정보를 제공할 수 있음
5) 마케팅이나 영업 담당자에 대한 질문은 기업의 마케팅 전략, 매출추이 또는 고객과의 약정에 대한 정보를 제공할 수 있음

② 위험평가과정에서의 분석적 절차(Analytical Procedures)

1) 정의(ISA 320 문단 4)

재무테이터와 비재무데이터간의 개연적인 관계를 분석하여 재무정보를 평가하는 것을 의미한다. 또한, 분석적 절차에는 다른 관련 정보와 불일치하거나 기대치와 유의적인 금액만큼 차이가 있는 변동이나 관계를 검사하는 것도 포함된다.

2) 사례

김철수 공인회계사는 감사계획단계에서 회사를 이해하고 재무제표의 잠재적인 위험이 있는 분야를 파악하기 위하여 분석적 절차를 수행하여야 한다. 따라서 김철수 공인회계사는 서울주식회사의 재무담당이사인 나순진 이사에게 중간재무제표를 요청하여 입수하고 이렇게 입수한 중간재무제표를 근간으로 연 추정재무제표를 작성하여 과거 서울주식회사의 3개년도 재무정보 및 산업평균의 재무정보와 비교하는 분석적 절차를 아래와 같이 수행하였다. 아래의 분석적 절차 수행결과 김철수 공인회계사가 감사계획에 반영하여야 할 잠재적인 위험이 있는 분야를 3가지 이상 지적하시오.

	20X4년	20X3년	20X2년	20X1년	산업평균
유동비율	2.12	2.04	2.28	2.51	2.13
당좌비율	0.83	0.90	1.34	1.76	1.45
이자보상비율	1.30	1.45	5.89	6.30	4.50
매출채권회수기간	109일	96일	75일	73일	69일

	20X4년	20X3년	20X2년	20X1년	산업평균
재고자산회전율	2.40	2.21	4.10	5.31	4.33
매출원가율	38.5	40.2	41.2	43.8	44.5
부채비율	4.85	4.88	1.25	1.13	1.25
무형자산회전율	0.68	0.64	0.98	0.99	1.03

풀이

① 재고자산회전율이 과거년도 재무정보 및 산업평균과 비교했을 때 지나치게 감소하고 있기 때문에 재고자산의 과대계상 및 매출원가의 과소계상, 재고자산의 진부화 여부 등에 대한 감사를 수행할 수 있도록 감사계획을 수립하여야 한다.

② 매출채권 회수기간이 과거년도 재무정보 및 산업평균과 비교했을 때 지나치게 길어지고 있기 때문에 매출채권의 과대계상 및 매출액의 과대계상, 대손충당금의 추가설정 여부 등에 대한 감사를 수행할 수 있도록 감사계획을 수립하여야 한다.

③ 전체적인 매출액이 과대계상되었을 가능성이 높음에도 불구하고 무형자산회전율이 떨어지고 있다는 것은 무형자산의 과대계상, 특히 서울주식회사의 경우 연구개발의 비중이 높기 때문에 개발비의 자산성 여부에 대해서는 반드시 검토를 수행하여야 한다.

④ 당좌비율의 급격한 감소 및 부채비율의 증가, 이자보상비율의 감소는 계속기업에 대한 유의적인 불확실성을 야기하는 상황이다. 따라서 감사인은 이러한 유의적인 불확실성을 극복하기 위한 경영진의 향후 계획 등을 검토하여 재무제표 주석에 공시할 정도의 중대한 불확실성이 존재하는지 여부에 대하여 검토를 하여야 한다.

3) 목적(ISA 315 문단 A7)

가. 중요왜곡표시위험, 특히 부정에 의한 중요왜곡표시위험을 식별하는데 도움을 줄 수 있다.

나. 이러한 중요왜곡표시위험을 평가하여 위험평가에 대한 대응을 설계하고 수행하는 기반을 제공해 준다.

4) 위험평가과정에서의 분석적 절차의 특징

분석적절차에 상위수준으로 요약된 데이터가 이용되는 경우(이는 위험평가절차로서 분석적절차를 수행하는 상황일 수 있음), 분석적 절차의 결과는 중요왜곡표시위험의 존재 여부에 대하여 광범위한 초기적 징후만을 제공한다. 따라서 이러한 경우에는, 분석적절차의 결과와 더불어 중요왜곡표시위험의 식별을 위한 절차를 통하여 입수된 기타의 정보를 함께 고려하는 것이 감사인이 분석적절차의 결과를 이해하고 평가하는데 도움이 될 수 있다.

③ 관찰과 검사(Observation and Inspection)

관찰과 검사는 경영진 등에 대한 질문으로 보완할 수 있으며 기업 및 기업환경에 대한 정보를 제공할 수도 있다. 이러한 관찰과 검사의 감사절차는 예를 들어 다음사항에 대한 것이 포함된다.

> 1) 기업의 영업
> 2) 문서(사업계획과 사업전략 등), 기록 및 내부통제매뉴얼
> 3) 경영진이 작성한 보고서(분기경영보고서, 중간재무제표 등)과 지배기구가 작성한 보고서(이사회 회의록 등)
> 4) 기업의 건물과 대지, 공장설비

④ 과거의 보고기간에 입수된 정보 검토(Inspection)

1) 기업에 대한 감사인의 과거 경험과 과거의 감사에서 수행된 감사절차는 감사인에게 다음과 같은 사항에 대한 정보를 제공할 수 있다.

> 가. 과거의 왜곡표시 및 그 왜곡표시가 적시에 수정되었는지 여부
> 나. 기업과 기업환경의 성격, 내부통제의 미비점 등 기업의 내부통제
> 다. 과거의 보고기간 이후에 기업과 사업부문이 겪은 중요한 변화

2) 감사인이 당기감사를 위해 과거의 보고기간에서 입수된 정보를 이용하려는 경우, 감사인은 그 정보가 여전히 관련성이 있는지 결정하도록 요구된다 예를 들어, 통제환경의 변화는 과거의 보고기간에서 입수된 정보의 관련성에 영향을 미칠 수 있기 때문이다. 감사인은 이러한 정보의 관련성에 영향을 미치는 변화가 발생하였는지 여부를 결정하기 위하여, 질문을 하거나 관련 시스템의 추적검사와 같은 기타의 적합한 감사절차를 수행할 수 있다.

⑤ 기타 사항

> 가. 무역과 경제 잡지, 재무분석가, 은행 또는 신용평가기관의 보고서, 규제기관이나 금융기관의 발간물과 같이 외부로부터 얻은 정보를 검토함
> 나. 해당 기업의 외부 법률고문 또는 그 기업이 이용한 평가 전문가에게 질문함

(3) 위험평가절차의 이유 및 동 절차가 다른 감사절차에 영향을 미치는 부분

① 감사인은 재무제표 및 경영진 주장 수준의 중요왜곡표시위험의 식별과 평가에 대한 근거를 제공하기 위하여 위험평가절차를 수행하여야 한다.(ISA 315 문단 5) 그러나 위험평가절차 그 자체만으로는 감사의견의 근거가 되는 충분하고 적합한 감사증거를 제공하지는 않는다.

② 내부통제 등 기업과 기업환경을 이해하는 것(이하 "기업에 대한 이해"라고 언급한다)은 감사의 전 과정에 걸쳐 정보를 입수, 갱신, 분석하는 연속적이고 동적인 과정이다. 이러한 이해는 감사의 전 과정에 걸쳐 감사인이 감사를 계획하고 전문가적 판단을 수행할 때 적용될 준거기준을 이룬다. 예를 들어 다음과 같은 경우이다.(ISA 315 문단 A1)

> 가. 재무제표의 중요왜곡표시위험의 평가
> 나. 중요성의 결정
> 다. 회계정책의 선택과 적용의 적합성 및 재무제표 공시의 적절성에 대한 고려
> 라. 예를 들어 특수관계자와의 거래, 경영진이 사용한 계속기업가정의 적절성 또는 특정 거래의 의도목적에 대한 고려와 같이, 감사상 특별한 고려가 필요한 분야의 식별
> 마. 분석적 절차의 수행에 사용되는 기대치 개발
> 바. 충분하고 적합한 감사증거를 입수하기 위한 추가감사절차의 설계와 수행 등 평가된 중요왜곡표시위험에 대한 대응
> 사. 제 가정들과 경영진의 구두 또는 문서화된 진술의 적절성 등 입수된 감사증거의 충분성과 적합성에 대한 평가

③ 감사인은 위험평가절차 및 관련 활동을 수행하여 입수한 정보를 중요왜곡표시위험에 대한 평가를 뒷받침하는 감사증거로 사용할 수 있다. 뿐만 아니라, 감사인은 실증절차나 통제테스트 같은 절차가 개별적으로 계획되지 않은 경우에도 거래유형과 계정잔액 및 공시, 이들과 관련된 경영진 주장, 그리고 통제의 운영효과성에 대한 감사증거를 얻을 수 있을 것이다. 또, 감사인은 그렇게 하는 것이 효율적이라면 위험평가절차와 동시에 실증절차나 통제테스트를 수행할 수도 있다.

④ 감사인은 요구되는 이해의 범위를 결정하기 위해 전문가적 판단을 이용한다. 감사인이 우선적으로 고려할 점은 감사인이 얻은 이해가 이 감사기준서에 기술된 목적에 부합할 만큼 충분한지 여부이다. 감사인에게 요구되는 전반적인 이해의 깊이는 당해 기업을 경영하는 경영진이 가지고 있는 이해보다는 낮다.

(Step 2) 왜곡표시위험의 식별과 평가

감사인은 추가감사절차의 설계와 수행에 대한 근거를 제공하기 위하여 다음과 같은 수준에서의 왜곡표시위험을 식별하고 평가하여야 한다.

전체 재무제표 수준의 위험평가	재무제표 전체에 전반적으로 관련된 위험을 말하며 잠재적으로 다수의 경영진 주장에 영향을 미치는 위험
경영진 주장 수준의 위험평가	경영진 주장 수준의 추가감사절차의 성격, 범위, 시기를 결정하는 데 도움을 주기 위하여 평가하는 거래유형과 계정잔액 및 공시에 대한 경영진 주장 수준의 왜곡표시위험

(1) 재무제표 수준의 왜곡표시위험의 평가

① 재무제표 전체에 전반적으로 관련된 위험을 말하며 잠재적으로 다수의 경영진 주장에 영향을 미친다. 예를 들어 경영진이 내부통제를 무력화하는 것과 같이 경영진 주장 수준의 중요왜곡표시위험이 증가될 수 있는 상황을 나타내는 것이다.

② 재무제표 수준의 위험은 특히 미비된 통제환경으로부터 비롯될 수 있다. 예를 들어, 경영진의 적격성 부족 또는 경영진이 재무제표를 왜곡표시할 위험이 감사를 수행할 수 없을 정도로 크다고 결론을 내릴 수 있다.

③ 이 경우에는 적정의견을 뒷받침할만한 충분하고 적합한 감사증거 입수가 불가능하다고 판단하여 한정 또는 의견거절을 고려하거나 감사계약 해지를 고려해 볼 수 있다.

(2) 경영진 주장 수준의 왜곡표시위험에 대한 평가

거래유형과 계정잔액 및 공시에 대한 경영진 주장 수준의 중요왜곡표시위험을 고려할 필요가 있는 것은 이것이 충분하고 적합한 감사증거를 입수하는 데 필요한 경영진 주장 수준의 추가감사절차의 성격, 시기 및 범위를 결정하는 데 직접적으로 도움이 되기 때문이다.

(3) 왜곡표시위험을 식별하기 위한 절차(ISA 315 문단 26)

(1단계) 기업과 기업환경을 이해하는 전 과정에서 거래유형과 계정잔액 및 재무제표의 공시를 고려하여 위험을 식별함(당해 위험과 관련된 통제를 포함한다).

(2단계) 식별된 위험을 평가하며, 그러한 위험이 재무제표 전체적으로 보다 전반적으로 관련되어 있어 잠재적으로 다수의 경영진 주장에 영향을 미치는지 여부도 평가함.

(3단계) 식별된 위험을 경영진 주장 수준의 오류가능성과 연결시키고, 감사인이 테스트 하려는 관련 통제를 고려함.

(4단계) 복합적 왜곡표시의 가능성 등 왜곡표시의 발생가능성과 그러한 잠재적 왜곡표시가 중요한 왜곡표시를 초래할 수 있을 만큼 규모가 큰 것인지 여부를 고려함

① 통제설계를 평가하고 그러한 통제의 실행여부에 대한 결정을 통하여 입수된 감사증거 등 위험평가절차의 수행으로부터 입수된 정보는 위험평가를 뒷받침하는 감사증거로 이용된다. 위험평가는 수행될 추가감사절차의 성격, 시기 및 범위를 결정한다.

② 감사인은 위험평가를 수행할 때 특정 경영진 주장의 중요한 왜곡표시를 예방하거나, 발견 또는 수정할 가능성이 높은 통제를 식별할 수 있을 것이다 개별적 통제활동은 종종 어떤 위험에 대하여 자체적으로 대처하지 못하기 때문에, 일반적으로 그러한 통제가 이루어지고 있는 절차와 시스템의 흐름에서 당해 통제를 이해하고 이러한 이해를 경영진 주장과 연관시키는 것이 유용하다. 종종 어떤 위험에 대하여는 내부통제의 다른 구성요소와 더불어 복수의 통제활동에 의해서만 충분히 대처할 수 있는 경우도 있다. 반대로, 어떤 통제활동은 특정 거래유형이나 계정잔액에 내재된 개별적 경영진 주장에 대해서 특히 영향을 미칠 수 있다. 예를 들어, 기업이 종업원들에게 연말 재고자산의 실사 시 수량을 정확하게 파악하여 기록하도록 설정한 통제활동은 재고자산 계정잔액의 실재성과 완전성이라는 경영진 주장과 직접적으로 연결된다.

③ 통제는 어떤 경영진 주장과 직접적으로 또는 간접적으로 연결될 수 있다. 그 관계가 간접적일수록 해당 통제는 경영진 주장의 왜곡표시를 예방 또는 발견 및 수정하는 데 덜 효과적일 수 있다. 예를 들어, 지역별 매장의 판매활동 요약에 대한 판매관리자의 검토는 일반적으로 매출수익에 대한 완전성 주장과 간접적으로 연관될 수 있을 뿐이다. 따라서, 이것은 선적서류와 청구서류의 대조와 같이 경영진의 완전성 주장과 더 직접적으로 연결된 통제보다는 동 주장에 대한 위험을 감소시키는 데 덜 효과적일 수 있다.

(Step 3) 유의적 위험(Significant risk)에 해당되는 요인들 고려 및 식별

유의적 위험(Significant Risk) : 식별된 중요왜곡표시위험으로 고유위험요소가 왜곡표시의 발생가능성과 왜곡표시가 발생했을 때 그 규모의 결합에 영향을 미치는 정도로 인하여 고유위험의 평가가 고유위험의 범위의 위쪽 끝에 가까운 위험 또는 타 감사기준서의 요구사항에 따라 유의적 위험으로 다루는 위험을 의미 (예 : 특수관계자 거래 중 유의적 위험이 있는 분야)

① 감사인은 식별된 위험 중에 유의적이라고 판단되는 것이 있는지를 결정하여야 한다. 감사인은 이러한 판단을 할 때 동 위험과 관련하여 식별된 통제의 효과는 배제하여야 한다. 감사인은 어떠한 위험이 유의적 위험에 해당되는지 판단할 때 최소한 다음 사항을 고려하여야 한다. (ISA 315 문단 28)

> ① 해당 위험이 부정위험인지 여부
> ② 해당 위험이 최근의 중요한 경제·회계 또는 기타의 변화와 관련되어 특별한 주의를 요하는지 여부
> ③ 거래의 복잡성
> ④ 해당 위험이 특수관계자들과의 유의적 거래와 관련된 것인지 여부
> ⑤ 해당 위험과 관련된 재무정보의 측정에 있어 주관성의 정도. 특히, 그러한 측정에 광범위한 불확실성이 내포되어 있는 경우
> ⑥ 해당 위험이 그 기업의 정상적 사업과정을 벗어나거나, 비정상적으로 보이는 유의적 거래와 관련되어 있는지 여부

② 감사인은 유의적 위험이 존재한다고 결정한 경우, 통제활동 등 동 위험과 관련된 기업의 통제를 이해하여야 한다. 비일상적이거나 판단을 요하는 유의적 사항에 관련된 위험들은 종종 일상적인 통제를 덜 받기도 하지만, 경영진은 이러한 위험들을 처리하기 위한 다른 대응수단을 마련 할 수 있을 것이다. 따라서, 감사인이 비일상적 사항 또는 판단사항으로부터 발생하는 유의적 위험에 대하여 기업이 설계 및 실행하고 있는 통제를 이해할 때는 경영진이 그러한 위험에 대응하고 있는지, 그렇다면 어떻게 대응하고 있는지를 포함한다.

③ 예를 들어, 유의적 소송에 대한 소송통보서의 수령과 같이 일회성 사건이 발생하는 경우, 기업의 대응에 대한 고려에는 적합한 전문가(내부 또는 외부의 법률고문 등)에게 일을 맡겼는지 여부, 잠재적인 영향에 대해 평가가 이루어졌는지 여부, 그리고 그러한 상황이 어떻게 재무제표에 공시되어야 하는지를 검토하였는지 여부와 같은 문제들이 포함될 수 있을 것이다. 어떤 경우, 경영진은 이러한 유의적 위험에 대한 통제의 실행에 의하여도

중요한 왜곡표시의 유의적 위험에 적합하게 대응하지 못하였을 수도 있다. 경영진이 그러한 통제를 실행하지 못하는 것은 유의적 내부통제 미비점을 나타내는 징후다.

참고 Ⅰ 실증절차만으로는 충분하고 적합한 감사증거를 제공하지 못하는 위험 : ISA 315 문단 30

일부 위험의 경우, 감사인은 실증절차만으로는 충분하고 적합한 감사증거를 입수할 수 없거나 실행가능하지 않다고 판단할 수 있을 것이다. 이러한 위험은 일상적인 유의적 거래유형이나 계정잔액의 부정확하거나 또는 불완전한 기록과 관련될 수 있는데, 이들은 그 특성상 종종 수작업이 거의 또는 전혀 개입되지 않는 고도로 자동화된 방식으로 처리가 이루어진다. 이 경우 이러한 위험에 대한 기업의 통제는 감사와 관련성이 있으며, 따라서 감사인은 이러한 통제를 이해하여야 한다.

(Step 4) 위험평가에 대한 대응 (추가감사절차의 성격, 범위 및 시기 결정 : 9장에서 자세히 서술)

감사인은 재무제표 수준의 중요왜곡표시위험 평가결과 및 경영진 주장 수준의 중요왜곡표시위험 평가결과에 따라 다음과 같은 대응하여 추가적인 감사절차를 설계하여야 한다.

재무제표 수준의 중요왜곡표시위험 항목에 대한 전반적인 대응절차
1. 경험이 많거나 전문적인 기술을 보유한 인력을 배정 2. 감독활동을 강화함 3. 수행될 추가감사절차를 선택할 때 예측불가능성 요소에 추가적인 것을 포함 4. 전문가적 의구심을 유지할 필요성을 강조

⇩

계정과목 및 거래유형별 경영진주장 수준의 위험평가에 따른 일반적인 대응절차

⇩ ⇩ ⇩

방법 1	방법 2	방법 3
통제테스트를 수행하는 것만으로 특정 경영진 주장에 대한 평가된 중요왜곡표시위험에 효과적으로 대응할 수 있는 경우	특정 경영진 주장에 대하여는 실증절차만을 수행하는 것이 적합하므로, 관련된 위험을 평가할 때 통제가 미치는 영향을 배제하는 경우	통제테스트와 실증절차를 모두 병행하는 결합적 접근방법을 사용하는 경우. 즉, 실증절차만으로는 충분하고 적합한 감사증거를 수집할 수 없는 경우

⇩

〈상 황〉

방법 1	방법 2	방법 3
감사인이 위험평가절차를 통하여 해당 경영진 주장과 관련된 효과적인 통제가 식별되고 통제를 테스트하는 것이 효율적이라고 판단한 경우	① 감사인이 위험평가절차를 통하여 해당 경영진 주장과 관련된 효과적인 통제가 식별되지 아니한 경우 (예 : 초도감사의 벤처기업) ② 통제를 테스트하는 것이 비효율적이라고 판단한 경우 (예 : 소규모 기업)	종종 수작업이 거의 또는 전혀 개입되지 않는 고도로 자동화된 방식으로 모든 재무제표 처리 과정이 이루어지는 경우 (예 : 은행)

⇩

〈실증절차의 성격, 범위, 시기〉

방법 1 (*)	방법 2	방법 3
① 성격: 실증적 분석절차만 수행하는 것으로 감사위험을 수용가능한 낮은 수준으로 감소시키기에 충분함. ② 시기: 기중에 실증절차를 수행할 수 있음. ③ 범위: 표본규모를 줄여서 실증절차를 수행	① 성격: 보다 신뢰할 수 있거나 관련성이 있는 감사증거 또는 추가적인 보강정보를 입수하는 것으로 대응. 즉, 실증적 분석절차보다는 세부테스트에 더 의존하는 감사 ② 시기: 기중보다는 보고기간말 또는 보고기간말에 근접한 시기에 실증절차를 수행 ③ 범위: 표본규모를 늘리거나 보다 상세한 수준의 실증적 분석절차를 수행	통제테스트 결과에 따라서 방법 1 또는 방법 2 형태로 진행이 이루어짐. 다만, 통상적으로 통제테스트 결과 운영의 효과성에 대한 충분하고 적합한 감사증거를 확보하지 못한 경우 일반적으로 감사범위제한으로 의견거절을 표명할 개연성이 높음.

(*) 통제테스트 결과 운영의 효과성에 대하여 충분하고 적합한 감사증거를 수집하였다고 판단한 경우 (즉, 재무제표에 대한 중요왜곡표시위험이 낮다고 판단한 경우)

(Step 5) 문서화(Documentations)

감사인은 위험평가절차를 수행한 이후 다음의 내용을 문서화하여야 한다. (ISA 315 문단 32)

① 업무팀원간의 토론내용 및 도달된 유의적 결정사항
② 기업과 기업환경의 각 측면 및 각각의 내부통제 구성요소와 관련하여 얻은 이해의 핵심요소, 그러한 이해를 얻은 정보의 원천 및 수행된 위험평가절차
③ 재무제표 수준과 경영진 주장 수준에서 식별되고 평가된 중요왜곡표시위험
④ 식별된 위험 및 감사인이 이해한 관련 통제

참고 I 위험평가의 수정

경영진 주장 수준의 중요왜곡표시위험에 대한 감사인의 평가는 추가적인 감사증거가 입수됨에 따라 감사의 진행 중에 변경될 수 있다. 감사인은 추가감사절차를 수행하면서 최초 평가의 근거가 된 감사증거와 일관성이 없는 감사증거나 새로운 정보를 입수한 경우에는, 기존의 평가를 수정하고 따라서 계획된 추가감사절차도 변경하여야 한다.

예를 들어, 위험평가는 특정통제가 효과적으로 운영되고 있다는 기대에 근거하여 이루어질 것이다. 이러한 통제를 테스트할 때, 감사인은 감사 중에 통제가 적시에 효과적으로 운영되고 있지 않다는 감사증거를 입수할 수 있을 것이다. 마찬가지로, 실증절차를 수행할 때 감사인은 감사인의 위험평가보다 그 금액이나 빈도가 더 큰 왜곡표시를 발견할 수도 있다.

보론 | 통제활동에 대한 구체적인 예시

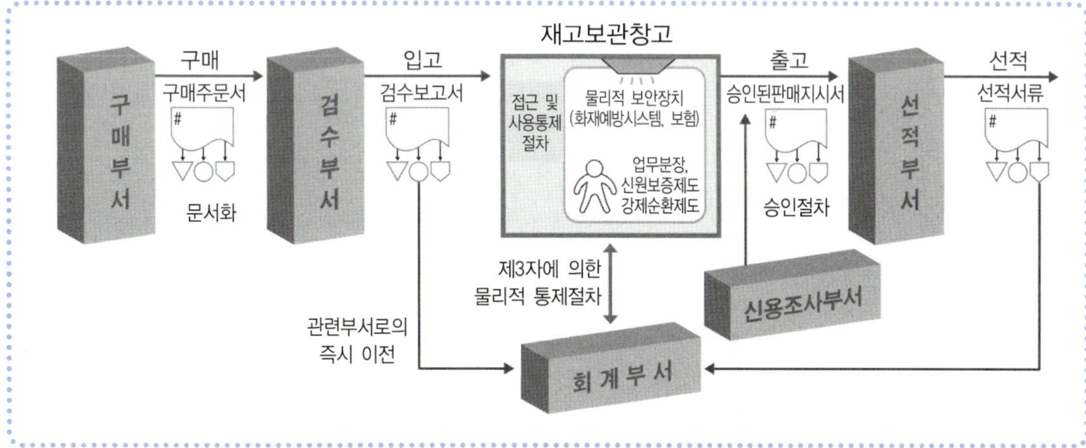

	관련부서	주요 내부통제활동
매입관련	구매요청 부서	① 구매요청금액은 구매요청부서장의 승인을 획득하여야 한다 일반적으로 일반승인절차로 이루어지지만 일정구매 이상의 경우는 특별승인절차를 거친다(승인)(사례 1). ② 사전에 일련번호가 부여된 정형화된 입력양식이 구비되어 있는 구매요청서가 작성되어야 하며, 문서는 적절히 보관되어야 하고, 작성 즉시 관련부서로 이전되어야 한다(정보처리).
	구매부서	① 창고 및 기타 해당 부서에서 구매요청서를 수령한 경우 구매요청서의 승인 여부를 반드시 확인하며 동 구매금액이 예산범위 이내의 구매금액인지 여부를 확인하여, 불필요한 구매를 방지한다(승인). ② 가장 좋은 조건의 가격과 품질을 제공할 수 있는 공급자를 객관적으로 선택하는 시스템이 구비되어야 한다(승인)(사례 2). ③ 선택된 공급자에 대해서는 과거 주문하였던 경우에 계약위반 여부가 있었는지 여부를 확인하고 구매조건에 대하여 재협상을 함으로써 가장 좋은 조건을 이끌어낼 수 있도록 한다(승인). ④ 일련번호가 부여된 정형화된 입력양식이 구비되어 있는 구매주문서를 작성하고, 작성 즉시 관련부서로 이전하며, 적절히 1부를 보관한다(정보처리). 이때 특히, 검수부서로 보내는 구매주문서는 수량을 생략한 상태로 전달하여 반드시 수량을 세어보는 절차를 마련한다.
	검수부서	① 수량이 누락된 구매주문서를 근거로 하여 재고자산을 수령한 뒤 물건의 수량을 확인하고 주문한 물건과 일관성이 있는지의 여부 및 하자가 있는 물건이 있는지 여부를 꼭 확인하여야 한다(물리적 통제)(사례 3). ② 수량 및 물건의 세부내역이 일치함을 확인한 후 일련번호가 부여된 정형화된 입력양식이 구비되어 있는 검수보고서를 작성하고, 작성 즉시 관련부서로 이전하며, 적절히 1부를 보관한다(정보처리). ③ 독립적인 제3자가 일정기간 동안에 작성된 검수보고서를 매입채무 보조원장과 정기적으로 비교검증하여 본다(물리적 통제 : 완전성).
	지급결의 부서 (매입채무 부서)	① 관련부서에서 전달되어온 문서(구매요청서, 구매주문서, 검수보고서) 및 공급자로부터 받은 세금계산서를 비교검증하여 주문한 물건이 적절하게 수령되었는지 여부를 확인한다(물리적 통제). ② 세금계산서의 수량은 반드시 검수보고서와 확인을 하며, 가격은 구매주문서의 세부내역과 확인한다(비교검증 : 완전성, 실재성

	관련부서	주요 내부통제활동
		및 평가와 관련). ③ 일련번호가 부여된 지급결의서철을 작성하고, 지급에 대한 승인을 하며, 적절히 1부를 지급일 도래순으로 보관하였다가 만기가 도래하면 지급을 위해서 문서를 자금부서로 이전한다(정보처리).
재고자산 관련	창고부서	① 재고자산은 안전하게 보관되어야 하며 화재예방시스템이나 보험 등에 가입하여 예상하지 못한 손실에 대비하여야 한다(물리적 통제). ② 재고자산을 보관하고 있는 창고에는 승인된 자만이 접근 가능하게 하여야 하며 또한 재고자산이 창고에서 반출되는 경우에는 반드시 승인된 문서가 만들어져야 한다(승인, 정보처리 및 물리적 통제). ③ 재고자산의 수불부와 실제 재고자산 수량과의 정기적인 검증을 통하여 장부의 정확성을 유지한다(물리적 통제). ④ 재고자산을 담당하는 자는 정기적으로 직무순환제도를 시행하여야 하며 필요에 따라서는 신원보증제도를 실시한다.
매출관련	신용부서	① 영업부서로부터 판매지시서를 수령한 후 주문한 고객에 대한 신용조사가 이루어진다(승인▸평가와 관련). 이러한 신용조사부서를 독립적으로 유지하는 이유는 영업부서의 경우 대금회수와 상관없이 매출액을 극대화시키려는 경향이 강하기 때문이다. 따라서 독립적인 부서에서 매출에 대한 신용승인기능이 이루어져야 한다. 만약, 신용조사부서를 별도로 구분하지 않는 경우는 영업부서 직원들의 성과평가를 매출액이 아닌 다른 기준으로 수행할 것인지 여부를 고려해 보아야 한다(사례 4). ② 신용조사기능은 반드시 객관적인 기준에 의해서 이루어져야 하며 신용조사부서장의 개별 사안별로 주관적인 판단에 의해서 이루어지지 말아야 한다(예 : 면식이 있는 사람에게 신용판매를 승인하는 경우). ③ 판매지시서에 적절하게 승인을 한 후 일련번호가 부여된 승인된 판매지시서를 작성하고 적절하게 1부를 보관하며, 창고부서로 해당 문서를 전달한다(정보처리).
	창고부서	위 창고부서와 동일
	선적부서	① 물건을 선적한 후 사전에 일련번호가 부여된 선적서류를 작성하고 적절하게 1부를 보관하며, 관련된 부서로 해당 문서를 전달한다(정보처리).

	관련부서	주요 내부통제활동
		② 물건을 전달한 후에는 운반자나 고객으로부터 인수증을 반드시 수령하여야 하며, 보관하고 있던 선적서류와 비교하여 물건인도에 대한 차후 분쟁의 소지를 예방한다(물리적 통제). ③ 일정기간 작성된 선적서류와 매출채권 보조원장과의 정기적인 물리적 통제를 통하여 선적된 수량이 반드시 장부에 기록될 수 있도록 한다(물리적 통제 ▸ 완전성과 관련).
자금관련	자금부서	① 지급결의부서(또는 매입채무부서)에서 승인한 지급결의서철에 의하여 자금이 집행(보관)되어야 한다(업무분장 및 승인). ② 지급된 지출결의서에는 '지급필' 도장을 찍어서 이중지급을 방지하도록 한다(물리적 통제). ③ 지급필 도장이 찍힌 증빙서류를 즉시 회계부서에 이전하여 재무제표에 그 사실이 적절하게 계상되도록 한다(정보처리). ④ 자금이 회수되면 즉시 입금하여야 한다(접근 및 사용통제)(사례 5). ⑤ 거래처와 월별로 채권, 채무 잔액에 대한 검증절차가 필요하다(물리적 통제).
어음 · 수표 관련	자금부서	① 어음 · 수표 미사용 용지를 보관하는 자(보관기능)와 인감도장(승인기능)을 관리하는 자는 분리되어야 한다(업무분장 및 승인). ② 어음 · 수표 미사용 용지와 인감도장은 물리적 보안장치가 잘 되어 있는 곳에 보관되어 있어야 하며 승인된 자만이 접근 가능하여야 한다(접근 및 사용통제). ③ 어음 · 수표를 발행하는 즉시 어음 · 수표 발행대장에 적절하게 관련 기록을 문서화하여야 한다(정보처리 기능). ④ 어음 · 수표는 일련번호 순으로 발행되어야 하며, 폐기된 어음은 사본을 관리하고 원본은 반드시 은행에 반납하여야 한다. ⑤ 어음 · 수표 발행과 관련된 기록과 예금잔액이 일관성이 있는지 여부를 확인하기 위하여 수시로 독립적인 제3자가 검증해 보아야 한다(물리적 통제).

▎사례 1 ▎ 구매요청부서와 관련된 사례(AICPA 기출문제)

감사인의 감사 중 추출한 표본 200개의 구매요청거래 중 3개 거래에 있어서 비록 관련된 금액은 적었지만 적절한 승인이 없었던 것으로 나타났다 이들 3개의 구매요청을 담당했던 직원은 승인절차에 대해서 잘 알지 못하고 있는 상황이었다. ➡ 불필요한 구매가 조장될 수 있다(업무의 효율성과 관련된 내부통제임).

▎사례 2 ▎ 구매부서의 취약한 내부통제사례(AICPA 기출문제)

① 회사와 물품판매회사 간의 이해관계가 상충되는 경우에 대한 회사의 정책이 수립되어 있지 않다. 감사결과 30명의 구매담당직원 중 한 명이 특정 판매회사에 많은 지분을 가지고 있으며 이 직원은 그 회사로부터 연간 평균 5억 원의 물품을 구입하고 있는 것으로 나타났다. ➡ 특정 거래처와의 공모로 인한 부정의 가능성 존재

② 구매담당직원들은 경쟁회사들의 가격목록을 제출하지 않고 물품공급선을 결정하고 있는 것으로 나타났다. ➡ 특정 거래처와의 공모로 인한 부정의 가능성 존재

③ 구매부서에서 물품판매회사를 결정하면 구매주문서를 작성하여 공식적인 주문을 내고 수량 및 항목, 입고예정일을 명시한 구매주문서를 지급결의부서와 검수부서로 전달하고 있다. ➡ 구매부서에서 수량을 기입한 구매주문서를 검수부서로 보내는 경우 검수부서에서 정확한 수량을 확인하지 않고 재고를 입고시킬 수 있는 개연성이 존재

▎사례 3 ▎ 검수부서 및 선적부서와 관련된 사례(KICPA 기출문제)

정유회사가 운송회사를 통하여 주유소에 정유를 인도하는 경우 운송회사의 차량기사들이 중간에 정유를 횡령하였음에도 불구하고 주유소 입장에서 검수기능의 불비와 정유회사의 인도여부 확인증(인수증) 미수령으로 인하여 부정을 적발하지 못한 사례 ➡ 반드시 주유소 운송차량의 탱크로리에 미터기(계측설비)를 부착하고 주유를 하고 난 이후 운송차량의 차량기사에게는 인수증을 수령하고 주유소의 담당직원으로부터는 검수증을 입수한다 주유소 입장에서도 반드시 검수기능을 수행하여 인도받는 수량이 정확한지 여부에 대해서 확인해 보았어야 한다.

▎사례 4 ▎ 우리나라 카드회사의 문제점

카드회사의 경우도 카드발급이라는 수요가 발생하였을 때 카드사용자에 대한 철저한 신용조사분석이 이루어진 이후에 카드발급을 하여야 하며, 그러한 내부통제활동이 취약한 경우(철저한 신용심사 후 카드발급 승인절차의 미비) 카드회사 감사 시 감사인은 매출채권의 대손충

당금 설정 가능성에 대해서 실증절차의 범위를 보다 확대하여 실시하여야 한다. 감사의 거시적인 측면에서 볼 때는 이러한 부실채권의 누적은 카드회사의 유동성 악화를 초래할 수 있고 그러한 문제점은 계속기업의 존재 가능성에 대해서도 심각하게 고려해 볼 상황이 된다.

❙ 사례 5 ❙ 현금입금과 관련된 사례(KICPA, AICPA 기출문제)

① 이마트와 같은 소매점의 경우 현금매출거래가 발생하였을 때 현금출납원이 현금을 유용할 가능성을 방지하기 위해 회사는 현금출납원이 계속해서 상품출고 시 출고입력을 계속하는지 여부를 모니터링하여야 하며(예 : Bar code입력의 지속성) 현금결제라인을 따로 설치함으로써 현금결제부분을 집중적으로 관리하여야 하는 사례
② 고속도로에서 통행권을 교환하여 통행료를 유용하는 사례의 경우도 운송회사에서 현금을 지급하기보다는 통행카드나 사후결제(직원이 대금을 결제하고 사후 회사가 보상해 주는 제도)로 이루어지는 것이 접근 및 사용통제 관점에서 효과적인 내부통제가 된다.
③ 영업사원들의 래핑(거래처 입금액을 유용하는 부정)과 같은 부정을 예방하기 위해서도 가장 효과적인 내부통제제도는 거래처에서 대금을 회사 통장으로 직접 입금하여 접근 및 사용통제를 하는 것이다.

❙ 사례 6 ❙ 래핑과 관련된 사례(AICPA 기출문제)

왕치밀 회계사는 KS월드(주)에 대하여 감사를 하는 과정에서 김 과장이 장기간 휴가를 가지 않고 회사의 모든 장부기록업무, 예금입금업무 및 채권추심업무 등을 담당하고 있는 것을 발견하였다. 왕치밀 회계사는 업무분장이 되지 않은 내부통제에 대하여 약간은 불안하였지만 김 과장이 성실히 일하는 모습을 보고 별문제가 없을 거라 생각하고 감사절차를 확대실시하지는 않았으며 그 결과 감사의견은 적정으로 표명이 되었다. 하지만 결과적으로 KS월드(주)는 사후적으로 김 과장이 과거 3년 동안 5억 원의 금액을 래핑(lapping)하였다는 사실을 알게 되고 감사인인 수색회계법인과 왕치밀 씨를 상대로 소송을 제기하였다.

➡ <래핑과 관련된 내부통제제도 및 실증절차>

회사에 대한 내부통제제도		감사인의 실증절차
예방할 수 있는 제도	적발할 수 있는 제도	
① 업무(승인, 기록, 보호)의 분장 ② 자동이체시스템(물리적 통제절차)	월별채권잔액통지서 발송(물리적 통제절차)	① 매출채권조회서 ② 입금표 및 장부대조

〈Ex〉 통제활동별 예시

물리적 통제절차 (Physical Control)	① 매출과 관련하여 일정기간 동안 작성된 선적서류와 장부에 계상된 매출채권과의 기록을 독립된 제3자에 의하여 정기적 또는 부정기적으로 비교검증해 봄으로써 매출채권에 대한 실재성 및 완전성에 대한 신뢰성을 부여할 수 있다. ② 월별로 매출채권잔액에 대하여 거래처별 잔액증명서(monthly or quarterly statement)를 발송하여 실제 장부에 기록된 금액과 거래처의 회신금액과 비교검증해 봄으로써 매출채권의 실재성에 대한 신뢰성을 부여할 수 있다 ③ 현금 입금된 기록과 은행에 입금된 잔액을 비교검증하는 은행계정조정표를 주기적으로 작성해 봄으로써 현금유용에 대한 가능성을 미연에 예방하고 현금과 관련된 기록 시 발생한 오류를 발견할 수 있다. ④ 재고자산의 입·출고 시 계속기록법으로 재고자산의 수량을 관리하고 수시로 독립적인 제3자에 의하여 실제 창고에 존재하는 수량과 비교검증함으로써 재고자산에서 발생할 수 있는 부정이나 오류 등을 미연에 방지 또는 사후 적발할 수 있다. ⑤ 재고자산의 보관 시 적절한 경비시스템과 방화시설을 갖추는 것과 옥내창고와 특수자물쇠의 사용 및 중요 재고자산에 대한 보험가입 및 실물자산이나 기록에의 접근 시 적절한 승인절차를 취하도록 하는 등의 통제활동을 말한다. ⑥ 현금입금과 관련하여 항상 자동이체시스템을 권장하며 만약 현금이나 수표 등으로 회수가 된 경우 반드시 동일날짜에 즉시 입금될 수 있는 시스템을 갖추어야 한다. ⑦ 어음·수표를 발행할 수 있는 회사의 인감도장은 반드시 승인권자의 책임 아래 안전하게 보관될 수 있도록 하여야 한다.
승인절차 (Authorization)	① 매출거래가 발생하는 경우 반드시 거래처에 대한 신용조사가 이루어진 다음 매출금액에 대한 회수 가능성을 평가한 뒤 신용승인절차를 거쳐 매출이 이루어진다. 만약, 이러한 내부통제제도를 가진 회사에서 만들어진 재무제표에 기록된 매출채권에 대해서 생각해 보자. 그러한 내부통제제도를 구비하고 있지 아니한 회사에 비해서 당해 회사의 매출채권에 대한 평가주장(대손충당금에 대한 적정성)에 대해 감사인은 훨씬 높은 신뢰성을 부여할 수 있다. ② 횡령의 가능성이 높은 재고자산을 보관하고 있는 창고부서의 경우 반드시 승인된 문서에 의해서만 재고자산이 반출되도록 내부통제제도를 갖춤으로써 부정의 가능성을 줄이고 재고자산에 대한 신뢰성을 부여할 수

	있다. 또한 승인된 사람만이 재고자산의 보관장소에 접근 가능하게 함으로써 재고자산의 횡령 가능성을 줄일 수 있다. ③ 구매대금의 결제에 있어서 반드시 지급결의부서의 승인된 지급결의서에 의하여 자금부서에서 자금이 집행되도록 내부통제제도를 갖추게 되면 종업원들에 의한 개인적인 자금유용을 방지할 수 있고 그에 따른 현금 및 매입채무에 대한 신뢰성을 부여할 수 있다.
업무분장 (Separation of duties)	① 외상매출금의 대손승인과 관련하여 만약 현금의 입출금을 담당하는 종업원이 기록 및 대손승인에 대한 권한까지 동시에 수행할 수 있는 경우 실제 입금이 된 거래처에 대하여 현금을 유용하고 대손처리를 함으로써 부정을 저지를 수 있다. 따라서 반드시 현금 입·출금 및 기록을 담당하는 부서와 대손에 대한 승인부서를 분리하여 이러한 부정을 방지하여야 한다. ② 자금을 집행하는 부서와 자금집행에 대한 승인부서, 그리고 이를 기록하는 부서는 분리되어야 한다. 만약 자금에 대한 결제승인을 실제 자금을 집행하는 부서에서 동시에 수행하는 경우 언제든지 회사에 대한 자금을 개인적인 자금으로 유용할 수 있는 개연성이 존재할 수 있다.
정보처리 (Data Processing)	① 매출과 관련하여 선적서류를 작성한 뒤 일정기간 동안 작성된 선적서류가 회계부서로 전달되어 매출기록이 이루어진다고 가정하자. 만약, 사전에 일련번호가 부여된 선적서류를 사용하지 않는다면 선적서류 중 일부가 누락된 경우 회계부서에서는 이러한 사실을 발견하지 못한 상태에서 매출에 대한 기록을 하게 된다. 이 경우 매출 및 매출채권에 대한 완전성 주장에 대해 감사인은 위험이 높은 것으로 평가하여야 한다. 하지만 사전에 일련번호가 부여된 선적서류를 작성한 경우 누락된 거래에 대하여 문서화라는 내부통제활동이 재무제표에 발생할 수 있는 매출에 대한 과소계상이라는 왜곡표시를 적발할 수 있게 하는 것이다. 또한 매출발생 시 선적서류를 작성하여 선적부서에서는 적절하게 선적서류를 보관하고 이를 거래처로부터 물건 인도 후 수령하는 영수증과 비교할 수 있다면 차후 거래처와의 분쟁을 미연에 방지할 수 있는 효과가 존재할 수 있다. ② 매입과 관련하여 검수부서에서 검수보고서를 작성한 뒤 해당 문서를 즉시 회계부서로 전달하지 않는 경우 실제 매입거래가 발생하였지만 회계부서에서 기록이 계상되지 않음으로써 매입채무가 과소계상될 수 있는 개연성이 존재할 수 있다. 따라서 감사인은 이러한 경우 매입채무의 완전성 주장에 대한 잠재적인 왜곡표시 가능성을 의심할 수 있다.
성과검토 (Performance Review)	① 재고자산에 대한 표준원가 시스템을 운영하고 재무제표일 이후 실제원가 계산으로 나온 금액을 표준원가 금액과 비교하고 그 차이분석을 수행해 본다.

	② 매출에 대한 예산시스템을 운영하고 재무제표일 이후 실제 매출성과와의 비교를 통하여 그 차이가 급격하게 발생하는 이유 등에 대한 사후적인 분석을 수행한다.

Q&A 사례문제 1: 2011년, KICPA 기출문제 응용

한창회계법인의 홍길동 이사는 이번에 새로 승진한 구운몽 회계사에게 A쇼핑(주)의 감사를 2×11년부터 맡기려고 하고 있다. 그러나 구운몽 회계사와 그의 감사팀 구성원들은 아직 소매유통산업에 속한 회사들에 대한 감사경험이 없다.

A쇼핑(주)이 속해 있는 소매유통산업은 소비자들의 생활양식 변화로 마트중심의 쇼핑문화가 확산되면서 A쇼핑(주)을 비롯한 많은 회사들이 급속하게 신규점포를 늘려왔다. 그러나 최근 산업이 포화상태에 이르러 지난해부터 산업 전체의 성장에도 불구하고 지역에 따라 일부점포에서는 부(−)의 성장을 하고 있다. 또한 매장의 고급화로 인한 백화점과의 경쟁 등 산업 전반적으로 경쟁이 매우 심한 상황이다. 이러한 상황으로 업체 간 총매출 규모 경쟁이 더욱 심화되고 있다.

A쇼핑(주)은 3개월 정도의 중단기적인 국내 소비전망을 예측한 후 구매부서에서 적절한 구매를 수행한다. 재고자산의 보관이 중요 거점별 유통센터에서 이루어지고, 유통업의 특성상 재고자산의 종류와 수량이 많아 재고자산수불부의 적정성을 유지하는 데 많은 어려움이 있다. 소비자에게 매출이 이루어지는 경우 전산화되어 있는 매출시스템에서 자동으로 인식한다. 사업연도 말에는 각 품목별 매출담당자의 성과평가가 확정되는 기간이어서 매출신장을 위한 활동이 매우 많이 이루어진다.

최근 경쟁 유통회사들의 증가로 모든 유통회사들은 소유한 점포의 인테리어를 고급스럽게 하고 휴식 공간을 많이 확보하는 정책을 수립·시행하고 있다. 유형자산의 투자활동은 전산을 이용한 체계적 관리가 이루어지고 있지 않다. 그리고 유형자산에 대한 투자증가는 회사의 중장기적인 자금수지 점검의 필요성을 증가시키고 있다. 그러나 유통업의 특성상 매출채권회전기일이 매우 짧아 최근 2년간 10% 이상의 성장을 하고 있는 A쇼핑(주)의 경우 자금확보에 큰 어려움이 없는 것으로 파악된다.

다음은 구운몽 회계사가 감사계획을 수립하기 위해 2×11년 4월에 입수한 A쇼핑(주)의 요약재무제표의 일부와 월별매출액 및 반품액 정보이다.

〈요약재무제표〉

(단위 : 억원)

구 분		2×08	2×09	2×10
재무상태표	현금및현금성자산	100	110	109
	매출채권(순액)	1,200	1,250	1,300
	재고자산	2,000	2,400	2,900
	유형자산	4,000	4,500	5,200
	…	…	…	…
	총자산	8,000	9,000	10,400
손익계산서	매출액	12,000	13,600	15,000
	매출원가	9,700	10,800	12,200
	…	…	…	…
	당기순이익	300	400	350

〈월별 매출액 및 반품액〉

(단위 : 억원)

구 분	2×09		2×10	
	매출액	반품액	매출액	반품액
1월	1,000	20	1,100	24
2월	1,300	7	1,440	7
3월	1,100	10	1,200	10
4~9월	…	…	…	…
10월	1,100	8	1,330	9
11월	1,150	8	1,270	9
12월	1,400	9	1,580	9
총계	13,600	120	15,000	135

* 반품액은 전월의 매출액에 영향을 받으나 반품률의 계절적 변동요인은 크지 않음

1 감사인은 감사계약체결 이전, 감사계약체결 이후 및 감사의 착수시점은 물론, 감사의 진행 중에도 지속적으로 감사대상기업 및 기업의 환경에 대해 이해를 높여 나가야 한다. New ISA에 근거하면 이러한 기업 및 기업의 환경을 이해하는 데 있어서 감사인은 특히 회사의 사업위험(Business Risk)에 대한 파악도 중요할 수 있다. 사업위험의 정의를 서술하고 이러한 사업위험을 재무제표 감사시 왜 고려하여야 하는지 그 이유를 사례와 함께 제시해 보시오.

풀이

(1) 사업위험 : 기업의 목적을 달성하고 경영전략을 집행하는 능력에 부정적인 영향을 줄 수 있는 여러 가지 요인으로 인하여 발생할 수 있는 위험 또는 기업이 부적합한 목적과 전략을 수립하여 발생하는 위험.

(2) 신용거래중심으로 이루어지는 매출거래의 경우 생기는 사업위험은 매출채권의 평가라는 경영진 주장에 영향을 미칠 수 있으며 더 나아가서는 기업의 계속기업가정의 적절성에 대한 감사인 판단에 영향을 미칠 수 있다.

2 감사인은 감사계약체결 이전, 감사계약체결 이후 및 감사의 착수시점은 물론, 감사의 진행 중에도 지속적으로 감사대상회사의 사업에 대해 이해를 높여 나가야 한다. 특히 감사착수 이전에 감사인이 감사대상회사가 하고 있는 기업 및 기업환경에 대한 이해는 감사계획의 수립에 많은 도움을 주기 때문에 매우 중요하다. 감사계획 수립과정에서 감사대상회사의 사업에 대한 이해가 감사인의 전문가적인 판단에 영향을 미칠 수 있는 상황이나 분야 2가지를 제시하고, 이를 A쇼핑(주)의 경우에 어떻게 적용할 수 있는지 각각 2줄 이내로 기술하시오.

답안 양식 :

구분	전문가적 판단에 영향을 미칠 수 있는 상황이나 분야	A쇼핑(주)의 경우
①		
②		

풀이

구분	전문가적 판단에 영향을 미칠 수 있는 상황이나 분야	A쇼핑(주)의 경우
①	중요성, 재무제표의 중요왜곡표시위험의 평가	산업 전체적으로 경쟁이 치열하고 일부 매장별(-) 성장이 이루어지고 있는 사실. 따라서 전체적인 중요성 기준을 낮게 설정하고 관련 계정과목(예를 들어, 매출채권 등)에 대한 고유위험을 높게 평가하여야 함.
②	추가감사절차의 설계와 수행 등 평가된 중요왜곡표시위험에 대한 대응	재무제표 경영진 주장 수준에서의 중요왜곡표시위험이 높다고 판단되는 계정과목에 대해서는 실증절차를 보다 효과적으로 진행하여야 하며, 실증절차의 시기는 재무제표일 전후 시점으로 조정하여야 하며 표본크기를 보다 확대하여 감사를 실시하도록 계획 수립하여야 함.

3 구운몽 회계사가 감사계획을 수립과정에서 A쇼핑(주)의 기업과 기업의 환경 및 내부통제에 대한 이해를 하기 위해 정보를 입수하는 방법을 New ISA에 근거하여 5가지 이상 기술하시오.

풀이

① 경영진, 그리고 부정이나 오류에 의한 중요왜곡표시위험을 식별할 때 도움이 될 수 있는 정보를 가지고 있다고 판단되는 기업 내부의 관련자에 대한 질문(Inquiry)
② 분석적 절차(Analytical Procedures)
③ 관찰과 검사(Observation and Inspection)

> 가. 기업의 영업
> 나. 문서(사업계획과 사업전략 등) 기록 및 내부통제매뉴얼
> 다. 경영진이 작성한 보고서(분기경영보고서 및 중간재무제표)와 지배기구가 작성한 보고서(이사회의사록)

④ 과거의 보고기간에 입수된 정보 검토(Review)

> 가. 과거의 왜곡표시 및 그 왜곡표시가 적시에 수정되었는지 여부
> 나. 기업과 기업환경의 성격, 내부통제의 미비점 등 기업의 내부통제
> 다. 과거의 보고기간 이후에 기업과 사업부문이 겪은 중요한 변화

⑤ 기타

가. 무역과 경제 잡지, 재무분석가, 은행 또는 신용평가기관의 보고서, 규제기관이나 금융기관의 발간물과 같이 외부로부터 얻은 정보를 검토함. 나. 해당 기업의 외부 법률고문 또는 그 기업이 이용한 평가 전문가에게 질문함

4 A쇼핑(주)의 내부통제를 크게 구분하면 매출과 대금회수활동, 매입과 대금지급활동, 유형자산의 투자활동, 재고와 보관활동, 자금조달과 상환활동 등으로 구분할 수 있다 이 중에서 내부통제 위험이 가장 높다고 생각되는 활동 2가지를 제시하고, 그 이유를 각각 2줄 이내로 구체적으로 기술하시오.

답안 양식 :

구분	내부통제	이 유
①		
②		

풀 이

구분	내부통제	이 유
①	매출과 대금회수활동	사업연도 말에는 각 품목별 매출담당자의 성과평가가 확정되는 기간이어서 매출신장을 위한 활동이 매우 많이 이루어진다. (통제환경의 취약성)
②	유형자산의 투자활동	유형자산의 투자활동은 전산을 이용한 체계적 관리가 이루어지고 있지 않다. (통제활동의 취약성)

(참조) 재고자산 관련된 부분도 내부통제제도의 위험이 높다고 볼 수 있으나 문제에 제시된 바에 따르면 유통업 특성상 재고자산 수불부 적정성을 유지하기 힘들다고 되어 있는 것으로 보아 이는 업종의 고유위험으로 간주.

5 A쇼핑(주)의 계정과목 중 고유위험이 가장 높다고 생각되는 항목이 무엇인지2가지를 제시하고, 그 이유를 각각 2줄 이내로 구체적으로 기술하시오

답안 양식 :

구분	계정과목	이 유
①		
②		

풀 이

구분	계정과목	이 유
①	매출 및 매출채권	분석적 절차 수행 결과 12월말 시점에서 매출이 급증한 이후 1월달 반품률이 급증한다는 것은 12월말 시점 매출이 과대 계상되었을 가능성이 존재함.(Channel Stuffing의 가능성)

②	재고자산 및 매출원가	전기 대비 재고자산 회전율이 급격히 감소하였기 때문에(약 4.9에서 4.6으로 감소) 재고자산과 관련해서 왜곡표시가 개입되었을 개연성이 높음.

6 감사인이 감사증거를 수집하는 방법을 감사기술이라고 한다. 감사인은 이러한 감사기술을 통하여 위험평가단계, 추가감사절차로서 통제테스트, 실증절차단계에서 충분하고 적합한 감사증거를 수집하여야 한다. 그렇다면 위험평가단계, 통제테스트, 실증절차단계에서 감사증거를 수집하는 목적을 각각 2줄 이내로 서술하시오.

답안 양식 :

위험평가절차의 목적은
통제테스트의 목적은
실증절차의 목적은

풀이

위험평가절차의 목적은 재무제표의 중요왜곡표시위험을 평가하여 추가감사절차를 설계하기 위함.
통제테스트의 목적은 통제 운영의 효과성에 대하여 감사증거를 수집하는 단계임.
실증절차의 목적은 재무제표의 중요한 왜곡표시를 적발하기 위하여 감사증거를 수집하는 단계임.

※ (이하 문제는 위 사례와 별도)

7 **분석적 절차와 관련된 내용정리**

김철수 공인회계사는 감사계획단계에서 회사를 이해하고 재무제표의 잠재적인 위험이 있는 분야를 파악하기 위하여 분석적 절차를 수행하여야 한다. 따라서 김철수 공인회계사는 연구개발을 위주로 하는 서울주식회사의 재무담당이사인 나순진 이사에게 중간재무제표를 요청하여 입수하고 이렇게 입수한 중간재무제표를 근간으로 연 추정재무제표를 작성하여 과거 서울주식회사의 3개년도 재무정보 및 산업평균의 재무정보와 비교하는 분석적 절차를 아래와 같이 수행하였다. 아래의 분석적 절차 수행결과 김철수 공인회계사가 감사계획에 반영하여야 할 잠재적인 위험이 있는 분야를 3가지 이상 지적하시오.

	2006년	2005년	2004년	2003년	산업평균
유동비율	2.12	2.04	2.28	2.51	2.13
당좌비율	0.83	0.90	1.34	1.76	1.45
이자보상비율	1.30	1.45	5.89	6.30	4.50
매출채권회수기간	109일	96일	75일	73일	69일
재고자산회전율	2.40	2.21	4.10	5.31	4.33
매출원가율	38.5	40.2	41.2	43.8	44.5
부채비율	4.85	4.88	1.25	1.13	1.25
무형자산회전율	0.68	0.64	0.98	0.99	1.03

풀이

① 재고자산회전율이 과거년도 재무정보 및 산업평균과 비교했을 때 지나치게 감소하고 있기 때문에 재고자산의 과대계상 및 매출원가의 과소계상, 재고자산의 진부화 여부 등에 대한 감사를 수행할 수 있도록 감사계획을 수립하여야 한다.

② 매출채권 회수기간이 과거년도 재무정보 및 산업평균과 비교했을 때 지나치게 길어지고 있기 때문에 매출채권의 과대계상 및 매출액의 과대계상, 대손충당금의 추가설정 여부 등에 대한 감사를 수행할 수 있도록 감사계획을 수립하여야 한다.

③ 전체적인 매출액이 과대계상되었을 가능성이 높음에도 불구하고 무형자산회전율이 떨어지고 있다는 것은 무형자산의 과대계상, 특히 서울주식회사의 경우 연구개발의 비중이 높기 때문에 개발비의 자산성 여부에 대해서는 반드시 검토를 수행하여야 한다.

④ 당좌비율의 급격한 감소 및 부채비율의 증가, 이자보상비율의 감소는 계속기업에 대한 유의적인 불확실성을 야기하는 상황이다. 따라서 감사인은 이러한 유의적인 불확실성을 극복하기 위한 경영진의 향후 계획 등을 검토하여 재무제표 주석에 공시할 정도의 중대한 불확실성이 존재하는지 여부에 대하여 검토를 하여야 한다.

8 감사인은 기업 및 기업의 환경을 이해하는 과정에서 재무제표에 중요왜곡표시위험을 야기시키는 요인들을 식별하고 이러한 요인이 재무제표에 어떠한 영향을 미칠 수 있는지를 판단하여야 한다. 아래 열거되어 있는 기업의 외부적 요인, 기업의 성격, 기업의 회계정책과 성격 그리고 관련 사업위험이 재무제표에 어떠한 왜곡표시를 야기시킬 수 있는지를 아래 예시와 같이 한 가지씩 서술해 보시오

<예시>

분석요소	이해내용	재무제표 왜곡표시 유형
외부적 요인	낮은 진입장벽으로 어떠한 사업분야에서 살아남기 위한 노력	매출을 장려하기 위하여 승인받지 않은 리베이트 지급
기업의 성격	특수목적기업의 설립 및 해당자산에 대한 양도	
관련 사업위험	실패할 수 있는 제품에 대한 개발활동에 상당 지출 투입	
기업의 재무실적	수익을 창출하고 산업에서 경쟁력을 갖기 위해 판매와 마케팅 매니저와 판매담당임원은 적절한 수준의 매출할인을 해야 하는 부분	

풀이

분석요소	이해내용	재무제표 왜곡표시 유형
외부적 요인	낮은 진입장벽으로 어떠한 사업분야에서 살아남기 위한 노력	매출을 장려하기 위하여 승인받지 않은 리베이트 지급
기업의 성격	특수목적기업의 설립 및 해당자산에 대한 양도	해당 자산이 매각거래가 아닌 차입거래로 간주되어 부외부채의 개연성 및 연결에 포함되어야 할 개연성
관련 사업위험	실패할 수 있는 제품에 대한 개발활동에 상당 지출 투입	개발비에 대한 자산성 여부 판단 필요성
기업의 재무실적	수익을 창출하고 산업에서 경쟁력을 갖기 위해 판매와 마케팅 매니저와 판매담당임원은 적절한 수준의 매출할인을 해야 하는 부분	경영진은 거래처와 합의된 할인액을 적게 계상하거나 추가된 거래처의 할인액을 인식하지 못할 수 있는 위험

9 감사인은 기업을 이해하는 과정에서 내부통제제도에 대한 이해도 반드시 이루어져야 한다. New ISA에 의하면 이러한 내부통제제도를 구성하는 요인은 COSO Framework를 준용하여 5가지로 구분하도록 되어 있다. 아래에서 언급하는 내용은 내부통제제도를 구성하는 요인 중 어떤 요인에 해당되는 설명인지 서술하시오.

내용 설명	통제제도 구성요인
① K-IFRS 최초 도입시 해당 기준이 재무제표에 미치는 영향에 대한 평가 및 후속조치	
② 은행잔액과 회사의 현금잔액을 수시적으로 검증하고 조정해 가는 통제	
③ 감사위원회의 설치 및 해당 위원회의 재무보고 과정에 대한 적극적인 감시기능	
④ 기존 내부통제제도의 운영효과성에 대한 내부감사부서의 검토 및 환경 변화에 따른 내부통제제도 변경 필요성 검토 절차	
⑤ 해외 자회사 설립에 따른 재무제표 영향 분석 및 그에 따른 조치	
⑥ 신용매출과 관련한 신용조사부서의 승인절차	
⑦ 능력있고 믿을 수 있는 직원들의 선발채용 기준 수립	

풀이

내용 설명	통제제도 구성요인
① K-IFRS 최초 도입시 해당 기준이 재무제표에 미치는 영향에 대한 평가 및 후속조치	위험평가절차
② 은행잔액과 회사의 현금잔액을 수시적으로 검증하고 조정해 가는 통제	통제활동
③ 감사위원회의 설치 및 해당 위원회의 재무보고 과정에 대한 적극적인 감시기능	통제환경
④ 기존 내부통제제도의 운영효과성에 대한 내부감사부서의 검토 및 환경변화에 따른 내부통제제도 변경 필요성 검토 절차	모니터링
⑤ 해외 자회사 설립에 따른 재무제표 영향 분석 및 그에 따른 조치	위험평가절차
⑥ 신용매출과 관련한 신용조사부서의 승인절차	통제활동
⑦ 능력있고 믿을 수 있는 직원들의 선발채용 기준 수립	통제환경

10 내부통제상 검증절차나 외부감사절차에서 "예측불가능성(unexpectedness)"을 활용하면 내부통제제도의 고유한계를 악용한 부정을 효과적으로 예방 또는 적발할 수 있다고 한다. 다음은 이러한 감사절차를 적용할 수 있는 부정발생 사례이다. (2009년, KICPA 기출)

> 〈사 례〉
>
> A회사의 재무담당임원이 수년간 거액의 회사자금을 유용하다가 적발되었다. 그는 업무규정에도 불구하고, 허위증빙을 작성하여 보관하였고, 직원들에게는 그룹 차원의 중요한 관리자금이라서 본인이 직접 관리한다고 해서 다른 직원들도 그 내막을 알지 못하였다.

위 상황은 **내부통제제도의 고유한계** 중 어느 항목과 가장 관련이 있는가?

풀이

경영진이 부적합하게 내부통제를 무시(Management Override)

11 New ISA에 의하면 위험을 평가하는 과정에서 기업의 내부통제제도를 반드시 이해하여야 한다. 이러한 내부통제이해 이후 내부통제에 의존하는 감사를 하기 위해서는 반드시 통제테스트가 이루어져야 한다. 감사인이 이러한 통제테스트가 필요하다고 판단되는 경우 2가지를 서술하고 내부통제에 의존하게 될 경우 얻을 수 있는 효익과 비용을 서술형 문장으로 서술하시오. (2010년, KICPA 기출)

풀이

(1) 통제테스트가 필요하다고 판단되는 경우

① 감사인이 경영진 주장 수준의 중요왜곡표시위험을 평가할 때 통제가 효과적으로 운영되고 있다는 기대를 하고 (즉, 감사인이 실증절차의 성격, 시기 및 범위를 결정할 때 통제의 운영효과성에 의존하려고 하는 경우) 통제테스트를 수행하는 것이 효율적이라고 판단하는 경우 ② 실증절차만으로는 경영진 주장 수준의 충분하고 적합한 감사증거를 제공할 수 없는 경우.

(2) 내부통제제도에 의존하게 될 경우 효익과 비용

내부통제제도에 의존하기 위해서는 통제테스트를 수행(비용)하여야 하며 이를 통하여 재무제표의 중요왜곡표시위험(특히, 통제위험)이 낮다고 판단되는 경우 실증절차의 범위를 축소(효익)시킬 수 있다.

12 통제활동에는 다음의 대표적 유형이 있다. 각각의 유형에 대하여 개념을 설명하고 그 사례를 각각 2개씩 서술하시오. (2010년, KICPA 기출)

답안 양식

유형	개념과 구체적 사례
업무분장	
승인	
물리적 통제	
성과검토	
정보처리	

풀이

유형	개념과 구체적 사례
업무분장	1. 개념 : 거래의 승인 및 기록, 관련자산의 보호 등에 대한 업무분장 2. 사례 ① 매출대금의 회수기능과 회수거래의 기록, 또한 대손의 승인기능을 분리 ② 자금집행을 승인하는 부서와 자금을 집행하는 부서, 그리고 자금집행에 대한 기록을 수행하는 부서에 대한 분리
승인	1. 개념 : 거래의 집행 등에 대한 승인 2. 사례 ① 매출거래 발생 시 매출채권의 회수가능성에 대하여 신용부서에 의한 신용승인절차 ② 창고부서의 승인된 문서에 의해서 재고자산이 반출되도록 함.
물리적 통제	1. 개념 : 자산이나 서류 등에 대한 제한적 접근 또는 사용 및 해당 자산과 장부잔액과의 독립적인 제3자의 검증절차 2. 사례 ① 재고를 보관중인 창고접근 시 적절한 승인절차를 취하도록 함. ② 어음 · 수표를 발생할 수 있는 있는 인감도장은 승인권자에 의하여 보관

성과검토	1. 개념 : 실제 성과를 예산, 예측치 및 전기 성과와 비교하여 검토, 분석하는 것이다 2. 사례 ① 회사가 연초에 예산을 매년 설정하고 내부감사부서에서 이러한 예산과 실적치를 비교하여 해당 차이의 원인을 규명해 보는 절차 ② 회사 내부적으로 계산하고 있는 종업원들의 확정급여채무 금액에 대해서 연금운용기관에서 제시하는 보험계리보고서상의 금액을 비교대사해 보는 절차
정보처리	1. 개념 : 일반통제와 응용통제로 나뉘어지는 정보처리에 대한 통제활동 2. 사례 ① 프로그램 변경 통제, 프로그램이나 데이터의 접근통제, 새로 출시된 패키지 형태 응용프로그램의 실행에 대한 통제 등 (일반통제의 예) ② 기록의 수리적 정확성 점검, 장부와 시산표의 유지와 검토 등 (응용통제의 예)

13 김통제 회계사는 (주)대충의 내부통제제도의 설계에 대한 이해를 얻기 위한 감사절차를 실시하고, 다음의 세 가지 통제활동에서 설계상의 취약점을 발견하였다 취약점의 내용을 설명하고, 개선책을 제시하시오

(1) 고객주문서를 접수하면, 영업부서는 고객의 신용에 문제가 없는지 확인한 뒤, 판매지시서를 작성한다. 판매지시서에는 사전에 일련번호가 부여되어 있다.

(2) 회계부서는 필요하다고 판단되는 경우 매출채권에 대한 대손을 승인한다

(3) 구매부서는 구매요청부서장이 승인한 구매요청서를 받으면 요청된 물품을 최적의 조건으로 공급할 수 있는 공급업자를 선정하고, 사전에 일련번호가 부여된 구매주문서를 2부 작성하여, 검수부서와 구매요청부서에 각각 1부씩 송부한다.

답안 양식 :

번호	취약점 및 개선책
(1)	
(2)	
(3)	

풀이

번호	취약점 및 개선책
(1)	영업부서에서 신용 승인기능이 분리되어 있지 않다. 따라서 별도의 신용부서에 의해서 객관적인 기준에 따라 신용조사가 이루어지도록 하고 승인된 판매지시서에 의해서 재고자산이 반출될 수 있도록 한다.
(2)	회계부서(기록기능)에서 대손 승인기능이 분리되어 있지 않다. 따라서 대손 승인기능을 회계부서가 아닌 독립적인 제3자 부서에서 수행하도록 한다.
(3)	구매요청부서에 보내는 구매주문서와 동일한 문서를 검수부서로 송부하고 있으며 회계부서로 송부되고 있지 아니하다. 따라서 검수부서로 보내는 구매주문서에는 수량이 생략되어 있어야 효과적인 검수기능이 수행될 수 있으며 해당 구매주문서는 회계부서에도 적절하게 송부되어야 한다.

14 New ISA에 근거하면 왜곡표시위험을 식별하기 위한 절차 Process로 다음과 같은 단계를 제시하고 있다. 위 제시하고 있는 형태에서 3단계와 4단계에 들어갈 내용을 서술해 보시오.

(1단계) 기업과 기업환경을 이해하는 전 과정에서 거래유형과 계정잔액 및 재무제표의 공시를 고려하여 위험을 식별함 (당해 위험과 관련된 통제를 포함한다).

⇩

(2단계) 식별된 위험을 평가하며, 그러한 위험이 재무제표 전체적으로 보다 전반적으로 관련되어 있어 잠재적으로 다수의 경영진 주장에 영향을 미치는지 여부도 평가함

⇩

(3단계)

⇩

(4단계)

풀이

① 3단계 : 식별된 위험을 **경영진 주장 수준의 오류가능성과 연결**시키고, 감사인이 테스트 하려는 관련 통제를 고려함

② 4단계 : 복합적 왜곡표시의 가능성 등 왜곡표시의 발생가능성과 그러한 잠재적 왜곡표시가 **중요한 왜곡표시를 초래할 수 있을 만큼 규모가 큰 것인지 여부를 고려**함

15 New ISA에 근거하면 감사인은 중요왜곡표시위험을 평가하는 과정에서 반드시 유의적인 위험(Significant Risk)을 평가하여야 한다. 이러한 유의적 위험의 정의를 서술하고 이러한 유의적 위험인지 여부를 판단할 때 고려하여야 할 요인을 3가지 이상 서술해 보시오.

풀이

① 유의적 위험의 정의

식별된 중요왜곡표시위험으로 고유위험요소가 왜곡표시의 발생가능성과 왜곡표시가 발생했을 때 그 규모의 결합에 영향을 미치는 정도로 인하여 고유위험의 평가가 고유위험의 범위의 위쪽 끝에 가까운 위험 또는 타 감사기준서의 요구사항에 따라 유의적 위험으로 다루는 위험을 의미 (예 : 특수관계자 거래 중 유의적 위험이 있는 분야)

② 유의적 위험인지 여부를 판단하기 위하여 고려하여야 할 요인

① 해당 위험이 **부정위험인지 여부**
② 해당 위험이 최근의 중요한 경제 · 회계 또는 기타의 변화와 관련되어 **특별한 주의를 요하는지 여부**
③ **거래의 복잡성**
④ 해당 위험이 **특수관계자들과의 유의적 거래와 관련된 것인지 여부**
⑤ 해당 위험과 관련된 **재무정보의 측정에 있어 주관성의 정도**. 특히, 그러한 측정에 광범위한 불확실성이 내포되어 있는 경우
⑥ 해당 위험이 그 기업의 **정상적 사업과정을 벗어나거나, 비정상적으로 보이는 유의적 거래와 관련되어 있는지 여부**

16 감사인은 위험평가절차를 수행한 이후 해당 위험평가 결과에 따라 여러 가지 방법으로 추가감사절차를 설계할 수 있다. 다음은 그 방법 중 2가지 형태를 제시하고 있는데 각각의 방법으로 추가감사절차를 설계하는 경우는 어떠한 경우인지 또한 그러한 회사의 구체적인 예시를 하나씩 제시해 보시오.

(추가감사절차 1)	특정 경영진 주장에 대하여는 실증절차만을 수행하는 것이 적합하므로, 관련된 위험을 평가할 때 통제가 미치는 영향을 배제하는 경우
(추가감사절차 2)	통제테스트와 실증절차를 모두 병행하는 결합적 접근방법을 사용하는 경우

풀이

감사유형	상황	예시
(추가감사절차 1)	① 감사인이 위험평가절차를 통하여 해당 경영진 주장과 관련된 효과적인 통제가 식별되지 아니한 경우 ② 통제를 테스트하는 것이 비효율적이라고 판단한 경우	① 초도감사의 벤처기업 ② 소규모 기업
(추가감사절차 2)	종종 수작업이 거의 또는 전혀 개입되지 않는 고도로 자동화된 방식으로 모든 재무제표 처리 과정이 이루어지는 경우 → 따라서, 실증절차만으로는 충분하고 적합한 감사증거를 수집할 수 없는 경우	은행업

Q&A 사례문제 2 : 2013년, KICPA 기출문제

"감사위험"은 회사의 재무제표가 중요하게 왜곡표시되어 있음에도 감사인이 부적절한 감사의견을 표명할 위험을 말한다. 이와 관련하여 감사인은 전문가적 판단에 따라 감사위험을 평가하고 감사위험을 수용 가능한 수준 이하로 감소시킬 수 있도록 감사절차를 수립하여야 한다.

1 다음은 감사위험과 관련된 위험상황을 설명한 것이다.

번호	위험상황의 설명
①	계속기록법만을 유지하고 실지검사는 실시하지 않고 있음
②	자산의 분실 또는 횡령에 쉽게 노출될 가능성이 높은 계정과목
③	시스템 관리자에게 과다한 권한이 부여되어 있음
④	회사가 생산하는 제품의 기술적 진부화 가능성, 자본구조의 복잡성, 특수관계자의 유의성이 높음

[요구사항]
위에 제시된 위험상황의 설명 중 고유위험 또는 통제위험에 해당하는 항목의 번호를 기재하시오. (아래 답안양식에 따라 작성)

<답안양식>

위험	해당 번호 기재
고유위험	
통제위험	

풀이

위험	해당 번호 기재
고유위험	②, ④
통제위험	①, ③

2 회계제도나 내부통제제도는 내재적인 고유한계 때문에 경영진에게 통제의 목표가 달성되었다는 결정적 증거를 제공할 수 없다. 다음은 이러한 내부통제제도의 내재적인 한계와 관련된 상황을 기재한 것이다.

(상황 1)	재고실사 검증 기능을 수행하는 내부감사인 A씨는 창고부서 담당자 B씨와 합의하여 재고실사 결과를 조작하고 해당 재고에 대한 횡령 자금을 두 사람이 공유함.
(상황 2)	회사 회계부서 B과장은 결산업무로 인한 피로로 결산 수정분개에 차/대변을 반대로 기재함.
(상황 3)	이사회결의 등 적법한 의결 절차를 생략하고 회사의 대표이사는 당기 중 본인이 개인적으로 설립 운영하고 있는 비상장회사의 주식을 취득함.

[요구사항]
위에서 설명한 각 상황의 발생과 관련된 내부통제제도의 내재적인 한계 내용을 다음 답안 양식에 따라 기재하시오. (각 항목별로 2줄 이내로 기재)

<답안양식>

상 황	해당 상황에서 발생될 수 있는 내부통제제도의 내재적인 고유한계
(상황 1)	
(상황 2)	
(상황 3)	

풀이

상 황	해당 상황에서 발생될 수 있는 내부통제제도의 내재적인 고유한계
(상황 1)	2명 이상이 공모 (Collusion)
(상황 2)	인적인 판단이 잘못될 수 있는 가능성 및 인적 오류 (Human Error and mistake in judgement)
(상황 3)	경영진이 부적합하게 내부통제를 무시 (Management override)

Q&A 사례문제 3: 내부통제 취약점 사례문제

전반감사계획단계에서 평가한 내부통제제도에 대한 통제위험 결과에 상관없이 김철수 공인회계사는 주요 계정잔액 및 거래유형과 관련된 내부통제제도를 다음과 같이 이해하고 설명식 기술서법을 통하여 정보처리하였다.

〈자금과 관련된 Cycle〉

서울(주)의 자금담당부서는 김순진 부장과 최순희 과장이 업무를 수행하고 있다. 서울(주)는 모든 자금집행과 관련된 증빙서류를 자금부서에 전달하고 자금부서에서는 관련된 문서에 근거하여 자금집행을 승인하고 있다. 이러한 자금집행은 서울(주)가 거래하는 여의도은행의 당좌어음 및 수표로 지급되고 있으며 미사용된 어음, 수표의 용지 및 발행에 필요한 회사 인감도장은 최순희 과장이 안전장치가 잘 되어 있는 금고에 관리하고 있으며 이러한 금고에 접근 가능한 승인권자는 대표이사와 김순진 부장, 최순희 과장이다.

최순희 과장은 매입채무와 관련된 대금을 어음이나 수표로 지급한 이후 관련 증빙서류를 미결제된 거래처의 관련 증빙서류와 함께 1부 보관하고 있고, 사본 1부는 회계부서로 보내어 매입채무 결제에 따른 기록을 하도록 한다. 김순진 부장과 회계부서의 나두한 과장은 매월 여의도은행의 잔액과 회계부서에서 작성된 현금기록을 비교해보는 은행계정조정작업을 하고 있으며 차이가 나는 금액에 대해서는 즉시 이유를 검사하고 차이를 조정하는 작업을 하고 있다.

최순희 과장은 어음이나 수표를 발행하는 시점에서 거래처를 잘못 기입하거나 금액을 잘못 기재하는 경우 책임의 논란을 없애기 위하여 폐기시키고 새로운 어음, 수표 용지로 대금결제를 수행하고 있으며 자금부서의 김순진 부장과 최순희 과장은 5년째 자금업무를 담당하고 있다.

서울(주)의 신용매출에 대한 대금은 거래처가 직접 송금하거나 영업부서의 직원들이 추심 · 회수하고 있으며 자금부서의 최순희 과장은 영업부서 직원들이 회수해 온 현금을 매주 금요일 오후에 은행입금하고 입금표를 보관하고 있다.

〈매출, 매입 및 재고자산 보관과 관련된 Cycle〉

창고부서에서는 원재료가 부족한 경우 담당직원이 직접 구매요청서를 작성하여 구매부서에게 구매요청을 한다. 구매요청을 받은 구매부서에서는 과거에 거래하였던 대형 공급처 A와 B 두 군데를 대상으로 공개입찰을 실시하고, 낮은 가격을 제시한 공급처에게 구매주문서를 발송한다. 구매부서에서 수량과 금액, 입고예정을 기입한 구매주문서를 창고부서에 전달하고 창고부서에서는 재고자산을 받은 즉시 입고처리하고 그 사실을 구두로 구매부서와 회계부서로 통보한다. 회계부서에는 관련 매입거래를 장부에 기록하고 있으며 구매부서에서는 미처리된 주문서철에서 처리된 주문서철로 구분, 재분류한다.

재고자산을 보관하고 있는 창고부서는 승인된 자만이 접근이 가능하며 재고자산의 관리자들은 주기적으로 직무순환이 이루어지고 신원보증제도도 실시하고 있다. 서울(주)는 재무제표일에 창고부서장의 책임 아래 재고자산 실사를 하여 재고자산의 수량을 확정짓고 매출원가를 인식하는 실지재고조사법을 사용하고 있다.

매출주문 시 영업부서의 구두통보에 의하여 선적부서로 재고자산 출고가 이루어지며 선적부서에서는 거래처에게 재고자산을 선적한 이후 일련번호가 부여된 관련 선적서류를 작성하고 적절히 보관하고 있다. 이러한 선적서류는 매주 금요일에 회계부서로 전달되고 회계부서에서는 관련 증빙서류에 근거하여 매출을 인식한다.

각 Cycle별로 내부통제 취약점을 지적하시오.

풀이

〈자금과 관련된 Cycle의 취약점〉

① 업무분장 및 승인제도의 취약점 : 자금집행에 대한 승인과 자금을 실제로 집행하는 부서(보관기능)는 분리되어 있어야 한다. 만약 이러한 업무분장이 이루어지지 않은 경우 자금집행 승인 및 집행권한을 가지고 있는 부서에서는 회사자금을 개인적인 자금으로 유용할 수 있다. 따라서 자금집행의 승인은 자금부서와 다른 독립적인 부서에 의해서 수행되어야 한다.

② 정보처리 기능 : 자금부서에서 자금을 집행한 거래의 관련 증빙서류는 지급필 도장을 찍고 미지급된 관련 증빙서류와 따로 보관하여야 이중지급을 방지할 수 있다.

③ 물리적 통제 기능 : 은행계정조정표의 작성은 기록을 담당하는 부서의 결과와 자금을 담당하는 부서의 결과를 검증해 보는 과정이다. 따라서 회계부서 및 자금부서와는 독립된 제3자가 작성하는 것이 효과적이다. 또한 인감도장 및 미사용된 어음, 수표를 같이 관리하는 최순희 과장의 기중 유용을 막기 위하여 반드시 현금검증표를 작성하여야 한다. 영업사원들이 회수해 오는 신용매출대금은 항상 래핑(lapping)의 가능성이 존재하기 때문에 거래처와 채권·채무 잔액을 월별로 검증하는 절차가 필요하다.
자금을 담당하는 부서의 직원들은 정기적인 직무순환제도가 필요하며, 필요하다면 신원보증제도도 갖추어야 한다. 또한 현금은 매일 입금하여야 한다.

④ 어음, 수표와 관련된 내부통제제도 : 미사용된 어음, 수표용지(보관)와 인감도장(승인)을 관리하는 자는 업무가 분리되어 있어야 하며, 발행된 내용에 대하여 세부내역을 어음, 수표 발행대장에 기

록하는 정보처리 기능이 존재하여야 한다. 또한 폐기되는 어음, 수표는 반드시 사본을 1부 보관하고 원본은 은행에 반납하여야 부외부채의 발생 가능성을 감소시킬 수 있다.

〈매출, 매입 및 재고자산 flow 관련 취약점〉

① 승인절차

1) 창고부서(구매요청부서)에서 구매요청을 하는 경우 구매요청서를 작성하여 부서장의 승인을 받은 이후 구매부서로 구매요청이 이루어져야 한다.

2) 구매부서의 공급자 선택 승인절차의 부적절성 : 과거에 거래하였던 대형거래처를 공급처로 한정하면 안 되며 가장 좋은 조건을 제시하는 공급자를 객관적으로 선택할 수 있는 시스템이 갖추어져야 한다. 한정된 거래처에 대하여 구매부서에서 계속적인 구매를 하는 경우 부정의 개연성이 항상 존재할 수 있기 때문이다. 또한 항상 낮은 가격을 제시하는 거래처가 선택되는 것은 좋은 시스템이 아니며 가격 및 품질에 대한 판단도 이루어져야 한다.

3) 영업부서에서 물건 주문을 받은 경우 반드시 신용조사부서에 의한 신용승인절차가 있어야 한다.

② 물리적 통제활동의 미비(검수기능의 미비)

1) 물건을 매입하는 경우에는 반드시 구매를 요청한 부서가 아닌 검수부서에서 주문한 물건의 수량과 일관성이 있는지 여부를 확인하여야 하며(따라서 구매주문서는 수량이 생략된 상태로 검수부서로 이전되어야 효과적인 내부통제제도가 된다), 매입한 물건의 하자 여부와 주문한 물건과의 일치 여부에 대하여 확인하여야 한다.

2) 실지재고조사법에 의하여 재고자산의 수량을 확인하는 경우 재고자산의 부정을 적발할 수 없다. 따라서 재고자산의 수량은 계속기록법으로 관리하여야 하며 정기적·부정기적으로 독립적인 제3자의 책임하에 재고실사를 수행하여야 한다. 창고담당자에 의하여 수행되는 실사절차는 객관성이 결여되므로 효과적인 통제활동라고 할 수 없다.

③ 정보처리기능

1) 물건이 창고부서에 입고된 경우 반드시 관련 증빙서류(검수보고서 및 거래처의 거래명세표 등)를 작성하여야 하며, 회계부서는 이러한 증빙서류에 근거하여 장부기록을 하여야 한다.

2) 선적부서에서 선적서류가 작성된 경우에는 그러한 거래가 발생하였다는 사실을 즉시 회계부서에 전달하여야 한다. 만약 그렇지 못한 경우에는 매출채권 또는 매출액이 완전하게 장부에 계상되지 않을 수 있다.

④ 물리적 통제

영업부서의 구두통보로 재고자산이 반출되어서는 안 되고 반드시 신용조사부서의 신용승인이 이루어진 이후 승인된 판매지시서에 근거하여 재고자산이 반출되어야 한다.

Q&A 사례문제 4

1 내부통제 취약점 사례문제

광주회사는 甲구청과 독점계약을 맺고 쓰레기봉투를 甲구청 관할지역 소매점들에게 공급하는 회사이다. 이 회사는 구청에서 종량제 봉투 1개당 평균단가 10원에 매입을 하여 소매점에는 평균 15원에 공급을 하고 있으며 그 대가로 동 회사는 그 지역의 쓰레기를 수거하여 매립장에 매립을 하고 있다. 그 회사의 담당자 왕나라 씨는 구청 물품공급계에서 쓰레기봉투를 현금으로 매입해 오고 있으며(현금을 왕나라 씨에게 지급하는 순간 회사는 재고자산에 대한 입고기록을 하고 있음), 실제 소매점에게 공급하는 역할도 수행하고 있다. 모든 거래는 현금결제로 이루어지고 있으며 왕나라 씨가 동 현금을 수령하고 매일 현금입금액을 경리담당자 왕회계에게 전달하면 왕회계 씨는 동 금액을 일주일에 한 번씩 입금하고 입금표에 근거하여 매출액과 현금 관련된 기록을 수행하고 있다. 이 상황에서 광주회사의 대표이사는 왕치밀 공인회계사에게 모든 부정의 가능성에 대하여 예방할 수 있는 내부통제제도에 대하여 개선권고를 요청해 왔다.

위의 광주회사에 대한 내부통제제도의 취약점에 대한 개선권고를 하시오.

풀이

① 물리적 통제 : 구청에 대한 물품대금 지급시 직접 구청의 계좌로 이체시키는 방법을 통하여 접근통제를 강화하여야 하며, 물품대금에 대한 회수시 또한 거래처들로부터 직접 계좌를 이체시키는 방법을 통하여 왕나라 씨가 래핑과 같은 부정을 저지를 가능성을 줄여야 한다. 또한 왕회계 씨는 회수된 현금금액을 매일매일 입금하는 내부통제제도를 갖추어야 한다.
구청과 정기적으로 물품대금에 대한 총금액을 서로 비교검증해 보는 절차가 필요하며 재고자산 장부에 기록되어 있는 내역과 실제 창고에 보관하고 있는 재고의 수량에 대한 제3자의 정기적, 부정기적 검증 절차가 필요하다.

② 정보처리 : 재고자산을 매입하는 경우 입고되는 재고자산에 대하여 반드시 검수부서의 검수기능이 존재하여야 하며 관련 증빙서류(예 : 검수보고서 등) 등에 근거하여 회계부서에서 기록을 하여야 한다.

2 내부통제 취약점 사례문제

임 회계사는 고려주식회사의 은행거래와 관련한 내부통제제도를 검토하고 다음과 같은 사실을 확인하였다.

회사는 인터넷을 통한 자금이체제도를 이용하고 있다. 이에 따라 회사는 출납직원인 김정자와 담당부장을 거래 담당직원으로 은행에 등록하고 은행거래를 위한 비밀번호를 이들에게 부여하고 있다. 인터넷 자금이체제도를 통하여 김정자는 회사의 은행계좌 간의 자금이체뿐만 아니라 회사의 거래처에 대한 매입채무의 지급 및 직원계좌로의 급여이체 업무를 수행하고 있다. 김정자는 개별 금액이 천만 원 미만인 경우에는 단독으로 인터넷 자금이체제도를 사용하여 자금을 이체할 수 있으며, 천만 원을 초과하는 경우에는 담당부장과 김정자가 동시에 은행의 전산망에 접근(access)하여야만 자금을 이체할 수 있다. 개별 금액이 천만 원 미만인 경우, 김정자가 인터넷 자금이체제도를 이용할 수 있는 일일 사용횟수의 제한은 없다. 김정자는 매월 말 당좌거래 은행계좌에 대하여만 은행계정조정을 실시하고 그 결과를 담당부장에게 보고하고 있으며 기타의 은행계좌에 대하여는 은행계정조정을 실시하지 않고 있다. 김정자와 담당부장은 5년 이상 회사의 자금관리업무를 수행하고 있다.

은행거래와 관련한 회사의 내부통제제도상의 취약점에 대해 임 회계사가 제시할 수 있는 개선안을 간략하게 기술하시오.

풀이

① 당좌거래 은행계좌에 대하여만 은행계정조정을 실시하지 않고 기타의 모든 은행에 대한 은행계정조정을 실시하도록 한다. 또한 그 주체가 자금업무의 담당자가 아닌 제3자에 의하여 수행되도록 한다(물리적 통제제도 및 업무분장).
매월 말 잔액에 대한 검증뿐만 아니라 기중 장부의 기록내역과 은행계좌에 대한 잔액을 맞춰보는 현금검증표 등을 작성해 보도록 한다. 왜냐하면 매월 말 잔액검증을 통해서는 월중 횡령사실은 적발하기 힘들기 때문이다(물리적 통제제도).

② 김정자가 인터넷 자금이체제도를 이용할 수 있는 일일 사용횟수를 제한하도록 한다(물리적 통제활동).

③ 천만 원 이하의 금액에 대한 자금결제의 경우에도 지급결의서철에 의한 일정한 승인절차를 통하여 자금을 집행할 수 있도록 한다(정보처리 및 승인절차).

④ 자금관리업무에 대하여 장기간 업무를 담당하였기 때문에 일정한 범위 내에서 직무순환제도나 강제휴가제도를 도입하도록 권고한다.

3 투자자산 관련 내부통제제도

다음 질문에 답하시오. (2009년, KICPA 기출문제)

다음은 투자자산 거래와 관련된 업무처리절차별로 (ⅰ) 주요 통제활동 및 (ⅱ) 통제활동의 내용을 기재한 것이다.

업무처리절차	통제활동	통제활동의 내용
투자대상 결정과 승인	승인절차	• 이사회 또는 담당임원의 중요한 투자결정에 대한 승인 • 때로는 별도의 투자위원회나 외부전문자문기관에 위임하기도 함.
취득	승인절차	• 취득(계약)거래 및 자금지출거래의 승인
	업무분장	• 취득(계약)거래 및 자금지출기능의 업무분장
유가증권 실물보관	(가)	(가)
투자수익 회계처리	정보처리	• 주기적 발생기준 수입이자 회계처리 적정성 검토
	물리적 통제	• 정기적 실사 및 차이내역 파악
유가증권 평가	정보처리	• 정기적 평가기초자료 수집 및 관련 회계처리
처분	승인절차	• 처분거래 및 자금수입거래의 승인
	업무분장	• 처분거래 및 자금수입기능의 업무분장
유가증권 기록유지	(나)	(나)

위 (가)와 (나)에 해당하는 내용을 다음의 양식에 맞추어 (i) 통제활동과 (ii) 통제활동의 내용으로 구분하여 기재하시오. (업무처리절차 항목별로 2~3개의 통제활동을 정하고 통제활동의 내용은 각 통제활동별로 1~2줄로 작성)

항 목	통제활동	통제활동의 내용
(가)		•
		•
		•
(나)		•
		•

풀 이

항 목	통제활동	통제활동의 내용
(가)	업무분장	• 기록과 승인기능을 담당하지 않는 자가 유가증권 실물을 보관
	물리적 통제	• 안전한 금고나 외부 대여금고에 보관하고 승인된 자만이 접근 • 주기적으로 제3자에 의해서 유가증권 실물과 장부기록과의 검증
(나)	정보처리	• 관련 유가증권 관련 기록 및 기록에 대한 증빙을 내부적으로 정보처리
	승인	• 유가증권 관련기록은 적절한 승인권자의 승인이 이루어져야 함.

Q&A 사례문제 5 : 2014년, KICPA 기출문제

회계감사기준에서는 위험중심감사방법론에 입각하여 중요왜곡표시위험(RoMM)의 식별과 평가에 따른 위험평가절차 및 관련통제요소에 대한 이해에 관하여 다음과 같이 설명하고 있다.

- 감사인은 재무제표 및 경영진주장 수준의 중요왜곡표시위험의 식별과 평가에 대한 근거를 제공하기 위하여 위험평가절차를 수행하여야 한다.
- 감사인은 감사와 관련된 통제를 이해할 때, 기업의 해당 통제의 설계를 평가하고, 또한 통제가 실제로 실행되고 있는지 여부를 결정하여야 한다.

1 다음 [보기]는 감사인이 중요왜곡표시위험(RoMM)의 식별과 평가를 위해서 취하는 감사증거수집방법(감사기술)에 대한 설명이다.

[보 기]

항목번호	관련 내용 설명
(1)	상위수준으로 요약된 데이터를 이용하여 이 방법을 수행할 경우에는 중요왜곡표시위험의 존재 여부에 대하여 광범위한 초기적 징후만을 제공한다. 따라서 이 경우에는, 중요왜곡표시위험(RoMM)의 식별을 위한 절차를 통하여 입수한 기타정보를 함께 고려하는 것이 필요하다.
(2)	중요왜곡표시위험(RoMM)의 식별과 평가 목적으로 다음의 항목들에 대해서 이 방법을 적용할 수 있다. · 기업의 영업 · 사업계획 · 사업전략 등 문서와 내부통제매뉴얼 · 경영진이 작성한 분 · 반기경영보고서나 이사회 회의록 · 기업의 건물 · 대지 · 공장설비 등
(3)	이 방법을 통해서 감사 시사점을 나타내는 비경상적인 거래 · 사건 · 금액 · 비율 · 추세의 유무 여부를 파악할 수 있으며, 이 때 파악한 비경상적 또는 예상치 못한 상관관계는 중요왜곡표시위험(RoMM)의 식별에 도움을 줄 수 있다.
(4)	이 방법을 통해 얻는 정보는 대부분 경영진, 지배구조, 재무보고 책임자로부터 입수된다. 그러나 기업 내부의 관련자 및 기타 다양한 직급의 구성원들에게서도 중요왜곡표시위험을 식별하기 위한 정보나 상이한 견해를 입수하는 방법으로 이용될 수도 있다.
(5)	이 방법을 위험평가절차로서 수행하는 경우에 적용하는 대상의 예로서, 매출액과 판매장 면적 · 판매량간의 관계와 같이 재무적 · 비재무적 정보 모두가 포함될 수 있다.
(6)	대상이 누구인가에 따라 이 방법의 적용 결과 얻게 되는 정보가 상이할 수 있다. 예를 들어, ① 지배기구는 재무제표 작성환경의 이해에, ② 비경상적인 거래에 관여하는 종업원은 회계정책의 선택 · 적용의 적합성 평가에, ③ 내부 법률고문은 소송, 법규준수, 품질보증, 계약조건, 부정 등에 대한 법적 정보, ④ 마케팅 · 영업 담당자는 영업전략, 매출추세, 고객과 약정의 변경정보 등의 파악에 도움이 될 수 있다.

[요구사항]

위 내용과 관련하여 아래 질문에 답하시오(아래 답안양식 사용할 것).

(a) 회계감사기준에서 제시한 "중요왜곡표시위험(RoMM)의 파악 · 평가"를 위한 감사증거수집방법(또는 감사기술, 감사기법, audit technique) 중 아래 [답안양식]에 예시된 "관찰과 검사" 방법을 제외한 나머지 2가지 감사증거수집방법을 기재하시오.

(b) 위 [보기]의 (1)~(6) 항목이 (a)에서의 감사증거수집방법 중 어느 방법에 해당되는 설명인지 모두

기재하시오.

[답안양식]

(a) 감사증거수집방법(감사기술)의 명칭 ["관찰과 검사"를 제외한 2가지를 기재]	(b) 해당 절차 내용 [(1)~(6) 중 복수 선택]
[예시] 관찰과 검사	(2)

풀이

(a) 감사증거수집방법	(b) 해당절차 내용 [(1)~(6) 중 복수 선택]
분석적 절차	(1), (3), (5)
질문	(4), (6)

2 회계감사기준에서는 감사인이 감사와 관련된 내부통제를 이해하도록 정하고 있으며, 기업의 내부통제 이해를 위해서 통제위험 평가시 감사인이 고려할 내용을 내부회계관리제도 설계 및 운영개념체계의 내부통제요소별로 설명하고 있다. 다음은 이 내용의 사례들이다.

항목번호	해당 통제요소 관련 내용 설명
(1)	정보기술·수작업시스템 내에서의 거래 개시·기록·처리 및 필요한 수정 후 총계정원장으로 전기 및 재무제표에 보고되는 절차
(2)	유의적 회계추정과 공시 등 기업의 재무제표 작성에 이용되는 재무보고절차
(3)	경영진이 지배기구의 감시와 더불어 정직하고 윤리적으로 행동하는 문화를 창조하고 유지하는지 여부
(4)	내부감사기능이 회계감사에 어떻게 관련되는지 이해
(5)	통제미비점에 대한 개선조치의 이해
(6)	재무보고목적에 관련된 사업위험의 식별과 발생가능성에 대한 평가
(7)	재무제표에 유의적인 각 거래유형, 계정잔액 및 공시, 또는 이들과 관련된 모든 경영진주장에 대한 통제활동

[요구사항]

내부회계관리제도 설계 및 운영개념체계의 내부통제요소 명칭(5가지 요소 중 아래 [답안양식]에 예시된 "통제활동"은 제외)을 기재하고, 위 (1)~(6)의 설명내용이 어느 내부통제요소에 대한 설명인지 모두 기재하시오(아래 답안양식 사용).

[답안양식]

내부통제요소 명칭 [5요소 중 "통제활동"은 제외하고 기재]	해당 절차 내용 [(1)~(6) 중 답안 복수 선택 가능]
[예시] 통제활동	(7)

풀이

내부통제요소 명칭	해당절차 내용
통제환경	(3)
위험평가절차	(6)
모니터링	(4), (5)
정보 및 의사소통	(1), (2)

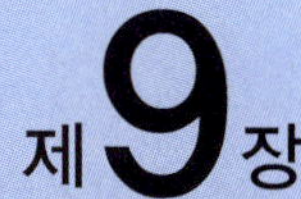

AUDITING

제9장

평가된 위험에 대한 감사인의 대응

1 위험 평가에 대한 대응절차(Response to Risk Assessment)

(1) 재무제표 수준의 중요왜곡표시위험 항목에 대한 전반적인 대응(Overall Response) (ISA 330 A1)

재무제표 수준의 중요왜곡표시위험이 높다고 판단하는 경우 감사인은 다음과 같이 전반적으로 대응하여야 한다. 이때 주의할 점은 감사인의 통제환경에 대한 감사인의 이해에 의하여 대응전략은 영향을 받는다. 통제환경이 효과적이면 감사인은 기업의 내부통제와 기업 내부에서 생성된 감사증거를 보다 신뢰할 수 있고 이에 따라, 예를 들어 감사인이 일부 감사절차를 보고기간말이 아닌 기중에 수행할 수 있을 것이다. (ISA 330 A2)

① 업무팀이 전문가적 의구심을 유지할 필요성을 강조함
② 보다 경험이 풍부하거나 특수한 기술을 보유한 인력을 배정 또는 전문가를 활용
③ 감독활동을 강화함.
④ 수행될 추가감사절차를 선택할 때 예측불가능성의 요소에 추가적인 것을 포함함
⑤ 감사절차의 성격, 시기, 범위를 전반적으로 변경함. 보통 성격이 시기, 범위를 조정하는 것보다 평가된 위험에 대응할 때 가장 중요함.
가. 시기 : 실증절차의 시기를 보고기간말에 수행
나. 성격 : 보다 설득력 있는 감사증거를 입수

(2) 경영진 주장 수준의 중요한 왜곡표시의 평가위험에 대응한 감사절차

① 위험평가절차

감사인은 수행될 세부적인 감사절차를 설계할 때 이미 언급하였던 바와 같이 다음 사항을 고려하여야 한다.

> 가. 관련 거래유형과 계정잔액 및 공시의 고유한 특성에 기인하는 중요한 왜곡표시 가능성(고유위험)
> 나. 위험평가에 대한 통제를 고려하였는지(즉, 통제위험) 이 결과 통제가 효과적으로 운영되는지 여부를 결정하기 위한 감사증거를 입수할 것이 요구되었는지 여부(즉, 감사인은 실증절차의 성격, 시기 및 범위를 결정할 때 통제의 운영효과성에 의존할 것인지 여부)

② 세부적인 감사계획수립의 유형

감사인은 경영진 주장 수준의 평가된 중요왜곡표시위험을 기초로 하여 이에 대응하는 추가감사절차의 성격, 시기 및 범위를 설계하고 수행하여야 한다. 감사인은 경영진 주장 수준의 중요한 왜곡표시 평가위험에 따라 다음과 같이 3가지 형태로 감사계획을 수립할 수 있다(ISA 330 문단 A4)

방법 1	방법 2	방법 3
통제테스트를 수행하는 것만으로 특정 경영진 주장에 대한 평가된 중요왜곡표시위험에 효과적으로 대응하는 경우	특정 경영진 주장에 대하여는 실증절차만을 수행하는 것이 적합하므로, 관련된 위험을 평가할 때 통제가 미치는 영향을 배제하는 경우	통제테스트와 실증절차를 모두 병행하는 결합적 접근방법을 사용하는 경우. 즉, 실증절차만으로는 충분하고 적합한 감사증거를 수집할 수 없는 경우

⇩

〈상 황〉

방법 1	방법 2	방법 3
감사인이 위험평가절차를 통하여 해당 경영진 주장과 관련된 효과적인 통제가 식별되고 통제를 테스트하는 것이 효율적이라고 판단한 경우	① 감사인이 위험평가절차를 통하여 해당 경영진 주장과 관련된 효과적인 통제가 식별되지 아니한 경우 (예 : 초도감사의 벤처기업) 또는 ② 통제를 테스트하는 것이 비효율적이라고 판단한 경우 (예 : 소규모 기업)	종종 수작업이 거의 또는 전혀 개입되지 않는 고도로 자동화된 방식으로 모든 재무제표 처리 과정이 이루어지는 경우 (예 : 은행)

⇩

〈실증절차의 성격, 범위, 시기〉

방법 1(*)	방법 2	방법 3
① 성격 : 실증적 분석절차만 수행하는 것으로 감사위험을 수용가능한 낮은 수준으로 감소시키기에 충분함. ② 시기 : 기중에 실증절차를 수행할 수 있음. ③ 범위 : 표본규모를 줄여서 실증절차를 수행	① 성격 : 보다 신뢰할 수 있거나 관련성이 있는 감사증거 또는 추가적인 보강정보를 입수하는 것으로 대응. 즉, 실증적 분석절차보다는 세부테스트에 더 의존하는 감사 ② 시기 : 기중보다는 보고기간말 또는 보고기간말에 근접한 시기에 실증절차를 수행 ③ 범위 : 표본규모를 늘이거나 보다 상세한 수준의 실증적 분석절차를 수행	통제테스트 결과에 따라서 방법 1 또는 방법 2 형태로 진행이 이루어짐. 다만, 통상적으로 통제테스트 결과 운영의 효과성에 대한 충분하고 적합한 감사증거를 확보하지 못한 경우 일반적으로 감사범위제한으로 의견거절을 표명할 개연성이 높음.

(*) 통제테스트 결과 운영의 효과성에 대하여 충분하고 적합한 감사증거를 수집하였다고 판단한 경우(즉, 재무제표에 대한 중요왜곡표시위험이 낮다고 판단한 경우) 또는 관련된 통제를 고려하지 않더라도 해당 거래유형의 특별한 성격으로 인해 위험이 낮다고 평가한 경우

다만, 어떠한 경우에도 감사인은 각각의 중요한 거래유형과 계정잔액 및 공시에 대하여는 반드시 실증절차를 설계하고 수행하여야 한다.

감사인이 특정 경영진 주장에 대해서 실증절차만을 수행하는 것이 적합하다고 판단하는 경우는 다음과 같다. (ISA 330 문단 A4-b)

가. 감사인이 위험평가절차를 통하여 해당 경영진 주장과 관련된 효과적인 통제가 식별되지 아니한 경우
나. 통제를 테스트하는 것이 비효율적이라고 판단한 경우

결국 감사인의 일반적인 접근방법은 위험평가결과에 따라 실증절차에 중점을 두거나(실증절차 접근방법) 또는 실증절차와 함께 통제테스트를 병행하는 방법(결합적 접근방법)을 택하게 되는 것이다.

2 통제테스트(Test of Control)

통제테스트의 필요성 검토

통제테스트(Test of Control)

실증절차의 성격, 범위, 시기에 대한 결정

문서화(Documentation)

(1) 통제테스트의 필요성 검토

감사인은 다음 중 하나에 해당한다면 관련 통제의 운영효과성에 대한 충분하고 적합한 감사증거를 입수할 수 있도록 통제테스트를 설계하고 수행하여야 한다. (ISA 330 문단 8)

① 감사인이 경영진 주장 수준의 중요왜곡표시위험을 평가할 때 통제가 효과적으로 운영되고 있다는 기대를 하고 (즉, 감사인이 실증절차의 성격, 시기 및 범위를 결정할 때 통제의 운영효과성에 의존하려고 하는 경우) 통제테스트를 수행하는 것이 효율적이라고 판단하는 경우

② 실증절차만으로는 경영진 주장 수준의 충분하고 적합한 감사증거를 제공할 수 없는 경우

① 감사인이 경영진 주장 수준의 중요왜곡표시위험을 평가할 때 통제가 효과적으로 운영되고 있다는 기대를 하고 통제테스트를 수행하는 것이 효율적이라고 판단하는 경우

1) 통제테스트는 감사인이 내부통제를 이해하는 과정에서 경영진 주장의 중요한 왜곡표시를 예방 또는 발견 및 수정하는데 적절하게 설계되었다고 결정한 통제에 대해서만 수행된다. 또한, 이러한 내부통제에 의존하는 감사를 하기 위해서 수행하는 통제테스트를 수행하는 비용에 비해서 실증절차의 범위가 줄어드는 효익이 더 크다고 판단하는 경우에 감사인은 통제테스트를 수행한다. 만약, 감사대상기간 중 실질적으로 각기 다른 통제가 다른 시기에 사용된 경우에는 각각의 통제를 개별적으로 고려한

다. (ISA 330 문단 A20)

2) 통제테스트는 운영 효과성을 테스트(Operating Effectiveness) 하는 것으로서 예비적인 위험평가시 수행하는 통제의 설계(Design) 및 실행(Implementation)을 이해하고 평가하는 것과는 목적이 다르지만, 동일한 유형의 감사절차가 이용된다. 따라서, 감사인은 통제의 설계 및 실행여부에 대한 평가 및 이해와 통제의 운영효과성을 동시에 테스트하는 것이 효율적이라고 결정할 수 있을 것이다. (ISA 330 문단 A21)

〈이중목적 테스트 : Dual-Purpose Test〉

가. 정의

원칙적으로 통제테스트의 목적은 세부테스트의 목적과 다르지만, 감사인은 동일거래에 대하여 세부테스트(Test of Details)와 동시에 통제테스트(Test of Control)가 수행되도록 설계할 수 있다. 이를 이중목적 테스트라고 한다.

나. 유용성

하나의 감사절차를 통한 두 가지 테스트 목적을 동시에 달성함으로써 훨씬 효율적인 감사를 수행하는데 기여할 수 있는 감사기법이다.

다. 예시

예를 들어, 감사인은 청구서의 승인 여부를 결정하기 위해 그리고 거래에 대한 감사증거를 입수하기 위해, 청구서의 검사를 위한 테스트를 설계하고 그 결과를 평가할 수 있을 것이다. 또한 재고자산 실사입회를 통하여 재고자산의 실재성에 대한 세부테스트 뿐만 아니라 동시에 재고자산과 관련된 회사의 통제활동을 테스트할 수 있다

② 실증절차만으로는 경영진 주장 수준의 충분하고 적합한 감사증거를 제공할 수 없는 경우

1) 감사인은 어떤 경우 감사인은 경영진 주장 수준의 충분하고 적합한 감사증거를 제공하는 효과적인 실증절차의 설계가 불가능한 것을 알게 될 수 있다. 이것은 기업이 정보기술을 이용하여 사업을 수행하고, 거래에 관한 문서가 정보기술시스템 외에서는 생성되거나 유지되지 않을 때 발생될 수 있을 것이다. (예 : 실무적으로 은행과 같은 대량의 거래가 전산으로 이루어지는 업종을 생각해 보면 된다)

이와 같은 경우에는 감사인이 관련된 통제를 반드시 테스트하여야 한다. 이러한 통제테스트를 통하여 재무제표의 중요왜곡표시위험이 높지 않다는 증거를 입수하지 못하면 감사인은 감사의견에 미치는 영향까지 고려하여야 한다. (감사범위 제한 : 한정 또는 의견거절 표명 고려)

2) 특히 실증절차만으로 충분하고 적합한 감사증거를 입수하는 것이 불가능하거나 실행가능하지 않아 주로 통제테스트로 구성된 접근방법을 채택할 때는 통제의 운영 효과성에 관하여 높은 수준의 확신이 요구된다.

(2) 통제테스트(Test of Control)

① 성 격

통제테스트를 설계하고 수행할 때 감사인은 다음과 같은 절차를 수행하여야 한다. (ISA 330 문단 10)

가. 운영효과성에 대한 감사증거를 수집하기 위한 다음의 내용에 대한 질문

- ㉮ 감사대상 기간 중 관련 시기에 해당 통제가 적용된 방법
- ㉯ 통제의 일관된 적용
- ㉰ 통제 적용의 수행자 또는 수단

나. 테스트할 통제가 다른 통제(간접통제)에 의존하고 있는지 여부를 결정함. 만약 그렇다면 그러한 간접통제가 효과적으로 운영되고 있음을 뒷받침하는 감사증거를 입수할 필요가 있는지 여부를 결정하여야 한다.

1) 이러한 통제테스트를 수행하는 데 있어서 사용되는 감사절차에는 다음과 같은 내용이 있다. (ISA 330 문단 A26~27)

가. 질　문 (Inquiry)
나. 관　찰 (Observation)
다. 검　사 (Inspection)
라. 재수행 (Reperformance)

위 감사절차 중 질문만으로는 통제의 운영효과성을 테스트하는 데 충분하지 아니하다. 따라서 감사인은 질문과 결합하여 기타의 감사절차들을 수행한다. 이러한 점에서, 관찰은 관찰시점에만 귀속되므로 검사나 재수행과 결합하여 질문을 수행하는 것은 질문과 관찰에 의한 것보다 더 높은 수준의 확신을 제공할 수 있다.

또한, 감사인이 확인하고자 하는 통제가 어떠한 내용이냐에 따라 통제테스트를 수행하는 절차에는 차이가 발생한다. 예를 들어, 운영효과성이 문서화에 의해 입증된다면, 감사인은 운영효과성에 관한 감사증거를 입수하기 위해 이러한 문서화를 검사하기로 결정할 수 있다. 그러나 다른 통제에 대해서는 문서화가 이용가능하지 않거나 관련성이 없을 수도 있다. 예를 들어, 권한과 책임의 위임과 같은 통제환경의 어떠한 요소들, 또는 컴퓨터에 의해 수행되는 통제활동과 같이 어떤 유형의 통제활동에 대해서는 운영에 대한 문서화가 존재하지 않을 수도 있다. 이러한 환경에서는 관찰 또는 컴퓨터를 이용한 감사기법의 사용 등 다른 감사절차 수행과 결합하여 질문을 수행함으로써 운영효과성에 관한 감사증거를 입수할 수 있을 것이다.

〈상황별 적합한 통제테스트 감사절차〉

상 황	적합한 감사절차
관찰은 관찰시점에서의 운영 효과성에 대해서만 확신을 얻을 수 있다. 이 경우 더 높은 확신수준을 얻기 위하여 질문과 결합해서 수행하여야 하는 테스트 절차 2가지	검사 및 재수행
회사의 내부통제가 운영되는 전체적인 매뉴얼 및 해당 매뉴얼의 주기적인 점검절차 문서화에 대한 테스트	검사
권한과 책임의 위임과 관련된 통제환경의 효과성에 대한 테스트	관찰
컴퓨터의 통제활동과 같이 운영에 대한 문서화가 존재하지 않는 시스템에 대한 테스트	관찰

2) 상황에 따라 간접통제의 효과적인 운영을 뒷받침하는 감사증거를 입수할 필요가 있을 수 있다. 예를 들어 감사인이 승인된 신용한도를 초과한 매출의 예외보고서에 대해 사용자검토의 효과성을 테스트하기로 결정한 경우, 사용자검토 및 관련 사후점검은 감사인에게 직접적으로 관련성이 있는 통제다. 보고서 정보의 정확성에 대한 통제(예를 들어, 정보기술 일반통제)는 "간접" 통제로 불린다.

② 범 위

통제의 효과성에 관하여 더욱 설득력 있는 감사증거가 필요할 때는 통제테스트의 범위를 확대하는 것이 적합할 것이다. 감사인이 통제에 대한 의존도와 통제테스트의 범위를 결정할 때 고려할 사항은 다음과 같은 내용이 포함된다. (ISA 330 문단 A28)

요 인	영 향
해당 기간 중 기업이 통제를 수행한 빈도	기업이 통제를 수행한 빈도가 높을수록 통제테스트의 범위는 확대됨.
감사대상 기간 중 감사인이 통제의 운영효과성에 의존하는 기간	통제의 운영효과성에 의존하는 기간이 길수록 통제테스트의 범위는 확대됨.
통제로부터의 기대이탈률	통제로부터의 기대이탈율이 높을수록 통제테스트의 범위는 확대됨.
경영진 주장 수준의 통제에 대한 운영효과성에 관하여 입수하고자 하는 감사증거의 관련성과 신뢰성	경영진 주장과 관련된 감사증거 및 신뢰성 있는 감사증거가 적을수록 통제테스트의 범위는 확대됨.
해당 경영진 주장과 관련하여 다른 통제테스트로부터 입수되는 감사증거의 범위	다른 통제테스트로부터 입수되는 감사증거가 적을수록 통제테스트의 범위는 확대됨.

③ 시 기

1) 감사인은 통제에 의존하고자 하는 적절한 근거를 제공하기 위하여 해당 통제에 의존하고자 하는 특정의 시기나 전체 기간에 대해 통제테스트를 수행하여야 한다. (ISA 330 문단 A32)

<예시>

당해 시기에만 해당되는 감사증거로 충분한 사례 (재고실사 통제활동 테스트)	**일정기간에 걸쳐 통제에 의존하고자 하는 경우 (신용승인과 관련된 통제활동 테스트)**
보고기간말의 재고실사에 대한 통제테스트	해당 기간 중 그 통제가 효과적으로 운영되었다는 감사증거를 확보하기 위하여 기업의 통제 모니터링에 대한 테스트가 적합

2) 만약, 감사인이 중간 기간 중에 통제의 운영효과성에 대한 감사증거를 입수하면 감사인은 다음의 절차를 수행하여야 한다. (ISA 330 문단 12)

〈중간시점에 통제테스트를 수행한 경우 감사인의 후속절차〉

중간기간 이후 해당 통제에 유의적 변화가 있었는지에 대해 감사증거를 입수

⇩

〈잔여기간에 추가적인 감사증거를 수집하여야 할지 결정시 고려사항〉

고려사항	부연설명
잔여기간의 정도	잔여기간의 정도가 길수록 운영의 효과성에 대한 추가적인 감사증거가 필요하다.
통제환경	통제환경이 제대로 구비되어 있을수록 추가적인 감사증거를 수집하여야 할 필요성은 감소한다.
감사인이 실증절차를 감소시키기 위해 통제에 의존하려는 정도	실증절차를 감소시키기 위해 통제에 의존하려는 정도가 클수록 추가적인 감사증거를 수집하여야 할 필요성은 증가한다.
통제의 운영효과성에 대한 감사증거의 입수 정도	통제의 운영효과성에 대한 감사증거의 입수정도가 떨어질수록 추가적인 감사증거를 수집해야 할 필요성은 증가한다.

④ 과거의 통제테스트에서 입수된 감사증거의 이용

1) 감사인이 과거 통제의 운영 효과성에 대한 감사증거를 이용할 것인지 여부 결정시 고려사항 (ISA 330 문단 13)

가. 통제환경과 통제에 대한 모니터링 그리고 기업의 위험평가 절차 등 다른 내부통제 요소들의 효과성
나. 통제가 수작업에 의하고 있는지 또는 정보기술에 의하고 있는지 여부 등 통제의 특성에서 발생되는 위험
다. 정보기술 일반통제의 효과성
라. 통제의 적용과 관련하여 과거의 감사에서 발견된 이탈의 성격과 범위, 그리고 통제의 적용에 유의적인 영향을 미치는 담당자의 변화가 있었는지 등 통제와 통제를 적용할 때의 효과성
마. 특정 통제의 변화가 결여되어 주변 상황이 변화하면 위험이 초래될 가능성이 있는지 여부
바. 중요왜곡표시위험과 통제에 대한 의존 정도

2) 만약 감사인이 전기감사에서 얻은 감사증거를 이용하기로 계획한 경우

과거의 감사 이후 변경된 통제	과거의 감사 이후 변경되지 않은 통제
당기 감사에서 그 변경된 통제에 대한 테스트를 수행하여야 함.	매 3회의 감사에 최소한 한번은 통제에 대한 테스트를 수행하여야 함. 단, 특정 보고기간의 감사에서 감사인이 의존하고자 하는 통제 모두에 대하여 테스트를 수행하고 후속되는 두 보고기간의 감사에서는 통제에 대한 테스트를 전혀 수행하지 않을 가능성을 피하기 위하여 매 보고기간의 감사마다 일부 통제에 대한 테스트는 반드시 수행하여야 함.

⑤ 통제테스트의 결과

감사인은 관련 통제의 운영효과성을 평가할 때, 실증절차에서 발견된 왜곡표시가 통제가 효과적으로 운영되지 않고 있음을 나타내는 것인지 여부를 평가하여야 한다 이때 통제테스트 결과 통제가 효과적으로 운영되지 않다고 판단되는 경우에 감사인은 실증절차의 범위를 확대할 필요가 있다. 물론, 감사인이 실증절차만으로는 충분하고 적합한 감사증거를 수집하지 못한다고 판단하여 통제테스트를 하기로 결정한 경우(방법 3)에는 해당 사안이 감사의견에 미치는 영향을 판단하고 일반적으로 감사범위를 제한으로 한 의견거절을 표명할 것을 고려해 보아야 한다.

감사인은 수립된 계획에 따라 실증절차를 수행하는 경우 감사인의 절차에 의해 발견된 중요한 왜곡표시는 내부통제에 유의적 미비점이 있다는 강한 징후가 될 수 있다. 그러나 실증절차에서 왜곡표시가 발견되지 않았다고 하여 테스트 중인 경영진 주장과 관련된 통제가 효과적이라는 감사증거를 제공하는 것은 아니다.

〈통제테스트 수행결과 이후 감사인의 대응조치〉

통제가 효과적으로 운영되지 않고 있다고 판단한 경우	통제가 효과적으로 운영되고 있다고 판단한 경우
① 실증절차의 범위를 확대하고 실증적 분석절차보다는 세부테스트에 중점을 둬야 함. 그리고 실증절차의 시기를 보고기간말에 중점을 두도록 계획을 수립 ② 내부통제의 미비점으로 간주되는 경우 지배기구와의 커뮤니케이션 ③ 만약, 실증절차만으로 충분하고 적합한 감사증거를 수집하지 못한다고 판단하는 경우 감사범위제한으로 의견거절을 표명할 것을 고려	해당 경영진 주장에 대한 중요왜곡표시위험이 낮을 것으로 판단하고 실증절차의 범위를 상대적으로 줄이고 실증적 분석절차에 중점을 두도록 감사를 수행하고 보고기간말 이전 기중에 감사를 수행하도록 계획을 수립.

(3) 실증절차의 성격, 범위, 시기에 대한 결정

중요왜곡표시위험이 높다고 판단되는 경우

⬇

성격	보다 신뢰할 수 있거나 관련성이 있는 감사증거 또는 추가적인 보강정보를 입수하는 것으로 대응
범위	표본크기를 확대하거나 세부적인 수준에서 분석적 절차를 수행하는 것으로 대응
시기	보고기간말 또는 보고기간 말에 근접한 때에 실증절차를 수행하는 것으로 대응

감사인은 평가된 중요왜곡표시위험과 관계없이 중요한 각 거래유형과 계정잔액 및 공시에 대하여는 실증절차를 설계하고 수행하여야 한다. 그 이유는 다음과 같다. (ISA 330 문단 A42)

가. 감사인의 위험평가에는 판단이 수반되므로 모든 중요왜곡표시위험이 식별되지 않을 수 있음.
나. 경영진의 통제무력화 등 내부통제에 고유한계가 존재하기 때문임

① 성 격

1) 실증절차의 방법은 다음과 같다.

가. 실증적 분석절차
나. 세부테스트
  나-1. 계정잔액에 대한 감사절차
  나-2. 거래유형에 대한 감사절차
  나-3. 표시, 공시에 대한 감사절차

실증절차의 성격은 실증적 분석절차와 세부테스트 중 어떠한 감사절차에 보다 중점을 두고 실증절차를 수행할 것인지 결정하는 것이다 (ISA 330 문단 A43)

중요왜곡표시위험이 낮은 경우	중요왜곡표시위험이 높은 경우
감사인의 위험평가결과가 통제테스트를 통하여 왜곡표시위험이 낮다고 판단되는 경우 실증적 분석절차만 수행하는 것으로 감사위험을 수용가능한 낮은 수준으로 감소시키기에 충분함.	실증적 분석절차보다는 세부테스트에 보다 더 의존하는 감사를 수행함.

2) 또한 위험과 경영진 주장의 성격은 세부테스트 설계에 많은 영향을 미친다. (ISA 330 문단 A45)

<예시>

실재성 및 발생사실 주장	완전성 주장
세부테스트시 재무제표 금액에 포함된 항목에서 표본을 추출하고 관련 감사증거를 입수하는 것이 적합한 절차임	세부테스트시 관련 재무제표 금액에 포함되어야 할 것으로 예상되는 항목에서 표본을 추출하고, 해당 항목이 실제로 재무제표에 포함되었는지를 검사하는 것이 적합한 절차임.

② 범 위

1) 세부테스트를 설계할 때 테스트의 범위는 일반적으로 표본규모로 나타난다. 중요왜곡표시위험이 높을수록 표본의 크기는 증가하게 된다.

2) 중요왜곡표시위험을 평가할 때는 내부통제를 고려하게 되어 있고 실증절차의 범위를 줄이기 위해서는 반드시 통제테스트로부터 만족스러운 결과를 얻어야 한다. 따라서, 감사인의 통제테스트의 결과가 만족스럽지 못할 경우 실증절차의 범위를 확대할 필요가 있으며 반대로 통제테스트의 결과 중요왜곡표시위험이 낮다고 판단되는 경우에는 실증절차의 범위를 줄일 수 있다.

③ 시 기

1) 기중에 실증절차를 수행할지 여부를 결정하기 위하여 고려하여야 할 요인은 다음과 같다. (ISA 330 문단 A56)

요 건	상 황
가. 통제환경 및 기타의 관련 통제	통제환경 및 기타의 관련통제가 효과적이라고 판단한 경우
나. 감사인이 수행할 절차에 필요한 정보가 이후 시점에 입수될 수 있는지 여부	필요한 정보가 이후 시점에 입수가능하다고 판단되는 경우
다. 평가된 중요왜곡표시위험	중요한 왜곡표시 평가위험이 높지 않다고 판단한 경우
라. 거래유형과 계정잔액의 성격 및 관련 경영진 주장	실재성 주장의 경우는 기중에 실증절차를 수행할 수 있지만 완전성 주장의 경우에는 재무제표일 이후에 실증절차(특히, Subsequent Test)를 수행하는 것이 일반적이다.

2) 실증절차가 기중의 일자를 기준으로 수행되면 감사인은 기중 일자를 기준으로 얻은 감사결론을 보고기간말까지 확대하기 위한 합리적인 근거를 제공하기 위하여 잔여 기간에 대해 다음 절차를 수행하여야 한다. (ISA 330 문단 22)

가. 잔여기간에 대한 통제테스트를 수반한 실증절차를 수행 나. 만약 감사인이 충분하다고 결정한 경우에는 실증절차만을 수행

이때 수행되는 실증절차의 내용은 구체적으로 다음과 같다. (ISA 330 문단 A55)

가. 보고기간말 잔액에 대한 정보를 기중 일자의 비교가능한 정보와 비교하고 조정함 나. 비경상적으로 보이는 금액을 식별함 다. 동 금액에 대하여 검사함. 라. 잔여기간에 대한 테스트를 위해 실증적 분석절차 또는 세부테스트를 수행함.

특히, 다음과 같은 특정감사절차의 경우에는 보고기간말 또는 그 이후에만 수행될 수 있다. (ISA 330 문단 A13)

가. 재무제표를 회계기록과 대조하는 절차 나. 재무제표의 작성과정에서 발생된 수정사항을 검토하는 절차 다. 보고기간말에 기업이 부적절한 판매계약을 체결하거나 거래가 완결되지 않을 위험에 대응하는 절차

〈유의적 위험(Significant Risk)에 대한 대응〉

감사인이 판단할 때 감사상 특별한 고려가 요구되는 것으로 식별되고 평가된 중요왜곡표시위험을 "유의적 위험(Significant Risk)"이라고 정의한다. 따라서, 유의적 위험은 중요왜곡표시위험 중에서 감사상 특별고려가 요구되는 위험이고, 결국 중요왜곡표시위험보다는 더 심각하거나 중요한 위험이라고 해석하여야 한다. 이러한 유의적 위험에 대해서는 아래와 같은 대응을 하도록 감사기준은 요구하고 있다.

가. 통제의 이해 및 통제테스트
감사인은 유의적 위험이 존재한다고 결정한 경우 통제활동 등 위험과 관련된 기업의 통제를 반드시 이해하여야 하고 그 위험에 대해서는 일반적으로 당기에 해당 통제를 테스트하여야 한다. (ISA 315 문단 29 및 330 문단 15)

나. 실증절차
감사인은 경영진 주장 수준의 평가된 중요왜곡표시위험이 유의적이라고 결정하면, 해당 위험에 구체적으로 대응하는 실증절차를 수행하여야 한다. 유의적 위험에 대응하는 접근방법이 실증절차만으로 구성되어 있는 경우에는, 반드시 세부테스트를 포함시켜야 한다.

〈예〉 경영진이 이익기대치를 달성해야 하는 압력을 받고 있다는 사실을 발견한 경우

1. 발생할 수 있는 재무제표의 왜곡표시 유형
   (1) 수익인식이 허용될 조건을 갖추지 못한 판매계약과 관련하여 부당하게 수익인식
   (2) 선적일 이전에 판매송장을 발급하여 매출을 과대계상할 위험이 존재

2. 감사인의 대응조치
   (1) 경영진이 매출을 과대계상하기 위하여 발생하지 않은 매출을 재무제표에 인식하지 않도록 내부통제환경이 제대로 구비되어 있는지 확인 (구체적으로 감사위원회 및 내부감사의 기능, 경영진의 윤리강령 구비 등)
   (2) 해당 매출 인식과 관련된 통제테스트를 일반적으로 수행
   (3) 또한 실증절차로서 거래처로부터 직접 외부조회를 발송 수령함. 이 경우에 매출채권 잔액뿐만 아니라 판매일, 반품청구권, 인도조건 등 판매계약의 세부사항을 확인할 수 있도록 외부조회절차를 설계. 또한, 감사인은 판매계약과 인도조건의 변경에 관하여 재무담당자가 아닌 인원에게 질문함으로써 외부조회절차를 보완하는 것이 효과적임.

(4) 문서화(Audit Documentation) (ISA 330 문단 28)

① 재무제표 수준의 평가된 중요왜곡표시위험에 대처하기 위한 전반적인 대응, 수행된 추가감사절차의 성격과 시기 및 범위
② 이러한 감사절차와 경영진 주장 수준의 평가된 위험과의 연결관계
③ 감사절차의 결과. 명확하지 않은 경우에는 그 결론을 포함한다.
④ 만약 감사인이 과거의 감사에서 입수된 통제의 운영효과성에 관한 감사증거를 이용할 계획이라면, 감사인은 과거의 감사에서 테스트한 통제에의 의존과 관련하여 그 도달된 결론
⑤ 재무제표가 그 기초가 되는 회계기록과 대조 또는 조정되었다는 것을 감사문서에 명시

보론 ▌내부통제제도의 이해와 관련된 문서화 방법

감사인은 위험평가과정에서 회사의 내부통제제도를 이해하고 해당 내용에 대해서는 문서화를 하도록 되어 있다. 이러한 문서화 방법에는 여러 가지가 있을 수 있는데 일반적으로 설명식 기술서, 질문서 또는 점검표 및 업무흐름도 등이 각각 또는 상호보완적으로 이용된다.

(1) 설명식 기술서에 의한 문서화

설명식 기술서(narration)는 감사대상회사의 내부통제제도의 구성요소에 대한 감사인의 이해사항을 **문장의 형식으로 자세하게 기술한 문서**를 말한다. 설명식 기술서에는 일반적으로 감사대상회사가 운영하는 내부통제제도의 구체적인 통제절차를 명시하고, 이러한 통제절차가 얼마나 효율적으로 수행되고 있는가에 대한 감사인의 의견을 기재한다. 설명식 기술서는 보통 규모가 작고 영업의 내용이 단순한 회사의 경우에 사용되는 문서화 방법이지만, 설명식 기술서를 작성하는 감사인 이외에는 그 내용을 이해하기 어렵고 표준화하기 어렵다는 이유로 인하여 잘 사용되지 않는 문서화의 방법이다.

(2) 질문서에 의한 문서화

질문서(questionnaire)는 감사인이 감사대상회사의 통제위험을 평가하기 위하여 필요하다고 판단하는 **검토사항들을 질문의 형식으로 나열한 문서**를 말한다. 질문서에는 감사인이 검토·확인하고자 하는 사항들이 나열되고 이에 대하여 감사인은 "예", "아니오", 또는 "해당 사항 없음"으로 구분하여 기재하고 특별한 주의사항이 있는 경우에는 비고란에 기재하게 된다. 질문서의 작성은 내부통제제도를 이해하는 단계에서 감사대상회사의 담당직원 등에게 질문하는 과정에서 작성되기 때문에 일반적으로 사용이 편리한 문서화방법이다. 또한 감사인이 필요하다고 판단하는 중요한 검토사항들을 사전에 질문서의 양식에 포함시킬 수 있기 때문에 질문서를 사용하는 경우 통제위험을 평가하기 위하여 반드시 검토되어야 할 사항들을 누락시킬 가

능성을 줄일 수 있다는 장점이 있다.

다음은 내부통제제도에 대한 질문서의 한 예이다.

〈내부통제제도에 대한 질문서의 예〉

고객회사명 :
계정과목명 :
고객회사 담당자 성명 및 직위:
작성자: 작성일자:
검토자 : 검토일자 :

검 토 사 항	예	아니오	해당사항 없음
1. 신용부서와 영업부서는 서로 독립적인가?			
2. 다음의 매출거래들에 대한 업무처리는 동일한 방법으로 이루어지는가? ① 종업원에 대한 매출거래 ② 현금매출거래 ③ 유형자산의 처분 ④ 공손품매출			
3. 매출송장에의 접근이 제한되어 있는가?			
4. 선적부서에서 사용되는 서류가 일련번호에 의해 통제되고 있는가?			
5. 매출송장의 사용이 일련번호에 의해 이루어지는가?			
6. 위 4와 5에서 누락된 일련번호를 확인하고 있는가?			
7. 모든 신용매출거래는 선적 전에 신용부서에 의해 승인되고 있는가?			
8. 매출가격과 거래조건은 사전에 승인된 표준과 일치하는가?			
9. 매출환입 등의 거래는 책임 있는 담당직원에 의해 승인되며 환수된 제품의 수령, 상태 및 수량에 대한 확인이 이루어지는가?			
10. 선적된 수량은 송장의 수량과 대조되는가?			
11. 매출송장의 내역에 대한 계산검증이 이루어지는가?			
12. 제품별 매출액에 대한 통계자료가 정기적으로 작성되는가?			
13. 기간별 매출액을 원장에 전기하는 과정은 매출채권의 회계업무와 독립적으로 이루어지는가?			
14. 회사의 회계규정집에는 매출거래의 분류지침이 있는가?			
15. 분개장의 기록을 총계정원장에 전기하기 전에 적절한 승인절차가 있는가?			

(3) 업무흐름도에 의한 문서화

업무흐름도(flow chart)는 **특정한 부호나 그림을 사용하여 감사대상회사의 내부통제에 관한 업무의 흐름을 표시한 것**이다. 업무흐름도에는 수행되는 업무, 투입되고 산출되는 정보와 그 흐름, 관련서류 및 의사결정의 내용들이 표시된다. 업무흐름도를 사용하게 되면 누구 또는 어떤 부서에 의해서 특정한 업무가 수행되고 있는가를 손쉽게 알 수가 있다.

업무흐름도는 그림을 사용하여 간략하게 작성되기 때문에 감사인은 이를 통해서 감사대상회사의 복잡한 내부통제제도를 손쉽게 이해할 수 있다는 장점이 있다. 또 업무흐름도에는 표준화된 부호나 그림을 사용하기 때문에 업무흐름도를 작성하는 감사인과 이를 다시 검토하는 감사인 모두 이해하기 용이한 문서화의 방법이다.

한편, 업무흐름도에 사용되는 부호의 내용은 다음과 같다.

❖ 업무흐름도에 사용되는 부호 ❖

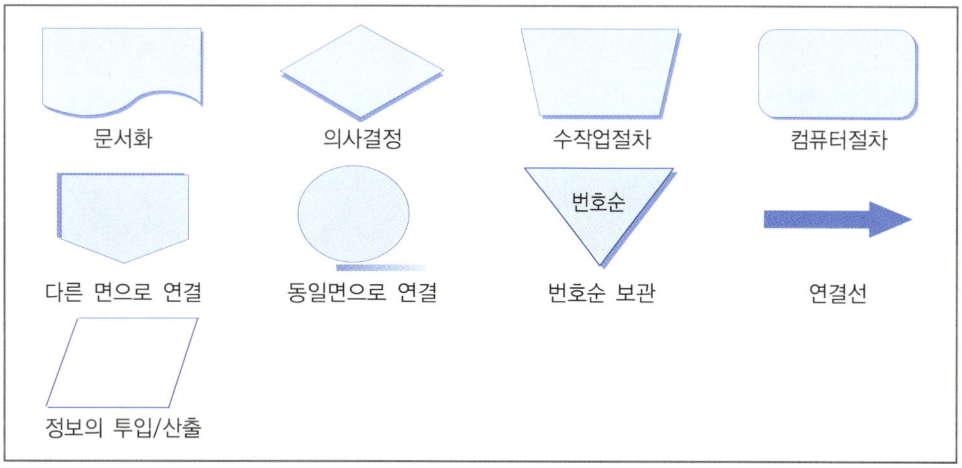

❖ 내부통제제도의 문서화방법의 장단점 ❖

종 류	장 점	단 점
설명식 기술서법	① 기업의 내부통제제도에 대한 자세한 분석이 가능하다. ② 기업의 상황에 맞춰서 융통성 있게 작성할 수 있다.	① 내부통제제도의 취약점이 명확하게 지적되지 않는다. ② 설명식 기술서법에 의하여 문서화하는데 시간과 비용이 많이 소요된다. ③ 설명식 기술서를 작성한 본인 이외에는 내용을 이해하기 어렵고 표준화하기 어렵다.

종 류	장 점	단 점
질문서법	① 작성하기 쉽다. ② 중요한 내부통제제도의 절차에 대하여 누락됨이 없이 이해를 할 수 있다.	① 모든 회사에 일괄된 질문서를 적용하기는 불가능하다. ② 질문서에 대한 답변자의 자의가 많이 개입될 수 있다.
업무 흐름도법	① 전산화된 내부통제제도를 이해하는 데 도움이 된다. ② 일목요연하게 표현이 되어 이해가 용이하다.	① 질문서법에 비하여 시간과 비용이 많이 소요된다. ② 작성이 어렵고 숙련된 회계사가 아니면 이해하기 어렵다.

한편, 내부통제제도의 이해를 위하여 특정거래의 전형적 거래 몇 개를 선택하여 거래의 발생부터 종결까지 과정을 쫓아가면서 거래흐름 및 관련 문서, 증빙 등을 검토하는 기법을 추적시사(Walk-Through Test)라고 한다.

Q&A 사례문제 1

다음 질문에 답하시오.

김철수 회계사가 수행하는 다음의 통제테스트의 목적을 경영진 주장과 연결하여 서술하고 구체적으로 감사인의 통제테스트 목적을 달성하기 위해서 김철수 회계사가 수행할 수 있는 구체적인 통제테스트의 방법(감사기술을 꼭 포함시킬 것)을 서술하시오. 단, 이 경우 반드시 적절한 모집단을 포함시켜서 서술하고 관련 통제테스트가 어떠한 통제활동을 검증하는 절차인지도 서술하시오.

답안 양식 :

통제테스트의 목적	경영진 주장 (재무제표 주장)	통제테스트의 방법 (모집단, 관련 통제활동)
신규거래처에 대한 주문이 발생하였을 때 신용에 대한 적절한 검증이 이루어지는지 여부에 대한 테스트 (①)		
선적이 이루어진 모든 거래에 대해서는 누락됨이 없이 모든 매출거래가 청구되고 장부에 기록되는지 여부에 대한 테스트 (②)		
장부에 기록된 모든 거래는 구체적인 증빙서류에 근거하여 기록되는지 여부 (③)		
재고자산이 창고에 입고 시 적절하게 검수절차를 거쳐서 입고되는지 여부 (④)		
계속기록법에 의해서 관리되는 재고자산 명세서상의 수량과 실제 창고수량을 제3자에 의해서 확인하는 재고실사절차의 유효성 검증 (⑤)		

풀이

통제테스트의 목적	경영진 주장 (재무제표 주장)	통제테스트의 방법 (모집단, 관련 통제활동)
①	평가	1. 문서검사 : 신규거래처에 대한 매출거래(매출채권 명세서 및 선적서류 등)에서 표본을 추출하여 관련 신용에 대한 승인문서(승인된 판매지시서 등)를 검사해 본다. 2. 모집단 : 신규거래처에 대한 매출거래 3. 통제활동 : 승인절차
②	완전성	1. 문서검사 : 선적서류, 출고지시서 등에서 표본을 추출하여 관련 거래내역이 모두 대금청구가 이루어지고 장부에 기록되었는지 전진법으로 문서검사해 본다. 2. 모집단 : 선적서류, 출고지시서 등 매출 관련 서류 3. 통제활동 : 정보처리
③	실재성 또는 발생사실	1. 문서검사 : 매출원장 또는 매출채권 거래내역에서 표본을 추출하여 관련 증빙서류가 모두 문서화되어 있는지 확인해 본다. 2. 모집단 : 매출원장 또는 매출채권 거래내역 3. 통제활동 : 정보처리
④	실재성 또는 완전성	1. 문서검사 및 관찰 : 재고자산 입고기록에서 표본을 추출하여 관련 검수보고서가 작성되는지 문서검사하거나 검수현장을 가서 관찰해 본다. 2. 모집단 : 재고자산 입고 관련 기록 및 문서 등 3. 통제활동 : 물리적 통제
⑤	실재성 또는 완전성	1. 관찰 : 재고자산 실사현장을 가서 관찰(입회)한다. 2. 모집단 : N/A 3. 통제활동 : 물리적 통제

Q&A 사례문제 2: 2013년 KICPA 기출 변형

다음은 A회계사가 갑㈜의 내부통제와 관련하여 파악한 내용이다.

① A회계사는 갑㈜를 담당하고 있는 인차지(In-Charge) 회계사이다.
② A회계사는 갑㈜에 대한 감사업무에 작년부터 참여하여 왔으며, 회사에 대한 충분한 이해와 감사경험을 보유하고 있다.
③ A회계사는 12월 말로 종료하는 사업연도를 가진 갑㈜의 중간감사를 7월경 반기 검토업무와 함께 수행하였으며, 이 때 수행한 반기(6월말)까지 거래에 대한 내부통제 평가결과만을 기초로 실증절차의 성격, 시기 및 범위를 잠정 결정하였다.

[요구사항 1]

New ISA에 근거 위에 제시된 설명에서 파악할 수 있는 (1) 내부통제 감사와 관련된 문제점을 기재하고, 실증절차의 성격, 시기 및 범위를 최종결정하기 전에 (2) 추가적인 감사증거의 수집과 관련하여 고려할 요소 4가지 및 각각 어떠한 경우에 추가적인 감사증거가 필요한지에 대한 설명까지 포함하여 기재하시오.

내부통제 감사 관련 문제점	추가적 감사증거의 수집 관련 고려요소
	①
	②
	③
	④

풀 이

내부통제 감사 관련 문제점	추가적 감사증거의 수집 관련 고려요소
중간기간 이후 해당 통제에 유의적 변화가 있었는지에 대해 감사증거를 입수하였어야 한다.	① 잔여기간의 정도 : 잔여기간의 정도가 길수록 운영의 효과성에 대한 추가적인 감사증거가 필요하다.
	② 통제환경 : 통제환경이 제대로 구비되어 있을수록 추가적인 감사증거를 수집하여야 할 필요성은 감소한다.
	③ 감사인이 실증절차를 감소시키기 위해 통제에 의존하려는 정도 : 실증절차를 감소시키기 위해 통제에 의존하려는 정도가 클수록 추가적인 감사증거를 수집하여야 할 필요성은 증가한다.
	④ 통제의 운영효과성에 대한 감사증거의 입수 정도 : 통제의 운영효과성에 대한 감사증거의 입수정도가 떨어질수록 추가적인 감사증거를 수집해야 할 필요성은 증가한다.

[요구사항 2]

통제테스트 수행시 A회계사는 과거 감사결과를 이용할 것인지 여부를 결정하려고 한다 이 때 고려하여야 할 요인 3가지를 New ISA에 근거하여 서술하고 만약 과거 감사결과를 활용하기로 의사결정한 경우 그러한 내부통제가 과거의 감사 이후 변경된 경우와 아닌 경우로 나누어서 감사인이 수행하여야 할 절차에 대해서 5줄 이내로 서술하시오.

풀 이

(1) 통제테스트 수행시 과거 감사결과를 이용할 것인지 여부를 결정하기 위하여 고려할 요인

고려요인	영 향
통제환경과 통제에 대한 모니터링 그리고 기업의 위험평가 절차 등 다른 내부통제 요소들의 효과성	다른 내부통제요소들이 효과적일수록 과거 통제테스트 결과에 의존할 수 있음
정보기술 일반통제의 효과성	전산화된 환경에서 일반통제가 효과적일수록 과거 통제테스트 결과에 의존할 수 있음.
통제의 적용과 관련하여 과거의 감사에서 발견된 이탈의 성격과 범위, 그리고 통제의 적용에 유의적인 영향을 미치는 담당자의 변화가 있었는지 여부	과거의 감사에서 발견된 이탈의 범위가 상대적으로 적었고, 통제의 적용에 유의적인 영향을 미치는 담당자의 변화가 없을수록 과거 통제테스트 결과에 의존할 수 있음.
중요왜곡표시위험과 통제에 대한 의존 정도	중요왜곡표시위험이 낮을수록 그리고 통제에 대한 의존도가 낮을수록 과거 통제테스트 결과에 의존할 수 있음.

(2) 만약 감사인이 전기감사에서 얻은 감사증거를 이용하기로 계획한 경우

과거의 감사 이후 변경된 통제	과거의 감사 이후 변경되지 않은 통제
당기 감사에서 그 변경된 통제에 대한 테스트를 수행하여야 함.	매 3회의 감사에 최소한 한번은 통제에 대한 테스트를 수행하여야 함. 단, 특정 보고기간의 감사에서 감사인이 의존하고자 하는 통제 모두에 대하여 테스트를 수행하고 후속되는 두 보고기간의 감사에서는 통제에 대한 테스트를 전혀 수행하지 않을 가능성을 피하기 위하여 매 보고기간의 감사마다 일부 통제에 대한 테스트는 반드시 수행하여야 함.

Q&A 사례문제 3: New ISA 기준

1 평가된 중요왜곡표시위험과 관계없이 중요한 각 거래유형과 계정잔액 및 공시에 대하여는 실증절차를 설계하고 수행하여야 하는데 그 2가지 이유를 New ISA에 근거하여 서술하시오.

풀이

① 감사인의 위험평가에는 판단이 수반되므로 모든 중요왜곡표시위험이 식별되지 않을 수 있음.
② 경영진의 통제무력화 등 내부통제에 고유한계가 존재하기 때문임.

2 감사인은 위험평가결과 추가감사절차로서 통제테스트를 수행하지 않고 실증절차만을 수행하는 것이 적합하다는 결론을 내릴 수 있다. 어떠한 경우가 이에 해당되는지 New ISA에 근거하여 2가지 경우를 서술하고 이에 대한 구체적인 예시를 제시해 보시오. 또한, 이러한 경우 실증절차

의 성격, 범위, 시기에는 어떠한 영향을 미치는지 여부에 대해서도 서술해 보시오.

풀이

(1) 통제테스트를 수행하지 않는 경우

① 감사인이 위험평가절차를 통하여 해당 경영진 주장과 관련된 효과적인 통제가 식별되지 아니한 경우 (예 : 초도감사의 벤처기업) 또는 ② 통제를 테스트하는 것이 비효율적이라고 판단한 경우 (예 : 소규모 기업)

(2) 실증절차의 성격, 범위, 시기

성격	보다 신뢰할 수 있거나 관련성이 있는 감사증거 또는 추가적인 보강정보를 입수하는 것으로 대응. 즉, 실증적 분석절차보다는 세부테스트에 더 의존하는 감사
범위	표본규모를 늘리거나 보다 상세한 수준의 실증적 분석절차를 수행
시기	기중보다는 보고기간말 또는 보고기간말에 근접한 시기에 실증절차를 수행

3 원칙적으로 통제테스트의 목적은 세부테스트의 목적과 다르지만 감사인은 동일거래에 대하여 세부테스트(Test of Details)와 동시에 통제테스트(Test of Control)가 수행되도록 설계할 수 있다. 이것을 무엇이라고 하는지 서술하고 이러한 테스트의 유용성에 대해서 한 줄로 간단하게 서술해 보시오.

풀이

① 이중목적 테스트.
② 하나의 감사절차를 통한 두 가지 테스트 목적을 동시에 달성함으로써 훨씬 효율적인 감사를 수행하는데 기여할 수 있는 감사기법이다.

4 통제테스트 수행결과 통제가 효과적으로 운영되고 있다는 충분하고 합리적인 확신을 얻지 못한 경우 이루어질 수 있는 감사인의 대응 조치 2가지를 New ISA에 근거하여 나누어 서술하시오.

풀이

① 일반적인 경우에는 실증절차의 범위를 확대하고 실증적 분석절차보다는 세부테스트에 중점을 둬야 함. 그리고 실증절차의 시기를 보고기간말에 중점을 두도록 계획을 수립. 또한, 해당 통제테스트 결과가 내부통제의 미비점으로 간주되는 경우 해당 사항에 대해서 지배기구와의 커뮤니케이션 필요
② 만약, 실증절차만으로 충분하고 적합한 감사증거를 수집하지 못한다고 판단하는 경우 감사범위제한으로 의견거절을 표명할 것을 고려

5 내부통제테스트에 사용되는 감사기술 4가지를 서술하고 다음의 경우에 어떠한 감사기술이 가장 적합한지를 New ISA에 근거하여 서술하시오.

상 황	적합한 감사기술
관찰은 관찰시점에서의 운영 효과성에 대해서만 확신을 얻을 수 있다. 이 경우 더 높은 확신수준을 얻기 위하여 질문과 결합해서 수행하여야 하는 테스트 절차 2가지	
회사의 내부통제가 운영되는 전체적인 매뉴얼 및 해당 매뉴얼의 주기적인 점검절차 문서화에 대한 테스트	
권한과 책임의 위임과 관련된 통제활동의 효과성에 대한 테스트	
컴퓨터의 통제활동과 같이 운영에 대한 문서화가 존재하지 않는 시스템에 대한 테스트	

풀 이

(1) 내부통제테스트에 사용되는 감사기술

① 질문　② 관찰　③ 검사(문서검사를 지칭함)　④ 재수행

(2) 상황별 적합한 감사기술

상 황	적합한 감사기술
관찰은 관찰시점에서의 운영 효과성에 대해서만 확신을 얻을 수 있다. 이 경우 더 높은 확신수준을 얻기 위하여 결합해서 수행하여야 하는 테스트 절차 2가지	검사 및 재수행
회사의 내부통제가 운영되는 전체적인 매뉴얼 및 해당 매뉴얼의 주기적인 점검절차 문서화에 대한 테스트	검사
권한과 책임의 위임과 관련된 통제활동의 효과성에 대한 테스트	관찰
컴퓨터의 통제활동과 같이 운영에 대한 문서화가 존재하지 않는 시스템에 대한 테스트	관찰

6 감사인은 위험평가결과에 근거하여 기중에 실증절차를 수행하기로 의사결정할 수 있다. 이렇게 기중에 실증절차를 수행하기 위한 요건 3가지를 서술하고 그 경우 감사인이 기중부터 보고기간 말까지 수행하여야 할 후속조치를 New ISA에 근거하여 서술하시오.

풀 이

(1) 기중에 실증절차를 수행하기 위한 요건 3가지

요 건	상 황
통제환경 및 기타의 관련 통제	통제환경 및 기타의 관련통제가 효과적이라고 판단한 경우
감사인이 수행할 절차에 필요한 정보가 이후 시점에 입수될 수 있는지 여부	필요한 정보가 이후 시점에 입수가능하다고 판단되는 경우
평가된 중요왜곡표시위험	중요한 왜곡표시 평가위험이 높지 않다고 판단한 경우
거래유형과 계정잔액의 성격 및 관련 경영진 주장	실재성 주장의 경우는 기중에 실증절차를 수행할 수 있지만 완전성 주장의 경우에는 재무제표일 이후에 실증절차 (특히, Subsequent Test)를 수행하는 것이 일반적이다.

(2) 후속조치

① 잔여기간에 대한 통제테스트를 수반한 실증절차를 수행
② 만약 감사인이 충분하다고 결정한 경우에는 실증절차만을 수행. 이 경우 감사인이 수행하는 실증절차의 내용은 다음과 같다.
가. 보고기간말 잔액에 대한 정보를 기중 일자의 비교가능한 정보와 비교하고 조정
나. 비경상적으로 보이는 금액을 식별함
다. 동 금액에 대하여 검사함
라. 잔여기간에 대한 테스트를 위해 실증적 분석절차 또는 세부테스트를 수행

7 감사인은 위험평가과정에서 감사인이 판단할 때 감사상 특별한 고려가 요구되는 것으로 식별되고 평가된 중요왜곡표시위험(유의적 위험)을 파악할 수 있다. 이러한 유의적 위험에 대해서 New ISA에서는 어떻게 대응하도록 요구하고 있는지 여부에 대해서 통제의 이해 및 테스트와 실증절차로 나누어서 각각 2줄로 간단하게 서술하시오.

풀 이

통제의 이해 및 테스트	통제활동 등 위험과 관련된 기업의 통제를 반드시 이해하여야 하고 그 위험에 대해서는 일반적으로 당기에 해당 통제를 테스트하여야 한다.
실증절차	해당 위험에 구체적으로 대응하는 실증절차를 수행하여야 한다. 유의적 위험에 대응하는 접근방법이 실증절차 만으로 구성되어 있는 경우에는, 반드시 세부테스트를 포함시켜야 한다.

8 New ISA에 근거하여 실증절차 수행시 결산절차와 관련하여 감사인이 반드시 수행하여야 할 절차 2가지를 서술해 보시오.

풀 이

(1) 기초가 되는 회계기록과 재무제표를 대조하거나 차이를 조정함
(2) 재무제표를 작성하는 과정에서 행한 중요한 분개 및 기타 수정사항에 대하여 검사함.

9 New ISA에 의하면 특정감사절차의 경우 반드시 보고기간말 또는 그 이후에만 수행가능한 절차를 열거하고 있는데 그것에 해당되는 절차 3가지를 서술해 보시오.

풀 이

① 재무제표를 회계기록과 대조하는 절차
② 재무제표의 작성과정에서 발생된 수정사항을 검토하는 절차
③ 보고기간말에 기업이 부적절한 판매계약을 체결하거나 거래가 완결되지 않을 위험에 대응하는 절차

Q&A 사례문제 4 : 2015년, KICPA 기출문제

A㈜는 코스닥시장상장법인으로 20X4년(1.1~12.31)에 X회계법인으로부터 감사를 받고 있으며, X회계법인은 20X3년부터 감사를 수행하고 있다.

※ 다음의 각 물음은 문제에서 특별한 언급이 없는 한 독립적인 상황이다.

1 감사인은 A㈜의 내부통제를 이해하는 과정에서 다음과 같은 통제활동의 미비점을 발견하였다. 아래 (1)~(3)의 상황에서 발생할 수 있는 문제점을 [답안양식]에 따라 서술하시오.

(1)	현금수납 담당사원이 현금출납장부와 매출채권장부를 동시에 기록하고 있다.
(2)	대금청구서의 지급을 승인하고 대금을 지급하는 권한이 동일 인물에게 부여되어 있다.
(3)	대손확정의 승인권한을 갖고 있는 사람에게 매출채권장부를 기록하는 권한이 부여되어 있다.

[답안양식]

사례번호	발생할 수 있는 문제점
(1)	
(2)	
(3)	

풀이

사례번호	발생할 수 있는 문제점
(1)	수금된 매출채권 회수금액을 기록하지 않고 해당 금액을 횡령할 수 있는 문제점. (래핑)
(2)	회사에 대한 자금을 개인적인 자금으로 유용할 수 있는 문제점
(3)	수금된 매출채권 회수금액을 횡령하고 관련 거래처에 대한 매출채권 금액을 대손처리시킬 수 있는 문제점

2 회계감사기준에 따르면 감사인은 감사관련 통제활동과 관계있는 활동 등 기업이 재무보고에 대한 내부통제를 모니터링하기 위해 사용하는 주요 활동, 그리고 기업이 그러한 통제 미비점에 대해 어떻게 개선조치를 취하는지 이해해야 한다. 감사인은 A㈜가 내부감사기능을 가지고 있는 것으로 판단하였다. 내부감사기능이 감사와 관련되는지 여부를 결정하기 위해 감사인이 이해해야 할 사항을 서술하시오.

풀이

내부감사기능의 책임과 활동의 성격이 기업의 재무보고와 관련성이 있는지 이해하여야 하며, 그러한 내부감사인의 업무를 활용하여 감사절차의 성격이나 시기를 변경하거나 그 범위를 축소시킬 수 있는지 이해하여야 한다.

3 회계감사기준에서는 경영진주장 수준에서 평가된 중요왜곡표시위험을 기초로 하여 감사인이 이에 대응하는 추가감사절차의 성격, 시기 및 범위를 설계하고 수행하도록 요구하고 있다. X회계법인의 김 회계사는 내부통제가 효과적이라고 판단하여 1월 1일부터 8월 31일까지를 대상으로 10월 1일부터 10월 10일까지 통제테스트를 수행하였다. 감사인이 상기 통제의 운영효과성과 관련하여 입수한 감사증거(1.1~8.31)를 이용하기 위해 수행해야 할 절차를 서술하시오.

풀이

감사인이 중간기간 중에 통제의 운영효과성에 대한 감사증거를 입수하면 중간기간 이후 해당 통제에 유의적 변화가 있었는지에 대하여 추가적인 감사증거를 입수하여야 한다.

4 감사인은 전기(20X3년)에 수익인식과 관련한 통제활동에서 유의적 미비점을 발견하여 경영진 및 지배기구와 커뮤니케이션하였다. 그러나 커뮤니케이션한 유의적 미비점이 시정되지 않고 당기(20X4년)까지 남아 있다. 감사인의 판단에 의하면 경영진이 비용 상의 이유로 유의적 미비점을 시정하지 않은 것은 아니다. 또한, 경영진은 내부감사인 및 규제기관과 그 미비점을 커뮤니케이션하지 않았다. 이러한 상황에서 감사인이 수행해야 할 절차를 서술하시오.

풀이

전기의 감사에서 감사인이 지배기구와 경영진에게 유의적 미비점에 대하여 커뮤니케이션 한 사실에 대하여 당해연도에 다시 커뮤니케이션을 할 필요성이 존재한다. 이때 당기의 커뮤니케이션은 전기의 커뮤니케이션의 진술 내용을 반복하거나 단지 전기의 커뮤니케이션을 언급하는 것일 수 있다.

5 회계감사기준에서는 평가된 왜곡표시위험 수준과 관계없이 중요한 각 거래유형과 계정잔액 및 공시에 대해 일정 수준 이상의 세부테스트를 설계하고 수행하도록 요구하고 있다. 그 이유를 서술하시오.

풀이

감사인의 위험평가에는 판단이 수반되므로 모든 중요왜곡표시위험이 식별되지 않을 수 있으며 경영진의 통제무력화 등 내부통제에 고유한계가 존재하기 때문이다.

Q&A 사례문제 5 : 2018년, KICPA 기출문제

감사인은 평가된 중요왜곡표시위험에 대한 적합한 대응의 설계와 실행을 통해 이러한 위험에 관한 충분하고 적합한 감사증거를 입수해야 한다.

※ 아래 각 물음은 서로 독립적이다.

1 X회계법인의 김 회계사는 A㈜의 외부감사를 수행 중이다. 김 회계사는 기업과 기업환경을 이해하고, 재무제표 및 경영진주장 수준에서 부정이나 오류로 인한 중요왜곡표시위험을 식별하고 평가하기 위하여 위험평가절차를 수행하였다. 다음은A㈜가 위험평가절차를 갖추고 있는지에 대해 김 회계사가 이해한 사항이다.

- A㈜는 위험평가절차와 관련하여 임시방편의 절차만을 갖추고 있다.
- A㈜에는 문서화된 위험평가절차가 없는 것으로 나타났다.

위 사항과 관련하여, 김 회계사가 추가적으로 수행해야 할 절차를 서술하시오.

풀이

감사인은 재무보고 목적에 관련된 사업위험이 식별되었는지 그리고 이러한 위험에 대해 어떻게 대처하였는지 경영진과 토의하여야 한다. 또한 감사인은 기업에 문서화된 위험평가절차가 없는 경우 이것이 해당 상황에 적합한지 여부를 평가하여야 하며 이것이 유의적 내부통제 미비점을 나타내는 것인지 여부를 결정하여야 한다.

2 김 회계사는 A㈜의 구매와 대금지급활동에 관한 내부통제를 이해하는 절차를 수행하고 다음과 같이 업무기술서를 작성하였다.

[업무기술서]

①	구매행위원인부서에서는 필요한 재화나 용역을 공급받기 위해 구매요청서를 작성하여 부서장 승인을 획득한 후 구매부서로 송부한다. 대부분의 구매요청은 일반승인절차로 이루어지지만 일정금액 이상은 특별승인절차를 거친다.
②	구매부서 담당자는 구매행위원인부서에서 수령한 구매요청서에 부서장 승인이 있는지를 확인한 후 최근 구입한 구매처에 구매주문서를 발송한다.
③	검수부서 담당자는 주문한 물품을 수령할 때 구매주문서 및 거래명세서의 품목과 수량이 일치하는지 확인하고 외관상태를 검사한다. 검수과정에서 문제가 발생하면 구매부서에 통보한다.
④	지급결의 담당자는 구매요청서, 구매주문서, 검수보고서 및 공급자로부터 받은 세금계산서를 비교검증한 후 일련번호가 부여된 지급결의서를 작성하고 부서장 승인을 받는다. 지급시기가 도래하면 지급결의 담당자는 승인받은 지급결의서에 따라 자금을 집행한다. 지급된 결의서에는 '지급필' 도장을 찍어 이중지급을 방지한다.
⑤	도난방지를 위해 폐쇄회로 감시장치와 보안경비시스템이 갖춰진 창고에 재고자산을 보관한다. 창고는 화재예방시스템을 갖추고 있고 보험에 가입되어 있다.

김 회계사가 작성한 업무기술서에는 가장 취약한 통제절차 두 가지가 있다. 취약점에 해당하는 문항번호를 기재하고, 취약점과 관련하여 김 회계사가 A㈜의 경영진에게 권고할 개선안을 서술하시오.

[답안양식]

문항번호	개선안

풀이

문항번호	개선안
②	구매부서에서는 공급처를 선택하는 경우 객관적인 절차(예 : 공개입찰절차 등)를 거쳐야 한다.
③	검수부서에 전달되는 구매주문서에는 수량이 생략된 상태로 전달되어야 효과적인 내부통제가 된다.

3 X회계법인의 김 회계사는 내부통제의 설계를 이해한 후 통제테스트를 수행하는 과정에서 이탈사항을 발견하였다. 김 회계사는 이탈사항과 그 잠재적인 영향을 이해하기 위해 경영진에게 질문하였다. 감사인이 의존하려고 계획하였던 통제에서 이탈을 발견하였을 때 결정해야 할 사항

세 가지를 서술하시오.

풀이

첫째, 실증절차의 범위를 확대하고 실증적 분석절차보다는 세부테스트에 중점을 둬야 하며 실증절차의 시기를 보고기간말에 중점을 두도록 계획을 수립하여야 한다.

둘째, 내부통제의 미비점으로 간주되는 경우 지배기구와 해당 내용에 대해서 커뮤니케이션하여야 한다.

셋째, 실증절차만으로 충분하고 적합한 감사증거를 수집하지 못한다고 판단되는 경우 감사범위제한으로 의견거절을 표명할 것을 고려하여야 한다.

4 김 회계사는 매출거래 내부통제의 효과성을 검증하기 위해 통계적 표본감사 중 속성표본감사(attributes sampling)를 적용하였다. 다음은 김 회계사가 수행한 감사업무의 내용이다.

번호	수행한 감사업무
①	고객주문서에 기재된 수량대로 올바르게 출고되고 있는지를 확인하기 위하여 출고지시서를 표본단위로 결정하였다.
②	관련 통제에 대한 감사인의 이해를 근거로 예상이탈률을 평가하였다.
③	표본규모를 결정할 때 과소신뢰위험(α위험)은 무시하고 과대신뢰위험(β위험)만 고려하였다.
④	매출거래는 연속되고 서로 유사한 특성을 가지고 있어 2월과 11월의 모든 거래를 추출하는 구획추출(block sampling)로 표본을 선택하였다.
⑤	추출항목을 대상으로 감사절차나 대체적인 절차를 적용해도 통제의 존재를 확인할 수 없어 해당 항목을 이탈로 분류하였다.
⑥	표본이탈률에 명시적인 투영을 반영하여 모집단 전체의 투영이탈률을 계산하고, 해당 통제의 운용효과성에 대한 판단을 내렸다.
⑦	최초 평가와는 달리 예상보다 표본이탈률이 높은 것으로 판단되어 감사인은 최초에 평가한 중요왜곡표시위험을 증가시켰다.

[요구사항]

김 회계사가 수행한 감사업무 중에 가장 적절하지 않은 항목 세 가지를 지적하고, 그 이유를 서술하시오.

[답안양식]

번호	적절하지 않은 이유

풀 이

번호	적절하지 않은 이유
①	고객주문서에 기재된 수량만큼 적절하게 출고되었는지 확인하기 위해서는 표본의 모집단을 출고지시서가 아닌 고객주문서로 하여야 한다.
④	구획추출법은 비통계적 표본감사의 표본추출방법이다.
⑥	투영이탈률에 표본위험의 허용치를 고려하여야 한다.

Q&A 사례문제 6 : 2023년, KICPA 기출문제

한국회계법인은 ㈜A에 대해 계속감사를 수행하고 있다. 감사팀은 ㈜A에 대한 위험평가 결과 매출에 유의적 위험이 존재한다고 결정하였고, 내부통제에 의존한 감사를 수행하기로 하였다. ㈜A는 통합감사 대상이 아니다.

1 다음은 매출프로세스 중 고객 마스터 관리 절차의 일부이다. 각 절차가 통제활동에 해당하는지 여부를 기재하고, 통제활동에 해당한다면 회계감사기준에서 제시하는 구체적인 통제활동(성과검토 등) 중 무엇에 해당하는지 모두 기재하시오.

(M01) 영업팀 담당자는 체결된 판매계약서에 기초하여 고객등록요청서를 작성하고, 영업팀장은 고객등록요청서를 검토하고 승인함.

(M02) 회계팀 담당자는 계약조건이 K-IFRS 제1115호의 요건을 충족하는지 분석하고, 회계팀장은 매출인식 조건 분석결과를 검토하고 승인함.

(M03) 회계팀 담당자는 검토가 완료된 계약서의 고객정보, 주요 계약조건 등을 ERP에 입력함.

(M04) 고객번호가 자동으로 생성되며 고객 마스터에 정보가 등록됨. 마스터 정보 접근권한은 회계팀장을 포함한 일부 인원에게만 부여됨.

성과검토, 업무분장, 승인, 정보처리, 물리적 통제

[답안양식]

통제번호	통제활동 여부(Y/N)	통제활동
M01		
⋮		
M04		

풀이

통제번호	통제활동 여부(Y/N)	통제활동
M01	Y	승인
M02	Y	승인 (*1)
M03	Y	업무분장 (*2)
M04	Y	물리적통제 & 정보처리

(*1) 통제활동 중 승인절차보다는 내부통제구성요인 중 위험평가절차로 구분되는 것이 원칙이지만 회계팀의 승인을 거쳐서 재무제표에 기록이 되는 과정을 문제에서 제시하고 있기 때문에 승인 통제활동으로 간주하였음.

(*2) 영업팀에서 고객등록요청서를 검토하고 승인하며 회계팀에서는 관련 데이터를 입력하는 기능을 수행하기 때문에 업무분장으로 간주하였음.

2 한국회계법인은 1월부터 9월까지의 기간에 대한 매출통제의 운영효과성 테스트를 수행하였다. 기말감사 기간 중 중간기간 이후 잔여기간에 대한 추가적인 감사증거 입수 여부를 결정하기 위해 고려해야 할 요소 중 세 가지를 기재하시오.

풀이

첫째, 잔여기간의 정도
둘째, 통제환경
셋째, 감사인이 실증절차를 감소시키기 위해 통제에 의존하려는 정도
넷째, 통제의 운영효과성에 대한 감사증거의 입수 정도

3 한국회계법인은 내부통제 요소들의 효과성을 고려하여 이전 감사기간에 입수된 감사증거의 이용을 허용하고 매 3회의 감사에 최소한 한 번은 통제테스트를 수행하도록 하는 감사 정책을 갖고 있다. ㈜A의 감사팀은 전기에 매출에 대한 내부통제 운영효과성 테스트를 수행하였으며, 당기에 경영진에 대한 질문과 관찰을 수행하여 전기 감사 후 해당 통제에 유의적인 변화가 발생하지 않았다는 증거를 입수하였다. 당기 감사팀이 전기 매출 통제테스트 결과를 이용하여 감사를 수행하는 것이 가능한지 여부를 기재하고 그 이유를 서술하시오.

풀이

과거의 감사 이후 내부통제가 변경이 된 경우라면 변경 후 내부통제에 대한 운영효과성에 대해서는 충분하고 적합한 감사증거를 입수하지 못하였기 때문에 당기 감사에서 그 변경된 통제에 대한 테스트를 수행하여야 하지만 내부통제 운영의 효과성에 대하여 이미 충분하고 적합한 감사증거를 전기에 입수한 경우라면 당기에는 해당 증거에 근거하여 추가적인 통제테스트 없이 감사를 진행할 수 있음. 단, 핵심통제의 경우 3회에 한 번은 반드시 테스트를 수행하여야 한다.

제 10 장

내부통제제도에 대한 보고 (지배기구와의 커뮤니케이션 포함)

1 | 내부통제 미비점에 대한 지배기구와 경영진과의 커뮤니케이션

감사인은 중요왜곡표시위험을 식별하고 평가할 때 감사와 관련된 내부통제를 이해하여야 한다. 감사인이 그러한 위험평가를 할 때 내부통제를 고려하는 것은, 내부통제의 효과성에 대한 의견을 표명하기 위해서가 아니라 해당 상황에 적합한 감사절차를 설계하기 위한 것이다. 하지만 그 과정에서 감사인은 내부통제의 미비점들을 식별할 수 있고 이 경우 해당 사안을 지배기구와 경영진에게 커뮤니케이션하도록 되어 있다.

(1) 커뮤니케이션 실익

① 지배기구의 기능과 역할에 대한 가치 증가 (지배구조에 대한 투명성 강화)
② 회계정보 및 공시의 투명성 제고

지배기구는 내부통제제도를 구성하는 하나의 요인(통제환경)이다. 감사인의 내부통제 미비점에 대한 지배기구와의 커뮤니케이션은 **이러한 지배기구의 기능과 역할에 대한 가치 증가 즉, 지배구조에 대한 투명성을 강화시킴으로써 회사의 회계정보 및 공시의 투명성이 제고될 수 있는** 실익이 있다. 더 나아가서 감사인의 입장에서는 내부통제에 훨씬 의존하는 감사절차를 설계(즉, 효율적인 감사)할 수 있는 실익이 존재할 수 있다.

(2) 커뮤니케이션 시기 및 형식

> 감사인은 감사 중에 식별된 유의적 내부통제 미비점들을 지배기구에게 적시에 서면으로 커뮤니케이션하여야 한다. (ISA 265 문단 9)

① 감사인은 서면 커뮤니케이션을 언제 제출할 것인지를 결정할 때, 지배기구가 그들의 감시책임을 이행하게 하는 데 있어 그러한 커뮤니케이션의 수령이 중요한 요소가 되는지 여부를 고려할 것이다. 또한, 유의적 미비점에 대한 감사인의 서면 커뮤니케이션은 최종감사파일의 일부를 구성하기 때문에, 최종감사파일의 취합을 적시에 완료하기 위하여는 해당 최종감사파일 취합완료일인 감사보고서일로부터 60일 이내로 하여야 한다. (ISA 265 문단 A13)

② 유의적 미비점들에 대하여 지배기구와 서면으로 커뮤니케이션을 하는 것은 이러한 사항들에 대한 중요성을 보여주는 것이며, 지배기구와 그들의 감사책임을 완수하는 것을 돕는다. (ISA 265 문단 A12)

③ 유의적 미비점들에 대한 서면 커뮤니케이션 시점과 관계없이 감사인은 중요왜곡표시위험을 최소화하기 위한 시정 조치를 적시에 취하는 것을 돕기 위하여 이 미비점들을 우선 구두로 경영진, 그리고 적절한 경우 지배기구와 커뮤니케이션을 할 수도 있다. 그러나 이렇게 하는 것은 이 감사기준서에서 요구하고 있는, 서면으로 유의적 미비점들을 커뮤니케이션할 감사인의 책임을 경감시키지 않는다. (ISA 265 문단 A14)

(3) 커뮤니케이션 내용 및 대상 (ISA 265 문단 6)

내부통제의 미비점 (Control Deficiency)	① 어떠한 통제가 재무제표의 왜곡표시를 적시에 예방 또는 발견 또는 수정할 수 없게 설계, 실행되거나 운영되는 경우 ② 재무제표의 왜곡표시를 적시에 예방 또는 발견 및 수정하기 위해 필요한 통제가 누락된 경우
유의적 내부통제 미비점 (Significant Deficiency)	지배기구가 주의를 기울일 충분히 중요하다고 판단되는 내부통제의 미비점 또는 미비점들의 결합

감사인이 발견한 내부통제의 미비점이 단순한 취약점인지 유의적 미비점인지 판단하는 것은 아래와 같은 구분실익이 존재한다.

	내부통제의 미비점	유의적 내부통제 미비점
커뮤니케이션 대상	적합한 수준의 경영진 (적합한 시정조치를 취할 수 있는 권한을 가진 운영담당 경영진)	① 적합한 수준의 경영진 (경영책임임원이나 재무책임임원 즉, CEO 또는 CFO) ② 지배기구
커뮤니케이션 방법	구두 또는 서면	서면
개선되지 아니한 전기 커뮤니케이션 미비점에 대한 보고의무	커뮤니케이션을 반복할 필요가 없음	커뮤니케이션을 반복하여 수행함.
커뮤니케이션 시기	적절한 시기에 수행 (기한이 존재하지 아니함)	감사보고서일로부터 60일 이내 수행

① 내부통제의 미비점 또는 미비점들의 결합이 유의적 미비점을 구성하는지를 결정하기 위해서 감사인이 고려할 사항은 다음과 같다. (ISA 265 문단 A6)

> 1) 미비점들이 미래의 재무제표에 중요한 왜곡표시를 일으킬 가능성
> 2) 관련 자산이나 부채의 손실이나 부정에 대한 민감성
> 3) 공정가치 회계추정치와 같이, 추정금액을 결정할 때의 주관성과 복잡성
> 4) 그러한 미비점들에 노출된 재무제표 금액
> 5) 미비점(들)에 노출된 계정잔액이나 거래유형에 발생하였거나 발생할 수 있는 행위의 크기
> 6) 재무보고절차에서 통제의 중요성
> 7) 통제의 미비점에 따라 발생된 예외사항의 원인과 빈도

결국, 내부통제의 미비점 또는 이들이 결합된 미비점에 대한 유의성은 왜곡표시가 실제로 발생하였는지 여부뿐 아니라 왜곡표시가 발생할 수 있는 가능성 및 왜곡표시의 잠재적 크기에 따른다. 그러므로 비록 감사인이 감사 중에 왜곡표시를 식별하지 못하였더라도 유의적 미비점들은 존재할 수 있는 것이다

② 유의적 내부통제 미비점들에 대한 징후에는 예를 들어 다음과 같은 것이 포함된다. (ISA 265 문단 A7)

> 1) 통제환경에 있어 다음과 같이 비효과적인 측면의 증거
> 가. 경영진이 재무적 이해관계를 갖고 있는 유의적 거래에 대하여 지배기구가 철저히 검사하고 있지 않다는 징후

나. 그 중요성과 관계없이, 기업의 내부통제가 예방하지 못했던 경영진부정을 식별함
다. 이전에 커뮤니케이션 된 유의적 미비점들에 대하여 경영진이 적합한 시정조치를 취하지 않음.

2) 해당 기업에서 일반적으로 수립이 기대됨에도 불구하고, 위험평가절차가 없음
3) 감사인이 보기에 기업의 위험평가절차가 식별하였어야 할 중요왜곡표시위험에 대하여 경영진이 식별하지 못한 경우와 같이, 비효과적인 위험평가절차에 대한 증거
4) 식별된 유의적 위험에 대한 비효과적인 대응의 증거(즉, 그러한 위험에 대한 통제의 부재)
5) 기업의 내부통제에 의하여 예방 또는 발견 및 수정되지 않고, 감사인의 감사절차에 의하여 발견된 왜곡표시
6) 오류나 부정에 의한 중요한 왜곡표시를 수정하기 위해 전기에 발행된 재무제표를 재작성함.
7) 재무제표 작성의 감독에 있어 경영진능력의 부재증거

③ 내부통제의 식별된 어떤 유의적 미비점이 경영진의 성실성이나 적격성에 의문을 제기토록 하는 것일 수 있다. 예를 들어 경영진에 의한 부정이나 고의적 법규위반의 증거가 있거나, 경영진이 적정한 재무제표 작성에 대한 감독능력이 없어 그 적격성에 의문이 제기될 수 있다. 따라서 그러한 미비점들에 대하여는 경영진에게 직접적으로 커뮤니케이션하는 것이 적합하지 않을 것이다.

④ 결국, 지배기구와는 내부통제의 유의적 미비점에 대해서만 커뮤니케이션을 수행하지만 적합한 수준의 책임을 가진 경영진에 대해서는 다음과 같은 사항들을 적시에 커뮤니케이션하여야 한다. (ISA 265 문단 10)

1) 해당 상황에서 경영진에게 직접 커뮤니케이션하는 것이 부적합하지 않는 한, 감사인이 지배기구에게 커뮤니케이션하였거나 커뮤니케이션하려는 유의적 내부통제 미비점들을 서면으로 커뮤니케이션함.
2) 감사 중에 식별된 내부통제의 기타 미비점들로서 다른 관계자가 경영진에게 커뮤니케이션하지 않았고, 경영진이 주의를 기울일 충분한 중요성이 있다고 판단되는 미비점들을 커뮤니케이션함.

⑤ 또한, 경영진과 지배기구는 감사인이 감사 중에 식별한 유의적 미비점들에 대하여 이미 알고 있을 수도 있으며, 비용이나 기타 다른 이유로 그러한 미비점들을 시정하지 않기로 했을 수도 있다. 시정조치 이행에 대한 비용과 효익을 평가할 책임은 경영진과 지배기구에 있다. 하지만, 지배기구 및 경영진과 유의적 미비점에 대한 커뮤니케이션은 그러한 미비점들을 시정할 때 경영진과 지배기구가 관련성이 있다고 고려하는 비용 또는

기타의 사항과는 관계없이 적용된다. 따라서, 만약 시정조치가 아직 취해지지 않고 있다면, 전기의 감사에서 감사인이 지배기구와 경영진에게 유의적 미비점에 대하여 커뮤니케이션을 하였다는 사실이 있어도 감사인이 반복하여 커뮤니케이션을 할 필요성을 제거시키지는 아니한다. 전기에 커뮤니케이션한 특정의 유의적 미비점이 시정되지 않은 채 남아있다면, 당기의 커뮤니케이션은 전기의 커뮤니케이션의 진술 내용을 반복하거나 단지 전기의 커뮤니케이션을 언급하는 것일 수 있다. 또한, 합당한 설명 없이 시정조치를 취하지 않고 있는 것은 그 자체로서 유의적 미비점을 나타낼 수 있는 것이다.

⑥ 유의적 내부통제 미비점에 대한 서면커뮤니케이션에 반드시 포함되어야 할 사항은 다음과 같다. (ISA 265 문단 11)

1) 미비점들에 대한 내역과 그러한 미비점들의 잠재적인 영향에 대한 설명
2) 지배기구와 경영진이 커뮤니케이션의 관점을 이해할 수 있도록 하는 충분한 정보 특히, 감사인은 다음을 설명하여야 한다.
   가. 감사의 목적은 감사인이 재무제표에 대한 의견을 표명하는 것임.
   나. 감사에는 내부통제의 효과성에 대한 의견표명 목적이 아닌, 해당 상황에 적합한 감사절차를 설계하기 위하여 재무제표 작성과 관련된 내부통제에 대한 고려가 포함되었음.
   다. 보고할 사항은 감사인이 감사 중에 식별한 미비점들로서 감사인이 지배기구에 보고할 만큼 충분히 중요하다고 결정한 미비점들로 제한됨.

2 | 내부회계관리제도의 감사

주식회사등의 외부감사에 관한 법률에 따르면 감사인은 재무제표에 대한 외부감사를 적용함에 있어서 일정한 요건이 만족되는 회사의 경우 내부회계관리제도를 감사하고 내부회계관리제도가 적정하게 설계, 운영되고 있는지 여부를 포함하여 그 감사 결과에 대한 보고서를 감사보고서에 첨부하도록 규정하고 있다.

(1) 내부통제제도와 내부회계관리제도와의 관계

❖ 내부회계관리제도의 영역 ❖

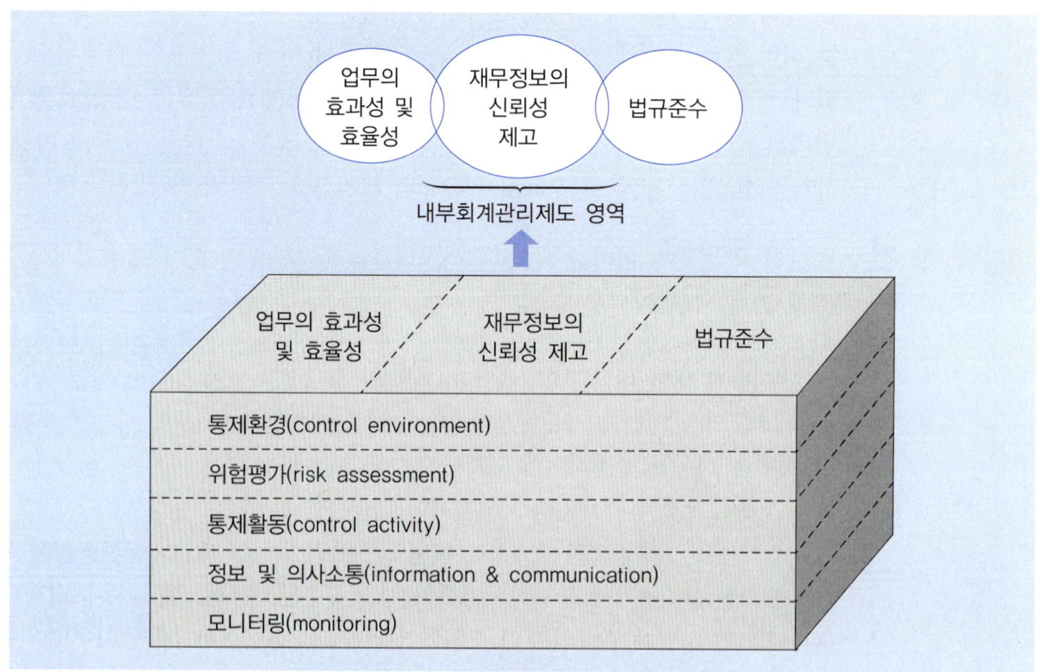

결국, 내부통제제도의 3가지 목적 중에 재무정보의 신뢰성 제고와 관련된 내부통제제도의 측면을 내부회계관리제도라고 이해하면 된다. 참고로 외감법에는 "신뢰할 수 있는 회계정보의 작성 및 공시를 위하여 기업회계기준에 따라 작성한 재무제표의 신뢰성에 대한 합리적인 확신을 줄 수 있도록 제정한 내부회계관리규정과 이를 관리, 운영하는 조직"이라고 내부회계관리제도를 정의하고 있다.

(2) 내부회계관리제도 감사의 의의

근본적으로 정보를 제공하는 시스템인 내부회계관리제도에 대하여 자체적으로 감사대상회사의 책임자에 의한 검증을 법으로 강화하고제3자인 감사인에 의해서 그 과정 및 결과에 대하여 감사를 받도록 함으로써 회사가 정보이용자들에게 제공하는 정보의 신뢰성 및 회계투명성을 보다 강화하도록 하기 위함이다.

(3) 내부회계관리제도 감사 대상

원칙적으로 외감대상은 내부회계관리제도 검토대상에 포함이 된다. 다만, 주권상장법인이 아닌 회사로서 직전 사업연도 말의 자산총액이 5천억원(사업보고서 제출대상법인, 공정거래법상

기업집단소속회사, 금융회사 등은 1천억원) 미만인 회사는 내부회계관리제도 검토의 대상에서 제외한다. 하지만 최근 외감법 개정에 따라 주권상장법인의 감사인은 내부회계관리제도의 운영실태에 관한 보고내용을 검토(소극적 확인)가 아닌 감사(적극적 확신)를 수행하여야 한다. 하지만 모든 주권상장법인에 대해서 적용하는 것에 따른 기업의 부담을 완화시키기 위하여 아래와 같이 유예 및 면제규정을 두고 있다.

〈주권상장법인의 내부회계관리제도 감사 도입시기〉

자산규모(별도재무제표 기준)	시행시기	
	별도재무제표 기준	연결재무제표 기준
2조 이상	2019년 사업연도	2023년 사업연도
5천억 이상	2020년 사업연도	2029년 사업연도
1천억 이상	2022년 사업연도	2030년 사업연도
1천억 이하	면제('검토' 대상)	면제

(4) 내부회계관리제도 감사절차

대표자(또는 내부회계관리자)의 운영실태보고서 발행

⬇

감사(위원회)의 운영실태보고서에 대한 평가보고서 발행

⬇

감사인의 내부회계관리제도에 대한 감사수행 및 결과 보고

대표자(또는 내부회계관리자)의 운영실태보고서 발행

외감법에 따르면 회사의 대표자는 내부회계관리제도의 관리, 운영을 책임지며 이를 담당하는 상근이사(담당하는 이사가 없는 경우에는 당해 이사의 업무를 집행하는 자를 말한다) 1인을 내부회계관리자로 지정하여야 한다. 또한 회사의 대표자는 사업연도마다 주주총회, 이사회 및 감사(감사위원회가 설치된 경우에는 감사위원회)에게 해당 회사의 내부회계관리제도의 운영실태를 보고하여야 하며 회사의 대표자가 필요하다고 판단하는 경우 이사회 및 감사에 대한 보고는 내부회계관리자가 하도록 할 수 있다.

감사(위원회)의 운영실태보고서에 대한 평가보고서 발행

회사의 감사는 내부회계관리제도의 운영실태를 평가하여 이사회에 매 사업연도마다 보고하고 그 평가보고서를 당해 회사의 본점에 5년간 비치하여야 한다. 이 경우 내부회계관리제도의 관리, 운영에 대하여 시정의견이 있는 경우에는 이를 포함하여 보고하여야 한다.

감사인의 내부회계관리제도에 대한 감사수행 및 결과 보고

1 배 경

주식회사 등의 외부감사에 관한 법률(이하 "외부감사법"이라 함)에 따라 주권상장법인의 재무제표를 감사하는 감사인은 외부감사법 제8조(내부회계관리제도의 운영 등)에서 정한 사항 및 같은 조 제4항에 따른 내부회계관리제도의 운영실태에 관한 보고내용을 감사하여야 한다. 따라서 외부감사법에 따라 내부회계관리제도감사를 수행하는 감사인은 해당 기업의 재무제표감사를 수행하는 감사인과 동일한 감사인이다.

〈ISA 1100 문단 5〉

하나 이상의 중요한 취약점이 존재하는 경우 기업의 내부통제는 효과적이라고 간주될 수 없기 때문에, 감사인은 의견 표명의 기초를 형성하기 위하여, **평가기준일 현재 중요한 취약점이 존재하는지 여부에 대한 합리적인 확신을 얻기에 충분하고 적합한 증거를** 입수하기 위해 계획을 수립하고 감사를 수행하여야 한다. **내부회계관리제도의 중요한 취약점은 재무제표가 중요하게 왜곡표시되지 않더라도 존재할 수 있다.**

내부회계관리제도감사에서 감사인의 목적은 다음을 모두 포함한다.

(1) 내부회계관리제도의 효과성에 관한 경영진 평가(내부회계관리제도 운영실태보고서에 포함됨)에 명시된 일자(이하 "평가기준일"이라고 함) 현재 중요한 취약점이 존재하는지 여부에 대한 합리적인 확신을 얻음.
(2) 감사인의 발견사항에 근거하여, 내부회계관리제도의 효과성에 대한 의견을 내부회계관리제도 감사보고서에 표명하고 경영진 및 지배기구(외부감사법에 따른 내부회계관리제도감사업무에서는 감사 또는 감사위원회가 설치된 경우에는 감사위원회를 말한다)와 커뮤니케이션함.

효과적인 내부회계관리제도는 재무보고의 신뢰성과 해당 재무보고체계에 따른 재무제표의 작성에 대한 합리적인 확신을 기업에 제공한다. 하나 이상의 중요한 취약점이 존재하는 경우 기업의 내부회계관리제도는 효과적이라고 간주될 수 없다 이 기준에서 요구하는 기업의 내부회계관리제도의 효과성에 대한 평가는 모든 관련성 있는 통제목적을 포괄한다 따라서, 내부회계관리제도에서 하나의 중요한 취약점을 식별하였더라도 감사인이 기업의 내부회계관리제도의 모든 관련성 있는 통제목적의 효과성을 평가하는 절차를 중단하는 것은 정당화되지 않는다. 또한, 감사인이 개별적으로 혹은 결합하여, 중요한 취약점보다 덜 심각한 미비점을 식별하기 위해 통합감사를 계획하고 수행할 의무는 없다

2 기본용어에 대한 정의

(1) 관련경영진주장(relevant assertion) : 거래유형, 계정잔액 또는 공시에 대한 경영진주장 중에 중요왜곡표시위험이 식별된 경영진주장을 의미함. 이는 경영진주장과 관련하여 중요한 왜곡표시가 발생할 합리적인 가능성(reasonable possibility)이 있는 경우, 감사인이 해당 거래유형 등과 관련된 경영진주장("관련경영진주장")에 초점을 맞출 수 있도록 하기 위함.

(2) 내부회계관리제도(Internal control over financial reporting) : 기업의 재무제표가 해당 재무보고체계에 따라 신뢰성있게 작성되었는지에 대한 합리적인 확신을 제공하기 위해 설계되어, 지배기구, 경영진 및 그밖에 다른 직원에 의해 시행되는 프로세스로서 다음 내용의 정책과 절차를 포함한다.

> 가. 기업 자산의 거래와 처분을 합리적으로 상세하게 그리고 정확하고 공정하게 반영하는 기록의 유지와 관련됨.
> 나. 해당 재무보고체계에 따른 재무제표의 작성을 위하여 필요에 맞게 거래가 기록되고, 경영진과 지배기구의 승인에 의해서만 기업의 수입과 지출이 이루어지고 있다는 합리적인 확신을 제공함.
> 다. 재무제표에 중요한 영향을 미칠 수 있는 기업 자산의 승인되지 않은 취득, 사용 또는 처분을 예방하거나 적시에 발견·수정하는 것에 대한 합리적인 확신을 제공함.

내부회계관리제도는 고유한계를 가지고 있다 내부회계관리제도는 인간의 성실성과 준법성이 관련되는 프로세스이며, 인적오류로 인하여 판단 착오가 발생하거나 와해될 수 있다. 또한 공모 또는 부적절한 경영진의 통제무력화로 내부회계관리제도를 우회할 수 있다. 이러한 한계 때문에, 내부회계관리제도에 의해 중요한 왜곡표시가 적시에 예방되거나 발견·수정되지 못할 위험이 존재한다. 그러나 이 고유한계는 재무보고 프로세스의 잘 알려진 특성이다. 따라서, 프로세스 내에 안전장치를 설계함으로써 이러한 위험을 제거할 수는 없지만, 줄일 수는 있다.

(3) 내부회계관리제도감사(Audit of Internal control over financial reporting) : 기업의 내부회

계관리제도의 설계 및 운영 효과성에 대한 감사를 말하여 여기서 인증대상은 내부회계관리제도이다.

(4) 내부회계관리제도에 대한 경영진 평가(Management's assessment about internal control over financial reporting) : 적합하고 이용가능한 준거기준에 기초하여 기업의 내부회계관리제도의 효과성에 대해 경영진이 내린 결론. 경영진 평가는 내부회계관리제도 운영실태보고서에 포함된다.

(5) 예방통제(Preventive control) : 재무제표의 왜곡표시를 초래할 수 있는 오류나 부정을 예방하는 목적을 가진 통제

(6) 유의적인 거래유형, 계정잔액 및 공시(significant class of transaction, account balance or disclousre) : 하나 이상의 관련 경영진주장이 있는 거래유형, 계정잔액 또는 공시를 의미함. 즉, 유의적인 거래유형, 계정잔액 및 공시란 하나 이상의 "식별된" 중요왜곡표시위험을 가지고 있음을 뜻함.

(7) 적발통제(Detective control) : 이미 발생하여 이로 인해 재무제표의 왜곡표시를 가져올 것으로 예상되는 경우 해당 오류나 부정을 발견하고 수정하는 목적을 가진 통제

(8) 준거기준(Criteria) : 인증대상을 측정하거나 평가하는데 사용되는 기준을 말하며 감사인은 내부회계관리제도감사를 수행할 때 내부회계관리제도 운영실태에 관한 보고내용이 외부감사법의 요구사항을 포함하여 "내부회계관리제도 평가 및 보고 기준"에 따라 작성되었는지를 평가한다.

(9) 중요한 취약점(Material weakness) : 내부회계관리제도 미비점 혹은 미비점들의 결합으로 기업의 연차재무제표 또는 중간재무제표의 중요한 왜곡표시가 적시에 예방되거나 발견·수정되지 못할 가능성이 낮지 않은(more than remote) 경우에 존재한다. 감사기준서 "내부통제 미비점에 대한 지배기구와 경영진과의 커뮤니케이션"은 내부통제의 미비점(Deficiency in internal control)과 내부통제의 유의적 미비점(Significant deficiency in internal control)에 대한 용어의 정의를 포함하고 있으며 내부회계관리제도 평가 및 보고 기준에서는 중요한 취약점에 대한 추가 설명을 제공하고 내부회계관리제도의 미비점을 설계의 미비점과 운영의 미비점으로 구분하여 설명하고 있다.

미비점의 분류	재무제표 왜곡표시의 발생 가능성	재무제표 왜곡표시의 잠재적 크기
유의한 미비점	낮지 않음 (more than remote)	미칠 수 있는 영향금액이 의미가 있음 (more than inconsequential)
중요한 취약점	낮지 않음 (more than remote)	미칠 수 있는 영향금액이 중요함 (material)

(10) **통제목적(Control objective)** : 통제의 목표 또는 목적. 통제목적은 통제가 완화하고자 하는 위험에 대처하는 것이다. 내부회계관리제도의 상황에서, 통제목적은 일반적으로 유의적인 거래유형, 계정잔액 및 공시에 대한 관련경영진주장과 관련되어 있으며 특정 영역의 통제가 관련경영진주장의 왜곡표시 또는 누락을 적시에 예방하거나 발견·수정한다는 합리적인 확신을 제공하지 못할 위험에 대처한다.

(11) **중요하지만 유의적이지 않은 거래유형, 계정잔액 또는 공시** : 재무제표 이용자의 의사결정에 영향을 미칠 수 있어 "중요하지만", 관련경영진주장이 존재하지 않아(중요왜곡표시위험이 식별되지 않아) "유의적이지 않은" 거래유형, 계정잔액 및 공시.

3 내부회계관리제도 감사의 전제조건

내부회계관리제도감사업무를 진행하기 위해서 감사인은 기존의 재무제표 감사업무를 수임하는 과정의 절차 이외에 다음의 절차를 수행하여야 한다.

첫째, 다음의 책임을 인정하고 이해하고 있다는 점에 대하여 경영진의 동의를 받아야 한다.

(1) 효과적인 내부회계관리제도를 설계, 실행 및 유지할 책임
(2) 적합하고 이용가능한 준거기준을 사용하여 기업의 내부회계관리제도의 효과성을 평가할 책임
(3) 감사보고서에 첨부되는 보고서에 내부회계관리제도에 대한 경영진 평가(내부회계관리제도 운영실태보고서를 말함)를 제공할 책임
(4) 충분한 평가와 문서화를 통해 기업의 내부회계관리제도의 효과성에 대한 기업의 평가를 뒷받침할 책임
(5) 다음 사항을 감사인에게 제공할 책임
  가. 기록, 문서, 기타사항 등 내부회계관리제도에 대한 경영진 평가와 관련하여 경영진이 알고 있는 모든 정보에 대한 접근
  나. 감사인이 내부회계관리제도감사 목적으로 경영진에게 요청하는 추가적인 정보
  다. 감사인이 감사증거를 입수하기 위하여 필요하다고 결정한 기업 내부의 관계자들에 대한 제한없는 접근

감사인은 경영진이 경영진 평가에 사용한 준거기준과 동일하고 적합하며 이용가능한 준거기준을 사용하여 기업의 내부회계관리제도의 효과성을 평가하여야 한다. 내부회계관리제도 운영위원회가 공표한 **"내부회계관리제도 설계 및 운영 개념체계**(이하 **"내부회계관리제도 개념체계"**)는 경영진이 기업의 내부회계관리제도의 효과성을 평가하고 보고할 수 있는 적합하고 이용가능한 준거기준을 제공한다. 내부회계관리제도 개념체계는 경영진이 보다 적절하

다고 판단하는 경우 다른 내부통제체계[예를 들어, COSO Framework(미국) 등 외부감사법 제8조의 정의에 부합하는 기타 기준]를 선택하여 일반적으로 인정되는 내부통제체계로 사용하는 것을 허용하고 있다. 만약 경영진이 다른 체계를 선택하는 경우에는, 경영진이 선택한 체계의 적합성 평가를 수행하여야 한다.

또한, 감사인은 경영진에게 내부회계관리제도 운영실태보고서를 요청하여야 한다. 경영진이 내부회계관리제도 운영실태보고서의 제공을 거절하는 것은 범위제한을 의미하고, 이 경우 의견거절을 표명하거나 해당 감사계약을 해지하여야 한다.

내부회계관리제도감사와 재무제표감사의 목적이 동일하지 않더라도, 감사인은 각각의 감사목적을 동시에 달성할 수 있도록 통합감사를 계획하고 수행하여야 하며 감사인은 아래의 목적을 모두 달성할 수 있도록 통제테스트를 설계하여야 한다.

(1) 평가기준일(통상적으로 보고기간말일임) 현재의 내부회계관리제도에 대한 감사의견을 뒷받침할 충분하고 적합한 증거를 입수함.
(2) 재무제표감사 목적상 감사인의 통제위험 평가를 뒷받침할 충분하고 적합한 감사증거를 입수함.

내부회계관리제도에 대하여 전체적으로 의견을 표명하기 위해서는, 감사인은 모든 관련경영진주장에 대하여 선정된 통제의 효과성에 대한 증거를 입수하여야 한다. 따라서 재무제표에 대해서만 의견을 표명할 때는 일반적으로 테스트하지 않는 통제의 설계 및 운영 효과성을 테스트하도록 감사인에게 요구된다. 하지만 감사인은 재무제표감사와 관련하여 평가된 통제위험의 수준이나 평가된 중요왜곡표시위험에 관계없이 모든 관련경영진주장에 대하여 실증절차를 수행하여야 한다. 내부회계관리제도에 대한 의견을 표명하기 위한 절차를 수행한 경우에도 이 요구사항을 경감시키지 않는다.

내부회계관리제도에 대한 의견을 표명하는 목적으로 내부회계관리제도의 효과성에 대한 결론을 내릴 때, 감사인은 재무제표에 대한 의견표명과 관련된 목적을 달성하기 위하여 수행된 추가적인 통제테스트의 결과를 반영하여야 한다. 재무제표에 대한 의견을 표명하기 위하여 감사인은 일반적으로 통제테스트와 실증절차를 수행한다. 이 목적을 위해 감사인이 수행하는 통제테스트의 목적은 통제위험을 평가하는 것이다. 특정 재무제표주장에 대한 통제위험을 최대보다 낮게 평가하기 위해서는, 감사인이 해당 통제에 의존하기로 계획한 '전체기간' 동안 관련 통제가 효과적으로 운영되었다는 증거를 입수하도록 감사인에게 요구된다. 그러나, 감사인은 '모든' 관련경영진주장에 대한 통제위험을 최대보다 낮게 평가하도록 요구되지는 않으며, 다양한 이유로 감사인이 그렇게 하지 않기로 선택할 수 있다. 하지만, 감사인은 재무제표감사 절차의 결과가 감사인의 위험평가와, 통제의 운영효과성에 대한 결론을 내리는데 필요한 테스트에 미치는 영향을 고려하여야 한다.

만약, 내부회계관리제도감사 중에 감사인이 내부회계관리제도 미비점을 식별한다면 감사인은 재무제표감사에서의 감사위험을 수용가능한 낮은 수준으로 감소시키기 위하여 수행되어야 할 실증절차의 성격, 시기 및 범위에 해당 미비점이 미치는 영향을 결정하여야 한다.

재무제표감사에서 통제 위험을 평가할 목적으로 통제의 효과성에 대해 결론을 내릴 때, 감사인은 기업의 내부회계관리제도에 대한 의견 표명과 관련된 목적을 달성하기 위하여 감사인이 수행한 추가적인 통제테스트의 결과를 평가하여야 한다.

둘째, 해당 평가기준일이 해당 재무제표 대상 기간의 재무상태표일(또는 보고기간말일)과 일치한다는 결정을 하여야 한다.

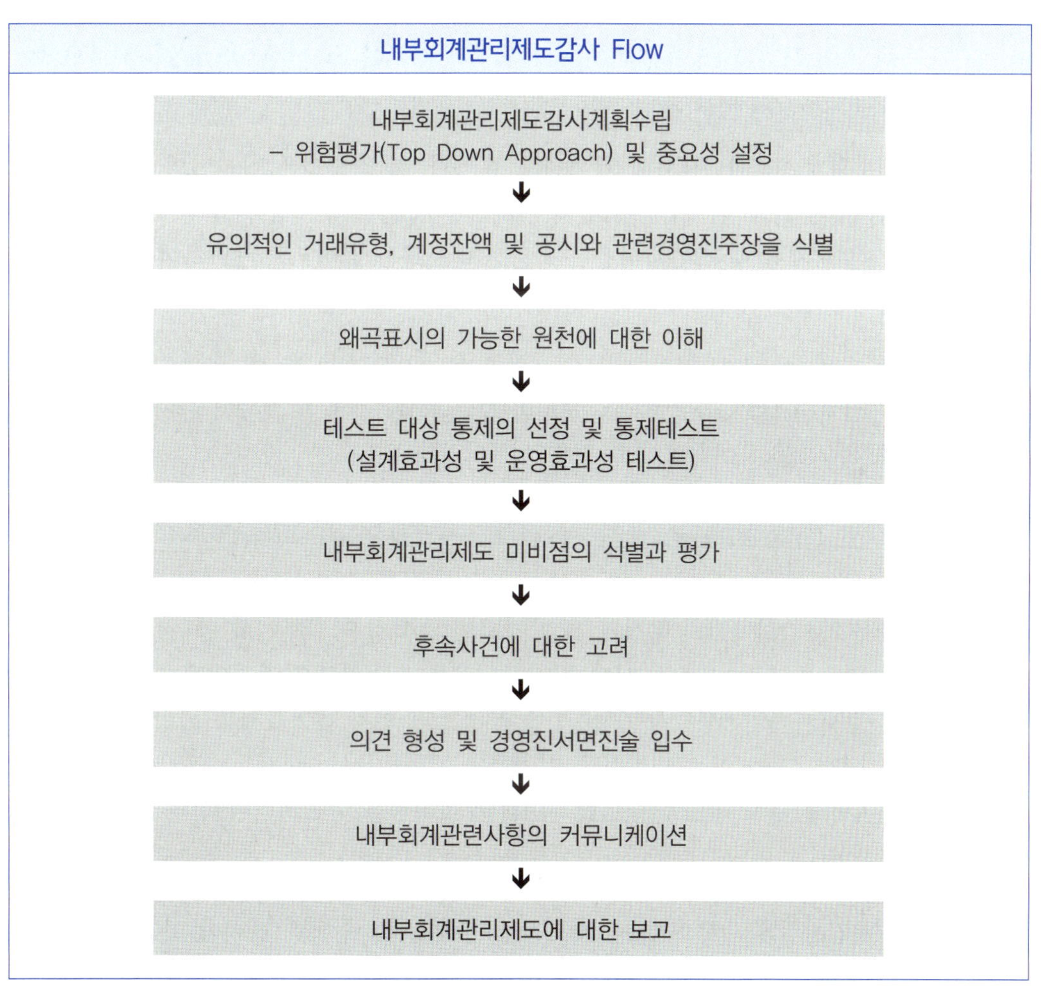

4 내부회계관리제도감사계획수립 - 위험평가(Top Down Approach) 및 중요성 설정

재무제표감사의 계획수립에 따라, 감사인은 내부회계관리제도감사의 범위, 시기 및 방향을 정하고 감사계획 수립에 대한 지침이 되는 전반감사전략을 수립하여야 한다. 감사인은 위험이 더 높은 영역에 주의를 더 많이 기울여야 한다. 기업의 내부회계관리제도의 특정 영역에 중요한 취약점이 존재할 수 있는 위험의 정도와 해당 영역에 기울여야 하는 주의의 정도 사이에는 직접적인 관계가 존재한다. 또한, 기업의 내부회계관리제도가 부정으로 인한 왜곡표시를 예방하거나 발견·수정할 가능성은 오류로 인한 왜곡표시의 경우보다 낮다. 재무제표에 대한 중요한 왜곡표시의 가능성이 낮은(remote) 통제의 경우에는, 해당 통제가 미비하더라도, 테스트할 필요가 없다. 그리고 감사인은 내부회계관리제도감사와 재무제표감사의 계획수립과 수행을 위해 동일한 중요성을 사용하여야 한다.

1) 부정위험에 대한 대처

내부회계관리제도감사를 계획하고 수행할 때, 감사인은 감사인의 부정위험 평가 결과를 고려하여야 한다. 감사인은 기업의 통제가 식별된 부정으로 인한 중요왜곡표시위험과 경영진이 다른 통제를 무력화할 위험에 충분히 대처하는지 여부를 평가하여야 한다. 부정으로 인한 중요왜곡표시위험에 대처하는 통제는 다음을 포함한다.

가. 유의적인 비경상적 거래, 특히 지연되거나 비경상적인 분개를 발생시키는 거래에 대한 통제
나. 보고기간말 재무보고 프로세스에서 이루어진 분개 및 조정사항에 대한 통제
다. 특수관계자 거래에 대한 통제
라. 유의적인 경영진 추정치와 관련된 통제
마. 경영진이 재무실적을 조작하거나 부적합하게 다룰 유인이나 압박을 완화시키는 통제

재무제표감사에서의 부정에 관한 감사인의 책임은 감사인이 입수한 다른 정보가 부정으로 인한 중요왜곡표시위험을 나타내는지 여부를 고려하도록 감사인에게 요구한다. 만약 감사인이 내부회계관리제도감사 수행 중에 부정으로 인한 왜곡표시를 예방하거나 발견·수정하기 위해 설계된 통제에서 미비점을 식별하는 경우, 감사인은 재무제표감사 수행 중에 중요왜곡표시위험에 대한 대응을 수립할 때 해당 미비점을 고려하여야 한다.

2) 내부감사인이 수행한 업무의 활용

외부감사인은 내부회계관리제도감사의 계획 및 수행과 관련이 있는 내부감사기능이 수행한 업무에 대하여 내부회계관리제도의 효과성과 관련된 그들의 활동을 식별할 수 있도록 충분히 이해하여야 한다. 외부감사인은 외부감사인이 직접 수행해야 하는 감사절차의 성격이나 시기를 변경하고 그 범위를 줄이기 위해 내부감사인이 수행한 업무를 활용할 범위를 평가하

여야 한다. 내부감사인의 업무를 활용하는 경우에는, 감사기준서 610 "내부감사인이 수행한 업무의 활용"이 적용된다.

3) 하향식 접근법의 사용

감사인은 내부회계관리제도감사 수행 시 테스트 대상 통제를 선정하기 위해 하향식 접근법을 사용하여야 한다. 하향식 접근법은 다음과 같은 과정으로 이루어진다.

가. 재무제표수준에서 시작함.
나. 내부회계관리제도의 전반적인 위험에 대한 감사인의 이해를 사용함
다. 전사적 수준 통제에 초점을 둠.
라. 유의적인 거래유형, 계정잔액, 공시 및 관련경영진주장으로 업무를 옮겨감.
마. 재무제표에 중요한 왜곡표시가 존재할 가능성이 낮지 않음을 나타내는 거래유형, 계정, 공시 및 경영진주장으로 감사인의 주의를 기울이게 함.
바. 기업의 프로세스 내에 존재하는 위험에 대한 감사인의 이해를 검증함.
사. 각각의 관련경영진주장에 대한 평가된 왜곡표시위험에 충분히 대처하는 통제를 테스트 대상으로 선정함.

① 전사적 수준 통제

감사인은 기업이 효과적인 내부회계관리제도를 갖추고 있는지 여부에 대한 감사인의 결론에 중요한 전사적 수준 통제를 식별하고 테스트하여야 한다. 전사적 수준 통제에는 다음이 포함된다.

가. 통제환경과 관련된 통제
나. 경영진 무력화에 대한 통제
다. 기업의 위험 평가프로세스
라. 공유서비스 환경을 포함한, 중앙 집중화된 프로세스 및 통제
마. 운영 결과를 모니터링 하는 통제
바. 내부감사기능, 지배기구 및 자가 평가 프로그램의 활동을 포함한, 다른 통제를 모니터링 하는 통제
사. 보고기간말 재무보고 프로세스에 대한 통제
아. 유의적인 사업위험에 대처하는 프로그램과 통제

이 경우 감사인은 효과적인 내부회계관리제도에 미치는 영향이 중요하기 때문에, 감사인은 회사의 통제환경을 평가해야 한다. 통제환경 평가의 일부로 감사인은 다음 사항을 평가해야 한다.

가. 경영진의 철학과 경영방식이 효과적인 내부회계관리제도를 장려하는지 여부
나. 건전한 도덕성과 윤리적 가치(특히, 최고 경영진의 경우)가 발전되고 이해되는지 여부
다. 지배기구가 재무보고와 내부통제에 대한 감시책임을 이해하고 이행하고 있는지 여부

통제환경 통제와 같은 일부 전사적 수준 통제는 왜곡표시를 적시에 예방하거나 발견·수정할 가능성에 중요하지만 간접적인 영향을 미치며 이 통제들은 감사인이 테스트를 위해 선정한 다른 통제와 감사인이 다른 통제에 대해 수행하는 절차의 성격, 시기 및 범위에 영향을 미칠 수 있다. 따라서, 이 통제가 효과적으로 운영될 때, 감사인이 다른 통제에 대한 테스트를 줄이는 것이 허용될 수 있다.

또한, 일부 전사적 수준 통제는 하나 이상의 관련경영진주장의 왜곡표시를 적시에 적절하게 예방하거나 발견·수정할 정도의 정밀한 수준으로 운영되도록 설계되었을 수 있다. 전사적 수준 통제가 평가된 중요왜곡표시위험에 충분히 대처하고 있다면, 감사인은 해당 위험과 관련된 추가적인 통제를 테스트할 필요가 없다.

② 내부회계관리제도 구성요소 평가

통합감사에서, 감사인은 내부회계관리제도 구성요소를 평가하고 다음을 결정하여야 한다.

가. 구성요소가 내부회계관리제도의 설계, 실행 및 운영에 존재하고 기능하는지 여부
나. 기업의 재무보고 목적을 달성하기 위해 구성요소가 연계되어 통합적으로 운영되고 있는지 여부

③ 보고기간말 재무보고 프로세스

재무보고 및 통합감사에 중요하기 때문에, 감사인은 보고기간말 재무보고 프로세스를 평가하여야 한다. 보고기간말 재무보고 프로세스에는 다음을 포함한다.

가. 총계정원장에 거래 총액을 기표하기 위해 사용되는 절차
나. 회계정책의 선택과 적용과 관련된 절차
다. 총계정원장에 분개를 생성, 승인, 기록 및 처리하기 위해 사용되는 절차
라. 연차 및 분기 재무제표에 반복적·비반복적 조정사항을 기록하기 위해 사용되는 절차
마. 연차 및 분기 재무제표를 작성하기 위한 절차

보고기간말 재무보고 프로세스 평가의 일환으로, 감사인은 다음을 평가하여야 한다.

가. 기업이 재무제표 생성을 위해 사용하는 프로세스의 입력자료, 수행하는 절차 및 산출물
나. 보고기간말 재무보고 프로세스에 정보기술이 관련되는 정도
다. 경영진에서 누가 참여하는지
라. 보고기간말 재무보고 프로세스에 포함되는 사업장
마. 조정사항 및 연결조정 분개의 유형
바. 경영진과 지배기구가 프로세스에 대해 수행하는 감시의 성격 및 범위

감사인은 기업의 통제가 평가기준일 현재 각각의 관련경영진주장에 대한 평가된 왜곡표시 위험에 충분하게 대처하고 있는지 여부를 결정하는데 중요한 분기별 통제의 효과성에 대한 충분한 증거를 입수하여야 한다. 하지만, 감사인이 각 분기에 대해 개별적으로 충분한 증거를 확보해야 하는 것은 아니다.

5 유의적인 거래유형, 계정잔액 및 공시와 관련경영진주장을 식별

감사인은 유의적인 거래유형, 계정잔액 및 공시와 관련경영진주장을 식별하여야 한다. 관련경영진주장은 재무제표의 왜곡표시를 포함할 가능성이 낮지 않은(more than remote) 경영진주장이며 유의적인 거래유형, 계정잔액 및 공시와 관련경영진주장을 식별하기 위하여, 감사인은 재무제표 항목과 공시와 관련된 질적 및 양적 위험요소를 평가하여야 한다.

유의적인 거래유형, 계정잔액 및 공시와 관련경영진주장의 식별과 관련된 위험요소에는 다음이 포함된다.

- 계정의 규모와 구성
- 오류 또는 부정으로 인한 왜곡표시에 대한 민감성
- 계정으로 처리되거나 공시에 반영된 개별 거래의 활동규모, 복잡성 및 동질성
- 계정, 거래유형 또는 공시의 성격
- 계정, 거래유형 또는 공시와 연관된 회계처리 및 보고의 복잡성
- 계정 내 손실에 대한 노출
- 계정 또는 공시에 반영된 활동으로부터 유의적인 우발채무가 발생할 가능성
- 계정 내 특수관계자 거래의 존재
- 계정, 거래유형 또는 공시 특성의 전기 대비 변동

유의적인 거래유형, 계정잔액 및 공시와 관련경영진주장을 식별하는 것의 일환으로, 감사인은 또한 재무제표의 중요한 왜곡표시를 야기할 잠재적 왜곡표시의 가능한 원천을 결정하여야 한다.

또한, 기업이 부문을 보유한 경우, 감사인은 그룹재무제표에 근거하여 유의적인 거래유형, 계정잔액 및 공시와 관련경영진주장을 식별하여야 하며 연결기준이 아닌 내부회계관리제도감사에서 그룹재무제표는 부문이 다수인 경우의 별도재무제표 또는 개별재무제표를 의미한다

6 왜곡표시의 가능한 원천에 대한 이해

감사인은 잠재적 왜곡표시의 가능한 원천을 더 많이 이해하기 위하여, 그리고 테스트 대상 통제를 선정하는 것의 일부로써, 다음의 절차를 수행한다.

(1) 거래가 개시, 승인, 기록, 처리 및 보고되는 방법을 포함하여, 관련경영진주장과 관련된 거래의 흐름을 이해한다.
(2) 개별적으로 혹은 다른 왜곡표시와 결합하여 중요한 왜곡표시(부정으로 인한 왜곡표시 포함)가 발생할 수 있는 기업 프로세스 내의 지점을 식별한다(예를 들어, 정보가 개시, 이전 또는 수정되는 지점).
(3) 잠재적 왜곡표시에 대처하기 위하여 경영진이 실행한 통제를 식별한다.
(4) 재무제표에 중요한 영향을 미칠 수 있는 승인되지 않은 기업 자산의 취득, 사용 또는 처분을 예방하거나 적시에 발견·수정하기 위해 경영진이 실행한 통제를 식별한다.

추적조사 수행은 많은 경우에 위 목적을 달성하는 가장 효과적인 방법일 것이다. 추적조사는 거래의 발생부터 해당 거래가 정보시스템을 포함한 기업의 프로세스를 거쳐 기업의 재무기록으로 반영되기까지, 기업 담당자가 사용하는 동일한 문서와 정보기술을 이용하여 거래를 따라가는 과정을 포함한다. 추적조사 절차는 적합한 담당자에 대한 질문, 특정 통제의 적용의 관찰, 관련 문서의 검사 및 통제 재수행이다. 감사인은 이 절차들의 어떤 조합이라도 선택할 수 있으나, 질문만으로는 위 목적을 달성하는 데 충분하지 않다

또한, 추적조사를 수행할 때, 감사인은 기업 담당자에게 중요한 거래 처리절차가 수행되는 시점에 기업의 규정된 절차 및 통제에 의하여 요구되는 사항에 대한 기업 담당자의 이해에 관해 질문한다. 이러한 탐색적 질문(probing question)은 다른 추적조사 절차와 결합하여, 감사인이 해당 프로세스에 대한 충분한 이해를 얻고 필요한 통제가 누락되거나 효과적으로 설계되지 않은 중요한 지점을 식별할 수 있게 한다 또한, 추적조사의 기초로 사용된 단일거래에 대한 제한된 초점을 넘어서는 탐색적 질문은 해당 프로세스에 의해 다루어지는 상이한 유형의 유의적인 거래에 대한 이해를 제공한다.

마지막으로, 요구되는 판단의 정도 때문에, 감사인은 위 요구사항을 달성하기 위한 절차를 직접 수행하여야 하며 감사인은 정보기술이 기업의 거래 흐름에 어떻게 영향을 미치는지, 기업이 정보기술로 인하여 제기되는 위험에 어떻게 대응하는지 이해하여야 한다.

7 테스트 대상 통제의 선정 및 통제테스트

감사인은 기업의 통제가 각 관련경영진주장의 평가된 왜곡표시위험에 충분히 대처하고 있는지 여부에 대한 감사인의 결론에 중요한 통제를 식별하고 테스트하여야 한다 특정 관련경영진주장의 평가된 왜곡표시위험에 대처하는 통제는 하나 이상일 수 있다. 이와 반대로, 하나의 통제가 하나 이상의 관련경영진주장의 평가된 왜곡표시위험에 대처할 수도 있다 관련경영진주장과 관련된 모든 통제를 테스트할 필요가 없고, 통제 중복 자체가 통제목적이 아닌 이상 중복된 통제를 테스트할 필요도 없을 수 있다.

1) 설계효과성의 테스트

기업의 통제가 통제를 효과적으로 수행하는데 필요한 권한과 적격성을 보유한 사람에 의해 규정된 대로 운영되는 경우, 감사인은 해당 통제가 기업의 통제목적을 충족하고 재무제표의 중요한 왜곡표시를 초래할 수 있는 부정이나 오류로 인한 왜곡표시를 효과적으로 예방하거나 발견·수정할 수 있는지 여부를 결정하여 통제의 설계효과성을 테스트하여야 한다.

설계효과성을 평가하기 위해 수행되는 절차는 적합한 기업 담당자에 대한 질문, 특정 통제의 운영에 대한 관찰 그리고 관련 문서의 검사의 결합으로 이루어질 수 있다 이러한 절차를 포함한 추적조사는 일반적으로 설계효과성을 평가하는데 충분하다

2) 운영효과성의 테스트

감사인은 통제가 설계된 대로 운영되는지 여부와 통제를 수행하는 사람이 통제를 효과적으로 수행하는데 필요한 권한과 적격성을 갖추었는지 여부를 결정하여 통제의 운영효과성을 테스트하여야 한다.

운영효과성을 테스트하기 위해 수행되는 절차는 적합한 기업 담당자에 대한 질문, 특정 통제의 운영에 대한 관찰, 관련 문서의 검사 그리고 통제의 재수행의 결합으로 이루어질 수 있다. 그러나, 질문만으로는 그러한 목적을 달성하기에 충분하지 않다

3) 위험과 입수해야 할 증거와의 관계

테스트되고 있는 통제와 연관된 위험이 증가할수록, 감사인이 입수해야 할 증거의 충분성과 적합성도 증가하여야 한다. 감사인은 각각의 관련경영진주장에 대하여 선정된 통제의 효과성에 대하여 증거를 입수하여야 한다. 하지만 감사인이 개별 통제 각각의 효과성에 대한 의견을 뒷받침하기 위해 충분하고 적합한 감사증거를 입수할 책임은 없다 또한, 선정된 통제가 효과적인지 여부에 대한 증거를 입수하기 위해서, 해당 통제 자체가 테스트되어야 하며 실증절차에 의해 발견된 왜곡표시가 없다는 것이 통제의 운영효과성을 의미한다고 볼 수 없다. 그러나, 실증절차에 의해 발견된 왜곡표시가 없다는 것은 통제의 운영효과성에 대한 결론을 내리는데 필요한 테스트를 결정할 때 감사인의 위험평가에 반영된다

감사인이 통제 이탈을 식별하는 경우, 감사인은 이탈이 통제의 운영효과성에 미치는 영향뿐만 아니라, 테스트되고 있는 통제와 연관된 위험에 대한 감사인의 평가 및 입수하여야 할 증거에 미치는 영향을 결정하여야 한다. 또한, 통제가 효과적으로 운영되지 않고 있다는 결론은 통제가 효과적으로 운영되고 있다는 결론을 뒷받침하는데 필요한 증거보다 더 적은 증거로 뒷받침될 수 있다.

4) 통제테스트의 시기와 범위

일정 시점의 내부회계관리제도에 대한 의견을 표명하기 위하여, 감사인은 내부회계관리제도가 충분한 기간 동안 효과적으로 운영되었다는 증거를 입수하여야 한다. 이때 충분한 기간은 기업의 재무제표의 대상기간인 전체 기간(일반적으로 1년)보다 짧을 수 있다. 감사인은 운영효과성에 대한 충분하고 적합한 감사증거를 얻기 위하여, 평가기준일에 가깝게 통제테스트를 수행하는 것과 충분한 기간에 걸쳐 통제를 테스트할 필요성이 있다는 것 간에 균형을 맞추어야 한다. 더 긴 기간에 대한 통제를 테스트하는 것이 더 짧은 기간에 대해 테스트하는 것보다 통제의 효과성에 대해 더 많은 증거를 제공한다. 또한, 평가기준일에 더 가까운 시기에 수행된 테스트가 해당 연도 내 더 이른 시기에 수행된 테스트보다 더 많은 증거를 제공한다. 그리고 통제를 더 광범위하게 테스트할수록, 해당 테스트로부터 더 많은 증거를 입수할 수 있다.

평가기준일 전에, 내부통제의 효과성 또는 효율성을 높이기 위하여 또는 통제미비점에 대처하기 위하여 경영진이 기업의 통제를 변경하여 실행할 수 있다. 만약 감사인이 새로운 통제가 통제 준거기준의 관련 목적을 달성하고 통제테스트를 수행하여 감사인이 새로운 통제의 설계 및 운영 효과성을 평가할 수 있을 정도로 새로운 통제가 충분한 기간 동안 시행되어왔다고 결정한다면, 감사인은 내부회계관리제도에 대한 의견을 표명할 목적으로 변경 전 통제의 설계 및 운영 효과성을 테스트할 필요가 없을 것이다. 만약 변경 전 통제의 운영효과성이 재무제표감사 시 감사인의 위험평가에 중요하다면, 감사인은 그러한 변경 전 통제의 설계 및 운영 효과성을 적합하게 테스트하여야 한다.

감사인이 특정 일자를 기준으로 통제의 효과성에 대해 보고하고 통제의 운영효과성에 대한 증거는 기중 일자에 입수하는 경우, 감사인은 잔여기간의 통제 운영과 관련하여 필요한 추가적인 증거가 무엇인지를 결정하여야 한다. 기중 일자에서부터 기업의 보고기간말까지의 테스트 결과를 갱신하기 위하여 필요한 추가적인 증거는 다음 요소에 따라 달라진다.

- 평가기준일 전에 테스트한 특정 통제(해당 통제와 연관된 위험, 해당 통제의 성격 및 해당 테스트 결과를 포함함)
- 기중 일자에 획득한 운영효과성에 대한 증거의 충분성
- 잔여기간의 정도
- 기중 일자 후에 내부회계관리제도에 유의적인 변경이 존재했을 가능성

어떤 상황에서는, 예를 들어 상기 요소들을 평가한 결과, 해당 통제가 잔여기간에 더 이상 효과적이지 않을 위험이 낮을 경우, 질문만으로도 충분한 잔여기간 테스트 절차가 될 수 있다.

5) 후속연도 감사에 대한 특별 고려 사항

후속연도 감사에서, 감사인은 필요한 테스트의 성격, 시기 및 범위를 결정하기 위한 의사결정 프로세스에, 감사인이 과거에 기업의 내부회계관리제도를 감사하는 과정에서 입수한 지식을 반영하여야 한다. 또한, 감사인은 예측불가능성을 통제테스트에 도입하고 환경 변화에 대응하기 위하여 기간마다 통제테스트의 성격, 시기 및 범위를 변경하여야 한다.

후속연도 감사에서 통제와 연관된 위험에 영향을 미치는 요소는 다음을 포함한다.

- 이전 감사에서 수행된 절차의 성격, 시기 및 범위
- 이전 연도의 통제테스트의 결과
- 이전 감사 이후 통제나 통제가 운영되는 프로세스에 변경이 있었는지 여부

상기 위험요소의 고려 후, 후속연도 감사에서 이용가능한 추가적인 정보로 인해 감사인은 위험을 최초 연도보다 낮게 평가할 수 있을 것이다. 이로 인해 결과적으로 감사인은 후속연도의 테스트를 줄일 수 있을 것이다.

8 내부회계관리제도 미비점의 식별과 평가

감사인은 수행한 감사업무를 근거로 하나 이상의 내부회계관리제도 미비점을 식별하였는지 여부를 결정하여야 한다.

1) 내부회계관리제도에 대한 평가기준일에 중요한 취약점이 존재하는지 여부의 결정

감사인의 통제미비점 평가절차
가. 통제미비점(Control Deficiencies)의 파악
나. 보완통제(Compensating Control)의 파악
다. 재무제표 왜곡표시의 발생가능성(Likelihood) 평가
라. 재무제표 왜곡표시의 잠재적 크기(Potential amount involved) 평가
마. 통제미비점의 분류에 대한 판단
바. 기타의 통제미비점과의 결합효과 평가

내부회계관리제도의 효과성에 대한 의견을 형성할 목적으로, 감사인은 내부회계관리제도 미비점이, 개별적으로 혹은 결합하여, 평가기준일 현재 중요한 취약점인지 여부를 결정하기 위하여 내부회계관리제도 미비점 각각의 심각성을 평가하여야 한다. 감사인은 내부회계관리

제도 미비점의 심각성을 평가할 때 동일한 유의적인 거래유형 · 계정잔액 · 공시, 관련경영진 주장, 또는 내부회계관리제도 구성요소에 영향을 미치는 미비점들이 집합적으로 중요한 취약점이 되는지 여부를 결정하여야 한다.

또한, 감사인은 내부회계관리제도 미비점 혹은 미비점들의 결합이 내부회계관리제도에 대한 경영진 평가 기준일 현재의 중요한 취약점인지 여부를 결정할 때 보완통제의 영향을 평가하여야 한다. 감사인은 보완통제가 중요한 왜곡표시를 예방 또는 발견· 수정할 수 있는 정밀한 수준으로 운영되는지 여부를 결정하기 위하여, 그러한 보완통제의 운영효과성을 테스트하여야 한다. 보완통제는 내부회계관리제도 미비점의 심각성을 제한하고, 중요한 취약점이 되는 것을 예방할 수 있다. 중요한 왜곡표시를 예방 또는 발견· 수정할 정도의 정밀한 수준으로 운영되는 보완통제만이 완화효과를 가질 수 있다. 비록 보완통제가 내부회계관리제도 미비점의 효과를 완화할 수 있다 하더라도, 보완통제가 미비점을 제거할 수는 없다.

내부회계관리제도 미비점 혹은 미비점들의 결합의 심각성은 다음에 따라 달라진다.

- 미비점 혹은 미비점들로부터 초래되는 잠재적 왜곡표시의 크기
- 기업의 통제가 거래유형, 계정잔액이나 공시의 왜곡표시의 예방 또는 발견· 수정에 실패할 가능성이 낮지 않은(more than remote)지 여부

미비점의 심각성은 왜곡표시가 실제로 발생하였는지 여부가 아니라, 오히려 기업의 통제가 왜곡표시를 예방 또는 발견 · 수정에 실패할 가능성이 낮지 않은(more than remote)지 여부로 결정된다. 왜곡표시를 초래할 가능성이 낮지 않은(more than remote)지 여부에 영향을 준다. 해당 요소들을 예시하면 다음과 같다.

- 재무제표, 거래유형, 계정잔액, 공시 및 관련되는 경영진주장의 성격
- 내부회계관리제도 미비점 혹은 미비점들로 인하여 발생하는 예외사항의 원인과 빈도
- 관련 자산이나 부채의 손실이나 부정에 대한 민감성
- 관련되는 금액을 결정하는데 요구되는 주관성, 복잡성 또는 판단의 정도
- 해당 통제와 다른 통제와의 상호작용 또는 관계(통제들이 상호의존적인지 중복적인지 여부를 포함함)
- 내부회계관리제도의 다른 미비점들과의 상호작용
- 내부회계관리제도 미비점 혹은 미비점들로 인하여 향후에 있을 수 있는 영향

내부회계관리제도 미비점이 왜곡표시의 가능성이 낮지 않음을 나타내는지 여부에 대한 평가는 발생 확률을 특정 비율이나 범위로 정량화하지 않고 수행될 수 있다. 또한, 많은 경우에, 작은 규모의 왜곡표시가 규모가 큰 왜곡표시보다 발생 확률이 더 크다.

내부회계관리제도 미비점 혹은 미비점들로부터 초래될 수 있는 왜곡표시의 크기에 영향을 미치는 요소들을 예시하면 다음과 같다.

- 미비점에 노출된 재무제표 금액 또는 거래 총액
- 미비점에 노출된 계정이나 거래유형에서 당기에 발생하거나 미래 기간에 발생이 예상되는 활동의 규모

잠재적 왜곡표시의 크기를 평가할 때, 계정잔액 또는 거래 총액이 과대표시될 수 있는 최대금액은 일반적으로 장부상금액이다. 반면, 과소표시될 수 있는 금액은 장부상금액보다 더 클 수 있다.

내부회계관리제도의 중요한 취약점을 나타내는 지표는 다음을 포함한다

- 고위 경영진이 저지른 부정을 식별함(부정이 중요한지 여부는 관계없음). 여기서 고위 경영진은 대표이사, 재무담당임원, 그밖에 기업의 재무보고프로세스에 유의적인 역할을 하는 다른 고위 경영진을 포함한다.
- 부정이나 오류로 인한 중요한 왜곡표시의 수정을 반영하기 위해 이전에 발행된 재무제표를 재작성함.
- 재무제표의 중요한 왜곡표시가 기업의 내부회계관리제도에 의해 발견·수정되지 못하였을 상황에서 감사 중 감사인에 의해 해당 왜곡표시가 식별됨.
- 기업의 재무보고 및 내부회계관리제도에 대한 지배기구의 감시가 효과적이지 않음

감사인은 내부회계관리제도 미비점 혹은 미비점들의 결합이 중요한 취약점이 아니라고 결정하는 경우, 동일한 사실과 상황에 대한 지식을 가진, 회계와 내부회계관리제도에 충분한 전문지식을 갖춘 객관적인 사람이 동일한 결론에 도달할 것인지 여부를 고려하여야 한다. 만약 감사인이 하나의 미비점 혹은 미비점들의 결합으로 인해 회계와 내부회계관리제도에 충분한 전문지식을 갖춘 객관적인 사람이 직무수행에 있어서 해당 재무보고체계에 따라 재무제표가 작성될 수 있도록 필요에 맞게 거래가 기록된다는 합리적인 확신을 가지고 있다는 결론을 내릴 수가 없다고 결정한다면, 이 경우 감사인은 해당 미비점 혹은 미비점들의 결합을 중요한 취약점의 지표로 다루어야 한다.

2) 통합감사 중 유의적 미비점이 존재하는지 여부에 대한 결정

감사인은 내부회계관리제도 미비점이 개별적으로 또는 결합하여 유의적 미비점이 되는지 여부를 결정하기 위하여, 내부회계관리제도 미비점 각각의 심각성을 평가하여야 한다. 그러한 평가를 수행할 때, 감사인은 동일한 유의적인 거래유형·계정잔액·공시, 관련경영진주장,

또는 내부회계관리제도 구성요소에 영향을 미치는 미비점들이 집합적으로 유의적 미비점이 되는지 여부를 결정하여야 한다.

9 후속사건에 대한 고려

내부회계관리제도의 변경 또는 내부회계관리제도에 유의적으로 영향을 미칠 수 있는 다른 요소가 평가기준일 후부터 감사보고서일자 전까지의 기간에 후속적으로 발생할 수 있다. 감사인은 경영진 또는 적합한 경우 지배기구에게 내부회계관리제도의 변경 또는 내부회계관리제도에 유의적으로 영향을 미칠 수 있는 상황이 평가기준일 후부터 감사보고서일 전까지 후속적으로 존재하였는지 여부를 질문하여야 한다. 내부회계관리제도의 변경이나, 기업의 내부회계관리제도의 효과성에 유의적인 영향을 미치는 상황에 대한 추가적인 정보를 입수하기 위하여, 감사인은 이 후속기간에 대하여 다음의 보고서 또는 정보에 대해서 질문하고 열람하여야 한다.

가. 후속기간에 발행된 관련 내부감사 보고서(또는 금융기관의 여신 검토와 같은 비슷한 기능의 보고서)
나. 미비점에 대하여 다른 독립된 감사인이 발행한 보고서
 – 기업의 내부회계관리제도에 대한 규제기관의 보고서
 – 감사인이 수행한 다른 업무를 통하여 입수한 기업의 내부회계관리제도의 효과성에 대한 정보

만약, 후속사건 절차를 통해 감사인이 내부회계관리제도에 대한 평가기준일 현재 존재하고 있었던 중요한 취약점에 대해 알게 된다면, 감사인은 부적정의견을 표명하여야 한다. 만약 내부회계관리제도에 대한 경영진 평가에서 내부회계관리제도가 효과적이라고 기술하고 있다면, 감사인은 내부회계관리제도 감사보고서를 변형하여 해당 결정의 사유를 기술하는 기타사항문단을 포함하여야 한다. 감사인이 내부회계관리제도에 대한 평가기준일 현재의 기업의 내부회계관리제도의 효과성에 대해 후속사건이 미치는 영향을 결정할 수 없다면 감사인은 의견표명을 거절하여야 한다. 또한 감사인은 기업이 취한 시정조치에 대해 경영진이 공시할 경우, 이에 대해 의견표명을 거절하여야 한다.

만약 감사인이 평가일에는 존재하지 않았으나 해당 일자 후부터 감사보고서 발행 전까지 후속적으로 발생한 상황에 관해 알게 되고, 그러한 후속 정보가 기업의 내부회계관리제도에 중요한 영향을 미친다면, 감사인은 내부회계관리제도 운영실태보고서에 기술되어 있는 후속적으로 발견된 사실과 그 영향에 대한 이용자의 주의를 환기하는 강조사항문단을 감사보고서에 포함하거나, 후속적으로 발견된 사실과 그 영향을 기술하는 기타사항문단을 감사보고서에 포함하여야 한다.

감사인이 감사보고서일 후 후속되는 사건에 대해 알아야 할 책임은 없다 그러나, 감사보고서일에 알았더라면 감사보고서를 수정할 원인이 될 수도 있었던 사실을 감사인이 감사보고서일 후에 알게 된 경우, 감사인은 이에 적합하게 대응하여야 한다.

10 의견 형성 및 경영진서면진술 입수

1) 의견 형성

감사인은 다음을 포함하여 모든 원천에서 입수한 증거를 평가함으로써 내부회계관리제도의 효과성에 대한 의견을 형성하여야 한다.

가. 내부회계관리제도감사를 위한 감사인의 통제테스트
나. 재무제표에 대한 의견표명과 관련된 목적을 달성하기 위해 수행한 추가적인 통제테스트
다. 재무제표감사 과정에서 발견된 왜곡표시
라. 식별된 미비점들

모든 원천으로부터 입수한 증거를 평가하는 것의 일환으로, 감사인은 내부감사기능(혹은 비슷한 기능)이 해당 연도 중에 발행한 내부회계관리제도 관련 통제에 대한 보고서를 검토하고 해당 보고서에 식별되어 있는 미비점을 평가하여야 한다.

내부회계관리제도감사를 위한 감사인의 통제테스트에서 발견된 사항을 평가하는 것에 추가하여, 감사인은 재무제표감사에서 수행한 실증절차의 발견사항이 내부회계관리제도의 효과성에 미치는 영향을 평가하여야 한다. 이 평가는 최소한 다음의 사항을 포함하여야 한다.

가 실증절차의 선택 및 적용과 관련된 감사인의 위험평가(특히, 부정과 관련한 사항)
나. 법규 미준수와 관련된 발견사항
다. 특수관계자 거래와 복잡하고 비경상적인 거래와 관련된 발견사항
라. 회계추정을 하고 회계원칙을 선택하는데 있어서 회계추정치를 도출하고 회계원칙을 선택할 때 경영진 편의의 징후
마. 실증절차에 의해 발견된 왜곡표시의 성격과 범위(이러한 왜곡표시의 정도는 통제의 효과성에 대한 감사인의 판단을 변경시킬 수 있다)

감사인은 기업의 내부회계관리제도의 효과성에 대하여 의견을 형성한 후, 외부감사법령에 따라 내부회계관리제도 운영실태보고서의 필수 요소에 대한 경영진의 표시내용을 평가하여야 한다. 감사인이 내부회계관리제도에 대한 내부회계관리제도 운영실태보고서의 필수 요소가 불완전하거나 부적절하게 표시되었다고 결정하는 경우, 감사인은 경영진에게 내부회계관리제도 운영실태보고서를 수정하도록 요청하여야 한다.

2) 경영진서면진술의 입수

감사인은 내부회계관리제도감사를 수행할 때, 다음 내용이 모두 포함된 경영진의 서면진술을 입수하여야 한다.

가. 효과적인 내부회계관리제도를 수립하고 유지할 경영진의 책임을 인정함
나. 경영진이 기업의 내부회계관리제도의 효과성에 대한 평가를 수행하였음을 진술하고, 준거기준을 구체적으로 명시함.
다. 통합감사 중에 감사인이 수행한 감사절차를 경영진이 내부회계관리제도 효과성에 대한 경영진 평가에 대한 근거의 일부로 활용하지 않았음을 명시함
라. 평가기준일 현재 준거기준에 근거한 내부회계관리제도의 효과성에 대한 경영진의 평가내용을 명시함.
마. 내부회계관리제도의 설계 또는 운영상의 모든 미비점을 감사인에게 공개하였음을 명시함(유의적 미비점이나 중요한 취약점이라고 생각되는 모든 미비점을 경영진이 별도로 감사인에게 공개한 것을 포함함).
바. 기업의 재무제표에 중요한 왜곡표시를 초래하는 부정과 재무제표에 중요한 왜곡표시를 초래하지는 않지만 고위경영진 또는 기업의 내부회계관리제도에서 유의적인 역할을 담당하는 경영진 또는 기타 직원이 연루된 부정을 기술함.
사. 이전의 업무를 수행하는 동안에 식별되고 경영진과 지배기구에게 커뮤니케이션된 유의적 미비점과 중요한 취약점이 해결되었는지 여부를 명시하고, 해결되지 않은 미비점을 구체적으로 식별함.
아. 유의적 미비점과 중요한 취약점에 대하여 경영진이 취한 시정조치를 포함하여, 내부회계관리제도의 변경 또는 내부회계관리제도에 유의적으로 영향을 미칠 수 있는 다른 상황이 평가기준일 후에 후속적으로 존재했는지 여부를 명시함.

경영진이 서면진술을 제공하지 않으면, 감사인은 법규에 의해 가능한 경우 통합감사 계약을 해지하거나 내부회계관리제도에 대한 의견을 거절하여야 하고, 재무제표 감사에 미치는 영향을 고려하여야 한다.

11 내부회계관련사항의 커뮤니케이션

감사인은 통합감사 중에 시정되었거나 이전에 커뮤니케이션 되었으나 아직 시정되지 않은 유의적 미비점과 중요한 취약점을 포함하여, 통합감사 중 식별된 유의적 미비점과 중요한 취약점을 경영진과 지배기구에게 서면으로 커뮤니케이션하여야 한다. 감사인이 기업의 재무보고 및 내부회계관리제도에 대한 지배기구의 감시가 비효과적이라고 결론을 내리면 감사인은 해당 결론을 이사회(또는 다른 유사한 기구)에 서면으로 커뮤니케이션하여야 하며 서면 커뮤

니케이션은 적시에 그리고 내부회계관리제도에 대한 감사보고서가 발행되기 이전에 이루어져야 한다.

감사인은 통합감사 중에 식별한 내부회계관리제도의 모든 미비점을 경영진에게 서면으로 적시에, 감사보고서 발행 이전에 커뮤니케이션하여야 하며, 이러한 커뮤니케이션이 언제 수행되었는지 혹은 언제 수행될 예정인지를 지배기구에 알려야 한다.

서면 커뮤니케이션을 할 때, 감사인은 이전의 서면 커뮤니케이션에 포함되어 있는 미비점에 관한 정보를 반복할 필요가 없다. 이전의 커뮤니케이션이 감사인, 내부감사인 또는 조직 내의 다른 누군가에 의해 수행되었는지는 관계가 없다.

통합감사는 감사인이 중요한 취약점보다 덜 심각한 모든 미비점을 식별하였다는 합리적인 확신을 감사인에게 제공하지 않는다. 따라서 감사인은 통합감사 중에 식별된 중요한 취약점보다 덜 심각한 미비점이 없다고 명시하는 보고서를 발행해서는 안 된다. 또한, 감사인은 기업의 내부회계관리제도의 효과성에 대해 의견을 표명하는 보고서를 발행하기 때문에 감사인이 통합감사 중 중요한 취약점이 식별되지 않았음을 나타내는 보고서를 발행해서는 안 된다.

12 내부회계관리제도에 대한 보고

1) 내부회계관리제도 감사보고서는 재무제표 감사보고서와 별도로 작성되어야 하며 다음의 요소를 포함하여야 한다. 내부회계관리제도 감사보고서의 수신인, 업무수행이사의 이름, 감사인의 서명, 감사인의 주소 및 감사보고서일은 재무제표 감사보고서와 같아야 한다.

제목 및 수신인	(1) 감사보고서 제목은 독립된 감사인의 감사보고서임을 명확히 나타내기 위하여 "독립된(independent)" 문구를 포함하여야 한다. (2) 감사보고서는 해당 감사의 상황에 기초하여 적합한 수신인을 기재하여야 한다.
내부회계관리제도에 대한 의견	1) 내부회계관리제도 감사대상 기업의 이름 2) 통제 준거기준(예를 들어, 『내부회계관리제도 설계 및 운영 개념체계』)에 근거하여, 평가기준일 현재, 중요성의 관점에서 기업이 효과적인 내부회계관리제도를 유지하였는지 여부에 대한 감사의견
내부회계관리제도 감사의견의 근거	1) 내부회계관리제도감사가 회계감사기준에 따라 수행되었다는 기술 2) 감사기준에 따른 감사인의 책임을 기술하는 감사보고서의 단락 언급 3) 감사인은 감사와 관련된 윤리적 요구사항에 따라 기업으로부터 독립적이며 그러한 요구사항에 따른 윤리적 책임을 이해하였다는 기술(관련 윤리적 요구사항의 원천에 대한 관할지의 표시 또는 국제윤리기준에 대한 언급이 포함되어야 함) 4) 입수한 감사증거가 감사의견의 근거를 제공하기에 충분하고 적합하다고 감사인이 믿는지 여부에 대한 기술

내부회계관리제도에 대한 경영진과 지배기구의 책임	1) 내부회계관리제도 운영실태보고서에 대한 언급 2) 효과적인 내부회계관리제도를 유지하고 내부회계관리제도의 효과성을 평가할 책임이 경영진에게 있다는 진술 3) 내부회계관리제도를 감시할 책임이 지배기구에게 있다는 진술
내부회계관리제도 감사에 대한 감사인의 책임	1) 감사인의 책임은 감사에 근거하여 기업의 내부회계관리제도에 대한 의견을 표명하는 것이라는 진술 2) 회계감사기준은 감사인이 중요성의 관점에서 효과적인 내부회계관리제도가 유지되었는지 여부에 대한 합리적인 확신을 얻기 위해 감사를 계획하고 수행할 것을 요구한다는 진술 3) 내부회계관리제도감사가 내부회계관리제도에 대한 이해의 획득, 중요한 취약점이 존재할 위험의 평가, 평가된 위험에 근거한 내부통제의 설계 및 운영의 효과성에 대한 테스트 및 평가, 그리고 감사인이 상황에 따라 필요하다고 판단한 기타 절차의 수행을 포함하였다는 진술
내부회계관리제도의 정의와 한계	1) 문단6 용어의 정의에 기술된 내부회계관리제도의 정의 2) 고유한계로 인하여 내부회계관리제도가 왜곡표시를 예방하거나 발견·수정하지 못할 수 있고, 효과성의 평가를 미래 기간에 투영하는 것은 상황의 변화로 인하여 통제가 부적합하게 될 위험이 있으며, 또는 정책이나 절차의 준수 정도가 저하될 위험이 있을 수 있다는 설명
업무수행이사의 이름 및 감사인의 서명, 감사인의 주소 및 감사보고서일	내부회계관리제도 감사보고서일은 감사의견을 뒷받침하는 충분하고 적합한 증거(감사문서가 검토되었다는 증거를 포함함)를 입수한 날보다 빠르지 않아야 한다. 감사인이 재무제표를 감사하지 않고 내부회계관리제도만을 감사할 수가 없으므로 내부회계관리제도감사와 재무제표감사는 통합되어 진행된다. 따라서 내부회계관리제도 감사보고서일은 재무제표 감사보고서일과 동일하여야 한다.

감사인은 재무제표에 대한 감사보고서에 다음 문단을 (의견문단 바로 뒤에) 추가하여야 한다.

> "우리는 또한 회계감사기준에 따라, [통제준거기준 식별]에 근거한 회사의 20X8년 12월 31일 현재의 내부회계관리제도를 감사하였으며, 20X9년 XX월 XX일자[재무제표에 대한 보고서일자와 동일한 보고서일자] 감사보고서에서 [의견의 성격 포함]을 표명하였습니다."

감사인은 또한 내부회계관리제도에 대한 감사보고서에 다음 문단을(의견문단 바로 뒤에) 추가하여야 한다.

"우리는 또한 회계감사기준에 따라, 회사의 [재무제표 식별]를 감사하였으며, 20X9년 XX월 XX일자[내부회계관리제도의 효과성에 대한 감사보고서일자와 동일한 보고서일자] 감사보고서에서 [의견의 성격 포함]을 표명하였습니다."

▌사례 1 ▌ 내부회계관리제도 적정의견

독립된 감사인의 내부회계관리제도 감사보고서

ABC주식회사의 주주 귀중 [또는 다른 적합한 수신인]

내부회계관리제도에 대한 감사의견

우리는 20X1년 12월 31일 현재 「내부회계관리제도 설계 및 운영 개념체계」에 근거한 ABC주식회사의 내부회계관리제도를 감사하였습니다.

우리의 의견으로는 회사의 내부회계관리제도는20X1년 12월 31일 현재 「내부회계관리제도 설계 및 운영 개념체계」에 따라 중요성의 관점에서 효과적으로 설계 및 운영되고 있습니다.

우리는 또한 회계감사기준에 따라, ABC주식회사의 20X1년 12월 31일 현재의 재무상태표, 동일로 종료되는 보고기간의 손익계산서(또는 포괄손익계산서), 자본변동표, 현금흐름표를 감사하였으며, 20X2년 XX월 XX일자[내부회계관리제도 감사보고서 일자와 동일한 보고서일자] 감사보고서에서 [의견의 성격 포함]을 표명하였습니다.

내부회계관리제도 감사의견근거

우리는 회계감사기준에 따라 감사를 수행하였습니다. 이 기준에 따른 우리의 책임은 이 감사보고서의 내부회계관리제도감사에 대한 감사인의 책임 단락에 기술되어 있습니다. 우리는 내부회계관리제도감사와 관련된 공인회계사윤리기준에 따라 회사로부터 독립적이며 공인회계사윤리기준에 따른 기타 윤리적 책임들을 이행하였습니다. 우리가 입수한 감사증거가 감사의견을 위한 근거로서 충분하고 적합하다고 우리는 믿습니다.

내부회계관리제도에 대한 경영진과 지배기구의 책임

경영진은 효과적인 내부회계관리제도를 설계, 실행 및 유지할 책임이 있으며, 내부회계관리제도 운영실태보고서에 포함된, 내부회계관리제도의 효과성에 대한 평가에 책임이 있습니다.

지배기구는 회사의 내부회계관리제도의 감시에 대한 책임이 있습니다.

내부회계관리제도감사에 대한 감사인의 책임

우리의 책임은 우리의 감사에 근거하여 회사의 내부회계관리제도에 대한 의견을 표명하는데

있습니다. 우리는 회계감사기준에 따라 감사를 수행하였습니다. 이 기준은 우리가 중요성의 관점에서 내부회계관리제도가 효과적으로 유지되는지에 대한 합리적 확신을 얻도록 감사를 계획하고 수행할 것을 요구하고 있습니다.

내부회계관리제도 감사는 중요한 취약점이 존재하는지에 대한 감사증거를 입수하기 위한 절차의 수행을 포함합니다. 절차의 선택은 중요한 취약점이 존재하는지에 대한 위험평가를 포함하여 감사인의 판단에 따라 달라집니다. 감사는 내부회계관리제도에 대한 이해의 획득과 평가된 위험에 근거한 내부회계관리제도의 설계 및 운영에 대한 테스트 및 평가를 포함합니다.

내부회계관리제도의 정의와 고유한계

회사의 내부회계관리제도는 지배기구와 경영진, 그 밖의 다른 직원에 의해 시행되며, [일반적으로 인정된 회계처리기준과 같은 적용 가능한 회계기준]에 따라 신뢰성 있는 재무제표의 작성에 합리적인 확신을 제공하기 위하여 고안된 프로세스입니다. 회사의 내부회계관리제도는 (1) 회사 자산의 거래와 처분을 합리적인 수준으로 정확하고 공정하게 반영하는 기록을 유지하고 (2) [일반적으로 인정되는 회계처리기준과 같은 회계기준]에 따라 재무제표가 작성되도록 거래가 기록되고, 회사의 경영진과 이사회의 승인에 의해서만 회사의 수입과 지출이 이루어진다는 합리적인 확신을 제공하며 (3) 재무제표에 중요한 영향을 미칠 수 있는 회사 자산의 부적절한 취득, 사용 및 처분을 적시에 예방하고 발견하는 데 합리적인 확신을 제공하는 정책과 절차를 포함합니다.

내부회계관리제도는 내부회계관리제도의 본질적인 한계로 인하여 재무제표에 대한 중요한 왜곡표시를 발견하거나 예방하지 못할 수 있습니다. 또한, 효과성 평가에 대한 미래기간의 내용을 추정시에는 상황의 변화 혹은 절차나 정책이 준수되지 않음으로써 내부회계관리제도가 부적절하게 되어 미래기간에 대한 평가 및 추정내용이 달라질 위험에 처할 수 있습니다.

이 독립된 감사인의 내부회계관리제도 감사보고서의 근거가 된 감사를 실시한 업무수행이사는 [이름]입니다.

[해당 국가에 따라 회계법인의 명칭이나 감사인 개인이름, 또는 두 가지]
[감사인의 주소]
[감사보고서일]

2) 감사보고서 변형

다음 상황이 존재하는 경우, 감사인은 내부회계관리제도 감사보고서를 변형하여야 한다.

가. 하나 이상의 중요한 취약점이 존재함
나. 내부회계관리제도 운영실태보고서의 구성요소가 불완전하거나 부적절하게 표시되어 있음
다. 업무의 범위에 제한이 존재함.
라. 내부회계관리제도 운영실태보고서에 추가정보가 포함되어 있음.

① **부적정의견**

평가기준일 현재에 개별적으로 혹은 결합적으로 하나 이상의 중요한 취약점이 존재한다면 감사인은 업무 범위에 대한 제한이 없는 한, 내부회계관리제도에 대해 부적정의견을 표명하여야 한다.

하나 이상의 중요한 취약점 때문에 내부회계관리제도가 효과적이지 않아 내부회계관리제도에 대하여 부적정의견을 표명할 때, 감사보고서는 다음을 포함하여야 한다.

가. 중요한 취약점의 정의
나. 하나 이상의 중요한 취약점이 식별되었다는 진술과, 해당 중요한 취약점이 내부회계관리제도 운영실태보고서에 기술되어 있다는 언급

하나 이상의 중요한 취약점이 감사보고서에 첨부되는 내부회계관리제도 운영실태보고서에 포함되지 않았다면, 감사보고서는 하나 이상의 중요한 취약점이 식별되었으나 내부회계관리제도 운영실태보고서에 포함되지 않았음을 언급하도록 변형되어야 한다. 또한, 감사보고서는 내부회계관리제도 운영실태보고서에 포함되지 않은 각각의 중요한 취약점에 대한 설명을 포함하여야 한다. 이 설명은 중요한 취약점의 성격과 중요한 취약점이 존재하였던 기간에 발행된 기업의 재무제표의 표시에 중요한 취약점이 미치는 실질적 그리고 잠재적 영향에 대한 구체적인 정보를 감사보고서 이용자에게 제공하여야 한다. 이 경우, 감사인은 또한 내부회계관리제도 운영실태보고서에 하나 이상의 중요한 취약점이 보고되지 않았거나 중요한 취약점으로 식별되지 않았음을 지배기구에 서면으로 커뮤니케이션하여야 한다. 만약 내부회계관리제도 운영실태보고서에 중요한 취약점이 포함되었으나 감사인이 중요한 취약점의 공시가 중요성의 관점에서 공정하게 표시되지 않았다고 결론을 내리면 해당 중요한 취약점을 공정하게 기술하는 데 필요한 정보뿐 아니라 해당 결론을 감사보고서에 기술하여야 한다.

감사인은 내부회계관리제도에 대한 부적정의견이 재무제표에 대한 감사의견에 미치는 영향을 결정하여야 한다. 또한, 감사인은 내부회계관리제도에 대한 부적정의견이 재무제표에 대한 감사의견에 영향을 미쳤는지 여부를 공시하여야 한다.

만약 내부회계관리제도 운영실태보고서의 필수 구성요소가 불완전하거나 부적절하게 표시되어 있다고 감사인이 결정하고, 경영진이 이를 수정하지 않는다면, 감사인은 내부회계관리제도 감사보고서를 변형하여 해당 결정의 사유를 기술하는 기타사항문단을 포함하여야 한다.

② **범위제한**

감사인은 감사업무 범위에 대한 제한이 없는 경우에만 내부회계관리제도의 효과성에 대한 의견을 형성할 수 있다. 만약 통합감사 업무를 수임한 후에, 내부회계관리제도감사의 업무범위에 대한 제한이 있다면, 감사인은 법규에 의해 가능한 경우 통합감사 계약을 해지하거나

내부회계관리제도에 대한 의견을 거절하여야 하고, 재무제표 감사에 미치는 영향을 고려하여야 한다.

경영진이 내부회계관리제도의 효과성에 대한 경영진의 서면진술의 제공을 거부함으로 인해 감사범위의 제한이 발생되는 경우, 감사인은 통합감사 계약을 해지하여야 한다. 감사계약의 해지가 관련 법규에 의해 가능하지 않은 경우, 감사인은 내부회계관리제도에 대한 의견을 거절하여야 한다. 또한, 감사인은 경영진의 서면진술 제공 거부가 다른 진술서들(기업의 재무제표감사를 수행할 때 입수한 진술서들을 포함함)에 대해 감사인이 의존할 수 있는 능력에 미치는 영향을 평가하는 것을 포함하여, 재무제표 감사에 미치는 영향을 고려하여야 한다.

범위제한으로 의견을 거절하는 경우, 감사인은 감사범위가 감사의견을 표명하는데 충분하지 않았다는 내용과 의견거절의 실질적인 사유를 기술하여야 한다. 감사인은 수행된 절차를 식별하거나 내부회계관리제도감사의 특성을 기술하는 문구를 포함해서는 안 된다. 그렇게 하는 것은 의견거절의 취지를 흐릴 수 있다.

감사인이 의견거절을 하는 상황에서 감사인이 수행한 제한된 절차에 의해 하나 이상의 중요한 취약점이 존재한다는 결론을 내리게 된 경우, 감사보고서에는 또한 다음 내용이 포함되어야 한다.

가. 중요한 취약점의 정의
나. 기업의 내부회계관리제도에서 식별된 중요한 취약점에 대한 설명. 이 설명은 감사보고서 이용자에게 중요한 취약점의 성격에 대한 구체적인 정보와 해당 취약점이 존재하는 동안에 발행된 기업의 재무제표의 표시에 해당 취약점이 미치는 실제적이고 잠재적인 영향에 대한 구체적인 정보를 제공하여야 한다.

만약 감사인이 감사범위에 대한 제한이 존재하여 감사의견을 표명할 수 없다고 결론을 내리면, 감사인은 내부회계관리제도감사가 만족스럽게 완료될 수 없음을 경영진과 지배기구에 서면으로 커뮤니케이션하여야 한다.

③ 추가정보

경영진은 내부회계관리제도 운영실태보고서 내 또는 동 보고서를 포함하는 문서 내에 감사인의 평가대상에 해당하는 요소 외에 추가정보를 포함할 수 있으며, 이 경우 감사인은 다음을 수행하여야 한다.

가. 내부회계관리제도 운영실태보고서에 추가정보가 포함된 경우, 감사인은 기타사항문단에서 해당 정보에 대한 의견을 거절하여야 한다.

나. 추가정보가 내부회계관리제도 운영실태보고서와 관련 감사보고서를 포함하는 문서 내에서 내부회계관리제도 운영실태보고서 외의 다른 부분에 포함되어 있고, 감사인이 경영진의 추가정보가 내부회계관리제도 운영실태보고서와의 명백한 중요한 불일치사항과 사실의 중요한 왜곡표시를 포함하고 있다고 믿는다면, 감사인은 해당 사항을 경영진과 논의하여야 한다. 만약, 경영진과의 논의 후에도, 감사인이 사실의 중요한 왜곡표시가 남아있다고 결론을 내리면, 감사인은 감사보고서 변형을 고려하여야 하며, 또한 외부감사법 제22조(부정행위보고책임)에 의해 감사인이 추가적인 조치를 취해야 할 수도 있다.

❙ 사례 2 ❙ 내부회계관리제도 부적정의견

독립된 감사인의 내부회계관리제도 감사보고서

ABC주식회사의 주주 귀중 [또는 다른 적합한 수신인]

내부회계관리제도에 대한 부적정의견

우리는 20X1년 12월 31일 현재 「내부회계관리제도 설계 및 운영 개념체계」에 근거한 ABC주식회사의 내부회계관리제도를 감사하였습니다.

우리의 의견으로는 부적정의견근거 단락에 기술된 「내부회계관리제도 설계 및 운영 개념체계」의 목적을 달성하기 위한 중요한 취약점의 영향 때문에 ABC주식회사의 내부회계관리제도는 20X1년 12월 31일 현재 효과적으로 설계 및 운영되고 있지 않습니다.

우리는 또한 회계감사기준에 따라, ABC주식회사의 20X1년 12월 31일 현재의 재무상태표, 동일로 종료되는 보고기간의 손익계산서(또는 포괄손익계산서), 자본변동표, 현금흐름표를 감사하였으며, 20X2년 XX월 XX일자[내부회계관리제도 감사보고서 일자와 동일한 보고서일자] 감사보고서에서 [의견의 성격 포함]을 표명하였습니다. 우리는 우리의 20X1년 재무제표 감사에 적용된 감사절차의 성격, 시기 및 범위를 결정하는데 있어 식별된 중요한 취약점을 고려하였으며, 이 감사보고서는 그러한 재무제표 감사보고서에 영향을 미치지 아니합니다.

내부회계관리제도 부적정의견근거

우리는 회계감사기준에 따라 감사를 수행하였습니다. 이 기준에 따른 우리의 책임은 이 감사보고서의 내부회계관리제도감사에 대한 감사인의 책임 단락에 기술되어 있습니다. 우리는 내부회계관리제도감사와 관련된 공인회계사윤리기준에 따라 회사로부터 독립적이며 공인회계사윤리기준에 따른 기타 윤리적 책임들을 이행하였습니다. 우리가 입수한 감사증거가 부적정의견을 위한 근거로서 충분하고 적합하다고 우리는 믿습니다.

중요한 취약점은 내부회계관리제도 미비점 혹은 미비점들의 결합으로, 회사의 재무제표의 중요한 왜곡표시가 적시에 예방되거나 발견·수정되지 못할 가능성이 낮지 않은 경우에 존재합니다. 다음의 중요한 취약점이 식별되었으며, 첨부된 내부회계관리제도 운영실태보고서에 포함되었습니다.

[내부회계관리제도 운영실태보고서에서 기술된 중요한 취약점을 식별함]

내부회계관리제도에 대한 경영진과 지배기구의 책임

경영진은 효과적인 내부회계관리제도를 설계, 실행 및 유지할 책임이 있으며, 내부회계관리제도 운영실태보고서에 포함된, 내부회계관리제도의 효과성에 대한 평가에 책임이 있습니다.

지배기구는 회사의 내부회계관리제도의 감시에 대한 책임이 있습니다.

내부회계관리제도감사에 대한 감사인의 책임

우리의 책임은 우리의 감사에 근거하여 회사의 내부회계관리제도에 대한 의견을 표명하는데 있습니다. 우리는 회계감사기준에 따라 감사를 수행하였습니다. 이 기준은 우리가 중요성의 관점에서 내부회계관리제도가 효과적으로 유지되는지에 대한 합리적 확신을 얻도록 감사를 계획하고 수행할 것을 요구하고 있습니다.

내부회계관리제도 감사는 중요한 취약점이 존재하는지에 대한 감사증거를 입수하기 위한 절차의 수행을 포함합니다. 절차의 선택은 중요한 취약점이 존재하는지에 대한 위험평가를 포함하여 감사인의 판단에 따라 달라집니다. 감사는 내부회계관리제도에 대한 이해의 획득과 평가된 위험에 근거한 내부회계관리제도의 설계 및 운영에 대한 테스트 및 평가를 포함합니다.

내부회계관리제도의 정의와 고유한계

회사의 내부회계관리제도는 지배기구와 경영진, 그 밖의 다른 직원에 의해 시행되며, [일반적으로 인정된 회계처리기준과 같은 적용 가능한 회계기준]에 따라 신뢰성 있는 재무제표의 작성에 합리적인 확신을 제공하기 위하여 고안된 프로세스입니다. 회사의 내부회계관리제도는 (1) 회사 자산의 거래와 처분을 합리적인 수준으로 정확하고 공정하게 반영하는 기록을 유지하고 (2) [일반적으로 인정되는 회계처리기준과 같은 회계기준]에 따라 재무제표가 작성되도록 거래가 기록되고, 회사의 경영진과 이사회의 승인에 의해서만 회사의 수입과 지출이 이루어진다는 합리적인 확신을 제공하며 (3) 재무제표에 중요한 영향을 미칠 수 있는 회사 자산의 부적절한 취득, 사용 및 처분을 적시에 예방하고 발견하는 데 합리적인 확신을 제공하는 정책과 절차를 포함합니다.

내부회계관리제도는 내부회계관리제도의 본질적인 한계로 인하여 재무제표에 대한 중요한 왜곡표시를 발견하거나 예방하지 못할 수 있습니다. 또한, 효과성 평가에 대한 미래기간의 내용을 추정시에는 상황의 변화 혹은 절차나 정책이 준수되지 않음으로써 내부회계관리제도가 부적절하게 되어 미래기간에 대한 평가 및 추정내용이 달라질 위험에 처할 수 있습니다.

이 독립된 감사인의 내부회계관리제도 감사보고서의 근거가 된 감사를 실시한 업무수행이사는 [이름]입니다.

[해당 국가에 따라 회계법인의 명칭이나 감사인 개인이름, 또는 두 가지]
[감사인의 주소]
[감사보고서일]

▌사례 3 ▌ 내부회계관리제도 의견거절

독립된 감사인의 내부회계관리제도 감사보고서

ABC주식회사의 주주 귀중 [또는 다른 적합한 수신인]

내부회계관리제도에 대한 의견거절

의견거절근거 단락에서 기술된 사항의 유의성 때문에 우리는 감사의견의 근거를 제공하는 충분하고 적합한 감사증거를 입수할 수 없었습니다. 따라서 우리는 ABC회사의 내부회계관리제도 효과성에 대한 의견을 표명하지 않습니다.

우리는 또한 회계감사기준에 따라, ABC주식회사의 20X1년 12월 31일 현재의 재무상태표, 동일로 종료되는 보고기간의 손익계산서(또는 포괄손익계산서), 자본변동표, 현금흐름표를 감사하였으며, 20X2년 XX월 XX일자[내부회계관리제도 감사보고서 일자와 동일한 보고서일자] 감사보고서에서 [의견의 성격 포함]을 표명하였습니다. 우리는 우리의 20XX년 재무제표 감사에 적용된 감사절차의 성격, 시기 및 범위를 결정하는데 있어 식별된 중요한 취약점을 고려하였으며, 이 감사보고서는 그러한 재무제표 감사보고서에 영향을 미치지 아니합니다.

내부회계관리제도 의견거절근거

[의견거절을 초래하는 사항을 기술함]

상기에서 기술된 사항 때문에, 우리는 감사의견의 근거를 제공하는데 충분하고 적합한 감사증거를 입수할 수 없었습니다. 그러나 중요한 취약점이 식별되었습니다. 중요한 취약점은 내부회계관리제도 미비점 혹은 미비점들의 결합으로, 회사의 재무제표의 중요한 왜곡표시가 적시에 예방되거나 발견·수정되지 못할 가능성이 낮지 않은 경우에 존재합니다. 하나 이상의 중요한 취약점이 존재하는 경우 회사의 내부회계관리제도는 효과적이라고 간주될 수 없습니다. 다음의 중요한 취약점은 첨부된 내부회계관리제도 운영실태보고서에 포함되었습니다.

[내부회계관리제도 운영실태보고서에서 기술된 중요한 취약점을 식별하고 중요한 취약점의 성

격과 중요한 취약점이 존재하였던 기간에 발행된 기업의 재무제표의 표시에 중요한 취약점이 미치는 실질적 그리고 잠재적 영향을 포함한 중요한 취약점에 대한 기술을 포함한다.]

내부회계관리제도에 대한 경영진과 지배기구의 책임

경영진은 효과적인 내부회계관리제도를 설계, 실행 및 유지할 책임이 있으며, 내부회계관리제도 운영실태보고서에 포함된, 내부회계관리제도의 효과성에 대한 평가에 책임이 있습니다.

지배기구는 회사의 내부회계관리제도의 감시에 대한 책임이 있습니다.

내부회계관리제도감사에 대한 감사인의 책임

우리의 책임은 회계감사기준에 따라 감사를 수행하고 이를 근거로ABC회사의 내부회계관리제도에 의견을 표명하는데 있습니다. 그러나 이 감사보고서의 의견거절근거 단락에서 기술된 사항 때문에 감사의견의 근거를 제공하는 충분하고 적합한 감사증거를 입수할 수 없었습니다.

내부회계관리제도의 정의와 고유한계

회사의 내부회계관리제도는 지배기구와 경영진, 그 밖의 다른 직원에 의해 시행되며, [일반적으로 인정된 회계처리기준과 같은 적용 가능한 회계기준]에 따라 신뢰성 있는 재무제표의 작성에 합리적인 확신을 제공하기 위하여 고안된 프로세스입니다. 회사의 내부회계관리제도는 (1) 회사 자산의 거래와 처분을 합리적인 수준으로 정확하고 공정하게 반영하는 기록을 유지하고 (2) [일반적으로 인정되는 회계처리기준과 같은 회계기준]에 따라 재무제표가 작성되도록 거래가 기록되고, 회사의 경영진과 이사회의 승인에 의해서만 회사의 수입과 지출이 이루어진다는 합리적인 확신을 제공하며 (3) 재무제표에 중요한 영향을 미칠 수 있는 회사 자산의 부적절한 취득, 사용 및 처분을 적시에 예방하고 발견하는 데 합리적인 확신을 제공하는 정책과 절차를 포함합니다.

내부회계관리제도는 내부회계관리제도의 본질적인 한계로 인하여 재무제표에 대한 중요한 왜곡표시를 발견하거나 예방하지 못할 수 있습니다. 또한, 효과성 평가에 대한 미래기간의 내용을 추정시에는 상황의 변화 혹은 절차나 정책이 준수되지 않음으로써 내부회계관리제도가 부적절하게 되어 미래기간에 대한 평가 및 추정내용이 달라질 위험에 처할 수 있습니다.

이 독립된 감사인의 내부회계관리제도 감사보고서의 근거가 된 감사를 실시한 업무수행이사는 [이름]입니다.

[해당 국가에 따라 회계법인의 명칭이나 감사인 개인이름, 또는 두 가지]
[감사인의 주소]
[감사보고서일]

3 | 지배기구와의 커뮤니케이션

기 언급하였던 바와 같이 감사인은 감사 중 식별한 유의적 내부통제 미비점을 지배기구와 커뮤니케이션하도록 되어 있다. 하지만 New ISA에서는 이러한 내부통제의 유의적 미비점 이외에도 여러 가지 재무제표 감사와 관련된 내용에 대해서 지배기구와 커뮤니케이션을 하도록 요구하고 있다.

지배기구(Those Charged with Governance)의 정의 (ISA 260 문단 10)
기업의 전략방향 및 기업의 수탁책임과 관련된 의무를 감시할 책임이 있는 자나 조직(예 기업의 이사회). 이러한 책임에는 재무보고절차에 대한 감시가 포함된다. 국가에 따라서는 이사회 집행임원이나 소유경영진과 같이 경영진의 구성원이 지배기구에 포함될 수 있다. (예 감사위원회)

참고 ▌우리나라의 감사위원회 제도(Audit committee)

(1) 설정대상 : 우리나라는 2000년의 (구)증권거래법 개정으로 자산총액이 2조 원 이상의 법인에게 감사 대신 감사위원회제도의 도입을 의무화하였다. 자산총액이 2조 원 미만인 법인은 회사의 정관이 정한 바에 따라 감사에 갈음하여 이사회 내의 위원회로서 감사위원회를 자율적으로 설치할 수 있다.

(2) 구 성 : 감사위원회는 3인 이상의 이사로 구성되며 그 중 3분의 2 이상은 사외이사로 구성되어야 한다. 또한, 감사위원회의 1인 이상은 반드시 회계 또는 재무 전문가(Financial Expert)를 두어야 한다.

(3) 역 할

① 감사위원회는 경영진의 부정에 대한 감시기구로서 경영진의 재무보고과정 전체에 대한 감시기능을 이사회로부터 위임받은 기구이다. ➡ **기업의 지배구조의 투명성 제고**

② 감사위원회는 재무보고과정에 개입하여 공정한 재무보고서의 작성에 기여하고 위임자인 소유주(주주)와 대리인인 경영진 간에 발생할 수 있는 정보의 불균형을 해소하고 정보흐름의 질을 높이는 역할을 수행한다. ➡ **회계정보의 투명성 제고**

③ 감사위원회는 이러한 감시과정에서 직접적으로나 간접적으로 수집한 각종 재무정보를 이사회에 제공함으로써 경영진에 대한 통제기구로서의 이사회의 위상을 증진시키는 역할을 담당하며, 이사회, 내부감사인 및 외부감사인들 간에 대화의 창구를 제공함으로써 효율적이고 효과적인 감사를 할 수 있도록 기여하는 역할을 수행한다. ➡ **재무제표 감사의 효율성 및 효과성 제고**

(1) 실익 (ISA 260 문단 4)

주로 감사인이 지배기구에 대하여 커뮤니케이션하는 것이 중점이지만 지배기구도 감사인의 감사시 필요한 내용에 대해서 커뮤니케이션할 수 있다. 이러한 효과적인 양방향 커뮤니케이션은 다음 사항과 관련하여 중요하다.

회사 입장	감사인 입장
재무보고절차를 감시할 지배기구의 책임과 관련하여 유의적이며 관련성이 있는 관찰사항들을 지배기구에게 적시에 제공하여 지배기구가 재무보고절차를 감시하는 책임을 완수함으로써 재무제표의 중요왜곡표시위험을 감소시킴. ⇨ 지배구조개선을 통한 회계정보의 투명성 강화	① 지배기구로부터 감사와 관련된 정보를 입수함으로써 훨씬 효율적이고 효과적인 감사가 가능 ② 감사인의 독립성과 객관성의 유지 ⇨ 감사품질의 제고

감사인은 이 감사기준서에서 요구되는 사항에 대하여 커뮤니케이션을 할 책임이 있으나, 경영진도 지배기구와 기업지배와 관련된 사항을 커뮤니케이션할 책임이 있다. 감사인이 수행하는 커뮤니케이션은 경영진의 이러한 책임을 경감시키지 아니한다. 마찬가지로, 감사인이 지배기구와 커뮤니케이션할 사항을 경영진이 지배기구와 커뮤니케이션하였다고 해서 감사인의 커뮤니케이션 책임이 경감되지는 아니한다. 그러나 경영진이 이러한 사항들에 대하여 지배기구와 커뮤니케이션하면 감사인이 수행할 커뮤니케이션의 형태나 시기에 영향을 미칠 것이다.

또한, 일인의 소유주가 기업을 경영하고 있고 그 외에는 지배역할을 하는 사람이 없는 소규모기업과 같이, 지배기구의 모든 구성원이 기업의 경영에 참여하는 경우가 있다. 이러한 경우, 만약 이 감사기준서에서 요구되는 사항들이 경영책임자(들)와 커뮤니케이션되었고, 이 책임자(들)가 지배책임도 가지고 있다면 지배기구 구성원 중 경영책임자와 동일한 사람(들)과 재차 이 사항을 커뮤니케이션할 필요는 없다. 그렇지만 감사인은 경영책임자(들)와의 커뮤니케이션이 지배기구를 구성하는 모든 구성원들(경영책임자(들)와 커뮤니케이션하지 않았다면 감사인이 커뮤니케이션할 지배기구의 모든 구성원들을 말함)에게 적절히 알려졌는지에 대하여 만족할 수 있어야 한다.

(2) 커뮤니케이션 사항 (ISA 260 문단 14~17)

감사기준이 커뮤니케이션을 요구하는 특정 사항을 명확하게 커뮤니케이션하는 것은 모든 감사에 있어 필수적인 부분이다. 그러나 감사기준은 감사인이 지배기구와 커뮤니케이션할 여타의 사항을 식별하기 위한 구체적 절차를 수행할 것을 요구하지는 않는다.

① 재무제표감사와 관련된 감사인 책임
② 계획된 감사범위와 시기
③ 감사에서의 유의적 발견사항
④ 감사인의 독립성

① 재무제표감사와 관련된 감사인 책임

1) 감사인은 지배기구의 감시와 더불어 경영진이 작성한 재무제표에 대하여 의견을 형성하고 표명할 책임이 있음.
2) 재무제표감사는 경영진 또는 지배기구의 책임을 경감시키지 아니함
3) 감사기준은 감사인이 지배기구와 커뮤니케이션할 보충적 사항들을 식별할 목적으로 감사절차를 설계하도록 요구하지는 않는다는 사실
4) 감사보고서의 핵심감사사항(Key Audit Matters : KAM)을 결정하고 커뮤니케이션하기 위한 감사인의 책임

재무제표 감사와 관련된 감사인의 책임은 감사업무의 조건을 기록한 감사계약서나 기타 적절한 형태의 합의서에 포함되어야 하며 지배기구에게 이러한 문서의 사본을 제시하는 것도 커뮤니케이션 방법이 될 수 있다.

② 계획된 감사범위와 시기

1) 부정이나 오류에 의한 중요한 왜곡표시에 대한 유의적 위험에 대처하기 위해 감사인이 제안하는 방법
2) 감사와 관련있는 내부통제에 대한 감사인의 접근방식
3) 감사상 중요성 개념의 적용
4) 기업에 내부감사기능이 있는 경우, 감사인이 어느 정도까지 내부감사업무를 이용할지 그리고 내부감사인과 외부감사인이 어떻게 건설적이고 보완적인 방식으로 최선의 협력을 할 수 있는지에 관한 사항
5) 핵심감사사항이 되는 경우, 감사인이 유의적으로 주의를 기울이는 것(이하 "유의적 감사인 주의"라 한다)이 요구되는 분야이므로 핵심감사사항이 될 수 있는 항목에 대한 감사인의 예비적 견해

⇩

계획된 감사범위와 시기에 대한 커뮤니케이션의 실익 (ISA 260 문단 A11)
1) 지배기구가 감사인의 업무결과를 더 잘 이해하고, 위험과 중요성의 개념에 대한 쟁점에 대해 감사인과 논의하고, 감사인이 추가적인 절차를 취하도록 요청할 분야를 식별함. 특히, 감사인이 식별한 유의적 위험을 커뮤니케이션하는 것은 지배기구가 감사인이 식별한 유의적 위험과 그 위험이 감사에서 특별히 고려되어야 하는 이유를 이해하는 데 도움이 되며, 유의적 위험에 대한 커뮤니케이션은 지배기구가 재무보고절차를 감시하는 책임을 완수하는 데 도움을 줄 수 있음.
2) 감사인이 기업과 그 환경을 더 잘 이해함.

특히 지배기구 구성원의 일부 또는 전부가 기업경영에 참여하고 있는 경우에는 계획된 감사범위와 시기에 대해 지배기구와 커뮤니케이션을 할 때 감사의 효과성을 훼손시키지 않기 위해 주의가 요구된다. 예를 들어 감사절차의 성격이나 시기에 대해 세부적으로 커뮤니케이션 하는 것은 감사절차를 지나치게 예측가능하게 함으로써 그러한 절차의 효과를 감소시킬 수 있다.

또한, 지배기구와의 커뮤니케이션은 감사인이 감사의 범위와 시기를 계획하는 데 도움을 줄 수 있지만, 충분하고 적합한 감사증거를 얻기 위해 필요한 감사절차의 성격, 시기 및 범위 등 전반감사전략과 감사계획을 수립할 감사인의 고유한 책임을 변화시키지는 않는다.

③ 감사에서의 유의적 발견사항

1) 회계정책과 회계추정 및 재무제표 공시 등 해당 기업 회계실무의 유의적 질적 측면에 대한 감사인의 견해. 경우에 따라, 감사인은 해당 재무보고체계에서 인정되는 유의적 회계실무가 동 기업의 특정 상황에 최적이지는 않다고 본다면, 지배기구에게 그 이유를 설명하여야 한다.

2) 감사수행 중 직면한 어려움으로서 유의적 사항이 있으면 그 내용
   가. 경영진이 요청된 정보의 제공을 유의적으로 지연시킴
   나. 불필요하게 촉박한 감사종료 시한
   다. 기대한 정보의 입수가 불가능함
   라. 경영진이 감사인에게 가한 제한들 등

3) 지배기구의 모든 구성원이 그 기업의 경영에 참여하고 있지 않는 한, 다음의 각 사항
   가. 감사에서 발생한 유의적 사항으로서, 경영진과 논의하였거나 서신을 교환하였던 사항이 있으면 그 내용
   나. 감사인이 요구하고 있는 서면진술
   다. 감사보고서의 형태와 내용에 영향을 미치는 상황이 있다면 그 상황

다-1) 감사인이 감사의견을 변형시킬 것으로 예상하는 경우
다-2) 계속기업과 관련된 중요한 불확실성이 보고되는 경우
다-3) 핵심감사사항이 커뮤니케이션 되는 경우
다-4) 감사인이 강조사항문단 또는 기타사항문단을 포함하는 것이 필요하다고 판단하거나 또는 다른 감사기준서에서 포함하도록 요구하는 경우
다-5) 감사인이 감사보고서에 업무수행이사의 이름을 포함하지 않으려 하는 드문 상황일 경우, 감사인은 개인의 안전에 대한 유의적 위협의 발생가능성과 심각성에 대한 감사인의 평가

라. 감사에서 발생된 기타 사항으로서 감사인의 전문가적 판단에 비추어 볼 때 재무보고절차의 감독 면에서 유의적 사항이 있으면 그 내용

④ 감사인의 독립성 (상장기업의 경우)

1) 업무팀, 적절한 경우 회계법인의 타 구성원, 회계법인, 그리고 해당사항이 있는 경우 네트워크 회계법인은 독립성에 관한 윤리적 요구사항들을 준수하고 있다는 진술

2) 감사인의 전문가적 판단에 따라 회계법인, 네트워크 회계법인 그리고 기업 사이에 독립성 문제와 관련된다고 합리적으로 판단되는 모든 관계와 기타 사항들. 여기에는 감사대상 재무제표의 보고기간 중에 당해 회계법인 및 네트워크 회계법인이 감사대상 기업 및 그 통제하에 있는 부문들에 대하여 감사 및 비감사서비스를 제공하고 청구한 총 보수가 포함되어야 한다. 이 보수는 지배기구가 각 서비스들이 감사인의 독립성에 미치는 영향을 평가하는 데 적절히 도움이 되도록 서비스유형 별로 배분되어야 한다.

3) 식별된 독립성 훼손위협을 제거하거나 수용가능한 수준으로 감소시키기 위해 적용한 관련 제도적 안전장치

(3) 커뮤니케이션 형태

감사인이 지배기구와의 커뮤니케이션을 수행할 때에는 토의 등 상대적으로 덜 체계적인 커뮤니케이션뿐만 아니라, 체계적인 표현과 서면방식의 보고도 수반될 수 있다.

커뮤니케이션 형태(예를 들어, 커뮤니케이션을 구두로 할 것인지 서면으로 할 것인지 여부, 커뮤니케이션의 상세함이나 요약의 정도, 체계적인 방법으로 할 것인지 형식에 치우치지 않는 방법으로 할 것인지 여부)는 특정 사항의 유의성 외에도 다음과 같은 요인들에 영향을 받을 수 있다.

커뮤니케이션을 형태를 결정하는 데 영향을 미치는 요인
(1) 해당 사항에 대한 논의가 감사보고서에 포함될 것인지 여부. 예를 들어, 감사보고서에서 핵심감사사항을 커뮤니케이션하는 경우, 감사인은 핵심감사사항이라고 결정된 사항을 서면으로 커뮤니케이션하는 것이 필요하다고 생각할 수 있다 (2) 해당 사항들이 만족할 정도로 해결되었는지 여부 (3) 경영진이 이전에 그러한 사항들에 대하여 커뮤니케이션한 적이 있었는지 여부 (4) 기업의 규모, 운영 구조, 통제환경, 및 법적 구조 (5) 특정목적 재무제표감사의 경우, 감사인이 일반목적 재무제표감사도 수행하는지 여부 (6) 법적 요구사항. 일부 국가에서는 국내법에 의해 규정된 양식에 따라 지배기구와의 서면 커뮤니케이션이 요구된다.

단, 다음의 경우에는 반드시 지배기구와의 커뮤니케이션을 서면으로 하도록 되어 있다

지배기구와의 커뮤니케이션을 반드시 서면으로 하는 경우 (ISA 260 문단 19~20)
① 감사에서 발견한 유의적 사항에 대해 구두로 커뮤니케이션을 하는 것이 적절하지 않을 것으로 판단하는 경우 ② 감사인의 독립성 문제와 관련된 커뮤니케이션

이때 서면의 커뮤니케이션에서는 감사에서 발생한 모든 사항들을 포함시킬 필요는 없다.

(4) 커뮤니케이션 시기

감사인은 적시에 지배기구와 커뮤니케이션을 하여야 한다. 이때 적절한 시기를 결정하기 위하여 고려하여야 할 사항 및 그에 따른 예는 다음과 같다.

적절한 시기를 결정하기 위하여 고려하여야 할 사항 (ISA 260 문단 A40)
① 해당사항의 유의성 ② 해당사항의 성격 ③ 지배기구가 취할 것으로 예상되는 조치

⇩

예시 상황	시 기
계획과 관련된 사항의 커뮤니케이션	감사업무 초반에 이루어질 것이며 초도감사의 경우에는 감사업무 조건의 일부로서 이루어질 수도 있다.
감사인이 유의적 어려움에 직면하는 경우	만약 지배기구가 그러한 어려움을 극복하는데 도움을 줄 수 있거나 그러한 어려움에 의해 감사의견이 변형될 가능성이 있는 경우에는 가급적 조기에 커뮤니케이션하는 것이 바람직할 것이다.
비감사서비스를 제공하는 업무를 수임하는 경우와 같이 독립성에 관한 커뮤니케이션	독립성에 대한 위협 및 관련 안전장치에 대한 유의적 판단이 수행될 때마다 실시하는 것이 적합할 것이다.

(5) 커뮤니케이션의 대상

감사인은 어떤 사항들을 지배기구와 커뮤니케이션 하기 전에 경영진과 그 사항들을 논의하는 것이 원칙이다. 다만, 경영진이 적격성이나 성실성에 대한 논의는 경영진과 우선 논의하는 것이 부적합할 것이다. 이러한 경영진과의 초기 논의는 다음과 같은 실익이 있다.

경영진과의 초기 논의의 실익 (ISA 260 문단 A33)
① 경영진의 집행책임을 깨닫게 하기 위함 ② 사실관계와 쟁점들을 분명히 할 수 있음. ③ 경영진에게 추가적인 정보와 설명을 제공할 수 있는 기회를 제공함.

또한, 지배기구는 예를 들어 은행이나 규제기관과 같은 제3자에게 감사인의 커뮤니케이션 문서 사본을 제공하고 싶을 수도 있을 것이다. 경우에 따라서는 제3자에게 공개하는 것은 불법이거나 적합하지 않을 수 있다. 지배기구를 위해 작성된 커뮤니케이션 문서가 제3자에게 제공될 때, 당해 제3자에게 동 커뮤니케이션 문서가 제3자를 염두에 두고 작성된 것이 아니라는 사실을 알리는 것이 당해 상황에서 중요할 것이다. 이를 위하여 지배기구와의 커뮤니케이션 문서에 예를 들어 다음과 같은 사실을 명시한다. (ISA 260 문단 A34)

① 커뮤니케이션 문서는 지배기구, 그리고 해당되는 경우 그룹경영진과 그룹감사인만을 위해 작성되었으며, 제3자가 이에 의존해서는 안됨.
② 감사인은 제3자에 대하여 어떤 책임도 지지 아니함.
③ 제3자에 대한 공시 또는 배포에 대한 제한사항

(6) 커뮤니케이션 절차의 적정성 평가

감사인은 감사인과 지배기구간의 양방향 커뮤니케이션이 해당 감사의 목적을 위하여 적절하였는지 평가하여야 한다. 만약 적절하지 않다면, 감사인은 중요왜곡표시위험에 대한 감사인의 평가 및 충분하고 적합한 감사증거를 입수하는 감사인의 능력에 미치는 영향을 평가하고 적절한 조치를 취하여야 한다.

커뮤니케이션 절차의 적정성 평가시 고려사항 (ISA 260 문단 A42)
① 감사인이 제기한 사항에 대하여 지배기구가 취한 조치의 적합성과 적시성 ② 감사인과의 커뮤니케이션에 있어서 지배기구의 명백한 개방성 ③ 경영진의 참석 없이 감사인과 만나려는 지배기구의 의향과 능력 ④ 지배기구가 감사인이 제기한 사항들을 완전히 이해할 수 있는 명백한 능력 등

⇩

커뮤니케이션 절차가 적정하지 않다고 판단하였을 경우 대응조치 (ISA 260 문단 A44)
① 감사범위의 제한을 근거로 감사의견을 변형시킴. ② 다른 일련의 조치의 경우 그 결과에 대한 법적 조언을 얻음. ③ 제3자(예를 들어 규제기관), 기업의 소유자(예를 들어 주주총회의 주주)와 같이 지배구조상 기업의 외부에 존재하는 상위기관 또는 공공부문에 대하여 책임이 있는 정부의 주무부서나 의회와 커뮤니케이션함. ④ 관련 법규상 가능하다면, 감사업무를 해지함.

사례문제 1: 내부통제 미비점에 대한 지배기구와 경영진과의 커뮤니케이션

1 아래 내용을 읽고 New ISA 규정에 근거하여 틀리게 설명한 내용을 선택하고 그 이유를 간략하게 서술하시오.

(1) 감사인은 내부통제제도의 유의적 미비점에 대하여 감사 수행 중에 반드시 지배기구와 커뮤니케이션 하여야 한다.
(2) 감사인은 전기 감사시 커뮤니케이션 한 내부통제제도의 유의적 미비점에 대하여 경영진이 비용, 효익 관점에서 개선하지 않겠다고 한 사항에 대해서는 당해연도에 해당 사항을 다시 커뮤니케이션 할 필요가 없다.
(3) 감사인은 내부통제제도의 유의적 미비점에 대해서 적합한 수준의 경영진과 지배기구에게 구두 또는 서면으로 커뮤니케이션할 수 있다.
(4) 내부통제제도의 유의적 미비점은 아니나 감사인의 전문가적 판단에 따라 내부통제제도의 미비점이라고 판단되는 사항은 반드시 적합한 수준의 경영진에게 서면으로 보고하여야 한다.
(5) 감사인이 내부통제제도의 유의적 미비점이라고 판단한 사항에 대해서는 지배기구 뿐만 아니라 적합한 수준의 경영진에게 반드시 보고하여야 한다. 이 때 적합한 수준의 경영진이라 함은 CEO 또는 CFO를 말한다.

풀이

(1) 내부통제의 유의적 미비점을 반드시 감사수행에 커뮤니케이션 할 필요는 없다. 적시에 수행하되 감사보고서일로부터 60일 이내 서면으로 커뮤니케이션하고 해당 내용을 문서화하면 된다.
(2) 유의적 미비점에 대해서는 전기 커뮤니케이션 했던 유의적 미비점에 대해서도 당해 여전히 유의적 미비점이라고 판단하였을 경우 다시 커뮤니케이션 하도록 되어 있다. 단, 유의적 미비점이 아닌 내부통제제도 미비점의 경우에는 다시 커뮤니케이션 의무가 존재하지 아니한다.
(3) 유의적 미비점에 대해서는 구두로 보고한 경우라 하더라도 서면으로 커뮤니케이션 하여야 할 책임을 경감시키지는 아니한다. 따라서 반드시 서면으로 커뮤니케이션 하여야 한다.
(4) 하지만 유의적 미비점이 아닌 감사인이 전문가적 판단에 따라 내부통제제도의 미비점이라고 파악한 사항에 대해서는 구두로 커뮤니케이션 하는 것도 허용된다.
(5) 경영진의 부정이나 성실, 적격성과 관련된 유의적 미비점은 경영진에게 직접 커뮤니케이션 하는 것이 적합하지 않을 수 있다.

2 통제테스트 결과 내부통제제도의 설계와 운영상의 유의적 미비점을 파악한 경우 감사인은 가능한 적시에 적합한 수준의 경영진 및 지배기구에게 서면을 통해 이를 커뮤니케이션 하여야 한다. 감사인이 경영진과 지배기구에게 내부통제제도상의 유의적 미비점을 통보하는 경우 유의적 미비점의 내용 및 그 영향에 대한 언급 이외에 중요하게 포함되어야 할 내용을New ISA에 근거하여 3가지를 기술하시오. (2008년, KICPA 기출문제 응용)

풀이

가. 감사의 목적은 감사인이 재무제표에 대한 의견을 표명하는 것임.
나. 감사에는 내부통제의 효과성에 대한 의견표명 목적이 아닌, 해당 상황에 적합한 감사절차를 설계하기 위하여 재무제표 작성과 관련된 내부통제에 대한 고려가 포함되었음.
다. 보고할 사항은 감사인이 감사 중에 식별한 미비점들로서 감사인이 지배기구에 보고할 만큼 충분히 중요하다고 결정한 미비점들로 제한됨.

3 New ISA에 근거하여 내부통제제도의 미비점 및 유의적 미비점에 대하여 커뮤니케이션 하여야 할 적합한 수준의 경영진의 차이점에 대해서 서술하고 그 차이점이 발생하는 이유에 대해서 서술하시오. (2009년, KICPA 기출 응용)

풀이

유의적 미비점의 경우에는 지배기구와도 커뮤니케이션 할 필요가 있기 때문에 CEO 또는 CFO에게 커뮤니케이션 하여야 한다. 단, 내부통제의 기타 미비점들에 있어 적합한 수준의 경영진은 영향을 받는 통제영역에 더 직접적으로 관계되어 있으며 적합한 시정조치를 취할 수 있는 권한을 가진 운영담당 경영진일 것이다.

4 New ISA에 근거하여 내부통제제도의 미비점이 유의적인지 판단하기 위하여 감사인이 고려하여야 할 주요 사안을 3가지 이상 서술해 보시오.

풀이

가. 미비점들이 미래의 재무제표에 중요한 왜곡표시를 일으킬 가능성
나. 그러한 미비점들에 노출된 재무제표 금액
다. 미비점(들)에 노출된 계정잔액이나 거래유형에 발생하였거나 발생할 수 있는 행위의 크기
라. 통제의 미비점에 따라 발생된 예외사항의 원인과 빈도

Q&A 사례문제 2 : 2012년, KICPA 기출문제

1 감사인은 감사를 진행하는 과정에서 내부통제제도의 유의적 미비점이 발견되면 지배기구와의 커뮤니케이션을 수행하도록 되어 있다. 단, 2019년 사업연도 이후부터는 외감법 개정에 따라 주권상장법인의 감사인은 자산규모 기준에 따라 단계별로 내부회계관리제도의 운영실태에 관한 보고내용에 대하여 감사를 수행하여야 한다. 즉, 재무제표감사와 내부회계관리제도에 대한 통합감사(Integrated Audit)를 요구하게 되었다.

내부회계관리제도의 운영실태에 관한 보고내용 감사와 재무제표 감사를 비교한 다음의 도표를 보고 빈칸에 들어가는 내용에 대해서 서술하시오.

	재무제표 감사	내부회계관리제도 감사
인증대상	역사적 재무제표	*서술요망*
준거기준	재무보고체계	*서술요망*
행위기준	회계감사기준	*서술요망*
통제테스트의 목적	내부통제가 효과적으로 운영되고 있다는 합리적인 확신을 얻기 위해서	*2가지 서술요망*
감사보고서일자	*서술요망*	*서술요망*
내부통제테스트 결과 단순한 미비점이 발견된 경우	*보고대상, 시기, 방법을 구체적으로 서술요망*	*왼쪽과 동일하게 서술하되 의견의 종류도 같이 서술요망*
내부통제테스트 결과 유의적 미비점이 발견된 경우	*보고대상, 시기, 방법을 구체적으로 서술요망*	*왼쪽과 동일하게 서술하되 의견의 종류도 같이 서술요망*
내부통제테스트 결과 중요한 취약점이 발견된 경우	*보고대상, 시기, 방법을 구체적으로 서술요망*	*왼쪽과 동일하게 서술하되 의견의 종류도 같이 서술요망*
필요하다고 판단되는 내부통제테스트를 수행하지 못한 경우	*2가지 서술요망*	*3가지 서술 (의견의 종류 포함)요망*
내부회계관리제도 운영실태보고서에 부적절한 기재가 되어 있는 경우	재무제표 감사에 직접적인 영향은 없음.	*서술요망*

풀이

	재무제표 감사	내부회계관리제도 감사
인증대상	역사적 재무제표	내부회계관리제도 (대표자 및 내부회계관리자의 내부회계관리제도 운영실태보고서가 아님)
준거기준	재무보고체계	내부회계관리제도 설계 및 운영개념체계
행위기준	회계감사기준	회계감사기준
통제테스트의 목적	내부통제가 효과적으로 운영되고 있다는 합리적인 확신을 얻기 위해서	1. 내부통제가 효과적으로 운영되고 있다는 합리적인 확신을 얻기 위해서 2. 내부회계관리제도 감사의견을 뒷받침하기 위한 충분하고 적합한 감사증거를 확보하기 위해서
감사보고서일자	충분하고 적합한 감사증거수집이 완료된 일자 (업무품질관리검토자의 검토가 완료된 일자)	재무제표 감사보고서 일자와 일치시켜야 한다.
내부통제테스트 결과 단순한 미비점이 발견된 경우	적합한 시정조치를 취할 수 있는 권한을 가진 경영진에게 구두 또는 서면으로 적절한 시기에 수행	모든 미비점을 경영진에게 감사보고서 발행 이전에 서면으로 커뮤니케이션하여야 하고, 이러한 커뮤니케이션

	재무제표 감사	내부회계관리제도 감사
		이 언제 수행되었는지 또는 언제 수행될 예정인지를 지배기구에 알려야 함
내부통제테스트 결과 유의적 미비점이 발견된 경우	통제위험을 높다고 평가하여 실증절차의 범위를 확대실시하여야 하며 (성격과 시기도 언급할 수 있음) 해당 유의적 미비점을 CEO와 지배기구에게 서면으로 감사보고서일로부터 60일 이내 커뮤니케이션하여야 한다.	1. 좌동. 단, 커뮤니케이션은 감사보고서일 이전까지 이루어져야 한다. 2. 내부회계관리제도에 대한 의견은 적정을 표명한다.
내부통제테스트 결과 중요한 취약점이 발견된 경우	상동	1. 좌동. 단, 커뮤니케이션은 감사보고서일 이전까지 이루어져야 한다. 2. 내부회계관리제도에 대한 의견은 부적정을 표명한다.
필요하다고 판단되는 내부통제테스트를 수행하지 못한 경우	1. 중요왜곡표시위험을 높다고 판단하여 실증절차의 성격, 범위, 시기를 조정한다. 2. 고도의 전산화가 되어 있는 기업의 경우에는 일반적으로 감사범위의 제한으로 보아 의견거절을 표명한다.	1. 좌동 2. 좌동 3. 범위제한으로써 의견거절을 표명하거나 감사계약 해지를 고려한다.
내부회계관리제도 운영실태보고서에 부적절한 기재가 되어 있는 경우	재무제표 감사에 직접적인 영향은 없음.	감사인이 운영실태보고서가 불완전하거나 부적절한다고 판단한 사유를 기타사항문단에 기술하여야 한다.

2 다음은 국내 외부감사 관련 제도와 법규 내용의 설명이다.

① 주권상장법인(유가증권시장상장법인 · 코스닥 시장 상장법인, 이하 동일)은 연속하는 3개 사업연도의 감사인을 동일 감사인으로 하여 3개 사업연도 중 최초 사업연도에 감사인을 선임하여야 한다.

② 회사(감사대상회사)에 대한 감사인의 법적 책임을 다툴 경우, 외감법은 감사인(피고)이, 민법은 회사(원고)가 입증책임을 지도록 정하고 있다.

③ 자유수임방식 감사계약에 따른 감사인의 독립성 위협 가능성을 보완하기 위해서, 외감법에서는 감사위원회가 설치가 되어 있는 주권상장법인의 외부감사인 선임에 대해서 감사 또는 감사위원회가 선임하도록 정하고 있다.

④ 외감법에서 정한 품질관리감리와 감사보고서감리의 주체는 증권선물위원회이다. 다만, 주권상장법인(금융기관 포함)의 감사보고서감리와 일정기준 이상의 대규모감사인의 품질관리감리는 증권선물위원회가 실시하고, 주권비상장법인(금융기관 제외)의 감사보고서감리와 소규모감사인의 품질관리감리는 증권선물위원회와 한국공인회계사회가 함께 수행하고

있다.

⑤ 회계법인은 공인회계사법에 의해 설립된 특수법인으로서 동 법에서 정하지 않은 사항에 대해서는 상법상 주식회사에 관한 규정을 준용한다.

국내 외부감사제도에 대한 앞의 설명 내용의 각 항목 별로 설명이 맞는지 여부를 다음 답안 양식에 표시하고(맞으면 O, 틀리면 X), 잘못된 항목에 대해서는 잘못된 부분과 올바르게 수정할 경우의 내용을 함께 기재하시오.

답안 양식과 작성 예:

번호	O/X	수정필요 내용
	O	*없음*
	X	*"주주"를 "주주 및 이사회"로 수정*

풀이

번호	O/X	수정필요 내용
1	O	없음
2	X	외감법상 입증책임은 회사, 즉 원고에게 존재함.
3	X	감사 또는 감사위원회를 감사위원회로 수정
4	X	증권선물위원회와 한국공인회계사가 함께 수행한다는 표현을 한국공인회계사가 위탁받아 단독으로 수행한다로 수정
5	X	상법상 유한회사 규정을 준용하도록 되어 있음.

3 2000년대에 회계제도 개혁법령의 형태로 국내에 도입된 제도로는 증권집단소송제도, 감사인 직무제한 및 독립성 강화, 감사인 강제교체, 공시자료에 대한 경영진의 인증절차, 내부회계관리제도 운영실태에 대한 경영진의 평가보고 등이 있다.
회계제도개혁법령의 내용 중 **내부회계관리제도**와 관련된 사항 두 가지를 기재하시오(단, **위에서 언급한 사항은 제외**).

풀이

1. 감사는 내부회계관리제도의 운영실태를 평가하여 이사회에 매 사업연도마다 보고하고 그 평가보고서를 당해 회사의 본점에 5년간 비치하여야 한다.
2. 감사인이 감사업무를 수행하는 경우에는 회사가 내부회계관리제도에서 정한 사항의 준수 여부 및 내부회계관리제도의 운영실태에 관한 보고내용을 검토하여야 한다. 그리고 이러한 검토결과를 감사보고서에 첨부. 단, 주권상장법인의 경우에는 감사를 수행.

4 강두리 회계사는 (주)섬진강의 내부회계관리제도의 운영에 대한 경영진의 주장에 대하여 검토 업무를 수행하고 있다. 강두리 회계사는 내부회계관리제도 검토과정에서 통제미비점(control deficiency)을 발견하였다. 이러한 내부회계관리제도의 통제미비점은 재무제표의 왜곡표시(misstatement)에 영향을 미칠 수 있는 통제의 설계상 또는 운영상 미비점을 말하며, 경영진이나 종업원이 담당업무를 수행하는 정상적인 과정에서 적시에 재무제표 왜곡표시를 예방하거나 적발할 수 없을 때 발생한다. 강두리 회계사는 평가절차를 통해 이러한 통제미비점을 다시 **단순한 통제미비점**, **유의한 미비점**(significant deficiency), **중요한 취약점**(material weakness)으로 평가하였다. 아래 표는 강두리 회계사가 통제미비점을 평가하는 절차를 구체적으로 기술하고 있다. 빈칸(③, ④)에 해당하는 절차를 기술하시오. (2008년, KICPA 기출)

감사인의 통제미비점 평가절차
① 통제미비점의 파악
② 보완통제의 파악
③
④
⑤ 통제미비점의 분류에 대한 판단
⑥ 기타의 통제미비점과의 결합효과 평가

풀이

① 재무제표 왜곡표시의 발생가능성 평가
② 재무제표 왜곡표시의 잠재적 크기 평가

Q&A 사례문제 3 : 2015년, KICPA 기출문제

감사인은 전문가적 의구심을 가지고 충분하고 적합한 감사증거를 수집함으로써 높은 수준의 확신을 제공할 수 있다. 그러나 감사인의 귀책사유로 감사보고서에 기재하여야 할 사항을 기재하지 않았거나 허위로 기재하였을 경우 이를 이용하여 손해를 본 제3자에게 손해를 배상할 책임이 있다. 다음 물음에 답하시오.

1 감사인은 재무제표를 중요하게 왜곡표시되게 하는 상황이 존재할 수 있음을 인식하고, 전문가적 의구심(Professional Skepticism)을 가지고 감사를 계획하고 수행하여야 한다. 여기서 1) 전문가적 의구심이란 무엇을 말하는지 정의하고, 2) 구체적으로 어떤 상황을 포함하는지 서술하시오.

풀이

1) 오류나 부정에 의한 왜곡표시 가능성을 나타내는 것일 수 있는 상황에 유의하면서 의심하는 마음과 감사증거에 대한 비판적인 평가를 포함하는 태도이다.
2) 이미 입수한 다른 감사증거와 상반되는 감사증거가 존재하는지, 감사증거로 사용될 문서 및 질의에 대

한 답변의 신뢰성에 의문을 갖게 하는 정보가 존재하는지, 부정의 존재가능성을 나타내는 것일 수 있는 조건이 있는지 주의를 유지하는 것을 포함한다.

2 회계감사기준은 감사를 계획하고 수행할 때 재무보고의 적시성 및 효익과 비용 간의 균형을 고려할 것을 규정하고 있다. 즉, 재무제표 이용자들은 감사인이 합리적인 기간 내에 합리적인 비용으로 재무제표에 대한 의견을 형성할 것이라고 기대한다. 또한 재무제표 이용자들은 감사인이 감사과정에서 모든 부정이나 오류를 적발하는 것이 가능하지 않다는 것을 인식하고 효익과 비용을 고려하여 재무보고의 수준을 요구한다.

따라서 감사인은 무한한 정도의 감사절차를 수행함으로써 절대적 확신을 제공하려는 감사절차를 수행하기 보다는 상기와 같은 재무보고 이용자들의 요구수준을 충족할 수 있는 정도의 감사절차를 수행할 수 있다. 이와 같이 감사인이 재무보고의 적시성 및 효익과 비용의 균형을 고려하여 채택하고 있는 감사절차에는 어떤 것이 있는지 3가지를 서술하시오.

풀이

1. 부정이나 오류에 의한 중요왜곡표시위험이 포함될 것으로 가장 높게 예상되는 분야에 감사노력을 집중한다. (위험평가를 통한 감사절차의 수행)
2. 모집단의 왜곡표시를 감사하기 위하여 테스트나 기타 수단을 사용한다. (위험평가 결과에 따른 표본감사 절차 수행)
3. 감사가 효과적으로 수행됨을 전제로 감사를 수행한다. (절대적인 확신은 아니지만 가장 높은 수준의 확신인 합리적인 확신의 제공)

3 회계감사기준은 외부감사인으로 하여금 경영진(Management) 및 지배기구(Those Charged With Governance)와 커뮤니케이션할 것을 강조하고 있다. 또한 기업의 상층부에는 이사회가 있으며, 감사위원회도 존재한다. 1) 외부감사인이 본연의 기능을 다하는 데 있어 지배기구와 경영진 간의 바람직한 관계(또는 특히 요구되는 관계)는 무엇인지, 2) 지배기구와 이사회는 어떤 관계가 있는지 [답안양식]에 따라 서술하시오.

[답안양식]

요구사항	내 용
1) 지배기구와 경영진 간의 바람직한 관계	
2) 지배기구와 이사회의 관계	

풀이

요구사항	내 용
1) 지배기구와 경영진 간의 바람직한 관계	지배기구는 경영진의 재무보고절차에 대한 감시 등의 책임이 있으며, 이를 위하여 경영진으로부터 독립성을 유지하는 것이 가장 바람직한 관계이다.
2) 지배기구와 이사회의 관계	기업의 전략방향 및 기업의 수탁책임과 관련된 의무를 감시할 책임이 있는 조직인 이사회가 지배기구가 될 수 있으며, 또한 이사회 집행임원이나 소유경영진과 같이 경영진의 구성원이 감사위원회와 같은 지배기구에 포함될 수도 있다.

4 회사와 감사인은 감사를 수행하기 전에 감사계약을 체결한다. 공인회계사 윤리규정은 성공보수를 조건으로 감사계약을 체결하는 것을 금지하고 있다. 감사계약이 성공보수를 조건으로 체결될 경우 발생할 수 있는 위협은 무엇인지를 그 이유와 함께 서술하시오.

풀이

성공보수약정을 체결하는 경우 감사인은 감사대상회사와 재무적 이해관계가 형성될 수 있으며, 또한 감사대상회사의 입장을 옹호해 줄 수 있기 때문에 **이기적 위협** 또는 **변호위협**이 야기될 수 있다.

Q&A 사례문제 4 : 2016년, KICPA 기출문제

주식회사등의 외부감사에 관한 법률(이하 '외감법')에 따르면 일정한 요건에 해당하는 회사는 신뢰할 수 있는 회계정보의 작성과 공시를 위하여 내부회계관리제도를 갖추어야 한다. 또한 감사인은 회사의 내부회계관리제도가 적정하게 설계 · 운영되고 있는지를 검토하고 그 결과를 감사보고서에 첨부하여야 한다.

1 외감법에 따라 내부회계관리제도 감사를 의무적으로 적용해야 하는 회사의 범위(적용대상)를 제시하시오.

풀이

직전년도말 자산총액 1천억 이상인 주권상장법인

2 내부회계관리제도의 설계·운영과 관련하여 회사의 대표자 및 감사(감사위원회)의 주요 역할 또는 책임을 [답안양식]에 따라 서술하시오.

[답안양식]

구분	주요 역할 또는 책임
① 대표자	
② 감사(감사위원회)	

풀이

구분	주요 역할 또는 책임
① 대표자	효과적인 내부회계관리제도의 설계 및 운영에 대한 최종 책임을 지며, 내부회계관리제도 운영을 담당하는 내부회계관리자를 지정한다. 또한, 매 사업연도마다 이사회, 감사(위원회) 및 주주총회에게 해당 회사의 내부회계관리제도의 운영실태를 보고하여야 한다.
② 감사(감사위원회)	내부회계관리제도의 운영실태를 평가하여 이사회에 매 사업연도마다 보고하고 그 평가보고서를 해당 회사의 본점에 5년간 비치하여야 한다.

3 감사인의 내부회계관리제도 검토와 감사인이 재무제표감사의 일환으로 수행하는 내부통제 평가는 그 업무범위와 성격에 있어 어떠한 차이점이 있는지 서술하시오.

풀이

내부회계관리제도 검토는 원칙적으로 내부회계관리제도에 대하여 소극적인 확신을 표명한다는 측면에서 재무제표 감사시 실증절차의 성격, 범위, 시기를 결정하기 위하여 수행하는 내부통제의 이해 및 테스트보다는 확대된 개념이다. 다만, 내부회계관리제도의 검토는 재무제표 감사를 위하여 수행하는 내부통제의 평가와 이에 따른 실증절차의 성격, 시기, 범위를 결정하기 위한 목적에도 유용할 수 있다.

Q&A 사례문제 5 : 2017년, KICPA 기출문제

내부통제는 식별된 사업위험에 대처하기 위하여 설계, 실행 및 유지된다. 감사인은 수행한 감사업무를 근거로 내부통제 미비점을 식별하고, 지배기구 및 경영진과 커뮤니케이션해야 한다. 다음은 감사인이 내부통제 미비점에 대해서 지배기구 및 경영진과 커뮤니케이션한 내용이다.

※ 아래 각 상황은 서로 독립적이다.

〈감사인이 수행한 커뮤니케이션 내용〉

(상황 1) 감사인은 내부통제의 식별된 유의적 미비점이 경영진의 성실성에 의문을 제기하는 사항이라고 판단하였다. 경영진과는 커뮤니케이션을 하지 않고 지배기구와만 커뮤니케이션하였다.

(상황 2) 감사인은 경영진이 시정 조치를 적시에 취할 수 있도록 유의적 미비점을 경영진 및 지배기구와 구두로 커뮤니케이션하였다. 지배기구는 이러한 유의적 미비점을 이해하고 수정할 것을 약속하였다.

(상황 3) 경영진과 지배기구는 감사인이 감사 중에 식별한 유의적 미비점을 알고 있으나, 비용 상 이유로 미비점을 시정하지 않고 있다. 감사인은 유의적 미비점을 경영진과 지배기구가 충분히 인지하고 있다고 판단하여 커뮤니케이션하지 않았다.

[요구사항]
위와 같은 각 상황에서 감사인이 수행한 커뮤니케이션 절차가 **적절한지** 서술하시오(아래 [답안양식]을 사용할 것).

[답안양식]

구분	적절성 여부	설명
	'O' 또는 'X'	*'X'로 표시한 경우에 적절하지 않은 이유를 서술*
상황 1		
상황 2		
상황 3		

풀 이

구분	적절성 여부	설명
	'O' 또는 'X'	*'X'로 표시한 경우에 적절하지 않은 이유를 서술*
상황 1	O	–
상황 2	X	내부통제 유의적 미비점은 반드시 서면으로 커뮤니케이션 하여야 한다.
상황 3	X	유의적 미비점에 대해서는 전기 커뮤니케이션 했던 유의적 미비점에 대해서도 당해 여전히 유의적 미비점이라고 판단하였을 경우 다시 커뮤니케이션 하도록 되어 있다.

Q&A 사례문제 6 : 2019년, KICPA 기출문제

Y회계법인은 최고㈜의 2019년(1.1.~12.31.) 재무제표 감사를 수행하고 있다. 최고㈜는 유가증권시장 상장기업이며 자산총액 2조 원 이상 회사이므로 Y회계법인은 2019년부터 내부회계관리제도 감사를 동시에 수행하여야 한다.
Y회계법인의 업무수행이사와 현장책임회계사는 재무제표 감사와 내부회계관리제도 감사 각각의 목적을 동시에 달성할 수 있도록 통합감사를 계획하고 있다.

※ 아래 각 물음은 서로 독립적이다.

1 현장책임회계사는 통합감사를 수행하기 위해서 다음과 같이 전반적인 감사계획을 수립하였다

구분	내 용
가	내부회계관리제도 감사와 재무제표 감사에서 사용할 중요성 금액은 각각의 목적을 고려하여 다르게 설정하기로 계획하였다.

구분	내 용
나	내부회계관리제도 감사를 위해서 재무제표에 대해서만 의견을 표명할 때와 달리 더 많은 통제의 설계 및 운영효과성에 대한 테스트를 수행하기로 계획하였다.
다	테스트할 통제의 위험이 증가할수록 감사증거의 충분성과 적합성도 증가하도록 계획하였다.
라	설계효과성 테스트 시 해당 통제가 통제목적을 충족하고 재무제표의 중요한 왜곡표시를 초래할 수 있는 부정이나 오류로 인한 왜곡표시를 효과적으로 예방하거나 발견 · 수정할 수 있는지를 테스트할 예정이다.
마	운영효과성 테스트 시 평가기준일(12월 31일)에 가깝게 테스트하는 통제와 회계기간(1.1.~12.31.)에 걸쳐 테스트하는 통제로 구분하지 않고, 모두 회계기간에 걸쳐 테스트하기로 계획하였다.

상기 감사계획에서 수정되어야 할 사항이 있다면 그 내용을 기술하고, 없으면 "없음"이라고 기술하시오(아래 [답안양식]을 사용할 것).

[답안양식]

구분	내용
가	
나	
다	
라	
마	

풀 이

구분	내용
가	재무제표감사와 내부회계관리제도 감사에 적용되는 중요성 기준은 동일한 금액을 적용하여야 한다.
나	없음.
다	없음
라	없음
마	감사인은 운영효과성에 대한 충분하고 적합한 감사증거를 얻기 위하여, 평가기준일에 가깝게 통제테스트를 수행하는 것과 충분한 기간에 걸쳐 통제를 테스트할 필요성이 있다는 것 간에 균형을 맞추어야 한다.

2 현장책임회계사는 내부회계관리제도 감사에서 통제 테스트 수행 결과 미비점을 식별하였다 동 내부회계관리제도 감사에서 미비점을 식별한 현장책임회계사가 재무제표 감사에서 감사위험을 수용가능한 수준으로 낮추기 위해 고려할 사항을 기술하시오.

풀 이

내부회계관리제도 감사에서 미비점이 파악된 경우 해당 미비점이 재무제표 중요왜곡표시위험인지를 평가하여야 하고, 만약 재무제표의 중요왜곡표시위험이 높다고 판단되면 적발위험의 수준을 낮추기 위하여 실증절차의 성격, 범위, 시기를 조정하여야 한다. (성격은 보다 효과적으로, 범위는 보다 많은 표본을 추출, 그리고 시기는 재무제표일 근접한 시기에 감사하도록 감사계획을 수립한다)

3 업무수행이사와 현장책임회계사는 "회계감사기준서 1100(내부회계관리제도의 감사)"에 따라서 내부회계관리제도 감사 중 발견된 미비점, 유의적 미비점, 중요한 취약점을 경영진 및 지배기구와 커뮤니케이션을 수행하여야 한다. 커뮤니케이션 대상별로 보고하여야 할 미비점의 종류를 모두 기재하시오(아래 [답안양식]을 사용할 것).

〈미비점의 종류〉
① 미비점, ② 유의적 미비점, ③ 중요한 취약점

[답안양식]

구분	①, ②, ③ 중 해당되는 사항 모두 선택
경영진	
지배기구	

풀 이

구분	①, ②, ③ 중 해당되는 사항 모두 선택
경영진	①, ②, ③
지배기구	②, ③

4 현장책임회계사는 내부회계관리제도를 감사한 결과 유의적 미비점(1개)을 발견하였으나 최고㈜의 경영진은 내부회계관리제도 운영실태보고서에 동 유의적 미비점의 내용을 별첨에 기재하지 않았다. 또한, 감사과정에서 업무범위의 제한은 없었다. 이러한 상황에서 업무수행이사와 감사팀이 내부회계관리제도에 대해서 최종적으로 표명할 [A]감사의견과 [B]그 이유를 기재하시오(아래 [답안양식]을 사용할 것).

[답안양식]

구분	내 용
[A]	
[B]	

풀 이

구분	내 용
[A]	적정의견
[B]	유의적 미비점의 경우에는 적정의견을 표명하도록 되어 있다.

사례문제 7 : 2020년, KICPA 기출문제

다음은 내부통제테스트 및 내부회계관리제도와 관련된 상황 및 물음이다. 다음 물음에 답하시오.

다음 [상황]은 (물음 1)~(물음 3)에 관련된 것이다.

[상 황]

Y회계법인은 가전제품을 생산하는 K㈜의 20X1년 12월 31일로 종료하는 회계연도의 재무제표에 대한 회계감사를 신규로 수임하였다. Y회계법인은 감사 계획을 수립하고 있으며, 매출 계정을 담당한 김 회계사는 다음과 같은 사항을 파악하였다.

- K㈜는 연간 1조 원 규모의 매출이 발생하고 있으며, 이 중 7,500억 원은 천안에 있는 내수용 진공청소기 부문에서, 2,500억 원은 대구에 있는 수출용 냉장고 부문에서 발생하고 있다.
- 내수용 진공청소기는 거래처에 물품이 인도된 시점에 수익이 인식된다.
- 수출용 냉장고는 화물선을 통해 운송되며, 거래 상대방과의 무역조건에 따라 선적한 시점 또는 거래처 지정 항구에 도착한 시점에 수익이 인식된다.
- K㈜는 월말 시점에 매출액이 크게 증가하는 경향이 있었다. 김 회계사는 진공청소기 부문과 냉장고 부문의 매출 각각에 대하여 부정위험이 존재하는 것으로 가정하였다. 감사계획단계에서 설정한 중요성 금액은 50억 원이다.

※ 아래 각 물음은 서로 독립적이다.

1 김 회계사는 매출 부문별로 다음과 같은 내부통제 감사계획을 수립하였다 각 항목번호(①~④) 별로 감사계획이 **적절한지 여부**를 기재하고, **적절하지 않은 항목번호**에 대해서는 그 이유를 **2줄 이내**로 서술하시오.

감사계획
① 매출 비중이 큰 진공청소기 매출에 대해서는 경영진이 설계하여 실행·유지하고 있는 통제의 이해를 위한 업무를 수행하기로 하였다.
② 진공청소기 매출 관련 통제의 설계가 효과적이고, 이 통제에 의존하는 것이 효율적인 것으로 판단되면, 통제운영의 효과성 테스트를 추가로 수행하기로 하였다. 다만, 통제의 설계가 효과적이지 않다면 통제운영의 효과성 테스트는 생략하고 실증절차를 확대하여 수행하기로 하였다.
③ 진공청소기 매출 관련 통제운영의 효과성 테스트 결과 통제가 효과적일 경우, 실증절차는 생략하고 감사종결 단계에서 분석적 절차를 수행하기로 하였다. 통제의 운영이 효과적이지 않다면 실증절차를 확대하여 수행하기로 하였다.
④ 진공청소기에 비해 상대적으로 비중이 낮은 냉장고 매출에 대해서는 통제의 이해를 위한 업무수행은 생략하고, 실증절차를 확대하여 수행하기로 하였다.

풀이

3번 : 매출관련 통제가 효과적일 경우 실증절차의 범위를 줄일 수는 있으나 생략할 수는 없다.

4번 : 진공청소기와 관련하여 부정위험이 존재하는 경우 유의적 위험이 있는 것으로 볼 수 있으며, 이러한 경우에는 관련 내부통제를 반드시 이해하여야 한다.

2 위의 [상황]과 관련하여, 다음은 김 회계사가 K㈜로부터 수령한 매출 프로세스에 대한 업무기술서의 일부이다. 각 항목번호(①~⑤)별로 **통제미비점이 있는지 여부**를 기재하고, **통제미비점이 있는 항목번호**에 대해서는 경영진에게 권고할 개선안을 **2줄 이내**로 서술하시오.

업무기술서
① 고객주문이 접수되면 영업 담당자는 고객의 신용에 대한 평가를 수행하고, 고객 마스터파일에 고객 정보를 등록한다. 고객 정보가 등록되면 영업 담당자는 판매지시서를 작성하여 출고 담당자에게 송부한다.
② 공장의 출고 담당자는 진공청소기가 공장에서 출고될 때, 판매지시서에 기재된 품목, 수량이 출고되는 실물과 일치하는지를 확인하고 출고증에 서명을 한다.
③ 진공청소기 매출기록 담당자는 고객이 서명한 인수증, 고객주문서 및 출고증에 기재된 품목, 수량 및 금액이 서로 일치하는지를 확인하고, 고객이 인수증에 서명한 일자의 매출로 회계전표를 작성한다. 회계팀장은 회계전표와 인수증, 고객주문서, 출고증 상의 품목, 수량, 금액 정보, 인수일자가 서로 일치하는지를 확인하고 회계전표를 승인한다.
④ 냉장고 매출기록 담당자는 도착지 인도조건 매출의 경우 선적서류와 고객주문서, 출고증에 기재된 품목, 수량 및 금액이 서로 일치하는지를 확인한 후, 영업 담당자가 송부해주는 이메일에 기재된 거래처 인도일자의 매출로 회계전표를 작성한다. 회계팀장은 위 문서들의 품목, 수량, 금액 및 인도일자 정보가 서로 일치하는지를 확인하고 회계전표를 승인한다.
⑤ 영업담당자는 거래처로부터 매출채권을 수금하는 즉시 회계팀에 전달한다. 회계팀 담당자는 매출채권 리스트상 거래처 및 채권금액과 영업 담당자로부터 전달받은 금액을 대사한 후, 매출채권의 회수에 대한 회계전표를 작성하고, 회계팀장은 위 문서들에 포함된 정보가 서로 일치하는지 확인하고 회계전표를 승인한다.

풀이

1번 : 영업부서에서 직접 고객에 대한 신용승인을 수행하는 측면. 영업부서와는 별개의 독립된 부서에서 고객에 대한 신용승인절차를 수행하도록 권고

4번 : 영업담당자가 이메일에 기재하는 인도시점으로 매출을 인식하는 측면. 거래처에게 인도되는 시점에 대한 구체적인 문서화 기능을 갖추게 하도록 권고.

5번 : 회계부서에서 기록 이외에 자금을 관리하는 측면. 회계부서가 아닌 자금부서에서 해당 현금에 대한 관리를 수행하도록 업무분장을 권고

3 위의 [상황]과 관련하여, 김 회계사는 다음과 같이 매출회계전표 승인통제의 운영 효과성에 대한 테스트 계획을 수립하였다. 항목번호별로 **개선이 필요한 점이 있는지** 기재하고, 개선이 필요한 항목번호에 대해서는 **개선이 필요한 부분만** 올바른 계획으로 **2줄 이내로** 수정하시오(단, 표본 수는 적절한 것으로 간주함).

통제운영의 효과성 테스트 수행계획
① 부정위험과 관련한 통제운영의 효과성 테스트를 위해, 20X1년 11월에 20X1년 1월부터 10월까지의 매출보조원장을 입수하여, 이 중 결산일에 비교적 근접한 9월과 10월의 매출 거래에서 매월 20개씩의 표본을 추출한다. 추출된 표본별로 매출전표 및 증빙으로 첨부된 문서들을 입수하여, 회계팀장의 매출전표 승인통제가 효과적으로 운영되고 있는지 확인한다.
② ①의 통제운영의 효과성 테스트 대상 시점 이후인 20X1년 11월부터 재무제표일까지의 잔여기간이 길지 않으므로 추가적으로 통제운영의 효과성에 대한 감사증거를 수집하지 않을 계획이다.

[답안양식]

항 목	개선필요 여부 (필요, 불필요)	개선 사항
①		
②		

풀 이

항 목	개선필요 여부 (필요, 불필요)	개선 사항
①	필요	월말에 매출이 급증하는 형태가 보이기 때문에 매월말 시점에 발생한 매출거래에 대해서 표본을 선택하는 것이 바람직함
②	필요	테스트 이후에 관련 내부통제의 유의적 변화가 있는지 여부에 대해서는 고려해야 함

4 W회계법인은 식료품을 생산하는 L㈜의 20X1년 재무제표와 내부회계관리제도에 대한 통합감사를 최초로 수행하고 있다. L㈜는 20X2년 1월 25일 증권선물위원회에 20X1년 재무제표를 사전제출하였다. W회계법인은 기말감사 기간 중 다음과 같은 조정사항을 반영하여 수정된 재무제표를 L㈜로부터 추가로 제시받았다.

항목	재무제표 수정 사유
① 성과급	이사회에서 20X2년 2월 10일에 임직원에 대한 20X1년분 성과급을 최종 확정함에 따라, 최초 비용인식액 대비 50억 원을 추가로 인식하였다. 이사회에서 정하는 상여금 지급률은 사전 예측이 어려워, L㈜의 통제기술서에는 사전재무제표 제출 이후 성과급 확정시점에 관련 통제를 수행하는 것으로 설계되어 있다.

② 지분법 조정	L㈜의 관계기업인 S㈜가 외부감사인의 수정권고사항을 받아들여 재무제표를 20X2년 2월 9일에 수정하면서, L㈜는 최초로 수령하였던 S㈜ 재무정보와의 차이 30억 원을 지분법손실로 추가 반영하였다.
③ 소송사건종결	20X2년 2월 5일 W회계법인이 회수한 변호사 조회서에, L㈜가 유럽에서 피소된 소송에서 20X2년 1월 5일에 최종 패소하였다고 기재되었다. L㈜는 W회계법인의 수정권고를 받아들여 25억 원의 충당부채를 추가로 반영하였으며, 이 외에 L㈜가 피소되어 계류중인 다른 소송은 없었다.

감사의견 형성시 사용되는 중요성 금액이 40억 원일 경우, ①~③ 항목의 **통제미비점 해당 여부, 통제미비점에 해당한다면 그 통제미비점의 종류**와 **판단 사유**를 다음 양식에 따라 서술하시오(단, '통제미비점의 종류' 란에는 '미비점', '유의적 미비점', '중요한 취약점' 중의 하나를 기재함).

[답안양식]

항목	통제미비점 해당 여부	통제미비점 종류	통제미비점 종류에 대한 판단 사유
①			
②			
③			

풀이

항목	통제미비점 해당 여부	통제미비점 종류	통제미비점 종류에 대한 판단 사유
①	–	–	–
②	해당	유의적 미비점	재무제표에 미치는 영향이 중요하지는 않지만 유의적이기 때문*
③	해당	유의적 미비점	재무제표에 미치는 영향이 중요하지는 않지만 유의적이기 때문*

* 해당 왜곡표시가 발생할 개연성은 낮지 않다고 가정함.

5 내부회계관리제도 감사를 수행하고 있는 W회계법인은 발견된 통제미비점이 중요한 취약점에 해당되는지 여부에 대한 평가를 수행하고 있다. 통제미비점의 심각성을 평가하는데 영향을 미치는 요소 두 가지를 서술하시오.

풀이

해당 통제의 미비점으로 인하여 재무제표 왜곡표시가 발생할 수 있는 개연성 및 해당 왜곡표시가 재무제표에 미치는 유의성을 고려하여야 한다.

사례문제 8 : 2022년, KICPA 기출문제

주권상장법인의 감사인은 외부감사법에 따라 외부감사법 제8조(내부회계관리제도의 운영 등)에서 정한 사항을 준수했는지 여부 및 내부회계관리제도의 운영실태에 관한 보고내용을 감사하여야 한다.

1 다음은 각 감사대상회사에 관한 설명이다. 2022년 12월 31일로 종료되는 보고기간에 대하여 각 회사가 외부감사법에 따른 내부회계관리제도 감사대상인지 여부를 기재하고, 감사대상이 아닌 경우 그 이유를 서술하시오.

1. ㈜대한은 유가증권시장 상장법인으로 2021년 말 현재 자산총액은 1조 5천억 원이다.
2. ㈜민국은 위 ㈜대한의 종속기업이며 비상장 주식회사이다. ㈜민국의 2021년 말 현재 자산총액은 7천억 원이다.
3. ㈜만세는 코스닥 상장법인으로, 2021년 말 현재 자산총액은 8백억 원이다
4. ㈜한국은 2023년 중 신규상장을 예정하여 2022년 감사인을 지정받았으며, 2021년 말 현재 자산총액은 6천억 원이다.

풀이

22년 사업연도 기준으로 내부회계관리제도 감사를 받아야 하는 대상은 직전 사업년도 자산총액 1,000억 이상(별도재무제표 기준)인 주권상장법인이다. 따라서 1번이 감사대상회사이다. 2번의 경우는 비상장법인이기 때문에 해당 사항이 없으며, 3번의 경우는 자산총액금액이 기준금액에 미달되며, 4번의 경우는 22년도 말 현재 주권상장법인이 아니기 때문에 감사대상회사가 아니다.

다음은 (물음 2)에 적용되는 사항이다.

C회계법인은 전기자동차 임대업을 영위하는 주권상장법인(대기업) ㈜국민의 2022 회계연도 재무제표 및 내부회계관리제도에 대한 통합감사를 수행하고 있다.

2 C회계법인은 ㈜국민의 내부회계관리제도에 대한 감사를 수행하고 그 결과를 ㈜국민의 감사위원회와 논의하였다. 다음의 설명이 내부통제의 미비점 및 그에 대한 지배기구 커뮤니케이션에 관한 내용으로 적절한지 여부를 기재하고, 적절하지 않은 경우 그 이유를 서술하시오.

항목	통제활동
1	중요한 취약점이 하나만 존재하는 경우에도 기업의 내부통제는 효과적이라고 간주될 수 없다.
2	감사인의 목적은 내부회계관리제도의 효과성에 대한 의견을 감사위원회와 커뮤니케이션하는 것을 포함한다.

3	감사인은 통합감사 중 식별된 내부회계관리제도의 모든 미비점을 감사위원회에 서면으로 커뮤니케이션하여야 한다.

풀이

1. 적절함
2. 적절함
3. 감사위원회, 즉 지배기구에 대해서는 유의적인 미비점 및 중요한 취약점에 대해서 서면으로 커뮤니케이션하여야 한다. 참고로 경영진에 대해서는 모든 미비점에 대해서 서면으로 커뮤니케이션하여야 한다.

Q&A 사례문제 9 : 2023년, KICPA 기출문제

1 회계감사기준은 감사인이 경영진 및 지배기구와 커뮤니케이션할 것을 강조하고 있다 감사인과 지배기구 간 효과적인 양방향 커뮤니케이션으로 인해 얻을 수 있는 효익을 두 가지 서술하시오(단, 아래 <예시>는 제외할 것).

<예시> *– 감사인이 지배기구로부터 감사와 관련된 정보를 입수함. 예를 들어, 지배기구는 감사인이 기업과 그 환경을 이해하고, 감사증거의 적절한 원천을 식별하며, 구체적인 거래나 사건에 관한 정보를 제공할 때 감사인을 도울 수 있다.*

풀이

첫째, 재무보고절차를 감시할 지배기구의 책임과 관련하여 유의적이며 관련성이 있는 관찰사항들을 지배기구에게 적시에 제공하여 지배기구가 재무보고절차를 감시하는 책임을 완수함으로써 재무제표의 중요왜곡표시위험을 감소시킴.
둘째, 감사인의 독립성을 강화하는 데 도움을 줌으로써 감사품질을 제고할 수 있음.

2 한국회계법인의 나 회계사는 ㈜A의 내부회계관리제도가 효과적으로 설계되었는지 평가하고 있다. 다음은 ㈜A의 구매활동 및 대금지급 프로세스에 대한 업무기술서 중 일부이다.

[업무기술서]

①	㈜A의 구매거래처 마스터는 구매처명, 구매처별 구매품목, 사업자등록번호, 결제계좌 및 지급기한이 등록되어 있으며, 등록되지 않은 구매처에 구매주문이 불가능하도록 시스템이 설정되어 있다.
②	생산관리 담당자는 매월 초에 당월 제품 생산계획 및 원재료 구매계획을 수립한 후 생산관리팀장의 승인을 획득한다.

③	생산관리 담당자는 원재료 구매계획에 따라 주별로 구매시스템에 구매처명, 품목, 수량 및 단가를 입력하고 생산관리팀장의 승인을 획득한다.
④	구매팀 담당자는 구매요청서 상 생산관리팀장의 승인 여부를 확인하고, 구매처에 구매주문서를 발송한다.
⑤	구매팀 담당자는 구매요청서, 구매주문서, 검수보고서 및 공급자로부터 받은 세금계산서와 거래명세서를 비교 검증하여 지급결의서를 작성하고, 구매팀장의 승인을 획득한 후 지급결의서를 자금팀에 전달한다.
⑥	자금팀 담당자가 지급결의서에 따라 자금지급실행요청서를 작성하여 자금팀장의 승인을 획득하고 자금이 집행된 후에 거래처별로 매입채무를 반제처리하면, 회계시스템 상 거래처별 매입채무에 자동 반영된다.

나 회계사는 업무기술서의 통제활동 중 두 가지가 미흡하다고 판단하고 있다. 미흡한 통제활동에 해당하는 항목번호를 기재하고, 나 회계사가 ㈜A의 경영진에게 권고할 수 있는 개선안을 각 항목별로 한 가지만 3줄 이내로 서술하시오.

풀이

③ : 구매요청을 수행하는 생산부서와 구매업체 및 구매조건에 대한 승인절차를 수행하는 구매부서의 역할은 분리되어야 함.

⑥ : 자금팀 담당자가 자금집행에 대한 승인을 수행하고 회계시스템에 입력하는 업무를 수행하는 경우 승인 및 기록업무가 동시에 수행됨으로써 업무분장이 이루어지지 않음. 두 업무의 분장이 필요함.

3 ㈜A는 설계평가 결과 미흡한 통제활동을 다음과 같이 개선하고 내부회계관리제도 운영효과성을 평가하였다.

- 미흡한 통제활동의 설계 개선은 12월 15일에 완료되었다. 개선된 통제활동은 수동통제로서 핵심통제로 분류되며, 통제빈도는 주간 단위이다.
- 개선된 통제활동 관련 거래는 12월 31일까지 2건이 발생하였고, 이후 한국회계법인의 기말감사 현장 착수일인 2월 20일까지 추가로 7건의 거래가 발생하였다.
- ㈜A는 해당 통제활동의 빈도가 주간 단위이므로 8건의 거래에 대한 통제 운영효과성 평가가 필요함을 확인하고, 설계 개선 이후부터 한국회계법인의 감사현장 착수일 이전까지 발생한 총 9건의 거래 중 8건을 표본으로 추출하여 운영효과성을 평가하였다.
- ㈜A는 상기와 같이 운영효과성을 평가한 결과, 예외사항이 발견되지 않음에 따라 내부회계관리제도 운영상 미비점이 발생하지 않았다고 결론 내렸다.

나 회계사는 ㈜A의 내부회계관리제도 운영효과성 평가 결과가 적절하지 않다고 판단하고 있는데, 그 이유가 무엇인지 3줄 이내로 서술하시오.

풀 이

내부회계관리제도의 의견은 재무제표일 기준으로 표명하게 되어 있으나 운영의 효과성에 대한 의견을 표명하기 위해서는 개선된 내부회계관리제도가 충분한 기간 동안 효과적으로 운영이 되었다는 충분하고 적합한 감사증거 수집이 이루어져야 한다. 위의 경우는 설계 개선이 너무 늦게 이루어짐에 따라 감사인이 운영의 효과성에 대한 충분하고 적합한 감사증거를 입수한 것으로 볼 수 없고, 따라서 내부회계관리제도 운영상 미비점이 발생하지 않았다고 의견을 표명하기 위한 합리적 근거가 제공되었다고 볼 수 없다.

4 나 회계사는 한국회계법인의 모집단별 테스트 표본 수에 근거하여㈜A의 내부회계관리제도 운영효과성을 평가하고 있다.

[모집단별 테스트 표본 수]

통제빈도	일별 상시	일별	주별	월별
표본 수	40	25	8	4

나 회계사가 수행한 다음의 내부통제 운영효과성 평가 절차가 적절한지 여부를 기재하고, 적절하지 않은 경우 그 이유를 3줄 이내로 서술하시오.

㈜A의 업무 활동	• 원재료 구매활동은 수시로 발생한다. • 자금팀 담당자는 구매부서로부터 전달된 구매요청서, 구매주문서, 검수보고서, 지급결의서와 공급자로부터 받은 세금계산서, 거래명세서를 비교 검증한다. • 자금팀 담당자는 지급결의서 상 거래처 및 계좌번호가 시스템에 입력된 내역과 일치하는지 여부를 확인하고, 자금이체신청서를 작성하여 자금팀장에게 승인을 요청한다. • 전결권자가 자금이체신청서를 승인하면 거래처에 자금이체가 실행된다.
나 회계사의 운영효과성 테스트 내역	• 나 회계사는 1월부터 12월까지 원재료 매입 중 지급된 목록을 입수하여 40개의 표본을 선정하고, 구매주문서, 세금계산서, 자금이체내역 상 금액이 일치하는지 문서검사하였다.

풀 이

감사인이 운영테스트의 대상으로 선정한 핵심통제활동이 3가지(자금팀 담당자의 비교검증절차, 자금팀 담당자의 지급결의서와 시스템 입력 내용 일치 여부 확인절차, 자금팀장의 승인 후 대금지급절차)로 제시되어 있으나 실제 테스트 내역은 첫 번째 통제활동에 대한 테스트만 진행이 되었음.

사례문제 10 : 2024년, KICPA 기출문제

다음은 내부통제에 대한 물음이다. 각 물음은 독립적이다.

1 ㈜투명은행의 내부통제를 이해하기 위해 왕능숙 회계사는 설명식 기술서를 작성하였다. 다음 항목 중 ㈜투명은행의 통제활동이 적절한지 여부를 기재하고, 적절하지 않은 경우 그 이유를 2줄 이내로 서술하시오.

항목	통제활동
①	㈜투명은행은 자체적 신용조사를 통해 각 지점의 개별 대출금액3억원까지는 횟수 제한 없이 지점장의 전결로 가능하도록 하고, 그 금액을 초과하는 경우 본사 승인을 받아 대출이 이루어지도록 한다.
②	각 지점 직원은 최장 3년 내 타 지점으로 옮기도록 하고 있으며 고향에 파견된 직원은 지역에 대한 이해와 영업 확대를 위해 3년을 초과하여 계속 근무가 가능하다.
③	규모가 작은 지점의 경우 근속연수가10년 이상인 경험이 풍부한 직원에 한하여 예금 및 대출거래의 승인과 회계업무를 동시에 수행한다.
④	신입사원 선발 시 인적 보증 절차를 마련하고 단체손해보험에 가입하여 금융사고에 대비한다.
⑤	모범직원에게는 사용하지 않은 월차나 정기휴가를 휴가 수당으로 대체할 수 있는 인센티브를 제공한다.
⑥	지점에 대손이 발생한 경우, 지점장은 즉각적으로 최고재무책임자(CFO) 및 최고경영자에게 보고하고 본사의 내부감사팀이 지점에 방문하여 대출계약이 적절했는지 조사하고 회수가능성을 확인한다.

[답안양식]

항목	적절한가? (예, 아니오)	적절하지 않은 경우, 그 이유
①		
⋮		
⑥		

풀이

항목	적절한가? (예, 아니오)	적절하지 않은 경우, 그 이유
①	아니오	횟수에 제한을 두지 않는 경우 소규모로 무제한 대출을 할 수 있는 문제점 (물리적 통제절차 및 승인절차 미비)
②	아니오	장기근속을 통한 부정의 은폐가능성이 올라갈 수 있기 때문에 반드시 주기적인 직무수환이 이루어져야 함.

③	아니오	승인과 기록을 동시에 수행하고 오랫동안 장기근속자에 의해서 특히 이루어지는 경우 부정의 위험이 극단적으로 높아짐.
④	예	
⑤	예	
⑥	예	

2 노부정 회계사는 주권상장기업인 ㈜엉망의 자금팀에 대해 다음과 같은 사항을 확인하였다.

항목	설명
①	능력과 청렴성을 인정받아 창사 이래 자금팀에서 17년째 근무하는 장금란 자금팀장은 ㈜엉망과 당좌계약을 맺고 있는 은행에 대해 회사 명의의 계좌를 개설하거나 차입을 신청할 수 있는 권한을 가지고 있으며, 회사 명의의 인감을 금고에 보관하고 본인만 아는 복잡한 비밀번호를 부여하여 계좌개설 및 차입신청 시 사용하고 있다.
②	안정직 차장은 경력직으로 입사하여 ㈜엉망의 자금팀에서 2년째 근무하고 있다. 안정직 차장은 업무의 효율성을 위해 매입채무 관리업무를 담당하고 있다. 자금팀장 부재 시 관련 전표를 직접 회사 장부에 입력할 수 있으며, 실물 통장과 계좌이체에 필요한 공인인증서와 인터넷뱅킹용 OTP를 가지고 있다.
③	자금팀의 도무지 과장은 매월 말 은행계정조정표를 작성하여 정기적으로 장부상 예금잔액과 실물통장을 바탕으로 은행측 잔고를 대조하고 자금팀장 및 CFO에게 보고한다.

(1) 노부정 회계사가 확인한 자금팀의 내부통제 미비점과 관련하여 경영진에게 개선을 권고할 수 있는 사항을 각 항목별로 세 가지만 서술하시오.

[답안양식]

항목	내부통제 미비점 개선 권고 사항
①	㉠ ㉡ ㉢
⋮	
③	㉠ ㉡ ㉢

풀이

항목	내부통제 미비점 개선 권고 사항
①	㉠ 장기간 근무하는 자금담당자의 경우 주기적인 직무순환이 이루어지지 아니한 점 (물리적 통제절차 미비)

	㉡ 인감(승인기능)도장과 보관기능을 동일인에 의해서 수행되는 점 (업무분장 미비점) ㉢ 계좌개설 및 차입금을 개인이 승인절차 없이 신청할 수 있는 권한이 있는 점 (승인절차의 미비)
②	㉠ 매입채무 기록과 자금관리를 동일인이 수행하는 점 (업무분장 미비점) ㉡ OTP 및 실물 통장을 동일인이 관리하는 측면 (업무분장 미비점) ㉢ OTP와 공인인증서 사용에 대한 물리적 통제 및 승인절차의 미비 (승인 및 물리적 통제의 미비점)
③	㉠ 자금담당자가 직접 수행하는 은행계정조정표 (물리적 통제의 미비점 → 독립적인 제3자의 검증절차 미비) ㉡ 기중 유용을 방지하기 위한 현금검증표 작성절차 부존재 (물리적 통제의 미비점) ㉢ 자금관리 및 승인절차의 분장 미비 (업무분장의 미비)

(2) 노부정 회계사는 안정직 차장이 입력한 전표 중 매월 결산일 전후 다음과 같은 회계처리가 반복적으로 발생하고 있음을 확인하였다.

결산 전	(차) 매입채무 10억원	(대) 현금 10억원
결산 후	(차) 현금 10억원	(대) 매입채무 10억원

안정직 차장이 수행한 회계처리가 무엇을 의미하는지 2줄 이내로 서술하시오.

풀이

회사의 자금을 유용한 후 매입채무를 과소계상한 이후 결산 이후 다시 입금 후 해당 회계처리를 취소하였을 개연성이 존재함.

3 다음은 내부통제의 고유한계와 관련된 상황을 기재한 것이다.

상황	내용
<예시>	*재고자산 보관을 담당하고 있는 창고부서 직원A와 재고자산 입·출고 기록을 담당하는 직원B가 결탁하여 재고자산을 무단 반출하고 기록하지 않은 다음 이를 판매하여 현금을 나누어 가졌다.*
①	소규모 기업의 소유경영자C는 경리부장에게 회사 당좌예금의 일부를 해외 자회사로 송금하도록 요청하여 도박자금으로 사용하였다.
②	증권회사 직원D는 업무의 과중으로 인해 콜옵션 매도를 풋옵션 매도로 잘못 입력하여 회사에 거액의 손실을 끼쳤다.

(1) 내부통제의 고유한계 원인을 각 상황별로 기재하시오(단, 아래 <예시>는 제외할 것).

[답안양식]

항목	내부통제의 고유한계 원인
〈예시〉	*공모*
①	
②	

풀이

항목	내부통제의 고유한계 원인
①	경영진의 권한남용 (통제무력화)
②	인적오류

(2) 소규모 기업의 소유경영자가 기업을 운영할 때, 통제활동의 미비점을 보완하고 종업원 부정의 위험을 감소시킬 수 있는 가장 효과적인 방법은 무엇인지 2줄 이내로 서술하시오.

풀이

소유경영진의 감독통제가 가장 효과적임.

4 최근 자주 발생하는 횡령사건과 관련하여 당신의 친구인 김똘똘 씨는 다음과 같이 논평하였다.

> "2017년 외부감사법 개혁으로 규모가 큰 상장기업의 경우 감사인의 내부회계관리제도 검토를 감사로 강화했는데도 최근 금융기관은 물론 상장기업에서 횡령사건이 빈번하게 발생하고 있어! ①내부회계관리제도감사는 아무런 실효성이 없는 것 아니야? 게다가 어떤 회사는 내부회계관리제도 감사의견이 적정의견이었는데도 대규모 횡령사건이 발생했잖아? ②그럼 공인회계사가 횡령액에 대해 일부 책임을 져야 하지 않니?"

공인회계사인 당신은 김똘똘 씨에게 ①과 ②에 대해 어떻게 답할지 각각 3줄 이내로 서술하시오(단, ①의 경우 검토와 감사의 확신 수준에 따른 내부회계관리제도의 변화를 고려하여 서술하고, ②의 경우 내부회계관리제도 감사보고서에 언급되는 내용을 바탕으로 서술할 것).

풀이

첫째, 내부회계관리제도 검토의 경우 소극적인 확신을 제공하는 반면, 내부회계관리제도 감사의 경우 적극적인 확신을 제공한다. 하지만, 적극적인 확신은 제공할 수 있는 높은 수준의 확신이지만 내부회계관리제도의 설계 및 운영 효과성에 대하여 절대적인 확신을 제공하지는 않는다.

둘째, 효과적인 내부회계관리제도를 수립하고 유지할 책임은 경영진에게 존재하는 것이며 내부회계관리제도의 한계점으로 인하여 모든 부정에 대하여 예방, 적발할 수 없기 때문에 전문가로서 정당한 주의의무를 다한 경우 해당 횡령액에 대하여 책임을 질 필요는 없다.

Q&A 사례문제 11 : 2024년, KICPA 기출문제

1 다음 감사기준서 1100 '내부회계관리제도의 감사'에 대한 설명이 적절한지 여부를 기재하고, 적절하지 않은 경우 그 이유를 2줄 이내로 서술하시오.

항목	설명
①	감사인은 통합감사 중 식별된 유의적 미비점과 중요한 취약점을 경영진과 지배기구에게 서면으로 커뮤니케이션하여야 한다.
②	감사인은 재무제표감사와 내부회계관리제도감사 각각의 목적을 동시에 달성할 수 있도록 통합감사를 수행하고 통합된 감사보고서를 발행한다.
③	감사인은 회계기간 동안 중요성의 관점에서 기업이 효과적인 내부회계관리제도를 유지하였는지 여부에 대한 감사의견을 표명하여야 한다.
④	내부회계관리제도감사의 목적은 내부회계관리제도 전반에 대한 의견을 표명하는 것으로, 감사인이 개별 통제 각각의 효과성에 대한 의견을 뒷받침하기 위해 충분하고 적합한 감사증거를 입수할 책임은 없다.

[답안양식]

항목	적절한가? (예, 아니오)	적절하지 않은 경우, 그 이유
①		
⋮		
④		

풀이

항목	적절한가? (예, 아니오)	적절하지 않은 경우, 그 이유
①	예	
②	아니오	현재 우리나라 감사기준상으로 내부회계관리제도 감사보고서와 재무제표 감사보고서는 별도로 발행하게 되어 있음.
③	아니오	보고기간말 현재 내부회계가 효과적으로 유지되고 있는지 여부에 대한 감사의견을 표명하는 것임.
④	예	

2 내부회계관리제도 감사의견 형성 및 감사보고서 변형에 대한 다음 설명이 적절한지 여부를 기재하고, 적절하지 않은 경우 그 이유를 2줄 이내로 서술하시오.

항목	설명
①	감사업무 범위의 제한과 중요한 취약점이 없는 경우 적정의견을 표명한다
②	경영진이 내부회계관리제도 운영실태보고서에 중요한 취약점에 대해 보고하는 경우 부적정의견을 표명하지 않는다.
③	유의적 미비점 또는 중요한 취약점이 존재하는 경우 부적정의견을 표명한다.
④	감사업무 범위의 제한이 존재하는 경우 의견거절을 표명한다.

[답안양식]

항목	적절한가? (예, 아니오)	적절하지 않은 경우, 그 이유
①		
⋮		
④		

풀이

항목	적절한가? (예, 아니오)	적절하지 않은 경우, 그 이유
①	예	
②	아니오	중요한 취약점이 존재하는 경우 경영진 기재 여부 불문하고 부적정의견을 표명해야 한다.
③	아니오	유의적 미비점이 존재하는 경우 부적정의견을 표명하지 아니한다.
④	예	

Q&A 사례문제 12 : 2025년, KICPA 기출문제

다음은 내부통제에 대한 물음이다. 각 물음은 독립적이다.

1 ㈜제애의료는 의료용품을 제조하여 개인병원에 판매하는 회사이다. 감사인인 명코난 회계사는 20x5년에 대한 기말감사절차로 병원(매출처)에 매출채권 조회절차를 수행한 결과, 기말 현재 매출채권 장부금액에 비해 100억원이 부족함을 확인하였다. 명코난 회계사는 이를 중요한 횡령사건이라고 판단하였으며, 다음의 용의자와 면담하였다.

- 김효도 사장: 저는 마애다 부장이 작성한 월별 입·출금 내역과 도내가 이사가 작성한 문서를 비교, 대조하여 이를 승인하고 이상항목이 있다고 판단하는 경우 내부감사부서에 추가조사를 요청합니다.

- 도내가 이사(회계부서): 저는 운송부서에서 제출한 물품수령증과 병원에서 입금된 자금을 매일 비교, 대사하여 별도의 장부를 작성하고 있습니다. 또한 자금부서에서 승인된 자료를 바탕으로 출금내역을 회계프로그램에 직접 입력하고 있습니다. 게다가 병원별로 월별 채권잔액을 장부로 작성하고 병원에 통보하고 있어서 업무가 힘듭니다.
- 마애다 부장(자금부서): 저는 승인된 공인인증서로 접속하여 매출대금의 확인 및 매입대금이나 급여지급 등 회사에 필요한 지출을 집행하고 있습니다. 일정 금액을 넘어서거나 일일 거래횟수 한도가 초과된 경우 김효도 사장님과 도내가 이사님께 특별승인을 받고 있습니다.
- 구로다 사원(운송부서): 저는 물류창고에 가서 본사로부터 반출을 허가받은 수량에 해당하는 제품을 직접 운반하여 병원에 제공하고 물품수령증을 받아 매일 회계부서에 제출하고 있습니다.
- 가이지 사원(영업부서): 제가 직접 대금을 회수하지는 않고 병원은 자금부서에 직접 계좌이체를 하고 있고요. 다수의 소액거래처라 일은 피곤합니다. 과거에는 판매실적에 따라 인센티브를 받기 때문에 매출을 허위로 작성하는 경우가 있었는데요. 지금은 판매승인이 강화되어 거의 사라졌습니다.

위의 상황에서 외상매출금 대금을 횡령한 것으로 의심되는 가장 유력한 용의자 한 명을 찾아서 기재하고, 그 이유를 2줄 이내로 서술하시오(단, 경영진의 통제무력화와 공모는 없다고 가정함).

풀이

마애다 부장

실제 자금을 집행하는 (custody function) 권한과 자금 집행에 대한 승인 (Authorization function)은 분리되어 있어야 하지만 일일거래회수 및 특별승인 미만의 거래에 대해서 마애다는 승인절차 없이 자금을 집행할 수 있다.

2 다음은 유류를 제조하는 ㈜개기름의 매출프로세스에 대한 각 부서별 내부통제와 관련된 내용이다.

- 견매출 부장(매출관리부서): 각 지역의 영업사원은 표준화된 구매주문서를 작성하여 저희에게 송부하고 있으며, 저희 부서는 구매주문서를 전자문서로 전환하여 진위를 판별한 후 판매승인부서에 전달하고 있습니다. 전자문서는 고객별로 관리하고 있습니다.
- 신용녀 부장(신용부서): 저희 부서는 신규로 거래하는 주유소는 물론 기존 주유소별 대금지급자료를 분석하고 주유소 사장에 대한 신용조회를 수행하여 신용을 확인한 후 판매승인부서로 전달합니다.
- 엄승인 과장(판매승인부서): 저는 매출관리부서에서 전달한 구매주문서를 바탕으로 적절한 판매처인지 여부를 확인합니다. 기존 주문량 및 월별 주문 횟수와 비교하여 정상판매인지를 파악한 후 신용부서에 서류를 전달하고 있습니다. 신용부서에서 회신이 오면 회의를 거쳐 최종적으

로 판매승인을 결정합니다. 승인완료된 판매승인문서는 관련 부서들에 전달하고 판매승인 관련 회의내용은 문서화하고 있습니다.

- 반창고 대리(유류저장부서): 저희는 영업사원이 구매주문서를 갖고 오면 문서의 진위여부를 매출관리부서로부터 확인받고 제품을 반출하고 있습니다. 경비업체가 24시간 관리하여 보안이 철저하고, 제품의 입·출고 문서는 별도의 인력이 기록하고 있습니다.

㈜개기름의 감사인인 김전일 회계사는 상기 매출프로세스와 관련하여 내부통제에 중요한 취약점이 존재할 가능성이 높은 부서를 경영진에게 지적하였다 내부통제가 가장 취약하다고 판단되는 부서의 근무자 한 명을 찾아서 기재하고, 그 이유를 2줄 이내로 서술하시오(단, 모든 문서는 적절한 보관(back-up)이 이루어지며, 공모는 없다고 가정함).

풀이

반창고 대리

실제 거래처에 대한 신용승인절차가 이루어지지 않으면 출고가 이루어지지 않아야 하지만 매출관리부서의 구매주문서만을 기반으로 제품출고가 가능한 상황이다.

3 다음을 읽고 물음에 답하시오.

가나회계법인은 상장기업인 A사와 비상장기업 B사에 대한 감사인이며 20x5년 감사계획을 수립 중이다.

- A사는 연결내부회계관리제도 감사대상(자산규모 2조원 이상)이며, B사는 A사의 종속기업으로서 유의적 부문에 해당하지 아니하나, 감사인은 매출 및 매출채권에 대해서만 그룹감사 목적의 감사업무(내부회계관리제도 감사 포함)를 수행하기로 하였다.
- 감사인은 A사의 유의적 위험이 있는 계정으로 매출 및 매출채권과 공정가치측정금융자산을 식별하였다.
- 감사인은 B사와 관련하여 그룹감사 목적의 매출 및 매출채권 뿐만 아니라, 매입 및 매입채무, 재고자산 및 유형자산에 대한 통제테스트를 매년 수행하고 있으며 통제의존전략을 채택하고 있다.
- 한편, A사와 B사는 급여 계산 및 지급과 관련하여 A사의 또 다른 종속기업인 C사를 서비스조직으로 활용하고 있다.

아래 각 항목별로 내부통제와 관련하여 계획한 감사절차가 적절한지 여부를 기재하고, 적절하지 않은 경우 그 이유를 2줄 이내로 서술하시오.

항목	감사절차
①	감사인은 B사의 매출채권에 대한 대손충당금 통제테스트 수행시, 통제에 사용된 매출채권연령분석표에 대해 실증절차(직접테스트, direct test)를 수행할 계획이다.
②	감사인은 A사 통제테스트와 관련하여 회사의 내부감사기능을 활용할 계획이다. A사의 내부회계관리제도 운영평가업무는 외주용역업체인 다라회계법인에서 수행하고 있다. 다라회계법인의 손우수 회계사는 과거 재무자문본부에서 공정가치평가업무를 다년간 수행한 것으로 확인되었다. 이에 감사인은 공정가치측정금융자산과 관련한 통제테스트를 포함하여 다라회계법인이 수행한 업무를 활용할 예정이다.
③	감사인은 B사의 매입 및 매입채무와 관련하여 통제테스트 수행시, 전년도에 수행했던 통제테스트에 대한 감사증거를 사용할 계획이다.
④	감사인은 A사의 급여 관련 통제테스트 수행시, 서비스조직인 C사의 유형1 보고서를 입수하여 이를 감사증거로 사용할 계획이다.

[답안양식]

항목	적절한가? (예, 아니오)	적절하지 않은 경우, 그 이유
①		
⋮		
④		

풀이

항목	적절한가? (예, 아니오)	적절하지 않은 경우, 그 이유
①	아니오	감사인이 실증절차를 수행하여 IPE의 정확성과 완전성을 확인한 것만으로 통제테스트를 대체할 수 없음.
②	아니오	경영진 측 전문가를 활용하는 경우 해당 전문가의 적격성을 확인하여야 하며 내부회계관리제도와 관련된 업무를 수행한 경험이 없는 회계사의 경우 업무지원이 제한될 수 있다. (*내부감사의 직접적 보조를 제공한다는 언급은 없으며 활용을 한다고만 되어 있기 때문에 이 부분은 이유에서 언급 제외)
③	예	통합감사의 경우 rotational audit을 허용하지 않지만 문제 자체에서는 내부통제제도에 대한 통제테스트 수행이라고만 언급하였으며 자회사에 대한 해당 매입 process는 유의적 거래유형으로 언급하지 않았기 때문에 rotational audit을 인정하는 것으로 답안을 서술하였음.
④	아니오	통제테스트의 목적은 내부통제제도의 운영의 효과성을 검증하는 것이며 타입 1 보고서의 경우는 내부통제제도의 설계의 효과성에 대한 확신만 얻을 수 있다.

AUDITING

제 11 장 정보기술 환경에서의 디지털 감사

1 회계감사와 관련된 정보시스템의 식별

(1) 신뢰할 수 있는 회계정보의 작성과 공시

회사는 신뢰할 수 있는 회계정보의 작성과 공시(公示)를 위하여 다음 각 호의 사항이 포함된 내부회계관리규정과 이를 관리·운영하는 조직(이하 "내부회계관리제도"라 한다)을 갖추어야 한다. (외감법 8조 전반부)

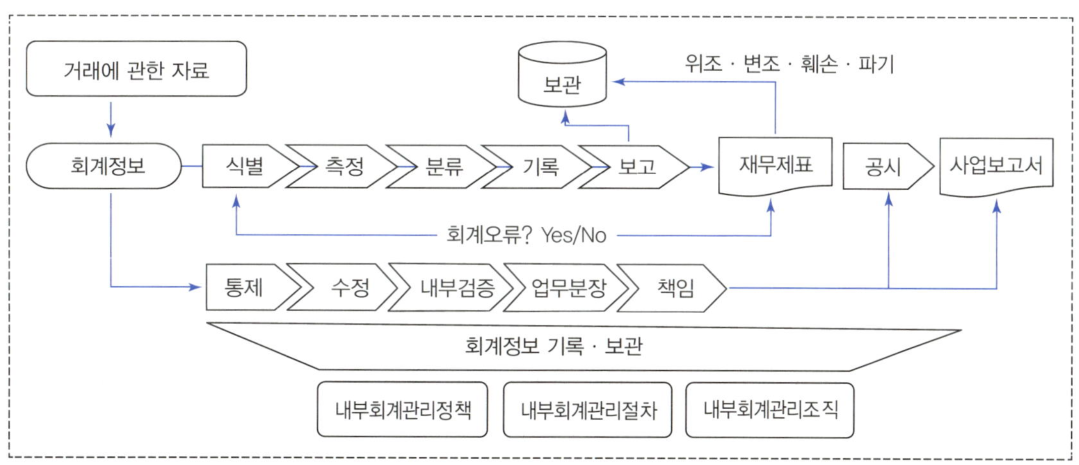

- 회계정보의 식별 · 측정 · 분류 · 기록 및 보고 방법에 관한 사항; 회계정보는 회계정보의 기초가 되는 거래에 관한 정보를 포함합니다.
- 회계정보의 오류를 통제하고 이를 수정하는 방법에 관한 사항
- 회계정보에 대한 정기적인 점검 및 조정 등 내부검증에 관한 사항
- 회계정보를 기록 · 보관하는 장부의 관리 방법과 위조 · 변조 · 훼손 및 파기를 방지하기 위한 통제 절차에 관한 사항; 회계장부는 자기테이프 · 디스켓, 그 밖의 정보보존장치를 포함합니다.
- 회계정보의 작성 및 공시와 관련된 임직원의 업무 분장과 책임에 관한 사항

(2) 재무제표 작성과 관련된 기업의 정보시스템 및 커뮤니케이션

감사인은 다음과 같은 위험평가절차의 수행을 통하여 재무제표 작성과 관련된 기업의 정보 시스템 및 커뮤니케이션을 이해하여야 한다. (감사기준서 315 문단 25)

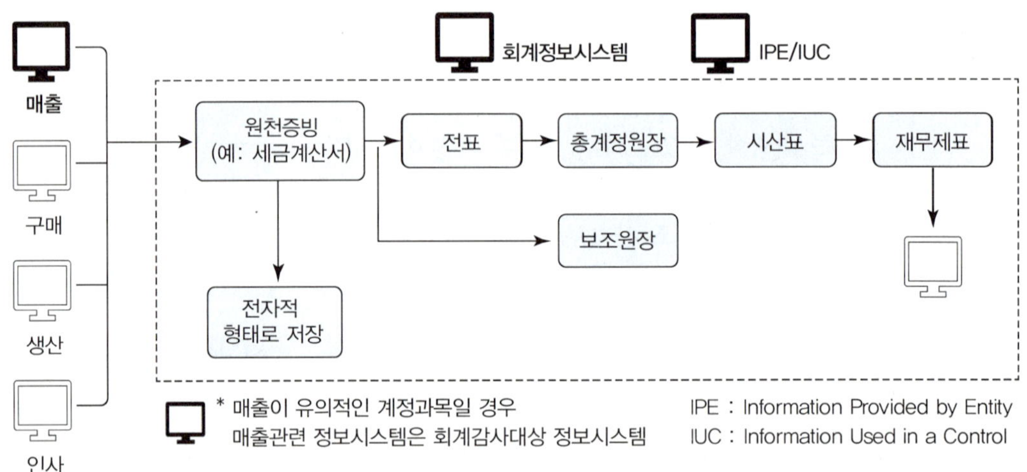

유의적인 거래유형, 계정잔액 및 공시에 대한 기업의 정보처리활동을 이해한다. 해당 활동에서 사용되는 데이터와 정보 및 자원과 다음을 정의하는 정책을 포함한다.

(i) 기업의 정보시스템 내 정보의 흐름. 다음을 포함한다.

a. 거래가 개시되고 거래에 대한 정보가 기록, 처리되고 필요시 수정되고 총계정원장에 포함되고 재무제표에 보고되는 방법

b. 거래 외에 사건과 상황에 대한 정보가 포착, 처리되고 재무제표에 공시되는 방법

(ii) 회계기록, 재무제표의 특정 계정 및 기타 정보시스템의 정보 흐름에 관한 기타 증빙기록

(iii) 공시를 포함하여 기업의 재무제표 작성에 사용된 재무보고 절차
(iv) 위 (a)(i) - (a)(iii)와 관련된 IT 환경을 포함한 기업의 자원

(3) 회계감사와 관련된 정보기술 환경

감사인은 정보기술이 기업의 거래 흐름에 어떻게 영향을 미치는지, 그리고 감사기준서 315 "중요왜곡표시위험의 식별과 평가"에서 요구된 바와 같이, 기업의 정보기술 일반통제가 정보기술의 사용으로 인하여 제기되는 위험에 어떻게 대응하는지 이해하여야 한다. (감사기준서 1100 문단 35)

IT의 사용으로 인한 위험을 식별할 때 감사인은 식별된 IT응용프로그램 또는 IT 환경의 기타 측면의 성격과 이들에 IT의 사용으로 인한 위험이 따르는 원인을 고려할 수 있다. 일부 식별된 IT 응용프로그램 또는 IT 환경의 기타 측면에 대하여, 감사인은 주로 승인되지 않은 접근 또는 승인되지 않은 프로그램 변경과 관련된 위험과 부적절한 데이터 변경과 관련된 위험(예: 데이터베이스에 직접 접근하거나 직접 정보를 조작할 수 있어 데이터를 부적절하게 변경할 위험)을 IT의 사용으로 인한 해당 위험으로 식별할 수 있다. (감사기준서 315 A173)

IT의 사용으로 인한 해당 위험의 범위와 성격은 식별된IT 응용프로그램과 IT 환경의 기타 측면의 성격과 특성에 따라 다양하다. 해당 IT 위험은 기업이 식별된 IT 환경의 일부 측면에 대하여 내부나 외부의 서비스제공자를 이용할 때(예: IT 환경 호스팅을 제3자에게 아웃소싱하거나 그룹 내 IT 프로세스의 중앙 관리를 위해 공유 서비스 센터를 사용하는 것) 발생할 수 있다. IT의 사용으로 인한 해당 위험은 또한 사이버보안과 관련하여 식별될 수 있다. 자동화된 응용통제가 많거나 복잡하고, 경영진이 거래를 효과적으로 처리하거나, 기초 정보의 무결성을 효과적으로 유지하기 위해 그러한 통제에 더 많이 의존하는 경우, IT의 사용으로 인한 위험이 더 많을 가능성이 더 높다. (감사기준서 A174)

정보기술 내에서 위험과 통제의 식별은 별도의 평가가 아니다. 대신에, 위험을 평가하고 감사노력을 배분하는데 뿐만 아니라, 유의적인 거래유형, 계정잔액 및 공시와 관련경영진주장과 테스트 대상 통제를 식별하는 데 사용되는 하향식 접근법의 필수적인 부분이다. (감사기준서 1100 A45)

감사인은 유의적인 거래유형, 계정잔액 및 공시에 관련된 정보가 기업의 정보시스템으로 흘러들어가고, 정보시스템을 통과하고, 정보시스템으로부터 흘러나오는 방법을 이해하면서 IT 응용프로그램(IT Applications)과 이를 지원하는 IT 인프라(Infrastructure)를 동시에 식별할 수 있다. (감사기준서 315 A143)

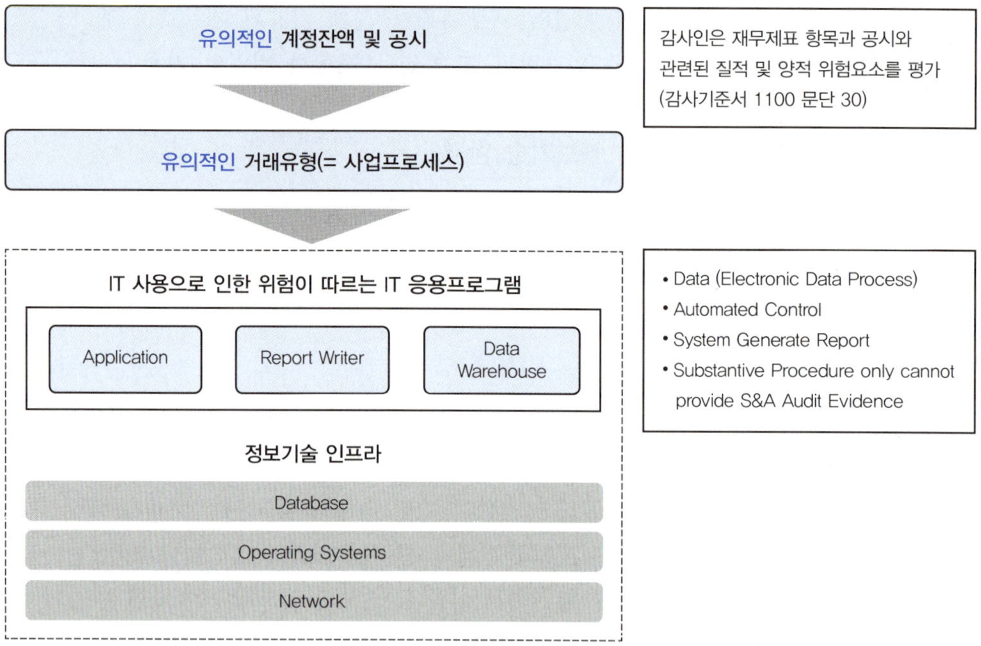

유의적인 계정잔액 및 공시

감사인은 재무제표 항목과 공시와 관련된 질적 및 양적 위험요소를 평가 (감사기준서 1100 문단 30)

유의적인 거래유형(= 사업프로세스)

IT 사용으로 인한 위험이 따르는 IT 응용프로그램

Application | Report Writer | Data Warehouse

정보기술 인프라

Database

Operating Systems

Network

- Data (Electronic Data Process)
- Automated Control
- System Generate Report
- Substantive Procedure only cannot provide S&A Audit Evidence

- **실증절차만으로는 충분하고 적합한 감사증거를 제공하지 못하는 위험**

감사인은 경영진주장 수준의 중요왜곡표시위험 중 실증절차만으로는 충분하고 적합한 감사증거를 제공할 수 없는 위험이 있는지 결정하여야한다. (감사기준서 315 문단 33)

감사인은 경영진주장 수준의 충분하고 적합한 감사증거를 제공하는 효과적인 실증절차의 설계가 불가능한 것을 알게 될 수 있다. 이것은 기업이 정보기술을 이용하여 사업을 수행하고, 거래에 관한 문서가 정보기술시스템 외에서는 생성되거나 유지되지 않을 때 발생될 수 있을 것이다. 이와 같은 경우에는 감사인이 실증절차만으로 충분하고 적합한 감사증거를 제공하지 못하는 위험에 대처하는 통제를 테스트할 것을 요구한다. (감사기준서 330 A24)

일상적인 사업거래가 수작업 개입이 거의 또는 전혀 없는 고도의 자동화된 처리과정을 거친다면, 그러한 위험과 관련하여 실증절차만을 수행하는 것은 가능하지 않을 수 있다. 예를 들어, 감사인은 기업의 통합시스템과 같이 상당량의 기업정보가 전자적 형태로만 개시 기록, 처리 또는 보고되는 상황이 이러한 때에 해당된다고 고려할 수 있을 것이다 이 경우에는 다음과 같게 된다. (감사기준서 315 A224)

- 감사증거는 단지 전자적 형태로만 이용가능하고, 증거의 충분성과 적합성은 일반적으로 정확성과 완전성에 대한 통제의 효과성에 따라 다름
- 부적절한 거래 개시나 정보의 변조가 발생하였으나 발견되지 않을 가능성은 적합한 통제가 효과적으로 운영되지 않는 경우에 더욱 커질 수 있음.

참고 Ⅰ 감사기준서 315 문단 12. 용어의 정의

- 정보기술(IT) 일반통제 : IT 환경의 지속적이고 적절한 운영을 뒷받침하는 기업의 IT 프로세스에 대한 통제. IT 환경의 지속적이고 적절한 운영은 정보처리 통제의 지속적이고 효과적인 기능과 기업의 정보시스템 내 정보의 무결성(즉, 정보의 완전성, 정확성 및 유효성)을 포함한다.
- 정보처리 통제 : 정보의 무결성(즉, 거래와 기타 정보의 완전성, 정확성 및 유효성)에 대한 위험에 직접적으로 대응하는 통제로써 기업의 정보시스템 내 IT 응용프로그램의 정보처리 또는 수작업 정보처리와 관련된 통제
- 정보기술(IT) 환경 : 기업이 사업운영을 지원하고 사업전략을 달성하기 위하여 사용하는, IT 응용프로그램과 이를 지원하는 IT 인프라 및 IT 프로세스와 이러한 프로세스에 관여하는 인력. 이 감사기준서의 목적상,
  - IT 응용프로그램(IT Application)은 거래나 정보의 개시, 처리, 기록 및 보고에 사용되는 프로그램 또는 프로그램 세트이다. IT 응용프로그램은 데이터 웨어하우스(Data Warehouses)와 보고서작성 프로그램(Report Writer)을 포함한다.
  - IT 인프라(IT Infrastructure)는 네트워크, 운영 체제, 그리고 데이터베이스 및 관련 하드웨어와 소프트웨어로 구성된다.
  - IT 프로세스는 **IT 환경에 대한 접근, 프로그램 변경이나 IT 환경의 변경 및 IT 운영을 관리하기 위한 기업의 프로세스이다.**
- 정보기술(IT) 사용으로 인해 발생하는 위험 : 정보처리 통제의 비효과적인 설계 또는 운영 가능성 또는 기업의 IT 프로세스의 통제의 비효과적인 설계 또는 운영으로 인해 기업 정보시스템에서 정보의 **무결성**(즉, 거래 및 기타 정보의 **완전성**, **정확성**, **유효성**)에 대한 위험.

(4) 기업의 내부통제시스템 구성요소에서의 IT 사용의 이해

기업의 내부통제시스템은 수작업 요소와 자동화된 요소(즉 수작업 통제와 자동화된 통제 그리고 기업의 내부통제시스템에서 사용되는 기타 자원)를 가지고 있다. 기업의 수작업 요소와 자동화 요소의 조합은 기업의 IT 사용의 성격과 복잡성에 따라 다양하다. 기업의 IT 사용은 해당 재무보고체계에 따른 재무제표 작성에 관련된 정보가 처리, 저장, 커뮤니케이션 되는 방식에 영향을 주고 따라서 기업의 내부통제시스템이 설계되고 실행되는 방식에 영향을 준다. 기업의 내부통제시스템의 각 구성요소는 어느 정도 IT을 사용할 수 있다. 일반적으로 IT는 기업이 다음과 같은 것을 할 수 있도록 함으로써 기업의 내부통제시스템에 유용하다. (감사기준서 315 보론 5 문단 1)

- 사전에 정의된 사업규칙을 일관되게 적용하고 방대한 양의 거래나 데이터를 처리할 때 복잡한 계산을 수행한다.
- 정보의 적시성, 이용가능성, 정확성을 강화한다.
- 정보의 추가적인 분석을 용이하게 한다.
- 기업의 활동과 정책 및 절차의 수행에 대한 모니터링 능력을 강화한다.
- 통제가 무력화될 위험이 감소한다.
- 응용프로그램, 데이터베이스, 운영체재에서 보안통제를 실행함으로써 효과적인 업무분장을 달성하는 능력을 강화한다.

수작업 또는 자동화 요소의 특성은 중요왜곡표시위험에 대한 감사인의 식별과 평가 및 이에 기초한 추가감사절차와 관련된다. 자동화된 통제는 쉽게 우회하거나 무시하거나 무력화할 수 없으며 단순한 오류나 실수가 발생하기 쉽지 않기 때문에 수작업 통제보다 신뢰할 수 있다. 자동화된 통제가 수작업 통제보다 효과적일 수 있는 상황은 다음과 같다.

- 대량의 거래나 반복적인 거래, 또는 예측 또는 예상이 가능한 오류들을 자동화된 통제지표로 예방하거나 발견 및 수정할 수 있는 경우.
- 통제의 구체적인 수행 방법들을 적절하게 설계하고 자동화시킬 수 있는 통제활동

내부통제의 수작업 요소는 다음과 같이 **판단과 재량적 결정이 요구되는 상황**에서 더 적합할 수 있다.

- 규모가 크거나 비경상적 또는 비반복적인 거래
- 오류를 사전에 정의하거나, 예측 또는 예상하기 어려운 상황
- 기존의 자동화된 통제의 범위를 벗어난 통제 대응이 요구되는 가변적 환경에 처한 경우
- 자동화된 통제의 효과성을 모니터링 하는 경우

새로운 기술(예: 블록체인, 로보틱스 또는 인공지능)은 기업의 운영 효율성을 증가시키거나 재무보고를 개선할 특정한 기회를 제시할 수 있으므로 기업은 그러한 기술을 사용할 수 있다. 재무제표의 작성과 관련된 기업의 정보시스템에 새로운 기술을 사용하는 경우, 감사인은 IT의 사용으로 인한 위험이 따르는 IT 응용프로그램 및 IT 환경의 기타 측면의 식별에 그러한 기술을 포함할 수 있다. 새로운 기술이 기존의 기술에 비해 더 정교하고 복잡해 보일 수 있지만, IT 응용프로그램과 식별된 IT 일반통제에 관련된 감사인의 책임은 변함이 없다 (감사기준서 315 보론 5 문단 5)

(5) 정보기술의 사용으로 인한 위험

감사인은 기업의 통제활동을 이해할 때 기업이 정보기술로부터 발생하는 위험에 대하여 어떻게 대응해 왔는지 이해하여야 한다. 정보기술(IT)의 사용으로 인한 위험의 예시로는 다음과 같이 데이터를 부정확하게 처리하거나, 부정확한 데이터를 처리하거나 두 가지 모두에 해당하는 IT 응용프로그램에 대한 부적절한 의존과 관련된 위험이 있다. (감사기준서 315 보론 5 문단 18)

- 승인되지 않거나 존재하지 않는 거래의 기록 또는부정확한 거래의 기록을 포함하여 데이터가 파괴되거나 부적절하게 변경될 수 있는 데이터에 대한 승인되지 않은 접근. 여러 사용자가 하나의 공통된 데이터베이스에 접근하는 경우 특정 위험이 발생할 수 있다.
- IT 직원이 할당된 직무를 수행하는 데 필요한 권한을 넘어 특권적인 접근권한을 가지게 됨으로써 업무분장이 와해될 가능성
- 마스터 파일 내 데이터의 승인되지 않은 변경
- IT 응용프로그램 또는 IT 환경의 기타 측면에 대한 승인되지 않은 변경
- IT 응용프로그램 또는 IT 환경의 기타 측면에 대하여 필요한 변경의 실패
- 부적절한 수작업의 개입
- 데이터의 잠재적 손실 또는 필요한 데이터에 대한 접근 불능

일반적으로 IT 환경의 기타 측면보다 IT 응용프로그램 및 데이터베이스와 관련된 IT 일반통제가 더 많이 식별될 가능성이 높다. 이는 이러한 측면이 기업의 정보시스템상 정보처리 및 정보의 저장과 가장 밀접하게 관련되기 때문이다. IT 일반통제를 식별할 때, 감사인은 최종 사용자와 기업의 IT 인력 또는 IT 서비스 제공자 모두의 행동에 대한 통제를 고려할 수 있다. (감사기준서 315 보론 5 문단 22)

(6) 사이버 사고(Cyber Breach)

승인되지 않은 접근에 대한 감사인의 고려에는 내부 또는 외부 당사자의 승인되지 않은 접근과 관련된 위험(사이버 보안 위험이라고도 함)이 포함될 수 있다. 기업의 IT 환경에는 운영이나 준수 요구를 다루는 IT 응용프로그램과 관련 데이터가 포함될 수 있기 때문에 이러한 위험이 재무보고에 반드시 영향을 미치지 않을 수 있다. 사이버 사고는 일반적으로 경계(Perimeter) 및 내부 네트워크 계층을 통해 먼저 발생하며, 이는 재무제표 작성에 영향을 미치는 IT 응용프로그램, 데이터베이스 및 운영 체제에서 더 멀리 떨어져 있는 경향이 있다는 점에 주목할 필요가 있다.

따라서 보안 침해에 대한 정보가 식별된 경우, 감사인은 일반적으로 그러한 위반이 재무보고에 영향을 미칠 수 있는 가능성의 정도를 고려한다. 재무보고가 영향을 받을 수 있는 경우, 감사인은 재무제표의 잠재적인 왜곡표시의 영향이나 범위를 결정하기 위해 관련 통제를 이해하고 테스트하기로 결정하거나 그러한 보안 침해와 관련하여 적절한 공시가 제공되었다는지 판단할 수 있다. (감사기준서 315 보론 5 문단 19)

또한 기업의 재무제표에 직접적 또는 간접적인 영향을 미칠 수 있는 법규에는 정보보호법이 포함될 수 있다. 감사기준서 250에 따라 기업이 그러한 법규를 준수하는 것을 고려할 때 관련 법규를 다루기 위해 기업이 시행한 기업의 IT 프로세스와 IT 일반통제를 이해하는 것을 포함할 수 있다. (감사기준서 315 보론 5 문단 20)

(7) IT의 사용으로 인한 위험이 따르지 않을 가능성 있는 IT 응용프로그램

IT 응용프로그램은 다음과 같은 이유로 IT의 사용으로 인한 위험이 따르지 않을 수 있다.

- 데이터의 양이 유의적이지 않으며 따라서 경영진은 데이터를 처리하거나 유지하기위하여 IT 일반통제에 의존하지 않는다.
- 경영진이 자동화된 통제나 기타 자동화된 기능에 의존하지 않는다. 감사인은 유의적인 거래유형, 계정잔액 및 공시에 대한 기업의 정보처리활동을 이해하는 과정에서 자동화된 통제를 식별하지 않았다.
- 비록 경영진이 통제에 시스템 생성보고서를 사용하더라도 이러한 보고서에 의존하는 것

은 아니다. 대신에 경영진은 보고서를 하드카피 문서와 대사하며 보고서의 계산을 검증한다.

- 감사인이 기업이 생성하여 감사증거로 사용되는 정보를 직접 테스트할 것이다.

IT의 사용으로 인한 위험이 따르지 않을 가능성이 높은IT 응용프로그램의 특성의 예시
• 단독의 응용프로그램 • 데이터(거래)의 양이 유의적이지 않음 • 응용프로그램의 기능성이 복잡하지 않음 • 각각의 거래가 원본 하드카피 문서로 뒷받침됨

(8) IT의 사용으로 인한 위험이 따를 가능성이 높은 IT 응용프로그램

IT 응용프로그램은 다음과 같은 이유로 IT의 사용으로 인한 위험이 따를 수 있다.

- 데이터의 양이 유의적이므로 경영진이 데이터를 처리하거나 유지하기 위하여 IT 일반통제에 의존한다.
- 경영진이 특정 자동화된 통제를 수행하기 위하여 응용프로그램 시스템에 의존하며 감사인도 해당 통제를 식별하였다.

IT의 사용으로 인한 위험이 따를 가능성이 높은IT 응용프로그램의 특성의 예시
• 응용프로그램들이 인터페이스됨 • 데이터(거래)의 양이 유의적임 • 응용프로그램의 기능성이 다음과 같이 복잡함 　√ 응용프로그램이 자동적으로 거래를 개시 　√ 다양하고 복잡한 계산에 기반한 자동화된 분개

2 정보기술 환경하의 내부통제

(1) 정보처리 통제

정보의 무결성에 대한 위험은 기업의 정보시스템에서 정보흐름, 기록 및 보고과정을 정의하는 정책인 기업의 정보정책의 비효과적인 실행 가능성에서 발생한다. 정보처리 통제는 기업의 정보정책의 효과적인 실행을 지원하는 절차이다. 정보처리 통제는 자동화되거나(즉, IT 응용프로그램에 내재되거나) 또는 수작업(예: 입력 또는 출력 통제)일 수 있으며 다른 정보처리 통제나 IT 일반통제를 포함한 기타 통제에 의존할 수 있다. (감사기준서 315 A6)

통제활동 구성요소의 통제에 대한 감사인의 식별과 평가는 정보처리 통제에 초점이 맞춰져 있으며, 이것은 정보의 무결성(즉 거래와 기타 정보의 완전성, 정확성 및 유효성)에 대한 위험에 직접적으로 대처하는 정보시스템의 정보처리 과정에 적용되는 통제이다. 그러나 감사인은 유의적인 거래유형, 계정잔액 및 공시에 대한 거래의 흐름과 기업의 정보처리활동의 기타 측면들을 정의하는 기업의 정책에 관련된 모든 정보처리 통제를 식별하고 평가하도록 요구되는 것은 아니다. (감사기준서 315 A148)

기업이 IT 일반통제를 갖추고 있는 정도를 포함한 IT 프로세스에 대한 감사인의 이해 정도는 기업과 기업환경의 성격과 상황, 그리고 감사인이 식별한 통제의 성격과 범위에 따라 다양할 것이다. IT의 사용으로 인한 위험이 따르는 IT 응용프로그램의 수도 이러한 요인에 따라 달라진다. (감사기준서 315 A170)

- 상용 소프트웨어를 사용하고 프로그램을 변경하기 위해 소스 코드에 접근할 수 없는 기업은 프로그램 변경을 위한 절차를 갖출 가능성은 낮지만 소프트웨어를 구성하기 위한 프로세스나 절차(예: 계정 목록, 보고 매개변수 또는 임계값)를 갖출 수는 있다. 또한 기업은 소프트웨어에 대한 접근을 관리하기 위한 프로세스나 절차(예: 상용 소프트웨어에 대한 관리자 접근권한을 가진 지정된 개인)를 가질 수 있다. 이러한 상황에서 기업은 공식화된 IT 일반통제를 가지거나 필요로 할 가능성이 낮다.

- 대조적으로, 대규모기업은 IT에 크게 의존할 수 있고 IT 환경은 여러 IT 응용프로그램을 포함할 수 있으며 IT 환경을 관리하는 IT 프로세스는 복잡할 수 있다(예: 프로그램 변경사항을 개발 및 구현하고 접근권한을 관리하는 전담 IT 부서가 존재함). 또한 IT 프로세스에 대해 공식화된 IT 일반통제를 실행하고 있을 수 있다.

- 경영진이 거래를 처리하거나 데이터를 유지하기 위해 자동화된 통제 또는 IT 일반통제에 의존하지 않고, 감사인이 자동화된 통제 또는 기타 정보처리 통제(또는 IT 일반통제에 의존하는 통제)를 식별하지 않은 경우, 감사인은 기업이 IT를 사용하여 생성한 정보를 직접 테스트하겠다고 계획하고 IT의 사용으로 인한 위험이 따르는 IT 응용프로그램을 식별하지 않을 수도 있다.

- <u>경영진이 데이터를 처리하거나 유지 관리하기 위해 IT 응용프로그램에 의존하고 데이터의 규모가 유의적이며 경영진이 자동화된 통제(감사인도 식별한 통제)를 수행하기 위하여 IT 응용프로그램에 의존하는 경우</u> IT 응용프로그램에는 IT의 사용으로 인한 위험이 따를 것이다.

보론 I 전산데이터처리 응용통제(Electronic Data Processing Application Controls)

(1) 정의: 특정한 업무의 적용에 영향을 미치는 전산처리에 대한 통제

(2) 내용

1) 입력통제 및 처리통제

① 입력자료에 대한 완전성 통제

가. **컴퓨터 순서점검(Computer Sequence check)**: 컴퓨터를 통하여 입력되는 자료의 일련번호를 체크함으로써 누락 또는 중복 입력된 자료를 색출하는 기능이다.

나. **뱃취통제(Batch Control)**: 시스템에 입력된 모든 자료가 처리되고 있는지 여부를 확인하는 것으로 입력 전에 입력묶음의 수나 합계를 확인하고 자료가 처리된 후 최종출력결과와 비교하여 누락 또는 중복입력된 자료를 색출하는 기능으로 대표적으로 가상합계가 있다. 가상합계(Hash Total)란 회계상 의미없는 숫자합계를 최종출력결과와 비교하여 누락 또는 중복 입력된 자료를 색출하는 기능이다.

② 입력자료에 대한 정확성 통제

가. **프로그램화된 편집점검(Programmed Edit checking)**: 컴퓨터에 의하여 불완전하거나 부정확 또는 비합리적인 자료가 입력되지 못하도록 자동으로 방지하는 기능이다. 이 예에는 다음과 같다.

a. **논리검사(Logic check)**: 예를 들어, 여자의 주민등록번호 뒷자리 입력란에 "1"이 들어가는 경우 입력이 되지 않도록 하는 기능이다.

b. **한계검사(Limit check)**: 예를 들어, 주민등록번호 입력 시 13자리 이상 입력하는 경우 입력이 되지 않도록 하는 기능이다.

c. **부호검증**: 예를 들어, 근무시간에 (−)가 입력되지 않도록 하는 기능이다.

나. 사전인쇄양식(Prerecorded input) : 표준화된 양식을 사용하게 하여 입력오류를 사전에 방지하는 기능이다.

다. 키검증(Key verification) : 입력자료의 전부 또는 일부를 다시 입력시켜 그 결과가 일치하지 않으면 그 차이가 수정될 때까지 거래입력을 허용하지 않는 기능이다

2) 출력통제

출력통제는 처리결과가 정확하고 출력정보는 승인된 사람만이 접근할 수 있도록 하며 출력결과는 적시에 승인된 사람에게만 제공되도록 하는 절차를 말한다.

이와 같은 출력통제를 위하여 입력단계와 처리단계에서 산정된 정보의 총계와 출력된 자료의 정보 총계를 비교하는 절차를 수행하여야 하며, 이렇게 산출된 정보결과는 적시에 인가된 이용자에게 전달되어야 한다.

(2) 정보기술(IT) 일반통제

IT일반통제는 기업의 정보시스템 내 정보의 무결성(즉, 정보의 완전성,정확성 및 유효성)을 포함하여, 정보처리 통제의 지속적이고 효과적인 기능과 IT 환경의 지속적이고 적절한 운영을 지원하는 IT 프로세스에 대한 통제이다.

감사인이 IT 응용프로그램과감사인이 IT의 사용으로 인한 위험이 따르는 것으로 판단한IT 환경의 다른 측면에 대한 IT 일반통제를 식별하고 평가하도록 요구하고 있는데 이는IT 일반통제가 정보처리 통제의 지속적이고 효과적인 기능을 뒷받침하기 때문이다. IT 일반통제만으로는 일반적으로 경영진주장 수준의 중요왜곡표시위험에 대처하기에 충분하지 않다.(감사기준서 315 A150)

감사인이 식별된 IT 응용프로그램과 IT 환경의 기타 측면과 관련된 IT의 사용으로 인한 위험 및 IT 일반통제를 식별하는 이유는 다음과 같은 사항에 영향을 줄 수 있기 때문이다. (감사기준서 315 A166)

- **경영진주장 수준의 중요왜곡표시위험에 대처하는 통제의 운영효과성을 테스트할지 여부에 대한 감사인의 결정**

IT 일반통제가 효과적으로 설계되지 않거나IT의 사용으로 인한 위험에 대처하기에 적절하게 실행되지 않은 경우(예: 적절하게 승인되지 않은 프로그램 변경이나IT 응용프로그램에 대한 승인되지 않은 접근을 예방하거나 발견하지 못하는 통제), 이것은 그 영향을 받는 IT 응용프로그램 내의 자동화된 통제에 의존하려는 감사인의 판단에 영향을 줄 수 있다

- 경영진주장 수준의 통제위험에 대한 감사인의 평가

정보처리통제의 지속적인 운영효과성은 IT 정보처리 통제에 대한 승인되지 않은 프로그램 변경을 예방하고 적발하는 IT 일반통제에 의존할 수 있다(즉 관련 IT 응용프로그램에 대한 프로그램 변경통제). 그런 상황에서 IT 일반통제의 기대되는 운영효과성(또는 그 결여)은 통제위험에 대한 감사인의 평가에 영향을 줄 수 있다(예: 통제위험은 IT 일반통제가 비효과적이거나 감사인이 그 IT 일반통제를 테스트하지 않을 계획인 경우 높을 수 있다).

- 기업의 IT 응용프로그램에 의해서 혹은 IT 응용프로그램의 정보로 기업이 생성한 정보에 대한 감사인의 테스트 전략

기업이 생성하여 감사증거로 사용될 정보가 IT응용프로그램에 의해 생성되는 경우, 감사인은 시스템에서 생성된 보고서에 대한 통제를 테스트(적절하지 않거나 승인되지 않은 프로그램 변경이나 보고서에 대한 직접적인 데이터 변경의 위험에 대처하는 IT 일반통제를 식별하고 테스트하는 것을 포함)하기로 결정할 수 있다.

- 경영진주장 수준의 고유위험에 대한 감사인의 평가

새로운 혹은 개정된 해당 재무보고체계의 보고 요구사항에 대처하기 위한 유의적이거나 광범위한 프로그램 변경이 있다면, 이것은 새로운 요구사항의 복잡성과 기업의 재무제표에 대한 영향을 나타내는 징후일 수 있다. 광범위한 프로그램이나 데이터 변경이 발생한 경우 IT 응용프로그램에는 IT의 사용으로 인한 위험이 따를 수 있을 것이다.

- 추가감사절차의 설계

정보처리 통제가 IT 일반통제에 의존하는 경우, 감사인은 IT 일반통제의 운영효과성을 테스트하기로 결정할 수 있으며, 이는 그러한 IT 일반통제에 대한 통제테스트의 설계를 요구할 것이다. 같은 상황에서 감사인이 IT 일반통제의 운영효과성을 테스트하지 않기로 결정하거나, IT 일반통제가 비효과적일 것으로 예상되는 경우, IT의 사용으로 발생하는 관련 위험을 실증절차의 설계를 통해 대처하여야 할 수 있다. 그러나 IT의 사용으로 인한 위험이 실증절차만으로는 충분하고 적절한 감사증거를 제공하지 못하는 위험과 관련된 경우 그러한 위험에 대처할 수 없을 수 있다. 이러한 상황에서 감사인은 감사의견에 대한 시사점을 고려할 필요가 있을 수 있다.

(3) 정보기술 일반통제의 성격(간접통제)

감사인은 통제테스트를 설계하고 수행할 때 다음의 절차를 수행하여야 한다. (감사기준서 330 문단 10)

- 통제의 운영효과성에 대한 감사증거를 입수하기 위하여 다음과 같은 사항이 포함된 질문과 더불어 기타의 감사절차를 수행함.
  (i) 감사대상 기간 중 관련 시기에 해당 통제가 적용된 방법
  (ii) 통제의 일관된 적용
  (iii) 통제 적용의 수행자 또는 수단
- 이미 대응되지 않은 한 테스트 할 통제가 다른 통제(간접통제)에 의존하고 있는지 여부를 결정함. 만약 그렇다면 그러한 간접통제가 효과적으로 운영되고 있음을 뒷받침하는 감사증거를 입수할 필요가 있는지 여부를 결정하여야 한다.

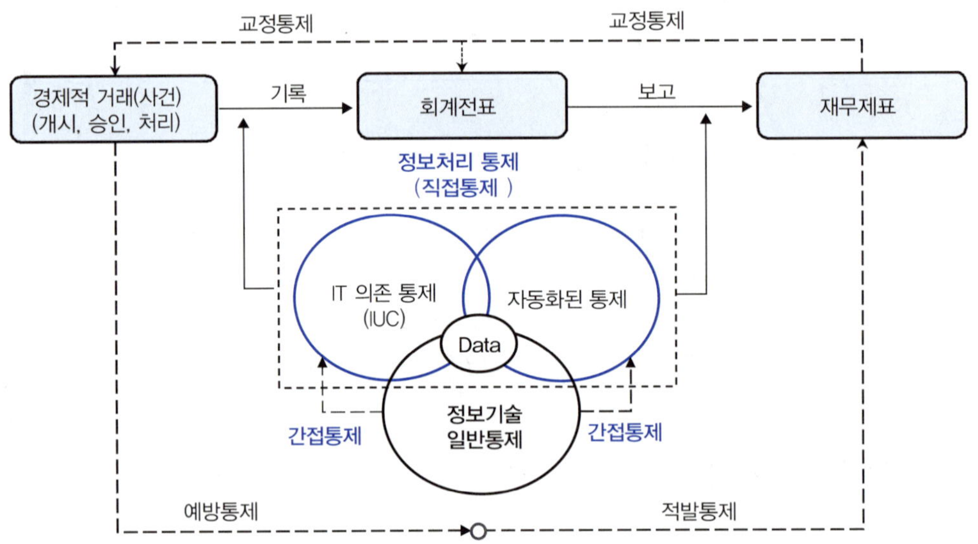

통제는 직접적이거나 간접적일 수 있다. 직접통제는 경영진주장 수준의 중요왜곡표시위험에 대처하기에 충분히 정밀한 통제이다. 간접통제는 직접통제를 뒷받침하는 통제이다. (감사기준서 315 A5)

통제환경의 통제, 기업의 위험평가절차 및 내부통제시스템에 대한 기업의 모니터링 절차는 주요 간접통제(즉, 경영진주장 수준의 왜곡표시를 예방하거나 발견하고 수정하기에 충분히 정밀하지 않지만 다른 통제를 뒷받침하며 따라서 왜곡표시가 적시에 발견 또는 예방될 가

능성에 간접적인 영향을 주는 통제)이다. 그러나 이러한 구성요소 내의 일부 통제는 직접통제일 수도 있다. (감사기준서 315 A96)

감사인은 또한 내부통제시스템을 모니터링하는 기업의 절차가 IT의 사용을 수반하는 정보처리 통제에 대한 모니터링을 다루는 방법을 고려할 수 있다. 이는 예를 들어 다음을 포함한다. (감사기준서 315 A117)

- 복잡한 IT 환경을 모니터링하기 위한 다음과 같은 통제
  - ○ 정보처리 통제의 지속적인 설계 효과성을 평가하고, 상황의 변화에 따라 적절하게 정보처리 통제를 수정하는 통제
  - ○ 정보처리 통제의 운영효과성을 평가하는 통제
  - ○ 업무분장을 강제하는 자동화된 정보처리 통제에 적용되는 권한을 모니터링하는 통제
  - ○ 재무보고 자동화와 관련된 오류 또는 통제 미비점을 식별하고 해결하는 방법을 모니터링하는 통제

3 자동화된 통제의 유효성 평가

(1) 자동화된 통제 테스트 방법

① 컴퓨터 주변감사

감사대상회사의 자동화된 통제(응용프로그램)를 정보시스템에 입력하는 자료와 출력되는 자료만을 검토함으로써 통제절차의 효과성을 간접적으로 테스트하는 것

② 컴퓨터 자체감사

감사대상회사의 자동화된 통제(응용프로그램)를 감사인의 컴퓨터를 활용하여 통제절차의 효과성을 직접적으로 테스트하는 것

가. 모의자료법

시험자료법이라고도 하는 것으로서 감사대상회사의 전산화된 프로그램을 검증하기 위하여 모의자료(Test Data)를 개발하고 이 모의자료를 이용하여, 감사대상회사의 프로그램이 그러한 모의자료를 어떤 식으로 실행시키고 출력결과가 나오는지 살펴보고 이러한 출력결과를 감사인의 기대치와 비교해 본다. 만약 모의자료가 감사대상회사의 프로그램을 통하여 나온 출력결과가 감사인의 예상치와 현저하게 차이가 난다면 이는 프로그램상의 오류가 존재하거나

내부통제가 효과적으로 운영되고 있지 않다는 확신을 얻을 수 있는 것이다 이러한 모의자료법은 특정 통제절차를 검증하는 데 특히 유용하다. 다음은 모의자료법의 장점과 단점이다.

구분	내용
장점	① 특정 통제절차(예: 입력통제 등)의 유효성을 검토하는 데 효과적인 검증방법이다. ② 컴퓨터 주변감사와는 달리 육안으로 확인가능한 입·출력 자료에 대한 문서화가 없이도 특정 프로그램에 대한 직접적인 유효성의 검증절차가 가능하다. ③ 프로그램에 대한 직접적인 검증절차가 이루어진다.
단점	① 모의자료를 가지고 회사의 업무용 프로그램 자체의 적정성만을 검증하는 것이므로 실제거래를 직접 감사하는 방법이 아니다. ➡ 이를 보완하기 위하여 실제거래를 이용하는 병행처리법이 나옴. ② 감사인이 검증하는 프로그램과 회사의 실제 업무처리용 프로그램이 일관성이 있는지 확인할 수 없다. ➡ 이를 보완하기 위하여 회사가 실제 이용하는 프로그램을 이용하는 통합자료처리법이 나옴. ③ 감사대상회사의 프로그램이 회계기간 중 변경되었을 경우에 변경 전과 후의 프로그램을 모두 검증하여야 한다. ④ 전산담당자가 감사인의 의도를 알고 회사프로그램을 변경시켜 부정이나 오류를 은폐할 가능성이 있다. ⑤ 감사인의 테스트가 끝나면 회사의 자료철에서 감사인의 모의자료를 삭제하여야 하는 번거로움이 있다. ⑥ 은행업무, 항공회사 발권업무 등 온라인시스템으로 운영되는 업무에 대하여는 통제된 상황을 만들어 수행하기 어렵다.

나. 병행처리법

모의자료법의 경우에는 실제 회계자료가 처리되는 프로그램에 모의자료가 기록되기 때문에 시스템에 대한 검증이 이루어진 다음에 이러한 기록을 프로그램에서 삭제하여야 하는 번거로움이 있으며 회사의 실제거래를 이용하여 검증하는 것이 아니다 이를 해결하기 위하여 나온 방법이 병행처리법(Parallel Simulation Method)이다.

이는 감사인이 감사대상회사의 응용프로그램을 수행하게 될 감사인의 컴퓨터 프로그램을 개발한 뒤 감사대상회사의 데이터가 감사대상회사의 시스템을 통하여 나온 결과와 감사인의 컴퓨터 프로그램을 이용한 출력결과와 비교함으로써 감사대상회사의 시스템에 대한 유효성을 검증하는 방법이다. 만약, 감사대상회사의 프로그램을 통하여 나온 결과와 감사인의 프로그램을 통하여 나온 결과에 중요한 차이점이 발생하는 경우에는 감사대상회사의 프로그램에 대한 유효성에 대하여 신뢰성을 부여할 수 없다 결국 병행처리법은 감사대상회사의 실제자료를 감사대상회사의 프로그램이 아닌 감사인이 개발한 프로그램을 이용하여 시스템에 대한 유효성을 검증하는 방법이다. 이 방법의 장점과 단점은 다음과 같다.

장점	① 모의자료법의 경우와 같이 프로그램에 입력된 모의자료를 삭제하여야 하는 번거로움이 없다. ② 모의자료법과 같이 감사대상회사의 시스템에 영향을 미치지 않은 상태에서 시스템 검증을 수행할 수 있다.
단점	① 적정한 감사인의 프로그램을 개발하기 위해서는 감사인에게 컴퓨터에 대한 사전적인 지식과 경험이 많이 요구된다. ② 감사인이 자체프로그램을 개발하는 데 있어서 시간과 비용이 많이 소비된다. ③ 감사대상회사의 프로그램을 직접 검증하는 것이 아니기 때문에 프로그램에 존재할 수 있는 오류나 비정상적인 거래를 어떻게 처리하였는지에 대한 확신을 얻을 수 없다. ④ 감사대상 전체기간에 대하여 시스템이 유효하게 운용되었는지 확신을 얻을 수 없다.

다. 통합자료처리법

통합자료처리법(Integrated Test Facility Method, ITF법)은 회사가 사용 중인 전산시스템 내부에 별도의 하위시스템을 설치하여 모의자료를 실제자료와 동시에 처리되도록 하는 방법으로서, 감사인이 예상한 모의자료 결과와 회사가 사용 중인 프로그램에 의하여 출력된 모의자료 결과를 비교하는 방법이다. 즉, 감사대상회사가 운영 중인 전산시스템 내부에 실제자료와 모의자료를 동시에 처리하도록 함으로써 응용프로그램이 적절히 기능하는지 검증하는 방법이다. 감사인이 준비한 모의자료를 이용한다는 점에서 모의자료법과 유사하지만 모의자료와 함께 실제자료가 동시에 "회사가 사용 중인 실제 프로그램"을 통해 처리된다는 점에서 다르다.

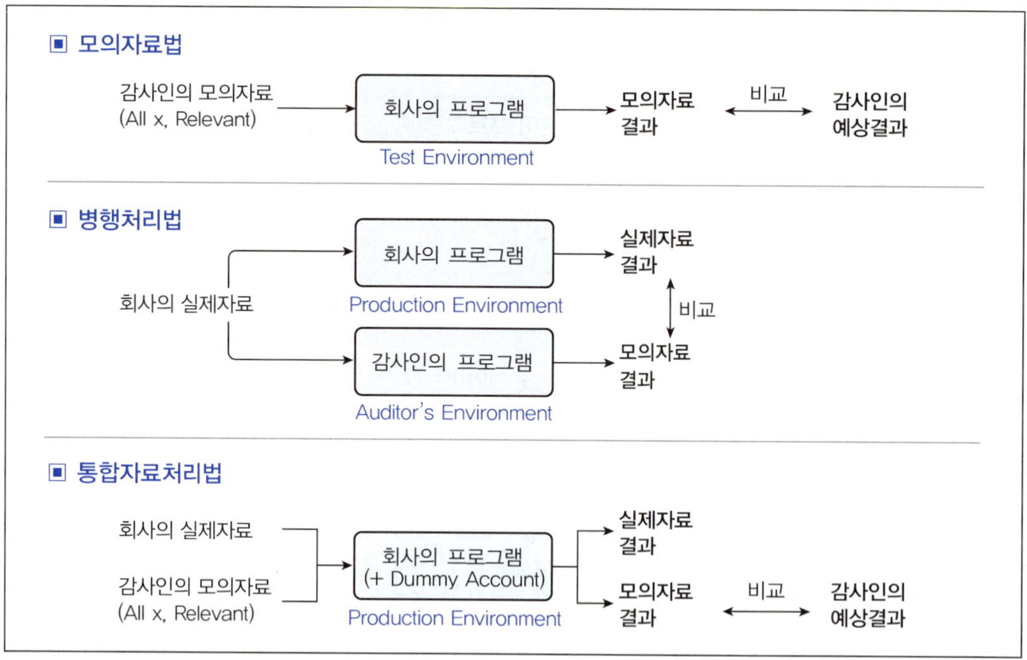

구 분	모의자료법	병행처리법	통합자료처리법
이용자료	감사인의 모의자료	감사대상회사의 실제자료	모의자료와 실제자료
이용 프로그램	감사대상회사의 프로그램	범용감사소프트웨어 또는 검증된 감사인의 프로그램	사용중인 감사대상회사의 프로그램
비교대상	모의자료에 의한 결과와 감사인의 예상결과	실제자료결과와 감사대상회사의 결과(회사기록)	모의자료에 의한 결과와 감사인의 예상결과
장점	감사대상회사의 프로그램을 직접 검증할 수 있다.	감사인의 자체프로그램을 개발하는 데 시간과 비용이 든다.	모의자료를 삭제해야 하는 번거로움이 있다.
단점	모의자료 작성에 시간과 비용이 든다.	감사대상회사의 프로그램을 직접 검증하지 못한다.	모의자료 작성에 시간과 비용이 든다.

③ 자동화된 통제 테스트시 유의사항

감사인은 위험평가절차의 수행을 통하여 재무제표 작성과 관련된 내부통제시스템을 모니터링하는 기업의 절차를 이해하여야 한다. 감사인은 내부통제시스템을 모니터링하는 데, 기업이 사용하는 정보의 원천과 경영진이 해당 정보를 목적상 충분히 신뢰성이 있는 정보라고 생각하는 근거를 이해하여야 한다. (감사기준서 315 문단 24 (b))

내부통제시스템에 대한 모니터링에서 기업이 사용하는 정보의 원천과 그 정보가 관련성과 신뢰성이 있는지 여부에 대한 감사인의 이해는 내부통제시스템에 대한 기업의 모니터링 절차가 적합한지에 대한 감사인의 평가에 도움을 준다. 경영진이 모니터링에 사용되는 정보가 관련성과 신뢰성이 있다고 가정하였으나 가정에 대한 근거가 없는 경우, 정보에 있을 수 있는 오류로 인하여 잠재적으로 경영진이 모니터링활동에서 부정확한 결론을 내리게 될 수 있다. (감사기준서 315 A120응용)

- 자동화된 통제에 사용된 정보원천의 충분성*과 신뢰성
- 감사대상 기간 동안 자동화된 통제와 관련된 정보기술 일반통제의 효과성

(2) 자동화된 통제 테스트 시점 이외의 기간의 유효성

정보기술 처리에 내재된 일관성 때문에, 자동화된 통제에 대하여는 그 테스트 범위를 확대하는 것이 불필요할 수 있다. 자동화된 통제는 프로그램(테이블, 파일, 프로그램에 이용되는 기타 영구데이터를 포함)이 변경된 경우를 제외하고는 일관되게 작동된다고 예상할 수 있다. 감사인이 자동화된 통제가 (통제가 최초로 실행된 시기 또는 다른 시기에서) 의도대로 작동하고 있다고 결정하고자 한다면, 감사인은 통제가 계속해서 효과적으로 작동하고 있다고 결정하기 위해 다음과 같은 사항을 확인하기 위한 테스트를 수행할 수 있다. (감사기준서 330 A29 수정)

- 프로그램의 변경은 적절한 변경통제 없이 일어나지 아니함.
- 거래의 처리에는 승인된 프로그램이 사용됨.
- 기타 관련 일반통제는 효과적임.

Is automated control **still effective** in the rest of period?

- Test **one instance of each variation** of an automated control
- Positive **and Negative** Test
- **Verification source data** used in an automated control

The effectiveness of the IT control environment, including controls over application and system software acquisition and maintenance, access controls, and computer operations.

* 모의자료(또는 실제자료)는 긍정적인 결과를 부정적인 결과를 모두 예상할 수 있어야 한다.

* 모의자료(또는 실제자료)는 각 유형별로 자동화된 통제를 테스트할 수 있어야 한다.

기업이 수정이나 유지보수 없이 응용소프트웨어 패키지를 이용하는 경우, 이러한 테스트에는 해당 패키지에 변경이 없었는지 결정하는 것도 포함될 것이다. 예를 들어, 감사인은 정보기술 보안부서의 기록을 조사하여 해당 기간 중 승인받지 않은 접근이 있었는지 여부의 감사증거를 얻을 수 있을 것이다. (감사기준서 330 A29 후단)

(3) 자동화된 통제 테스트결과의 벤치마킹

감사인은 또한 후속연도 감사에서 자동화된 응용통제에 대해 벤치마킹 전략을 사용할 수 있다. (감사기준서 1100 A71)

완전히 자동화된 통제는 일반적으로 인간의 실패로 인한 와해에 덜 취약하다 이러한 특성으로 인해 감사인이 "벤치마킹" 전략을 사용할 수 있다. 벤치마킹이란 운영효과성에 대한 구체적인 테스트를 반복하지 않고도 감사인이 자동화된 응용통제가 효과적이라고 결론지을 수 있도록, 효과적인 IT 일반통제와 결합할 수 있는 출발점(baseline)을 수립하여 자동화된 응용통제를 테스트하는 프로세스이다. (감사기준서 1100 A123)

자동화된 응용통제의 테스트를 위하여 벤치마킹 전략을 사용할지 여부를 결정하기 위해, 감사인은 다음의 위험요소를 평가하여야 한다. (감사기준서 1100 문단 100)

- 응용통제가 응용프로그램 내에 정의된 프로그램과 일치하는 정도
- 응용프로그램이 안정된 정도 (즉, 기간마다 변경이 거의 없음)
- 실행중인 프로그램의 변경일자(Compilation Dates)에 대한 보고서의 이용가능성 및 신뢰성

- 벤치마킹 전략을 결정할 때 평가된 위험요소가 낮은 위험을 나타내면, 평가되는 통제는 벤치마킹에 적합할 수 있다. 이러한 위험요소가 높은 위험을 나타내면, 평가되는 통제는 벤치마킹에 덜 적합하다. (감사기준서 1100 A124)

- 운영중인 프로그램의 변경일자(compilation dates)에 대한 보고서는 프로그램 내의 통제가 변경되지 않았다는 증거로 사용될 수 있다. (감사기준서 1100 문단 A125)

- 자동화된 응용통제를 벤치마킹하는 것은 프로그램 변경 가능성이 희박한 소프트웨어(예를 들어, 판매자가 소스코드에 대한 접근이나 변형을 허용하지 않는 경우)를 구입하여 사용하는 기업에 특히 효과적일 수 있다. (감사기준서 1100 A126)

(4) 벤치마킹을 위한 증거수집 절차

벤치마킹 전략을 사용할 때, 감사인은 자동화된 응용통제가 변경되지 않았음을 결정하기 위한 증거를 획득하여야 한다. (감사기준서 1100 문단 101)

- 만약 프로그램 변경, 프로그램에 대한 접근 및 컴퓨터 운영에 대한 일반통제가 효과적이고 지속적으로 테스트된다면, 그리고 자동화된 응용 통제가 감사인이 정한 출발점(즉, 응용통제를 마지막으로 테스트한 시점) 이후 변경이 없었다는 것을 감사인이 결정한다면, 감사인은 자동화된 응용통제에 대하여 전기에 수행한 구체적인 운영테스트를 반복하지 않아도 해당 자동화된 응용통제가 계속해서 효과적이라고 결론 내릴 수 있다. 감사인이 통제가 변경되지 않았음을 결정하기 위해 입수하는 증거의 성격과 범위는 상황(기업의 프로그램 변경 통제의 강도를 포함함)에 따라 달라질 수 있다. (감사기준서 1100 A127)
- 자동화된 응용통제의 일관되고 효과적인 작동은 관련 파일, 테이블, 데이터 및 설정값에 의존할 수 있다. 예를 들어, 이자수익을 계산하는 자동화된 응용프로그램은 자동 계산에 사용되는 이자율테이블의 지속적인 무결성에 의존할 것이다. (감사기준서 1100 A128)
- 통제는 변경되었을 수 있는 다른 사업요소에 민감할 수 있다. 예를 들어, 자동화된 통제는 파일에 양(+)의 금액만 존재할 것이라는 가정을 가지고 설계될 수 있다. 그러한 통제는 해당 계정에 음(−)의 금액(대변 금액)이 기표되기 시작하면 더 이상 효과적이지 않을 것이다. (감사기준서 1100 A 129)

(5) 벤치마킹 출발점(Baseline)의 재설정

일정 기간 경과 후(상황에 따라 그 기간의 길이가 달라짐), 자동화된 응용통제의 운영의 출발점이 재설정되어야 한다. 출발점을 언제 재설정하는지를 결정하기 위하여, 감사인은 다음 요소를 평가하여야 한다. (감사기준서 1100 문단 102)

- 정보기술 통제환경(응용프로그램 및 시스템 소프트웨어의 취득과 유지에 대한 통제, 접근통제 및 컴퓨터 운영을 포함함)의 효과성
- 통제를 포함하고 있는 특정 프로그램의 변경의 성격에 대한 감사인의 이해
- 그 밖에 관련된 테스트의 성격과 시기
- 벤치마크된 응용통제와 관련된 오류가 미치는 영향
- 변경되었을 수 있는 다른 사업요소에 통제가 민감한지 여부 (문단 A129 참조)

(6) 소규모기업에 특유한 고려사항

사업프로세스가 단순하고 회계업무가 중앙 집중화되어 있는 소규모 기업이나 부문은표준화된 범용 소프트웨어(off-the-shelf packaged software)를 변형하지 않고 사용하는 비중이 큰, 비교적 단순한 정보시스템을 보유할 것이다. 범용 소프트웨어가 사용되는 영역에서, 정보기술 통제에 대한 감사인의 테스트는, 경영진이 통제목적을 달성하기 위하여 의존하는 범용 소프트웨어에 내재된 정보처리 통제와, 이러한 정보처리 통제의 효과적 운영에 중요한 정보기술 일반통제에 초점을 둘 수 있다. (감사기준서 1100 A 55)

기업의 IT 환경에 대한 이해는 기업이 상용소프트웨어를 사용하고, 프로그램 변경을 위한 소스코드에 접근할 수 없는 덜 복잡한 기업의 경우 더 쉽게 이루어질 수 있다. 그런 기업은 전담 IT 인력을 보유하지 않을 수 있지만 종업원들의 접근을 승인하고 소프트웨어 공급업체가 제공하는 IT 응용프로그램의 업데이트를 설치하는 관리자 역할을 배정받은 사람이 있을 수 있다. 덜 복잡한 기업이 정보시스템에서 사용하는 단일의 IT 응용프로그램일 수 있는 상용 회계 소프트웨어 패키지의 성격을 이해할 때 감사인이 특히 고려할 사항의 예는 다음과 같다. (감사기준서 315 보론 5 문단 6)

- 소프트웨어가 얼마나 확고하게 자리를 잡았는지, 신뢰성에 대한 평판은 어느 정도인지
- 기업이 소프트웨어의 소스코드를 수정하여 기본 소프트웨어에 추가적인 모듈(즉, 확장 프로그램(add-on))을 포함하거나 데이터를 직접 변경할 수 있는 범위
- 소프트웨어에 이루어진 변경의 성격과 범위. 기업이 소프트웨어의 소스코드를 변경할 수 없다 하더라도, 많은 소프트웨어 패키지에서는 설정(예: 보고 매개변수를 설정하거나 수정함)을 허용할 수 있다. 이러한 변경은 통상 소스코드의 변경을 수반하지 않지만 감사인은 소프트웨어에서 생성되어 감사증거로 사용되는 정보의 완전성과 정확성을 고려할 때 기업이 소프트웨어를 설정할 수 있는 범위를 고려할 수 있다.
- 재무제표의 작성과 관련된 데이터에 직접 접근(즉 IT 응용프로그램을 사용하지 않고 데이터베이스에 직접 접근)할 수 있는 정도와 처리되는 데이터의 양. 데이터의 양이 많을수록 기업은 데이터의 무결성을 유지하기 위한 통제가 더욱 필요할 수 있으며 여기에는 데이터에 대한 승인되지 않은 접근과 변경에 대한 IT 일반통제를 포함할 수 있다.

(7) 최종 사용자 컴퓨팅

감사증거가 최종 사용자 컴퓨팅 도구(예: 스프레드시트 소프트웨어 또는 단순 데이터베이스)에서 수행되는 계산에 사용되는 시스템 생성 출력의 형태로 나타날 수도 있지만 그러한 도구는 일반적으로 정보처리 통제의 관점에서IT 응용프로그램으로 식별되지 않는다 최종 사용자 컴퓨팅 도구에 대한 접근 및 변경에 대한 통제를 설계하고 실행하는 것은 어려울 수

있으며, 이러한 통제는 IT 일반통제와 동등하거나 그만큼 효과적인 경우가 드물다. 따라서 감사인은 다음과 같이 관련된 최종 사용자 컴퓨팅의 목적과 복잡성을 고려하여 정보처리 통제의 조합을 고려할 수 있다.

- 소스 데이터의 개시와 처리에 대한 정보처리 통제. 데이터가 추출되는 지점(즉, 데이터 웨어하우스)에 대한 관련 자동화된 통제 또는 인터페이스 통제를 포함
- 로직이 의도한 대로 작동하는지 확인하는 통제. 예를 들어 보고서와 해당 보고서를 생성한 데이터를 대사하거나, 보고서의 개별 데이터를 소스 데이터와 비교하거나 그 반대로 비교하는 것과 같이 데이터의 추출을 검증하는 통제, 또는 수식이나 매크로를 확인하는 통제
- 스프레드시트 무결성 도구와 같이 수식이나 매크로를 체계적으로 검사하는 검증 소프트웨어 도구의 사용

4 정보기술 일반통제

(1) IT 환경의 각 측면에 대해 실행되는 IT 일반통제의 성격

감사인이 위험평가절차의 수행을 통하여 통제활동 구성요소를 이해하여야 한다.

감사인은 통제활동 구성요소에서 경영진 주장 수준의 중요왜곡표시위험에 대처하는 통제를 식별한다. 감사인은 이러한 식별된 통제를 바탕으로, IT 사용으로 인한 위험이 따르는 IT 응용프로그램과 기업의 IT 환경의 기타 측면을 식별한다. 이후 식별된 IT 응용프로그램과 IT 환경의 기타 측면에 대하여 IT 사용으로 인한 관련 위험, 그러한 위험에 대처하는 기업의 IT 일반통제를 식별한다.

① 응용프로그램

IT 응용프로그램 계층의 IT 일반통제는 응용프로그램 기능의 특성과 범위 및 해당 기술 내에서 허용된 접근 경로와 관련이 있다. 예를 들어, 거래를 통해서만 접근할 수 있는 소수의 계정 잔액을 지원하는 기존 IT 응용프로그램보다 복잡한 보안 옵션을 갖춘 고도로 통합된 IT 응용프로그램에 더 많은 통제가 관련된다.

② 데이터베이스

데이터베이스 계층의 IT일반통제는 일반적으로 데이터베이스에 직접 접근하거나 스크립트 또는 프로그램을 실행하여 데이터베이스의 재무보고 정보를 무단으로 업데이트하는 것과 관련

된 IT의 사용으로 인한 위험에 대처한다.

③ **운영체제**

운영체제 계층의 IT 일반통제는 일반적으로 다른 통제의 무력화를 용이하게 할 수 있는 접근관리와 관련된 IT의 사용으로 인한 위험에 대처한다. 여기에는 다른 사용자의 자격증명 도용, 인증되지 않은 새 사용자의 추가, 악성 프로그램이나 스크립트 또는 기타 인증되지 않은 프로그램의 실행과 같은 행동이 포함된다.

④ **네트워크**

네트워크 계층의 IT 일반통제는 일반적으로 네트워크 분리, 원격접속 및 인증과 관련된 IT의 사용으로 인한 위험에 대처한다. 네트워크 통제는 기업이 재무보고에 웹 기반 응용프로그램을 사용하는 경우에 관련될 수 있다. 네트워크 통제는 또한 기업이 데이터 전송과 원격접속의 필요성을 증가시킬 수 있는 유의적인 사업 파트너 관계를 맺고 있거나 제3자 아웃소싱을 하고 있는 경우에도 관련될 수 있다.

(2) IT 프로세스별로 구성된 IT 일반통제의 예

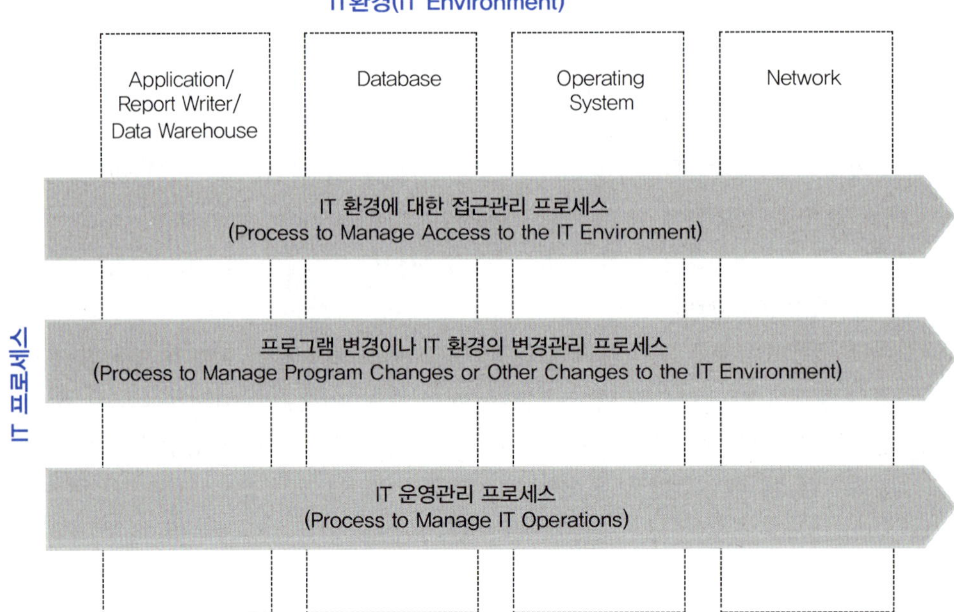

① **IT 환경에 대한 접근관리 프로세스(Process to Manage Access to the IT Environment)**

○ 인증(Authentication)

IT 응용프로그램 또는 IT 환경의 기타 측면에 접근하는 사용자가 사용자 자신의 로그인 자격 증명을 사용하는지 확인하는 통제(즉, 사용자가 다른 사용자의 자격 증명을 사용하지 않음)

○ 권한 부여(Authorization)

사용자가 자신의 직무에 필요한 정보에만 접근할 수 있도록 하며, 이를 통해 적절한 업무분장을 가능하게 하는 통제

○ 프로비저닝(Provisioning)

새 사용자 및 기존 사용자의 접근 권한 변경을 승인하는 통제

○ 프로비저닝 해제(Deprovisioning)

퇴사 또는 부서이동 시 사용자 접근을 삭제하는 통제

○ 특별 권한 접근(Previleged Access)

관리자 또는 강력한 사용자의 접근에 대한 통제

○ 사용자 접근 검토(User Access Reviews)

지속적인 권한부여를 위해 사용자 접근을 재인증하거나 평가하는 통제

○ 보안 설정 통제(Security Configuration Controls)

각 기술에는 일반적으로 환경에 대한 접근을 제한하는 데 도움이 되는 주요 설정이 있음

○ 물리적 접근(Physical Access)

데이터 센터 및 하드웨어에 대한 물리적 접근에 대한 통제. 이러한 접근은 다른 통제를 무력화하는 데 사용될 수 있다.

IT 환경에 대한 접근관리 프로세스에서 IT의 사용으로 인한 위험(RAITs: Risks Arising from the Use of IT)의 예시에 대처하는 IT 일반통제의 예시는 다음과 같다.

RAITs : 사용자가 부여된 업무를 수행하기에 필요한 권한 이상의 접근권한을 가지며 업무분장을 부적절하게 한다. (사용자 접근 권한)

IT일반통제 :

- 경영진이 표준 프로그램 프로필/역할, 주요 재무보고거래와 업무분장을 포함하여 새로운 사용자와 수정된 사용자에 대한 사용자 권한 성격과 범위를 승인한다. (Provisioning)
- 퇴직하였거나 부서이동한 사용자에 대한 접근이 적시에 제거되거나 수정된다. (Deprovisioning)
- 사용자 접근을 주기적으로 검토한다. (User Access Reviews)
- 업무분장이 모니터링되고 상충하는 접근은 제거하거나 보완통제에 연결하며 이러한 통제는 문서화되고 테스트된다. (User Access Reviews)
- 특별 수준의 접근(예: 설정, 데이터 및 보안관리자)은 승인되고 적절히 제한된다. (Previleged Access)

RAITs : 응용프로그램상 거래 이외의 수단을 통하여 직접적으로 재무 정보의 부적절한 변경이 이루어진다. (데이터의 직접 접근)

IT일반통제 :

- 응용프로그램의 데이터 파일이나 데이터베이스의 오브젝트/테이블/데이터에 대한 접근은 직무상 책임과 부여된 역할에 기초하여 승인된 인원으로 제한되며 그러한 접근은 경영진의 승인을 받는다. (Previleged Access)

RAITs: 적절히 승인된 적합한 사용자에게 시스템 접근을 제한하도록 시스템이 충분히 설정되거나 업데이트되지 않는다. (시스템 설정)

IT일반통제 :

- 접근은 고유한 사용자 아이디와 암호를 통하여 인증되며 고유한 사용자 암호 또는 사용자가 시스템에 접근할 권한이 있음을 검증하는 장치로써 기타 방법을 통하여 접근이 인증된다. 암호의 조건은 회사 또는 산업 표준을 충족한다(예: 암호의 최소길이, 복잡성, 만기, 계정잠금) (Authentication)
- 보안 설정의 핵심 속성이 적절히 실행된다 (Security Configuration Controls)

② 프로그램 변경이나 IT 환경에 대한 변경관리 프로세스(Process to Manage Program or Other Changes to the IT Environment)

○ 변경 관리 프로세스(Change Management Process)
변경을 설계, 프로그래밍, 테스트하고 운영(즉, 최종 사용자) 환경에 이관하는 절차에 대한 통제

○ 변경 이관에 대한 업무분장(Segregation of Duties over Change Migration)
변경을 만드는 권한과 변경을 운영환경으로 이관 권한을 분리하는 통제

○ 시스템 개발, 구매 또는 실행 (Systems Development or Acquisition or Implementation)
초기 IT 응용프로그램의 개발 또는 실행(또는 IT 환경의 기타 측면과 관련된)에 대한 통제

○ 데이터 변환(Data Conversion)
IT 환경의 개발, 실행 또는 업그레이드 과정의 데이터 변환에 대한 통제

프로그램 변경이나 IT 환경에 대한 변경관리 프로세스에서 IT의 사용으로 인한 위험(RAITs: Risks Arising from the Use of IT)의 예시에 대처하는 IT 일반통제의 예시는 다음과 같다.

RAITs : 재무보고 관련 자동화된 통제(즉, 구성가능한 설정, 자동화된 알고리즘, 자동화된 계산, 자동화된 데이터 추출) 또는 보고서 로직을 포함하는 응용프로그램(또는 시스템)에 부적절한 변경이 이루어진다. (응용프로그램 변경)

IT일반통제 :

- 응용프로그램 변경이 적절하게 테스트되며 운영환경으로 옮겨지기 전에 승인된다 (Change Management Process)
- 응용프로그램 운영환경으로 변경을 실행하기 위한 접근이 적절히 제한되며 개발환경과 분리된다. (Segregation of Duties over Change Migration)

RAITs : 데이터베이스 구조와 데이터 간의 관계에 부적절한 변경이 이루어진다. (데이터베이스 변경)

IT일반통제 :

- 데이터베이스 변경이 적절하게 테스트되며 운영환경으로 옮겨지기 전에 승인된다. (Segregation of Duties over Change Migration)

RAITs : 시스템 소프트웨어 (예: 운영 체제, 네트워크, 변경관리 소프트웨어, 접근통제 소프트웨어)에 부적절한 변경이 이루어진다. (시스템소프트웨어 변경)

IT일반통제 :

- 시스템 소프트웨어 변경이 적절하게 테스트되며 운영환경으로 옮겨지기 전에 승인된다. (Segregation of Duties over Change Migration)

RAITs : 변환으로 불완전하거나 중복되거나 모호하거나 부정확한 데이터를 이전하는 경우 기존 시스템이나 이전 버전에서 변환된 데이터가 데이터 오류를 일으킨다. (데이터 변환)

IT일반통제 :

- 경영진이 구 응용프로그램 시스템이나 데이터 구조에서 새로운 응용프로그램이나 데이터 구조로의 데이터 변환의 결과(예: balancing 및 reconciliation 활동)를 승인하고, 변환이 설정된 변환 정책과 절차에 따라 수행되었는지 모니터링한다. (Data Conversion)

③ IT 운영관리 프로세스(Process to Manage IT Operations)

○ 작업 일정관리(Job Scheduling)
재무보고에 영향을 미칠 수 있는 작업 또는 프로그램의 일정 및 시작에 대한 접근 통제

○ 작업 모니터링(Job Monitoring)
재무보고 작업 또는 프로그램의 성공적인 실행을 위해 모니터링하는 통제

○ 백업 및 복구(Backup and Recovery)
재무보고 데이터의 백업이 계획대로 수행되고 정전 또는 공격시 데이터를 적시에 이용가능하도록 하고 복구될 수 있도록 하는 통제

○ 침입 탐지(Intrusion Detection)
IT 환경의 취약성 및 침입을 모니터링하는 통제

IT 운영관리 프로세스에서 IT의 사용으로 인한 위험(RAITs: Risks Arising from the Use of IT)의 예시에 대처하는 IT 일반통제의 예시는 다음과 같다.

RAITs : 승인되지 않은 사용자가 정보시스템에 부적절하게 접근하는 것을 네트워크가 충분히 예방하지 못한다. (네트워크)

IT일반통제 :

- 접근은 고유한 사용자 아이디와 암호를 통하여 인증되며 고유한 사용자 암호 또는 사용자가 시스템에 접근할 권한이 있음을 검증하는 장치로써 기타 방법을 통하여 접근이 인증된다. 암호의 조건은 회사 또는 산업 표준을 충족한다(예: 암호의 최소길이, 복잡성, 만기, 계정잠금) (Authentication)
- 네트워크는 웹에 접속하는 응용프로그램이 재무보고 내부통제와 관련된 응용프로그램이 접속되는 내부 네트워크로부터 분리되도록 설계된다. (Network Segregation)
- 정기적으로 네트워크 관리팀에 의해 네트워크 경계(Perimeter)에 대한 취약성 검토가 이루어지며 잠재적인 취약점에 대한 조사도 이루어진다. (Vulunerabilty Check)
- 정기적으로 침입 탐지 시스템에 의해 식별된 위협을 통지하는 경고가 생성된다. 이러한 위협은 네트워크 관리팀에 의해 조사가 이루어진다. (Intrusion Detection)
- 가상사설네트워크(VPN) 접근을 승인받은 적합한 사용자로 제한하는 통제가 구현되어 있다. (Authentication)

RAITs : 데이터 손실이 발생한 경우 재무정보를 적시에 복구하거나 접근할 수 없다. (데이터 백업 및 복구)

IT일반통제 :

- 재무 데이터가 설정된 일정과 빈도로 정기적으로 백업된다. (Backup and Recovery)

RAITs : 프로덕션(운영환경의) 시스템, 프로그램 또는 작업으로 인해 부정확하거나 불완전하거나 승인되지 않은 데이터 처리가 발생한다. (작업 일정관리)

IT일반통제 :

- 승인된 사용자만이 작업 일정관리 소프트웨어에서 일괄 작업(인터페이스 작업 포함)을 업데이트하기 위한 접근을 할 수 있다. (Job Scheduling)
- 주요 시스템, 프로그램 또는 작업이 모니터링되고 처리 오류가 성공적으로 완료될 수 있도록 수정된다. (Job Monitoring)

5 정보기술 환경에서의 업무분장

각 업무 프로세스에는 특정 역할과 기능이 있으며, 이를 적절히 분리하여 한 직위나 사람이 특정 프로세스에 대해 지나치게 많은 통제 권한을 갖지 못하도록 해야 한다.

업무분장은 일반적으로 거래의 기록, 거래 승인 및 관련 자산의 보관에 대한 책임을 분리하는 것을 수반한다. 업무분장은 두 명 이상이 프로세스상 거래를 수행하거나 검토하도록 함으로써 오류를 감소시키고, 오류가 발견될 가능성을 증가시킨다.

- 자산의 보관 : 자산을 소유, 수령 또는 생성하는 행위가 포함
- 거래의 기록 : 데이터 입력, 거래 기록, 조정 준비, 데이터베이스 유지, 총계정 원장과 재무제표 등의 회계 기록 및 보고서 관리 및 수정이 포함
- 거래 승인 : 거래 및 의사 결정에 대한 승인 및 승인 권한 부여

IT 환경의 많은 거래처리와 기록은 실제로 응용프로그램에 의해 수행됩니다. 따라서 업무분리는 일반적으로 운영환경에서의 프로그램 및 데이터에 대한 접근 권한의 부여/또는 제한을 중심으로 이루어집니다.

접근제한은 대부분의 업무프로세스상 중요한 고려사항이며, 종종 정보처리목적의 항목으로 포함되기도 한다. 왜냐하면 업무프로세스상 거래에 대한 접근제한이 적절하지 않을 경우, 해당 업무프로세스의 통제활동이 우회될 수 있고 업무분장이 달성되지 못할 수 있기 때문이다. 특히, 회사의 프로세스와 사업에서 정보시스템의 기술에 의존하는 정도가 클수록 접근제한은 중요하게 고려되어야 한다. (내부회계관리제도 설계 및 운영 개념체계 A52)

일반적으로 정보기술환경에서는 개발환경과 운영환경의 분리되어야 하며, 운영환경에서도 다음과 같은 기능을 서로 분리해야 합니다.

- 시스템 분석
- 시스템 코딩 또는 프로그래밍
- 시스템 운영
- 데이터 보관 및 저장
- 승인 책임
- 모니터링 및 대응

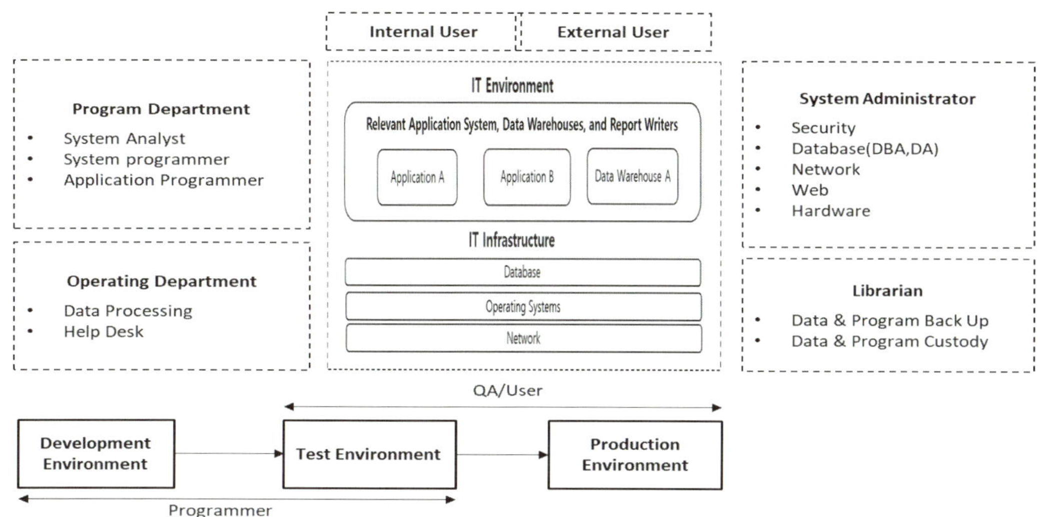

보론 Ⅰ 전산부서와 이용부서의 업무분장 및 승인

① 전산부서와 이용부서 간의 기능분리

전산부서의 경우에는 자료를 입력하여 전산시스템을 이용한 출력자료를 이용하게 될 이용부서와 분리하는 것이 원칙. 왜냐하면 전산부서에서 임의로 필요한 자료를 입력하고 출력을 하는 경우 그만큼 전산부서에 의한 부정의 절대적인 개연성이 높아지기 때문

② 전산부서 내에서의 업무분장에 대한 통제

가. 자료통제자(Controller) : 전반적인 전산정보시스템 부서를 통제하고 조정하는 업무를 수행하며 시스템에 의해 적발된 오류를 수정하는 업무 등을 수행한다.

나. 컴퓨터 오퍼레이터(Operator) : 시스템 분석가와 프로그래머가 개발한 프로그램을 실행한다. 오퍼레이터는 단순한 프로그램만을 가동하는 자이어야 하며 프로그램에 대한 자세한 정보 및 지식을 갖지 않도록 하여야 한다. 만약, 이들이 프로그램에 대한 자세한 정보를 가지고 있는 경우에는 프로그래머와 오퍼레이터의 구분실익은 사라지기 때문이다. 또한 오퍼레이터가 사용하는 단말기는 다른 사람(특히, 프로그래머)이 사용할 수 없도록 하여야 한다.

다. 컴퓨터 프로그래머(Programmer) : 시스템 분석가에 의하여 제공된 내용에 근거하여 새로운 프로그램을 개발한다. 새롭게 개발된 프로그램은 시스템 분석가에 의하여 승인을 받아야 하며, 절대적으로 승인 없이는 프로그램을 변경하거나 프로그램에 접근하는 것이 허용되어서는 안 된다. 또한 자료입력과 컴퓨터 조작에의 참여가 반드시 금지되어야 한다.

라. 시스템 분석가(Analyst) : 시스템상의 오류를 분석하고 전반적인 시스템의 설계업무를 담당한다.

마. 자료보관자(Librarian) : 자료보관자는 시스템 개발과 관련된 문서 및 입·출력 파일들을 안전하게 보관하는 자이다. 파일과 문서를 승인받지 않은 접근으로부터 보호함으로써 프로그램이 가동되고 승인된 입력만이 기록되었다는 것을 확보할 수 있다

③ 거래의 승인과 집행

전산부서는 원본파일 등에 대한 수정권한도 가져서는 안 되며 원시자료를 직접 작성할 수 있는 권한도 가져서는 안 된다.

6 디지털 감사의 도입

인공지능(AI)의 발달, 회계와 정보기술의 융합 등으로 기업의 재무 보고와 외부 감사환경이 급속히 변화하면서, 회계법인에서도 디지털기술을 외부감사에 활용하려는 수요가 증가하고 있다. 디지털기술이 감사목적에 맞게 활용될 경우 회사에 대한 이해를 높이고 위험이 높은 부문에 감사노력을 집중하는 등의 효과를 기대할 수 있다

〈기존 회계감사와 디지털 감사의 특징〉

기존 감사(Traditional Audit)	디지털 감사(Digital Audit)
E-mail을 통한 정보교환	플랫폼을 통해 감사대상 회사시스템에서 직접 자료 추출
리스크 분석 능력 미미	알고리즘을 활용해 리스크가 높은 항목을 추출·감사역량 집중
표본 감사	대용량 데이터 전수 검토 실시
수작업을 통한 점검	단순반복업무 자동수행(Robotic Platform)

보론 I 범용감사 소프트웨어

범용감사 소프트웨어가 실증절차에 영향을 미치는 부분	① 파일에서 필요한 표본의 개수 선정 및 표본의 추출 ② 보고서 작성 및 프린트 ③ 조회서 작성 및 프린트 ④ 필요한 정보의 검색 ⑤ 산술적인 계산의 수행 및 연령분석표 작성 ⑥ 두 개 이상의 파일에 대한 비교 등
범용감사 소프트웨어 이용의 장·단점	(1) 장점 ① 수작업에 비해서 훨씬 감사를 효율적으로 수행할 수 있다. ② 감사인은 특정 목적의 프로그램보다 범용감사 소프트웨어를 배우는 것이 훨씬 용이하다. ③ 컴퓨터를 이용하기 때문에 훨씬 많은 자료를 빨리 처리할 수 있다. (2) 단점 ① 최초에 범용감사 소프트웨어를 구입하거나 개발하는 데 있어서 비용과 시간이 많이 소요된다. ② 범용감사 소프트웨어의 경우는 특정 제품의 하드웨어나 소프트웨어를 사용하도록 되어 있기 때문에 기종별로 호환성에 문제가 발생할 수 있다.

7 | 감사 데이터 분석(Audit Data Analytics)

감사기준에서 사용하는 "분석적절차"란 재무데이터와 비재무데이터 간의 개연적인 관계를 분석하여 재무정보를 평가하는 것을 의미한다. 또한 분석적절차에는 다른 관련정보와 일관성이 없거나 기대치와 유의적인 금액만큼 차이가 있는 변동이나 관계를 조사하는 것도 포함된다.

분석적절차는 자동화될 수 있는 다양한 도구나 기법을 이용하여 수행될 수 있다. 자동화된 분석적절차를 데이터에 적용하는 것은 데이터 분석으로 불린다. (ISA 315 A31)

데이터 분석은 기본적으로 감사의 모든 영역에서 사용할 수 있다. 데이터 분석은 위험 평가절차, 통제 테스트, 실증절차를 수행하는 데 사용할 수 있으며 감사의 전반적인 결론을 도출하는 데 도움을 줄 수 있다. 감사인은 감사과정에 데이터 분석을 적용함으로써 감사품질을 향상시킬 수 있다.

- 기업과 업무에 대한 이해도 향상
- 발견되지 않았을 수도 있는 영역의 위험에 대한 심층적인 평가
- 전체 모집단에 대한 테스트를 통해 감사 범위 확대
- 메타데이터(Data about data)와 회사 내부 및 외부 데이터 간의 관계를 평가하여 통찰력 확보
- 적용된 감사절차의 효율성 증대
- 부정적발 기능 향상
- 데이터시각화 및 기타 보고서를 통한 커뮤니케이션 개선

8 | 데이터 형성에 대한 이해

데이터는 의사 결정, 감사 및 분석에 필수적인 요소이다. 데이터는 트랜잭션 시스템, 인공지능, 사물 인터넷, 심지어 수작업으로도 끊임없이 생성되고 있다.감사인은 기업이 비즈니스 의사결정에 활용하는 데이터와 데이터 처리과정의 무결성 유지방법에 대하여 이해하는 것이 중요하다.

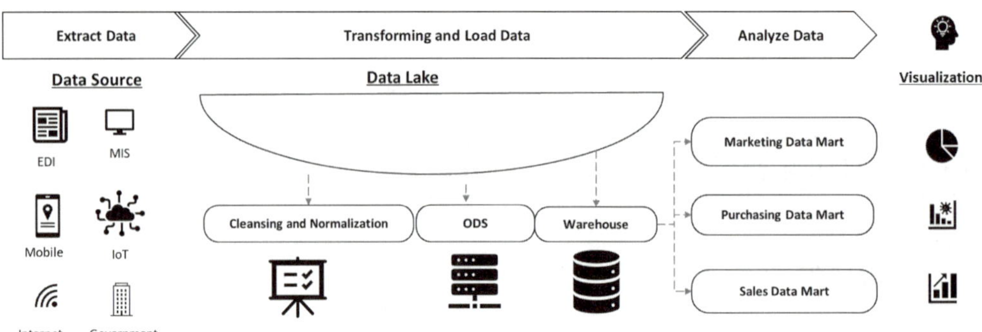

참고 Ⅰ TTA 정보통신단체표준용어

- 데이터 레이크(Data Lake) : 다양한 소스에서 생성된 데이터를 관리하여 저장하는 공통 데이터 저장소.
- ETL : 데이터 추출(Extract), 변환(Transform), 적재(Load)를 나타내며 여러 시스템의 데이터를 단일 데이터베이스, 데이터 저장소, 데이터 웨어하우스 또는 데이터 레이크에 결합하기 위해 일반적으로 허용되는 방법
- 운용 데이터 저장소(Operational Data Store) :응용 애플리케이션 및 프로그램 상에서 입력 또는 수집된 데이터가 물리적인 저장소에 저장되기 이전에 처리를 위해 저장되는 메모리와 같은 임시 저장소
- 데이터 웨어하우스(Data Warehouse) : 기간계 시스템의 데이터베이스에 축적된 데이터를 공통의 형식으로 변환하여 일원적으로 관리하는 데이터베이스 시스템으로, 조직 내 의사결정을 지원하는 정보관리 시스템을 포함한다. 이러한 데이터 웨어하우스시스템은 고객의 구매 동향, 신제품에 대한 반응도, 제품별 수익률 등 세밀한 마케팅 정보를 획득하는 데 이용될 수 있다.
- 데이터 마트(Data Mart) : 데이터의 한 부분으로서 특정 사용자가 관심을 갖는 데이터들을 담은 비교적 작은 규모의 데이터 웨어하우스

9 | 데이터 준비와 데이터 구조 이해

데이터는 형식이 정해진 정형 데이터(Structured Data)와 형식이 정해지지 않은 비정형 데이터(Unstructured Data)가 있다. 페이스북, 트위터 등 소셜 네트워킹 서비스의 확산으로 데이터베이스에 잘 정리된 데이터가 아닌, 웹 문서, 이메일, 소셜 데이터 등 비정형 데이터가 주를 이루고 있다.

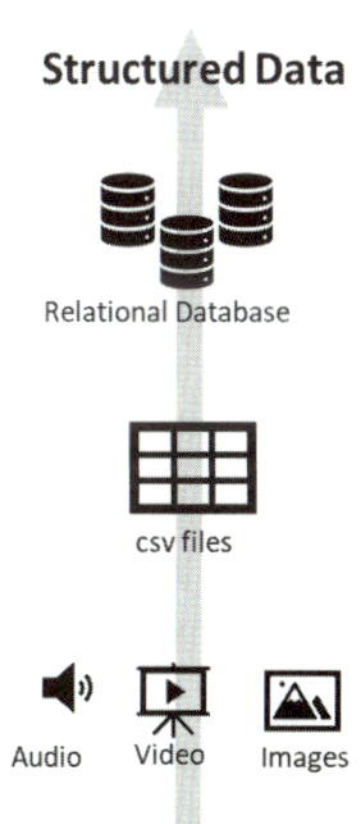

* CSV(Comma Separated Values) : 데이터베이스나 표 계산 소프트웨어 데이터를 보존하는 형식의 하나이다. 각 항목이나 내용마다 콤마(,)로 구분해서 적는다. CSV 형식의 파일은 텍스트 파일로 저장하여, 문서 처리기나 편집기에서 열람하고, 편집할 수 있다. 수많은 애플리케이션에서 취급하는 범용 형식이기 때문에 모바일 장치(Mobile Device)와 PC 간에 주소록이나 표의 데이터를 주고받을 때에도 데이터 파일

을 CSV 형식으로 변환하여 송수신하는 경우가 많다.

(1) 관계형 데이터베이스(Relational Database)

데이터가 하나 이상의 열과 행의 테이블(이를 '관계'라고 한다)에 저장되어서, 서로 다른 데이터 구조가 어떻게 관련되어 있는지 쉽게 파악하고 이해할 수 있도록 사전 정의된 관계로 데이터를 구성하는 정보 모음을 말한다. 관계란 이러한 테이블 간의 상호작용을 기반으로 설정되는 여러 테이블 간의 논리적 연결을 의미한다.

- 테이블(Table) : 데이터를 저장하는 기본 단위로 각 테이블은 행(Row)과 열(Column)로 구성되며, 각 행은 고유한 키(식별자)에 의하여 구별된다.
- 행(Row, Record, Tuple) : 테이블을 구성하는 각 행, 레코드를 나타낸다.
- 열(Column, Field, Attribute) : 테이블을 구성하는 각 열을 나타내며, 속성이라고도 한다.

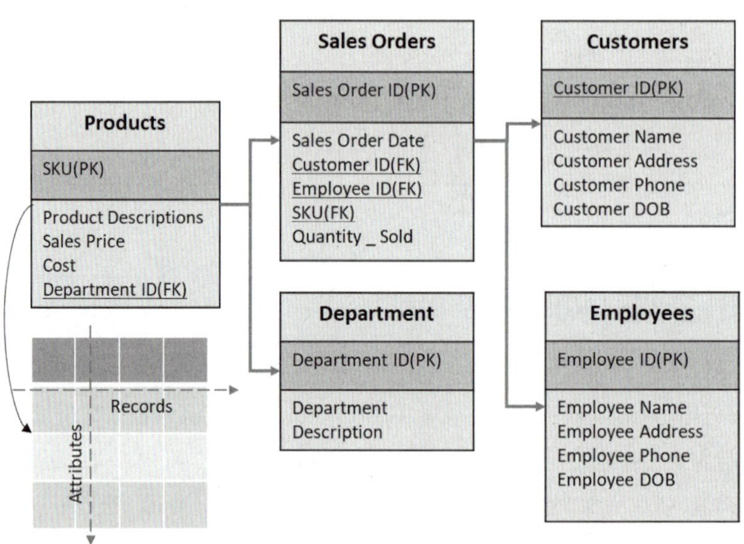

* SKU(Stock Keeping Unit) : 재고관리를 위한 최소한의 단위로 기업에서 재고관리를 할 때 쓰이는 재고관리코드로 주로 사용

(2) 데이터 유형(Data Type)

데이터 유형(Data Type)은 프로그래밍, 데이터베이스, 데이터 분석에서 변수나 열(칼럼)이 가질 수 있는 값의 유형과 그 형식을 정의한다. 데이터 타입은 숫자(Numeric), 문자열(Text, String), 날짜(Date/Time) 등 다양한 형태를 포함할 수 있다.

데이터 유형은 데이터가 저장되는 방식을 지정하고 특정 속성의 데이터를 분석할 수 있는 방법을 나타낸다. 비용이나 수량과 같이 의미 있는 수치 값을 갖는 속성은 숫자 데이터 유형으로 분류하여 해당 필드의 데이터가 합계나 평균과 같은 산술적 계산이 가능하도록 해야 한다.

(3) 도메인(Domain)

관계형 데이터베이스에서 테이블의 각 속성이 가질 수 있는 값의 집합(각 열에 입력 가능한 값들의 범위)을 말한다. 다음은 테이블 도메인의 예이다.

- 사번 : 회사 입사시 부여받은 고유 숫자
- 이름 : 종업원의 이름으로 구성된 문자열 집합
- 전화번호 : DDD-DDDD-DDDD 형식으로 구성된 문자열의 집합(D는 0부터 9까지의 숫자)

(4) 키(Key)

키는 데이터베이스에서 조건에 만족하는 행(레코드)을 찾거나 순서대로 정렬할 때 기준이 되는 열(칼럼)을 의미한다. 키는 다음과 같은 특징을 갖는다.

- 열(칼럼)들 중 일부로 각 행(레코드)들을 유일하게 식별해 낼 수 있는 식별자이다.
- 일반적으로 하나의 열(칼럼)를 지정하여 키로 지정하나, 여러 개의 열(칼럼)들로 키를 구성할 수도 있다.

① 기본 키(Primary Key)

행(레코드)을 유일하게 구분할 수 있는 속성으로 널(Null)이 아니고, 유일하여야 한다. 기본 키로 정의된 속성에서는 동일한 값이 중복되어서는 안 된다. (개체무결성)

② 외래 키(Foreign Key)

어떤 테이블 A와 B가 서로 관계가 있는 경우, B의 열(칼럼) 중 A의 기본 키를 참조하는 열을 말한다. 외래 키로 지정되면 A의 기본 키에 없는 값은 입력할 수 없다. (참조무결성)

(5) 무결성(Integrity)

데이터베이스에 저장된 데이터의 정확성과 일관성을 보장하는 규칙이나 제약 조건이다. 도메인 무결성, 개체 무결성, 참조 무결성 등이 있다.

① 도메인 무결성(Domain Integrity):

열(칼럼) 값의 기본 값 또는 가능한 값들의 범위를 지정할 수 있다. 한편, 데이터 형식(Type)

을 통해 값들의 유형을 제한할 수 있다. 다음은 도메인 무결성의 예이다.

- 전화번호 : DDD-DDDD-DDDD 형식으로 구성된 문자열의 집합(D는 0부터 9까지의 숫자)으로 제한할 수 있다.
- 성별 속성의 도메인은 '남'과 '여'로 그 외의 값은 입력하지 못한다.

② **개체 무결성(Entity Integrity)**

기본키 열(칼럼)에 중복된 값이 존재해서는 안 된다. 테이블의 기본 키를 구성하는 어떤 열(칼럼)도 널(Null) 값을 가질 수 없다. 기본 키는 식별자의 기능을 하므로 기본키로 정의된 열(칼럼)이 널(Null)을 가지게 되면 이러한 식별자의 기능을 상실하게 된다.

- 관계(relation)에서 '사번' 속성이 기본 키로 정의되어 있으면 행(row)을 추가할 때 '주소'나 '보직' 속성에는 값을 입력하지 않아도 되지만 '사번' 속성에는 반드시 값을 입력해야 한다.

③ **참조 무결성(Referential Integrity)**

관계 대응이 안 되는 외래 키(foreign key) 값을 가질 수 없다는 규칙으로, 사용자의 실수로 관련 데이터가 삭제되거나 수정되는 것을 막기 위한 조건이다. 즉, 참조되는 테이블행은, 이를 참조하는 참조키가 존재하는 한 삭제될 수 없다.

- 판매주문(Sales Order)테이블의 '사번(foreign key)' 속성에는 직원테이블의 '사번(Primary Key)' 속성에 없는 값은 입력할 수 없다.

(6) 정규화(Normalization)

정규화는 데이터 중복을 줄이고 삽입 이상, 갱신 이상, 삭제 이상과 같은 바람직하지 않은 특성을 제거하는 데이터베이스 설계 기법이다.

- 삽입 이상(Insertion Anomaly) : 불필요한 정보를 함께 저장하지 않고서는 어떤 정보를 저장하는 것이 불가능하다.
- 갱신 이상(Modification Anomaly) : 반복된 데이터 중에 일부를 갱신할 시 데이터의 불일치가 발생한다.
- 삭제 이상(Deletion Anomaly) : 필요한 정보를 함께 삭제하지 않고서는 어떤 정보를 삭제하는 것이 불가능하다.

① **제1정규화**(First Normal Form: 1NF))

테이블의 컬럼이 원자값(Atomic Value, 하나의 값)을 갖도록 테이블을 분해하는 것이다. 제1정규화는 다음과 같은 규칙들을 만족해야 한다.

- **각 컬럼이 하나의 속성만을 가져야 한다.**
- **하나의 컬럼은 같은 종류나 타입(type)의 값을 가져야 한다.**
- **각 컬럼이 유일한 이름을 가져야 한다.**
- **칼럼의 순서가 상관없어야 한다.**

② **제2정규화**(Second Normal Form: 2NF)

제1정규화를 진행한 테이블에 대해 완전 함수 종속을 만족하도록 테이블을 분해하는 것이다. 여기서 완전 함수 종속이라는 것은 기본키의 부분집합이 결정자가 되어선 안 된다는 것을 의미한다. 제2정규화는 다음과 같은 규칙을 만족해야 한다.

- 제1정규화를 만족해야 한다.
- 모든 컬럼이 부분적 종속(Partial Dependency)이 없어야 한다. 모든 칼럼이 완전 함수 종속을 만족해야 한다.

③ **제3정규화**(Third Normal Form: 3NF)

제3정규화란 제2정규화를 진행한 테이블에 대해 이행적 종속을 없애도록 테이블을 분해하는 것이다. 여기서 이행적 종속이라는 것은 A→B, B→C가 성립할 때 A→C가 성립되는 것을 의미한다. 제3정규화는 다음과 같은 규칙을 만족해야 한다.

- 제2정규화를 만족해야 한다.
- 기본키를 제외한 속성들 간의 이행 종속성(Transitive Dependency)이 없어야 한다.

(7) 구조화된 질의 언어(SQL: Structured Query Language)

일반적으로 기업 등 조직은 조직 내에서 생산하는 데이터를 효율적으로 저장하고 관리하며 사용하기 위하여 관계형 데이터베이스 관리 시스템(RDBMS)을 사용한다. 이 시스템에 접근하여 데이터를 저장하고 호출하거나, 수정하고 삭제하는 데에 구조화된 질의 언어(SQL: Structured Query Language)를 사용한다.

일반적인 SQL 명령은 SELECT, FROM, WHERE, GROUP BY, HAVING 및 JOIN, ON이다.

① SELECT 절(SELECT Clause)

SELECT 문은 데이터베이스로부터 데이터를 조회하기 위한 SQL 명령어입니다. 가장 기본적인 형태로는 **특정 테이블의 모든 데이터를 조회하거나 특정 열만을 선택하여 조회**할 수 있다. SELECT 뒤에는 조회하고자 하는 열 이름, FROM 뒤에는 테이블 이름을 작성해 준다.

```
SELECT Product_Description, Sales_Price
FROM Products
```

② **WHERE 절과 데이터 필터링**

WHERE 절은 SELECT 문에서 **특정 조건을 만족하는 행만을 조회**하기 위해 사용됩니다.

```
SELECT Product_Description, Sales_Price
FROM Products
WHERE Sales_Price > 10
```

③ Aggregates **함수** SUM() COUNT() AVG() MIN() MAX()

```
Select COUNT(Sales_Order_ID)
FROM Sales_Orders
```

④ GROUP BY**절의 활용**

GROUP BY 절은 **선택된 행을 하나 이상의 열에 따라 그룹화**하는 데 사용된다. 이를 통해 집계 함수(Aggregate Functions)를 사용하여 **각 그룹의 데이터에 대한 통계를 산출**할 수 있다.

```
SELECT Customer_lD, COUNT(Sales_Order_ID)
FROM Sales_Orders
GROUP BY CustomerlD
```

⑤ HAVING 절의 사용

HAVING 절은 GROUP BY 절과 함께 사용되며, 특정 조건을 만족하는 그룹만을 선택하는 데 사용된다.

```
SELECT Customer_lD, COUNT(Sales_Order_ID)
FROM Sales_Orders
GROUP BY Customer_lD
HAVING SUM(Quantity_Sold) > 200
```

⑥ 조인(JOIN)

조인(JOIN)은 특정 열(칼럼)을 기준으로 두 개 이상의 테이블을 결합하는 방법이다.

- INNER JOIN : 두 테이블에서 일치하는 행만 나온다. (교집합)
- LEFT(OUTER) JOIN : 왼쪽 테이블의 모든 행과 오른쪽 테이블의 일치하는 행이 나온다. 일치하는 값이 없는 경우 널(Null) 값이 나온다.
- RIGHT(OUTER) JOIN : 오른쪽 테이블의 모든 행과 왼쪽 테이블의 일치하는 행이 나온다. 일치하는 값이 없는 경우 널(Null) 값이 나온다.
- OUTER JOIN : 두 테이블의 모든 행이 나온다. 일치하는 값이 없는 경우 널(Null) 값이 나온다.

INNER JOIN을 사용하기 위한 템플릿은 다음과 같습니다:

```
SELECT * (or Target Column)
FROM table1
INNER JOIN table2
ON table1.matching_key = table2.matching_key
```

INNER JOIN에서 두 테이블이 모두 표시되고 두 개의 서로 다른 테이블이 ON절에서 일치하는 키로 표시됩니다.

예를 들어 Customers 테이블(왼쪽)과 Sales_Orders 테이블(오른쪽)에서 CustomerID가 일치하는 모든 데이터(또는 필요한 데이터)를 선택하려면 다음과 같은 명령문을 실행합니다.

```
SELECT * (or Target Column)
FROM Customers
INNER JOIN Sales_Orders
ON Customers.CustomerlD = Sales_Orders.CustomerlD
```

LEFT JOIN의 템플릿은 다음과 같습니다:

```
SELECT * (or Target Column)
FROM table1
LEFT JOIN table2
ON table1.matching_key = table2.matching_key
```

LEFT JOIN에서는 FROM 절과 LEFT JOIN 절에 나열된 테이블의 순서가 중요합니다. FROM 절에 나열된 테이블이 "왼쪽" 테이블이며, 결과 값은 왼쪽 테이블의 모든 행과 오른쪽 테이블의 일치하는 행 또는 널(Null) 값이 나옵니다.

모든 Customer에 대해서 Sales_Order가 있는지 여부를 알고 싶을 경우, 다음과 같이 명령문을 실행합니다.

```
SELECT * (or Target Column)
FROM Customers
LEFT JOIN Sales_Orders
ON Customers.Customer_ID = Sales_Orders.Customer_ID
```

RIGHT JOIN에서도 FROM 절과 RIGHT JOIN 절에 나열된 테이블의 순서가 중요합니다. FROM 절에 나열된 테이블이 "오른쪽" 테이블이며, 오른쪽 테이블의 모든 행과 왼쪽 테이블의 일치하는 행과 널(Null) 값이 나옵니다.

모든 Sales Order에 대해서 Customer가 있는지 여부를 알고 싶을 경우, RIGHT JOIN을 사용하여 다음과 같이 명령문을 실행합니다.

```
SELECT *(or Target Column)
FROM Sales_Orders
RIGHT JOIN Customers
ON Customers.Customer_ID = Sales_Orders.Customer_ID
```

10 기업에 의해 생성되고 감사 목적을 위해 사용되는 정보

감사인은 기업이 생산한 정보를 이용할 때, 해당 정보가 감사인의 목적을 위해 충분히 신뢰할 수 있는지 평가하여야 하며, 해당 상황의 필요에 따라 다음을 포함한 절차를 수행하여야 한다. (감사기준서 500 문단 9)

(a) 해당 정보의 정확성과 완전성에 대한 감사증거를 입수함 (문단 A50-A51 참조)

(b) 정보가 감사인의 목적을 위해 충분히 정확하고 자세한지 여부를 평가함 (문단 A52 참조)

감사인이 신뢰성 있는 감사증거를 얻기 위하여는, 감사절차의 수행에 사용되는 기업이 생성한 정보가 충분히 완전하고 정확할 필요가 있다 감사인이 활용하고자 하는 데이터의 출처와 추출 방식에 따라 데이터의 신뢰성을 높이거나 개선할 수 있다 감사 증거는 다음과 같은 경우 더 신뢰할 수 있는 것으로 간주된다.

- 감사인이 데이터를 요청하고 기술적 증거를 사용하는 대신 직접 데이터를 확보한 경우
- 감사인이 감사 대상 기업과 독립적인 출처에서 데이터를 가져온 경우
- 데이터의 입력, 처리 및 저장과 관련된 통제가 효과적인 경우
- 구두 질의에만 의존한 증거가 아닌 원본 문서를 확보할 수 있는 경우

감사인은 회계데이타분석에 활용된 정보의 완전성, 정확성 및 신뢰성을 판단하기 위해 다음과 같은 절차를 수행할 수 있다.

- 거래 데이터를 집계하여 보조원장 잔액과 일치 여부를 확인
- 보조원장 잔액을 집계하여 총계정원장 잔액과 일치 여부를 확인
- 총계정원장의 집계된 잔액과 재무제표상의 계정잔액과 일치 여부를 확인
- 감사인은 전문가*의 도움을 받아 입수된 데이터의 신뢰성을 평가

* 감사에 참여하는 IT Auditor, Forensic Specialist, External Data Specialist

11 | 자동화된 도구와 기법의 활용

자동화된 도구와 기법을 사용하여 감사인은 대량의 데이터(총계정원장, 보조원장 또는 기타 운영 데이터로부터)에 대한 분석, 재계산, 재수행 또는 차이조정을 포함한 위험평가절차를 수행할 수 있다. (감사기준서 315 A21)

분석적절차는 자동화될 수 있는 다양한 도구나 기법을 이용하여 수행될 수 있다. 자동화된 분석적절차를 데이터에 적용하는 것은 데이터 분석으로 불린다. 감사인은 스프레드시트를 사용하여 실제 기록된 금액을 예산 금액과 비교하거나, 기업의 정보시스템에서 데이터를 추출하고, 이 데이터를 시각화 기법을 사용하여 추가로 분석하여 추가적인 특정 위험평가절차가 필요할 수 있는 거래유형, 계정잔액 또는 공시를 식별할 수 있다. (감사기준서 315 A31)

감사인은 또한 거래의 회계기록을 보관하고 있는 기업 정보시스템의 데이터베이스에 직접 접속하거나 디지털 다운로드를 하기 위하여 자동화된 기법을 사용할 수 있다 자동화된 도 구

와 기법을 이러한 정보에 적용하여 감사인은 회계기록에서의 개시부터 총계정원장에 기록되기까지 분개나 특정 거래와 관련된 다른 디지털 기록 또는 거래의 전체 모집단을 추적함으로써 거래가 정보시스템을 흘러가는 방법에 대하여 이해한 것을 확인할 수 있다. 또한 전체 또는 대규모 거래 집합을 분석하면 이러한 거래에 대한 정상적이거나 예상되는 처리절차와의 차이를 식별할 수 있으며, 이로 인해 중요왜곡표시를 식별할 수 있다. (감사기준서 315 A137)

감사기준서를 적용할 때, 감사인은 수작업으로 또는 자동화된 도구와 기법을 사용하여 감사절차를 설계하고 수행할 수 있으며, 두 방식 중 어느 하나가 효과적일 수 있다. 어떤 도구와 기법을 사용하였는지와 관계없이 감사인은 감사기준서를 준수해야 한다. 특정 상황에서는 감사증거를 입수할 때, 자동화된 도구와 기법을 사용하여 특정 감사절차를 수행하면 해당 경영진 주장에 대해 더 설득력 있는 감사증거를 입수할 수 있다고 결정할 수 있다. 반대로 어떤 경우에는 자동화된 도구와 기법을 사용하지 않고도 감사절차를 효과적으로 수행할 수 있다. 기술이 진화하고 새로운 감사접근법이 발전하면서, 특정한 자동화된 도구와 기법의 적합성과 그 상대적인 장점은 변화할 수 있다.

감사문서에서는 감사인이 감사 중에 지속적으로 어떠한 절차들을 수행하였고 어떻게 결론에 도달하였는지 설명한다. 감사절차 수행을 위한 자동화된 도구와 기법 사용이라는 관점에서, 감사문서의 형태, 내용 및 범위를 고려할 때 다음의 측면들을 고려하는 것 또한 적합할 수 있다.

- 사용한 자동화 도구의 이름, 그리고 분석에서 사용한 원천데이터에 대한 설명. 사용한 도구 또는 전체 원본 데이터 세트(예: 파일, 데이터베이스 등)는 일반적으로 감사문서로 보관하지 않을 수 있음
- 데이터 확보의 세부내용(예: 데이터 요청서), 데이터 추출 및 전달 절차, 그리고 감사인이 수행한 검증 및 조정 절차. 수작업 도구와 기법에 대해서도 마찬가지겠지만 데이터 확보의 세부내용에는 충분하고 적합한 감사증거 입수의 목적을 위해 데이터가 정확하고 완전하다고 평가한 방법을 포함하여 감사절차에서 어떻게 데이터를 사용하였는지도 포함될 수 있음
- 비경상적 항목 또는 특징을 식별하기 위해 감사인이 자동화된 도구와 기법을 이용해 분석 대상 정보를 "드릴 다운"(drill down)할 수 있는 경우, 적용된 필터·세그먼트, 그리고 이용한 경로 또는 사고 프로세스에 대한 문서화
- 수행된 절차의 성격과, 수행된 절차와 관련성이 있는 분석의 시각화 또는 목차(추출된 보고서 또는 스크린샷일 수 있음)
- 데이터 추출 서비스를 제공하는 제3자의 참여, 그리고 데이터가 정확하고 완전하다고 판단한 근거

(1) 자동화된 도구

① 데이터 추출 및 준비와 관련된 도구

이 소프트웨어는 감사자가 데이터 소스를 연결하고, 데이터를 정리하여 오류와 불일치를 제거하고, 데이터를 스크랩하여 무결성 문제를 해결하고, 데이터 품질 표준을 준수하여 정규화를 허용하고, 서로 다른 소스의 데이터를 결합하고, 데이터를 요약함으로써 분석을 준비하기 위해 데이터를 추출, 변환 및 적재(ETL: Extract, Transform, Load)하는 데 사용된다. 또한 이러한 도구는 새로운 데이터에 재사용할 수 있도록 각 ETL 단계를 기록하여 데이터 수집의 자동화를 촉진한다.

② 데이터 모델링과 관련된 도구(Tool)

이 전문 소프트웨어는 일반적인 데이터 분석 절차를 위한 플랫폼을 제공하며, 경우에 따라 벤포드의 법칙 분석이나 샘플링과 같은 일반적인 감사 분석에 맞춤화된 경우도 있고, 더 강력하거나 계산 집약적인 모델은 더 강력한 클라우드 기반 서비스에 연결해야 하는 경우도 있다.

③ 데이터 시각화 도구(Tool)

이 소프트웨어는 차트, 그래프, 다이어그램, 대시보드를 만들어 데이터 요소의 추세, 관계, 구성을 강조하는 데 유용하다. 고급 소프트웨어는 처음부터 시각적 요소를 만드는 대신 텍스트 프롬프트를 사용하여 그래프를 만들 수 있다.

(2) 데이터 분석 기법

- 설명적 분석 기법(Descriptive Analytics)은 데이터에서 무슨 일이 일어났거나 무슨 일이 일어나고 있는지 설명한다. ; Location of central tendency(mean, median), Spread(range, standard deviation, variance), Shape(skewness), Dependence(correlation)
- 진단적 분석 기법(Diagnostic Analytics)은 조직에서 결과의 근본적인 원인, 즉 데이터에 어떤 일이 발생한 이유를 이해하고자 할 때 유용하다. ; Clustering, Drill-down and drill-through analysis, Data mining and discovery, Variance analysis, Period-over-period analysis, Data profiling, Sequence check
- 예측적 분석 기법(Predictive Analytics)은 과거 데이터와 사실을 사용하여 미래 이벤트에 대한 예측, 추정에 활용된다. ; Regression analysis, Forecasting, Time-series modeling, Classification, Sentiment analysis
- 처방적 분석 기법(Prescriptive Analytics)은 일반적으로 예측적 분석 기법을 기반으로 하

며, 어떤 일이 일어날 것인가에 초점을 맞추던 것에서 어떤 일이 일어나게 하는 방법으로 초점을 전환한다 ; What-if analysis, Decision support and automation, Machine learning, Natural language processing

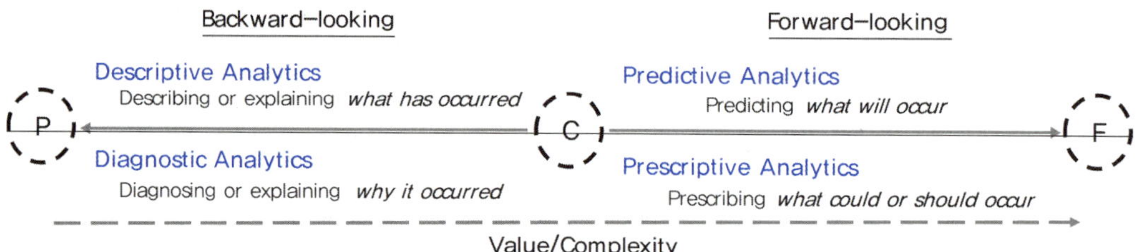

12 데이터 시각화

감사인은 데이터 분석 결과를 이해하고 평가해야 한다. 이러한 이해는 보고서, 차트 및/또는 데이터 시각화를 작성하거나 검토함으로써 얻을 수 있다. 데이터 시각화는 분석이 수행되고 해석되는 방식에서 필수적인 부분이다. 데이터 시각화는 복잡한 활동이나 콘텐츠를 이해하기 쉬운 그래프, 차트 또는 기타 시각 자료로 변환하여 감사인이 의사결정을 내릴 수 있는 인사이트를 제공한다.

감사인이 데이터 분석결과를 시각화할 때는 효과적인 의사결정을 위해 다음 항목을 고려해야 한다.

- Choose the Right Type of Visualization

감사인은 감사목적과 감사위험에 적합한 시각화 유형을 선택하여야 한다.
(Pie chart ≠ Scatter plot ≠ Line chart)

- Apply Correct Scaling

일반적으로 Y축 척도는 차이와 변동이 잘못 해석하는 것을 방지하기 위해 "0"을 기준으로 해야 한다. 특히 데이터 값이 Numeric인 경우.

- Utilize Appropriate Colors

색상은 보는 사람이 시각화 자료를 해석하는 방식을 크게 바꿀 수 있다. 적절한 색 구성표를 결정할 때 시각화 이용자와 그 문화를 고려해야 한다.

- Emphasize Focus Area

시각화 자료는 특정 결과에 맞게 쉽게 조작될 수 있다. 시각화 자료가 작성자의 편견을 피하고 달성하고자 하는 감사목표에 초점을 맞추도록 설계되었는지 확인한다.

13 | 서비스조직을 이용하는 기업에 관한 고려사항

기업들은 서비스조직들로부터 여러 측면의 사업을 아웃소싱하며, 이러한 조직은 감사대상 기업의 감독하에 하나의 특정 과업을 수행하거나 납세의무의 준수와 같은 기업의 전체 기능이나 전체 사업단위를 대행한다.

서비스 조직(Service Organization)을 이용하는 예시
① 회사의 급여자료를 회사 외부 급여처리전문기관에 맡겨서 원천징수 및 급여지급업무를 아웃소싱하는 경우 ② 회사의 재고자산 보관업무를 회사창고시설을 두고 직접 하는 것이 아니라 외부 재고자산 보관업무를 담당하는 업체에게 아웃소싱하는 경우 ③ 회사의 판매관리, 재고관리 및 회계업무를 외부 전산용역대행업체에게 아웃소싱하는 경우

이러한 서비스 조직을 이용자기업(User Entity)이 이용하는 경우 이용자기업 감사인은 이용자기업 감사와 관련된 내부통제 등 중요왜곡표시위험을 식별하고 평가하며 그러한 위험에 대응하는 추가감사절차를 설계, 수행하는 데 있어서 서비스 조직이 미치는 영향을 고려하여야 한다. 이를 이해하기 위한 용어의 정의는 다음과 같다.

용 어	정 의
서비스조직 (Service Organization)	이용자기업에게 그들의 재무보고와 관련이 있는 정보시스템의 일부를 구성하는 서비스를 제공하는 제3자 조직(또는 제3자 조직의 사업부문)
이용자기업 (User Entity)	서비스조직을 이용하는 기업으로서 자신의 재무제표를 감사받고 있는 기업
하위서비스조직 (Subservice Organization)	서비스조직이 이용자기업의 재무보고 관련 정보시스템의 일부를 구성하는 서비스를 이용자기업에게 제공할 때, 해당 서비스의 일부를 수행하기 위하여 서비스조직이 이용하는 타 서비스조직
서비스조직 감사인 (Service Auditor)	서비스조직의 요청에 따라 동 조직의 통제에 관한 인증보고서를 제공하는 감사인
이용자기업 감사인 (User Auditor)	이용자기업 재무제표에 대한 감사와 보고를 하는 감사인
이용자기업 보완적 통제 (Complementary User Entity Controls)	서비스조직의 통제와 결합하여 통제목적의 달성에 합리적인 확신을 줄 수 있는 이용자기업의 통제, 서비스조직의 시스템 기술서에 기술되어진다.
하위서비스기업 보완적 통제(Complementary Subservice Organizational Controls)	서비스조직의 통제와 결합하여 통제목적의 달성에 합리적인 확신을 줄 수 있는 하위서비스조직의 통제.(*)
서비스조직의 시스템	서비스조직이 서비스를 이용자기업에게 제공하기 위하여 설계·실행·유지하는 정책과 절차. 이는 서비스조직 감사인의 보고대상이 된다.

(*) 서비스조직이 하위서비스조직을 이용하는 경우, 서비스감사인의 감사보고서에는 서비스조직 시스템에 대한 서비스조직의 기술서 및 서비스감사인의 업무 범위에 하위서비스조직의 관련된 통제목적과 관련 통제가 포함될 수도 있고 제외할 수도 있다. 이들 보고방법은 각각 포괄법(the inclusive method)과 분할법(the carve-out method)으로 알려져 있다.

(1) 서비스조직의 서비스가 감사와 관련된 이용자기업의 내부통제에 미치는 영향 이해

이용자기업 감사인은 위험평가과정에서 이용자기업을 이해할 때, 이용자기업이 자신의 사업에 서비스조직의 서비스를 어떻게 이용하는지를 이해하여야 하며 이에는 다음과 같은 내용이 포함되어야 한다. (감사기준서 402 문단 9)

서비스조직의 서비스를 어떻게 이용하는지 이해할 때 이해 대상에 포함될 내용
① 이용자기업의 내부통제에 대한 영향 등 서비스조직이 제공하는 서비스의 성격과 그러한 서비스가 이용자기업에 미치는 유의성
② 서비스조직이 처리한 거래 또는 동 조직에 의해 영향을 받는 계정이나 재무보고절차의 성격과 중요성
③ 서비스조직이 수행하는 활동과 이용자기업이 수행하는 활동의 상호작용 정도
④ 서비스조직이 수행하는 활동에 대한 관련 계약조건 등 이용자기업과 서비스조직간 관계의 성격

이용자기업 감사인은 감사와 관련된 내부통제를 이해할 때 서비스조직이 처리한 거래에 적용되는 통제 등 서비스조직이 제공한 서비스와 관련된 이용자기업의 관련 통제의 설계 및 실행을 평가하여야 한다. 또한, 이용자기업 감사인은 중요왜곡표시위험의 식별과 평가의 근거를 제공하기 위하여 서비스조직에 의해 제공된 서비스의 성격과 유의성 그리고 그러한 서비스가 이용자기업의 감사와 관련된 내부통제에 미치는 영향을 충분히 이해하였는지 결정하여야 한다.

이용자기업 감사인이 이용자기업으로부터 충분한 이해를 얻을 수 없는 경우 이용자기업 감사인은 다음 중 하나 이상의 절차를 통하여 이를 충분히 이해하여야 한다.

이용자기업 감사인이 서비스조직의 서비스가 이용자기업 내부통제에 미치는 영향을 이해하기 위하여 수행하는 절차 (감사기준서 402 문단 12)
① 입수가능한 경우, 유형 1 보고서 또는 유형 2 보고서를 입수함
② 특정 정보를 얻기 위하여 이용자기업을 통하여 서비스조직과 접촉함
③ 서비스조직을 방문하여 서비스조직의 관련통제에 대해 필요한 정보를 제공할 절차를 수행함
④ 타감사인을 이용하여 서비스조직의 관련 통제에 대해 필요한 정보를 제공하는 절차를 수행함

(2) 서비스조직에 대한 이용자기업 감사인의 이해를 위한 유형 1 보고서 또는 유형 2 보고서의 이용

서비스조직 통제에 대한 기술과 설계에 관한 보고 (유형 1 보고서)	서비스조직 통제에 대한 기술과 설계 및 운영효과성에 대한 보고 (유형 2 보고서)
① 특정일 현재 설계되고 실행 중인 서비스조직의 시스템과 통제목적 및 관련 통제에 대한 서비스조직 경영진의 기술 ② 서비스조직 감사인이 합리적인 확신을 제공할 목적으로 작성한 보고. 이는 당해 서비스조직의 시스템, 통제목적 및 관련 통제 그리고 명시된 통제목적을 달성하기 위한 통제의 설계적합성의 기술에 대한 동 감사의견을 포함하고 있다.	① 특정일 현재 설계되고 실행 중인 서비스조직의 시스템과 통제목적 및 관련 통제 그리고 경우에 따라 특정기간 동안의 운영효과성에 대한 서비스조직 경영진의 기술 ② 서비스조직 감사인이 합리적 확신을 제공하기 위한 목적으로 작성한 보고. 이는 다음 사항이 포함 된다. 가. 서비스조직의 시스템, 통제목적 및 관련 통제, 명시된 통제목적을 달성하기 위한 통제의 설계적합성 그리고 통제의 운영효과성의 기술에 대한 감사의견 나. 서비스조직 감사인의 통제테스트 및 그 결과에 대한 기술

1) 이용자기업 감사인은 유형 1 보고서 또는 유형 2 보고서에 의해 제공되는 감사증거의 충분성과 적합성을 결정할 때, 다음에 대하여 만족할 수 있어야 한다.

> ① 서비스조직 감사인의 전문가적 적격성 및 서비스조직으로부터의 독립성
> ② 유형 1 보고서 또는 유형 2 보고서에 적용된 기준의 적절성

2) 이용자기업 감사인은 유형 1 보고서 또는 유형 2 보고서를 서비스조직의 통제의 설계와 실행의 이해를 위한 감사증거로 이용할 계획이면 다음의 절차를 수행하여야 한다.

> ① 서비스조직의 통제에 대한 기술과 설계가 이용자기업 감사인의 감사목적에 적합하게 특정일 현재에 대한 것인지, 또는 일정기간에 대한 것인지를 평가함.
> ② 감사와 관련된 이용자기업의 내부통제의 이해를 위해 동 보고서가 제공하는 증거에 대해 충분성과 적합성을 평가함.
> ③ 서비스조직에 의해 식별된 이용자기업의 보완적 통제가 이용자기업과 관련성이 있는지를 결정함. 그렇다면 당해 이용자기업이 그러한 통제를 설계하고 실행하였는지를 이해함.

(3) 통제테스트

1) 이용자기업 감사인이 위험을 평가할 때 서비스조직의 통제가 효과적으로 이루어지고 있다는 기대가 포함되어 있으면, 이용자기업 감사인은 다음의 절차 중 하나 이상을 수행하여 서비스조직 통제의 운영효과성에 관한 감사증거를 입수하여야 한다.

서비스조직 통제의 운영효과성에 대한 감사증거 수집방법 (감사기준서 402 문단 16)
① 입수가능한 경우, 유형 2 보고서를 입수함. ② 서비스조직의 통제에 대해 적합한 통제테스트를 수행함. ③ 이용자기업 감사인을 대신하여 서비스조직의 통제에 대해 통제테스트를 수행하도록 타감사인을 이용함.

2) 서비스조직 통제의 운영효과성에 대한 감사증거로서의 유형2 보고서를 이용할 계획이라면, 이용자기업 감사인은 다음의 절차를 수행함으로써 서비스조직 감사인의 보고서가 이용자기업 감사인의 위험평가를 뒷받침하는데 통제의 효과성에 대한 충분하고 적합한 감사증거를 제공하는지 결정하여야 한다.

① 서비스조직 통제에 대한 기술, 설계 및 운영효과성이 이용자기업 감사인의 감사목적에 적합하게 특정일 현재에 대한 것인지, 또는 일정기간에 대한 것인지를 평가함.
② 서비스조직에 의해 식별된 이용자기업의 보완적 통제가 이용자기업과 관련성이 있는지 결정하고, 만약 그렇다면 이용자기업이 그러한 통제를 설계하였고 실행하고 있는지 이해하고 통제의 운영효과성을 테스트함.
③ 통제테스트의 대상기간 및 그러한 통제테스트를 수행한 후 경과된 시간을 평가함
④ 서비스조직 감사인의 감사보고서에 기술된 동 감사인의 통제테스트와 그 결과가 이용자기업 재무제표의 경영진 주장과 관련이 있으며, 이용자기업 감사인의 위험평가에 도움이 되도록 충분하고 적합한 감사증거를 제공하는지를 평가함.

(4) 이용자기업 감사인에 의한 보고

이용자기업의 재무제표감사와 관련하여 서비스조직이 제공하는 서비스에 관한 충분하고 적합한 감사증거를 입수할 수 없는 경우, 이용자기업 감사인은 감사의견을 변형(한정 또는 의견거절)시켜야 한다. 그리고 이용자기업 감사인은 법규에서 요구하지 않는 한 적정의견을 표명하고 있는 자신의 보고서에서 서비스조직의 감사인이 수행한 업무를 언급하지 않아야 한다. 법규상 이러한 언급이 요구된다면, 이용자기업 감사인은 그러한 언급이 이용자기업 감사인의

감사의견에 대한 책임을 경감시키지 아니함을 명시하여야 한다. 또한, 서비스조직의 감사인이 수행한 업무를 언급하는 것이 이용자기업 감사인의 변형의견을 이해시키는 것과 관련된다면, 이용자기업 감사보고서에는 그러한 언급이 동 변형의견에 대한 이용자기업 감사인의 책임을 경감시키지 아니함을 명시하여야 한다.

Q&A 사례문제 1

1 다음은 갑㈜의 전산시스템 현황에 대한 설명이다. (2013년, KICPA 기출)

> * 갑㈜는 아래와 같이 과거 수작업 위주의 업무 수행방식에서 전환하여 전산시스템의 도입 및 조직을 변경 중이다.
> * 과거 갑㈜는 거래의 대부분을 전산으로 처리하지 않고 수작업에 의존하여 왔으나 올해 10월 1일 시행을 목표로 정보시스템을 도입하기 위해 개발 중이다. 회사는 전산시스템의 도입을 통해 Paperless 구현과 부서 통폐합을 통한 업무 효율성 강화 및 비용 절감을 달성할 수 있을 것으로 기대하고 있다.

감사증거, 업무분장, 오류와 부정이라는 3가지 측면에서, 위에 제시된 전산화된 내부통제환경으로의 변경이 감사에 미치는 부정적인 영향을 각각 2줄 이내로 설명하시오. (위 상황에 해당되는 내용을 구체적으로 거명하여 설명할 것)

[답안양식]

구분	감사에 미치는 부정적인 영향 설명
감사증거	
업무분장	
오류 · 부정	

풀이

구분	감사에 미치는 부정적인 영향 설명
감사증거	감사목적과 관련성이 있는 감사증적(문서)이 제한적으로만 존재하거나 일정기간 동안만 존재할 수 있음. 따라서, 감사인은 적합한 감사증거를 입수하는 부분이 제한적일 수 있다.
업무분장	전산화된 환경에서는 동일한 사람이 여러 가지 업무를 동시에 수행할 수 있기 때문에 업무분장이 굉장히 제한적으로 이루어질 수밖에 없다. 따라서 해당 위험을 줄이기 위한 IT일반통제 및 정보처리통제가 이루어지지 않는 경우 부정의 개연성은 상대적으로 올라갈 수 있다
오류 · 부정	새로운 전산시스템을 개발하거나 유지하는데 있어서 인적오류의 가능성은 수작업 환경보다 훨씬 클 수 있으며 수작업환경보다 부정의 의도를 가지고 전산에 접근하여 해당 자료를 조작하거나 유출시키는 부정의 개연성이 높을 수 있다.

2 정보시스템환경에서의 내부통제에 대한 감사절차로서 (a) 컴퓨터자체감사방법(auditing through the computer)과 (b) 컴퓨터주변감사방법(auditing around the computer)이 있다. (2012년, KICPA 기출)

다음은 판매활동 및 급여지급활동에 관련된 내부통제질문서의 예이다

> (가) 매출주문거래가 외상판매 신용한도 내에서 승인되는가?
> (나) 현재 재직 중인 직원에 한해서 급여지급 처리가 이루어지는가?

위 (가)와 (나)의 내부통제질문서 항목에 대해서 (a), (b)의 방법을 각각 적용한 내부통제감사절차를 설계하시오(단, 컴퓨터자체감사는 시험자료법[모의자료법 또는 test data approach]을 적용할 것).

[답안양식]

구분	(a) 컴퓨터자체감사방법 (auditing through the computer)	(b) 컴퓨터주변감사방법 (auditing around the computer)
(가) 신용판매 통제절차		
(나) 급여처리 통제절차		

풀이

구분	(a) 컴퓨터자체감사방법 (auditing through the computer)	(b) 컴퓨터주변감사방법 (auditing around the computer)
(가) 신용판매 통제절차	외상판매 신용한도가 초과하는 주문서를 모의자료로 회사 시스템에 입력하여 어떻게 처리되는지를 검증	외상판매 구매주문서(Input) 표본을 추출하여 적절하게 신용승인을 받은 승인된 판매지시서(output)가 존재하는지를 검증
(나) 급여처리 통제절차	재직하지 않은 종업원을 급여대장에 모의자료로 입력하여 적절하게 reject가 되는지를 검증	실제 근무하는 종업원 명부(input)을 입수하여 해당 종업원이 아닌 자가 급여대장(output)에 존재하는지를 검증

3 아래 실증절차의 일환으로 수행된 전산감사와 관련된 물음에 답하시오 (2017년, KICPA 기출)

> 감사팀은 회사의 높은 전산의존도와 빅 데이터(big data)에 대한 전산감사기법의 발달을 고려하여 회사의 연간 매출거래 전체를 대상으로 실증절차를 확대하여 수행하기로 하고, 아래와 같이 감사절차를 계획하였다.
>
> - 매출프로세스 관련 회사의 전산시스템 상 ① 매출주문접수, ② 제품배송, ③ 매출대금청구, ④ 매출대금회수에 관련된 각각의 전산모듈에서 해당 사업연도 전체의 전산데이터를 다운로드 받았다. 각각의 전산데이터를 상호 대사하여 불일치하는 항목이 있는지 확인하였다.
> - 상기 감사절차는 회사의 사업연도 매출거래 전체 모집단에 대해 실증절차를 수행하는 것이다. 따라서 내부통제를 의존할 필요가 없으므로 내부통제평가는 수행하지 않기로 하였다.

[요구사항]

① 위 감사절차의 **문제점**과 ② **추가할 감사절차**를, (1) **감사증거력** 측면과 (2) **내부통제** 측면으로 각각 나누어 기술하시오(아래 [답안양식]을 사용할 것).

[답안양식]

구분	① 문제점	② 추가할 감사절차
(1) 감사증거력 측면		
(2) 내부통제 측면		

풀 이

구분	① 문제점	② 추가할 감사절차
(1) 감사증거력 측면	실증절차를 수행하는데 있어서 감사증거력이 떨어지는 내부감사증거에만 의존하였다.	내부통제에 의존하지 않기로 감사계획을 수립한 경우 실증절차의 성격은 보다 신뢰성 있는 감사증거를 확보하여야 하며 이에 따라 매출과 관련된 거래의 외부증거 (외부조회 등)에 의존하여야 한다.
(2) 내부통제 측면	높은 전산의존도임에도 불구하고 내부통제고려를 진행하지 아니하였다.	전산에 높은 의존을 나타내고 있는 기업의 경우는 실증절차만을 통하여서는 적발위험을 수용가능한 수준 이하로 낮출 수가 없기 때문에 반드시 내부통제제도에 대한 테스트를 수행하여야 한다.

4 A㈜의 회계처리는 전산으로 이루어져 원장이나 시산표 등을 별도로 작성하지 않으며거래파일을 생성시키고 이를 이용해 마스터파일(master file)을 갱신하는 작업이 컴퓨터에서 자동적으로 수행된다. A㈜의 회계담당자는 자료 처리내용을 사후적으로 검토하고, 육안으로 확인 가능한 형태로 보관하기 위해 원장을 출력하여 보관하고 있다

김 회계사는 컴퓨터자체감사(auditing through the computer)를 통하여 처리시스템 및 처리과정의 신뢰성을 확인하기로 하였다. 김 회계사가 고려중인 컴퓨터자체감사 기법에는 다음과 같이 세 가지가 있다. (2018년, KICPA 기출)

[컴퓨터자체감사 기법의 종류]

A	모의거래자료를 기업이 사용하고 있는 프로그램으로 처리한 후 감사인의 예상결과와 비교하는 방법
B	기업의 실제자료를 감사인의 프로그램으로 처리한 후 회계기록과 비교하는 방법
C	기업의 전산시스템에 별도의 하위시스템을 설치한 후 모의자료와 실제자료를 처리하는 방법

[상황]

상황	내용
1	감사인은 기업이 승인받지 않은 프로그램을 부정한 목적으로 사용하는 것을 적발하고자 한다.
2	감사인은 기업 전산부서의 도움 없이 독립적으로 감사를 수행하고자 한다.
3	감사인은 기업이 실제 사용하고 있는 프로그램을 검증하고자 한다.

[요구사항]

위의 각 상황은 서로 독립적이다. 각 상황에 적절한 컴퓨터자체감사 기법을 A, B, C 중 선택하여 기재하시오. 단, 어떤 상황에서는 하나 이상의 기법이 선택될 수 있다.

[답안양식]

상황	컴퓨터자체감사 기법
1	
2	
3	

풀 이

상황	컴퓨터자체감사 기법
1	C
2	B
3	A

다음은 (물음 5)~(물음 6)에 공통으로 적용되는 사항이다.

C회계법인은 전기자동차 임대업을 영위하는 주권상장법인(대기업) ㈜국민의 2022 회계연도 재무제표 및 내부회계관리제도에 대한 통합감사를 수행하고 있다.

5 C회계법인의 전산감사 전문가인 나정보 회계사는 전반적인 감사계획을 수립하는 과정에서 ㈜국민의 통제환경 및 정보기술(IT) 일반통제 등에 대해 다음과 같이 이해하였다. (2022년, KICPA 기출)

- ㈜국민은 재무보고 목적으로 ERP를 도입하여 사용하고 있음.
- ㈜국민에는 전사 IT팀이 조직되어 있으며 구매팀 내에도 업무의 효율성 향상을 위해 IT담당자가 배치되어 있음.

- ERP에 대한 쓰기와 읽기 권한은 구매팀 구성원 모두 에게 부여되어 있음.
- 구매팀 내 해외구매 담당자는 미국에서 출시된 전기자동차를 구매하고자, 차량 구매단가를 외화로 등록하기 위한 ERP상 추가 기능 변경을 구매팀 내 IT담당자에게 요청하였음.
- 구매팀 내 IT담당자는 이와 같은 ERP 변경 요청을 실행하고, 운영환경으로 이전 후 외화 구매단가 등록을 진행하면서 변경사항이 적용되었는지 확인하였음.

위의 사항에서 정보기술 일반통제와 관련하여 식별가능한 통제미비점을 세 가지만 각각2줄 이내로 서술하시오.

풀이

(첫째), ERP에 대한 쓰기와 읽기 권한은 구매팀 구성원 모두에게 부여되어 있다. ERP상 승인권한을 갖는 구성원은 쓰기 권한을 부여해서는 안 된다. (기록과 승인의 분리)

(둘째), ERP상 추가 기능 변경을 구매팀 내 IT 담당자에게 요청하고 있다. 추가 기능 변경과 같은 프로그램 수정은 구매부서장과 IT 부서장의 승인을 받고 진행되어야 한다.

(셋째), 구매팀 내 IT 담당자가 운영환경으로 이전하고 구매단가 등록을 진행할 수 있다. IT 담당자는 프로그램 개발 및 수정을 할 수 있으므로 운영환경에 접근해서는 안 된다.

6 다음은 ㈜국민의 자금 프로세스에 대한 통제기술서의 일부이다. (2022년, KICPA 기출)

항목	통제활동
1	자금팀 담당자는 분기별로 자금수지표를 작성하고, 금융기관으로부터 수령한 잔액명세서를 첨부하여 팀장의 승인을 받는다.
2	자금이체의 승인 권한은 자금팀 팀장에게만 부여되어 있다.
3	자금팀 담당자는 일일 자금 이체 내역을 서면으로 작성하여 자금팀 팀장의 승인을 받으며, 팀장은 이를 ERP에 등록하고 이체를 실행한다.
4	자금팀 팀장이 자금이체 실행시 ERP상 관련 계정이 자동으로 회계처리 된다.
5	통장 및 거래인감 실물은 잠금장치가 있는 금고에 보관하며, 비밀번호는 자금팀 팀장이 수시로 변경한다.

위 통제기술서의 각 항목별로 식별가능한 통제미비점이 있는지 여부를 기재하고, 통제미비점이 있는 경우 경영진에게 권고할 개선안을 2줄 이내로 서술하시오.

풀이

1. 자금이체의 승인 및 집행을 자금팀장이 다 수행할 수 있는 상황에서 잔액명세서만을 첨부하게 되면 잔액명세서를 조작하여 제시하거나(오스템 Case), 또는 기중 거래 횡령 금액은 확인할 수가 없기 때문에 비교대사 작업이 효과적이 되기 위해서는 승인권자가 해당 금융거래 내역을 인터넷 뱅킹 등으로 검증을 통하여 잔액 및 기중 거래 내역을 동시에 확인해 보아야 한다.

2. 자금이체의 승인권한이 자금팀장에게만 부여되는 경우 업무분장이 결여된 상태이다. 이렇게 되면 결국 자금팀장이 자신의 개인적인 용도로 자금을 유용할 수 있다.
5. 통장 및 거래인감 실물이 같은 곳에 보관되어 있으며 해당 접근권한도 자금팀장에게만 집중되어 있는 경우 자산의 횡령 가능성은 높아진다.

Q&A 사례문제 2

다음은 IT통제에 대한 물음이다. 아래 내용은 (물음 1)~(물음 2)에 공통으로 적용된다.

오가나 회계사는 ㈜하니에 대한 외부감사를 수행하고 있다. 오가나 회계사는 IT통제 환경 및 활동에 대해서 다음과 같은 점검사항 목록을 만들었다. (2025년, KICPA 기출문제)

항목	IT통제 환경 및 활동
①	입력범위를 초과하는 데이터가 입력될 때 경고 또는 오류메시지가 나타나는가?
②	출력물은 적시에 승인된 사람에게만 제공되고 있는가?
③	전산시스템은 메인센터와 별도의 복구센터를 갖추고 백업파일을 보관하고 있는가?
④	입력데이터가 자동으로 처리되도록 시스템이 구축되어 있는가?
⑤	사내 IT감사인 채용결정에 IT운영부서가 참여하고 있는가?

1 각 항목이 IT통제 설계의 유효성을 평가하기에 적절한지 여부를 기재하고, 적절하지 않은 경우 그 이유를 2줄 이내로 서술하시오.

[답안양식]

항목	적절한가?(예, 아니오)	적절하지 않은 경우, 그 이유
①		
②		
③		
④		
⑤		

풀이

항목	적절한가?(예, 아니오)	적절하지 않은 경우, 그 이유
①	예	
②	예	
③	예	
④	아니오	자동처리는 그 자체로 내부통제가 될 수 없다.
⑤	아니오	IT감사인이 IT운영부서로부터 영향을 받음

2 오가나 회계사는 기업이 마일리지 관련 이연수익을 산출하는데 사용하고 있는 자동화된 응용프로그램에 대해 IT응용통제 테스트를 수행하기로 하였다. IT응용통제가 보고기간 전체에 걸쳐 유효한지 판단하기 위해 상기 점검사항 목록에서 가장 우선적으로 점검하여야 하는 항목번호를 기재하고, 그 이유를 2줄 이내로 서술하시오.

[답안양식]

항목번호	이유

풀 이

항목번호	이유
①	IT응용통제에 사용된 원천데이터의 신뢰성을 보증하는 통제이다.

※ 다음은 (물음 3)에 관한 내용이다. (2011년, KICPA 기출문제)

서비스조직인 (주)한라는 (주)백두의 구매거래를 집행하고 이에 대한 수탁책임을 이행해 주고 있다. (주)백두의 감사인인 김설악 회계사는 (주)한라가 대행하는 구매업무와 (주)백두의 전체 업무에 대한 유의성 등을 결정하는 사항들을 적절히 고려한 결과, (주)한라가 수행하는 구매거래에 대한 제반 통제가 (주)백두의 통제위험 평가에 영향을 줄 수 있다는 결론에 도달하였다.

김설악 회계사는 (주)한라의 회계제도와 내부통제제도 및 그 운영상태와 효과성에 대한 정보를 입수하는 수단으로서 (주)한라의 감사인인 소백회계법인이 작성한 보고서(유형 1 보고서)를 활용하는 것을 고려하고 있다.

김설악 회계사는 소백회계법인의 동 보고서를 활용하기 이전에 ㈜백두의 활동 중 ㈜한라에 의존하고 있는 구매업무에 대해 통제위험을 낮다고 예비적으로 평가하고 소백회계법인의 보고서를 근거로 통제위험이 낮지 않다는 확정된 결론을 맺었다. 김설악 회계사는 최종적으로 발행하는 ㈜백두의 감사보고서에 소백회계법인의 보고서를 이용하였다는 사실과자신의 감사의견 책임은 소백회계법인의 보고서로 인하여 경감됨을 언급하였다.

3 서비스조직의 활용과 관련하여 위에 언급된 내용 중 타당하지 않은 부분2가지를 지적하고 그 이유를 서술하시오.

풀 이

(1) 유형 1 보고서를 근거로 통제위험이 낮지 않다는 결론을 맺을 수 없다. 왜냐하면 유형 1 보고서에는 서비스조직의 운영 효과성에 대한 확신은 제공되어 있지 아니하기 때문이다.

(2) 이용자기업 감사인의 감사보고서에 서비스조직 감사인의 보고서를 이용하였다는 사실을 언급하는 것이 해당 감사인의 감사의견 책임을 경감시키지는 못한다.

Q&A 사례문제 3 : 2005년, KICPA 기출문제 응용

왕공정 회계사는 광주(주)에 대한 전산시스템의 내부통제제도를 이해하고 설명식기술서를 다음과 같이 작성하였다. 다음의 요구사항에 답하시오. (1996년, KICPA 기출문제 ; 2005년, KICPA 기출문제 응용)

> 왕분식 씨는 광주(주)의 컴퓨터 오퍼레이터로 근무하고 있으며 담당하는 업무는 급여관련 전산업무이다. 광주(주)의 전산관련 업무는 여러 명의 오퍼레이터들에게 분리되어 있으며, 왕분식 씨는 급여프로그램에 대한 운영과 프로그램의 변경 및 수정권한을 가지고 이러한 업무를 동시에 수행하고 있다. 전산업무는 별도로 구분된 전산실에서 이루어지고 있으며, 전산실에의 접근통제를 강화하기 위하여 왕분식 씨의 감독자와 프로그래머는 전산실 출입이 금지되어 있다. 컴퓨터 사용일지는 왕분식 씨가 기록·검토하고 이에 대한 접근통제를 하고 있다. 종업원들의 근무시간 및 인적사항에 관한 자료는 매달 왕분식 씨에 의해 입력되고, 급여프로그램에 의하여 자동적으로 전산처리되어 급여대장을 출력하고 이에 근거하여 급여가 지급된다.

1 앞의 사례에서 취약한 IT일반통제 및 정보처리통제에 대하여 설명하시오.

풀이

① 컴퓨터 오퍼레이터에게는 프로그램의 변경 및 수정권한을 부여하여서는 안 된다.
② 왕분식 씨의 감독자가 전산실 출입이 금지되어서는 안 된다. 프로그래머의 전산실 출입이 금지되어 있는 내부통제는 적절하다.
③ 종업원들의 근무시간 및 인적사항에 관한 자료가 매달 왕분식 씨에 의해 입력되고 있다. 자료의 입력은 전산실 근무자가 아닌 사용자 부서 담당자가 입력하여야 한다.
④ 전산실 담당자가 급여대장을 출력하고 있다. 급여와 같은 민감한 정보가 전산실 담당자에게 노출되고 있다.

〈참고〉 다음은 문제에서 상황이 주어지지 않았지만, 추가적으로 고려할 수 있는 취약점이다.

* 프로그램 및 데이터에 대한 백업절차가 없다.
* 입력자료에 대한 적절한 승인절차가 미비되어 있으며, 입력되는 자료에 대한 정확성과 완전성을 확보하기 위한 적절한 조치가 구비되어 있지 않다.
* 출력자료의 정확성을 확보하기 위한 입력자료 및 원시자료와 사후 비교검토하는 절차가 미비되어 있다.

2 앞의 사례에서 정보처리통제에 대한 언급이 시작되는 부분을 지적하시오.

풀이

"급여프로그램에 의하여 자동적으로 전산처리되어" 부분이 정보처리통제에 대한 언급이 되는 부분이다.

사례문제 4 : 2006년, KICPA 기출

1 첨단전자(주)의 감사인인 최고수 회계사가 첨단전자(주)의 내부통제를 검토한 결과 파악한 내용은 다음과 같다. 최 회계사는 다음에 제시된 문항 중 다섯 문항에서 취약점을 발견하였다. 취약점이 포함된 문항의 번호를 기재하고 이에 대한 개선방안을 기술하시오.

(1) 전산실장은 관리총괄 부사장에게 직접 보고한다.

(2) 자료의 입력과 출력은 이용부서에서 직접 수행한다. 그러나 계정과목코드 및 부서코드 등의 입력오류가 발견되는 경우에는 신속한 업무수행을 위해 전산실에서 입력오류를 수정한다.

(3) 마스터파일(master file)의 변경은 관련부서 책임자의 승인을 받아 전산실에서 수행하며, 변경 후에는 변경명세를 동 부서에 송부하여 검토하도록 한다.

(4) 컴퓨터 프로그래머(programmer)인 엄청남 대리는 새로운 프로그램을 개발하는 업무를 주로 수행하나, 부수업무로 컴퓨터 오퍼레이터(operator)인 이예쁜 씨의 업무를 지원하고 있다. 이예쁜 씨는 시스템로그파일(system log file), 시스템개발 관련문서 및 입출력 파일 등을 안전하게 보관하는 업무도 수행한다.

(5) 자료파일 및 프로그램에 대한 부당한 접근을 통제하기 위해 비밀번호(password)를 사용하며, 이를 주기적으로 변경하도록 하고 있다. 특정 직원의 부재 시에도 타직원이 효과적으로 대체하여 업무를 수행할 수 있도록 전산실장은 부서 전직원의 비밀번호를 보고받아 관리한다.

(6) 자료입력 및 처리의 완전성과 정확성을 확보하기 위해 컴퓨터 통제프로그램을 이용하여 한계검사(limit check), 논리검사(logic check), 부호검증(sign check) 등 광범위한 편집검증기능(programmed edit checking)을 수행한다.

(7) 전산실이 소재한 건물은 최신건물로서 습기 및 온도 변화에 대한 시스템 보호가 가능하며, 컴퓨터 하드웨어 등 주요 전산설비에 대해 화재보험에 가입하고 있다. 첨단전자(주)는 백업파일(back-up file)을 포함한 모든 파일과 프로그램 및 문서를 전산실 내에 보관하고 있다.

(8) 투명한 경영과 효율적인 업무수행을 위해 첨단전자(주)의 부장급 이상 관리자는 자신의 컴퓨터를 이용하여 회사의 모든 자료에 제한 없이 접근하여 열람할 수 있다.

풀이

취약점 문항번호	개선방안
(2)	자료의 수정은 전산실에서 수행하여서는 안 된다. 이용부서에서 적절한 승인절차를 거쳐서 수행(예: 취소 및 재발행)되어야 한다. 계정과목코드 및 부서코드는 기준정보(마스터데이터)에 속한다. 기준정보 입력오류를 예방하기 위해 사전에 기준정보를 리스트화하여 입력시 선택하는 방식으로 입력창을 구성한다.

(4)	컴퓨터 프로그래머가 컴퓨터 오페레이터 업무를 지원함으로써 운영환경에 접근할 수 있다. 프로그래머의 운영환경에 접근은 제한되어야 한다.
(5)	특정 직원이 부재시에도 타직원이 효과적으로 대체하여 업무를 수행할 수 있도록 전산실장이 부서 전직원의 비밀번호를 보고받아 관리한다. 시스템에 대한 접근은 1차로 ID와 PW로 이루어지는데, 이 상황은 ID가 공유되고 있음을 추론할 수 있다. 특정 직원이 부재시에는 별도의 권한부여 절차를 통하여 업무를 수행하도록 하여야 한다.
(7)	백업파일이 전산실 내에 보관하고 있다. 백업파일은 데이터의 가용성을 확보하기 위한 통제이다. 따라서, 동일한 물리적인 위험(화재, 홍수 등)에 노출되지 않은 외부의 안전한 장소에 보관해야 한다.
(8)	부장급 이상 관리자는 자신의 컴퓨터를 이용하여 회사의 모든 자료에 제한 없이 접근하여 열람할 수 있다. 자료에 대한 열람권한은 업무상 알 필요(Need to Know)원칙에 따라 적절한 승인절차를 거쳐서 부여되어야 한다.

2 이윤미 회계사가 중소화장품 판매회사인 참아름(주)에 대한 회계감사의 일환으로 내부통제를 검토한 결과 파악한 내용은 다음과 같다.

> 참아름(주)는 외부 전산용역대행업체인 (주)정교를 이용하고 있다. 참아름(주)는 판매관리, 재고관리 및 회계업무 등 대부분의 업무를 (주)정교가 개발한 중소기업용 전사적 자원관리시스템(ERP)을 이용하여 수행하고 있다. 참아름(주)는 경영관리의 전문화와 효율성 제고를 위해 전산시스템의 기획, 운영 및 관리와 관련된 일체의 업무를 (주)정교에 위탁하여 수행하고 있다. 참아름(주)에는 전산시스템에 대한 별도의 책임자나 관리자가 없어서 각 부서의 업무수행 중 발생한 전산시스템 관련 문제점은 각 업무담당자가 (주)정교와 직접 접촉하여 문제를 해결하고 있다.
>
> 이 회계사가 (주)정교의 최근 감사보고서를 입수하여 검토한 결과, (주)정교는 설립된 지 3년 된 벤처기업으로서 아직 손익분기점에 이르지 못하고 있으며 그동안 누적된 결손으로 인해 자본잠식상태임을 파악하였다. (주)정교의 감사인은 계속기업에 대한 불확실성을 감사보고서에 특기사항으로 기술하였다. 이 회계사가 전산용역대행업계의 전문가에게 문의한 결과, (주)정교는 기술적인 측면에서 업계의 평판은 좋은 편이나, 영업력이 취약하고 결손누적으로 자금사정이 어렵다고 한다.
>
> 이 회계사가 참아름(주)와 (주)정교 간에 체결된 전산용역대행계약서를 검토한 결과, ERP에 포함된 일체의 컴퓨터소프트웨어에 대하여 참아름(주)는 이용권만 있을 뿐 그 소유권은 (주)정교에게 있음을 파악하였다. 이 회계사가 참아름(주)의 대표이사에게 질의한 결과, 이는 업계의 관행으로서 표준계약내용이라고 (주)정교에서 주장하여 참아름(주)는 이를 수용하였다고 한다.

참아름(주)의 내부통제에 나타난 취약점을 두 가지 지적하고, 이에 대한 개선방안을 기술하시오.

풀이

	취약점과 개선방안
(1)	참아름(주) 내부적으로 전산시스템에 대한 별도의 책임자나 관리자가 없는 점 ➡ 회사 내부적으로 전산시스템에 대한 별도의 책임자가 없는 경우 실무적으로 직접 해당 부서에서 문제가 발생할 때마다 일일이 용역대행업체를 직접 접촉하여 문제를 해결하여야 하므로 업무가 비효율적으로 진행될 수 있다. 따라서 회사 내부적으로 기본적인 문제점은 해결할 수 있는 전산부서 및 책임자를 두어야 한다.
(2)	자본잠식상태인 용역대행업체에 대하여 회사 대부분의 업무를 위임하고 있는 점과 컴퓨터 소프트웨어에 대한 이용권만 있을 뿐 소유권이 없는 상태 ➡ 이러한 상태에서 용역대행업체가 파산하는 경우 참아름(주)는 전산시스템 기능이 완전히 상실되어버린다. 따라서 계속기업에 문제가 없는 다른 용역대행업체를 이용할 수 있는 방안을 모색하거나 소프트웨어의 소유권을 확보하여 회사의 전산시스템 기능이 용역대행업체의 계속기업 가능성에 영향을 받지 않도록 안전장치를 갖출 필요가 있다.

3 다음에 기술된 사항 중 오류가 포함된 두 문항을 찾아 그 문항번호를 기재하고, 틀린 부분을 적절히 수정하시오.

(1) 감사인은 내부통제의 이해단계에서 수집된 감사증거를 바탕으로 통제위험에 대한 예비평가를 실시하며, 그 결과 통제위험의 수준이 높다고 평가하더라도 통제테스트는 반드시 수행하여야 한다.

(2) 전산화된 통제테스트의 방법 중 컴퓨터 주변감사(audit around the computer)는 컴퓨터에 의해 이루어지는 처리과정을 직접 감사하는 것이 아니라 입력자료와 출력자료를 이용하여 수행하며, 복잡한 전산시스템하에서도 감사인의 전산지식이 부족한 경우에 특별한 요건 없이 이용할 수 있다.

(3) 컴퓨터 자체감사(audit through the computer)의 기법 중 병행처리법(parallel simulation method)은 모의자료법(또는 시험자료법, test data method)의 단점을 보완하기 위해 감사인의 모의자료가 아닌 감사대상회사의 실제자료를 이용하며, 프로그램은 감사인의 검증된 프로그램이나 범용감사소프트웨어를 이용한다.

풀이

(1) 통제위험의 예비적 평가단계에서 통제위험이 높다고 판단되는 경우에는 통제테스트를 수행할 필요가 없다.

(2) 컴퓨터 주변감사를 이용하기 위해서는 감사인이 전산지식이 부족한 경우라 하더라도 입력자료 및 출력자료와 같은 감사증적이 완전하게 문서화되어 있어야 하며 그 자료가 판독 가능한 상태대로 보관되어 있어야만 한다.

Q&A 사례문제 5 : 2015년, KICPA 기출문제

기업의 내부통제는 수작업 요소뿐만 아니라 자동화된 요소를 포함한다. 회계시스템에 정보기술(IT)을 적용하는 기업의 전산통제와 관련된 다음의 물음에 답하시오.

1 A㈜는 대부분의 소프트웨어를 자체적으로 개발해서 사용하고 있다 다음은 X회계법인의 김 회계사가 전산부서의 내부통제에 대해 파악한 사항이다. 아래에서 감사인이 파악한 전산부서 내의 기능과 관련한 취약점과 개선안을 [답안양식]에 따라 서술하시오.

> 전산부서장은 IT전략계획을 달성할 수 있는 활동을 감독하는 책임을 지고 있다. 보안관리자는 물리적・온라인 접근을 감시하며, 보안위반사항을 조사하여 적절한 조치를 취하는 기능을 수행한다. 전산부서 내 기능은 다음과 같이 시스템개발, 작동 및 처리, 자료통제 등으로 구분된다.
>
> (1) 시스템개발 : 시스템분석가와 프로그래머로 구성되어 있으며, 원칙적으로 이들은 자료입력 및 컴퓨터 작동업무(Operating)를 수행하지 못한다. 그러나 오퍼레이터가 다루기 힘들거나 긴급하게 처리해야 할 사항이 발생하면 업무효율을 위하여 전산부서장과 보안관리자의 승인 하에 프로그래머가 자료입력 및 컴퓨터 작동업무를 수행할 수 있다.
>
> (2) 작동 및 처리 : 오퍼레이터와 네트워크관리자로 구성되어 있으며, 오퍼레이터는 전산부서장이 수립한 일정에 따라 컴퓨터를 작동할 책임을 진다. 또한 프로그램, 거래파일, 기록 및 문서 이용과 관련된 통제를 담당한다.
>
> (3) 자료통제 : 자료입출력통제부서와 데이터베이스 관리자로 구성되어 있다. 자료입출력통제부서는 독립적으로 입력 및 출력자료의 타당성을 검증하며, 데이터베이스관리자는 공유된 데이터베이스의 안전한 유지와 접근관리에 대한 책임을 진다.

[답안양식]

사례번호	취약점 여부 (O 또는 X)	취약점과 개선안 (취약점이 없으면 "없음"으로 기재)
(1)		
(2)		
(3)		

풀이

사례번호	취약점 여부 (O 또는 X)	취약점과 개선안 (취약점이 없으면 "없음"으로 기재)
(1)	X	없음

사례번호	취약점 여부 (O 또는 X)	취약점과 개선안 (취약점이 없으면 "없음"으로 기재)
(2)	O	오퍼레이터가 프로그램, 거래파일, 기록 및 문서에 접근함으로써 프로그램의 취약점을 이용할 수 있으며, 관련 파일이나 기록을 삭제할 수 있다. 프로그램, 거래파일, 기록 및 문서 보관업무는 자료보관자(Librarian)가 수행하거나 문제에서 주어진 자료입출력 통제부서에서 수행하는 것이 적절하다.
(3)	X	없음

2 A㈜는 감사대상 회계기간 중 전산시스템의 프로그램을 변경하였다. 감사인은 변경된 프로그램을 검증하기 위해 두 가지 방법을 고려할 수 있다. "방법 1"은 모의거래자료를 이용하여 전산시스템의 처리과정통제를 검증하는 것이며, "방법 2"는 기업의 실제자료를 감사인의 프로그램으로 처리하여 비교하는 것이다. 통제테스트와 세부테스트의 관점에서 적용할 수 있는 방법을 선택하고, 그 이유를 [답안양식]에 따라 서술하시오.

[답안양식]

감사절차	방 법	이 유
통제테스트	"방법 1" 또는 "방법 2" 중 선택	
세부테스트	"방법 1" 또는 "방법 2" 중 선택	

풀 이

감사절차	방 법	이 유
통제테스트	방법 1	모의자료법은 특정 통제절차(예 : 입력통제)의 유효성을 검증하는 방법이므로 통제테스트에 적합하다.
세부테스트	방법 2	병행처리법은 모의자료법과는 달리 감사대상 회사의 시스템에 영향을 미치지 않은 상태에서 감사인이 독립적으로 시스템 검증을 수행할 수 있으므로 세부테스트에 적합하다.

※ 다음은 (물음 3)부터 (물음 4)까지 관련된 자료이다.

A㈜는 재무보고와 관련된 정보시스템의 일부를 B㈜로부터 아웃소싱 받고 있다. A㈜는 당기부터 X회계법인과 감사계약을 체결하여 감사를 진행 중이다.

3 X회계법인은 B㈜로부터 제공받는 서비스를 A㈜가 어떻게 활용하고 있는지 이해해야 한다. 이를 이해하기 위하여 감사인(X회계법인)이 파악해야 할 사항을 **서술**하시오.

풀이

이용자기업의 내부통제에 대한 영향 등 서비스조직이 제공하는 서비스의 성격과 그러한 서비스가 이용자기업에 미치는 유의성, 서비스조직이 처리한 거래 또는 동 조직에 의해 영향을 받는 계정이나 재무보고절차의 성격과 중요성, 그리고 서비스조직이 수행하는 활동에 대한 관련 계약조건 등 이용자기업과 서비스조직 간 관계의 성격을 이해하여야 한다.

4 X회계법인은 A㈜가 아웃소싱 받고 있는 정보시스템의 내부통제에 대하여 충분하게 이해할 수 없었다. 이에 따라 X회계법인은 B㈜의 서비스감사인으로부터 통제에 대한 보고서(통제에 대한 기술과 설계 및 운영 효과성을 포함)를 확보하여 이용하기로 하였다. 감사인(X회계법인)이 동 보고서에 의해 제공되는 감사증거의 충분성과 적합성을 판단하기 전에 어떤 사항을 고려해야 하는지 **서술**하시오.

풀이

서비스조직 감사인의 전문가적 적격성 및 서비스조직으로부터의 독립성을 고려하여야 하며 해당 보고서에 적용된 기준의 적절성을 고려하여야 한다.

Q&A 사례문제 6

1 A㈜의 기업정보는 전자적 형태로 개시, 처리 및 기록된다. 따라서 감사인은 부적절한 거래 개시나 정보변조가 발생하더라도 세부테스트를 통해 발견하지 못할 가능성이 클 것으로 예상하고 있다. 이러한 위험에 대처하기 위한 감사인의 적절한 감사계획을 **서술**하시오. (2015년, KICPA 기출)

풀이

실증절차만으로 충분하고 적합한 감사증거를 수집하지 못한다고 판단하면 반드시 통제테스트를 수행하여야 하며, 만약 통제테스트 결과 통제가 효과적으로 운영되지 않다고 판단되는 경우에는 해당 사안이 감사의견에 미치는 영향을 판단하여야 한다.

2 ㈜샤우팅은 전산시스템을 자체적으로 개발해서 사용한다. ㈜샤우팅의 전산팀은 전산팀장인 데이터 컨트롤러(controller)와 구성원인 오퍼레이터(operator), 프로그래머(programmer), 시스템 분석가(analyst), 데이터 보관자(librarian) 총 5명으로 구성되어 있다. ㈜샤우팅을 감사하는 함성혜 회계사는 전산 관련 내부통제에 대한 이해를 위해 다음과 같은 사항을 확인하였다. 다음 항목 중 전산팀의 통제활동이 적절한지 여부를 기재하고, 적절하지 않은 경우 그 이유를 2줄 이내로 서술하시오. (2024년, KICPA 기출)

항목	통제활동
①	전산팀 사무실에는 접근보안을 위해 '출입금지(Keep Out)' 표시가 되어 있고, 출입 감시카메라가 설치되어 있다. 또한 출입 승인 권한이 있는 보안요원이 출입 인원의 USB 등 저장장치 소지 여부를 확인하며 출입 기록을 문서화한다.
②	전산팀의 각 구성원은 별도의 컴퓨터 단말기를 가지고 있으며, 단말기 사용 시 패스워드는 보안을 위해 각자 비밀로 관리하고 수시로 변경한다.
③	프로그래머는 오퍼레이터와 공동으로 프로그램을 개발할 수 없으며, 입력방식의 효율성을 함께 논의할 수 없다.
④	시스템 분석가는 분석을 위해 필요한 자료를 입·출력할 수 있는 권한을 가지고 있다.
⑤	데이터 보관자는 전산팀 사무실 내의 별도 서버에 백업파일을 보관하고 있으며, 해킹에 대비한 방화벽을 설치하고 있다.

풀 이

항 목	적절한가? (예, 아니오)	적절하지 않은 경우, 그 이유
①	예	
②	예	
③	예	(해설 *1 참조)
④	아니오	시스템 분석가가 자료의 입력권한을 가지고 있다. (해설 *2 참조)
⑤	아니오	백업파일이 전산팀 사무실 내에 보관하고 있다. (해설 *3 참조)

*1 프로그래머는 시스템 분석가와 공동으로 프로그램을 개발하며, 이 과정에서 입력방식의 효율성을 논의할 수 있다. 오퍼레이터는 시스템분석가와 프로그래머가 개발한 프로그램을 단순히 실행하는 역할만 수행해야 하며, 프로그램에 대한 자세한 정보 및 지식을 가지고 있지 않도록 하여야 한다.

*2 자료의 입력과 출력은 전산시스템을 이용하는 이용자 부서만 가능하다. 시스템 분석가가 자료의 분석을 위해 필요한 자료를 출력할 수 있다 하더라도, 자료의 입력은 허용해서는 안 된다.

*3 백업파일은 데이터의 가용성을 확보하기 위한 통제이므로 동일한 물리적인 위험(화재, 홍수 등)에 노출된 전산실 내부에 보관해서는 안 된다.

Q&A 사례문제 7

감사증거는 감사인이 감사의견의 근거가 되는 결론에 도달할 때 이용한 정보를 의미한다. 감사인은 충분하고 적합한 감사증거를 입수하기 위하여 상황에 적합한 감사절차를 설계하고 수행하여야 한다.

1 정보기술(IT: Information Technology)이 발전하면서 '기업이 생산한 정보'(IPE: Information Produced by the Entity)의 신뢰성 검증이 점차 중요해지고 있다. 매출채권연령분석프로그램을 통해 생성

된 매출채권연령분석보고서와 같이 회사의 전산시스템을 통해 생성되는 정보(system-generated reports)가 대표적인 IPE이다. 감사인은 IPE를 감사증거로 사용할 때, 해당 정보가 감사인의 목적을 위해 충분히 신뢰할 만한지 평가하여야 한다. 이를 위해 감사인이 수행해야 할 절차 <u>두 가지</u>를 서술하시오. (2021년, KICPA 기출)

풀이

1. 해당 정보의 정확성과 완전성에 대한 감사증거를 입수한다.
2. 해당 정보가 감사인의 목적을 위해 충분히 정확하고 자세한지 여부를 평가한다. (감사기준서 500 문단 9 참조)

2 경영진은 통제를 무력화하여 회계기록을 조작하고 부정한 재무제표를 작성할 수 있다 감사인은 경영진에 의한 통제무력화에 대한 자신의 평가결과에 관계없이 감사절차를 계획·수행해야 한다. 이러한 감사절차의 일환으로 총계정원장에 기록된 분개와 재무제표를 작성할 때 이루어진 조정사항의 적절성을 테스트해야 한다. (2017년, KICPA 기출)

[요구사항]

<u>**상기 테스트("분개 및 조정사항 테스트" 또는 "Journal Entry Test")**</u>를 위해 감사인이 수행해야 할 절차를 서술하시오.

풀이

첫째, 분개 및 기타 조정사항의 처리와 관련하여 부적합하거나 비정상적인 행위가 있었는지에 대하여 재무보고절차에 관여하는 자들에게 질문한다.
둘째, 보고기간말에 이루어진 분개 및 기타 조정사항들을 선택한다.

※ 경영진에 의한 통제무력화 위험에 대응하기 위해 감사인은 총계정원장에 기록된 분개와 재무제표 작성 시 이루어진 조정사항의 적절성을 테스트해야 한다.
다음은 회사의 분개 및 기타 조정사항들에 대해 한국회계법인이 감사절차를 수행한 결과이다.

[상황 1] ㈜A로부터 입수한 회계전표 내역의 완전성을 확인하기 위해 총계정원장 상 기말금액과 재무제표 항목 금액 간 일치 여부를 확인하였다.

[상황 2] ㈜B가 인식한 매출에 대한 부정위험에 대응하기 위해서 매출프로세스의 이해를 바탕으로 매출의 상대계정 분석을 수행하였다.

- 매출의 상대계정으로 매출채권, 현금은 정상적인 분개로 판단하여 이 외의 상대계정으로 처리된 회계전표 내역을 추출하였다.
- 추출된 전표의 상대계정은 미수금으로 회계처리되었으며, 150건이 추출되었다.
- 추출된 미수금 전표 150건에 대해서 통계적 추출 프로그램을 이용하여 표본 30건을 재추출하고, 재추출된 회계전표 30건에 대해 관련 증빙과 대조 확인하였다.

[상황 3] ㈜C가 인식한 매출에 대한 부정위험에 대응하기 위해서 매출프로세스의 이해를 바탕으로

매출전표 분석을 수행하였다.

- 매출 거래는 주문접수, 출고처리 및 세금계산서 발행까지 ERP 시스템을 통해 처리되며, 세금계산서 발행이 완료되면 자동으로 매출전표가 생성된다.
- 자동으로 입력된 매출전표는 정상적인 매출 과정에서 발생하는 회계전표이므로 부정위험 발생가능성이 낮다고 판단하였다.
- 상대적으로 매출의 부정위험 발생가능성이 높을 것으로 판단되는 수기 매출전표 전체를 추출하여, 수기 전표가 입력된 이유에 대해 질문하고 관련 증빙과 대조 확인하였다.

[상황 4] ㈜D의 회계팀장에게 당기 재무제표 작성과정에서 보고기간말 이후 입력된 기타 조정사항의 내역을 질문한 결과, 매출채권 대손충당금과 재고자산 평가충당금을 전결권자의 승인 후 보고기간말로 반영하였다는 답변을 듣고, 비경상적인 조정사항이 발생하지 않은 것으로 판단하고 기타 조정사항에서 왜곡표시위험은 없다고 결론 내렸다.

3 각 상황별로 한국회계법인이 수행한 절차가 적절한지 여부를 기재하고, 적절하지 않은 경우 그 이유를 3줄 이내로 서술하시오. (2023년, KICPA 기출)

풀이

[상황 1] 회계전표의 완전성을 확인하기 위해서는 총계정원장과 재무제표 금액 간 일치 여부가 아닌 전표(분개장) 내역을 입수하여 해당 내용이 총계정원장에 다 반영되었는지 여부를 확인하여야 함.

[상황 2] 매출채권의 상대계정이 매출 또는 현금이라 하더라도 해당 매출채권의 전표가 입력된 시점(예를 들어 재무제표 마감시점에 입력된 비경상적인 매출채권 전표 등), 미승인권자에 의해서 입력된 전표, 거래하지 않았던 신규 비경상거래처로부터 입금된 거래 등 비정상적인 분개가 있을 수 있음.

[상황 3] 자동생성되는 전표의 경우라 하더라도 정보시스템의 일반통제 등(ITGC) 유효성에 대한 신뢰성이 확보되어야 부정위험이 줄어들 수 있음.

[상황 4] 전문가적 의구심 관점에서 질문을 통한 답변을 들은 경우 해당 사실관계를 확인하기 위한 추가적인 감사증거를 입수하여야 함.

Q&A 사례문제 8 : 금융감독원 2024년 모의문제

김OO 회계사는 비상장회사인 ㈜OO을 감사하고 있다. 김OO 회계사는 회사의 공급업체, 구매거래에 대한 데이터를 입수하였으며, 다음은 김OO 회계사가 입수한 '공급업체', '구매거래' 테이블이다. '공급업체' 테이블의 기본키는 '공급업체코드', '구매거래' 테이블의 기본키는 '구매거래번호'이다.

공급업체코드	회사명	사업자번호	주소
S1001	㈜가	123-45-OOOOO	서울특별시 구로구 OOO 로 OOO
S1002	㈜나	456-78-OOOOO	서울시 영등포구 동빛로 123번길 45-6
S1003	㈜다	789-45-OOOOO	경기도 남양주시 OOO 로 OOO
S1004	㈜라	486-56-OOOOO	경기도 안산시 상록구 OOO 로 OOO
S1005	㈜마	357-12-OOOOO	서울특별시 마포구 OOO 로 OOO
S1005	㈜바	424-68-OOOOO	경상남도 창원시 OOO로 OOO

구매거래번호	품목	주문일	금액	공급업체코드	종업원코드
P1001	A	2024-01-03	654,686	S1001	E1002
P1002	B	2024-01-04	5,681,872	S1003	E1003
P1003	B	2024-01-08	3,150,552	S1003	E1004
P1004	C	2024-01-09	3,814,345	S1004	E1002
P1005	C	2024-01-11	6,033,711	S1002	E1001
P1006	B	2024-01-18	6,665,291	S1002	E1004
P1007	A	2024-01-19	3,912,395	S1007	E1003
P1008	B	2024-01-23	5,371,941	S1002	E1003

1 '기본키', '외래키'의 개념에 대하여 각각 서술하시오.

풀이

기본키	행(레코드)을 유일하게 구분할 수 있는 속성으로 널(Null)이 아니고, 유일하여야 한다. 기본 키로 정의된 속성에서는 동일한 값이 중복되어서는 안 된다.
외래키	어떤 테이블 A와 B가 서로 관계가 있는 경우, B의 열(칼럼) 중 A의 기본 키를 참조하는 열을 말한다.

2 김OO 회계사는 상기 데이터를 검토한 후 관계형 데이터베이스 관점에서 데이터의 문제점이 있는 것으로 판단하였다. 김OO 회계사의 판단 근거는 무엇인지 서술하시오.

풀이

데이터 문제점 관련	1. (공급업체 테이블) 기본키인 '공급업체코드'에 동일한 값이 중복된다. 즉, 공급업체코드 S1005가 두 번 기록되어 있다.
	2. (공급업체, 구매거래 테이블) 구매거래번호 P1007 행(레코드)의 공급업체(S1007)가 공급업체 테이블에 존재하지 않는다.

※ 다음은 (물음3)에 대한 추가자료이다.

김OO 회계사는 '종업원' 테이블을 추가로 입수하였으며, 동 테이블의 기본 키는 '종업원코드'이다.

종업원코드	성명	입사일	주소
E1001	이OO	2011-12-02	서울시 영등포구 동빛로 123번길 45-6
E1002	윤OO	2013-04-04	서울특별시 강동구 OOO로 OOO
E1003	권OO	2013-08-20	경기도 용인시 기흥구 OOO로 OOO
E1004	장OO	2022-09-23	서울특별시 동대문구 OOO로 OOO

3 김OO 회계사는 상기 데이터를 검토한 후 부정(횡령) 위험이 존재하는 것으로 판단하였다. 김OO 회계사의 판단 근거는 무엇인지 서술하시오.

풀이

부정(횡령) 위험 관련	1. (공급업체, 종업원 테이블) 공급업체 S1002와 종업원 E1001의 주소가 동일하므로 가상의 공급업체일 가능성이 있다. (특히, 구매번호(P1005)의 공급업체와 종업원은 S1002과 E1001로 주소가 동일하다.)

Q&A 사례문제 9 : 금융감독원 2024년 모의문제

김OO 회계사는 진행매출로 수익을 인식하는 OO건설회사의 2023년 감사 업무를 담당하고 있다. 김OO 회계사는 공사원가와 관련한 감사절차로 전표분석(Journal Entry Test, 이하 'JE Test')를 수행하기로 하였다.

1 전표 데이터가 누락되지 않도록 다음의 위험 관점에서 김OO 회계사가 취할 수 있는 적절할 감사절차를 서술하시오.

위험유형	감사절차
조작된 전표 데이터가 추출될 위험	

풀이

항목	설명
조작된 전표 데이터가 추출될 위험	데이터베이스에서 감사인이 직접 데이터를 추출하거나, 회사가 적정하게 추출하는지를 입회하여 확인한 후 확인서를 담당자로부터 수령한다.

※ 다음은 (물음2)에 대한 추가자료이다.

김OO 회계사가 회사로부터 수령한 진행률 명세표는 아래와 같다.

(단위: 억원)

현장명	공사개시 연도	도급액	당기총 예정원가	전기누적 발생원가	당기발생 원가	총누적 공사원가	누적 진행률
A현장	2022	1,000	1200	300	300	600	50%
B현장	2021	500	400	200	200	400	100%
C현장	2023	900	800	0	200	200	25%

김OO 회계사는 기말에 발생한 공사원가에 대해서 고위험전표로 아래 4개의 전표를 추출하였다.

(단위: 억원)

전표번호	전기일	계정명	차변금액	대변금액	현장명	전표유형
1	2023-12-28	공사원가		50	A현장	수동
	2023-12-28	공사원가	50		C현장	수동
2	2023-12-29	미지급금		60	B현장	자동
	2023-12-29	공사원가	60		B현장	자동
3	2023-12-30	공사원가		10	C현장	수동
	2023-12-30	공사원가	10		B현장	수동
4	2023-12-31	공사원가	80		C현장	자동
	2023-12-31	선급공사원가		80	C현장	자동

2 위 1 ~ 4의 전표 중 공사손익을 과대계상할 위험이 가장 높은 전표 번호를 기재하고, 그 사유를 서술하시오.

풀이

항목	설명
위험이 가장 높은 전표 번호	전표번호 1번
사유	손실이 발생하는 현장(A현장)의 원가를 이익이 발생하는 현장(C현장)의 원가로 대체하는 전표이다.

Q&A 사례문제 10 : 금융감독원 2024년 모의문제

OO회계법인은 중견 제조기업인 ㈜OO에 대한 회계감사를 수행하고 있으며, 김OO 회계사는 매출 및 매출채권과 관련된 경영자의 주장에 대한 감사를 수행하고 있다. 김OO 회계사가 파악한 내용은 다음과 같다.

- ㈜OO은 매출채권을 현금(계좌이체)으로만 회수하고 있다.
- 김OO 회계사는 매출채권 회수의 적정성을 확인하기 위하여, 당기 매출주문내역 및 현금회수 관련 데이터를 입수하였다. 김OO 회계사는 데이터 분석기법을 활용하여, 다음과 같은 결과를 도출했다.

(단위: 원)

구분	상황	고객코드	주문금액	현금수취액	차이
①	현금수취액이 주문금액과 동일	1001	50,000	50,000	–
		1002	100,000	100,000	–
		…	…	…	…
②	현금수취액이 주문금액보다 작음	1103	200,000	180,000	20,000
		1104	100,000	80,000	20,000
		1105	50,000	45,000	5,000
③	현금수취액이 주문금액보다 큼	1106	30,000	50,000	(20,000)
		1107	20,000	21,000	(1,000)
④	현금수취 없음	1108	300,000	–	300,000
		1109	150,000	–	150,000
		1110	50,000	–	50,000
합계			10,000,000	9,476,000	524,000

- 단, 전기 이전(전기포함) 발생한 매출채권은 전기말까지 모두 회수된 것으로 가정한다.

1 각각의 구분(① ~ ④)에 대해 매출채권 과대표시(또는 대손충당금 과소표시) 위험이 높은 상황을 모두 선택하고, 이들 항목에 대해 고려할 수 있는 추가 감사절차를 서술하시오.

풀이

물음	매출채권 과대표시 위험 상황 (또는 대손충당금 과소표시)	추가 감사절차
답	②, ④	고객에게 채권조회서 발송, 기말 매출채권 대사, 대손충당금 평가

Q&A 사례문제 11 : 금융감독원 2024년 모의문제

OO회계법인은 OO전자에 대한 감사를 수행하고 있으며, 감사 팀원인 김OO 회계사는 수출매출의 기간귀속에 대하여 감사절차를 설계하고 있다. 김OO 회계사가 파악한 사항은 다음과 같다. 단, 제시된 데이터는 적정한 것으로 가정한다.

- 회사의 매출은 내수와 수출로 구분되며, 김OO 회계사는 회사에 '수출매출 원장' 등 관련 데이터를 요청하였다.
- 다음은 김OO 회계사가 입수한 '수출매출원장'의 일부이다. 동 테이블은 '송장번호'가 기본키이며, '청구일자'가 현재 회사의 재무제표상 매출이 인식되는 일자이다.

송장번호 (Invoice No.)	청구일자	계정코드	계정과목	차변금액	대변금액	거래처 ID
…	…	…	…	…	…	…
INV0483	2023-12-31	10011	매출-수출	–	4,510,000	C001
INV0987	2023-12-31	10011	매출-수출	–	1,280,000	C002
INV0821	2023-12-31	10011	매출-수출	–	8,220,000	C003

- 다음은 김OO 회계사가 입수한 '선적거래테이블'의 일부이다. 회사는 하나의 송장번호에 여러 선적거래가 발생할 수 있다고 얘기하였다. 단, 하나의 선적거래가 두개 이상의 송장을 발생시킬 수는 없다고 한다. 동 테이블은 '선적번호'가 기본키이며, '송장번호'가 외래키이다.

선적번호 (Shipping No.)	송장번호 (Invoice No.)	선적일자	고객번호	제품번호	수량	도착일자	추적번호	거래조건
…	…	…	…	…	…	…	…	…
SHP0016	INV0483	2023-12-02	C001	P001	10	2023-12-09	TRACK101	DDP
SHP0033	INV0483	2023-12-31	C001	P031	12	2024-01-02	TRACK011	FOB
SHP0081	INV0821	2023-12-16	C003	P075	9	2023-12-18	TRACK028	CIF
SHP0032	INV0821	2023-12-25	C003	P031	12	2024-01-01	TRACK093	DDP
SHP0046	INV0987	2023-12-23	C002	P028	18	2023-12-29	TRACK064	CIF
SHP0064	INV0987	2023-12-24	C002	P010	22	2023-12-31	TRACK036	FOB

- 무역거래조건에 따른 적정한 매출인식 시기는 다음과 같다고 본다.
  - FOB, CIF: 선적일
  - DDP: 도착일

1 김OO 회계사는 '선적거래테이블'에 적정한 매출일자를 나타내는 열(Column A)을 추가하고자 한다. 이때 필요한 데이터 처리 방법(논리)이 무엇인지 무역거래조건, 선적일, 도착일 열(Column)을 이용하여 설명하시오.

풀이

무역거래조건에 따라 선적일이나 도착일을 새로운 열(Column A)로 가져오는 데이터 처리가 필요하다. 즉, FOB, CIF은 선적일 열, DDP은 도착일 열을 기준으로 적정한 매출일자 추가하는 열을 만들 수 있다.

2 '선적거래테이블'에 '수출매출원장'의 청구일자(회사의 매출인식 시기)를 가지고 오기 위하여 어떠한 데이터 처리 방법(논리)을 실행해야 하는지 설명하시오.

풀이

송장번호를 키(Key)값으로 하여 '선적거래테이블'에 '수출매출 원장'을 조인(Join)할 수 있다. 이러한 데이터 처리를 통하여 '수출매출 원장'에서 '청구일자' 열(칼럼)을 가지고 올 수 있다.

3 김OO 회계사는 선적번호 SHP0032의 거래를 예로 들며, 회사의 재무제표에는 매출 기간귀속에 대한 왜곡표시 위험이 있다고 판단하고 있다. 김OO 회계사가 이러한 문제를 제기한 이유를 설명하시오.

풀이

선적번호 SHP0032의 경우, 도착일인 2024년에 매출을 인식하여야 하지만, 청구일인 2023년 매출이 인식되어 매출 기간 귀속이 적절하지 않다. 즉. 무역거래조건에 따라 매출 기간귀속이 결정되지 아니하고, 청구 일자에 따라 매출이 인식되고 있다.

Q&A 사례문제 12 : 2025년, KICPA 기출문제

오나라 회계사는 기업을 고객으로 하는 식품제조기업 ㈜무니를 감사하고 있다. ㈜무니는 고객정보를 관리하기 위해 아래와 같은 내부통제를 운영하고 있다.

- 고객사에 대한 일반정보는 ERP에서 '고객' 테이블을 두어 마스터데이터로 관리한다.
- 판매팀은 '고객' 테이블에 자료를 입력할 수 있는 권한이 있다.
- 신규고객사가 생기는 경우 판매팀은 반드시 해당 고객의 일반정보를 전산에 등록하도록 하는 정책이 존재한다.

오나라 회계사는 매출거래들이 실제로 발생하였으며 적절하게 기록되고 있다는 경영진주장을 확인하기 위해 '고객' 마스터데이터에 대한 IT통제 테스트를 수행하고 있다. 아래 제시된 자료는 당기 매출전표에서 식별된 고객사 중 '고객' 테이블에서 일부를 발췌한 내역이다.

고객코드	회사명	사업자번호	대표명	주소
C1001	최고제과	123-45-99995	김최고	서울특별시 샛별로 1
C1002	맛나유업	123-45-99996	이만나	강원도 평창시 올림픽로 1
C1003	최가제과	123-45-99997	최성실	대전광역시 성심로 1
C1004	웁스제과	123-45-99998	박신디	부산광역시 해운대로 1
C1005	맛나유업	123-45-99999	이만나	강원도 평창시 올림픽로 1

1 오나라 회계사는 위의 표로 제시된 '고객' 테이블의 일부만을 대상으로 제한하여 절차를 수행하고 있다. 다음 요구사항에 각각 답하시오.

〈요구사항 1〉 기본키(primary key)로 볼 수 있는 열(또는 열의 조합)은 모두 몇 개인지 기재하고, 해당 후보를(들을) 기본키로 볼 수 있는 이유를 2줄 이내로 서술하시오(단, 이유를 서술할 때는 기본키 후보(들)의 열 이름을 반드시 명시해야 함).

〈요구사항 2〉 데이터 속성의 특성을 고려했을 때 기본키로 가장 적절한 열(또는 열의 조합)은 무엇인지 기재하고, 그 이유를 2줄 이내로 서술하시오.

풀 이

〈요구사항 1〉

기본키 후보 개수	이유
3	고객코드, 회사명 및 사업자번호는 동일한 값이 중복되어 있지 않다.

〈요구사항 2〉

가장 적절한 열	이유
고객코드	회사가 부여하므로 유일성을 유지할 수 있다. 회사명과 사업자번호는 고객사가 결정하므로 향후 중복가능성, 변경가능성이 있다.

2 오나라 회계사는 '고객' 테이블의 기록을 전수 조사한 후, 데이터베이스 설계상으로는 개체무결성(entity integrity)을 만족함에도 불구하고 매출과 관련하여 부정한 재무보고위험의 징후를 발견하였다. 추가조사가 필요하다고 생각하는 회사명을 모두 기재하고, 판단 근거를 2줄 이내로 서술하시오.

풀 이

회사명	판단 근거
맛나유업, 맛나유업	대표명과 주소가 동일함에도 불구하고, 사업자번호가 다르다. 가공의 매출계산서가 발행될 가능성이 있다.

3 오나라 회계사는 국세청 사업자 조회 웹페이지에서 사업자번호를 발급받은 모든 사업자에 대해서 영업상태를 수집하였다. 수집한 데이터로 생성한 '사업자조회' 테이블은 완전하고 정확하다. 아래는 '사업자조회' 테이블의 일부이다.

일련번호	사업자번호	상태
1001	123-45-99995	휴업
1002	123-45-99994	정상
1003	123-45-99993	정상
1004	123-45-99992	정상
1005	123-45-99991	정상
1006	123-45-99990	정상
1007	123-45-99989	폐업
1008	123-45-99988	정상

오나라 회계사는 (물음 2)에서 제기된 부정징후에 대한 추가조사를 위해 데이터분석을 실시하려고 한다. 이러한 상황에서 오나라 회계사는 '사업자조회' 테이블과 ㈜무니의 ERP에서 본인이 추출한 '고객' 테이블을 이용하기로 하였다. 어떠한 데이터 처리방법(논리)을 실행하는 것이 가장 적절한지 아래 <보기>에서 선택하고, 실행방법과 그 이유를 3줄 이내로 서술하시오.

<보기>

항목 번호 및 명칭
① 내부 조인(inner join)
② 왼쪽 외부 조인(left outer join)*
③ 오른쪽 외부 조인(right outer join)*
④ 외부 조인(outer join)
* '사업자조회' 테이블을 왼쪽으로 하는 것을 기준으로 하여 답하시오.

풀 이

항목 번호	실행방법 및 이유
③	(실행방법) '사업자번호'를 키(Key)값으로 하여 '사업자조회' 테이블에 '고객'테이블을 Right Outer Join할 수 있다. 이러한 데이터 처리를 통하여 '사업자조회' 테이블에서 '상태'열(칼럼)을 가지고 온다. (이유) 고객테이블의 사업자번호가 가공(Null)인지, 고객사의 영업상태가 휴업, 폐업인지 확인하기 위해서이다.

AUDITING StudyGuide

제 3 부

실증절차의 실시와 감사의 마무리

AUDITING

제 12 장 계정과목별 실증절차

감사인은 자신이 수립한 세부감사계획서에 따라서 계정과목별로 아래와 같은 체계로 실증절차를 수행한다. 이때 감사인이 실증적 분석절차에 focus를 맞추는 감사를 할 것인지, 세부테스트에 focus를 맞추는 감사를 할 것인지는 제7장에서 이미 언급하였던 것처럼 해당 계정과목의 왜곡표시위험 및 실증적 분석절차를 수행하는 것이 얼마나 효과적이고 효율적인지 여부에 따라 결정된다.

또한, 실증적 분석절차와 세부테스트를 통하여 감사대상회사 재무제표에 존재하는 경영진주장에 중요한 왜곡표시가 포함되어 있는지 여부에 대한 합리적인 확신을 제공하기 위하여 충분하고 적합한 감사증거를 수집하여야 한다.

계정과목별 실증절차의 Frame
1. 총괄표(Lead Schedule)(주1) 작성 및 실증적인 분석적절차 수행 2. 세부테스트 중 계정잔액에 대한 테스트 (1) 실재성 (2) 완전성 (3) 권리와 의무 (4) 평가 및 배분 3. 세부테스트 중 거래유형에 대한 테스트 (1) 발생사실 (2) 완전성 (3) 정확성

(4) 기간귀속

(5) 분류

4. 세부테스트 중 표시와 공시에 대한 테스트

주1 계정과목의 전년도 잔액부터 올해 잔액까지의 증감변화를 분석하기 위한 표. 이 표를 근간으로 감사인은 일반적으로 실증적 절차를 수행함. 또한 기초잔액은 항상 전기 조서 및 전년도 감사보고서 숫자와 비교대사해 보아야 하며, 기말잔액은 올해 감사대상 재무제표의 시산표 및 총계정원장과 비교대사해 보아야 한다. 그리고 감사인은 모든 숫자에 대한 정확성에 대하여 재계산을 먼저 수행해 보아야 한다.

	기초잔액	증가액	감소액	기말잔액
매출채권	30,000,000	45,000,000	30,000,000	45,000,000
(대손충당금)	(10,000,000)	(5,000,000)	(4,000,000)	(11,000,000)
	20,000,000	40,000,000	26,000,000	34,000,000
	전기 합계액			당기 합계액
매 출 액	300,000,000			400,000,000

1 | 현금및현금성자산 계정에 대한 실증절차

(1) 총괄표 작성 및 실증적 분석절차 수행

일반적으로 감사인은 현금및현금성자산과 관련하여 전기 현금및현금성자산 잔액 대비 당기 현금및현금성자산 잔액이 얼마나 증감이 이루어졌는지 확인해 보아야 하며 현금및현금성자산이 자산에서 차지하는 비중이 얼마나 되는지 또한 급격한 변화가 발견되었을 경우에는 그 이유가 무엇인지 확인해 보아야 한다. 만약, 분석적 절차 수행결과 다음과 같은 징후가 발견된 경우에는 현금및현금성자산 계정잔액에 부정이 존재하는 것으로 의심해 볼 수 있다

① 현금및현금성자산이 감사대상회사의 업종을 고려해 볼 때 자산에서 차지하는 비중이 지나치게 높은 경우

② 금리가 높은 단기차입금이 많은 회사가 현금시재액 및 수익률이 굉장히 낮은 현금성자산을 지나치게 많이 보유하고 있는 경우

③ 기중에 비해서 지나치게 기말에 현금잔액이 증가하는 경우

이 경우 감사인은 반드시 기본적인 감사절차(현금실사 및 예금조회)만을 수행하여서는 안되며, 현금의 경우 재무제표일 이후 계속 보유현황을 검사하여야 하고, 만약 재무제표일 이후

현금이 인출된 경우는 관련 증빙을 추가로 검증해 보아야 한다. 또한 예금의 경우에도 금융기관 담당자에게 시재액에 대한 유선조회를 해보든지 아니면 통장잔액 등을 확인해 보는 추가적인 절차가 필요하다(제1장의 2006년 금융위원회 감리지적사례도 참조할 것).

▎사례 ▎ 현금및현금성자산의 허위계상(2006년 금융위원회 감리지적사례)

〈상황〉

V사는 20X3년 하반기 중 대표이사의 회사자금 무단인출로 회사 현금시재가 장부잔액보다 106억 원 부족한 것을 은폐하기 위하여 사채업자로부터 20X4년 1월 6일 일시 빌린 자기앞수표 4매를 이용하여 현금및현금성자산 106억 원을 허위계상하였다. 또한 동사는 20X4년 1분기에는 동 가공현금 중 일부로 타법인 주식(비상장법인)을 취득한 것으로 회계처리한 후 선급금계정으로 대체처리해 놓았다.

〈감사인의 감사절차〉

현금보유에 대한 분석적 절차 및 질문을 통해 회사가 106억 원의 거액의 현금보유를 신규사업을 위한 자금으로 보유하고 있다는 회사의 설명을 그대로 이해하였다. 거액의 현금이 외부 대여금고에 보관되어 있음에도 직접 대여금고에 입점하여 실사를 하고 관련증빙(대여금고 관리대장)을 징구하여 금고 내 현금 입·출금이 적절히 통제되는지를 검토하지 아니하였다. 감사인은 대여금고에 직접 접근이 불가능하다는 회사의 말만 믿고 지점장실에서 회사 제시의 자기앞수표를 실사하였으며 수표의 발행의뢰인이 회사인지 확인하지 않고 수표의 수량과 금액만 조서에 기재하였다. 또한 재무제표일 이후부터 기말감사종료일(20X4년 2월 27일)까지의 기간 중 현금 주요 지출내역을 확인하여 결산기말 현금잔액의 실재성 및 소유권을 재확인하였다고 조서에 기재되어 있었으나 회사가 주식실물을 양수받지 않은 상태에서 계약체결일에 매매대금(80억 원) 전액을 매도자의 2개 통장에 입금한 것에 대하여 의구심을 갖고 주식양수도계약서의 내용을 검토하거나 주식매도자의 통장원본을 징구하여 검토하지 아니하였다.

〈감사인의 감사절차 미비점〉

1. 회사가 은행차입금 50억 원을 연체하고 있는 상황에서 **총자산의 37%에 해당하는 106억 원을 현금으로 보유하고 있는 등 감사위험이 매우 높은 상태**였음.
2. 거액의 현금이 외부 대여금고에 보관되어 있다면 **직접 대여금고에 입점하여 실사**를 하고 **관련증빙(대여금고 관리대장 등)을 징구하여 금고 내 현금 입·출금이 적절히 통제되는지 검토**하였어야 한다.
3. 감사위험이 높은 상황이었기 때문에 **재무제표일 이후 계속보유여부를 확인**해 보았어야 하며 그 과정에서 **현금이 지출되었다면 해당 지출관련 증빙을 반드시 확인**해 보았어야

한다. 즉, 이 경우에는 주식양수계약서 및 주식매도자의 통장을 요청해서 검토하는 등의 절차를 수행하였어야 한다.

(2) 세부테스트 중 계정잔액에 대한 테스트

① 현금시재액에 대한 실사 (실재성 확인)

반드시 감사대상회사 담당자의 참관 아래 실사를 수행하여야 하며, 실사가 완료된 이후에는 반드시 담당자에게 현금이 전액 반납되었음을 조서에 확인받아야 한다. 또한 감사인은 현금이 여러 곳에 분산 보관되어 있는 경우에는 상호 융통이 가능하기 때문에 반드시 환금성 자산을 한 곳에 모아서 동시에 실사를 하거나 여러 감사인이 분담하여 각 보관장소에서 동시에 실사하는 것이 원칙이다.

② 금융기관조회서를 통하여 입수 가능한 정보 및 발송원칙

1) 예·적금과 관련된 사항: 잔액(실재성 및 평가), 적금의 경우 만기(재무제표 표시와 공시), 사용의 제한 여부(권리와 의무, 재무제표 표시와 공시), 이자율 및 이자지급조건(재무제표 표시와 공시, 완전성 등)
2) 차입금과 관련된 사항(유산스(usance) 차입금 포함): 잔액(완전성), 만기와 상환조건(재무제표 표시와 공시), 동 차입금과 관련된 담보사항(권리와 의무, 재무제표 표시와 공시)
3) 기타 어음·수표 교부액, 미회수, 미도래수표·어음에 대한 정보, 지급보증약정 및 미결제된 선물환계약 등에 대한 정보도 얻어낼 수 있다(부외부채와 관련된 사항).

감사인은 금융기관조회서를 통하여 예금 잔액만을 확인하는 것이 아니라 차입금을 포함한 부외부채의 존재도 확인하는 것이기 때문에 기말 차입금 잔액이 없다 하더라도 회사와 기중에 거래가 있었던 모든 은행에 대하여는 금융기관조회서를 발송하는 것이 원칙이다. 따라서 금융기관조회서는 전수검사를 원칙으로 하는 것이며 표본을 추출하여 발송하지 않는다. 또한 예금의 경우에도 금융기관조회서를 통하여 잔액에 대한 감사증거 이외에 만기, 이자율 및 사용제한 여부도 확인하여야 되기 때문에 은행잔액증명서(또는 통장원본) 등을 통하여 잔액만을 확인하여서는 안 된다. 다만, 예금의 잔액 실재성만을 확인하는 경우에는 은행잔액증명서 및 통장원본 등을 확인해 볼 수 있다.

③ 은행계정조정표에 대한 감사절차

일반적으로 감사인은 효율적인 감사를 위하여 직접 은행계정조정표를 작성하는 것이 아니라 감사대상회사가 정기적으로 작성하고 있는 은행계정조정표를 입수하여 그에 대한 사후적

인 검토로 은행잔액과 회사 장부잔액과의 차이를 규명해 본다. (사례문제 1번-4 참조)

은행잔액	금융기관조회서를 통하여 확인
미기입예금	1) 회사가 재무제표일 기준으로 해당 예금을 현금입금 기록에 기입하였는지 확인 2) 모든 미기입예금이 재무제표일 이후의 은행기록을 나타내는 당좌거래명세서에 나타나는지 그 내역을 확인 3) 당좌거래명세서에 나타나지 않는 미기입예금의 경우에는 추가적인 증빙(입금표 등)을 요구. 4) 반대로 당좌거래명세서에 나타나는 재무제표일 이후의 입금거래 내역 중 은행계정조정표상 미기입예금의 성격으로 반영되어야 할 거래가 다 반영되었는지 여부를 확인
기발행 미인출수표	1) 회사가 재무제표일 기준으로 해당 수표가 현금출금 기록에 기입하였는지 확인 2) 모든 기발행미인출수표가 재무제표일 이후의 은행기록을 나타내는 당좌거래명세서에 나타나는지 그 내역을 확인 3) 당좌거래명세서에 나타나지 않는 기발행미인출수표의 경우에는 추가적인 증빙(발행된 수표목록 등)을 요구. 4) 반대로 당좌거래명세서에 나타나는 재무제표일 이후의 출금거래 내역 중 은행계정조정표상 기발행미인출수표의 성격으로 반영되어야 할 거래가 다 반영되었는지 여부를 확인
회사장부잔액	당해 연도 총계정원장 및 시산표를 통하여 확인

(3) 세부테스트 중 거래유형에 대한 테스트

① 현금검증표 (4위식 은행계정조정표) 작성

계정잔액에 대한 테스트의 경우에는 기중에 현금유용에 대한 부정을 적발하기가 어렵다. 따라서, 감사인은 자금과 관련된 회사의 내부통제가 취약하다고 판단한 경우에는 거래유형에 대한 테스트를 반드시 수행하여야 하며 이때 현금검증표는 담당자의 기중 현금유용과 관련한 부정행위를 적발하는 데 효과적인 기법이다. 다음은 현금검증표를 통한 부정적발의 예이다.

❖ 현금검증표를 통한 부정적발의 예 ❖

〈상황〉

서울(주)의 자금 및 경리를 담당하고 있는 이 부장은 천만 원 이하의 자금에 대해서는 무제한 입·출금 권한을 가지고 있으며 그 이상의 자금에 대해서는 대표이사의 승인을 받도록 되어 있다. 대표이사인 김 사장은 매월 은행계정조정표를 작성하여 회사장부상의 기록과 은행에 예입되어 있는 금액 간의 비교검증절차를 수행하고 있다. 이 부장은 개인적인 목적으로 월초에 자금을 천만 원 인출하여 유용한 다음, 월말 은행계정조정표 작성 전에 동 자금을 다시 입금하는 형식으로 부정을 저지르고 있었다.

〈감사절차〉

이때 김 사장은 은행계정조정표, 즉 계정잔액에 대한 테스트를 통해서는 기중 현금에 대한 개인적인 유용을 적발할 수 없다. 그러나 현금검증표를 작성하게 되면 회사장부상의 입·출금 합계액과 은행 장부상의 입·출금 합계액이 유용한 금액만큼 차이가 난다는 것을 알 수 있게 되므로 이러한 부정을 적발할 수 있다.

또한, 감사인은 위와 같은 회사의 내부통제에 대하여 유의적인 미비점으로 다음과 같은 사안을 지배기구에게 서면으로 커뮤니케이션 하여야 할 것이다.

1. 자금 및 경리를 한 사람이 담당하고 있는 측면에 대한 개선 (업무분장의 취약점)
2. 천만원 이하의 자금집행에 대한 승인절차의 결여 (승인절차의 미비)
3. 무제한 입출금 권한을 가지고 있는 측면에 대한 개선권고 (물리적 통제의 강화)
4. 은행계정조정표뿐만 아니라 현금검증표도 작성하도록 권고 (물리적 통제의 강화)

② 카이팅에 대한 감사절차

카이팅은 현금부족을 감추거나 재무상태표에 표시되는 현금예금잔액을 의도적으로 늘리기 위하여 이루어진다. 예를 들어, 어느 한 직원이 회사의 현금을 유용하였다고 하자. 그러면 부족한 현금 때문에 회사장부상의 현금기록과 은행잔액 사이에 차이가 발생하게 된다. 만약 이 직원이 이 같은 현금부족을 감추기 위하여 다른 은행계정에서 수표를 발행하여 현금이 부족한 은행계정에 입금하게 되면 현금이 부족했던 처음의 계정에서는 회사와 은행 간의 조정사항이 발생하지 않게 된다.

또한 이 경우에는 다른 은행계정에서 수표가 발행되었다 하더라도 회사의 장부에는 현금예금의 감소로 기록되지 않고, 또 아직 수표가 인출되지 않은 상태에서는 회사장부상의 현금예금잔액과 은행계정의 잔액은 서로 일치하게 된다. 따라서 일시적으로 현금부족을 감출 수 있게 되는 것이다. 이 같은 카이팅은 일반적으로 현금예금에 대한 회사의 내부통제가 취약한 경우에 발생한다.

즉, 동일한 직원이 수표의 발행과 현금예금의 기록을 동시에 담당하고 있는 경우(즉, 업무분장이 안 된 경우)나 또는 직원들 간의 공모가 있는 경우에 발생하게 된다. 카이팅의 종류는 다음과 같이 두 가지 형태로 이루어진다.

▸ Type Ⅰ 카이팅(잔액과대계상 : 부정에 의한 재무보고의 왜곡표시)

은행계좌		지급일		입금일	
From	To	장부	은행	장부	은행
A	B	1/3	1/3	12/31	12/31

① A은행계좌에 대한 수표를 발행하여 B은행계좌에 입금함.
② A은행계좌에서의 인출은 회사장부와 A은행계정 모두 다음 기 1월 3일에 기록
③ B은행계좌에의 입금은 회사장부와 B은행계정 모두 당기 12월 31일에 기록
(A은행에서의 인출은 기록 안 되고 B은행에의 입금만 기록되므로 잔액이 과대계상됨)

▸ Type Ⅱ 카이팅(예금부족 은폐 : 자산의 유용에 의한 재무보고의 왜곡표시)

은행계좌		지급일		입금일	
From	To	장부	은행	장부	은행
A	B	1/2	1/2	1/2	12/31

① B은행에서 일정한 금액을 인출하여 유용함.
② A은행계좌에 대한 수표를 발행하여 B은행계좌에 입금함.
③ A은행계좌에서의 인출은 회사장부와 A은행계정 모두 다음 기 1월 2일에 기록
④ B은행계좌에의 입금을 회사장부에는 다음 기 1월 2일에 기록하고 B은행계정에는 당기 12월 31일에 기록
(B은행계좌에 대해서 회사장부에는 기록 안하고 B은행에만 기록되므로 B은행의 예금부족액이 발견 안 됨)

⇩

카이팅 부정을 적발하는 방법

1) 은행 간 대체거래명세서를 작성하여 재무제표일을 전후로 하여 은행 간에 수표가 입·출금되는 내역을 동시에 검증(simultaneous verification)함. ⇨ 사례문제 1-6 (2) 참조
2) 당좌거래명세서를 검토하여 재무제표일 이전에 발행된 수표 중 재무제표일 이후에 결제된 수표가 은행계정조정표상에 미반영된 내역이 있는지 확인함. ⇨ 사례문제 1-5 참조

(4) 세부테스트 중 공시 테스트

① 예, 적금의 만기를 확인하여 유동과 비유동 구분표시가 적절하게 이루어졌는지 확인해 보아야 한다.
② 예, 적금 및 현금성 자산에서 차입금등과 관련하여 담보설정된 내역이 있을 경우 해당

내용이 주석에 공시가 이루어졌는지 확인해 보아야 한다.

③ 주요 예, 적금과 관련된 만기, 이자율 등에 대한 내용이 주석에 공시가 이루어졌는지 확인해 보아야 한다.

2 매출채권 및 매출과 관련된 감사절차

(1) 총괄표 작성 및 실증적 분석절차

매출채권에 중요한 왜곡표시가 포함되어 있을 가능성 및 어떠한 경영진 주장에 왜곡표시가 포함되어 있을지를 파악하기 위하여 감사인은 가장 먼저 실증절차로서 분석적 절차를 일반적으로 수행한다. 아래 예시는 매출채권과 매출액과 관련된 분석적 절차의 예시이다.

① 매출채권회전율 (매출액 / 연평균매출채권)
일반적으로 매출채권회전율이 떨어진 경우는 매출채권 회수기간이 길어지는 것을 의미하기 때문에 대손충당금의 적정성 여부를 확인해 보아야 한다. 또한 매출채권이 과대계상되었는지 여부도 꼭 확인해 보아야 한다. 반면 매출채권회전율이 급격히 상승하는 경우 팩토링과 같은 매출채권 매각이 있었는지 여부를 확인해 보아야 하며, 그 이유가 유동성 부족으로 판단되는 경우에는 계속기업으로서의 존속가능성에 불확실성을 야기하는 상황인지 판단해 보아야 한다.

② 매출총이익률 (매출총이익 / 매출액)
전기 대비 매출총이익률이 급격히 상승한 경우에 원가 관련정보가 적정하다고 가정하면 매출액 및 매출채권이 과대계상되었을 개연성에 대하여 감사인은 의심해 보아야 한다

③ 매출채권 대비 대손충당금의 비율 (대손충당금 / 매출채권)
대손충당금의 적정성을 확인해 볼 수 있다. 즉, 전기대비 대손충당금이 매출채권 차지하는 비율이 정당한 사유없이 급격히 감소하면 대손충당금 과소계상을 의심해 볼 수 있다.

④ 총자산 대비 매출채권의 비율 (매출채권 / 총자산) 등

〈문제 1〉 김철수 회계사는 분석적 절차 수행결과 매출채권이 작년에 비해서 2배가량 증가하였음을 발견하였다. 하지만 매출채권 대비 대손충당금 비율은 작년과 거의 비슷하다는 사실을 알게 되었다. 이때 원인을 경영진에게 질문한 결과 다음과 같은 답변을 받았다. 다음의 답변 중에서 가장 합리적인 설명은 어떠한 것인가?

① 저희가 올해 신용매출에 대한 기준을 완화하였습니다. 그러기 때문에 올해는 작년에 비해서 신용등급이 낮은 고객들에 대한 매출액이 증가하였습니다.
② 작년에 비해서 올해 매출채권의 대손금액이 절반으로 감소하였습니다.
③ 작년에 비해서 올해 연령분석결과 만기가 90일 이상 경과된 채권금액이 훨씬 많이 증가하였습니다.
④ 올해 지방에 기존 매장과 동일한 규모의 매장을 새롭게 개장하였으며 신용매출금액은 기존 매장과 거의 동일하게 발생하였습니다.

풀이 : ④

〈문제 2〉 감사인은 작년에 비해서 매출채권회전율이 급격하게 감소하였다는 사실을 알게 되었다. 이에 대한 가장 합리적인 원인이 될 수 있는 상황을 모두 선택하시오.

① 가공의 매출이 재무제표에 반영되어 있다.
② 종업원이 재무제표일 이전에 재고자산을 유용하였다.
③ 감사대상회사가 올해 신용정책을 작년에 비해 훨씬 엄격하게 강화하였다.
④ 과거부터 올해까지 계속해서 영업사원이 매출채권금액에 대하여 랩핑을 하였다는 사실을 알게 되었다.
⑤ 매출채권의 연령분석 결과 만기경과채권의 비율이 점차 늘어나고 있다.
⑥ 과거부터 지속되었던 매출할인정책을 올해부터 철회하였다.
⑦ 감사대상회사가 올해부터 매출채권 추심업무를 과거에 비해 보다 강화하였다.
⑧ 매출과 관련한 기간귀속 구분이 적절하게 되지 않았다.

풀이 : ①, ⑤, ⑥, ⑧

(2) 세부테스트 중 계정잔액에 대한 테스트

① 실재성

1) 받을어음에 대한 실사(실재성) : 받을어음에 대해서는 실사를 수행하며(원본확인) 또한 받을어음 수탁통장이 있는 경우에는 동액을 은행에 대한 조회를 통하여 확인한다. 이때 주

의할 점은 현금실사와 동일하게 받을어음에 대한 실사를 수행할 때에는 반드시 회사의 담당자 참관 아래 사본이 아닌 원본에 대한 실사를 수행하여야 하며 실사 후 전액 반납하였다는 사실을 확인받은 내용이 감사문서에 포함되어야 한다.

2) 외상매출금에 대한 외부조회 : 외상매출금의 실재성 및 권리 주장확인을 위한 신뢰성 있는 감사절차는 거래처에 대한 외부조회서를 발송하는 것이다. 외부조회절차와 관련된 자세한 내용은 이미 7장에서 언급한 바와 같다. 이때 주의할 점은 외부조회를 통하여 확인할 수 있는 경영진 주장은 실재성과 권리 주장이다. 왜냐하면 완전성의 경우에는 채무자의 경우 과소계상된 채무 금액에 대해서 회신할 유인이 없기 때문에 확인이 쉽지 않으며 평가 주장의 경우는 외부조회를 통하여 채권의 존재여부는 확인이 가능하나 해당 회사의 재무상태 및 현금유동성에 대한 파악은 쉽지 않기 때문이다. 따라서, 감사인은 매출채권의 잔액에 대한 평가 및 완전성 여부를 확인하기 위한 추가적인 감사증거를 수집하여야 한다.

매출채권 외부조회를 통하여 확인할 수 있는 경영진 주장	매출채권 외부조회를 통하여 확인이 쉽지 않은 경영진 주장
1) 실재성 2) 권리와 의무	1) 완전성 2) 평가 및 배분

또한, 회사가 동일한 거래처에 대해서 외상매출금과 받을어음에 대하여 이중으로 채권을 계상하고 자산의 유용을 은폐시키는 부정을 적발하기 위해서는 받을어음 실사와 외상매출금에 대한 외부조회를 별도로 수행하지 말고 반드시 외부조회시 채권금액을 받을어음 채권과 외상매출금 채권을 구분 표시하여 발송하여야 한다. 아래는 이와 관련된 금감원 감리지적사례이다.

Ⅰ 사례 Ⅰ 매출채권 이중계상(2008년 감리지적사례)

〈상황〉

A사는 2003년에 A/S 및 교육시설 관련 임차보증금을 이미 회수하였으나, 2005년까지 실재하는 것처럼 허위계상하다가 2006년에 마치 동 임차보증금이 회수된 것처럼 나타내기 위해 매출처로부터 받은 받을어음을 외상매출금과 대체하지 않고 이미 소멸된 임차보증금과 대체(임차보증금→받을어음)하는 허위의 회계처리를 하여 매출채권을 이중계상하였다.

〈지적경위〉

매출채권 회전율이 30% 이상 감소하고 총자산 대비 임차보증금 및 매출채권 비중이 30% 이상으로 임차보증금 및 매출채권의 과대계상 가능성이 있었다

〈감사인의 감사절차〉

회사가 A/S 및 교육시설 관련 임차보증금을 계약서상 임차기간 만료시점에서 실제 회수하고 동 임대차와 관련된 사업부가 타 업체에 이전된 사실이 있었음에도 감사 시 계약연장 여부 등 실재성을 확인하지 않았고 회사가 제시하는 임대차계약서만 확인하였다 또한, 외부조회 요청시에도 외상매출금과 받을어음에 이중으로 계상되어 있는 동일한 거래처에 대한 채권을 인지하지 못하고 받을어음은 실사로 확인하고 외상매출금은 동 금액만 따로 외부조회를 확인함으로써 매출채권의 이중계상한 부정을 적발하지 못하였다

〈시사점〉

1. 임차보증금이 회수되고 동 금액을 회사 담당자가 유용하였음에도 불구하고 적발을 하지 못한 측면

(1) 감사인은 임대차계약서를 확인하였기 때문에 문서진위여부까지 판단할 책임은 없다라는 감사의 고유한계 원인을 이유로 자신의 면책을 주장할 수 있다

(2) 하지만, 회사의 임차보증금 금액은 자산에서 차지하는 비중이 높았기 때문에 중요왜곡표시위험이 있는 계정과목으로서 보다 효과적인 실증절차를 수행했어야 한다 따라서 회사가 제시하는 내부문서인 임대차계약서보다는 신뢰성이 높은 임대인에 대한 외부조회를 해 보았어야 한다.

2. 매출채권이 이중으로 계상된 부정을 적발하지 못한 측면

(1) 감사인은 받을어음에 대한 실사, 외상매출금에 대한 외부조회를 해 보았으나 동일한 거래처가 동시에 포함되어 있다는 사실은 간과한 채 별도로 각각에 대한 채권의 실재성을 확인해 보았다.

(2) 매출채권 회전율이 급격하게 감소한 측면, 그리고 매출채권이 자산에서 차지하는 비중이 큰 점을 보았을 때 실증적 분석절차로 매출채권의 왜곡표시 징후는 충분히 존재하였으며 따라서 감사인은 매출채권의 실재성 검증에 더 유의했어야 한다

(3) 동일한 거래처가 받을어음과 외상매출금 명세서에 동일하게 포함되어 있는 경우에는 반드시 외부조회서 작성시 해당 채권 금액을 둘 다 포함시켜서 채권금액을 확인해 보아야 한다.

② 평가 및 배분

1) 매출채권의 평가 주장을 확인하기 위해서 감사인이 확인해 보아야 할 중점적인 내용은 매출채권의 회수가능성, 즉 대손충당금의 적정성 여부를 파악하는 것이다. 일반적으로 대손충당금의 적정성을 확인하기 위하여 감사인이 수행하는 절차는 다음과 같다.

대손충당금의 적정성을 확인하기 위한 절차
(Step 1) 경영진의 대손충당금 도출방법과 그러한 추정의 근거가 된 데이터를 테스트한다. 이 과정에서 감사인은 다음과 같은 사항을 평가하여야 한다. 가. 대손설정방법이 회사 상황에 적합한지 여부 나. 경영진이 적용한 가정이 해당 재무보고체계의 측정목적에 비추어 합리적인지 여부
(Step 2) 경영진의 대손충당금 도출방법에 대한 통제의 운영효과성을 테스트한다.
(Step 3) 경영진의 대손충당금 설정금액의 적정성을 평가하기 위하여 감사인이 점추정치 또는 범위추정치를 도출한다. 이때 대손충당금의 추정방법에는 중요한 채권에 대해서는 개별 채권 분석(회사의 재무제표를 입수하여 재무상태 및 유동성 분석, 만약 담보설정으로 신용이 보강되어 있는 채권의 경우에는 담보가치에 대한 평가 등) 기타의 채권에 대해서는 연령분석법 등이 있다.
(Step 4) 감사보고서일까지 발생한 사건, 즉 예를 들어 재무제표일 이후 채무자에 대한 파산여부 또는 후속적인 입금여부 등을 검토하여 대손충당금의 적정성을 확인해 본다.

이때 주의할 점은 감사인이 대손충당금 연령분석을 할 때 회사의 매출채권이 발생한 시점에 대한 추가적인 확인을 반드시 수행하여야 한다. 만약, 장기 연체되는 채권임에도 불구하고 발생한 시점을 조정하여 대손율을 적게 계상하는 부정도 자주 발생하기 때문이다.

2) 만약 회사의 매출채권 중 외화매출채권이 존재하는 경우는 외화환산이 적정하게 이루어졌는지 여부도 확인해 보아야 한다.

3) 마지막으로 장기성 매출채권의 경우에는 회사가 계상한 매출채권의 현재가치금액이 적정한지 여부를 확인하기 위한 재계산을 반드시 수행해 보아야 한다.

③ 권리와 의무

1) 거래처에 대한 외부조회를 통하여 실재성뿐만 아니라 감사대상회사가 실제로 받을 권리가 있는지 검증해 볼 수 있다

2) 또한, 회사는 매출채권 (금융자산) 양도를 통한 자금조달을 할 수 있고 이 경우 감사인은 반드시 해당 거래가 금융자산 제거요건이 만족되어서 양도로 간주되어야 하는지 아니면 금융자산 제거요건이 만족되지 아니하여 담보차입으로 간주되는지 계약서 등을 문서검사하여 확인해 보아야 한다. 만약, 담보차입거래로 간주되는 경우에는 해당 채권이 담보설정되어 있다는 사실을 회사가 주석에 공시를 했는지도 확인해 보아야 한다.

특히, 이 경우 은행을 통한 어음할인을 하였을 경우 (해당 거래가 매각거래로 간주된다고 가정했을시) 금융기관 조회서상 어음할인 내역이 확인되었을 경우 동 금액은 매출채권 금액에서 차감되고 어음발행자에게 조회가 되어야 한다. 다시 말해서 매각거래로 간주된 어음할인 금액이 있음에도 불구하고 채무자에 대한 외부조회 결과 채권 금액이 일치된다고 회신이 된 경우에는 동 할인된 채권금액만큼 자금횡령이 있었음을 의미하기 때문이다.

어음 할인에 따른 외부조회시 유념해야 할 사항
(Case 1) 어음 할인거래가 매각거래로 간주되는 경우 매출채권 외부조회시 금융기관 조회서상 어음할인 내역만큼이 매출채권 금액과 차이가 발생하여야 한다. 즉, 장부상 매출채권금액에서 어음할인 금액만큼이 가산한 금액이 거래처에서 회신해 오는 채권, 채무 금액과 일치가 되어야 하며 만약, 어음할인금액이 있음에도 불구하고 매출채권 장부금액과 거래처의 회신금액이 일치되면 어음할인금액만큼 매출채권은 과대계상(자금을 횡령하고 매출채권으로 은폐한 부정의 형태)이 된 것으로 의심하여야 한다. (Case 2) 어음 할인거래가 차입거래로 간주되는 경우 매출채권 외부조회시 금융기관 조회서상 어음할인 내역이 존재하고 동 거래가 차입거래 조건을 만족한다면 해당 금액은 회사 재무제표상 차입금으로 계상되어 있어야 한다. 하지만, 거래처와 채권, 채무 금액이 일치되는 상황에서 차입금이 장부에 누락되어 있다면 해당 금액만큼 차입금은 과소계상(자금을 횡령하고 차입금을 누락한 부정의 형태)이 된 것으로 의심하여야 한다.

(3) 세부테스트 중 거래유형에 대한 테스트

① 발생사실

감사인은 매출액의 발생사실 여부를 확인하기 위하여 감사대상기간에 발생하였다고 기록되어 있는 매출원장 내역에서 표본을 추출하여 관련 회사 내부문서 증빙(선적서류 등)을 역진법을 통하여 확인해 본다.

〈예〉
매출원장 ⇨ 세금계산서 ⇨ 인도(수)증 ⇨ 운송서류 ⇨ 출고증 ⇨ 선적서류 ⇨ 승인된 판매지시서 ⇨ 구매주문서

특히, 거래유형에 대한 테스트의 실익에서 언급(제7장)했던 바와 같이 재무상태표 중심으로 감사를 진행하는 경우 매출액의 발생사실에 왜곡표시가 존재함을 발견하지 못하는 사례가 늘고 있기 때문에 감사인은 매출채권의 실재성뿐만 아니라 매출액의 발생사실에 대해서 중요왜곡표시위험이 높다고 판단되는 회사(예: 주권상장법인 중 매출규모가 한계점에 있는 기업 등)의 경우 반드시 추가로 감사증거를 확보하여야 한다. 이와 관련된 또 다른 금감원 감리 사례를 소개한다.

② 완전성

감사인은 매출액의 완전성 여부를 확인하기 위하여 감사대상기간에 발생한 매출관련 증빙에서 표본을 추출하여 관련 거래내역이 재무제표에 누락되지 않고 다 반영되었는지 확인해 보아야 한다.

〈예〉
구매주문서 ⇨ 승인된 판매지시서 ⇨ 선적서류 ⇨ 출고증 ⇨ 운송서류 ⇨ 인도(수)증 ⇨ 세금계산서 ⇨ 분개장 (전표) ⇨ 매출원장

③ 정확성

재무제표에 인식되는 매출채권 금액이 정확한 금액인지 여부를 확인해 보아야한다. 따라서, 해당 매출액 금액의 적정성을 확인하기 위하여 매출 계약서 및 세금계산서 발행 내역 그리고 현금이 입금되었다면 그 회수여부 등을 확인해 보아야 한다.

이때 주의할 점은 매출액을 인식하는 금액에 대해서 총액으로 기록할 것인지 순액으로 기록할 것인지에 대한 검토이다. 다음은 총액, 순액이슈와 관련된 금감원 감리지적사례 2가지를 소개한다.

Ⅰ 사례 1 Ⅰ 매출 및 매출채권 관련 과대계상(2008년 감리지적사례)

〈상황〉

A사는 ×1기 4분기에 발생(10월, 11월 중 총 2회 거래)한 네비게이션 임가공납품거래에 대해 발주회사로부터 (일괄)공급받은 부품을 조립, 검사하여 발주회사에 납품하는 단순 임가공업무를 수행함에 따라 관련 수수료수익만 매출로(순액) 인식하여야 함에도 (부품)구매와 (제품)납품을 각각 수익과 비용으로 총액인식함으로써 결과적으로 매출액 및 매출원가를 과대계상한다.

〈감사인의 감사절차〉

4분기 중 거래횟수가 2회에 불과한 네비게이션 거래가 A사 연간 매출액의 상당액(38.3%)을 점유하고 있는 상황에서 단순히 매출사실만을 검토하는 것으로 감사절차를 종료하고 매입계약서확인, 제품종류별 제조원가계산 등 매출과 관련된 매입·매출원가에 대한 감사절차를 소홀히 하여 회사의 회계처리기준위반사항을 감사의견에 적절히 반영하지 못하였다

〈시사점〉

기존에 없던 신규매출이 회계기말에 집중적으로 발생하였고 동 매출이 없다면 관리종목으로 지정될 상황을 고려할 때 허위매출 가능성이 있는 경우에는 단순 임가공업무에 해당하는지를 검토할 필요가 있고 특히, 매출거래와 매입거래를 함께 분석할 필요가 있다.

Ⅰ 사례 2 Ⅰ 유상사급 거래관련 매출액 및 매출원가 과대계상(2008년 감리지적사례)

〈상황〉

C사(발주회사, 원자재공급자)는 B사에 부품을 주문하면서 C사가 부품의 원재료를 일괄구입한 후 동 원재료를 외상으로 B사에 공급하고, 원재료 대금은 향후 부품 매입대금과 상계처리한다. 동 거래는 경제적 실질이 원재료의 소유에 따른 위험과 효익이 대부분 이전되지 아니하는 유상사급(有償賜給)거래이므로 B사는 임가공 수수료만을 매출액으로 계상(순액매출)하여야 함에도 원재료매입금액이 포함된 제품가액을 매출액으로 계상(총액매출)함으로써 매출액과 매출원가를 과대계상하였다.

〈감사인의 감사절차〉

유상사급거래의 경우 발주회사로부터 매입한 원재료의 처분제약 여부 등에 따라 수익인식방법이 상이하므로 해당 거래의 실질을 확인하기 위해 재화의 소유에 따른 위험과 효익의 이전 여부, 판매한 재화에 대한 통제권 행사 가능 여부 등 수익인식요건 충족 여부를 확인했어야 하나 이를 소홀히 하였다.

〈시사점〉

발주회사가 제품생산에 필요한 원재료를 유상으로 공급하는 유상사급거래의 경우에는 기업회계기준서 및 재무보고에관한실무의견서2005-4에 의거 ① 원재료 법률적 소유권의 완전한 이전 및 처분의 제약 여부, ② 매매된 원재료에 대한 반환청구권 약정 여부, ③ 원재료의 물리적 손상에 따른 위험의 제조회사 전액 부담 여부 등 해당 거래의 실질을 충분히 검토하여 수익인식방법을 결정하여야 하며, 상기 3가지 요건을 하나라도 충족시키지 못하는 경우에는 무상사급(임가공)거래와 동일하게 순액으로 처리하여야 한다. (K-IFRS의 경우에는 총액으로 인식할 것인지 순액으로 인식할 것인지 여부에 대한 지침이 정확하게 제시되고 있음) 결국, 감사인이 총액, 순액 여부를 검토하기 위해서는 관련 계약서의 내용을 면밀하게 검토하는 것이 굉장히 중요한 절차이다.

④ 기간귀속

감사인은 재무제표일 전후에 발생한 매출거래에 대하여 적절한 기간에 장부에 기록되었는지 여부를 확인해 보아야 한다. 아래 사례는 기간귀속에 대한 적정성 확인을 위한 감사절차의 대표적인 예이다. 주의할 점은 이러한 기간귀속은 결국 매출액의 발생사실과 완전성에 대한 경영진의 주장도 동시에 확인이 가능할 수 있다.

❖ 매출액의 기간귀속에 대한 분석을 위한 감사문서의 예 ❖

PAGE #: S-2

OO회계법인 | OOO주식회사 **매출액 기간귀속 분석** | 작성자: 김길동 작성일: 1/15/×6, 검토자: 김철수 검토일: 1/22/×6

재무제표일 : 12/31/X5

내 역	선적번호	수 량	선적일	선적조건	매출기록일
제품 A	313	120	12/30/×5	FOB 선적지조건	12/30/×5 #
제품 A	314	130	12/31/×5	FOB 선적지조건	1/2/×6 √
제품 B	315	500	12/30/×5	FOB 선적지조건	12/31/×5 #
제품 B	316	220	12/31/×5	FOB 도착지조건	12/31/×5 √√
제품 A	317	100	12/31/×5	FOB 선적지조건	12/31/×5 #
제품 B	318	125	12/30/×5	FOB 선적지조건	12/31/×5 #
제품 B	319	200	1/2/×6	FOB 선적지조건	12/31/×5 √√
제품 A	320	150	1/2/×6	FOB 선적지조건	1/3/×6 #

매출원장의 기록과 대조함 √ : 매출액이 과소계상 √√ : 매출액이 과대계상

위 사례에서 보는 바와 같이 기간귀속의 적정성을 검토하는 경우에는 재무제표일 이전에 선적된 매출내역에 대해서만 확인하는 것이 아니라 재무제표일 이후에 선적된 내역에서도 기간귀속에 왜곡이 발생할 수 있기 때문에 반드시 감사인은 재무제표일 전후 매출거래 내역 모두에 대한 검토를 수행하여야 한다. 또한, 매출액을 과대계상하는 왜곡표시 유형에만 집중할 것이 아니라 기업의 이해단계에서 충분히 매출액을 과소계상할 유인이 있다고 판단되는 회사(예 : 조세를 회피하고자 하는 유인이 큰 회사, 올해 이미 성과를 달성했고 내년도 목표가 지나치게 공격적으로 설정되어 있는 회사 등)의 경우는 기간귀속 검토시 과소계상과 관련된 왜곡표시 유형에도 유의해서 감사를 수행하여야 한다. 이러한 예를 잘 보여주는 사례를 소개한다.

❙ 사례 ❙

(주)외국은 제약회사로서 대주주인 본사는 미국에 위치하고 있다. 매년 예산을 편성하여 월별로 실제 성과를 비교·검증하는 절차를 취하고 있으며 기타 내부통제제도도 효과적으로 운영되고 있다. 회사는 최근 3년간 꾸준한 매출액 성장률을 달성하고 있으며 수익성 및 안정성 또한 양호한 상태이다. 제품의 원재료의 단가는 유가의 변동에 굉장히 민감하며 올해는 전체적인 유가의 하락으로 인하여 수익성이 크게 증가하였으며 당사 제품에 대한 폭발적인 수요의 증가로 매출액도 예산 대비 5% 이상 달성하였다. 하지만 경영진과의 면담결과 내년도에는 유가상승으로 인한 단가상승을 우려하고 있으며 경쟁사들의 유사제품의 개발이 조만간 이루어질 것으로 판단하여 수익성 하락 및 매출액 감소를 우려하고 있다.
이에 나금감 회계사는 매출액 및 매출채권에 대한 감사를 수행하는 과정에서 작년도 대비 급격하게 매출이 증가한 사실을 파악하고 실재성 및 발생사실 여부에 중점을 두고 감사를 수행하였으며 기간귀속절차를 수행하는 과정에서도 재무제표일 시점으로 15일 전에 장부상 기록된 매출액에 대하여 실제 발생한 거래인지 여부에 대한 중점적인 감사를 수행한 결과 매출액 및 매출채권에 대한 과대계상 여부를 발견하지 못하였다. 따라서 매출 및 매출채권에 대하여 중요한 왜곡표시가 없다는 결론을 맺었다.

〈감사인의 감사절차 중 미비점〉
회사의 상황(제품의 폭발적인 수요증가)을 종합적으로 고려해 볼 때 올해 매출액이 예산 대비 5% 이상 달성된 것은 큰 하자가 없는 것으로 판단된다. 오히려 내년도 전체적인 상황이 악화(유가상승 및 당사 제품 수요감소)될 것으로 판단된다면 경영진이 고의적으로 당기 매출액을 차후 연도로 이연시켰을 가능성에 대해서 더욱더 의심해 보았어야 한다. 따라서 기간귀속절차를 수행하는 과정에서 발생사실보다는 완전성에 중점을 두었어야 하며, 그에 따라 재무제표일 이후 기록한 매출거래의 관련증빙을 면밀히 검토하여 재무제표일 이전 시점에 기록하였어야 할 매출이 아닌지 여부를 검토해 보았어야 한다.

또한, New ISA에서는 수익인식시기과 관련하여 유의적 위험이 있을 수 있는 대표적인 항목으로 언급하면서 감사인으로 하여금 훨씬 더 세부적인 감사절차를 수행하도록 요구하고 있다.

수익인식과 관련된 감사인의 세부적인 대응절차 (ISA 240 보론 2)
1) 당기와 과거 보고기간의 월별, 제품별 또는 사업부별 보고수익간의 비교와 같이, 세분화된 데이터를 이용함으로써 수익 관련 실증적 분석절차를 수행함. 2) 적합한 회계처리는 종종 거래조건이나 약정에 의해 영향을 받으며 할인조건이나 그 적용기간이 적절히 문서화되지 아니하는 경우가 있기 때문에, 관련 계약조건과 부속약정 존재에 대하여 거래처에 확인함. 예를 들어, 인수조건, 인도 및 지급조건, 향후 또는 진행 중인 공급자 의무의 존재 여부, 제품에 대한 반품권, 보증된 재판매가액, 취소 및 환불조항 등이 종종 그러한 상황과 관련되어 있다. 3) 기업의 판매 및 마케팅 인원이나 내부의 법률고문에게 보고기간 말에 근접한 매출이나 출고에 대해 질문함. 그리고 이러한 거래와 관련하여 비경상적인 조건이나 상황을 알고 있는지 질문함. 4) 출고 중이거나 출고대기 상태에 있는 제품을 관찰하기 위하여 보고기간말에 하나 이상의 사업장에 입회하고 매출 및 재고자산과 관련된 기타의 적절한 기간귀속 절차를 수행함.

⑤ 분 류

회사의 매출액으로 보고되어 있는 거래금액이 실제로 회사의 주된 영업활동과 관련된 매출액인지 확인해 보아야 한다. 예를 들어 제조업을 영위하는 기업이 일시적이고 우발적으로 발생한 임대료 수익을 매출액으로 공시하는 경우 해당 수익은 영업외수익으로 분류를 하는 것이 적절할 것이다.

(4) 세부테스트 중 표시 및 공시에 대한 테스트

① 매출채권의 만기를 확인하여 유동자산 및 비유동자산에 적절하게 분류 표시되어 있는지 확인해 보아야 한다.

② 매출채권 금액 중에서 담보설정이 되어 있거나 처분 및 양도에 제한이 있는 경우 해당사실을 주석에 적절하게 공시하였는지 확인해 보아야 한다.

③ 매출 금액 중에서 특수관계자와 주요거래를 주석에 적절하게 공시하였는지 확인해 보아야 한다.

참고 Ⅰ 래핑(Lapping)

(1) 정의: 시차(時差)를 이용하여 현금유용액을 은폐하는 부정행위 ➡ 래핑은 동일한 직원이 현금회수기능과 매출채권에 대한 기록을 동시에 담당하는 경우(즉, 업무분장이 이루어지지 않는 경우)에 발생

(2) 래핑을 예방, 적발하기 위한 내부통제 및 실증절차

회사에 대한 내부통제제도		감사인의 실증절차
예방할 수 있는 제도	적발할 수 있는 제도	
① 업무(승인, 기록, 보호)의 분장 ② 자동이체제도 (물리적 통제)	월별 채권잔액 통지서 발송 (물리적 통제)	매출채권 외부조회

참고 ▍기타 채권(대여금, 선급금 등)에 대한 실증절차

위와 같은 채권의 경우에도 기본적으로 왜곡표시를 적발하기 위한 실증절차는 매출채권과 동일한 방법으로 진행이 된다. 따라서 실증적 분석절차를 통하여 중요왜곡표시위험을 평가하고 계정잔액에 대한 테스트로서 외부조회, 그리고 거래유형에 대한 테스트로서 계약서 확인, 통장지급내역 확인, 대여금의 경우는 이자수령여부 및 선급금의 경우 본계정으로 장기미대체가 된 경우 그 이유등을 확인하는 절차를 수행하여야 한다. 아래는 해당 채권과 관련된 금감원 감리지적사례이며 이를 통하여 실증절차의 방법에 대해서 논의해 보기로 한다.

1. 대여금

(1) 정당한 주의의무를 다한 경우로 판단한 Case (2011년 금감원 감리지적사례)

〈상황〉

전 대표이사가 회사 자금을 자신이 지배하는 관련회사에 송금한 후 바로 인출하는 방법으로 회사 자금을 횡령하였음에도 이를 정상거래처에 대한 단기대여금으로 허위 계상

〈감사인의 감사절차〉

1. 감사인은 기말실증감사 시 단기대여금 계정을 중점감사항목으로 선정하여 ① **채권채무조회서 확인, ② 금전소비대차계약서 확인, ③ 입금증 등 증빙 확인, ④ 이자수령내역 확인, ⑤ 결산 이후 회수내역 확인 등 확대된 감사절차를 충실하게 수행**함.
2. 회사가 제반 증빙서류와 회계기록을 조직적으로 은폐, 조작함에 따라 단기대여금 허위계상 사실을 적발하기 어려웠다고 판단

〈시사점〉

감사인이 감사보고서 발행 후에도 대여금 회수내역을 확인하는 등 최선의 노력을 다하여 감사절차를 수행했더라도 회사가 회계기록 등을 조직적으로 은폐, 조작함에 따라 부정행위를 발견하기 어려운 사항에 대해, 계좌추적권 등 강제검사권이 없는 감사인의 한계가 인정되는 경우에는 면책됨.

(2) 정당한 주의의무를 다하지 않은 경우로 판단한 Case (2007년 금감원 감리지적사례)

〈상황〉

A사의 대표이사가 회사자금을 무단 인출하였으나 이를 은폐하기 위해, 종업원에게 대여한 것처럼 허위의 금전소비대차계약서를 작성하는 방법으로 ×5년도 말 및 ×6년도 1분기

재무제표에 단기대여금을 허위로 계상하고, ×6년도 반기 및 3분기 재무제표에 단기대여금을 허위로 계상하였다.

〈감사인의 감사절차〉
회사 재무제표상 대여금 규모가 자산총액의 10.8%에 이르는 등 비정상적인 형태를 보이는 상황에서 감사인은 상기 자금대여 거래가 ① 결산일 직전(×5. 12월)에 이루어지고 그 규모가 자산총액의 10.8%이며, ② 근속기간이 1년 이하인 직원에게까지 대여하고, ③ 종업원별 대여액이 연봉과 퇴직금의 합계액을 크게 초과(평균 3.3배)하는 등 비정상적인 상황임에도 회사가 제시한 계약서와 이사회의사록만을 확인하고 종업원이 회사로부터 자금을 실제 차입하였는지 여부 등에 대한 확인절차를 소홀히 하였다.

〈시사점〉
1. 지금 현재 회사는 다음과 같은 재무제표의 왜곡표시가 있는 것으로 보아야 한다
① 불법행위미수금 (대표이사에 대한 미수금 또는 대여금)에 대한 과소계상
② 특수관계자 거래에 대한 주석공시 누락
③ 대여금에 대한 회수가능성이 없는 경우 대손충당금에 대한 추가설정 누락
④ 법인세 (가지급금 관련 세금효과) 비용의 과소계상

2. 실증적 분석절차 결과 대여금 규모가 자산총액에서 차지하는 비중이 높고 해당 거래가 재무제표일 근접한 시점에서 비경상적으로 발생하였으며 종업원 대여금액이 연봉 총액과 근무연수 대비 비정상적 수준이었으므로 회사 내부문서인 이사회의사록, 금전소비대차계약서 확인 등의 통상적인 감사절차 이외에 종업원에게 실제로 대여하였는지 자금흐름을 확인할 필요가 있다.

3. 따라서, 종업원에 대한 대여금 실재성 확인을 위한 절차가 있었어야 하며 해당 자금거래가 실제 종업원 통장에 입금되었는지 여부를 확인하기 위하여 실제로 통장이체내역 및 종업원의 통장원본등을 추가적으로 확인하였어야 한다.

2. 선급금 (2010년, 금감원 감리지적사례)

〈상황〉
A씨는 20X2년 갑사를 30억 원에 인수하여 최대주주 겸 대표이사로 선임된 후 20X3년까지 어음발행 등으로 총 44억 원의 회사자금을 인출하여 동인의 차입금(회사 인수 관련) 23억 원의 변제 등에 임의로 사용하였으나 회사가 이를 은폐하기 위하여

① 실제로 자금을 대여한 사실이 없음에도 송모 씨 등 4인에게 회사자금을 일시 대여한 것처럼 회계장부를 조작하여 단기대여금을 허위로 계상하고,
② C 등 4개 사에게 총 76백만 원의 건설공사대금을 선급한 것처럼 회계장부를 조작하여 제17기에 선급금을 허위로 계상하였다.

〈감사인의 감사절차〉
대여금을 감사함에 있어 금전소비대차계약서와 회계처리 내역을 비교, 검토하지 않았고 대여금의 회수가 대여자와 관련 없는 개인의 이름으로 이루어졌음에도 입금출처에 대한 감사절차를 소홀히 하였다. 또한 선급금의 경우에도 회사에 대하여 해당 금액이 증가된 원인에 대해서 질문만을 수행하여 해당 금액의 실재성에 대한 검증이 전혀 이루어지지 아니하였다.

〈시사점〉
대여금의 경우에는 먼저 외부조회절차를 먼저 수행하였어야 하며 해당 대여금과 관련된 금전소비대차 계약서 확인, 그리고 해당 차주들에게 통장으로 돈이 지급되었는지 확인 및 이자 등을 수령하였는지 여부를 확인해 보았어야 한다
선급금의 경우에도 먼저 선급금을 지급한 거래처에 대하여 외부조회절차를 수행하였어야 하며, 해당 선급금과 관련된 계약서 검토, 그리고 해당 거래처에 대해서 자금이 집행되었는지 통장지급내역을 확인해 보았어야 한다. 또한 선급금의 경우 본계정으로 장기 미대체가 되었을 경우에는 그 이유도 정확하게 확인하여 만약, 실현 가능성이 없다고 판단되는 경우에는 즉시 비용으로 처리하도록 권고하여야 한다.

3 재고자산 및 매출원가와 관련된 감사절차

(1) 실증적 분석절차

재고자산의 경우에는 일반적으로 중요왜곡표시위험이 높은 계정과목 중 하나이기 때문에 해당 계정과목에 대한 왜곡표시를 식별하기 위한 분석적 절차를 수행하는 것은 상당히 중요하다. 다음은 일반적으로 많이 수행하는 분석적 절차의 예시이다.

① 재고자산 회전율 (매출원가 / 평균 재고자산잔액)
재고자산 회전율이 전기에 비해서 유의적으로 감소하는 경우 감사인은 재고자산의 과대계상(실재성) 및 저가법 평가의 필요성(평가 및 배분)에 대해서 보다 면밀히 검토해 보아야 한다.

② 매출총이익률 (매출총이익 / 매출액)
매출총이익률이 유의적으로 증가하는 경우 매출액에 왜곡표시가 없다고 판단하는 경우 감사인은 재고자산의 과대계상을 통한 매출원가의 과소계상을 의심해 볼 수 있다

(2) 세부테스트 중 계정잔액에 대한 테스트

재고자산은 전형적인 비화폐성 자산으로서 감사인이 비화폐성자산의 계정잔액에 대한 적정성을 확인하기 위해서는 아래와 같이 Price에 대한 검증과 Quantity에 대한 검증이 각각 이루어져야 한다.

Price(평가 및 배분) X Quantity(실재성 및 완전성) = 재고자산 계정잔액

① 재고자산수량에 대한 실증절차

1) 재고자산 수량에 대한 검증방법

〈이론적인 방법〉

	재고자산에 대한 실사	재고자산에 대한 실사입회
가. 감사기술	실물검사(physical examination)	관찰(observation)
나. 장　　점	감사증거력이 높다.	감사비용이 적게 발생한다.
다. 단　　점	감사비용이 많이 발생한다.	감사증거력이 낮다
라. 적용시기	재고자산에 대한 중요왜곡표시위험이 높다고 판단하는 경우	재고자산에 대한 중요왜곡표시위험이 낮다고 판단하는 경우

⇩

〈New ISA의 입장〉

보통 감사대상회사의 재고자산의 수량이 실사에 의해 결정(실지재고조사법)되거나 계속기록법을 사용하고 한 번 혹은 그 이상 회사가 그 정확성을 확인하기 위하여 실사를 하기 때문에 효율적인 감사를 위하여 감사인은 실사입회를 원칙으로 하며, 일부 항목에 대해서는 감사증거력을 보완하기 위하여 직접 감사인이 실사를 수행하고 왜곡표시위험의 수준에 따라 그 실사표

> 본의 크기를 조정하는 것이 일반적이다.
>
> 따라서 New ISA의 경우 재고자산이 중요하고 실행불가능하지 않는 한 재고자산의 실재성과 상태(진부화 여부)에 관한 충분하고 적합한 감사증거를 입수하기 위하여 **재고자산 실사입회 절차를 원칙적으로 수행하도록 요구**하고 있다. (ISA 501 문단 4)

다만, **제3자가 보관(타처보관)하고 있는 재고자산이 중요한 경우는** 기업을 위하여 보유하는 재고자산의 수량(실재성)과 상태에 대해 당해 **제3자의 확인을 요청**하기도 한다. 특히, 제3자에 대한 외부조회는 실재성은 확인이 가능하나 상태, 즉 진부화 여부(평가)는 파악이 쉽지 않기 때문에 제7장에서 기언급한 바와 같이 외부조회서에 추가적인 문구를 삽입할 수 있다. 예를 들어, 임대업자에게 진부화된 재고자산의 존재여부를 파악해 달라는 문구를 삽입하거나 해당 재고가 언제 입고되었는지 날짜를 명시해 달라고 요청하는 문구를 삽입할 수 있다

하지만, 예를 들어, 당해 제3자에 대해서 그 성실과 객관성에 의문이 제기되는 정보가 입수된 경우와 같이, 감사인은 상황에 따라 제3자에 대한 확인에 대신하여, 또는 이에 추가하여 기타의 감사절차를 수행하는 것이 적합하다고 판단할 수 있다. 이때 적합한 기타의 감사절차를 포함하여 타처보관 재고자산에 대한 감사절차를 정리하면 다음과 같다.

제3자 보관하에 있는 재고자산에 대한 감사절차 (ISA 501 문단 8)
원칙적으로 제3자에 대한 조회 요청

⇩

(제3자에 대한 성실과 객관성에 의문이 발생하는 경우)

제3자 보관하에 있는 재고자산에 대한 기타의 감사절차 (ISA 501 문단 A16)
① 실행가능한 경우, 제3자가 수행하는 재고자산 실사에 직접 입회하거나 타감사인이 입회하도록 조정함. ② 재고자산이 바르게 실사되고 적절하게 보호되는지 확인하기 위해 제3자의 내부통제가 적절한지에 대한 타감사인의 감사보고서 또는 서비스조직 감사인의 감사보고서를 입수함 ③ 창고보관증과 같이 제3자 보관에 관한 문서를 검사함. ④ 재고자산이 담보로 제공되어 있다면 해당 당사자의 확인을 요청함

다만, 금감원 감리지적사례를 보게 되면 제3자가 보관하고 있는 재고자산에 대하여 창고보관증만을 확인하는 경우 적합한 감사증거로 간주하지 않는 입장(신뢰성이 낮은 감사증거로 간주)이다. 관련 사례는 아래와 같다.

❙ 사례 ❙ 재고자산 및 매출원가 왜곡표시(2007년 감리지적사례)

〈상황〉

(1) 타처보관 재고자산 과대계상: 회사는 2004년도 말 회사에 존재하지 않는 제품을 타처보관증을 위조함으로써 재무상태표에 계상하였음.

(2) 매출채권에 대한 대손충당금 과소계상
회사는 매출채권에 대한 대손충당금 설정 시, 매출채권의 경과기간을 실제 발생일과 다르게 잘못 분류하여 회사가 정한 연령분석법에 의한 대손충당금 설정액보다 과소계상함으로써 동액만큼 매출채권 및 당기순이익을 과대계상한 사실이 있다.

〈감사인의 감사절차〉

(1) 타처보관 재고자산: 심사감리 과정에서 감리대상연도의 매출원가율이 급감하여 관련 계정을 검토하던 중 타처보관재고자산이 있음을 발견하고 타처보관재고자산의 입출고 내역이 전혀 없고, 타처보관증에 기재된 제품이 당시 미출시 제품인 점 등에 착안하여 타처에 보관증 발행 및 재고보관 여부를 문의한 결과 회사의 주장이 허위였음이 밝혀졌다. 감사인은 실제로 타처보관 재고자산이 총재고자산의 50.2%로 금액적으로 중요하고 기간 중 입출고 내역이 전혀 없는 등 특이사항이 발견되었음에도 불구하고 **타처에 재고보관 여부를 직접 조회확인하지 않고 회사가 제시한 타처보관증(위조)만을 확인하였다.**

(2) 매출채권에 대한 대손충당금 과소계상 : 심사감리과정에서 매출채권 회전율의 급격한 감소로 관련 계정을 검토하던 중 세금계산서상 매출일과 매출채권 연령분석표상의 채권분류가 불일치함을 발견하였다. 감사인은 실제로 연령분석표상 채권의 연령분석이 잘못되어 있음에도 연령분석표의 정확성에 대한 검증을 하지 않았다.

〈시사점〉

(1) 타처보관 재고자산이 중요한 경우 반드시 실사입회를 수행하거나 외부 임대업자로부터 외부조회서를 직접 발송, 수령하여야 함에도 불구하고 보관증만을 확인하는 것은 감사인으로서 정당한 주의의무를 다하지 않은 것으로 간주하였다.

(2) 매출채권에 대한 분석적 절차 수행결과 매출채권 회전율이 급감하는 왜곡표시의 유형이 식별되었음에도 불구하고 대손충당금 적정성에 대한 검토가 소홀하였으며 특히 연령분석표 분석시 매출채권이 발생한 시점을 정확하게 검증하여야 하는 절차를 강조한 사례라고 볼 수 있다.

또한, 재고자산의 최종기록이 재고자산 실사의 결과를 정확하게 반영하고 있는지 여부를 결정하기 위해 재고자산의 최종 기록에 대한 감사절차를 수행하여야 한다. 실무적으로 종종 재고자산실사 입회시 받은 재고자산의 목록와 실증절차시 제시받은 재무제표상 재고자산의 금액이 일치되지 않는 경우도 있으며 또한 실사입회시 일치되지 않은 수량에 대해서는 반드시 기말 실증절차시 그 차이 내역이 어떻게 조정되었는지 추가적인 증거입수를 꼭 수행하여야 한다. (ISA 501 문단 4b)

2) 재고자산실사입회의 목적

재고자산 실사입회를 수행하는 목적은 다음과 같다.

재고자산 실사입회의 목적 (ISA 501 문단 4a)	
재고자산 실사의 결과를 기록하고 통제하기 위한 경영진의 지시와 절차의 평가	다음과 같은 지시사항을 다루고 있는지 확인해 보아야 한다. 가. 재고실사표의 회수, 미사용 재고실사표의 처리 및 수량파악 나. 재공품의 완성도, 진부화 또는 손상된 항목 및 제3자가 보관하고 있는 제품의 정확한 식별 다. 실제 수량을 추정하기 위해 사용되는 절차. 이러한 절차는 야적된 석탄의 수량을 추정하는데 필요할 수 있음. 라. 재고자산의 보관장소간 이동과 실사기준일 전후의 재고자산 입, 출고에 대한 통제
경영진이 수행하는 실사절차에 대한 관찰	실사 전후 및 실사 중 재고자산의 이동에 대한 통제와 관련된 절차와 같이 경영진이 수행하는 실사절차를 관찰하는 것은 감사인이 경영진의 지시와 실사절차가 적절히 설계되어 실행되고 있는 감사증거를 입수하는데 도움을 준다. 아울러 감사인은 재고자산의 이동에 관한 추후의 회계처리에 대한 감사절차를 수행하는데 도움이 되도록 재고자산의 이동내역과 같은 기간귀속 구분정보의 사본을 입수할 수 있을 것이다.
재고자산에 대한 검사	재고자산에 대한 실재성뿐만 아니라 진부화되었거나 손상된 또는 장기 보유 중인 재고자산을 식별하는데 도움을 준다.
테스트 실사의 수행	실사입회의 신뢰성을 보완하기 위하여 경영진의 실사기록에서 선정된 항목을 실제의 재고로 추적(실재성)하거나 실제의 재고에서 선정된 항목을 경영진의 실사기록으로 추적(완전성)하는 것을 말한다.

위와 같이 실사입회의 경우는 재고자산과 관련된 회사의 내부통제테스트의 목적과 재고자산의 실재성 및 평가주장을 확인하기 위한 실증절차로서의 목적도 달성할 수 있다. 이렇게

동일한 감사절차로 통제테스트와 실증절차의 목적을 동시에 달성하는 절차를 이중목적 감사(Dual-Purpose Test)라고 부른다.

3) 재고자산실사입회 계획시 고려사항

재고자산실사입회 계획시 고려사항 (ISA 501 문단 A3)
가. 재고자산과 관련된 중요왜곡표시위험
나. 재고자산과 관련된 내부통제의 성격
다. 재고자산의 실사를 위해 적절한 절차가 수립되고 적절한 지시가 전달될 것으로 예상되는지 여부
라. 재고자산 실사의 시기
마. 기업이 계속기록법을 유지하고 있는지 여부
바. 적절한 입회장소의 결정시 보관장소에 관한 사항
사. 감사인측 전문가의 도움이 필요한지 여부

4) 재고자산실사입회시기와 관련하여 고려사항

가. 원칙적으로 재고자산 실사입회시기는 재무제표일 기준으로 수행되어야 한다

나. 하지만 아래와 같은 상황에는 반드시 감사인은 다음과 같은 절차를 수행하여야 한다. (ISA 501 문단 5~7)

(Case 1)

상 황	추가적인 절차
재고자산 실사가 재무제표일이 아닌 일자에 수행되는 경우	반드시 감사인은 실사일과 재무제표일 사이의 재고자산 변동이 정확하게 기록되었는지 감사증거를 얻기 위한 감사절차를 수행하여야 함.

a. 감사인이 재무제표일이 아닌 일자에 수행되기 위해서는 반드시 재고자산 변동에 대한 통제의 설계, 실행 및 유지의 효과성에 대한 감사증거 입수가 필수적이다. 즉, 재고자산 수량과 관련된 내부통제제도에 대하여 신뢰성이 있는 경우에만 재무제표일 이후에 실사가 가능할 것이다.

b. 재고자산의 실사일과 최종 재고자산 기록일 사이의 금액변동이 적절히 기록되었는지 여부에 대한 감사증거를 얻기 위해 감사절차를 설계할 때 관련 고려사항에는 다음이 포함된다. (ISA 501 문단 A11)

b-1. 계속기록법에 의한 재고기록이 바르게 조정되는지 여부 b-2. 기업의 계속기록법에 의한 재고기록의 신뢰성 b-3. 실사 중 입수된 정보와 계속기록법에 의한 재고기록간의 유의적 차이에 대한 이유

(Case 2)

상 황	추가적인 절차
예상하지 못한 상황(예 : 교통사고나 날씨적인 이유)으로 재고자산 실사에 입회할 수 없는 경우	감사인은 다른 일자를 정하여 재고자산을 실사하거나 실사에 입회하여야 하며, 기업의 재고자산 실사일과 감사인의 실사 입회일 사이의 거래에 대한 감사절차를 수행

(Case 3)

상 황	추가적인 절차
실사의 입회가 실행가능하지 않은 경우(예 : 자연재해 등이 발생하여 재고보관장소에 접근이 불가능하거나 재고자산의 성격상 실사입회가 불가능한 경우)	감사인은 재고자산의 실재성과 상태에 관한 충분하고 적합한 감사증거를 입수하기 위하여 대체적인 감사절차를 수행하여야 함. 만약, 이러한 절차를 수행하는 것이 가능하지 않은 경우 감사범위 제한으로 감사의견 변형 (한정 또는 의견거절)시켜야 함.

a. 경우에 따라 재고자산 실사의 입회가 실행가능하지 않을 수 있다 이것은 예를 들어 재고자산이 감사인의 안전을 위협할 수 있는 장소에 보관된 경우와 같이 재고자산의 성격과 위치와 같은 요인에 기인될 수 있을 것이다. 그러나 감사인의 일반적인 불편사항은 입회가 실행가능하지 않다는 감사인의 결정을 뒷받침하는 데 충분하지 아니하다. 또한 어렵다는 문제나 시간 또는 비용상 문제 그 자체는 감사인이 감사절차를 생략하거나 보다 설득력이 낮은 감사증거에 만족하는 정당한 근거가 되지 못한다. (ISA 501 문단 A12)

b. 실사의 입회가 불가능한 경우 대체적인 감사절차로는 재고자산의 실사 이전에 취득하거나 매입한 특정의 재고자산 항목에 대해 이후의 매출과 관련된 서류를 검사하는 것이 있을 수 있다.

② 재고자산 평가 및 배분에 대한 실증절차

1) 취득단가 Test

감사대상회사가 도·소매업을 하는 경우 회사가 구입한 제품에 대한 가격은 계약서 및 판매자송장(세금계산서)을 추적하여 검증한다.

2) 재고자산에 대한 회계처리방법의 검토

가. 감사인은 회사가 채택하고 있는 재고자산에 대한 회계처리방법, 즉 평균법이나 선입선출법과 같은 원가의 흐름에 대한 가정이 회계기준에 부합한 방법을 적용하였는지를 검토한다.

나. 이 과정에서 감사인은 특히 회사의 회계처리방법이 전년도와 비교하여 계속적으로 적용되고 있는가를 확인하고 만약 회계처리방법에 있어서 변화가 있었다면 다음과 같은 절차를 수행하여야 한다.

a. 이를 회계정책의 변경으로 간주하여 변경 사유가 정당한지,
b. 회계처리가 적절하게 이루어졌는지,
c. 해당 내용이 주석에 적절하게 공시되었는지 여부를 살펴보아야 한다.

다. 재계산

재고자산의 계정잔액을 검증하기 위하여 감사인은 회사로부터 재고자산의 가격 및 수량이 기록된 목록표를 수집하여 계산검증을 한다. 계산검증에는 곱하기와 더하기의 정확성을 확인하는 작업을 수행하게 된다. 이때 제조업의 경우는 원가계산이 적정하게 이루어졌는지 여부에 대해서도 검토를 수행하여야 하며 특히, 제조간접비 배분의 적정성에 대한 검토가 이루어져야 한다.

3) 진부화된 재고자산의 파악 및 저가법 평가 여부의 적정성 확인

가. 재고자산에 대한 회전율 등을 검토하여 사전에 진부화된 재고 존재여부에 대한 위험을 평가해 본다.

나. 재고자산실사 입회 시 재고자산 검사를 통하여 장기간 정체가 되고 있는 재고자산의 유무에 대한 확인을 하여야 한다. 또한 특별한 재고자산(예 : 반도체부품, 귀금속 등)의 진부화 여부에 대한 판단은 전문가의 도움을 반드시 받아야 한다.

다. 재고자산의 순실현가능가치를 평가하기 위하여 재무제표일 이후에 동종의 재고자산의 판매가격등을 검토하여 원가보다 시가가 하락하였는지 여부에 대하여 검토해 보아야 한다.

③ 재고자산 권리와 관련된 실증절차

가. 회사가 보유한 재고자산의 소유권을 확인하기 위하여 재고자산과 관련된 구매계약서, 선적서류 및 거래명세표 및 세금계산서 등을 검토
나. 회사가 보관하고 있는 재고자산 중에서 위탁자가 보관해 놓은 재고자산이 회사 기말 재고자산에 포함되어 있는지 여부를 확인
다. 재고자산 중에서 담보로 제공된 자산의 유무를 확인

(3) 세부테스트 중 거래유형에 대한 테스트

감사인은 재고자산의 입고, 출고에 대한 거래유형 테스트(입고의 경우 검수보고서등, 출고의 경우 선적서류 등)를 수행하여야 한다. 특히, 재무제표일 전후와 관련하여 재고자산의 거래가 빈번한 경우 다음과 같은 기간귀속 절차를 수행하여야 한다.

1) 매출거래의 기간귀속의 예

page #: s-2

OO회계법인 / OOO주식회사 / 매출액 기간귀속 분석 / 12/31/×5

작성자: 김부산 작성일: 1/15/×6
제1검토자: 김철수, 1/22/×6
제2검토자: 이영희, 2/3/×6

내 역	선적번호	수 량	선적일	선적조건	매출거래기록일
제품 A	313	120	12/30/×5	FOB 선적지조건	12/30/×5 #
제품 A	314	130	12/31/×5	FOB 선적지조건	12/31/×5 #
제품 B	315	500	12/30/×5	FOB 선적지조건	12/31/×5 #
제품 B	316	220	12/31/×5	FOB 도착지조건	1/2/×6 #
제품 A	317	100	12/31/×5	FOB 선적지조건	12/31/×5 #
제품 B	318	125	12/30/×5	FOB 선적지조건	12/31/×5 #
제품 B	319	200	1/2/×6	FOB 선적지조건	1/2/×6 #
제품 A	320	150	1/2/×6	FOB 선적지조건	1/3/×6 #

매출원장의 기록과 대조함.

2) 매입거래의 기간귀속의 예

<table>
<tr><td colspan="5">대구(주) page : P-4
매입거래의 기간귀속구분
12/31/×5</td></tr>
<tr><td>구입부품의 내역</td><td>검수보고서번호</td><td>창고입고일</td><td>구입조건</td><td>매입거래기록일</td></tr>
<tr><td>부품 # a1235</td><td>455</td><td>12/30/×5</td><td>FOB 도착지조건</td><td>12/30/×5 V</td></tr>
<tr><td>부품 # a1243</td><td>456</td><td>12/31/×5</td><td>FOB 선적지조건</td><td>12/31/×5 V</td></tr>
<tr><td>부품 # b2357</td><td>457</td><td>12/31/×5</td><td>FOB 도착지조건</td><td>1/2/×6 V √</td></tr>
<tr><td>부품 # b5648</td><td>458</td><td>12/31/×5</td><td>FOB 선적지조건</td><td>12/31/×5 V</td></tr>
<tr><td>부품 # c7857</td><td>459</td><td>1/2/×6</td><td>FOB 도착지조건</td><td>1/2/×6 V</td></tr>
<tr><td>부품 # c4568</td><td>460</td><td>1/2/×6</td><td>FOB 도착지조건</td><td>1/3/×6 V</td></tr>
<tr><td colspan="5">V 매입원장과 대조함.
√ 회사에 의한 기록상 오류임. 회사의 매입액은 ₩455,670만큼 증가되어야 함.
감사문서 E-5 참조.
작성자 : 김철수, 날짜 : 1/4/×6 검토자 : 이영희, 날짜 : 1/10/×6</td></tr>
</table>

(4) 세부테스트 중 표시, 공시에 대한 테스트

① 재고자산과 관련된 중요한 회계정책(선입선출법 및 평균법등) 및 담보설정된 재고, 그리고 주요 계약(매입약정 등)의 경우 재무제표 주석에 적절하게 공시가 이루어졌는지 확인해 보아야 한다.

② 특수관계자와의 매입, 매출거래가 실질에 맞게 재무제표 주석에 적절하게 공시가 이루어졌는지 확인해 보아야 한다.

4 | 유가증권(당기손익인식, 매도가능, 만기보유, 지분법적용)과 관련된 감사절차

(1) 실증적 분석절차

전기 유가증권 잔액과 당기 유가증권 잔액과의 비교 및 해당 유가증권이 재무제표에서 차지하는 비중이 적정한지 여부에 대해서 판단해 보아야 한다. 만약, 현금및현금성자산에서 언급하였던 바와 같이 해당 산업의 성격, 재무구조 및 자금능력에 비해서 지나치게 많은 유가증권을 보유하고 있는 경우에는 중요왜곡표시위험이 있는 것으로 간주하여 기본적으로 수행되는 실증절차 이외에 추가적인 절차가 요구된다. 다음은 이와 관련된 대표적 사례이다.

▌사례▐ 금감원 감리지적사례

〈상황〉

B사는 당시 대표이사의 차입금에 담보로 제공된 회사의 예금(354억 원)이 상계처리되고 이를 은폐할 목적으로 대부업자로부터 국민주택채권 354억 원을 매입한 것으로 하여 매도가능증권을 동액만큼 허위로 계상하였다. 당해 연도 말 이후에는 허위로 계상되어 있는 국민주택채권의 매도대금으로 종합금융사로부터 모캐피탈 발행 기업어음 309억 원을 매입하고 다른 국민주택채권 45억 원을 매입한 것처럼 하여 단기매매증권 354억 원을 허위로 계상하였다.

〈감사인의 감사절차〉

당기말 실사할 자산이 없다는 회사의 주장을 믿고 국민주택채권에 대한 실사를 재무제표일 시점으로 수행하지 못한 상태에서 기말현장감사에 임하여서 기말 재무제표에 국민주택채권이 계상되었음을 알게 되고 또한 동 채권이 감사 전일에 모 캐피탈에 매도된 후 동 대금으로 다른 캐피탈 발행 기업어금을 매입하였다는 사실을 알게 되었음에도 실사와 관련하여 회사의 주장이 일관성이 없는 상태에서 전문가적 의구심을 높여 실증절차의 범위를 확대하지 않고 국민주택채권의 실재성 확인절차를 수행하지 아니하고 실사하지 못한 자산인 국민주택채권의 전환자산인 캐피탈 발행 기업어음의 실물확인 절차를 취하지 않는 등 감사절차가 소홀하였다.

〈시사점〉

1. 국민주택채권은 무기명성으로 인해 CD와 같이 감사위험이 높게 평가되어야 한다.
   (1) 실사하여야 할 국민주택채권이 기말 자산총액의 72%에 달하는 중요한 자산이고
   (2) 반기검토나 중간감사 시까지 없었던 자산이 연말에 집중적으로 매입된 점
   (3) 또한 국민주택채권(AAA)을 매각하고 새로 매입한 캐피탈 발행 기업어음의 신용등급(B-)이 투기등급으로 이전자산과 비교하기 어려운 위험자산임에도 저리(8%)로 구입된 점 등을 고려
   ⇨ 전문가적 의구심을 갖고 실증절차의 범위를 확대할 필요가 있었다
2. 재무제표일 현재 계상되어 있는 국민주택채권을 실사하지 못하였기 때문에 전환자산인 기업어음에 대한 실재성 확인절차가 필수적인 감사절차이다.

또한, 유가증권과 관련하여 발생하는 이자수익은 예측가능성이 높은 항목으로써 분석적 절차에 많이 의존할 수 있는 항목이다. 따라서 이자수익 대비 이자부 투자자산의 평균잔액 비율을 계산하여 회사가 인식하고 있는 투자수익률이 시장수익률 및 약정수익률과 유사한지 여부에 대해서 확인해 보아야 한다.

(2) 세부테스트 중 계정잔액에 대한 테스트

1) 유가증권과 관련하여 회사가 보유하고 있는 유가증권 실물의 경우에는 실물검사를 통하여 실재성 및 권리 주장을 확인해 보아야 한다. 이 경우 실물검사의 기본원칙에서 서술한 바와 같이 반드시 회사 담당자 참관아래 실사하여야 하며 실사 후 전액 반납하였음을 문서로 확인받아야 하고 유가증권 실물은 반드시 원본 확인을 원칙으로 하여야 한다. 또한, 권리 주장에 대한 추가적인 증거를 입수하기 위하여 유가증권 증서번호도 일관성이 있는지 여부를 확인해 보아야 한다.

2) 만약, 회사가 금융기관에 유가증권 증서를 예치하고 있는 경우에는 해당 금융기관에 외부조회서를 발송하여 실재성 및 권리 주장을 확인해 보아야 한다.

3) 평가 및 배분에 대한 주장

유가증권 감사시 가장 중점적으로 감사증거를 확보하여야 하는 항목이다. 금융자산의 분류별로 다음과 같은 감사증거를 입수하여야 한다.

분 류	감사절차
공정가치 평가 금융자산	해당 금융자산의 공정가치를 조회하여 해당 금액으로 적정하게 평가가 이루어졌는지 확인
상각후 원가로 평가하는 금융자산	해당 금융자산의 발행가액 정보를 입수하여 회사가 계산한 금액이 적정한지 재계산 수행
관계회사 주식	관계회사의 주식이 중요한 경우는 감사받은 재무제표, 그리고 중요하지 않은 경우 검토받은 재무제표를 근거로 관계회사 주식 평가가 적정하게 이루어졌는지 확인

또한, 추가적으로 손상차손을 인식하여야 하는 금융자산의 경우에는 손상차손이 적절하게 재무제표에 계상되었는지 여부에 대해서도 살펴보아야 한다.

(3) 세부테스트 중 거래유형에 대한 테스트

1) 기본적으로 취득 및 처분과 관련된 거래유형 테스트를 통하여 발생사실 및 완전성에 대한 적정성을 확인해 보아야 한다.

취득과 관련된 거래유형테스트	처분과 관련된 거래유형테스트
취득승인과 관련된 이사회의사록 검토, 취득 매수대금이 통장에서 지급되었는지 여부 확인	처분승인과 관련된 이사회의사록 검토, 처분 매각대금이 통장에 입금된 사실 확인 ⇨ 해당 처분과 관련된 처분손익 적정성도 확인해야 함.

2) 유가증권을 취득함에 따라 발생하는 이자수익 및 배당금수익의 적정성(정확성 및 완전성)도 확인이 필요하다. 통상 이자수익의 경우에는 재계산을 통해서 확인할 수 있으며 배당금 수익의 경우에는 상장기업의 경우 배당금 지급과 관련된 공시자료 조회 및 비상장기업의 경우는 피투자회사에 대한 외부조회를 통하여 배당금 수익 적정성에 대해서 검증해 볼 수 있다.

(4) 세부테스트 중 표시, 공시와 관련된 테스트

1) 유가증권의 분류가 적정한지 여부는 회사의 평가 주장 및 유동, 비유동 분류 적정성을 검토하는데 있어서 상당히 중요한 절차일 수 있다. 만기보유금융상품의 경우에는 경영진이 해당 채무증권을 만기까지 보유할 수 있는 능력을 검토하기 위하여 미래 영업현금흐름을 추정해 보아야 하며 만기까지 보유하겠다는 경영진의 의도는 경영진의 서면진술로 확인받아야 한다.
또한, 관계회사 주식의 경우는 지분율 기준보다는 실질적으로 유의적 영향력을 행사하는지 여부에 대해서 확인을 반드시 수행하여야 한다. 따라서 지분율이 20% 미만이라 하더라도 유의적 영향력을 행사하는 경우에는 반드시 지분법을 적정하게 적용하는지 확인해 보아야 한다.

▌사례▐ 지분법 평가 관련(2007년 감리지적사례)

〈상황〉
회사의 감사가 피투자회사의 임원을 겸직하고 있어 중대한 영향력을 행사할 수 있으므로 해당 투자주식에 대하여 지분법을 적용하여 평가해야 함에도 원가법으로 평가하였다.

〈감사인의 감사절차〉
지분법 적용대상 회사에 대한 임원겸직 사실 등의 확인을 소홀히 하였다.

〈시사점〉

기업회계기준서에 의하면, 유의적 영향력을 행사할 수 있다고 인정되는 인사정책 관여범위에 대하여 계약 등을 통해 임원선임권한 및 이사회 등의 의결권을 획득하거나, 투자회사 임직원이 피투자회사 임원으로 겸직하거나, 투자회사에 소속된 상태에서 피투자회사 임원으로 파견되는 경우 등을 사례로 열거하고 있는바, 지분율이 20% 미만이라 하더라도 인사정책 관여범위 등 중대한 영향력 행사범위를 면밀히 검토하여 지분법 적용 여부를 주의 깊게 검토하여야 한다.

2) 유가증권 중 담보로 설정된 내역이 있을 경우에는 해당 유가증권이 주석에 공시가 적절하게 되었는지 여부에 대해서 확인해 보아야 한다.

5 | 유형자산과 관련된 감사절차

(1) 실증적 분석절차

일반적으로 유형자산과 관련된 감가상각비는 회사가 연평균 유형자산 취득, 처분이 일정하고 정액법의 감가상가방법을 사용하고 있는 경우 예측가능성이 높기 때문에 분석적 절차를 수행하는 것이 상대적으로 효과적인 실증절차 방법이 될 수 있다. 다음은 유형자산과 관련하여 일반적으로 수행하는 분석적 절차의 방법 예시이다.

유형자산 관련 분석적 절차의 예시
① 감가상각비와 연평균 감가상각대상 자산 장부가액과의 비율 해당 비율이 회사의 평균감가상각율에 비해서 지나치게 낮게 나오는 경우 유형자산이 과대계상되었거나 감가상각비가 과소계상되었을 개연성에 대해서 의심해 보아야 한다. 특히, 주의할 점은 모든 유형자산이 아닌 감가상각대상 자산(토지와 건설중인 자산 제외)을 대상으로 감가상각비와 비교하는 것이 중요하며 감가상각비 금액은 손익계산서에 있는 금액뿐만 아니라 제조원가에 포함되어 있는 금액도 포함시켜야 한다. 또한, 연평균 취득, 처분이 일정하지 않은 경우는 기초와 기말잔액에 대한 산술평균으로 연평균잔액을 계산하지 않고 반드시 월평균 잔액을 기준으로 계산하여야 한다.

② 수선유지비와 유형자산 장부가액과의 비율

회사가 유형자산에 대한 후속적인 지출에 대하여 유형자산의 원가로 포함시켜야 할 항목을 회사가 비용으로 처리하거나 비용으로 처리하였어야 할 항목을 유형자산 원가에 포함시킨 항목이 있는지 여부에 대하여 감지해 볼 수 있다.

③ 보험료 및 보험대상 유형자산 금액

유형자산의 취득금액이 증가한 비율 대비 해당 보험료 금액이 동일한 비율로 증가하였는지를 검토하여 유형자산 취득의 적정성 및 보험료 비용 계상의 적정성을 판단해 본다

(2) 세부테스트 중 계정잔액에 대한 테스트

1) 일반적으로 유형자산의 경우에는 보유목적이 사용이 목적이기 때문에 계정잔액에 대한 테스트를 수행하는 경우 테스트 대상이 되는 유형자산이 작년도 기말잔액과 거의 동일한 경우가 많이 발생한다. 따라서, 감사인은 계정잔액에 대한 테스트보다 유형자산의 경우에는 거래유형에 대한 테스트를 보다 더 많이 의존하게 된다. 다만, 회사의 내부통제가 취약하거나 신규 유형자산의 취득이 중요한 경우에는 계정잔액에 대한 테스트로서 신규 취득한 유형자산에 대하여 표본을 추출하여 실물검사(실재성)를 수행한다. 회사의 내부통제가 취약할 때 발생할 수 있는 대표적인 부정형태는 다음과 같다.

참고 ❙ 기록되지 않은 처분거래 감사절차(Test for Unrecorded Disposal)

내부통제제도가 취약한 경우 특히 유형자산과 관련한 업무분장이 제대로 되어 있지 아니한 경우 유형자산을 관리하는 담당자가 해당 유형자산의 처분하고 처분대금을 중간에서 유용한 다음 관련 거래를 재무제표에 기록하지 않은 부정이 발생하였다고 가정하자. 이 경우 거래유형에 대한 테스트로서 취득, 처분 거래에 대한 증빙확인만을 수행하게 되면 처분하였다는 사실을 이 부정은 기록으로 남기지 않기 때문에 감사인은 전혀 해당 부정을 적발할 수 없다 따라서 내부통제제도 등이 취약한 회사의 유형자산 감사의 경우에는 일반적으로 계정잔액에 대한 테스트인 유형자산에 대한 실물검사를 수행하여 해당 부정이 존재하는지 확인해 보아야 한다.

2) 해당 유형자산에 대한 평가 및 배분의 주장을 확인하기 위해서는 반드시 재고자산과 동일하게 다음의 단계를 거쳐서 실증절차를 수행하여야 한다. (평가와 배분)

단 계	수행절차
(1단계) 취득단가의 적정성을 확인	유형자산 취득내역에서 표본을 추출하여 계약서, 세금계산서 및 현금지급 내역을 확인해 본다.
(2단계) 감가상각비 적정성을 확인	① 내용연수, 잔존가액, 감가상각방법의 적정성을 검토해 보아야 한다. ② 전기 회계연도에 적용하였던 추정과 동일한 추정을 적용하였는지 확인해 보아야 함. ⇨ 만약 감가상각비 계산과 관련한 기본가정에 변화가 있었다면 반드시 감사인은 다음과 같은 절차를 수행하여야 한다. 가. 사유의 타당성 검토 나. 회계처리의 적정성 검토 다. 해당 사항에 대한 주석공시의 적정성 만약, 위 단계 중에 하나라도 만족하지 못하는 경우 감사인은 중요성에 따라 한정 또는 부적정의견을 표명하여야 한다 ③ 회사로부터 excel file 등의로 계산한 계산내역을 수령하여 반드시 재계산을 해보아야 한다.
(3단계) 손상차손의 적정성 확인	유형자산의 실물검사 및 공장장에 대한 질문등을 통하여 유형자산의 손상징후가 있는지 확인해 보고 그러한 손상징후가 발견되었을 경우에는 해당 자산의 손상이 재무제표에 적절하게 계상되었는지 확인해 보아야 한다.

3) 실물검사 등으로 확인한 유형자산이 실제로 회사 소유인지 또한 그리한 소유권 행사에 제한이 있는 자산이 있는지 여부를 확인해 보아야 한다. (권리)

동 산	계약서 및 세금계산서, 현금지급여부, 등록증 등을 확인
부동산	등기부 등본, 차입계약서 및 금융기관 조회서를 통하여 담보제공여부 확인

(3) 세부테스트 중 거래유형에 대한 테스트

1) 취득 및 처분관련 거래유형 테스트 (발생사실, 완전성 및 정확성)

취득관련 거래유형 테스트	처분관련 거래유형 테스트
① 동산 구매주문서, 검수보고서 및 세금계산서 내역 확인 ② 부동산 이사회 의사록, 매매계약서, 세금계산서 및 계산서, 취득세 납부내역 및 부동산 등기부 등본 확인 ⇨ 특히, 건설중인 자산이 있는 경우에는 금융비용 자본화의 적정성을 검토해 보아야 하며 본계정으로 대체되어서 감가상각비가 계상되어야 하는지 여부에 대해서 반드시 검토해 보아야 한다. 왜냐하면 회사는 건설중인 자산에 대한 본계정 대체를 지연시킴으로써 감가상각비를 과소계상하고 이자비용을 자본화함으로써 당기순이익을 과대계상하는 부정을 저지르는 경우가 많기 때문이다.	매매계약서 및 세금계산서(계산서) 확인, 현금입금 여부 확인. ⇨ 특히 처분과 관련해서는 관련 처분손익이 적정한지 여부에 대해서도 검토하여야 한다.

2) 취득 후 후속지출에 대한 회계처리 분류 적정성에 대한 실증절차 (분류)

취득 후 후속지출과 관련하여 발생할 수 있는 회계처리의 오류 유형은 다음과 같이 두 가지 유형으로 구분될 수 있다. 이러한 오류 유형에 따라서 감사인이 수행하는 실증절차의 형태는 다음과 같이 두 가지로 나누어진다.

(Type 1) 수선유지비를 유형자산으로 처리한 오류	(Type 2) 유형자산으로 계상할 항목을 수선유비로 처리한 오류
유형자산 증가내역을 회사로부터 징구받아 해당 지출내역 중에서 금액이 적은 항목을 위주로 표본을 추출하여 관련 증빙을 확인해 보는 절차를 수행	수선유지비 세부내역을 회사로부터 징구받아 해당 지출 내역 중에서 금액이 큰 항목을 위주로 표본을 추출하여 관련 증빙을 확인해 보는 절차를 수행

참고로 유형자산에 대한 리스계약이 존재하는 경우 해당 리스의 분류가 적절한지 여부를 검토하기 위하여 리스계약서 등을 검토해 보아야 한다. (운용리스와 금융리스의 구분 적정성 검토)

(4) 세부테스트 중 표시, 공시에 대한 테스트

(1) 유형자산 항목 중 담보로 설정된 내역, 그리고 유형자산의 감가상각 방법, 내용연수, 잔존가치에 대한 회사의 내부방침을 주석에 적절하게 공시하였는지 확인해 보아야 한다.

(2) 유형자산과 관련된 특수관계자 거래가 적절하게 주석에 공시되었는지 여부에 대해서 확인해 보아야 한다.

참고 ▌무형자산 중 개발비 및 영업권 관련 실증절차

일반적으로 무형자산의 경우에는 실재성 및 발생사실, 완전성 주장보다는 평가 및 배분, 측정의 정확성 주장을 확인하는 것이 감사목적상 가장 중요하다. 다음은 이를 확인할 수 있는 대표적 사례를 제시해 본다.

【Case 1】 개발비 관련(2007년 감리지적사례)

〈상황〉

A사는 ×6년 재무제표를 작성・공시함에 있어 감사대상 연도 중 최첨단 기술인 △△기술의 기술개발을 담당한 전문인력이 대부분 퇴사(×8년~×5년까지 평균 13명이 투입되었으나 ×6년 말 현재 1명만이 근무 중)하여 제품화를 위한 기술적 실현가능성이 없어졌고 동 기간 중 직접적인 기술개발투자도 전혀 없는 등 사실상 개발이 중단되어 자산성과 장래 경제적 효익 발생 가능성을 상실한 △△기술 관련 개발비를 전액 손상차손으로 인식하여야 함에도 동 개발비를 ×6년 말에 재무제표에 계상하고 자기자본을 동액만큼씩 과대계상한 사실이 있었다.

〈감사인의 감사절차〉

감사인은 회사의 ×6년 재무제표에 대한 감사를 실시함에 있어, △△기술 개발비 발생내역 및 국고보조금 현황 등을 파악하고 그 증빙에 대한 검토는 수행하였으나, 회사가 과거에 작성한 시장전망 자료와 기술개발과정에 대한 회사의 진술만을 지나치게 신뢰한 나머지 ×6년 말 현재 그 동안 동 기술개발과정에 참여했던 핵심 기술인력이 대부분 퇴사하고 직접적인 개발투자가 중단된 상태에 있던 사실 등을 간과하여 △△기술의 제품화 및 경제적 이익 실현가능성 등 관련 개발비의 자산성 및 회수가능성을 확인하는데 필요한 감사절차를 소홀히 하였다.

〈시사점〉

A사의 경우 회사를 설립하고 개발을 주도적으로 담당했던 전 대표이사甲씨가 ×7. 1월

경영권양수도 계약을 통해 현경영진에게 경영권을 양도하고 퇴사하였으며 전 대표이사 甲씨와 협력하여 개발을 진행하며 회사의 이사로 재직하던 A대학교 교수 乙씨가 ×5. 5월 퇴사하고, 乙씨의 퇴사와 함께 전문인력의 대부분이 빠져나갔다. 또한 회사의 개발비 투자는 ×5년을 기점으로 급격히 줄어들었으며 ×6년 중에는 직접적인 개발투자가 전혀 없었다. 내부창출 개발비의 경우 기술개발을 지속할 수 있는 인적·물적 자원의 확보가 기술의 제품화를 통한 경제적 효익창출에 중요한 전제조건이 되므로 개발인력 및 금전적 자원의 변화를 중점적으로 파악하는 것이 중요하며, 기술개발의 완성을 위해서는 완성을 위한 경영진의 의도가 중요하므로 대표이사의 교체가 기술개발에 미치는 영향에 대해 검토하여 그 실현가능성이 없다고 판단되는 경우에는 해당 금액을 손상차손으로 처리하여야 한다.

【Case 2】 영업권 및 개발비 관련 사례

(주)인수는 항암제를 개발하여 제작, 판매하는 제약회사로서 비상장회사이다. 항암제를 개발하는 연구개발 관련된 기술력의 시너지 효과를 위하여 (주)인수의 대표이사 김항암씨는 연구개발 인력이 풍부한 (주)흡수를 합병하기로 서로 간에 양해각서를 체결하고 다음과 같이 회계 처리하였다. 참고로 이 두 회사는 특수관계가 없는 비상장회사이다.

특수관계 없는 비상장법인인 (주)인수와 (주)흡수가 합병을 함에 있어 주식가치 평가의 개요는 다음과 같다.

(1) 피합병회사의 경우 설립초기의 회사로 기술개발활동만 있을 뿐 수익은 발생하지 아니하는 기업이고, 따라서 기술이전촉진법에 의한 기술이전 및 평가기관이며 벤처기업육성에 관한 특별조치법에 의한 주식평가기관인 한국기술거래소에 합병회사와 피합병회사의 주식가치 평가를 의뢰하였다.

(2) 이에 따라 한국기술거래소는 수익접근법(현금흐름할인모형-대용회사의 베타이용)을 사용하여 합병회사는 20,000원으로 피합병회사는 6,000원으로 평가하였다. (양사 모두 주식의 액면가액은 5,000원으로 동일함.)

(3) 합병비율의 결정
- 한국기술거래소가 평가한 양사의 주식가치를 근거로 양사의 합병비율을 피합병회사 주식 3주당 합병회사 주식 1주를 교부하는 것으로 정하였다.
- 피합병회사의 자본금은 15억으로 발행주식수는 30만주이며, 상기 주식교환비율은 상법상 소규모합병 조건을 만족하였다.

구분	합병회사	피합병회사
주식평가금액	20,000원	6,000원
액면가액	5,000원	5,000원
발행주식수 변동	100,000주	(300,000주)

(4) 피합병회사의 개요

- 자산 · 부채 실사 및 평가결과 자산은 9억으로 부채는 12억으로 순자산을 △3억으로 평가하였음. 순자산가치가 (-)임에도 불구하고 현금흐름할인모형에서 기업의 주식가치가 상당부분 측정된 이유는 항암기술과 관련된 임상실험이 상당부분 진행되어서 미국 FDA 승인을 받을 예정으로 되어 있었기 때문임.
- 순자산 평가금액에는 개발비 국고보조금 투입금액 10억(추후 납부하여야 할 정액기술료임)이 제외되었음.

(5) 합병회사의 개발비 회계처리

- 합병회사는 피합병회사의 개발비를 자산으로 계상하고 지불한 합병대가 및 순자산(3억)을 합한 금액을 영업권으로 처리하고 있음.
- 또한, 개발비 관련 국고보조금 중 기술개발 완료 후 납부하여야 하는 정액기술료 부분은 납부시점의 비용으로 회계처리하고 있음
- 인수, 합병 후 피합병회사에서 개발한 FDA 승인을 통과할 것으로 예상된 항암제의 기술이 승인보류가 될 것으로 예상이 되고 있다

〈문제〉 위와 같은 상황에서 (주)인수가 (주)흡수를 인수, 합병하는 과정에서 회계 처리한 내용을 검토해 보고 (주)인수의 재무제표에 존재할 것으로 예상되는 왜곡표시의 유형을 3가지 서술하고 이러한 왜곡표시가 경영진의 어떠한 주장과 관련하여 문제점이 되는지 그 이유도 정확하게 서술하시오.

[풀이] 영업권가치를 측정함에 있어서 피합병회사의 국고보조금을 순자산평가에 제외함으로써 (1) 영업권이 과소계상(재무제표 주장 : 평가 및 배분)되고 (2) 국고보조금을 부채로 인식하지 않음으로써 부채가 과소계상되었으며(재무제표 주장 : 완전성) 영업권 측정시 포함되었던 임상실험부분에 대한 프리미엄의 실현가능성이 불확실함으로써 영업권의 손상차손을 인식할지와 개발비의 자산성을 인정할지 여부에 대하여 고려해 보아야 한다(재무제표 주장 : 평가 및 배분)

6 매입채무와 관련된 감사절차

지금까지 살펴본 자산계정과는 달리 매입채무나 차입금과 관련해서는 부외부채의 개연성 즉, 완전성 주장을 확인하는 데 감사인은 중점을 두고 일반적으로 실증절차를 수행한다.

(1) 실증적 분석절차

① 각 제품별 매입 및 매입채무와의 비율 분석(매입채무 회전율)을 통하여 매입채무의 적정성 확인
② 거래처별 매입채무 잔액을 전기와 확인하여 전기대비 거래처별 매입채무가 줄어든 거래처 존재 여부 및 그 이유 파악
③ 총 매입액 대비 매입할인을 받은 금액 비율 분석. 만약 매입할인을 받은 금액이 줄어드는 경우 회사의 유동성 문제 및 지급조건 변경이 원인이 될 수도 있겠지만 할인을 받았음에도 불구하고 할인을 받지 않은 것으로 처리하여 해당 금액을 유용했을 개연성도 의심해 볼 수 있다.

(2) 세부테스트 중 계정잔액에 대한 테스트 (완전성에 중점을 둔 감사)

매입채무 잔액을 확인하기 위하여 거래처에게 외부조회절차를 수행한다. 이때 주의할 점은 매입채무의 완전성을 확인하기 위해서는 주된 거래처임에도 불구하고 재무제표일 현재 시점에서 잔액이 없거나 거의 없는 거래처를 중심으로 외부조회를 수행하여야 한다. 만약, 감사인이 실재성을 의심하는 경우라면 거래처 중 잔액이 큰 거래처 위주로 외부조회절차를 수행하여야 한다.

(3) 세부테스트 중 거래유형에 대한 테스트 (완전성에 중점을 둔 감사)

1) 재무제표일 이후 일정기간 동안의 지급기록을 검토하여 장부에 미반영된 부외부채 유무를 확인하거나 재무제표일 직후 일정기간 동안 청구된 거래명세서, 세금계산서 등 청구서를 검토하여 해당 내역 중 재무제표일 시점에 부채로 인식하여야 할 금액이 있는지 확인해 본다. (Subsequent Test) 아래는 이 절차와 관련된 간단한 사례를 들어보기로 한다.

▌사례▐ 재무제표일 이후 현금지급기록 검토

김철수 회계사는 20X6년 12월 31일 현재 금촌주식회사의 재무제표를 감사하는 과정에서 재무제표일 이후 일주일간의 현금출금 내역을 검토하였고 그 결과는 다음과 같다.

날짜	분 개	검토한 관련증빙 내용
1/2	(차) 매입채무 10,000 (대) 현금 10,000	12월 30일 구입한 재고자산의 매입대금 지급
1/3	(차) 미지급금 30,000 (대) 현금 30,000	12월 31일 구입한 유형자산의 매입대금 지급
1/6	(차) 제비용 40,000 (대) 현금 40,000	12월 28일 구입한 재고자산의 매입대금 지급

위의 내역을 살펴보고 김철수 회계사가 의심해 볼 수 있는 20X6년 재무제표의 왜곡표시의 유형을 서술하시오.

▌풀이▐
1월 6일 지급한 현금지출액은 20X6년 12월 31일자로 매입채무로 계상되었어야 할 부외부채일 개연성이 높다.

2) 검수보고서에서 표본을 추출하여 매입채무에 기록되지 아니한 거래가 있는지 확인해 본다. (문서검사의 전진법)

3) 매입거래에 대한 기간귀속 검증절차를 수행한다. 즉, 재무제표일 직전에 입고된 재고와 관련한 매입채무가 적절하게 계상되었는지 또는 재무제표일 이후에 입고되었으나 매입조건상 재무제표일 이전에 장부에 계상되었어야 하는 거래(예 : 선적지 조건으로서 재무제표일 이전에 선적된 매입거래)가 있는지 여부를 확인해 보아야 한다.

▎사례 ▎ 구매와 관련된 기간귀속 Test

대구(주) page : P-4

매입거래의 기간귀속구분

12/31/×5

구입부품의 내역	검수보고서 번호	창고입고일	구입조건	매입거래 기록일
부품 # a1235	455	12/30/×5	FOB 도착지조건	12/30/×5 ∨
부품 # a1243	456	12/31/×5	FOB 선적지조건	12/31/×5 ∨
부품 # b2357	457	12/31/×5	FOB 도착지조건	1/2/×6 ∨ √
부품 # b5648	458	12/31/×5	FOB 선적지조건	12/31/×5 ∨
부품 # c7857	459	1/1/×6	FOB 선적지조건	1/2/×6 ∨ √
부품 # c4568	460	1/2/×6	FOB 도착지조건	1/3/×6 ∨

∨ 매입원장과 대조함.

√ 회사기록상 오류임. 회사의 매입채무는 증가되어야 함. 자세한 금액 내역은 감사문서 E-5 참조.

작성자 : 김철수, 날짜 : 1/4/×6, 검토자 : 이영희, 날짜 : 1/10/×6

(4) 세부테스트 중 표시, 공시와 관련된 테스트

1) 매입채무 중 일 년 이내 만기가 도래하는 매입채무와 일 년 이후에 만기가 도래하는 매입채무에 대하여 각각 유동, 비유동 구분이 적절하게 재무제표에 표시되어 있는지 확인해 보아야 한다.

2) 매입채무 중 특수관계자와의 거래내역이 주석에 적절하게 공시되었는지 확인해 보아야 한다.

3) 주요 거래처와 매입약정 조항이 있는 경우 그 사안이 중요하다고 판단되면 해당 내용을 주석에 적절하게 거래 조건, 금액 등을 공시하였는지 확인해 보아야 한다.

7 차입금과 관련된 감사절차

(1) 실증적 분석절차

매입채무와 동일하게 차입금의 경우도 완전성에 중점을 두고 감사가 이루어진다. 이때 실무적으로 가장 많이 수행되는 분석적 절차가 이자비용 Overall Test(이자비용과 차입금과의 상관관계 분석)이다.

| 사례 | 이자비용과 차입금과의 상관관계 검증

① 재무상태표상 차입금의 연평균잔액 : 1,000,000원
② 이자발생액 (손익계산서상 이자비용 및 금융비용자본화 금액 포함) : 120,000원
③ 차입계약서상 감사대상회사의 평균차입이자율 : 10%

재무제표상 연평균차입금과 이자발생액과의 상관관계를 분석해 보면 유효이자율이 12%로 계산이 되지만, 실제 계약서상 평균차입이자율은 10%이기 때문에 감사인 입장에서는 재무상태표상에 계상된 차입금의 과소계상, 즉 부외부채의 가능성에 대해서 의심해 볼 수 있다(물론 이자비용이 과대계상이 되었을 개연성도 의심할 수 있다). 이때 주의할 점은 7장 감사절차에서도 언급하였듯이 비율 분석시 손익계산서상 이자비용만 고려해서는 안 되며 금융비용자본화금액도 항상 고려하여야 한다.

또한, 연평균 차입금과 이자발생액 금액과의 상관관계 분석시 유효이자율이 계약서상 약정이자율에 비해서 지나치게 낮게 나온다면 이자비용이 과소계상 (미지급이자의 과소계상)되었을 개연성도 의심해 볼 수 있다. (물론 차입금이 과대계상되었을 개연성도 의심해 볼 수 있다)

(2) 세부테스트 중 계정잔액에 대한 테스트 (완전성에 중점을 둔 감사)

금융기관 및 대주에 대하여 외부조회를 수행한다. 이때 주의할 점은 매입채무와 동일하게 과소계상 즉, 완전성 확인이 중심이 되기 때문에 기말 시점에 잔액이 있는 금융기관뿐만 아니라 기중에 거래가 있었던 모든 금융기관에 대하여 외부조회를 수행하여야 한다. 이때 금융기관에 외부조회서를 발송할 때에는 차입금의 잔액뿐만 아니라 다음의 내용도 동시에 확인하여야 함은 기언급한 바와 같다.

금융기관 조회서를 통하여 확인하는 차입금과 관련된 정보 및 해당 경영진 주장	
잔액	완전성
만기 및 이자율	표시와 공시
제공된 담보 및 보증여부	권리와 의무 및 표시, 공시

(3) 세부테스트 중 거래유형에 대한 테스트 (완전성에 중점을 둔 감사)

1) 기중에 차입한 거래와 관련하여 차입을 승인한 이사회의사록 검사, 관련 금전소비대차 계약서에 대한 확인 및 해당 차입금이 통장에 입금된 사실을 확인해 보아야 한다.

2) 차입금을 상환한 경우에는 통장에서 해당 원금이 지급되었는지 여부를 확인해 보아야 하며, 만약 만기 이전에 조기상환된 경우에는 해당 지급에 대한 이사회 승인 여부를 확인하기 위하여 의사록을 반드시 검사해 보아야 한다.

3) 또한, 차입금과 관련한 이자비용이 적정하게 계산되었는지 회사가 계상한 내역을 엑셀 파일등으로 수령하여 재계산해 보아야 하며, 관련 이자비용 중 재무제표일 시점에서 미지급된 내역이 미지급이자로 적정하게 계상되었는지 확인해 보아야 한다.

(4) 세부테스트 중 표시, 공시에 대한 테스트

1) 차입금과 관련된 만기와 이자율이 주석에 적절하게 공시가 이루어졌는지 확인해 보아야 하며 만기에 따른 유동, 비유동 구분이 적정하게 이루어졌는지 확인해 보아야 한다.

2) 일반적으로 차입계약서에는 채권자가 요구하는 여러 가지 요구사항(예 : 부채비율 유지조건, 유동비율 유지조건, 이자보상비율 유지조건 등)이 포함되어 있으므로 감사인은 차입계약서의 내용을 면밀히 검토하여 감사대상회사가 이러한 계약서의 조건을 충족하고 있는지 확인한다. 이러한 검토절차가 중요한 이유는 해당 금융기관 요구사항들은 반드시 주석에 적절하게 공시가 이루어져야 하고, 만약 이러한 차입계약서의 내용을 감사대상회사가 위반하였을 경우 감사인은 해당 차입금이 비유동에서 유동으로 계정재분류를 해야 되는 상황인지 또한 해당기업의 계속기업 존속가능성에 유의적인 불확실성을 야기시키는 상황인지 여부도 검토해 보아야 한다.

▌사례 ▌ 차입금 및 부외부채 관련(2005년 금융위원회 감리지적사례)

〈상황〉

B사는 20X1년 중에 회사 최대주주(대표이사)가 횡령한 회사자금 및 주주에게 손실보전 목적으로 지급한 자금을 적정하게 회계처리하지 아니하고 현금및현금성자산으로 회계처리함으로써 결산기말까지 마치 현금이 실재한 것처럼 회계처리한 후 기말감사 시 부족한 현금을 충당하기 위하여 외부로부터 6,500백만 원을 차입하여 다시 예금에 불입한 것처럼 허위회계처리를 함으로써 결과적으로 기말현재 차입금 6,500백만 원, 단기대여금 6,500백만 원(대손충당금 6,500백만 원)을 누락하여 당기순이익 및 자기자본을 각각 6,500백만 원 과대계상하였다. 또한 20X1년 12월 31일 6,500백만 원이 일시에 입금되었다가 20X2년 1월 2일 동 자금이 인출되어 해당 차입금을 상환하는 데 사용하였다. 따라서 12월 31일 현재 회사의 재무상태표에는 현금및현금성자산과 단기금융상품이 12,000백만 원으로 총자산 대비 23%를 차지하는 비경상적인 상황이었다.

〈감사인의 감사절차〉

감사인은 회사의 단기금융상품 등이 회사의 영업상황과 비교하여 볼 때 거액인 점을 감안하여 기말시점 전후의 회계전표처리 내역이나 현금출납장의 거래내역 확인, 예금통장에 대하여 최근일자로 확인하는 등의 감사절차를 수행하여야 함에도 불구하고 단순히 은행조회서만을 확인하여 6,500백만 원의 부외부채를 확인하지 못하였다.

〈시사점〉

현금및현금성자산과 단기금융상품의 경우 자산총액의 10% 이상이거나 30억 원 이상 과다하게 보유하고 있다면 특이한 사항이므로 감사 시 중점적으로 검토할 필요성이 있다단기금융상품의 실재성을 확인하기 위하여 은행조회서, 최근일 현재 은행확인이 있는 통장원본, 현금출납장 등을 통하여 재무제표일 전후에 거액의 자금이동이 있는지 여부를 확인하고 그러한 거래내역이 있을 경우 사용처와 자금출처 등에 대하여 면밀한 검토가 필요하다.

8 자본과 관련된 감사절차

기본적으로 자산과 부채에 대한 잔액 검증이 이루어지게 되면 자본은 잔여지분 개념이기 때문에 그 전체잔액에 대한 확신은 자연스럽게 제공될 수 있다. 다음은 자본과 관련하여 일반적으로 이루어지는 감사절차이다.

(1) 자본금과 자본잉여금에 대한 감사절차

① 기초 자본금과 자본잉여금이 전기감사문서 및 감사받은 재무제표 숫자와 일관성이 있는지 확인해 본다.
② 증자가 이루어진 경우 이사회 의사록을 검사하여 그 과정의 적정성을 검토하고 해당 주금이 납입된 통장내역 확인 및 증자등기 사실을 확인하기 위한 법인 등기부등본을 확인해 보아야 한다.
③ 만약, 주식매수선택권 및 자사주 거래와 관련된 자본잉여금 증감이 존재하는 경우 해당 거래사실 여부를 확인하기 위한 이사회의사록 검사 및 회계처리의 적정성을 검토하여야 한다.

(2) 이익잉여금에 대한 감사절차

① 기초이익잉여금에 대하여 전기감사문서 및 감사받은 재무제표 숫자와 비교대사해 본다.
② 회계정책의 변경이 있거나 중요한 오류수정이 있는 경우 해당 기초 이익잉여금이 적절하게 수정되었는지 확인해 본다.
③ 감사받은 손익계산서상 당기순이익 금액이 이익잉여금 증가금액과 일치되는지 확인해 본다.
④ 배당지급과 관련하여 이사회나 주주총회 의사록을 검토해 보고 정관에 명시되어 있는 우선주 형태별 배당률을 검토하여 배당지급금액이 적정한지 확인해 본다.
⑤ 기말 이익잉여금의 경우 채권자의 요구, 법적 요구 및 회사의 자발적인 결의에 따른 잉여금 처분금액이 미처분 이익잉여금과 적절하게 구분 표시되어 있는지 확인해 본다.

9 (포괄)손익계산서 계정에 대한 감사절차

(1) 손익계산서 계정과목에 대한 감사절차의 특징

재무상태표와 달리 손익계산서 계정과목에 대한 실증절차는 다음과 같은 특징이 존재한다.

① 감사의 효율성과 효과성을 위하여 재무상태표 계정 감사 시 관련된 손익계산서항목을 동시에 수행한다. (예 : 매출채권과 매출액, 유형자산과 감가상각비, 재고자산과 매출원가 등)
② 예측 가능성이 높기 때문에 분석적 절차에 많이 의존하며, 계정잔액에 대한 테스트보다는 거래유형에 대한 테스트를 통하여 적정성을 확인한다.
③ 권리, 의무 및 평가와 같은 재무제표 주장을 확인하기 위한 감사절차를 수행할 필요가 없으며 대신에 기간귀속, 정확성 및 분류에 대한 적정성을 확인해 보아야 한다.

(2) 손익계산서 계정과목 중 재무상태표와 연관되는 계정과목의 경우는 해당 거래유형에 대한 테스트시 검증을 수행한다. 하지만 재무상태표와 연관이 이루어지지 않는 계정과목(예 : 접대비, 광고선전비 등)도 존재할 수 있다. 이러한 항목들에 대해서 감사인은 해당 항목들만 모아서 월별 추세분석과 같은 분석적 절차를 수행하고 비경상적인 항목이 있는 거래에 대해서는 세부테스트로 증빙검사를 수행한다.

손익계산서 항목 중 특히 일용직을 많이 이용하는 업종(예 : 건설업) 이거나 야간근로수당이 많이 지급되는 업종(예 : 제조업)의 경우는 비자금을 조성하거나 세금포탈의 목적으로 급여비용을 과대하게 계상하는 경우가 흔하게 존재한다. 다음은 급여와 관련된 실증절차의 내용을 살펴본다.

① 급여대장을 입수하여 월별 합계금액과 (포괄)손익계산서상 급여비용(제조원가에 포함된 인건비 포함)이 일관성이 있는지 여부를 확인한다. 또한, 급여지급 시 원천징수와 관련된 계정, 예를 들어 소득세 예수금 등에 대한 금액이 재무상태표상에 적절하게 기록되었는지 여부를 확인해 보아야 한다.
② 급여대장상 종업원별 인건비 금액의 합계가 정확하게 계산되었는지 계산검증해 본다.
③ 당기 재무제표상 기록되어 있는 총급여비용과 작년도 급여비용, 또는 예산상 급여비용 등과의 비교를 통하여 증감 변동내역을 테스트하고 그 원인을 검사한다(실증적 분석절차). 그러한 원인에는 기중 입·퇴사한 종업원의 숫자의 변동, 그리고 급여의 인상, 인하 등이 있을 수 있다.
④ 만약 특별한 원인이 없이 급여비용이 과대계상된 것으로 의심되는 경우(일반적으로 급여는

조세목적이나 비자금 조성을 위한 목적으로 과대계상의 개연성이 높다에는 다음과 같은 절차를 수행하여야 한다.

가. 임률(pay rate)의 과대계상의 경우 : 급여대장상 표본을 추출하여 인사부서의 관련 고용계약서나 호봉표 등을 역추적하여 임률의 적정성을 확인해 본다.

나. 작업시간(working hours) 또는 야간근로시간의 과대계상의 경우 : 급여대장상 표본을 추출하여 각 해당 부서장의 승인을 받은 작업시간표 및 출퇴근카드표 등과 비교대사해 본다.

다. 가공의 일용근로자(fictitious employees)의 경우 : 보통 건설회사에서 많이 존재할 수 있는 부정의 형태로서 고용계약서, 원천징수영수증 및 급여수령과 관련된 영수증 등을 확인해 보며 필요에 따라서는 불시에 현장을 방문하여 실제 근로자가 근무하고 있는지 여부를 확인해 본다.

10 | 현금흐름표에 대한 감사절차

현금흐름표상에 있는 모든 계정잔액들의 증감 변화액이 나머지 기본재무제표 감사를 수행할 때 이미 검증하였던 숫자들과 일치되는지 여부만을 살펴보면 된다. 또한 감사인은 회사가 계상한 현금및현금성자산이 그 정의에 부합되는지 확인해 보아야 하며, 영업, 투자, 재무활동에 대한 구분의 적정성도 검증해 보아야 한다.

❙ 사례 ❙ Enron의 분식회계 유형 응용

〈상황〉

A사는 B사(A가 일부 출자하여 설립한 SPE : Special Purpose Entity)에게 재고자산 매도계약(Forward Contract)을 체결하였고 B사는 A사의 보증에 의하여 금융기관(C사)으로부터 돈을 차입하였다. A사는 재고자산을 B사에 매도하고 이 판매대금을 수령하여 매출로 기록하고 현금흐름표상 영업현금으로 기록하였다. B사는 당해 연도 A사로부터 인수받은 재고자산으로 금융기관의 차입금을 상환하였으며 다음 연도 금융기관은 이 재고자산을 다시A사에게 재판매하고 동 금액을 금융기관에 지급하였다.

〈감사시 유의점〉

위 상황의 경우 A사는 재고자산을 담보로 금융기관으로부터 직접 차입한 것과 실질적으로 동일한 효과임에도 불구하고 재무제표일 시점에서 재고자산의 매각대금으로 기록을 한 것이다. 따라서 A사 재무제표는 **부채가 과소계상**되어 있으며 **계정과목의 분류 및 현금흐름표상 현금흐름의 분류도 잘못되어 있는 상황**이다(영업활동 현금흐름이 아니라 재무활동 현금흐름으로 분류되었어야 한다). 감사인은 특수관계자와의 거래를 파악하는 경우에는 반드시 거래의 형식보다 거래의 실질을 파악하는 데 중점을 두어야 한다

Q&A 사례문제 1

나금감 회계사가 입사한 20X4년의 결산감사와 관련하여 나금감 회계사의 In-charge auditor인 김철수 회계사는 인원이 부족하다는 이유로 나 회계사에게 혼자 A회사의 현금 시재액에 대한 실사 및 은행조회서 발송업무를 수행토록 지시하였으며, 이와 관련하여 나 회계사는 김 회계사로부터 (주)서울의 회계과장인 신 과장의 연락처를 받았고 기본일정에 대하여 간략히 설명을 들었다. 나 회계사는 (주)서울의 신 과장과 전화통화를 통하여 상세일정을 확정하였으며, 이 내용은 다음과 같다.

(1) 방문 일정 : 20X5년 1월 4일, 오전 10시
(2) 회사의 위치 : 경기도 고양시
(3) 참여인원 및 목적 : 나 회계사, 현금 시재액에 대한 실사 및 은행조회서 발송
(4) 회사 측 준비자료 : 재무제표일 현재 현금 시재액에 대한 명세서 및 거래은행 목록 및 조회서 발송자료(계좌번호 등)
(5) 필요한 조회서 부수 : 약 10부 내외

나 회계사는 위의 통화 후에 방문할 회사에 대한 정보를 사전에 파악하기 위하여 감사보고서 및 감사문서를 검토해 본 결과, 다음의 정보를 얻을 수 있었다.

- 회사는 계속감사 고객이며, 전기의 의견은 적정의견이었다.
- 주요 재무자료 : 자산규모는 1,000억 원, 매출규모는 1,000억 원, 현금및현금성자산 규모는 250억 원, 그리고 단기차입금 200억 원, 당기순이익은 50억 원
- 회사는 금융자산을 6억 원가량 보유하고 있으며, 주로 단기성 자산이 많다.
- 회사의 금융자산 중 사용이 제한된 금액은 미미하다.

20X5년 1월 4일 나 회계사는 (주)서울을 방문하였으며, 해당 일자의 현금 시재액에 대한 실사를 회사 담당자인 신 과장의 참관 아래 수행하였으며 실사완료 후 담당자로부터 현금이 전액 반납되었음을 구두로 확인하였으며 신 과장으로부터 20X4년 말 예적금 명세와 차입금명세 및 동 잔액이 있는 금융기관의 명단 및 주소를 수령하였다. 나 회계사는 이를 근거 은행조회서를 작성하였으며, 작성된 은행조회서를 회계법인으로 가져와서 직접 발송하였다. 이때 은행조회서 발송 시 금융자산 중 사용이 제한된 금액은 미미하다고 판단하여 인출제한 여부에 대한 추가적인 정보는 조회하지 아니하였다.

1 기말감사시 나 회계사가 받았으리라고 예상되는 중요한 지적사항3가지는 무엇인가?

풀이

① 현금실사 후 반드시 전액 반납확인하였음을 회사 담당자로부터 서면으로 확인받아야 하며 만약 재무제표일 시점으로 실사를 수행하지 못한 경우에는 실사일로부터 재무제표일 시점 잔액으로 조정하는 추가적인 절차를 수행하여야 한다.

② 나 회계사는 신과장이 제시한 20X4년 말 거래잔액이 있는 금융기관을 기초로 조회서를 발송하였으나, 조회발송은 기말잔액이 없다고 하더라도 기중 거래내역이 있는 금융기관에 대하여 모두 발송하였어야 한다. 또한, 발송 전 감사인은 회사가 제시하는 금융기관의 주소가 정확한지 여부를 반드시 확인하여야 한다.

③ 나 회계사는 반드시 예·적금 잔액 및 차입금에 대한 정보뿐만 아니라 예·적금의 인출 여부, 차입금과 관련하여 제공된 담보, 보증 여부, 어음·수표 교부액 등 기타 정보도 조회하여야 한다.

이 밖에도 감사의 효율성을 위하여 은행조회서 용지를 사전에 송부하여 감사대상회사를 통하여 작성하도록 요청하는 절차도 고려해 보았어야 한다.

2 나 회계사가 현금실사를 수행하는 과정에서 회사의 기본상황 및 재무정보를 유추해 볼 때 전문가적 의구심 관점에서 의심해 볼 수 있었던 재무제표의 왜곡표시 유형 및 이유를 설명하고 이를 적발하기 위해서 나 회계사가 수행하였어야 할 절차 2가지를 서술해 보시오.

풀이

현재 회사의 자산규모 및 차입금 규모에 비해서 현금및현금성자산의 규모가 지나치게 많은 비중을 차지한다. 따라서 감사인은 현금및현금성자산에 대한 실재성 주장에 대하여 의구심을 가져야 하며 이를 적발하기 위하여 현금 시재액에 대해서는 실사 이후 반드시 재무제표일 이후 Subsequent payment를 확인해 봄으로써 가공의 현금을 통한 부정여부를 반드시 검증해 보아야 하고 예금의 경우는 반드시 조회서 발송뿐만 아니라 예금의 실재성 검증을 위하여 금융기관 유선확인 및 통장확인을 추가적으로 수행하였어야 한다.

3 나 회계사는 외부조회서 발송 후 다음과 같은 결과를 수령하였다. 나 회계사는 아래와 같은 발견사항에 대하여 어떠한 감사절차를 취해야 하는지 3줄 이내로 간략하게 서술하시오.

〈조회서 #1〉 A은행의 조회서에서는 차입금 확인란이 공백으로 회신되었다. 회사는 동 은행과는 예금거래밖에 없기 때문에 은행담당자가 확인할 필요가 없었을 것이라고 설명하였다.

〈조회서 #2〉 B은행의 조회서는 회사가 제시한 당좌예금 잔액과 차이를 보이고 있으며, 회사는 동 차이가 어음 · 수표와 관련한 결제일의 차이라고 주장하고 있다.

〈조회서 #3〉 C은행은 조회서가 회수되지 아니하였으며, 회사 측은 동 은행과는 예적금 거래뿐이므로 잔고증명서 확인으로 대체하자고 주장하고 있다.

〈조회서 #4〉 D은행의 조회서에는 어음 · 수표 교부 및 미회수 내역에 "별첨 참조"라고 되어 있으나, 실제로 첨부되어 온 내역이 없었다. 회사는 아마도 은행 측에서 실수를 하였을 것이라고 하였으며, 어음 · 수표 교부 등과 관련한 내역은 수불부자료를 이용하라고 제안하였다.

〈조회서 #5〉 E상호신용금고의 조회서에서는 회사가 제시한 예금 및 차입금의 규모보다 모두 크게 회신되었다. 회사 측은 동 금고 측과 채권채무관련 상계약정을 맺었으며, 이를 근거로 예·적금과 차입금을 상계처리하였다고 주장하였으며, 그 근거로 예금을 상계한 순차입금의 규모가 조회서와 일치함을 들었다.

풀 이

#1	회사 측으로부터 해당 금융기관의 담당자 연락처를 수령하여 직접 담당자와 통화하여 사유를 파악하고, 정보누락과 관련한 사항에 대해서는 FAX 등을 통하여 자료를 수령한다. 또한 해당 사항이 중요하다고 판단될 경우 추가적인 조회서를 발송한다.
#2	차이가 나는 내용과 관련하여 은행계정조정표를 작성요구하며, 그 조정된 내용에 대하여 증빙 확인한다.
#3	은행조회서 발송을 잔고증명서로 대체할 수는 없다. 왜냐하면 잔고증명서에는 차입금, 지급보증 및 어음·수표 교부내역과 같이 예·적금에 대한 잔액 이외의 정보를 입수할 수 없기 때문이다. 따라서 금융기관에 대해서 다시 서면으로 추가 조회서를 발송하여야 한다.
#4	회사 측으로부터 해당 금융기관의 담당자 연락처를 수령하여 직접 담당자와 통화하여 반드시 어음·수표 교부내역을 금융기관으로부터 직접 수령하여야 한다.
#5	상계약정의 사실성 및 약정의 준수 여부를 증빙(예 : 약정서 내용의 검토 등)을 통하여 추가로 확인해 보아야 하며 상기의 내역을 문서화하고, 필요 시 금융기관의 확인서를 요청한다.

4 앞의 조회서 내용 중 B은행과 관련하여 감사인은 감사대상회사 담당자에게 은행계정조정표를 작성하도록 요구하였으며 다음과 같은 은행계정조정표를 수령하였다 각각의 내용과 관련하여 감사인이 수행하여야 할 절차를 요구하는 개수만큼 보기에서 선택하시오

서울(주)
은행계정조정표
12/31/20X4

1. 은행잔액(감사절차 #1 : 1개)				₩3,000,000
2. 미기입 예금(감사절차 #2 : 4개)				
	12/29/04		₩200,000	
	12/30/04		100,000	300,000
				3,300,000
3. 기발행 미인출수표(감사절차 #3 : 4개)				
	#988	12/31/04	200,000	
	#1281	12/26/04	100,000	
	#1285	12/27/04	400,000	
	#1289	12/29/04	500,000	
	#1292	12/30/04	300,000	(1,500,000)
4. 회사장부(감사절차 #4 : 1개)				₩1,800,000

〈보 기〉

(1) 어음·수표 발행대장과 확인해 본다. (2) 현금 입금기록과 확인해 본다. (3) 재무제표일 현재 총계정원장 및 시산표와 대조해 본다. (4) 금융기관조회서와 대조해 본다. (5) 당좌거래명세서를 입수하여 회사가 주장하는 조정내역이 재무제표일 이후 입·출금 내역으로 확인되는지 살펴본다. (6) 당좌거래명세서상 입, 출금 내역 중에서 은행계정조정표상에 조정항목으로 반영이 누락된 사항이 있는지 확인해 본다. (7) 회사가 주장하는 조정항목 중에서 당좌거래명세서에 나타나지 않는 항목에 대해서는 추가적인 증빙을 확인해 본다.

풀 이

(1) 감사절차 #1 : (4)
(2) 감사절차 #2 : (2), (5), (6), (7)
(3) 감사절차 #3 : (1), (5), (6), (7)
(4) 감사절차 #4 : (3)

5 B은행에 대한 은행계정조정표 감사절차 수행과정에서 나 회계사는 다음과 같은 당좌거래명세서를 확인하였다.

20X4년 12월 31일 잔액 ₩3,000,000	
입금내역	출금내역
내용 생략	1월 3일 : #1281 (발행일자 12월 26일) 1월 3일 : #1292 (발행일자 12월 30일) 1월 4일 : # 988 (발행일자 12월 31일) 1월 5일 : #1285 (발행일자 12월 27일) 1월 6일 : #1289 (발행일자 12월 29일) 1월 7일 : #1230 (발행일자 1월 2일) 1월 8일 : # 888 (발행일자 12월 31일) (이하 생략)
20X5년 1월 15일 잔액 ₩4,500,000	

또한 나 회계사가 파악한 (주)서울의 어음·수표 포함 자금 관련한 내부통제제도의 내용은 다음과 같다.

서울(주)의 자금담당부서는 김순진 부장과 최순희 과장이 업무를 수행하고 있다. 서울(주)는 모든 자금집행과 관련된 증빙서류를 자금부서에 전달하고 자금부서에서는 관련된 문서에 근거하여 자금집행을 승인하고 있다. 이러한 자금집행은 서울(주)가 거래하는 B은행의 당좌어음 및 수표로 지급되고 있으며 미사용된 어음 · 수표의 용지 및 발행에 필요한 회사 인감도장은 최순희 과장이 안전장치가 잘 되어 있는 금고에 관리하고 있으며 이러한 금고의 접근 가능한 승인권자는 대표이사와 김순진 부장, 최순희 과장이다.

최순희 과장은 매입채무와 관련된 대금을 어음이나 수표로 지급한 이후 관련 증빙서류를 미결제된 거래처의 관련 증빙서류와 함께 1부 보관하고 있고, 사본 1부는 회계부서로 보내어 매입채무 결제에 따른 기록을 하도록 한다. 김순진 부장과 회계부서의 나두한 과장은 매월 여의도은행의 잔액과 회계부서에서 작성된 현금기록을 비교해보는 은행계정조정작업을 하고 있으며 차이가 나는 금액에 대해서는 즉시 이유를 검사하고 차이를 조정하는 작업을 하고 있다.

최순희 과장은 어음이나 수표를 발행하는 시점에서 거래처를 잘못 기입하거나 금액을 잘못 기재하는 경우 책임의 논란을 없애기 위하여 폐기시키고 새로운 어음 · 수표 용지로 대금 결제를 수행하고 있으며 자금부서의 김순진 부장과 최순희 과장은 5년째 자금업무를 담당하고 있다.
서울(주)의 신용매출에 대한 대금은 거래처가 직접 송금하거나 영업부서의 직원들이 추심 · 회수하고 있으며 자금부서의 최순희 과장은 영업부서 직원들이 회수해 온 현금을 매주 금요일 오후에 은행입금하고 입금표를 보관하고 있다.

위의 내용을 읽어보고 (주)서울의 자금부서와 관련한 내부통제제도의 취약점을 5가지 이상 지적하고, 당좌거래명세서의 내용과 앞의 내부통제제도의 취약점과 연관하여 나 회계사가 의심할 수 있는 부정의 형태를 지적하시오.

풀 이

내부통제제도의 취약점은 다음과 같다.

① 업무분장 및 승인제도의 취약점: 자금집행에 대한 승인과 자금을 실제로 집행하는 부서(보호기능)는 분리되어 있어야 한다. 만약 이러한 업무분장이 이루어지지 않은 경우 자금집행 승인 및 집행권한을 가지고 있는 부서에서는 회사자금을 개인적인 자금으로 유용할 수 있다. 따라서 자금집행의 승인은 자금부서와 다른 독립적인 부서에 의해서 수행되어야 한다.
② 자료처리: 자금부서에서 자금을 집행한 거래의 관련 증빙서류는 지급필 도장을 찍고 미지급된 관련 증빙서류와 따로 보관하여야 이중지급을 방지할 수 있다.
③ 물리적 통제: 은행계정조정표의 작성은 기록을 담당하는 부서의 결과와 자금을 담당하는 부서의 결과를 검증해 보는 과정이다. 따라서 회계부서 및 자금부서와는 독립된 제3자가 작성하는 것이 효과적이다. 또한 인감도장 및 미사용된 어음·수표를 같이 관리하는 최순희 과장의 기중 유용을 막기 위하여 반드시 현금검증표를 작성하여야 한다. 영업사원들이 회수해 오는 신용매출대금은 항상 래핑(lapping)의 가능성이 존재하기 때문에 거래처와 채권·채무 잔액을 월별로 검증하는 절차가 필요하다.

> ④ 물리적 통제 : 자금을 담당하는 부서의 직원들은 정기적인 직무순환제도가 필요하며, 필요하다면 신원보증제도도 갖추어야 한다. 또한 현금은 매일 입금하여야 한다.
> ⑤ 어음·수표와 관련된 내부통제제도 : 미사용된 어음·수표 용지(보관)와 인감도장(승인)을 관리하는 자는 업무가 분리되어 있어야 하며, 발행된 내용에 대하여 세부내역을 어음·수표 발행대장에 기록하는 문서화기능이 존재하여야 한다. 또한 폐기되는 어음·수표는 반드시 사본을 1부 보관하고 원본은 은행에 반납하여야 부외부채의 발생 가능성을 감소시킬 수 있다. 또한 어음·수표의 발행은 일련번호 순으로 발행되어야 한다.

당좌거래명세서상 재무제표일 이후 출금내역 중 수표 #888은 기발행미인출수표이기 때문에 (주)서울의 은행계정조정표상 조정내역에 있어야 하나 그 내역이 존재하지 않기 때문에 나 회계사는 카이팅을 의심해 볼 수 있다.

6 앞의 문제와 상관없이 다음의 물음에 답하시오.

중간감사단계에서 파악하였던 내부통제와는 달리 자금을 담당하는 최순희 과장이 퇴사하고 후임자를 아직 선임하지 않은 관계로 회계과장인 신 과장이 회사의 모든 자금(수표 발행업무 포함) 및 회계업무를 임시로 담당하고 있다는 사실을 알게 되었고 분석적 절차 수행결과 나 회계사는 수표를 통한 현금 부정기법인 카이팅을 의심하게 되었다.

(1) 아래의 4가지 상황 중에서 나 회계사가 카이팅을 의심해 볼 수 있는 사건 및 징후가 어떠한 것인지 1가지 선택해 보시오.

> ① 현금에 접근권한을 가지고 있는 회사 담당자들의 잦은 퇴사
> ② 월요일에 자주 기록되는 고액의 수표 거래
> ③ 연평균 잔액에 비해서 지나치게 높은 연말 현금시재액
> ④ 잦은 현금출납기를 통한 현금인출

(2) 위와 같은 상황과 징후로 인하여 나 회계사는 카이팅이 발생하였다는 확신을 가지고 다음과 같이 은행 간 대체거래명세표(Bank Transfer Schedule)를 작성해 보았다. 다음의 수표 중 Kiting을 의심해 볼 수 있는 수표를 선택해 보시오.

수표번호	은행명		출금일		입금일	
	인출은행	입금은행	장부	은행	장부	은행
2020	A	B	12/31	1/2	12/31	12/31
2021	A	C	1/3	1/2	12/31	12/31
3217	D	E	1/3	1/3	1/3	12/31
0659	D	C	12/31	1/3	1/3	1/3

풀이

(1) ③

(2) 부정한 재무보고에 의한 왜곡표시 : #2021
자산의 유용에 의한 왜곡표시 : #3217

Q&A 사례문제 2 : 2009년, KICPA 기출문제

한라회계법인은 (주)상록의 20X8년 재무제표에 대한 외부감사를 수행하고 있다. (주)상록의 감사를 담당하는 담당이사는 박명확 회계사이며, 박명확 회계사 외 4명의 회계사가 기말감사에 참여하고 있다. 다음은 주요 계정에 대한 감사업무 배정현황이다.

회계사	담당 계정
김현금	현금및현금성자산, 장단기차입금, 미수이자, 미지급이자, 이자수익, 이자비용
박재고	재고자산, 매입채무, 매출원가
서채권	매출채권, 매출, 단기금융상품, 투자자산
이유형	유형자산, 무형자산, 감가상각비

(물음) 현금및현금성자산 계정의 감사를 담당하고 있는 김현금 회계사는 정기예금에 대하여 회사가 제시한 통장원본 및 예금잔액증명서를 확인하는 것으로 정기예금에 대한 감사절차를 완료하였다. 정기예금에 대한 감사와 관련하여 김현금 회계사가 취한 절차의 문제점을 지적하고(2줄 이내로 작성), 김현금 회계사가 추가적으로 확인해야 할 정기예금 관련정보를 3가지만 기술하시오.

답안 양식 :

문제점	
추가로 확인할 정보	1.
	2.
	3.

풀이

문제점	통장원본 및 예금잔액증명서가 아닌 회사가 거래한 모든 은행에 대하여 금융기관조회서를 발송하였어야 한다. (예금의 실재성만 확인하였기 때문)
추가로 확인할 정보	1. 정기예금의 만기 (재무제표 표시와 공시)
	2. 정기예금의 이자율 (재무제표 표시와 공시)
	3. 정기예금 인출제한 여부, 담보제공 여부 (권리, 재무제표 표시와 공시)

사례문제 3 : 2011년, KICPA 기출문제

(주)여름은 자동차부품 수입업체로 최근 이익이 큰 폭으로 증가하고 있다. (주)여름의 외부감사를 수행하고 있는 가을회계법인의 감사현장책임자(in-charge)인 김겨울 회계사는 기말감사에 참여하는 회계사들의 능력을 적절히 고려하여 계정과목을 배정하였다. 다음은 김겨울 회계사가 감사참여회계사들이 제출한 감사문서를 통해 확인한 세부계정별 실증절차 수행내용의 일부이다.

(1) 현금및현금성자산(계정담당자 : 박행복 회계사)과 관련하여 수행된 감사절차

- 현금및현금성자산에 대한 총괄표를 작성한 후, 총괄표상의 잔액을 총계정원장, 전기 감사문서 등과 비교·대조하고 총괄표상의 금액에 대해 계산검증을 수행하였다.
- 현금및현금성자산에 대한 세부항목별 명세서를 입수하여 합계검증을 수행하고, 전기 대비 비정상적인 변동내역을 검토하여 질문, 문서검사 등을 통해 그 원인을 규명하였다.
- 현금및현금성자산에 대한 실재성을 확인하기 위해 재무제표일 이후 다음연도 업무가 시작되기 직전에 현금및현금성자산을 한 곳에 모아두고 (주)여름 계정담당자의 참관하에 실사하였다. 또한 실사 후 현금및현금성자산이 정확히 반납되었음을 (주)여름의 계정담당자로부터 확인받았다.
- 현금및현금성자산의 계정잔액에 대한 테스트와 거래유형에 대한 테스트의 방법으로 금융기관(은행)조회서를 이용하였다. 가을회계법인의 명의로 금융기관(은행)조회서 3부를 작성하여 감사인 보관용은 박행복 회계사가 보관하고, 회신용과 금융기관(은행) 보관용은 박행복 회계사가 직접 금융기관(은행)에 송부한 후 회신용 조회서 전부를 직접 회수하고 이를 확인하였다.

(2) 매입채무(계정담당자 : 조사랑 회계사)와 관련하여 수행된 감사절차

- 매입채무에 대한 총괄표를 작성한 후, 총괄표상의 잔액을 보조원장이나 총계정원장 등과 비교·대조하고 총괄표상의 금액에 대해 계산검증을 수행하였다.
- 매입채무의 구성요소별로 명세서를 입수하여 명세서상 잔액과 총괄표상 잔액이 일관성이 있는지 확인하였다.
- 전기 대비 비정상적인 변동내역에 대해 경영진에게 질문, 문서검사 등을 통해 그 원인을 파악한 결과, 완전성을 확인하기 위한 감사절차가 중요하다는 사실을 확인하였다. 특히, 매입채무 지급기일이 전기 대비 80일 이상 감소한 것으로 나타나 매입채무 과대계상의 가능성을 통한 매출총이익의 감소에 대한 추가적인 실증절차 방법을 고려하였다.
- 매입채무에 대하여 계정잔액의 금액이 큰 개별거래처를 위주로 외부조회를 수행하였다. 조회서는 3부를 작성한 후 감사인 보관용은 조사랑 회계사가 보관하고, 회신용과 거래처 보관용은 조사랑 회계사가 직접 거래처에 송부하여 회신용 조회서를 본인이 직접 회수하였다. 회신된 조회서는 장부상 잔액과의 일치여부를 확인하였다.
- 재무제표일 직후 일정기간 동안 청구된 거래명세서, 세금계산서 등 청구서와 지급기록을 검토하여 장부에 미반영된 잔액이 있는지 확인하였다.

1 박행복 회계사가 수행한 현금및현금성자산에 대한 감사절차와 관련하여 김겨울 회계사가 지적했을 것으로 예상되는 중요한 문제점을 1가지 제시하고, 그 이유(또는 개선방안)를 2줄 이내로 기술하시오(단, 위에 언급된 현금및현금성자산 관련 감사절차만을 고려하여 답하시오).

풀이

금융기관 조회서는 회계법인 명의로 발송하는 것이 아니라 감사대상회사의 명의로 발송하여야 한다.

2 조사랑 회계사가 수행한 매입채무에 대한 감사절차와 관련하여 김겨울 회계사가 지적했을 것으로 예상되는 중요한 문제점을 1가지 제시하고, 그 이유(또는 개선방안)를 2줄 이내로 기술하시오(단, 위에 언급된 매입채무 관련 감사절차만을 고려하여 답하시오).

풀이

매입채무의 완전성을 확인하기 위해서는 잔액이 큰 거래처에 대하여 조회서를 발송하기보다는 주된 거래처임에도 불구하고 기말시점 잔액이 거의 없는 거래처를 대상으로 조회서를 발송하여야 한다.

3 위에 언급된 조사랑 회계사가 수행한 매입채무에 대한 감사절차 중에는 매입채무 실증절차의 목적(또는 경영진의 주장)을 달성하기 위해 실시해야 하는 중요한 감사절차가 일부 누락되어 있다. 이와 관련하여 조사랑 회계사가 수행해야 할 구체적인 감사절차를 2가지만 각각 2줄 이내로 기술하시오.

답안 양식 :

①	
②	

풀이

①	구매와 관련된 거래의 기간귀속 테스트를 수행한다.
②	재무제표일 직전의 검수보고서에 대한 일부 표본을 추출하여 장부에 매입채무로 완전히 다 반영되었는지 여부(전진법)를 살펴본다.

사례문제 4 : 2012년, KICPA 기출문제

초도감사계약을 체결한 을회사는 은행간 자금대체거래가 빈번한 편이다. 중간감사시 을회사의 대표이사는 감사책임을 맡고 있는 A회계사에게 다음과 같이 설명하였다.

> "저희 회사는 규모에 비해서 자금거래가 많은 편입니다. 관리직원도 충분치 않아서 회계와 자금업무를 도맡아 하는 김 이사가 고생이 많지요. 분기마다 결산결과를 보고 받고 있는데, 그동안 불미스러운 사고가 한 번도 없었답니다. 휴가도 반납하고 회사 일에만 몰두하니, 김 이사는 저희 회사의 기둥인 셈이지요."

1 위 상황에 대해서 A회계사는 회사의 내부통제가 취약함을 시사하는 것으로 판단하였다. 이러한 취약점을 보완하기 위해서 업무분장을 생각할 수 있다. 다음의 업무분장에 대한 설명에서 (가)와 (나)에 해당하는 내용을 기재하시오. 그리고 적절한 업무분장이 이루어지지 않을 경우 위 상황에서 예상되는 문제점을 3줄 이내로 기술하시오.

> 현금예금에 대한 기본적인 통제활동으로서 거래의 [(가)], 거래의 집행, 거래의 [(나)] 및 자산의 보호기능은 각각 분리시키는 것이 바람직하다.

풀이

> 현금예금에 대한 기본적인 통제활동으로서 거래의 [기록], 거래의 집행, 거래의 [승인] 및 자산의 보호기능은 각각 분리시키는 것이 바람직하다.

김 이사에 의한 자금 유용이 발생할 수 있고 이러한 자금 유용을 은폐시키기 위한 재무제표 왜곡표시가 발생할 수 있음. (예 : 카이팅, 랩핑 등)

2 A회계사는 B회계사에게 2×12년 6월말을 전후한 은행간 대체거래를 검사하도록 지시하였다. 다음은 B회계사가 작성한 감사문서의 내용이다.

	거래은행		지급은행 인출일자		예입은행 예입일자	
수표	지급은행	예입은행	회사장부	은행	회사장부	은행
#100	A	B	6/29	6/30	6/29	6/29
#102	C	D	6/30	7/1	6/30	6/30
#103	C	A	7/1	7/3	7/2	7/2
#106	D	A	7/1	7/1	7/1	6/30

A회계사는 B회계사가 작성한 감사문서를 검토한 후, 특정 거래가 현금예금의 부족을 은폐하기 위한 목적으로 사용된 것으로 의심된다고 설명하였다. 이러한 의심 대상이 되는 수표번호를 지적하고, 그 판단 근거를 5줄 이내로 기술하시오.

답안 양식 :

의심 수표번호	
판단 근거	

풀 이

의심 수표번호	# 106
판단 근거	A은행에서 자금을 인출한 뒤 D은행 수표를 발행하여 A은행 자금부족분을 보충한 다음, D은행 장부기록은 D은행에서 실제 인출되는 7월 1일로 기록함으로써 자금 횡령을 은폐한 것으로 의심할 수 있음.

3 다음은 재무제표의 왜곡표시를 초래할 수 있는 자금 관련 부정 사례들이다.

(a) 자금사정이 악화되어 사채시장에서 급전을 차입하여 급한 지출에 충당하고, 이들 거래를 회사 장부에는 기입하지 않았다.
(b) 수금한 매출채권을 회계처리하지 않고, 개인적인 용도로 유용하였다.
(c) 은행에서 회사자금을 인출하여 개인적인 용도로 사용하고, 인출거래 회계처리를 누락하였다.

위 항목 중 (물음 2)의 부정행위를 유발시킬 것으로 예상되는 항목을 고르시오. 그리고 이와는 별도로 (a)~(c)의 상황이 각각 초래하는 재무제표의 왜곡표시 내용을 기재하시오.

답안 양식 및 작성사례 :

(물음 2) 관련 항목	

번호	왜곡표시 계정과목과 왜곡표시 내용
[예시]	*재고자산 과대계상*
(a)	
(b)	
(c)	

풀 이

(물음 2) 관련 항목	(C)

번호	왜곡표시 계정과목과 왜곡표시 내용
[예시]	*재고자산 과대계상*
(a)	차입금의 과소계상
(b)	매출채권의 과대계상
(c)	현금의 과대계상

Q&A 사례문제 5 : (2006년 금융위원회 감리지적사례 응용)

〈상 황〉

Y사는 소프트웨어 개발업체로서 코스닥시장 상장법인이고 관계회사로서 미국 IT업체인 HP와 국내 총판계약을 체결하고 스토리지(Storage) 등 하드웨어 제품을 수입하여 판매하고 있는 D사가 있으며 Y사와 D사의 최대주주는 동일하다. Y사는 전체 임직원이 17명 정도밖에 되지 아니하며, 임직원 중 하드웨어 사업과 관련이 있는 사람은 전무하다. 참고로 코스닥상장규정에 의하여 매출액 30억원 미만의 업체의 경우는 관리종목으로 지정된다.

<자료 1> Y사의 연도별 매출구성은 다음과 같다.

(단위 : 백만 원)

구 분	2006년	2005년	2004년	2003년
총 매 출 액	5,997	5,619	5,484	8,693
제품매출액	1,746	3,052	4,804	6,727
상품매출액	3,358	1,802	–	1,596
정비매출액	893	765	680	370

<자료 2> Y사와 D사의 연도별 거래내역은 다음과 같다.

(단위 : 백만 원)

구 분	2006년	2005년	2004년	2003년
매 출	2,315	2,113	1,768	1
매 입	1,093	10	389	25
총거래액	3,408	2,157	2,157	26

Y사의 회계담당자의 설명에 의하면 Y사는 D사와 D사의 거래처와의 매출, 매입거래에 개입하는 중간단계의 역할을 하고 있다는 사실을 알게 되었다. 또한 Y사의 2006년도 상품매출의 대부분은 D사가 총판계약을 맺은 하드웨어 거래로서 이와 유사한 거래는 올해 1건만 발생한 것이며, 이와 관련된 모든 영업은 실제 D사를 통하여 전부 이루어진 것임을 알게 되었다. Y사를 담당하는 김철수 회계사는 주요 매입, 매출거래와 관련하여 구매주문서와 세금계산서를 대조 확인하였고 판매대금

입금내역을 확인하였으며, 매출 관련 분석적 절차를 수행하였다. 이 과정에서 Y사 담당자에게 계약서 및 검수보고서를 요청하였으나 업계 관행상 일반적으로 계약서를 작성하지 않고 매출처가 최종 사용자가 아니므로 검수서류를 수령하는 것이 현실적으로 불가능하다는 말을 들었다. 이에 따라 김철수 회계사는 대체적인 감사절차로서 주문서 및 세금계산서를 대조 확인해 보았으며 재무제표일 이후의 대금 회수상황을 확인하였다.

1 위와 같은 상황에서 김철수 회계사가 분석적 절차 수행결과 의심해 볼 수 있는 왜곡표시의 유형을 코스닥상장규정과 연결하여 서술해 보시오

풀이

Y사의 매출은 5,997백만 원으로 전기 대비 소폭 증가(6.7%)하였으나 상품매출은 3,358백만 원으로 전기 대비 대폭 증가하였다. 게다가 관계회사인 D사와의 거래액이 전기 대비 급격히 증가하였고, 특히 동사로부터 매입이 전기 대비 큰 폭으로 증가하였다. Y사가 하드웨어 관련 전문인력이 없는 것을 고려해 볼 때, 결국 Y사는 D사와 D사의 거래처와의 매출, 매입 거래와 관련하여 서류상으로 Y사가 중간에 개입하여 매출과 매입을 발생시킨 것으로 꾸미는 방법으로 매출액 및 매출원가를 허위로 계상하여 코스닥시장 관리종목으로 지정되는 것을 회피하려고 했음을 의심해 볼 수 있다.

2 (물음 1)의 왜곡표시 유형과 연결하여 김철수 회계사가 추가적으로 수행하였어야 할 절차를3줄 이내로 간략하게 서술하시오.

풀이

대체적인 감사절차로서 주문서 및 세금계산서만을 확인하는 형식적인 문서검사 이외에도 매출품목이 Y사의 주요 사업과 무관한 점을 고려해 볼 때 선적서류, 출고증 및 상품운송 관련 서류 등 재고자산의 이동이 실제로 발생하였는지 파악하기 위한 거래유형에 대한 테스트를 강화하였어야 한다.

Q&A 사례문제 6 : 매출채권 및 매출관련 감사절차(2004년도 금융위원회 감리지적사례 응용)

S산업은 반도체 부품을 제조하여 이를 대기업에 공급하는 중소제조업이다. S산업의 재무제표일은 3월 31일이며 업종의 특성상 3월 말 전후로 재고자산의 매출이 빈번한 업종이다. S산업을 감사하는 P회계법인의 나도식 회계사는 감사계획을 수립하는 단계에서 올해 반도체산업이 불황이었다는 사실을 알게 되었고 S산업의 내부통제제도가 효과적으로 설계, 운영되고 있지 않다고 판단하였으며 실증절차로서 매출 및 매출채권과 관련하여 다음과 같은 절차를 수행하였다.

작년 감사결과 재무제표일 시점으로 외부조회를 발송하는 경우 감사보고서를 회사에게 전달하여야 하는 시점까지 충분히 회수되지 못하는 문제 때문에 올해는 1월 31일 기준으로 외부조회를 발송하기로 하였으며 S산업과 가까운 거래처로부터는 S산업 회계담당자로부터 간접적으로 회수하여 조회결과를 확인해 보았다. 조회서 발송결과 S산업의 거래처들로부터 별다른 차이점이 보고되지 아니하였다. 또한 재무제표일 전후시점에 매출거래가 빈번하다고 판단하여 기간귀속 감사절차의 중요성을 지각하고 3월 31일 전후 일주일 내에 발생한 매출거래의 회사 출고증을 검사하여 매출거래의 기간귀속 및 발생사실 여부를 확인해 보았다.

1 위에서 언급한 나도식 회계사의 감사절차에 문제점을 3가지만 지적해 보시오

풀이

① 매출채권조회를 함에 있어서 회수율 등 감사일정의 편의를 위해 재무제표일이 아닌 1월 말을 기준으로 조회서를 발송한 경우 반드시 관련 계정과목에 대해서 중요왜곡표시위험이 낮아야 한다. 지금 회사의 경우 매출 및 매출채권에 대해서는 중요왜곡표시위험이 높은 것으로 감사계획 단계에서 파악이 되었기 때문에 반드시 재무제표일 즉, 3월 31일 기준으로 외부조회서를 발송하였어야 한다.
② 일부 매출채권조회서를 회사를 통해 간접적으로 회수하여 감사증거의 신뢰성을 확보하지 못하였다.
③ 매출의 기간귀속 테스트 감사절차를 실시함에 있어서 감사증거력이 높은 외부증빙(인수증)이 아닌 내부증빙(출고증)에 의존하여 감사절차를 수행하여 회사의 허위매출 계상 사실을 발견하지 못하였다(기업의 이해를 통하여 파악한 정보 중 재무제표일 전후로 빈번하게 매출거래가 발생한다는 사실은 해당 재무제표일 전후 거래에 대해서 중요한 왜곡표시가 개입될 위험이 높다는 의미이고 그렇다면 감사인은 보다 신뢰성 있는 감사증거를 확보하였어야 한다.).

2 S산업은 재무제표의 가결산 결과 영업손실이 예상되자 이 사실을 은폐할 목적으로 실제는 차기에 발생한 매출을 당기에 인식하여 매출채권을 40억 원 과대계상하였다. 만약 나도식 회계사가 이러한 사실을 실증적 분석절차를 통해서 잠재적인 문제점이 있다는 사실을 발견하고자 한다면 어떠한 유형의 분석적 절차가 효과적일 수 있는지 2가지만 제시해 보시오

풀이

① 비율분석: 매출채권회전율을 전기 감사받은 재무제표와 비교해 본다. 이 경우 당해 연도 매출액 및 매

출채권의 급격한 증가로 인한 급격한 매출채권회전율의 감소로 인하여 해당 왜곡표시 유형을 식별할 수 있다.

② 추세분석 : 4월부터 3월까지의 매출추세분석을 해본다. 이 경우 재무제표일에 근접한 시점에서 매출이 급격하게 상승하고 다음 회계연도 초 매출액이 급격하게 감소하게 되면 기간귀속에 대한 문제점을 의심해 볼 수 있다.

Q&A 사례문제 7

1 김철수 회계사가 한국(주)의 매출채권에 대한 실증절차를 수행함에 있어서 선택할 수 있는 감사절차는 크게 실증적 분석절차와 세부테스트로 구분될 수 있다. 이때 실증적 분석 절차의 의존범위를 결정할 때 고려하여야 할 사항을 서술하고 감사인이 매출채권에 대하여 수행할 수 있는 분석적 절차 사례를 3가지만 제시하시오. 또한, 각각의 사례에 대하여 매출채권에 존재할 수 있는 잠재적인 왜곡표시의 유형을 각각 설명하시오.

풀이

(1) 실증절차로서 분석적 절차 의존범위에 영향을 미치는 요인

① 관련항목의 중요왜곡표시위험
② 상대적 효과성 및 효율성
  1) 예측가능성
  2) 신뢰성
  3) 정교성

(2) 분석적 절차의 사례 : 매출채권회전율, 매출총이익률분석, 월별 매출액 추세분석 등 (왜곡표시 유형은 본문 내용 참조)

2 김철수 회계사가 조회 절차 설계시 고려하여야 할 요인을 3가지 이상 서술하시오.

풀이

(1) 관련 경영진 주장
(2) 부정위험 등 중요한 왜곡표시에 대해 구체적으로 식별된 위험
(3) 당해 감사업무 또는 유사업무에 관한 사전 경험
(4) 커뮤니케이션 방법
(5) 의도된 확인당사자가 요청된 정보를 확인을 하거나 제공할 수 있는 능력

3 김철수 공인회계사는 2006년 12월 31일 기준 매출채권과 관련하여 외부조회서 발송 후 결과를 다음과 같이 회신하였다. 아래의 물음에 답하시오.

(1) 아래와 같은 외부조회서를 각각 거래처별로 회신한 경우 김철수 공인회계사가 수행하여야

할 대응조치에 대하여 서술하시오.

① B회사 : 2007년 1월 3일 FOB 도착지조건으로 ₩8,000,000(매가)의 재고자산을 수령하였습니다. 하지만 세금계산서는 2006년 12월 31일자로 발행되었습니다. ② C회사 : 이미 우리는 매입채무 ₩7,000,000을 2006년 12월 29일에 이미 지급하였습니다. ③ D회사 : 매입채무 ₩7,500,000은 2007년 1월 5일에 지급하였습니다. ④ E회사 : 우리 회사는 외상매입금에 대하여 특이한 회계통제제도를 사용하고 있기 때문에 귀하의 문의에 대하여 확인하여 드릴 수가 없습니다. ⑤ F회사 : 귀사가 보내온 조회확인서상 나타난 두 가지 매출송장의 합계액 ₩1,350,000은 우리 회사가 2006년 11월에 귀사에게 선급금으로 지급한 ₩2,500,000으로 충당할 수 있다고 생각합니다.

풀이

① 매출거래와 관련된 선적서류 등 기타 내부 문서 등을 검토하여 선적조건 및 선적일 등을 확인하고 매출인식과 관련된 기간귀속이 적절한지 여부에 대하여 검토하여야 한다.
② 재무제표일 이후 매출채권 대금이 회수되었는지 여부를 검토하여야 하며 래핑(lapping)과 같은 부정도 의심해 볼 수 있다.
③ 올바른 잔액임을 확인한 것이다.
④ 응답자가 쉽게 응답할 수 있도록 총잔액에 대한 조회 요청이 아닌 개별송장별 금액에 대해서 조회 요청을 수행한다.
⑤ 선수금이 입금되었는지 여부를 확인하여 보며, 만약 선수금 상계가 적절하다고 판단되면 매출채권과 상계 처리할 것을 권고한다.

(2) 매출채권 외부조회요청을 통해 확인 가능한 경영진 주장 2가지를 서술하고 매출채권 외부조회요청을 통해 일반적으로 확인이 쉽지 않은 경영진의 주장2가지를 서술하시오. 또한, 확인이 쉽지 않은 경영진 주장에 대해서는 그 이유에 대해서도 간략하게 서술하시오.

풀이

확인 가능한 재무제표주장	확인이 쉽지 않은 재무제표주장
실재성 및 권리	평가 및 완전성

평　가 : 외부조회를 통해서는 채무자의 재무상태를 파악할 수 없으며 지급여력이 없음에도 불구하고 채권이 존재한다는 사실은 외부요청시 채무자가 답변을 줄 수 있다.
완전성 : 채권이 과소계상된 상황에서는 채무자가 해당 금액이 과소계상되었다는 사실을 채권자에게 보고할 유인이 거의 없기 때문이다.

(3) 김철수 공인회계사가 적극적 조회 결과 답변을 수령하지 못한 거래처에 대하여 대체적 감사절차로서 다음과 같이 보고기간말에 근접하여 발생한 매출거래에 대한 검사를 수행하였다. 아래의 절차에 근거하여 매출채권의 왜곡표시 금액을 계산하시오.

(단위 : 천원)

내 역	금 액	수 량	선적일	선적조건	매출거래기록일
제품 A	5,000	120	12/30/×5	FOB 선적지조건	12/30/×5
제품 A	4,000	130	12/31/×5	FOB 도착지조건	1/ 1/×6
제품 B	4,000	500	12/30/×5	FOB 선적지조건	1/ 2/×6
제품 B	2,000	220	12/31/×5	FOB 도착지조건	1/ 2/×6
제품 A	3,000	100	12/31/×5	FOB 도착지조건	1/ 1/×6
제품 B	9,000	125	12/30/×5	FOB 도착지조건	1/ 1/×6
제품 B	4,000	200	1/ 2/×6	FOB 선적지조건	1/ 2/×6
제품 A	1,000	150	1/ 2/×6	FOB 선적지조건	1/ 3/×6

풀 이

매출채권의 경우는 4,000천 원이 과소계상되어 있다.

(4) 앞에서와 같은 대체적인 감사절차 이외에 감사인이 매출채권의 실재성을 확인하기 위하여 수행할 수 있는 대체적인 감사절차 2가지를 서술하시오.

풀 이

① 특정 항목에 대한 후속적 회수여부 검토
② 선적서류에 대한 검사

4 김철수 회계사가 매출채권에 대한 다음과 같은 감사목적을 달성하기 위하여 감사인이 수행하여야 할 감사절차를 보기에서 하나씩 선택하시오.

〈감사목적〉

(1) 재무상태표상 매출채권은 기말시점에 그 회사가 보유하고 있는 모든 채권을 표시하고 있다.
(2) 회사는 기말시점에 모든 채권에 대한 법적 권리를 가지고 있다.
(3) 매출채권은 기말시점에 순실현가능가치로 적절히 표시되어 있다.
(4) 매출채권은 재무제표에 적절하게 분류되고 표시되어 있다.

〈감사절차〉

① 매출채권과 매출액에 대한 연관관계를 지난 기간과 비교분석해 보았다.
② 모든 매출 및 대응하는 매출원가가 적절한 기간에 기록되었는지에 대한 합리적인 확신을 얻기 위해서 기간귀속에 대한 테스트를 수행하였다.
③ 중대한 만기 경과 채권에 대한 연령분석표를 작성해 보았다.
④ 매출채권을 발생시키는 그 회사의 중요 거래에 대한 목적을 이해해 보았다.
⑤ 매출채권이 담보나 할인이 되었는지 여부를 확인해 보기 위하여 차입계약서를 살펴보았다.
⑥ 임원이나 종업원과 관련된 채권이 있는지 매출채권 보조원장을 살펴보았다.

풀이

(1)-②, (2)-⑤, (3)-③, (4)-⑥

Q&A 사례문제 8 : 매출 관련 내부통제 및 실증절차문제(2007년, KICPA 기출문제)

거침없는회계법인은 하이킥주식회사의 감사인으로서 과거의 감사경험에 따라 회사의 내부통제에 대한 신뢰수준이 높을 것으로 예상하고 있다. 따라서 거침없는회계법인은 내부통제에 대한 테스트와 분석적 절차를 충분히 수행한 후, 세부테스트를 축소하는 것으로 감사계획을 수립하였다.

다음은 거침없는회계법인이 감사계획단계에서 수립한 매출채권에 대한 경영진의 주장 중 실재성을 확인하기 위한 세부 실증절차계획의 일부이다.

- 중요성기준을 초과하는 매출채권 잔액에 대하여 외부조회
- 중요성기준 미만의 매출채권 잔액의 합계가 중요한 경우에는 해당 매출채권 잔액을 모집단으로 하여 비통계적 표본추출에 의해 선정된 표본에 대하여 출고지시서를 확인
- 재무제표일 이후의 대금회수내역을 검토

또한 거침없는회계법인은 하이킥주식회사의 최근 재무제표를 입수하여 검토한 결과 매출액과 매출채권이 전기 대비 약 20% 증가한 것을 파악하고, 동종업계의 매출액을 검사하였으나, 동종업계의 매출액은 평균적으로 전기 대비 5% 증가하는 데 그친 것을 알게 되었다.

다음은 거침없는회계법인이 하이킥주식회사의 내부통제검증과정에서 입수한 업무기술서의 일부이다.

〈업무기술서〉

- 신규 거래선이 확보되는 경우 영업팀은 신규 거래선의 신용도를 검사하고 거래처를 등록한다.
- 영업팀에서는 팀장의 승인이 있는 경우 출고지시서 3부를 작성하여 1부는 보관하고, 1부는 창고로, 나머지 1부는 회계팀으로 송부한다.
- 창고는 영업팀이 직접 관리하고 있으며, 매일 오전에 출고가 종료된다.
- 창고에서는 영업팀으로부터 수령한 출고지시서에 기재된 품목을 출고시킨 후, 운송업자에게 인수증을 2부 발행한다.
- 운송업자는 당일 운송완료를 원칙으로 하며, 운송완료 후 고객으로부터 확인받은 인수증 1부를 회계팀에 전달하고 운송비를 수령한다.
- 창고에서는 매일 출고된 품목과 수량을 집계하여 일일출고내역서를 작성한 후 영업팀장의 승인을 얻는다.
- 영업팀에서는 출고지시서에 기재된 품목과 수량이 일일출고내역서와 일관성이 있는지 확인하고 매출원장에 기록한다.

• 회계팀에서는 운송업자로부터 회수한 인수증과 출고지시서를 대사한 후, 매출채권원장에 기록한다.

1 하이킥주식회사의 매출거래에 대한 통제테스트를 수행하기 위하여 거침없는회계법인이 수행할 수 있는 감사절차 4가지를 제시하고, 각 감사기법으로부터 거침없는회계법인이 얻을 수 있는 확신의 정도가 큰 순서대로 나열하시오.

풀이

(1) 통제테스트를 수행하기 위하여 수행할 수 있는 절차 : 질문, (문서)검사, 관찰, 재수행
(2) 통제테스트 방법 중 감사인이 얻는 확신의 정도의 순서 : 재수행>검사>관찰>질문

2 위에 언급된 업무기술서에 근거하여 하이킥주식회사의 매출거래와 관련된 통제활동의 취약점을 업무분장(segregation of duty)의 관점에서 기술하시오.

풀이

(1) 자산보호기능과 회계기능의 분리
재고자산을 보관하는 창고와 출고지시 및 매출기록을 담당하는 부서가 동일부서이므로 자산의 보관과 회계기능이 분리되지 아니함.
(2) 거래의 승인기능과 관련 자산보호기능의 분리
재고자산의 출고를 승인하는 부서(영업팀)와 재고자산을 보관하는 창고의 기능이 분리되지 아니함.
(3) 영업부서에서 신용승인절차의 미분리 등

3 위에 언급된 업무기술서에 근거하여 하이킥주식회사의 매출거래의 발생사실(occurrence)을 확인하기 위하여 거침없는회계법인이 어떻게 통제활동을 테스트하는 것이 가장 효과적인지 설명하시오.

풀이

기록된 매출채권이 고객으로부터 확인받은 인수증에 근거한 것이므로 매출기록에서 표본을 추출하여 인수증이 존재하는지 역진법을 통한 문서검사를 수행한다.

Q&A 사례문제 9 : 2008년, KICPA 기출문제

1 이가을 회계사는 매출의 기간귀속을 검증하기 위하여 다음과 같은 자료를 회사로부터 입수하였다. 자료상의 모든 매출은 외상매출이다. 수정사항이 존재하는 경우 송장번호별로 구분하여 수정분개를 제시하시오. 단, (주)신라컴퓨터의 회계연도는 1월 1일부터 12월 31일까지이다.

송장번호	선적일	선적조건	매출액	매출원가	매출기록일	기말재고 포함 여부
324*	07.12.30	FOB 도착지 인도조건	120,000	62,000	07.12.30	불포함
325	07.12.31	FOB 선적지 인도조건	350,000	240,000	07.12.31	불포함
326	07.12.31	FOB 선적지 인도조건	78,000	45,000	07.12.31	불포함
327	07.12.31	FOB 선적지 인도조건	48,000	31,000	07.12.31	불포함
328	08.01.02	FOB 선적지 인도조건	268,000	213,000	07.12.31	포 함
329**	08.01.03	FOB 도착지 인도조건	32,000	22,000	08.01.04	포 함
400	08.01.03	FOB 선적지 인도조건	55,000	36,000	08.01.04	포 함

* 중국으로 수출한 것으로 중국세관 통관날짜는2008년 1월 20일이다.
** 홍콩으로 수출한 것으로 홍콩세관 통관날짜는2008년 1월 25일이다.

답안 양식 :

송장번호	수 정 분 개
⋮	⋮

풀이

송장번호	수 정 분 개
324	차) 매 출 120,000 대) 매출채권 120,000 차) 재고자산 62,000 대) 매출원가 62,000
328	차) 매 출 268,000 대) 매출채권 268,000

2 위에서 제시한 수정요구사항이 중요함에도 불구하고 (주)신라컴퓨터의 경영진이 이를 받아들이지 않을 경우 제시될 감사보고서는 적정의견보고서와 비교하여 어떻게 달라지는가? 차이점만 간단히 설명하시오. 단, 위 수정요구사항이 재무제표에 중요한 영향을 미치는 사항이지만 전반적인 영향을 미치지는 않는다고 가정한다. (3줄 이내)

풀이

감사인 책임문단에서 한정의견임을 밝히고 한정의견의 근거문단을 추가.
또한, 의견문단 수정(한정의견의 근거문단에 기술된 사항이 미칠 수 있는 영향을 제외하고는)

3 외부조회의 방법 외에 매출채권의 실재성을 확인하기 위한 감사절차를 1가지만 기술하시오.

풀이

(1) 선적서류에 대한 검사
(2) 특정항목에 대한 후속적 회수 여부 검토

Q&A 사례문제 10: 2009년, KICPA 기출문제 응용

한라회계법인은 (주)상록의 20X8년 재무제표에 대한 외부감사를 수행하고 있다. (주)상록의 감사를 담당하는 담당이사는 박명확 회계사이며, 박명확 회계사 외 4명의 회계사가 기말감사에 참여하고 있다. 다음은 주요 계정에 대한 감사업무 배정현황이다.

회계사	담당 계정
김현금	현금및현금성자산, 장단기차입금, 미수이자, 미지급이자, 이자수익, 이자비용
박재고	재고자산, 매입채무, 매출원가
서채권	매출채권, 매출, 단기금융상품, 투자자산
이유형	유형자산, 무형자산, 감가상각비

1 박재고 회계사는 (주)상록의 재고자산 및 매출원가에 대한 감사를 담당하고 있다. 박재고 회계사는 20X8년에 비하여 20X9년에 매출액은 큰 변동이 없으나 재고자산회전율이 급격히 감소한 사실을 발견하였다. 박재고 회계사가 특히 관심을 기울여야 할 사항을 2가지만 기술하시오.

풀이

1. 재고자산의 과대계상 및 매출원가의 과소계상 여부 (재고자산의 실재성)
2. 재고자산의 진부화 여부 (평가)

2 매출채권 계정에 대한 감사를 담당하고 있는 서채권 회계사는 거래처에 대해 적극적 조회 요청서를 발송하였으나 회신이 없자 추가조회서를 발송하였다. 그러나 서채권 회계사는 추가조회서에도 아무런 회신을 받지 못하여 조회처 담당자와 접촉을 시도하였으나 연락이 되지 않았다. 위 상황에서 서채권 회계사가 취할 수 있는 대체적인 감사절차를 2가지만 기술하시오. 또한, 추가조회서에도 아무런 회신이 없는 경우 바로 감사범위제한으로 판단하는 상황이 어떤 상황인지 New ISA에 근거하여 서술하시오.

풀이

(1) ① 특정 항목에 대한 후속적 회수 검토 ② 선적서류에 대한 검사
(2) 충분하고 적합한 감사증거 입수에 적극적 조회요청에 대한 회신이 반드시 필요하다고 판단되는 다음의 경우

① 경영진 주장을 보강하기 위해 이용가능한 정보가 오직 기업의 외부에서만 입수가능한 경우
② 경영진의 통제무력화 위험, 종업원 및 경영진이 관여될 수 있는 공모위험과 같이 구체적인 부정위험요소로 인해 감사인이 기업에서 입수한 증거를 신뢰할 수 없는 경우

3 다음은 매출거래와 매출채권 거래에 관련된 경영진 주장(management assertion), 감사목적(audit objective), 관련 감사절차(audit procedure)의 일부 사례를 기재한 것이다.

경영진 주장	감사목적 내용	관련 감사절차
실재성	• 재무상태표 상 매출채권이 실제로 존재하는가?	• 거래처에 대한 외부조회
(가)	• 거래처에 출고한 모든 거래가 빠짐없이 매출금액으로 기록되었는가?	• 출고서류 및 대금청구서의 일련번호에 대한 회사의 주기적 점검내용 검토
기간귀속	• 매출거래가 적절한 기간에 기록되었는가?	**(나)**
평가	**(다)**	• 매출채권 연령분석표를 검토하여 대손설정금액의 적정성을 검토
재무제표 표시와 공시	• 매출거래 및 매출채권에 관련하여 재무제표 본문에 적절하게 표시가 이루어지고 관련 공시내역이 적절하게 이루어졌는가?	**(라)**

위 표에서 (가)~(라)의 빈칸에 포함될 내용을 기재하시오. (각 항목별로 1~2줄로 작성)

풀이

(가) 완전성
(나) 재무제표일 전후 선적서류를 검토(선적서류 및 선적일자)하여 적절한 기간에 매출기록이 이루어졌는지 검토
(다) 매출채권 금액이 순실현가능가치로 평가가 적절하게 이루어졌는가?
(라) 특수관계자와의 거래가 적절하게 주석 공시되었는지 여부 확인

Q&A 사례문제 11 : 2010년, KICPA 기출문제

코스닥시장에 상장된 12월 말 결산법인인 (주)대한의 최대주주는 현 대표이사인 김대한이며, 특수선박을 건조하는 조선업체로서 최근 조선 경기의 불황으로 상장폐지의 위기에 몰려 있다. 2×10년 말 현재 선박건조와 관련된 주요 내역은 다음과 같다.

선박건조작업	작업 진행상황	선박건조대금	대금수취	발주처
(09–1)	작업완료/인도	102억원	전액 수취	(주)강화
(09–2)	작업완료/인도	42억원	전액 수취	(주)강남
(09–8)	작업완료/미인도	56억원	전액 미수취	(주)강북
(09–9)	작업완료/미인도	34억원	전액 미수취	(주)강서
(10–3)	당기 신규수주/ 건조작업 진행중	240억원	일부 수취	(주)강동
(10–5)	당기 신규수주/ 건조작업 진행중	87억원	일부 수취	(주)강중

1 이 회사가 건조작업이 진행중인 선박의 원가를 실제보다 많이 발생한 것처럼 허위로 진행률을 높이는 경우, 당기에 직접적으로 왜곡표시될 위험이 있는 재무상태표의 계정과목은 무엇인가?

풀이

K-IFRS기준을 적용하였을 경우 미성공사 및 미청구공사 금액이 과대계상

2 대금을 전액 수취한 것으로 나타난 선박건조작업(09-1), (09-2)에 대해 실제 대금수취 여부를 확인하기 위한 적절한 실증절차를 기술하시오.

풀이

통장 등을 검토하여 실제 입금 여부를 확인해 본다.

3 담당공인회계사는 선박 건조작업별 원가의 발생사실 및 원가귀속의 적정성 확인을 위하여(1) 선박별 원가발생에 대하여 원시증빙을 확인, (2) 발생한 원가에 대한 분석적 절차수행, (3) 선박 건조작업별 원가명세서와 관련 장부대조, (4) 선박 발주처에 조회서 발송, (5) 건조작업 현장책임자로부터 진행률에 대한 확인서를 징구하여 회계상의 진행률과 비교, (6) 선박별 원가의 발생 및 선박 건조작업 간에 부당하게 원가를 이체한 사실이 없다는 서면진술의 징구 등의 실증절차를 수행하려고 한다.
이 중 적절하지 않은 절차가 있으면 아래 양식에 따라 그 번호를 쓰고 판단의 근거를 서술하시오. (이 문제는 일반기업회계기준에 근거한다고 가정한다)

답안 양식 :

번호	판단의 근거
⋮	⋮

풀 이

번호	판단의 근거
(4)	선박회사의 미수금은 외부조회를 통하여 전체 미수금의 실재성을 확인할 수는 없다. 참고로 K-IFRS를 적용할 때에는 문제가 없다.

※ 다음은 (물음 4)~(물음 7)에 관한 추가적인 내용이다.

상기 선박건조작업 (09-8) 및 (09-9) 발주처의 대출금 및 카드대금의 연체, 폐업 등의 사유로 미수취한 선박건조대금 전액에 대해서 대손충당금을 설정하였으며, 감사인은 2×11년 3월 23일 감사보고서를 회사에 제출하였다. 이로 인하여 회사는 상장폐지 요건에 해당될 것을 우려하여 2×11년 3월 27일 선박건조대금을 회수하였다고 주장하면서, 거래은행 지점장이 서명날인한 다음과 같은 '보통예금거래내역서'를 감사인에게 제출하였다. 회사는 선박건조대금을 전액 회수함으로써 당기순이익이 동액만큼 증가하여 상장폐지 요건에서 벗어날 수 있을 것으로 판단하여 감사보고서를 재발행해 줄 것을 감사인에게 요청하였다.

보통예금거래내역서

- 계좌번호 : 038-01-13-68108
- 성　　명 : (주)대한
- 출력기간 : 2×11.3.27~2×11.3.27

(단위 : 억원)

거래일자	처리구분	입금	출금	잔액	적요(입금자/출금자)
2×11.3.27	신규				
2×11.3.27	예금불입	56		56	038-01-21-50595 김대한
2×11.3.27	예금불입	34		90	038-01-21-50595 김대한
…	…	…	…	…	…

4 담당공인회계사는 전문가적 의구심을 갖고 위의'보통예금거래내역서'를 검토한 바, 선박건조대금 회수가 실질적으로 이루어지지 않았을 가능성이 높다고 판단하였다 그렇게 판단한 이유는 무엇인가?

풀 이

신규로 개설된 보통예금 통장에 입금된 사실. 또한 입금자가 해당 거래처명이 아닌 (주)대한의 대표이사명의로 되었다는 점, 그리고 미수취된 미수금이 일시에 재무제표일 근접시점에서 거래처로부터 입금되었다는 점

5 상기 선박건조작업 (09-8) 및 (09-9)의 선박건조대금 회수가 실질적으로 이루어졌는지를 확인하기 위하여, 담당공인회계사가 수행하여야 할 감사절차를 3줄 이내로 기술하시오.

풀이

통장에 대한 입금내역 검토 이외에 실질적인 대금 회수인지 확인하기 위하여 다음과 같은 추가적인 절차가 필요하다.

(1) 거래처에 조회하여 실제 입금 여부를 확인하거나

(2) 재무제표일 이후에 계속해서 입금된 금액을 보유하고 있는지

(3) 만약, 인출 또는 사용이 되었다면 무슨 용도에 사용되었는지 여부를 확인하기 위한 추가적인 증빙 확인

6 이 같은 상황에서 (주)대한의 요청에 따라 감사인이 감사보고서를 재발행할 수 있는지 여부를 추가적으로 수행한 감사절차의 결과와 관련지어 답하시오.

풀이

위와 같은 상황에서는 대손충당금 설정을 통한 당기순이익 감소를 회피하기 위하여 일시적으로 자금을 입금한 것으로 보이기 때문에 감사인이 대손충당금을 설정한 재무제표에 대하여 감사보고서를 재발행하여야 할 의무는 없다.

7 담당공인회계사는 추가적인 감사절차를 수행하였지만, 기말감사가 집중되는 기간이어서 입수한 모든 감사증거를 감사문서에 취합하여 놓지는 못하였다. 그러나 New ISA에서는 감사인이 '감사문서의 보안유지, 안전보관 및 일정기간 보존을 위한 적합한 절차'를 수립・시행하도록 하고 있는바, 감사문서의 취합기간을 정하고, 감사문서에의 접근과 감사문서를 삭제하거나 폐기하는 것을 허용하지 않는 이유는 무엇인가?

풀이

향후 감리나 소송 등에 있어서 감사문서가 감사인에게 유리하게 작용하도록 부당하게 변경 또는 추가되거나 감사문서를 삭제, 폐기하는 행위를 예방하기 위해서 감사보고서일로부터 60일 이내로 감사문서를 취합 완료하도록 하였고, 그 이후에는 감사문서에의 접근과 감사문서를 삭제하거나 폐기하는 것이 엄격하게 제한되었다.

Q&A 사례문제 12 : 2016년, KICPA 기출문제

경영진주장 수준의 중요왜곡표시위험에 대한 감사인의 평가결과와 실증절차 간에는 명확한 연관관계가 있다.

1 중요왜곡표시위험을 구성하는 두 가지를 제시하고 이를 간략하게 설명하시오.

풀이

고유위험과 통제위험이다. 고유위험이란 모든 관련 통제를 고려하기 전에 거래유형과 계정잔액 및 공시에

대한 경영진의 주장이 개별적으로 또는 다른 왜곡표시와 합칠 때 중요하게 왜곡표시될 가능성을 말한다. 반면, 통제위험은 거래유형과 계정잔액 및 공시에 대한 경영진의 주장에서 발생할 수 있으며, 개별적으로 또는 다른 왜곡표시와 합쳐 중요할 수 있는 왜곡표시가 기업의 내부통제에 의해 적시에 예방되거나 발견, 수정되지 못할 위험을 말한다.

2 감사인은 중요왜곡표시위험이 높을수록 더욱 설득력 있는 감사증거를 입수하여야 한다. 실증절차에서 더욱 설득력 있는 감사증거를 입수하는 방법을 세 가지 영역으로 구분하여 [답안양식]에 따라 서술하시오.

[답안양식]

영역	더욱 설득력 있는 감사증거 입수 방법
실증절차의 성격	
실증절차의 시기	
실증절차의 범위	

풀이

영역	더욱 설득력 있는 감사증거 입수 방법
실증절차의 성격	보다 신뢰할 수 있거나 관련성이 있는 감사증거 또는 추가적인 보강정보를 입수하는 것으로 대응. 분석적 절차보다는 세부테스트에 더 중점을 두는 접근이 필요
실증절차의 시기	보고기간말 또는 보고기간말에 근접한 때에 실증절차를 수행하는 것으로 대응
실증절차의 범위	표본규모를 확대하거나 세부적인 수준에서 분석적 절차를 수행하는 것으로 대응

3 X회계법인은 A㈜와 20X1년부터 20X3년까지 3년간 감사계약을 체결하였고 20X1년 감사의견은 적정의견이었다. 감사팀은 A㈜의 20X2년도 영업환경, 재무성과 및 통제환경이 20X1년도와 크게 다르지 않을 것이라고 예상하고 있다 감사팀은 20X2회계연도(1.1.~12.31.) 감사를 위하여 다음과 같은 일정을 수립하였다.

〈감사일정〉

날짜	업무
20X2년 5월	감사계획 수립을 위한 감사팀 토의: 20X1년 실제 감사절차를 바탕으로 20X2년 통제테스트 및 실증절차 계획을 사전적으로 수립
20X2년 9월	중간감사: 통제테스트를 수행하고 그 결과를 바탕으로 사전적으로 수립된 실증절차 계획을 수정
20X3년 2월	기말감사: 실증절차 수행

〈자료 1〉 20X1년 감사조서 검토 결과

감사팀의 김 회계사는 A㈜의 20X2년 감사계획을 수립하기 위하여 20X1년 감사조서를 검토하고 아래의 사항을 발견하였다.

1) 매출채권 계정과 관련된 통제의 설계 및 운영은 효과적이었으며 세부테스트 결과 중요한 왜곡표시는 발견되지 않았다.
2) 정보시스템에 대한 정보기술 일반통제(general IT controls)는 모두 효과적이었다.

〈자료 2〉 20X2년 감사를 위한 **사전** 실증절차(preliminary substantive procedures) 계획

20X1년 감사조서를 검토한 결과 김 회계사는 20X2년 매출채권 계정 감사에서도 통제의 운영효과성에 의존하기로 하였다. 또한 통제의 설계 및 운영은 효과적일 것이라는 기대를 바탕으로, 20X1년 실증절차(이러한 절차는 20X1년도에는 충분하고 적합하다고 가정)와 동일하게 20X2년 실증절차를 다음과 같이 계획하였다.

1) **(총계정원장 대조)** 정보시스템에서 산출되는 매출채권 명세서 합계 금액과 총계정원장의 잔액을 대조한다.
2) **(분석적절차)** 매출채권에 대한 분석적절차를 수행한다. 분석적절차에는 당기와 전기 잔액의 비교, 회전율 및 회수기간 분석, 대손충당금 비율 분석을 포함한다.
3) **(기간귀속)** 총계정원장에 기록된 20X2년 12월 31일 최종 인도분과 20X3년 최초 인도분에 대하여 거래명세서의 날짜와 대조한다.
4) **(조회)** 매출채권명세서에서 1억원(매출채권 계정에 적용되는 중요성기준 2억원 × 50%)을 초과하는 거래처는 모두 조회서를 발송한다. 1억원 이하에 대하여는 무작위 추출된 25개 거래처에 조회서를 발송한다. 조회기준일은 20X2년 9월 30일이다.
5) **(회수가능성)** 정보시스템에서 산출되는 연령분석표(aging schedule)의 합계와 매출채권명세서의 합계금액을 대조하고, 회사의 대손추계액 산정기준이 일관되게 적용되었는지를 검토한다. 또한 개별적으로 회수불능인 매출채권 여부에 대한 회사 제시 자료의 적절성을 검토한다.

20X2년 5월에 열린 감사계획 토의에서 상기의 실증절차는 업무수행이사가 승인하였다.

〈자료 3〉 20X2년 중간감사결과

20X2년 9월에 진행된 중간감사 결과 아래의 사항이 발견되었다.

1) 정보기술 일반통제의 테스트 결과, 프로그램 변경이 승인 없이 이루어지고 또한 승인을 받지 않고 정보시스템에 접근하는 사례가 다수 발견되었다. 이에 따라 정보기술 일반통제는 효과적이지 않은 것으로 결론 내렸다.
2) 매출채권과 관련된 수작업통제 또한 업무분장 미비 및 부적절한 승인의 사례가 발견되어 효과적이지 않은 것으로 결론 내렸다.

3) 상기 1), 2)의 결과를 고려하여 매출채권과 관련된 정보기술 응용통제에 대한 확대 테스트를 포기하고, 응용통제가 효과적이지 않은 것으로 결론 내렸다.

[요구사항]

<자료 3>의 중간감사결과를 고려하여 <자료 2>의 사전 실증절차 계획에서 변경 또는 추가해야 할 사항을 기술하고 그 이유를 [답안양식]에 따라 설명하시오. 만약 변경 또는 추가가 필요하지 않은 경우 "변경불필요"라고 기재하고 그 이유를 설명하시오.

[답안양식]

20X2년 실증절차 계획	변경 또는 추가해야 할 실증절차	이유
(예시) 1) 총계정원장 대조	(예시) 정보시스템에서 산출된 계정명세서의 합계를 재계산한다.	(예시) 정보기술일반통제와 응용통제가 효과적이지 않으므로 정보시스템에서 산출된 계정명세서의 합계를 신뢰할 수 없다.
2) 분석적 절차		
3) 기간귀속		
4) 조회		
5) 회수가능성		

풀이

20X2년 실증절차 계획	변경 또는 추가해야 할 실증절차	이유
2) 분석적 절차	작년에 수행하였던 분석적 절차보다는 보다 세부적인 수준(제품별, 사업부별, 월별 분석 등)에서 분석적 절차를 수행하는 것으로 대응하여야 한다.	내부통제테스트결과 중요왜곡표시위험이 올해는 높은 것으로 판단하였기 때문에 보다 효과적인 실증절차를 수행하여야 한다. 〈실증절차 성격 및 범위의 문제〉
3) 기간귀속	첫 번째로 중요왜곡표시위험이 높은 상황에서 최종거래와 최초거래 한 건씩만 표본추출을 한 부분에 대하여 표본크기를 확대하여야 한다.	중요왜곡표시위험이 높은 상황에서 기간귀속에 대한 표본조사는 보다 확대되어야 한다. 〈실증절차 범위의 문제〉
4) 조회	조회발송기준일을 기중이 아닌 재무제표일 기준, 즉 12월 31일 기준으로 발송하여야 한다.	중요왜곡표시위험이 높은 경우 실증절차의 시기는 보고기간말에 수행하여야 한다. 〈실증절차 시기의 문제〉
5) 회수가능성	회사가 제시하는 자료만 근거하여 회수가능성을 검토하지 말고 감사인 나름대로 외부증거 등을 이용하여 독립적인 추정치를 도출해 보아야 한다.	중요왜곡표시위험이 높은 경우 보다 신뢰성 있는 감사증거를 이용하여야 하며 회사가 제시하는 감사증거는 신뢰성이 낮은 감사증이다. 〈실증절차의 성격의 문제〉

Q&A 사례문제 13 : 재고자산 및 매출원가와 관련된 감사절차

(주)한국은 사탕수수를 재료로 하여 만든 당밀을 본사인 네덜란드에서 수입하여 국내에 판매하는 회사이다. 정기적으로 본사로부터 사탕수수를 수입하지는 않으며 국내 거래처로부터 주문이 있을 때마다 일정수량만큼을 수입하여 판매하고 있고 수입한 당밀은 인천항에 선박이 정박하여 지하 배수로를 통하여 회사 저장탱크인 사이로 10곳에 주입시켜 주고 있다. 하역업체에서 동 재고를 회사 사이로에 주입하고 난 이후에 회사 창고 담당자는 사이로에 주입된 수량을 사이로에 부착된 계측기를 통하여 확인한 이후 수량이 주문한 수량과 일치되면 특별한 사후적인 조치를 취하지는 않고 있다. (주)한국은 주로 거의 모든 재고를 인천항을 통하여 수입하고 있으나 지방에 있는 거래처의 수요에 대비한 물류비용 절감목적으로 군산과 부산항으로 통하여서도 일부 재고를 수입하고 있으며 그곳의 재고는 임대업자와 임대차 계약을 통하여 빌린 사이로에 저장을 하고 있으며 재무제표일 현재시점에서도 감사인은 일부 당밀이 군산과 부산항에 보관되어 있음을 알게 되었다. 또한 이 회사의 모든 매입은 네덜란드 본사((주)한국의 100% 출자한 모회사임)에서 전량 수입해 오고 있으며 다른 업체에 비해서 모회사, 자회사 관계임을 고려해 볼 때 구입단가는 굉장히 호의적이라고 감사인은 판단이 되었다. (주)한국의 재고자산과 관련된 통제위험은 중간감사 결과 높다고 평가되었다.

김철수 회계사는 한국(주)의 재고자산과 관련하여 재무제표일 이후 세부감사계획서에 따라 다음과 같은 감사절차를 수행하였다. 참고로 김철수 회계사는 한국(주)를 전기와 당기 계속해서 감사하고 있으며 회사가 제시한 재무제표의 2005년도 현재 총자산, 매출채권, 재고자산 및 매출액, 매출원가의 내역은 다음과 같다.

	전기(2004년)	당기(2005년)
총자산규모	1,500억 원	2,000억 원
매출채권	100억 원	150억 원
재고자산	600억 원	1,500억 원
매 출 액	2,000억 원	2,900억 원
매출원가	1,800억 원	2,000억 원

다음은 각 물음과 관련하여 김철수 회계사가 수행한 감사절차이다.

재고자산명세표상의 정확성을 검산하고 기초 재고자산금액이 전년도 감사문서와 일관성이 있는지 여부를 확인하고 기말금액을 총계정원장 및 제품수불부와 대조 확인해 본다.

[물음 1] 재고자산의 적정성을 검토하기 위하여 재고자산과 관련된 주요 비율 및 추세분석 등을 통한 분석적 절차를 수행한다.

[물음 2] 재고자산의 실재성 확인을 위하여 한국(주) 사이로 및 임차창고에 보관되어 있는 재고자산

에 대하여 실사입회 및 조회확인하려고 한다.

(1) 회사는 2005년 12월 31일을 기준으로 2006년 1월 3일에 재고자산을 실사할 것을 계획하고 있으며 김철수 공인회계사는 재고자산이 보관되어 있는 사이로 10곳을 선택실사 입회할 예정이며 사이로 1호, 5호, 8호를 실사입회할 것으로 회사 담당자에게 통보하였으며 그 사이로에 보관되어 있는 재고자산의 수량에 대한 명세서를 수령하였다.

(2) 또한 제3자가 보관하고 있는 군산의 임차창고 재고자산은 중요성이 없다고 판단하여 임대업자로부터 받은 보관확인증을 회사로부터 제출받아 확인하였으며 부산의 임차창고 재고자산에 대해서는 실재성 및 평가주장을 확인하기 위하여 일반적인 외부조회서 내용으로 감사대상회사의 내부감사인에게 타처보관 재고자산조회서를 발송 및 회수 의뢰하였다.

(3) 현장실사에 임하여 회사 내부감사인의 책임하에 수행하는 실사절차를 관찰을 통하여 확인하였으며 그 결과 내부감사인은 경영진이 설정한 재고자산실사 지침서에 따라 실사업무를 수행하고 있음을 알게 되었다.

(4) 한국(주)의 재고자산의 경우는 진부화 여부에 대한 판단이 힘들다고 판단하여 김철수 회계사는 당밀과 관련한 전문가를 활용하기로 결정하였다.

[물음 3] 기록의 완전성을 위하여 귀속연도 구분의 적정성(cut-off)을 확인한다.

[물음 4] 평가의 타당성을 검토하기 위하여 평가방법의 계속적용 여부를 확인하여 원가계산방법에 대하여 검토한다.

[물음 5] 권리, 의무를 확인하기 위하여 소유권에 대하여 경영진에게 질문하고 위탁매매계약 유무를 확인하였다.

1 김철수 회계사가 앞에 제시되어 있는 재무제표의 금액을 중심으로 비율분석을 수행하였으며 또한 다음과 같은 재고자산의 추세분석을 수행하였다. 감사인의 비율분석 및 추세분석 결과 등을 통하여 실증절차단계에서 추가적으로 검토하여야 할 사항을 3가지 이상 서술해 보시오.

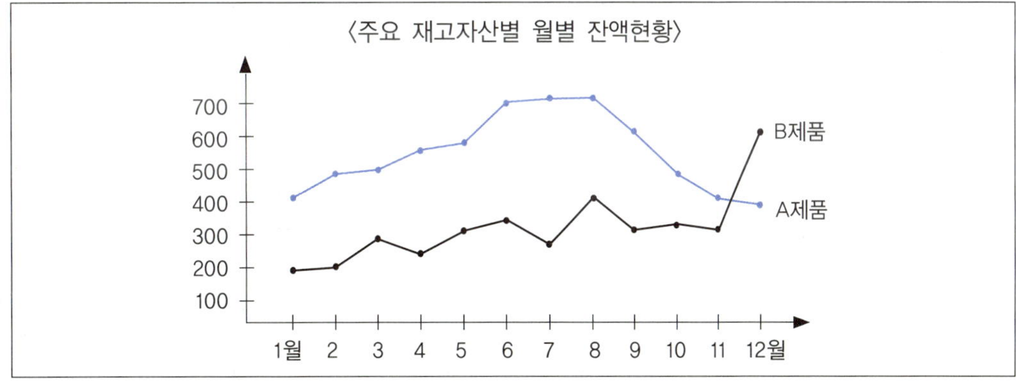

풀이

① 비율분석결과 : 재고자산회전율의 급격한 하락 및 매출총이익률의 급격한 상승이 발생하였기 때문에 재고자산의 과대계상 및 매출원가의 과소계상, 그리고 재고자산의 진부화 여부에 따른 저가법 평가의 필요성에 대하여 충분하고 적합한 감사증거를 확보하여야 한다.

② 추세분석결과 : 특히, B제품의 12월 말 잔액의 급격한 증가에 대한 재고자산 과대계상 여부를 의심해 보아야 하며 이를 위하여 감사인은 반드시 B제품에 대한 기간귀속절차를 반드시 수행하여야 한다. 따라서 감사인은 재고자산실사 입회 시 B제품에 대한 실재성 여부에 대하여 특히 관심을 기울여야 한다.

2 (1) 김철수 회계사가 재고자산의 실사입회를 계획하는 경우 고려하여야 할 사항을 서술하고 이때 김철수 회계사가 재고자산실사 입회를 통하여 얻을 수 있는 감사증거 4가지를 서술하시오.

풀이

① 재고자산 실사입회 계획시 고려사항

가. 재고자산 관련 중요왜곡표시위험
나. 재고자산과 관련된 내부통제의 성격
다. 재고자산 실사의 시기
라. 재고자산의 보관장소
마. 감사인측 전문가가 필요한지 여부 등

② 재고자산 실사입회시 얻을 수 있는 감사증거

가. 재고자산 실사의 결과를 기록하고 통제하기 이한 경영진의 지시와 절차의 평가
나. 경영진이 수행하는 실사절차에 대한 관찰
다. 재고자산에 대한 검사
라. 테스트 실사의 수행

(2) 감사인은 재고자산의 실재성을 확인하기 위하여 재고자산실사 입회를 수행하여야 한다. 김철수 회계사가 수행한 위의 [물음 2]의 (1)~(2)번 절차를 읽고 재고자산실사 입회와 관련하여 절차상의 문제점 및 추가적으로 수행하여야 할 절차에 대하여 서술하시오.

풀이

① 재고자산실사 입회를 재무제표일 이전이나 이후에 수행하기 위해서는 재고자산과 관련된 내부통제제도에 대한 신뢰성 특히, 재무제표일 이후로부터 재무제표일까지 계속기록법에 의한 조정되는 통제의 신뢰성이 있어야 하며, 이 경우라 하더라도 반드시 실사입회일과 재무제표일 사이의 기간에 대한 물량흐름에 대하여 추가적인 감사증거를 확보하여야 한다.

② 재고자산이 분산 보관되어 있는 경우에는 원칙적으로 동시에 실사를 수행하여야 하며 만약 선택실사를 하는 경우에는 실사장소를 사전에 미리 통보하여서는 안 된다. 또한 선택실사를 수행하는 경우에도 반드시 감사인은 실사 시 모든 재고자산의 명세서를 입수한 후 실사입회를 수행하여야 하며 동 명세서와 평가 테스트를 위하여 확보하는 재고자산 수불부와 일치 여부 및 실사 수행결과가 적절히 수정·반영되었는지 여부를 확인해 보아야 한다.

③ 타처에 보관되어 있는 재고자산의 경우에 중요성에 따라 실재성을 확인하기 위하여 반드시 타처보관 재고자산 외부조회서를 발송하였어야 하며 보관확인증을 통하여서만 실재성을 확인하는 절차는 충분하고 적합한 감사증거로 볼 수 없다. 또한 이때 외부조회서를 발송하는 경우 확인 가능한 경영진의 주장은 실재성 및 권리이며 평가주장은 확인이 쉽지 않기 때문에 외부조회 시 평가를 확인하기 위한 추가 문구를 삽입하여야 한다. 마지막으로 외부조회서는 감사인이 직접 발송하고 회수하였어야 한다.

(3) 감사인은 인천항에 있는 회사의 재고자산실사 입회 시 10개의 사이로 보관창고 중3곳에 대하여는 계측기에 의존하기 않고 직접 추를 내려서 높이를 가지고 환산표에 대입한 수량과 계측기상의 수량을 검증해 보았다. 그 결과 큰 차이는 발생하지 않았으나 창고 담당자와의 면담결과 당밀은 사이로 주입 시 많은 거품이 발생할 수 있다는 사실을 알게 되었고 계측기는 이러한 거품의 경우에도 실제 사이로의 보관량으로 인식할 수 있는 개연성이 있다는 사실도 알게 되었다. 또한 당밀의 경우 끈적한 액체성분이기 때문에 부득이하게 주문한 수량을 사이로에 주입시키고 난 이후에는 배수로에 잔여 당밀이 남아 있게 되고 이를 쓸어내기 위하여 강한 압력으로 물을 분사하여 사이로에 주입한다는 사실을 회사 담당자와의 면담 결과 감사인은 알게 되었다. 산업 관행상 이러한 경우 당밀의 물 포함 농도가 2% 이하인 경우는 용인되는 것으로 감사인은 알게 되었다. 감사인이 이 경우 의심해 보아야 하는 재고자산 관련 부정의 형태를 서술하고 각각의 경우에 대하여 감사인이 수행할 수 있는 대응조치를 한 가지씩만 서술해 보시오

풀이

거품의 경우에도 계측기상 당밀이 존재하는 것으로 인식하여 높이가 높아질 수 있으며 사이로에 잔여 당밀을 밀어 넣기 위하여 분사한 물의 경우에도 사이로에 주입되기 때문에 계측기의 높이가 높아질 수 있다. 이 경우 회사는 재고자산의 과대계상을 통한 이익을 조작할 수 있는 개연성이 존재한다. 이러한 경우 감사인은 거품부분이 재고자산으로 계상될 수 있는 개연성을 적발하기 위하여 반드시 추를 내려서 실제 당밀의 높이와 거품의 높이를 구분할 수 있도록 하여야 하며(거품이 있는 부분은 색깔이 다르게 표시될 것이다) 물을 용인될 수 있는 양보다 더 많이 주입한 부분에 대해서는 당밀의 당도가 떨어지기 때문에 그 상태로 만약 거래처에 판매하였다면 거래처로부터 반품 또는 재고 품질에 대한 반발이 있었을 것이기 때문에 반드시 주요 거래처에게 외부조회를 발송하여 그러한 사실이 있었는지 존재여부에 대하여 검증해 보아야 하며 일부 항목을 추출하여 물 포함 농도가 2%를 초과하는지 확인해 보아야 한다.

(4) 만약 김철수 회계사가 12월 31일 현재로 재고자산실사 입회와 관련하여 다음과 같은 상황이 각각 발생하였다. 김철수 회계사가 재고자산의 존재와 상태에 관하여 다음과 같은 감사절차를 수행한 경우 미비점 및 취약점을 지적하시오

① 김철수 회계사는 재고자산금액이 자산총액에서 차지하는 비중이 중요하다고 판단하였으나 본사에 보관 중인 재고자산의 내부통제제도가 잘 구축되어 있다고 판단하여 내부적인 문서증거로 재고자산의 실재성 및 상태와 관련한 감사증거를 확보하기로 결정하였으며 기타 나머지 장소에 보관 중인 재고자산에 대해서는 외부조회절차로 감사증거를 확보하기로 하였다.

② 김철수 회계사가 12월 31일 현재 본사 창고로 이동 중 예측하지 못하게 교통사고가 발생하여

> 그 날짜에 재고실사입회를 하지 못하였다. 따라서 재고자산의 실재성 및 상태와 관련하여 관련 내부문서검사 등을 통한 대체적인 감사절차를 통하여 감사증거를 확보하였다.
> ③ 김철수 회계사가 지방 소재 창고에 보관 중인 재고자산이 중요하다고 판단하여 직접 12월 31일자 실사입회를 수행하기 위하여 이동하던 중 재고자산 보관지역에 자연재해가 발생하는 관계로 교통이 두절되었다. 따라서 김철수 회계사는 재고자산의 실재성 및 상태와 관련하여 관련 내부문서검사 등을 통한 대체적인 감사절차를 통하여 감사증거를 확보하였다.

풀 이

본문 (Case 1)~(Case 3)번 내용 참조

(5) 재고자산의 실재성을 확인하는 절차에는 직접 실물검사를 하는 절차와 실사입회를 하는 절차로 구분할 수 있다. 하지만 회계감사기준에서는 재고자산의 존재 및 상태에 대한 감사증거를 확보하기 위하여 실사입회를 원칙으로 하고 있다. 그 이유를 실사입회의 장점과 연결하여 서술하고 이러한 실사입회의 단점을 보완하기 위한 현재 New ISA의 보완조치를 서술하시오.

풀 이

	재고자산에 대한 실사	재고자산에 대한 실사입회
(1) 감사기술	실물검사(physical examination)	관찰(observation)
(2) 장점	감사증거력이 높다	감사비용이 적게 발생한다.
(3) 단점	감사비용이 많이 발생한다.	감사증거력이 낮다

일반적으로 실사책임은 경영진에게 있으며, 감사인은 인력과 시간절감, 경제적 효율성 등의 이유로 실사입회를 원칙으로 한다. 하지만 이러한 실사입회는 감사증거력이 낮기 때문에 중요한 항목에 대해서는 감사인이 반드시 실사를 수행함으로써 실사입회에 대한 단점을 보완하여야 한다.

3 재고자산의 입고와 관련된 기간귀속 절차를 통하여 간접적으로 확인할 수 있는 다른 계정과목의 왜곡표시의 유형을 설명하고 해당 계정과목의 동일한 감사목적을 달성하기 위하여 감사인이 수행할 수 있는 다른 감사절차도 3가지 이상 서술해 보시오.

풀 이

재고자산의 입고와 관련하여 감사인이 확보할 수 있는 감사증거는 매입채무의 과소계상 여부이다. 즉, 기간귀속 테스트를 통하여 재고자산이 입고처리되었으나 부채로 계상되지 않은 채무를 확인함으로써 부외부채를 확인해 볼 수 있다. 이러한 매입채무의 과소계상 여부를 확인해 볼 수 있는 감사절차는 다음과 같이 정리할 수 있다.

① 재무제표일 직후 일정기간 동안 (후속기간)의 지급기록을 검토하여 장부에 미반영된 부외부채 유무를 확인한다.
② 재무제표일 직후 일정기간 동안 청구된 거래명세서, 세금계산서 등 청구서를 검토한다.
③ 조회서를 보내는 경우 주된 거래처임에도 불구하고 잔액이 거의 없거나 적은 거래처를 표본으로 선택한다.
④ 재무제표일 직전의 검수보고서에 대한 일부 표본을 추출하여 장부에 매입채무로 완전히 다 반영되었는지(전진법) 여부를 살펴본다.

4 평가의 타당성을 검토하기 위하여 [물음 4]에 추가로 실시하여야 할 필수적인 절차를 기술하고 만약 한국(주)가 평가방법을 변경한 경우 실시하여야 할 가장 기본적인 감사절차를 기술하시오.

풀이

진부화 또는 장기 체화된 재고자산의 존재 여부를 확인하고 저가법 평가의 필요성을 고려한다.
또한, 한국(주)가 평가방법을 변경한 경우 감사인이 수행하여야 할 절차는 다음과 같다.

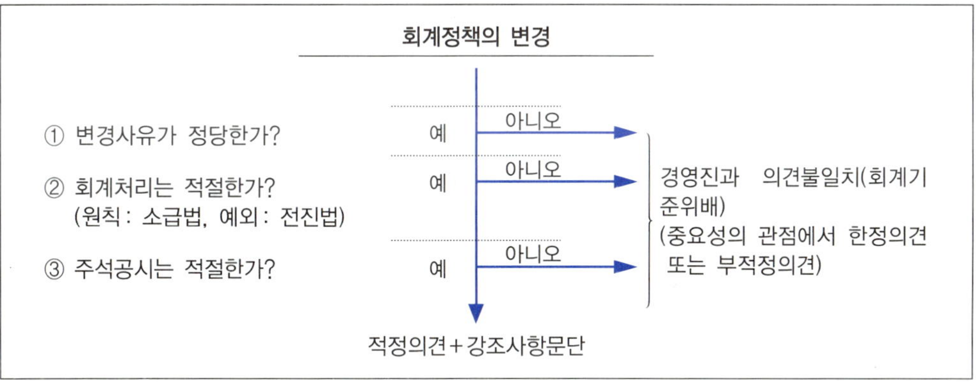

5 권리, 의무를 확인하기 위하여 [물음 5]에 추가로 실시하여야 할 필수적인 절차를 기술하고 위 세부감사계획서에 누락되어 있는 주요 재무제표 주장이 무엇인지 또한 그 주장을 확인하는 감사절차가 무엇인지 서술하시오.

풀이

권리, 의무 주장을 확인하기 위한 감사절차는 재고자산 중에 담보로 설정되어 있는 재고의 존재 여부나 처분이 제한된 재고자산의 유무를 확인한다.
위 세부감사계획서에는 재무제표 표시와 공시와 관련된 감사절차가 누락되어 있다. 따라서 김철수 공인회계사는 재고자산과 관련하여 담보 설정된 재고자산, 특수관계자와의 거래, 주요 회계정책 등이 주석에 적절하게 공시되었는지 여부에 대한 추가적인 감사절차를 수행하였어야 한다.

Q&A 사례문제 14 : 2005년, KICPA 기출문제

다음은 지난 2005년 10월 중순 어느 일간신문에 게재된 기사의 내용을 요약·정리한 것이다.

> 국내 기업들이 타인의 양도성예금증서(CD)를 잠시 빌려오거나, 편법으로 발행한 분식(粉飾)회계 규모가 최대 1조 8,600억 원에 달하는 것으로 검사되었다.
>
> (가) 편법 CD 빌리기란 기업이 CD 발행비용과 거래차익을 부담하고, 증권사로 하여금 은행으로부터 CD를 구입하도록 하고, 증권사가 구입한 CD를 잠시 빌려와 기말에 보유하고 있는 것처럼 회계장부를 꾸며 자산을 부풀리는 것이다.
>
> (나) 편법 CD 발행이란 기업이 은행에서 CD를 발행하는데 대금은 증권사가 부담하는 변칙거래이다. 기업은 연말 감사기간에 맞추어 증권사로부터 자금을 제공받아 은행으로부터 CD를 구입하여 자산으로 계상한다. 감사가 종료되면 해당 기업은 자금을 제공한 증권사에 해당 CD를 할인된 가격으로 매각하고, 증권사는 이를 투신사 등에 차익을 붙여 되파는 것이다.

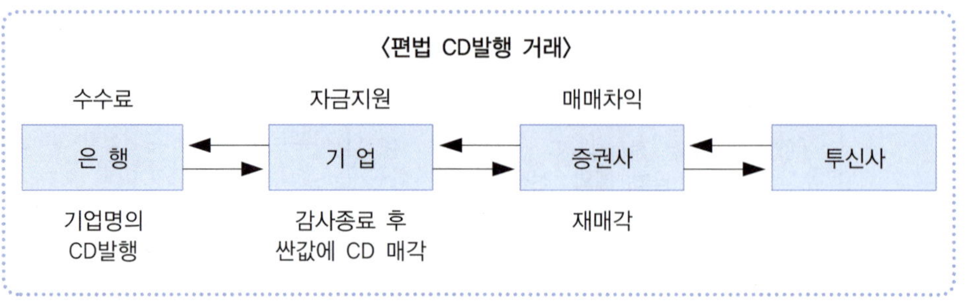

위와 같은 유형의 거래에 대해 감사인은 재무제표를 중요하게 왜곡표시할 수 있는 상황이 존재한다는 전문가적인 의구심을 가지고 CD 등의 실재성 및 소유권 등을 확인하기 위한 절차를 수행하여야 한다. 이를 위해 감사인이 수행하여야 할 감사절차를 아래 물음에 따라 기재하시오.

1 분석적 절차

풀 이

① 회사의 영업현황, 재무구조 또는 자금능력 등에 비추어 그 보유사유의 타당성과 보유규모의 적정성을 평가하여야 한다.

② 거액의 CD 등을 결산일이 임박하여 취득하거나,

③ 유상증자 대금의 대부분을 금융기관으로부터 인출하여 CD 등으로 보유하는 경우 등과 같이 보유과정에서 그 사유의 타당성이나 규모의 적정성이 의심되는 상황에서는 자산부족의 은폐 또는 자금유용 등 부정행위와 관련되었을 가능성을 고려하여야 함.

2 위의 (가)와 관련된 실재성 확인을 위한 절차

풀 이

① CD 등의 발행사실확인서를 검사하거나 금융기관으로부터 유가증권 발행사실을 확인하기 위한 외부조회
② 실사 또는 실물을 확인하는 절차: 회사가 보관하는 CD 등의 원본을 직접 검사

3 앞의 (나)와 관련되어 회사가 CD 등을 분식회계 목적으로 편법 또는 변칙적으로 소유하고 있는지 여부를 확인하기 위한 절차

풀 이

① 회사에게 취득자금의 원천 및 입·출금 관련 증빙자료(통장기록 등)를 요구하여 정상적인 회사의 자금능력으로 해당 CD 등을 취득하였는지 여부
② 실물확인 시점부터 감사보고서 일자까지 해당 실물을 계속 보유하고 있는지 여부
③ CD 등을 양도하였다면 양도대금이 정상적으로 회사에 유입되어 보유 또는 어디에 사용되고 있는지 여부 등을 검토

Q&A 사례문제 15 : 2008년, KICPA 기출문제

다음은 (물음 1) 및 (물음 2)와 관련된 자료이다.

> 치열한 경쟁으로 시장점유율이 계속 하락하고 있는 (주)두만강의 신임 경영진(CEO)은 업종의 다각화를 위해 은행으로부터 거액의 자금을 차입하였으며, 일시적으로 여유가 생긴 차입자금을 이용하여 연말에 큰 금액의 양도성정기예금증서(CD)를 구입하였다. 신임 경영진(CEO)은 대주주가 의장으로 있는 이사회의 추천을 통해 선임되었으며, 최단기간 이내에 주식시장에 상장을 한다는 목표 아래 취임 직후 최신형 기업정보시스템(ERP)을 전면적으로 도입하였다.
> 한편, (주)두만강의 감사현장책임자(in-charge)인 조선수 회계사는 기말감사를 위해 회사로부터 입수한 가결산 재무제표와 전년도의 감사경험을 바탕으로 감사현장 업무를 할당하려고 한다. 구체적으로 조선수 회계사는 (주)두만강의 기말감사에 참여예정인 회계사들에 대해 해당 감사인의 독립성과 전문가적 적격성, 계정과목의 복잡성 등 감사위험 그리고 개인적인 경험과 실무능력 등을 종합적으로 고려하여 업무를 할당할 예정이다.
> 조선수 회계사는 2008년 1월 초 금융실사를 담당할 수습회계사인 김초롱 회계사에게 CD의 실재성 등 확인을 위하여 우선적으로 분석적 절차를 수행하고, 회사가 보관하는 CD의 원본을 직접 검사하도록 할 예정이다. 또한 기말 실증절차 시 김초롱 회계사로 하여금 회사가 CD를 정상적으로 소유하고 있는지 여부를 확인하기 위해 취득자금의 원천 및 입출금 관련 통장기록 등을 요구하여 정상적인 회사의 자금능력으로 해당 CD를 취득하였는지 여부, 실물확인 시점부터 감사보고서 일자까지 해당 실물을 계속 보유하고 있는지 여부, 그리고 양도하였다면 양도대금이 정상적으로 회사에 유입되어 보유 또는 사용되고 있는지 여부 등을 종합적으로 검토시킬 예정이다.

1 조선수 회계사가 감사위험을 줄이기 위해 감사계획을 수립하는 과정에서 가장 개선할 필요가 있는 사항을 1가지만 기술하시오.

풀이

회사의 감사위험(재무제표의 왜곡표시 가능성)이 높은 상황이므로 신참회계사보다는 경험이 풍부한 고참 회계사를 금융실사에 투입할 필요가 있다.

2 양도성정기예금증서(CD)에 대한 감사를 실시할 때 실물확인만으로 감사절차를 종료하지 않고, 우선적으로 분석적 절차를 수행하여야 하는 구체적인 이유를 기술하시오. (2줄 이내)

풀이

실물확인만으로 감사절차를 종료한다면, 회사가 실물확인 시점에 타인 소유 CD를 일시적으로 차용하거나 타인의 자금을 일시적으로 차입(부외부채)하여 CD 등을 취득, 제시하는 등의 방법으로 회계부정을 은폐하더라도 이를 적발하지 못할 가능성이 높기 때문이다. 따라서 우선적으로 분석적 절차를 통하여 회사의 영업현황, 재무구조 또는 자금능력 등에 비추어 그 보유사유의 타당성과 보유규모의 적정성을 평가하여야 한다.

3 다음은 정직회계사가 수행한 회계감사절차를 심리담당이사의 물음에 답변하는 내용의 일부이며, 각 상황은 각각 다른 회사의 경우이나, (상황 2)와 (상황 3)은 동일 회사의 연속상황이다. 각각의 상황에 대하여 타당하지 않은 감사절차가 수행되었다고 판단되는 경우에 그 이유와 수행해야 할 타당한 감사절차를 기술하고, 타당한 감사절차가 수행되었다고 판단하는 경우에는 '적정함'으로 표시하시오.

답안 양식 :

(1) 타당한 경우 : 적정함.

(2) 타당하지 않은 경우 :

타당하지 않은 이유	타당한 감사절차

(상황 1) 심리담당이사 : 회사의 매출채권 중 회수가 지연되고 있는 거액의 채권의 회수 가능성 판단을 위해 어떤 감사절차를 수행하셨나요?

정직회계사 : 동 채권은 오랫동안 거래한 거래처에 대한 채권이고 회사는 채권회수를 위하여 거래처가 소유하고 있는 부동산에 대하여 3년 전에 담보를 설정하였으며, 이미 전년도 회계감사 수행 시 부동산 등기부등본을 감사증거로 제시받아 담보설정 사실을 확인하였습니다. 올해 회사담당자에게 문의한 결과 작년과 변함이 없다고 해서 추가적인 절차를 수행하지 않았습니다.

(상황 2) 심리담당이사: 회사가 소유하고 있는 거액의 양도성정기예금증서(CD)의 실재성 확인을 위해 어떤 감사절차를 수행하셨나요? 제 판단으로는 양도성정기예금증서(CD)의 특성을 고려할 때 실재성 확인은 매우 중요하다고 봅니다.

정직회계사: 실재성 확인을 위해 수행한 감사절차는 회사의 재무담당이사와 면담 중 양도성정기예금증서(CD)는 인근 은행의 금고에 보관하고 있으며 실물확인이 필요하시면 언제든 연락하라고 하여 제가 직접 방문일정을 회사에 일주일전에 미리 통보하고 재무담당이사와 같이 방문하여 실물을 확인하였습니다.

(상황 3, 상황 2의 연속) 심리담당이사: 그 당시의 정황을 구체적으로 설명해 주세요.

정직회계사: 재무담당이사와 은행을 방문하여 은행의 대기실에 기다리고 있는 동안 재무담당이사는 2층의 금고실(여러 이용자들이 사금고로 이용하여 여러 개의 금고가 있는 것으로 설명을 들었음)로 올라가 잠시 후에 양도성정기예금증서(CD)를 갖고 왔으며 이를 제게 실물로 제시하였고 직접 실물확인을 육안으로 확인한 후 반환하였습니다. 감사문서에도 지금 설명한 내용을 그대로 기술하였습니다.

(상황 4) 심리담당이사: 작년에 비해 재고자산이 크게 증가하였고, 금액적으로도 전체 자산의 40%나 차지하고 있는 이 물량의 실재성 확인을 위해 어떤 감사절차를 수행하였으며 실제로 대부분 어디에 보관되어 있나요?

정직회계사: 회사에서 금년에 증가한 재고자산의 물량이 물리적으로 워낙 큰 보관장소를 필요로 하여 전체 재고자산의 80% 정도의 물량을 외부창고에 보관한다고 하여, 타처보관 재고자산에 대한 회사 보관 영수증을 확인하는 절차를 통하여 실재성을 확인하였습니다.

(상황 5) 심리담당이사: 회사가 소유하고 있는 시장성 없는 투자주식에 대한 공정가액 평가의 적정성 확인을 위하여 어떤 감사절차를 수행하셨나요?

정직회계사: 대한감정원이 동 작업을 수행하였으며, 해당 평가기관의 전문가로서의 능력과 적격성을 평가하였으며 사용한 자료, 적용한 방법 및 가정 등의 검토를 하였으며, 전체 자산의 20%를 차지하는 비상장주식에 대하여 전문감정인의 감정결과를 이용하였다는 사실을 감사보고서에 기재하고 해당 주식의 평가책임은 전문감정인에게 있다고 언급하였습니다.

(상황 6) 심리담당이사: 매입채무와 금융기관 차입금의 완전성 확인 측면에서 조회처 선정은 어떻게 결정하셨나요?

정직회계사: 매입채무의 경우 기말 현재 매입채무가 있는 거래처 중 지역적 분포, 금액적 크기 등을 고려하여 조회처를 선정하여 발송하였으며 금융기관의 경우에는 기말 현재 차입금이 있는 모든 금융기관을 대상으로 조회서를 발송하는 절차를 수행하였습니다.

풀 이

상황 1	채권회수 가능성 판단을 위한 담보확인절차로서 부동산등기부등본 확인시 반드시 감사 대상년도의 12월 31일 이후에 새로이 등기부등본을 발급받아 확인하여야 한다.
상황 2	양도성예금증서의 실사확인을 위한 날짜를 회사에 일주일 전에 미리 통보해서는 아니 되고 업무시간 중 회사에 예고 없이 실사날짜를 정하여 실사를 수행한다.
상황 3	실사수행 시 보관된 금고까지 재무담당이사와 동행하여 금고를 개방하여 양도성예금증서가 그 안에 보관되어 있는 상태를 확인하여야 하며, 양도성예금증서의 발행자, 권면액 그리고 번호 등을 기재하거나 양도성예금증서를 복사하여 그 사본을 조서에 첨부하여야 한다.
상황 4	당기 중 급격히 증가하였고 금액적으로 유의한 재고자산이 처음으로 타처보관재고에 해당할 경우, 타처보관 재고자산에 대한 보관영수증을 확인하는 절차보다는 타처보관 재고자산 조회서를 발송하거나 직접 현장방문을 통한 실사 또는 실사입회절차를 수행하였어야 한다.
상황 5	전문가를 활용한 경우 재무제표에 대한 의견표명 책임은 감사인에게 존재한다.
상황 6	매입채무와 차입금의 완전성 확인을 위한 조회처 선정은 기말잔액 기준이 아니고, 기말잔액이 없더라도 기중 거래가 있는 거래처까지 포함하여 조회처를 선정하여야 한다.

Q&A 사례문제 16 : 2007년, KICPA 기출문제

투명회계법인은 자동차부품회사인 (주)우석의 새로운 감사인으로 선임되었다. 투명회계법인의 정 회계사는 감사계획단계에서 (주)우석의 재무상태표 항목 중 금형계정의 비중이 다른 자동차부품회사들의 평균 수준보다 비정상적으로 높다는 것을 발견하여, 경영진에게 질문한 결과 다음과 같은 설명을 듣게 되었다. 다음 내용을 읽고 물음에 답하시오.

- 회사는 완성차업체와 공동으로 부품과 부품관련 금형을 개발하며, 금형은 특정 부품의 생산 시에만 사용되는 유형자산의 일종이다.
- 회사가 납품하는 부품을 사용하는 차종의 수명은 3년 내지 5년이다.
- 회사는 부품개발 시 완성차업체로부터 새로운 부품의 납품예상수량을 통보받고 있다.
- 개발한 부품 중 일부는 완성차업체의 사정에 따라 생산이 중단될 경우 회사에 통보된다.
- 회사는 금형을 6년의 기간에 걸쳐 정액법으로 상각하고 있다.

- 회사는 완성차업체와의 계약에 의거 완성차업체의 생산에 차질이 생기지 않도록 완성차업체의 현장 창고에 일정수준의 재고(최대 3일 동안 사용할 수 있는 재고)를 유지하여야 한다.
- 회사는 자신의 창고로부터 완성차업체 현장 창고로의 출고내역과 완성차업체 현장 창고의 재고자산 이동을 기록하고 있다.

1 상기 사례에 제시된 금형의 회계처리와 관련하여 예상되는 문제점과 그 이유를 설명하고, 금형의 권리와 의무와 관련한 경영진의 주장에 대한 감사절차 2가지를 제시하시오.

풀이

(1) 예상되는 문제점 및 이유
 ① 감가상각비의 수익·비용 대응 불일치 가능성 : 예정 구매수량을 완성차업체로부터 통보받음. 생산량비례법이 수익·비용 대응에 더 합리적일 수 있음.
 ② 감가상각기간의 과소계상 가능성 : 완성차의 생산기간이 3년 내지 5년
 ③ 금형의 과대계상 가능성(손상차손 여부) : 완성차업체의 사정으로 인한 갑작스런 생산중단

(2) 감사절차
 ① 금형 공동개발 계약서 징구 후 검토
 ② 금형 취득과 관련 수령한 세금계산서 검토
 ③ 관련 비용의 실제 지출 여부 검토

2 완성차업체의 현장 창고에 감사팀의 출입이 허용되지 아니하여 재고실사입회를 수행하지 못하였을 뿐만 아니라, 대체적인 절차를 수행하여서도 만족할 만한 감사증거를 입수하지 못한 경우 표명할 수 있는 감사의견과 그 이유를 설명하시오.

풀이

감사절차를 수행한다는 것은 중요한 금액이라는 의미를 내포하고 있으며, 최대 3일간 사용할 수 있는 재고량은 재무제표에 전반적인 영향을 미치는 감사범위의 제한으로 볼 수 없다. 따라서 재무제표에 중요한 영향을 미치는 감사범위의 제한이므로 한정의견임.

Q&A 사례문제 17 : 2009년, KICPA 기출문제

유형자산 계정에 대한 감사를 담당하고 있는 이유형 회계사는 당기 중 신규로 취득한 건물에 대하여 다음과 같은 감사절차를 취했다.

- 부동산 매매계약서 및 실물검사
- 취득원가의 적정성 검증
- 감가상각비의 적정성 및 손상차손에 대한 검토
- 자본적 지출과 수익적 지출에 대한 회계처리의 적정성 확인

위의 감사절차를 통해 확인된 경영진의 주장 외에 이유형 회계사가 신규취득건물에 대하여 추가적으로 확인해야 할 주요 경영진의 주장을 아래 예시에서 2가지 기술하고, 그러한 경영진의 주장을 확인하기 위한 감사절차를 기술하시오.

<예시>

실재성 및 발생사실, 평가 및 배분, 정확성, 권리와 의무, 분류, 재무제표 표시와 공시

답안 양식 :

경영진 주장	감사절차
1.	
2.	

풀 이

경영진 주장	감사절차
1. 권리	건물의 등기부 등본을 확인하여 건물의 소유권자로 등기가 되어 있는지 그리고 건물이 혹시 담보로 제공되었는지 여부를 확인해 보아야 한다.
2. 재무제표 표시와 공시	건물의 취득목적이 사용목적인지 확인해 보아야 하며(재무제표 표시, 즉 계정분류의 적정성), 신규 건물과 관련한 주석 공시가 적절하게 이루어졌는지 확인해 보아야 한다. (감가상각 관련 정보들, 담보제공 시 담보제공 사실 여부)

Q&A 사례문제 18 : 2012년, KICPA 기출문제

갑회사의 현장감사 책임을 맡고 있는 A회계사는 감사보조자인 회계사들에게 갑회사에 대한 세부감사계획을 설명하고, 다음과 같은 업무지시를 하였다.

> "이번 감사일정은 매우 바쁠 것 같습니다. 모든 감사절차를 빠짐없이 수행하기에는 시간이 부족할 듯 하니 감사효율성을 높여야 합니다. 각자 맡은 계정의 성격에 비추어 중요한 경영진 주장(management assertions)을 입증하는데 집중해 주세요. 자산은 실재성, 부채는 완전성에 대하여 우선적으로 확인해 주시기 바랍니다. 우리가 이 같은 논리적 일관성을 유지하며 감사절차를 취한다면, 만약 반대 방향의 부정 또는 오류가 있더라도 회계 논리상 감사과정에서 발견될 가능성이 높다고 생각합니다. 각 계정을 담당한 분들과 좀더 상세한 이야기를 나누도록 하겠습니다. 여러분이 작성한 감사문서는 제가 수시로 검토하겠습니다."

1 다음은 매입채무 계정을 담당한 B회계사와의 대화 내용이다.

A회계사: 매입채무에 대해서도 조회서를 보내는군요. 거래처 선정은 어떻게 할 예정입니까?
B회계사: 외부회신을 통해 확인되는 금액 비율을 최대한 높이기 위해 매입채무 보조부상 잔액이 큰 매입처를 중심으로 선정할까 합니다.
A회계사: 매입채무에 대해 다른 감사절차는 무엇을 할 생각입니까?
B회계사: 매입채무 보조부에서 적정량의 표본을 추출하여 매입 증빙서류와 대조해 볼 예정입니다.

B회계사의 답변 중 문제가 있는 부분을 지적하고, 매입채무에 대하여 A회계사가 만족할 만한 기타의 감사절차를 기술하시오. (10줄 이내)

풀이

(1) 매입채무에 대한 주된 감사목적은 완전성이기 때문에 조회처 선정은 주된 거래처임에도 불구하고 기말 시점 잔액이 거의 없는 거래처에 대하여 조회서를 발송하였어야 함.
(2) 또한 문서검사의 경우에도 매입관련 증빙서류에서 표본을 추출하여 해당 거래 내역이 매입채무 보조원장에 반영되었는지 확인해 보아야 함.
(3) 이외에도 A회계사는 매입채무의 완전성을 확인하기 위하여 재무제표일 이후 일정기간 동안의 지급기록 검토 및 일정기간 청구된 세금계산서, 거래명세서 등의 청구서를 검토하여야 하며 구매와 관련된 거래의 기간귀속 테스트를 수행하여야 함.

2 다음은 재고자산을 담당한 C회계사와의 대화이다.

A회계사: 재고자산은 주로 어떤 감사절차를 취할 생각인가요?
C회계사: 타처보관 재고자산에 대해서는 조회서를 보내고, 회사가 보관 중인 재고자산은 재고실사 입회시 재고기록에서 표본을 추출하여 직접 실사를 해볼 예정입니다.
A회계사: 주로 실재성을 확인하는 감사절차이군요. 재고자산이 손익계산서에 미치는 영향을 고려한다면, 재고자산은 실재성뿐만 아니라 회사의 재고가 빠짐없이 장부에 계상되었는지를 확인하는 절차도 중요합니다. 따라서 이러한 측면을 고려한 감사절차를 보완해 주세요.

A회계사가 재고자산에 대해서 감사절차를 보완하도록 지시한 주된 이유는 무엇인지 5줄 이내로 기술하시오.

풀이

재고자산의 경우에는 과소계상 여부, 즉 완전성에 대한 검증이 또한 중요한 이유가 회계논리상 매입채무의 과소계상과도 밀접한 관련성이 존재하기 때문임. 따라서 재고자산의 완전성 검증을 위한 추가적인 감사절차를 보완하여 매입채무의 누락 여부도 확인하여야 함.

3 다음은 매입, 매출거래의 표본거래 테스트를 담당한 D회계사의 감사절차와 관련한 대화이다.

A회계사 : 지난해에는 매입거래를 담당했는데, 올해는 매출거래까지 맡았군요. 표본거래도 꽤 많이 추출하였고 확인 결과 예외사항이 발견되지 않았다고 기재하였는데, 구체적으로 어떻게 일을 했는지 설명해 보세요. D회계사 : 매입, 매출거래가 회사의 규정대로 장부에 기록되는지를 확인하기 위해서 매입처원장 및 매출처원장에서 표본을 추출하여 전표 및 관련 증빙들과 대조해 보았고, 그 결과 예외사항이 발견되지 않았습니다. A회계사 : 그렇습니까? 얼마 전 영업부서에서 판매대금 중 일부를 횡령한 사고가 있었다고 합니다. 그런 점을 감안하여 위 감사절차를 보완해 주시기 바랍니다.

A회계사의 기대에 비춰볼 때 D회계사가 감사절차를 보완할 때 추가로 고려해야 할 부분을 5줄 이내로 기술하시오.

풀이

영업부서에서 부정이 발생하였다는 것은 매출관련 부정위험요소가 발견된 상황이기 때문에 실증절차시 D회계사가 수행한 내부감사증거에 의존하기보다는 외부감사증거 즉, 외부조회에 더 의존하여야 한다.

4 감사문서에 기재된 다음의 감사절차는 재무제표에 대한 경영진의 주장(계정잔액 관점) 중 어떤 것과 가장 관련성이 높은지 기입하시오.

감사절차	경영진 주장
매출채권의 회수가능성을 검토하였다.	( )
감가상각비의 적정성을 검토하였다.	( )
모든 재고자산에 재고조사표가 부착되어 수량검사에서 누락되지 않았는지 검토하였다.	( )
건물등기부등본을 통해 소유권을 확인하였다.	( )
현금과 유가증권을 실사하였다.	( )

풀이

감사절차	경영진 주장
매출채권의 회수가능성을 검토하였다.	평가
감가상각비의 적정성을 검토하였다.	평가 및 배분
모든 재고자산에 재고조사표가 부착되어 수량검사에서 누락되지 않았는지 검토하였다.	완전성
건물등기부등본을 통해 소유권을 확인하였다.	권리
현금과 유가증권을 실사하였다.	실재성

Q&A 사례문제 19 : 2014년, KICPA 기출문제

(주)공룡은 자동차부품제조업을 영위하는 12월말 결산법인이며, 2X08년에 유가증권시장에 상장하였다. 현행 감사인인 대한회계법인의 매니저회계사인 박고민 회계사는 2X13년에 기존 인원의 퇴사 및 사내 업무재배치 등으로 당기 감사팀이 새롭게 구성됨에 따라 사전 세부감사계획 수립 및 현장 조서검토를 통하여 효율적으로 감사를 수행하려는 계획을 가지고 있다. 2X13년의 기말현장감사는 2월 초에 수행하였으며, 감사보고서일은 3월 중순경으로 예상하고 있다.

다음은 기말감사 현장에서 팀원이 작성한 감사조서를 박고민 회계사가 검토하면서 발견한 내용 중 일부이다.

항목	감사조서 검토시 발견사항
(A)	〈현금및현금성자산 계정〉 • 계정담당회계사는 재무제표일의 예금·차입금 잔액이 존재하는 모든 금융기관에 대하여 조회서를 발송·회수하였다. • 다만, 당사의 단체퇴직보험이 가입되어 있는 보험사에 대하여는 조회서를 발송하지 않고, 퇴직보험 납입증명서로 해당 퇴직보험예치금 계정잔액의 감사절차를 수행하였다.
(B)	〈재고자산 계정〉 • 재고자산계정 담당회계사는 회사의 요청에 의하여 당기재무제표 감사를 위한 재고실사입회를 12월 27일자로 수행하였다. 계정담당회계사는 실사입회일 현재를 기준으로 해서, 회사가 수행하는 재고입출고 및 실사절차에 대한 내부통제가 적절히 설계되어 효과적으로 운용되고 있는지 관찰한 후, 일부 항목의 수량에 대하여 실증절차 목적의 시사(test count)를 실시하였다. • 기말감사시 계정담당회계사는 재고실사 입회에서 파악된 3년 이상 사용되지 않은 장기체화 원재료 70억원에 대하여 손상검토를 수행한 결과 50% 정도는 A/S부품으로 전용 가능하여 사용가치가 충분한 것으로 판단하였고, 나머지 50%에 대해서만 손상차손을 반영할 것을 권고하였다. 그러나 회사는 감사인의 권고를 수용하지 않을 계획이다.
(C)	〈매입 계정〉 • 재고자산계정 담당회계사는 실사입회시 계속기록법에 의한 재고자산 입·출고기록의 통제절차가 효과적인지 평가한 후 재무제표일을 전후로 한 입·출고 내역 및 거래증빙을 회사에 요청하였다. 관련 입·출고 내역 및 증빙은 기말현장감사시 매입항목의 특정테스트를 위하여 사용되었다.

항목	감사조서 검토시 발견사항
(D)	〈유형자산 계정〉 • 유형자산계정 담당회계사는 유형자산 총괄표를 작성하고, 당기 유형자산의 변동내역에 대하여 분석한 후 주요 증가금액에 대하여는 계약서와 취득증빙 등을 확인하였다. 다만, 재무제표일에 근접한 12월 28일에 발생한 토지취득에 대해서는 취득원가에 대한 영수증을 확인하고, 계약서 사본을 입수·검토한 후 조서화하는 것으로 문서화를 완료하였다.
(E)	〈후속사건 감사〉 • 후속사건 감사절차를 수행한 조서에는 이사회의사록에 대한 검토가 현장감사기간의 종료일까지만 수행되었음을 발견하였다. 감사절차를 수행한 담당회계사는 과거 감사경험상 1분기 동안은 감사보고서 발행 및 연차사업보고서 발행업무 때문에 회사가 매우 바쁘므로 중요한 사업·경영관리 의사결정이 발생할 확률이 매우 낮다고 설명하였다.

1 상기의 사례에서 (A)~(D)의 계정 감사절차는 감사대상기간의 거래유형 또는 보고기간말의 계정잔액의 특정 경영자주장을 감사하기 위한 절차이다. 위 (A)~(D)에서의 거래유형 및 계정잔액별 감사절차가 아래 [보기]의 어떤 경영자주장을 검증하기 위한 것인지 아래 답안양식에 해당 번호를 모두 기재하시오.

[보기]

경영자주장 항목			
거래유형 관련		계정잔액 관련	
(1)	발생사실	(6)	실재성
(2)	완전성	(7)	권리와 의무
(3)	정확성	(8)	완전성
(4)	기간귀속	(9)	평가와 배분
(5)	분류		

[답안양식]

관련 번호	사례 (A)~(D)와 관련된 경영자주장(*) [(1)~(9)의 번호를 기재]
(A)	
(B)	
(C)	
(D)	

(*) 관련 경영자주장은 복수일 수 있음

풀이

관련 번호	사례 (A)~(D)와 관련된 경영자주장(*) [(1)~(9)의 번호를 기재]
(A)	(6)
(B)	(6), (9)
(C)	(1), (2), (4), (6), (8)
(D)	(6), (7), (9)

2 매니저회계사는 상기 사례 (A)의 밑줄친 부분에 은행조회 절차상 2가지 문제점이 있음을 지적하고 이에 대한 감사절차 보완을 지시하였다. 그 문제점이 무엇이고, 적절한 보완절차가 무엇인지에 대하여 각각 2줄 이내로 기술하시오.

[답안양식]

문제점	보완절차

풀이

문제점	보완절차
차입금에 대하여 기말시점 잔액이 있는 은행에 대해서만 조회서를 발송한 점	기중 거래가 있었던 모든 은행에 대하여 조회서를 발송하였어야 함.
퇴직보험예치금에 대하여 회사가 제시하는 납입영수증만 확인한 점	퇴직보험예치금 잔액에 대해서도 신뢰성 있는 감사절차인 조회서를 발송하여 실재성을 확인하였어야 함.

3 재고실사일이 재무제표일과 다른 경우 그 사이 기간에 대하여 추가적인 감사절차를 수행하여야 한다. 상기 사례 (B)의 밑줄친 부분에 대하여 실사입회 후 재고수량(재고수불관리)의 변동이 있을 수 있으므로 추가 감사절차가 필요하다. 이 추가절차 내용을 (1) 내부통제평가 측면과 (2) 실증절차 측면으로 나누어 설명하시오(각각 2줄 이내).

[답안양식]

항 목	추가절차 내용 설명
(1) 내부통제평가 측면	
(2) 실증절차 측면	

풀이

항 목	추가절차 내용 설명
(1) 내부통제평가 측면	재고자산 변동에 대한 통제의 설계, 실행 및 유지의 효과성에 대한 감사증거 입수가 필수적임.
(2) 실증절차 측면	실사일과 최종 재무제표일 사이의 금액변동이 적절하게 기록되었는지 확인이 필요하며 (Roll-Back Test) 그 과정에서 계속기록법에 의한 재고기록이 바르게 조정되었는지 확인해 보아야 함.

4 박고민 회계사는 상기 사례 (D)의 밑줄친 부분과 관련하여, 12월 28일에 취득한 토지의 취득거래에 대해서 유형자산계정 담당회계사에게 다음지시를 하였다.

(1) 기 수행한 토지취득거래 실증절차의 보완
(2) 토지・건물과 같은 유형자산의 권리와 의무에 대한 경영자주장을 확인하기 위한 추가 실증절차의 수행

박고민 회계사가 제시한 위 (1)과 (2)의 내용을 <u>각각 2줄 이내로 기술</u>하시오.

[답안양식]

항목	감사절차 설명
(1) 기 수행한 토지취득거래 실증절차의 보완	
(2) 토지·건물과 같은 유형자산의 권리와 의무에 대한 경영자주장을 확인하기 위한 추가 실증절차	

풀이

항목	감사절차 설명
(1) 기 수행한 토지취득거래 실증절차의 보완	계약서 사본이 아닌 원본을 확인하였어야 함.
(2) 토지·건물과 같은 유형자산의 권리와 의무에 대한 경영자주장을 확인하기 위한 추가 실증절차	등기부등본 등을 확인하여 소유권을 실제 취득하였는지 또는 해당 유형자산에 대하여 담보설정이 이루어졌는지 확인해 보아야 함.

5 박고민 회계사가 후속사건의 감사조서를 검토하는 중, 상기 사례 (E)의 밑줄친 부분에서 후속사건 감사절차가 문제점이 있는 것으로 파악하여 이에 대한 보완을 지시하였다.

(1) 위 사례에서의 보완하여야 할 절차가 무엇인지 <u>2줄 이내로 간략히 기술</u>하시오.

(2) 위 (1) 항목 이외에, 후속사건 감사와 관련하여 수행하여야 할 감사절차(2가지 이상)를 기재하시오.

[답안양식]

(1) 사례 (E)의 후속사건 감사절차에 대한 보완절차	
(2) 후속사건에 대한 감사절차 (2가지 이상)	

풀이

(1) 사례 (E)의 후속사건 감사절차에 대한 보완절차	후속사건에 대한 감사절차는 형식적인 현장철수시점이 아닌 감사보고서일, 즉 충분하고 적합한 감사증거 수집이 완료되는 시점까지 적극적으로 수행이 되어야 한다.
(2) 후속사건에 대한 감사절차 (2가지 이상)	가. 기업의 최근 후속 중간재무제표가 있다면 이를 열람함. 나. 기업의 법률고문에게 소송과 배상청구에 대한 질문 및 서면질의 다. 경영진 그리고 적절한 경우 지배기구에게 재무제표일 이후 사건에 대하여 수정이나 공시가 필요한 사건 모두 수정 또는 공시되었다는 서면진술을 요청

Q&A 사례문제 20 : 2017년, KICPA 기출문제

1 갑㈜는 고철 스테인레스를 원재료로 사용하여 스테인레스봉 제품을 생산한다. A회계법인은 전기부터 계속하여 갑㈜를 감사하고 있다.

(1) 재고자산 실사 입회 과정 설명

> A회계법인은 보고기간 말 시점에 갑㈜의 재고자산 실사(원재료, 부재료, 제품)에 입회하였다. 그러나 재공품은 제조공정이 진행 중이기 때문에 실사가 어렵다는 회사측 설명에 따라 실사 입회를 생략하였다.

[요구사항]

재고실사 입회를 진행하면서 감사인은 질문 절차를 함께 수행한다. 위 상황에서 재공품에 대하여 질문 절차를 수행할 때 ① **질문 대상자**와 ② **질문할 내용**을 서술하시오(아래 [답안양식]을 사용할 것).

[답안양식]

① 질문 대상자	② 질문할 내용

풀이

① 질문 대상자	② 질문할 내용
현장 생산담당자	해당 재공품에 대한 실재성 및 재공품의 완성도, 진행률 계산에 대한 회사내부규정 등을 질문하여야 한다.

(2) 재공품에 대한 실증적 분석적 절차 설명

A회계법인은 실증절차를 수행하는 과정에서 회사의 재공품 재고금액이 전기에 비해 급격히 증가하였음을 발견하였다. 다음은 A회계법인이 수행한 실증적 분석적 절차의 내용이다.

> • 실증적 분석적절차에 적용할 중요성 설정
> • 재공품 수량과 단가에 관련된 재무적 · 비재무적 정보의 입수 (예를 들어, 회사의 생산능력 및 생산 lead-time 등)
> • 재공품 수량과 단가를 기초로 하여 감사인의 기대치를 설정
> • 회사 제시 재공품 금액과 감사인 기대치의 비교

[요구사항]
위 실증적 분석적절차를 수행할 때, 재공품에 대한 감사인 기대치를 산정하기 위하여 ① **재공품 수량**과 ② **재공품 단가**에 대해서 회사로부터 입수할 정보를 서술하시오(아래 [답안양식]을 사용할 것).

[답안양식]

① 재공품 수량 관련	② 재공품 단가 관련

풀 이

① 재공품 수량 관련	② 재공품 단가 관련
1. 제품수량 대비 재공품 수량 비율 2. 회사의 전체 생산설비 Capacity 및 평균 생산설비 가동률등	1. 회사 재고자산 BOM 자료 2. 원재료의 재공품 투입량 3. 원재료 대비 외주가공비 비율 등

(3) 재공품 실재성에 대한 대체적 절차 설명

A회계법인은 재공품에 대한 실사입회가 실행가능하지 않으므로, 재공품 실재성에 대한 대체적 절차가 필요하다고 판단하였다.

[요구사항]
위와 같이 재공품에 대한 실사 입회가 실행가능하지 않은 경우에 **재공품의 실재성**에 대한 세부테스트(Test of detail)로 수행할 수 있는 **대체적 절차**를 서술하시오.

풀 이

재공품 내역을 수령하여 원재료 매입관련 증빙 문서검사 및 실재 원재료 실사를 통한 원재료 투입량을 검증하고 해당 인건비 투입 및 해당 제조간접비 지출증빙 내역을 확인한다.

2 다음은 감사인의 매입채무 완전성에 대한 실증절차 수행과 관련된 설명이다.

- 12월말 법인인 갑㈜와 을㈜는 매입채무를 과소계상하기 위하여 아래와 같은 방법으로 재무제표를 허위로 작성하였다. 이러한 갑㈜와 을㈜의 부채 누락 방식은 다음과 같다.

〈갑㈜의 부채 누락 방식〉
갑㈜는 아래와 같이 매입거래처별 매입채무금액을 일률적으로 감소시킴.

(단위 : 억원)

매입거래처	올바른 금액	장부 금액	부채누락금액
A	20	10	10
B	50	40	10
C	30	20	10
합계	100	70	30

〈을㈜의 부채 누락 방식〉
을㈜는 아래와 같이 기말 매입채무가 존재하는 특정 C거래처의 매입채무를 누락함.

(단위 : 억원)

매입거래처	올바른 금액	장부 금액	부채누락금액
A	20	20	-
B	50	50	-
C	30	-	30
합계	100	70	30

- 갑㈜와 을㈜의 재무제표는 동일하게 M회계법인이 감사하였으며, 외부감사 과정에서 두 회사의 분식을 적발하지 못하였다. M회계법인은 부채의 완전성에 대한 주된 감사절차로서, 1월 1일부터 기말감사업무 철수일(1월 20일)까지 지급된 지급기록을 확인하는 부외부채 테스트를 수행하였다.

[요구사항]
위 부채 누락 방식을 고려할 때, 갑㈜와 을㈜에 대한 외부감사인의 부외부채 테스트 절차에 **공통적으로** 보완되어야 할 사항을 다음 두 가지로 나누어 서술하시오.

(1) 재무제표일 후 현금지급 검토 절차를 **설계**할 때 고려할 사항
(2) 매입채무에 대한 **외부조회**를 추가로 수행하기로 결정한 경우 조회대상 매입거래처의 선정 방식

풀 이

(1) 해당 지급기록 검토하는 과정에서 관련된 주요거래처에 대하여 재무제표일 이후 일정기간 동안 청구된 거래명세서, 세금계산서 등 청구서를 검토하여 해당 내역이 재무제표일 시점에 부채로 인식하여야 할 금액이 있는지 확인해 보아야 한다.

(2) 매입채무에 대한 완전성을 검증하기 위해서는 주된 거래처임에도 불구하고 잔액이 거의 없는 매입거래처를 조회 대상으로 선정해야 한다.

3 다음은 기간귀속과 관련된 실증절차에 대한 설명이다.

감사인은 12월말 결산 기업의 매출 완전성과 실재성에 대한 감사증거를 입수하고자 한다. 이를 위하여 매출거래 중 해당 연도의 마지막 매출 기록 거래 일부를 추출하여 매출의 기간귀속에 대한 감사절차를 수행하였다. 다음은 이러한 절차를 위해 추출한 거래들의 내역이다.

매출기록일	송장번호	선적일	선적조건
12.30	xx28	12.30	FOB선적지 인도조건
12.31	xx29	12.31	FOB선적지 인도조건
12.31	xx30	12.31	FOB선적지 인도조건

위와 같은 감사인의 매출 기간귀속의 적절성에 대한 감사절차는 매출에 대한 기간귀속 테스트의 목적인 <u>**완전성**</u>과 <u>**실재성**</u> 중 하나에 대한 검증 목적을 달성하지 못한다.

[요구사항]

(1) 위 절차로 <u>**달성되지 않는**</u> 감사목적의 명칭을 쓰시오.

(2) 달성되지 않았다고 판단한 <u>**이유**</u>를 서술하시오.

풀 이

(1) 완전성

(2) 이유 : 매출채권이 기록되어 있는 거래에서 관련 선적서류를 검토하여 선적일, 선적조건을 확인하게 되면 매출이 누락되었다는 사실은 확인할 수 없다. 예를 들어, 재무제표일 전에 선적된 거래와 관련된 증빙(예 : 선적서류)을 확인하고 해당 거래의 선적일, 선적조건을 확인한 뒤 해당 거래가 매출채권 원장에 다 기록되었는지 확인해 보아야 완전성을 확인할 수 있다.

Q&A 사례문제 21 : 차입금과 관련된 감사절차

다음은 행복회계법인 소속 김철수 회계사가 수행한 부외부채와 관련된 감사절차이다. 각각의 내용을 읽고 물음에 답하시오.

김철수 회계사는 서울(주)의 차입금 계정을 감사하고 있는 담당 공인회계사이다. 차입금과 관련한 감사절차를 수행한 이후 다음과 같이 감사문서를 작성하였다.

서울주식회사 감사문서

20X4. 12. 31.

	채권자	이자율	담보내역		기초잔액	증 가	감 소	기말잔액
φ	甲은행	10%	건물	PWP	₩10,000,000	₩30,000,000 ⊕	₩20,000,000 P	₩20,000,000[1] CX
φ	乙은행	11%	토지	PWP	₩70,000,000	₩10,000,000 ⊕	–	₩75,000,000 C
φ	丁은행	10%	토지	PWP	₩60,000,000	–	₩60,000,000 P	–[3]
φ	대주주 丙씨	0%	–	PWP	₩300,000,000	–	₩100,000,000	₩200,000,000[2] C
					₩440,000,000 F	₩40,000,000 F	₩180,000,000 F	₩295,000,000 F

주 1) 20X4년 8월 15일 CEO 상여금을 ₩20,000,000 지급

→ 해당 사실은 甲은행의 요구약정을 위배한 내용임. 채권자는 즉시 변제청구권을 행사할 예정으로 확인됨

주2) 추가로 丙씨에게 20X5년 1월 7일에 ₩100,000,000을 차입함.

주3) 丁은행의 경우 기말잔액이 없는 관계로 금융기관 조회서는 생략하기로 함

장기차입금 관련이자비용

이자비용	₩60,000,000 T/B
장기차입금 연평균잔액	₩300,000,000

〈Tickmark 설명〉	〈감사결론〉
F : 계산검증 C : 조회결과 이상 없음. see W/P 3500-2 CX : 조회결과 이상항목 발견. see W/P 3500-3 P : 현금출금액 통장사본 및 은행발송 차입금잔액확인서 일치 ⊕ : 차입계약서 및 이사회의사록 확인 T/B : 시산표와 일치 φ : 계약서상 이자율 및 담보내역 일치	장기차입금 및 이자비용은 20X4년 12월 31일자로 정확함.

행복회계법인의 서울(주) 담당사원 최민감 공인회계사는 감사의견을 표명하기 전 김철수 공인회계사가 작성된 감사문서를 반드시 자율적인 품질관리를 위하여 검토하여야 한다. 위 감사문서의 검토결과 김철수 공인회계사가 수행한 감사절차에서 취약한 부분을 지적하시오.

풀이

앞의 감사문서에서 김철수 공인회계사가 수행한 감사절차의 취약점은 다음과 같다.

① 감사문서의 작성자, 작성일자, 검토자 및 검토자의 서명이 누락되어 있다.

② 감사문서의 연결번호, 감사문서에 대한 주제, 즉 계정과목의 언급이 없다.

③ Tickmark Legend 중에서 'PWP'에 대한 구체적인 설명이 누락되어 있다.

④ 기말잔액 합계금액을 총계정원장 및 시산표와 비교대사를 수행하지 아니하였다.

⑤ 乙은행 차입금에 대한 기말잔액 합산이 정확하지 않다.

⑥ 이자비용 대비 연평균차입금잔액을 분석해 보면 감사대상회사의 일반차입금 이자율보다 너무 높게 도출이 된다. 따라서 부외부채 가능성에 대해서 추가적인 감사절차가 수행되어야 한다.

⑦ 甲은행이 차입금계약서에서 제시되고 있는 약정을 위배(이 사례에서는 CEO에게 상여금을 지급)하여 甲은행이 즉시 변제청구권을 행사하는 경우 동 차입금은 장기차입금에서 단기차입금으로 계정을 재분류하여야 할 필요성을 고려해 보아야 하며, 또한 계속기업 존속능력에 유의적인 불확실성을 야기하는 사건 또는 상황인지 여부를 고려해 보아야 한다.

⑧ 해당 차입금별 미지급이자 계산의 적정성에 대하여 감사절차를 수행하지 않았다.

⑨ 丙씨(대주주)에 대한 차입금은 특수관계자 거래이기 때문에 특수관계자에 대한 감사절차를 수행하였어야 하며, 특히 일시적인 차입금 상환 이후 즉시 재무제표일 이후 재차입한 의도가 차입금의 과소계상인지 여부를 살펴보아야 한다.

⑩ 감사절차의 수행결과와 결론이 일치하지 않으며, 결론에서 사용한 용어가 적절하지 못하다. 감사인은 절대적인 확신을 주는 것이 아니기 때문에 정확하다는 표현보다는 적정하게 표시되었다는 표현을 하여야 한다.

⑪ 해당 금융기관별 이자율 및 담보설정 내역이 재무제표 주석에 적절하게 공시되었는지 여부를 살펴보아야 한다.

⑫ 잔액이 없는 丁은행의 경우에도 부외부채를 확인하기 위하여 금융기관 조회서를 발송하였어야 한다.

⑬ P와 관련된 절차에서 통장의 원본을 확인하지 않고 사본을 확인하였다.

Q&A 사례문제 22 : 2010년, KICPA 기출문제

다음은 (주)개발의 2×10년 12월 31일로 종료하는 회계연도의 차입금 관련 실증절차 감사문서의 일부로서, 차입금 관련 담당공인회계사인 김신입 회계사가 작성하였다.

회계법인의 업무담당이사는 김신입 회계사가 아직 감사경험이 풍부하지 못해 조서작성에 많은 오류가 있을 것으로 예상하여, 현장책임공인회계사에게 철저히 감사문서를 검토하도록 지시하였다. 특히, 감사업무의 유효성뿐만 아니라 효율성을 제고하기 위해서 김신입 회계사가 수행한 감사절차의 (1) 충분성 및 적합성 여부와 더불어 (2) 과도한 절차를 수행한 것이 없는지 검토하도록 하였다.

또한, 김신입 회계사는 감사문서작성의 효율성을 위해 감사문서상에 자신이 수행한 감사절차를 단순히 메모 형식으로 기술하지 않고, 주로 약자(tickmark 또는 t/m)를 사용하여 그 세부 내용을 기록하였다. (단위 : 원)

조서번호: A1 “차입금 총괄표(leadsheet)”

과목	당기(2×10/12/31)			전기 (2×09/12/31)
	수정 전	수정사항	수정 후	
차입금	600	100 {cc}	700	940 {bb}

조서번호: A2 “차입금 변동내역 분석”

은행명	2×09/12/31	증가	감소	2×10/12/31
A	940	–	(240) {d}	700
B	–	100	(100) {d}	–
C {e}	–	20,000 {c}	–	– {b}
합계	940 {a}	20,100	(340)	700

조서번호: A3 “차입금 상환 내역 테스트”

번호	지출결의서	지급일자	지급금액
1	12345	2×10/1/31	20 {g}
⋮	⋮	⋮	⋮
6	17021	2×10/6/15	100 {g}
⋮	⋮	⋮	⋮
13	26789	2×10/12/31	20 {g}
합계	–	–	340

조서번호: A4 “미래 상환 스케줄”

메모: 미래 상환 스케줄은 회사 담당자가 작성하였으며, 차입금약정서와 대조하여 확인하였음.

상환연도	A은행	C은행	합계
2×11	240	2,000	2,240 {f}
⋮	⋮	⋮	⋮
2×15	–	2,000	2,000 {f}
이후	–	10,000	10,000 {f}
합계	700	20,000	20,700

조서번호: A5 “은행조회서 대조”

은행명	은행조회서	장부가액	차이
A	700	700	–
B	–	–	–
C	20,000	–	(20,000) {c}
합계	20,700	700	(20,000)

Tickmark (수행한 감사절차에 대한 설명)

t/m	내 용
{aa}	회사 제시 시산표와 일치함.
{bb}	차입금은 전기 940원, 당기 700원으로서 당기 중 감소액 240원은 타당함. 추가적인 감사절차는 필요 없음.
{cc}	수정사항은 중요하지 않으므로 추가적인 감사절차는 필요 없음.
{a}	전기 감사문서와 대조한 결과 예외사항 없음.
{b}	합계를 검증하였으며, 회사의 총계정원장의 기말잔액과 일치함을 확인함.
{c}	회사의 재무담당임원인 박자금 씨와 논의한 바에 따르면, (주)개발은 2×10/8/31일자로 20,000원을 차입하는 약정서를 C은행과 체결하였음. 차입개시일과 차입금액을 회사가 제시한 차입약정서 사본과 대조하였으며, 또한 20,000원은 은행조회서와 대조한 바 일치하였음.
{d}	'차입금 상환 내역 테스트' 조서를 참조할 것.
{e}	C은행 차입금 20,000원에 대해서는 매 연도 말 회사의 부채비율을 200% 이하로 유지하여야 한다는 조건이 있음. 이를 위반할 경우 C은행은 동 차입금에 대한 조기상환을 요청할 수 있는 바, 2×10/12/31 현재 회사의 부채비율은 250%로서 이 차입조건에 위배되어 있음. 그러나 회사 재무담당임원에 따르면 C은행은 이러한 부채비율 유지조건을 면제해 주기로 결정하여 조기상환을 요구하지 않을 것이라는 내용을 구두로 (주)개발에 통보하였으나, 문서로 이를 공식적으로 통보하지는 아니하였음. 따라서 이러한 차입조건 위반은 중요하지 않은 것으로 판단됨.
{f}	감사보고서상의 차입금 관련 주석에 기록되어 있는 금액과 대조한 결과 예외사항 없음.
{g}	표본추출법에 따라 2건의 월별 상환액을 표본으로 적절하게 추출하였으나, 회사 담당자로부터 모든 월별 현금상환액 명세 및 관련 증빙을 입수할 수 있었기 때문에 표본검사 대신 13건 전체에 대해 전수검사를 통해 현금지급내역의 세부내역을 확인하였으며 이상항목은 발견되지 않았음. 재무제표는 중요하게 잘못 작성되어 있지 아니함.

1 (주)개발의 현장책임공인회계사인 이검토 회계사는 김신입 회계사가 작성한 상기 감사문서를 검토하고, 감사절차상의 미비점 또는 보완할 사항을 김신입 회계사가 작성한 각각의t/m에 대해 아래와 같이 작성하였다. 아래 빈칸에 기록될 미비된(또는 보완할) 감사절차의 상세내용을 각 t/m별로 2줄 이내로 기술하시오. (아래에 기술된 미비된/보완할 감사절차의 유형을 참조하여 구체적인 미비점 또는 보완점을 기술할 것 차입금과 관련된 미지급비용 및 장기차입금의 유동성 대체에 대한 내용은 아래 답변에서 고려하지 말 것)

현장책임공인회계사의 검토내용(Review note)

t/m	미비된/보완할 감사절차의 유형	미비된/보완할 감사절차의 상세내용
답안예시 {aa}	*감사문서 작성방식(문서화)*	*이 tickmark가 감사문서에서 사용되지 않고 있음.*
{bb}	충분하고 적합한 감사증거	
{cc}	적절한 감사확신	
{b}	적절한 감사절차	
{c}	1. 충분하고 적합한 감사증거	
	2. 적절한 감사절차	
{e}	충분하고 적합한 감사증거	
{g}	1. 효율적인 감사업무	
	2. 적절한 감사문서 작성	

풀 이

t/m	미비된/보완할 감사절차의 유형	미비된/보완할 감사절차의 상세내용
답안예시 {aa}	*감사문서 작성방식(문서화)*	*이 tickmark가 감사문서에서 사용되지 않고 있음.*
{bb}	충분하고 적합한 감사증거	차입금의 전기 잔액이 전기감사문서와 일관성이 있는지 확인
{cc}	적절한 감사확신	중요하지 않다는 중요성 금액의 기준에 대한 근거가 언급되어 있지 않음.
{b}	적절한 감사절차	합계가 일치하지 않음에도 불구하고 재계산검증이 이루어진 것으로 언급되어 있음.
{c}	1. 충분하고 적합한 감사증거	차입약정서의 사본이 아닌 원본과 확인하여야 함.
	2. 적절한 감사절차	이사회의사록, 현금입금내역을 확인하여야 하며 차입금잔액 이외에 이자율, 만기 및 담보제공 등을 확인하여야 함.
{e}	충분하고 적합한 감사증거	부채비율 유지조건 면제결정을 구두로 통보받은 것은 충분하고 적합한 감사증거가 될 수 없으므로 은행담당자에게 직접 조회확인하고 관련 내용을 문서로 수령하여 조서화함.
{g}	1. 효율적인 감사업무	표본추출법에 따라 적절하게 추출된 2건만을 감사하면 됨.
	2. 적절한 감사문서 작성	차입금에 대한 조서결론에서 "재무제표는 중요하게 잘못 작성되어 있지 아니함"이라는 전체 재무제표에 대한 결론을 표기해서는 아니 됨.

2 상기 tickmark {e}와 관련하여, 만약 C은행이 부채비율 유지조건의 면제를 취소하고 감사인이 감사보고서일 이전에 이러한 사실을 확인하게 되었으며, 회사의 자금사정이 좋지 않아 동 차입금 전체를 조기에 상환할 수 있는지에 관해 의구심이 든다고 가정할 경우, 감사인이 취해야 할 주요 감사절차 2가지를 각각 2줄 이내로 기술하시오.

풀 이

1. 장기차입금이 유동부채로 적절하게 계정재분류되었는지 확인하여야 하며,

2. 차입계약서의 위반사실은 계속기업의 가정에 대한 의문과도 관련되므로 그러한 내용이 주석에 잘 공시되었는지 검토하고 이러한 사항을 감사보고서에 언급할 것을 고려

3 다음은 은행조회서(감사문서번호 : A5 참조) 발송과 관련하여 김신입 회계사와 이검토 회계사가 나눈 대화 내용이다. 김신입 회계사의 응답을 토대로 그가 수행한 은행조회서와 관련된 감사절차가 적절하였는지 여부와, 그 판단의 근거를 아래의 답안 양식을 이용하여 각각 2줄 이내로 기술하시오.

- 이검토 : 은행조회서를 보낼 대상 은행은 어떻게 선정했습니까?
- 김신입 : **(응답1)** 기말 현재 잔액이 있는 은행을 선정했고, 기중 거래가 있었으나 기말에는 잔액이 없는 은행도 역시 대상으로 선정하였습니다.
- 이검토 : 대상으로 선정된 은행에 대해서는 조회서를 직접 발송하였는지요?
- 김신입 : **(응답 2)** 예. 제가 직접 재무담당자로부터 은행의 우편물 발송주소 등 필요한 정보를 입수하여 동 주소로 직접 조회서를 발송하였습니다. 회사로부터 은행 주소를 받았으므로 동 주소에 대해서는 별도의 확인절차를 하지는 않았습니다.
- 이검토 : 감사문서를 보니까 A은행의 은행조회서는 사본이 철해져 있던데 어떻게 된 것인지요?
- 김신입 : **(응답 3)** 예. 맞습니다. 시간이 촉박해서 우선 제가 은행 담당자를 통해 사본을 팩스로 먼저 입수하고 동 사본에 포함된 내용을 은행담당자와 직접 통화하여 확인했으며, 이러한 사실을 조서에 상세히 기술하였습니다.

답안 양식 :

김신입의 응답	감사절차의 적절성 (예 또는 아니오)	판단의 근거
응답 1		
응답 2		
응답 3		

풀이

김신입의 응답	감사절차의 적절성 (예 또는 아니오)	판단의 근거
응답 1	예	차입금은 기말에 잔액이 존재하지 않더라도 기중에 거래가 있었던 은행 모두에 대하여 전수로 조회서를 발송하여야 한다.
응답 2	아니오	회사가 작성해 준 은행 주소의 적정성을 확인하였어야 한다.
응답 3	예	팩스로 조회서를 수령한 경우에는 출처확인을 통한 해당 외부조회서에 대한 신뢰성을 확보(확인당사자를 전화로 접촉하여 회신 사실 및 내용 확인)하면 되기 때문에 수행된 감사절차는 적절하다.

Q&A 사례문제 23 : 건설회사 관련 감사절차

다음의 상황을 읽고 물음에 답하시오.

(주)튼튼해 건설은 설립한 지 15년이 지난 매출액 4,000억 원, 당기순이익 50억 원을 달성한 중견건설업체로서 비상장 중소기업이다. (주)튼튼해 건설을 감사하고 있는 서울회계법인은 감사계획단계에서 다음과 같은 여러 가지 사실을 발견하고 이에 따라 실증절차를 수행하려고 한다.

❙물음 1❙

건설업 경기를 파악해 본 결과 현재 전체적인 건설업 경기는 불황상태이며 지나친 경쟁으로 인하여 이익률이 급격하게 떨어지고 있으며 원자재 가격의 상승으로 말미암아 원가율도 급격하게 올라가고 있는 상태이다. 하지만 (주)튼튼해 건설의 경우는 작년도 재무제표와의 비교 분석적 절차 결과 매출액은 오히려 증가한 상태였으며 동종 건설업체에 비해서 자산 및 매출액 대비 미성공사 등 미청구공사의 비중이 상대적으로 15~30%가량 높다는 사실을 알고 매출채권의 실재성 및 공사수익 인식을 위한 진행률의 적정성 등을 면밀히 검토해 보려고 한다.

❙물음 2❙

또한 건설현장의 대부분은 일용직을 대한용역(주)로부터 파견받고 있으며 대한용역(주)는 일용직을 (주)튼튼해 건설에 파견해 주고 매 3개월마다 일용직근로자 인건비를 정산받고 있다. 인건비는 다음과 같이 정산받고 있음을 감사인은 알게 되었다.

작업에 투입된 일용직 인원수×실제 작업일수×사전에 결정된 노임

(주)튼튼해 건설은 공사현장에 감독관을 수시로 파견하여 실제 작업에 투입된 인원수를 파악하고 있다. 다음은 대한용역(주)에서 5월 1일부터 7월 31일까지 3개월간 파견된 일용직 인건비 청구내역이다. 튼튼해 건설은 청구내역대로 인건비를 지급하였다고 한다.

〈인건비 청구내역〉

일반 일용직	기능 일용직 (굴삭기 등 중장비작업)
1) 작업에 투입된 일용직 인원수 : 50명 2) 실제 작업일수 : 92일 3) 노임 : 70,000원 /일 4) 정산금액 : 322,000,000원	1) 작업에 투입된 일용직 인원수 : 5명 2) 실제 작업일수 : 92일 3) 노임 : 300,000원/일 4) 정산금액 : 138,000,000원

(주)튼튼해 건설의 감사를 담당하고 있는 감사인은 최근 공사 현장관계자로부터 "지난 5월부터 7월 사이에는 공사가 순조롭게 진행이 안 되고 굴삭기 등 중장비작업에 투입된 기능 일용직들도 장비조작에 미숙하여 자주 공사가 중단되는 바람에 공사일정에 차질이 생길 것 같아 걱정이야"라는 말을 듣게 되었다. 이에 따라 감사인은 급여가 과대계상되었을 가능성에 대해서 의심하고 있다.

1 (1) 서울회계법인의 나치밀 공인회계사는 분석적 절차 수행결과 매출액이 주변상황 및 비재무적 정보를 고려해 보았을 때 공사수익 및 미청구공사의 과대계상을 의심하고(주)튼튼해 건설이

공사진행률을 다음과 같이 조작하여 재무제표에 대한 부정한 재무보고가 이루어졌을 것으로 예상하고 있다. 당기 중에 준공된 현장 또는 공사진행률이 높은 공사현장들 중 누적공사원가가 도급금액을 초과하여 공사손실이 예상되는 부실현장 등에서 발생한 당기 공사원가를 당기 중에 신규로 공사를 착수한 현장 또는 상대적으로 공사진행률이 낮은 현장 등의 공사원가로 임의 대체하여 공사수익률을 허위로 높여 동 진행률에 따라 인식하는 수익을 조기에 과다하게 인식하는 방법 등으로 공사수익을 과대계상하고 이에 따른 미청구공사를 과대계상하였다. 위와 같은 상황에서 나치밀 공인회계사가 공사진행률의 적정성을 검토하기 위하여 수행하였어야 할 절차를 3가지 서술해 보시오.

풀이

나치밀 공인회계사는 공사진행률의 적정성을 검토하기 위하여 다음과 같은 절차를 수행하였어야 한다.
첫 번째, 기초적인 회계장부에 대한 개관절차에 좀 더 유의를 할 필요가 있으며 또한 사업의 이해, 특히 당해 공사현장에서 투입된 원가 중 표본을 추출하여 관련 증빙을 확인하고 해당 원가가 진행단계(공정)에 적합한지 의구심을 가지고 확인해 보아야 하며 혹시 현장 간 원가이체 여부 등을 체크해 보아야 한다.
두 번째, 현장소장으로부터 징구받은 공사진행률과 회사에서 계산한 공사진행률을 비교대사하고 차이가 발생한 경우 그 차이에 대한 추가적인 감사절차를 수행한다.
세 번째, 진행률이 의심스러운 현장을 표본으로 직접 무작위로 방문하여 실제 진행 정도를 관찰함으로써 회사가 주장하는 진행률의 적정성을 검토해 본다.

(2) 서울회계법인의 나치밀 공인회계사는 공사미수금의 실재성 검증을 위하여 주요 상대방 거래처에게 외부조회를 하려고 한다. 이에 따라 상대방 거래처에게 세금계산서를 발행한 금액을 회사로부터 수령하여 금액비례확률표본감사를 적용, 표본을 선택한 뒤 회사로 하여금 외부조회서를 작성하게 하고 거래처에게 발송하게 한 뒤 감사인이 직접 그 결과를 수령하여 확인해 보았다. 다만, 일부 외부조회서를 발송하는 경우 회신이 오지 않을 것으로 판단되는 주요 거래처에 대해서는 팩스로 금액을 확인해 보았으며 큰 문제가 없다는 회신을 모두 수령하였다. 또한 회신이 오지 않은 거래처에 대해서는 회사 담당자에게 회신요청을 부탁하였으며 그 이후에도 회신이 오지 않은 거래처에 대해서는 감사범위가 제한된 것으로 간주하였으나 금액이 중요하지 않은 관계로 공사미수금에 대해서는 큰 문제가 없다는 결론을 감사문서화하였다. 위와 같은 경우에 나치밀 공인회계사가 수행한 감사절차의 취약점을 New ISA에 근거하여 3가지 이상 지적해 보시오.

풀이

나치밀 공인회계사가 수행한 감사절차의 취약점을 지적하면 다음과 같다.
첫 번째, 외부조회서는 감사인이 직접 발송하였어야 한다.
두 번째, 팩스 등 전자매체를 통하여 조회절차를 수행한 경우에는 반드시 확인당사자를 접촉하여 회신 사실 및 내용을 확인하는 절차 등 그 회신에 대한 신뢰성 검증절차가 수행하였어야 한다.
세 번째, 외부조회서에 대하여 회신이 오지 않은 거래처에 대해서는 대체적 감사절차를 수행하였어야 하며 (예외적으로 외부조회 이외에 충분하고 적합한 감사증거를 수집하지 못할 것으로 판단되는 경우에는 바로 감사범위 제한으로 간주될 수도 있다) 이를 통하여도 충분하고 적합한 감사증거를 확보하지 못한 경우에 감사범위 제한으로 결론을 맺었어야 한다.

(3) 감사인은 외부조회를 발송하려고 하는 거래처의 숫자를 선택함에 있어서 중요성과 감사위험을 고려하여야 한다. 만약 감사인이 회사의 매출채권 잔액에 대하여 표본감사를 수행하는 대신에 모든 거래처 잔액에 대하여 전수검사를 실시하기로 했다고 가정하자. 이와 같이 표본감사가 아니라 전수검사를 하는 경우에 감사위험과 중요성의 개념이 적용되는지 여부를 판단하고 그 이유를 4줄 이내로 기재하시오.

풀이

감사위험 중 적발위험은 표본위험과 비표본위험으로 구성되며 전수검사를 한다고 하더라도 비표본위험은 남게 된다. 더군다나 중요성 개념은 감사계획을 수립하는 단계, 즉 표본의 크기를 결정하는 데도 적용되지만 감사결과를 평가하는 단계에도 적용되는 개념이다. 다시 말해서 전수검사를 한다고 하더라도 그 감사절차 수행결과 미수정 왜곡표시 합계금액이 도출된 경우 감사의견을 형성하기 위해서는 중요성 개념이 필요한 것이다.

2 (1) 물음 2에 서술되어 있는 상황에서 감사인이 급여가 과대계상되었을 것으로 판단을 내렸다면 그 근거가 무엇인지 답하시오.

풀이

공사 현장관계자들의 진술에 근거하면 인건비 청구내역상의 작업일수에 비해서 실제 작업이 진행되지 않은 작업일수도 존재할 개연성이 높으며, 또한 기능 일용직들이 장비조작이 미숙하였던 점을 고려해 볼 때 기능 일용직에 대한 노임도 일반 일용직에 비해서 지나치게 높음을 의심해 볼 수 있다.

(2) 위 상황과 관련 없이 담당 공인회계사는 (주)튼튼해 건설의 급여시스템에 대한 내부통제제도를 테스트하려고 한다. 아래 <보기>의 통제사항들에 대하여 회사의 급여시스템이 효율적으로 운영되고 있는지를 파악하기 위하여 실시할 수 있는 적절한 통제테스트를 고르시오.

〈보기〉

1. 인사과에서 모든 종업원의 채용에 대한 승인권을 가지고 있다.
2. 인사과에서는 모든 급여변경에 대한 승인권을 가지고 있다.
3. 공장에서 급여처리되고 있는 일용직들은 모두 실제 존재하는 직원들이다.
4. 급여에 대한 지급이 적절한 승인권자에 의해서 승인이 이루어진다.
5. 급여통장에 대하여 급여를 지급하는 것과는 별개로 제3자에 의해서 은행계정조정표가 작성된다.
6. 종업원의 초과근무는 관리자에 의하여 승인된다.

〈통제테스트〉

A. 종업원의 타임카드(Time card)가 적절하게 승인절차를 거쳤는지 평가한다.
B. 은행계정조정작업이 이루어지는지 질문하고 재수행하여 본다.
C. 급여결제된 내역에서 표본을 추출한 뒤 적절한 승인을 거쳤는지 확인해 본다.
D. 급여대장에서 종업원의 표본을 추출한 뒤 적절한 고용과정을 거쳤는지 그리고 고용계약서의 승인권자가 적절한지 확인해 본다.

E. 급여대장에서 표본을 추출하여 해당 종업원을 불시에 인터뷰한다.
F. 급여변경이 있는 종업원들 중에서 표본을 추출하여 적절한 승인과정을 거쳤는지 확인해 본다.

풀 이

1. D 2. F 3. E 4. C 5. B 6. A

Q&A 사례문제 24 : 2018년, KICPA 기출문제

X회계법인은 A㈜의 20x1년(1.1.~12.31.) 재무제표를 감사하고 있다. A㈜는 진공청소기를 개발, 생산, 판매하고 있는 상장기업이다. X회계법인은 20x0년부터 A㈜를 감사하고 있으며, 20x0년 감사과정에서 발견된 유의적인 사항은 없었다.

X회계법인은 감사팀원의 전기감사 경험을 활용하여 20x1년 6월 감사계획을 수립하였다.

[감사계획]

(입회) 감사인은 재고자산의 실재성 및 완전성을 확인하기 위하여 A㈜의 재무제표일인 20×1년 12월 31일 재고자산 실사입회를 실시한다.

(평가) 감사인은 A㈜가 제시한 재고자산 순실현가능가치를 검토한다. 제품에 대하여 20×1년 기말에 근접한 판매가격과 판매부대비용 내역을 입수하여 확인하고 재계산 절차를 수행한다.

(기간귀속 확인) A㈜의 주력 제품 W는 국내 대도시의 전자제품판매점에 택배회사를 통하여 운송된다. A㈜는 판매약정에 따라 전자제품판매점에 도착하는 시점에 수익을 인식한다. 감사인은 재무제표일 전후 7일 동안 발생한 거래를 모집단으로 하여 표본을 추출한다.

(외부조회) A㈜는 주력 제품 W의 원재료를 B㈜에서 매입하고 있다. 감사인은 매입채무 금액을 확인하기 위하여 B㈜에 외부조회를 실시한다.

(재고수불부 확인) A㈜의 재고수불부는 자체 개발한 정보시스템에서 산출된다. 20×0년 감사과정에서 정보기술 일반통제와 응용통제 및 재고 입출고 내부통제는 유효하였다. 감사인은 20×1년에도 정보시스템에 의존하여 재고수불부를 확인한다.

X회계법인은 20x1년 11월중 중간감사를 실시하였다. 중간감사 중 새롭게 파악된 내용은 다음과 같다.

[중간감사]

- A㈜는 재무제표일인 20×1년 12월 31일이 공휴일이고 실사담당자 중 일부가 해당일 실사에 참여할 수 없는 점을 고려하여 12월 29일 재고실사를 실시할 예정이라고 감사인에게 통보하였다.
- 20×1년 중 A㈜는 새로운 제품 W플러스를 출시하였다. A㈜는 W플러스 출시에 따라 대량 생산 후 보유중인 W는 기존 판매제품의 판매후서비스용으로만 소진될 것으로 예상하고 있다.
- W플러스는 다양한 언어를 지원하는 모델로서 유럽지역 소비자에게 인기가 있으며, 대부분 해외로 수출된다. A㈜는 판매약정에 따라 유럽소재 항구에 도착하는 시점에 수익을 인식한다.
- A㈜의 담당자는 원재료 공급처인 B㈜와 법적분쟁이 발생하여 외부조회를 실시하더라도 회신이 불가능할 것이라고 설명하였다.
- A㈜는 W플러스 출시에 따라 재고수불부에 새로운 제품을 등록하기 위하여 정보시스템을 변경하였다. 정보시스템의 변경은 업무경험이 많은 회계팀장에 의하여 수행되었다.

(물음) X회계법인은 중간감사를 통하여 추가로 파악된 사항을 고려하여 감사계획의 변경이 필요한지를 검토하고 있다. 감사계획 변경이 필요한지를 표시하고 그 이유와 변경된 감사계획을 서술하시오.

[답안양식]

감사계획	변경필요 (O 또는 X)	이유 및 변경된 감사계획
입회		
평가		
기간귀속 확인		
외부조회		
재고수불부 확인		

풀이

감사계획	변경필요 (O 또는 X)	이유 및 변경된 감사계획
입회	O	재무제표일시점에 재고실사를 입회하지 못한 경우 반드시 감사인은 실사입회시점과 재무제표일 시점 사이에 재고수량의 변동흐름을 파악하는 절차를 수행하여야 한다.
평가	O	회사의 변경된 재고사용계획에 따라 순실현가능가치를 계산할 때 최근 기말 근접한 시점에 판매된 가격이 아닌 새로운 변경계획이 반영된 순실현가능가치를 산정하여 저가법 평가를 수행하여야 한다.

기간귀속 확인	O	해당 재고의 경우 수출품 특히 유럽에 판매하는 제품이 많은 것을 고려해 보건데 운행거리를 감안하여 표본기간을 더 확대하여 기간귀속 확인을 수행하여야 한다.
외부조회	O	경영진의 거부사유가 타당하다고 판단되면 외부조회를 생략하고 관련성이 있고 신뢰할 수 있는 감사증거를 입수하기 위한 대체적인 감사절차를 수행하여야 한다. 다만, 이 경우에 부정이 나타날 수 있는 감사증거에 대한 감사인의 접근을 거절하고자 하는 의도인지는 반드시 파악해 보아야 한다.
재고수불부 확인	O	전기감사결과 전산통제시스템이 유효하다고 판단하여 올해도 의존하려고 하였으나 회계팀장이 정보시스템을 직접 변경할 수 있다는 것은 일반통제시스템이 취약하다는 의미이며 올해는 해당 시스템을 의존하는 감사절차를 수행하여서는 안된다.

Q&A 사례문제 25 : 2019년, KICPA 기출문제

X회계법인은 가나다㈜의 20x2년(1.1.~12.31.) 재무제표 감사를 수행하고 있으며, 20x1년부터 가나다㈜를 감사하고 있다.

※ 아래 각 물음은 서로 독립적이다.

1 가나다㈜의 자금담당자가 제시한 차입금 현황은 다음과 같다.

차입처	당기 말 이자율	차입금		담보 제공	만기
		당기 말 20x2.12.31.	전기 말 20x1.12.31.		
A은행	2.5%	80억 원	80억 원	해당 없음	20x3.10.31.
B은행	–	–	20억 원	해당 없음	–
C은행	2.0%	120억 원	100억 원	부동산담보 제공	20x3.5.30.

동 자료를 입수한 현장책임회계사가 차입금 및 담보제공 내역을 확인하기 위해 수행한 감사절차는 다음과 같다.

〈A은행 차입금〉
- 당기와 전기의 잔액 변동이 없으며 담보제공 내역도 없었으므로 회사의 자금담당자 및 회계담당임원에게 질문을 통해서 동 내용이 맞는지를 확인하였다.
- 회사의 자금담당자로부터 A은행의 잔액확인서를 전달받아 차입금 잔액, 만기 및 이자율의 변동이 없음을 확인하였다. 또한, 전기조서에 첨부된 은행조회서를 통해 전기 차입금 정보를 확인하

여 당기와 변동이 없음을 추가로 확인하였다. 상기 절차를 수행하고 감사절차를 종결하였다.

〈B은행 차입금〉

- 20x2년 12월 30일에 전액 상환되었다. 회사에 상환증빙을 요청하여 동 상환내역을 확인하였다.

〈C은행 차입금〉

- 당기와 전기의 잔액 변동, 담보제공 내역을 확인할 목적으로 은행조회서를 직접 발송하고 회수하여 당기 말 차입금 잔액, 담보제공 내역, 만기 및 이자율을 확인하였다.

〈기타〉

- 당기 말 현재 A은행 및 C은행 이외 다른 금융기관과 거래를 하는지 여부를 회사의 자금담당자 및 회계담당임원에게 질문을 통해서 확인하였다.

현장책임회계사가 수행한 차입금 및 담보제공 내역확인을 위한 감사절차에서 [A] 잘못된 감사절차 중 세 가지만 제시하고, 이에 대한 [B]올바른 감사절차를 서술하시오(아래 [답안양식]을 사용할 것).

[답안양식]

구분	[A]	[B]
①		
②		
③		

풀이

구분	[A]	[B]
①	A은행 잔액확인서로 차입금의 완전성을 확인한 측면	A은행 차입금의 완전성 및 담보내역을 확인하기 위하여 당기말 현재로 금융기관조회서를 발송하였어야 한다.
②	B은행 상환여부를 확인하여 차입금 잔액이 없음을 확인한 측면	상환여부만을 확인하는 경우 추가차입금이 발생한 부분에 대해서는 확인할 수가 없기 때문에 B은행의 경우에도 당기말 현재로 금융기관조회서를 발송하였어야 한다.
③	다른 금융기관과의 거래가 존재하는지 여부를 확인하기 위하여 구두질문만을 수행한 점	기말잔액이 없다하더라도 회사가 기중에 거래하였던 모든 거래에 대해서는 금융기관 조회서를 발송하였어야 하며 신용정보 조회등을 통하여 추가적인 금융기관과의 거래가 존재하는지 여부를 확인하였어야 한다.

2 커피프랜차이즈업을 영위하고 있는 가나다㈜의 매출관련 자료는 다음과 같다.

〈로열티매출〉
- 가나다㈜는 가맹점에게 브랜드 사용료, 가맹점 운영관리시스템 사용료, 광고료 등의 명목으로 로열티를 월별로 청구하고 있다.
- 로열티매출액은 가맹점매출액의 2%로 산정된다.

〈상품매출〉
- 가나다㈜는 커피원두를 원두전문회사인 커피최고㈜로부터 구입하여 가맹점에 납품하고 있다.
- 매입단가는 원두가격의 변동에 영향을 받고, 매출단가는 매입단가에 일정마진을 고려하여 산정되고 있으므로 원가율의 변동은 미미하다.

업무수행이사는 현장책임회계사에게 아래와 같은 사항을 고려해서 매출의 실증적 감사절차를 수행하도록 요청하였다.

- 가나다㈜는 유가증권시장에 상장을 준비하고 있는 회사이기 때문에 매출계정은 중요왜곡표시위험이 높을 것으로 판단하고 있다.
- 매출과 관련하여 현장책임회계사가 고려해야할 경영진의 주장은 발생사실, 완전성, 정확성, 기간귀속이다.

현장책임회계사가 매출과 관련된 상기 경영진의 주장을 확인하기 위해 수행한 실증적 감사절차는 다음과 같다.

수행한 실증적 감사절차

〈로열티매출〉
- 실증적인 분석적 절차를 수행하기 위해서 가맹점 운영관리시스템에서 산출되는 가맹점 매출자료를 수령하여, 동 자료를 통해 가맹점매출액의 2%로 로열티매출액이 산정되는지를 확인하였다.
- 가맹점 계약서를 통해 로열티 비율이 2%임을 확인하였다.
- 가맹점 운영관리시스템에서 가맹점 매출자료가 자동으로 산출되고 있기 때문에 추가 확인 절차는 생략하였다.
- 실증적인 분석적 절차를 수행한 결과 예측범위 내에서 로열티매출액이 산정되므로 실증세부테스트는 수행하지 않았다.

〈상품매출〉
- 월별 원두 시장가격을 감사인이 독립적으로 조사하여 회사의 매입단가와 비교하고, 회사의 마진율을 고려하여 매출단가가 적정한지를 확인하였다.
- 커피프랜차이즈 시장조사자료를 외부기관으로부터 입수하여 전체적인 매출수량의 적정성을 확인하였다.

- 실증적인 분석적 절차를 통해 산출된 기대매출액과 실제매출액의 차이가 중요하다고 판단되어 상품매출에 대해서는 추가적으로 실증세부테스트를 수행하기로 하였다.
- 회사담당자가 월별 가맹점별로 상품매출에 대한 세금계산서를 발행하는 바 매출원장에서 표본을 선정하고 해당 세금계산서를 대사하여 경영진의 주장을 확인하였다.

현장책임회계사가 수행한 매출의 실증적 절차와 관련하여[A]잘못된 감사절차 중 세 가지만 제시하고, 이에 대한 [B]올바른 감사절차를 서술하시오(아래 [답안양식]을 사용할 것).

[답안양식]

구분	[A]	[B]
①		
②		
③		

풀 이

구분	[A]	[B]
①	중요왜곡표시위험이 높은 상황에서 훨씬 신뢰성 있는 감사증거를 이용하여야 함에도 불구하고 회사의 가맹점운영관리시스템을 추가적인 확인절차 없이 이용한 점	보다 신뢰성 있는 감사증거를 이용하기 위하여 가맹점별 매출정보를 직접 외부 가맹점별로 입수하여 분석적 절차를 수행하여야 한다.
②	중요왜곡표시위험이 높은 상황임에도 불구하고 세부테스트를 생략한 점	중요왜곡표시위험이 높은 상황에서는 반드시 세부테스트를 수행하여야 한다.
③	매출원장에서 세금계산서를 확인하는 절차만 수행한 점	감사목적에 발생사실, 완전성, 기간귀속 등을 확인하려면 매출원장에서 표본을 추출하여 세금계산서를 확인하는 절차뿐만 아니라 세금계산서를 표본으로 추출하여 해당 거래가 매출원장에 적절히 반영되었는지 여부도 확인하였어야 한다.

3 가나다㈜는 20x2년 5월 3일에 최대주주(지분율 100%) 및 대표이사인 홍길동씨에게 10억 원을 대여하였다. 대여약정서상 만기일은 20x3년 1월 2일이며 이자율은 연 '0%'이다.

또한, 20x2년 5월 3일에 가나다㈜는 토지(장부금액 10억원)를 홍길동씨에게 매각하기로 하는 매매계약(매매금액 10억원)을 체결하였다. 다음 날 매매금액을 전액 수수하고 토지의 소유권 이전등기가 완료되었다.

가나다㈜는 홍길동씨와의 거래를 특수관계자 거래로 공시하였고, 거래도 정당하게 이루어졌다고 주장하고 있다.

현장책임회계사가 동 거래에 대해서 [A]전문가적 의구심을 가지고 파악해야 하는 사항 중 두 가지만 제시하고, [B]회사로부터 추가적으로 입수하여야 하는 감사증거를 기재하시오(아래 [답안양식]을 사용할 것).

[답안양식]

구분	기재할 사항
[A]	① ②
[B]	

풀이

구분	기재할 사항
[A]	① 개인 특수관계자에게 대여금을 무이자로 빌려준 상황 ② 또한 대여금이 발생한 당일에 지배주주와 토지매매계약을 동일한 금액으로 체결한 점
[B]	재무제표일 이후 해당 대여금이 입금되었는지 여부를 파악하기 위하여 현금입금증빙을 요청하여야 함.

4 가나다㈜의 재고자산은 모두 상품으로 구성되어 있다 현장책임회계사는 재고자산에 대한 실사입회계획을 다음과 같이 수립하였다.

재고실사입회계획
• 현장책임회계사는 재고자산의 내부통제가 효과적으로 설계 및 운용되고 있다고 판단하고 있다. • 현장책임회계사는 회사의 결산일(12월 31일) 이전인 12월 26일에 실사입회를 수행할 계획이다. • 재고실사입회 시 재고수불부에서 표본을 추출하여 실물을 확인하는 절차로 실사입회를 수행할 계획이다. • 상품성이 훼손된 재고자산에 대해서도 별도로 실사입회를 수행할 계획이다.

[A]재고실사입회일이 재무제표일과 다른 경우 현장책임회계사가 고려해야 할 사항을 ①내부통제 측면, ②실증절차 측면으로 나누어 각각 한 가지씩 기재하고, [B]일반적으로 재고실사입회 시 예상되는 경영진의 주장을 고려하여 추가로 계획할 감사절차 중 한 가지를 기재하시오(아래 [답안양식]을 사용할 것).

[답안양식]

구분	기재할 사항
[A]	① ②
[B]	

풀 이

구분	기재할 사항
[A]	① 실사입회일과 재무제표일 사이의 내부통제에 유의적 변화가 있는지 여부를 확인하여야 한다. ② 실사입회일과 재무제표일 사이의 재고자산 입·출고 흐름에 대한 추가적인 확인절차를 수행하여야 한다. (Roll Forward Test)
[B]	완전성 주장을 확인하기 위하여 실물자산에서 표본을 추출하여 해당 항목이 재고수불부에 누락되지 않고 다 반영되었는지 여부도 확인해 보아야 한다.

Q&A 사례문제 26 : 2021년, KICPA 기출문제

한국회계법인은 제조업을 영위하는 ㈜대한의 20×1년 회계감사를 진행하고 있다. ㈜대한은 코로나바이러스감염증-19(이하, COVID-19) 발생으로 인하여 영업 및 재무적으로 유의적인 영향을 받고 있다. 각 물음에서는 한국회계법인이 ㈜대한의 감사를 진행하면서 당면한 상황을 가정하고 있다. 각 물음의 상황은 서로 독립적이다.

1 ㈜대한은 코스닥상장 추진을 목표로 20×1년 6월 30일 기준 중간재무제표에 대하여 감사계약을 체결하고 회계감사를 진행 중이다. 한국회계법인은 매출채권 조회를 수행하면서 ㈜대한의 해외거래처 ABC의 회계담당자가 회신한 조회서 금액과 회사제시 금액 간에 중요한 차이가 있음을 발견하였다. ㈜대한의 재무담당이사는 거래처 ABC의 회계담당자가 COVID-19 확진판정으로 연락이 원활하지 않아서 차이 금액에 대한 정확한 원인을 알 수 없다고 설명하였다. ㈜대한의 재무담당이사는 회계감사 과정에서 한국회계법인이 발견한 조회서 회신금액의 불일치 문제가 제기되자 감사업무를 보다 낮은 수준의 확신을 제공하는 검토업무로 계약조건을 변경할 것을 한국회계법인에 요청하였다.

한국회계법인이 감사업무 계약조건의 변경에 동의할 수 없고㈜대한의 재무담당이사가 원래의 감사업무를 계속하는 것을 허용하지 않는 상황에서 수행해야 할 절차 <u>두 가지</u>를 서술하시오.

풀 이

첫째, 해당 법규에서 허용하는 경우 감사업무를 해지하고
둘째, 지배기구, 소유주 또는 규제기관과 같은 기타 이해관계자에게 그러한 상황을 보고하여야 할 계약상 또는 기타 형태의 의무가 존재하는지 여부를 결정하여야 한다.

2 ㈜대한의 주주 등 재무제표 이용자가 중요하게 이용할 가능성이 높은 항목은 법인세비용차감전계속영업이익이다. 한국회계법인은 감사계획 단계에서 재무제표 수준의 중요성을 법인세비용차감전계속영업이익의 일정 비율로 정하였다.

(1) 중요성 결정과 관련하여 반드시 문서화할 사항은 무엇인지 **두 가지만** 서술하시오(단, 아래 <예시>는 제외할 것).

<예시> *재무제표 전체에 대한 중요성*

풀이

첫째, 특정 거래유형과 계정잔액 및 공시에 대한 중요성 수준
둘째, 수행중요성
셋째, 만약 중요성이 수정된 경우 해당 수정내용

(2) 하반기 중 제품 판매단가의 급격한 하락으로 발생한 재고자산 평가손실로 인하여 ㈜대한의 법인세비용차감전계속영업이익이 전기와 대비하여 유의적으로 감소하였다. ㈜대한은 법인세비용차감전계속영업이익의 감소가 COVID-19로 인해 일시적으로 발생한 예외사항이므로 가까운 미래에 해소될 수 있는 상황이라 설명하고 있다. 한국회계법인은 재무제표 전체에 대한 중요성을 결정하기 위하여 감사계획 단계에서 사용한 연간 재무결과의 예측치와 실제 재무결과 간에 유의한 차이가 있어 중요성 결정방법을 변경하기로 하였다. 한국회계법인이 선택할 수 있는 가장 적합한 중요성 결정방법과 결정근거에 대해 서술하시오.

[답안양식]

중요성 결정방법	
중요성 결정근거	

풀이

중요성 결정방법	총매출이나 총매출총이익이 적절할 수 있으며 동 이익의 예외적인 증감이 올해 발생한 상황이라면 과거 실적에 기초한 평준화된 법인세비용차감전계속사업이익을 사용할 수 있음
중요성 결정근거	기준금액의 상대적 변동성이 큰 경우에는 해당 중요성 금액이 지나치게 낮거나 높게 설정될 개연성이 존재하기 때문임. (이 사례는 낮게 설정될 것임)

3 한국회계법인은 ㈜대한에 대한 현장감사 수행 중 해외거래처 ABC에 매출채권조회서를 발송하기로 계획하였다. 그러나 ㈜대한의 담당자로부터 해당 국가의 확진자 증가로 인한 방역조치에 따라 ABC의 사업장이 일시적으로 폐쇄되어 우편수령이 불가능하다는 답변을 받았다. 각 문항은 서로 독립적이다.

(1) 한국회계법인의 매출채권 계정담당자는 ABC의 회계담당자 전자메일 주소를 수령하여 본인의 전자메일로 거래처 ABC의 담당자에게 직접 발송하고 회신받아 금액이 일치함을 확인하였으며, 금액이 일치하므로 추가 감사절차는 수행하지 않았다. 업무수행이사는 감사 진행상

황을 검토한 후, 전자메일로 수령한 감사증거의 신뢰성이 낮다고 판단하여 조회서의 신뢰성을 확인하기 위한 추가적인 감사절차를 수행할 것을 지시하였다.

한국회계법인의 매출채권 계정담당자가 업무수행이사의 지시에 따라 추가로 수행해야 하는 가장 적합한 감사절차를 서술하시오.

풀이

전자메일로 조회서 회신을 하는 경우 원문 조회서 내용이 포함된 형태로 회신을 요청하여야 하며 또한 조회 회신담당자에게 실제 그 회신을 했는지 유선으로 추가 확인해 보아야 한다.

(2) 감사인은 거래처 ABC가 소재한 해당 국가의 확진자가 감소하고 있어 사업장이 곧 정상화될 것으로 예상하여 채권조회서를 우편 발송하였으나 감사완료시점까지 미회수되고 있다 감사인은 조회서 회신을 독촉하는 대신 매출채권 잔액의 적정성을 확인하기 위한 대체적 감사절차를 수행하기로 결정하였다. 매출채권 계정담당자가 수행할 수 있는 대체적 감사절차를 **두 가지**만 서술하시오(단, 아래 <예시>는 제외할 것).

<예시> *보고기간 말에 근접하여 발생한 매출거래에 대한 조사*

풀이

첫째, 특정 매출채권에 대한 후속적 회수여부 검토
둘째, 선적서류에 대한 검사 절차 수행

4 ㈜대한의 재고자산은 총자산에서 중요한 비중을 차지하고 있다 ㈜대한은 방역조치에 따른 공장출입 제한으로 재무제표일(20×1년 12월 31일)에 예정된 재고자산 실사를 실시하지 못했으며, 한국회계법인도 재고자산 실사 입회를 수행할 수 없었다 회사는 20×2년 1월 15일에 재고자산을 실사하였고, 한국회계법인도 동 일자에 재고자산 실사 입회를 수행하였다 각 문항은 서로 독립적이다.

(1) 재고자산 실사 입회가 재무제표일이 아닌 일자에 수행될 경우 재고자산의 실사일과 최종 재고자산 기록일 사이의 금액변동이 적절히 기록되어 있는지 여부에 대한 감사증거를 얻기 위해 감사절차를 설계해야 한다. 이러한 감사절차 설계 시 고려사항 중 가장 **관련없는** 것을 **하나 선택**하고 그 이유를 서술하시오.

번호	감사절차 설계 시 고려사항
①	재고자산의 실사를 기록하고 통제하기 위한 경영진의 지시와 절차의 평가
②	계속기록법에 의한 재고기록이 바르게 조정되는지 여부
③	기업의 계속기록법에 의한 재고기록의 신뢰성
④	실사 중 입수된 정보와 계속기록법에 의한 재고기록간의 유의적 차이에 대한 내용

[답안양식]

번호	선택 이유

풀이

번호	선택 이유
①	애초 재고자산 실사 입회 시 재고자산 실사의 신뢰성을 검증하기 위하여 고려하여야 하는 항목임.

(2) 한국회계법인은 20×2년 1월 15일에 실시된 재고자산 실사에 입회하면서 중요한 수준의 재고자산이 방역지침에 의해 외부인의 출입이 제한된 외부창고에 보관되고 있음을 인지하였다. ㈜대한의 재고담당자는 외부창고담당자로부터 수령한 재무제표일자의 창고보관증을 한국회계법인의 재고자산 계정담당자에게 제시하였다 한국회계법인의 재고자산 계정담당자는 재무제표일자의 재고자산수불부와 창고보관증을 대조한 결과 수량이 일치함을 확인하였다. 업무수행이사는 감사 진행상황을 검토한 후 창고보관증보다 더 신뢰성 있는 감사증거를 확보하기 위하여 추가적인 감사절차를 수행할 것을 지시하였다.

한국회계법인의 재고자산 계정담당자가 업무수행이사의 지시에 따라 추가로 수행해야 하는 가장 적합한 감사절차를 서술하시오(단, 창고보관증을 활용하여 추가적인 신뢰성을 확보하기 위한 절차는 제외할 것).

풀이

외부창고담당자에게 조회서를 발송하여 해당 재고자산의 실재성 여부를 확인하여야 한다.

5 ㈜대한은 COVID-19 상황이 생산성 저하와 매출의 감소, 기존 채권의 회수 등에 부정적인 영향을 미칠 수 있으며, 이로 인하여 회사의 재무상태와 재무성과에도 유의적인 영향이 발생할 수 있다고 재무제표에 주석 기재하였다. 한국회계법인은 ㈜대한의 재무제표에 대한 의견형성 단계에서 적정의견을 표명하기로 결정하였다. 회사의 주석 기재로 인하여 한국회계법인이 감사보고서에 추가할 것을 고려할 수 있는 문단의 종류 및 선택한 근거를 서술하시오(단, 선택한 근거는 (물음 5)의 구체적인 상황에 맞게 서술할 것).

[답안양식]

추가 문단의 종류	
추가 문단을 선택한 근거	

풀이

추가 문단의 종류	계속기업과 관련한 별도문단
추가 문단을 선택한 근거	회사가 계속기업 존속능력에 유의적인 불확실성이 존재하지만 해당 불확실성의 내용을 적절하게 주석 기재하였기 때문에 의견은 적정의견을 표명하지만 정보이용자에게 해당 불확실성을 강조하는 별도문단을 보고서에 포함시켜야 한다.

Q&A 사례문제 27 : 2023년, KICPA 기출문제

한국회계법인은 주권상장법인인 ㈜A에 대한 재고자산 실사 입회를 계획하고 수행하였다. 다음 내용은 ㈜A의 자체 실사 계획이다.

- ㈜A의 재고 실물 보관장소는 물류센터 세 곳과 주로 반품된 제품을 보관하는 본사창고로 구성되어 있으며 해당 창고들이 각각 회사의 창고관리시스템에 등록되어 있다.
- 물류센터는 물류팀이 통합하여 관리하고 있고, 본사창고는 영업팀 물류담당자가 별도로 관리하고 있다.
- ㈜A는 연말 재고 이동량을 고려하여 창고별로 다른 날짜에 각각 다른 실사팀이 실사할 계획이다.

1 한국회계법인은 ㈜A의 재고실사 입회 세부계획을 수립하면서 물류센터 세 곳과 본사창고를 하나의 모집단으로 하여 테스트 실사 수량을 결정하였으며 이는 각 실사장소를 구분했을 때보다 작은 수량이다. 여러 곳의 창고를 하나의 모집단으로 결정한 것이 적절한지 여부를 기재하고 그 이유를 두 가지만 서술하시오.

풀이

적절하지 않음.
첫째, 물류팀이 관리하고 있는 정상재고의 모집단과 영업팀이 관리하고 있는 반품된 재고의 모집단은 별도로 구분하여 표본을 선택하여야 함. 왜냐하면 두 모집단의 중요왜곡표시위험이 다를 수 있기 때문임.
둘째, 재고실사 입회 시 분산보관되어 있는 경우는 동시에 실사를 수행하는 것이 원칙임.

※ 다음은 (물음 2)와 (물음 3)에 대한 추가자료이다.

- ㈜A의 재무제표상 재고자산은 ERP에서 산출되어 기록된다.
- ㈜A의 회계팀은 당기에 분산되어 있던 물류센터 세 곳을 통합하는 업무를 진행하던 중 창고관리시스템에 실재하지 않는 대량의 상품 재고가 수년간 ERP 상 생성된 가상창고에 포함되어 있었다는 사실을 발견하였다.
- 가상창고에 존재하는 재고자산 금액은 전체 재고 금액의 15%로서 재고자산의 중요한 부분을 차지한다.

2 한국회계법인은 실사 입회 시 창고관리시스템에서 추출한 재고명세서를 이용하였다. 기말감사 시 재고자산 계정담당자는 실사 재고명세서상 테스트 실사를 수행한 상품 항목 수량을 ERP에서 산출된 재고자산 명세서 수량과 대사하여 모두 일치함을 확인하였다. 하지만 가상창고에 실재하지 않는 재고가 포함되어 있다는 사실은 적발하지 못하였다. 재무제표에 재고실사 입회 시 포함되어 있지 않았던 재고 항목이 포함될 위험에 대응하기 위해 감사인이 수행했어야 할 적합한 감사절차 중 두 가지를 서술하시오.

풀이

첫째, 창고관리시스템에서 추출한 재고명세서(실사 시 확인한 재고수량 list)와 ERP에서 산출된 재고자산 명세서를 기말감사 시 비교대사해 보았어야 함.
둘째, 창고관리시스템에서 추출된 재고명세서 수량과 기말감사 시 제시되는 재무제표상 재고자산의 목록과 비교대사해 보았어야 함.

3 한국회계법인은 가상창고에 실재하지 않는 재고자산이 과거 수년간 재무제표에 포함되어 있었던 오류를 발견하고 전기오류수정에 관한 감사절차를 수행하였다. 하지만 전임감사인은 해당 수정사항에 대해 동의하지 않음을 통지하고, 전기감사보고서를 재발행하지 않기로 하였다. 한국회계법인은 해당 수정사항에 대한 감사증거를 얻기 위한 별도의 감사계약을 체결하지 않은 상태에서 비교재무제표만 수정하기로 하였다. 이 경우 한국회계법인이 감사보고서의 기타사항문단과 강조사항문단에 포함을 고려해야 할 사항 중 각각 두 가지를 기재하시오.

풀이

기타사항문단
첫째, 전기감사인은 수정 전 전기재무제표에 대하여 의견을 표명했다는 사실을 나타내야 함.
둘째, 전기재무제표는 타감사인이 감사했다는 사실, 감사보고서일자, 감사의견의 종류를 언급하여야 함.

강조사항문단
첫째, 전기재무제표는 중요한 왜곡표시를 수정하여 재작성되었다는 사실을 언급하여야 하며,
둘째, 자세한 수정내용은 주석을 참조하라는 사실을 언급하여야 함.

Q&A 사례문제 28 : 2024년, KICPA 기출문제

다음은 위험평가절차, 감사증거 및 중요성에 대한 물음이다.

1 감사인은 재무제표 수준뿐만 아니라 거래유형, 계정잔액 및 공시에 대한 경영진주장 수준에서도 중요왜곡표시위험을 식별하고 평가하여야 한다. 감사인이 이와 같은 목적을 달성하기 위해서는 감사기준서상 네 가지 절차를 수행하여야 한다. 아래 <예시>에 기재된 절차 이후에 수행하여야 할 세 가지 절차를 순서대로 기재하시오.

<예시>
- *해당 위험과 관련된 통제 등 기업과 기업환경을 이해하는 전 과정에서, 그리고 재무제표의 거래유형, 계정잔액 및 공시(공시의 양적 또는 질적 측면 포함)를 고려함으로써 위험을 식별함*

풀이

첫째, 식별된 위험을 평가하며, 그러한 위험이 잠재적으로 다수의 경영진 주장에 영향을 미치는지 여부도 평가함.

둘째, 식별된 위험을 경영진 주장 수준의 오류가능성과 연결시키고, 감사인이 테스트하려는 관련 통제를 고려함.

셋째, 복합적 왜곡표시의 가능성 등 왜곡표시의 발생가능성과 그러한 잠재적 왜곡표시가 중요한 왜곡표시를 초래할 수 있을 만큼 규모가 큰 것인지 여부를 고려함.

2 재무제표에서 재고자산이 중요한 경우, 감사인은 재고자산의 최종 기록이 재고자산 실사의 결과를 정확하게 반영하고 있는지 여부를 결정하기 위해 재고자산의 최종 기록에 대한 감사절차를 수행하여야 한다. 또한 실행불가능하지 않는 한 재고자산 실사에 입회하여야 한다. 감사인이 재고자산 실사 입회 시 수행하여야 하는 절차 네 가지를 기재하시오.

풀이

첫째, 재고자산 실사의 결과를 기록하고 통제하기 위한 경영진의 지시와 절차에 대한 평가
둘째, 경영진이 수행하는 실사절차에 대한 관찰
셋째, 재고자산에 대한 검사
넷째, 테스트 실사의 수행

3 A회계법인의 김나라 회계사는 상장기업㈜민국에 대한 20x4년 회계감사를 위한 중요성을 결정하기 위하여 아래의 과거 재무정보 및 기타정보를 입수하였다.

〈주요 재무정보〉

(단위: 억원)

항목	20x1년	20x2년	20x3년	20x4년
매출액	1,200	1,300	1,350	1,400
세전이익	60	65	70	12
총자산	2,000	2,050	2,065	2,055
순자산	1,000	1,050	1,110	1,190

- A회계법인은 20x3년까지 계속해서 감사를 수행해 왔으며, 중요성 결정 시 세전이익이 가장 적합한 벤치마크라고 판단해 왔다.
- 20x4년에는 투자자산손상차손 60억원이 발생하여 과거 대비 세전이익이 일시적으로 감소하였

으나, 이후에는 발생하지 않을 예외적인 증감 항목으로 판단하였다.

위에 제시된 재무정보 중 선택할 수 있는 가장 적합한 벤치마크 두 가지를 기재하고, 그러한 판단의 근거를 '선택한 벤치마크'에 한정하여 각각 2줄 이내로 서술하시오.

풀이

첫째, 매출액 : 투자자산 손상차손이라는 일시적 항목의 효과가 반영되지 않는 벤치마크이며 해당 항목이 상대적으로 변동성이 크지 않기 때문임.

둘째, 과거 3개연도 평균 세전이익 : 이익의 예외적인 증감이 올해 발생하였지만 과거 3개연도 평균 세전이익은 상대적 변동성이 크지 않기 때문임.

Q&A 사례문제 29 : 2024년, KICPA 기출문제

다음은 평가된 위험에 대응하기 위한 감사절차의 설계에 대한 물음이다.

1 감사인이 의존하고자 하는 내부통제에 대하여 통제테스트 결과 이탈이 발견된 경우, 경영진에게 구체적으로 질문하는 절차 이외에 추가로 결정해야 하는 사항 세 가지를 기재하시오.

풀이

첫째, 해당 통제와 관련된 재무제표 항목의 실증절차 범위를 확대할지 여부.

둘째, 내부통제의 미비점이 유의적인지를 판단하여 지배기구와의 커뮤니케이션 여부를 결정하여야 함.

셋째, 실증절차만으로 충분하고 적합한 감사증거를 입수하지 못하는 상황이라고 판단하는 경우 감사범위 제한으로 의견거절을 표명할 것인지 여부를 판단하여야 함.

2 전년도부터 ㈜대한의 회계감사를 수행 중인 A회계법인의 오나라 회계사는㈜대한의 당기 이자비용 적정성을 확인하는 절차를 수행하고자 한다. 이를 위하여 작년 감사조서를 열람한 결과 다음의 실증적인 분석적절차가 수행되었음을 확인하였다. 아래에 나열된 세부절차에 대하여 검토하고, 감사기준서상 필수적으로 수행하여야 하는 절차를 고려하여 수정 또는 보완이 필요한 절차 두 가지를 각각 2줄 이내로 서술하시오.

- 회사로부터 상세하게 기록된 차입금 종류별 평균잔액과 차입금 종류별 평균이자율을 입수하였다.
- 추가적인 조사를 하지 않고 수용될 수 있는 회사 장부상 기록된 금액과 감사인의 기대치와의 차이 금액을 결정하였다.
- 이자비용의 발생 원천이 대부분 차입금이므로 차입금 평균이자율을 활용하여 이자비용에 대한 실증적인 분석적절차를 수행하기로 결정하였다.

- 감사인의 기대치와 장부금액의 차이 금액이 명백하게 사소한 금액을 초과하는지 판단하고, 초과하는 경우 추가적인 감사절차를 고려하였다.
- 회사에서 받은 정보를 이용하여 평균잔액에 평균이자율을 곱하여 독립적으로 감사인의 이자비용 기대치를 산출하고, 충분히 정확한지 평가하였다.

풀이

첫째, 회사에서 제시하는 차입금 정보 및 이자율 정보에 대한 검증절차가 누락되어 있음. 반드시 회사가 제시하는 차입금 잔액이 제시한 재무제표 숫자와 일치가 되는지 여부를 추가로 확인하여야 함.

둘째, 차입금 종류별 평균이자율 계산 시 같은 종류별 차입금이라 하더라도 잔액의 가중치를 고려하여 평균이자율을 계산하여야 함.

셋째, 이자비용의 원천이 만약 차입금이 아닌 장기성 매출채권 등 기타 타원인을 통하여 발생한 이자비용이 존재하는지 여부도 확인하여 해당 이자비용은 비교대상 이자비용에서 제외하여야 함.

3 A회계법인의 권나라 회계사는 감사계획단계에서 매출·매출채권 및 재고자산에 대하여 아래와 같은 실증감사절차를 계획하였다.

〈최초 감사절차〉

- 제품은 국내에서만 판매되며, 공장 출고 후 5일 이내에 최종소비자에게 전달이 완료된다. 따라서 결산일 전후 7일 동안의 매출원장을 모집단으로 하여 매출 기간귀속 적정성을 확인한다.
- 재무제표일인 20x1년 12월 31일에 재고자산 실사입회에 참여한다.
- 매출채권 잔액이 전기 대비 크게 증가하였으며, 총자산에서 차지하는 비중도 크게 증가하였다. 또한 분석적절차 결과 매출채권회전율이 비정상적으로 변동하였다. 따라서 매출채권의 회수가능성을 유의적 위험으로 평가하고, 통제에 의존하여 기말 실증감사 절차를 수행한다.
- 최근 시장 경쟁이 심해짐에 따라 제품 판매가격의 커다란 변동이 예상되어 재고자산에 대한 순실현가치 평가가 중요하게 되었다. 재고자산의 순실현가치를 측정하기 위하여 20x1년 기말에 근접한 판매가격과 판매부대비용 자료를 입수하여 확인하고 재계산 절차를 수행한다.
- 전년도에 정보기술(IT) 일반통제와 관련 응용통제를 테스트한 결과, 재고수불 관련 내부통제는 효과적인 것으로 판단하였다. 따라서 회사 시스템에서 생성된 재고수불부를 활용하기로 한다.

권나라 회계사는 감사계획 이후 추가로 식별된 사항을 토대로 아래와 같이 감사절차를 수정하여 수행하였다.

〈수정 감사절차〉

- 신제품이 출시됨에 따라 관련된 재고관리 시스템이 변경되었다. 변경된 시스템에 대하여 정보기술(IT) 일반통제와 관련 응용통제를 테스트하였다. 그 결과 시스템이 효과적임을 확인하고, 시스템에서 생성된 재고수불부를 활용하였다.

- 4분기 중 해외 거래처에 대하여 FOB 조건으로 신규 매출 계약 건들이 발생하였다. 이에 따라 수출에 대한 수익인식의 기간귀속 적정성을 확인하기 위하여 결산일 전후 7일 동안의 매출원장을 모집단으로 하여 테스트하였다.
- 기존제품이 사후서비스용으로 전용됨에 따라 기존제품에 대한 순실현가치 평가 시 해당 용도로서의 가치를 측정하였다.
- 회계팀에서 20x1년 12월 30일부터 본사 휴무이므로 12월 29일에 재고실사를 수행할 예정이라고 통보해 왔다. 이에 따라 권나라 회계사는 20x1년 12월 29일에 재고실사 입회에 참여하였다.
- 전년도에 매출채권 회수가능성과 관련된 통제에 대한 테스트를 수행하였으며, 그 결과 효과적인 것으로 판단되었다. 따라서 세부테스트를 포함하여 유의적 위험에 해당하는 실증감사절차를 수행하였다.

<수정 감사절차>에서 수정 또는 보완이 필요한 절차 세 가지를 각각 2줄 이내로 서술하시오.

풀이

첫째, FOB 수출조건으로 해외매출이 발생하는 경우 매출의 기간귀속을 확인하기 위한 모집단의 범위는 7일 전후보다 훨씬 확대 결정하여야 함.

둘째, 29일 실사가 수행되는 경우 29일 이후 재무제표일 시점까지 재고자산의 입출고를 확인하기 위한 roll forward test를 수행하여야 함.

셋째, 유의적 위험에 대응되는 내부통제테스트에 대하여 전년도 결과를 이용할 것이 아니라 당기에 해당 통제를 테스트하여야 함.

Q&A 사례문제 30 : 2025년, KICPA 기출문제

다음은 감사위험 평가 및 대응에 대한 물음이다. 각 물음은 독립적이다.

1 인공회계법인 소속 김자율 회계사는 기업공개 사유로 지정된㈜지능 감사의 현장책임회계사를 담당하게 되었다. 아래에 기술된 상황을 읽고, 김자율 회계사의 감사위험 평가 및 감사계획 수립이 적절한지 여부를 기재하고, 적절하지 않은 경우 그 이유를 2줄 이내로 서술하시오.

- ㈜지능은 최신 대규모언어모델(Large Language Model, “LLM”)을 활용한 AI 에이전트를 개발하고 이를 활용한 사업을 통해 코스닥시장 상장을 계획하고 있다.
- ㈜지능은 설립된 지 5년 미만의 스타트업 기업으로 종업원 수는 20명이다.
- ㈜지능은 코스닥시장 상장을 위해 한국채택국제회계기준을 도입하였다.
- ㈜지능의 20x5년 연간 매출액은 약 30억원으로 예상되며, 모두 특정 정부기관에 대한 일회성

단일 연구용역에 대한 대가이다.

- ㈜지능은 20x5년 말 기준으로 기존에 영위하던 소프트웨어 판매업과 관련한 재고자산을 약 3천만원 정도 보유할 것으로 예상한다.
- ㈜지능의 재무제표 감사업무에 대하여 계획단계에서 결정한 중요성금액은 10억원이다.
- ㈜지능의 현장감사팀은 5년차인 김자율 회계사를 포함하여 3년차인 박주행 회계사, 이수동 수습회계사로 구성하였다.

항목	감사위험 평가 및 감사계획 수립
①	기업공개로 인한 지정감사이기 때문에 매출의 발생사실 경영진주장에 대한 감사절차가 중요하다고 판단된다. 효율적 업무수행을 위해 기업과 기업환경에 대한 이해 절차를 생략하고, 매출의 발생사실에 대한 실증절차에 집중하는 감사전략을 수립한다.
②	회사는 소규모기업으로 내부통제가 효과적으로 운영되고 있지 않을 것으로 판단된다. 이에 회사의 내부통제에 대한 이해를 위한 감사절차를 수행하되, 전반적으로 통제에 의존하지 않고 실증절차의 성격, 범위 및 시기를 조정한다.
③	일반적으로 재고자산의 실재성 및 평가 관련 경영진주장은 중요왜곡표시위험이 높게 평가되므로, 관련 감사절차를 충실하게 계획한다.
④	회사의 당기 매출액 30억원에 대하여 표본추출을 통한 실증절차 계획을 수립한다.
⑤	현장감사팀 위주로 실증절차를 수행할 것이므로, 업무수행이사의 검토는 감사보고서 초안과 모든 감사절차가 마무리되는 감사종결 단계에서 한번에 이루어지도록 계획한다.

[답안양식]

항목	적절한가? (예, 아니오)	적절하지 않은 경우, 그 이유
①		
⋮		
⑤		

풀 이

항목	적절한가? (예, 아니오)	적절하지 않은 경우, 그 이유
①	아니오	매출항목에 대하여 유의적이라고 판단하는 경우 기업 및 기업의 환경이해를 통한 위험평가절차를 수행하여야 한다.
②	예	

③	아니오	일반적으로 재고자산은 중요왜곡표시위험이 높은 계정이지만 해당 회사의 경우 업종의 성격(서비스업) 및 금액의 크기가 중요하지 아니하다.
④	아니오	매출이 일회성 단일용역계약이기 때문에 전수로 조사하여야 한다.
⑤	아니오	업무수행이사는 감사를 진행하는 과정에서 수시로 해당 감사이슈에 대하여 팀원들과 공유하는 팀토의 과정을 거쳐야 하며 적절한 감독, 지시등을 수행하여야 감사품질관리가 이루어질 수 있다.

2 한류회계법인 소속 김훈남 회계사는 유통업을 영위하는 상장기업 ㈜거상에 대한 감사에서 매출과 재고자산에 대하여 실증절차를 수행하였다. 아래 기술된 상황을 읽고 김훈남 회계사가 실증절차를 적절하게 수행하였는지 여부를 기재하고, 적절하지 않은 경우 그 이유를 2줄 이내로 서술하시오.

[상황]

- 한류회계법인은 ㈜거상의 재무제표에 대하여 과거 5년 동안 계속감사를 수행하고 있으며, 각 회계연도별 감사조서에는 회사의 매출과 재고자산에 대한 프로세스 이해, 감사위험 평가, 수행한 실증절차와 그 결론이 기재되어 있다.
- ㈜거상은 회사가 판매하는 상품을 지역 거점영업소에서 출고함과 동시에 매출세금계산서를 발행한다.
- ㈜거상은 세금계산서 발행 시점에 수익을 인식하며, 매출규모 확대를 위해 고객에게 다양한 판매촉진 활동을 제공하고 있다.
- ㈜거상의 재고자산은 1개의 물류창고 및 지역별 거점영업소 5개에 분산 보관되어 있다.

항목	실증절차 수행 내역
①	전기 감사조서상 매출 및 재고자산과 관련된 경영진주장인 발생사실과 실재성에 대하여 수행된 실증절차에서 추가되는 내용이 없도록 성실하게 재수행하였다.
②	회사의 수익인식과 관련된 수행의무 완료시점을 확인하기 위하여 회사담당자에게 질문하였다. 그 결과, 전기 대비 특별한 변동이 발생하지 않은 것으로 답변받았고 이를 감사조서에 충실하게 문서화하였다.
③	매출의 발생사실에 대한 실증절차를 수행하기 위하여 회사담당자에게 매출보조부를 요청하여 입수하였고, 해당 매출보조부의 매출금액 합계액을 모집단으로 결정하여 테스트할 표본을 추출하였다.
④	추출된 표본에 대해서는 매출의 발생사실을 확인하기 위한 감사증거로서, 회사가 수익인식 시점에 발행한 매출세금계산서를 징구하고, 이를 확인하였음을 문서화하였다.
⑤	한국채택국제회계기준 제1115호에 따른 수익인식 요건을 충족하는지 확인하기 위해, 회사의 수익인식 회계정책서를 입수하여 이를 문서검사하고 품질관리실에 자문을 받았다.
⑥	물류창고에 보관된 재고자산 금액 비중이 재고자산 총액의50% 이상이므로 물류창고에 보관된 재고자산에 대하여 20x5년 12월 31일에 재고실사 입회 및 실사를 수행하였다.

[답안양식]

항목	적절한가? (예, 아니오)	적절하지 않은 경우, 그 이유
①		
⋮		
⑥		

풀이

항목	적절한가? (예, 아니오)	적절하지 않은 경우, 그 이유
①	아니오	전기 감사문서에 대한 내용을 그대로 반복하여 재수행하는 것은 전문가적 의구심에 반하는 것이며 반드시 당해연도 감사에 대한 위험평가결과에 따라 감사절차등은 변경되어야 한다.
②	아니오	질문을 통한 구두적인 증거는 충분하고 적합한 감사증거가 될 수 없다.
③	예	(*) 재계산이 되지 않은 부분도 언급할 수 있겠으나 해당 문제는 발생사실의 감사절차인 역진법 문서검사를 물어본 것으로 이해하는 것이 맞을 것이다.
④	아니오	매출세금계산서는 내부문서로서 매출의 발생사실을 확인하는 적합한 감사증거가 될 수 없다. (또한 매출세금계산서 발행하는 시점에서 수익을 인식하는 회사의 방침도 회계기준에 반함)
⑤	예	
⑥	예	

다음은 감사조서의 작성 및 취합에 대한 물음이다.

3 다음 재고자산 실사입회 감사조서의 사례에서 문서화가 미흡한 점 여덟 가지를 기재하시오(단, 재고자산 실사입회 감사절차는 회계감사기준에 따라 적절하게 수행한 것으로 가정함).

회사명: ㈜에이앤에이

조서명: 재고자산 실사입회(조서번호: I300.0010)

작성자: 이미경 20x6년 2월 24일

검토자: 박훈영 20x6년 1월 31일

1. 총괄표

(단위: 억원)

재고자산 세부항목	당기말	전기말	전기대비 변동액	전기대비 변동비율
원재료	110	100	10	10%
재공품	20	10	10	100%
제품	40	50	(−)10	(−)20%
합계	170	160	10	5%
	CY	*PY*		

Tick Mark
CY: 당기 시산표와 대사 및 합계검증
PY: 전기 감사보고서와 대사 및 합계검증

2. 감사목적
재고자산 평가 경영진주장에 대한 감사증거 획득

3. 계정잔액 변동에 대한 분석적절차
재고자산은 전기 대비 약 5% 증가하였으며, 이는 글로벌 정세에 따른 물가상승에 대비하여 비축 재고를 늘렸기 때문임.

4. 감사절차
회사 재고자산은 경기도 소재 물류창고에 전부 보관되어 있으며, 감사인은 20x5년 12월 29일 해당 물류창고 재고자산 실사에 입회하였음.
감사인은 회사가 재고자산을 실사하는 프로세스를 관찰하였으며, 실사입회일 기준 장부상 재고자산 중 3개 품목을 표본추출하여, 해당 재고자산의 실물수량을 확인하였음.

5. 발견 사항

품목	장부수량 (A)	실사수량 (B)	실사수량차이 (C=B−A)	비고
K-0004	3	3	−	
I-0013	5	3	(−)2	(*1)
M-0083	4	4	−	

(*1) 재고자산 실사입회 당일 고객요청으로 출고되어 발생한 차이임.

6. 결론
재고자산 금액은 정확함.

풀이

첫째, 감사문서의 Heading에 재무제표일 기재가 누락되어 있다
둘째, 검토일자가 감사를 수행하여 작성한 일자보다 빨라서는 안 된다.
셋째, 전기합계대비 당기합계 변동율 계산이 잘못되어 있다.
넷째, 감사목적의 경우 재고자산의 평가 주장에 대한 조서라고 하였으나 해당 감사절차는 재고자산의 실재성과 관련된 감사절차이다.
다섯째, 재고자산 발생차이에 대하여 확인한 이유에 대한 감사증거가 감사문서에 누락되어 있다.
여섯째, 결론의 표현이 정확하다는 표현은 절대적 확신을 부여하는 것으로써 공정하게 표시되어 있음 또는 특별한 예외사항 발견되지 아니함으로 표현되어야 하며 결론 표명시 중요성에 대한 구체적인 언급이 있어야 한다.

일곱째, 표본을 추출한 방법 및 표본개수의 근거가 누락되어 있다.
여덟째, 분석적 절차 결과 비축된 재고가 늘었다고 되어 있으나 실제 제품의 수량은 전기에 비해서 감소하였으며 회사의 답변이 의구심 관점에서 논리의 일관성이 결여되어 있다.
아홉째, 재고자산 실사입회 조서와 해당 조서 간의 reference가 누락되어 있다.

〈참고〉 재고자산실사입회를 12월 29일에 수행한 이후 재무제표일로 조정해 나가는 roll forward 절차도 누락되어 있으나 문제에서 재고자산 실사입회 절차에서 감사기준에 있는 절차는 다 수행하였다는 전제로 이야기하였기 때문에 문서화에 미흡한 점만 답안으로 서술하였음.

4 아래 기술된 감사조서의 작성 및 취합과 관련된 상황이 적절한지 여부를 기재하고, 적절하지 않은 경우 그 이유를 2줄 이내로 서술하시오.

항목	감사조서의 작성 및 취합
①	수행한 감사절차에 대한 문서화는 수행한 절차의 성격, 범위 및 시기가 명확히 보여지도록 최종감사파일 취합기한까지 완료한다.
②	외부조회서 등 중요한 감사증거는 향후 감독기관의 감리 등에 대비하여 사본을 취합하고, 원본은 별도로 잠금장치가 구비된 회계법인 공용 문서고에 보관한다.
③	감사조서는 완전하게 취합되어야 하므로, 절차수행 과정에서 입수한 모든 문서를 최종감사파일로 취합한다.

[답안양식]

항목	적절한가? (예, 아니오)	적절하지 않은 경우, 그 이유
①		
②		
③		

풀이

항목	적절한가? (예, 아니오)	적절하지 않은 경우, 그 이유
①	아니오	감사절차는 감사보고서일 시점까지 수행되는 것이 원칙이다.
②	아니오	조회서등은 원본을 취합하여 감사문서화하여야 한다.
③	아니오	감사문서에는 감사인의 감사결론을 뒷받침하기 위한 중요한 감사증거를 문서화하는 것이지 모든 감사증거를 다 문서화하는 것은 아님.

제 13 장 실증절차: 구체적 항목별 감사증거수집

이번 장에서는 소송과 배상청구, 회계추정을 포함한 공정가치에 대한 감사절차 및 특수관계자에 대한 거래 그리고 전문가, 회사 내부감사를 활용하는 경우의 감사절차를 논의하기로 한다.

1 소송과 배상청구에 대한 실증절차

(1) 소송과 배상청구에 대한 감사절차 의의

회사는 항상 소송과 배상청구 위험에 노출된다. 이러한 소송과 배상청구가 제기되는 경우 해당 소송 및 배상청구의 내용은 재무제표 주석에 공시를 하도록 재무회계개념체계에서는 요구하고 있다.

또한, 해당 소송 및 배상청구의 패소가능성이 높고(Probable) 패소금액을 합리적으로 추정할 수 있는 경우(Reasonably Estimated) 동 금액은 재무제표 본문에 충당부채로 계상하여야 한다. 따라서 감사인은 감사대상 기업이 연루된 소송과 배상청구는 재무제표에 중요한 영향을 미칠 수 있으므로 재무제표에 공시(재무제표 표시, 공시 주장)하거나 계상(완전성 및 정확성)하도록 요구하여야 한다.

(2) 소송과 배상청구에 대한 감사절차

소송과 배상청구에 대한 감사절차 (ISA 501 문단 9~12)
① 기업과 그 환경을 이해하는 절차의 일부로 수행된 위험평가절차에서 입수된 정보이용
② 경영진, 그리고 해당되는 경우 내부 법률고문 등 기업 내부의 다른 인원에게 질문함.
③ 지배기구의 회의록 및 기업과 외부 법률고문과의 왕복문서를 검토함.
④ 법률비용 계정을 검토함. 경우에 따라서 법률비용의 청구서와 같은 관련 원시문서검사 포함
⑤ 외부 법률고문과의 직접적인 커뮤니케이션
⑥ 경영진 및 지배기구로부터 서면진술을 제공하도록 요구. 해당 내용은 실제의 또는 발생가능한 소송과 배상청구를 감사인에게 모두 공개하였으며, 해당 재무보고체계에 따라 회계처리하고 공시하였다는 내용의 서면진술을 포함한다.

(3) 외부 법률고문과의 직접적인 커뮤니케이션

1) 의의 (ISA 501 문단 A21)

① 잠재적으로 중요한 소송과 배상청구가 알려져 있는지 여부(정보의 완전성)
② 관련 비용 등 재무적 영향에 대한 경영진의 추정이 합리적인지 여부 (금액의 정확성)

2) 커뮤니케이션 절차(Process)

단 계	절 차 (ISA 501 문단 10~11)
1단계	경영진이 커뮤니케이션 서신을 직접 작성함.
2단계	해당 서신을 감사인이 수령하여 직접 발송 및 직접 외부법률고문과의 커뮤니케이션
3단계	감사인과 외부 법률고문 간의 커뮤니케이션이 금지된 경우(경영진이 거부하거나 법규 또는 법률전문직 단체에서 금지)에는 대체적인 절차를 수행
4단계	대체적인 절차를 통하여도 충분하고 적합한 감사증거를 입수하지 못하는 경우에는 감사보고서 의견(감사범위의 제한 : 한정 또는 의견거절)을 변형하여야 한다.

3) 커뮤니케이션에 포함되는 내용

감사인은 포괄적인 질의서를 통해 외부 법률고문과의 직접적인 커뮤니케이션을 모색할 수 있다. 포괄적인 질의서에는 이러한 목적으로 외부 법률고문이 인지하고 있는 모든 소송과 배상청구 사항, 그 결과에 대한 평가, 그리고 관련 비용 등 재무적 영향의 추정치를 감사인에게 알려줄 것을 요청하는 내용이 포함된다. 하지만, 당해 법률고문이 포괄적인 질의서에 대하여 적절하게 답변하지 않을 것으로 판단되는 경우 감사인은 세부 질의서를 통해 직접적인 커뮤니케이션

니케이션을 모색할 수 있을 것이다. 이러한 목적을 위해 세부 질의서에는 다음과 같은 내용이 포함된다.

외부법률고문과의 커뮤니케이션 세부질의서 포함내용 (ISA 501 문단 A23)
① 소송과 배상청구의 목록 ② 가능한 경우, 각 소송과 배상청구의 결과에 대한 경영진의 평가 및 관련 비용 등 재무적 영향의 추정치 ③ 경영진의 평가가 타당한지 외부 법률고문이 확인해 주고 소송과 배상청구 내역이 불완전하거나 부정확하다고 판단되면 추가적인 정보를 감사인에게 제공해 줄 것을 요청하는 내용

감사인은 소송이나 배상청구의 예상되는 결과를 논의하기 위하여 다음과 같은 경우에는 외부 법률고문과 만날 필요가 있다고 판단할 수도 있을 것이다 (ISA 501 문단 A24)

① 유의적 위험이 있는 사항이라고 결정한 경우
② 사항이 복잡한 경우
③ 경영진과 외부 법률고문 간에 의견의 불일치가 있는 경우

일반적으로 그러한 회합에는 경영진의 동의가 요구되며 경영진측 대리인이 참석한 가운데 열린다.

4) 커뮤니케이션 일자

감사인은 재무제표에 대한 감사의견의 근거가 되는 충분하고 적합한 감사증거를 입수한 날 보다 빠르지 않은 날을 감사보고서일로 할 것이 요구된다 따라서 감사인은 소송과 배상청구의 진행상태에 대한 감사보고서일까지의 감사증거를 경영진과 사내법률 고문으로부터 질문하여 입수하여야 하며 경우에 따라서는 외부 법률고문으로부터 갱신된 정보를 입수하는 것이 필요할 수도 있을 것이다 결국, 소송과 배상청구에 대한 외부법률고문과의 커뮤니케이션 내용은 반드시 예상되는 감사보고서일자까지의 진행상황이 다 포함이 되어야 한다는 의미이다. (ISA 501 문단 A25)

참고 ❙ 부외부채에 대한 감사절차 요약

해당 부채	감사절차
매입채무	① 주된 거래처임에도 불구하고 재무제표일 현재 시점에서 잔액이 없거나 거의 없는 거래처를 중심으로 외부조회를 수행 ② 재무제표일 이후 일정기간 동안의 지급기록을 검토하여 장부에 미반영된 부외부채 유무를 확인(Subsequent Test) ③ 재무제표일 직후 일정기간 동안 청구된 거래명세서, 세금계산서 등 청구서를 검토하여 해당 내역 중 재무제표일 시점에 부채로 인식하여야 할 금액이 있는지 확인(Subsequent Test) ④ 검수보고서에서 표본을 추출하여 매입채무에 기록되지 아니한 거래가 있는지 확인 ⑤ 매입거래에 대한 기간귀속 검증절차를 수행
차입금	① 이자비용과 차입금과의 상관관계 분석(Interest Overall Test) ② 기말 시점에 잔액이 있는 금융기관뿐만 아니라 기중에 거래가 있었던 모든 금융기관에 대하여 외부조회를 수행
우발채무 (소송과 배상청구 관련)	① 기업과 그 환경을 이해하는 절차의 일부로 수행된 위험평가절차에서 입수된 정보이용 ② 경영진, 그리고 해당되는 경우 내부 법률고문 등 기업 내부의 다른 인원에게 질문함. ③ 지배기구의 회의록 및 기업과 외부 법률고문과의 왕복문서를 검토함. ④ 법률비용 계정을 검토함. 경우에 따라서 법률비용의 청구서와 같은 관련 원시문서조사 포함 ⑤ 외부 법률고문과의 직접적인 커뮤니케이션 ⑥ 경영진 및 지배기구로부터 서면진술을 제공하도록 요구. 해당 내용은 실제의 또는 발생가능한 소송과 배상청구를 감사인에게 모두 공개하였으며, 해당 재무보고체계에 따라 회계처리하고 공시하였다는 내용의 서면진술을 포함한다.

2 회계추정치와 관련 공시에 대한 감사

(1) 회계추정치의 성격

회계추정치는 성격이 다양하며 화폐금액이 직접적으로 관측될 수 없을 때 경영진에 의해 도출될 필요가 있다. 이러한 화폐금액의 측정은 지식과 정보의 고유한계를 반영한 추정불확실성을 수반한다. 이러한 한계는 측정결과에 고유의 주관성과 변동성을 유발한다 회계추정치를 도출하는 과정에서 가정과 데이터를 사용하는 기법을 선택하고 적용하게 되며, 이때 경영진의 판단을 필요로 하고 측정에 있어 복잡성을 유발할 수 있다 이러한 화폐금액의 측정에 대한 복잡성과 주관성 또는 기타 고유위험요소는 왜곡표시 가능성에 영향을 미친다

경영진주장 수준에서 식별된 중요왜곡표시위험에 대해 고유위험을 별도로 평가하도록 요구하는 관점에서, 특정 회계추정치의 성격에 따라, 중요할 수 있는 경영진주장의 왜곡표시 가능성은 추정불확실성, 복잡성, 주관성 또는 기타 고유위험요소와 이들 간의 상호관계에 좌우되거나 영향을 받을 수 있다.

(2) 회계추정치와 관련 공시에 대한 감사절차

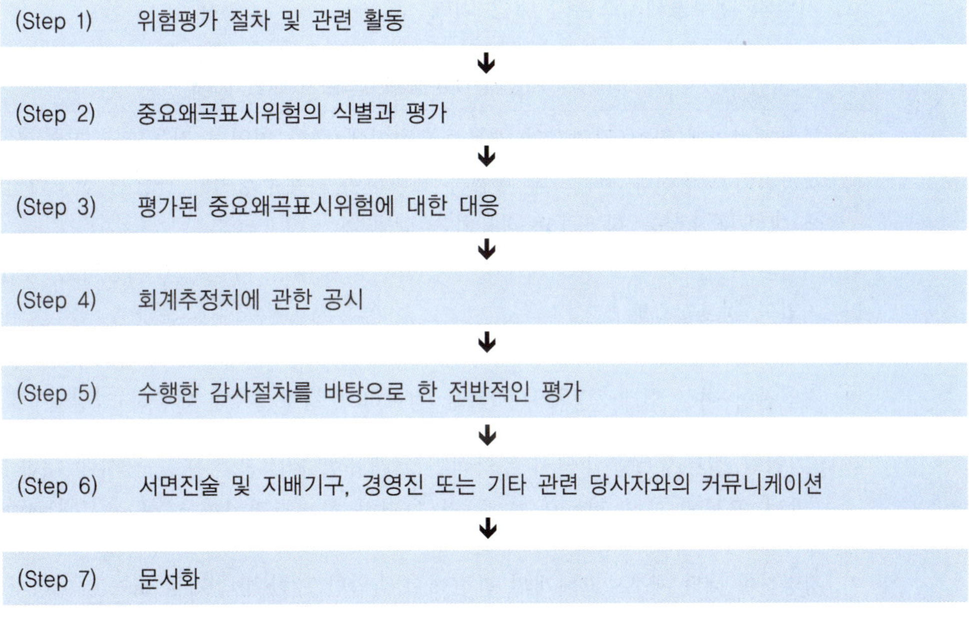

Step 1 위험평가절차 및 관련 활동

감사인은 기업과 기업환경, 해당 재무보고체계 및 기업의 내부통제시스템을 이해할 때 기업의 회계추정치와 관련하여 다음 사항을 이해하여야 한다. 감사인의 이해 절차는 재무제표와 경영진주장 수준의 중요왜곡표시위험을 식별하고 평가하는 데 적합한 근거를 제공하는 감사증거를 입수하기에 필요한 정도의 범위로 수행되어야 한다.

1) 기업과 기업환경 및 해당 재무보고체계에 대한 이해

기업과 기업환경 및 해당 재무보고체계에 대한 이해
가. 재무제표에 인식되거나 공시되는 회계추정치에 대한 필요성이나 회계추정치의 변경을 유발하는 기업의 거래와 기타 사건 및 상황. 나. 회계추정치와 관련된 해당 재무보고체계의 요구사항(인식 기준, 측정 기준, 관련 표시와 공시 요구사항 포함), 이들이 기업과 기업환경의 성격과 상황의 관점에서 적용되는 방법(고유위험요소가 경영진주장의 왜곡표시 가능성에 영향을 주는 방법 포함). 다. 기업의 회계추정치에 대한 규제 요인(해당되는 경우 건전성 감독과 관련된 규제 체계 포함) 라. 기업의 재무제표에 포함될 것으로 기대하는 회계추정치와 관련 공시의 성격

2) 기업의 내부통제시스템에 대한 이해

기업의 내부통제시스템에 대한 이해
가. 회계추정치에 관한 경영진의 재무보고절차에 대한 기업의 감독과 관리의 성격과 범위 나. 경영진이 경영진측 전문가의 활용을 포함하여 회계추정치와 관련된 전문적인 기술과 지식에 대한 필요성을 식별하고 적용하는 방법 다. 기업의 위험평가절차가 회계추정치와 관련된 위험을 식별하고 대응하는 방법 라. 기업의 정보시스템(*1) 마. 회계추정치를 도출하기 위한 경영진의 절차에 대한 통제활동 구성요소 내의 식별된 통제 바. 경영진이 이전 회계추정치의 결과를 검토하고 검토결과에 대응하는 방법

(*1) 기업의 정보시스템 내에서 유의적인 거래유형, 계정잔액 또는 공시에 대한 회계추정치 및 관련 공시에 관한 정보의 흐름 및 그러한 회계추정치와 관련 공시에 대한 다음 사항

가. 경영진이 해당 재무보고체계의 관점에서 적합한 관련 방법, 가정 또는 데이터의 원천 및 그 변경 필요성을 식별하는 방법. 다음을 포함한다. 1) 경영진이 모델의 이용을 포함하여 사용된 방법을 선택, 설계 및 적용한 방법 2) 경영진이 사용된 가정을 선택(대안에 대한 고려 포함)하고 유의적 가정을 식별한 방법

3) 경영진이 사용된 데이터를 선택한 방법
나. 측정 결과의 가능한 범위에 대한 고려를 포함하여 경영진이 추정불확실성의 정도를 이해하는 방법
다. 재무제표에 포함될 점추정치와 관련 공시의 선택을 포함하여 경영진이 추정불확실성에 대응하는 방법

감사인은 당기의 중요왜곡표시위험을 식별하고 평가하는 데 도움을 주기 위하여 이전 회계추정치의 결과, 또는 해당되는 경우 후속적인 재추정을 검토하여야 한다. 감사인은 이러한 검토의 성격과 범위를 결정할 때 회계추정치의 특성을 고려하여야 한다 이러한 검토는 추정 당시 이용가능했던 정보에 근거하여 적합한 과거 보고기간의 회계추정치에 대한 판단에 의문을 제기하는 목적이 아니다. 또한, 감사인은 업무팀이 회계추정치에 대하여 위험평가절차를 수행하고 중요왜곡표시위험을 식별 및 평가하며 이러한 위험에 대응된 감사절차를 설계하고 수행하거나 입수한 감사증거를 평가하기 위하여 전문적인 기술이나 지식이 필요한지 결정하여야 한다.

Step 2 중요왜곡표시위험의 식별과 평가

경영진주장 수준의 회계추정치와 관련 공시에 대한 중요왜곡표시위험을 식별하고 평가할 때(경영진주장 수준에서 고유위험과 통제위험을 분리하여 평가하는 것 포함), 감사인은 고유위험과 통제위험을 각각 평가하여야 한다. 감사인은 중요왜곡표시위험을 식별하고 고유위험을 평가할 때 다음을 고려하여야 한다.

(1) 회계추정치에 추정불확실성이 있는 정도
(2) 다음 사항이 복잡성과 주관성 또는 기타 고유위험요소에 영향을 받는 정도
가. 회계추정치를 도출할 때 방법, 가정 그리고 데이터의 선택과 적용
나. 재무제표에 포함될 경영진의 점추정치와 관련 공시의 선택

감사인은 식별되고 평가된 중요왜곡표시위험이 감사인이 판단하기에 유의적 위험인지 결정하여야 한다. 유의적 위험이 존재한다고 결정한 경우 감사인은 해당 위험에 대처하는 통제를 식별하고, 그러한 통제가 효과적으로 설계되었는지 평가하고 실행되었는지 여부를 결정하여야 한다.

Step 3 평가된 중요왜곡표시위험에 대한 대응

감사인의 추가 감사절차는, 각 위험에 대한 평가 이유를 고려하여, 경영진주장 수준의 평가된 중요왜곡표시위험에 대응하여야 한다. 감사인의 추가적인 감사절차는 다음 접근방법 중 하나 이상을 포함하여야 한다.

평가된 중요왜곡표시위험에 대한 대응
(1) 감사보고서일까지 발생한 사건으로부터 감사증거를 입수
(2) 경영진의 회계추정치 도출방법에 대한 테스트
(3) 감사인의 점추정치 또는 범위 추정치의 도출

감사인의 추가감사절차에는 평가된 중요왜곡표시위험이 높을수록 감사증거가 더 설득력이 있을 필요가 있다는 점이 고려되어야 한다. 감사인은 확인적인 감사증거를 입수하려 하거나 상반될 수 있는 감사증거를 배제하려 하는 방향으로 치우치지 않게 편향되지 않은 방식으로 추가감사절차를 설계하고 수행하여야 한다. 또한, 감사인은 경영진주장 수준의 중요왜곡표시위험에 대한 감사인의 평가에 통제가 효과적으로 운영될 것이라는 기대가 포함되어 있는 경우이거나 실증절차만으로는 경영진주장 수준에서 충분하고 적합한 감사증거를 제공할 수 없는 경우 통제의 운영효과성에 대한 충분하고 적합한 감사증거를 입수하기 위한 테스트를 설계하고 수행하여야 한다.

회계추정치에 대하여 감사인의 통제테스트는 중요왜곡표시위험에 대하여 내려진 평가의 이유에 대응하여야 한다. 통제테스트를 설계하고 수행할 때 감사인은 통제의 효과성에 더 많이 의존할수록 더 설득력 있는 감사증거를 입수하여야 한다. 또한, 회계추정치와 관련된 유의적 위험에 대해 감사인이 관련 통제에 대해 의존할 계획인 경우, 감사인의 추가감사절차에는 당기에 해당 통제에 대한 테스트를 포함하여야 한다. 유의적 위험에 대한 접근방법이 실증절차로만 이루어지는 경우, 이러한 절차는 세부테스트를 포함하여야 한다.

1) 감사보고서일까지 발생한 사건으로부터 감사증거를 입수

감사인의 추가감사절차가 감사보고서일까지 발생한 사건으로부터 감사증거를 입수하는 것을 포함하는 경우, 감사인은 그 사건과 측정일 사이의 환경 및 기타 관련 상황의 변화가 해당 재무보고체계의 관점에서 감사증거의 관련성에 영향을 줄 수 있다는 점을 고려하여 그러한 감사증거가 회계추정치에 대한 중요왜곡표시위험을 다루기에 충분하고 적합한지를 평가하여야 한다.

2) 경영진의 회계추정치 도출방법에 대한 테스트

경영진의 회계추정치 도출방법을 테스트할 때, 감사인의 추가감사절차는 다음과 관련된 중요왜곡표시위험과 관련하여 충분하고 적합한 감사증거를 입수하기 위하여 수행된 절차를 포함하여야 한다.

가. 회계추정치를 도출하는 데 경영진이 사용한 방법
나. 경영진이 사용한 유의적 가정
다. 경영진이 사용한 데이터의 선택과 적용
라. 경영진이 점추정치를 선택하고 회계추정치에 대한 관련 공시를 개발한 방법

가. 방법

방법과 관련하여 감사인의 추가감사절차는 다음을 다루어야 한다.

가-1. 선택된 방법이 해당 재무보고체계의 관점에서 적합하며 해당되는 경우 전기 사용된 방법으로부터의 변경이 적합한지 여부
가-2. 방법을 선택할 때 이루어진 판단이 경영진의 편의가능성에 대한 징후를 발생시키는지 여부
가-3. 계산이 방법에 맞고 수학적으로 정확하게 이루어졌는지 여부
가-4. 경영진의 방법 적용에 복잡한 모델이 연관되는지 여부, 적용된 판단이 일관적인지 여부. 해당되는 경우 다음을 포함한다. (문단 A98-A100 참조)
가-5. 모델의 설계가 해당 재무보고체계의 측정 목적을 충족하고, 상황에 적합하며, 해당되는 경우 전기 모델의 변경이 적절한지 여부
가-6. 모델의 결과에 대한 조정이 해당 재무보고체계의 측정 목적과 일관되며 상황에 적합한지 여부
가-7. 방법의 적용에 있어 유의적 가정과 데이터의 무결성이 유지되는지 여부

나. 유의적 가정

유의적 가정과 관련하여 감사인의 추가감사절차는 다음을 다루어야 한다.

나-1. 유의적 가정이 해당 재무보고체계의 관점에서 적합하며 해당되는 경우 전기로부터의 변경이 적합한지 여부
나-2. 유의적 가정을 선택할 때 이루어진 판단이 경영진의 편의가능성에 대한 징후를 발생시키는지 여부

나-3. 유의적 가정이 서로 간에 그리고 다른 회계추정치에 사용되는 가정과 일관되는지, 또는 감사에서 입수한 감사인의 지식에 근거하였을 때 기업의 사업활동의 다른 분야에서 사용되는 가정과 일관되는지 여부

나-4. 해당되는 경우 경영진이 특정한 일련의 조치를 취할 의도가 있고 그러한 능력이 있는지 여부

다. 데이터

데이터와 관련하여 감사인의 추가감사절차는 다음을 다루어야 한다.

다-1. 데이터가 해당 재무보고체계의 관점에서 적합하며, 해당되는 경우, 전기로부터의 변경이 적합한지 여부

다-2. 데이터를 선택할 때 이루어진 판단이 경영진의 편의가능성 징후를 발생시키는지 여부

다-3. 데이터가 상황과 관련성이 있으며 신뢰할 수 있는지 여부

다-4. 계약 조건을 포함하여 경영진이 데이터를 적절하게 이해했는지 또는 해석했는지 여부

라. 경영진의 점추정치 선택 및 추정불확실성에 대한 관련 공시방법

감사인의 추가감사절차는 경영진이 해당 재무보고체계의 관점에서 다음에 대한 적합한 조치를 취하였는지 여부를 다루어야 한다.

라-1. 추정불확실성에 대하여 이해함

라-2. 적합한 점추정치를 선택하고 추정불확실성에 대한 관련 공시를 개발하여 추정불확실성을 다룸

입수된 감사증거에 기초하여 감사인이 판단하기에 경영진이 추정불확실성을 이해하고 다루기 위한 적합한 조치를 취하지 않는 경우 다음을 수행하여야 한다.

라-3. 경영진에게 추정불확실성을 이해하거나 경영진의 점추정치의 선택을 재고하거나 추정불확실성에 대한 추가적인 공시를 제공함으로써 추정불확실성을 다루는 추가적인 절차를 수행하도록 요구한다.

라-4. 감사인이 감사인의 요구에 대한 경영진의 대응이 추정불확실성을 충분히 다루고 있지 않다고 결정하는 경우, 실행가능한 정도까지 감사인의 점추정치 또는 범위추정치를 도출한다.

> 라-5. 내부통제의 미비점이 존재하는지를 평가하고 미비점이 존재하는 경우 경영진 및 지배기구에 커뮤니케이션한다.

3) 감사인의 점추정치 또는 범위 추정치의 도출

추정불확실성에 대한 경영진의 점추정치와 관련 공시를 평가하기 위하여 감사인이 점추정치 또는 범위추정치를 도출할 때, 감사인의 추가감사절차는 방법, 가정 또는 사용된 데이터가 해당 재무보고체계의 관점에서 적합한지 평가하는 절차를 포함하여야 한다

또한, 감사인이 범위추정치를 도출하는 경우 다음의 절차를 수행하여야 한다.

> 가. 충분하고 적합한 감사증거에 의하여 뒷받침되며 해당 재무보고체계의 측정목적과 기타 요구사항의 관점에서 합리적이라고 감사인에 의해 평가된 금액만 포함하는지를 결정한다
> 나. 추정불확실성을 기술하는 재무제표의 공시에 대한 평가된 중요왜곡표시위험과 관련된 충분하고 적합한 감사증거를 입수하기 위해 추가감사절차를 설계하고 수행한다.

Step 4 회계추정치에 관한 공시

회계추정치에 관한 공시와 관련하여 경영진주장 수준에서 평가된 왜곡표시위험에 대해 충분하고 적합한 감사증거를 입수하기 위해 추가감사절차를 설계하고 수행하여야 한다.

Step 5 수행한 감사절차를 바탕으로 한 전반적인 평가

감사인은 회계추정치에 수행한 감사절차와 입수한 감사증거를 바탕으로 다음을 평가하여야 한다.

> (1) 경영진 편의가능성을 나타내는 징후가 식별되었을 때를 포함하여 경영진주장 수준의 중요왜곡표시위험의 평가가 여전히 적합한지 여부
> (2) 회계추정치의 인식, 측정, 재무제표에의 표시 및 공시에 대한 경영진의 결정이 해당 재무보고체계에 따르는지 여부
> (3) 충분하고 적합한 감사증거를 입수하였는지 여부

감사인은, 확인적이든 상반되든, 입수한 모든 관련 감사증거를 고려하여야 하며 충분하고 적합한 감사증거를 입수하지 못하는 경우 감사인은 감사나 재무제표에 대한 감사의견에 대

한 시사점을 평가하여야 한다.

또한, 회계추정치와 관련하여 감사인은 다음을 평가하여야 한다.

(1) 공정표시체계인 경우, 재무보고체계에서 구체적으로 요구하는 공시 외에 전체 재무제표의 공정표시를 달성하기 위하여 필요한 공시를 포함하고 있는지 여부
(2) 준수체계인 경우, 공시가 재무제표를 오도하지 않기 위하여 필요한 공시인지 여부

Step 6 서면진술 및 지배기구, 경영진 또는 기타 관련 당사자와의 커뮤니케이션

감사인은 경영진(적절한 경우 지배기구 포함)에게 회계추정치와 관련 공시를 도출할 때 사용한 방법, 유의적 가정, 데이터가 해당 재무보고체계에 따른 인식, 측정 또는 공시를 달성하기에 적합한지 여부에 대하여 서면진술을 요청하여야 한다. 감사인은 또한 방법, 가정 또는 사용된 데이터와 관련된 진술을 포함하여 특정 회계추정치에 대한 진술을 입수할 필요가 있는지 고려하여야 한다.

감사인은 기업 회계실무의 유의적 질적 측면과 내부통제의 유의적인 미비점 각각을 포함하여 특정 사항에 대하여 지배기구 또는 경영진과 커뮤니케이션하도록 요구된다. 이 때, 감사인은 회계추정치에 관하여 커뮤니케이션할 사항을 고려하여야 하며, 중요왜곡표시위험의 원인이 추정불확실성과 관련이 있는지 또는 회계추정치 및 관련 공시를 도출하는 데 있어 복잡성, 주관성 또는 고유위험요소의 영향과 관련이 있는지 여부를 고려해야 한다. 또한, 특정 상황에서 감사인은 법규에 따라 규제기관 또는 건전성 감독기구와 같은 다른 관련 당사자와 특정 사항에 대하여 커뮤니케이션할 것이 요구된다.

Step 7 문서화

감사인은 다음 사항을 감사문서에 포함하여야 한다.

(1) 기업의 회계추정치와 관련된 기업의 내부통제를 포함한 기업과 그 환경에 대한 감사인 이해의 핵심요소
(2) 고유위험 또는 통제위험의 평가에 대한 근거를 고려한, 감사인의 추가감사절차와 경영진 주장 수준의 평가된 중요왜곡표시위험 간의 연결
(3) 경영진이 추정불확실성을 이해하고 다루기 위해 적절한 조치를 취하지 않은 경우 감사인의 대응
(4) 회계추정치와 관련한 경영진 편의의 징후가 있는 경우 그 징후와 감사에 미치는 영향에

대한 감사인의 평가
(5) 회계추정치와 관련 공시가 해당 재무보고체계의 관점에서 합리적인지 또는 왜곡표시 되었는지에 대한 감사인의 결정과 관련된 유의적인 판단

3 특수관계자에 대한 감사절차

(1) 특수관계자 거래에 대한 의의

많은 경우 특수관계자와의 거래는 정상적인 사업과정에서 존재한다. 그러한 상황에서 특수관계자의 거래는 특수관계자가 아닌 자와의 유사한 거래보다 재무제표의 중요왜곡표시위험이 더 높지 않을 수 있다. 그러나, 어떤 상황에서는 특수관계 및 그 거래는 그 성격상 특수관계자가 아닌 자와의 거래보다 재무제표의 중요왜곡표시위험이 더 높을 수 있다 예를 들어 다음과 같다. (ISA 550 문단 2)

① 특수관계자들 간에는 그 관계와 구조의 범위가 광대하고 복잡한 방식으로 거래가 이루어질 수 있으며, 이로 인하여 그 거래의 복잡성도 점점 증가하고 있음.

② 기업과 그 특수관계자들 간의 거래와 잔액을 식별하거나 요약하는 데 정보시스템이 효과적이지 못할 수 있음.

③ 특수관계자와의 거래는 정상적인 시장의 조건에서는 실행되지 않을 수 있음. 예를 들어, 어떤 특수관계자와의 거래는 대가의 교환이 없이 수행될 수 있다.

(2) 특수관계자 거래와 관련된 감사절차 Process

(Step 1) 위험평가절차

↓

(Step 2) 특수관계 및 그 거래에 관련된 중요왜곡표시위험의 식별과 평가

↓

(Step 3) 특수관계 및 그 거래와 관련된 중요왜곡표시위험에 대한 대응

↓

(Step 4) 추가감사절차를 통한 특수관계 및 그 거래에 대한 파악
① 과거에 식별되지 않았거나 공개되지 않았던 특수관계자 또는 특수관계자와의 유의적 거래의 식별
② 기업의 정상적인 사업과정을 벗어난 특수관계자와의 유의적 거래를 식별한 경우
③ 특수관계자와의 거래가 독립된 당사자간의 거래에 통용되는 조건과 동등한 조건으로 수행되었다는 경영진 주장

↓

(Step 5) 식별된 특수관계 및 그 거래의 회계처리와 공시에 대한 평가

↓

(Step 6) 서면진술 및 문서화

Step 1 위험평가절차 및 관련 활동

감사인은 특수관계 및 그 거래와 관련된 중요왜곡표시위험의 식별에 유용한 정보를 얻기 위하여 다음과 같은 감사절차 및 관련 활동을 수행하여야 한다.

특수관계 및 그 거래와 관련된 중요왜곡표시위험의 식별을 위한 정보입수절차 (ISA 550 문단 12~17)
① 기업의 특수관계 및 그 거래의 이해 ② 기록 또는 문서의 검토에 있어 특수관계자 정보에 대한 주의유지 ③ 특수관계자 정보의 업무팀 공유

(1) 기업의 특수관계 및 그 거래의 이해

감사인은 감사대상회사의 특수관계 및 그 거래의 이해를 위하여 경영진에게 다음 사항에 대하여 질문하여야 한다.

① 전기와 변동이 있으면 그 내용을 포함한 특수관계자들의 신원
② 기업과 특수관계자들간 관계의 성격
③ 기업이 해당 기간 중에 특수관계자와 거래를 체결했는지 여부. 만약 그렇다면 그러한 거래의 형태와 목적

(2) 기록 또는 문서의 검토에 있어 특수관계자 정보에 대한 주의유지

감사인은 제 기록이나 문서를 검사할 때 경영진이 과거에 식별하지 못하였거나 감사인에게 공개하지 않았던 특수관계 및 그 거래의 존재를 나타내는 것일 수 있는 약정이나 기타정보에 대해 주의를 유지하여야 한다. 감사인은 경영진이 과거에 식별하지 못하였거나 감사인에게 공개하지 않았던 특수관계 및 그 거래의 존재를 나타내는 것이 있는지, 특히 다음의 기록이나 문서를 검사하여야 한다.

① 감사절차의 일부로서 입수한 은행의 확인서("은행조회서"라고도 한다)나 법률문제에 관한 확인서
② 주주총회 회의록과 지배기구 회의록

만약 감사인이 위에서 서술한 감사절차나 다른 감사절차를 수행할 때 당해 기업의 정상적인 사업과정을 벗어난 유의적 거래를 식별한 경우에는, 경영진에게는 동 거래의 성격 및 특수관계자의 관련가능성에 대해 질문하여야 한다.

(3) 특수관계자 정보의 업무팀 공유

감사인은 해당 기업의 특수관계자에 대해 입수한 관련 정보를 업무팀의 다른 구성원과 공유하여야 한다. 업무팀원 사이에 공유할 수 있는 관련된 특수관계자 정보는 예를 들어 다음과 같은 사항이 포함된다. (ISA 550 문단 A28)

① 특수관계자 신원
② 특수관계 및 그 거래의 성격
③ 감사시 특별한 고려를 요하는 유의적이거나 복잡한 특수관계 또는 그 거래, 특히 경영진이나 지배기구가 재무적으로 관여된 거래

Step 2 특수관계 및 그 거래와 관련된 중요왜곡표시위험의 식별과 평가

감사인은 중요왜곡표시위험을 식별하고 평가할 때, 특수관계 및 그 거래에 관련된 중요왜곡표시위험을 식별하고 평가하여야 하며, 또 그러한 위험이 유의적 위험인지 여부를 결정하여야 한다. 이러한 결정을 할 때, 감사인은 해당 기업의 정상적인 사업과정을 벗어난 특수관계자와의 유의적 거래라고 식별된 것은 유의적 위험을 발생시키는 것으로 다루어야 한다.

다음은 대표적인 유의적 위험이 있는 부정위험요소로 간주하여야 한다. 특히 현저한 영향력을 가진 특수관계자가 개입된 거래의 경우는 특히 왜곡표시위험이 높은 것으로 간주하여야 한다.

① 상위 경영진이나 전문적 자문자의 비정상적인 높은 교체율은 특수관계자의 목적에 부합하는 비윤리적이거나 부정한 사업관행을 의미하는 것일 수 있다.
② 사업상 명백하게 정당한 사유가 없어 보이는 유의적 거래를 위하여 중간적 매개를 이용하는 것은 특수관계자가 부정한 목적으로 중개인의 통제를 통하여 그러한 거래에 이해관계를 가지고 있다는 것을 의미하는 것일 수 있다.
③ 회계정책의 선택이나 유의적 추정치의 결정에 있어 특수관계자의 과도한 참여나 집착의 증거는 부정한 재무보고의 가능성을 의미하는 것일 수 있다.

Step 3 특수관계 및 그 거래와 관련된 중요왜곡표시위험에 대한 대응

감사인은 특수관계 및 그 거래와 관련된 평가된 중요왜곡표시위험에 대하여 충분하고 적합한 감사증거를 입수하기 위해 추가감사절차를 설계하고 수행한다.

위험에 대한 대응절차 (추가감사절차: ISA 550 문단 A32~33)
① 실행가능하고 법규 또는 윤리규정에서 금지하지 않는 경우, 은행, 법무법인, 보증인 또는 대리인과 같은 중간 매개자와의 거래에 대하여 특정 측면을 확인하거나 토의함.
② 특수관계자와의 거래에 대한 목적, 구체적인 조건 또는 금액을 확인함(이러한 감사절차는 기업이 감사인에 대응하기 위해 특수관계자에 영향을 미칠 수 있다고 판단되는 경우에는 덜 효과적일 것이다).
③ 특수관계자의 재무제표 또는 기타 관련 재무정보를 이용할 수 있는 경우, 해당 거래의 회계처리에 대한 증거로써 특수관계자의 회계기록에 있는 재무정보나 또는 기타 관련 재무정보를 열람함.

Step 4 추가감사절차를 통한 특수관계 및 그 거래에 대한 파악

(1) 과거에 식별되지 않았거나 공개되지 않았던 특수관계자 또는 특수관계자와의 유의적 거래의 식별

만약 경영진이 과거에 식별하지 못하였거나 감사인에게 공개하지 않았던 특수관계나 그 거래의 존재를 나타내는 약정이나 정보를 감사인이 식별한 경우에는, 이와 같은 상황이 특수관계나 그 거래의 존재를 확인하는 것인지 여부를 결정하여야 한다. 만약 과거에 경영진이 식별하지 못하였거나 감사인에게 공개하지 않았던 특수관계자나 특수관계자와의 유의적 거래를 감사인이 식별한 경우에는, 다음의 절차를 수행하여야 한다. (ISA 550 문단 22)

① 업무팀의 다른 구성원에게 관련 정보를 신속하게 커뮤니케이션을 함.
② 해당 재무보고체계에서 특수관계자에 관한 요구사항을 정하고 있으면 다음의 절차를 수행함
  가. 감사인의 후속적인 평가를 위해, 새로 식별된 특수관계자들에 대하여 경영진이 그 거래를 모두 식별할 것을 요구함.
  나. 특수관계 및 그 거래에 대한 기업의 통제가 그러한 관계나 거래를 식별하거나 공시하는데 실패했던 이유를 질문함.
③ 새로 식별된 특수관계자 또는 이들과의 유의적 거래에 대하여 적합한 실증감사절차를 수행함
④ 경영진이 과거에 식별하지 못하였거나 감사인에게 공개하지 않았던 다른 특수관계자 및 이들과의 유의적 거래가 존재할 위험을 재고려하고, 필요에 따라 추가적인 감사절차를 수행함.
⑤ 만약 경영진의 미공개가 의도적인 경우에는(따라서 부정에 의한 중요왜곡표시위험을 나타낸다면), 당해 감사에 대한 시사점을 평가함.

(2) 기업의 정상적인 사업과정을 벗어난 특수관계자와의 유의적 거래를 식별한 경우

감사인은 기업의 정상적인 사업과정을 벗어난 특수관계자와의 유의적 거래를 식별한 경우 다음의 절차를 수행하여야 한다. (ISA 550 문단 23)

① 기본적인 계약이나 약정이 존재한다면 이를 검사하여 다음 사항을 평가함.
  가. 해당 거래의 사업상 논리적 근거(또는 그러한 근거의 결여)에 비추어 볼 때, 그러한 거래가 부정한 재무보고를 수행하거나 자산횡령을 은폐하기 위해 체결되었음을 나타내는지 여부
  나. 당해 거래의 조건이 경영진의 설명과 일관성이 있는지 여부
  다. 당해 거래가 해당 재무보고체계에 따라 적합하게 회계처리 되고 공시되었는지 여부
② 해당 거래가 적합하게 권한이 부여되고 승인되었다는 감사증거를 입수함.

(3) 특수관계자와의 거래가 독립된 당사자 간의 거래에 통용되는 조건과 동등한 조건으로 수행되었다는 경영진 주장

경영진이 특수관계자와의 거래가 독립된 당사자 간의 거래에 통용되는 조건과 동등한 조건으로 수행되었다고 주장한 경우, 감사인은 그러한 주장에 대해 충분하고 적합한 감사증거를 입수하여야 한다. 이러한 주장에 대한 경영진의 근거를 평가하는 것은 다음의 하나이상의 절차가 포함될 것이다. (ISA 550 문단 A44)

① 해당 주장을 뒷받침하기 위한 경영진의 절차가 적합한지 고려함. ② 해당 주장을 뒷받침하는 내·외부 데이터의 원천을 검증하고 데이터의 정확성, 완전성 및 관련성을 결정하기 위해 이를 테스트함. ③ 해당 주장의 근거가 되는 유의적 가정의 합리성을 평가함.

Step 5 식별된 특수관계 및 그 거래의 회계처리와 공시에 대한 평가

감사인은 재무제표에 대한 의견을 형성할 때 다음 사항을 평가하여야 한다.

식별된 특수관계 및 그 거래의 회계처리와 공시에 대한 평가시 수행절차 (ISA 550 문단 25)
① 식별된 특수관계 및 그 거래가 해당 재무보고체계에 따라 적합하게 회계처리 및 공시되었는지 여부 ② 특수관계 및 그 거래가 다음 중 하나와 같은 영향을 미치는지 여부 가. (공정표시체계의 관점) 재무제표의 공정표시 목적의 달성을 저해함. 나. (준수체계의 관점) 재무제표가 오도를 일으킴.

Step 6 서면진술 및 문서화

서면진술 (ISA 550 문단 26)	문서화 (ISA 550 문단 27)
① 알고 있는 당해 기업의 특수관계자들의 신원과 모든 특수관계 및 그 거래의 내용을 감사인에게 모두 공개하였음.	① 식별된 특수관계자의 명칭
② 그러한 거래들은 적절하게 회계처리 되었으며 해당 재무보고체계에 따라 해당 관계와 거래를 공시하였음.	② 식별된 특수관계의 성격

4 전문가가 수행한 업무의 활용

감사인은 회계나 감사 외의 분야에서 전문성을 지닌 개인이나 조직의 업무가 감사인이 충분하고 적합한 감사증거를 입수하는 데 도움을 주는 경우 해당 전문가로부터 업무협조를 받을 수 있다. 이번 장은 이러한 전문가가 수행한 업무를 활용할 때 감사인이 유의해야 할 점에 대해서 다룬다.

(1) 전문가의 종류 및 전문성이 요구되는 분야

1) 전문가의 종류 (ISA 620 문단 6)

감사인측 전문가	경영진측 전문가
회계나 감사 외의 분야에서 전문성을 보유하고 해당 분야에서 감사인이 충분하고 적합한 감사증거를 입수하는 데 도움을 주는 개인 또는 조직을 말하며 감사인측 전문가는 감사인의 내부전문가 이거나 감사인의 외부전문가일 것이다.	회계나 감사 외의 분야에서 전문성을 보유하고, 해당 분야에서 기업의 재무제표 작성에 도움을 주는 개인 또는 조직

2) 전문가가 요구되는 분야 (ISA 620 문단 A1)

① 복잡한 금융상품, 토지 및 건물, 공장과 기계장치, 보석, 예술작품, 골동품, 무형자산, 사업결합으로 취득하거나 부담한 자산과 부채, 손상자산 등에 대한 평가
② 보험계약이나 종업원급여제도와 관련된 부채의 보험수리적 계산
③ 원유나 가스의 매장량에 대한 추정
④ 환경부채나 철거비용의 평가
⑤ 계약이나 법규의 해석
⑥ 세무에 관련된 복잡하거나 비경상적인 쟁점의 분석

일반적으로 회계나 감사의 전문성과 그 외 분야의 전문성은 그 차이가 명확할 것이다. 예를 들어, 이연법인세 회계에 전문성을 가진 자는 세법전문가와 쉽게 구분될 수 있다. 전자는 회계에 대한 전문성과 관련되어 있어 이 감사기준서의 목적상 전문가가 아니다. 후자는 법률에 대한 전문성과 관련되어 있으므로 이 감사기준서의 목적상 전문가이다. 다른 분야에서도 유사한 구분이 가능하다. 예를 들어, 금융상품 회계처리의 전문가와 금융상품을 평가하기 위한 복잡한 모델링의 전문가의 차이가 그러하다. 그러나 회계나 감사의 신규 분야와 관련되는

경우, 이에 대한 전문성이 회계나 감사에 관한 것인지 그 외 분야에 관한 것인지의 구분은 전문가적 판단의 문제가 될 것이다. 이 경우 감사인은 회계전문가와 감사인에 적용되는 교육과 적격성에 관한 전문직 규정이나 기준을 통해 이러한 판단에 도움을 받을 수 있을 것이다.

(2) 경영진측 전문가활용시 수행절차

기업의 재무제표 작성에는 보험수리적 계산, 가치평가 또는 공학적 데이터와 같이 회계나 감사 외의 분야에 대한 전문성이 요구될 수 있다. 기업은 재무제표를 작성하는데 필요한 전문성을 확보하기 위해 이러한 분야의 전문가를 고용하거나 계약을 맺을 수 있을 것이다. 기업이 이와 같은 전문성이 필요한데도 그렇게 하지 않을 경우 왜곡표시위험은 증가할 것이다 (ISA 500 문단 A34)

경영진측 전문가 활용시 감사인의 감사절차 성격, 시기, 범위는 다음과 같은 사항에 영향을 받을 것이다.

경영진측 전문가 활용시 감사인의 감사절차 성격, 시기 범위에 영향을 주는 부분(ISA 500 문단 A36)
① 경영진측 전문가가 관련된 사항의 성격과 복잡성 ② 동 사항에 내재된 중요왜곡표시위험 ③ 감사증거에 대한 대체적인 원천의 이용가능성 ④ 경영진측 전문가가 기업에 고용되었는지 또는 관련 서비스의 제공을 위해 기업과 계약한 당사자인지 여부 ⑤ 경영진측 전문가가 수행한 업무에 대해 경영진이 통제하거나 영향력을 행사할 수 있는 범위 ⑥ 경영진측 전문가가 수행하는 업무에 대한 내부통제의 성격과 범위 ⑦ 경영진측 전문가의 전문 분야에 대한 감사인의 지식과 경험

감사증거로 사용될 정보가 경영진측 전문가가 수행한 업무의 도움으로 작성되었다면 감사인은 감사목적에 필요한 정도의 경영진측 전문가가 수행한 업무의 유의성과 관련하여 다음과 같은 단계별 절차를 수행하여야 한다.

(Step 1) 경영진측 전문가의 적격성, 역량 및 객관성을 평가함

↓

(Step 2) 경영진측 전문가가 수행한 업무를 이해함

↓

(Step 3) 관련 경영진 주장에 대한 감사증거로서, 경영진측 전문가가 수행한 업무의 적합성을 평가함

Step 1 경영진측 전문가의 적격성, 역량 및 객관성을 평가함

경영진측 전문가의 적격성과 역량 및 객관성 그리고 동 전문가가 수행한 업무에 대한 기업 내부의 통제는 경영진측 전문가에 의해 생성되는 정보의 신뢰성에 상당히 중요한 영향을 미친다. 감사인은 경영진측 전문가의 적격성과 역량, 객관성에 대한 정보를 입수하기 위하여 다음의 원천을 이용할 수 있다.

경영진측 전문가의 적격성, 역량, 객관성을 평가하기 위한 원천 (ISA 500 문단 A38)
① 당해 전문가가 과거에 수행한 업무에 대한 개인적 경험 ② 당해 전문가와의 토의 및 당해 전문가가 수행한 업무에 익숙한 타인과의 토의 ③ 당해 전문가의 자격, 전문직 단체 또는 협회의 회원여부, 개업요건 또는 기타 형태의 외부적 공인제도에 대해 알고 있는 지식 ④ 당해 전문가가 저술한 논문이나 서적 ⑤ 감사인이 경영진측 전문가에 의해 생성된 정보와 관련하여 충분하고 적합한 감사증거를 얻는 데 도움을 줄 수 있는 감사인측 전문가

특히, 객관성과 관련해서는 이기적 위협, 변호위협, 유착위협, 자기검토위협 및 압력위협과 같이 객관성에 영향을 줄 수 있는 여러 가지 상황과 관련하여 회사가 어떠한 안전장치를 강구하고 있는지 살펴보아야 한다. 따라서, 압력위협과 같은 위협은 기업에 고용된 전문가보다는 계약에 의한 전문가가의 경우 덜 유의적일 것이며 품질관리정책과 절차와 같은 안전장치는 계약에 의한 전문가에게 그 효과성이 더 클 것이다. 기업의 피고용인이기 때문에 발생되는 객관성의 위협은 항상 존재하는 것이므로, 기업에 고용된 전문가가 일반적으로 기업 내의 다른 종업원들보다 더 공정할 것이라고 판단할 수는 없을 것이다.

Step 2 경영진측 전문가가 수행한 업무를 이해함

경영진측 전문가의 전문영역으로서 감사인의 이해와 관련성이 있는 것에는 다음과 같은 측면들이 포함될 수 있을 것이다. (ISA 500 문단 A45)

① 당해 전문가의 전문영역 내에 감사에 관련된 분야가 있는지 여부 ② 전문직 기준이나 기타의 기준, 그리고 법규상 요구사항이 적용되는지 여부 ③ 경영진측 전문가가 어떤 가정과 방법을 사용하는지, 또 이러한 가정과 방법이 해당 전문가의 전문영역 내에서 일반적으로 인정되며 또한 재무보고 목적에 적합한지 여부 ④ 감사인측 전문가가 사용하는 내·외부의 데이터나 정보의 성격

계약에 의한 경영진측 전문가의 경우에는, 일반적으로 기업과 전문가간의 계약서 또는 기타 형태의 합의서가 존재할 것이다. 경영진측 전문가가 수행한 업무를 이해할 때, 이러한 계약내용을 평가하는 것은 감사인의 목적상 다음 사항의 적절성을 결정하는 데 도움을 줄 수 있을 것이다. (ISA 500 문단 A46)

① 당해 전문가가 수행한 업무의 성격, 범위 및 목적 ② 경영진과 당해 전문가간 각각의 역할과 책임 ③ 당해 전문가가 제공하는 보고서의 형태 등 경영진과 당해 전문가간의 커뮤니케이션의 성격, 시기 및 범위

Step 3 관련 경영진 주장에 대한 감사증거로서, 경영진측 전문가가 수행한 업무의 적합성을 평가함

경영진측 전문가가 수행한 업무가 관련 경영진 주장에 대한 감사증거로서 적합한지 여부를 평가할 때 고려할 사항은 다음과 같다.

경영진측 전문가가 수행한 업무가 감사증거로서 적합한지 여부 평가시 고려사항 (ISA 500 문단 A48)
① 당해 전문가의 발견사항이나 결론의 관련성과 합리성, 다른 감사증거와의 일관성, 그리고 이들이 재무제표에 적합하게 반영되었는지 여부 ② 당해 전문가가 유의적 가정과 방법을 사용한 경우, 그러한 가정과 방법의 관련성과 합리성 ③ 당해 전문가가 수행한 업무에 원천데이터가 유의적으로 사용되는 경우에는, 그러한 원천데이터의 관련성, 완전성 및 정확성

감사인이 신뢰성 있는 감사증거를 얻기 위하여는, 감사절차의 수행에 사용되는 기업이 생성한 정보가 충분히 완전하고 정확할 필요가 있다. 예를 들어, 유형자산의 손상차손에 대한 전문가의 보고서를 수령하였을 경우 사용가치 산정과 관련하여 판매수량 가정치가 포함되어 있을 수 있다. 이때 판매수량을 기록할 때 표준가격을 적용하는 매출에 대한 감사는 가격정보의 정확성과 판매수량 데이터의 완전성과 정확성에 그 효과성이 영향을 받는다.

(3) 감사인측 전문가 활용시 감사절차

감사인이 감사인측 전문가를 활용시 감사절차 Flow는 다음과 같다.

(Step 1) 감사인측 전문가의 업무를 활용할 것인지 여부 결정

↓

(Step 2) 전문가 활용과 관련된 감사절차의 성격, 범위, 시기의 결정

↓

(Step 3) 감사인측 전문가의 적격성과 역량 및 객관성 파악

↓

(Step 4) 감사인측 전문가의 해당 분야에 대한 이해

↓

(Step 5) 감사인측 전문가와의 계약

↓

(Step 6) 감사인측 전문가 업무의 적합성 평가

↓

(Step 7) 감사보고서발행 (전문가에 대한 언급여부)

Step 1 감사인측 전문가의 업무를 활용할 것인지 여부 결정

감사인이 회계나 감사 외 분야에서의 전문성이 필요한 경우, 감사인은 전문가의 업무를 활용할 것인지 여부를 결정하여야 한다.

감사인측 전문가의 업무를 활용할지 여부를 결정할 때 고려할 사항 (ISA 620 문단 A8~A9)	
경영진이 재무제표를 작성할 때 경영진측 전문가를 활용하였는지 여부	다음과 같은 요소에 영향을 받을 것이다. ① 경영진측 전문가가 기업에 고용된 자인지 또는 관련 서비스를 제공하도록 계약한 자인지 여부 ② 경영진이 경영진측 전문가의 업무에 대해 통제를 하거나 영향을 줄 수 있는 정도 ③ 경영진측 전문가의 적격성과 역량 ④ 경영진측 전문가의 업무에 대한 기업 내부의 통제
해당 사항의 복잡성 등 관련 사항의 성격과 유의성	해당 사항이 복잡할수록 감사인측 전문가 활용이 필요하다.

해당 사항 내의 중요왜곡표시위험	중요왜곡표시위험이 높을수록 감사인측 전문가 활용이 필요하다.
해당 사항과 관련된 전문가의 업무에 대한 감사인의 지식과 경험 등 식별된 위험에 대응하는 감사절차의 예상되는 성격, 그리고 감사증거에 대한 대체적 원천의 이용가능성	감사증거에 대한 대체적 원천의 이용가능성이 낮을수록 감사인측 전문가 활용이 필요하다.

비록 감사인이 회계와 감사 외 관련 분야의 전문가가 아니더라도 감사인 측 전문가 없이 감사를 수행할 정도로 해당 분야를 충분히 이해하고 있을 수도 있다. 이러한 이해는 예를 들어 다음과 같은 방법을 통해 얻을 수 있을 것이다. (ISA 620 문단 A7)

① 재무제표를 작성할 때 그와 같은 전문성이 요구되는 기업에 대한 감사경험
② 특정 분야에서의 교육이나 전문가적 훈련.
③ 유사한 업무를 수행한 감사인들과의 토의

Step 2 전문가 활용과 관련된 감사절차의 성격, 범위, 시기의 결정

전문가 활용과 관련된 (Step 3)에서 (Step 6)까지의 감사절차 성격, 시기 및 범위를 결정할 때 고려할 사항은 다음과 같다.

전문가 활용과 관련된 감사절차의 성격, 범위, 시기 결정시 고려사항 (ISA 620 문단 8)	
① 전문가의 업무가 관련된 사항에서의 중요왜곡표시위험	중요왜곡표시위험이 높을수록 더 광범위한 절차가 요구됨
② 감사상 해당 전문가의 업무가 가지는 유의성	전문가의 업무가 감사상 유의성이 높을수록 더 광범위한 절차가 요구됨
③ 전문가의 과거 수행업무에 대한 감사인의 지식과 경험	당해 감사인측 전문가의 업무를 활용한 경험이 없으며, 또 동 전문가의 적격성과 역량 및 객관성에 대하여 알고 있는 지식이 없을수록 더 광범위한 절차가 요구됨
④ 전문가가 당해 회계법인의 품질관리정책과 절차를 준수하는지 여부	외부전문가의 경우 회계법인의 품질관리정책과 절차의 준수대상이 아니기 때문에 보다 더 광범위한 절차가 요구됨

Step 3 감사인측 전문가의 적격성과 역량 및 객관성 파악

감사인은 감사인측 전문가가 감사에 필요한 적격성과 역량 및 객관성을 보유하고 있는지를 평가하여야 한다. 감사인측 전문가의 적격성과 역량, 객관성과 관련된 정보는 다양한 원천에서 나올 수 있다.

감사인측 전문가의 적격성과 역량과 관련된 정보의 원천 (ISA 620 문단 A15)
① 감사인측 전문가의 과거 업무에 대한 경험 ② 감사인측 전문가와의 토의 및 해당 감사인측 전문가의 업무에 익숙한 타감사인과의 토의 ③ 해당 전문가의 관련 자격, 전문직 단체나 협회의 가입, 개업자격 또는 기타 형태의 외부적 공인에 대한 감사인의 지식 ④ 감사인측 전문가가 발표한 문헌이나 저술 ⑤ 당해 회계법인의 품질관리정책과 절차

특히, 감사인측 외부전문가의 객관성을 평가할 때는 다음 절차들이 관련성이 있을 것이다

감사인측 외부전문가의 객관성을 평가할 때 관련성이 있는 절차 (ISA 620 문단 A20)
① 기업과 감사인측 외부전문가 간에 전문가의 객관성에 영향을 미칠 수 있는 알려진 이해관계나 기타의 제 관계를 기업에 질문함. ② 해당 전문가에 적용될 수 있는 전문직 요구사항 등 적용가능한 안전장치에 대하여 동 전문가와 토의하고, 그러한 안전장치가 제 위협을 수용가능한 수준까지 감소시키는 데 적절한지 여부를 평가함. 감사인측 전문가와 토의할 필요가 있는 이해관계나 제 관계에는 다음이 포함된다. 가. 재무적인 이해관계 나. 사업관계나 인적인 관계 다. 해당 전문가가 제공한 기타 용역 (전문가가 개인이 아니고 조직인 경우에는 전체 조직이 제공한 기타 용역을 포함함) ③ 감사인은 경우에 따라 감사인측 외부전문가로부터 그가 알고 있는 기업과의 이해관계나 제 관계에 대하여 서면진술을 받는 것이 적합할 것이다

Step 4 감사인측 전문가의 해당 분야에 대한 이해

감사인은 다음이 가능하도록 감사인측 전문가의 해당분야를 충분히 이해하여야 한다.

감사인측 전문가의 해당 분야 이해에 대한 필요성 (ISA 620 문단 10)
① 감사인의 목적을 위한 감사인측 전문가 업무의 성격과 범위 및 목적을 결정함 ② 감사인의 목적을 위한 감사인측 전문가 업무의 적합성을 평가함

Step 5 감사인측 전문가와의 계약

감사인은 다음과 같은 내용에 대해 감사인측 전문가와 (적합한 경우 문서로) 합의하여야 한다.

감사인측 전문가와 합의하여야 할 사안 (ISA 620 문단 11)	
(1) 감사인측 전문가 업무의 성격, 범위 및 목적	동 전문가가 따를 관련 기술적 수행기준이나 기타 전문직 요구사항을 포함시킬 수도 있다.
(2) 감사인과 감사인측 전문가간의 상호 역할과 책임	① 원천데이터에 대한 세부테스트를 누가 수행할 것인지 여부 ② 감사인측 전문가의 발견사항에 대하여 감사인이 기업 및 제3자와 논의하는 것에 대한 동의 ③ 감사인측 전문가의 업무에 대한 감사인의 결론을 동 감사인측 전문가에게 알린다는 합의
(3) 감사인측 전문가가 작성하는 보고서의 형태 등 감사인과 감사인측 전문가간 커뮤니케이션의 성격, 시기 및 범위.	① 상대방의 조서에 대한 접근 및 보존에 대한 합의도 포함될 수 있을 것이다. 감사인측 전문가가 업무팀원에 해당되는 경우에는 동 전문가의 조서는 감사조서의 일부를 구성하지만 외부전문가의 조서는 동 외부전문가의 소유이며 감사조서의 일부를 구성하지 아니한다. ② 커뮤니케이션의 방법(구두나 문서) 또는 커뮤니케이션의 상대방을 명시하여야 한다. 효과적인 양방향의 커뮤니케이션은 감사 중 감사인측 전문가의 목적이 적합하게 변경되도록 촉진시킨다.
(4) 감사인측 전문가가 비밀유지 요구사항을 준수할 필요성	감사인에게 요구되는 윤리적 요구사항의 비밀준수 사항은 감사인측 전문가에게도 적용될 필요가 있다.

Step 6 감사인측 전문가 업무의 적합성 평가

감사인은 다음을 포함하여 감사인측 전문가의 업무가 감사목적상 적합한지 평가하여야 한다.

감사인측 전문가 업무의 적합성 평가시 수행절차 (ISA 620 문단 12)	
(1) 감사인측 전문가가 발견한 사항이나 결론의 관련성과 합리성 및 다른 감사증거와의 일관성	① 발견사항이나 결론은 감사인측 전문가나 해당 산업의 직무기준과 일치하는 방식으로 표시되었는지 여부 ② 감사인과 합의된 목적의 언급 등 발견사항이나 결론은 수행한 업무의 범위와 적용한 기준을 명확하게 표현하였는지 여부 ③ 발견사항이나 결론의 대상기간은 적합하며, 관련된 경우 후속사건을 고려하였는지 여부 ④ 발견사항이나 결론은 감사인측 전문가가 식별한 오류나 이탈사항을 적절하게 고려하였는지 여부
(2) 감사인측 전문가의 업무가 유의적 가정과 방법을 수반하고 있다면 그러한 가정과 방법의 관련성과 합리성	① 가정과 방법이 감사인측 전문가의 분야에서 일반적으로 인정되는지 여부 ② 가정과 방법이 해당 재무보고체계의 요구사항과 일관성이 있는지 여부 ③ 가정과 방법이 전문직 모델의 사용여부에 의존되는지 여부 ④ 가정과 방법이 경영진의 가정과 방법과 일관성이 있는지 여부
(3) 감사인측 전문가의 업무에 유의적인 원천데이터의 사용이 수반된다면 그러한 원천데이터의 관련성과 완전성 및 정확성	① 데이터에 대한 내부통제, 그리고 관련성이 있을 경우 동 전문가에 대한 데이터전송에 대한 이해를 포함하여 데이터의 원천을 검증함 ② 데이터의 완전성과 내부적 일관성을 검토함

만약, 감사목적상 감사인측 전문가의 업무가 적합하지 않다고 판단하는 경우 감사인은 다음과 같은 절차를 수행하여야 한다. (ISA 620 문단 13)

① 당해 감사인측 전문가가 수행할 후속업무의 성격과 범위에 대하여 동 전문가와 합의함
② 해당 상황에 적합한 추가적인 감사절차를 수행함. 이러한 추가적인 감사절차에는 전문가의 추가적인 절차와 감사인의 추가적인 절차를 다 포함하는 것이며 다른 전문가를 고용하거나 또는 계약하는 것도 포함된다.

만약, 위와 같은 추가적인 감사절차를 통하여도 충분하고 적합한 감사증거를 입수하지 못하는 경우에 감사인은 감사보고서의 변형을 고려하여야 한다. (감사범위의 제한 : 한정 또는 의견거절)

Step 7 감사보고서발행 (전문가에 대한 언급여부)

감사인은 법규상 요구되는 것이 아닌 한 적정의견의 감사보고서에 감사인측 전문가의 업무를 언급하여서는 안된다. 만약 이러한 언급이 법규상 요구되는 경우(예 : 공공부문에서는 투명성의 목적을 위하여 법규가 감사인측 전문가의 업무를 언급하도록 요구할 것이다) 감사인은 동 언급이 감사의견에 대한 감사인의 책임을 경감시키지 않는다는 것을 감사보고서에 명시하여야 한다.

만약 감사의견의 변형을 이해하는 것과 관련이 있어 감사인측 전문가의 업무를 감사보고서에 언급하는 경우(물론 이 경우 감사인은 그러한 언급을 하기 전에 감사인측 전문가의 승인이 필요)에는, 감사인은 이러한 언급이 해당 의견에 대한 감사인의 책임을 경감시키지 아니한다는 점을 명시하여야 한다.

변형되지 아니하는 감사보고서 (적정의견)	변형되는 감사보고서
① 원칙 : 감사보고서에 감사인측 전문가의 업무를 언급해서는 안됨. ② 예외 : 언급이 법규상 요구되는 경우 감사인측 전문가 언급 ⇨ 감사인의 책임을 경감시키지는 않는다는 점을 감사보고서에 명시	감사보고서에 언급할 수 있음. ⇨ 전문가의 승인이 사전에 필요하며 이 경우에도 감사인의 책임을 경감시키지 않는다는 점을 감사보고서에 명시

5 | 내부감사인이 수행한 업무의 활용

외부감사인은 감사업무를 수행함에 있어서 감사대상회사의 내부감사인이 수행한 업무를 활용할 수 있다. 이 절은 외부감사인이 감사와 관련성이 있을 것으로 결정한 내부감사기능이 기업 내에 있는 경우 내부감사인이 수행한 특정 업무의 활용 여부 및 활용 범위를 결정하고 만약 내부감사인이 수행한 특정 업무를 활용한다면 동 업무가 감사목적에 적합한지 여부를 결정하기 위하여 어떠한 절차를 수행할 것인지 여부에 대해서 논의한다.

이때 외부감사인이 내부감사인이 수행한 업무를 활용하는 경우 ① 감사증거를 입수함에 있어 내부감사기능이 수행한 업무의 활용과 ② 외부감사인의 지시, 감독 및 검토 하에 직접적 보조를 제공하는 내부감사인의 활용을 포함한다. 단, 우리나라의 회계감사기준에 따라 수행되는 감사업무에 대해서는 외부감사인이 감사업무를 수행할 때 직접적 보조를 제공하는 내부감사인을 활용하는 것이 금지되며 그룹감사의 경우, 부문에 대한 감사에 있어서도 직접적 보조를 제공하는 내부감사인을 활용하는 것이 금지된다. 따라서, 향후 언급되는 내용은 감사기준상 직접적 보조를 제공하는 내부감사인 업무와 관련해서는 언급하지 않는 것으로 한다.

(1) 내부감사기능의 목적

내부감사기능의 목적은 매우 가변적이며 기업의 규모와 구조, 경영진 그리고 해당되는 경우 지배기구의 요구사항에 따라 다르다. 일반적인 내부감사기능의 활동은 다음과 같다.

내부감사기능의 활동 (목적) (ISA 610 문단 A3)	
① 내부통제에 대한 모니터링	내부감사기능에는 통제를 검토하고 그 운용을 모니터링하며 이에 따른 개선사항을 권고를 하는 구체적인 책임이 부여될 수 있다.
② 재무정보와 경영정보의 검사	내부감사기능에는 거래와 계정잔액 및 제반 절차에 대한 세부적인 테스트를 비롯하여 재무정보와 경영정보의 식별, 측정, 분류 및 보고에 이용된 수단을 검토하고 개별 항목에 대해 특정의 질문을 하는 직무가 부여될 수 있다.
③ 경영활동의 검토	내부감사기능에는 기업의 비재무적 활동 등 경영활동의 경제성, 효율성 및 효과성을 검토하는 직무가 부여될 수 있다.
④ 법규준수 검토	내부감사기능에는 법규의 요구사항과 기타 외부적 요구사항, 경영진의 정책과 지시사항 및 기타 내부적 요구사항에 대한 준수여부를 검토하는 직무가 부여될 수 있다.
⑤ 위험관리	내부감사기능은 제 위험에 대하여 유의적으로 노출되었는지 여부를 식별 및 평가하고 위험관리 및 통제 시스템의 개선에 공헌함으로써 조직에 도움을 주기도 한다.

(2) 내부감사와 외부감사인과의 관계

내부감사기능과 외부감사인의 목적이 서로 다름에도 불구하고, 각자의 목적을 달성하기 위해 이용하는 수단은 결과적으로 유사할 수 있을 것이다. 또한, 내부감사기능은 회사 내부통제제도를 구성하는 중요한 요인 중에 하나이기 때문에 감사인은 내부감사의 업무를 활용하여 보다 효과적이고 효율적인 재무제표 감사를 수행할 수 있다.

내부감사기능의 조직 내 위상과 관련 정책 및 절차가 내부감사인의 객관성을 적절하게 지원하는지 여부, 내부감사기능의 적격성 수준 그리고 내부감사기능이 체계적이고 규율된 접근법을 적용하는지 여부에 따라, 외부감사인이 건설적이고 보완적인 방식으로 내부감사기능이 수행한 업무를 활용할 수도 있을 것이다. 따라서, 감사인이 위험평가과정에서 수행된 절차의 결과로 얻은 내부감사기능에 대한 외부감사인의 예비적 이해에 근거하여, 외부감사인이 입수된 감사증거의 일부로서 내부감사기능이 수행한 업무를 활용할 것으로 기대하는 경우 내부감사기능이 수행한 업무의 활용은 외부감사인이 직접 수행할 감사절차의 성격이나 시기를 변경하거나, 그 범위를 축소시킨다.

다만, 내부감사기능은 그 자율성과 객관성의 정도와 관계없이 재무제표에 대한 감사의견을 표명하는 외부감사인에게 요구되는 정도로 기업으로부터 독립적이지는 않다 외부감사인은 표명한 감사의견에 대해 독자적인 책임을 부담하며 그러한 책임은 외부감사인이 내부감사인의 업무를 이용했다고 하더라도 경감되지 아니한다. (ISA 610 문단 4)

(3) 내부감사인이 수행한 업무의 활용 여부 및 활용 범위의 결정

외부감사인은 내부감사인이 수행한 업무가 감사의 목적에 적합한지 여부를 판단하여야 하며 만일 감사목적에 적합하다면 외부감사인의 감사절차의 성격, 시기, 범위에 대하여 내부감사인이 수행한 업무가 미칠 영향에 대해서 결정하여야 한다.

내부감사인이 수행한 업무가 감사목적에 적합한지 여부 결정시 고려사항 (ISA 610 문단 9)	
① 내부감사기능의 객관성	가. 내부감사기능의 권한과 책임을 포함하여, 내부감사기능의 조직 내 위상이 전문가적 판단을 무력화하는 편의, 이해의 상충 또는 타인의 부당한 영향으로부터 자유로울 수 있는 내부감사기능의 능력을 지원하는지 여부. 예를 들어, 내부감사기능이 지배기구나 적절한 권한을 지닌 임원에게 보고되는지 여부, 또는 내부감사기능이 경영진에게 보고하는 경우, 내부감사기능이 지배기구에 직접적으로 접촉하는지 여부 나. 이해가 상충되는 내부감사기능의 책임이 없는지 여부. 예를 들어, 내부감사기능 외의 관리 및 운영상 의무 또는 책임 다. 지배기구가 내부감사기능과 관련된 고용결정을 감시하고 있는지 여부. 예를 들어, 적합한 보상 정책의 결정 라. 경영진이나 지배기구가 내부감사기능에 가한 어떠한 제약이나 제한이 있는지 여부. 예를 들어, 내부감사기능의 발견사항을 외부감사인과 커뮤니케이션하는 것

	마. 내부감사인이 관련 전문직 단체의 회원인지 여부 및 객관성에 관한 관련 전문가 기준을 준수할 의무가 있는지 여부 또는 내부 정책이 동일한 목적을 달성하는지 여부
② 내부감사인의 기술적 적격성	가. 내부감사기능이 기업규모 및 영업성격에 비례하여 적절하고 적합하게 자원을 갖추고 있는지 여부 나. 내부감사업무에 대한 내부감사인의 고용, 훈련 및 업무부여 정책이 수립되어 있는지 여부 다. 내부감사인이 감사에서 적절한 기술적 훈련과 숙련도를 갖추고 있는지 여부. 예를 들어, 평가를 수행할 때 외부감사인이 고려할 수 있는 관련 기준에는 내부감사인이 보유한 관련 전문직의 명칭과 경험이 포함될 수 있음 라. 내부감사인이 기업의 재무보고 및 해당 재무보고체계와 관련하여 필요한 지식을 보유하는 지 여부 및 내부감사기능이 기업의 재무제표와 관련된 업무를 수행하는데 필요한 기술(예를 들어, 산업별 지식)을 보유하는지 여부 마. 내부감사인이 지속적인 전문직 훈련 요구사항을 포함하여 관련 전문직 기준을 준수하도록 요구하는 관련 전문직 단체의 구성원인지 여부
③ 체계적이고 규율된 접근법의 적용	가. 위험평가, 업무프로그램, 문서화 및 보고와 같은 영역을 다루는 문서화된 내부감사절차나 지침의 존재, 적절성 및 활용. 기업 규모 및 상황에 상응하는 내부감사절차나 지침의 성격 및 범위 나. 내부감사기능이 적합한 품질관리정책과 절차를 보유하는지 여부. 예를 들어, (리더십, 인적자원 및 업무의 수행과 같은) 내부감사기능에 적용되는 품질관리기준서1의 해당 정책 및 절차 또는 내부감사인 관련 전문직 단체에서 정한 기준의 품질관리 요구사항 그러한 단체들은 또한 정기적인 외부 품질 평가의 수행과 같은 다른 적합한 요구사항을 규정할 수도 있다.

외부감사인은 다음과 같이 결정한 경우 내부감사기능이 수행한 업무를 활용해서는 안 된다.

1. 내부감사기능의 조직 내 위상과 관련 정책 및 절차가 내부감사인의 객관성을 적절히 지원하지 않음.
2. 내부감사기능이 충분한 적격성이 부족함
3. 품질관리를 포함하여, 내부감사기능이 체계적이고 규율된 접근법을 적용하지 않음

(4) 활용가능한 내부감시기능 수행 업무의 성격 및 범위의 결정

외부감사인이 내부감사기능이 수행한 업무를 감사목적으로 활용할 수 있다고 결정하였다면, 내부감사기능이 수행하였거나 또는 수행할 예정인 업무의 계획된 성격 및 범위가 외부감사인이 수립한 전반감사전략과 감사계획과 관련되는지 여부가 첫 번째 고려사항이다

외부감사인이 활용할 수 있는 내부감사기능이 수행한 업무의 예로는 다음 사항들이 포함된다.

외부감사인이 활용할 수 있는 내부감사기능이 수행한 업무의 예
가. 통제의 운영효과성 테스트 나. 제한된 판단을 포함한 실증절차 다. 재고실사의 입회 라. 재무보고에 관련된 정보시스템을 통한 거래추적 마. 규제 요구사항의 준수 테스트

외부감사인은 감사업무에 관한 모든 유의적인 판단을 수행하여야 하며, 다음과 같은 경우 내부감사기능이 수행한 업무의 과도한 활용을 방지하기 위하여 내부감사기능이 수행한 업무의 활용을 줄이고 직접 수행업무를 늘리도록 계획을 세워야 한다.

① 유의적인 것으로 식별된 위험에 대한 특별한 고려와 함께 경영진주장 수준의 평가된 중요왜곡표시위험이 높을수록
② 내부감사기능의 조직 내 위상과 관련 정책 및 절차가 내부감사인의 객관성을 적절하게 지원하지 못할수록
③ 내부감사기능의 적격성 수준이 낮을수록
④ 전문가적 판단이 많이 요구되는 사항일수록

(5) 내부감사인이 수행한 특정업무의 활용

외부감사인이 내부감사인이 수행한 특정 업무를 활용하기 위하여 내부감사인의 업무를 평가하고 이에 대한 감사절차를 수행함으로써 그 업무가 외부감사인의 목적에 적합한지 결정하여야 한다.

내부감사인이 수행한 특정업무가 외부감사인의 감사목적에 적합한지 여부 결정시 평가사항 (ISA 610 문단 12)
① 동 업무가 적합한 적격성과 객관성을 갖춘 내부감사인에 의해 수행되었는지 여부 ② 동 업무가 적절히 감독, 검토되고 문서화되었는지 여부 ③ 내부감사인이 합리적인 결론을 도출할 수 있게 적절한 감사증거가 입수되었는지 여부 ④ 내부감사인이 도출한 결론이 해당 상황에서 적합한지, 그리고 내부감사인이 발행한 보고서가 내부감사업무의 수행결과와 일관성이 있는지 여부

내부감사기능이 수행한 업무의 적절성을 결정하는 과정에서 특정 계정잔액, 거래유형 또는 공시에 대하여, 경영진 주장 수준에서 평가된 중요왜곡표시위험이 높을수록, 감사절차를 계획 및 수행하고 그에 따른 결과를 평가하는데 수반되는 판단들이 종종 더 많아진다. 이 경우 외부감사인은 더 많은 절차를 직접 수행할 필요가 있을 것이고, 이에 따라, 충분하고 적합한 감사증거를 입수하는데 내부감사기능이 수행한 업무를 더 적게 활용할 것이다.

더 나아가, 중요왜곡표시위험이 높다고 평가될수록 외부감사인이 요구하는 감사증거는 더 설득적일 필요가 있을 것이고, 이에 따라, 외부감사인은 더 많은 업무를 직접 수행할 필요가 있을 것이다. 또한, 유의적 위험은 감사상 특별한 고려를 요구하므로 유의적 위험과 관련하여 내부감사기능이 수행한 업무를 활용하는 외부감사인의 능력은 제한된 판단을 수반하는 절차에 한정될 것이다. 뿐만 아니라, 중요왜곡표시위험이 낮은 수준 외의 경우, 내부감사기능이 수행한 업무의 활용만으로는 감사위험을 수용가능한 낮은 수준으로 감소시키지 못할 수 있고 외부감사인이 일부 테스트를 직접 수행해야 하는 필요성을 제거하지 못할 수 있다.

또한 외부감사인은 내부감사기능이 도달한 결론의 타당성을 검증하기 위해 재수행 절차를 수행하는 것이 포함된다. 이 목적은 내부감사기능이 이미 조사한 항목을 조사함으로써 달성될 수 있거나, 또는 그렇게 하는 것이 가능하지 않은 경우, 내부감사기능이 실제로 조사하지 않은 다른 유사한 항목을 충분히 조사함으로써 동일한 목적이 달성될 수도 있다. 이러한 재수행절차는 외부감사인이 수행할 수 있는 다른 절차와 비교하여 내부감사기능이 수행한 업무의 적절성에 관한 더 설득적 증거를 제공한다. 따라서, 외부감사인은 감사절차의 결과를 계획, 수행 및 평가하는 데 내부감사기능의 더 많은 판단이 수행되는 영역 및 중요왜곡표시위험이 높은 영역에 재수행을 하는 것으로 초점을 맞출 가능성이 높다.

Q&A 사례문제 1

왕치밀 회계사는 20X3년도 12월 31일자 서울주식회사의 부외부채에 대한 감사절차를 수행하고 있다. 먼저, 매입채무의 완전성을 확인하기 위하여 12월 31일자 매입채무 보조원장에서 표본을 추출하여 그 매입채무에 대응되는 검수보고서 유무를 확인해 보았다. 또한 그 완전성 여부를 확인해 보기 위하여 12월 31일자 매입채무의 잔액이 큰 상대방 거래처에게 외부조회서를 발송하여 그 진위를 확인해 보려고 하고 있다. 또한 차입금 내역을 확인하기 위하여 12월 31일자 차입금 잔액이 있는 은행에 대하여 은행조회서를 발송, 회수하여 줄 것을 회사에게 요구하였으며, 전기와 당기 차입금 잔액을 비교·분석하여 차입금의 급격한 변화 여부를 검토해 보았다.

서울주식회사의 진술에 의하면 당해 회사는 12월 31일자로 진행 중인 소송사건이 1건 있었고 왕치밀 회계사는 서울주식회사가 그 소송사건에 대하여 승소 가능성이 있기 때문에 재무제표 본문에 반영을 하지 않고 주석으로만 반영하고 있다는 사실을 발견하였다. 왕치밀 회계사는 그 사건에 대한 전문가의 도움을 받기 위하여 외부법률고문과 서면으로 커뮤니케이션을 통하여 당해 사건에 대해서 12월 31일자 진행상황에 대한 의견을 구하였다.

마지막으로 감사현장에서의 작업이 끝나가는 시점에 왕치밀 회계사는 서울주식회사의 대표이사로부터 회사의 20X4년 초의 거래에 대하여 증빙서류를 검사하는 절차를 취할 필요가 없다는 말을 들었다. 회사의 대표이사에 의하면 20X3년도에 속하는 거래 중 대금지급청구서가 회사에 도착한 시간이 늦어 20X4년도에 대금지급이 이루어진 거래에 대하여는 회사가 12월 31일 현재시점에서 적절한 분개를 하였으며, 회사의 내부감사가 회계연도 말 이후의 거래에 대하여 검토를 완료하였고, 부외부채가 없다는 내용의 경영자 서면진술을 제출하겠다고 한다. 따라서 왕치밀 회계사는 재무제표일 이후의 증빙서류 검사절차는 생략하기로 하였다.

1 왕치밀 회계사가 수행한 절차에서 문제점을 모두 지적하시오

풀이

① 매입채무에 대한 부외부채, 즉 완전성 여부에 대한 감사증거를 확보하기 위하여 문서검사를 하기 위해서는 역진법(장부에서 증빙으로 가는 절차)이 아니라 전진법(증빙에서 장부로 가는 절차)을 수행하였어야 한다. 따라서 왕치밀 회계사는 12월달에 입고된 검수보고서에서 표본을 추출하여 매입채무 보조원장에 기입이 모두 되었는지 확인해 보았어야 한다.

② 외부조회요청절차를 통하여 완전성에 대한 감사증거를 확보하기 위해서는 표본을 추출하는 모집단이 잔액이 큰 거래처가 아니라 주된 거래처임에도 불구하고 잔액이 거의 없거나 적은 거래처를 표본으로 선택하는 것이 바람직하다(Confirmation to Active Vendor with zero or small balance).

③ 차입금에 대한 부외부채를 확인해 보기 위해서는 기말 현재시점에 잔액이 있는 금융기관에만 외부조회서를 발송하여서는 안 되고, 기중에 한 번이라도 거래를 한 금융기관에 대해서는 모두 외부조회서를 발송하였어야 한다(전수검사).

④ 모든 조회서는 신뢰성 있는 감사증거를 확보하고 감사대상회사의 조작을 방지하기 위하여 감사인이 직

접 발송하고 회신하여야 한다. 하지만 이 문제의 경우 감사인은 감사대상회사에게 회신을 의뢰하였다. 왕치밀 회계사는 금융기관조회서를 직접 회수하는 것으로 조회절차를 설계하였어야 한다.

⑤ 차입금에 대한 부외부채 테스트를 하는 경우 분석적 절차에서 전기와 당기 차입금 잔액의 단순비교는 큰 의미를 제공하지 못한다. 오히려 차입금과 이자비용과의 관계를 분석하여 차입금의 과소계상 여부를 확인하였어야 한다.

⑥ 기말 현재 진행 중인 소송사건에 대하여 외부법률고문과의 커뮤니케이션을 수행하는 절차는 적절하다. 하지만 외부법률고문과의 커뮤니케이션을 통한 감사증거의 확보는 감사보고서일까지 이루어져야 한다(1999년, KICPA 기출문제). 하지만 위의 경우 기말 현재시점의 상황에 대해서만 변호사의 의견을 구하고 있는 점이 잘못된 부분이다. 또한 외부법률고문과의 커뮤니케이션을 통하여 확인하여야 할 감사증거는 경영진이 주장하는 내용 이외에 누락된 소송사건에 대한 정보, 즉 불완전한 소송사건 정보에 대하여 추가적인 정보를 제공하도록 요청하였어야 한다.

⑦ 회사가 대금청구가 늦어진 구매거래에 대한 회계기록을 적절히 반영하였다는 구두증거는 충분하고 적합한 감사증거가 될 수 없다. 이 경우 감사인은 회사에 의한 회계처리의 내용을 검토하고 만약 누락된 거래가 있는 경우에는 적절한 수정분개를 하여야 한다. 이 과정에서 감사인은 20X4년도 초의 거래에 대한 증빙서류를 검토하여 기간귀속의 문제에 대하여 면밀하게 검사하고 적절한 회계처리가 이루어지고 있는지 검토하여야 한다.

⑧ 경영진의 서면진술은 원칙적으로 다른 감사절차를 보완해 주는 감사증거일 뿐이지 대체할 수 있는 감사증거는 아니다. 따라서 부외부채가 없다는 경영진의 서면진술을 입수하는 것으로 부외부채에 대한 감사절차를 생략하는 것은 정당하지 아니하다.

⑨ 감사인이 신뢰할 수 있다고 판단한 회사의 내부감사인에 의하여 부외부채에 대한 검증이 이루어졌다면 감사인은 자신의 업무를 일부 축소할 수 있지만 실증절차를 생략할 수 없다.

2 위 문제와 상관없이 매입채무계정의 감사를 담당하고 있는 왕치밀 회계사는 매입채무의 완전성에 특히 관심을 갖고 감사를 수행하고 있다. 매입채무의 완전성을 확인하기 위하여 왕치밀 회계사는 다음과 같은 감사절차를 수행하였다.

• 주된 거래처임에도 불구하고 매입채무 잔액이 거의 없거나 적은 거래처를 표본으로 선정하여 조회서를 보냄. • 재무제표일 이후 일정기간 동안 청구된 거래명세서, 세금계산서 등 청구서를 검토함.

왕치밀 회계사가 수행한 상기의 감사절차 이외에 매입채무의 완전성을 확인하기 위한 추가적인 감사절차를 2가지만 기술하시오. (2009년, KICPA 기출문제)

풀이

1. 재무제표일 이후 일정기간 동안의 지급기록을 검토하여 장부에 미반영된 부외부채 유무를 확인
2. 재무제표일 전후 매입거래에 대한 기간귀속 검토(Cut-off)
3. 검수보고서에서 표본을 추출하여 재무제표에 미반영된 매입채무가 존재하는지 확인

3 다음은 외부법률고문과 서면으로 커뮤니케이션을 한 예시이다. 아래 내용을 읽어보고 잘못된 부분이나 누락된 내용을 지적해 보시오.

〈변호사 조회서〉

당사는 한국회계법인으로부터 2007년 12월 31일로 종료되는 회계연도의 재무제표에 대한 회계감사를 받고 있습니다.
동 감사인은 당사의 법률고문 또는 소송업무 수임인인 귀하로부터 다음과 같은 사항에 대한 귀하의 의견이나 설명을 원하고 있습니다. 다음에 열거하고 있는 소송사건과 관련해서 2007년 12월 31일자 현재의 상황을 감사현장 철수예정일인 2008년 2월 10일까지 당사에게 직접 회신하여 주시면 대단히 감사하겠습니다. 당사의 주소가 기입된 회신용 봉투를 동봉합니다.

당사는 경기도 파주에 분양한 상가건물과 관련하여 입주자 김괘씸외 4인(원고)과 계약분쟁이 발생하였습니다. 이에 따라 원고는 당사를 피고로 하여 경기도 파주 관할 지방법원에 소를 제기하였으며 해당 소송은 2007년 12월 31일 현재 계류중입니다. 당사는 해당 사안과 관련하여 피고인 당사가 소송에서 패소할 가능성이 거의 없다고 판단하고 있으며 이에 따라 해당 사안은 재무제표에 주석으로만 반영하고 있는 상태입니다.

이 사안과 관련된 소송업무 수임인인 귀하는 이러한 소송사건이 재무제표에 미칠 수 있는 전문가적인 의견을 피력하여 주시면 고맙겠습니다.

2008년 1월 12일
연결해 주식회사 대표이사 김철수

풀이

1. 재무제표일 시점의 상황이 아니라 감사보고서일자까지의 소송사건 진행상황이 다 포함이 되어야 한다.
2. 감사인이 직접 수령하도록 요청문구가 삽입되어 있어야 한다.
3. 경영진이 제시한 소송 및 배상청구의 목록이 불완전하거나 부정확한 경우 감사인에게 통보하도록 요청하는 문구가 생략되어 있다.

Q&A 사례문제 2

김철수 회계사는 매출채권 및 매출액에 대한 분석적 절차 검토결과 작년 대비 올해 매출채권회전율이 지나치게 감소한 것을 발견하고 대손충당금에 대한 과소계상을 의심하고 있다. 따라서 김철수 회계사는 경영진에게 요청하여 다음과 같이 대손충당금 내역을 입수하였으며 이 과정에서 각 거래처별 채권금액에 대한 대손충당금 설정비율에 대한 경영진의 가정의 타당성을 검토하였으며 감사인 나름대로 독립적인 추정치를 아래와 같이 비교해 보았다.

| 자료 1 | 경영진이 설정한 대손충당금 내역

거래처별 채권금액	대손충당금 설정비율	대손충당금 합계
A : 200억 원	25%	50억 원
B : 150억 원	20%	30억 원
C : 50억 원	30%	15억 원
기타 거래처 18군데 : 100억 원	5%	5억 원
합계 : 500억 원		100억 원

| 자료 2 | 감사인의 독립적인 추정치

매출채권 세부내역			대손충당금 설정내역
경과일수	거래처수	금 액	
30일 이내	5건	70억 원	-
30일 초과 60일 이내	15건	400억 원	90억 원
60일 초과	1건	30억 원	30억 원
합 계	21건	500억 원	120억 원

1 New ISA상 김철수 회계사는 대손충당금에 대한 실증절차를 수행하기에 앞서서 회계추정과 관련된 계정과목의 중요왜곡표시위험을 평가하여야 한다. 이 과정에서 반드시 김철수 회계사가 이해하여야 하는 사안을 3가지 서술하시오.

풀이

1. 회계추정치와 관련된 해당 재무보고체계의 요구사항
2. 경영진이 재무제표에 인식하거나 공시하기 위해 회계추정치를 필요로 하는 거래나 사건 또는 상황을 식별하는 방법
3. 경영진의 회계추정치 도출방법과 회계추정치의 기초가 되는 데이터, 가정 및 경영진이 전문가를 활용하였는지 여부

2 김철수 회계사는 추정의 불확실성이 높은 계정과목일수록 해당 계정과목에 대한 중요왜곡표시위험이 높다고 판단할 수 있는데, 이때 감사인이 추정의 불확실성 정도를 판단할 때 고려하여야 하는 요소를 New ISA에 근거하여 3가지 이상 서술하고 그 예도 하나씩 제시하시오.

풀이

1. 회계추정치가 판단에 의존하는 정도 (예 : 유형자산의 손상차손)
2. 회계추정치가 가정의 변경에 대해 민감한 정도 (예 : 금융기관의 대손충당금 설정)
3. 추정의 불확실성을 감소시킬 수 있는 널리 인정된 측정 기법의 존재 (예 : 주식선택권 공정가치 평가 → 블랙숄즈 모형 및 이항 모형의 존재)
4. 외부적 원천에서 나온 신뢰할 수 있는 데이터의 이용가능성 (예 : 상장기업의 주식의 공정가치)

3 New ISA 상 김철수 회계사가 수행한 대손충당금 절차에서 누락된 절차 및 반드시 수행하였어야 할 절차를 2가지만 지적하시오.

풀이

김철수 회계사는 경영진의 회계추정치 도출방법에 대한 통제의 운영효과성을 테스트하여야 한다. 또한, 감사보고서일까지 발생한 사건이 회계추정치에 관한 감사증거를 제공하고 있는지 여부를 결정하여야 한다.

4 김철수 회계사는 해당 대손충당금의 적정성과 관련하여 유의적 위험이 있는 사안인지 여부를 판단하기 위하여 고려하여야 할 사항 및 유의적 위험이 있는 사안으로 판단하였을 경우 추가적으로 평가하여야 할 사항을 New ISA에 근거하여 서술하시오.

풀이

1. 유의적 위험을 평가할 때 고려할 사항
   ① 회계추정치의 실제 또는 예상되는 크기
   ② 감사인이 예상한 회계추정치의 기록 금액과 실제로 기록된 금액(즉, 경영진의 점추정치)
   ③ 경영진이 회계추정치를 도출할 때 전문가를 이용하였는지 여부
   ④ 전기 회계추정치에 대한 검토의 결과

2. 유의적 위험을 초래하는 회계추정치에 대한 평가사항
   ① 경영진이 대체적인 가정이나 결과를 어떻게 고려하였는지, 그리고 그러한 가정이나 결과를 왜 기각하였는지, 그렇지 않을 경우 회계추정치를 도출할 때의 추정 불확실성에 어떻게 대응하였는지에 관한 사항.
   ② 경영진이 이용한 유의적 가정들이 합리적인지 여부.
   ③ 경영진이 이용한 유의적 가정들이 합리적인지 또는 해당 재무보고체계를 적합하게 적용하였는지와 관련하여, 특정한 일련의 행위를 실행할 경영진의 의도 및 이를 실행할 능력.

5 김철수 회계사가 나름대로 추정한 대손충당금 추정방법에 대한 문제점을 지적해 보시오.

풀이

회사의 매출채권 성격을 분석해 보면 고액의 소수거래처로 구성되어 있음을 알 수 있다. 이런 경우 김철수 회계사처럼 연령분석법을 사용할 경우 개별 거래처별 특성이 반영되지 않아 적절한 대손충당금의 평가가 이루어지지 않을 가능성이 높다. 따라서 김철수 회계사는 주요 거래처별로 개별 채권을 분석(담보 및 보증 현황 분석 등)하여 적정한 대손충당금을 추정해 보아야 한다.

6 만약, 감사인이 추정한 대손충당금이 범위 추정으로 120억에서 150억으로 결과가 나왔을 경우 경영진이 제시한 대손충당금의 차이 중 얼마의 금액을 왜곡표시로 규정하고 있는지 New ISA에 근거하여 서술하시오.

풀이

감사인의 점추정치와 경영진의 점추정치의 차이는 왜곡표시를 구성한다. 이때 왜곡표시는 경영진의 점추정치와 감사인의 범위치 중 최인근값과의 차이와 같거나 크다. 따라서, 해당 왜곡표시는 20억 또는 20억

이상으로 판단해야 한다.

7 감사인이 재무제표에 인식되거나 공시된 회계추정치와 관련하여 서면진술에 포함되어야 할 내용에 대하여 New ISA에 근거하여 서술하시오.

풀이

(1) 가정과 모델 등 해당 재무보고체계의 관점에서 회계추정치를 결정할 때 경영진이 사용한 관련 측정절차의 적합성 및 동 절차의 적용에 대한 일관성
(2) 회계추정치 및 그 공시와 관련이 있을 경우, 제 가정은 기업을 대표하여 특정한 일련의 행위를 수행할 경영진의 의도와 능력을 적합하게 반영하고 있다는 것
(3) 회계추정치에 관련된 공시는 해당 재무보고체계하에서 완전하고 적합하다는 것
(4) 재무제표에 포함된 회계추정치와 공시에 대해 수정을 요하는 후속사건이 없다는 것

Q&A 사례문제 3 : 2013년, KICPA 기출문제 응용

※ 아래 상황을 읽고 각 물음에 답하시오.

(1) 갑㈜의 감사인은 전기(2X11회계연도) 타감사인에서 당기(2X12회계연도) 신규감사인으로 교체되었다. 당기 감사인인 담당이사(Partner) A회계사는 당기(2X12회계연도) 감사업무 수행 후 당기 초도감사대상회사였던 갑㈜의 감사보고서를 적정의견으로 발행하였고, 동 감사보고서에 첨부된 감사받은 재무제표는 주주총회에서 승인되었다.

(2) 회사의 2X12년 사업연도에 대한 주주총회 후 3개월이 경과된 시점에서 당기 감사인인 A회계사는 회사로부터 아래 사실을 통보받았다.

- 갑㈜는 전기(2X11회계연도) 9월 중 해외 소재 종속회사인 병㈜으로부터 (A)<u>광물자원 채굴권을 신규 취득</u>하였다며, 감사인에게 취득 관련 계약서와 광물자원채굴 허가서 및 대금 지불 관련 각종 증빙을 제시하였으나, 감사인에게 제시된 관련 서류는 모두 위조된 것이었으며 병㈜는 해당 채굴권을 소유하지 않았으며, 지불된 대금은 모두 대표이사가 횡령한 것으로 밝혀짐.
- 갑㈜는 해외 건설용역을 진행기준에 따라 수익을 인식하고 있으며, 과거 3개년 간 회사 공사미수금의 대부분이 실제 계약서상 계약도급금액이 아닌 대표이사가 위조한 계약서상 부풀려진 도급금액에 따른 (B)<u>진행기준 수익인식 해당액으로 실제로는 회수가 불가능한 금액</u>이었음.
- 회사는 상기 부정에 개입된 대표이사를 해임하고, 신임 대표이사를 선임하였음.

(3) 위 상황과 관련하여, A회계사는 아래 사실을 추가적으로 파악하였다.

- 회사로부터 통보받은 위 부정사실은 당기 감사보고서일 현재 존재하였고 감사보고서일에 알았더라면 감사보고서의 변형이 수반되었을 것이며, 전기 타감사인이 적정의견을 표명하였던 전기 재무제표에도 중요한 영향을 미치는 왜곡표시임.
- 상기 부정사건이 언론에 기사화된 후 주가 폭락으로 손해를 입은 갑㈜의 (C)<u>주주들이 회사에</u>

소송을 제기하였음.
- A회계사는 상기 부정사건의 영향에 대하여 법률자문을 구하고 새로 선임된 신임 대표이사 및 지배기구와의 필요한 사항을 협의하였으며, 회사는 (D)모든 거래에 대해 진위여부에 대한 검사를 진행하였음.
- 회사의 신임 대표이사는 상기 절차를 취한 후에 (E)수정된 재무제표를 A회계사에게 제시하면서, 이를 사용하여 2X12년도 재무제표에 대해서 재감사를 요구하였음.
- 수정 제시된 재무제표상 회사는 지속적인 공사손실을 나타내고 있으며 이는 (F)계속기업으로서의 존속가능성에 의문을 제기할 수준은 아니지만 건설공사와 관련된 (G)건설장비 등 유형자산의 손상징후는 전기 및 당기 모두 존재함.
- 회사는 과거 지속적인 공사손실로 (H)세무상 향후 공제가능한 이월결손금을 보유하고 있으며 최근 해외 건설공사의 실적 개선으로 향후 공사이익을 통해 세무상 공제를 예상하고 있음.

(물음 1) 부정사건들은 회사의 재무상태표와 손익계산서 계정과목별로 특정 경영진 주장에 영향을 미칠 것으로 판단할 수 있다.
다음은 갑㈜의 지배기구가 진행한 검사가 완전하고 신뢰할 수 있다고 가정할 때 위에 설명한 갑㈜의 부정들이 영향을 미칠 것으로 예상하는 계정과목별 주된 경영진 주장(또는 감사목적)을 표시한 것이다.

[재무상태표 항목 관련]

	계정과목	관련 주된 경영진 주장 또는 감사목적
1	무형자산	① ②
2	공사미수금	① ②
3	충당부채	② ③
4	유형자산	②
5	이연법인세	②

[손익계산서 항목 관련]

	계정과목	관련 주된 경영진 주장 또는 감사목적
1	공사수익	② ④
2	충당부채전입액	② ③
3	유형자산손상차손	②
4	법인세비용	②

[요구사항]
위 표에서 표기된 ①, ②, ③, ④에 공통적으로 해당하는 경영진 주장(또는 감사목적) 항목을 아래 답안 양식에 따라 기재하시오.

<답안양식>

항목번호	해당 경영진 주장 (또는 감사목적)
①	
②	
③	
④	

풀이

항목번호	해당 경영진 주장 (또는 감사목적)
①	실재성
②	평가 및 배분
③	완전성
④	발생사실 또는 기간귀속

(물음 2) 한국채택국제회계기준의 도입으로 회계추정과 공정가치 평가의 중요성이 강조되고 있다 이 항목들은 회계처리에서 정확한 측정치가 아닌 "회계추정치"를 사용한다는 점에서 객관적 감사증거의 입수가 어려울 수 있다. 위의 상황 설명 중에는 이처럼 "회계추정치"가 사용되는 경우들을 포함하고 있다.

[요구사항]

위 상황 설명 중에서 "회계추정치"를 사용되는 계정과목에 해당하는 항목 4가지를 (B)에서 (H) 표시 중에서 선택하여 기재하시오(단, 관련 계정과목과 공정가치평가 내용을 1줄 이내로 함께 기재할 것).

<답안양식>

번호	항목번호	관련 계정과목과 공정가치평가 내용
1		
2		
3		
4		
작성 예시	(A)	무형자산 손상평가

풀이

번호	항목번호	관련 계정과목과 공정가치평가 내용
1	B	매출 및 미성공사, 수익진행률에 대한 적정성 판단
2	C	소송충당부채 계상 여부 및 금액 정확성
3	G	유형자산의 손상평가
4	H	이연법인세자산의 실현가능성평가

(물음 3) 갑㈜는 전기에도 유형자산 손상 징후가 존재하여 공정가치 평가를 진행하였으며, A회계사가 상기 부정을 통보받기 전 당기 감사 당시에도 미래 현금흐름 추정법을 적용하여 유형자산의 공정가치평가를 진행하였다.
회사는 상기 부정으로 인한 미래 추정치의 영향을 고려하여 유형자산에 대해 다시 공정가치 평가를 진행하여 감사인에게 해당 자료를 제시하였다.

[요구사항]
유형자산 손상 평가를 위해 회사가 제시한 공정가치 측정치와 공시내용에 대한 감사와 관련하여 수행해야 하는 실증절차 4가지를 각각 2줄 이내로 New ISA에 근거하여 기재하시오.

<답안양식>

번호	공정가치에 대한 실증절차 설명 (각각 2줄 이내로 기재)
(1)	
(2)	
(3)	
(4)	

풀이

번호	공정가치에 대한 실증절차 설명 (각각 2줄 이내로 기재)
(1)	감사보고서일까지 발생한 사건이 회계추정치에 관한 감사증거를 제공하고 있는지 여부를 결정함.
(2)	경영진의 회계추정치 도출방법과 그러한 추정의 근거가 된 데이터를 테스트함
(3)	적합한 실증절차와 함께, 경영진의 회계추정치 도출방법에 대한 통제의 운영효과성을 테스트함.
(4)	경영진의 점추정치를 평가하기 위하여 감사인이 점추정치 또는 범위치를 도출함

Q&A 사례문제 4

다음 내용을 읽고 질문에 답하시오.

서해회계법인은 (주)텔레콤의 2005년 12월 31일로 종료되는 회계연도의 재무제표를 감사하고 있다. 김철수 회계사는 (주)텔레콤이 2005년도 중에 400억 원에 취득한 시장성이 없는 (주)동해의 주식과 관련된 사항들을 검토하고 있다. (주)텔레콤의 재무이사는 동 주식의 공정가액(fair value, 회계감사기준에서는 '공정가치')에 대하여 다음과 같은 평가모형이 적절하다고 판단하고, 이와 관련된 변수의 추정치를 적용하여 공정가액 300억 원을 산출하였다. 평가모형과 요약 재무정보는 다음과 같다.

(가) 평가모형

$$P = D_1 / (k - g), \quad k = R_f + \beta \times (R_m - R_f)$$

P : 현시점의 주식가치 D_1 : 차기에 기대되는 배당금
g : 성장률 k : 자기자본비용
R_f : 무위험수익률 R_m : 시장수익률
β : 개별 기업의 β

(나) 요약 재무정보

재무상태표

제10기 2005년 12월 31일 현재

(주)텔레콤 (단위 : 억 원)

매도가능증권	300	부채총계	XXX
기타의 자산	XXX	자본총계	XXX
자산총계	1,000	부채와 자본총계	1,000

1 김철수 회계사는 (주)텔레콤의 유가증권에 대하여 감사절차를 수행하였다. 이 결과 김철수 회계사는 평가대상 주식에 대하여 감사보고서일 현재까지의 알려진 정보에 따라 재무이사가 적용한 모형과 추정치가 합리적이라고 판단하였다. 또한 평가모형에서 산출된 300억 원도 계산의 오류가 없음을 확인하고 (주)텔레콤의 주주총회일인 2006년 2월 5일 이전에 적정의견이 표명된 감사보고서를 발행하였다. 그러나 2006년 2월 15일 (주)동해의 이사회는 향후 영업실적에 차질이 있을 것으로 예상하고 차기 배당규모를 수정하기로 결정하였으며 그 내용을 2006년 2월 17일에 공시하였다. 김철수 회계사는 이에 따라 평가모형을 다시 적용하여 공정가액을 200억 원으로 산출하였다.

이와 같은 상황에서 기발행된 서해회계법인의 적정의견 감사보고서는 적절한 것인가? 다음 중 타당하다고 생각하는 번호를 선택하고 그 이유를 3줄 이내로 기재하시오.

답으로 선택할 항목	이 유
① 적절함	
② 적절하지 아니함.	

풀 이

적절하다. 왜냐하면 감사인은 감사보고서일 현재 알려진 정보에 근거한 최선의 예측을 통하여 공정가치를 평가하였고 이에 따라 의견을 표명하였기 때문에 감사보고서일 발행 이후 입수한 추가적인 정보는 재무제표일 현재 공정가치 평가결론에 영향을 미치지 아니한다.

2 앞의 사례와 달리, 재무이사는 공정가액 산출을 위한 주식가치 평가모형의 적용이 매우 전문적이라고 판단하여 서해회계법인에 별도로 평가를 의뢰하였고, 서해회계법인은 회계법인 내부의 전문 컨설팅부서가 동 업무를 수행하도록 하였다고 가정하자.
이 경우 서해회계법인의 독립성이 훼손될 위험이 있는가? 다음 중 타당하다고 생각하는 번호를 선택하고 그 이유를 3줄 이내로 기재하시오.

답으로 선택할 항목	이 유
① 있다	
② 없다	

풀 이

독립성이 훼손될 수 있다. 감사인이 감사대상회사의 자산, 부채 등에 대하여 가치평가업무를 수행한 이후 해당 재무제표에 의견을 표명하는 것은 자기검토위협으로 인하여 독립성이 훼손될 수 있다.

3 재무이사가 적용한 β 추정치에 대하여 김철수 회계사가 수행할 수 있는 감사절차 중 2가지만 기재하시오.

풀 이

① 경영진이 β 추정 시 사용한 유의적 가정, 평가모형 및 기초 자료에 대한 테스트
② 회사가 측정한 β 추정치의 적정성을 보강적으로 확인하기 위하여 감사인이 독립적으로 점추정 또는 범위추정치를 도출함.
③ 감사보고서일까지의 사건을 검토하여 기본가정의 변화가 타당한지 보강증거 입수

4 (위 문제와 별개로 간주) 다음의 주식선택권과 관련하여 감사인이 수행하여야 할 절차에 대하여 서술하시오.

회사는 주식선택권의 보상원가를 공정가액접근법(옵션가격결정모형)을 적용하여 계산하였으며 보상원가 산정에 사용된 방법 및 가정은 다음과 같다.

구 분	사용된 방법 및 가정
주식의 시가 산정방법	단순화된 회계변수평가모형
무위험이자율(*1)	3.5~7.0%
기대행사기간	3년
예상주가변동성(*2)	15~30%
기대배당수익률(*3)	0%

(*1) 무위험이자율은 기대행사기간과 유사한 만기를 갖는 국고채권의 주식선택권 부여일 시점의 유통수익률을 이용하였습니다.
(*2) 주식선택권의 예상주가변동가능성은 한국거래소에 상장된 동종 업종지수의 예상주가 변동성을 기초로 하였습니다.
(*3) 과거에 배당이 없었으므로 기대배당수익률을 0으로 가정하였습니다.

풀이

① 감사보고서일까지 발생한 사건이 회계추정치에 관한 감사증거를 제공하고 있는지 여부를 결정함.
② 경영진의 회계추정치 도출방법과 그러한 추정의 근거가 된 데이터를 테스트함. 이 과정에서 감사인은 다음 사항을 평가하여야 한다.
  1) 이용된 측정방법이 해당 상황에 적합한지 여부.
  2) 경영진이 적용한 가정이 해당 재무보고체계의 측정목적에 비추어 합리적인지 여부.
③ 적합한 실증절차와 함께, 경영진의 회계추정치 도출방법에 대한 통제의 운영효과성을 테스트함.
④ 경영진의 점추정치를 평가하기 위하여 감사인이 점추정치 또는 범위치를 도출함.

Q&A 사례문제 5 : 특수관계자 거래와 관련된 감사절차

(주)서울은 상장 제조업으로서 의류제조업을 운영하고 있다. (주)서울의 대표이사 김철수 씨는 회사의 자금을 100억 원 가지급금으로 가지고 간 뒤 2005년 12월 30일 대표이사 김철수 씨의 소유 토지를 100억 원에 취득하는 매매계약을 체결하여 당해 임원에 대한 가지급금이 회수된 것으로 처리하였다. 그 이후 2006년 4월 해당 김철수의 개인사정을 이유로 위약금을 부과하지 않고 동 매매계약을 합의 해지하였고 2006년 12월 30일 신한은행 여의도 지점에 보통예금계좌를 신규로 개설하여 김철수 씨의 가지급금 회수금액 100억 원을 일시 입금함으로써 가지급금이 회수된 것으로 처리한 후 2007년 1월 3일 전액 인출하여 동 임원에게 다시 가지급하였다. 하지만 (주)서울을 감사하고 있는 왕치밀 회계사는 이와 같은 사실을 간과하고 (주)서울의 2006년도 12월 31일자 재무제표에 대하여 적정의견을 표명하였으나 회계법인의 내부 심리담당자에 의하여 여러 가지 감사절차에 대하여 지적을 받게 되었다.

1 (주)서울의 위와 같은 상황에서 2006년도 12월 31일자 (주)서울의 재무제표에 존재하는 왜곡표시 유형을 4가지 이상 서술하시오.

풀이

(1) 임원 대여금의 과소계상
(2) 현금및현금성자산의 과대계상
(3) 특수관계자 거래 공시 누락
(4) 법인세비용 및 미지급법인세 계상누락

2 감사인은 감사대상회사의 특수관계자 및 특수관계자거래가 일반적인 제3자와의 거래보다는 훨씬 재무제표의 중요왜곡표시위험을 높일 수 있다. 그 이유를 3가지 서술하시오.

풀이

(1) 특수관계자들 간에는 그 관계와 구조의 범위가 광대하고 복잡한 방식으로 거래가 이루어질 수 있으며, 이로 인하여 그 거래의 복잡성도 점점 증가하고 있음.

(2) 기업과 그 특수관계자들간의 거래와 잔액을 식별하거나 요약하는 데 정보시스템이 효과적이지 못할 수 있음.

(3) 특수관계자와의 거래는 정상적인 시장의 조건에서는 실행되지 않을 수 있음. 예를 들어, 어떤 특수관계자와의 거래는 대가의 교환이 없이 수행될 수 있다.

3 감사인은 회계감사의 일반적 요구사항으로서 전문가적 의구심을 가지고 감사를 계획하고 수행하여야 한다. 위와 같은 상황에서 왕치밀 회계사가 전문가적 의구심을 가지고 감사를 수행하였다면 특수관계자와의 비정상적인 거래가 존재하였을 것으로 의심할 수 있는 상황에는 어떠한 내용이 있는지 3가지만 서술하고 이 경우 감사인이 정상적인 절차 이외에 추가적으로 수행하였어야 할 일반적인 절차를 New ISA에 근거하여 2가지만 서술하시오.

풀이

1. 특수관계자와의 비정상적인 거래가 존재하였을 것으로 의심이 되는 상황
   (1) 전기 재무상태표에 거액의 건설중인자산이 존재하였으나 당기 중에 유형자산으로 대체되지 아니하고 다른 계정으로 대체되어 기말 현재 건설중인자산이 존재하지 아니한 점
   (2) 기중에 건설중인자산이 감소한 원인을 추적한 바, 당기 중 매매계약 해지를 원인으로 건설중인자산이 다시 특수관계자에 대한 가지급금으로 대체되었다는 점
   (3) 또한 당기 말에도 다른 거래내역이 전혀 없는 은행계좌에 일시 거액이 입금되었다가 다시 차기 초에 인출된 것이 발견되어 이를 추적한 바, 특수관계자의 가지급금을 일시적으로 회수처리한 사실을 발견한 점

2. 기업의 정상적인 사업과정을 벗어난 특수관계자와의 유의적 거래를 식별한 경우
   (1) 기본적인 계약이나 약정이 존재한다면 이를 검사하여 다음 사항을 평가함.
      ① 해당 거래의 사업상 논리적 근거(또는 그러한 근거의 결여)에 비추어 볼 때, 그러한 거래가 부정한 재무보고를 수행하거나 자산횡령을 은폐하기 위해 체결되었음을 나타내는지 여부
      ② 당해 거래의 조건이 경영진의 설명과 일관성이 있는지 여부
      ③ 당해 거래가 해당 재무보고체계에 따라 적합하게 회계처리 되고 공시되었는지 여부
   (2) 해당 거래가 적합하게 권한이 부여되고 승인되었다는 감사증거를 입수함.

4 감사인은 위험을 평가하는 과정에서 특수관계자 및 그와의 거래를 파악하기 위하여 여러 가지 절차를 수행하도록 New ISA는 요구하고 있다. 이러한 특수관계 및 특수관계자와의 거래를 파악하기 위하여 수행하여야 할 절차를 New ISA에 근거하여 3가지만 서술해 보시오.

풀이

(1) 기업의 특수관계 및 그 거래의 이해

감사인은 감사대상회사의 특수관계 및 그 거래의 이해를 위하여 경영진에게 특수관계자들의 신원, 그리고 기업과 특수관계자들간 관계의 성격 및 해당 기간 중에 특수관계자와 거래를 체결했는지 여부에 대하여 질문한다.

(2) 기록 또는 문서의 검토에 있어 특수관계자 정보에 대한 주의유지. 특히 다음과 같은 문서검사는 특수관계 및 특수관계자와의 거래를 파악하는 데 유용할 수 있다.

① 감사절차의 일부로서 입수한 은행의 확인서("은행조회서"라고도 한다)나 법률문제에 관한 확인서 ② 주주총회 회의록과 지배기구 회의록

(3) 특수관계자 정보의 업무팀 공유
감사인은 해당 기업의 특수관계자 신원 및 특수관계 및 그 거래의 성격에 대해 입수한 관련 정보를 업무팀의 다른 구성원과 공유하여야 한다.

5 감사인이 특수관계자 및 특수관계자와의 거래와 관련하여 경영진에게 서면진술을 받도록 New ISA는 요구하고 있다. 어떠한 내용에 대해서 서면진술을 받도록 요구하고 있는지 2가지만 서술해 보시오.

풀이

(1) 알고 있는 당해 기업의 특수관계자들의 신원과 모든 특수관계 및 그 거래의 내용을 감사인에게 모두 공개하였음.
(2) 그러한 거래들은 적절하게 회계처리되었으며 해당 재무보고체계에 따라 해당 관계와 거래를 공시하였음.

Q&A 사례문제 6 : 2004년, KICPA 기출문제 응용

유리회계법인의 송나라 공인회계사는 주식회사 럭셔리의 20X3회계연도 재무제표에 대한 감사절차의 일환으로 20X3년 12월 31일자 재고실사에 대한 입회를 계획하고 있다. 20X3년 12월 31일 현재 회사의 총자산은 500억 원이고, 재고자산의 구성내역은 다음과 같다.

디지털시계	220억 원
다이아몬드	200억 원
액세서리	30억 원
합 계	450억 원

송나라 회계사는 상기 재고자산의 실사에 대한 입회를 위하여 다이아몬드 감정전문가를 활용할 것을 검토하고 있다.

1 주식회사 럭셔리의 감사업무를 위하여 외부 감정전문가 활용 여부를 결정할 경우 송나라 회계사가 고려해야 할 사항을 New ISA에 근거 3가지만 서술하고 각각의 경우에 전문가 활용의 필요

성에 대해서도 같이 서술하시오.

풀이

고려요인	필요성
해당 사항의 복잡성 등 관련 사항의 성격과 유의성	해당 사항이 복잡할수록 감사인측 전문가 활용이 필요하다
해당 사항 내의 중요왜곡표시위험	중요왜곡표시위험이 높을수록 감사인측 전문가 활용이 필요하다.
해당 사항과 관련된 전문가의 업무에 대한 감사인의 지식과 경험 등 식별된 위험에 대응하는 감사절차의 예상되는 성격, 그리고 감사증거에 대한 대체적 원천의 이용가능성	감사증거에 대한 대체적 원천의 이용가능성이 낮을수록 감사인측 전문가 활용이 필요하다.

2 유리회계법인이 전문가를 활용하기로 결정할 경우, 전문가에 대한 평가 시 고려해야 할 사항을 간략히 2줄 이내로 기술하고 해당 정보를 입수할 수 있는 원천을 New ISA에 근거하여 3가지만 서술해 보시오.

풀이

1. 전문가에 대한 평가시 고려사항
   감사인은 전문가의 업무활용에 대한 필요성을 고려한 이후, 전문가의 적격성, 역량 그리고 객관성에 대한 평가를 하여야 한다.
2. 적격성 및 객관성에 대한 정보 입수 원천

적격성	객관성
1. 과거 업무에 대한 경험	1. 전문가의 공정성에 영향을 미칠 수 있는 알려진 이해관계나 기타의 제 관계를 기업에 질문함.
2. 전문가의 관련 자격, 전문직 단체나 협회의 가입 또는 기타 형태의 외부적 공인에 대한 감사인의 지식	2. 재무적인 이해관계나 사업관계, 인적인 관계가 있는 경우 적용가능한 안전장치에 대해서 전문가와 토의하고 그러한 안전장치가 제 위협을 수용가능한 수준까지 감소시키는데 적절한지 여부를 평가
3. 감사인측 전문가가 발표한 문헌이나 저술	3. 전문가로부터 해당 객관성 여부에 대하여 서면진술을 수령

3 유리회계법인 송나라 공인회계사가 다이아몬드 감정전문가를 활용하는 경우 감사목적에 적합한 감사증거를 확보하기 위하여 일반적으로 전문가와 감사인 사이에 일정한 내용에 대한 합의 즉, 계약서를 작성하여야 한다. 이러한 계약서에 포함되어야 하는 내용 3가지 이상을 New ISA에 근거하여 서술하시오.

풀이

(1) 감사인측 전문가 업무의 성격, 범위 및 목적

(2) 감사인과 감사인측 전문가간의 상호 역할과 책임
(3) 감사인측 전문가가 작성하는 보고서의 형태 등 감사인과 감사인측 전문가간 커뮤니케이션의 성격, 시기 및 범위
(4) 감사인측 전문가가 비밀유지 요구사항을 준수할 필요성

4 송나라 공인회계사가 감정전문가의 감정결과를 입수한 경우 이 전문가 업무가 감사목적상 적합한지 여부에 대해서 평가를 하여야 한다. 이러한 전문가의 업무수행결과가 감사목적에 적합한지 여부를 평가하기 위하여 감사인이 수행하여야 할 절차 3가지를 New ISA에 근거하여 서술하시오.

풀이

1. 감사인측 전문가가 발견한 사항이나 결론의 관련성과 합리성 및 다른 감사증거와의 일관성
2. 감사인측 전문가의 업무가 유의적 가정과 방법을 수반하고 있다면 그러한 가정과 방법의 관련성과 합리성
3. 감사인측 전문가의 업무에 유의적인 원천데이터의 사용이 수반된다면 그러한 원천데이터의 관련성과 완전성 및 정확성

5 송나라 공인회계사가 전문가의 업무결과가 감사목적상 적합하지 않다고 판단한 경우 수행하여야 할 조치 2가지를 New ISA에 근거하여 3줄 이내로 기술하시오.

풀이

당해 감사인측 전문가가 수행할 후속업무의 성격과 범위에 대하여 동 전문가와 합의함
해당 상황에 적합한 추가적인 감사절차를 수행함. 이러한 추가적인 감사절차에는 전문가의 추가적인 절차와 감사인의 추가적인 절차를 다 포함하는 것이며 다른 전문가를 고용하거나 또는 계약하는 것도 포함된다.
만약, 위와 같은 추가적인 감사절차를 통하여도 충분하고 적합한 감사증거를 입수하지 못하는 경우에 감사인은 감사보고서의 변형을 고려하여야 한다. (감사범위의 제한 : 한정 또는 의견거절)

6 송나라 공인회계사는 재고자산에 대하여 감정전문가를 선임하여 만족스러운 결과를 얻었다. 따라서 변형되지 않는 적정의견으로 감사보고서를 발행하고자 한다. 그러나 재고자산이 재무제표에서 차지하는 비중이 금액적으로 대단히 중대하므로 책임구분을 명확히 하기 위하여 감사보고서에 전문가의 업무를 인용하고자 한다. 1) 이것이 가능한지의 여부를 기술하고, 2) 그 이유를 간략히 설명하시오.

풀이

감사인은 변형되지 않는 적정의견이 표명되는 감사보고서를 발행하는 경우에는 원칙적으로 전문가의 업무를 감사보고서에 언급할 수는 없다. 왜냐하면 만약 이를 인용하는 경우 재무제표에 대한 감사의견을 전문가와 감사인이 함께 표명하는 것으로 오해를 불러일으킬 수 있기 때문이다.
그러나 변형된 보고서에서는 상황에 따라 이를 인용할 수도 있다. 만약 변형된 보고서에 전문가의 업무를 인용하고자 한다면 사전에 전문가의 동의를 얻어야 하며, 전문가의 업무를 인용하는 것이 바람직함에도 불구하고 감사인은 전문가와 재무제표에 대한 의견표명 책임을 구분할 수는 없으며 감사의견에 대해서는 전적으로 감사인이 책임을 진다.

Q&A 사례문제 7 : 2002년, KICPA 기출문제 응용

감사인은 피감사회사가 내부감사기능을 가지는 경우 내부감사 결과를 이용함으로써 감사를 효과적으로 수행할 수 있다. 감사인은 내부감사인이 수행한 업무가 감사목적에 적합한지 여부 결정하기 위해서 A. 내부감사기능의 객관성, B. 내부감사인의 기술적 적격성, C. 내부감사의 업무가 정당한 주의의무를 다하여 수행되었는지 여부, D. 내부감사인과 외부감사인 사이에 원활한 커뮤니케이션이 이루어질 수 있는지가 고려될 수 있으며, 외부감사인이 내부감사의 결과를 이용하려고 할 경우 내부감사계획안 및 결과를 가급적 조기에 입수 검토할 필요가 있으며 내부감사인은 외부감사인과 원활한 의사소통을 하여야 한다.

1 위에서 언급된 내부감사인이 수행한 업무가 감사목적에 적합한지 여부 결정하기 위하여 고려될 수 있는 4가지에 대하여 간략히 설명하시오.

풀이

내부감사인이 수행한 업무가 감사목적에 적합한지 여부 결정시 고려사항	
① 내부감사기능의 객관성	가. 기업에서의 내부감사기능의 위상, 내부감사인이 공정할 수 있는지에 대해 이러한 위상이 미치는 영향 나. 내부감사기능을 통해 지배기구나 적절한 권한을 지닌 임원에게 보고되는지, 그리고 내부감사인이 지배기구에 직접적으로 접촉하는지 여부 다. 내부감사인의 이해가 상충되는 책임이 없는지 여부 라. 지배기구가 내부감사기능과 관련된 고용결정을 감독하고 있는지 여부 마. 경영진이나 지배기구가 내부감사기능에 가한 어떠한 제약이나 제한이 있는지 여부 바. 경영진이 내부감사기능의 권고를 따르는지 여부 및 그 정도, 경영진의 그 같은 행위를 입증할 수 있는 방법
② 내부감사인의 기술적 적격성	가. 내부감사인이 관련 전문가 단체의 회원인지 여부 나. 내부감사인이 그 역할을 수행할 수 있도록 적합하게 기술적으로 훈련되고 숙련되어 있는지 여부 다. 내부감사인의 고용 및 훈련 정책이 수립되어 있는지 여부
③ 내부감사인의 업무가 정당한 전문가적 주의를 가지고 수행되는지 여부	가. 내부감사기능의 활동이 적절하게 계획, 감독, 검토되며 문서화되고 있는지 여부 나. 감사매뉴얼이나 기타 유사문서, 감사프로그램 그리고 내부감사 문서화의 존재와 충분성
④ 내부감사인과 외부감사인 사이에 효과적인 커뮤니케이션이 가능할 것인지 여부	가. 회의는 전 감사기간에 걸쳐 적절한 주기로 개최됨 나. 외부감사인은 관련 내부감사보고서를 접할 수 있으며, 내부감사인은 외부감사인이 수행하는 업무에 영향을 미칠 수 있는 유의적 사항을 알게 된 경우 모두 통보함 다. 외부감사인은 내부감사기능에 영향을 미칠 수 있는 유의적 사항들을 내부감사인에게 알림

2 외부감사인이 내부감사기능을 이용하기 위하여 내부감사인과 원활한 의사소통을 해야 하는 이유를 간략히 설명하시오.

풀이

내부감사기능은 회사 내부통제제도를 구성하는 중요한 요인 중에 하나이기 때문에 감사인은 내부감사의 업무를 활용하여 보다 효과적이고 효율적인 재무제표 감사를 수행할 수 있다.

3 어떤 회사에 효과적인 내부감사부서가 있다. 내부감사부서에서는 매 분기 말 채권, 채무에 대한 외부조회를 실시하고 있다. 이 경우 외부감사인이 내부감사인이 수행한 매출채권조회업무가 감사업무 목적에 적합한지 판단할 때 고려하여야 할 요인을 서술하고 이 경우 내부감사인의 업무가 감사업무 목적에 적합하다고 판단한 경우 외부감사인이 재무제표에 대한 의견표명책임을 내부감사인과 구분할 수 있는지 여부에 대하여 서술하시오.

풀이

1. 내부감사인이 수행한 특정업무가 외부감사인의 감사목적에 적합한지 여부 결정시 평가사항
   (1) 동 업무가 적합한 기술적 훈련과 실력을 갖춘 내부감사인에 의해 수행되었는지 여부
   (2) 동 업무가 적절히 감독, 검토되고 문서화되었는지 여부
   (3) 내부감사인이 합리적인 결론을 도출할 수 있게 적절한 감사증거가 입수되었는지 여부
   (4) 내부감사인이 도출한 결론이 해당 상황에서 적합한지, 그리고 내부감사인이 발행한 보고서가 내부감사업무의 수행결과와 일관성이 있는지 여부
   (5) 내부감사인에 의해 밝혀진 예외적이거나 비정상적인 사항들은 적절히 해결되었는지 여부
2. 외부감사인은 표명한 감사의견에 대해 독자적인 책임을 부담하며 그러한 책임은 외부감사인이 내부감사인의 업무를 이용했다고 하더라도 경감되지 아니한다.

Q&A 사례문제 8 : 2015년, KICPA 기출문제

1 회계감사기준에서 회계추정치란 정확한 측정수단이 없을 때의 화폐금액 근사치를 말한다. 회계추정치는 추정을 요구하는 금액뿐만 아니라, 추정불확실성이 존재하는 공정가치로 측정된 금액에 대하여도 사용된다. 그 중에서 공정가치의 측정과 관련된 회계추정치를 '공정가치 회계추정치'라고 한다. <u>'공정가치 회계추정치'를 필요로 하는 상황의 예를 3가지 열거하시오.</u>

풀이

1. 재고자산의 진부화
2. 활발한 공개시장에서 거래되지 않는 복잡한 금융상품
3. 주식기준보상
4. 영업권이나 무형자산 등 사업결합에서 취득한 자산과 부채
5. 매각 목적으로 보유 중인 자산이나 설비

※ 다음은 (물음 2) 및 (물음 3)과 관련된 자료이다.

A㈜는 20X5년 중 바이오 사업을 영위하는 비상장회사인 B㈜의 지분 100%를 800억원에 취득하였다. A㈜의 경영진은 동 지분 취득과 관련하여 Y회계법인에 의뢰하여 공정가치 평가보고서를 입수하였으며, 이를 회계처리에 반영하였다. Y회계법인의 공정가치 평가보고서에 따르면 취득대가 800억원의 구성내역은 다음과 같다.

구 분	금 액
순자산 공정가치	400억원
추가 식별한 기술가치	300억원
영 업 권	100억원
합 계	800억원

X회계법인은 A㈜의 회계감사를 수행하고 있으며, X회계법인의 매니저 김 회계사는 계정담당자인 이 회계사의 감사조서를 검토하고 있다. 다음은 김 회계사와 이 회계사의 대화 내용이다.

김 회계사: 이 회계사는 바이오산업에 대한 공정가치 평가보고서 검토 경험이 충분한가요?

이 회계사: ① 바이오산업에 대한 전문지식이나 공정가치 평가보고서에 대한 검토 경험은 없지만 회계사 경력이 4년이나 되고, 사용된 가정이나 계산과정이 외부전문가의 공정가치 평가보고서에 상세히 기술되어 있으며, 일부 이해하기 어려운 부분이 있었지만 제가 아는 범위 내에서 최선을 다했습니다.

김 회계사: 해당 시장이 아직 활성화되지 않았고, 회사의 기술력이 아직 검증되지 않았는데, 회사의 향후 5년간 연평균 매출 성장률을 50%로 추정한 것은 과도한 것 아닌가요?

이 회계사: ② 공정가치 평가보고서에 기술된 산업에 대한 전망치들은 공개된 산업통계자료를 이용하였고, 해당 산업의 시장규모 및 B㈜의 예상 시장점유율을 근거로 판단했을 때 적정하다고 생각합니다.

김 회계사: 공정가치 평가보고서는 Y회계법인이 작성하였는데, Y회계법인 담당자는 해당 산업을 충분히 이해하고 있나요?

이 회계사: ③ Y회계법인의 담당자인 최 회계사와 직접 유선통화로 확인하였습니다. ④ 최 회계사는 바이오산업에 대한 업무는 처음이지만 회계사 경력이 10년 이상이나 되고, 공정가치평가 업무를 수차례 수행한 경험이 있어 적격성을 갖추고 있다고 생각합니다.

2 상기 대화내용 중 감사와 관련하여 가장 적절하지 않은 문장[①~④] 2가지를 지적하고, 추가적으로 수행할 감사절차를 [답안양식]에 따라 서술하시오.

[답안양식]

문장번호	추가적인 감사절차

풀 이

문장번호	추가적인 감사절차
①	바이오산업에 대한 전문지식이나 공정가치 평가보고서에 대한 검토 경험이 없기 때문에 적격성에 문제가 있다. 따라서 해당 산업에 대한 지식과 공정가치평가와 관련된 검토 경험이 많은 감사인에 의해서 해당 절차가 수행되어야 한다.
④	공정가치평가를 수행한 Y회계법인의 경우에도 바이오산업에 대한 경험이 없는 상태이므로 적격성이 결여된 것으로 볼 수 있다. 따라서 적격성을 구비하고 있는 다른 회계법인의 평가보고서를 요구하여야 한다.

3 X회계법인의 업무담당이사는 계정담당자인 이 회계사의 감사조서를 검토한 결과 해당 사업에 대한 기술력 검증이 완료되지 않았고, 해당 시장전망에 대한 불확실성도 있는 등 추정불확실성이 매우 높은 상황이라고 판단하였다. 추정불확실성이 매우 높아 합리적인 회계추정치를 도출할 수 없을 때 감사인이 고려해야 할 사항 3가지(답안예시 제외)를 서술하시오.

[답안예시]

① 추정불확실성의 성격과 중요성 및 그 정도에 따라 경영진의 서면진술에 포함시킬지를 고려해야 한다.

풀 이

1. 유의적 위험을 야기시키는 추정불확실성에 대해서 재무제표 주석에 공시를 하도록 권고한다.
2. 합리적인 회계추정치를 도출할 수 없는 경우라고 판단되는 경우 감사인은 이러한 불확실성이 재무제표에 미치는 영향을 고려하고 해당 사안이 감사보고서에 미치는 영향을 고려하여야 한다. (의견거절 고려)
3. 관련 모든 감사인의 주요 판단사안과 결론을 문서화하여야 한다.

4 회계감사기준에서 언급하고 있는 경영진측 전문가와 감사인측 전문가의 정의를 [답안양식]에 따라 서술하시오.

[답안양식]

경영진측 전문가	
감사인측 전문가	

풀이

경영진측 전문가	회계나 감사 외의 분야에서 전문성을 보유하고, 해당 분야에서 감사인이 충분하고 적합한 감사증거를 입수하는 데 도움을 주는 개인 또는 조직을 말한다.
감사인측 전문가	회계나 감사 외의 분야에서 전문성을 보유하고, 해당 분야에서 기업의 재무제표 작성에 도움을 주는 개인 또는 조직을 말한다.

Q&A 사례문제 9 : 2018년, KICPA 기출문제

A㈜는 재무제표에서 중요한 비중을 차지하는 비상장주식을 보유하고 있다. A㈜는 동 주식에 대해 특정 미래현금흐름의 할인모형(Discounted cash flow model)을 이용하여 공정가치로 평가하고 있다. A㈜의 경영진은 전문가를 활용하지 않고 비상장주식의 공정가치를 도출하고 있다.

[비상장주식 평가모형]

①	미래 순현금흐름의 추정 : t=1기간 말부터 t=5기간 말까지 순현금흐름을 연도별로 추정하고, t=6기간 말 이후의 순현금흐름은 t=5기간 말의 순현금흐름, 할인율 및 성장률을 고려하여 고든(Gordon)의 항상성장모형으로 추정한다.
②	할인율 : 기업위험을 반영한 가중평균자본비용

1 경영진은 재무제표를 작성할 때 회계추정치 도출을 위한 재무보고절차를 수립해야 한다 감사인은 위험평가절차 및 관련활동을 수행할 때, 회계추정치의 중요왜곡표시위험을 식별하고 평가하는 데 근거가 될 수 있는 사항을 이해해야 한다. 이러한 이해를 통해 감사인은 A㈜에 있을 수 있는 회계추정치의 성격과 유형을 예상할 수 있다. 감사인이 비상장주식 공정가치의 중요왜곡표시위험을 식별하고 평가하기 위하여 이해해야 할 사항을 세 가지 서술하시오.

풀이

첫째, 관련 공시 등 회계추정치와 관련된 해당 재무보고체계의 요구사항

둘째, 경영진이 재무제표에 인식하거나 공시하기 위해 회계추정치를 필요로 하는 거래나 사건 또는 상황을

식별하는 방법
셋째, 경영진의 회계추정치 도출방법과 회계추정치의 기초가 되는 데이터를 이해하여야 한다.

2 감사인은 평가된 중요왜곡표시위험에 대응하고자 한다. 이를 위하여 감사인은 A㈜가 보유한 비상장주식의 공정가치의 성격을 고려하여 감사절차를 수행하기로 하였다. 감사인이 중요왜곡표시위험에 대응하기 위하여 수행해야 하는 감사절차 중 세 가지만 서술하시오.

풀이

첫째, 경영진의 회계추정치 도출방법과 그러한 추정의 근거가 된 데이터를 테스트한다.
둘째, 경영진의 점추정치를 평가하기 위하여 감사인이 점추정치 또는 범위추정치를 도출한다.
셋째, 감사보고서일까지 발생한 사건이 회계추정치에 관한 감사증거를 제공하고 있는지 여부를 결정한다.

3 A㈜의 전기재무제표에 인식한 비상장주식의 공정가치와 당기에 인식한 공정가치 간에 유의적 차이가 있는 것으로 나타났다. 감사인은 이와 같은 차이에 대한 이유를 식별하고 이해하기 위하여 위험평가절차를 수행하고 있다. 이러한 위험평가절차에서 감사인이 입수해야 하는 감사증거 세 가지만 서술하시오.

풀이

첫째, 경영진이 대체적인 가정이나 결과를 어떻게 고려하였는지, 그리고 그러한 가정이나 결과를 왜 기각하였는지 그렇지 않을 경우 회계추정치를 도출할 때의 추정 불확실성에 어떻게 대응하였는지에 관한 사항
둘째, 경영진이 이용한 유의적 가정들이 합리적인지 여부
셋째, 경영진이 이용한 유의적 가정들이 합리적인지 또는 해당 재무보고체계를 적합하게 적용하였는지와 관련하여, 특정한 일련의 행위를 실행할 경영진의 의도 및 이를 실행할 능력을 평가하여야 한다.

4 다음은 A㈜의 비상장주식의 공정가치와 관련 공시에 대하여 감사인이 수행한 감사절차이다.

번호	감사절차
①	감사인은 경영진이 유의적 위험이 유발되는 비상장주식 공정가치의 추정불확실성에 따른 영향에 적절히 대응하지 못하였다고 판단하였다. 감사인은 비상장주식 공정가치의 합리성을 평가하기 위하여 공정가치의 점추정치를 도출하였다.
②	감사인은 경영진의 편의가능성에 대한 징후가 존재하는지를 식별하기 위하여 경영진이 회계추정치를 도출할 때 내린 판단과 결정을 검토하였다. 감사인은 경영진이 비상장주식의 공정가치를 추정할 때 편의가능성에 대한 징후가 존재한다고 판단하여 왜곡표시를 구성한다고 결정하였다.
③	감사인은 경영진이 회계추정치를 도출할 때 적용한 유의적 가정이 합리적이라고 믿는지에 대해 이들로부터 서면진술을 입수하였다.

[요구사항]
감사인이 수행한 감사절차 또는 판단이 적절한지를 문항별로 판단하고, 적절하지 않은 경우에는 그 이유를 서술하시오.

[답안양식]

구분	적절성 여부 (O 또는 X)	이유
①		
②		
③		

풀이

구분	적절성 여부 (O 또는 X)	이유
①	X	감사인은 이 경우 경영진의 점추정치를 평가하기 위하여 점추정치 또는 범위추정치를 도출하여야 한다.
②	X	편의가능성 그 자체가 왜곡표시를 바로 의미하는 것은 아니다.
③	O	–

5 감사인은 A㈜가 보유한 비상장주식과 관련하여 충분하고 적합한 감사증거를 입수하기 위하여 감사인측 전문가의 업무를 활용하였다. 감사인은 감사인측 전문가로부터 수행한 업무에 대한 보고서를 수령하였다. 감사인측 전문가의 업무가 감사목적에 적합한지를 평가할 때 감사인이 고려해야 할 사항 세 가지만 서술하시오.

풀이

첫째, 감사인측 전문가가 발견한 사항이나 결론의 관련성과 합리성 및 다른 감사증거와의 일관성
둘째, 감사인측 전문가의 업무가 유의적 가정과 방법을 수반하고 있다면 그러한 가정과 방법의 관련성과 합리성
셋째, 감사인측 전문가의 업무에 유의적인 원천데이터의 사용이 수반된다면 그러한 원천데이터의 관련성과 완전성 및 정확성을 고려하여야 한다.

Q&A 사례문제 10 : 2018년, KICPA 기출문제

특수관계자의 존재 및 특수관계자와의 거래는 여러 상황에서 다른 거래보다 더 높은 중요왜곡표시위험을 초래할 수 있다. 감사인은 기업과 기업환경을 이해하고 중요왜곡표시위험을 식별하고 평가하는 과정에서 정상적인 사업과정을 벗어난 특수관계자 거래를 유의적 위험으로 취급하고 이에 대응되는 통제테스트 및 실증절차를 수행한다.

[상황]

> X회계법인은 A㈜의 외부감사를 수행하고 있다.
>
> X회계법인은 금융기관 외부조회절차를 수행하던 중 A㈜가 공장부지를 B㈜의 차입금에 대한 담보로 제공한 사실을 파악하였다. X회계법인은 경영진에게 A㈜와 B㈜의 관계 및 공장부지를 담보로 제공한 이유에 대하여 질문하였다.
>
> 경영진의 설명에 따르면 B㈜는 A㈜의 지배회사의 또 다른 종속회사(자매회사)이며, 당기 중 신규 설립되었다. A㈜의 공장부지는 B㈜가 설비투자를 위하여 금융기관에서 차입 하면서 담보로 제공한 것이다.

1 X회계법인은 금융기관 외부조회절차 과정에서 A㈜의 경영진이 공개하지 않았던 특수관계자 및 특수관계자 거래를 식별하였다. 특수관계자 및 특수관계자 거래를 식별하기 위하여 감사인이 수행할 수 있는 절차(금융기관 외부조회절차를 제외)를 세 가지만 서술하시오.

풀이

첫째, 주주총회 회의록과 지배기구 회의록을 열람한다.

둘째, 감사대상회사의 특수관계 및 그 거래의 이해를 위하여 경영진에게 기업과 특수관계자들간 관계의 성격, 기업이 해당 기간 중에 특수관계자와 거래를 체결했는지 여부등에 대하여 질문하여야 한다.

셋째, 해당 기업의 특수관계자에 대해 입수한 관련 정보를 업무팀의 다른 구성원과 공유하여야 한다.

2 감사인은 감사의 고유한계 때문에 재무제표의 중요한 왜곡표시를 발견하지 못할 수 있다. 특히 감사인이 특수관계자 및 특수관계자 거래의 중요한 왜곡표시를 발견하기 어려운 이유를 서술하시오.

풀이

첫째, 특수관계자들 간에는 그 관계와 구조의 범위가 광대하고 복잡한 방식으로 거래가 이루어질 수 있으며, 이로 인하여 거래의 복잡성이 점점 증가하고 있다.

둘째, 기업과 그 특수관계자들 간의 거래와 잔액을 식별하거나 요약하는 데 정보시스템이 효과적이지 못할 수 있다.

셋째, 특수관계자와의 거래는 정상적인 시장의 조건에서는 실행되지 않을 수 있다.

3 X회계법인이 금융기관 외부조회절차로 B㈜의 존재와 담보제공 거래를 파악한 것처럼 경영진이 공개하지 않았던 특수관계자와 유의적인 특수관계자와의 거래를 감사인이 식별하는 경우가 있다. 이 경우 감사인이 수행해야 할 감사절차를 세 가지만 서술하시오.

[답안양식]

번호	감사절차
[답안예시]	*감사팀의 다른 구성원과 관련 정보를 신속하게 커뮤니케이션 한다.*
①	
②	
③	

풀 이

번호	감사절차
①	새로 식별된 특수관계자 또는 이들과의 유의적 거래에 대하여 적합한 실증감사절차를 수행한다.
②	경영진이 과거에 식별하지 못하였거나 감사인에게 공개하지 않았던 다른 특수관계자 및 이들과의 유의적 거래가 존재할 위험을 재고려하고, 필요에 따라 추가적인 감사절차를 수행한다.
③	만약 경영진의 미공개가 의도적이 경우에는 당해 감사에 대한 시사점을 평가한다.

Q&A 사례문제 11 : 2020년, KICPA 기출문제

감사인은 감사업무를 효율적이고 효과적으로 수행하기 위해 감사계획을 수립하여야 한다. 다음 물음은 감사계획 수립과 관련된 내용이다. 다음 물음에 답하시오.

1 회계감사기준에서는 감사계획 수립시 주요업무팀원의 참여 예비적 활동의 수행, 계획수립 활동 및 문서화라는 네 가지 사항을 요구하고 있다. 감사계획 수립시 문서화해야 할 사항을 두 가지만 서술하시오.

풀 이

첫째, 전반감사전략에 내용
둘째, (세부)감사계획에 내용
셋째, 감사의 진행 중 발생한 전반감사전략 또는 세부감사계획의 중요한 변경과 그러한 변경의 이유 다음 [상황]은 (물음 2)~(물음 4)에 관련된 것이다.

[상 황]

> 한국회계법인에 근무하는 업무수행이사 나치밀 회계사는 ㈜대한과 20X1년 재무제표에 대한 감사계약을 20X1년 2월 초에 체결하였다. 감사계약 체결 후 나치밀 회계사는 감사업무를 효율적이고 효과적으로 수행하기 위해 감사계획 수립을 준비 중이다.
>
> ㈜대한은 20X0년까지 종업원급여제도로 확정기여형 퇴직연금제도를 운용해 오다가 20X1년 초부터 확정급여형 퇴직연금제도로 변경하였다. ㈜대한의 경영진은 재무제표를 작성할 때 종업원급여제도와 연관된 부채의 보험수리적 계산을 위해 계리법인 A를 활용하기로 하였다.
>
> 이러한 상황을 파악한 나치밀 회계사는 보험수리적 계산 검증을 위해 한국회계법인 내부의 보험계리 전문가를 활용하기로 결정하였다. 또한, 나치밀 회계사는 재고자산 실사입회 시기를 ㈜대한의 창고담당자 작업 일정에 맞추어 조정하기로 경영진과 논의하였다.

2 나치밀 회계사가 회계법인 내부의 보험계리 전문가 활용여부를 결정할 때 고려할 사항을 **두 가지**만 서술하시오(단, 아래 <예시>는 제외할 것).

> *<예시>*
> *경영진이 재무제표를 작성할 때 경영진측 전문가를 활용하였는지 여부*

풀 이

첫째, 해당 사항의 복잡성 등 관련 사항의 성격과 유의성
둘째, 해당 사항 내의 중요왜곡표시위험
셋째, 감사증거에 대한 대체적 원천의 이용가능성

3 나치밀 회계사가 회계법인 내부의 보험계리 전문가 활용과 관련된 감사절차의 성격·범위, 시기를 결정할 때 고려할 사항을 **두 가지**만 서술하시오.

풀 이

첫째, 전문가의 업무가 관련된 사항에서의 중요왜곡표시위험
둘째, 감사상 해당 전문가의 업무가 가지는 유의성
셋째, 전문가의 과거 수행업무에 대한 감사인의 지식과 경험
넷째, 전문가가 당해 회계법인의 품질관리정책과 절차를 준수하는지 여부

4 나치밀 회계사가 재고자산 실사입회 시기를 조정하기로 ㈜대한의 경영진과 논의할 때, 주의할 점은 무엇인지 서술하시오.

풀 이

전반감사전략이나 감사계획에 포함된 사항을 기업의 경영진과 논의하는 경우, 감사의 효과성이 손상되지

않도록 주의가 요구된다. 예를 들어 경영진과 세부감사절차의 성격과 시기를 논의하는 것은 감사절차가 지나치게 예측가능하게 되어 감사의 효과성이 손상될 수 있다.

Q&A 사례문제 12 : 2020년, KICPA 기출문제

감사인은 ㈜하몽을 감사하면서, ㈜하몽이 보유하고 있는 비상장회사인 ㈜자몽에 대한 투자주식(이하 '비상장주식') 가치평가보고서를 검토 중이다. 다음은 ㈜하몽이 현금흐름할인법으로 평가한 ㈜자몽의 가치평가보고서의 일부이다.

〈2020년 보고서〉

(단위: 십억 원)

구분	실제 발생		향후 계획				
	'19	'20	'21	'22	'23	'24	'25
매출	88	95	106	119	133	149	167
매출성장률	9%	8%	12%	12%	12%	12%	12%
매출원가	43	48	52	57	63	67	73
매출원가율	49%	51%	49%	48%	47%	45%	44%

감사인은 가치평가보고서를 검토하면서, 경영진의 편의가능성을 파악하기 위하여 과거(2019, 2018년) 보고서를 아래와 같이 입수하였다. 다음 물음에 답하시오.

〈2019년 보고서〉

(단위: 십억 원)

구분	실제 발생		향후 계획				
	'18	'19	'20	'21	'22	'23	'24
매출	81	88	99	111	124	139	156
매출성장률	15%	9%	12%	12%	12%	12%	12%
매출원가	39	43	48	52	57	63	69
매출원가율	48%	49%	48%	47%	46%	45%	44%

〈2018년 보고서〉

(단위: 십억 원)

구분	실제 발생		향후 계획				
	'17	'18	'19	'20	'21	'22	'23
매출	70	81	91	102	114	128	143
매출성장률	13%	15%	12%	12%	12%	12%	12%
매출원가	33	39	44	48	52	58	63
매출원가율	47%	48%	48%	47%	46%	45%	44%

※ 아래 각 물음은 서로 독립적이다.

1 감사인은 경영진의 편의가능성에 대한 징후가 존재하는지 여부를 식별하기 위하여 경영진이 회계추정치를 도출할 때 내린 판단과 결정을 검토해야 한다. 감사인은 위의 자료를 검토하면서 ㈜하몽의 비상장주식 가치평가에 대하여 경영진 편의의 징후가 있다고 판단하고 있다. 감사인이 위의 가치평가보고서를 검토하고 이렇게 판단한 이유를 **두 가지**만 각각 **2줄 이내**로 서술하시오.

풀이

첫째, 매출성장률이 점차적으로 하락하는 추세임에도 불구하고 과거에 사용하였던 과거 2개연도 매출성장률의 평균을 사용하여 매출성장률을 과대하게 가정한 측면

둘째, 매출원가율이 계속해서 증가하는 추세임에도 불구하고 향후 계획안에는 매출원가율이 계속해서 감소하는 추세로 가정한 측면

2 위의 가치평가보고서에 따르면, ㈜하몽은 비상장주식의 가치를 점추정치 1,200억 원으로 평가하였다. 다음은 감사인이 ㈜하몽의 비상장주식 가치평가가 적절한지 검토하면서 판단한 내역이다.

※ 아래 각 상황은 서로 독립적이다.

상황	감사인의 판단
①	감사인은 ㈜하몽이 제시한 점추정치의 합리성을 판단하기 위하여 위의 비상장주식의 가치를 독립적으로 추정하여 1,100억 원~1,250억 원의 범위추정치를 산출하였다. 감사인은 동 범위추정치가 경영진의 점추정치를 검증하는데 적절한 수준이라고 판단했다(단, 재무제표 전체에 대한 중요성은 200억 원이며, 수행중요성은 100억 원임).
②	감사인은 ㈜하몽의 점추정치에 대한 감사절차를 수행하는 과정에서 경영진이 매출성장률 등을 추정함에 있어 비관주의적 성향을 가지고 있음을 발견하게 되었다. 감사인은 이러한 성향이 경영진의 보수적인 회계처리 방침을 보여주기 때문에 경영진의 편의가능성을 나타내는 것은 아니라고 판단했다.
③	경영진은 최근 코로나19로 인해 점추정치를 산출함에 있어 추정의 불확실성이 높아졌다고 판단하고 있다. 이러한 높은 추정불확실성이 점추정치 산출에 미치는 영향을 평가하기 위하여 경영진은 중요한 가정들에 대한 민감도 분석을 수행하였다. 감사인은 경영진이 유의적인 가정의 민감도를 분석한 방법을 이해하고, 현재의 점추정치가 매출성장률의 가정에 민감하다는 결론을 내리고 중요 검증 대상이라 판단했다.

위의 각 상황에 대한 감사인의 판단이 적절한지 여부를 기재하고, 적절하지 않은 경우 그 이유를 서술하시오.

[답안양식]

상 황	적절한가? (예, 아니오)	적절하지 않은 경우, 그 이유 서술
①		
②		
③		

풀 이

상 황	적절한가? (예, 아니오)	적절하지 않은 경우, 그 이유 서술
①	예	*(주)
②	아니오	경영진의 가정도 객관적이고 공정하여야 하며 보수적이거나 공격적인 성향도 경영진의 편의가능성이라고 볼 수 있다.
③	예	-

(주) 왜곡표시의 추정치는 감사인의 범위추정치와 경영진의 점추정치의 인근값으로 판단할 수 있으며, 이 경우 왜곡표시의 추정치는 50억으로서 수행중요성 미만이기 때문에 해당금액은 적정한 것으로 판단할 수 있다.

3 감사인이 어떤 회계추정치가 유의적 위험이 있다고 판단할 경우, 감사과정에서 발견한 중요왜곡표시위험에 대한 실증절차에 더하여 추가적으로 평가할 사항 <u>**세 가지**</u>를 서술하시오.

풀 이

첫째, 경영진이 대체적인 가정이나 결과를 어떻게 고려하였는지, 그리고 그러한 가정이나 결과를 왜 기각하였는지, 그렇지 않을 경우 회계추정치를 도출할 때의 추정 불확실성에 어떻게 대응하였는지에 관한 사항에 대하여 확인해 보아야 하며

둘째, 경영진이 이용한 유의적 가정들이 합리적인지 여부를 판단해야 하며

셋째, 경영진이 이용한 유의적 가정들이 합리적인지 또는 해당 재무보고체계를 적합하게 적용하였는지와 관련하여, 특정한 일련의 행위를 실행할 경영진의 의도 및 이를 실행할 능력이 있는지 여부를 검토해 보아야 한다.

Q&A 사례문제 13 : 2021년, KICPA 기출문제

다음은 ㈜대한의 감사인인 한국회계법인이 공정가치 등 회계추정치에 대해 수행한 감사절차이다.

1 한국회계법인은 파생상품의 공정가치 회계추정치에 대해 충분하고 적합한 감사증거를 입수하기 위해 다음과 같은 감사절차를 수행하였다.

항목	설명
①	한국회계법인은 중요왜곡표시위험을 식별하고 평가할 때 파생상품의 공정가치 회계추정치와 연관된 추정불확실성 정도를 평가하였다.
②	한국회계법인은 파생상품의 공정가치 회계추정치가 유의적 위험을 발생시킨다고 결정하였다. 따라서 해당 위험과 관련된 기업의 통제를 이해하는 절차를 생략하고, 실증절차만 수행하였다.
③	한국회계법인은 유의적 위험을 초래하는 파생상품의 공정가치 회계추정치에 대하여 경영진이 이용한 유의적 가정들이 합리적인지 여부를 평가하였다.

위의 각 항목(①~③)별로 한국회계법인이 수행한 절차가 적절한지 여부를 기재하고, 적절하지 않은 경우 그 이유를 서술하시오.

[답안양식]

항목	적절한가? (예, 아니오)	적절하지 않은 경우, 그 이유 서술
①		
②		
③		

풀이

항목	적절한가? (예, 아니오)	적절하지 않은 경우, 그 이유 서술
①	예	
②	아니오	유의적 위험이 있다고 판단되는 경우 반드시 해당 위험과 관련한 내부통제가 적절하게 설계 유지되고 있는지를 이해하여야 한다.
③	예	

2 한국회계법인은 회계추정치와 관련한 다양한 분야에서 감사인측 전문가를 활용하였다. 다음은 한국회계법인이 감사인측 전문가를 활용하는 과정에서 수행한 감사절차이다.

항목	설명
①	한국회계법인은 ㈜대한의 투자부동산 공정가치 관련 회계추정치가 합리적인지 평가하기 위해 희망감정평가법인을 전문가로 활용하였다. 한국회계법인은 법규상 요구되지는 않지만 감사인의 책임을 경감시키기 위해 적정의견을 표명한 감사보고서에 희망감정평가법인의 업무를 언급하였다.
②	한국회계법인은 ㈜대한의 소송충당부채 관련 회계추정치가 합리적인지 평가하기 위해 사랑법무법인을 전문가로 활용하였다. 한국회계법인은 사랑법무법인이 감사목적에 필요한 적격성, 역량 및 객관성을 보유하고 있는지 평가하였다.

항목	설명
③	한국회계법인은 ㈜대한의 확정급여채무 관련 회계추정치가 합리적인지 평가하기 위해 행복보험계리법인을 전문가로 활용하였다. 한국회계법인은 행복보험계리법인이 수행한 업무가 감사목적상 적합한지 평가하였다.

위의 각 항목(①~③)별로 한국회계법인이 수행한 절차가 적절한지 여부를 기재하고, 적절하지 않은 경우 그 이유를 서술하시오.

[답안양식]

항목	적절한가? (예, 아니오)	적절하지 않은 경우, 그 이유 서술
①		
②		
③		

풀이

항목	적절한가? (예, 아니오)	적절하지 않는 경우, 그 이유 서술
①	아니오	감사인의 책임을 경감시키기 위하여 감사보고서에 전문가를 언급할 수는 없음
②	예	
③	예	

3 한국회계법인이 감사인측 전문가와 합의하여야 하는 사항 **두 가지만** 서술하시오(단, 아래 <예시>는 제외할 것).

> *<예시>*
> *감사인측 전문가가 작성하는 보고서의 형태 등 감사인과 감사인측 전문가 간 커뮤니케이션의 성격, 시기 및 범위(감사인측 전문가가 작성하는 보고서의 형태 포함)*

풀이

첫째, 감사인측 전문가 업무의 성격, 범위 및 목적
둘째, 감사인과 감사인측 전문가간의 상호 역할과 책임
셋째, 감사인측 전문가가 비밀유지사항을 준수할 필요성

Q&A 사례문제 14 : 2022년, KICPA 기출문제

㈜한국은 전기자동차 배터리를 제조·판매하며, B회계법인은 ㈜한국의 20×1년 재무제표에 대한 초도감사를 수행하였다.

- 20×0년 중 ㈜한국이 판매한 배터리를 장착한 전기자동차에서 화재가 발생하여 ㈜한국에 소송이 제기되었으며, ㈜한국의 경영진은 외부 기술 전문가의 평가보고서를 활용하여 20×0년 말 추정 배상금액에 대한 충당부채를 인식함.
- B회계법인은 소송 관련 충당부채의 추정을 유의적 위험으로 평가함.

1 B회계법인이 소송 및 배상청구를 완전하게 식별하기 위하여 수행하여야 하는 일반적인 감사절차를 <u>두 가지</u>만 서술하시오(단, 아래 <예시>는 제외할 것).

<예시> 경영진, 그리고 해당되는 경우 내부 법률고문 등 기업 내부의 다른 인원에게 질문함.

풀이

첫째, 지배기구의 회의록 및 기업과 외부 법률고문과의 왕복문서를 검토함.
둘째, 법률비용 계정을 검토함.
셋째, 외부법률고문과의 직접적인 커뮤니케이션
넷째, 경영진 및 지배기구로부터 서면진술을 제공하도록 요구

2 B회계법인이 수행한 감사절차는 다음과 같다.

항목	감사절차
①	경영진이 20×0년에 활용한 외부 평가보고서는 20×1년과 다른 전문가가 발행하였으므로 비교가능성이 충분하지 않다는 결론을 문서화함.
②	예상되는 배상금액의 추정이 경영진에게 보고된 사업계획과 일관성이 있는지 여부를 이사회의사록을 입수하여 확인하고 문서화함.
③	경영진의 다른 회계추정치에 예상 배상금액이 일관성 있게 적용되었는지 확인하고 대체적인 가정에 대한 평가는 필요하지 않다고 문서화함.
④	감사보고서일 직전까지 후속사건 식별을 위한 절차들을 수행하고 그 결과를 문서화하였으나, 20×2년 2월 재무제표는 ㈜한국의 월차결산 지연으로 열람하지 못함.

위의 각 항목별로 B회계법인이 수행한 절차가 적절한지 여부를 기재하고, 적절하지 않은 경우 그 이유를 서술하시오.

[답안양식]

항목	적절한가? (예, 아니오)	적절하지 않은 경우, 그 이유
①		
⋮		
④		

풀 이

항목	적절한가? (예, 아니오)	적절하지 않은 경우, 그 이유
①	아니오	전문가가 변경된다 하더라도 상황에 맞는 적절한 가정과 방법을 사용한 경우 비교가능성에는 문제가 없음.
②	예	
③	아니오	회사가 적용한 가정이 아닌 감사인이 판단한 전문가로서의 독립적인 추정 및 가정을 사용하고 또한 유의적인 차이가 있는 경우 이에 대한 내용을 자세하게 문서화하여야 함.
④	예	

AUDITING

제 14 장 실증절차의 마무리절차

1 계속기업에 대한 감사절차(Going Concern)

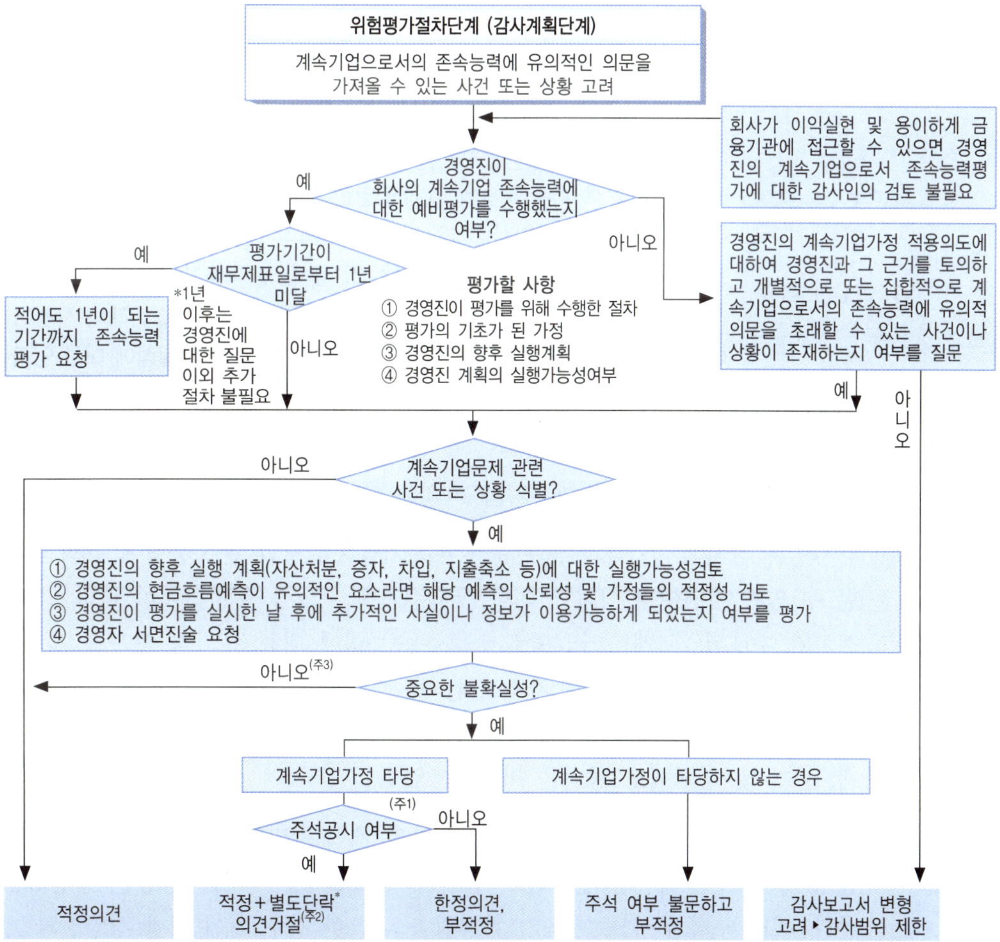

위험평가절차단계 (감사계획단계)

계속기업으로서의 존속능력에 유의적인 의문을 가져올 수 있는 사건 또는 상황 고려

회사가 이익실현 및 용이하게 금융기관에 접근할 수 있으면 경영진의 계속기업으로서 존속능력평가에 대한 감사인의 검토 불필요

경영진이 회사의 계속기업 존속능력에 대한 예비평가를 수행했는지 여부?

예 / 아니오

평가기간이 재무제표일로부터 1년 미달

예: 적어도 1년이 되는 기간까지 존속능력 평가 요청

*1년 이후는 경영진에 대한 질문 이외 추가 절차 불필요

아니오

평가할 사항
① 경영진이 평가를 위해 수행한 절차
② 평가의 기초가 된 가정
③ 경영진의 향후 실행계획
④ 경영진 계획의 실행가능성여부

경영진의 계속기업가정 적용의도에 대하여 경영진과 그 근거를 토의하고 개별적으로 또는 집합적으로 계속기업으로서의 존속능력에 유의적 의문을 초래할 수 있는 사건이나 상황이 존재하는지 여부를 질문

예 / 아니오

계속기업문제 관련 사건 또는 상황 식별?

아니오 / 예

① 경영진의 향후 실행 계획(자산처분, 증자, 차입, 지출축소 등)에 대한 실행가능성검토
② 경영진의 현금흐름예측이 유의적인 요소라면 해당 예측의 신뢰성 및 가정들의 적정성 검토
③ 경영진이 평가를 실시한 날 후에 추가적인 사실이나 정보가 이용가능하게 되었는지 여부를 평가
④ 경영자 서면진술 요청

중요한 불확실성?

아니오(주3) / 예

계속기업가정 타당 / 계속기업가정이 타당하지 않는 경우

주석공시 여부(주1)

예 / 아니오

적정의견	적정+별도단락* 의견거절(주2)	한정의견, 부적정	주석 여부 불문하고 부적정	감사보고서 변형 고려 ▸ 감사범위 제한

주1 : ① 사건 및 상황, 경영진의 계획 ② 중요한 불확실성 존재로 자산회수 및 부채상환하지 못할 수 있다는 사실
주2 : 여러 가지의 중요한 불확실성이 연루된 경우는 의견거절 고려
* ① 중요한 불확실성이 존재한다는 사실과 감사의견에는 영향을 미치지 않는 사실 ② 해당 주석 참조하라는 내용
주3 : Close Call 상황임. 따라서 감사인은 재무제표 주석에 해당사실을 공시하는 것이 타당한지 판단하여야 함.

(1) 계속기업 가정의 의의

재무제표 작성의 기본전제 중 하나가 계속기업 가정이다 계속기업가정하에서의 기업은 예측할 수 있는 미래의 기간 동안 사업을 계속하는 것으로 본다 일반목적 재무제표는 경영진이 기업을 청산하거나 영업을 중단할 의도가 없는 한 또는 그 외에는 다른 현실적인 대안이 없는 한, 계속기업가정을 전제하여 작성된다. 계속기업가정의 적용이 적절한 경우, 기업은 정상적인 사업과정에서 자산을 회수하고 채무를 상환할 수 있을 것이라는 것에 기반을 두고 자산과 부채를 기록한다.

(2) 계속기업에 대한 경영진 및 감사인 책임 (ISA 570 문단 3~5)

① 경영진 책임	재무제표일로부터 12개월까지 계속기업으로서의 존속능력에 대한 평가책임이 존재한다. 이러한 평가 책임에는 계속기업으로서의 존속능력에 중요한 불확실성이 있는 경우 주석에 해당 사안을 기재하는 것을 포함한다. 경영진 책임은 재무보고체계에서 명확하게 또는 명확하게 요구하지 않는다 하더라도 변하지 아니한다.
② 감사인 책임	재무제표의 작성과 표시에 있어 경영진이 적용한 계속기업가정이 타당한지에 대하여 충분하고 적합한 감사증거를 입수하며, 계속기업으로서의 존속능력에 대한 중요한 불확실성이 존재하는지 여부에 대해 결론을 내릴 책임이 존재한다. ➡ 감사인은 회사의 계속기업으로서의 존속을 중단하게 할 수도 있는미래의 사건이나 상황을 예측할 수 없다. 따라서 감사보고서에서 계속기업 불확실성에 대한 언급이 없다고 하여 계속기업으로서의 존속능력을 보장하는 것은 아니다.

(3) 위험평가절차 단계에서의 계속기업 가정에 대한 평가

① 감사인은 감사의 전 과정을 통하여 계속기업으로서의 존속능력에 유의적 의문을 초래할 수 있는 사건이나 상황에 대한 감사증거에 주의를 유지하여야 한다. 만약, 위험평가절차가 수행된 후 계속기업으로서의 존속능력에 대해 유의적 의문을 제기하는 사건이나 상황이 식별된다면 중요왜곡표시위험에 대한 감사인의 평가를 수정할 필요가 있을 수 있다. 그러한 사건 또는 상황의 존재는 평가된 위험에 대응하는 추가감사절차의 성격, 시기 및 범위에도 영향을 미칠 수 있다.

② 이러한 위험평가절차는 감사인이 경영진의 계속기업가정 적용이 중요한 쟁점이 될 가능성이 있는지 여부를 결정하고 감사를 계획할 때 미치는 영향을 결정하는데 도움을 준다. 이러한 절차는 또 계속기업 쟁점을 식별한 경우 이에 대한 경영진의 계획과 해결책에 관한 토의 등 경영진과의 적시 토의를 가능하게 해 준다

(4) 경영진의 평가에 대한 감사인으로서의 평가

감사인이 경영진이 적용한 계속기업가정을 고려할 때 계속기업으로서의 존속능력에 대한 경영진의 평가는 그 핵심이 된다. 경영진이 수행한 분석의 부족한 부분을 보완하는 것은 감사인의 책임이 아니다.

그러나 어떤 상황에서는, 경영진이 그 평가를 뒷받침하는 세부적인 분석을 하지 않았다는 것이 곧 감사인이 계속기업가정의 적절성 여부에 대하여 결론을 내릴 수 없다는 것을 의미하지는 않는다. 예를 들어, 기업이 이익을 실현해 왔고 용이하게 금융자원에 접근할 수 있으면 경영진은 세부적인 분석을 수행하지 않아도 계속기업으로서의 존속능력을 평가할 수 있다. 이 때 감사인의 다른 감사절차로써 재무제표 작성에 있어 경영진의 계속기업가정이 해당 상황에서 적절한지 여부에 대해 충분히 결론을 내릴 수 있다면, 감사인은 세부적인 평가절차를 수행하지 않고도 경영진 평가의 적합성을 평가할 수 있을 것이다.

1) 경영진이 계속기업 존속능력에 대한 평가를 수행한 경우

① 경영진이 감사기준서에서 요구하는 기간(재무제표일로부터 12개월)까지 평가한 경우

계속기업에 대한 경영진 평가를 수행할 때 검토해야 할 내용 (ISA 570 문단 A9)
가. 경영진이 평가를 위해 수행한 절차
나. 평가의 기초가 된 가정
다. 경영진의 향후 실행계획
라. 경영진 계획의 실행가능성 여부

② 경영진이 감사기준서에서 요구하는 기간까지 평가하지 않은 경우

감사인은 계속기업으로서의 존속능력에 대한 경영진의 평가에 대하여 감사인으로서 이를 평가할 때, 해당 재무보고체계의 요구에 따라 경영진이 평가한 기간과 동일한 기간을 대상으로 평가하여야 한다. 법규에서 경영진이 평가할 기간을 더 길게 정한 경우에도 같다. 경영진이 계속기업으로서의 존속능력을 평가한 기간이 재무제표일로부터 12개월에 미달되는 경우, 감사인은 경영진에게 그 평가기간을 적어도 12개월로 하도록 요구하여야 한다.

③ 경영진이 평가한 기간 후의 기간에 대한 평가

감사인은 경영진이 평가한 기간 후의 기간 중 경영진이 계속기업으로서의 존속능력에 대해 유의적 의문을 초래할 수 있는 사건이나 상황을 알고 있는지 질문하여야 한다. 이러한 질문 외에는 경영진의 평가한 기간(적어도 재무제표일로부터 1년)을 초과하여 계속기업으로서의 존속능력에 유의적 의문을 불러일으키는 사건이나 상황을 식별하기 위한 감사절차를 수행할 책임이 없다.

2) 경영진이 계속기업 존속능력에 대한 평가를 수행하지 않은 경우

경영진이 아직 예비평가를 수행하지 않은 경우, 감사인은 경영진의 계속기업가정 적용의도에 대하여 경영진과 그 근거를 토의하고 개별적으로 또는 집합적으로 계속기업으로서의 존속능력에 유의적 의문을 초래할 수 있는 사건이나 상황이 존재하는지 여부를 질문하여야 한다.

(5) 계속기업가정에 유의적 의문을 제기하는 사건 또는 상황

계속기업 가정에 유의적 의문을 제기하는 사건 또는 상황 (ISA 570 문단 A2)
① 재무적 사항 가. 순부채 또는 순유동부채 상태 나. 갱신이나 상환의 가능성이 없는 차입금의 만기 도래, 또는 장기성 자산의 취득자금을 단기 차입금에 지나치게 의존함 다. 채권자들의 금융지원 철회 징후 라. 역사적재무제표 또는 추정재무제표상 부의 순영업현금흐름 마. 핵심 재무비율의 악화 바. 유의적 영업손실의 발생, 또는 현금흐름의 창출에 사용된 자산가치의 유의적 손상 사. 배당금 지급의 연체 또는 배당의 중단 아. 채무의 지급기일 준수 불능 자. 차입약정 조건의 준수 불능 차. 공급자와의 거래가 신용에서 현금결제조건으로 변경됨 카. 핵심 신제품의 개발이나 기타 필수적 투자에 대한 자금조달 능력의 부재 ② 영업적 사항 가. 경영진의 기업해산이나 영업중단 의도 나. 후임자의 선임이 없는 핵심 경영진의 퇴진 다. 주요 시장, 주요 고객, 프랜차이즈, 면허 혹은 주요 공급자의 상실 라. 노사문제의 어려움 마. 주요 부품의 부족 바. 위협적인 경쟁자의 출현 ③ 기타 가. 자본에 대한 요구사항 또는 기타 법령상의 요구사항에 대한 위반 나. 기업을 상대로 소송 또는 규제절차가 계류 중이며, 패소할 경우 감당할 능력이 없는 배상책임을 부담할 수 있음

다. 기업에 불리한 영향을 미칠 것으로 예상되는 법규나 정부정책의 변화
라. 재난에 대한 미부보 또는 과소부보

(6) 계속기업가정에 유의적 의문을 제기하는 사건이나 상황 파악시 추가적인 감사절차

감사인은 계속기업으로서의 존속능력에 대해 유의적 의문을 초래할 만한 사건이나 상황을 식별한 경우, 이를 경감시킬 수 있는 요소를 고려하는 등 중요한 불확실성이 존재하는지 여부를 결정하기 위해 추가적 감사절차를 수행함으로써 충분하고 적합한 감사증거를 입수하여야 한다. 이에는 다음의 절차가 포함되어야 한다.

계속기업가정에 유의적 의문을 제기하는 사건이나 상황파악시 추가적인 감사절차 (ISA 570 문단 16)
① 계속기업에 대한 경영진의 평가와 관련된 경영진의 향후 실행계획(자산의 처분, 자금의 차입, 부채구조의 조정, 지출의 축소나 지연, 증자 등)에 대하여, 이러한 계획의 결과가 상황을 개선시킬지 여부 그리고 경영진의 계획이 해당 상황에서 실행가능한지 여부를 평가함. ② 기업이 현금흐름을 예측하였고 이 예측에 대한 분석이 경영진의 미래 실행계획을 평가할 때 미래 사건이나 상황의 결과를 고려하는 데 유의적인 요소라면, 다음의 절차를 수행함. 가) 예측을 위해 생성된 기본 데이터의 신뢰성을 평가함 나) 예측의 기초가 되는 가정들은 적절한 근거가 있는지 결정함 ③ 경영진이 평가를 실시한 날 후에 추가적인 사실이나 정보가 이용가능하게 되었는지 여부를 고려함. ④ 경영진, 그리고 적절한 경우 지배기구에게 향후 실행계획과 이러한 계획의 실행가능성에 대해 서면진술을 요청함.

(7) 감사결론과 보고

감사인은 그 입수된 감사증거를 기초로 하여 계속기업으로서의 존속능력에 대하여 유의적 의문을 초래할 수 있는 사건이나 상황과 관련하여 중요하다고 판단되는 불확실성이 존재하는지 결정하여야 한다. 이때 중요한 불확실성(Material Uncertainty)은 감사인이 그 잠재적 영향의 크기와 발생가능성으로 인해 그 성격과 시사점을 적절하게 공시할 필요가 있다고 판단되는 불확실성을 의미한다.

① 계속기업 존속가능성에 유의적 의문을 야기시키는 사건 또는 상황이 파악되었으나 중요한 불확실성이라고 판단하지 않은 경우 (Close Call)

중요한 불확실성이 존재하지 않는 경우라도 감사인이, 해당 재무보고체계의 요구사항에 비추어, 계속기업으로서의 존속능력에 대하여 유의적 의문을 초래할 수 있는 사건이나 상황에 대하여 재무제표에 적절한 공시가 이루어지는지 여부를 평가하도록 요구한다. 재무제표가 공정표시체계에 따라 작성되는 경우, 재무제표가 공정한 공시를 달성하였는지 여부에 대한 감사인의 평가는 재무제표의 전반적인 표시와 구조 및 내용에 대한 고려와, 재무제표(관련 주석 포함)가 기초가 되는 거래와 사건을 공정한 표시가 달성될 수 있는 방식으로 표시하고 있는지 여부에 대한 고려를 포함한다. 해당 사실과 상황에 따라, 감사인은 공정한 표시를 달성하기 위해 추가적인 공시가 필요하다고 결정할 수 있다. 다만, 이와 관련된 감사기준은 감사보고서 핵심감사사항 커뮤니케이션의 시행시기에 맞춰 시행되며, 그에 따라 적용대상 별로 다음 각 일자 이후 종료하는 보고기간의 재무제표에 대한 감사부터 시행된다.

적용대상	시행일
자산 2조이상 유가증권시장 및 코스닥 상장기업	2018년 12월 15일
자산 1천억이상 2조미만 유가증권시장 및 코스닥 상장기업	2019년 12월 15일
자산 1천억미만 유가증권시장 및 코스닥 상장기업	2020년 12월 15일

감사인이 핵심감사사항을 커뮤니케이션하는 경우, 계속기업 관련 사항이 핵심감사사항으로 결정될 수 있다고 인정한다. 따라서, 계속기업으로서 존속능력에 관한 유의적 의문을 초래할 수 있는 사건이나 상황과 관련한 중요한 불확실성은 그 성격에 따라 핵심감사사항이 된다.

② 계속기업가정의 적용이 적절하나 중요한 불확실성이 존재하는 경우

감사인은 해당 상황에서 계속기업가정의 적용은 적절하나 중요한 불확실성이 존재한다고 결론을 내리면 재무제표에 다음과 같은 내용이 주석에 공시가 되어 있는지 판단해 보아야 한다.

재무제표 주석에 포함시켜야 할 내용 (ISA 570 문단 18)
가. 계속기업으로서의 존속능력에 대해 유의적 의문을 초래할 수 있는 주요 사건이나 상황 및 이러한 사건이나 상황에 대처하기 위한 경영진의 계획이 재무제표에 적절히 기술되어 있는지 여부
나. 계속기업으로서의 존속능력에 대해 유의적 의문을 초래할 수 있는 사건이나 상황과 관련하여 중요한 불확실성이 존재하고, 따라서 정상적인 사업과정에서 자산을 회수하고 부채를 상환하지 못할 수 있다는 사실이 재무제표에 명확히 공시되어 있는지 여부.

만약, 해당 내용을 주석에 적절하게 공시한 경우와 공시하지 아니한 경우 감사인의 감사보고서에 미치는 영향은 다음과 같다. (ISA 570 문단 19~20)

주석에 적절하게 공시한 경우	주석에 공시하지 아니한 경우
감사의견은 적정을 표명하고 반드시 감사인은 적정의견을 표명하여야 하며 "계속기업 관련 중요한 불확실성"이라는 제목의 별도 단락을 감사보고서에 포함하여야 한다. 가. 계속기업으로서의 존속능력에 유의적 의문을 초래할 수 있는 사건이나 상황과 관련하여 중요한 불확실성이 존재한다는 것을 명시하고 해당 사항과 관련하여 감사의견이 변형되지 않았음을 명시함. 나. 계속기업과 관련된 재무제표의 주석을 주의하여 참조하도록 함.	감사의견은 한정 또는 부적정의견을 표명

단, 재무제표 전체에 유의적 영향을 미치는 여러 가지의 중요한 불확실성이 연루된 상황이라면, 감사인은 별도단락을 기재하기보다는 극히 드물지만 의견표명을 거절하는 것이 적절한지 고려할 것이다.

③ 계속기업가정의 적용이 부적절한 경우

재무제표가 계속기업가정에 근거하여 작성되었지만 재무제표에 적용한 경영진의 계속기업가정이 적절하지 않다고 판단되면, 경영진의 계속기업가정이 적절하지 않다는 사실이 재무제표에 공시되었는지 여부와 관계없이 감사인은 부적정의견을 표명하여야 한다.

단, 계속기업가정이 부적절한 상황에서 기업의 경영진이 재무제표를 작성해야 하거나 작성하기로 결정하였으면, 재무제표는 대체적인 기반(예를 들어, 청산 기반)을 토대로 작성된다. 감사인이 해당 상황에서 대체적인 기반이 수용가능한 재무보고체계라고 결정한 경우에는, 감사인은 그러한 재무제표에 대해 감사를 수행할 수 있다. 또 감사인은 재무제표에 적절한 공시가 있다면 적정의견을 표명할 수 있을 것이다. 이 경우 감사인은 재무제표 이용자의 주의를 환기시키기 위하여 감사보고서에 대체적인 기반 및 이를 적용한 이유에 대한 강조사항문단을 포함하는 것이 적합하거나 필요한지 여부를 고려할 것이다.

④ 경영진이 계속기업에 대한 평가나 확대를 하지 않으려고 하는 경우

감사인의 요구에도 불구하고 경영진이 계속기업에 대한 평가를 하지 않거나 평가기간을 확대하지 않으려고 하면, 감사인은 감사보고서에 대한 시사점을 고려(한정 또는 의견거절)하여야 한다.

참고로, 감사인은 재무제표일 후 경영진이나 지배기구에 의한 재무제표 승인이 유의적으로 지연되고 있으면, 그 사유를 질문하여야 한다. 재무제표 승인의 지연이 계속기업 평가와 관련된 사건이나 상황과 연관되었을 수 있다고 믿는다면, 감사인은 중요한 불확실성의 존재에 대한 감사인의 결론에 미치는 영향을 고려할 뿐 아니라 필요한 추가적인 감사절차를 수행하여야 한다.

(8) 지배기구와의 협의

지배기구의 모든 구성원이 그 기업의 경영에 참여하고 있지 않는 한 감사인은 계속기업으로서의 존속능력에 유의적 의문을 초래할 수 있다고 식별된 사건 또는 상황에 대하여 지배기구와 커뮤니케이션하여야 한다. 지배기구와 커뮤니케이션할 사항에는 다음이 포함되어야 한다.

지배기구와의 커뮤니케이션 사항
가. 사건이나 상황이 중요한 불확실성을 구성하는지 여부 나. 재무제표의 작성에 있어 경영진의 회계의 계속기업전제 사용이 적합한지 여부 다. 재무제표의 관련 공시의 적절성 라. 해당되는 경우, 감사보고서에 대한 시사점

(9) 계속기업 관련 감사보고서 예시

〈사례 1〉

감사인이 중요한 불확실성이 존재하고 재무제표에 대한 공시가 적절하다고 결론 내린 경우의 적정의견

독립된 감사인의 감사보고서

ABC주식회사의 주주 귀중 [또는 다른 적합한 수신인]

재무제표감사에 대한 보고

감사의견

우리는 ABC 주식회사(이하 "회사")의 재무제표를 감사하였습니다. 해당 재무제표는 20X1년 12월

31일 현재의 재무상태표, 동일로 종료되는 보고기간의 손익계산서(또는 포괄손익계산서), 자본변동표, 현금흐름표 그리고 유의적인 회계정책의 요약을 포함한 재무제표의 주석으로 구성되어 있습니다.

우리의 의견으로는 별첨된 회사의 재무제표는 회사의 20X1년 12월 31일 현재의 재무상태와 동일로 종료되는 보고기간의 재무성과 및 현금흐름을 한국채택국제회계기준에 따라, 중요성의 관점에서 공정하게 표시하고[또는, "…*현금흐름에 대하여 한국채택국제회계기준에 따라 진실하고 공정한 관점을 제시하고*"] 있습니다.

감사의견근거

우리는 감사기준에 따라 감사를 수행하였습니다. 이 기준에 따른 우리의 책임은 이 감사보고서의 재무제표감사에 대한 감사인의 책임 단락에 기술되어 있습니다. 우리는 재무제표감사와 관련된 대한민국의 윤리적 요구사항에 따라 회사로부터 독립적이며 그러한 요구사항에 따른 기타의 윤리적 책임들을 이행하였습니다. 우리가 입수한 감사증거가 감사의견을 위한 근거로서 충분하고 적합하다고 우리는 믿습니다.

계속기업 관련 중요한 불확실성

재무제표에 대한 주석 XXX에 주의를 기울여야 할 필요가 있습니다. 재무제표에 대한 주석 XXX은 20X1년 12월 31일로 종료되는 보고기간에 순손실 ZZZ가 발생하였고, 재무제표일 현재로 기업의 유동부채가 총자산보다 YYY 만큼 더 많음을 나타내고 있습니다. 주석 XXX에서 기술된 바와 같이, 이러한 사건이나 상황은 주석 XXX에서 설명하고 있는 다른 사항과 더불어 계속기업으로서의 존속능력에 유의적 의문을 제기할 만한 중요한 불확실성이 존재함을 나타냅니다. 우리의 의견은 이 사항으로부터 영향을 받지 아니합니다.

핵심감사사항

핵심감사사항은 우리의 전문가적 판단에 따라 당기 재무제표감사에서 가장 유의적인 사항들입니다. 해당 사항들은 재무제표 전체에 대한 감사의 관점에서 우리의 의견형성 시 다루어졌으며, 우리는 이런 사항에 대하여 별도의 의견을 제공하지는 않습니다. 우리는 계속기업 관련 중요한 불확실성 단락에 기술된 사항에 추가하여, 아래에 기술된 사항을 이 감사보고서에서 커뮤니케이션할 핵심감사사항으로 결정하였습니다.

[*감사기준서 701에 따른 핵심감사사항 각각에 대한 기술*]

재무제표에 대한 경영진과 지배기구의 책임

(이하 적정의견 감사보고서와 동일)

〈사례 2〉

감사인이 중요한 불확실성이 존재하고 부적절한 공시로 인하여 재무제표가 중요하게 왜곡표시되어 있다고 결론 내린 경우의 한정의견

독립된 감사인의 감사보고서

ABC주식회사의 주주 귀중 [또는 다른 적합한 수신인]

재무제표감사에 대한 보고

한정의견

우리는 ABC 주식회사(이하 "회사")의 재무제표를 감사하였습니다. 해당 재무제표는 20X1년 12월 31일 현재의 재무상태표, 동일로 종료되는 보고기간의 손익계산서(또는 포괄손익계산서), 자본변동표, 현금흐름표 그리고 유의적인 회계정책의 요약을 포함한 재무제표의 주석으로 구성되어 있습니다.

우리의 의견으로는 별첨된 회사의 재무제표는 이 감사보고서의 한정의견근거 단락에서 언급된 정보의 불완전한 공시를 제외하고는 회사의 20X1년 12월 31일 현재의 재무상태와 동일로 종료되는 보고기간의 재무성과 및 현금흐름을 한국채택국제회계기준에 따라, 중요성의 관점에서 공정하게 표시하고[또는, "…*현금흐름에 대하여 한국채택국제회계기준에 따라 진실하고 공정한 관점을 제시하고*"] 있습니다.

한정의견근거

주석 yy에서 논의된 바와 같이, 회사의 금융약정은 20x2년 3월 19일에 종료되며 잔액은 해당 일자로 상환되어야 합니다. 회사는 재협상을 결론짓거나 이를 대체할 자금조달 수단을 마련하지 못하였습니다. 이 상황은 계속기업으로서의 존속능력에 유의적 의문을 제기할 수 있는 중요한 불확실성의 존재를 나타냅니다. 재무제표에는 이 사실이 적절하게 공시되지 않았습니다.

우리는 감사기준에 따라 감사를 수행하였습니다. 이 기준에 따른 우리의 책임은 이 감사보고서의 재무제표감사에 대한 감사인의 책임 단락에 기술되어 있습니다. 우리는 재무제표감사와 관련된 대한민국의 윤리적 요구사항에 따라 회사로부터 독립적이며 그러한 요구사항에 따른 기타의 윤리적 책임들을 이행하였습니다. 우리가 입수한 감사증거가 한정의견을 위한 근거를 제공하는데 충분하고 적합하다고 우리는 믿습니다.

핵심감사사항
핵심감사사항은 우리의 전문가적 판단에 따라 당기 재무제표감사에서 가장 유의적인 사항들입니다. 해당 사항들은 재무제표 전체에 대한 감사의 관점에서 우리의 의견형성 시 다루어졌으며, 우리는 이런 사항에 대하여 별도의 의견을 제공하지는 않습니다. 우리는 한정의견근거 단락에 기술된 사항에 추가하여, 아래에 기술된 사항을 이 감사보고서에서 커뮤니케이션할 핵심감사사항으로 결정하였습니다.

[*감사기준서 701에 따른 핵심감사사항 각각에 대한 기술*]

재무제표에 대한 경영진과 지배기구의 책임
(이하 한정의견 감사보고서와 동일)

〈사례 3〉

감사인이 중요한 불확실성이 존재하고 재무제표에 중요한 불확실성 관련 요구된 공시가 누락되어 있다고 결론 내린 경우의 부적정의견(계속기업 관련 내용을 핵심감사사항으로 보고하지 않는다는 전제)

독립된 감사인의 감사보고서

ABC주식회사의 주주 귀중 [또는 다른 적합한 수신인]

재무제표감사에 대한 보고

부적정의견
우리는 ABC 주식회사(이하 "회사")의 재무제표를 감사하였습니다. 해당 재무제표는 20X1년 12월 31일 현재의 재무상태표, 동일로 종료되는 보고기간의 손익계산서(또는 포괄손익계산서), 자본변동표, 현금흐름표 그리고 유의적인 회계정책의 요약을 포함한 재무제표의 주석으로 구성되어 있습니다.

우리의 의견으로는 별첨된 회사의 재무제표는 이 감사보고서의 부적정의견근거 단락에 언급된 정보의 누락 때문에 회사의 20X1년 12월 31일 현재의 재무상태와 동일로 종료되는 보고기간의 재무성과 및 현금흐름을 한국채택국제회계기준에 따라 중요성의 관점에서 공정하게 표시하고(또는, "… 현금흐름에 대하여 한국채택국제회계기준에 따라 진실하고 공정한 관점을 제시하고") 있지 아니합니다.

부적정의견근거

회사의 금융약정은 20x1년 12월 31일에 종료되며, 잔액은 해당 일자로 상환되어야 합니다. 회사는 재협상을 결정하거나 이를 대체할 자금조달 수단을 마련하지 못하였으며, 파산신청을 고려하고 있습니다. 이러한 상황은 계속기업으로서의 존속능력에 유의적 의문을 초래할 수 있는 중요한 불확실성이 존재함을 나타냅니다. 재무제표에는 이와 같은 사실이 적절히 공시되지 않았습니다.

우리는 감사기준에 따라 감사를 수행하였습니다. 이 기준에 따른 우리의 책임은 이 감사보고서의 재무제표감사에 대한 감사인의 책임 단락에 기술되어 있습니다. 우리는 재무제표감사와 관련된 대한민국의 윤리적 요구사항에 따라 회사로부터 독립적이며 그러한 요구사항에 따른 윤리적 책임들을 이행하였습니다. 우리가 입수한 감사증거가 부적정의견을 위한 근거를 제공하는데 충분하고 적합하다고 우리는 믿습니다.

재무제표에 대한 경영진과 지배기구의 책임

(이하 부적정의견 감사보고서와 동일)

2 후속사건(Subsequent Events)

후속사건이라 함은 재무제표일과 감사보고서일 사이에 발생한 사건 및 감사보고서일 후 감사인이 알게 된 사실을 말한다. 이러한 후속사건은 재무제표일 후 발생한 사건이지만 재무제표에 영향을 미칠 수 있다. 보통 재무보고체계에는 보통 다음의 두 가지 유형의 사건을 식별하고 있다. (ISA 560 문단 2)

Type I	Type II
재무제표일 현재에 존재하였던 상황에 대한 증거를 제공하는 사건	재무제표일 후 발생한 상황에 대한 증거를 제공하는 사건

또한, 후속사건은 발생시점에 따라 다음과 같이 세 가지로 나누어진다.

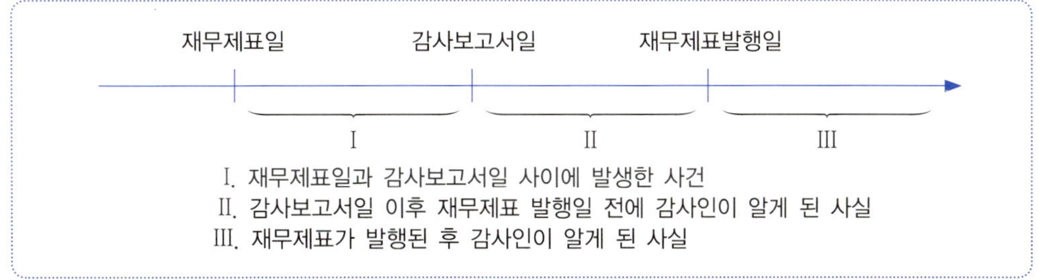

세 가지 사건 또는 사실별로 감사인에게 요구되는 절차는 다음과 같다. 다만, 세부적인 내용을 살펴보기 전에 아래의 용어에 대해서 정확하게 알고 넘어갈 필요가 있다.(ISA 560 문단 5)

용 어	의 미
재무제표일	재무제표가 포괄하는 가장 최근 보고기간의 말일
재무제표 승인일	관련 주석을 포함하여 전체 재무제표를 구성하는 모든 내용의 작성이 완료되고 권한을 가진 것으로 인정된 기구가 동 재무제표에 대한 책임을 진다고 확인한 날을 말한다. 보통 감사기준의 목적상 재무제표의 승인일은 권한을 가진 기구가 관련 주석을 포함한 재무제표를 구성하는 모든 내용이 작성되었다고 결정하고 그 재무제표에 대한 책임을 진다고 확인한 날보다 이른 일자이다.
감사보고서일	감사인이 재무제표에 대한 감사보고서에 기재한 일자. 감사보고서일자는 감사인이 재무제표에 대한 의견의 기초가 되는 충분하고 적합한 감사증거를 입수하는 날보다 더 빠른 일자가 될 수 없다. 동 감사증거에는 관련 주석을 포함하여 재무제표를 구성하는 모든 내용이 작성되었고 권한을 가진 기구가 당해 재무제표에 대한 책임을 진다고 확인하였다는 증거가 포함된다. (경영자 서면진술일자를 말함)
재무제표 발행일	재무제표 발행일은 일반적으로 당해 기업의 규제환경에 따라 다르다. 어떤 상황에서는 재무제표를 규제기관에 제출한 일자가 재무제표 발행일이 된다. 감사보고서가 없이 감사받은 재무제표가 발행될 수 없으므로, 감사받은 재무제표의 발행일은 감사보고서일 이후가 되어야 하고 또 감사보고서를 당해 기업에 제출한 날 이후가 되어야 한다.

I. 재무제표일과 감사보고서일 사이에 발생한 사건

1) 경영진 및 감사인 책임

경영진은 재무제표일과 감사보고서일 사이에 발생한 사건에 대하여 재무보고개념체계에 따라 재무제표에 적절하게 표시하거나 공시할 책임이 존재한다

감사인은 재무제표일과 감사보고서일 사이에 발생한 사건으로서 재무제표를 수정하거나 재무제표에 공시를 하여야 할 사건들이 모두 식별되었다는 충분하고 적합한 감사증거를 입수할 수 있게 설계된 다음의 감사절차를 수행하여야 한다. (적극적 책임)

후속사건 감사절차 (ISA 560 문단 7)
① 경영진이 후속사건을 식별하기 위해 수립한 절차들을 이해함. ② 재무제표에 영향을 미칠 수 있는 후속사건이 발생했는지 여부에 대하여 경영진, 그리고 적절한 경우 지배기구에 질문함. 가. 새로운 약정이나 차입 또는 보증이 발생하였는지 여부 나. 자산의 매각 또는 취득이 발생하였거나 예정되었는지 여부 다. 신주 및 사채의 발행과 같이 자본의 증가 또는 채무상품의 발행이 있었는지, 또는 합병 및 청산에 대한 계약이 체결되었거나 예정되었는지 여부 라. 정부에 수용되거나 화재 또는 홍수에 의해 멸실된 자산이 있었는지 여부 마. 우발상황에 관한 진전이 있었는지 여부 바. 비경상적인 회계수정이 이루어졌는지 또는 고려 중인지 여부 ③ 재무제표일 후에 개최된 주주, 경영진 그리고 지배기구의 회의에 대하여 회의록을 열람하고, 회의록이 아직 이용가능하지 않는 경우에는 당해 회의에서 논의된 사항들에 대하여 질문함. ④ 기업의 최근 후속 중간재무제표가 있다면, 이를 열람함 ⑤ 기업의 법률고문에게 소송과 배상청구에 관하여 질문하거나 기존의 구두 및 서면 질문을 확대함. ⑥ 경영진, 그리고 적절한 경우 지배기구에게 재무제표일 후에 발생한 사건으로서 해당 재무보고체계에 따라수정이나 공시가 필요한 사건이 모두 수정 또는 공시되었다는 서면진술을 요청하여야 한다.

감사인은 위 절차 수행결과 재무제표의 수정이나 공시가 필요한 사건을 식별한 경우에는 그러한 사건이 해당 재무보고체계에 따라 재무제표에 적절하게 반영되었는지 여부를 결정하여야 한다.

여기서 주의할 점은 감사인이 다른 목적을 위해 수행하였지만 후속사건에 관한 증거를 제

공하는 다른 절차들과는 별도의 추가적인 절차라는 점이다. 예를 들어 기간귀속 절차 또는 매출채권 회수와 관련된 절차와 같이, 재무제표일의 계정잔액에 대한 감사증거를 입수하는 절차는 후속사건 절차와는 별도의 절차이다.

2) 감사의견 및 감사보고서 일자

경영진이 재무보고체계에 따라 해당 사건을 재무제표에 적절히 반영하였는지 여부에 따라 감사인이 표명하게 될 감사의견 및 감사보고서 일자는 다음과 같다.

적절히 반영한 경우	적절하게 반영하지 않은 경우
① 재무제표에 대한 의견은 적정의견	① 재무제표에 대한 의견은 한정 또는 부적정의견
② 감사보고서 일자는 원래 감사보고서일자로 발행	② 감사보고서 일자는 원래 감사보고서일자로 발행(감사보고서일자가 변경될 이유가 없음)

II. 감사보고서일 이후 재무제표 발행일 전에 감사인이 알게 된 사실

1) 경영진 및 감사인 책임

경영진은 감사보고서일로부터 재무제표 발행일까지의 기간 중 알게 된 사건에 대하여 감사인에게 통지하고 해당 사건을 재무제표에 적절하게 표시하거나 공시할 책임이 존재한다.

감사인은 감사보고서일 후에는 재무제표와 관련하여 어떠한 감사절차도 수행할 의무가 없다. 그러나 감사인이 감사보고서일에 알았더라면 보고서를 수정할 원인이 될 수도 있었던 사실을 감사보고서일 후에 알게 된 경우, 감사인은 다음의 절차를 수행하여야 한다. (소극적 책임)

감사보고서일 이후 재무제표 발행일 전에 감사인이 알게 된 사실에 대한 후속절차 (ISA 560 문단 10)
(1) 경영진, 그리고 적절한 경우 지배기구와 이 사항을 토의함 (2) 재무제표의 수정이 필요한지 여부를 결정함 (3) 재무제표의 수정이 필요하다고 결정했다면, 경영진이 재무제표에 이 사항을 어떻게 반영할 것인지 질문함

이 경우 감사인은 감사보고서일 이후 발생한 후속사건을 효율적으로 파악하기 위해서 감사업무조건에 재무제표에 영향을 미칠 수 있는 사실로서 경영진이 감사보고서일로부터 재무제표 발행일까지의 기간 중 알게 된 사실을 감사인에게 통지하는 것에 대한 동의를 포함시켜야 한다.

2) 감사의견 및 감사보고서 일자

(1) 경영진이 재무제표를 적절하게 수정하는 경우 (ISA 560 문단 11~12)

만약 경영진이 재무제표를 수정하는 경우에는 감사인은 해당 수정재무제표에 대하여 적정의견을 표명하고 다음과 같이 감사보고서일자 결정 및 후속절차를 수행하여야 한다.

감사보고서일자	후속절차
수정된 재무제표 승인일보다 빠르지 않은 날짜. (Redate)	I번에서 요구했던 후속사건절차(적극적 책임에서 요구되는 절차)를 감사인의 새 보고서일자까지 연장함. 따라서 수정된 재무제표에 대하여 감사인이 새 보고서를 제출함.
법규나 재무보고체계에서 금지하지 않은 경우 이중감사보고서 일자(Dual Date)(주1)	I번에서 요구되는 후속사건에 대한 절차는 원래의 감사보고서일자까지 수행하며 재무제표의 관련 주석에서 기술된 수정사항에 한정해서만 후속사건 감사절차를 확대 수행함. 또는 수정된 재무제표에 대하여 감사인은 후속사건에 대한 감사절차는 오직 재무제표의 관련 주석에서 기술된 수정에만 한정하여 연장 수행되었다는 설명을 강조사항문단 또는 기타사항문단에 포함하는 새 감사보고서 및 수정된 감사보고서를 제출함.

주 1 이중감사보고서 일자(Dual Date)

이중감사보고서 일자(Dual Date) (ISA 560 문단 A12)
(1) 의미 : 경영진이 후속사건을 반영하여 재무제표를 수정하기 전의 수정전 재무제표에 대한 감사보고서일은 원칙적으로 변경하지 않고 당해 후속사건에 대한 수정사항에 한하여 추가적인 일자를 포함하도록 감사보고서를 수정하는 것. (2) 예시 "(감사보고서일), 주석 Y에 관한 사항을 제외한다. (추가적인 일자), 주석 Y에 기술된 수정사항에 한정하여 수행된 감사절차의 종료일"

결국, 위와 같은 상황에서 감사인이 발행할 수 있는 감사보고서 발행방식은 아래와 같이 정리될 수 있다.

발행방식	감사보고서일자	감사인의 후속절차	강조사항 또는 기타사항 포함여부
Type I	수정된 재무제표 승인일보다 빠르지 않은 날짜 (Redate)	후속사건감사절차를 새 보고서일자까지 연장하여 수행함	기재 불필요

발행방식	감사보고서일자	감사인의 후속절차	강조사항 또는 기타사항 포함여부
Type II	이중감사보고서 일자 (Dual Date)	후속사건에 대한 절차를 원래의 감사보고서일자까지 수행하며 재무제표 관련 주석에서 기술된 수정사항에 한정해서만 감사절차를 확대 수행함.	기재 불필요
Type III	원래 감사보고서일자	후속사건에 대한 절차를 원래의 감사보고서일자까지 수행하며 재무제표 관련 주석에서 기술된 수정사항에 한정해서만 감사절차를 확대 수행함.	기재 필요 (후속절차가 주석에서 기술된 수정에만 한정하여 연장 수행되었다는 설명)

(2) **경영진이 재무제표를 적절하게 수정하지 않는 경우** (ISA 560 문단 13)

재무제표가 수정될 필요가 있다고 감사인이 믿는 상황에서 경영진이 재무제표를 수정하지 않으면, 다음 중 하나의 절차를 수행하게 된다.

감사인이 보고서를 기업에 제출하지 않은 경우	감사인이 보고서를 기업에 제출한 경우
① 한정 또는 부적정의견을 표명하여야 함.	① 경영진, 그리고 지배기구에게 재무제표의 필요한 수정이 반영되기 전에는 재무제표를 제3자에게 발행하지 않도록 통보함.
② 해당 사건에 대한 충분하고 적합한 감사증거를 수집 완료한 날짜 (이 경우는 New ISA가 명시하고 있지는 않지만 Dual Date의 경우는 경영진이 재무제표를 수정하는 경우를 전제로 하고 있는 점으로 보았을 때 Redate로 가는 것이 바람직할 것으로 본다)	② 그럼에도 불구하고 필요한 수정이 반영되지 않고 재무제표가 발행되었다면 감사인은 감사보고서의 이용을 방지하기 위한 적합한 조치를 취하여야 한다. 이러한 일련의 조치는 감사인의 법적 권리와 의무에 따르며 때에 따라서는 법적 조언을 구하는 것이 적절한지 고려할 것이다.

다만, 국가에 따라서는 법규 또는 재무보고체계상 경영진이 수정된 재무제표를 발행하는 것이 일정한 경우 요구되지 않는다. 예를 들어, 차기 재무제표의 발행이 임박했을 때 동 재무제표에 적절한 공시가 이루어지는 경우이다.

III. 재무제표가 발행된 후 감사인이 알게 된 사실

1) 경영진 및 감사인 책임

경영진은 재무제표가 발행된 후 알게 된 사건에 대하여 감사인에게 통지하고 해당 사건을 재무제표에 적절하게 표시하거나 공시할 책임이 존재한다.

감사인의 경우 재무제표가 발행된 후에는 감사인은 재무제표와 관련하여 어떠한 감사절차도 수행할 의무가 없다. 그러나 감사보고서일에 감사인에게 알려졌을 경우 동 감사보고서를 수정할 원인이 될 수도 있었던 어떤 사실을 재무제표의 발행일 후에 알게 된 경우 감사인은 다음과 같은 절차를 수행하여야 한다. (소극적 책임)

재무제표가 발행된 후 감사인이 알게 된 사실에 대한 후속절차 (ISA 560 문단 10)
(1) 경영진, 그리고 적절한 경우 지배기구와 이 사항을 토의함. (2) 재무제표의 수정이 필요한지 여부를 결정함. (3) 재무제표의 수정이 필요하다고 결정했다면, 경영진이 재무제표에 이 사항을 어떻게 반영할 것인지 질문함.

2) 감사의견 및 감사보고서 일자

① 경영진이 재무제표를 적절하게 수정하는 경우

만약 경영진이 재무제표를 수정하는 경우 감사인은 적정의견을 표명하며 다음의 감사보고서 일자 및 후속절차를 수행하여야 한다. (ISA 560 문단 15)

감사보고서일자	후속절차
수정된 재무제표 승인일보다 빠르지 않은 날짜(Redate)	I번에서 요구했던 후속사건절차(적극적 책임에서 요구되는 절차)를 감사인의 새 보고서일자까지 연장함. 따라서 수정된 재무제표에 대하여 감사인이 새 보고서를 제출함.
법규나 재무보고체계에서 금지하지 않은 경우 이중감사보고서 일자(Dual Date)	I번에서 요구되는 후속사건에 대한 절차는 원래의 감사보고서일자까지 수행하며 재무제표의 관련 주석에서 기술된 수정사항과 한정해서만 후속사건 감사절차를 확대 수행함. 또는 수정된 재무제표에 대하여 감사인은 후속사건에 대한 감사절차는 오직 재무제표의 관련 주석에서 기술된 수정에만 한정하여 연장 수행되었다는 설명을 강조사항문단 또는 기타사항문단에 포함하는 새 감사보고서 및 수정된 감사보고서를 제출함.

단, 위와 같은 새 감사보고서 및 수정감사보고서의 경우에 다음의 내용이 포함된 강조사항문단 또는 기타사항문단을 반드시 포함시켜야 한다.

강조사항 및 기타사항문단에 포함시켜야 할 내용 (ISA 560 문단 16)
① 이전에 발행한 재무제표를 수정한 이유 ② 이를 자세히 기술하고 있는 재무제표의 주석을 참조하라는 문구 ③ 그리고 감사인이 이전에 제출한 보고서를 참조하라는 문구

따라서, III번의 사건을 알게 된 경우 경영진이 재무제표에 이를 적절히 반영하였을 때 감사인이 만약 수정된 재무제표에 대하여 감사인인 후속사건에 대한 감사절차는 오직 재무제표의 관련 주석에서 기술된 수정사항만 한정하여 연장 수행되었다는 설명을 강조사항문단 또는 기타사항문단을 기재하는 방법을 선택하게 되면 위 문단 16에서 언급하는 강조사항문단 및 기타사항과 함께 동시에 모두 기재가 되어야 한다.

결국, 위와 같은 상황에서 감사인이 발행할 수 있는 감사보고서 발행방식은 아래와 같이 정리될 수 있다.

발행방식	감사보고서일자	감사인의 후속절차	강조사항 또는 기타사항 포함여부
Type I	수정된 재무제표 승인일보다 빠르지 않은 날짜 (Redate)	후속사건감사절차를 새 보고서일자까지 연장하여 수행함.	기재 필요 (문단16 내용)
Type II	이중감사보고서 일자 (Dual Date)	후속사건에 대한 절차를 원래의 감사보고서일자까지 수행하며 재무제표 관련 주석에서 기술된 수정사항에 한정해서만 감사절차를 확대 수행함.	기재 필요 (문단 16 내용)
Type III	원래 감사보고서일자	후속사건에 대한 절차를 원래의 감사보고서일자까지 수행하며 재무제표 관련 주석에서 기술된 수정사항에 한정해서만 감사절차를 확대 수행함.	기재 필요 (후속절차가 주석에서 기술된 수정에만 한정하여 연장 수행되었다는 설명 및 문단 16 내용)

② 경영진이 재무제표를 적절하게 수정하지 않는 경우 (ISA 560 문단 17)

만약 경영진이 이전에 발행한 재무제표를 수령한 자들이 이러한 상황을 통보받는 조치를 취하지 않고 있으며 감사인이 재무제표가 수정될 필요가 있다고 믿는 상황인데도 경영진이 재무제표를 수정하지 아니하는 경우에는, 감사인은 경영진, 그리고 지배기구에게 <가> 감사보고서에 대한 차후의 의존을 방지할 조치를 취할 것이라고 통보하여야 한다그러한 통보에도 불구하고 경영진 또는 지배기구가 필요한 조치를 취하지 않으면 감사인은 <나> 동

감사보고서의 이용을 방지하기 위한 적절한 조치를 취하여야 한다. 이러한 일련의 조치는 감사인의 법적 권리와 의무에 따르며 때에 따라서는 법적 조언을 구하는 것이 적절한지 고려할 것이다.

3 | 서면진술(Written Representations)

(1) 서면진술(서)(Written Representations)의 의의

특정 사항을 확인하거나 다른 감사증거를 뒷받침하기 위하여 경영진이 감사인에게 제공하는 서면진술을 의미한다. 재무제표 및 재무제표에 대한 경영진의 주장 또는 이를 뒷받침하는 장부와 기록은 이러한 면에서 서면진술에 포함되지 아니한다.

이러한 서면진술은 해당 기업의 재무제표감사와 관련하여 감사인이 요구하는 필요적 정보의 성격을 나타내고 있다. 따라서 각종 질문에 대한 답변과 마찬가지로 서면진술은 감사증거이다.

(2) 서면진술(서)를 수령하는 목적

서면진술(서)를 수령하는 목적 (ISA 580 10~12, A1)
① 경영진책임에 대한 내용을 감사계약서와 같이 서면으로 확인받기 위함이다.
② 경영진의 구두진술에 대한 질(신뢰성)을 향상시킬 수 있다.

1) 경영진의 책임에 관한 서면진술

감사인은 경영진으로부터 다음의 책임을 서면진술 하도록 요구하여야 한다.

경영진 책임과 관련하여 서면진술에 포함시켜야 하는 내용 (ISA 580 문단 10~11)
① 감사인은 감사업무의 조건에 규정된 바와 같이, 관련사항이 있는 경우 공정표시를 포함하여 경영진이 재무제표를 해당 재무보고체계에 따라 작성할 책임을 완수하였다는 서면진술을 제공하도록 경영진에게 요구하여야 한다.
② 제공된 정보 및 거래의 완전성 가. 경영진은 감사업무의 조건에서 동의한 바에 따라 관련 정보를 감사인에게 모두 제공하고 접근하게 하였음 나. 경영진은 모든 거래를 기록하고 재무제표에 반영하였음.

2) 서면진술은 감사증거의 중요한 원천이다. 경영진이 서면진술을 변형시켰거나 요청된 서면진술을 제공하지 않는다면 감사인은 하나 이상의 유의적 쟁점사항이 존재할 수 있다는 가능성에 대해 주의를 유지하여야 한다. 많은 경우 서면진술은 경영진이 그러한 사항들에 대해 구두진술보다 더욱 엄격하게 고려하도록 하므로 진술의 질을 향상시킬 수 있다. 특히, 아래 예시와 같은 경영진의 판단과 의도와 관련해서는 경영자서면진술이 대표적인 보강증거가 될 수 있다. (ISA 580 문단 A12)

① 기업이 그 기술한 의도를 수행한 과거의 이력
② 기업이 일련의 특징한 조치를 선택한 이유
③ 기업이 일련의 특정한 조치를 추진할 능력
④ 감사 중 입수하였을 수 있는 기타의 정보로서 경영진의 판단과 의도와는 일관성이 없는 정보의 존재나 결여

(3) 서면진술의 수령 상대방

감사인은 재무제표 및 관련 사항에 대한 내용에 적합한 책임이 있는 자로부터 서면진술을 요구하여야 한다. 이러한 적합한 책임이 있는 자는 기업의 지배구조와 관련 법규에 따라 다를 수 있는데 지배기구보다는 경영진이 이러한 책임의 당사자이다. 그러므로 서면진술은 경영책임임원(CEO)과 재무책임임원(CFO) 또는 기업의 그러한 직명이 없더라도 이와 동등한 자에게 요청할 수 있을 것이다. 이때 경영진은 재무제표의 작성과 표시 및 기업의 사업수행을 위한 책임이 있기 때문에 재무제표의 작성과 표시에 따른 절차와 서면진술이 기초를 두고 있는 재무제표의 주장들에 대하여 충분한 지식을 보유하고 있다고 기대가 된다. 그러나 어떤 경우에는 지배기구와 같은 기타 당사자도 재무제표의 작성과 표시에 대하여 책임을 진다.

서면진술에서 요청되는 사항에 대해 전문적인 지식을 보유하고 있는 개인 등 경영진은 경우에 따라 재무제표의 작성과 표시에 참여하는 다른 자들(보험수리적으로 결정되는 회계측정치에 대한 책임이 있는 보험계리인 등)에게 질문하기로 결정할 수도 있을 것이다.

(4) 서면진술일과 대상기간

서면진술일은 가능한 재무제표에 대한 감사보고서일에 근접한 날로 하되, 감사보고서일보다 늦지 않아야 한다. 왜냐하면 서면진술은 필요적 감사증거이기 때문에 서면진술일 전에는 감사의견이 표명될 수 없고 감사보고서일도 기재할 수 없기 때문이다. (ISA 580 문단 A15) 최근에 개정된 감사기준에서는 '일자'와 관련된 회계감사기준 문구는 해석 불일치의 소지가 없도록 최대한 명확히 하는 것이 바람직하다고 판단하여 감사기준서 580 문단 A15를 다음과 같이 개정하기로 하였다.

개정 전	개정 후
A15. 서면진술은 필요 감사증거이기 때문에 서면진술일 전에 감사의견이 표명될 수 없고, 감사보고서일로 정할 수 없다. 감사인은 또한 재무제표에 대한 수정이나 공시를 요구할 수 있는 감사보고서일까지 발생한 사건에 관심을 두기 때문에, 서면진술일은 가능한한 재무제표에 대한 감사보고서일에 실행가능한 가장 근접한 날로 하되 감사보고서일 후가 되어서는 안된다.	A15. 서면진술은 필요 감사증거이기 때문에 감사인은 서면진술일 전에 감사의견을 표명할 수 없고 감사보고서일을 서면진술일 전으로 정할 수 없다. 감사인은 또한 재무제표에 대한 수정이나 공시를 요구할 수 있는 감사보고서일까지 발생한 사건에 관심을 두기 때문에, 서면진술일은 가능한한 재무제표에 대한 감사보고서일에 실행가능한 가장 근접하 날로 하되 감사보고서일 후가 되어서는 안된다.

또한 서면진술은 감사보고서에 언급된 모든 재무제표와 기간을 대상으로 하여야 한다. 따라서 비교재무제표로 감사를 진행하는 경우 다음의 두 가지를 유의하여야 한다.(ISA 580 문단 A17~18)

경영자의 서면진술이 과거 재무제표와 변경되었을 경우	과거 재무제표 당시의 경영진이 교체된 경우
무엇이 변경되었는지를 다룸으로써 이전 보고기간에 관련된 서면진술을 갱신하는 특정형태의 서면진술에 상호 동의할 수 있을 것이다.	현재의 경영진이 감사보고서에 언급된 모든 기간동안 있지 않았을 수 있다. 이 경우 현재의 경영진에게 전 기간을 포괄하는 서면진술을 요청해야할 감사인의 요구사항은 여전히 적용된다.

(5) 서면진술의 성격 및 형태

1) 서면진술의 성격

서면진술이 비록 필요한 감사증거를 제공하지만, 서면진술이 다루는 그 어떠한 사항도 서면진술 그 자체만으로 충분하고 적합한 감사증거가 제공되지 않는다. 뿐만 아니라, 신뢰할 수 있는 서면진술을 경영진이 제공했다는 사실이 경영진의 책임이행 또는 특정 경영진 주장에 대하여 감사인이 입수하는 다른 감사증거의 성격이나 범위에 영향을 미치는 것이 아니다. (ISA 580 문단 4)

감사인은 또한 다른 감사증거를 통하여 특히 특정 주장과 관련된 경영진의 판단이나 의도 또는 그 완전성에 대해 얻은 이해를 뒷받침하기 위하여, 재무제표의 특정 주장에 대하여 경영진에게 서면진술을 제공해 줄 것을 요청할 필요가 있는지 고려할 수 있을 것이다. 예를 들어, 경영진의 의도가 투자에 대한 평가의 중요한 근거가 된다면 경영진으로부터 그 의도에 대한 서면진술을 받지 않고는 충분하고 적합한 감사증거의 입수가 가능하지 않을 수 있다. 그렇지만 비록 그러한 서면진술이 필요한 감사증거를 제공하여도, 동 진술 자체만으로는 해당 주장에 대하여 충분하고 적합한 감사증거를 제공하지 않는다. (ISA 580 문단 A13)

2) 서면진술의 형태

서면진술은 감사인을 수신인으로 하는 진술서 형태이어야 한다. 그러나 국가에 따라서는 경영진이 법규에 따라 그 책임에 대하여 공식적인 진술서를 작성하도록 요구되며 비록 이러한 진술서는 재무제표 이용자 또는 관련 당국에 대한 진술이지만, 감사인은 동 진술서가 반드시 감사인이 수령하여야 하는 진술서의 적합한 형태라고 결정할 수 있을 것이다. 따라서 이와 같은 경우에는 동 진술서에 포괄되고 있는 관련 항목은 다시 진술서에 포함될 필요가 없다.

(6) 서면진술의 신뢰성에 대한 의문 및 서면진술의 미제공

1) 서면진술의 신뢰성에 대한 의문

감사인이 경영진의 적격성, 성실성, 윤리적 가치나 근면성 또는 이에 대한 충실성이나 이행에 의문이 있다면 감사인은 그러한 의문이 경영진의 구두진술이나 서면진술 그리고 감사증거의 신뢰성에 일반적으로 미칠 수 있는 영향을 결정하여야 한다. 특히 서면진술이 다른 감사증거와 일치하지 않은 경우 감사인은 이러한 사항을 해결하기 위한 감사절차를 수행하여야 한다. 만약 이러한 사항이 해결되지 않고 있으면 감사인은 경영진의 적격성, 성실성, 윤리적 가치나 근면성 또는 이에 대한 충실성이나 그 이행에 대한 평가결과를 재고하여야 하며, 이 사항이 경영진의 구두진술이나 서면진술 및 전반적인 감사증거의 신뢰성에 미칠 수 있는 영향을 결정하여야 한다. 만약 감사인이 서면진술을 신뢰할 수 없다고 판단하면 의견표명을 거절할 수 있다.

2) 서면진술의 미제공

경영진이 감사인이 요청한 서면진술 중 하나 이상을 제공하지 않는 경우, 감사인은 다음의 절차를 수행하여야 한다.

서면진술 미제공시 감사절차 (ISA 580 문단 19)
① 해당 사항을 경영진과 토의함. ② 경영진의 성실성을 다시 평가하고, 경영진의 구두진술이나 서면진술 그리고 전반적인 감사증거의 신뢰성에 미칠 수 있는 영향을 평가함. ③ 감사의견에 미칠 수 있는 영향을 결정 (필요하다면 의견거절)

3) 감사의견

의견표명을 거절하는 경우 (ISA 580 문단 20)
① 감사인이 경영진의 성실성에 대한 충분한 의문이 있어 서면진술을 신뢰할 수 없다고 결론을 내린 경우 ② 경영진이 필요하다고 판단되는 내용을 포함한 서면진술을 제공하지 않는 경우

4 감사 중 식별된 왜곡표시의 평가

감사인은 감사현장 철수 시점에서 실증절차로 발견한 미수정왜곡표시가 재무제표에 미치는 영향을 평가하고 그 평가결과에 근거하여 감사의견을 형성한다. 다음은 감사 중 식별된 왜곡표시를 평가하는 과정에 대해서 살펴보기로 한다.

아래에 대한 설명은 다음의 예시를 통해서 내용을 살펴보기로 한다.

종합사례

서울 주식회사 감사를 담당하고 있는 현장책임회계사는 감사현장 마무리 단계에서 다음과 같이 왜곡표시 사항을 발견하였다. 참고로 명백하게 경미하다고 간주되는 금액(Clearly Inconsequential, De minimis)은 500천원이며 계정과목별 중요성 금액을 따로 설정하지는 않았다고 가정한다. 또한, 전체 재무제표 수준의 중요성 금액은 500,000천원이며 수행중요성 금액은 440,000천원이다.

(단위 : 천원)

계정과목	왜곡표시	장부가액
① 재고자산	80,000	300,000
② 매출채권	190,000	400,000
③ 매입채무	80,000	200,000
④ 유형자산	160,000	500,000
⑤ 투자자산	100	5,000
⑥ 차 입 금(전수검사)	50,000	100,000

(1) 식별된 왜곡표시의 집계

감사인은 명백하게 사소한(clearly trivial) 것을 제외하고는 감사 중 식별된 왜곡표시를 집계하여야 한다. 여기서 말하는 명백하게 경미하다는 것은 중요하지 않다라는 표현이 아니다. 명백하게 경미한 사항이란 중요성과는 전적으로 다른 등급의 크기에 해당되는 것이며 개별적이거나 집합적으로 판단하거나 그 크기나 성격 또는 상황의 어떠한 기준으로 판단하여도 명백하게 사소한 사항이 이에 해당이 될 것이다. (ISA 450 문단 A2)

감사인은 감사 중 집계한 왜곡표시의 영향을 평가하고 경영진 및 지배기구와 왜곡표시에 대한 커뮤니케이션을 하는 데 유익하도록, 사실적 왜곡표시와 판단적 왜곡표시 그리고 투영된 왜곡표시를 다음과 같이 구별하는 것이 유용할 것이다. (ISA 450 문단 A3)

왜곡표시의 유형	의 미
사실의 왜곡표시 (Factual Misstatement)	이에 대하여 의심의 여지가 없는 왜곡표시를 말함
판단적 왜곡표시 (Judgemental Misstatement)	회계추정치와 관련하여 감사인이 비합리적이라고 고려하는 경영진의 판단 또는 감사인이 회계정책의 선택과 적용이 적합하지 않다고 고려하는 경우에 발생하는 차이를 말함.
투영된 왜곡표시 (Projected Misstatement)	모집단의 왜곡표시에 대한 감사인의 최선의 추정치이며, 감사표본에서 식별된 왜곡표시를 표본이 추출된 전체 모집단으로 투영하는 것임

예시

상 황	왜곡표시의 유형
감사인은 매출채권 전체 거래처 중 10% 표본 추출하여 외부조회서를 발송한 결과 10,000천원이 과대계상되었음을 확인하였다.	사실의 왜곡표시
위 동 금액에 근거하여 모집단 전체로 다 발송하였을 경우 예상되는 왜곡표시 금액은 150,000천원으로 판단하고 있다.	투영된 왜곡표시
매출채권의 대손충당금 회사제시액은 100,000천원이며 감사인이 합리적으로 추정한 대손충당금은 150,000천원에서 170,000천원으로 판단하고 있다.	판단적 왜곡표시

위 종합사례에서 명백하게 경미한 왜곡표시인 투자자산에 존재하는 왜곡표시는 식별된 왜곡표시 집계표에 포함시킬 필요가 없으며 나머지 항목은 수정분개 집계표 목록에 포함시켜서 해당 항목을 경영진에게 수정권고하여야 한다. (아래 상황이 독립성을 훼손시키는 상황은 아니라고 가정함)

(단위: 천원)

계정과목	왜곡표시	집계표 목록 포함여부 및 경영진 수정권고
① 재고자산	80,000	O
② 매출채권	190,000	O
③ 매입채무	80,000	O
④ 유형자산	160,000	O
⑤ 투자자산	100	– (De minimis)
⑥ 차 입 금(전수검사)	50,000	O

(2) 왜곡표시의 커뮤니케이션과 수정

감사인은 법규상 금지되지 않는 한 감사 중 집계한 모든 왜곡표시에 대하여 적합한 수준의 경영진(왜곡표시를 평가하고 필요한 조치를 취할 수 있는 책임과 권한을 가진 자)과 적시에 커뮤니케이션을 하여야 하며 감사인은 경영진에게 이러한 왜곡표시를 수정할 것을 요구하여야 한다. 만약, 경영진이 감사인이 커뮤니케이션한 왜곡표시 등 모든 왜곡표시를 수정하는 것은, 경영진이 정확한 회계장부와 회계기록을 유지할 수 있게 하고, 과거 보고기간과 연관된 중요하지 않은 미수정왜곡표시가 누적되어 향후 재무제표가 중요하게 왜곡표시될 위험을 감소시킨다. (ISA 450 문단 A9)

만약 경영진이 감사인이 커뮤니케이션한 왜곡표시의 일부 또는 전부에 대하여 수정을 거절하는 경우, 감사인은 경영진이 수정하지 않는 사유를 이해하여야 하며 재무제표 전체에 중요한 왜곡표시가 없는지 여부를 평가할 때 그 사유를 고려하여야 한다.

위 종합사례에서 경영진이 아래와 같이 재무제표에 반영하기로 했다고 가정하자.

(단위: 천원)

계정과목	왜곡표시	집계표 목록 포함 여부	경영진 수정여부	미수정왜곡표시 합계
① 재고자산	80,000	O	O	–
② 매출채권	190,000	O	X	190,000
③ 매입채무	80,000	O	X	80,000
④ 유형자산	160,000	O	X	160,000
⑤ 투자자산	100	– (De minimis)	–	–
⑥ 차입금(전수검사)	50,000	O	O	–

이 경우 미수정왜곡표시 금액은 430,000천원이 된다.

(3) 미수정왜곡표시의 영향에 대한 평가

1) 중요성 금액 ≷ 2) 미수정왜곡표시금액 ⇨ 감사인의 결론

1) 중요성 금액

감사인은 미수정왜곡표시의 영향을 평가하기 전에 중요성이 기업의 실제 재무결과의 관점에서도 여전히 적합한지 여부를 확인하기 위해 이를 재평가하여야 한다. 감사인이 감사계획단계에서 중요성을 결정할 때는 기업의 실제 재무결과가 아직 알려지지 않아종종 기업의 재무결과에 대한 추정치를 근거로 하기 때문에 감사인은 미수정왜곡표시의 영향을 평가하기에 앞서 중

요성을 실제 재무결과를 기초로 수정해야 할 필요가 있을 것이다.

이미 감사계획단계에서 언급한 단계에서 중요성 금액이 작아진 경우에는 감사의견의 근거가 되는 충분하고 적합한 감사증거를 입수하기 위하여 수행중요성과 추가감사절차의 성격 시기, 및 범위의 적합성을 고려하여야 한다. (ISA 450 A12)

2) 미수정왜곡표시금액

감사인은 미수정왜곡표시가 개별적으로 또는 집합적으로 중요한지 여부를 결정하여야 한다. 이를 결정하기 위하여 감사인은 다음 사항을 고려하여야 한다.

미수정왜곡표시가 중요한지 여부를 판단할 때 고려사항 (ISA 450 문단 11)
① 특정 거래유형과 계정잔액 및 공시 그리고 재무제표 전체와 관련된 왜곡표시의 규모와 성격, 그러한 왜곡표시가 발생된 특정 상황 ② 과거 보고기간에 관련된 미수정왜곡표시가 관련 거래유형과 계정잔액 또는 공시 그리고 재무제표 전체에 미치는 영향

① 만약 특정의 개별 왜곡표시가 중요하다고 판단된 경우, 다른 왜곡표시에 의해 상계될 가능성은 희박하다. 예를 들어 수익이 중요하게 과대계상된 경우와 같이, 이익은 동액만큼 과대계상된 비용으로 완벽하게 상계될 수 있어도 재무제표 전체로는 중요하게 왜곡표시 될 것이다. 동일한 계정잔액이나 거래유형 내에서 발생된 왜곡표시는 상계하는 것이 적절할 수도 있다. 그러나 중요하지 아니한 왜곡표시에 대하여도 그 상계가 적합하다고 결론을 내리기 전에 발견하지 못한 왜곡표시가 추가적으로 존재할 위험에 대하여 먼저 고려한다.

또한, 계정분류의 왜곡표시가 중요한지 여부를 결정할 때는 계정분류의 왜곡표시가 부채 또는 기타 계약상의 이행조건들에 대하여 미치는 영향, 개별 항목이나 소계에 미치는 영향, 또는 주요 비율에 미치는 영향과 같이 질적인 면에 대한 평가가 수반(대표적인 예가 대표이사의 불법행위미수금으로 분류하여야 할 항목을 단순히 일반 거래처에 대한 선급금으로 계상한 경우)된다.

② 과거 보고기간과 연관된 중요하지 않은 미수정왜곡표시라도 그 누적효과는 당기재무제표에 중요한 영향을 미칠 수 있다. 감사인이 이러한 미수정된 왜곡표시가 당기재무제표에 미치는 영향을 평가하는 데는 수용가능한 다양한 접근방법을 이용하여 왜곡표시 금액 계산을 수행하여야 한다.

3) 질적 중요성에 대한 판단

감사를 계획할 때 중요성을 결정하였다고 해서 일정금액에 미달되는 미수정왜곡표시는 개별적 또는 집합적으로 반드시 항상 중요하지 않은 것으로 평가된다는 것을 의미하지는 않는다. 감사인은 왜곡표시와 관련된 상황에 따라서는 그 금액이 중요성이 미달되더라도 중요하다고 평가할 수 있다. 단지 그 성격만으로 중요할 수 있는 왜곡표시를 발견하는 감사절차의 설계는 실행가능하지 않을 수도 있지만 **감사인은 미수정왜곡표시가 재무제표에 미치는 영향을 평가할 때, 미수정왜곡표시의 크기뿐 아니라 그 성격, 그리고 그러한 미수정왜곡표시가 발생한 특수한 상황도 고려하는 것이다.** 다음은 왜곡표시가 재무제표 전체의 중요성에 미달되는 경우라 하더라도 감사인이 중요하다고 평가할 수 있는 대표적 사례들이다.(ISA 450 문단 A16)

① 규제 요구사항의 준수에 영향을 미침
② 부채약정 또는 기타 계약상의 이행조건을 준수하는 데 영향을 미침
③ 당기재무제표에는 중요한 영향이 없지만 부적합한 회계정책의 선택이나 적용과 관련되어 향후 재무제표에는 중요한 영향을 미칠 가능성이 높음
④ 특히 일반적인 경제와 산업환경과 관련하여, 이익의 변동이나 기타의 추세를 은폐함
⑤ 기업의 재무상태나 영업성과 또는 현금흐름을 평가할 때 이용되는 비율에 영향을 미침
⑥ 예를 들어 보너스 지급이나 기타의 인센티브에 대한 요건을 충족시키게 됨으로써, 경영진에 대한 보상을 증가시키는 효과를 발생시킴 등

(4) 감사 진행 중 식별된 왜곡표시에 대한 고려사항

감사인은 다음과 같은 경우 전반감사전략과 감사계획을 수정할 필요가 있는지 결정하여야 한다.

전반감사전략 및 감사계획을 수정할 필요가 있는 경우 (ISA 450 문단 6)	
식별된 왜곡표시의 성격과 그 발생된 상황에 따르면 다른 왜곡표시가 존재할 가능성을 나타내고 있으며, 이것이 감사 중 집계한 왜곡표시들과 합쳤을 때 중요할 수 있는 경우	왜곡표시는 독립적으로 발생된 것이 아닐 수 있다. 예를 들어, 감사인이 내부통제의 와해 또는 기업에 폭넓게 적용되어 왔던 부적합한 가정이나 평가방법으로 발생된 왜곡표시를 식별한 경우라면 이는 다른 왜곡표시가 존재할 수 있는 증거에 해당됨
감사 중 집계한 왜곡표시의 합계가 중요성에 근접하는 경우	감사 중 집계한 왜곡표시와 발견되지 않은 왜곡표시와 합칠 때 중요성을 초과할 수 있는 위험이 수용가능한 수준보다 더 클 수 있을 것이다. 이러한 미발견위험은 표본위험과 비표본위험으로 구성된다.

앞의 종합사례를 가지고 감사인의 재무제표에 대한 판단을 Case별로 살펴보자.

Case	Case별 감사인 판단
중요성 수정이 없이 양적으로만 중요한 항목을 판단하는 경우	중요성 금액이 500,000천원이며 미수정왜곡표시금액은 430,000천원이기 때문에 적정의견을 표명한다.
중요성 금액이 500,000천원이 450,000천원으로 변경이 된 경우	반드시 감사인은 자신이 수집한 감사증거가 충분하고 적합한지 판단하여 감사계획 수정의 필요성을 고려해 보아야 한다 그에 따라 추가적인 감사증거 수집 이후 그 결과에 따라서 의견을 표명하여야 한다.
중요성 수정은 없는 상황에서 매출채권(매출액)의 과대계상이 금융기관 약정을 지키기 위한 왜곡표시인 경우	금융기관 부채약정을 준수하기 위한 왜곡표시라고 판단되면 중요성 기준에 미달된 금액이라 하더라도 중요하다고 판단할 수 있다.
만약, 수행중요성 금액이 400,000천원으로 수정된 경우	미수정왜곡표시 금액이 전체 중요성 금액에는 미달하지만 수행중요성 금액을 초과한 경우에는 집계한 왜곡표시와 발견되지 않은 왜곡표시를 합칠 때 전체 중요성 금액을 초과할 수 있는 위험이 수용가능한 수준보다 더 클 수 있다. 따라서 감사인은 감사계획을 수정하여 추가적인 감사절차를 수행할지 여부를 고려해 보아야 한다.
매출채권의 왜곡표시(190,000천원)가 올해 신규로 발생한 거래처에서 발생한 왜곡표시이고 올해 신규거래처가 급증한 경우	감사인은 식별된 왜곡표시의 성격을 파악하여 그 발생상황에 따르면 다른 왜곡표시가 존재할 가능성을 나타내고 있고 있으며 이를 집계한 왜곡표시와 합쳤을 때 중요할 수 있는 경우에는 감사계획을 수정할 필요성이 존재한다 따라서, 이와 같은 경우는 표본으로 선택되지 아니한 다른 신규거래처에 대한 감사증거도 수집하도록 감사계획을 수정하여야 한다.

(5) 지배기구와의 커뮤니케이션, 서면진술 및 문서화

항 목	내 용
지배기구와의 커뮤니케이션	① 감사인은 법규상 금지되지 않는 한 미수정왜곡표시 및 이것이 개별적으로 또는 집합적으로 감사의견에 미칠 영향에 대하여 지배기구와 커뮤니케이션을 하여야 한다. 감사인은 커뮤니케이션을 할 때 중요한 미수정왜곡표시들을 개별적으로 식별하여야 한다 감사인은 또한 그러한 미수정왜곡표시들을 수정하도록 요구하여야 한다. ② 감사인은 또 과거 보고기간에 관련된 미수정왜곡표시가 관련 거래유형과 계정잔액 및 공시 그리고 재무제표 전체에 미치는 영향에 대하여 지배기구와 커뮤니케이션을 하여야 한다.

항 목	내 용
서면진술	감사인은 경영진, 그리고 적절한 경우 지배기구에게 이들이 미수정왜곡표시가 개별적으로 또는 집합적으로 재무제표 전체에 중요하지 않다고 믿는다는 서면진술을 요구해야 한다. 그러한 미수정 사항들은 당해 서면진술에 요약되어 포함되거나 첨부되어야 한다.
문서화	① 그 미만의 왜곡표시는 명백하게 경미하다고 간주될 금액 ② 감사 중 집계한 모든 왜곡표시 및 그러한 왜곡표시가 수정되었는지 여부 ③ 미수정왜곡표시가 개별적으로 또는 집합적으로 중요한지 여부에 대한 감사인의 결론과 그 근거

Q&A 사례문제 1: 계속기업과 관련된 감사절차

김철수 공인회계사는 최민감 공인회계사의 감사문서 검토결과 수령한 Review note에 근거하여 계속기업과 관련하여 다음과 같은 추가적인 감사절차를 수행하려고 한다.

1 계속기업가정과 관련한 경영진과 감사인의 일반적인 책임에 대하여 서술하고 김철수 공인회계사가 서울(주)의 차입금에 대한 실증절차를 수행하는 과정에서 채권단 금융기관의 대출 유지조건을 서울(주)가 이행하지 못한다는 사실을 발견한 경우 감사인이 반드시 수행하여야 할 추가적 감사절차 3가지를 서술하시오.

풀이

① 경영진 책임	재무제표일로부터 12개월까지 계속기업으로서의 존속능력에 대한 평가책임이 존재한다. 이러한 평가 책임에는 계속기업으로서의 존속능력에 중요한 불확실성이 있는 경우 주석에 해당 사안을 기재하는 것을 포함한다. 경영진 책임은 재무보고체계에서 명확하게 또는 명확하게 요구하지 않는다 하더라도 변하지 아니한다.
② 감사인 책임	재무제표의 작성과 표시에 있어 경영진이 적용한 계속기업가정이 타당한지에 대하여 충분하고 적합한 감사증거를 입수하며, 계속기업으로서의 존속능력에 대한 중요한 불확실성이 존재하는지 여부에 대해 결론을 내릴 책임이 존재한다. ➡ 감사인은 회사의 계속기업으로서의 존속을 중단하게 할 수도 있는 미래의 사건이나 상황을 예측할 수 없다. 따라서 감사보고서에서 계속기업 불확실성에 대한 언급이 없다고 하여 계속기업으로서의 존속능력을 보장하는 것은 아니다.

〈계속기업으로서의 존속문제와 관련된 사건 또는 상황이 파악된 경우의 추가적 감사절차〉

① 계속기업에 대한 경영진의 평가와 관련된 경영진의 향후 실행계획(자산의 처분, 자금의 차입, 부채구조의 조정, 지출의 축소나 지연, 증자 등)에 대하여, 이러한 계획의 결과가 상황을 개선시킬지 여부 그리고 경영진의 계획이 해당 상황에서 실행가능한지 여부를 평가함.
② 기업이 현금흐름을 예측하였고 이 예측에 대한 분석이 경영진의 미래 실행계획을 평가할 때 미래 사건이나 상황의 결과를 고려하는 데 유의적인 요소라면, 다음의 절차를 수행함.
　가. 예측을 위해 생성된 기본 데이터의 신뢰성을 평가함.
　나. 예측의 기초가 되는 가정들은 적절한 근거가 있는지 결정함.
③ 경영진이 평가를 실시한 날 후에 추가적인 사실이나 정보가 이용가능하게 되었는지 여부를 고려함.
④ 경영진, 그리고 적절한 경우 지배기구에게 향후 실행계획과 이러한 계획의 실행가능성에 대해 서면진술을 요청함.

2 차입계약서상의 대출조건 준수 불이행으로 인하여 김철수 회계사는 (주)서울의 계속기업에 대한 유의적인 불확실성이 존재한다고 믿고 경영진에게 이를 극복하기 위한 향후 계획에 대하여

질문하였다. 이에 (주)서울의 대표이사는 아래와 같이 자금수지계획안을 제시하여 감사인에게 제시하였다.

과 목	20X4	20X5	20X6
당기순이익	4,900,000	(233,000)	1,890,000
감가상각비	1,000,000	980,000	1,020,000
퇴직급여	690,000	753,000	683,000
재고자산의 감소(증가)	4,900,000	(2,100,000)	(2,100,000)
매출채권의 감소(증가)	(8,400,000)	(36,000)	(278,000)
매입채무의 증가(감소)	(782,000)	(2,860,000)	2,850,000
기타부채의 증가(감소)	(1,000,000)	(26,000)	(200,000)
영업활동으로 인한 현금과부족	1,308,000	(3,522,000)	3,865,000
투자활동으로 인한 현금유출	(4,210,000)	(5,700,000)	1,800,000
자금과부족	(2,902,000)	(9,222,000)	5,665,000
자금조달	3,000,000	13,000,000	(1,000,000)
유상증자	2,000,000	8,000,000	
추가차입	1,000,000	5,000,000	(1,000,000)
차입금만기연장			
합 계	98,000	3,778,000	4,665,000

위와 같은 경영진의 자구책을 김철수 회계사가 검토할 때 사건이나 상황의 미래결과를 고려하는 데 현금흐름의 분석이 유의적 요소라고 판단하는 경우 반드시 고려하여야 할 사항2가지를 서술하시오.

풀 이

1. 예측을 위해 생성된 기본 데이터의 신뢰성을 평가함
2. 예측의 기초가 되는 가정들은 적절한 근거가 있는지 결정함

3 앞의 요구사항 2에 있는 감사절차를 수행한 결과 김철수 공인회계사는 서울(주)의 계속기업의 가정이 타당하지만 존속능력에 중대한 불확실성이 있다고 판단하였다 이때 김철수 공인회계사가 판단한 중대한 불확실성의 의미를 설명하고, 이러한 경우 경영진이 재무제표에 주석에 기재할 내용에 대하여 서술하시오.

풀 이

감사인은 수집한 감사증거를 기초로 회사의 계속기업으로서의 존속능력에 개별적으로 또는 복합적으로 유의적인 의문을 불러일으키는 사건이나 상황이 파악된 경우는 중요한 불확실성이 존재하는지를 결정하여야 한다. 이때 중요한 불확실성이란 감사인이 불확실성의 성격과 영향을 명확하게 공시할 필요가 있을 정도로 그 잠재적인 영향이 크다고 전문가적인 판단을 내릴 경우의 불확실성을 말한다.

이때 회사는 다음과 같은 내용을 반드시 주석으로 기재하여야 한다.

> 가. 계속기업으로서의 존속능력에 대해 유의적 의문을 초래할 수 있는 주요 사건이나 상황 및 이러한 사건이나 상황에 대처하기 위한 경영진의 계획이 재무제표에 적절히 기술되어 있는지 여부
> 나. 계속기업으로서의 존속능력에 대해 유의적 의문을 초래할 수 있는 사건이나 상황과 관련하여 중요한 불확실성이 존재하고, 따라서 정상적인 사업과정에서 자산을 회수하고 부채를 상환하지 못할 수 있다는 사실이 재무제표에 명확히 공시되어 있는지 여부

4 만약 앞에서와 같은 경우에 서울(주) 경영진이 해당 사항을 적절히 주석에 기재한 경우 김철수 공인회계사는 적정의견을 표명하고 다음과 같은 문단을 별도단락으로 추가하여야 한다 다음의 문단에 추가적으로 포함되어야 할 사항을 서술하시오

> 감사의견에 영향을 미치지 아니하는 사항으로서, 회사는 20X4년 12월 31일로 종료되는 회계연도 시점에 CEO에 대한 추가적인 상여금을 지급함으로써 차입계약서상 甲은행이 요구하고 있는 대출조건을 이행하고 있지 아니합니다. 甲은행은 즉시 변제청구권을 행사할 예정으로 확인되었습니다.

풀 이

계속기업가정은 타당하나 중대한 불확실성이 존재하는 경우 감사인은 감사대상회사가 해당 사실을 주석에 적절하게 공시하였는지 여부를 확인하고 만약 그 사실이 적절하게 공시되었다면 적정의견을 표명하되 다음과 같은 내용이 포함되어 있는 별도단락을 기재하여야 한다.

> 가. 계속기업으로서의 존속능력에 유의적 의문을 초래할 수 있는 사건이나 상황과 관련하여 중요한 불확실성이 존재한다는 것을 강조함.
> 나. 계속기업과 관련된 재무제표의 주석을 주의하여 참조하도록 함.

5 김철수 공인회계사가 각각 다음과 같은 의견을 표명한 경우 잘못된 부분을 지적하시오

> ① 계속기업가정이 타당하지 않고 경영진도 이를 인정하여 처음부터 재무제표를 기업회계기준에서 요구하고 있는 일반기준이 아닌 다른 기준(예 : 청산가치로 재무제표를 작성)으로 재무제표를 작성하였고 그 사실을 적절하게 주석에 기재하였다. 하지만 감사인은 계속기업의 가정이 타당하지 않기 때문에 부적정의견을 표명하였다.
>
> ② 계속기업가정이 타당하지만 중대한 불확실성이 존재하였고 감사대상회사는 그 사실을 주석에 기재하였다. 감사인은 계속기업에 대한 내용이 주석에 기재되었지만 여러 가지의 중요한 불확실성이 연루된 상황이라고 생각하고 의견표명을 거절하였다.

풀 이

① 원칙적으로 계속기업가정이 타당하지 않다고 판단할 정도의 중대한 불확실성이 있는 경우에는 재무제표 주석에 기재되었는지 여부를 불문하고, 감사인은 부적정의견을 표명하여야 한다. 다만, 경영진이 재

무제표 작성의 전제가 되는 계속기업가정이 타당하지 않다고 결론을 내림으로써 일반적으로 인정된 회계처리기준과는 다른 회계처리기준에 따라 재무제표를 작성한 경우에는 부적정의견이 아닌 적정의견(강조사항 포함)을 표명할 수 있다. 따라서 이 사례는 잘못된 의견을 표명한 것이다.

② 계속기업가정이 타당하지만 중대한 불확실성이 있는 경우 회사가 그 사실을 재무제표 주석에 적절하게 공시하였다면 적정의견에 별도단락을 추가하여야 한다. 다만, 여러 가지의 중요한 불확실성이 연루된 상황이라면 의견표명을 거절할지 여부에 대하여 고려하여야 한다. 따라서 이 사례는 타당하다.

6 각각의 물음에 답하시오.

① 감사인이 감사대상회사의 계속기업가정이 타당한지 여부에 대하여 반드시 검토하여야 되는 이유를 설명하시오.

② 또한 이러한 감사대상회사의 계속기업으로서의 존속능력을 평가하기 위하여 반드시 경영진의 평가를 검토하여야 하는데, 이 경우 경영진의 계속기업 존속능력 평가기간을 서술하고 그 기간 이후의 계속기업 문제에 대한 감사인의 책임에 대하여 서술하시오

③ 경영진이 계속기업으로서의 존속능력을 평가하지 않은 경우 감사인이 표명하는 감사의견에 미치는 영향을 서술하고, 경영진이 계속기업으로서의 존속능력을 평가할 의무가 면제되는2 가지 경우에 대하여도 서술하시오.

풀이

① 계속기업 가정은 감사인이 의견표명을 하는 재무제표의 기본작성 전제이기 때문이다.

② 재무제표일로부터 최소한 1년 기간까지 평가하여야 하며 그 기간 이후에 대해서는 경영진이 계속기업으로서의 존속능력에 대해 유의적 의문을 초래할 수 있는 사건이나 상황을 알고 있는지 질문하여야 하지만, 추가적인 감사절차를 수행할 필요는 없다.

③ 1) 감사범위의 제한으로 한정 또는 의견거절을 표명

2) 이익을 실현하고 용이하게 금융기관에 접근이 가능한 경우

Q&A 사례문제 2 : 2008년, KICPA 기출문제

회사는 핸드폰을 제조하는 업종을 영위하는 중견기업으로 제품의 대부분을 국내보다는 중국에 수출을 하고 있다. 초창기에는 중국으로의 수출물량이 많아 영업실적이 상승하였으나 최근 2~3년 전부터 경쟁기업들이 핸드폰가격을 인하하여 수출함으로써 영업실적이 급격히 악화되고 있다.

회사는 작년에도 거액의 영업손실 누적으로 자본잠식 상태이며 정상적인 영업을 통해서는 현재의 매입채무와 단기차입금의 상환이 어려울 것으로 판단된다.

향후 중국 휴대폰시장의 경쟁심화와 주요 원자재의 가격상승으로 영업환경에 많은 어려움이 예상된다. 이 회사의 회계감사를 수행하고 있는 장마 회계사는 이 상황이 계속기업으로서의 존속능력에 유의적인 의문을 초래할 상황으로 파악하고 있다. 장마 회계사는 이 회사가 계속기업으로 존속할 수 있을 것인지를 판단하기 위하여 충분하고 적합한 감사증거를 수집하고 경영진이 작성한 영업실적 개선계획서도 제시받아 검토하는 등의 감사절차를 수행하였다.

(주석 공시)
회사는 재무제표의 주석에 영업손실의 누적으로 인한 재무구조의 악화 및 유동성 확보에 어려움이 있음을 표시하여 계속기업으로서의 존속능력에 중요한 불확실성이 있음을 기술하였다.

1 만약, 회사의 경영진이 작성하여 제시한 영업실적 개선계획서의 내용을 장마 회계사가 검토한 결과 실현 가능성이 없다고 판단하여 계속기업 가정이 타당하지 않다고 결론내린 경우, 다음 각각의 경우에 대하여 장마 회계사가 고려할 감사의견과 그 이유를 기술하시오.

사례 1) 계속기업관련 불확실성이 재무제표에 적절히 공시된 경우
사례 2) 계속기업관련 불확실성이 재무제표에 적절히 공시되지 아니한 경우

<답안 양식> :

구 분	감사의견	이 유
사례 1		
사례 2		

풀이
적절한 주석의 공시 여부에 상관없이 부적정의견을 표명하며, 계속기업가정이 일반적인 회계가정의 기본이므로 이러한 가정이 충족되지 않은 상태의 경우는 재무보고체계가 적정하게 적용될 수 없는 것임.

2 만약, 장마 회계사가 경영진에게 요구한 회사의 경영개선을 위한 자구책(영업실적 개선계획서 등)을 제시하지 않을 경우, 장마 회계사가 고려해야 할 감사의견과 그 이유를 기술하시오.

풀 이

감사범위의 제한으로 보아 한정의견 또는 의견거절을 표명한다.

3 장마 회계사는 경영진이 제시한 향후 영업실적 개선계획에 관한 사항을 경영진의 서면진술에 포함시키는 것을 고려하고 있다. 경영진의 서면진술에 포함하는 것이 옳을 경우 'ㅇ'로, 틀릴 경우 '×'로 표시하고 그 이유를 기술하시오. (2줄 이내)

풀 이

경영진이 회사의 재무/경영개선사항으로 감사인에게 제시한 중요한 회사의 계획이므로 경영진의 서면진술에 포함하는 것이 옳다.

Q&A 사례문제 3 : 2009년, KICPA 기출문제

(주)상록은 현재 계속기업으로서의 존속능력에 유의적인 의문을 초래할 수 있는 중요한 소송사건에 피소되어 있으며, 소송에서의 승패 여부는 불확실하다. 이에 (주)상록의 담당이사인 박명확 회계사는 (주)상록이 계속기업으로서 존속할 수 있을지 여부에 대한 평가를 하고 있다. 다음 각 상황별로 박명확 회계사가 제시해야 할 감사의견의 종류 및 별도단락 또는 강조사항 문단 기재 여부를 결정하시오.

상 황	내 용
1	계속기업의 가정은 타당하며, (주)상록은 소송관련 내용을 주석으로 기재하였다.
2	계속기업의 가정은 타당하지만, (주)상록은 소송관련 내용을 주석으로 기재하지 않았다.
3	계속기업의 가정이 타당하지 않다.

<답안 양식> :

상 황	감사의견	별도단락 또는 강조사항 기재 여부
1		
2		
3		

풀 이

상 황	감사의견	별도단락 또는 강조사항 기재 여부
1	적정의견	기재함
2	한정의견 또는 부적정	기재하지 아니함
3	부적정	기재하지 아니함

Q&A 사례문제 4 : 후속사건

1 수색회계법인은 현장철수일(2005년 2월 12일) 이전까지 감사대상회사의 재무제표에 영향을 미칠 수 있는 후속사건을 확인하기 위하여 적극적인 감사절차를 수행하여야 한다. 이 경우 수색회계법인이 수행하여야 할 감사절차를 서술하시오.

풀이

(1) 경영진이 후속사건을 식별하기 위해 수립한 절차들을 이해함.
(2) 재무제표에 영향을 미칠 수 있는 후속사건이 발생했는지 여부에 대하여 경영진, 그리고 적절한 경우 지배기구에 질문함.
(3) 재무제표일 후에 개최된 주주, 경영진 그리고 지배기구의 회의에 대하여 회의록을 열람하고, 회의록이 아직 이용가능하지 않는 경우에는 당해 회의에서 논의된 사항들에 대하여 질문함.
(4) 기업의 최근 후속 중간재무제표가 있다면, 이를 열람함.
(5) 기업의 법률고문에게 소송과 배상청구에 관하여 질문하거나 기존의 구두 및 서면 질문을 확대함.
(6) 경영진, 그리고 적절한 경우 지배기구에게 재무제표일 후에 발생한 사건으로서 해당 재무보고체계에 따라 수정이나 공시가 필요한 사건이 모두 수정 또는 공시되었다는 서면진술을 요청하여야 한다.

2 수색회계법인은 변호사조회서 발송결과 특허권 소송과 관련하여 금액을 합리적으로 추정할 수 없다는 의견을 확보하였으며 대전주식회사는 해당 사실을 재무제표에 주석으로 적절하게 공시하였다. 감사현장 철수 후 수색회계법인의 담당회계사는 대전주식회사가 소송에서 패소한 사실(감사보고서일 현재 존재하였음)을 대중매체를 통하여 3월 14일에 알게 되었다. 이와 관련하여 수색회계법인의 담당회계사는 대전주식회사에 대하여 해당 소송사건에 대하여 재무제표에 적절히 반영하여 재발행할 것을 권고하였으며 이에 맞추어 대전주식회사의 이사회는3월 16일자로 수정재무제표에 대하여 승인을 하였다. 수색회계법인의 담당회계사는 이에 맞추어 감사보고서를 발행하고자 한다.

1) 이 때 담당회계사가 발행하는 감사보고서의 감사의견 및 보고서일자의 유형을 구체적으로 언급하고, 보고서 일자별로 감사인의 책임에 대한 변경내용에 대하여 서술하시오.
2) 만약, 경영진이 소송사건과 관련하여 확정판결 난 결과를 재무제표에 수정반영하지 않겠다고 하는 경우 감사보고서를 회사에 전달하였다고 가정하고 감사보고서에 대하여 수색회계법인이 수행하여야 할 절차 2가지를 서술하시오.

풀이

1)

발행방식	감사보고서일자	감사인의 후속절차
Type I	수정된 재무제표 승인일보다 빠르지 않은 날짜 (Redate)	후속사건감사절차를 새 보고서일자까지 연장하여 수행함.

Type II	이중감사보고서 일자 (Dual Date)	후속사건에 대한 절차를 원래의 감사보고서일자까지 수행하며 재무제표관련 주석에서 기술된 수정사항에 한정해서만 감사절차를 확대 수행함.
Type III	원래 감사보고서일자	후속사건에 대한 절차를 원래의 감사보고서일자까지 수행하며 재무제표관련 주석에서 기술된 수정사항에 한정해서만 감사절차를 확대 수행함.

2) 첫째, 감사인은 최고경영진에게 재무제표와 감사보고서를 제3자에게 공표하지 말 것을 통보하여야 하며 둘째, 만약 사후적으로 재무제표가 공표되었다면 감사인은 감사보고서가 이용되는 것을 방지하는 조치를 취할 필요가 있다.

3 수색회계법인은 12월 31일자 진행 중인 소송사건에 대하여 주석에 공시가 되어있음을 확인하고 적정의견을 표명하는 감사보고서를 발행하였다. 하지만 실제 1월 15일자로 해당 소송사건은 대법원에서 확정판결이 내려졌으며 그 금액은 재무제표에 중대한 영향을 미치는 사건이었다. 이러한 사실을 수색회계법인은 4월 5일 대중매체를 통하여 알게 되었고 경영진에게 재무제표를 수정하여 감사보고서를 수정발행하려고 한다. 이러한 경우 감사인이 수행하여야 할 감사인의 조치에 대하여 서술하고 각각의 경우 감사인의 후속절차 및 보고서 일자 등에 대하여 다음의 양식에 맞추어 서술하시오.

상　　황	감사인의 대응조치 (감사보고서를 수정발행하는 경우 그에 대한 영향)
(1) 경영진이 재무제표를 수정하는 경우	
(2) 경영진이 재무제표를 수정하지 않는 경우	

풀이

1.

재무제표가 발행된 후 감사인이 알게 된 사실에 대한 후속절차
(1) 경영진, 그리고 적절한 경우 지배기구와 이 사항을 토의함 (2) 재무제표의 수정이 필요한지 여부를 결정함 (3) 재무제표의 수정이 필요하다고 결정했다면, 경영진이 재무제표에 이 사항을 어떻게 반영할 것인지 질문함

2.

<table>
<tr><th>상 황</th><th colspan="4">감사인의 대응조치
(감사보고서를 수정발행하는 경우 그에 대한 영향)</th></tr>
<tr><td rowspan="4">(1) 경영진이 재무제표를 수정하는 경우</td><td>발행 방식</td><td>감사보고서 일자</td><td>감사인의 후속절차</td><td>강조사항 또는 기타사항 포함여부</td></tr>
<tr><td>Type Ⅰ</td><td>수정된 재무제표 승인일보다 빠르지 않은 날짜 (Redate)</td><td>후속사건감사절차를 새 보고서일자까지 연장하여 수행함</td><td>기재 필요
(문단 16 내용)</td></tr>
<tr><td>Type Ⅱ</td><td>이중감사보고서 일자(Dual Date)</td><td>후속사건에 대한 절차를 원래의 감사보고서일자까지 수행하며 재무제표관련 주석에서 기술된 수정사항에 한정해서만 감사절차를 확대 수행함.</td><td>기재 필요
(문단 16 내용)</td></tr>
<tr><td>Type Ⅲ</td><td>원래 감사보고서 일자</td><td>후속사건에 대한 절차를 원래의 감사보고서일자까지 수행하며 재무제표관련 주석에서 기술된 수정사항에 한정해서만 감사절차를 확대 수행함.</td><td>기재 필요 (후속절차가 주석에서 기술된 수정에만 한정하여 연장 수행되었다는 설명 및 문단 16 내용)</td></tr>
<tr><td>(2) 경영진이 재무제표를 수정하지 않는 경우</td><td colspan="4">① 감사보고서에 대한 차후의 의존을 방지할 조치를 취할 것이라고 통보하여야 한다. 그러한 통보에도 불구하고 경영진 또는 지배기구가 필요한 조치를 취하지 않으면,
② 감사인은 동 감사보고서의 이용을 방지하기 위한 적절한 조치를 취하도록 하여야 한다.</td></tr>
</table>

Q&A 사례문제 5 : 2008년, KICPA 기출문제

다음의 상황을 읽고 물음에 답하시오.

한강회계법인은 (주)삼라만상의 2007년 재무제표 감사업무를 담당하였다. 한강회계법인은 2008년 1월 20일에 사실상 감사를 종료하였으며, 경영자서면진술도 이 날짜에 받았다. 한강회계법인은 2008년 2월 10일에 감사보고서를 발행하여 (주)삼라만상에 전달하였으며, (주)삼라만상은 2008년 2월 20일에 주주총회를 열어 재무제표에 대한 승인을 받았다.

한편, (주)삼라만상은 2007년 5월 1일에 경쟁업체로부터 특허권 침해소송에 피소되었으며, 2008년 1월 19일에 대법원으로부터 손해배상금 50억 원을 지급하라는 확정판결을 받았다. 하지만 2007년 12월 31일 현재 시점에서는 동 소송에 대한 결과를 예측할 수 없어 회사는 피소사실을 주석으로만 기재하였고, 한강회계법인도 이를 수용하여 적정의견을 제시하고 감사보고서상에 강조사항 문단으로 언급하였다.

1 감사보고서 일자를 언제로 하여야 하는가?

풀이

2008년 1월 20일

2 경영진으로부터 서면진술을 받는 목적 중 하나는 재무제표의 작성책임이 감사대상회사의 경영진에게 있다는 사실을 주지시키기 위함이다. 경영진의 서면진술 외에 재무제표 작성책임이 경영진에게 있음을 주지시키는 방법 1가지를 추가로 기술하시오.

풀이

(1) 감사계약서에 기재
(2) 감사보고서 경영진 책임문단에 언급

3 한강회계법인의 결정은 타당한가? 답변에 대한 근거를 서술하시오. (3줄 이내)

풀이

타당하지 않다.
재무제표 수정을 요하는 사건이며, 따라서 감사인은 경영진에게 재무제표 수정을 요구해야 하고, 만약 경영진이 이를 받아들이지 않을 경우에는 중요성에 따라 한정의견 또는 부적정의견을 표명해야 한다.

4 감사인은 재무제표일 후 감사보고서일까지 발생한 사건으로서 재무제표상의 수정이나 공시를 필요로 하는 모든 사건을 파악하기 위한 감사절차를 수행하여야 한다. 이러한 감사절차로는 (1) 경영진이 후속사건을 식별하기 위해 수립한 절차들을 이해하고, (2) 재무제표에 영향을 미칠 수 있는 후속사건이 발생했는지 여부에 대하여 경영진, 그리고 적절한 경우 지배기구에 질문하며, (3) 재무제표일 후에 개최된 주주, 경영진 그리고 지배기구의 회의에 대하여 회의록을 열람하고, 회의록이 아직 이용가능하지 않는 경우에는 당해 회의에서 논의된 사항들에 대하여 질문한다.

이러한 세 가지 감사절차 외에 감사인이 후속사건을 파악하기 위한 추가적인 감사절차 2가지를 New ISA에 근거하여 기술하시오.

풀이

(1) 기업의 최근 후속 중간재무제표가 있다면, 이를 열람함.
(2) 기업의 법률고문에게 소송과 배상청구에 관하여 질문하거나 기존의 구두 및 서면 질문을 확대함.
(3) 경영진, 그리고 적절한 경우 지배기구에게 재무제표일 후에 발생한 사건으로서 해당 재무보고체계에 따라 수정이나 공시가 필요한 사건이 모두 수정 또는 공시되었다는 서면진술을 요청하여야 한다.

사례문제 6 : 2009년, KICPA 기출문제

20X8년 12월 31일 현재 갑(주)는 을(주)의 주식을 100% 소유하고 있다. 갑(주)는 재무제표(개별)를 작성할 때 을(주)의 투자성과를 지분법으로 평가하여 반영하여야 한다.

구 분	갑(주) 재무제표(개별)	을(주) 재무제표(개별)
결산일	20X8.12.31	20X8.12.31
직전연도 자산총계	1,000억원	500억원
당해연도 자산총계	1,200억원	600억원
당해연도 매출액	1,500억원	700억원
당기순이익	100억원	40억원
감사인	A회계법인	B회계법인
개별재무제표 감사기간 (실증절차 투입일~현장철수일)	20X9.2.5~20X9.2.12	20X9.3.9~20X9.3.13
감사인이 회사에 감사보고서를 제출한 날	20X9.2.28	20X9.3.20
주주총회일	20X9.3.12	20X9.3.30
재무제표에 대한 감사의견	적정의견	적정의견
갑(주)와 을(주)의 내부거래	없음	없음

시장에서 보수적이라는 평가를 받고 있는 A회계법인은 갑(주)가 작성하여 제시한 재무제표를 감사하고 있다. A회계법인은 갑(주)와의 계약에 따라 20X9년 2월 28일까지 재무제표에 대한 감사보고서를 갑(주)에 제출하여야 한다.

을(주)의 재무제표는 B회계법인이 감사하고 있으며, 감사는 20X9년 3월 13일에 완료될 수 있을 것으로 기대된다. 따라서 갑(주)는 을(주)에 대한 투자계정을 평가함에 있어 을(주)의 가결산 재무제표(감사받지 않음)에 기초하고 있다.

갑(주)는 재무제표 감사과정에서 A회계법인이 수정권고한 모든 사항을 반영하였고 그 결과 적정의견을 받을 수 있었다.

A회계법인은 재무제표에 대한 감사를 완료하여 20X9년 2월 28일 갑(주)에 재무제표에 대한 감사보고서를 제출하였다. 이후 갑(주)의 재무제표는 다양한 정보이용자에게 배포되어 이용되고 있다.

을(주)의 재무제표에 대한 감사는 예정대로 진행되어 20X9년 3월 30일 다양한 정보이용자에게 배포되었다. 그런데 20X9년 4월 15일 A회계법인이 입수한 을(주)의 재무제표에 대한 감사보고서상 당기순이익은 을(주)의 가결산재무제표(감사받지 않음)상의 당기순이익보다 20억원이 적었다.

A회계법인은 갑(주)에게 을(주)의 감사보고서상 당기순이익과 가결산재무제표(감사받지 않음)상 당기순이익의 차이의 원인을 요청하였다. 그 결과 갑(주)는 을(주)의 재고자산에서 미처 발견하지 못하였던 오류가 B회계법인의 감사과정에서 발견되었고 이를 추가로 반영한 결과라는 설명과 그 근거를

함께 제시하였다. 현장 책임회계사인 홍길동은 당해 자료를 회계감사기준(실무지침 포함)에 따라 감사하고 20X9년 4월 30일 충분하고 적합한 정보를 수집하였다고 판단하여 감사절차를 종결하였다. A회계법인의 담당이사는 이것이 재무제표에서 차지하는 비중이 중요하다고 판단하고 있다.

상기 정보를 이용하여 갑(주)의 20X8년 12월 31일 재무제표에 대한 감사와 관련된 다음 물음에 답하시오. 단, 다음 물음은 각각 서로 독립적이다.

1 갑(주)의 현장 책임회계사인 홍길동은 을(주)의 추가적인 수정사항과 관련하여 갑(주)의 재무제표를 수정할 것을 요청하였고 회사는 이를 모두 수정반영하여 재무제표를 재작성하였다 또한 A회계법인은 감사보고서를 재발행하기로 하였다 이 경우 재발행 된 감사보고서에 기재될 사항 중 감사의견, 감사보고서일 (가장 책임이 연장되는 방법 선택) 그리고 강조사항 또는 기타사항 기재 여부를 답안 양식의 지시에 따라 기재하시오.

답안 양식 :

	감사의견	감사보고서일	강조사항
답 번호	아래 보기에서 번호를 골라 기입	년, 월, 일	기재하면 O 기재하지 않으면 ×
이유 또는 근거	서술형으로 기재 (3줄 이내)	서술형으로 기재 (3줄 이내)	서술형으로 기재 (3줄 이내)

<보기>

① 적정의견　② 한정의견－감사인과 경영진 간의 의견불일치

③ 한정의견－감사범위의 제한　④ 부적정의견　⑤ 의견거절

풀이

	감사의견	감사보고서일	강조사항
답 번호	①	20X9년 4월 30일	O
이유 또는 근거	경영진이 재무제표를 일반적으로 인정되는 회계원칙에 맞추어서 재작성하였기 때문에	수정된 재무제표 이사회 승인 날짜보다 빨라서는 안 되며, 또한 4월 30일이 감사증거 수집이 완료된 날이기 때문. 가장 책임이 연장되는 방법을 선택하라고 요구하고 있기 때문에 Redate 방법으로 선택함.	기업이 이전에 발행한 재무제표를 수정한 이유 및 그 이유를 보다 자세히 기술하고 있는 재무제표의 주석, 그리고 감사인이 이전에 제출한 보고서를 참조하라는 강조사항 또는 기타사항을 감사보고서에 기재하여야 하기 때문

2 상기 사례에서 갑(주)의 현장 책임회계사인 홍길동이 20X9년 4월 15일이 아닌 20X9년 2월 24일에 을(주)에 대한 투자계정 및 투자성과로 인하여 갑(주)의 재무제표가 수정되어야 할 정도로 중요하다는 사실을 알았다고 가정하자. 또한 중요성기준에 의하면 당해 사항은 중요하나 재무제표에 전반적인 영향을 미칠 정도는 아니다. 홍길동 회계사는 당일에 이와 관련하여 필요한 추가적인 감사증거를 모두 수집하였다. 홍길동 회계사는 갑(주)에게 이를 수정할 것을 요구하였지만 갑(주)는 주주총회일이 임박하다는 이유로 재무제표를 수정하지 않겠다고 통보하였다 20X9년 2월 24일 을(주)와 관련하여 알게 된 사항만이 추가적으로 고려하여야 할 사항의 전부라고 가정할 때 이 경우 감사인이 표명하여야 할 최종 감사의견과 최종 감사보고서일(가장 책임이 연장되는 방법 선택)을 답안 양식의 지시에 따라 기재하시오.

답안 양식 :

	최종 감사의견	최종 감사보고서일
답 번호	아래 보기에서 번호를 골라 기입	연, 월, 일을 기재
이유 또는 근거	서술형으로 기재 (3줄 이내)	서술형으로 기재 (3줄 이내)

<보기>

① 적정의견 ② 한정의견－감사인과 경영진 간의 의견불일치
③ 한정의견－감사범위의 제한 ④ 부적정의견 ⑤ 의견거절

풀이

	최종 감사의견	최종 감사보고서일
답 번호	②	20X9년 2월 24일
이유 또는 근거	감사인과 경영진 간의 의견불일치로서 해당 계정과목이 재무제표에 미치는 영향이 중요하기 때문	추가적인 감사증거 수집완료가 2월 24일에 이루어졌기 때문에 해당 일자로 감사보고서일자를 수정하여야 한다.

Q&A 사례문제 7 : 서면진술

경영진은 집행임원과 기타 고위의 관리기능을 수행하는 자를 지칭하며, 사외이사가 그러한 기능을 하는 경우에도 이에 포함된다. 경영자 서면진술은 회계감사과정에서 감사인의 요구에 의한 답변 또는 경영자가 자발적으로 행한 진술을 의미한다.

1 New ISA에서 감사인이 회사의 경영진으로부터의 서면진술을 감사증거로 입수하고자 하는 목적은 무엇인가? (2002년, KICPA 기출문제)

풀이

① 경영진책임에 대한 내용을 감사계약서와 같이 서면으로 확인받기 위함이다.

② 경영진의 구두진술에 대한 질(신뢰성)을 향상시킬 수 있다

2 New ISA에 근거하여 경영진이 감사인이 필요하다고 생각하는 서면진술의 제공을 거부한다면, 감사인이 취하여야 할 조치를 서술하고 감사인이 최종적으로 고려할 수 있는 감사의견의 종류를 서술하시오. (2002년, KICPA 기출문제)

풀이

① 해당 사항을 경영진과 토의함

② 경영진의 성실성을 다시 평가하고, 경영진의 구두진술이나 서면진술 그리고 전반적인 감사증거의 신뢰성에 미칠 수 있는 영향을 평가함

③ 필요하다면 감사인은 의견표명을 거절하여야 한다.

3 김철수 회계사는 서울(주) 재무제표의 20X1년과 20X2년 재무제표에 대한 비교 재무제표 감사를 수행하고 있다. 20X1년 서울(주) 대표이사는 甲이며 20X2년 서울(주) 대표이사는 乙이다. 만약 김철수 회계사가 20X2년 재무제표 감사증거 수집이 완료될 것으로 예상되는 날짜는 20X3년 2월 14일로 가정하고 김철수 회계사가 이번 감사현장에서 경영진에게 서면진술이 포함시켜야 할 대상기간에 대하여 서술하고 그 이유도 간략하게 서술하시오.

풀이

1. 20X1년 1월 1일 ~ 20X3년 2월 14일
2. 현재의 경영진이 감사보고서에 언급된 모든 기간동안 있지 않았을 수 있다. 이 경우 현재의 경영진에게 전 기간을 포괄하는 서면진술을 요청해야할 감사인의 요구사항은 여전히 적용된다.

4 일반적으로 서면진술 기준일자는 감사보고서일보다 늦어서는 안 된다 그 이유를 간략하게 서술하되 감사보고서일자의 개념을 포함시켜서 서술하시오

풀이

감사보고서일은 충분하고 적합한 감사증거 수집완료일이다. 서면진술은 필요적 감사증거이기 때문에 서면진술일 전에는 감사의견이 표명될 수 없고 감사보고서일도 기재할 수 없다.

5 재무제표 작성책임이 경영진에게 있음을 인정하는 문서에는 어떤 것이 있는지3가지만 서술하시오.

풀이

감사계약서 / 경영자 서면진술(서) / 감사보고서 경영진책임 문단

6 경영자 서면진술에 대한 내용을 열거한 것이다. 다음 중 틀린 내용을 지적하고 그 이유도 간단하게 서술하시오.

(1) 경영자 서면진술은 감사대상회사가 제시하는 기초적인 회계자료(accounting data)이지 확인적인 증거(corroborating evidence)는 될 수 없다.

(2) 후속사건에 대하여 경영자 서면진술을 통하여 재무상태표에 반영되어야 할 사건이 없다는 확인적 증거를 확보한 경우 감사인은 충분한 감사증거를 확보한 것으로 보아야 한다.

(3) 감사인은 모든 사항에 대한 구두적인 증거에 대해서는 경영자진술을 통하여 문서적 증거를 받아야 한다.

(4) 서면진술을 받지 못하고 경영진에 대한 정직, 성실성에 대한 의구심이 발생하는 경우 감사인은 의견표명을 주로 거절한다.

(5) 서면진술 기준날짜는 감사대상 해당 연도 재무제표일 시점이다.

(6) 특정한 사안에 대해서는 경영자 서면진술이 반드시 필요한 감사증거가 될 수 있다. 하지만 서면진술만은 충분하고 적합한 감사증거가 될 수 없다.

풀이

(1) 경영자 서면진술 또한 감사증거이다.
(2) 서면진술만 가지고는 충분하고 적합한 감사증거가 될 수 없다.
(3) 경영자 서면진술은 감사인이 판단하기에 중요하다고 판단되는 사안에 대해서만 포함시키는 것이 일반적이다.
(5) 서면진술 기준날짜는 감사보고서일자 근접한 시점이며 감사보고서일자보다 늦어서는 안 된다.

Q&A 사례문제 8 : 감사 중 식별된 왜곡표시의 평가

한국(주)의 다음 자료를 토대로 감사과정에서 발견된 사항과 감사인이 설정한 중요성 기준에 관련된 물음에 답하라. 단, 법인세비용 등은 고려하지 않는다.

■ 자료 1

(1) 한국(주)의 사업연도는 1년이고, 12월 말 결산법인이며, 통신부품의 생산, 판매를 주력사업으로 하고, 부동산임대업도 부수적으로 영위하고 있다.

(2) 한국(주)의 전기감사에서 파악된 미수정왜곡표시사항
1) 만기보유금융상품에 대한 손상차손 : ₩3,000,000 미계상
2) 위험회피회계 적용대상인 확정계약의 평가손실 : ₩250,000 미계상

(3) 당기 감사에서 발견한 사항
1) 당기말 재고자산에 대한 실증절차 수행결과 ₩2,000,000의 불량재고가 포함되어 있음이 밝혀졌다. 이 불량재고의 공정가액은 ₩500,000으로 즉시 매각 가능하다고 한다. 그러나 회사의 경영자는 실제로 매각을 하기 전까지는 취득원가인 ₩2,000,000으로 계상하는 것이 타당하다는 입장을 견지하고 있다.
2) 당기 1월 1일 생산공정 개선과 관련하여 외부의 전문엔지니어링사로부터 1년간 기술자문을 받기로 하였다. 기술자문료는 총 ₩4,800,000이나, 자문료지급 약정에 의해 매년 ₩2,400,000씩 2년간에 걸쳐 지급하기로 하였기 때문에, 회사의 경영자는 당기에 지급한 ₩2,400,000을 기술자문료로 계상하였다.
3) 위험회피회계 적용대상인 확정계약의 평가손실이 당기말에 ₩500,000이 추가로 발생하였으나, 회사의 경영자는 확정계약이 이행될 예정인 다음 회계연도 1월 10일까지 회계처리를 하지 않기로 결정하였다.
4) 회사의 주요 거래처에 대한 대손충당금 추정에 있어 회사의 경영자는 ₩4,500,000의 대손충당금을 설정하였다. 감사인은 입수 가능한 감사증거에 의해 ₩6,500,000을 설정하는 것이 합리적이라고 판단하여 경영자에게 수정을 요구하였으나, 경영자는 수정요구를 받아들이지 아니하였다.

(4) 당기 감사에서 ₩12,000,000을 재무제표 전체 수준의 중요성 기준으로 설정하였다.

1 감사인은 재무제표의 적정성을 평가할 때 감사에서 발견된 미수정왜곡표시사항의 전체 합계가 중요한지 여부를 평가하여야 한다. 앞의 자료를 토대로 미수정왜곡표시사항의 합계금액을 구하시오.

풀 이

종 류	금액(원)
(1) 전기 만기보유금융상품 손상차손	3,000,000
(2) 전기 확정계약 평가손실	250,000
(3) 당기 재고자산 평가손실	1,500,000
(4) 당기 기술자문수수료	2,400,000
(5) 당기 확정계약 평가손실	500,000
(6) 당기 대손충당금 설정	2,000,000
합 계	9,650,000

2 위의 물음 1에서 구한 미수정왜곡표시사항의 합계와 재무제표 전체 중요성 판단기준금액을 비교하는 과정에서 (감사인이 수행중요성을 ₩9,000,000으로 설정하였다고 가정) 고려해야 할 사항을 2줄 이내로 서술하고 그 이유도 2줄 이내로 간략하게 서술하시오. 또한, 감사인이 수행중요성을 설정하는 이유도 2줄 이내로 서술하시오.

풀 이

(1) 감사 중 집계한 왜곡표시의 합계가 중요성에 근접하는 경우 (통상, 미수정왜곡표시금액이 수행중요성을 초과하고 재무제표 전체 중요성 기준에 미달하는 경우를 의미한다) 전반감사전략 및 감사계획을 수정할 필요가 있는지 고려하여야 한다.

(2) 이유 : 감사 중 집계한 왜곡표시와 발견되지 않은 왜곡표시와 합칠 때 중요성을 초과할 수 있는 위험이 수용가능한 수준보다 더 클 수 있기 때문이다.

(3) 수행중요성의 설정이유
미수정왜곡표시와 미발견왜곡표시의 합계가 전체 재무제표에 대한 중요성을 초과할 가능성을 적절하게 낮은 수준으로 감소시키기 위해 설정된다.

3 감사인은 중요성 결정시 재무제표 이용자들이 필요로 하는 재무정보에 대한 감사인의 인식에 의해 영향을 받는다. 이러한 관점에서, 감사인이 정보이용자들에 대하여 가정하는 내용을 New ISA에 근거하여 3가지 이상 서술하시오.

풀 이

(1) 이용자는 사업과 경제활동 및 회계에 대하여 합리적인 지식을 보유하고 있으며, 합리적인 주의를 기울여 재무제표에 담긴 정보를 연구하려는 의향을 가지고 있음.

(2) 이용자는 재무제표가 중요성 수준에서 작성, 표시되고 감사가 이루어지고 있다는 점을 이해하고 있음.

(3) 이용자는 추정과 판단 그리고 미래 사건들에 대한 고려에 기초한 금액 측정에 내재하는 불확실성을 인식하고 있음.

(4) 이용자는 재무제표에 담긴 정보에 기초하여 합리적인 경제적 의사결정을 함.

■ 자료 2

한국(주)의 미수정왜곡표시사항의 합계 금액이 ₩9,000,000이라고 가정하고, 당기 감사에서 중요성 판단의 양적 기준이 ₩12,000,000으로 설정되었으며, 추가적으로 다음과 같은 사실이 확인된 경우 물음에 답하라.

한국(주)는 5년 전부터 코스닥등록을 준비하여 오고 있으며, IPO를 달성하기 위해서는 당기순이익이 일정금액 이상이 되어야 한다는 사실을 경영진은 누구보다도 더 잘 인지하고 있다. 또한, 회사의 경영자들에게는 주식매입선택권이 부여되어 있으며 회사의 주요 경영진에게는 매출액 대비 계속사업이익이 15% 이상 달성되는 경우 추가적인 상여금을 지급받기로 되어 있다.

감사인은 이러한 사실에 기초하여, 왜곡표시된 사항이 감사의견에도 영향을 미칠 수 있는 것으로 판단하고, 경영진에게 수정을 요구하였다. 그러나 경영진는 감사인이 수정요구하고 있는 항목이 재무제표에 전반적으로 영향을 줄 수 있을 만큼 금액적으로 중요하지 않기 때문에, 재무제표를 수정하게 되면 오히려 수익성의 추세에 부정적인 영향을 미치고 이로 인하여 코스닥시장에 등록할 수 없게 된다면 자금조달비용만 증가시킨다는 점에서 수용하고 있지 않다.

4 위의 내용을 토대로 미수정왜곡표시사항의 합계가 감사인이 수정요구를 할 만큼 중요한 것인지 여부를 판단하고 그 근거를 제시하시오. 그리고 미수정왜곡표시사항의 크기 이외에 감사인의 중요성 판단에 영향을 미칠 수 있는 사례를 New ISA에 근거하여 4가지만 제시하시오. (위 사례에 해당되는 내용 2가지는 반드시 포함하여 서술할 것)

풀이

(1) 감사인은 미수정왜곡표시가 재무제표에 미치는 영향을 평가할 때, 미수정왜곡표시의 크기뿐 아니라 그 성격 및 상황도 고려하여야 한다. 회사의 코스닥 등록예정 및 경영진에 대한 인센티브 상여금 지급조건 등의 성격을 고려한다면 미수정왜곡표시합계 금액은 중요하다고 판단될 수 있다.

(2) ① 규제 요구사항의 준수에 영향을 미침.
② 보너스 지급이나 기타의 인센티브에 대한 요건을 충족시키게 됨으로써, 경영진에 대한 보상을 증가시키는 효과를 발생시킴.
③ 부채약정 또는 기타 계약상의 이행조건을 준수하는데 영향을 미침.
④ 당기재무제표는 중요한 영향이 없지만 부적합한 회계정책의 선택이나 적용과 관련되어 향후 재무제표에는 중요한 영향을 미칠 가능성이 높음.
⑤ 기업의 재무상태나 영업성과 또는 현금흐름을 평가할 때 이용되는 비율에 영향을 미침.

5 중요성 기준을 설정하는 이유 2가지를 서술하시오.

풀이

(1) 중요왜곡표시위험의 식별과 평가. 그에 따른 추가감사절차의 성격, 시기 및 범위 결정
(2) 미수정된 왜곡표시가 있는 경우 재무제표에 미치는 영향을 평가

6 전반감사전략단계에서 설정한 중요성 기준금액은 추가적인 지식의 습득으로 달라질 수 있다 이 경우 중요성 기준금액이 올라가는 경우와 낮아지는 경우 어느 경우가 감사인 입장에서는 더욱더 신경을 써야 하는지 그리고 그 이유가 무엇인지를 중요성 기준 금액과 실증절차단계에서 감사증거량과의 관계를 포함시켜서 서술하시오

풀이

(1) 낮아지는 경우가 더 심각한 상황임.

(2) 중요성 기준 금액이 낮아질수록 감사증거량은 증가한다. 따라서 전반감사계획단계에서 설정한 중요성 기준금액에 비해서 중요성 기준금액이 낮아지면 감사인이 실증절차단계에서 수집한 감사증거량이 충분한 감사증거량이 아닐 수 있기 때문이다.

Q&A 사례문제 9 : 2016년, KICPA 기출문제

일반목적 재무제표는 경영진이 기업을 청산하거나 영업을 중단할 의도가 없는 한 계속기업가정을 전제하여 작성한다.

1 경영진이 판단한 계속기업가정을 감사인이 고려할 때, 핵심적인 부분은 계속기업으로서의 존속능력에 대한 경영진의 평가이다. 경영진은 계속기업으로서의 존속능력을 평가할 때 세부적인 분석을 수행하지 않을 수 있다. 어떤 경우에 경영진이 계속기업가정으로서의 존속능력에 대한 세부적인 분석을 수행하지 않아도 되는지를 서술하시오

풀이

기업이 이익을 실현해 왔고 용이하게 금융자원에 접근할 수 있으면 경영진은 세부적인 분석을 수행하지 않아도 계속기업으로서의 존속능력을 평가할 수 있다.

※ 다음은 (물음 2)부터 (물음 4)에 관한 자료이다.

X회계법인은 대형해운사인 A해운㈜의 20X1년도 재무제표(1.1.~12.31.)를 감사하고 있다. 최근 무역흐름의 악화로 작년에 중대형 해운업체 38개 중 4개사가 퇴출되고 3개사는 워크아웃되었다. 따라서 감사인은 해운업의 불황으로 계속기업가정의 검토가 매우 중요하다고 판단하고 있다.

<u>(1) A해운㈜의 경영진은 계속기업으로서의 존속능력에 대한 예비평가를 수행하였으며, 계속기업으로서의 존속능력에 유의적 의문을 제기할 수 있는 상황을 식별하였다.</u>

A해운㈜는 최근 3년간 상당한 규모의 영업손실이 발생하여, 20X2년 9월에 만기가 도래하는 확정만기 차입금을 정상적인 영업활동으로는 상환이 불가능한 것으로 나타났다. 만약 만기 도래하는 차입금을 상환하지 못할 경우 A해운㈜는 부도위험에 직면하게 된다. 감사인은 만기도래 예정인 차입금의 상환가능성이 계속기업으로서의 존속능력에 유의적 의문을 초래한다고 판단하였다. 따라서 감사인은

이를 극복하기 위한 향후 계획을 경영진에게 질문하였다.

이에 대하여 (2) 경영진은 자구계획을 작성하여 감사인에게 제시하였다. (3) 경영진이 제시한 자구계획에 따르면, A㈜는 20X2년 3월부터 브라질에 소재한 B정유와 독점적으로 원유 수송업무를 제공하는 계약을 체결할 예정이다. 이로 인하여 영업활동 현금흐름이 개선되어 예정대로 차입금을 상환할 수 있을 것으로 전망하고 있다.

2 밑줄 친 (1)과 같이 경영진이 계속기업으로서의 존속능력에 유의적 의문을 제기할 수 있는 상황을 식별한 경우, 감사인이 수행해야 할 절차를 서술하시오.

풀이

계속기업에 대한 경영진의 평가와 관련된 경영진의 향후 실행계획에 대하여 이러한 계획의 결과가 상황을 개선시킬지 여부 그리고 경영진의 계획이 해당 상황에서 실행가능한지 여부를 평가하여야 한다. 이 경우 기업이 현금흐름을 예측하였고 이 예측에 대한 분석이 경영진의 미래 실행계획을 평가할 때 유의적인 요소라면 예측을 위하여 생성된 기본 데이터의 신뢰성을 평가하고 가정들이 적절한 근거가 있는지 결정하여야 한다. 또한 경영진 그리고 적절한 경우 지배기구에게 향후 실행계획과 이러한 계획의 실행가능성에 대하여 서면진술을 요청하여야 한다.

3 밑줄 친 (2)와 같이 경영진이 자구계획을 제시한 경우, 감사인이 수행해야 할 절차를 서술하시오.

풀이

경영진의 자구책을 제시받은 경우 반드시 감사인은 해당 실행계획의 실행가능성 여부를 판단해 보아야 하며 또한 그러한 계획이 실효성, 즉 그 계획의 결과가 상황을 개선시킬 수 있는지 여부에 대하여 검토해 보아야 한다.

4 밑줄 친 (3)과 관련하여 감사인은 해당 상황에서 계속기업가정의 사용은 적합하나 중요한 불확실성이 존재한다고 결론을 내렸다. 이때 경영진이 작성한 재무제표에서 감사인이 확인해야 할 사항을 서술하시오.

풀이

해당 사항이 재무제표 주석에 공시가 되어 있는지 판단해 보아야 한다. 이때 주석에 포함되어야 할 내용은 다음과 같다.

첫 번째, 계속기업으로서의 존속능력에 대해 유의적 의문을 초래할 수 있는 주요 사건이나 상황 및 이러한 사건이나 상황에 대처하기 위한 경영자의 계획이 재무제표에 적절히 기술되어 있는지 여부

두 번째, 계속기업으로서의 존속능력에 대해 유의적 의문을 초래할 수 있는 사건이나 상황과 관련하여 중요한 불확실성이 존재하고, 따라서 정상적인 사업과정에서 자산을 회수하고 부채를 상환하지 못할 수 있다는 사실이 재무제표에 명확히 공시되어 있는지 여부

※ 다음은 (물음 5)부터 (물음 6)에 관한 자료이다.

〈자료〉

다음은 A해운㈜의 감사절차를 종료하는 시점에서 X회계법인의 업무수행이사와 현장책임회계사가 나눈 대화이다.

업무수행이사 : A해운㈜로부터 서면진술은 입수했나요? 감사조서를 보니 감사대상기간(20X1.1.1. ~ 20X1.12.31.) 중인 20X1년 5월 1일에 최고경영진이 차○○사장에서 변○○사장으로 변경되었군요.

현장책임회계사 : 변○○사장은 회계기간 중에 취임했기 때문에 취임 전 기간에 대한 서면진술을 제공할 수 없다고 하네요. 또 감사계약서에도 차○○사장이 서명하지 않았냐며 항변했습니다.

업무수행이사 : 그래서 서면진술은 누구에게, 어떻게 받았습니까?

현장책임회계사 : (1)로부터 서면진술을 받았습니다. 서면진술일은 (2)의 일자로 확인받았습니다.

5 밑줄 친 (1)과 관련하여 회계감사기준에서 규정하고 있는 서면진술의 요청이 되는 대상자, 대상기간 및 이유를 아래의 [답안양식]에 따라 서술하시오.

[답안양식]

대상자	대상기간	이유

풀 이

대상자	대상기간	이유
현재의 경영진 (변oo 사장)	20X1. 1. 1. ~ 감사보고서 일	현재의 경영진이 감사보고서에 언급된 모든 기간 동안 있지 않을 수도 있다. 이 경우 현재의 경영진에게 전 기간을 포괄하는 서면진술을 요청해야 할 감사인의 요구사항은 여전히 존재한다.

6 밑줄 친 (2)와 관련하여 회계감사기준에서 규정하고 있는 서면진술일을 서술하시오.

풀 이

감사보고서일에 근접한 날로 하되, 감사보고서일보다 늦지 않아야 한다.

Q&A 사례문제 10 : 2016년, KICPA 기출문제

후속사건이란 재무제표일과 감사보고서일 사이에 발생한 사건 및 감사보고서일 후에 감사인이 알게 된 사실을 말한다.

※ 다음은 (물음 1)과 (물음 2)에 관한 자료이다. 아래의 물음은 서로 독립적이다.

〈자료〉

> X회계법인은 A㈜의 20X1년 재무제표를 감사하였다(감사보고서일: 20X2년 2월 14일). 그러나 감사인은 감사보고서일에 알았더라면 감사보고서를 수정할 원인이 될 수도 있었던 사실을 20X2년 2월 28일에 알게 되었다. 감사인은 감사보고서를 아직 회사에 전달하지 않은 상황이다.

1 감사인은 아래의 상황에서 감사보고서일자를 언제로 기재해야 하는지 서술하시오. 단, 감사인은 자신의 책임을 최소화하는 감사보고서일자를 선택하고자 한다.

> A㈜의 경영진은 해당 후속사건을 재무제표에 수정・반영하고, 관련 주석으로 기술하였다. 해당 후속사건의 영향에 대해서만 경영진이 재무제표를 수정하고 재무제표 승인권자가 이에 대해서만 승인하는 것이 법규나 재무보고체계에서 금지되지는 않는다. 따라서 감사인은 후속사건에 대한 감사절차를 해당 수정사항에만 국한하여 수행하고 20X2년 3월 2일에 감사절차를 종료하였다.

풀이

2월 14일자를 원칙적인 감사보고서일자로 하며 해당 후속사건에 대해서는 감사절차를 확대수행하고 3월 2일자로 이중감사보고서 일자를 기록한다. 또는 원래의 감사보고서일자인 2월 14일로 하며 해당 후속사건에 대해서만 감사절차를 수행하였다는 사실을 강조사항문단 또는 기타사항문단에 포함한다(3월 2일자 감사보고서일자로 발행하게 되면 감사인의 책임이 가중된다).

2 아래 상황에서 후속사건과 관련하여 감사인이 표명해야 할 감사의견과 그 판단근거를 아래의 [답안양식]에 따라 제시하시오.

> 감사인은 감사절차를 통해 후속사건을 재무제표에 수정・반영할 것을 A㈜의 경영진에게 요구하였다. 그러나 경영진은 해당 후속사건을 재무제표에 수정・반영하는 것을 거부하였다. 감사인은 해당 후속사건이 재무제표에 미치는 영향은 중요하지만 전반적이지는 않은 것으로 판단하고 있다.

[답안양식]

감사의견	판단근거

풀이

감사의견	판단근거
한정의견	재무제표에 중요한 왜곡표시가 존재(경영진이 거부하였기 때문)하지만 전반적이지는 않기 때문에 한정의견을 표명한다.

3 재발행되는 감사보고서의 내용은 최초 감사보고서와 비교할 때 일부 수정되거나 추가된다. 감사보고서가 재발행되는 경우, 감사보고서에 수정 또는 추가(감사보고서일 제외)되는 부분을 아래의 <보기>에서 번호를 선택하고 해당 부분에 기술해야 할 내용을 [답안양식]에 따라 서술하시오.

〈보 기〉

① 도입문단
② 재무제표에 대한 경영진의 책임
③ 감사인의 책임
④ 변형근거문단
⑤ 의견문단
⑥ 강조사항 또는 기타사항

[답안양식]

번호	기술해야 할 내용

풀이

번호	기술해야 할 내용
6	이전에 발행한 재무제표를 수정한 이유, 이를 자세히 기술하고 있는 재무제표의 주석을 참조하라는 문구 및 감사인이 이전에 제출한 보고서를 참조하라는 문구가 포함이 되어야 한다.

Q&A 사례문제 11 : 2019년, KICPA 기출문제

대한㈜는 20x1년 재무제표에 대해 회계감사를 받고 있다. 대한㈜는 과거 수년 간 안정적인 영업구조를 유지해왔으며, 최근 경제환경이 좋지 않음에도 불구하고 지속적인 성장세를 보였다. 특히 20x1년 말 대한㈜는 주력 사업부문에서의 오랜 연구개발이 성공하여 매출이 급증하였다. 이에 자본시장에서는 대한㈜의 20x1년 최종실적에 대해 관심이 많은 상황이다(단, 대한㈜는 상장기업이며, 20x1년 재무제표일은 12월 31일이다).

※ 아래 각 물음은 서로 독립적이다.

1 20x2년 초 대한㈜의 주된 매출처의 부도로 인해 대한㈜의 20x1년 말 재무제표상 부실 매출채권이 추가로 파악되었다.

[요구사항 1]
감사인이 부실 매출채권에 대해 20x1년 재무제표의 감사보고서일 후 재무제표 발행일 전 알게 되었으며, 이 사항을 감사보고서일에 알았더라면 감사보고서를 수정할 원인이 될 수도 있었다 이 경우 재무제표의 수정을 발생시키는 후속사건의 영향에 대해서만 경영진이 재무제표를 수정하고 재무제표 승인권자가 이에 대해 승인한다면 감사인이 추가로 취할 수 있는 절차를 서술하시오(단, 아래 [예시]는 제외할 것).

> *[예시] 후속사건에 대한 감사절차는 오직 재무제표의 관련 주석에 기술된 수정에만 한정하여 수행되었다는 설명을 강조사항문단 또는 기타사항문단에 포함하는 새로운 감사보고서 또는 수정된 감사보고서를 제출함.*

풀이
후속사건절차를 감사인의 새 보고서일자까지 연장하며 수정된 재무제표에 대하여 감사인이 새 보고서를 제출함.

[요구사항 2]
감사인이 20x1년 대한㈜의 재무제표가 발행된 후 대한㈜의 부실 매출채권에 대해 알게 되었으며, 이 사항을 감사보고서일에 알았더라면 감사보고서를 수정할 원인이 될 수도 있었다 이때 감사인이 취해야 할 절차를 서술하시오.

풀이
경영진 그리고 적절한 경우 지배기구와 이 사항을 토의하고 재무제표의 수정이 필요한지 여부를 결정하여야 하며 재무제표의 수정이 필요하다고 결정했다면, 경영진이 재무제표에 이 사항을 어떻게 반영할 것인지 질문하여야 한다.

2 감사인은 대한㈜의 20x1년 재무제표에 대한 감사보고서일 (20x2년 2월 22일) 전에 대한㈜의 경영진이 20x2년 1월 중 투자유치회를 개최하면서 발행한 연차보고서를 입수하였다. 그런데 이 보고서에서 제시된 20x1년 주요 재무비율이 감사보고서에 첨부된 재무제표를 근거로 계산한 비율과 중요한 차이가 있다고 판단하였다(단, 대한㈜ 지배기구의 모든 구성원이 경영에 참여하고 있지 않다).

[요구사항]
감사인이 연차보고서의 수정이 필요하다고 판단하여 경영진에게 수정을 권고하였지만 경영진

은 수정을 거부하였다. 이에 감사인은 이러한 상황을 지배기구와 커뮤니케이션하였다. 이 상황에서 감사인이 추가로 취할 수 있는 절차 세 가지를 각각 한 줄 이내로 서술하시오(아래 [답안양식]을 사용할 것).

[답안양식]

①	
②	
③	

풀이

①	감사보고서에 적정의견을 표명하되 해당 중요한 불일치를 기술하는 기타사항문단을 기재
②	감사보고서 발행을 보류
③	관련 법규나 관습상 가능한 경우, 감사업무를 해지

Q&A 사례문제 12 : 2020년, KICPA 기출문제

[상황 1]은 감사계약서와 관련된 내용이며, [상황 2]는 감사완료 단계의 업무와 관련된 내용이다. 다음 물음에 답하시오.

※ 아래 각 물음(상황)은 서로 독립적이다.
다음 [상황 1]은 (물음 1)~(물음 3)에 관련된 것이다.

[상황 1]

다음은 경북㈜의 20X1년 감사계약서 초안이다(단, 감사인은 법규가 적절하게 경영진의 책임을 규정하지 않은 것으로 결정했음).

경북 주식회사
경영진 귀중

감사의 목적과 범위
귀사는 우리에게 경북 주식회사의 20X1년 12월 31일 현재의 재무상태표와 동일로 종료되는 보고기간의 포괄손익계산서, 자본변동표, 현금흐름표 그리고 유의적인 회계정책의 요약을 포함한 재무제표의 주석에 대한 감사를 요청하였습니다.

— 중략 —

감사인의 책임

우리는 감사기준에 따라 감사를 수행할 것입니다. 이 기준은 우리가 윤리적 요구사항을 준수하도록 요구하고 있습니다. 감사기준에 따른 감사의 일부로서 우리는 감사의 전 과정에 걸쳐 전문가적 판단을 수행하고 전문가적 의구심을 유지하고 있습니다. 우리는 또한:

— 중략 —

• 경영진의 **회계의 계속기업전제** 사용의 적절성과, 입수한 감사증거를 근거로 계속기업으로서의 존속능력에 대하여 유의적 의문을 초래할 수 있는 사건이나 상황과 관련된 중요한 불확실성이 존재하는지 여부에 대하여 결론을 내립니다.

— 중략 —

경영진의 책임과 해당 재무보고체계의 식별

우리의 감사는 경영진이 다음 사항에 대하여 책임이 있음을 인정하고 이해한다는 것을 토대로 하여 수행될 것입니다.

(a) 한국채택국제회계기준에 따라 재무제표를 작성하고 공정하게 표시할 책임

(b) 부정이나 오류로 인한 중요한 왜곡표시가 없는 재무제표를 작성하기 위해 경영진이 필요하다고 결정한 내부통제에 대한 책임

(c) 우리에게 다음 사항을 제공할 책임

①	
②	
③	

우리는 감사과정 중 일부로서 경영진이 감사와 관련하여 우리에게 행한 진술에 관해서 **서면확인**을 요청할 것입니다.

— 중략 —

본 계약서에 첨부된 사본에 서명하신 후 회송하여 주시기 바랍니다.
XYZ 회계법인

경북 주식회사를 대표하여 확인하고 동의함

(서명)
대표이사 △△△
20XX년 XX월 XX일

1 감사계약서의 '감사인의 책임' 문단에서 언급된 '회계의 계속기업전제'에 대해 감사인은 감사의 전 과정에서 주의를 기울여야 한다. 계속기업으로서의 존속능력에 대하여 유의적 의문을 초래할 만한 사건이나 상황이 식별된 경우, 감사인이 수행하여야 할 감사절차 **세 가지**를 각각 **1줄 이내**로 서술하시오(단, 아래 <예시>는 제외할 것).

> *<예시>*
> *기업이 현금흐름을 예측하였고 이 예측에 대한 분석이 경영진의 미래 실행계획을 평가할 때 사건이나 상황의 미래결과를 고려하는 데 유의적인 요소인 경우, 다음의 절차를 수행함.*
> *(i) 예측을 위해 생성된 기초 데이터의 신뢰성을 평가함.*
> *(ii) 예측의 기초가 되는 가정들에 대한 적절한 근거가 있는지 여부를 결정함.*

풀이

첫째, 계속기업에 대한 경영진의 평가와 관련된 경영진의 향후 실행계획 및 실행가능성 검토하여야 하며
둘째, 경영진이 평가를 실시한 날 후에 추가적인 사실이나 정보가 이용가능하게 되었는지 여부를 고려하고
셋째, 경영진, 그리고 적절한 경우 지배기구에게 향후 실행계획과 이러한 계획의 실행가능성에 대해 서면 진술을 요청하여야 한다.

2 감사계약서의 '경영진의 책임과 해당 재무보고체계의 식별 문단 중 '(c)'와 관련하여 경영진이 감사인에게 제공하여야 할 사항 **세 가지**를 서술하시오.

풀이

첫째, 기록, 문서 및 기타사항 등 재무제표의 작성과 관련하여 경영진이 알고 있는 모든 정보에 대한 접근
둘째, 감사목적으로 경영진에게 요청할 수도 있는 추가적인 정보
셋째, 감사증거를 입수하기 위해 우리가 필요하다고 결정하는 기업 내 관계자에 대한 무제한적 접근

3 감사계약서의 '경영진의 책임과 해당 재무보고체계의 식별 문단에서 언급된 '서면확인'은 재무제표감사와 관련하여 감사인이 요구하는 필요적 정보이다.

(1) 서면진술의 대상기간을 **1줄 이내**로 서술하시오.

풀이

감사보고서에 언급된 모든 재무제표와 기간을 대상으로 하여야 한다.

(2) 감사인이 요청한 서면진술 중 하나 이상을 경영진이 제공하지 않는 경우 감사인이 취해야 할 절차 **두 가지**를 각각 **1줄 이내**로 서술하시오(단, 아래 <예시>는 제외할 것).

> *<예시>*
> *감사의견에 미칠 가능성이 있는 영향의 결정을 포함한 적절한 조치를 취함*

풀이

첫째, 해당 사항을 경영진과 토의하여야 하며
둘째, 경영진의 성실성을 다시 평가하고, 경영진의 구두진술이나 서면진술 그리고 전반적인 감사증거의 신뢰성에 미칠 수 있는 영향을 평가하여야 한다.

다음 [상황 2]는 (물음 4)~(물음 6)에 관련된 것이다.

[상황 2]

> 다음은 경북㈜를 감사하고 있는 신입회계사와 그 상급자인 현장책임회계사의 대화 내용이다.
>
> (현장책임회계사) 이제 기말감사 시즌이 끝나갑니다. 경북㈜가 이해관계자도 많고 유의한 중요왜곡표시위험이 많아서 다른 회사 감사보다 업무량이 많았던 것 같습니다.
>
> (신입회계사) 네. 특히 내부 **업무품질관리검토** 절차를 통과하기가 매우 힘들었던 것 같습니다.
>
> (현장책임회계사) 최종감사파일 취합완료일이 **감사보고서일**로부터 60일 이내이니 잘 처리해주세요.

4 업무품질관리검토자는 업무팀이 내린 유의적 판단사항과 감사보고서의 작성과정에서 도달된 결론들에 대하여 객관적인 평가를 수행하여야 한다. 이러한 평가를 위해 업무품질관리검토자가 수행해야 할 절차 **두 가지**를 각각 **1줄 이내**로 서술하시오(단, 아래 <예시>는 제외할 것).

> *<예시>*
> *업무팀이 내린 유의적 판단 및 도달된 결론과 관련된 감사문서를 선정하여 검토*

풀이

첫째, 유의적 사항을 업무수행이사와 논의하고,
둘째, 재무제표와 감사보고서의 초안을 검토하며
셋째, 감사보고서를 형성할 때 도달된 결론들을 평가하고 감사보고서 초안이 적합한지 여부를 고려하여야 한다.

5 '감사보고서일', '재무제표 승인일', '재무제표 발행일'은 회계감사 전반에 걸쳐 매우 중요한 일자들이다. 이들의 개념에 대해 각각 **2줄 이내**로 서술하시오.

풀이

감사보고서일이란 감사인이 재무제표에 대한 의견의 기초가 되는 충분하고 적합한 감사증거를 입수하는 날보다 더 빠른 일자가 될 수 없다.

재무제표 승인일이란 관련 주석을 포함하여 전체 재무제표를 구성하는 모든 내용의 작성이 완료되고 권한을 가진 것으로 인정된 기구가 동 재무제표에 대한 책임을 진다고 확인한 날을 말한다.

마지막으로 재무제표 발행일이란 재무제표를 규제기관에 제출한 일자가 재무제표 발행일이 된다. 감사보고서가 없이 감사받은 재무제표가 발행될 수 없으므로, 감사받은 재무제표의 발행일은 감사보고서일 이후가 되어야 하고 또 감사보고서를 당해 기업에 제출한 날 이후가 되어야 한다.

6 감사인은 최종감사파일의 취합 완료 후 감사문서를 삭제하거나 폐기해서는 안 된다. 다만 감사인은 최종감사파일의 취합 완료 후 기존 감사문서를 수정하거나 새로운 감사문서를 추가할 필

요성이 있을 수 있다. 감사인이 기존 감사문서의 수정 또는 새로운 감사문서를 추가할 경우 문서화해야 할 사항 **두 가지**를 각각 **1줄 이내**로 서술하시오(단, 감사보고서일 후 추가적 감사절차를 수행하거나 새로운 결론을 도출한 사항은 없음).

풀이

첫째, 감사문서를 수정하거나 추가하는 구체적 이유(Why)를 문서화하여야 하며
둘째, 감사문서를 수정, 추가하고 이를 검토한 자(Who)와 그 시기(When)를 문서화하여야 한다.

Q&A 사례문제 13 : 2022년, KICPA 기출문제

다음은 회사의 계속기업가정에 대하여 감사인이 감사절차를 수행한 결과이다.

[상황 1] ㈜대한은 최근 5개년 연속 영업손실이 발생하는 등 계속기업의 존속능력에 유의적 의문을 초래할만한 사건 및 상황이 식별되었다. 회사의 향후 1년간의 사업계획 및 자금계획을 수령하여 세부증거를 확인한 결과, 감사인은 회사의 계속기업가정은 적합하며 중요한 불확실성은 존재하지 않는다는 결론을 얻었다. 한편, 회사는 해당 내용을 주석에 적절하게 공시하고 있다.

[상황 2] ㈜민국은 여행업을 주된 영업으로 수행하고 있다. 회사는 지난 2년간 코로나-19로 인하여 영업 활동을 정상적으로 수행하지 못하였고, 지속적인 영업손실이 누적되어 당기말 현재 완전자본잠식 상태가 되었다. 회사의 경영진은 최근의 위드코로나 상황을 반영하여 작성한 회사의 사업계획 및 지배회사의 자금지원확약서를 감사인에게 제시하였다. 감사인은 계속기업가정은 적합하나 계속기업가정이 지배회사의 자금지원 능력 및 실행 여부에 영향을 받게 되는 중요한 불확실성이 존재한다고 판단하였다. 한편, 회사는 해당 내용을 주석에 적절하게 공시하고 있다.

[상황 3] [상황 2]와 동일한 상황이나, ㈜민국은 해당 내용을 주석에 적절하게 공시하지 않았다.

[상황 4] ㈜만세는 항공소재의 생산 및 판매업을 주된 영업으로 수행하고 있다. 회사의 설립 후 현재까지 제품의 상용화가 이루어지지 않아서 매출이 발생하지 않고 있으며, 지배회사의 자금 지원이 유일한 자금조달의 원천이다. 회사는 지배 회사의 자금지원이 있을 것이라고 설명하였다. 그러나 감사보고서 발행 전까지 지배회사에게 충분한 자금조달 능력이 있다는 것을 입증할 수 있는 증거 및 지배회사의 자금지원확약서를 감사인에게 제시하지 못하였다. 회사는 해당 내용을 주석에 적절하게 공시하고 있다.

[상황 5] ㈜우리는 건물 임대업만을 영업으로 수행하는 회사이며, 차년도 중 회사소유의 모든 건물을 매각하고 사업을 청산할 계획이다. 당기말 현재 1년 이내 회사의 청산이 확실시 되나, 회사는 계속기업을 전제로 재무제표를 작성하였다.

[상황 6] [상황 5]와 동일한 상황이나, ㈜우리는 청산기준에 근거하여 재무제표를 작성하였으며 그 내용을 적절히 주석으로 공시하였다. 한편, 감사인은 회사가 청산기준에 따라 작성한 재무제표를 수용가능하다고 결정하였다.

1 각 상황별로 감사의견 및 감사보고서 작성시 포함되어야 할 문단 또는 단락을 아래에서 고르시오. 단, 핵심감사사항은 고려하지 않으며 강조사항문단으로 포함시킬 필요가 있다고 고려할 수 있는 상황에서는 해당 문단을 포함한다.

감사의견
① 적정의견
② 부적정의견
③ 한정의견 또는 부적정의견
④ 한정의견 또는 의견거절

문단 또는 단락
㈎ 없음
㈏ 계속기업 관련 중요한 불확실성
㈐ 강조사항

[답안양식]

구분	감사의견 (①~④)	문단 또는 단락 (㈎~㈐)
[상황 1]		
⋮		
[상황 6]		

풀이

구분	감사의견 (①~④)	문단 또는 단락 (㈎~㈐)
상황 1	①	(가)
상황 2	①	(나)
상황 3	③	(가)
상황 4	① (또는 ②)	(나) (또는 (가))
상황 5	②	(가)
상황 6	①	(다)

AUDITING

제 15 장 통계적 표본감사

1 감사증거 수집방법

(1) 모든 항목의 추출(전수검사)
(2) 특정 항목의 추출
(3) 표본감사

(1) 전수검사

어떤 거래유형이나 계정잔액을 구성하는 항목의 전체 모집단을 검사하는 것을 말한다 통제테스트에서는 전수검사가 거의 이용되지 아니하며 세부테스트의 경우에는 다음과 같은 경우 전수검사가 적합하다. (ISA 500 문단 A53)

가. 모집단의 금액이 큰 소수의 항목으로 구성되어 있을 때
나. 유의적 위험이 존재하며 다른 방법으로는 충분하고 적합한 감사증거를 제공하지 못할 때

특히, 정보시스템에 의해 자동적으로 수행되는 계산이나(예: 감가상각비 재계산) 기타 처리는 그 반복적 특성으로 인해 전수검사가 비용 측면에서 효과적이다.

(2) 특정 항목의 추출

감사인은 모집단으로부터 특정항목을 추출하기로 결정할 수도 있다 이러한 특정 항목에

대한 판단적 추출은 비표본위험을 낳는다. 특정항목 추출에는 다음과 같은 것이 포함될 수 있다. (ISA 500 문단 A54)

> 가. 금액이 크거나 핵심적인 항목. 즉 의심스럽고 비정상적이며 특별히 위험성이 있거나 과거에 오류가 발생되었던 항목 등을 추출하는 방법
> 나. 일정 금액 이상의 모든 항목
> 다. 정보를 입수하기 위한 항목

(3) 표본감사

표본감사는 감사인에게 모집단 전체에 대한 결론을 도출할 수 있는 합리적인 근거를 제공하기 위해 감사와 관련성이 있는 모집단에 속한 모든 표본단위가 추출될 기회를 가지도록 하여 전체항목(100%)보다 적은 수의 항목에 대해서 감사절차를 적용하는 감사이다.

❖ 표본감사의 분류 ❖

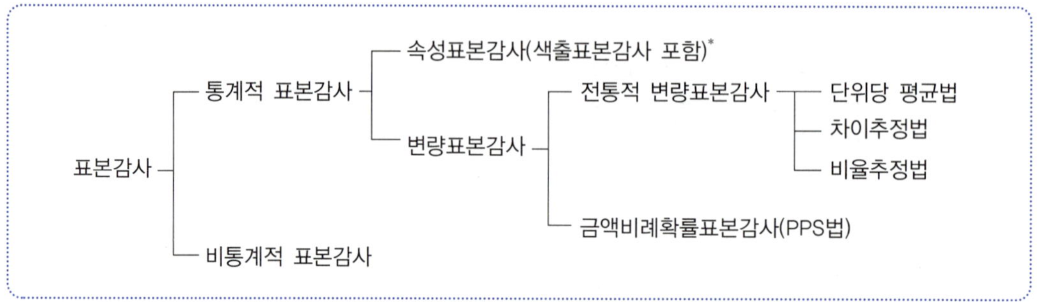

* 색출표본감사(discovery sampling)는 이탈사항의 수가 0에 가까운 경우에 적용하는 속성표본감사의 특수한 경우임.

2 통계적 표본감사와 비통계적 표본감사

(1) 구분기준

통계적 표본감사란 다음과 같은 특징을 갖는 표본추출접근방법을 말한다. (ISA 530 문단 5)

① 표본항목을 무작위로 추출함. (표본추출방법)
② 표본위험의 측정 등 표본결과의 평가에 확률이론을 적용 (표본결과평가방법)

(2) 장단점

	통계적 표본감사	비통계적 표본감사
장점	① 감사증거의 충분성, 즉 표본크기의 적정성을 측정할 수 있다. ② 표본에 대한 검증결과를 객관적으로 평가할 수 있다. 따라서 소송에서 감사인이 정당한 주의의무를 다하였다는 것을 입증하기 쉬운 표본감사기법이다.	① 표본감사를 수행하기가 수월하기 때문에 통계적 표본감사에 비해 비용이 적게 발생한다. ② 감사인이 숙련되고 경험이 많으면 훨씬 효과적인 감사방법이 될 수 있다.
단점	① 감사인들에게 추가적인 훈련을 받도록 요구하게 되어 비용이 증가한다. ② 경우에 따라서는 추가적인 표본계획비용을 부담해야 한다. ③ 경우에 따라서는 비용이 더 많이 드는 표본을 선택해야 한다.	① 표본으로 추출한 감사증거의 충분성을 측정할 수 없다. ② 표본에 대한 검증결과를 객관적으로 평가하기가 어렵다.

(3) 공통점

① 통계적 표본감사라 하더라도 비통계적 표본감사와 마찬가지로 감사인의 전문가적 판단은 필요하다. 왜냐하면 확률이론을 적용하는 기법이라 하더라도 기본적인 신뢰수준, 허용왜곡표시액(율) 등은 감사인이 판단하여야 하기 때문이다
② 비통계적 표본감사가 통계적 표본감사에 비해서 반드시 제공되는 확신이 낮은 것은 아니다. 왜냐하면 감사경험이 많은 숙련된 감사인일수록 비통계적 표본감사를 사용할수록 왜곡표시가 높은 항목을 표본으로 선택할 개연성이 높기 때문이다

3 | 속성표본감사와 변량표본감사의 비교

	속성표본감사	변량(수)표본감사
적용목적	내부통제제도의 유효성 평가	계정잔액의 적정성 검증
관련된 감사절차	통제테스트	계정잔액에 대한 세부테스트
추정내용	이탈률의 추정	왜곡표시액의 추정
사 례	세금계산서를 발행하기 전 내부통제상 선적서류를 확인하는지 여부를 검증하기 위하여 발행된 세금계산서에서 표본을 선택하여 선적서류에 대한 문서검사를 수행하는 절차	매출채권의 실재성을 검증하기 위하여 거래처 중 표본을 선택하여 외부조회서를 발송하는 절차

4 | 표본위험과 비표본위험

감사위험(AR) = 중요왜곡표시위험(RMM) × 적발위험(DR)
= 중요왜곡표시위험(RMM) × 표본위험(SR) × 비표본위험(NSR)

(1) 정의 및 통제방법

	표본위험(Sampling Risk)	비표본위험(Non Sampling Risk)
정 의	표본에 근거한 감사인의 결론이 모집단 전체에 동일한 감사절차를 적용하였더라면 도달하였을 결론과 다르게 될 수 있는 위험	표본위험과 관련이 없는 다른 이유에 의해 오류의 결론에 도달할 위험. 예를 들어, ① 부적합한 감사절차를 적용하는 경우 ② 감사증거를 잘못 해석하는 경우 ③ 왜곡표시 또는 이탈을 인식하지 못하는 것
통제방법	통계학적 이론에 따라 **표본의 크기를 증가시킴으로써** 감소될 수 있음.	**품질관리의 강화.** 구체적으로 적절한 계획수립, 업무팀원의 적절한 구성 및 수행된 감사업무의 감독과 검토 등이 이루어져야 함. (ISA 200-A43)

(2) 표본위험의 종류

	통제테스트	실증절차
α위험 ➡ 감사의 비효율성을 야기함	과소신뢰위험	부당거부위험
β위험 ➡ 감사의 비효과성을 야기함	과대신뢰위험	부당수용위험

① α Risk

통제테스트에서 통제가 실제보다 덜 효과적이라고 평가하거나, 세부테스트에서 실제로 중요한 왜곡표시가 존재하지 않음에도 불구하고 중요한 왜곡표시가 존재한다고 결론을 내림. 이러한 형태의 오류에 대하여는 일반적으로 최초의 결론이 부정확한지 확인하기 위한 추가적인 업무로 이어지기 때문에 감사의 효율성에 영향을 미친다.

② β Risk

통제테스트에서 통제가 실제보다 더 효과적이라고 평가하거나, 세부테스트에서 실제로 중요한 왜곡표시가 존재함에도 불구하고 중요한 왜곡표시가 존재하지 않는다고 결론을 내림. 이것은 감사의 효과성에 영향을 미치며 부적합한 감사의견에 이르게 할 수 있으므로 감사인은 주로 이런 형태의 오류에 유의하여야 한다.

▌사례문제(2002년도 기출문제)▐

계정잔액의 기말 실증절차 결과를 토대로 감사인이 내린 결론에 대해 회사의 경영진이 정당성 있는 근거자료를 제시하고, 이의를 제기하였으나 감사인은 이를 수용하지 않았다. 또한 재무제표에 중대한 영향을 미치는 사항에 대하여 회계기준의 해석이나 감사기준을 적용하는 과정에서 경영진의 주장과 감사인의 견해가 일치되지 않는 경우도 발생하였다. 이러한 상황에서 회사의 적정한 재무제표에 대하여 감사인이 한정의견이나 부적정의견 등으로 감사의견을 잘못 표명한 것으로 추후 판명되었다면 감사인에게 어떤 결과가 초래될 수 있는지를 2가지로 요약하여 답하시오.

▌풀이▐

앞의 경우는 적정하게 작성된 재무제표에 대하여 한정의견이나 부적정의견을 표명하였기 때문에 α Risk가 존재하는 경우이다. 따라서 감사인은 ① 그 임무를 해태하여 감사의뢰인에게 손해를 입힌 경우라고 판명이 되면 자본시장과금융투자업에관한법률상이나 민법의 규정에 의하여 손해를 배상할 책임이 있다. 또한 ② 증권선물위원회나 한국공인회계사회의 감리에서 지적이 됨으로 인하여 감사인의 명성이 훼손될 수 있다.
만약, 위의 경우에 있어서 재무제표가 적정하게 작성되어 있지 않은 경우에 있어서 감사인이 감사의견을 적정을 표명하였다면 β Risk가 존재하는 경우일 것이고 그 경우는 그 회사의 감사보고서를 믿고 투자한 제3자에 대한 민사상 손해배상책임이 문제될 수 있다.

1) 통제테스트

❖ 통제테스트에서의 표본위험 ❖

		감사대상회사의 내부통제제도와 실제 운영상태가	
		사전에 평가한 통제위험의 수준에 적합한 경우	사전에 평가한 통제위험의 수준에 부적합한 경우
통제테스트 결과	사전에 평가한 통제위험의 수준을 수용함	정확한 결론 (1−α 위험)	과대신뢰위험 (β 위험)
	사전에 평가한 통제위험의 수준을 거부함	과소신뢰위험 (α 위험)	정확한 결론 (1−β 위험)

2) 실증절차

❖ 실증절차에서의 표본위험 ❖

		감사대상회사의 장부상 잔액이	
		적절하게 표시된 경우	왜곡표시된 경우
실증절차의 결과	수용	정확한 결론 (1−α 위험)	부당수용위험 (β 위험)
	거부	부당거부위험 (α 위험)	정확한 결론 (1−β 위험)

5 표본추출방법

통계적 표본추출방법	비통계적 표본추출방법
(1) 무작위추출법 (2) 체계적추출법	(3) 임의추출법 (4) 구획추출법

(1) 무작위추출법

무작위추출법(random number selection)은 난수발생 프로그램이나 난수표(random number table)를 이용하여 표본을 추출하는 방법이며, 이 방법에 의하여 추출된 표본은 모든 표본단위의 사전선택확률이 동일하다. 다만, 이 방법은 모집단이 사전에 일련번호가 부여되어 있어야 효율적으로 사용할 수 있는 방법이다.

❖ 난수표의 예 ❖

	(1)	(2)	(3)	(4)	(5)	(6)	(7)
1	10480	15011	01536	02011	81647	91646	69179
2	22368	46573	25595	85393	30995	89198	27982
3	24130	48360	22527	97265	76393	64809	15179
4	42167	93093	06243	61680	07856	16376	39440
5	37570	39975	81837	16656	06121	91782	60468
6	77921	06907	11008	42751	27756	53498	18602
7	99562	72905	56420	69994	98872	31016	71194
8	96301	91977	05463	07972	18876	20922	94595
9	89579	14342	63661	10281	17453	18103	57740
10	85475	36857	53342	53988	53060	59533	38867
11	28918	69578	88231	33276	70997	79936	56865
12	63553	40961	48235	03427	49626	69445	18663
13	09429	93969	52636	92737	88974	33488	36320
14	10365	61129	87529	85689	48237	52267	67689
15	07119	97336	71048	08178	77233	13916	47564
16	51085	12765	51821	51259	77452	16308	60756
17	02368	21382	52404	60268	89368	19885	55322
18	01011	54092	33362	94904	31273	04146	18594
19	52162	53916	46369	58586	23216	14513	83149
20	07056	97628	33787	09998	42698	06691	76988
21	48663	91245	85828	14346	09172	30168	90229
22	54164	58492	22421	74103	47070	25306	76468
23	32639	32363	05597	24200	13363	38005	94342
24	29334	27001	87637	87308	58731	00256	45834
25	02488	33062	28834	07351	19731	92420	60952
26	81525	72295	04839	96423	24878	82551	66566
27	29676	20591	68086	26432	46901	20849	89768
28	00742	57392	39064	66432	84673	40027	32832
29	05366	04213	25669	26122	44407	44048	37937
30	91921	26418	64117	94305	26766	25940	39972

(2) 체계적 추출법

① 표본간격(모집단크기/표본크기)을 도출하여 간격별로 일정하게 표본을 선택하여 추출하는 방법이다. 예를 들어 50을 정하고 최초 50개의 항목 안에서 출발점을 결정한 후, 이로부터 매 50번 째 표본단위를 선택하는 것이다.

② 모집단이 표본추출 간격별로 특정 형태를 가지고 있는 경우 편의성(Bias) 발생하는 단점이 존재한다.

③ 모집단이 무작위 추출법처럼 일련번호가 꼭 부여되어 있지 않은 경우에도 사용 가능한 방법이다.

④ 주로 P.P.S.(금액비례확률표본감사)에 사용하는 방법이다. 왜냐하면 자동층화기능이 부각되기 때문이다. 즉, PPS에 체계적 추출법을 사용하게 되면 표본간격보다 장부가액이 큰 거래처는 무조건 표본으로 선택할 수 있다.

⑤ 최초 표본은 임의로 정할 수도 있지만 컴퓨터의 난수발생 프로그램이나 난수표를 이용하여 정할 때 더욱 무작위의 표본이 될 것이다.

(3) 임의추출법

임의추출은 감사인이 구조적인 기법을 따르지 않고 표본을 추출하는 것이다. 비록 구조적인 기법이 적용되지 않더라도 감사인은 의도적인 편의나 예측가능성(예를 들어, 추출하기 어려운 항목은 회피하거나 각 페이지의 최초 또는 최종항목만을 선택하거나 배제하는 것)을 피하고 모집단 내의 모든 항목이 추출의 기회를 갖도록 하고자 할 것이다.

(4) 구획추출법

구획추출법은 모집단내의 연속된 항목에서 하나(또는 복수)의 구획을 선택하는 방법이다. 대부분의 모집단은 연속된 항목들은 서로 유사한 특성을 가지며 모집단의 다른 부분에 있는 항목들은 다른 특징을 가지도록 구성되어 있으므로, 구획추출법은 일반적으로 통계적 표본감사에서 사용될 수 없다. 비록 경우에 따라 특정 구획의 항목을 검사하는 감사절차가 적합할 수 있으나, 감사인이 표본에 근거하여 전체 모집단에 대해 유효한 추론을 하고자 할 경우 구획추출법이 적절한 표본추출 기법이 되는 경우는 드물 것이다.

❖ 구획추출법의 예 ❖

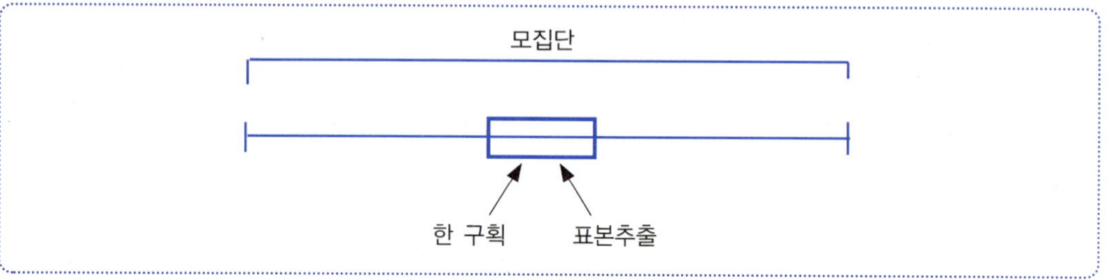

계층화(Stratification)
모집단을 여러 개의 하위모집단으로 나누는 과정으로 각각의 하위모집단은 비슷한 특성(종종 화폐가액)을 갖는 표본단위들의 집단으로 구성된다. 이러한 **계층화의 목적은 각 계층 내 항목들의 변동성을 감소시키는 것이며 이 결과 표본위험을 증가시키지 않고 표본규모를 감소시킬 수 있다.** 따라서 모집단이 상대적으로 분산이 클수록 표본추출 전 계층화는 의미있는 과정이 될 것이다.

참고 ▌복원추출법과 비복원추출법

복원추출법 (sampling with replacement)	어느 특정 표본단위가 표본으로 추출된 후에도 모집단에 포함되어 다시 표본으로 추출될 가능성이 있도록 표본을 추출하는 방법, 즉 복원추출법을 사용하게 되면 하나의 표본단위는 한 차례 이상 표본으로 다시 선택될 수 있게 된다.
비복원추출법 (sampling without replacement)	일단 표본으로 선택된 표본단위는 모집단에서 제외되어 다시 표본으로 추출될 수 없도록 하는 표본추출방법이다.

<감사실무에서 비복원추출방법을 이용하는 이유>

① 감사인이 동일한 표본에 대하여 두 번 감사절차를 수행할 필요가 없다.

② 비복원추출방법은 복원추출방법에 비하여 표본크기를 줄일 수 있어 보다 경제적이다.

<비복원추출법에 의한 표본개수 산정방법>

$$n = n' \times \left[\frac{1}{1+\left(\frac{n'}{N}\right)} \right] = \frac{n'N}{n'+N}$$

n' : 모집단의 크기를 고려하기 전에 결정된 표본의 크기(=복원추출의 표본크기)

n : 수정된 표본의 크기

N : 모집단의 크기

$\left[\frac{1}{1+\left(\frac{n'}{N}\right)} \right]$ =유한수정계수

6 속성표본감사

(1) 표본감사목적 및 모집단의 설정
(2) 표본단위의 결정
(3) 표본크기의 결정
(4) 표본추출방법의 선택
(5) 계획된 감사절차의 수행
(6) 표본감사결과의 평가

⬇

종합사례

김철수 회계사는 서울주식회사의 위험평가과정에서 매출관련 내부통제제도의 설계에 대한 이해를 통하여 내부통제에 의존하는 감사를 계획하려고 한다. 이에 따라 추가감사절차로서 매출관련 내부통제를 테스트하려고 한다. 이 중에서 세금계산서 발행 전에 관련 선적서류 등 관련증빙을 확인하는 내부통제가 효과적으로 운영되고 있는지 확인(실재성에 대한 검증)하려고 한다. 관련 서울주식회사의 자료는 다음과 같다.

① 중간감사까지 발행된 세금계산서 : 100,000장
② 모집단의 실제이탈률이 허용이탈률을 초과하지 않을 것이라는 점에 대하여 감사인이 원하는 확신의 수준 : 95%
③ 허용이탈률 : 7%
④ 모집단의 예상이탈률 : 3%

(1) 표본감사목적 및 모집단의 설정

감사인은 표본감사감사목적을 먼저 설정하고 이에 적합한 모집단을 설정하여야 한다. 앞의 종합예제의 경우에는 모집단은 세금계산서가 될 것이며 매출채권 보조원장에서 표본을 추출하여 관련된 선적서류 등을 확인하여야 한다. 기타 다른 예를 제시하면 다음과 같다.

① 매출이 이루어지기 전 적절하게 신용승인이 이루어지는지에 대한 검증(평가주장에 대한 검증) : 모집단은 선적서류가 될 것이며 선적서류에서 표본을 추출하여 관련된 승인된 판매지시서 등을 확인하여야 한다.

② 선적된 모든 매출거래가 누락되지 않고 세금계산서 발행이 다 이루어졌는지 또는 매출관련 원장에 다 기록되었는지에 대한 검증(완전성에 대한 검증) : 모집단은 선적서류가 될 것이며 해당 거래가 세금계산서로 다 발행되었는지 또는 매출관련 원장에 다 기록되었는지 검사해 보아야 한다.

③ 자금이 집행되기 전에 적절한 승인절차가 이루어지는지에 대한 검증(실재성 및 발생사실 주장에 대한 검증) : 모집단은 현금출납장 또는 수표 발행대장이 될 것이며, 수표 발행대장에서 표본을 추출하여 관련 승인된 지급결의서철 등이 존재하는지 여부를 확인하여야 한다

(2) 표본단위의 결정

표본단위라 함은 물리적 항목이나 화폐단위가 될 수 있다. 물리적 항목에는 예를 들어 예금전표에 나열된 수표, 은행계산서의 대변기입 항목, 매출송장, 채무자의 잔액 등이 있다. 속성표본감사의 경우는 표본단위가 물리적 단위로 구성된다. 즉, 표본단위가 표본으로 선택될 확률이 금액의 크기에 상관이 없다. 속성표본감사의 경우 물리적 단위를 표본단위로 선택하는 목적은 통제테스트의 경우 오류율을 추정하는 표본감사이기 때문에 금액은 중요하지 않기 때문이다. 위 예시에서는 세금계산서 한 장이 표본단위가 된다.

(3) 표본크기의 결정 (ISA 530 문단 보론4)

요 소		표본크기에 대한 영향
비통계적 요소	① 감사인이 위험을 평가할 때 관련 통제의 고려정도가 증가함	증가
통계적 요소	② 감사인이 수용 가능한 허용이탈률의 증가	감소
	③ 테스트 대상 모집단의 예상이탈률의 증가	증가
	④ 모집단의 실제이탈률이 허용이탈률을 초과하지 않을 것이라는 점에 대하여 감사인이 원하는 확신의 수준이 증가함	증가
	⑤ 모집단의 표본검사단위 수의 증가	영향을 무시할 수 있음

① 감사인이 위험을 평가할 때 관련 통제의 고려 정도

감사인이 통제의 운영효과성에 대하여 보다 많은 확신을 얻고자 할수록 중요왜곡표시위험에 대한 감사인의 평가는 더 낮아지게 될 것이며, 필요한 표본규모는 더 커지게 될 것이다. 감사인이 경영진 주장 수준의 중요왜곡표시위험을 평가할 때 통제의 운영효과성에 대한 기대를 포함하고 있는 경우에는 통제테스트를 수행할 필요가 있다. 다른 사항들이 동일하다면, 위험평가에 있어서 통제의 운영효과성에 대한 감사인의 의존도가 클수록 감사인의 통제테스트의 범위는 더 확대된다(그러므로, 표본규모는 증가한다).

② 감사인이 수용 가능한 허용이탈률의 증가

허용이탈률은 모집단의 실제 이탈률이 감사인이 설정한 이탈률을 초과하지 않는다면 적합한 수준의 확신을 얻기 위한 것과 관련되어 감사인이 설정한 내부통제절차의 이탈률을 의미한다. 허용이탈률은 감사인의 전문가적 판단에 따라 결정되며 이러한 허용이탈률이 감소할수록 표본규모는 커져야 한다. 위 사례를 가지고 그 의미를 설명하면 만약 허용이탈률이 7%인 경우 전체 모집단 100,000장 중에서 93,000개 이상의 세금계산서에만 선적서류가 추출된다면 해당 모집단은 95% 신뢰수준에서 효과적으로 운영되고 있다는 결론을 맺을 수 있다.

아래는 허용이탈률과 표본의 크기와의 관계를 나타내는 표(Source : AICPA Sampling Guide Book, 이하 동일)이다.

허용이탈률	표본크기
2%	149
6%	49
10%	29

③ 테스트 대상 모집단의 예상이탈률

예상이탈률이 높을수록 감사인이 실제이탈률에 대한 합리적인 추정을 할 수 있도록 표본규모는 커져야 한다. 예상이탈률과 관련하여 감사인이 고려할 요소에는 기업에 대한 이해(특히, 내부통제를 이해하기 위해 수행한 위험평가절차), 인원의 변동이나 내부통제의 변동, 이전 보고기간에 적용된 감사절차의 결과, 그리고 다른 감사절차의 결과 등이 있다. 위 사례에서 모집단의 예상이탈률이 3%란 의미는 세금계산서 100,000장 중 표본감사를 수행하기 전에 3,000장은 관련 선적서류가 없을 것으로 감사인이 예상한다는 의미이다.

만약, 위험평가과정에서 모집단의 예상이탈률이 허용이탈률보다 크다고 판단되는 경우에는 내부통제제도가 효과적으로 설계되어 있지 않다고 판단되는 상황이기 때문에 통제테스트는 수행하지 않을 것이기 때문에 통제테스트를 수행하는 경우에는 반드시 허용이탈률이 모집단의 예상이탈률보다 큰 경우를 말한다. 모집단의 예상이탈률이 증가함에 따라 표본규모가 증가하며 다음은 모집단의 예상이탈률과 표본규모와의 관계이다.

모집단의 예상이탈률	표본크기
1%	93
1.5%	124
3%	181

④ 모집단의 실제이탈률이 허용이탈률을 초과하지 않을 것이라는 점에 대하여 감사인이 원하는 확신의 수준

이는 감사인이 표본감사에 부여하는 신뢰수준을 의미하며 이러한 신뢰수준을 95%로 부여하였다는 의미는 β Risk를 5% 허용한다는 의미한다. 즉, 표본감사결론을 잘못 표명할 위험을 5%로 부여한다는 의미이기 때문에 이러한 확신의 수준을 증가시키기 위해서는 표본의 크기를 증가시켜야 한다. 결국, 신뢰수준은 $1-\beta$ Risk를 의미한다. 감사인은 이러한 허용가능한 β Risk를 보통 1%에서 10% 사이에 설정하는 것이 일반적이다. 다음은 허용가능한 β Risk와 표본크기와의 관계를 나타내는 표이다.

허용가능한 β Risk	표본크기
10%	77
5%	93

⑤ 모집단의 표본검사단위 수

모집단의 표본검사단위 수는 결국 모집단의 크기(Population size)를 의미한다. 이 사례의 경우 모집단의 표본검사단위 수는 물리적 단위로 구성되어 있다는 점을 고려했을 때 100,000개가 된다. 이러한 모집단의 표본검사단위 수는 증가할수록 표본크기가 증가하지만 이는 모집단의 표본검사단위 수가 적을 때만 성립하며 만약 해당 숫자가 5,000개 이상이 되면 크게 표본크기에는 유의적인 영향을 미치지 못한다.

모집단의 표본검사단위 수	표본크기
100	64
500	87
1,000	90
5,000	93
100,000	93

위 변수가 결정되면 아래의 조견표를 이용하여 표본크기를 결정할 수 있다.

〈신뢰수준 95% 표본크기 조견표〉

모집단의 예상이탈률	허용이탈률										
	2%	3%	4%	5%	6%	7%	8%	9%	10%	15%	20%
0.00%	149(0)	99(0)	74(0)	59(0)	49(0)	42(0)	36(0)	32(0)	29(0)	19(0)	14(0)
.25	236(1)	157(1)	117(1)	93(1)	78(1)	66(1)	58(1)	51(1)	46(1)	30(1)	22(1)
.50	*	157(1)	117(1)	93(1)	78(1)	66(1)	58(1)	51(1)	46(1)	30(1)	22(1)
.75	*	208(2)	117(1)	93(1)	78(1)	66(1)	58(1)	51(1)	46(1)	30(1)	22(1)
1.00	*	*	156(2)	93(1)	78(1)	66(1)	58(1)	51(1)	46(1)	30(1)	22(1)
1.25	*	*	156(2)	124(2)	78(1)	66(1)	58(1)	51(1)	46(1)	30(1)	22(1)
1.50	*	*	192(3)	124(2)	103(2)	66(1)	58(1)	51(1)	46(1)	30(1)	22(1)
1.75	*	*	227(4)	153(3)	103(2)	88(2)	77(2)	51(1)	46(1)	30(1)	22(1)
2.00	*	*	*	181(4)	127(3)	88(2)	77(2)	68(2)	46(1)	30(1)	22(1)
2.25	*	*	*	208(5)	127(3)	88(2)	77(2)	68(2)	61(2)	30(1)	22(1)
2.50	*	*	*	*	150(4)	109(3)	77(2)	68(2)	61(2)	30(1)	22(1)
2.75	*	*	*	*	173(5)	109(3)	95(3)	68(2)	61(2)	30(1)	22(1)
3.00	*	*	*	*	195(6)	**129(4)**	95(3)	84(3)	61(2)	30(1)	22(1)
3.25	*	*	*	*	*	148(5)	112(4)	84(3)	61(2)	30(1)	22(1)
3.50	*	*	*	*	*	167(6)	112(4)	84(3)	76(3)	40(2)	22(1)
3.75	*	*	*	*	*	185(7)	129(5)	100(4)	76(3)	40(2)	22(1)
4.00	*	*	*	*	*	*	146(6)	100(4)	89(4)	40(2)	22(1)
5.00	*	*	*	*	*	*	*	158(8)	116(6)	40(2)	30(2)
6.00	*	*	*	*	*	*	*	*	179(11)	50(3)	30(2)
7.00	*	*	*	*	*	*	*	*	*	68(5)	37(3)

(4) 표본추출방법의 선택

통계적 표본감사를 수행하는 경우이기 때문에 무작위 추출법이나 체계적 추출법을 사용하여 표본을 추출한다. 위 사례를 예를 들면 표본크기가 100개(실제는 129개이지만 100개로 가정함)가 나왔다고 가정했을 때 100개에 해당되는 난수표 숫자를 생성시켜 해당 숫자가 부여되어 있는 세금계산서를 표본으로 선택할 수도 있다.(무작위 추출법) 또는 모집단이 100,000개인 경우 표본크기가 100개라면 표본간격이 1,000이며 최초 세금계산서를 임의로 표본을 추출한 다음에 1,000개별로 하나씩 세금계산서를 표본으로 추출할 수도 있다.(체계적 추출법)

(5) 계획된 감사절차의 수행

감사인은 표본으로 선택한 각 항목에 대하여 특정 테스트목적에 적합한 감사절차를 수행하여야 한다. 추출된 항목이 감사절차를 적용하기에 부적합한 경우에는 일반적으로 대체항목에 대하여 감사절차를 수행한다. 예를 들어, 감사인은 지출승인에 대한 증거를 입수하기 위하여 무효로 처리된 수표를 추출할 수 있다. 수표가 적절한 절차를 거쳐 무효화되었고, 오류로 인한 것이 아니라는 사실을 감사인이 확인하였다면 적절하게 선택된 대체항목을 대상으로 검사하여야 한다. 하지만, 감사인이 추출된 항목에 대하여 설계된 감사절차와 적절한 대체적 절차를 적용할 수 없다면 감사인은 동 항목을 규정된 통제로부터 이탈로 간주한다

(6) 표본감사결과의 평가

통제테스트의 경우에는 대부분 표본이탈률이 곧 모집단 전체의 투영 이탈률이기 때문에 이탈에 대한 특별한 투영이 필요없다. 다만, 통제테스트시 표본으로 선택된 단위가 모집단을 대표하지 못할 위험인 표본위험의 허용치를 고려하여 모집단의 최대이탈률을 산정하여 감사인이 사전에 설정한 허용이탈률과 비교하여야 한다. 다음은 그 비교결과에 따른 감사인의 결론이다.

상 황	결 론
모집단의 최대이탈률* ≤ 허용이탈률	감사인이 사전에 설정한 통제위험의 수준을 지지(실증절차가 확대될 필요 없음)
모집단의 최대이탈률 > 허용이탈률	감사인이 사전에 설정한 통제위험의 수준을 지지 못함(실증절차가 확대되어야 함).

* 모집단의 최대이탈률

모집단의 최대이탈률 = 표본의 오류율 + 표본위험의 허용치

다음은 모집단의 최대 이탈률을 조견표를 이용하여 모집단의 최대 오류율을 산정하는 방법이다.

〈신뢰수준 95% 수준에서 모집단의 최대이탈률 조견표〉

표본의 크기	발견된 실제 이탈사항의 수										
	0	1	2	3	4	5	6	7	8	9	10
25	11.3	17.6	*	*	*	*	*	*	*	*	*
30	9.5	14.9	19.5	*	*	*	*	*	*	*	*
35	8.2	12.9	16.9	*	*	*	*	*	*	*	*
40	7.2	11.3	14.9	18.3	*	*	*	*	*	*	*
45	6.4	10.1	13.3	16.3	19.2	*	*	*	*	*	*
50	5.8	9.1	12.1	14.8	17.4	19.9	*	*	*	*	*
55	5.3	8.3	11.0	13.5	15.9	18.1	*	*	*	*	*
60	4.9	7.7	10.1	12.4	14.6	16.7	18.8	*	*	*	*
65	4.5	7.1	9.4	11.5	13.5	15.5	17.4	19.3	*	*	*
70	4.2	6.6	8.7	10.7	12.6	14.4	16.2	18.0	19.7	*	*
75	3.9	6.2	8.2	10.0	11.8	13.5	15.2	16.9	18.4	20.0	*
80	3.7	5.8	7.7	9.4	11.1	12.7	14.3	15.8	17.3	18.8	*
90	3.3	5.2	6.8	8.4	9.9	11.3	12.7	14.1	15.5	16.8	18.1
100	3.0	4.7	6.2	7.6	8.9	10.2	11.5	12.7	14.0	15.2	16.4
125	2.4	3.7	4.9	6.1	7.2	8.2	9.3	10.3	11.3	12.2	13.2
150	2.0	3.1	4.1	5.1	6.0	6.9	7.7	8.6	9.4	10.2	11.0
200	1.5	2.3	3.1	3.8	4.5	5.2	5.8	6.5	7.1	7.7	8.3

만약, 100개의 표본 중에서 2개나 3개의 이탈이 발견되었다면 감사인은 다음과 같은 결론을 맺게 될 것이다.

상 황	결 론
(Case 1) 2개의 이탈을 발견한 경우	모집단의 최대이탈률은 6.2%로서 허용이탈률 범위내 들어왔기 때문에 내부통제에 의존하는 실증절차를 수행하는 것으로 계획을 수립함
(Case 2) 3개의 이탈을 발견한 경우	모집단의 최대이탈률은 7.6%로서 허용이탈률 범위를 초과하였기 때문에 실증절차 범위를 확대하는 것으로 계획을 수정함.

여기서 주의할 점은 식별된 이탈과 관련하여 그 성격과 원인을 검사하고 감사절차의 목적과 타 감사분야에 미칠 수 있는 영향을 평가하여야 한다. 예를 들어, 거래의 형태, 장소, 제품라인 혹은 시기 등에 있어 대부분 어떤 공통된 특징을 갖고 있는 것을 관찰할 수도 있을 것

이다. 이 경우 감사인은 모집단에서 해당 공통된 특징을 가지고 있는 모든 항목을 식별하여 이에 대한 감사절차를 확대하기로 결정할 수도 있을 것이다. 뿐만 아니라 이와 같은 종류의 이탈이 의도적인 것인지 오류의 결과로 발생한 것인지 판단하는 것도 중요하다. 예를 들어, 이전 사례에서 세금계산서에 대응하는 선적서류가 발견되지 않았을 경우 만약 단순한 선적서류가 분실된 경우인지(오류) 아니면 부정의 의도를 가지고 매출을 과대계상하기 위하여 선적서류 없이 가공의 세금계산서만 발행한 것인지 판단해 보아야 한다.

7 | 금액비례확률표본감사

(1) 표본감사목적 및 모집단의 설정
(2) 표본단위의 결정
(3) 표본크기의 결정
(4) 표본추출방법의 선택
(5) 계획된 감사절차의 수행
(6) 표본감사결과의 평가

종합사례

김철수 회계사는 서울주식회사의 실증절차단계에서 매출채권에 대한 외부조회서를 발송하려고 한다. 다음은 서울주식회사의 매출채권 관련 자료이다.

① 매출채권의 장부가액 : 1,000,000원
② 모집단의 실제 왜곡표시가 허용왜곡표시를 초과하지 않는다는 점에 대해 감사인이 요구하는 확신의 수준 : 95%
③ 허용왜곡표시 : 40,000원
④ 모집단의 예상왜곡표시금액 : 5,000원

(1) 표본감사목적 및 모집단의 설정

속성표본감사와 마찬가지로 감사의 목적, 즉 실증절차시 감사인이 확인하고자 하는 경영진 주장에 따라서 선택하는 모집단 선택은 달라지게 될 것이다. 위 사례에서 매출채권의 실재성을 확인하기 위한 모집단의 선택은 매출채권 잔액명세서가 될 것이다.

이때 모집단의 분포가정은 금액비례확률표본감사의 경우 포아송 분포를 가정하는데 정규분포를 가정하는 전통적 변수표본감사에 비해서 다음과 같은 장점이 존재한다.

> ① 회계감사대상 모집단 분포의 특징이 포아송분포와 유사하다.
> ② 통제테스트와 실증절차에서 동일한 분포를 사용할 수 있다. 왜냐하면 포아송분포를 가정하게 되면 통제테스트에서 사용했던 통계적인 지식을 실증절차의 테스트에서도 그대로 사용할 수 있기 때문이다.
> ③ 모수가 하나이기 때문에 다른 확률분포보다 적용하기 쉽다.

▎사례문제(2002년도 기출문제) ▎

1 표본감사를 수행할 때 모집단이 표본추출의 목적에 적절한가를 고려하여야 한다. 만약에 감사인이 매입채무의 과소계상에 대한 표본감사를 하는 경우 다음 중 표본추출을 위하여 가장 적절한 모집단은 무엇인가?

① 재무제표일 1개월 후의 검수보고서철
② 외상매입금 거래처별 보조원장목록
③ 재무제표일 3개월 전의 지출증빙철
④ 재무제표일 직후 일주일 동안의 세금계산서 및 청구서

2 표본감사를 수행할 때 모집단은 감사목적에 부합하여야 한다. 만약 매출채권의 과대계상 여부에 대한 표본감사를 하는 경우 다음 중 표본추출을 위하여 가장 적절한 모집단은 무엇인가?

① 고객의 주문서철
② 판매지시서철
③ 거래처별 매출채권 보조원장
④ 재무제표일 이후 대금회수기록

〈풀이〉 1. ④ 2. ③

(2) 표본단위의 결정

금액비례확률표본감사의 경우는 표본단위를 개별 금액단위로 식별(따라서 "금액비례확률표본감사"를 "화폐단위표본감사"라고도 지칭한다)한다. 예를 들어, 매출채권 잔액 같은 모집단에서 특정 금액단위를 선택한 경우, 감사인은 그 금액단위를 포함하고 있는 개별 인명계정의 잔액과 같은 특정항목을 검사할 수 있을 것이다. 표본단위를 금액단위로 정의하는 이러한 접근법의 장점은 잔액이 더 큰 항목의 추출기회를 높임으로써 이들 항목에 감사가 집중되도록 하는 것이다. 결국, 개별 금액단위를 표본단위로 구성하는 금액비례확률표본감사는 모집단의 크기가 장부가액과 동일한 개념이 되는 것이다.

(3) 표본크기의 결정

요 소		표본크기에 대한 영향
비통계적 요소	① 감사인이 중요왜곡표시위험을 높게 평가함	증가
	② 동일한 경영진 주장에 대한 다른 실증절차의 적용을 증가시킴	감소
통계적 요소	③ 모집단의 실제 왜곡표시가 허용왜곡표시를 초과하지 않는다는 점에 대해 감사인이 요구하는 확신의 수준이 증가함	증가
	④ 허용왜곡표시의 증가	감소
	⑤ 모집단에서 감사인이 발견할 것으로 예상하는 왜곡표시금액의 증가	증가
	⑥ 모집단의 계층화(적절한 경우)	감소
	⑦ 모집단의 표본단위의 수	영향을 무시할 수 있음

① 감사인이 평가한 중요왜곡표시위험

감사인이 중요왜곡표시위험을 높게 평가할수록, 필요한 표본규모는 커져야 한다. 중요왜곡표시위험에 대한 감사인의 평가는 고유위험과 통제위험에 영향을 받는다. 예를 들어, 만약 감사인이 통제테스트를 수행하지 않는다면, 특정 경영진 주장과 관련된 감사인의 위험평가는 내부통제의 운영효과성을 이유로 감소될 수 없다. 그러므로 감사인은 수용가능한 수준까지 감사위험을 감소시키기 위하여는 낮은 적발위험이 요구되며 따라서 실증절차에 더욱 의존할 것이다. 세부테스트로부터 입수할 감사증거가 많을수록(즉 적발위험을 낮출수록) 표본규모는 커질 것이다.

② 동일한 경영진 주장에 대한 다른 실증절차의 적용

감사인이 특정 모집단에 대한 적발위험을 수용가능한 수준까지 감소시키기 위하여 세부테스트나 실증적 분석절차 같은 다른 실증절차에 더 많이 의존할수록, 표본검사를 통하여 요구할 확신은 낮아지므로 표본규모는 감소될 수 있다.

③ 모집단의 실제 왜곡표시가 허용왜곡표시를 초과하지 않는다는 점에 대해 감사인이 요구하는 확신의 수준 (1−β Risk)

표본결과가 사실상 모집단의 실제 왜곡표시금액을 나타내고 있다는 것에 대하여, 감사인이 더 높은 수준의 확신을 요구할수록 표본규모는 더 커져야 한다.

④ 허용왜곡표시

감사인은 개별적으로 중요하지 않은 왜곡표시이지만 그 합계는 재무제표를 중요하게 왜곡시킬 수 있는 위험에 대처하고 발견되지 않은 왜곡표시 가능액에 대한 여유를 제공하기 위하여 표본을 설계할 때 허용왜곡표시를 결정한다. 허용왜곡표시란 수행중요성을 특정한 표본추출 절차에 적용한 것이며 허용왜곡표시는 이러한 수행중요성과 같거나 적은 금액이 될 것이다.

이러한 허용왜곡표시가 낮을수록 표본규모는 커져야 한다. 이는 중요성 금액이 낮을수록 실증절차의 범위가 증가하는 논리와 동일하다.

⑤ 모집단에서 감사인이 발견할 것으로 예상하는 왜곡표시금액

감사인이 모집단에서 발견할 것으로 예상하는 왜곡표시금액이 더 클수록, 모집단의 실제 왜곡표시금액을 합리적으로 추정하기 위해서는 표본규모가 더 커져야 한다. 예상되는 왜곡표시금액과 관련하여 감사인이 고려할 요소에는 표본항목 가액의 결정시 수반되는 주관성의 정도, 위험평가절차의 결과, 통제테스트의 결과, 과거 보고기간에 적용된 감사절차의 결과, 그리고 다른 실증절차의 결과 등이 있다.

⑥ 모집단의 계층화(적절한 경우)

모집단 항목들의 금액 크기의 범위가 넓은 경우(즉, 변동성이 보다 큰 경우), 모집단을 계층화하는 것이 유용하다. 모집단이 적절히 계층화될 수 있다면, 주어진 수준의 표본위험을 유지하기 위해 각 계층으로부터 추출한 표본규모의 합계는 이를 위하여 전체 모집단으로부터 단일 표본을 추출한 경우의 표본규모보다 일반적으로 작을 것이다.

⑦ 모집단의 표본단위의 수

대규모 모집단의 경우, 모집단의 실제규모는 표본규모에 거의 영향을 주지 않는다. 그리고 소규모 모집단에서는 표본감사가 충분하고 적합한 감사증거를 입수하기 위한 대체적인 방법으로 효율적이지 않은 경우가 종종 있다. (그렇지만 금액단위추출을 사용하는 경우 모집단의 화폐가액의 증가는 재무제표 전체의 중요성(그리고 경우에 따라서는, 특정 거래유형과 계정잔액 및 공시에 대한 중요성 수준)의 비례적인 증가에 의하여 그 효과가 상쇄되지 않는 한 표본규모를 증가시킨다.)

아래는 위 표본크기를 결정하는 요인이 반영된 표본크기의 통계적 산출공식이다.

❖ 금액비례확률표본감사표 신뢰계수(과대계상의 경우)* ❖

과대계상 오류의 수	부당수용위험의 수준								
	1%	5%	10%	15%	20%	25%	30%	37%	50%
0	4.61	3.00	2.31	1.90	1.61	1.39	1.21	1.00	.70
1	6.64	4.75	3.89	3.38	3.00	2.70	2.44	2.14	1.68
2	8.41	6.30	5.33	4.72	4.28	3.93	3.62	3.25	2.68
3	10.05	7.76	6.69	6.02	5.52	5.11	4.77	4.34	3.68
4	11.61	9.16	8.00	7.27	6.73	6.28	5.90	5.43	4.68
5	13.11	10.52	9.28	8.50	7.91	7.43	7.01	6.49	5.68
6	14.57	11.85	10.54	9.71	9.08	8.56	8.12	7.56	6.67
7	16.00	13.15	11.78	10.90	10.24	9.69	9.21	8.63	7.67
8	17.41	14.44	13.00	12.08	11.38	10.81	10.31	9.68	8.67
9	18.79	15.71	14.21	13.25	12.52	11.92	11.39	10.74	9.67
10	20.15	16.97	15.41	14.42	13.66	13.02	12.47	11.79	10.67

* 미국공인회계사회의 자료임.

❖ 예상왜곡표시액에 대한 확장계수* ❖

	부당수용위험의 수준								
확장계수	1%	5%	10%	15%	20%	25%	30%	37%	50%
	1.9	1.6	1.5	1.4	1.3	1.25	1.2	1.15	1.0

* 미국공인회계사회의 자료임.

표본의 크기(*n*)를 결정하는 공식은 다음과 같다.

$$\text{표본크기}(n) = \frac{\text{장부가액}(BV) \times \text{신뢰계수}(Z_{\beta})}{\text{허용왜곡표시액}(TM) - \text{예상왜곡표시액}(EM) \times \text{확장계수}(EF)}$$

신뢰계수(reliability factor) : 신뢰계수표를 이용하여 구함.
확장계수(expansion factor) : 확장계수표를 이용하여 구함.

위 공식에서 금액비례확률표본감사에서의 표본의 크기(n)는 장부가액(BV), 신뢰계수(Z_β) 및 예상왜곡표시액(EM)과 확장계수(EF)가 클수록 커지게 되며 허용왜곡표시액(TM)이 클수록 표본의 크기는 작아지게 됨을 알 수 있다.

예제 금액비례확률표본감사 : 표본크기

감사인이 검증하고자 하는 매출채권의 장부상 잔액(BV)이 ₩1,000,000, 부당수용위험의 수준이 5%, 감사인이 수용하려 하는 허용왜곡표시액(TM)이 ₩50,000이고 모집단에서 감사인이 발견할 것으로 기대하는 예상왜곡표시액(EM)이 ₩12,500이라고 하자. 금액비례확률표본감사를 하는 경우에 표본의 크기는 얼마인가?

풀이

표본크기(n)는 다음과 같이 100단위가 된다.

$$\text{표본크기(n)} = \frac{\text{장부가액}(BV) \times \text{신뢰계수}(Z_\beta)}{\text{허용왜곡표시액}(TM) - \text{예상왜곡표시액}(EM) \times \text{확장계수}(EF)}$$

$$= \frac{₩1,000,000 \times 3}{₩50,000 - ₩12,500 \times 1.6} = 100\text{단위}$$

(4) 표본추출방법의 선택

① 자동층화기능을 부각하기 위하여 주로 체계적 표본추출방법을 사용하며 따라서 표본간격보다 장부가액이 큰 거래처는 무조건 표본으로 선택된다.
② 거래처의 장부가액이 표본간격보다 큰 경우는 표본으로 2번 이상 선택될 수 있기 때문에 실제 표본크기에 비해 조회대상이 되는 거래처의 수는 일반적으로 적다.
③ 주로 잔액이 큰 거래처가 표본으로 선택이 되지만 잔액이 적은 거래처도 표본으로 선택이 될 수 있다. 물론 그러한 확률은 떨어지기 때문에 금액비례확률표본감사는 매입채무의 완전성을 확인하는 데 있어서는 적합한 표본감사기법이 아니다.

(5) 계획된 감사절차의 수행

표본으로 추출된 항목에 대하여 계획된 감사절차를 수행하여야 한다. 만약, 추출된 항목에 대하여 감사절차를 적용할 수 없을 경우, 대체항목에 대하여 감사절차를 수행하여야 한다. 예를 들어, 적극적 조회요청에 대한 회신이 없는 경우 후속 입금의 원천과 이를 통해 결제할 항목의 증거와 더불어 그러한 입금거래에 대해 검사하는 것을 들 수 있다. 하지만, 설계된 감사절차와 적절한 대체적 절차를 적용할 수 없다면 감사인은 이를 왜곡표시로 취급하여야 한다.

(6) 표본감사 결과의 평가

① 감사인은 모집단의 추정왜곡표시상한액과 자신이 사전에 설정한 허용왜곡표시를 비교하여 다음과 같은 통계적 결론을 내린다.

가. 추정왜곡표시상한액 > 허용왜곡표시 : 표본감사결과 계정잔액을 거부함. 나. 추정왜곡표시상한액 < 허용왜곡표시 : 표본감사결과 계정잔액을 신뢰함.

실증절차의 경우 표본에 의한 추정왜곡표시상한액이 허용왜곡표시보다 큰 경우 중요한 왜곡표시가 존재하지 않는다는 추가적인 감사증거가 없는 한 감사인으로 하여금 계정잔액이나 거래유형이 중요하게 왜곡표시되어 있는 것으로 판단하여야 한다.

② 추정왜곡표시상한액을 구하는 방법

= 모집단의 추정왜곡표시액 + 표본위험의 허용치 = 모집단의 추정왜곡표시액 + 기본정도 + 표본위험의 증분허용치

1) 간편법: 표본추출간격×최초의 신뢰계수+표본추출간격 ∑{신뢰계수증가분×오류율}
단, '장부가액≥표본추출간격'인 표본은 왜곡표시액 자체를 이용

2) 모집단의 추정왜곡표시액: ∑(표본추출간격×오류율)
단, '장부가액≥표본추출간격'인 표본은 왜곡표시액 자체를 이용

3) 기본 정도: 최초신뢰계수×표본추출간격

만약, 추정왜곡표시상한액이 아닌 모집단의 추정왜곡표시액, 기본정도, 표본위험의 증분허용치를 구분하여 물어볼 경우, 모집단의 추정왜곡표시상한액을 구한 뒤 모집단의 추정왜곡표시액은 비례식으로 접근해서 풀고, 기본정도는 공식으로 접근하여 구한 뒤 표본위험의 증분허용치는 역으로 접근하여 계산하는 것이 효율적이다.

속성표본감사와 마찬가지로 표본감사 결과를 평가하는 과정에서 감사인은 식별된 이탈이나 왜곡표시의 성격과 원인을 조사하고, 감사절차의 목적과 타 감사분야에 미칠 수 있는 영향을 평가하여야 한다. 또한 극히 드문 상황에서, 감사인이 표본에서 발견된 어떤 왜곡표시나 이탈이 변이라고 고려하는 경우, 감사인은 그러한 왜곡표시나 이탈이 모집단을 대표하는 것이 아니라는 것에 대해 높은 수준의 확실성을 가져야 한다. 이러한 왜곡표시나 이탈이 모

집단의 잔여 부분에는 영향을 미치지 않는다는 것에 대해 충분하고 적합한 감사증거를 입수하기 위하여는, 추가적인 감사절차를 수행함으로써 마찬가지로 높은 수준의 확실성을 가져야 한다. 이렇게 특정의 왜곡표시가 변이로 밝혀진 경우에는 왜곡표시를 모집단으로 투영할 때 이 왜곡표시는 제외될 것이다. 그렇지만, 변이로 밝혀진 왜곡표시가 수정되지 않는 경우에는, 변이가 아닌 왜곡표시의 투영값에 가산하여 그 왜곡표시의 효과를 고려할 필요가 있을 것이다.

종합예제

1. 매출채권 장부가액 : 1,000,000원
2. 신뢰수준 : 95%
3. 허용왜곡표시 : 40,000원
4. 모집단의 예상왜곡표시 : 5,000원
5. 감사절차 수행결과 왜곡표시로 발견된 항목들

(이하 단위 : 원)

	장부가액	감사가액
A 거래처	2,000	800
B 거래처	12,000	100
C 거래처	3,500	2,100

풀이

(1) 표본크기 : [1,000,000×3.00] / [40,000−(5,000×1.6)] = 94

(2) 표본간격 : 1,000,000/94 = 10,638

(3) 추정왜곡표시액

장부가액	감사가액	왜곡표시금액	오류율	표본간격	추정왜곡표시액
2,000	800	1,200	60%	10,638	6,383
12,000	100	11,900	−	−	11,900
3,500	2,100	1,400	40%	10,638	4,255
					22,538

(4) 표본위험의 허용치

① 기본정도 = 3.0×10,638 = 31,914

② 표본위험의 증분허용치

신뢰계수	증분계수-1	추정왜곡표시액	표본위험의 증분허용치
3.00	–		
4.75	0.75	6,383	4,787
6.30	0.55	4,255	2,340
			7,127

(5) 모집단의 추정왜곡표시상한액 = 22,538 + 31,914 + 7,127 = 61,579 > 40,000 (허용왜곡표시)

〈간편법〉

11,900 + 10,638 × (3.00 + 1.75 × 60% + 1.55 × 40%) = 61,579

〈결론〉

매출채권 금액에는 중요한 왜곡표시가 포함되어 있다고 결론 내리게 될 것이다

❖ 금액비례확률표본감사의 장단점 ❖

장 점	단 점
① 전통적 변량표본감사의 경우보다 계산과정이 더 간단하므로 감사절차에 적용하기가 용이하다.	① 모집단의 오류항목의 수가 증가할수록 표본의 크기는 증가하며, 경우에 따라서는 전통적 변량표본감사의 경우에서보다 표본의 크기가 더 커질 수 있다.
② 표본의 크기를 결정하거나 표본감사결과를 평가하는 과정에서 표준편차를 계산할 필요가 없다.	② 왜곡표시가 발견된 경우 표본위험의 허용치(the allowance for sampling risk)를 과대표시할 수 있으며 감사인으로 하여금 적정하게 계상된 회사의 장부상 잔액을 적정하지 않은 것으로 판단하게 할 수 있다.
③ 모집단을 자동적으로 계층화한다. 모집단에 소속된 각 표본단위는 그 금액의 크기에 비례하여 표본으로 추출될 확률이 커진다. 그러므로 금액비례확률표본감사에서는 허용왜곡표시액(tolerable misstatement)보다 크거나 같은 물리적 단위는 자동적으로 표본으로 추출된다. 금액비례확률표본감사에서는 금액이 큰 항목이 표본으로 추출되기 때문에 전통적 변량표본감사의 경우에 비해 모집단에 속한 많은 금액에 대하여 검증이 이루어지게 된다.	③ 영(零)이나 음(−)의 잔액을 갖는 물리적 단위나 계정에 대하여는 적용될 수 없다.
④ 만약 모집단의 예상왜곡표시액이 없거나 아주 작다면, 전통적 변량표본감사의 경우에 비해 그 표본의 크기가 작게 된다.	④ 과소계상된 물리적 단위는 표본으로 추출될 확률이 그만큼 작아지게 된다. 따라서 금액비례확률표본감사는 왜곡표시되는 항목의 수가 작고 또 왜곡표시의 방향이 과대계상인 경우에 사용하기가 용이한 방법이다.

8 전통적 변수 표본감사

(1) 표본크기의 결정 비교

결정요소	속성표본감사	금액비례표본감사	전통적 변수표본감사
1. 표본감사의 신뢰수준	과소신뢰위험-무시 과대신뢰위험	부당거부위험-무시 부당수용위험	부당거부위험 부당수용위험
2. 허용이탈률 또는 허용왜곡표시	허용오류율	허용왜곡표시액	허용왜곡표시액
3. 모집단의 예상이탈률 또는 예상왜곡표시금액	모집단 예상오류율	모집단 예상왜곡표시액 -보통 '0'으로 간주	모집단 예상왜곡표시액 모집단 예상표준편차
4. 모집단의 크기	모집단수	모집단금액	모집단수
5. 표본크기 공식	조견표 이용	공식= $\dfrac{BV \times RF}{TM-(EPM \times EF)}$ BV: 모집단의 장부가액 RF: 신뢰계수 TM: 허용왜곡표시액 EPM: 모집단의 예상왜곡표시액 EF: 확장계수	(1) 복원추출 $n = \left(\dfrac{(Z_\alpha + Z_\beta) \times SD_E \times N}{TM}\right)^2$ N: 모집단의 크기 Z_α: 부당거부위험의 신뢰계수(일반적으로 0으로 가정하므로 식에서 제외하기도 함) Z_β: 부당수용위험의 신뢰계수 SD_E: 모집단의 추정표준편차 (2) 비복원추출 $\dfrac{N \times n}{N+n}$ N: 모집단의 크기 n: 복원추출 표본크기

(2) 표본테스트결과의 평가

① 전통적인 표본감사는 모집단의 점추정치에서 달성 정도를 고려하여 신뢰구간을 결정한 뒤 모집단의 오류 또는 장부가액이 그 구간에 귀속되면 모집단을 수용하고 모집단의 오류 또는 장부가액이 신뢰구간을 벗어나면 모집단의 장부가액을 기각하는 방법이다.

$$\frac{\text{모집단가액의 신뢰구간}}{\text{통계적 추정치}} = \frac{\text{점추정치}}{\text{단순추정치}} + (-)\ \frac{\text{달성 정도}}{\text{표본위험의 허용치}}$$

② 점추정치를 구하는 방법(예)

1) **비율추정법**: (왜곡표시액/장부가액) × 장부가액

➡ 이 방법은 모집단의 오류가 장부가액에 비례하여 존재한다는 가정에 적합한 방법임.

2) **차이추정법**: (왜곡표시액/표본크기) × 모집단크기

➡ 이 방법은 모집단의 오류가 장부가액에 상관없이 거래처별로 일정하다는 가정에 적합한 방법임.

3) **단위당 평균추정법**: (표본의 감사가액/표본의 크기) × 모집단크기

➡ 모집단의 장부가액 및 거래처별 장부가액을 모르는 경우에도 사용할 수 있는 방법이기 때문에 장부가액을 전혀 알지 못하거나 신뢰할 수 없을 때 적합한 방법임

▎사례문제 ▎

1. 모집단의 거래처수: 20,000개
2. 모집단의 장부가액: 2,000,000원
3. 모집단 거래처별 평균 장부가액: 100원
4. 표본으로 선택된 거래처별 평균장부가액 : 103원
5. 표본으로 선택된 거래처별 평균감사가액: 97원

① 단위당 평균추정법: 20,000개 × 97원 = 1,940,000원
모집단의 추정왜곡표시액 = 2,000,000 − 1,940,000 = 60,000원

② 비율추정법: (97원/103원) × 2,000,000원 = 1,883,495원
모집단의 추정왜곡표시액 = 2,000,000 − 1,883,495 = 116,505원

③ 차이추정법: (103원 − 97원) × 20,000개 = 120,000원

Q&A 사례문제 1 : 속성표본감사

김철수 공인회계사는 (주)부산의 재무제표를 감사하는 감사계약을 체결하였다. 김 회계사는 (주)부산의 매출과 관련한 내부통제제도를 이해한 후 [요구사항 1] 통제위험의 수준을 높지 않다고 예비적으로 평가한 후 통제테스트를 수행하려고 한다. 특히, 매출과 관련하여 선적 및 대금청구 과정에 대한 내부통제제도의 검증을 수행하기 위한 계획을 수립하고 있으며 작년도에는 비통계적 표본감사를 수행하였으나 올해는 감사인으로서 주관적인 판단이 개입되지 않는 [요구사항 2] 통계적 표본감사를 수행하려고 한다.

김철수 공인회계사는 통제테스트의 방법으로 변량표본감사를 사용할 계획이며 구체적으로 (주)부산의 선적된 모든 물건이 적절하게 세금계산서가 발행되는지 여부에 대하여 관심을 가지고 있다. 이에 표본으로 선택하여야 할 세금계산서의 숫자, 즉 표본크기를 결정하기 위하여 모집단의 예상이탈률 7%, 허용이탈률 3% 및 신뢰수준을 95%로 사전에 결정하였으며 이에 따라 중간 감사 시까지 발행된 총세금계산서 8,000장에서 80장을 뽑기로 조견표상 결정되었다. 하지만 표본을 추출하는 과정에서 회사의 발행된 세금계산서의 총수가 10,000장임을 알았고 이에 따라 김철수 공인회계사는 표본의 크기를 80장에서 100장으로 증가시켜 추출하는 것으로 감사계획을 변경하였다.

김철수 공인회계사는 세금계산서에서 [요구사항 3] 표본을 추출하여 이에 상응하는 선적서류를 검토해 본 결과 8장의 표본에서 이탈이 있음을 발견하였다. 또한 1장의 표본에서는 ₩1,430,000으로 청구가 되었어야 할 금액이 ₩1,340,000으로 청구되었음을 알았으나 이 차이는 김철수 공인회계사가 판단하기에 중요하지 않은 금액으로 간주하여 표본이탈률 계산시 제외시켰다.

1 김철수 공인회계사가 ㈜부산의 매출과 관련된 내부통제제도를 이해한 후 통제테스트를 수행하지 않는 것으로 의사결정하는 경우 2가지를 서술하고 속성표본감사의 표본크기에 영향을 미치는 요인과의 관계도도 설명해 보시오

풀이

첫째, 경영진 주장과 관련된 내부통제가 존재하지 않거나 해당 내부통제가 재무제표의 중요한 왜곡표시를 예방하거나 적발, 수정할 수 없을 것으로 판단하거나,

둘째, 통제테스트를 수행하는 것이 효율적이지 않을 것으로 판단하는 경우 김철수 공인회계사는 통제위험을 높다고 평가한다.

모집단의 예상이탈률이 허용이탈률보다 크다고 판단한 경우 감사인은 통제위험을 높다고 평가하고 통제테스트를 수행하지 않는다.

2 일반적으로 감사인은 표본을 추출하는 방법으로 비통계적 표본감사와 통계적 표본감사를 사용할 수 있다. 통계적 표본감사가 비통계적 표본감사와 다른 특징 2가지를 New ISA에 근거하여 서술하시오.

풀이

통계적 표본감사는 다음과 같은 두 가지 특징을 가지고 있다.

첫째, 표본을 무작위로 추출하며,

둘째, 표본위험의 측정 등 표본결과의 평가에 확률이론을 적용한다. 즉, 표본추출방법 및 표본결과를 평가하는 과정에서 확률이론 등 통계적 기법을 사용하면 통계적 표본감사가 된다.

3 김철수 공인회계사가 표본을 추출하는 과정에서 (주)부산의 세금계산서는 일련번호가 부여되어 있지 않았음을 발견하였다. 통계적 표본추출방법의 종류를 열거하고 이 경우 김철수 공인회계사가 사용하기에 적합한 효율적인 표본추출방법은 무엇인지 서술하고 그러한 표본추출방법의 문제점에 대하여 간략하게 3줄 이내로 서술하시오.

풀이

통계적 표본추출방법에는 무작위추출법과 체계적 추출법이 존재한다. 모집단에 만약 일련번호가 부여되어 있지 않은 경우에는 체계적 추출법을 사용하는 것이 보다 효율적이며 이러한 체계적 표본추출방법의 경우 모집단에 존재하는 특성이 표본추출간격과 동일하게 되면 동일한 속성의 표본만 추출된다는 단점이 존재한다.

4 위의 상황에서 김철수 공인회계사가 수행한 감사절차 중 잘못된 부분 및 잘못 생각하고 있는 부분을 5가지만 지적해 보시오.

풀이

첫째, 통계적 표본감사의 경우에도 감사인의 전문가적 판단이 완전히 배제되지는 않는다.

둘째, 통제테스트의 방법으로 사용되는 통계적 표본감사기법은 속성표본감사이지 변량표본감사가 아니다.

셋째, 김철수 공인회계사가 표본감사의 목적으로 설정한 내용과 모집단이 부합하지 않는다. 즉, 선적된 수량이 모두 세금계산서로 발행되었는지 확인해 보기 위해서는 적절한 모집단은 선적서류이지 세금계산서가 아니다.

넷째, 김철수 공인회계사가 사전에 설정한 모집단의 예상이탈률이 허용이탈률보다 높다면 이미 내부통제제도의 이해단계에서 통제위험이 높다고 평가되기 때문에 통제테스트를 수행할 필요가 없다.

다섯째, 표본크기를 결정할 때 모집단의 크기가 일정수준 이상이 되면(통상 5,000개) 모집단의 크기가 증가하더라도 표본의 크기에는 거의 영향이 없다. 따라서 모집단이 10,000개로 증가되었다 하더라도 표본크기를 100개로 증가시킬 필요는 없다.

여섯째, 속성표본감사의 경우는 금액이 중요한 표본감사기법이 아니기 때문에 만약 추출된 표본평가 결과 만약 세금계산서 금액이 잘못되었다면 그 금액이 중요하지 않더라도 표본이탈률 계산 시 포함시켜야 한다.

5 위 문제와 상관없이 김철수 공인회계사는 통제테스트 결과 매출과 관련된 통제위험을 아주 낮다고 평가하였다. 또한 과거 경험상 해당 회사의 매출규모가 그다지 크지 않았고 재무상태표말 시점 현재 매출채권의 잔액도 크지 않을 것으로 예상하여 매출 및 매출채권에 대한 실증절차는 생략하기로 의사결정을 하였다. 이와 같은 김철수 공인회계사의 생각에 대하여 잘못된 점을 지적하고 그 이유를 New ISA에 근거하여 2가지만 서술해 보시오.

풀이

감사인은 평가한 중요왜곡표시위험 수준과 관계없이 주요 계정잔액과 거래유형에 대해서는 일정수준의 실증절차를 수행하여야 한다. 그 이유는 다음과 같다.

1. 감사인의 위험평가에는 판단이 수반되므로 모든 중요왜곡표시위험이 식별되지 않을 수 있음.
2. 경영진의 통제무력화 등 내부통제에 고유한계가 존재하기 때문임.

Q&A 사례문제 2 : 금액비례확률표본감사

한미회계사는 대구(주)의 20X5년 12월 31일자 재무제표에 대하여 표본감사를 실시하고 있다. 한미회계사는 전기의 감사에서 대구(주)의 매출관련 통제테스트에 전통적 변량표본감사를 이용하였다. 당기에는 금액비례확률표본감사를 이용하기로 하고 고객별 매출채권을 표본단위로 사용하여 매출채권의 외부조회서를 발송하기로 하였다. 한미회계사는 매출채권에서 많은 왜곡표시가 있을 것으로 예상하였지만, 전통적 변량표본감사보다 표본의 크기가 더 적을 것으로 예상하고 있다.

한미회계사는 모든 고객별 채권잔액이 표본으로 추출될 확률이 동일하기 때문에 금액비례확률표본감사는 자동적으로 계층화된 표본이 추출될 것으로 생각하고 있으며, (−)의 잔액을 가지고 있는 계정잔액에 대해서는 특별한 고려를 하지 않아도 표본으로 추출될 것으로 생각하고 있다.

한미회계사는 부당수용위험, 장부가액을 고려해서 표본의 크기를 결정하였으며 전체 매출채권금액을 표본크기로 나누어서 표본추출간격을 계산하였다. 그때 한미회계사는 매출채권의 평가를 위하여 표본으로 추출된 채권의 표준편차도 함께 고려하였다.

한미회계사는 표본의 크기를 100단위로 계산하였으며, 표본추출간격은 ₩2,000,000으로 계산하였다. 그러나 2개의 고객잔액은 금액이 너무 커서 표본으로 두 번 추출되었기 때문에 실제 외부조회서를 발송하는 대상은 98명의 고객이 선택되었다. 하지만 한미회계사는 그 중에서 96군데의 고객에게만 매출채권조회서를 발송하였는데 그 이유는 2군데 표본으로 선택된 고객의 금액이 ₩20,000 미만이었기 때문이었다. 그 2군데 고객 대신에 한미회계사는 표본으로 선택되지 않은 고객 중에서 금액이 가장 큰 2곳을 선택해서 대체 발송하였다. 조회서 발송결과 두 곳에서 차이가 발생하였는데, 한 곳은 감사금액이 ₩400,000이었고 장부가액이 ₩500,000이었다. 한미회계사는 추정왜곡표시액액을 ₩100,000으로 계산하였으며, 또 다른 한 곳은 감사금액이 ₩100,000이며 장부가액이 ₩90,000으로서 ₩10,000이 과소계상된 것은 왜곡표시금액 계산에 고려하지 않았다.

표본감사결과를 평가할 때 한미회계사는 매출채권의 추정왜곡표시액이 표본위험의 허용치보다 적기 때문에 매출채권은 적정하게 작성되었다고 결론 맺었다.

❖ 한미회계사가 수행하는 절차 중에 틀린 가정이나 적절하지 못한 표본감사절차가 있으면 지적하시오.

풀이

① 전통적 변량표본감사(실물단위 표본감사)는 통제테스트에 사용될 수 없는 표본감사기법이다.
② 금액비례확률표본감사의 경우는 ₩1이 표본단위로 사용되며 각각의 고객이 표본단위로 사용될 수 없다. 그래서 금액비례확률표본감사를 화폐단위표본감사(monetary unit sampling)라고 하는 것이다.
③ 금액비례확률표본감사의 경우는 많은 왜곡표시가 예상될 때는 효율적이지 못한 방법이다. 왜냐하면 전통적 변량표본감사에 비해서 많은 왜곡표시가 예상될 때는 더 많은 표본을 필요로 하기 때문이다.
④ 각 고객이 똑같이 표본으로 추출될 가능성을 내재하고 있지는 않다. 왜냐하면 금액비례확률표본감사의 경우는 ₩1을 표본단위로 사용하고 있기 때문에 금액이 크면 클수록 표본으로 추출될 가능성이 높아지기 때문이다.
⑤ 금액비례확률표본감사의 경우는 부(-)의 잔액을 가지고 있는 고객의 경우 특별한 고려를 하지 않으면 표본으로 추출될 수 없다.
⑥ 표본크기를 결정하는 데 있어서 허용왜곡표시액과 모집단 예상왜곡표시액 등이 고려되지 않았다.
⑦ 표준편차는 금액비례확률표본감사의 표본크기를 결정하는 데 있어서 고려요소가 아니다. 표준편차는 전통적 변량표본감사의 표본크기 결정 시 고려되는 요소이다.
⑧ 2개의 대체된 고객의 경우 금액이 적어도 발송하였어야 했다.
⑨ 과소계상된 금액에 대해서도 모집단 추정왜곡표시상한액을 계산할 때 고려하여야 한다.
⑩ 모집단 추정왜곡표시액을 구하는 데 있어서 장부가액이 표본추출간격보다 적기 때문에 표본추출간격(₩2,000,000)×오류율(20%)로 모집단 추정왜곡표시액을 구하여야 한다.
⑪ 결론이 잘못 내려져 있다. 모집단 추정왜곡표시액과 표본위험의 허용치를 비교하는 것이 아니라 모집단 추정왜곡표시상한액(=모집단 추정왜곡표시액+표본위험의 허용치)과 감사인의 허용왜곡표시액을 비교하여 허용왜곡표시액보다 모집단 추정왜곡표시상한액이 적다고 판단되었을 경우에만 적정하게 표시되었다고 결론내릴 수 있다.

사례문제 3

매출채권에 대한 실증절차를 실시함에 있어 금액비례확률표본감사의 방법을 이용하고자 한다.
① 매출채권의 장부가액=₩6,000,000
② 부당수용허용위험=5%

과대계상오류의 수	부당수용허용위험별 신뢰계수	
	5%	10%
0	3.00	2.30
1	4.75	3.89
2	6.30	5.32
3	7.76	6.68
4	9.16	7.99

③ 허용왜곡표시액(중요성금액)=₩100,000
④ 예상왜곡표시액=₩40,000

⑤ 확장계수는 다음과 같다.

부당수용위험	1%	5%	10%	15%	20%
확장계수	1.9	1.6	1.5	1.4	1.3

1 표본감사결과 다음과 같은 오류가 발견되었다면 매출채권에 대한 감사인의 판단을 서술하시오.

오류표본	장부가액	감사가액	오류금액
A	100,000	80,000	20,000
B	20,000	15,000	5,000
C	8,000	7,000	1,000
D	9,000	6,300	2,700
E	4,000	3,000	1,000
합 계			29,700

풀 이

(1) 표본크기(n)의 계산

$$\text{표본크기} = \frac{6,000,000 \times 3.0}{100,000-(40,000 \times 1.6)} = 500\text{개}$$

(2) 표본추출간격의 계산

$$\text{표본추출간격} = \frac{6,000,000}{500\text{개}} = ₩12,000$$

(3) 모집단 추정오류상한액 계산

① 모집단 추정왜곡표시액

표본오류	장부가액	감사가액	오류율	표본추출간격	추정왜곡표시액
A	100,000	80,000	–	–	20,000
B	20,000	15,000	–	–	5,000
C	8,000	7,000	12.5%	12,000	1,500
D	9,000	6,300	30%	12,000	3,600
E	4,000	3,000	25%	12,000	3,000
					33,100

② 기본 정도 = ₩12,000 × 3 = ₩36,000

③ 표본위험의 증분허용치 계산

표본오류	신뢰계수	증분 신뢰계수	증분신뢰계수 −1	추정왜곡표시액	표본위험의 증분허용치
	3.00				
D	4.75	1.75	0.75	3,600	2,700
E	6.30	1.55	0.55	3,000	1,650
C	7.76	1.46	0.46	1,500	690
					5,040

∴ 모집단 추정오류상한액
=①+②+③=₩74,140≤허용왜곡표시액 ₩100,000

∴ 매출채권 잔액은 95% 신뢰도수준에서 적정하다고 결론지을 수 있다.

▌참고▐ 간편법을 이용한 방법

모집단 추정오류상한액=표본추출간격×최초의 신뢰계수+표본추출간격Σ{신뢰계수증가분×오류율}
(단, '장부가액≥표본추출간격'인 표본은 왜곡표시액 자체를 이용)
=₩12,000×3+₩12,000×{1.75×30%+1.55×25%+1.46×12.5%}+₩20,000+₩5,000
=₩74,140

2 (주)낙동을 감사 중인 이대국 회계사는 통제테스트와 실증절차를 위해 표본의 크기를 결정하고자 한다. 아래의 요소가 통제테스트와 실증절차를 위한 표본의 크기에 미치는 영향을 New ISA에 근거하여 기술하시오. 단, 표본의 크기를 증가시키면 +, 감소시키면 −, 영향을 무시할 수 있으면 ×로 표시하시오. (2008년, KICPA 기출문제)

구 분	요 소	(+, −, × 중 선택)
통제테스트	① 모집단의 표본검사단위 수의 증가	
	② 내부통제제도에 대한 감사인의 의존 정도의 증가	
실증절차	③ 계층화(적합한 경우)의 증가	

풀이

① ×　② +　③ −

Q&A 사례문제 4 : 2009년, KICPA 기출문제

회계법인 정밀은 (주)대한화학의 매출채권에 대한 실증절차를 실시함에 있어 금액비례확률표본감사의 방법을 적용한다.

- 매출채권의 장부가액 : 1,000,000원
- 표본크기 : 100개
- 부당수용허용위험 : 5%

과대계상 오류의 수	5% 허용위험의 신뢰계수
0	3.00
1	4.75
2	6.30
3	7.76
4	9.16

오류표본	오류율
A	+4%
B	+12%
C	+17%
D	+23%

중단 편의상 확장계수는 1.0으로 가정한다.

1 추정 왜곡표시상한액을 계산하시오. (단, 소수점 이하는 반올림하시오.)

풀이

간편법으로 간단하게 구할 수 있음.

₩10,000×(3.00+1.75×23%+1.55×17%+1.46×12%+1.40×4%)=₩38,972

2 증권집단소송제의 도입으로 감사인에 대한 소송위험이 한층 강화되었다. 이에 따라 부실감사 여부에 대한 법적소송에서 감사인의 입장방어에 유리하도록 감사인이 감사업무수행방식에 변화를 줄 필요가 있다. 이러한 관점에서 통계적 표본감사가 비통계적 표본감사에 비해 어떤 장점이 있는지를 5~10줄로 상세히 설명하시오.

풀이

통계적 표본감사의 경우 감사증거의 충분성, 즉 표본크기의 적정성을 객관적으로 측정할 수 있으며 표본에 대한 검증결과를 객관적으로 평가할 수 있다. 이에 반해 비통계적 표본감사의 경우에는 감사증거의 충분성 및 표본에 대한 검증결과를 객관적으로 평가할 수 없다. 따라서 법적소송의 경우에 통계적 표본감사를 사용하는 것이 감사인 입장에서는 자신의 감사결과를 법정에서 변호하기가 훨씬 유리하다.

3 금액비례확률표본감사가 전통적 변량표본감사에 비해 어떤 장단점을 보이는지 아래의 주어진 양식에 따라 각각 3줄 이내로 서술하시오.

답안 양식 :

장점	
단점	

풀이

장점	모집단이 자동적으로 계층화되어 금액이 큰 표본이 선택될 확률이 높기 때문에 실재성 검증에 효과적이고 적용하기가 훨씬 수월하며 모집단 예상오류금액이 적을수록 효율적인 방법이다.
단점	금액이 적은 표본은 선택될 확률이 상대적으로 적기 때문에 완전성 검증에 효과적이지 못하며 영(0)이나 (−)잔액을 가지는 계정잔액은 선택되지 못하고 모집단 예상오류금액이 많을수록 비효율적인 방법이다.

Q&A 사례문제 5 : 2009년, KICPA 기출문제

감사인은 감사증거를 수집하기 위하여 표본감사를 수행한다. 표본감사란 특정 계정잔액이나 거래유형에 속한 모든 표본단위, 즉 전체항목 또는 개체의 100%(전수)보다 적지만 모든 표본단위가 각각 추출될 기회를 가질 수 있을 정도가 되도록 전수보다 적은 수의 표본을 추출하고 추출된 개체에 대하여 감사절차를 적용하는 것을 의미한다. 표본감사는 통계적 접근방법이나 비통계적 접근방법을 사용할 수 있다. 표본감사와 관련하여 다음 물음에 답하시오.

1 표본감사 중 비통계적 표본감사에 비하여 통계적 표본감사가 갖는 특징 2가지를 New ISA에 근거하여 서술하고 각각의 방법에 대한 장단점에 대하여 서술하시오.

풀이

1. 표본항목을 무작위로 추출하고 표본위험의 측정 등 표본결과의 평가에 확률이론을 적용하면 통계적 표본감사가 된다.

2.

	통계적 표본감사	비통계적 표본감사
장점	① 감사증거의 충분성, 즉 표본크기의 적정성을 측정할 수 있다. ② 표본에 대한 검증결과를 객관적으로 평가할 수 있다. 따라서 소송에서 감사인이 정당한 주의의무를 다하였다는 것을 입증하기 쉬운 표본감사기법이다.	① 표본감사를 수행하기가 수월하기 때문에 통계적 표본감사에 비해 비용이 적게 발생한다. ② 감사인이 숙련되고 경험이 많으면 훨씬 효과적인 감사방법이 될 수 있다.
단점	① 감사인들에게 추가적인 훈련을 받도록 요구하게 되어 비용이 증가한다. ② 경우에 따라서는 추가적인 표본계획비용을 부담해야 한다. ③ 경우에 따라서는 비용이 더 많이 드는 표본을 선택해야 한다.	① 표본으로 추출한 감사증거의 충분성을 측정할 수 없다. ② 표본에 대한 검증결과를 객관적으로 평가하기가 어렵다.

2 표본감사를 수행한 결과 알파위험 10%, 베타위험 15%일 때 다음의 공란을 채우시오.

구 분	중요한 오류의 포함 여부	재무제표의 실제상태	
		중요한 오류 없음	중요한 오류 있음
감사의견	중요한 오류 없음		
	중요한 오류 있음		

풀이

구 분	중요한 오류의 포함 여부	재무제표의 실제상태	
		중요한 오류 없음	중요한 오류 있음
감사의견	중요한 오류 없음	90%	15%
	중요한 오류 있음	10%	85%

3 표본감사를 수행할 때 모집단이 표본추출의 목적에 적절한가를 고려하여야 한다. 만약에 감사인이 매입채무의 과대계상에 대한 표본감사를 하는 경우 다음 중 표본추출을 위하여 가장 적절한 모집단은 무엇인가?

① 재무제표일 1개월 전의 공급자계산서철
② 외상매입금 거래처별 보조원장목록
③ 재무제표일 1개월 후의 지출증빙철
④ 재무제표일 3개월 전의 매입송장철

풀이 ②

4 표본감사에서 표본추출방법에는 복원추출과 비복원추출방법이 있다. 이 두 가지 방법 중에서 회계감사에서 보다 적합한 방법이 무엇이며 그 이유가 무엇인지 간략하게 서술하시오.

풀이

표본감사에서는 비복원추출을 사용하며 그 이유는 다음과 같다.

첫째, 복원추출을 사용하는 경우 비복원추출에 비해서 표본의 크기가 증가하며,

둘째, 복원추출의 경우에는 동일한 표본에 대하여 중복된 감사절차를 수행하게 되어 비효율적인 감사가 이루어진다.

Q&A 사례문제 6 : 2002년, KICPA 기출문제

표본감사수행결과 감사인의 결론이 전수검사를 적용했을 때의 결론과 상이하게 나타날 가능성이 존재한다. 이러한 가능성 중에는 통제테스트 결과 실제로는 회사의 통제위험이 감사인이 허용하고자 하는 통제위험수준을 초과하지 않고 있으나, 표본감사결과 통제위험이 허용수준 이상인 것으로 잘못 평가될 위험이 있다. 또한 실증절차결과 모집단에 실제로는 거래나 계정잔액에 중요한 오류가 존재하지 않음에도 불구하고, 표본감사결과 중요한 오류가 존재한다고 잘못된 결론을 내릴 수 있는 가능성이 있다.

1 표본감사수행결과 감사인의 결론이 전수검사를 적용했을 때의 결론과 상이하게 나타날 가능성을 무슨 위험이라고 하는가?

풀이 표본위험

2 위의 설명과 같이 모집단은 적정함에도 불구하고 표본감사결과 중대한 오류가 존재하는 것으로 잘못된 결론을 내릴 수 있는 위험을 의미하는 항목을 다음의 보기 중에서 모두 고르시오.

① α 위험	② β 위험
③ 고유위험	④ 통제위험
⑤ 부당거부위험	⑥ 부당수용위험
⑦ 과대신뢰위험	⑧ 과소신뢰위험

풀이 ①, ⑤, ⑧

3 위의 설명과 같이 모집단은 적정함에도 불구하고 표본감사결과 중대한 오류가 존재하는 것으로 잘못된 결론을 내릴 수 있는 위험이 감사의 효율성과 유효성에 미치는 영향을 구체적으로 설명하시오.

풀 이

감사의 효율성에는 부정적인 영향을 미치며 감사의 효과성에는 긍정적인 영향을 미치게 된다. 왜냐하면 실제 필요한 감사증거량보다 훨씬 더 많은 감사증거를 확보하기 때문이다.

4 ① 표본감사수행결과 감사인의 결론이 전수검사를 적용했을 때의 결론과 상이하게 나타날 가능성으로 인하여 내부통제제도의 통제위험이 허용수준 이상 또는 거래나 계정잔액에 중요한 오류가 있는 것으로 평가되어 경영진의 이의가 제기될 수도 있다 이외에도 ② 일반적으로 인정된 회계처리기준의 해석이나 회계감사기준을 적용하는 과정에서 경영진의 주장과 감사인의 의견이 일치되지 않는 경우도 발생할 수 있다. 이러한 각각의 상황에서 감사인이 취할 수 있는 적절한 방안을 2가지로 요약하시오.

풀 이

① 표본위험 : 표본의 크기를 증가시킴
② 비표본위험 : 품질관리를 강화

Q&A 사례문제 7 : 2014년, KICPA 기출문제

테스트 항목의 추출 관련 회계감사기준의 내용에 대한 다음 물음을 읽고 요구사항에 답하시오.

1 회계감사기준에서는 통제테스트와 세부테스트를 설계할 때 테스트 항목의 추출과 관련하여 해당 감사절차의 목적을 충족시키는데 효과적인 방법을 결정하도록 정하고 있다. 이에 따라 동 기준에서는 테스트 항목 추출에 이용가능한 방법으로 (1) 모든 항목의 추출(전수조사), (2) 특정항목의 추출, (3) 표본감사의 3가지 방법을 제시하고 있다.

[요구사항]

위 세 가지 방법 중에서 (1) 전수조사와 (2) 특정항목의 추출 방법 적용이 적합한 경우를 각각 2개씩 기재하시오.

[답안양식]

표본추출방법	적합한 경우 기재
(1) 전수조사	
(2) 특정항목의 추출 방법	

풀 이

표본추출방법	적합한 경우 기재
(1) 전수조사	모집단의 금액이 큰 소수의 항목으로 구성되어 있을 때
	유의적 위험이 존재하며 다른 방법으로는 충분하고 적합한 감사증거를 제공하지 못할 때
(2) 특정항목의 추출 방법	금액이 크거나 핵심적인 항목. 즉, 의심스럽고 비정상적이며 특별히 위험성이 있거나 과거에 오류가 발생되었던 항목 등을 추출할 때
	정보를 입수하기 위할 때 (또는 일정 금액이상의 모든 항목을 추출하려고 할 때)

2 회계감사기준에서는 표본감사 접근법을 통계적 표본감사와 비통계적 표본감사로 분류하고, 2가지 특성을 모두 갖는 경우에는 통계적 표본감사, 이 특성들을 갖추지 않은 경우에는 비통계적 표본감사라고 정의하고 있다.

[요구사항]
위에 언급된 통계적·비통계적 표본감사를 구분하는 기준이 되는 2가지 특성을 기재하시오.

풀 이

표본항목을 무작위로 추출함.
표본위험의 측정 등 표본결과의 평가에 확률이론을 적용함.

Q&A 사례문제 8 : 금액비례확률표본감사(2001년, KICPA 기출문제)

김갑돌 회계사는 매출채권의 장부가액이 과대계상되었는지의 여부를 확인하기 위해 금액비례표본감사방법을 이용하기로 하였다. 김 회계사는 체계적 추출법을 사용하기로 하였으며 표본크기를 결정하기 위해 고유위험과 통제위험의 평가수준, 신뢰수준, 허용오류액, 모집단 예상오류액, 표준편차 등을 고려하였다. 매출채권에 대한 실재성을 확인하고자 고객으로부터의 주문서철에 기재된 장부가액을 기준으로 표본을 추출하였다. 장부가액은 1,000,000원이었으며 표본구간은 10,000원이다.

1 표본크기를 구하고, 체계적 추출법을 사용할 경우 최초표본을 추출하는 방법에 대하여 쓰시오.

풀 이

표본의 크기 : 100개 $\left(=\frac{1,000,000}{10,000}\right)$

체계적 추출법의 경우 최초표본은 감사인이 임의로 선택하거나 난수발생기, 난수표 등을 이용하여 선택한다.

2 매입채무에 대하여 금액비례표본감사가 유용하지 않은 이유를 쓰시오

풀이

금액비례확률표본감사의 경우는 화폐단위 ₩1이 표본단위가 되므로 금액이 큰 항목은 작은 항목보다 추출될 확률이 높다. 따라서 과소계상될 가능성이 높은 매입채무의 감사에는 적절하지 못하다.

3 김갑돌 회계사가 계획한 표본감사방법 중 부적절한 부분을 두 가지만 지적하시오

풀이

(1) 표본의 크기를 결정할 때 표준편차는 고려할 필요가 없다.

(2) 매출채권의 실재성을 확인하기 위해서는 주문서철에서 표본을 추출해서는 안 되고, 매출채권 보조원장 등을 모집단으로 해서 표본을 추출하여야 한다(역진법).

4 갑 회계사는 부당수용위험은 낮게, 부당거부위험은 높게 설정하고, 을 회계사는 부당수용위험은 높게, 부당거부위험은 낮게 설정하여 감사업무를 수용한다면 이것이 감사의 효과와 효율성에 미치는 영향에 대하여 쓰시오.

풀이

갑 회계사는 부당거부위험은 높게 설정하였고 부당수용위험은 낮게 설정하였기 때문에 감사의 효과는 높일 수 있지만 감사의 효율은 낮아진다. 반면 을 회계사의 경우는 부당수용위험은 높게, 부당거부위험은 낮게 설정하였으므로 감사의 효율은 높일 수 있지만 감사의 효과는 낮아진다.

5 장부가액이 ₩8,000, 감사가액이 ₩6,000, 표본추출간격이 ₩10,000인 경우 기본 정도와 표본위험의 허용치를 고려하지 않는 경우의 모집단의 추정오류액을 구하시오

풀이

모집단 추정오류액 : ₩2,500(=₩10,000×0.25)

Q&A 사례문제 9 : 2015년, KICPA 기출문제

박 회계사는 ABC㈜의 20X1년 감사업무에 참여하고 있다. 박 회계사는 감사팀 매니저회계사로부터 매출액 및 매출채권에 대한 감사업무를 배정받았다.

1 다음은 박 회계사가 ABC㈜의 매출 관련 통제테스트를 수행하는 과정에서 판단하거나 수행한 절차이다. <u>박 회계사의 판단(또는 이해)이 잘못되었거나 수행한 절차가 적절치 않은 항목 3가지를 지적하고, 그 이유를 [답안양식]에 따라 서술하시오.</u>

(1) 박 회계사는 ABC㈜의 내부통제를 이해한 후 매출활동 관련 계정의 중요왜곡표시위험이 낮다는 것을 인지하고, 통제테스트를 수행하는 것이 효율적이라고 판단하였다.

(2) 박 회계사는 매출전표에 선적서류 등의 증빙자료가 적절하게 첨부되어 있는지를 확인하기로 하였으며, 이러한 감사절차를 통해 매출거래의 실재성과 발생사실을 검증할 수 있을 것으로 판단하였다.

(3) 박 회계사는 통계적 표본감사방법을 이용하여 통제테스트를 수행하기로 하였으며, 포아송분포를 가정한 속성표본감사를 적용하기로 하였다.

※ 다음 자료는 (4)부터 (6)까지 관련된 것이다.

통제테스트의 대상이 된 매출전표는 모두 5,000건이며, 매출액은 ₩125,000,000이다. 박 회계사는 표본크기를 결정하기 위해 모집단 예상이탈률 2%, 허용이탈률 6%, 신뢰수준 95%를 설정하였다. 이에 따른 표본크기는 125개로 가정한다.

(4) 박 회계사는 표본추출간격을 ₩1,000,000(=매출액 ₩125,000,000/표본크기 125개)로 산출하였으며, 체계적 추출법을 활용하여 125개 표본을 추출하였다.

(5) 박 회계사는 125개의 표본에 대해 문서검사와 분석적절차를 수행하였으며, 그 결과 5개의 표본에서 이탈사항을 발견하였다.

(6) 박 회계사는 표본이탈률 4%(=5개/125개)가 허용이탈률 6%에 미달하므로 매출관련 계정의 중요왜곡표시위험이 높지 않은 것으로 판단하였다.

[답안양식]

항목번호	이 유

풀이

항목번호	이 유
(4)	통제테스트의 경우 이탈률이 중요하기 때문에 표본단위를 금액단위로 구성하지 않고 물리적 단위로 구성하여 표본을 선택하여야 한다.
(5)	분석적 절차는 통제테스트에서 사용되는 감사절차가 아니다.
(6)	속성표본감사시 결과평가는 허용이탈률을 표본이탈률이 아닌 모집단의 최대이탈률과 비교하여야 한다.

※ 다음은 (물음 2)부터 (물음 4)까지 관련된 자료이다.

박 회계사는 20X1년 말 매출채권 잔액의 실재성을 확인하기 위해 금액가중확률표본감사(PPS: probability proportional to size sampling)를 수행하였으며, 세부내역은 다음과 같다.

(1) 매출채권 장부금액 : ₩25,000,000
(2) 부당수용위험 : 5%

과대계상오류의 수	0	1	2	3	4
신뢰계수	3.00	4.75	6.30	7.76	9.16

(3) 허용왜곡표시액(허용오류액) : ₩1,000,000
(4) 표본크기 : 125개
(5) 발견된 왜곡표시

거래처	장부금액	감사금액	왜곡표시금액
A	₩500,000	₩400,000	₩100,000
B	150,000	105,000	45,000
C	50,000	45,000	5,000

2 회계감사기준은 감사인으로 하여금 감사 중 집계한 왜곡표시를 사실적 왜곡표시 판단적 왜곡표시, 투영된 왜곡표시로 구분할 것을 제시하고 있다. 이 중 '투영된 왜곡표시'의 의미가 무엇인지 서술하시오.

풀이

모집단의 왜곡표시에 대한 감사인의 최선의 추정치이며 감사표본에서 식별된 왜곡표시를 표본이 추출된 전체 모집단으로 투영하는 것임.

3 상기 자료를 이용하여 1) 매출채권의 추정왜곡표시상한액(추정오류상한액)을 **산출**하고, 2) 감사인의 판단(매출채권 장부금액이 적정하다는 것을 수용 또는 기각)과 그 근거를 **서술**하시오. 다만, 추정왜곡표시상한액(추정오류상한액)은 [답안양식]에 따라 추정왜곡표시액(추정오류액)과 표본위험의 허용치로 구분하여 **산출**하시오.

[답안양식]

1) 추정왜곡표시상한액(추정오류상한액)

구 분	금 액
추정왜곡표시액(추정오류액)	①
표본위험의 허용치	②

2) 감사인의 판단

감사인의 판단	판단 근거
수용 또는 기각	

풀이

1) 추정왜곡표시상한액(추정오류상한액)

구 분	금 액
추정왜곡표시액(추정오류액)	₩180,000
표본위험의 허용치	₩656,000

가. 표본간격 : ₩25,000,000/125개 = ₩200,000
나. 추정오류상한액 : ₩100,000 + ₩200,000 X (3.00 + 1.75 X 30% + 1.55 X 10%) = ₩836,000
다. 추정오류액 : ₩100,000 + ₩200,000 X 30% + ₩200,000 X 10% = ₩180,000
라. 표본위험의 허용치 : ₩836,000 − ₩180,000 = ₩656,000

2) 감사인의 판단

감사인의 판단	판단 근거
수용	추정오류상한액이 감사인이 사전에 설정한 허용오류액에 미달되기 때문임.

4 박 회계사는 발견된 왜곡표시의 발생원인을 조사하는 과정에서, 해당 오류가 회계부서 담당직원의 휴가기간에 대체인력이 처리한 거래에서 집중적으로 발생한 사실을 알게 되었다 이러한 상황에서 박 회계사가 수행해야 할 추가감사절차를 서술하시오.

풀이

감사인은 대체인력이 처리한 거래와 관련하여 모든 항목을 식별하여 이에 대한 감사절차를 확대하여야 한다.

Q&A 사례문제 10 : 2016년, KICPA 기출문제

감사는 기본적으로 표본감사를 전제로 하며, 표본감사는 크게 통계적 표본감사와 비통계적 표본감사로 구분할 수 있다.

※ 다음은 (물음 1)과 (물음 2)에 관한 자료이다.

〈자료〉

(1) 표본위험이란 표본에 근거한 감사인의 결론이 모집단 전체에 동일한 감사절차를 적용하였을 경우 도달하였을 결론과 다를 수 있는 위험을 의미한다.
(2) 표본위험은 제1종오류(α 위험)와 제2종오류(β위험)의 두 가지 형태로 구분할 수 있다.

1 세부테스트를 수행하는 과정에서 발생할 수 있는 두 가지 형태의 표본위험을 설명하고, 이들 감사위험이 감사의 효율성 또는 효과성에 미치는 영향을 서술하시오.

풀이

부당거부위험과 부당수용위험이 존재한다. 부당거부위험은 재무제표에 중요한 왜곡표시가 없음에도 불구하고 감사인의 표본감사결과 중요한 왜곡표시가 존재한다고 판단할 위험을 말하며 이는 감사의 비효율성을 야기시킨다. 반면, 부당수용위험은 재무제표에 중요한 왜곡표시가 존재함에도 불구하고 감사인의 표본감사결과 중요한 왜곡표시가 존재하지 않는다고 판단하는 위험을 지칭하며 이는 감사의 비효과성을 야기시킨다.

2 제1종오류(α위험)와 제2종오류(β위험) 중 감사인이 보다 통제하려는 표본위험이 무엇인지를 선택하고, 그 이유를 서술하시오.

풀이

감사인이 보다 더 통제하여야 하는 위험은 제2종오류이다. 왜냐하면 제2종오류의 경우 감사인에게 발생하는 기대감사비용보다 기대손해배상비용이 크기 때문에 제2종오류를 보다 더 통제하여야 한다.

3 김 회계사는 A㈜의 20X1년 감사업무에 참여하고 있다. 다음은 김 회계사가 A㈜의 매출 및 대금청구활동에 대하여 **통제테스트를 수행한 내역**이다.

> 김 회계사는 통계적 표본감사를 수행하기로 하고, 구체적으로 ①속성표본감사방법을 적용하였다. 김 회계사는 A㈜의 매출송장(세금계산서) 발행에 담당부장의 검토와 승인이 적절하게 수행되었는지 여부를 관심속성으로 정의하였으며, 적절한 검토와 승인이 이루어지지 않은 ②매출송장의 금액이 중요성기준을 초과하는 경우를 이탈사항으로 정의하였다.
>
> 김 회계사는 20X1년 초부터 통제테스트를 수행하는 시점까지 발행된 ③모든 매출송장(6,000장)을 모집단으로 설정하였다. 또한 표본규모를 결정하기 위해 표본감사의 신뢰수준을 90%, ④모집단의 예상이탈률을 4%, 모집단 허용이탈률을 8%로 설정하였다. 이에 따라 결정된 표본규모는 100개이다. 김 회계사는 A㈜의 매출송장에 일련번호가 부여되어 있지 않은 관계로 ⑤임의추출법에 따라 100개의 표본을 추출하였다.
>
> 김 회계사는 ⑥표본에 대해 질문과 문서검사를 수행한 결과, 5개의 표본에서 담당부장의 승인이 누락되어 있음을 발견하였다. 또한 2개의 표본에서는 담당부장의 승인이 있었으나 매출송장상의 수량이 적송서류(거래명세서)와 일치하지 않는 것을 발견하였다. 이에 김 회계사는 ⑦표본이탈률을 7%(=(5개+2개)/100개)로 계산하였다. 또한 표본이탈률에 ⑧표본위험 허용치를 가산하여 모집단 투영이탈률을 계산하였다. 이렇게 산출된 수치는 모집단 허용이탈률을 초과하므로 김 회계사는 매출 및 대금청구활동의 통제위험이 높은 것으로 판단하였다.

밑줄 친 ① ~ ⑧의 내용 중에서 적절치 않은 내용이나 표현 세 가지를 지적하고, 그 이유를 서술하시오. 단, ① ~ ⑧에 포함된 오류내용과 관계없이 다른 문장이나 표현은 오류가 없는 것으로 가정한다.

풀이

② 내부통제테스트의 경우 이탈사항을 정의할 때 금액기준은 중요하지 아니하다.
⑤ 임의추출법의 경우에는 통계적 표본감사에서 사용하는 표본추출방법이 아니다.
⑦ 오류율 계산시 감사인의 오류속성 정의(승인이 이루어지지 않은 점)와 맞지 않는 항목(수량의 불일치 항목)까지 포함을 시켰다.

4 다음은 감사인이 세부테스트를 수행하기 위한 표본규모를 결정할 때 고려하는 요소들이다.

① 감사인은 표본결과가 모집단의 실제 왜곡표시 금액을 나타내고 있다는 것에 대하여 더 높은 수준의 확신을 요구하고 있다.
② 감사인은 모집단에서 발견할 것으로 예상하는 왜곡표시금액이 클 것으로 예상하고 있다.
③ 감사인은 모집단항목들의 금액크기의 범위가 넓어 모집단을 계층화하였다.
④ 감사인은 특정 모집단에 대한 적발위험을 수용가능한 수준까지 감소시키기 위하여 세부테스트나 실증적인 분석적 절차와 같은 다른 실증절차에 더 많이 의존하고자 한다.

위 요소들이 표본규모에 미치는 영향을 다음의 [답안양식]에 따라 '증가' 또는 '감소'로 표기하시오.

[답안양식]

요소	증가 또는 감소
①	
②	
③	
④	

풀이

요소	증가 또는 감소
①	증가
②	증가
③	감소
④	감소

※ 다음은 (물음 5)와 (물음 6)에 관한 자료이다.

박 회계사는 B㈜의 20X1년 감사업무에 참여하고 있다. 박 회계사는 20X1년말 현재 매출채권 장부금액의 실재성을 확인하고자 통계적인 표본감사방법을 사용하였다. 박 회계사는 무작위추출법을 통해 25개 표본을 추출하고, 이들 거래처에 적극적 조회서를 발송하였다.

박 회계사가 발송한 25개 조회서는 모두 회신되었으나, 이중 4개의 표본은 장부금액(조회금액)과 회신금액이 일치하지 않았다. 다음은 박 회계사가 금액차이를 검토한 내역이다.

〈차이내역〉

거래처	장부금액	회신금액	차이금액
① 갑㈜	₩5,000	₩0	₩5,000
② 을㈜	10,000	16,000	(6,000)
③ 병㈜	15,000	0	15,000
④ 정㈜	20,000	18,000	2,000
합계	₩50,000	₩34,000	₩16,000

〈차이금액의 검토결과〉

① 갑㈜: 갑㈜는 조회기준일 전에 수표를 우편으로 발송하였고, B㈜는 조회기준일 후에 이를 수령하였다.
② 을㈜: 변이(anomaly)로 판단되는 차이금액이며, B㈜ 경영진은 장부금액을 수정하였다.
③ 병㈜: 변이로 판단되는 차이금액이며, B㈜ 경영진은 장부금액 수정을 거부하였다.
④ 정㈜: 원인불명의 소액차이로서, B㈜의 경영진은 해당 장부금액을 수정하였다.

5 박 회계사가 표본에서 <u>발견한 왜곡표시금액</u>을 계산하시오(계산근거를 함께 제시하시오).

풀이

1번 : 재무제표일 이후에 입금이 이루어졌다는 사실을 확인하였기 때문에 왜곡표시가 아니다.
2번과 4번 : 경영진이 감사인이 확인된 왜곡표시를 수정하였기 때문에 왜곡표시로 간주하지 아니한다.
3번 : 15,000원

6 감사인은 왜곡표시규모에 대한 개괄적 관점을 얻기 위해 왜곡표시를 모집단으로 투영하여야 한다. 위 차이금액에 대하여 모집단 투영여부를 판단하고, 그 이유를 [답안양식]에 따라 서술하시오.

[답안양식]

거래처	차이금액	투영 여부 (O 또는 X)	이유
① 갑㈜	₩5,000		
② 을㈜	(6,000)		
③ 병㈜	15,000		
④ 정㈜	2,000		

풀 이

거래처	차이금액	투영 여부 (O 또는 X)	이유
① 갑㈜	₩5,000	X	재무제표상 왜곡표시가 아니기 때문에 모집단의 왜곡표시 투영에 반영해서는 아니됨.
② 을㈜	(6,000)	X	재무제표상 경영진이 해당 왜곡표시를 수정하였기 때문임.
③ 병㈜	15,000	X	변이로 간주되는 금액은 모집단의 왜곡표시 투영에 반영해서는 아니됨.
④ 정㈜	2,000	X	재무제표상 경영진이 해당 왜곡표시를 수정하였기 때문임.

Q&A 사례문제 11 : 2017년, KICPA 기출문제

표본감사란 감사인이 모집단에 속한 표본단위를 대상으로 하여 추출한 일정 수의 표본항목에 감사절차를 적용하여 전체 모집단의 적절성 여부를 추론하는 방법이다.

※ 아래 각 물음은 서로 독립적이다.

1 감사인은 매출채권 계정잔액의 실재성을 검증하기 위하여 금액단위표본감사(Monetary Unit Sampling : MUS) 또는 금액가중확률 표본감사(Probability Proportional to Size Sampling : PPS)를 적용하여 통계적 표본감사를 수행하였다. 다음은 매출채권 계정과 관련하여 감사인이 수행한 감사절차이다.

1. 감사목표의 결정

외부조회를 수행하여 매출채권 계정잔액의 실재성을 검증한다. 이를 위하여 ① 거래증빙에서 표본을 추출하여 매출채권 원장에 반영되었는지를 확인하고, 매출채권 계정잔액에서 표본을 추출하여 외부조회를 실시한다.

2. 모집단과 표본단위의 결정

② 매출채권 장부잔액인 ₩4,000,000을 모집단으로 결정하고, 표본단위는 화폐단위(₩1)로 결정하여 ③ 모든 거래처가 표본으로 추출될 확률이 동일하도록 설계하였다.

3. 표본규모의 결정

④ 신뢰계수표를 이용하여 표본규모를 계산하기 위하여 부당수용위험(β위험), 부당기각위험(α위험), 모집단의 예상왜곡표시액과 장부금액, 확장계수, 허용왜곡표시액을 고려하였다. 표본규모는 200개로 결정하였다.

4. 표본추출방법의 선택

⑤ 거래처별 매출채권 기말잔액을 누계한 다음 누적금액을 모집단으로 하여 표본을 체계적추출법으로 추출하였다. ⑥ 표본간격은 ₩20,000(모집단 장부금액÷표본규모)으로 계산하였으며, ⑦ 임의의 출발점을 선택하여 이로부터 표본추출 간격대로 누적금액에서 표본을 추출하였다.

5. 감사절차의 수행

외부조회를 통해 확인한 금액과 기업의 장부금액 간에 차이가 나는 항목은 다음과 같다.

항목 1 : ⑧ 거래처(조회대상자)는 확인기준일 전에 지급하였으나 갑㈜는 확인기준일 직후 회수한 사실을 알게 되었다. 감사인은 동 항목을 왜곡표시로 보지 않았다.

항목 2 : ⑨ 적극적 확인요청에 대한 회신이 없었던 항목에 대해서 후속입금의 원천과 입금거래를 조사하여 잔액을 확인하였다. 감사인은 동 항목을 왜곡표시로 보지 않았다.

6. 표본감사결과의 평가

신뢰계수표를 이용하여 모집단 투영왜곡표시 상한액을 계산하였다. 투영왜곡표시상한액은 투영왜곡표시액을 구한 후 표본위험의 허용치를 가산하여 추정하였다.

위 ①~⑨ 중에서, 감사인이 금액단위표본감사를 (1) **잘못 적용한 세 개의 번호**를 쓰고, (2) 그렇게 **판단한 이유**를 서술하시오(아래 [답안양식]을 사용할 것).

[답안양식]

(1) 잘못된 번호 [①~⑨ 중에서 선택]	(2) 판단 이유

풀이

(1) 잘못된 번호 [①~⑨ 중에서 선택]	(2) 판단 이유
①	매출채권의 실재성을 검증하기 위해서는 매출채권 원장에서 표본을 추출하여 관련 거래증빙을 확인해 보아야 한다.
③	화폐단위를 표본단위로 구성하여 금액이 큰 거래처가 표본으로 선택될 확률이 높도록 하여야 한다.
④	금액가중확률표본감사의 경우 부당거부위험은 표본의 크기를 결정하는데 고려요인이 아니다.

2 감사인은 외부조회를 실시할 때 매출채권 금액별로 계층화한 후, 하위 모집단인 매출채권 잔액에서 특정 금액단위를 표본단위로 선택할 수 있다. 감사인이 이러한 방법으로 여러 개의 하위 모집단을 구분하는 목적을 서술하시오.

풀이

매출채권 금액별로 계층화한 후 표본을 추출하는 경우 표본의 크기를 줄여서 효율적인 감사를 수행할 수 있다.

3 감사인은 모집단의 표본단위가 균등하게 추출될 수 있도록 표본추출방법을 설계해야 한다. 모집단이 어떠한 상황일 때 체계적 추출법을 사용할 수 있는지 서술하시오.

풀이

모집단이 표본추출 간격별로 특정 형태를 가지고 있는 경우 편의성이 발생할 수 있는 단점이 있기 때문에 그러한 표본추출 간격과 동일한 특정형태를 가지고 있지 아니하여야 한다. (참고로 무작위추출법처럼 모집단이 반드시 사전에 일련번호가 부여되어 있을 필요는 없다)

4 다음은 실증감사절차에 대한 상황 설명이다.

> 감사인은 매출채권의 실재성을 확인하기 위하여 감사절차를 수행하던 중 변이(anomaly)로 밝혀진 왜곡표시를 발견하였다. 감사인은 이러한 변이를 경영진에게 수정·요구하였으나, 경영진은 수정을 거부하였다.

위 상황에서 모집단의 수용여부를 결정할 때, 감사인이 발견한 변이를 어떻게 처리할지 서술하시오.

풀이

감사인이 발견한 변이의 경우 왜곡표시를 모집단으로 투영할 때 원칙적으로 이 왜곡표시는 제외시켜야 한다. 단, 변이로 밝혀진 왜곡표시가 수정되지 않은 경우 변이가 아닌 왜곡표시의 투영값에 가산하여 그 왜곡표시의 효과를 고려할 필요가 있다.

Q&A 사례문제 12 : 2020년, KICPA 기출문제

감사인은 감사절차를 수행할 때 표본감사를 이용하여 테스트를 수행하며 그 결과를 평가한다. 다음 물음에 답하시오.

※ 아래 각 물음은 서로 독립적이다.

1 다음은 감사인이 표본규모를 결정할 때 고려할 요소이다 각 요소가 표본규모에 미치는 영향을 기재하시오.

구분	요 소	표본규모에 미치는 영향
①	동일한 경영진주장에 대한 다른 실증절차의 적용을 증가시킴	
②	모집단의 실제 이탈률이 허용이탈률을 초과하지 않을 것이라는 점에 대하여 감사인이 원하는 확신의 수준이 증가함	
③	감사인이 위험을 평가할 때 관련 통제의 고려 정도가 증가함	
④	모집단에서 감사인이 발견할 것으로 예상하는 왜곡표시금액의 증가	

[답안양식]

구분	표본규모에 미치는 영향 ('증가' 또는 '감소'로 답할 것)
①	
②	
③	
④	

풀이

구분	표본규모에 미치는 영향 ('증가' 또는 '감소'로 답할 것)
①	감소
②	증가
③	증가
④	증가

2 표본을 추출하는 방법은 통계적 표본추출방법과 비통계적 표본추출방법으로 구분된다 비통계적 표본추출방법 중 '구획추출' 방법의 개념, 그리고 이 방법이 일반적인 표본감사에서 사용하는 것이 적합하지 않은 이유에 대해 각각 **1줄 이내**로 서술하시오.

[답안양식]

① 개념	
② 이유	

풀이

① 개념	모집단 내의 연속된 항목에서 하나(또는 복수)의 구획을 선택하는 방법
② 이유	대부분의 모집단은 연속된 항목들은 서로 유사한 특성을 가지며 모집단의 다른 부분에 있는 항목들은 다른 특징을 가지도록 구성되어 있으므로, 구획추출법은 일반적으로 통계적 표본감사에서 사용될 수 없다. (쉽게 말하면 선택한 표본이 모집단의 특성을 제대로 반영할 수 없고 감사인의 편의가 개입될 수 있다는 의미임)

3 감사인은 감사표본을 설계할 때 감사절차의 목적과 표본을 도출할 모집단의 특성을 고려하여야 하며, 상황에 따라 거래유형이나 계정잔액에 대해 전수조사를 하는 것이 더 적합하다고 결정할 수 있다. 이때 표본감사 대신 전수조사를 하는 것이 더 적합한 경우 **두 가지**를 각각 **1줄 이내**로 서술하시오.

풀이

첫째, 모집단의 금액이 큰 소수의 항목으로 구성되어 있을 때이며
둘째, 유의적 위험이 존재하며 다른 방법으로는 충분하고 적합한 감사증거를 제공하지 못하는 경우이다.

Q&A 사례문제 13 : 2022년, KICPA 기출문제

A회계법인의 나잘해 회계사는 매출채권의 실재성에 대한 감사절차를 수행하고 있다. 다음의 [상황 1]은 (물음 1)과 관련된다.

[상황 1]

- 나잘해 회계사는 매출채권의 실재성 관련 중요 왜곡표시위험을 식별 및 평가하였으며, 이에 대응하는 감사절차로 회사의 매출채권에 대한 외부조회를 실시하기로 함
- 외부조회 대상 선정을 위해 나잘해 회계사는 회사가 작성한 결산일 현재의 거래처별 매출채권 잔액명세서와 총계정원장을 수령함
- 거래처별 매출채권 잔액명세서에는 결산일 현재 거래처명, 대손충당금 설정 전 매출채권의 거래처별 금액과 합계금액이 기재되어 있음

• 나잘해 회계사는 총 50개의 거래처를 외부조회 대상으로 선정하고, 조회서 발송을 위하여 회사 담당자로부터 50개 거래처에 대한 외부조회목록표를 입수함

• 외부조회목록표에는 거래처별 주소, 담당자 이름과 연락처가 기재되어 있음

1 감사현장책임자는 나잘해 회계사에게 외부조회를 실시하기 전에 회사가 제시한 정보의 신뢰성을 확인할 것을 지시하였다. 나잘해 회계사가 (1) 거래처별 매출채권 잔액명세서의 신뢰성 확인을 위해 수행하여야 할 절차 **두 가지**, (2) 외부조회 목록표의 신뢰성 확인을 위해 수행하여야 할 절차 **한 가지**를 각각 1줄 이내로 서술하시오.

풀이

(1) 명세서를 수령하는 경우 해당 명세서의 합계금액이 맞는지 여부를 확인하기 위하여 재계산을 수행하여야 하며 또한, 명세서 합계금액이 총계정원장 금액과 일치되는지 여부를 확인하여야 한다.

(2) 외부조회목록표를 수령한 후 해당 거래처별 주소가 정확한지 여부를 확인하기 위한 절차를 수행하여야 한다.

다음의 [상황 2]는 [상황 1]에 연속되는 상황으로, (물음 2)와 (물음 3)과 관련된다.

[상황 2]

• 나잘해 회계사는 A회계법인의 통계적 표본 추출 프로그램을 이용하여 표본을 추출하였으며, 직접 조회서를 발송함

• 매출채권 잔액명세서의 합계금액은 4,000,000원이며, 감사인의 수행중요성 금액은 60,000원임

• 나잘해 회계사는 수행중요성 금액을 허용왜곡 표시금액으로 결정함

• 발송한 조회서 중 45개는 감사인이 직접 원본을 회수하고, 3개는 회사를 통해 원본을 회수하였으며, 나머지 2개는 미회수됨

[조회서 회수 및 차이내역]

(단위: 원)

항목	회수결과	개수	명세서상 금액	확인금액	차이
①	감사인 회수	43	500,000	500,000	-
②	감사인 회수	1	25,000	20,000	5,000
③	감사인 회수	1	20,000	19,000	1,000
④	회사 회수	3	45,000	45,000	-
⑤	미회수	1	6,000	6,000	-
⑥	미회수	1	4,000	4,000	-
합계		50	600,000	594,000	6,000

2 [상황 2]에 제시된 [조회서 회수 및 차이내역] 중 다음 항목에 대하여, 나잘해 회계사가 수행한 절차가 적절한지 여부를 기재하고, 적절하지 않은 경우 그 이유를 서술하시오

항목	감사인의 수행절차
②	회사의 오류로 인한 차이임을 확인 하였다. 나잘해 회계사는 해당 오류 금액이 명백히 사소한 금액을 초과 한다는 것을 확인하고, 표본감사 평가시 해당 차이를 고려하기로 하였다.
③	회사의 오류로 인한 차이임을 확인 하였다. 나잘해 회계사는 해당 오류 금액이 명백히 사소하다는 것을 확인하고, 표본감사 평가시 해당 차이를 고려하지 않기로 하였다.
④	해당 거래처들은 전기 감사시 조회서가 회수되지 않아서, 회사 및 감사인 모두 대체적 절차를 수행하느라 상당한 시간을 투입했었다. 나잘해 회계사는 당기 효율적인 감사수행을 위해서, 회사의 영업담당자들로 하여금 직접 거래처를 방문하여 조회서를 회수해 줄 것을 회사에 요청했었다.
⑤	미회수 채권 6,000원에 대해, 대체적 절차로 거래상대방의 인수증으로 발생 사실을 확인하고 결산일 이후 감사보고서일 전에 현금 6,000원이 입금된 사실을 확인하였다.
⑥	미회수 채권 4,000원에 대해, 대체적 절차로 회사가 동 채권에 대하여 100% 대손충당금을 설정하고 있음을 관련 증빙을 통해 확인하였다.

[답안양식]

항목	적절한가? (예, 아니오)	적절하지 않은 경우, 그 이유
②		
⋮		
⑥		

풀이

항목	적절한가? (예, 아니오)	적절하지 않은 경우, 그 이유
②	적절함	
③	적절함	
④	적절하지 아니함	매출채권 외부조회는 반드시 감사인이 직접 수령하여야 한다.
⑤	적절함	
⑥	적절하지 아니함	매출채권 외부조회를 통하여 확인하고자 하는 경영진 주장은 실재성 및 권리이기 때문에 이를 확인하기 위해서는 선적서류 등 기타내부문서 및 후속입금 여부를 검토하여야 한다.

3 나잘해 회계사는 표본감사 결과를 평가하려고 한다. 조회서상 차이금액(항목 ②, ③)은 변이가 아니었다. 다음 요구사항별로 답하시오

〈요구사항 1〉
모집단에 투영된 왜곡표시금액(추정왜곡표시금액)을 구하시오.

풀이

6,000원/600,000원×4,000,000원=40,000원

〈요구사항 2〉
위 <요구사항 1>에서 계산된 '모집단에 투영된 왜곡표시금액'을 **18,000원으로 가정**하여, 표본위험의 허용치가 각각 35,000원, 45,000원, 55,000원인 상황별로 표본감사 결과를 통해 (1) 충분하고 적합한 감사증거를 획득하였는지 여부를 평가하고, (2) 평가 근거를 '추정왜곡표시상한액'과 '허용왜곡표시금액'을 비교하여 서술하시오. 한편, 감사인은 발견된 왜곡표시 금액을 수정권고하였으며, 경영진은 이를 수용하였다.

[답안양식]

표본위험 허용치	(1) 감사증거 획득 여부 (예, 아니오)	(2) 평가 근거
35,000원		
45,000원		
55,000원		

풀이

표본위험 허용치	(1) 감사증거 획득 여부 (예, 아니오)	(2) 평가근거
35,000원	예	모집단의 최대오류상한금액(18,000+35,000=53,000)이 수행중요성(60,000)을 초과하지 않기 때문에 추가적인 감사증거를 입수할 필요가 없음
45,000원	아니오	모집단의 최대오류상한금액(18,000+45,000=63,000)이 수행중요성(60,000)을 초과하였기 때문에 감사계획을 수정하여 추가적인 감사증거수집 필요성에 대한 고려가 필요
55,000원	아니오	모집단의 최대오류상한금액(18,000+55,000=73,000)이 수행중요성(60,000)을 초과하였기 때문에 감사계획을 수정하여 추가적인 감사증거수집 필요성에 대한 고려가 필요

4 나잘해 회계사는 '표본감사 결과가 모집단에 관한 결론에 합리적인 근거를 제공하지 못한다'는 결론을 얻었다. 감사현장책임자는 나잘해 회계사에게 후속 절차의 수행을 지시하였다. 나잘해 회계사가 취할 수 있는 절차 **두 가지**를 서술하시오.

풀이

표본감사결과가 모집단에 대하여 합리적 근거를 제공할 정도의 충분하고 적합한 감사증거를 제공하지 못하는 경우 대체항목에 대하여 감사절차를 수행하여야 하며 설계된 감사절차와 적절한 대체적 절차를 적용할 수 없다면 감사인은 이를 왜곡표시로 취급하여 감사의견에 반영하여야 한다.

Q&A 사례문제 14 : 2023년, KICPA 기출문제

감사인은 감사절차를 수행할 때 표본감사를 이용하여 테스트를 수행하며 그 결과를 평가한다.

1 다음은 감사인이 통제테스트를 수행하기 위한 표본규모를 결정할 때 고려하는 요소이다. 각 요소가 표본규모에 미치는 영향을 '증가', '감소' 또는 '영향을 무시할 수 있음'으로 기재하시오.

① 모집단의 표본단위 수가 매우 크다.
② 표본결과가 사실상 모집단의 실제 이탈을 나타내고 있다는 것에 대하여 감사인이 더 높은 수준의 확신을 요구한다.
③ 허용이탈률이 높다.
④ 감사인이 위험을 평가할 때 관련 통제의 운영효과성에 대한 의존도가 크다.

[답안양식]

요소	표본규모에 대한 영향
①	
②	
③	
④	

풀이

요소	표본규모에 대한 영향
①	영향을 무시할 수 있음
②	증가
③	감소
④	증가

2 다음 자료를 이용하여 매출채권 실재성을 확인하기 위해 테스트할 항목의 수와 표본간격을 계산하시오.

- 김 회계사는 ㈜A의 매출채권 실재성을 확인하기 위해 테스트할 항목을 선정하고 있다.
- 김 회계사는 위험평가단계에서 매출채권 실재성에 유의적 위험을 식별하였기 때문에 허용오류액의 50% 금액 이상인 항목(특정 항목)은 모두 테스트하기로 하였다.
- 김 회계사는 잔여 모집단에 대해 금액가중확률 표본감사방법(PPS: probability proportional to size sampling)을 이용하기로 하였다.

(1) 매출채권 장부금액: 250,000,000원

(2) 부당수용위험: 5%

과대계상 오류의 수	0	1	2	3	4
신뢰계수	3.00	4.75	6.30	7.76	9.16

(3) 허용오류액: 12,000,000원

(4) 특정 항목 수: 3개

(5) 특정 항목의 합계액: 50,000,000원

풀이

표본크기 = (250,000,000 - 50,000,000) X 3/12,000,000 = 50개

3 (물음 2)에서 계산한 표본간격이 3,000,000원이라고 가정한다. 다음 추가자료를 이용하여 추정오류상한액을 구하고, 매출채권 조회절차가 매출채권 실재성에 대한 결론을 내리는 데 합리적인 근거를 제공하는지 여부를 기재하고 그 이유를 서술하시오.

김 회계사가 테스트할 매출채권 항목에 대해 적극적 조회를 수행한 결과 다음과 같은 왜곡표시가 발견되었다. 이 중 변이는 없다고 가정한다.

(단위: 원)

거래처	장부금액	감사금액	왜곡표시금액
갑	15,000,000	12,000,000	3,000,000
을	2,000,000	1,900,000	100,000
병	1,000,000	800,000	200,000

[답안양식]

추정오류상한액	
합리적인 근거를 제공하는가? (예, 아니오)	
이유	

풀 이

추정오류상한액	3,000,000 + 3,000,000 X (3.00 + 20% X 1.75 + 5% X 1.55) = 13,282,500원
합리적인 근거를 제공하는가? (예, 아니오)	아니요.
이유	추정오류상한액이 허용오류금액을 초과하기 때문임.

㈜A는 주권상장법인으로서 내부회계관리제도감사를 포함한 통합감사 대상이며, 보고기간말은 12월 31일이다.

Q&A 사례문제 15 : 2024년, KICPA 기출문제

한국회계법인의 정나라 회계사는 ㈜대한의 매출채권 실재성에 대한 감사절차를 수행하고 있다. 다음 [상황 1]을 읽고 (물음 1)과 (물음 2)에 답하시오.

[상황 1]

- 정나라 회계사는 매출채권 실재성과 관련된 중요왜곡표시위험을 식별하고 평가하였으며, 이에 대응하는 실증절차로 매출채권에 대한 외부조회를 실시하기로 하였다.
- 외부조회 대상을 선정하기 위해, 정나라 회계사는 ㈜대한이 회계시스템을 통해 생성한 결산일 현재 거래처별 매출채권 잔액명세서를 입수하였다.
- 매출채권 잔액명세서의 합계금액은 300,000,000원이며, 허용왜곡표시금액은 12,000,000원이다.
- 정나라 회계사는 허용왜곡표시금액의 75% 이상인 항목 4개(합계액: 60,000,000원)와 금액비례확률 표본감사(PPS: Probability Proportional to size Sampling) 방법을 이용한 표본을 추출하였다.
- 부당수용위험: 5%

과대계상 오류의 수	0	1	2	3	4
신뢰계수	3.00	4.75	6.30	7.76	9.16

1 감사인이 거래처별 매출채권 잔액명세서 같은 '기업이 생산한 정보'를 이용할 때, 그 정보의 신뢰성을 평가하기 위해 수행해야 하는 절차 두 가지를 기재하시오.

풀 이

첫째, 통제테스트 : 내부통제테스트 시 입력위험, 무결성위험 및 데이터 추출 & 가공위험과 관련된 IC Test.

둘째, 직접테스트 : 원천정보와 기업이 생산한 정보를 직접 대사하여 산출되는 정보에 대한 신뢰성 검증.

2 정나라 회계사가 추출한 표본 개수와 표본 간격을 계산하시오.

풀이

첫째, 75개 (통계적 표본감사에서 제외되는 4개 제외)
둘째, 표본 간격 4,000,000원

※ 다음 [상황 2]는 [상황 1]에서 이어지는 내용이다.

[상황 2]

- 정나라 회계사가 [상황 1]의 매출채권 테스트 항목에 대해 적극적 조회를 수행한 결과 다음 차이가 발견되었다.

(단위: 원)

항목	장부금액	회신금액	차이
①	12,000,000	10,000,000	2,000,000
②	3,000,000	미회신	3,000,000
③	400,000	300,000	100,000
④	300,000	미회신	300,000

3 위의 차이 항목에 대해 정나라 회계사가 수행한 절차가 적절한지 여부를 기재하고, 적절하지 않은 경우 그 이유를 2줄 이내로 서술하시오.

항목	수행한 절차
①	매출채권이 오류로 기록된 것을 확인하였고, 해당 왜곡표시금액을 모집단에 투영하였다.
②	해당 매출채권은 매출송장 100건으로 구성되어 있다. 대체적 절차로 해당 매출송장 금액 합계가 매출채권 잔액과 일치함을 확인하고, 매출송장 중 일부를 표본추출하여 매출 발생사실과 결산일 이후 현금 입금 사실을 확인하였다. 따라서 장부금액이 왜곡표시되지 않은 것으로 판단하였다.
③	변이에 따른 차이금액임을 확인하였고, 해당 왜곡표시금액을 모집단에 투영하지 않았다.
④	대체적 절차로 결산일 이후 전액 입금된 사실을 확인하였다. 따라서 장부금액이 왜곡표시되지 않은 것으로 판단하였다.

[답안양식]

항목	적절한가? (예, 아니오)	적절하지 않은 경우, 그 이유
①		
⋮		
④		

풀이

항목	적절한가?(예, 아니오)	적절하지 않은 경우, 그 이유
①	아니오	장부가액이 표본간격보다 큰 항목의 경우 모집단 투영할 필요가 없음.
②	아니오	해당 표본으로 선택된 항목에 대하여 전체 금액을 다 확인하지 못하고 대체적 절차로 일부만 확인한 결과로 예외사항이 없다고 결론 내릴 수는 없음.
③	예	
④	예	

제 16 장 재무제표감사에서 부정에 관한 감사인의 책임

이 장에서는 부정으로 인한 재무제표 왜곡표시에 대하여 감사인은 어떠한 책임을 지며 New ISA 하에서 해당 왜곡표시를 어떻게 적발, 보고하는지 전체적인 흐름에 대해서 살펴보기로 한다. 이번 부정과 관련된 감사절차는 기본적으로 감사의 전체적인 흐름을 부정이라는 관점에서 다시 재해석하는 감사기준으로서 추가적인 책임이라기보다는 기존의 감사기준을 부정이라는 관점에서 다시 언급하는 기준으로 이해하면 된다.

1 부정의 정의 및 유형

부정(Fraud)은 경영진, 지배기구, 종업원 또는 제3자 중 1인 이상이 부당하거나 불법적인 이득을 취하기 위해 기만행위가 연루된 의도적인 행위이다. 다음은 부정의 유형 2가지이다.

❖ 부정의 유형 ❖

	부정한 재무보고 (Fraudulent Financial Reporting)	자산의 횡령 (Misappropriation of Assets)
정의	재무제표 이용자를 기만하기 위한 재무제표 금액이나 공시의 누락 등 의도적인 왜곡표시	기업자산의 도난
예시	(1) 재무제표 작성의 기초가 되는 회계기록이나 근거문서의 조작, 위·변조 또는 수정	(1) 입금의 횡령(예를 들어 매출채권 회수액의 횡령, 상각채권 추심액의 개인구좌 입금)

	(2) 사건, 거래 또는 기타 유의적인 정보를 재무제표에 허위로 기재하거나 의도적으로 누락 (3) 금액, 분류, 표시방법 또는 공시에 대한 회계원칙의 의도적인 잘못 적용 등	(2) 물리적 자산 또는 지적 자산의 절도(예를 들어 사적인 이용이나 판매를 위한 재고자산 절도, 재판매를 위한 부산물 절도, 경쟁기업과 공모하여 대가를 받고 기술적 데이터를 유출) (3) 수취하지 아니한 재화나 용역을 위하여 지급하게 함(예를 들어 가공의 공급자에게 지급, 납품가격을 부풀려 준 대가로 납품자가 구매담당자에게 리베이트를 지급, 가공의 종업원에 대한 급여 지급) (4) 기업자산을 개인용도로 이용(예를 들어 기업자산을 개인 또는 특수관계자의 차입을 위한 담보로 이용)

자산의 횡령의 경우, 자산이 분실되었거나 정당한 승인없이 담보 제공되었다는 사실을 은폐하기 위하여 종종 허위의 또는 오도를 일으키는 기록이나 문서가 수반된다.

재무제표의 왜곡표시는 부정이나 오류에 의해서도 발생될 수 있다. 부정과 오류를 구별하는 요소는 재무제표의 왜곡표시를 초래하는 기초행위가 **의도적인지 비의도적인지 여부**이다. 앞으로 특별한 사안이 아니면 의도가 개입되어 훨씬 적발이 힘든 부정으로 인한 재무제표의 왜곡표시에 중점을 두고 이야기하기로 한다.

또한, 부정은 **광범위한 법률적** 개념이지만, **감사인은 감사기준의 목적상 재무제표의 중요한 왜곡표시를 초래하는 부정에** 관심을 둔다. 감사인은 부정의 발생을 의심할 수 있고, 드물게는 이를 식별할 수도 있으나, **부정이 실제로 발생했는지 여부에 대하여는 법률적 결정을 내리지 아니한다.** (ISA 240 문단 3)

2 | 부정의 특성

부정은 부정한 재무보고이거나 자산의 횡령이거나 관계없이 부정을 저지르려는 동기나 압력(Incentive or Pressure), 부정을 저지를 수 있는 알려진 기회(Perceived Opportunity), 그리고 행위에 대한 어떠한 합리화(Attitude or Rationalization)와 관련되어 있다. 예를 들면 다음과 같다. (ISA 240 문단 A1)

<table>
<tr><th></th><th>부정한 재무보고</th><th>자산의 횡령</th></tr>
<tr><td>동기와 압력</td><td>경영진이 기업 내, 외부로부터 예정된 비현실적인 이익목표이나 재무적 성과의 달성압력을 받고 있는 경우</td><td>수입액을 초과하는 생활을 하고 있는 경우</td></tr>
<tr><td>기 회</td><td colspan="2">개인이 내부통제를 무력화할 수 있다고 믿는 경우. 예를 들어 내부통제의 책임 있는 위치에 있거나 내부통제의 특정 미비점을 잘 알고 있는 경우</td></tr>
<tr><td>태도 또는 합리화</td><td colspan="2">개인은 부정한 행위를 합리화할 수 있을 것이다. 어떤 자는 의식적이고 의도적으로 부정직한 행위를 저지르는 태도나 성격 또는 윤리적 가치관을 가지고 있다. 그리고 정직한 개인이라도 일정 수준의 압력이 가해지는 환경에서는 부정을 저지를 수 있을 것이다.</td></tr>
</table>

3 부정에 대한 책임

<table>
<tr><th></th><th>예방책임</th><th>발견책임</th><th>보고책임</th></tr>
<tr><td>경영진 및 지배기구</td><td colspan="2">○</td><td>X</td></tr>
<tr><td>감사인</td><td>X</td><td colspan="2">○</td></tr>
</table>

(1) 경영진 및 지배기구의 책임

부정과 오류의 예방과 발견에 대한 주된 책임은 기업의 지배기구와 경영진에게 있다. 지배기구의 감시와 더불어, 경영진은 부정의 예방을 강조하여 부정이 발생할 기회를 감소시키고, 또 부정의 억제를 강조함으로써 각 개인들이 부정의 발견 및 이에 대한 처벌의 가능성을 의식하여 부정을 저지르지 않도록 설득하는 것이 중요하다. 이는 정직하고 윤리적으로 행동하는 문화의 창조의지와 관련되며, 지배기구의 적극적인 감시에 의하여 더욱 강화될 수 있을 것이다. 기업의 성과와 수익성에 대한 재무분석가들의 인식에 영향을 주기 위해 이익을 조정하려는 경영진의 노력과 같이, 지배기구의 감시에는 재무보고절차에 대한 통제를 무력화하거나 기타 부적절한 영향력을 행사할 가능성에 대해 고려하는 것이 포함된다. (ISA 240 문단 4)

경영진과 지배기구의 보고책임은 원칙적으로 존재하지 아니하지만 외감법 제12조에서는 다음과 같은 지배기구의 감사인에 대한 보고책임을 규정하고 있다.

외감법 제22조 제6항
⑥ 감사 또는 감사위원회는 이사의 직무수행에 관하여 부정행위 또는 법령이나 정관에 위반되는 중대한 사실을 발견하면 감사인에게 통보하여야 한다.

(2) 감사인 책임

감사인은 감사대상회사의 부정이 발생하는 부분에 대해서 예방책임은 존재하지 아니한다. (물론 감사를 한다는 그 자체가 부정이 발생할 수 있는 기회를 억제할 수 있는 기능은 수행할 수 있다) 하지만 감사인은 재무제표가 전체적으로 부정으로 인한 중요한 왜곡표시가 없다는 합리적 확신을 제공하도록 감사를 계획하고 수행할 책임은 존재한다. 다만, 감사인은 감사기준에 따라 적절하게 감사를 계획하고 수행하여도 감사의 고유한계로 인하여 재무제표의 중요한 왜곡표시 중 일부가 발견되지 못할 불가피한 위험이 존재할 수 있다.

이때 부정으로 인한 왜곡표시는 오류로 인한 왜곡표시보다 발견되지 못할 위험이 훨씬 크며 경영진의 부정에 의한 중요한 왜곡표시가 종업원의 부정보다 훨씬 발견이 힘들다 그 이유는 다음과 같다. (ISA 240 문단 6~7)

부정으로 인한 왜곡표시가 발견되지 못할 위험이 큰 이유	경영진의 부정이 종업원의 부정보다 발견되지 못할 위험이 큰 이유
그 사실을 은폐하기 위해 위조, 거래의 기록에 대한 계획적인 누락 또는 감사인에 대한 의도적인 거짓 진술 등 정교하고 면밀하게 설계된 수단들이 이용되기 때문. 또한 때때로 공모가 수반되면 훨씬 더 발견하기 어려움.	경영진은 회계기록을 직,간접적으로 조작하고 허위의 재무정보를 제공하거나 다른 종업원에 의해 유사한 부정이 예방되도록 설계된 통제절차를 무력화할 수 있는 위치에 있는 경우가 빈번하기 때문임.

만약, 감사인이 이러한 부정을 적발하는 경우에는 원칙적으로 경영진 및 지배기구 그리고 정보이용자들에게 보고할 책임이 존재한다 이러한 보고책임의 자세한 내용은 구체적인 업무절차에서 살펴보기로 한다.

4 | 부정과 관련한 감사인의 감사절차 Flow

(Step 1) 전문가적 의구심을 기본으로 업무팀 내부의 토의

↓

(Step 2) 위험평가절차 및 관련활동

↓

(Step 3) 부정에 의한 중요왜곡표시위험의 식별과 평가

↓

(Step 4) 부정에 의한 평가된 중요왜곡표시위험에 대한 대응

↓

(Step 5) 실증절차의 수행 및 감사증거의 평가

↓

(Step 6) 서면진술 및 문서화 (지배기구와의 커뮤니케이션 포함)

Step 1 전문가적 의구심을 기본으로 업무팀 내부의 토의

1) 전문가적 의구심 (ISA 240 문단 12~14)

감사인은 기업의 경영진 및 지배기구의 정직성과 성실성에 대한 감사인의 과거 경험과 관계없이, 부정에 의한 중요한 왜곡표시의 가능성이 존재한다는 것을 인식하면서 감사의 전 과정을 통하여 전문가적 의구심을 유지하여야 한다. 감사인이 경영진과 지배기구의 정직성과 성실성에 대한 감사인의 과거 경험을 무시할 것을 기대할 수는 없으나 그 동안 상황의 변화가 발생했었을 수도 있으므로 감사인은 전문가적 의구심은 부정에 의한 중요왜곡표시위험을 고려할 때 특히 중요하다.

또한, 그렇지 아니하다고 믿을 이유가 없는 한, 감사인은 회계기록이나 문서가 진실하다고 받아들일 수 있으며 문서의 진위에 대한 전문가로서 훈련을 받지 않으며 그렇게 기대될 수도 없다. 다만, 감사인은 감사 중 식별된 상황으로 인해 문서가 진실하지 아니하거나 문서 내의 문구가 변경되었음에도 불구하고 감사인에게 공개되지 아니하였다고 믿는다면, 제3자에게 직접 확인하거나 문서의 진실성을 평가하기 위해 전문가를 이용하는 방법 등 추가적인 검사를 실시하여야 한다. 마찬가지로 감사인의 질문에 대하여 경영진 또는 지배기구의 답변이 일관성이 없는 경우, 감사인은 그 불일치를 조사하여야 한다.

2) 업무팀 내부의 토의

① 토의 대상

팀토의 수행시 참여자들은 기업의 재무제표가 중요하게 왜곡표시될 가능성에 대한 토의를 수행하게 되며 부정이 어떻게 발생할 것인지 등 기업의 재무제표가 부정에 의하여 어디서 어떻게 중요하게 왜곡표시될 위험성이 높은지를 특히 강조하여야 한다. 특히, 이러한 토의시 참여자들은 전문가적 의구심을 기초로 하여 항상 경영진과 지배기구가 정직하고 성실하다는 업무팀원들의 믿음을 배제하고 수행되어야 한다. 이러한 토의에 포함될 수 있는 구체적인 사항은 다음과 같다. (ISA 240 문단 A11)

1) 재무제표가 어떻게 그리고 어느 부분에서 부정에 의하여 중요한 왜곡표시 되기 쉬운지, 경영진이 부정한 재무보고를 어떻게 수행하고 은폐하는지, 그리고 기업의 자산이 어떻게 횡령될 수 있는지에 대한 업무팀원간의 교환
2) 이익조정을 나타내는 상황
3) 경영진 또는 그 외의 사람들이 부정을 저지를 동기나 압력을 유발하고, 부정이 실행될 기회를 제공하며 부정을 범하는 것을 합리화시킬 수 있는 문화 또는 환경
4) 횡령하기 쉬운 현금이나 기타의 자산을 다루는 종업원에 대한 경영진의 감독
5) 경영진이 내부통제를 무력화할 위험에 대한 고려 등

② 토의의 기능 및 실익 (ISA 315 문단 A14)

1) 업무수행이사 등 경험이 많은 업무팀원들이 기업에 대한 지식에 기초하여 가지고 있는 견해를 서로 공유하는 기회를 제공함.
2) 업무팀원들이 기업에 영향을 미치는 사업위험에 대한 정보와 재무제표의 어느 부분이 부정과 오류에 의한 왜곡표시위험에 어떻게 취약한지에 대한 정보를 교환할 수 있게 함.
3) 업무팀원들이 자신에게 배정된 특정 분야의 중요한 왜곡표시 가능성을 더 잘 이해하게 하고 업무팀원들이 수행하는 감사절차의 결과가 추가감사절차의 성격, 시기 및 범위의 결정 등 감사절차와 다른 측면에 어떻게 영향을 미칠 수 있는지 이해하게 함.
4) 업무팀원들이 감사의 전 과정에 걸쳐 중요왜곡표시위험의 평가 또는 이러한 위험에 대처하기 위해 수행되는 감사절차에 영향을 미칠 수 있는 새로운 정보를 입수하는 경우, 이를 공유하고 커뮤니케이션할 수 있는 기초를 제공함.

Step 2 위험평가절차 및 관련활동

감사인은 기업의 내부통제 등 기업과 그 환경을 이해하기 위한 위험평가절차 및 관련 활동을 수행할 때 부정에 의한 중요왜곡표시위험을 식별하기 위한 정보를 입수하기 위하여 다음과 같은 절차들을 수행하여야 한다.

위험평가시 수행하여야 하는 절차 (ISA 240 문단 17~24)
1. 질 문 (1) 경영진 (2) 기업의 다른 자 (3) 내부감사부서 (4) 지배기구 2. 분석적 절차 수행 3. 부정위험요소(Fraud Risk Factor) 평가

1) 질 문

① 경영진에 대한 질문

감사인은 경영진에게 다음에 관한 질문을 하여야 한다.

위험평가시 경영진에 대한 질문 내용 (ISA 240 문단 17)
① 재무제표가 부정에 의해 중요하게 왜곡표시 될 위험에 대한 경영진의 평가. 이러한 평가에는 그 성격, 범위 및 빈도를 포함한다. 특히, 부정의 예방과 발견을 위한 통제에 대하여 질문하는 것은 효과적이며 이는 내부통제 환경에 대한 감사인의 이해와 관련성이 있다. 예를 들어, 경영진이 부정위험을 평가하지 않았다는 사실은 곧 상황에 따라서는 경영진이 내부통제에 부여하는 중요성이 부족하다는 것을 나타내는 것일 수도 있다 ② 경영진이 기업의 부정위험을 식별하고 대응하는 절차. 이러한 절차에는 경영진이 식별하였거나 주목하게 된 특정의 부정위험, 그리고 부정위험이 존재할 가능성이 있는 거래유형과 계정과목 및 공시를 포함한다. ③ 해당 사항이 있는 경우, 기업의 부정위험을 식별하고 대응하는 절차에 관하여 경영진이 지배기구에게 행한 커뮤니케이션. ④ 해당 사항이 있는 경우, 기업의 영업실무와 윤리적 행동에 대한 경영진의 견해에 관하여 경영진이 종업원에게 행한 커뮤니케이션

② 기업의 다른 자들에게 질문

감사인은 기업에 영향을 주는 부정으로서 실제로 발생하였거나 의심되는 부정 또는 혐의 중인 부정을 알고 있는지 여부를 결정하기 위해 기업 내의 적합한 자에게 질문을 하여야 한다. 이러한 질문이 필요한 이유는 경영진에 대한 질문만 가지고는 경영진의 부정에 의한 재무제표의 중요왜곡표시위험에 관한 유용한 정보를 얻을 수는 없을 것이기 때문이다. 부정의 존재 또는 의심에 대하여 감사인이 질문을 할 기업 내의 다른 자들의 예는 다음과 같다.

기업 내 다른 자들의 대표적인 예 (ISA 240 문단 A16)
① 재무보고절차에 직접 관여되지 않는 일상업무 수행인원 ② 다른 수준의 권한을 가진 종업원 ③ 복잡하거나 비경상적인 거래의 개시, 처리 또는 기록에 관여하는 종업원과 그러한 종업원을 감독하거나 모니터링 하는 자 ④ 내부 법률고문 ⑤ 윤리담당 임원 또는 그에 상응하는 자 ⑥ 부정혐의를 다루는 업무를 맡고 있는 자(들)

③ **내부감사부서에 대한 질문**

내부감사기능이 있는 기업의 경우, 감사인은 내부감사부서에 질문을 하여, 기업에 영향을 주는 부정으로서 실제로 발생하였거나 의심되는 부정 또는 혐의중인 부정을 내부감사부서가 알고 있는지 여부를 결정하고 부정위험에 관한 이들의 견해를 파악하기 위해 내부감사부서에 질문을 하여야 한다. 구체적으로 내부감사부서에 질문하는 내용은 다음과 같다.

위험평가시 내부감사부서에 대한 질문 내용 (ISA 240 문단 A18)
① 보고기간 중 내부감사인이 부정발견을 위하여 수행한 절차 ② 이러한 절차의 결과 발견된 사항에 대한 경영진의 대응이 만족스러웠는지 여부

④ **지배기구에 대한 질문**

지배기구의 모든 구성원이 그 기업의 경영에 참여하고 있지 않는 한 감사인은 기업의 부정위험을 식별하고 대응하기 위한 경영진의 절차와 이러한 부정위험을 감소시키기 위하여 경영진이 수립한 내부통제에 대하여 지배기구가 어떠한 감시기능을 수행하고 있는지 이해하여야 한다.

지배기구의 모든 구성원이 그 기업의 경영에 참여하고 있지 않는 한 감사인은 기업에 영향을 주는 부정으로서 실제로 발생하였거나 의심되는 부정 또는 혐의중인 부정을 지배기구가 인지하고 있는지 여부를 결정하기 위해 지배기구에 질문을 하여야 한다. 지배기구에게 이러한 질문을 하는 것은 경영진에 대한 질문의 답변내용을 보강하는 목적도 있다.

2) 분석적 절차(Analytical Procedures) 수행

위험평가절차 단계에서 분석적 절차를 수행하는 것은 부정으로 인한 중요한 왜곡표시를 식별하는데 상당히 유용할 수 있다. (상세한 내용은 7장 참조) 특히, 감사인은 수익계정 등에 대한 분석적절차를 수행할 때 비정상적이거나 예상되지 아니한 관계가 식별된 경우, 이것이 부정에 의한 중요왜곡표시위험을 나타내는지 여부를 평가하여야 한다.

3) 부정위험요소(Fraud Risk Factor) 평가

① 부정위험요소의 정의 및 특징 (ISA 240 문단 11, 24)

부정을 행할 동기 또는 압력을 나타내거나, 부정을 행할 기회를 나타내는 사건이나 상황을 말한다. 감사인은 다른 위험평가절차 및 관련 활동의 수행을 통해 입수한 정보가 하나 이상의 부정위험요소가 존재하고 있음을 나타내는지 여부를 평가하여야 한다. 부정위험요소가 반드시 부정의 존재를 나타내는 것은 아니지만, 이는 종종 부정이 발생하였던 환경에서 있어 왔으므로 부정에 의한 중요왜곡표시위험을 나타내는 것일 수 있다.

② 부정위험요소의 종류

Type I 부정한 재무보고에 의한 왜곡표시 관련 위험요소 (ISA 240 보론 I)

동기 또는 압력	① 이익 감소를 수반하는 치열한 경쟁이나 시장의 포화 ② 기술 변화, 제품진부화 또는 이자율 변동과 같은 급격한 변동에 대한 고도의 취약성 ③ 소비자 수요의 중요한 감소, 산업 또는 경제 전반에 걸친 사업실패의 증가 ④ 파산, 채무불이행에 따른 담보물 처분, 또는 임박한 적대적 인수의 위협을 일으키는 영업손실 ⑤ 재무제표에는 이익 및 이익의 증가로 보고됨에도 불구하고 영업활동으로부터의 현금흐름이 반복적으로 부족하거나 영업활동으로부터 현금을 조달 능력이 없음 ⑥ 특히 동종 산업의 타기업에 비했을 때 급격한 성장이나 비경상적인 수익성 ⑦ 새로운 회계나 법률, 또는 규제상의 요구사항 ⑧ 지나치게 낙관적인 보도자료나 사업보고서 상의 메시지와 같이, 경영진 스스로의 기대를 포함하여 투자분석가, 기관투자자, 중요한 채권자 또는 다른 외부인의 수익성이나 추세에 대한 (특히 과도하게 공격적이거나 비현실적인) 기대 수준 ⑨ 주요 연구개발이나 자본적 지출을 위한 조달 등 경쟁력을 유지하기 위한 추가적인 부채나 자본조달을 해야 할 필요성 ⑩ 상장유지요건이나 부채상환 또는 기타 채무약정 요구사항의 충족에 대한

	한계적 능력 ⑪ 사업 결합이나 계약 체결 등 진행 중인 유의적 거래에 있어 저조한 재무적 결과를 보고할 경우 예상되거나 실재하는 부정적 영향 ⑫ 예를 들어 상여금, 주식옵션, 수익에 따른 지급약정과 같이 그 보상 중 중요한 부분이 주가, 영업성과, 재무상태 또는 현금흐름에 대한 공격적인 목표의 달성여부에 의존됨
기 회	① 일반적인 영업활동이 아닌 특수관계자와의 거래 또는 감사를 받지 않거나 타감사인이 감사하는 관계기업과의 유의적 거래 ② 공급처나 판매처에 대하여 부적합하거나 불공정한 거래를 초래할 수도 있는 거래조건을 강제할 수 있는, 특정 산업영역을 지배하는 강력한 재무적 상황이나 능력 ③ 입증하기 어려운 주관적 판단이나 불확실성이 개입된 유의적 추정치에 근거한 자산, 부채, 수익 또는 비용 ④ 유의적이거나 비경상적인, 또는 고도로 복잡한 거래, 특히 보고기간말에 근접한 거래로서 "형식보다 실질의 우선"이라는 난해한 문제를 일으키는 것 ⑤ 경영환경과 문화가 상이한 서로 다른 국가 간에 국제적으로 위치하거나 수행되는 주요 사업 ⑥ 명백한 사업적 당위성이 없어 보이는 사업 중개자의 이용 ⑦ 명백한 사업적 당위성이 없어 보이는 조세피난처에서의 중요한 은행계좌, 종속기업 또는 지점운영 ⑧ (소유경영기업이 아닌 경우에) 보완통제가 없이 1인 또는 소집단에 의해 경영이 지배됨 ⑨ 재무보고절차 및 내부통제에 대한 지배기구의 감시가 효과적이지 아니함 ⑩ 기업에서 지배적 지분을 가지고 있는 조직이나 개인을 결정하기가 어려움 ⑪ 통상적이지 않는 법적 실체나 권한구조가 수반된 지나치게 복잡한 조직구조 ⑫ 상위경영진, 법률고문 또는 지배기구의 빈번한 교체 ⑬ 자동화된 통제 및 (외부보고가 요구되는 경우) 중간재무보고에 대한 통제 등 통제 일반에 대한 부적절한 모니터링 ⑭ 높은 이직률, 또는 회계, 내부감사 그리고 정보기술 분야에서의 효과적이지 못한 인력의 고용 ⑮ 유의적 내부통제 미비점이 존재하는 상황 등 효과적이지 않은 회계 및 정보시스템
태도 또는 합리화	① 기업가치나 윤리기준에 대한 경영진의 커뮤니케이션, 시행, 지원 또는 강조가, 혹은 부적합한 가치나 윤리기준에 관한 커뮤니케이션이 효과적이지 않음 ② 회계정책의 선택이나 유의적 회계추정치의 결정에 비재무담당 경영진의 과도한 참여나 집착

	③ 증권관련 법규나 기타 법규의 위반 사실이 있거나, 부정혐의 또는 법규위반의 혐의로 기업이나 상위경영진 또는 지배기구에 대한 제소의 사실이 있음 ④ 기업의 주가나 이익추세의 유지 또는 상승에 대한 경영진의 과도한 관심 ⑤ 경영진이 재무분석가, 채권자 그리고 기타의 제3자에게 공격적이거나 비현실적인 예측치의 달성을 약속함 ⑥ 경영진이 알려진 유의적 내부통제 미비점을 적시에 개선하지 못함 ⑦ 경영진이 세무상의 목적으로 보고이익을 최소화시키기 위해 부적합한 수단을 이용하는 데 관심을 가짐 ⑧ 상위경영진의 낮은 사기 ⑨ 소유경영진이 개인적 거래와 사업적 거래를 구분하지 아니함 ⑩ 소유집중기업에서의 주주간 분쟁 ⑪ 한계선 상에 있거나 부적합한 회계처리를 중요성 기준에 근거하여 정당화하려는 경영진의 반복적인 시도

Type II 자산의 횡령에 의한 왜곡표시상에 나타나는 위험요소

동기 또는 압력	① 종업원에 대한 알려지거나 예상되는 해고 ② 종업원의 급여나 복리후생 계획에 대한 최근 또는 향후의 예상되는 변경 ③ 기대에 맞지 않는 승진, 급여 또는 기타 보상
기 회	① 보유 중이거나 처리 중인 거액의 현금 ② 고가 또는 수요가 많은 소형의 재고자산 ③ 무기명채권, 다이아몬드 또는 컴퓨터 칩 등 환금이 용이한 자산 ④ 시장성이 높거나 소유권에 대한 관찰가능한 식별이 어려운 소형의 유형자산 ⑤ 직무분장이나 독립적 견제가 적절하지 아니함 ⑥ 여비나 기타 청구가능 경비와 같은 상위경영진의 지출에 대한 불충분한 감시 ⑦ 예를 들어 원격 사업장에 대한 불충분한 감독이나 모니터링과 같이, 자산담당 종업원에 대한 경영진의 불충분한 감시 ⑧ 자산 취급 종업원에 대한 불충분한 채용 심사 ⑨ 자산에 대한 불충분한 기록관리 ⑩ 거래의 권한부여 및 승인에서의 부적절한 시스템 (예를 들어 구매업무의 경우) ⑪ 현금, 투자자산, 재고자산 또는 유형자산에 대한 부적절한 물리적 보호장치 ⑫ 자산에 대한 완전하고 적시적인 차이조정의 결여

	⑬ 거래에 대한 적시적이고 적합한 문서화의 결여 (예를 들어 반품에 대한 기록) ⑭ 핵심 통제기능을 수행하는 종업원에 대한 강제휴가의 미실시 ⑮ 정보기술에 대한 경영진의 불충분한 이해에 따라 정보기술 담당 종업원에 의한 자산횡령이 가능함 ⑯ 정보시스템 접속기록에 대한 통제 및 검토 등 자동화된 기록에 대한 부적절한 접근통제
태도 또는 합리화	① 자산횡령과 관련된 위험을 모니터링하거나 감소시킬 필요성에 대한 무시함 ② 현존하는 통제를 무력화하거나 내부통제의 알려진 미비점에 대한 적합한 개선조치를 취하지 않음으로써 자산횡령에 대한 내부통제를 무시함 ③ 기업, 또는 종업원에 대한 기업의 처우에 불쾌함이나 불만을 나타내는 행동 ④ 자산이 횡령되었음을 나타내는 것일 수 있는, 행동이나 생활방식의 변화 ⑤ 소액 절도에 대한 용인

Step 3 부정에 의한 중요왜곡표시위험의 식별과 평가

감사인은 재무제표 수준 및 거래 유형, 계정잔액 그리고 공시에 대한 경영진 주장의 수준에서 부정에 의한 중요왜곡표시위험을 식별하고 평가하여야 한다. 특히 New ISA에서는 이 과정에서 수익의 인식에 부정위험이 존재한다는 가정에 기초하여 어떤 유형의 수익이나 수익거래 또는 경영진 주장이 그러한 위험을 발생시키는지 꼭 평가하도록 요구하고 있다. 수익의 인식과 관련하여 부정한 재무보고에 의한 중요한 왜곡표시는 종종 수익의 조기인식이나 가공수익의 계상 등에 의한 과대계상에 기인하며, 수익의 부당한 이연인식 등 수익의 과소계상에 기인할 수도 있다. 다만, 이런 수익인식에서의 부정위험은 아래의 기업 상황마다 다양하게 평가할 수 있다. (ISA 240 문단 A29~A30)

수익인식 부정위험이 높은 사례	수익인식 부정위험이 낮은 사례
(1) 상장기업 경영진 성과가 매년의 매출액 성장률이나 순이익에 의해 측정되는 기업 (2) 상당한 비중의 수익이 현금매출을 통하여 창출되는 기업	단일 임대용 재산의 수익과 같이 단일 유형의 단순한 수익거래만 존재하는 기업

또한, 감사인이 수익의 인식과 관련하여 부정에 의한 중요왜곡표시위험이 존재한다는 가정을 해당 감사업무의 상황에 적용할 수 없다고 결론을 내린 경우 그러한 결론을 내리게 된 이유를 감사문서에 포함시켜야 한다. (ISA 240 문단 47)

일반적으로 감사인은 부정에 의한 평가된 중요왜곡표시위험을 유의적 위험으로 취급하여야 하며 따라서 반드시 기업의 통제활동 등 그러한 위험에 관련된 통제를 이해하여야 한다

Step 4 부정에 의한 평가된 중요왜곡표시위험에 대한 대응

1) 재무제표 수준의 전반적인 대응절차(Overall Response)

전반적인 대응 (ISA 240 문단 29)	
① 유의적 업무수행 책임을 부여할 개별 구성원의 지식, 기술 및 능력과 해당 감사업무에 있어서 부정에 의한 중요왜곡표시위험에 대한 감사인의 평가결과를 고려하여 업무를 배정하고 감독함. (인원의 배정과 감독)	예를 들어 법률이나 정보기술 전문가 등 특별한 기술이나 지식을 갖춘 인원을 추가로 배정하거나 해당 업무에 보다 경험이 많은 인원을 배정함.
② 특히, 주관적인 측정과 복잡한 거래와 관련된 경우, 회계정책의 선택과 적용이 경영진의 이익조정 노력에 따른 부정한 재무보고의 징후인지 여부를 평가함.	예를 들어 경영진의 성과보상이 영업이익에 일정비율로 지급되는 경우 대손충당금 설정과 같은 주관적인 측정은 부정한 의도로 과소계상될 수 있는지 여부를 평가하여야 함.
③ 감사절차의 성격, 시기 및 범위를 선택할 때, 예측불가능성 요소를 포함시킴.	예를 들어 예상되었던 감사절차의 시기를 조정하거나 다른 표본추출방법들의 적용, 그리고 다른 장소 또는 예고하지 않은 장소를 선택하여 감사절차를 수행함.

2) 경영진 주장 수준의 부정에 의한 평가된 중요왜곡표시위험에 대응한 감사절차 (General Response)

경영진 주장 수준의 부정에 의한 평가된 중요왜곡표시위험에 대응한 감사절차 (ISA 240 문단 A37~40)	
성격	보다 신뢰할 수 있거나 관련성이 있는 감사증거 또는 추가적인 보강증거를 입수
시기	보고기간말 또는 보고기간말에 근접한 때에 실증절차를 수행
범위	표본규모를 확대하거나 세부적인 수준에서 분석적절차를 수행하는 것이 적합.

⬇

구체적인 대응(Specific Response, ISA 240 보론 2)	
수익인식	① 예를 들어, 당기와 과거 보고기간의 월별, 제품별 또는 사업부별 보고수익간의 비교와 같이, 세분화된 데이터를 이용함으로써 수익 관련 실증적 분석절차를 수행함. 컴퓨터를 이용한 감사기법은 수익간의 비경상적이거나 기대하지 못한 관계나 거래들을 식별하는 데 유용할 수 있다. ② 적합한 회계처리는 종종 거래조건이나 약정에 의해 영향을 받으며 할인조건이나 그 적용기간이 적절히 문서화되지 아니하는 경우가 있기 때문에, 관련 계약조건과 부속약정 존재에 대하여 거래처에 확인함. 예를 들어, 인수조건, 인도 및 지급조건, 향후 또는 진행 중인 공급자 의무의 존재여부, 제품에 대한 반품권, 보증된 재판매가액, 취소 및 환불조항 등이 종종 그러한 상황과 관련되어 있다. ③ 기업의 판매 및 마케팅 인원이나 내부의 법률고문에게 보고기간 말에 근접한 매출이나 출고에 대해 질문함. 그리고 이러한 거래와 관련하여 비경상적인 조건이나 상황을 알고 있는지 질문함. ④ 출고 중이거나 출고대기 상태에 있는 제품(또는 처리 대기중인 반품)을 관찰하기 위하여 보고기간말에 하나 이상의 사업장에 입회하고 매출 및 재고자산과 관련된 기타의 적절한 기간귀속 절차를 수행함.
재고자산수량	① 예고하지 아니하고 특정 사업장의 재고실사에 입회하거나 동일한 날에 모든 사업장의 재고실사를 수행함. ② 실사수행일과 보고기간말 사이의 부당한 조작위험을 최소화시키기 위하여 재고실사를 보고기간말 또는 이에 근접한 일자에 수행함. ③ 실사입회 중에 추가적인 절차를 수행함. 예를 들어 포장된 재고자산에 대하여는 내용물, 적재방법(예를 들어 가운데를 비우기) 및 라벨의 부착 방식을, 그리고 향수나 특수 화학제품과 같은 액체는 그 품질(즉, 순도, 등급 또는 농도)을 더 엄격하게 검사함. 전문가의 활용은 이러한 측면에서 도움이 될 수 있다.
경영진의 추정치	① 경영진의 추정치와 비교하기 위한 독립적인 추정치를 도출하기 위하여 전문가를 이용함. ② 회계추정치의 도출과 관련된 계획을 수행할 경영진의 능력과 의도를 확인하기 위해 경영진과 회계부서 외의 자에게 질문을 확대함.

3) 경영진에 의한 통제무력화(Management Override)위험에 대응한 감사절차

경영진은 그렇지 않았다면 효과적으로 운영된다고 보이는 통제를 무력화하여 회계기록을 조작하고 부정한 재무제표를 작성할 수 있는 능력이 있기 때문에, 부정을 저지를 특별한 위치에 있다. 경영진에 의한 통제무력화의 위험은 기업마다 그 정도가 다를 것이나, 이러한 위험 자체는 모든 기업에 존재한다. 이 같은 통제무력화는 예측불가능하게 발생될 수 있기 때문에, 이는 부정에 의한 중요왜곡표시위험의 하나이며, 따라서 유의적 위험이다.

감사인은 경영진에 의한 통제무력화 위험에 대한 감사인의 평가결과에 관계없이 다음의 감사절차를 계획하고 수행하여야 한다.

경영진에 의한 통제무력화 위험에 대응한 감사절차 (ISA 240 문단 32)
① 총계정원장에 기록된 분개와 재무제표 작성시 이루어진 조정사항의 적절성을 테스트함. (Journal Entry Test : 예시 참조) 이러한 테스트를 위한 감사절차를 설계하고 수행할 때 감사인은 다음의 절차를 수행하여야 한다. 가. 분개 및 기타 조정사항의 처리와 관련하여 부적합하거나 비정상적인 행위가 있었는지에 대하여 재무보고절차에 관여하는 자들에게 질문함. 나. 보고기간말에 이루어진 분개 및 기타 조정사항을 선택함. 다. 보고기간 전체를 통하여 이루어진 분개 및 기타 조정사항을 테스트할 필요가 있는지 고려함.
② 회계추정치에 편의가 있는지 검토하고, 편의가 있다면 이를 유발하는 환경이 부정에 의한 중요왜곡표시위험을 나타내는 것인지 여부를 평가함. 감사인은 이러한 검토를 할 때 다음의 절차를 수행하여야 한다. 가. 경영진이 재무제표에 반영된 제반 회계추정을 할 때 행한 판단과 결정이 비록 개별적으로는 합리적이라고 하더라도, 부정에 의한 중요왜곡표시위험을 의미할 수 있는 경영진의 편의가능성을 나타내는 것인지 여부를 평가함. 만약 그렇다면 감사인은 회계추정치를 전반적으로 다시 평가함. 나. 전기재무제표에 반영된 유의적 회계추정치에 관련된 경영진의 판단과 가정을 소급 재검토.
③ 기업의 정상적인 사업과정을 벗어나는 거래, 또는 기업과 그 환경에 대한 감사인의 이해와 감사 중에 입수한 정보에 근거했을 때 비정상적으로 보이는 유의적 거래의 경우, 감사인은 해당 거래의 사업상 논리적 근거에 비추어 볼 때 그러한 거래가 부정한 재무보고를 수행하거나 자산횡령을 은폐하기 위하여 체결되었음을 나타내는 것인지 여부를 평가하여야 한다.

Journal Entry Test (한공회 교육자료 참조)

(Step 1) 전표데이터 완전성 검증

회사로부터 수령한 전표 데이터와 해당 전표가 반영된 회사의 재무제표를 비교하여 전표의 완전성을 검증하는 절차로, 계정과목별 기초 시산표 잔액에 당기 발생한 전표 금액을 가감한 결과가 기말 시산표 잔액과 동일한지 비교

전표데이터				시산표			검증
계정코드	차변금액	대변금액	차이	기초금액	기말금액	기말-기초	검증
1000101	XXX	XXX	XXX	XXX	XXX	XXX	–
1000211	XXX	XXX	–	–	–	–	–
1000221	XXX	XXX	–	–	–	–	–
1000224	XXX	XXX	–	–	–	–	–
1000226	XXX	XXX	–	–	–	–	–
1000229	XXX	XXX	–	–	–	–	–
1000238	XXX	XXX	–	–	–	–	–
1000239	XXX	XXX	–	–	–	–	–
1000243	XXX	XXX	–	–	–	–	–
1000244	XXX	XXX	–	–	–	–	–
1000245	XXX	XXX	XXX	–	XXX	XXX	–
1000251	XXX	XXX	–	–	–	–	–

(Step 2) 주요 시나리오 테스트

1. 이상분개유형 검토

비정상적인 계정 조합이 존재하는 전표를 추출하여 확인하기 위한 절차.

특정 계정들과 거래들이 발생한 계정들을 확인하여, 비정상적인 계정 조합이 존재하는 전표를 확인하기 위한 절차임. 예를 들어, 전표상 가공매출이 존재하는지 여부를 확인하기 위해서 매출이 증가하면서 동시에 재고자산이 증가하는 전표가 존재하는지 검토하거나, 회사에 설정되어 있는 계정과목표 정보를 근거로 하여 비정상적인 계정이 사용되지 않았는지 확인하거나, 일정 빈도 이하로 사용된 계정, 또는 신규 생성된 계정과목이 포함된 전표에 대한 적정성을 확인하기 위하여, 전표 내역에 포함된 계정과목과 계정과목표 정보를 비교하여 계정과목표에 포함되어 있지 않은 계정의 전표를 추출하거나 일정 빈도 이하로 사용되는 계정 및 신규로 생성된 계정과목이 사용된 전표를 추출하는 테스트

2. 비정상적인 사용자 테스트

인사정보에 존재하지 않는 사용자가 작성한 전표를 확인하거나 전표 입력 권한이 없는 사용자가 작성한 전표를 확인하기 위한 절차이며, 회사의 인사(HR: Human Resource) 정보에 존재하지 않는 사용자가 작성한 전표를 확인하거나 전표입력 권한이 없는 사용자가 작성한 전표를 확인하여 해당 전표의 정당성을 검토하기 위한 테스트. (입력자와 승인자가 동일한 전표를 추출하여 테스트하는 것도 여기에 해당된다고 볼 수 있음)

3. 결산일 이후 입력전표 검토

전기일과 입력일 비교를 통해 결산일 이후 입력된 전표를 추출하여 확인하는 절차이며, 회사의 일반적인 결산일을 고려하여 결산일 이후에 작성된 전표를 확인하고, 회사의 결산마감일 이후에 입력한 전표를 추출하여 기간귀속의 적정성 등을 검토하는 테스트

Step 5 실증절차의 수행 및 감사증거의 평가

1) 감사인은 왜곡표시를 식별한 경우 그러한 왜곡표시가 부정의 징후인지 여부를 평가하여야 한다. 만약 그러한 징후가 있으면 감사인은 특정의 부정사례가 단독으로 발생된 사건이 아닐 수 있음을 인식하고 감사의 다른 측면, 특히 경영진진술의 신뢰성과 관련하여 해당 왜곡표시가 미치는 시사점을 평가하여야 한다. 즉, 특정의 부정사례는 단독으로 발생한 사건이 아닐 가능성이 높다. 따라서, 어떤 한 사업장에서 다수의 왜곡표시가 발생하는 경우에는 그 누적효과가 중요하지 않더라도 그것이 부정에 의한 중요왜곡표시위험을 나타내는 것일 수도 있다.

2) 감사인은 그 중요성과 관계없이 왜곡표시를 식별하였으며, 그 왜곡표시는 부정의 결과이거나 결과일 가능성이 있고, 경영진(특히 상위 경영진)이 관여되었다고 믿을 이유가 있다면, 감사인은 부정에 의한 중요왜곡표시위험 및 그러한 평가가 감사절차의 성격, 시기 및 범위에 미치는 영향을 재평가하여야 한다. 감사인은 또한 이전에 입수한 증거의 신뢰성을 상황이나 조건, 종업원, 경영진 또는 제3자가 관여된 공모의 가능성을 고려하여야 한다.

3) 감사인이 재무제표가 부정의 결과로 중요하게 왜곡표시 되었음을 확인하였을 때, 또는 재무제표가 부정의 결과로 중요하게 왜곡표시 되었는지 여부에 대한 결론을 내릴 수 없을 때에는, 다음과 같이 감사의견에 미치는 영향을 평가하여야 한다.

중요하게 왜곡표시되었는지 결론을 내릴 수 없는 경우	중요하게 왜곡표시되었다고 결론내렸으나 경영진이 이를 수정거부한 경우
감사범위의 제한 : 한정 또는 의견거절	경영진과 의견불일치(회계기준위배) : 한정 또는 부적정

특히, 감사인은 재무제표가 기업에 대해 감사인이 이해한 바와 일관성이 있는지 전반적인 결론을 내릴 때, 감사의 종결에 근접하여 수행된 분석적절차를 통하여 부정에 의한 중요왜곡표시위험으로서 전에는 인식하지 못했던 위험이 있는지 여부를 확인해 보아야 한다.

Step 6 서면진술 및 문서화 (지배기구와의 커뮤니케이션 포함)

1) 감사인은 다음 사항에 대하여 경영진, 그리고 적절한 경우 지배기구의 서면진술을 입수하여야 한다.

부정과 관련한 서면진술에 포함시켜야 하는 내용 (ISA 240 문단 39)
① 부정의 예방과 발견을 위한 내부통제 설계와, 실행 및 유지할 책임이 이들에게 있다는 사실을 인정한다는 것 ② 부정에 의하여 재무제표가 중요하게 왜곡표시 될 위험에 대한 경영진의 평가결과를 감사인에게 공개하였다는 것 ③ 다음의 자들이 연루되고 기업에 영향을 미치는 부정 또는 의심되는 부정에 대하여 이들이 알고 있는 바를 감사인에게 공개하였다는 것 가. 경영진 나. 내부통제에 유의적인 역할을 수행하는 종업원 다. 부정이 재무제표에 중요한 영향을 미칠 수 있는 기타의 자 ④ 기업의 재무제표에 영향을 미치는 부정 또는 부정으로 의심되는 주장들로서, 이들이 종업원, 과거의 종업원, 분석가, 규제기관 등으로부터 알고 있는 사항은 감사인에게 모두 공개하였다는 것

2) 경영진 및 지배기구에 대한 커뮤니케이션 (ISA 240 문단 40~42)

보고대상	적합한 수준의 경영진 및 지배기구. 이때 적합한 수준의 경영진이라 함은 의심되는 부정에 연루된 것으로 보이는 당사자보다 최소한 한 직급 위의 자이다.
보고내용	부정을 식별하였거나 부정이 존재할 가능성을 나타내는 정보. 이 경우 그 사항이 사소하더라도 마찬가지이다.
보고방법	구두 또는 서면
보고시기	적시에 커뮤니케이션 하여야 한다.

3) 규제감독기관에 대한 커뮤니케이션

감사인이 부정을 식별하였거나 의심하는 경우, 감사인은 기업 외부의 당사자에게 그러한 부정사건 또는 의심을 보고할 책임이 있는지 여부를 결정하여야 한다. 감사대상 기업의 정보에 대하여 비밀을 준수할 감사인의 전문가적 의무에 따라 그러한 보고가 배제될 수도 있으나 상황에 따라서는 감사인에 대한 법률적 책임에 의해 그러한 전문가적 의무가 무시될 수도 있을 것이다. 참고로, 외감법 제22조에 따르면 현재 우리나라는 감사인이 다음과 같이 지배기구에 대한 커뮤니케이션 이외에도 주주총회 보고책임이 존재한다.

외감법 제22조 제1항
① 감사인은 직무를 수행할 때 이사의 직무수행에 관하여 부정행위 또는 법령이나 정관에 위반되는 중대한 사실을 발견하면 감사 또는 감사위원회에 통보하고 주주총회 또는 사원총회(이하 "주주총회등"이라 한다)에 보고하여야 한다.

4) 감사인이 업무를 계속 수행할 수 없는 경우

부정 또는 부정으로 의심되는 사건에 의한 왜곡표시의 결과로 감사인이 해당 감사를 계속하여 수행할 감사인의 능력에 의문을 초래하는 예외적인 환경에 직면한 경우 감사인은 다음의 절차를 수행하여야 한다.

감사인이 감사업무를 계속 수행할 능력에 의문이 제기될 수 있는 예외적 상황 (ISA 240 문단 A54)
① 부정이 비록 재무제표에 중요하지 않지만, 부정과 관련하여 감사인이 해당 상황에 필요하다고 생각하는 적절한 절차를 기업이 취하지 않음. ② 부정에 의한 중요왜곡표시위험에 대한 감사인의 검토와 테스트 결과, 중요하고도 전반적인 부정에 대해 유의적인 위험을 나타내고 있음. ③ 감사인이 경영진 또는 지배기구의 적격성과 성실성을 매우 우려함

예외적 상황에서 수행절차 (ISA 240 문단 38)
① 관련 법규상 감사업무의 해지가 가능한 경우, 해당 감사업무를 해지하는 것이 적절한지 여부를 고려함. ② 감사인이 감사를 해지하는 경우에는 다음의 절차를 수행하여야 한다. 가. 감사인이 감사업무를 해지한다는 사실과 그 이유에 대해 적합한 수준의 경영진 및 지배기구와 토의 나. 감사인을 선임한 당사자, 또는 경우에 따라 감독당국에 감사인의 감사업무 해지와 그 이유를 보고할 전문가로서의 요구사항이나 법률적인 요구사항이 존재하는지 결정

5) 문서화

부정과 관련하여 감사인이 반드시 문서화하여야 할 내용 (ISA 240 문단 45~46)
① 업무팀이 기업의 재무제표가 부정으로 인하여 중요하게 왜곡표시 될 취약성에 대하여 토론한 결과 도달된 유의적 결정들 ② 재무제표 수준과 경영진주장 수준의 부정으로 인한 중요왜곡표시위험의 식별 및 평가 내용 ③ 재무제표 수준의 부정으로 인한 중요왜곡표시위험의 평가내용에 대처하기 위한 전반적인 대응, 감사절차의 성격, 시기 및 범위, 그리고 이들 감사절차와 경영진주장 수준의 부정으로 인한 중요왜곡표시위험의 평가내용과의 연계성 ④ 경영진의 통제무력화 위험에 대응하기 위하여 설계된 절차 등 감사절차의 적용결과

사례문제 1

▌사례 1▐

20X4년 12월 31일 공인회계사 김철수 씨는 매출채권계정에 대한 외부조회서를 수행하는 과정에서, 회사고객의 기록과 보조원장의 금액 간에 15곳이 차이가 있음을 발견하였다. 차이가 발생한 조회내역을 회계담당자 최철민 과장에게 통보하여 그로 하여금 그 차이를 검사하게 하였다. 최철민 과장은 각 예외사항을 분석하고 원인을 파악한 후 금액의 차이가 고객과 기록시점의 차이 및 매출에누리로부터 기인한다고 김철수 공인회계사에게 통보하였다. 김철수 공인회계사는 그러한 사실을 통보받은 이후 매출채권 계정에 중대한 오류가 없다고 결론을 내렸다.

감사 1년 후인 20X5년 12월 중에 최철민 과장이 3년 동안 현금을 사취하고 매출채권을 과대계상하여 수천만 원을 횡령하였음을 발견하였다. 김철수 회계사에 대하여 의뢰회사가 제기한 소송과 관련하여, 법정에서 20X4년 12월 31일의 감사인 감사문서에 편철된 매출채권 조회확인에 대한 최철민 과장의 차이분석이 거짓임이 판명되었다. 최철민 과장의 분석에는 차액이 당년도 말에 하자가 있는 제품에 대해 특별 허용한 매출에누리 및 기록시점 차이에 연유하고 있다고 표시되어 있었다. 그러나 차액은 사실상 회계담당자의 부정에 의해 발생된 것이었다.

▌사례 2▐

대구시 북구에 있는 대구지점에서의 경영부정에 대한 소문이, 2006년 5월, 익명의 편지를 통해서 산격주식회사의 서울본사에 알려졌다. 산격주식회사는 중장비와 설비들을 석유 및 채굴 회사에 임대하여, 매년 4,000억 원의 수익을 거두고 있다. 서울본사의 경영진은 대구지사를 경영하는 김일환 씨를 매우 신임했기 때문에 그에게 있어 그러한 소식은 매우 충격적인 것이었다. 진술에 따르면, 김일환 씨와 부지사장인 조규식 씨는 산격주식회사로부터 계약을 도용하여 산격주식회사의 고객에게 산격주식회사의 장비들을 임대하였다. 나금감 회계사는 그러한 고발이 사실인지 아닌지를 결정하기 위하여 재무제표 감사계약을 산격주식회사와 체결하였다.

감사 수행 중 나금감 회계사는 다음과 같은 사실을 알게 되었다. 대구지사장인 김일환 씨는 회사에게 매우 유능하며 교체하기 어려운 사람으로 인식되어 있으며 개인적으로 매일 기업의 보안 e-mail을 검색하고 열어 볼 수 있는 권한이 부여되어 있다. 또한 김일환 씨와 조규식 씨가 'SK'라고 불리는 위장기업을 운영하고 있으며, 그 위장기업은 산격주식회사의 중장비를 산격주식회사의 고객에게 임대하고 있다는 것을 확신하게 되었다. 또 다른 면담에서, 그들은 'SK'의 설비자산이 나금감 회계사가 도착하기 전에 산격주식회사의 자산에서 제거되어졌다는 사실을 알았으며 어떠한 종업원도 은행거래를 할 수 없도록 되어 있었음에도 불구하고, 모든 은행예금이 대구지사 공장에서 일하는 김일환, 조규식 씨나 그 아들에 의해 만들어졌다는 것을 발견하였다. 또한 감사인은 고객이 'SK'와 산격주식회사에 공동서명한 수표를 발견하였으며 이 수표들은 그러한 권한이 없는 김일환 씨에 의해 이서되었으며, 이이서 현금으로 바꾸어졌음을 발견하였고 이러한 방법으로 많은 고객들로부터 받은 수표를 현금으로 바꾸어 왔다는 사실을 발견하였다.

1 부정의 유형 2가지 및 부정의 3가지 특성, 그리고 각각의 예도 서술하시오

풀이

앞의 본문 내용 참조.

2 일반적으로 부정이 오류보다 발견이 훨씬 힘들고 경영진이 개입된 부정이 종업원이 저지른 부정보다는 발견이 훨씬 힘들다. 그 이유를 각각의 경우에 나누어서 서술하시오.

풀이

부정으로 인한 왜곡표시가 발견되지 못할 위험이 큰 이유	경영진의 부정이 종업원의 부정보다 발견되지 못할 위험이 큰 이유
그 사실을 **은폐하기 위해 위조**, 거래의 기록에 대한 **계획적인 누락** 또는 감사인에 대한 **의도적인 거짓 진술** 등 **정교하고 면밀하게 설계된 수단들이 이용되기 때문**. 또한 때때로 공모가 수반되면 훨씬 더 발견하기 어려움	경영진은 회계기록을 직,간접적으로 조작하고 허위의 재무정보를 제공하거나 다른 종업원에 의해 유사한 부정이 예방되도록 설계된 **통제절차를 무력화할 수 있는 위치에 있는 경우가 빈번하기 때문임.**

3 사례 1번에서 감사대상회사가 김철수 공인회계사에게 손해배상청구소송을 제기할 수 있는 근거법령 및 외감법상 귀책사유 및 면책사유를 서술하고, 제3자 정보이용자가 공인회계사에게 손해배상청구소송을 제기할 수 있는 근거법령 및 외감법상 귀책사유 및 면책사유를 서술하시오

풀이

제4장 참조

4 사례 1번에서 김철수 공인회계사가 회사에 의해 손해배상청구소송을 제기받은 경우 이를 방어하기 위한 수단은 여러 가지가 존재하지만 가장 중요한 것은 감사가 모든 부정이나 오류를 발견할 수 없다는 고유한계가 존재한다는 사실을 부각시켜야 한다 이때 김철수 공인회계사가 언급하는 감사의 고유한계의 의미를 서술하고 이러한 고유한계를 발생시키는 원인3가지도 같이 서술하시오.

풀이

1. 감사의 고유한계
   감사인은 재무제표가 전체적으로 부정이나 오류에 의해 중요하게 왜곡표시되지 이나하였는지 대한 합리적인 확신만을 제공함.
2. 감사의 고유한계 원인
   (1) 재무보고의 성격
   (2) 감사절차의 성격
   (3) 합리적인 시간내에 합리적인 비용으로 감사가 수행될 필요성

5 김철수 공인회계사가 만약 손해배상소송에서 패소한 경우 피해를 받은 회사와 정보이용자들의 손해를 배상할 만한 충분한 재원을 가지고 있지 못하다면 회사 또는 제3자가 승소하더라도 그 손해를 보상받지 못할 수 있다. 이때 외감법, 공인회계사법에서 규정하고 있는 회계법인에게 요구되는 손해배상조치를 서술하고, 이러한 손해배상조치가 왜 중요한지 회계법인의 법인형태와 연관하여 서술하시오.

풀이

회계법인은 공인회계사법상 특수법인이며 특별한 언급이 없으면 유한회사 규정을 준용하도록 되어 있다. 따라서 회계법인의 사원에 대한 책임은 무한책임이 아니라 유한책임이다. 결국 감사인의 손해배상책임을 보장하기 위한 조치는 회계법인의 법적지위를 합명회사(사원의 무한책임)에서 특수법인(사원의 유한책임)으로 전환됨에 따라 이루어진 후속조치이다.

구분	외감법	공인회계사법
회계법인	손해배상공동기금 또는 보험가입(다만, 손해배상공동기금은 의무가입)	① 손해배상준비금 ② 회계법인 설립시 최소자본금을 5억 이상 요구

6 사례 2번에서 재무제표 감사계약 체결시 감사계약서에 포함시키는 원칙적 또는 선택적 기재사항 중에서 나금감 회계사가 산격주식회사에 대한 감사시 김일환 씨와 조규식 씨에 의한 부정적발책임과 관련된 내용을 서술하시오.

풀이

감사계약서에는 원칙적 기재사항으로 감사인의 책임이 명확하게 언급되어야 하며 선택적 기재사항으로 이러한 부정과 관련하여서는 감사의 고유한계로 인하여 중요한 왜곡표시를 야기하는 부정이 발견되지 않을 수 있는 불가피한 위험이 존재한다는 사실을 포함시켜야 한다.

7 사례 2번에서 위 산격주식회사의 내부통제제도에 대한 취약점에 대하여 나금감 회계사가 지적할 수 있는 내용에 대하여 서술하고 이에 따른 개선권고사항에 대하여도 서술하시오.

풀이

첫 번째, 기업보안 e-mail에 대한 물리적 통제가 이루어지지 않고 있다. 따라서 반드시 기업보안 e-mail에 대하여 승인권자의 승인에 의한 물리적 통제가 이루어져야 하며 사후적으로 기업보안 e-mail에 대하여 log-in한 사람들에 대한 목록 및 목적 등에 대한 사후검토를 통한 보완조치를 갖추어야 한다.

두 번째, 수표발행에 대한 승인절차 및 업무분장이 결여되어 있다. 따라서 수표발행 및 대금결제와 관련하여 지급을 승인하는 부서와 실제 수표를 발행하여 결제하는 부서는 분리가 되어야 하며 일정금액 이상의 수표발행과 관련하여서는 반드시 대표이사의 승인을 받도록 하거나 두 명 이상의 승인권자 서명을 요구하도록 내부통제를 갖추어야 한다.

세 번째, 회사의 재무활동 및 투자활동은 반드시 이사회 및 상위 경영진의 승인절차에 의하여 이루어져야 한다. 따라서 금융기관과의 통장 등을 개설하는 경우에는 반드시 이사회 등의 승인절차를 거치도록 하여야 한다.

8 부정, 오류의 정의 및 책임에 대한 아래의 김철수 회계사 의견 중 틀린 내용을 모두 선택하시오

(1) 부정한 재무보고란 자산의 유용을 말하는 것으로서 횡령의 효과로 말미암아 재무제표에 중요한 왜곡표시가 야기되는 현상을 말한다.
(2) 부정은 일반적으로 부정을 저지르려는 동기 또는 압력, 기회 그리고 합리화 행위가 동반된다.
(3) 일반적으로 감사인이 관심을 가지는 부정은 법률적인 관점에서 이야기하는 부정의 개념보다는 보다 좁은 개념이다.
(4) 감사인이 관심을 가지는 부정은 재무제표에 중대한 영향을 미치는 부정이지만 필요에 따라서는 부정의 법률적인 판단을 할 필요가 있다.
(5) 감사인이 감사기준에 의하여 정당한 주의의무를 다한다는 것은 문서의 진위 여부까지 판단할 책임이 있는 것이 아니며, 또한 감사인이 그 문서의 진위 여부를 판단하여야 하는 전문가가 되기까지를 원하는 것도 아니다.
(6) 감사인은 위험평가단계에서 분석적 절차를 통하여 반드시 수익인식과 관련하여 중요왜곡표시위험이 존재하는지 여부에 대하여 검토하여야 한다.
(7) 감사인은 재무제표에 존재하는 부정이 적발될 수 있도록 절대적인 확신이 아닌, 합리적인 확신을 줄 수 있도록 감사계획을 수립하고 실시하면 된다.
(8) 감사인은 감사대상회사의 부정, 오류 발생에 대한 예방책임은 존재하지 않지만 감사가 수행된다는 사실이 부정, 오류의 발생을 억제하는 기능은 수행할 수도 있다.
(9) 부정위험요소가 있다고 해서 반드시 부정이 존재한다는 것은 아니지만, 부정이 발생하는 상황을 보게 되면 자주 발견되는 요인이 바로 부정위험요소이다.
(10) 고위경영진의 잦은 교체는 부정위험요소이다.
(11) 재고자산과 관련하여 부정의 가능성이 존재하면 감사인은 미리 통보를 하고 재고실사를 행하여야 한다.

풀이

(1) 부정에는 두 가지 종류가 존재한다. 부정한 재무보고와 자산의 유용이 여기에 해당되는데, 부정한 재무보고는 재무제표 작성의 기초가 되는 회계기록이나 문서를 조작, 위조 또는 변경하는 것을 말하지 자산을 절취하거나 횡령하는 것을 말하지는 않는다.
(4) 감사인은 실제로 부정이 발생했는지 여부에 대하여 법률적 판단을 하지 않는다.
(11) 재고자산과 관련하여 부정위험요소가 파악된 경우는 사전에 알리지 않고 불시에 재고실사의 입회를 하도록 되어 있다.

9 다음과 같은 상황에서 김철수 공인회계사가 파악할 수 있는 부정위험요소를 지적하고 이러한 부정위험요소가 고유위험 또는 통제위험 중 어느 위험에 해당되는지 여부도 같이 서술하시오 또한 이러한 부정위험요소가 파악된 경우 감사인의 전반적인 대응절차와 아래 파악된 부정위험요소와 관련하여 구체적인 대응절차에 대해서도 설명하시오

고속주식회사는 컴퓨터 하드웨어 및 서버 등을 생산하여 대리점을 통해서 판매하는 회사이다. 김철수 공인회계사는 고속주식회사의 고유위험과 통제위험을 평가하는 과정에서 다음과 같은 사실을 확인하였다. 고속주식회사는 대리점에 제품을 출고하는 시점에서 수익을 인식하고 있으며 기술이 급격히 변화하므로 고속주식회사 제품의 수명이 매우 짧다는 사실을 알게 되었다. 또한 제품의 환금성은 높으며 회사는 5개의 창고에 제품을 분산 보관하고 있으며 제품창고에 대한 출입통제절차가 효과적이지 못하다.

풀이

위 상황에서 부정위험요소는 주로 재고자산과 관련하여 다음과 같이 식별될 수 있다.
① 기술이 급격히 변화하므로 고속주식회사 제품의 수명이 매우 짧다는 사실 (고유위험과 관련)
② 제품의 환금성이 매우 높다. (고유위험과 관련)
③ 5개의 제품을 분산 보관하고 있다. (통제위험과 관련)
④ 제품창고에 대한 출입통제절차가 효과적이지 못하다. (통제위험과 관련)

〈전반적인 대응절차〉

① 유의적 업무수행 책임을 부여할 개별 구성원의 지식, 기술 및 능력과 해당 감사업무에 있어서 부정에 의한 중요왜곡표시위험에 대한 감사인의 평가결과를 고려하여 업무를 배정하고 감독함. (인원의 배정과 감독)
② 특히, 주관적인 측정과 복잡한 거래와 관련된 경우, 회계정책의 선택과 적용이 경영진의 이익조정 노력에 따른 부정한 재무보고의 징후인지 여부를 평가함.
③ 감사절차의 성격, 시기 및 범위를 선택할 때, 예측불가능성 요소를 포함시킴.

〈재고자산 수량과 관련하여 구체적인 대응절차〉

① 예고하지 아니하고 특정 사업장의 재고실사에 입회하거나 동일한 날에 모든 사업장의 재고실사를 수행함
② 실사수행일과 보고기간말 사이의 부당한 조작위험을 최소화시키기 위하여 재고실사를 보고기간말 또는 이에 근접한 일자에 수행함
③ 실사입회 중에 추가적인 절차를 수행함. 예를 들어 포장된 재고자산에 대하여는 내용물, 적재방법(예를 들어 가운데를 비우기) 및 라벨의 부착 방식을, 그리고 향수나 특수 화학제품과 같은 액체는 그 품질(즉, 순도, 등급 또는 농도)을 더 엄격하게 검사함. 전문가의 활용은 이러한 측면에서 도움이 될 수 있다.

Q&A 사례문제 2 : 부정, 오류와 관련된 감사절차

〈사례 1〉

> 자산총액 800억 원, 매출총액 1,000억 원, 당기순이익 2억 원인 코스닥 상장법인 B사는 당시 대표이사의 차입금에 담보로 회사의 예금을 제공하였다. 하지만 대표이사가 해당 차입금을 변제하지 못하여 제공된 회사의 예금(354억 원)이 상계 처리되고 이를 은폐할 목적으로 대부업자로부터 국민주택채권 354억 원을 매입한 것으로 하여 매도가능증권을 동액만큼 허위로 계상하였다. 당해 연도 말 이후에는 허위로 계상되어 있는 국민주택채권의 매도대금으로 종합금융사로부터 모캐피탈 발행 기업어음 309억 원을 매입하고 다른 국민주택채권 45억 원을 매입한 것처럼 하여 단기매매증권 354억 원을 허위로 계상하였다. 감사인은 당기 말 실사할 자산이 없다는 회사의 주장을 믿고 국민주택채권에 대한 실사를 재무제표일 시점으로 수행하지 못한 상태에서 기말 현장감사에 임하여서 기말 재무제표에 국민주택채권이 계상되었음을 알게 되고 또한 동 채권이 감사 전일에 모캐피탈에 매도된 후 동 대금으로 다른 캐피탈 발행 기업어음을 매입하였다는 사실을 알게 되었음에도 불구하고 특별한 추가적 감사절차를 수행하지 아니하였다.

1 부정의 유형 두 가지를 서술하고 위와 같은 부정과 관련하여 발생할 수 있는 재무제표 왜곡표시 유형을 3가지 이상 서술하시오.

풀이

부정의 유형에는 부정한 재무보고에 의한 왜곡표시와 자산의 횡령에 의한 왜곡표시 2가지 유형이 존재한다. 사례 1과 같은 상황에서 야기될 수 있는 재무제표의 왜곡표시의 유형은 대여금(또는 미수금)의 과소계상, 매도가능증권의 과대계상, 특수관계자거래(대여금 또는 미수금)에 대한 주석공시누락 및 법인세비용의 과소계상을 의심할 수 있다.

2 감사인이 위와 같은 부정으로 인하여 재무제표상 왜곡표시가 있을 수 있다는 징후를 발견할 수 있는 분석적 절차의 유형을 3가지 이상 서술하시오.

풀이

1) 매도가능증권(투자자산)이 전체 자산에서 차지하는 비율을 분석함으로써 매도가능증권이 전체자산에서 차지하는 비중이 전기 및 산업평균에 비해서 지나치게 높다.
2) 투자자산 잔액에 대한 월별 추세분석을 통한 연말에 집중적으로 매입된 점을 고려하여 투자자산의 실재성에 대한 의구심을 가져야 한다.
3) 재무제표일 이후 국민주택채권(신용등급 AAA)을 매각하고 신용등급이 상대적으로 낮은 기업어음으로 대체한 상황(비재무적 정보)을 통하여 투자자산의 실재성에 대하여 전문가적 의구심을 가질 수 있다.

3 앞에서와 같은 상황에서 감사인이 실증감사 시 수행하였어야 할 절차를 2가지 이상 서술하시오.

풀이

1) 재무제표일 현재 계상되어 있는 국민주택채권을 실사하지 못하였기 때문에 전환자산인 기업어음에 대한 실재성 확인절차가 필수적인 감사절차이다.
2) 실사와 관련하여 회사의 주장이 일관성이 없는 상태에서 전문가적 의구심을 높여 실증절차의 범위를 확대하여야 하며 이와 관련하여 국민주택채권에 대한 실물증서를 확인하는 절차가 필수적이다.

〈사례 2〉

A씨는 20X2년 감사를 30억 원에 인수하여 최대주주 겸 대표이사로 선임된 후 20X3년까지 어음발행 등으로 총 44억 원의 회사자금을 인출하여 동인의 차입금(회사 인수 관련) 23억 원의 변제 등에 임의로 사용하였으나 회사가 이를 은폐하기 위하여

[상황 1] A씨와 거래관계가 있었던 거래처들로부터 허위의 매입세금계산서를 교부받아 상품 등을 매입한 것처럼 회계장부를 조작하여 20X2년도에 재고자산 및 외상매입금을 허위로 계상하고,

[상황 2] 거래처들로부터 허위의 매출세금계산서를 교부하여 상품 등을 매출한 것처럼 회계장부를 조작하여 매출과 외상매출금을 허위로 계상하였고

[상황 3] 20X3년 B사로부터 LCD 금형을 구입한 것처럼 회계장부를 조작하여 기계장치를 허위로 계상하였으며,

[상황 4] C 등 4개 사에게 총 76백만 원의 건설공사대금을 선급한 것처럼 회계장부를 조작하여 제17기에 선급금을 허위로 계상하였다.

4 위 상황별로 감사인이 수행할 수 있는 감사절차를 1가지씩 서술해 보시오.

풀이

[상황 1] 상품에 대한 실사입회뿐만 아니라 상품의 매입거래가 실질적으로 이루어졌는지를 확인하기 위한 거래유형의 테스트로서 상품의 인도(수)증, 검수보고서 및 거래처의 거래명세표, 현장의 재고자산 수불부 등을 확인해 보았어야 한다.

[상황 2] 거래상대방에 대한 매출채권 실재성을 확인하기 위하여 외부조회뿐만 아니라 상품의 매출거래가 실질적으로 이루어졌는지를 확인하기 위한 거래유형의 테스트로서 상품의 인도(주)증, 선적서류 및 현장의 재고자산 수불부 등을 확인해 보아야 한다.

[상황 3] 기계장치에 대한 실물검사 및 계약서, 구매계약서 등에 대한 문서검사, 현금출금내역 검토를 통하여 기계장치의 구매사실에 대한 발생사실 및 기계장치의 실재성을 확인해 본다.

[상황 4] C 등 4개사에게 외부조회서 발송 및 계약서 등에 대한 문서검사, 현금출금내역에 대한 검토 및 선급금의 대체내역 등을 확인해 본다.

5 New ISA에 규정되어 있는 부정, 오류 규정과 관련하여 감사인이 감사문서화하여야 할 내용 2가지와 경영진으로부터 서면진술에 포함시켜야 할 내용을 2가지 서술해 보시오.

풀이

부정, 오류와 관련하여 문서화하여야 할 내용은 다음과 같다.

① 업무팀이 기업의 재무제표가 부정에 의하여 중요하게 왜곡표시 될 취약성에 대해 토론한 결과 도달된 유의적 결정
② 재무제표 수준과 경영진 주장 수준에서 부정에 의해 중요하게 왜곡표시 되었다고 식별되고 평가된 위험
③ 재무제표 수준의 부정에 의한 평가된 중요왜곡표시위험에 대처하기 위한 전반적인 대응, 감사절차의 성격, 시기 및 범위, 그리고 이들 감사절차와 경영진 주장 수준의 부정에 의한 평가된 중요왜곡표시위험과의 연계성
④ 경영진의 통제무력화 위험에 대응하기 위하여 설계된 절차 등 감사절차의 적용결과

부정, 오류와 관련하여 서면진술에 포함시켜야 할 내용은 다음과 같다.

① 부정의 예방과 발견을 위한 내부통제 설계와, 실행 및 유지할 책임이 이들에게 있다는 사실을 인정한다는 것
② 부정에 의하여 재무제표가 중요하게 왜곡표시될 위험에 대한 경영진의 평가결과를 감사인에게 공개하였다는 것
③ 다음의 자들이 연루되고 기업에 영향을 미치는 부정 또는 의심되는 부정에 대하여 이들이 알고 있는 바를 감사인에게 공개하였다는 것
1) 경영진
2) 내부통제에 유의적인 역할을 수행하는 종업원
3) 부정이 재무제표에 중요한 영향을 미칠 수 있는 기타의 자
④ 기업의 재무제표에 영향을 미치는 부정 또는 부정으로 의심되는 주장들로서, 이들이 종업원, 과거의 종업원, 분석가, 규제기관 등으로부터 알고 있는 사항은 감사인에게 모두 공개하였다는 것.

Q&A 사례문제 3 : 부정과 관련 사례(2007년, KICPA 기출문제)

진미인 씨는 여성의류회사인 (주)미인을 2000년에 설립한 최대주주이자 대표이사이며, (주)미인의 최고재무책임자(CFO)는 (주)미인의 주주이며 회사의 영업 관련 업무를 총괄하고 있는 이회계 부사장이다.

(주)미인의 감사를 담당했던 안심회계법인의 공인회계사는 2005년 재무제표 감사 시 회사의 영업부장으로부터 "최근 들어 해외 명품브랜드의 국내진출로 국내 브랜드 의류에 대한 소비자들의 선호가 현저하게 줄어들어 대부분의 여성의류회사들의 수익성이 크게 악화되었으며, 일부 회사는 합병당하거나 심지어는 부도가 발생하기도 하였는데, 우리 회사도 걱정입니다."라는 이야기를 들었다. 이후 감사팀은 정해진 일정과 계획대로 감사절차를 마무리하고, (주)미인의 2005년 재무제표에 대하여 적정의견을 표명하였다.

그러나 (주)미인은 2004년 상장 시에 이해관계자들에게 배포한 향후 3년간의 추정재무제표에 표시된 경영성과에 맞추기 위하여 2004년과 2005년에 걸쳐 상당한 금액의 매출액과 매출원가를 부풀려 계상하였다는 사실이 회사 내부자의 제보에 의해 감독기관에 알려지게 되었다.

(주)미인의 회계시스템은 적절히 설계되어 있고, 그 운영책임은 대표이사가 직접 담당하였다. 회계시스템에서 생성되는 "예외사항보고서(예외사항이 발견될 경우 시스템에서 자동으로 작성되는 보고서)"에는 위에 언급된 분식내용이 예외사항으로 기록되지 않았으며, 안심회계법인도 이러한 분식회계사실을 적발하지 못하였다. 결국 감독기관의 검사가 마무리되면서 (주)미인은 2006년 5월에 부도처리되었다.

다음은 분식회계사실이 적발된 후 (주)미인의 대표이사인 진미인 씨와 최고재무책임자인 이회계 씨가 감독기관의 검사과정에서 진술한 내용의 일부이다.

진미인 : 회사의 최근 재무제표는 상장 당시 이해관계자에게 배포된 추정재무제표와 일치시키기 위하여 약간의 조정이 있었습니다. 그 시절에는 다 그랬지 않았나요? 저는 오랜 기간 동안 패션 디자이너로 활동해 온 까닭에 회계에 대해 잘 모르지만 원칙대로 회계처리하는 회사만 손해 보는 것 아닌가요? 필요하다면 매출액을 부풀리는 것도 할 수 있죠. 매출액을 부풀린다고 해서 어느 누구에게 손해를 끼치는 것도 아닌데 ……

이회계 : 저는 대표이사, 제 자신의 야망 그리고 회사의 성장에 대한 믿음으로 앞만 보고 달려왔을 뿐입니다. 저는 무엇이 잘못되고 있는지 알고 싶지도 않았고 생각하고 싶지도 않았습니다. 스트레스만 쌓이니까요.

1 부정위험요소가 존재하는 경우, 감사인이 설계하는 실증절차의 성격, 시기, 범위가 어떻게 고려되어야 하는지 일반적인 대응절차를 기술하시오. (각 계정별 구체적인 실증절차는 기술하지 말 것)

구 분	부정위험요소가 존재하는 경우 고려되어야 할 사항
(1) 성 격	
(2) 시 기	
(3) 범 위	

풀 이

구 분	부정위험요소가 존재하는 경우 고려되어야 할 사항
(1) 성 격	더욱 신뢰할 수 있는 증거나 추가적인 보강정보의 획득을 위하여 감사절차의 성격을 변화시킴(증거력이 강한 외부증거를 보다 많이 징구).
(2) 시 기	기말 또는 기말에 근접한 시기로 변경
(3) 범 위	표본크기를 늘리거나 세부적인 분석적 절차를 강화

2 감사인이 New ISA에 따라 감사를 계획하고 수행하여도 감사의 고유한계로 인하여 재무제표의 중요한 왜곡표시의 일부 또는 전부를 적발하지 못할 위험이 있다 감사의 고유한계가 발생하는 이유는 무엇인지 3가지만 기술하시오.

풀이

1. 재무보고의 성격
2. 감사절차의 성격
3. 합리적인 시간 내에 합리적인 비용으로 감사가 수행될 필요성

3 일반적으로 부정은 외부나 내부로부터의 압력이나 동기· 부정의 기회 · 부정에 대한 태도나 합리화의 3요소가 동시에 공존할 때 발생할 수 있다 앞의 사례에서 상기 3요소에 해당하는 내용을 찾아 각각 2가지씩 기술하시오.

구 분	내 용
(1) 압력이나 동기	
(2) 부정의 기회	
(3) 태도나 합리화	

풀이

구 분	내 용
(1) 압력이나 동기	• 상장회사로서 시장의 압력 • 상장 시 배포한 추정재무제표와 관련한 기대치 만족 • 산업환경
(2) 부정의 기회	• 대표이사와 CFO가 회사의 주주임. • 부사장이 재무담당 겸 영업 관련 업무총괄 • 회계시스템의 운영책임자가 대표이사임.
(3) 태도나 합리화	• “그 시절에는 다 그랬지 않았나요?”라고 말하는 대표이시의 태도 • 분식이 일반적으로 이루어지고 있다고 믿는 태도 • 알고 싶지도 않고 생각하고 싶지도 않았다는 부사장의 무책임한 태도

사례문제 4 : 2008년, KICPA 기출문제

다음은 (물음 1)~(물음 3)과 관련된 자료이다.

> (주)부실의 감사현장책임자(in-charge)인 김대한 회계사는 2007년 기말감사에서 상대적으로 금액은 작지만 회사의 임원에 의한 횡령사건을 발견하고 이로 인해 발생하는 채권에 대해 "임직원불법행위미수금"이라는 계정과목을 수정사항으로 제시하고자 한다. 이에 대해 (주)부실의 감사책임자(partner)인 이민국 회계사는 횡령사건으로 인해 발생한 금액이 사전에 설정한 중요성기준에 미달하며 "임직원불법행위미수금"이라는 계정이 표준적으로 사용되고 있는 계정과목이 아니라는 이유로 해당 금액을 미수금계정에 합쳐서 공시할 것을 요구하였다.
>
> 이민국 회계사의 주장에 대해 <u>김대한 회계사는 "재무제표에 표시되는 계정과목과 관련하여 기업회계기준에서 정하지 아니하였더라도 그 성질이나 금액이 중요한 경우에는 그 내용을 가장 잘 나타낼 수 있는 과목으로 구분하여 기재하여야 한다"고 반박하고 있다.</u>

1 밑줄 친 김대한 회계사의 주장이 옳다고 가정하고 New ISA에 근거하여 그 이유를 기술하시오. (3줄 이내)

풀이

계정분류의 왜곡표시가 중요한지 여부를 결정할 때는 계정분류의 왜곡표시가 부채 또는 기타 계약상의 이행조건들에 대하여 미치는 영향, 개별 항목이나 소계에 미치는 영향, 또는 주요 비율에 미치는 영향과 같이 질적인 면에 대한 중요성 평가가 수반되어야 한다.

2 김대한 회계사가 계상한 "임직원불법행위 미수금"과 관련하여 추가적으로 수행하여야 할 감사절차를 재무제표에 대한 '경영진의 주장' 관점에서 2가지만 기술하시오.

풀이

① (평가) 대손충당금은 회수가능성을 판단하여 적정하게 평가되어 있는가?
② (재무제표의 표시와 공시) 발생경위, 회수 가능성 등이 주석으로 적정하게 공시되어 있는가?

3 감사를 수행하는 과정에서 발견한 임원의 횡령 등 부정행위로 재무제표가 중요하게 왜곡표시되었으며 이로 인하여 계속하여 감사를 수행하기가 불가능하다고 판단되는 경우, 감사인은 New ISA에 근거 감사계약의 해지 가능성에 대해서도 고려하여야 한다. 만일 위 횡령사건과 관련하여 감사책임자(partner)인 이민국 회계사가 감사계약의 해지를 결정한 경우 수행하거나 고려해야 할 절차 2가지를 기술하시오.

풀이

(1) 감사인이 감사업무를 해지한다는 사실과 그 이유에 대해 적합한 수준의 경영진 및 지배기구와 토의

(2) 감사인을 선임한 당사자, 또는 경우에 따라 감독당국에 감사인의 감사업무 해지와 그 이유를 보고할 전문가로서의 요구사항이나 법률적인 요구사항이 존재하는지 결정

Q&A 사례문제 5 : 2011년, KICPA 기출문제

부정, 오류, 법률과 제규정 불이행의 내용 및 감사인의 책임과 관련하여 다음의 물음에 답하시오.

1 다음의 내용을 읽고 부적절한 사항 중 2가지를 찾아서 해당 번호를 쓰고, 그 이유를 각각 2줄 이내로 기술하시오.

① 부정과 오류의 구분은 왜곡표시의 원인이 되는 행위가 의도적인지 여부에 달려 있으며, 부정과 오류의 예방과 적발에 대한 원칙적인 책임은 회사의 지배기구와 경영진에게 있다.

② 경영진에 의한 통제무력화 위험에 대한 감사인의 평가결과에 관계없이 감사인은 해당 항목을 유의적 위험으로 간주하여야 한다.

③ 감사인은 재무제표를 중요하게 왜곡표시 시키는 부정행위에 특히 관심을 갖게 되므로 실제로 부정이 발생했는지 여부에 대하여 감사인은 법률적 판단을 할 수도 있다.

④ 경영진은 부정에 의하여 재무제표가 중요하게 왜곡표시될 위험에 대한 경영진 자신의 평가결과를 감사인에게 공개하였다는 사실을 서면진술에 기재하거나 별도로 첨부하여야 한다.

⑤ 경영진이 회계제도 및 내부통제제도, 재무제표 왜곡표시의 위험을 평가할 때 매년 주기적으로 평가를 실시할 수도 있고, 회사에 따라서는 비정규적 또는 예외적으로 실시할 수도 있다.

⑥ 감사인이 발견한 재무제표 왜곡표시 사항 중 명백하게 미미하다고 판단되는 왜곡표시의 경우에는 경영진 및 지배기구에게 커뮤니케이션 할 필요는 없다.

⑦ 감사인이 경영진에게 제시할 재무제표 왜곡표시의 집계목록에서 제외시킨 기준금액 이하의 왜곡표시 사항이라도 문서화된 서면진술의 미수정 왜곡표시 집계표에는 포함하는 것이 필요하다.

⑧ 감사인은 부정의 예방이나 적발과 관련하여 감사과정에서 알게 되었거나 경영진으로부터 알게 된 내부통제의 모든 중요한 취약점을 지배기구에게 커뮤니케이션하여야 한다.

⑨ 재무제표에 중요한 영향을 미치는 법규위반 사항이 회사의 재무제표에 적절하게 반영되지 않았다고 결론을 내릴 경우, 감사인은 한정의견 또는 부적정의견을 표명하여야 한다.

⑩ 감사인은 명백히 중요하지 않거나 사소한 법규위반 사항에 대해서는 회사에 보고할 필요가 없으며, 사전에 회사와 상호 협의하여 회사에 보고해야 할 법규위반 사항의 범위를 미리 정할 수도 있다.

답안 양식 :

번호	부적절한 이유

풀이

번호	부적절한 이유
③	실제로 부정이 발생했는지 여부에 대하여 감사인은 법률적 판단을 수행할 필요는 없다.
⑦	감사인이 집계에서 제외시킨 기준금액 이하의 왜곡표시 사항은 문서화된 서면진술의 미수정 왜곡표시 집계표에도 포함될 필요가 없다.

※ 다음은 (물음 2)와 (물음 3)에 관한 내용이며, 각각의 물음은 독립된 상황이다.

(주)부실은 경영진의 부정으로 인하여 주주들로부터 소송위험에 직면하고 있다. 이와 함께 경영진의 부정을 적발하지 못한 (주)부실의 감사인인 추동회계법인도 관계당국의 검사를 받고 있는 상황이다. 그동안 추동회계법인은 종업원의 부정으로 인한 재무제표의 중요한 왜곡표시는 대부분 적발했음에도 불구하고 경영진 부정의 경우에는 적발하지 못한 것으로 밝혀졌다.

2 추동회계법인의 경우처럼 종업원의 부정보다는 경영진의 부정으로 인한 중요한 왜곡표시를 적발하지 못할 위험이 더욱 큰 이유를 2줄 이내로 기술하시오.

풀이

경영진은 회계기록을 직,간접적으로 조작하고 허위의 재무정보를 제공하거나 다른 종업원에 의해 유사한 부정이 예방되도록 설계된 **통제절차를 무력화할 수 있는 위치에 있는 경우가 빈번하기 때문임.**

3 추동회계법인의 감사인인 김춘하 회계사는(주)부실의 재무제표 왜곡표시가 자금담당부장에 의한 부정으로 인해 발생된 것이거나 그럴 가능성이 있다고 판단하고 있다 또한 부정의 결과가 (주)부실의 재무제표에 중요한 영향을 미칠 수 있다고 판단하고 있다 이러한 상황에서 김춘하 회계사가 수행해야 할 구체적인 절차를 5줄 이내로 기술하시오.

풀이

부정으로 인한 재무제표 왜곡표시 여부(진위여부)를 확인하기 위하여 해당 의심되는 항목에 대하여 충분하고 적합한 감사증거 수집을 하여야 하며 만약 재무제표에 중요한 왜곡표시라고 판단한 경우에는 감사보고서에 미치는 영향 또한 고려(한정 또는 부적정)하여야 한다. 또한 해당 부정은 경영진 및 지배기구에게 커뮤니케이션 하여야 한다.

Q&A 사례문제 6 : 2013년, KICPA 기출문제

갑㈜를 감사하고 있는 A회계법인의 김OO 회계사는 갑㈜의 경영진이 회사자금의 일부를 자신의 개인적인 자금으로 횡령한 사실을 알게 되었다. 또한 이 횡령금액은 중요하지는 않으나 부정으로 인하여 이루어졌음을 알게 되었다.

김OO 회계사는 New ISA에 따라 동 경영진의 부정 사실에 대해서 지배기구와 커뮤니케이션을 하였지만 이를 통보받은 내부감시기구는 아무런 사후적 조치를 취하지 아니하였다.

1 위 상황처럼 감사인이 발견한 부정이나 부정으로 의문시되는 사항으로 인하여 감사의 계속 여부에 의문이 제기되고, 감사인은 감사계약 해지를 심각하게 검토하게 될 수도 있다.
이처럼 발견된 부정 또는 부정가능성과 관련하여 감사계약해지를 심각하게 검토하는 상황 즉, 감사업무를 계속 수행할 수 없는 경우의 예를 New ISA에 근거하여 3가지 기술하시오.

풀이

① 부정이 비록 재무제표에 중요하지 않지만, **부정과 관련하여 감사인이 해당 상황에 필요하다고 생각하는 적절한 절차를 기업이 취하지 않음.**
② 부정에 의한 중요왜곡표시위험에 대한 감사인의 검토와 테스트 결과, **중요하고도 전반적인 부정에 대해 유의적인 위험을 나타내고 있음.**
③ 감사인이 경영진 또는 지배기구의 적격성과 성실성을 매우 우려함.

2 감사인은 감사위험평가와 감사수행과정에서 파악한 부정 · 오류 위험요소와 이에 대응한 감사인의 조치 내용과 판단(감사증거, 감사절차 내용 등)을 문서화하여야 한다.
이와 별도로 New ISA에서는, 재무제표에 대한 회사경영진의 책임, 감사위험의 존재와 감사인의 책임한계에 대한 설명을 포함한 문서를 추가적으로 문서화하도록 정하고 있으며 이에 해당하는 대표적인 문서로서 경영진으로부터 수령하는 서면진술을 들 수 있다.
부정 · 오류와 관련된 경영진의 책임을 설명하는 내용으로서 서면진술에 포함할 설명사항 3가지를 기재하시오(예시된 사항은 제외할 것).

<답안양식>

번호	내 용
①	
②	
③	
예시	부정 · 오류의 예방·적발을 위한 내부통제제도의 수립 · 운영 책임이 경영진에게 있음을 인정함.

풀이

번호	내 용
①	부정에 의하여 재무제표가 중요하게 왜곡표시될 위험에 대한 경영진의 평가결과를 감사인에게 공개하였다는 것
②	다음의 자들이 연루되고 기업에 영향을 미치는 부정 또는 의심되는 부정에 대하여 이들이 알고 있는 바를 감사인에게 공개하였다는 것 1) 경영진 2) 내부통제에 유의적인 역할을 수행하는 종업원 3) 부정이 재무제표에 중요한 영향을 미칠 수 있는 기타의 자
③	기업의 재무제표에 영향을 미치는 부정 또는 부정으로 의심되는 주장들로서, 이들이 종업원, 과거의 종업원, 분석가, 규제기관 등으로부터 알고 있는 사항은 감사인에게 모두 공개하였다는 것

Q&A 사례문제 7 : 2014년, KICPA 기출문제

(주)ABC를 감사하는 XYZ회계법인은 (1) 위험평가절차를 수행하고 그러한 평가에 대응하기 위하여 (2) 실증절차의 성격, 시기 및 범위에 대한 감사계획을 수립하였다. 다음 단계로 감사인은 (3) <u>실증절차를 수행하는 중</u>이다. 다음은 담당공인회계사가 실증절차를 수행하는 과정에서 발견한 사실이다.

다음 사례를 읽고 물음에 답하시오.

> 홍길동은 올해 초 주주로부터 고액의 연봉을 보장받고 회사의 최고경영자로 취임하였다. 주주들은 최근 매년 10% 감소하고 있는 매출액을 향후 3년간 매년 30% 이상 성장세로 돌려줄 것을 홍길동에게 요청하였고, 홍길동은 이러한 주주들의 요청을 달성할 수 있다고 확인해 주었다.
>
> 홍길동은 매출액을 증가시키기 위하여 구체적인 전략을 수립하고 노력하였다. 그러나 결산일이 다가오면서 홍길동은 정상적으로는 매출실적을 목표만큼 달성하기 어렵다는 것을 알게 되었다. 이에 가공의 회사를 자신의 주거지에 설립하고 신용평가 없이 가공회사에 부족한 매출을 발생시킬 것을 영업담당 임원에게 지시하였다. 영업담당 임원은 회사의 영업방침상 거래처의 신용평가 없이는 신용매출을 승인할 수 없다고 하였다. 그렇지만 홍길동은 회사 내부규정상 최고경영자가 승인하면 모든 내부규정의 예외가 인정된다는 것을 상기하면서 해당 매출을 승인하도록 하였으며 제품의 인도 없이 서류상으로만 매출을 인식하였다.
>
> 홍길동은 회사의 현금을 횡령하지도 않았으며, 다음 연도에 경제상황이 좋아지면 당해연도의 가공매출까지도 실제로 매출할 수 있기 때문에, 이러한 자신의 행동은 심각한 문제가 아니라고 자신을 위안하고 있다.

1 회계감사기준에서는, 부정한 재무보고나 자산의 횡령 등 그 유형에 관계없이 부정은 부정 3요소(또는 부정발생원인, 부정관련항목, fraud triangle)와 관련되어 있다고 설명한다. 회계감사기준에서 설명하는 부정 3요소를 열거하고 상기 사례 중 어떤 내용이 각 요소에 해당하는지를 다음 답안양식에 따라 서술하시오.

[답안양식]

부정 3요소	사례 본문 중 해당 내용
①	
②	
③	

풀이

① 동기와 압력	주주들은 최근 매년 10% 감소하고 있는 매출액을 향후 3년간 매년 30% 이상 성장세로 돌려줄 것을 홍길동에게 요청하였고, 홍길동은 이러한 주주들의 요청을 달성할 수 있다고 확인해 주었다.
② 기회	홍길동은 회사 내부규정상 최고경영자가 승인하면 모든 내부규정의 예외가 인정된다는 것을 상기하면서 해당 매출을 승인하도록 하였으며 제품의 인도 없이 서류상으로만 매출을 인식하였다.
③ 태도 또는 합리화	홍길동은 회사의 현금을 횡령하지도 않았으며, 다음 연도에 경제상황이 좋아지면 당해연도의 가공매출까지도 실제로 매출할 수 있기 때문에, 이러한 자신의 행동은 심각한 문제가 아니라고 자신을 위안하고 있다.

2 상기 사례와 관련하여 감사인은 실증절차를 수행하는 과정에서 위 상황을 발견하였지만 추가 조사 결과 가공매출액의 규모가 중요하지 않음을 확인하였다.

(1) 상기와 같이 중요하지 않은 부정을 발견한 경우 감사인이 이미 평가한 위험평가와 그 대응에 대하여 취하여야 할 조치를 5줄 이내로 서술하시오.

풀이

감사인은 그 중요성과 관계없이 왜곡표시가 부정의 결과이거나 부정의 결과일 가능성이 있고 특히 상위경영진이 관여되었다고 판단하는 경우면 감사인은 부정에 의한 중요왜곡표시위험 및 그러한 평가가 감사절차의 성격, 시기 및 범위에 미치는 영향을 재평가하여야 하며 이전에 입수한 증거의 신뢰성 및 종업원 또는 제3자와의 공모 가능성을 고려하여야 한다.

(2) 회계감사기준에서는 부정 발생가능성과 관련하여 적절한 대상과 커뮤니케이션하도록 규정하고 있다. 상기와 같이 중요하지 않은 부정을 발견한 경우 누구와 어떤 내용을 커뮤니케이

션하여야 하는지 2줄 이내로 서술하시오.

풀이

적합한 수준의 경영진 (의심되는 부정에 연루된 당사자보다 최소한 한 직급위의 자) 및 지배기구에게 식별된 부정이나 또는 부정이 존재할 가능성을 나타내는 정보를 커뮤니케이션 하여야 한다.

3 회계감사기준에서는 부정과 관련하여 감사인이 경영진(적절한 경우 지배기구를 포함)의 서면진술(Written Representation)을 입수하도록 정하고 있다. 이 때 경영진(적절한 경우 지배기구를 포함)의 서면진술에 부정과 관련하여 포함하여야 할 사항은 무엇인지 5줄 이내로 서술하시오.

풀이

1. 부정의 예방과 발견을 위한 내부통제 설계와 실행 및 유지할 책임이 이들에게 있다는 사실을 인정한다는 것
2. 부정에 의하여 재무제표가 중요하게 왜곡표시 될 위험에 대하여 경영진의 평가결과를 감사인에게 공개하였다는 것
3. 경영진, 내부통제에 유의적인 역할을 수행하는 종업원 등이 연루되고 기업에 영향을 미치는 부정 또는 의심되는 부정에 대하여 이들이 알고 있는 바를 감사인에게 공개하였다는 것

Q&A 사례문제 8 : 2014년, KICPA 기출문제

코스닥시장에 상장된 (주)금성은 12월말 결산법인으로서 2X13 회계연도에 정의회계법인으로 감사인을 변경하였다. 정의회계법인은 새로운 감사인으로 선임되어 2X13 회계연도부터 향후 3년간 감사를 담당하게 되었다. (주)금성의 대표이사는 김무력이다.

※ 아래는 (물음 1)과 (물음 2)를 위한 추가정보이다.

- 정의회계법인의 현장책임회계사(In-charge)와 매니저회계사는 전반감사계획을 논의하면서 주요절차에 대하여 다음과 같은 의견을 나누었다.
- 감사팀은 감사수임단계에서 대표이사 및 주요 임원에 대하여 신문기사·인터넷 검색 등을 통하여 과거 횡령·배임 등 주요소송사건 등에 연루된 적이 없는지 조사하였으며, 그 결과 특별한 유의점은 발견되지 않았다. 따라서 초도감사시 경영진의 내부통제에 대한 무력화(management override of control) 위험을 낮게 평가하였다.
- 그러나 담당이사(파트너)는 내부통제 무력화위험의 평가결과와 관계없이 이는 유의적 위험이므로 이에 대응하는 감사절차를 반드시 계획하고 수행해야 한다고 지시하였다.

1 회계감사기준에서는 감사계획단계에서 수행한 위험평가 결과와 관계없이 경영진의 내부통제 무력화위험에 대응하는 감사절차를 **반드시 계획하고 수행**하도록 요구하고 있다. 이러한 절차를 필수적으로 취하도록 정한 이유에 대하여 3줄 이내로 서술하시오.

풀이

경영진은 그렇지 않았다면 효과적으로 운영된다고 보이는 통제를 무력화하여 회계기록을 조작하고 부정한 재무제표를 작성할 수 있는 능력이 있기 때문에 부정을 저지를 특별한 위치에 있다. 이 같은 통제무력화는 예측불가능하게 발생될 수 있기 때문에 유의적 위험이다.

2 담당이사(파트너)공인회계사는 아래 (A)~(C)와 같은 경영진의 내부통제 무력화위험을 예시하면서 어느 회사나 내부통제 무력화위험이 상존할 수 있음을 전달하고, 이에 대응하는 필수적 감사절차를 수행하도록 현장감사팀에 지시하였다.

(A)	재무제표결산시 부적합하거나, 미승인된 분개에 의하여 재무보고절차의 조작이 시도되거나, 경영진이 직접 연결조정을 통하거나, 재분류와 같은 방식으로 재무제표에 보고되는 금액을 직접 조정할 수 있다.
(B)	재무보고는 종종 특정 유형의 항목을 고의적으로 왜곡함으로써 이루어진다. 예를 들어 두 보고기간의 이익을 평준화하거나 목표이익을 달성할 목적으로 충당부채나 충당금을 과소평가하거나 과대평가한다.
(C)	부정한 재무보고를 행하거나, 자산횡령을 은폐하기 위하여 지나치게 복잡한 거래의 형태를 이용하거나, 이전에 식별되지 않았던 특수관계자를 이용하여 거래한다.

[요구사항]

경영진의 내부통제 무력화위험요인에 대응하기 위한 필수적 감사절차로서 감사기준에서 정한 3가지 절차를 각각 위 (A)~(C)의 항목에 대응하여 기술하시오(나음 답안양식 사용).

[답안양식]

내부통제 무력화 위험에 대응하는 필수적 감사절차	대응 사례번호
	(A)
	(B)
	(C)

풀이

내부통제 무력화 위험에 대응하는 필수적 감사절차	대응 사례번호
총계정원장에 기록된 분개와 재무제표 작성시 이루어진 조정사항의 적절성을 테스트함.	(A)
회계추정치에 편의가 있는지 검토하고 편의가 있다면 이를 유발하는 환경이 부정에 의한 중요왜곡표시위험을 나타내는 것인지 여부를 평가하여야 함.	(B)
비정상적으로 보이는 유의적 거래의 경우 감사인은 해당 거래의 사업상 논리적 근거에 비추어 볼 때 그러한 거래가 부정한 재무보고를 수행하거나 자산횡령을 은폐하기 위하여 체결되었음을 나타내는 것인지 여부를 평가하여야 함.	(C)

3 회계감사기준에서는 중요왜곡표시위험(RoMM)을 식별하고 평가하는 과정의 일부로서 식별된 위험 중에서 유의적인 위험이 있는지 판단하도록 정하고 있다. 다음은 이러한 유의적 위험의 감사절차 적용에 관련된 설명들이다.

항목	유의적 위험의 감사절차 적용
[예시]	*비일상적이거나 판단을 요하는 유의적 사항에 관련된 위험에 대하여 경영자가 수립한 내부통제는 반드시 운영의 효과성이 평가되어야 한다.*
(A)	유의적 위험은 보통 비일상적인 거래 또는 판단사항과 관련이 있다.
(B)	회계추정치의 도출에 있어 서로 상이하게 해석될 수 있는 유의적 판단사항이 존재하는 경우 유의적 위험이 증가할 수 있다.
(C)	시스템적 처리과정을 거치는 일상적이고 복잡하지 않은 거래는 유의적 위험을 발생시킬 가능성이 적다.
(D)	유의적 위험에 대응하는 감사접근 방법이 실증절차로만 구성되어 있을 때 실증적인 분석절차를 반드시 포함하여야 한다.
(E)	부정위험이 있다고 하여 항상 유의적 위험으로 취급해야 하는 것은 아니다.
(F)	부정이나 오류로 인한 중요한 왜곡표시의 유의적 위험에 대처하기 위하여 외부조회와 같은 신뢰성 높은 감사절차를 수행하여야 한다.

[요구사항]

유의적 위험에 대한 위 설명 내용 중에서 잘못된 내용 유무를 O/X로 표시하고, X인 경우에는 잘못된 내용을 각각 2줄 이내로 설명하시오(아래 답안양식 사용).

[답안양식]

항목	O/X	"X"라고 답한 경우 판단근거
[예시]	*X*	*내부통제에 의존하려는 경우에 운영의 효과성을 평가한다.*
(A)		
(B)		
(C)		
(D)		
(E)		
(F)		

풀 이

(A)	O	
(B)	O	
(C)	O	
(D)	X	실증절차단계에서 반드시 분석적 절차를 수행할 필요는 없다. 또한, 유의적 위험이 있는 부분에 대해서는 보다 신뢰성 있는 감사증거를 입수하기 위하여 분석적 절차보다는 세부테스트에 더 의존한다.
(E)	O	
(F)	O	

Q&A 사례문제 9 : 2015년, KICPA 기출문제

A㈜는 코스닥시장상장법인으로 20X3년(1.1~12.31)까지는 X회계법인로부터 감사를 받았으며, 20X4년 2월 4일의 계약으로 20X4년부터 3년간 Y회계법인이 감사하기로 하였다.

※ 다음의 각 물음은 문제에서 특별한 언급이 없는 한 독립적인 상황이다.

1 Y회계법인의 담당이사(파트너) 공인회계사는 중요왜곡표시위험의 평가내용에 대처하기 위하여 필요한 감사절차를 감사팀에게 지시하였다. 아래의 (1)~(3)에서 중요왜곡표시위험의 평가내용에 대처하기 위한 감사절차를 [답안양식]에 따라 서술하시오.

(1)	A㈜는 서울에 본사를 두고 있으며, 5개 창고(수원, 대전, 광주, 대구, 부산)에 재고자산을 분산하여 보관하고 있다. 전기감사조서를 입수하여 확인한 바, X회계법인은 3년 동안 계속하여 감사인력 부족으로 수원에 소재한 창고에 대해서만 재고실사를 입회하였다.
(2)	A㈜는 재무제표 작성과정에서 보험수리적 계산을 위해 전문가를 활용하고 있다. 관련 재무제표 항목은 부정으로 인한 중요왜곡표시위험이 높고 전문가 업무가 특별히 중요하다고 판단된다.
(3)	A㈜의 수익거래는 전자적 형태로 개시, 처리 및 기록되고 있다.

[답안양식]

사례번호	중요왜곡표시위험의 평가내용에 대처하기 위한 감사절차
(1)	
(2)	
(3)	

풀 이

사례번호	중요왜곡표시위험의 평가내용에 대처하기 위한 감사절차
(1)	예고하지 아니하고 특정 사업장의 재고실사에 입회하거나 동일한 날에 모든 사업장의 재고실사를 수행한다. 또한, 실사수행일과 보고기간 말 사이의 부당한 조작위험을 최소화하기 위하여 재고실사를 보고기간 말 또는 이에 근접한 일자에 수행한다.
(2)	경영진의 추정치와 비교하기 위한 독립적인 추정치를 도출하기 위하여 전문가를 이용하며 회계추정치의 도출과 관련된 계획을 수행할 경영진의 능력과 의도를 확인하기 위해 경영진과 회계부서 외의 자에게 질문을 확대한다.
(3)	세분화된 데이터를 이용함으로써 수익 관련 실증적 분석절차를 수행하며 관련 수익 계약조건과 부속약정 존재에 대하여 거래처에 확인한다. 또한, 기업의 판매 및 마케팅 인원이나 내부의 법률고문에게 보고기간 말에 근접한 매출이나 출고에 대해 질문하며 보고기간 말에 하나 이상의 사업장에 입회하고 매출 및 재고자산과 관련된 기타의 적절한 기간귀속 절차를 수행하여야 한다.

2 감사인은 A㈜의 경영진이 이익기대치를 달성하기 위한 압력을 받고 있다는 사실을 파악하였다. 따라서 감사인은 경영진주장 수준에서 부정으로 인한 중요왜곡표시위험이 높은 것으로 판단하여, 이에 대응할 수 있도록 추가감사절차의 성격, 시기 및 범위를 설계하고 감사절차를 수행하려고 한다. [답안양식]에 따라 감사인이 설계하고 수행해야 할 추가감사절차(시기 및 범위)를 서술하시오.

[답안양식]

추가감사절차	내 용
예시 : 성격	보다 신뢰할 수 있거나 관련성이 있는 감사증거 또는 추가적인 확인적 정보를 입수한다.
시 기	
범 위	

풀이

추가감사절차	내 용
시 기	보고기간 말 또는 보고기간 말에 근접한 때에 실증절차를 수행한다.
범 위	표본규모를 확대하거나 세부적인 수준에서 분석적 절차를 수행하는 것이 바람직하다.

3 감사인은 매출채권 잔액에 대한 감사절차를 수행하던 중 중요한 왜곡표시는 아니지만 왜곡표시가 부정의 결과일 가능성이 있고 상위 경영진이 연루되었다고 판단하였다. 이러한 상황에서 감사인이 수행해야 할 절차를 **서술**하시오.

풀이

감사인은 부정에 의한 중요왜곡표시위험 및 그러한 평가가 감사절차의 성격, 시기 및 범위에 미치는 영향을 재평가하여야 한다. 감사인은 또한 이전에 입수한 증거의 신뢰성을 상황이나 조건, 종업원, 경영진 또는 제3자가 관여된 공모의 가능성을 고려하여야 한다.

Q&A 사례문제 10 : 2017년, KICPA 기출문제

감사인은 재무제표에 미치는 중요한 왜곡표시가 없다는 합리적 확신을 얻기 위하여 재무제표감사를 실시한다.

※ 아래 각 물음은 서로 독립적이다.

1 감사인은 **부정**으로 인한 중요왜곡표시위험과 관련된 감사절차의 하나로서 **업무팀원 간의 토의**를 강조하고 있다. 다음은 이러한 측면에 대한 감사기준의 설명이다.

- 감사기준에서는 업무팀원 간의 토의 절차를 요구하고 있으며, 토의에 참여하지 않은 팀원에게는 어떠한 사항을 커뮤니케이션할지 결정하도록 요구하고 있다.
- 업무팀원간 토의에서는, 부정이 어떻게 발생할 것인지 등 기업의 재무제표가 부정에 의하여

어디서 어떻게 중요하게 왜곡표시될 위험성이 높은지를 특히 강조하여야 한다.

• 이러한 토의는 경영진과 지배기구가 정직하고 성실하다는 업무팀원들의 믿음을 배제하고 수행되어야 한다.

[요구사항]

이처럼 "**부정으로 인해** 재무제표가 중요하게 왜곡표시될 위험성"에 대한 업무팀원 간 토의의 세 가지 효과 중 (아래 예시를 제외한) **두 가지**를 서술하시오(각각 세 줄 이상 서술할 것).

[예시] 재무제표가 어떻게 그리고 어느 부분에서 부정으로 인해 중요하게 왜곡표시 되기 쉬운지에 대해 업무팀원 중 경험이 많은 사람의 통찰을 공유할 기회를 제공한다.

풀 이

첫째, 업무팀원들이 기업에 영향을 미치는 사업위험에 대한 정보와 재무제표의 어느 부정이 부정과 오류에 의한 왜곡표시위험에 어떻게 취약한지에 대한 정보를 교환할 수 있게 한다.

둘째, 업무팀원들이 자신에게 배정된 특정분야의 중요한 왜곡표시 가능성을 더 잘 이해하게 하고 업무팀원들이 수행하는 감사절차의 결과가 추가감사절차의 성격, 범위 시기의 결정 등 감사절차와 다른 측면에 어떻게 영향을 미칠 수 있는지 이해하게 한다.

셋째, 업무팀원들이 감사의 전 과정에 걸쳐 중요왜곡표시위험의 평가 또는 이러한 위험에 대처하기 위해 수행되는 감사절차에 영향을 미칠 수 있는 새로운 정보를 입수하는 경우, 이를 공유하고 커뮤니케이션할 수 있는 기회를 제공한다.

2 감사인은 경영진주장 수준의 부정으로 인한 중요왜곡표시위험의 평가내용에 대응한 감사절차를 설계·수행해야 한다. 다음은 이러한 **부정위험 가능성**을 나타낸 상황이다.

• 감사인은 경영진이 이익기대치를 달성하기 위한 압력을 받고 있다는 것을 식별하였다.
• 감사인은 경영진이 매출 및 매출채권을 과대계상한 징후가 있다고 판단하고 있다.

[요구사항]

위 상황에서 감사인이 매출채권에 대한 외부조회서의 내용을 설계할 때, **채권잔액 이외에 추가적 확인이 필요한 사항**을 **두 줄 이상** 서술하시오.

풀 이

관련 계약조건과 부속약정 존재에 대하여 거래처에 확인을 하여야 한다. 예를 들어, 인수조건, 인도 및 지급조건, 향후 또는 진행 중인 공급자 의무의 존재여부, 제품에 대한 반품권, 보증된 재판매가격, 취소 및 환불조건 등이 있을 수 있다.

3 감사인은 재무제표 및 경영진주장 수준의 중요왜곡표시위험의 식별과 평가에 대한 근거를 제공하기 위하여 위험평가절차를 수행해야 한다. 다음은 이러한 위험평가 상황이다.

> 감사인은 경영진이 관리대상 위험을 식별·대응하기 위하여 위험평가절차를 갖추고 있는지 확인하였다. 감사인은 이러한 위험평가절차가 효과적인지 절차의 내용과 결과를 이해·평가하는 과정에서 경영진은 식별하지 못하였던 중요왜곡표시위험이 존재함을 알게 되었다.

[요구사항]

위 상황에서, 경영진이 식별하지 못하였던 중요왜곡표시위험을 감사인은 근원적 위험이라고 판단하였다. **근원적 위험이 존재하는 상황**에서 감사인이 수행해야 할 절차를 서술하시오.

풀이

감사인은 기업의 위험평가절차가 이를 식별하지 못한 이유를 이해하고, 해당 절차가 기업의 상황에 적합한지 여부를 평가하여야 한다. 또는 기업의 위험평가절차와 관련하여 유의적 내부통제 미비점이 존재하는지 여부를 결정하여야 한다.

Q&A 사례문제 11 : 2019년, KICPA 기출문제

스테레오 헤드폰을 생산·판매하는 업체인 대한㈜는 20x8년 10월 회사의 재무담당임원의 횡령 사실을 알게 되었다. 횡령 규모는 과거 수 년 동안 총 31억 원 정도에 이르렀다. 회사의 외부감사인은 횡령이 발생하였던 회계기간의 재무제표에 대하여 적정의견을 표명하였다. 아래의 횡령사실 조사과정에서 밝혀진 바와 같이 재무담당임원의 횡령 규모는 해가 거듭될수록 증가하고 있었다.

구 분	횡령 규모
20x3년	220,950,477원
20x4년	222,766,900원
20x5년	316,031,000원
20x6년	504,096,800원
20x7년	808,500,937원
20x8년 1분기	532,630,500원
20x8년 2분기	491,700,500원

대한㈜의 연 매출 규모가 400억 원에서 450억 원 정도임을 감안할 때 재무담당임원의 횡령 규모는 대단히 중요한 금액이 아닐 수 없다. 추가 정보로써 20x5년부터 20x8년 1분기까지 영업이익은 다음과 같다.

구 분	영업이익
20x5년	834,471,500원
20x6년	741,056,992원
20x7년	288,773,195원
20x8년 1분기	92,849,157원

횡령조사 결과, 재무담당임원은 주로 매출원가 계정을 이용하여 부정행위를 하였으며, 회사의 내부통제와 지배기구는 그러한 횡령사실을 오랫동안 감지해오지 못한 것으로 밝혀졌다. 과거 수 년 동안 악화되어 온 재무상태 및 영업성과에 대해 재무담당임원은 원자재 가격 상승이 주된 원인이라고 설명해왔다.

위의 사례를 토대로, 아래 물음에 답하시오.

1 외부감사인은 재무제표 감사업무를 수행함에 있어서 항상 전문가적 의구심을 견지하여야 한다.

[요구사항 1] 전문가적 의구심의 정의를 서술하시오.

풀이

감사인이 오류나 부정에 의한 왜곡표시 가능성을 나타내는 것일 수 있는 상황에 유의하면서 의심하는 마음(Questioning Mind)과 감사증거에 대한 비판적인 평가(Critical assessment)를 포함하는 태도이다.

[요구사항 2] 위의 사례에서 외부감사인이 전문가적 의구심을 적절하게 견지하였는지 여부를 제시하고 그 근거를 서술하시오.

풀이

매출액이 일정한 상태에서 영업이익이 급감하는 원인이 원재료 가격의 상승이라는 진술을 들었을 경우 전문가적 의구심을 가진 감사인이라면 질의에 대한 답변의 신뢰성을 확인하는 절차를 수행하였어야 한다. 따라서 감사인이 원재료 가격의 상승여부를 확인해 보는 절차를 수행하였더라면 회사의 진술이 잘못되었다는 사실을 알 수 있기 때문에 전문가적 의구심을 적절하게 견지하지 못한 것으로 판단하여야 한다.

2 다른 소식통에 의하면, 재무담당임원은 자신의 우월한 지위를 이용하여 하급자들에게 강압적 자세를 취해왔으며 심지어는 경영진의 면전에서 하급자들에게 폭언을 일삼아 왔다고 한다. 이러한 재무담당임원의 행동이 부정위험요소가 될 수 있는지를 서술하시오.

풀이

재무담당임원의 하급자들에 대한 강압적 자세는 부정한 재무보고에 대한 부정위험요소인 경영자의 태도일 수 있다.

3 부정에 대한 예방책임, 발견책임, 보고책임을 [A]경영진 및 지배기구, [B]외부감사인 두 그룹으로 나누어 서술하시오(아래 [답안양식]을 사용할 것).

[답안양식]

구분	부정에 대한 책임
[A]	
[B]	

풀이

구분	부정에 대한 책임
[A]	경영진 및 지배기구는 부정과 오류의 예방과 발견에 대한 주된 책임은 존재한다. 또한 경영진과 지배기구의 보고책임은 원칙적으로 존재하지 아니하지만 외감법상 지배기구는 이사의 직무수행에 관하여 부정행위 또는 법령이나 정관에 위반되는 중대한 사실을 발견한 때에는 이를 감사인에게 통보하는 책임이 존재한다.
[B]	감사인은 감사대상회사의 부정이 발생하는 부분에 대해서 예방책임은 존재하지 아니한다. 다만, 재무제표가 전체적으로 부정으로 인한 중요한 왜곡표시가 없다는 합리적 확신을 제공하도록 감사를 계획하고 수행할 책임은 존재한다. 또한 부정이 적발되는 경우 경영진 및 지배기구 그리고 정보이용자들에게 보고할 책임이 존재한다.

4 [A]부정으로 인한 왜곡표시가 오류로 인한 왜곡표시보다 발견되지 못할 위험이 훨씬 큰 이유, [B]경영진의 부정에 의한 중요한 왜곡표시가 종업원의 부정보다 훨씬 발견되기 힘든 이유를 서술하시오(아래 [답안양식]을 사용할 것).

[답안양식]

[A]	
[B]	

풀이

[A]	부정은 그 사실을 은폐하기 위해 위조, 거래의 기록에 대한 계획적인 누락 또는 감사인에 대한 의도적인 거짓 진술 등 정교하고 면밀하게 설계된 수단들이 이용되기 때문이다. 또한 때때로 공모가 수반되면 훨씬 더 발견하기 어렵다.
[B]	경영진의 회계기록을 직, 간접적으로 조작하고 허위의 재무정보를 제공하거나 다른 종업원에 의해 유사한 부정이 예방되도록 설계된 통제절차를 무력화할 수 있는 위치에 있는 경우가 빈번하기 때문이다.

5 아래에서는 부정과 관련한 감사인의 감사절차 흐름을 예시하고 있다. Step 1, Step 3, Step 4, Step 6에서 감사인이 취해야 할 적합한 감사절차를 서술하시오(아래 [답안양식]을 사용할 것).

순서	감사인이 취해야 할 감사절차
Step 1	*(공 란)*
Step 2	위험평가절차 및 관련활동
Step 3	*(공 란)*
Step 4	*(공 란)*
Step 5	실증절차의 수행 및 감사증거의 평가
Step 6	*(공 란)*

[답안양식]

순서	감사인이 취해야 할 감사절차
Step 1	
Step 3	
Step 4	
Step 6	

풀 이

순서	감사인이 취해야 할 감사절차
Step 1	전문가적 의구심을 기본으로 업무팀 내부의 토의
Step 3	부정에 의한 중요왜곡표시위험의 식별과 평가
Step 4	부정에 의한 평가된 중요왜곡표시위험에 대한 대응
Step 6	서면진술 및 문서화 (지배기구와의 커뮤니케이션 포함)

6 부정은 다양한 이유로 사후적 발견이 어렵기 때문에 사전적으로 발생을 예방하거나 억제하는데 초점을 맞추는 것이 경제적이다. 경영진과 지배기구 관점에서 부정예방 및 억제를 위해 취할 수 있는 방안을 세 가지만 서술하시오.

풀 이

첫째, 지배기구의 적극적인 감시를 강화한다. 둘째, 부정의 예방을 강조하여 부정이 발생할 기회를 감소시키며, 셋째, 부정의 억제를 강조함으로써 각 개인들이 부정의 발견 및 이에 대한 처벌의 가능성을 의식하여 부정을 저지르지 않도록 설득하는 것이 중요하다.

Q&A 사례문제 12 : 2020년, KICPA 기출문제

감사인은 기업의 내부통제 등 기업과 그 환경을 이해하기 위한 위험평가절차 및 관련 활동을 수행할 때, 부정으로 인한 중요왜곡표시위험을 식별하기 위한 절차를 수행하여야 한다. 또한 감사인은 전반감사전략을 수립할 때 재무제표 전체에 대한 중요성을 결정하여야 한다. 다음 물음에 답하시오.

※ 아래 각 물음(상황)은 서로 독립적이다.
다음 [상황]은 (물음 1)과 관련된 것이다.

[상 황]

대표이사이자 최대주주인 B기업의 경영자는 주식의 신규상장을 위하여 준비 중에 있으며, 3개의 사업부 중 부진한 실적을 나타내고 있는 헬스케어사업부의 실적개선이 신규상장에 매우 중요한 요소로 작용할 것으로 판단하여 당기 초에 헬스케어사업부의 책임임원을 교체하였다. 신규로 채용된 헬스케어사업부의 책임임원은 헬스케어사업부의 경영 전반에 관한 자율권을 보장받았으며, 실적개선에 따른 인센티브를 약속받고 강력한 매출성장정책을 펼치는 중이다.

헬스케어사업부 매출액은 당기에 큰 폭으로 증가하였으며, 이는 대부분 해외 신규거래처에 대한 매출로 인한 것이었다. 한편, 매출채권회전율은 전기 대비 매우 크게 감소하였다.

다른 분야에서 파악된 유의적 중요왜곡표시위험은 없는 것으로 판단되며, 전기까지 B기업의 매출 관련 내부통제에는 경영진의 모니터링 부재를 포함한 다양한 형태의 미비점들이 존재하였고 당기에도 개선되지 않고 있다.

1 위의 [상황]에 기초하여, B기업에 존재할 것으로 예상되는 부정한 재무보고로 인한 왜곡표시와 관련된 위험요소를 동기/압력, 기회 및 태도/합리화의 관점에서 서술하시오.

풀 이

구분	내용
동기 및 압력	첫째, 회사가 주식 상장준비 중에 있는 측면 둘째, 새로운 경영진이 실적에 따른 인센티브를 부여받은 측면
기회	첫째, 대표이사이면서 최대주주가 회사의 지배구조를 지배하고 있는 측면 둘째, 매출 관련 내부통제에 경영진의 모니터링 부재를 포함한 다양한 형태의 미비점들이 존재하는 측면 셋째, 경영진의 교체측면 등
태도 및 합리화	내부통제에 대한 미비점들을 경영진이 개선하고 있지 아니한 측면

2 감사인은 추가감사절차의 설계와 수행에 대한 근거를 제공하기 위하여 **전체재무제표 수준**과 특정 거래유형, 계정잔액 및 공시에 대한 **경영진주장 수준**에서 중요왜곡표시위험을 식별하고 평가하여야 한다. 각 수준의 중요왜곡표시위험의 <예시>는 다음과 같다.

<예시>

- *전체재무제표 수준의 중요왜곡표시위험 : 부정으로 인한 중요왜곡표시위험*
- *특정 거래유형, 계정잔액 및 공시에 대한 경영진주장 수준의 중요왜곡표시위험 : 기간귀속 오류로 인한 매출액의 과대계상위험*

위 <예시>에서 제시된 것 이외에 전체재무제표 수준의 중요왜곡표시위험과 특정 거래유형 계

정잔액 및 공시에 대한 경영진주장 수준의 중요왜곡표시위험의 추가 사례를 각각 **두 가지씩** 제시하시오(단, 경영진주장 수준의 중요왜곡표시위험에 대하여는 **반드시 관련 경영진주장을 언급**하여야 함).

풀이

재무제표 수준의 중요왜곡표시위험	첫째, 회사가 상장을 앞두고 있음으로써 경영진에 대한 비정상적인 압력으로 재무제표에 중요왜곡표시위험이 야기될 수 있는 위험 둘째, 새로운 경영진이 실적에 근거한 인센티브를 지급하는 인사정책에 따른 재무제표 중요왜곡위험이 야기될 수 있는 위험
계정잔액, 거래유형 및 공시에 대한 경영진주장 수준의 중요왜곡표시위험	첫째, 매출계정의 발생사실 및 매출채권의 실재성에 왜곡표시로 인한 매출액의 과대계상위험 둘째, 매출채권회전율 감소로 인하여 평가 및 배분 주장에 왜곡표시가 존재할 수 있는 위험

3 재무제표감사에서 경영진의 통제무력화위험에 대한 감사인의 평가결과에 관계없이 동 위험에 대응하기 위하여 감사인이 계획하고 수행하여야 하는 절차를 간략히 서술하시오.

풀이

첫째, 총계정원장에 기록된 분개와 재무제표 작성시 이루어진 조정사항의 적절성을 테스트하여야 하며
둘째, 회계추정치에 편의가 있는지 검토하고, 편의가 있다면 이를 유발하는 환경이 부정에 의한 중요왜곡표시위험을 나타내는 것인지 여부를 평가하여야 한다.
셋째, 기업의 정상적인 사업과정을 벗어나는 거래, 또는 기업과 그 환경에 대한 감사인의 이해와 감사 중에 입수한 정보에 근거했을 때 비정상적으로 보이는 유의적 거래의 경우, 감사인은 해당 거래의 사업상 논리적 근거에 비추어 볼 때 그러한 거래가 부정한 재무보고를 수행하거나 자산횡령을 은폐하기 위하여 체결되었음을 나타내는 것인지 여부를 평가하여 한다.

4 감사인은 일반적으로 적절한 벤치마크를 선정한 후, 여기에 백분율을 적용하여 재무제표 전체에 대한 중요성을 결정한다. 재무제표 전체에 대한 중요성 결정을 위하여 활용할 수 있는 적절한 벤치마크를 **두 가지**만 제시하고, 그러한 벤치마크가 사용될 수 있는 상황을 각각 **1줄 이내**로 서술하시오.

풀이

첫째, 영업이익이 벤치마크가 될 수 있다. 영업이익이 적절한 상황은 채권자가 주된 정보이용자인 비상장기업인 경우 적절할 수 있다.
둘째, 법인세차감전 순이익이 벤치마크가 될 수 있다. 이는 상장기업처럼 주주가 주된 정보이용자인 경우 적절한 벤치마크가 될 수 있다.
셋째, 매출액이 적절한 벤치마크가 될 수 있으며 이는 회사가 스타트업 기업이거나 신생기업의 경우 이익이 발생하지 않는 회사의 경우 적절한 벤치마크가 될 수 있다.
넷째, 총비용이 적절한 벤치마크가 될 수 있으며 이는 비영리법인과 같이 수익 개념이 아닌 비용집행의 적정성을 검증해야 하는 감사대상회사의 경우 적절한 벤치마크가 될 수 있다.

Q&A 사례문제 13 : 2023년, KICPA 기출문제

감사인은 특수관계자 거래와 연관된 중요왜곡표시위험을 식별하고 평가하여야 하며, 그러한 위험 중 유의적 위험이 있는지를 결정하여야 한다.

한국회계법인의 엄 회계사는 제조업과 무역업이 주된 영업인 ㈜A의 회계감사를 수행하고 있다. ㈜A는 해외현지법인을 통해 판매가 이루어지고 있으며, 다음과 같이 특수관계자와의 거래를 주석에 공시하였다.

가. 매출 · 매입 등 거래 내역

(단위: 백만원)

회사명	매출		매입	
	당기	전기	당기	전기
AJAP	5,000	1,000	–	20
AUSA	500	400	–	–
ATAI	2,000	600	500	–
합계	7,500	2,000	500	20

나. 채권 · 채무잔액

(단위: 백만원)

회사명	매출채권		매입채무	
	당기	전기	당기	전기
AJAP	2,500	300	–	20
AUSA	300	200	–	–
ATAI	2,500	2,000	–	–
합계	5,300	2,500	–	20

〈기타 참고자료〉

(1) 모든 특수관계자는 연결대상이 아니다.

(2) 기업지배구조

- ㈜A의 대표이사는 모든 업무를 총괄하며, 차입금에 대해 보증을 제공하고 있다.
- 대표이사가 이사회 의장을 담당하고 있으며, 사외이사는 대표이사와 친밀한 관계이다.
- 감사위원회를 설치하지 않고, 대표이사와 고등학교 동창인 내부감사인이 회계에 관한 서류조사 등의 업무를 담당하고 있다.

〈주요 재무자료〉

(단위: 백만원)

계정과목	당기	전기
자산총액	20,000	15,000
매출채권	6,000	4,000
부채총액	13,000	12,000
매출	15,000	10,000
당기순손익	4,000	(-)5,000
영업활동 현금흐름	(-)4,000	(-)5,000

1 엄 회계사는 ㈜A의 특수관계자 거래와 관련하여 부정으로 인한 유의적 위험이 있다고 판단하였다. 부정위험요소를 동기/압력 및 기회로 구분하여, 각 요소에 해당할 수 있는 내용을 사례에서 찾아 한 가지씩 2줄 이내로 서술하시오.

[답안양식]

부정위험요소	내용
동기/압력	
기회	

풀이

부정위험요소	내용
동기/압력	1. 대표이사가 차입금에 대하여 보증을 서고 있는 측면 2. 부의 영업현금흐름을 연속적으로 보이는 점
기회	1. 대표이사가 모든 업무를 총괄하고 있는 점 2. 사외이사가 대표이사와 친밀한 관계인 점 3. 회사의 내부감사인이 대표이사의 동창인 점

2 특수관계자 거래에 대한 분석적절차를 바탕으로, 유의적 위험이 있다고 판단한 근거를 서술하시오.

풀이

전체 매출액에서 특수관계자 거래가 차지하는 비중이 상당히 높으며 해당 매출액 대비 매출채권 비율이 상당히 높아 회전율이 굉장히 높은 점. 그리고 당해연도 특수관계자에 대한 매출이 급증한 측면 등을 고려해 보았을 때 특수관계자 거래는 유의적 위험이 있는 거래로 판단할 수 있음.

Q&A 사례문제 14 : 2024년, KICPA 기출문제

항목	설명
①	감사인은 부정의 발생을 의심할 수 있고 드물게는 이를 식별할 수도 있으나, 부정이 실제로 발생했는지 여부에 대하여 법률적 결정을 내리지 않는다.
②	부정과 오류의 예방과 발견에 대한 주된 책임은 감사인뿐만 아니라 기업의 지배기구 및 경영진에게도 있다.
③	감사인이 경영진의 부정으로 인한 중요한 왜곡표시를 발견하지 못할 위험은 실제 관련 업무를 담당하고 있는 종업원의 부정으로 인한 경우보다 작다.
④	감사인이 경영진의 통제무력화 위험을 허용가능한 수준 이하로 평가한 경우, 그 근거를 문서화하고 추가 감사절차는 수행하지 않을 수 있다.

다음은 부정 등 특정항목별 감사절차와 관련된 물음이다.

1 각 항목의 설명이 적절한지 여부를 기재하고, 적절하지 않은 경우 그 이유를 서술하시오.

[답안양식]

항목	적절한가? (예, 아니오)	적절하지 않은 경우, 그 이유
①		
⋮		
④		

풀이

항목	적절한가? (예, 아니오)	적절하지 않은 경우, 그 이유
①	예	
②	아니오	부정이 발생하는 부분에 대한 예방책임은 감사인에게 존재하지 아니함.
③	예	
④	아니오	경영진의 통제무력화 위험은 감사인의 평가결과에 상관없이 추가적인 감사절차를 반드시 수행하여야 함.

2 한국회계법인의 김나라 회계사는 외부감사법에 따라㈜대한에 대한 외부감사를 수행하고 있다. 김나라 회계사는 특수관계자 거래에 대하여 다음 감사절차를 수행하였다.

김나라 회계사는 (1)특수관계자 거래의 중요왜곡표시위험이 높다고 판단하였다. 또한 특수관계자 거래와 관련하여 업무팀과 회의를 진행하고, (2)경영진에게 질문을 수행하였다. 이후 감사업무 진행 과정에서 입수된 (3)을(를) 검사한 결과, 정기예금 중 일부가 특수관계자로 판단되는 ㈜민국을 위하여 담보로 제공되어 있음을 확인하였다. 해당 담보 거래는 경영진이 공개하지 않았던 사항으로 김나라 회계사는 파악한 내용을 업무팀의 다른 구성원에게 신속하게 커뮤니케이션하고, (4)여러 가지 추가 절차를 수행하였다.

(1) 특수관계 및 특수관계자 거래가 다른 거래보다 더 높은 재무제표의 중요왜곡표시위험을 초래하는 경우의 예를 한 가지만 기재하시오.

풀이

1. 상위 경영진이나 전문적 자문자의 비정상적인 높은 교체율
2. 사업상 명백하게 정당한 사유가 없어 보이는 유의적 거래를 위하여 중간적 매개를 이용하는 것
3. 회계정책의 선택이나 유의적 추정치의 결정에 있어 특수관계자의 과도한 참여나 집착

(2) 특수관계자 거래를 이해하기 위하여 경영진에게 질문하여야 하는 사항 중 한 가지만 기재하시오.

풀이

첫째, 특수관계자들의 신원 (전기와의 변동 포함)
둘째, 특수관계자들과의 관계성격
셋째, 기업이 해당 기간 중에 특수관계자와 거래를 체결했는지 여부, 만약 그렇다면 그러한 거래의 형태와 목적

(3) 김나라 회계사가 검사한 기록 또는 문서는 무엇인지 기재하시오.

풀이

금융기관 조회서

(4) 해당 상황과 관련하여 김나라 회계사가 수행한 절차를 한 가지만 기재하시오.

풀이

첫째, 새로 식별된 특수관계자 또는 이들과의 유의적 거래에 대하여 적합한 실증절차를 수행함.
둘째, 해당 재무보고체계에서 특수관계자에 대한 요구사항을 정하고 있으면 추가적인 절차 수행하여야 함.
셋째, 경영진이 과거에 식별하지 못하거나 감사인에게 공개하지 않았던 다른 특수관계자 및 이들과의 유의적 거래가 존재할 위험을 재고려하고 필요에 따라 추가적인 감사절차를 수행함.
넷째, 경영진의 미공개가 의도적인 경우 당해 감사에 대한 시사점을 평가함.

3 A회계법인의 김나래 회계사는 이차전지를 제조·판매하는 ㈜대한의 20x3년 재무제표에 대한 외부감사를 계획하고 있다.

㈜대한은 20x1년 중 전고체 배터리 관련 사업을 영위하고 있는 비상장회사인 ㈜민국의 지분을 100% 취득하면서 1,000억원의 영업권을 인식하였다. 김나래 회계사는 감사증거로 경영진이 B회계법인에 의뢰한 공정가치 평가보고서를 입수하고, 공정가치 평가 전문성을 보유한 A회계법인의 나최강 회계사를 활용하기로 하였다.

회계추정치와 관련된 중요왜곡표시위험을 식별하고 평가하는 데 근거가 될 수 있도록 감사인이 이해하여야 하는 사항(①), 김나래 회계사가 B회계법인이 수행한 업무의 유의성과 관련하여 수행하여야 하는 절차(②), 그리고 나최강 회계사의 활용과 관련된 감사절차의 성격 시기 및 범위를 결정할 때 고려해야 하는 사항(③)을 각각 두 가지만 서술하시오.

[답안양식]

항목	내용
①	㉠ ㉡
②	㉠ ㉡
③	㉠ ㉡

풀이

항목	내용
①	㉠ 관련 공시 등 회계추정치와 관련된 해당 재무보고체계의 요구사항 ㉡ 경영진이 재무제표에 인식하거나 공시하기 위해 회계추정치를 필요로 하는 거래나 사건 또는 상황을 식별하는 방법
②	㉠ 경영진측 전문가의 적격성, 역량 및 객관성을 평가함 ㉡ 경영진측 전문가가 수행한 업무를 이해함
③	㉠ 경영진측 전문가가 관련된 사항의 성격과 복잡성 ㉡ 동 사항에 내재된 중요왜곡표시위험

Q&A 사례문제 15 : 2025년, KICPA 기출문제

다음은 감사계획과 위험평가 및 전반적인 감사절차에 대한 물음이다. 각 물음은 독립적이다.

1 소인국 회계사는 소규모기업인 ㈜릴리펏의 감사위험평가절차 수행 과정에서 재무제표의 중요왜곡표시위험에 영향을 줄 수 있는 다음 사항을 발견하였다.

항목	내용
①	공인회계사인 전개미는 ㈜릴리펏의 사장이며 회사 보통주 지분 99%를 보유한 소유경영자이다. 전개미 사장은 자금의 입출금을 통제하고 300만원 이상의 모든 거래는 반드시 자신의 승인을 거치도록 하고 있기 때문에 직원들이 매우 힘들어하고 있다.
②	㈜릴리펏의 전개미 사장은 경영활동에 밀접하게 참여하여 당월 매출기대치와의 유의적 편차를 확인하거나 재무데이터의 부정확성을 종종 밝혀내어 직원들은 늘 긴장한다.
③	㈜릴리펏의 회계부장은 표준화된 범용회계 소프트웨어인 '주판9.0'을 사용한다. 이 소프트웨어를 사용하는 이유는 기업실무에 맞게 소스코드에 대한 접근이나 변형이 가능하기 때문이다.

소인국 회계사는 주어진 수준의 감사위험에서 감사인이 수용가능한 적발위험의 수준을 결정하고자 한다. 위의 각 항목이 수용가능한 적발위험의 수준에 미치는 영향을 기재하시오.

[답안양식]

항목	수용가능한 적발위험의 수준 (커진다, 작아진다, 알 수 없다)
①	
②	
③	

풀 이

항목	수용가능한 적발위험의 수준 (커진다, 작아진다, 알 수 없다)
①	커진다 (소규모기업이지만 소유경영진의 감독통제강화)
②	커진다 (상동)
③	작아진다

(참고) 소규모기업의 소유경영진의 내부통제무력화는 내부통제의 한계점이기 때문에 이를 고려하여 답을 서술하면 안 됨.

2 중요왜곡표시위험을 식별하고 평가하기 위해 감사인은 식별된 위험 중에 유의적이라고 판단되는 것이 있는지를 결정하여야 한다. 반도체제품을 생산하는 ㈜새별전자의 현장책임회계사인 이두상 회계사는 감사계획시 다음과 같은 상황을 확인하였다.

[상황]

반도체 시장의 급격한 기술발전으로 인하여 시장의 기술경쟁이 심화되고 있다. ㈜새별전자는 최근 제조시설에 거액을 투자하였다. 그러나 제품의 불량률 증가로 인해 공장가동을 중단하였고 유형자산의 손상과 반도체제품의 진부화가 우려되는 상황이다.

이두상 회계사가 식별된 위험이 유의적인지 판단할 때, 위의 상황과 관련하여 최소한으로 고려할 사항 두 가지를 각각 2줄 이내로 서술하시오.

풀이

첫째, 최근 중요한 경제, 회계 또는 기타의 변화와 관련하여 특별한 주의를 요하는지 여부 (시장의 기술경쟁심화 및 제조시설 거액투자)
둘째, 재무정보의 측정에 있어 주관성의 정도 (유형자산 손상여부 및 제품의 진부화 여부 판단)

다음은 (물음 3)~(물음 6)과 관련된 내용이다.
상장기업인 ㈜브로콜리의 20x5년 감사를 수행하는 최고집 회계사는 감사계획 및 수행 과정에서 ㈜브로콜리의 주요 재무정보 및 관련 정보를 다음과 같이 파악하였다.

〈주요 재무정보〉

(단위: 억원)

계정과목	20x5년	20x4년	20x3년
자산총계	1,500	900	890
매출채권	900	180	160
매출액	13,500	3,600	3,200
포인트부채 (이연수익)	400	360	300
당기순이익	400	220	240

- ㈜브로콜리는 고객과 개별방송을 수행하는 크리에이터를 주선하는 플랫폼사업을 수행하고 있으며, 해당 분야에서 시장점유율 1위를 차지하고 있어 많은 크리에이터가 ㈜브로콜리의 플랫폼에서 활동하고 있다. 그러나 최근 동종산업의 경쟁심화로 시장점유율이 크게 잠식되고 있는 상황이다.
- ㈜브로콜리는 20x4년까지 고객에게 ㈜브로콜리가 발행하는 '꽃가루'라는 거래수단을 구입하도록 하고, 방송시 고객이 크리에이터에게 송금하는 꽃가루의 40%를 수수료로 받고 이를 매출로 인식하고 있었다.

- ㈜브로콜리는 방송종료시점으로부터 6개월이 경과해야 고객이 사용한 꽃가루의 나머지(60%)에 해당하는 금액을 정산명목으로 크리에이터에게 전달한다.
- ㈜브로콜리는 고객이 구입하는 꽃가루의 10%에 해당하는 포인트를 고객에게 제공하고 포인트부채(이연수익)로 처리한다.
- 20x5년 새로 부임한 최고경영자의 성과연동상여금은 매출액과 직접적으로 연계하여 산정된다.
- ㈜브로콜리는 20x5년부터 꽃가루 판매액 전체를 매출액으로 회계처리하고 있다. 이는 ㈜브로콜리가 제공하는 용역이 고객에게 전달되기 전에 '통제'할 수 있다고 판단하였기 때문이다.
- 20x5년 4분기 ㈜브로콜리의 매출이 비정상적으로 급증하였다. 경영진은 수익인식 회계처리 변경 및 연말 특수와 특별 프로모션이 성공한 결과라고 설명하였으나, 꽃가루 판매량과 함께 제공되는 포인트의 유의적인 증가는 없었다.

3 최고집 회계사는 ㈜브로콜리의 20x5년 매출채권의 급격한 증가에 의구심을 갖고 있다. 수습회계사인 박초보 회계사는 재무제표의 자료를 그대로 사용하여 20x4년과 20x5년의 매출채권회전율을 최고집 회계사에게 제시하였다. 하지만 최고집 회계사는 20x5년에 ㈜브로콜리의 매출인식 회계처리가 바뀌었으므로 박초보 회계사가 수행한 분석적절차가 적합하지 않다고 판단하였다. 최고집 회계사가 적절하다고 판단하는 분석적절차 중 비율분석 두 가지를 기재하시오.

풀이

첫째, 총액, 순액 조정후 매출액 대비 매출채권의 상대적인 비율
둘째, 총액, 순액 조정후 매출액 대비 이연수익이 차지하는 비율

4 최고집 회계사는 20x5년 ㈜브로콜리가 매출인식방식을 변경한 근거가 되는 용역의 '통제'에 대해 의문을 갖고 있다. 하지만 수익인식에 대한 회계원칙은 상이하게 해석될 수 있다. 위의 상황에서 최고집 회계사가 수익인식에 관련된 회계정책의 적용에 대한 감사증거를 확보하기 위해 회계감사기준에 근거하여 가장 적합한 방법 한 가지만 서술하시오.

풀이

적합한 회계처리는 종정 거래조건이나 약정에 의해 영향을 받기 때문에 관련 계약조건과 부속약정 존재에 대하여 계약서에 대한 일차적인 검사를 수행하고 추가적으로 거래처에 확인하는 절차를 수행한다.

5 최고집 회계사는 ㈜브로콜리가 고객에게 부여하여 인식한 포인트부채(이연수익)의 적정성에 의문을 품고 있다. 최고집 회계사는 해당 부채에 대해 유의적 위험을 초래하는 회계추정치로 판단하고 이를 평가하고자 한다. 회계감사기준에 근거하여 최고집 회계사가 고려해야 할 평가사항 세 가지를 서술하시오.

풀 이

첫째, 경영진이 이용한 유의적 가정들이 합리적인지 여부를 검토한다.
둘째, 특정한 일련의 행위를 실행할 경영진의 의도 및 이를 실행할 능력이 있는지 여부를 검토한다.
셋째, 경영진이 대체적인 가정이나 결과를 어떻게 고려했는지 그리고 그러한 가정이나 결과를 왜 기각하였는지 등에 대한 검토를 수행한다.

6 최고집 회계사는 ㈜브로콜리 경영진의 부정한 재무보고에 관한 증거를 입수하여 지배기구에게 알리는 것이 필요하다고 판단하였다. 다음 항목별로 최고집 회계사가 부정한 재무보고와 관련하여 ㈜브로콜리의 지배기구와 수행하려는 커뮤니케이션이 적절한지 여부를 기재하고, 적절하지 않은 경우 그 이유를 2줄 이내로 서술하시오.

항목	수행절차
①	최고집 회계사는 ㈜브로콜리의 고위경영진이 연루된 부정이나 재무제표의 중요한 왜곡표시를 초래하는 부정에 대하여 지배기구에게 서면으로 보고할 것이다.
②	최고집 회계사는 ㈜브로콜리의 고위경영진이 연루된 부정이나 재무제표의 중요한 왜곡표시를 초래하는 부정에 대하여 지배기구에게 적시에 보고할 것이다.
③	최고집 회계사는 ㈜브로콜리에 영향을 주는 실제 발생한 부정을 지배기구가 인지하고 있는지 여부를 결정하기 위해 지배기구에 질문할지를 고려하고 있다.
④	최고집 회계사는 지배기구의 성실성이나 정직성에 대해 의문을 품고 있어 ㈜브로콜리의 내부감사부서에 조언을 받을 예정이다.

[답안양식]

항목	적절한가? (예, 아니오)	적절하지 않은 경우, 그 이유
①		
⋮		
④		

풀 이

항목	적절한가? (예, 아니오)	적절하지 않은 경우, 그 이유
①	예	
2	아니오	해당 사안의 경우 내부통제의 유의적 미비점이기 때문에 감사보고서일로부터 60일 이내 커뮤니케이션 하여야 한다.
3	예	*고려하고 있다는 표현이 반드시 수행하는 것은 아니라는 의미로 쓰였는지는 명확하지 않으나 반드시 지배기구와 커뮤니케이션하여야 한다는 전제로 풀이하였음.

④	예	*외부감사법에 의한 보고절차 등이 진행이 되어야 하나 내부감사부서가 적격성과 객관성을 유지하고 있다고 판단되는 경우 조언을 구할 수는 있을 것이다.

AUDITING StudyGuide

제 4 부

감사결과의 보고

제 17 장

감사의견의 형성 및 감사보고서 작성

감사인은 실증절차를 마무리하고 감사의견을 형성한 뒤 그 감사의견을 포함한 감사보고서 작업을 진행하여야 한다. 이번 장에는 감사보고서의 형식 및 여러 가지 변형된 감사보고서 유형에 대해서 살펴보기로 한다.

1 감사의견의 종류

일반목적 재무제표의 경우 재무보고체계는 일반적으로 공정표시체계이며 이 경우 감사인에게 요구되는 의견은 재무제표가 중요성의 관점에서 공정하게 표시되어 있는지 여부 또는 진실되고 공정한 관점을 제시하는지 여부에 관한 것이다. 이 경우 감사인이 표명하는 감사의견의 종류는 아래와 같다.

❖ 감사의견의 종류와 내용 ❖

감사의견의 종류	감사의견을 표명하는 경우
(1) 적정의견 (unmodified opinion)	감사인이 재무제표가 **중요성의 관점**에서 해당 **재무보고체계에 따라** 작성되었다고 결론을 내릴 경우에 표명되는 의견
(2) 한정의견 (qualified opinion)	① 감사인이 충분하고 적합한 감사증거를 입수한 결과, 왜곡표시가 재무제표에 **개별적으로 또는 집합적으로 중요하나 전반적이지는 않다**고 결론을 내리는 경우 (즉, 중요하지만 전반적이지 아니한 경영진과 의견불일치) ② 감사인이 감사의견의 근거가 되는 **충분하고 적합한 감사증거를 입수할 수 없었지만**, 발견되지 아니한 왜곡표시가 재무제표에 미칠 수 있는 영향이 **중요할 수는 있으나 전반적이지는 않을** 것으로 결론을 내리는 경우 (즉, 중요하지만 전반적이지 아니한 감사범위의 제한)

감사의견의 종류	감사의견을 표명하는 경우
(3) 부적정의견 (adverse opinion)	감사인이 충분하고 적합한 감사증거를 입수한 결과 왜곡표시가 재무제표에 **개별적으로 또는 집합적으로 중요하며 동시에 전반적**이라고 결론을 내리는 경우 (즉, 중요하며 동시에 전반적인 경영진과 의견불일치)
(4) 의견거절 (disclaimer of pinion)	감사인이 감사의견의 근거가 되는 **충분하고 적합한 감사증거를 입수할 수 없으며,** 발견되지 아니한 왜곡표시가 있을 경우 이것이 재무제표에 미칠 수 있는 영향이 **중요하고 동시에 전반적**일 수 있다고 결론을 내리는 경우 (즉, 중요하며 동시에 전반적인 감사범위의 제한)

다만, 경영진과 의견불일치나 감사범위의 제한이 개별적으로 또는 집합적으로 중요한 경우에만 감사의견에 영향이 있다. 따라서 개별적으로 또는 집합적으로 중요하지 않은 경영진과 의견불일치나 감사범위의 제한인 경우 감사인은 적정의견을 표명한다. 즉, 재무제표에 대해서 합리적인 확신만 제공하는 것이다.

2 적정의견 감사보고서

감사보고서는 다음과 같은 양식을 표준으로 하여 필요한 사항을 가감하여 작성된다.

독립된 감사인의 보고서

ABC주식회사의 주주 귀중 [또는 다른 적합한 수신인]

재무제표감사에 대한 보고*)

- 감사의견
- 감사의견근거
- (계속기업 관련 중요한 불확실성)
- (강조사항)
- 핵심감사사항
- (기타사항)

- 재무제표에 대한 경영진과 지배기구의 책임
- 재무제표감사에 대한 감사인의 책임

기타 법규의 요구사항에 대한 보고*)

- 업무담당이사 이름

OO회계법인 대표이사 △△△
[*감사인의 주소*]
[*감사보고서일*]

( ) 괄호는 해당되는 경우만 기재하며, 강조사항문단과 기타사항문단의 위치는 내용에 따라 변경 가능

*) "기타 법규의 요구사항에 대한 보고"라는 두 번째 소제목의 해당사항이 없을 경우, "재무제표감사에 대한 보고"라는 소제목은 불필요하다.

다음은 아래의 상황을 가정한 적정의견을 표명하는 감사보고서의 사례이다.

상 황
• 공정표시체계를 사용하는 상장기업의 전체재무제표에 대한 감사이며, 그룹감사가 아님 (즉, 감사기준서 600이 적용되지 아니함) • 기업의 경영진이 한국채택국제회계기준 (일반목적체계)에 따라 작성한 재무제표임 • 감사업무의 조건에는 감사기준서 210의 재무제표에 대한 경영진의 책임에 대한 기술이 반영되어 있음 • 감사인은 입수한 감사증거에 근거하여 적정의견이 적합하다고 결론내림 • 감사에 적용된 관련 윤리적 요구사항은 국제윤리기준 그리고 해당 국가의 감사와 관련된 윤리적 요구사항을 포함하고 감사인은 두 가지 모두 언급함 • 입수한 감사증거에 근거하여, 감사인은 감사기준서 570에 따라 계속기업으로서의 존속능력에 대하여 유의적 의문을 초래할 수 있는 사건이나 상황과 관련된 중요한 불확실성이 존재하지 않는다고 결론을 내림 • 핵심감사사항은 감사기준서 701에 따라 커뮤니케이션 됨 • 재무제표에 대한 감시 책임자와 재무제표의 작성 책임자가 다름 • 재무제표에 대한 감사에 추가하여, 감사인은 현지 법률의 요구에 따른 기타의 보고책임을 지고 있음

⬇

독립된 감사인의 보고서

ABC주식회사의 주주 귀중 [또는 다른 적합한 수신인]

재무제표감사에 대한 보고 [1)]

감사의견

우리는 ABC 주식회사(이하 "회사")의 재무제표를 감사하였습니다. 해당 재무제표는 20X1년 12월 31일 현재의 재무상태표, 동일로 종료되는 보고기간의 손익계산서(또는 포괄손익계산서), 자본변동표, 현금흐름표 그리고 유의적인 회계정책의 요약을 포함한 재무제표의 주석으로 구성되어 있습니다.

우리의 의견으로는 별첨된 회사의 재무제표는 회사의 20X1년 12월 31일 현재의 재무상태와 동일로 종료되는 보고기간의 재무성과 및 현금흐름을 한국채택국제회계기준에 따라, 중요성의 관점에서 공정하게 표시하고[또는, "*…현금흐름에 대하여 한국채택국제회계기준에 따라 진실하고 공정한 관점을 제시하고*"] 있습니다.

감사의견근거

우리는 감사기준에 따라 감사를 수행하였습니다. 이 기준에 따른 우리의 책임은 이 감사보고서의 재무제표감사에 대한 감사인의 책임 단락에 기술되어 있습니다. 우리는 재무제표감사와 관련된 국제윤리기준과 함께 대한민국의 윤리적 요구사항에 따라 회사로부터 독립적이며 그러한 요구사항과 국제윤리기준에 따른 기타의 윤리적 책임들을 이행하였습니다. 우리가 입수한 감사증거가 감사의견을 위한 근거로서 충분하고 적합하다고 우리는 믿습니다.

핵심감사사항

핵심감사사항은 우리의 전문가적 판단에 따라 당기 재무제표감사에서 가장 유의적인 사항들입니다. 해당 사항들은 재무제표 전체에 대한 감사의 관점에서 우리의 의견형성 시 다루어졌으며, 우리는 이런 사항에 대하여 별도의 의견을 제공하지는 않습니다. 우리는 감사의견근거 단락에 기술된 사항에 추가하여, 아래에 기술된 사항을 이 감사보고서에서 커뮤니케이션할 핵심감사사항으로 결정하였습니다.

[*핵심감사사항 각각에 대한 기술*]

재무제표에 대한 경영진과 지배기구의 책임

경영진은 한국채택국제회계기준[2]에 따라 이 재무제표를 작성하고 공정하게 표시할 책임이 있으며, 부정이나 오류로 인한 중요한 왜곡표시가 없는 재무제표를 작성하는데 필요하다고 결정한 내부통제에 대해서도 책임이 있습니다.

경영진은 재무제표를 작성할 때, 회사의 계속기업으로서의 존속능력을 평가하고 해당되는 경우 계속기업 관련 사항을 공시할 책임이 있습니다. 그리고 경영진이 기업을 청산하거나 영업을 중단할 의도가 없는 한 또는 그 외에는 다른 현실적인 대안이 없는 한, 회계의 계속기업전제의 사용에 대해서도 책임이 있습니다.

지배기구는 회사의 재무보고절차의 감시에 대한 책임이 있습니다.

재무제표감사에 대한 감사인의 책임

우리의 목적은 재무제표에 전체적으로 부정이나 오류로 인한 중요한 왜곡표시가 없는지에 대하여 합리적인 확신을 얻어 우리의 의견이 포함된 감사보고서를 발행하는데 있습니다. 합리적인 확신은 높은 수준의 확신을 의미하나 감사기준에 따라 수행된 감사가 항상 중요한 왜곡표시를 발견한다는 것을 보장하지는 않습니다. 왜곡표시는 부정이나 오류로부터 발생할 수 있으며 왜곡표시가 재무제표를 근거로 하는 이용자의 경제적 의사결정에 개별적으로 또는 집합적으로 영향을 미칠 것이 합리적으로 예상되면 그 왜곡표시는 중요하다고 간주됩니다.

주)

기타 법규의 요구사항에 대한 보고

[*기타 법규의 요구사항에 대한 기술*]

이 독립된 감사인의 감사보고서의 근거가 된 감사를 실시한 업무수행이사는 [*이름*]입니다.

OO회계법인 대표이사 △△△
[*감사인의 주소*]
[*감사보고서일*]

1) "**기타 법규의 요구사항에 대한 보고**"라는 두 번째 소제목의 해당사항이 없을 경우, "**재무제표감사에 대한 보고**"라는 소제목은 불필요하다.

2) 경영진의 책임이 기업의 진실하고 공정한 관점을 제시하는 재무제표를 작성하는 것인 때에는, 이 문구는 다음과 같이 될 것이다: "경영진은 한국채택국제회계기준에 따라 기업의 진실하고 공정한 관점을 제시하는 재무제표를 작성할 책임이 있습니다. 또한 …."

주) 아래 내용은 감사보고서의 보론에 위치할 수 있다고 설명한다.

감사기준에 따른 감사의 일부로서 우리는 감사의 전 과정에 걸쳐 전문가적 판단을 수행하고 전문가적 의구심을 유지하고 있습니다. 우리는 또한:

- 부정이나 오류로 인한 재무제표의 중요왜곡표시위험을 식별하고 평가하며 그러한 위험에 대응하는 감사절차를 설계하고 수행합니다. 그리고 감사의견의 근거로서 충분하고 적합한 감사증거를 입수합니다. 부정은 공모, 위조, 의도적인 누락, 허위진술 또는 내부통제 무력화가 개입될 수 있기 때문에 부정으로 인한 중요한 왜곡표시를 발견하지 못할 위험은 오류로 인한 위험보다 큽니다.
- 상황에 적합한 감사절차를 설계하기 위하여 감사와 관련된 내부통제를 이해합니다. 그러나 이는 내부통제의 효과성에 대한 의견을 표명하기 위한 것이 아닙니다.
- 재무제표를 작성하기 위하여 경영진이 적용한 회계정책의 적합성과 경영진이 도출한 회계추정치와 관련 공시의 합리성에 대하여 평가합니다.
- 경영진의 회계의 계속기업전제 사용의 적절성과, 입수한 감사증거를 근거로 계속기업으로서의 존속능력에 대하여 유의적 의문을 초래할 수 있는 사건이나 상황과 관련된 중요한 불확실성이 존재하는지 여부에 대하여 결론을 내립니다. 중요한 불확실성이 존재한다고 결론을 내리는 경우, 우리는 재무제표의 관련 공시에 대하여 감사보고서에 주의를 환기시키고 이들 공시가 부적절한 경우 의견을 변형시킬 것을 요구받고 있습니다. 우리의 결론은 감사보고서일까지 입수된 감사증거에 기초하나, 미래의 사건이나 상황이 회사의 계속기업으로서 존속을 중단시킬 수 있습니다.
- 공시를 포함한 재무제표의 전반적인 표시와 구조 및 내용을 평가하고 재무제표가 기초가 되는 거래와 사건을 공정한 표시가 달성될 수 있는 방식으로 표시하고 있는지 여부를 평가합니다.

우리는 여러 가지 사항들 중에서 계획된 감사범위와 시기 그리고 감사 중 식별된 유의적 내부통제 미비점 등 유의적인 감사의 발견사항에 대하여 지배기구와 커뮤니케이션합니다.

우리는 또한 독립성 관련 윤리적 요구사항들을 준수하고 우리의 독립성 문제와 관련된다고 합리적으로 판단되는 모든 관계와 기타사항들, 해당되는 경우, 관련 제도적 안전장치를 지배기구와 커뮤니케이션한다는 진술을 지배기구에게 제공합니다.

우리는 지배기구와 커뮤니케이션한 사항들 중에서 당기 재무제표감사에서 가장 유의적인 사항들을 핵심감사사항으로 결정합니다. 법규에서 해당 사항에 대하여 공개적인 공시를 배제하거나 또는, 극히 드문 상황으로 우리가 감사보고서에 해당 사항을 기술함으로 인한 부정적 결과가 해당 커뮤니케이션에 따른 공익적 효익을 초과할 것으로 합리적으로 예상되어 해당 사항을 감사보고서에 커뮤니케이션해서는 안 된다고 결론을 내리는 경우가 아닌 한, 우리는 감사보고서에 이러한 사항들을 기술합니다.

제목	감사보고서에는 그 보고서가 독립된 감사인의 감사보고서라는 것을 명확히 나타내는 제목을 사용하여야 한다. 예를 들어 "독립된 감사인의 감사보고서" 와 같이, 해당 감사보고서가 독립된 감사인의 감사보고서라는 것을 나타내는 제목은 이러한 보고서가 다른 사람들이 발행한 보고서와 구별하게 한다.
수신인	감사보고서는 해당 감사의 상황에 기초하여 적합한 수신인을 기재하여야 한다. 감사보고서가 누구를 수신인으로 해야 되는지는 종종 해당 국가의 법규 또는 감사업무조건에 명시될 수 있다. 일반적으로 감사보고서는 누구를 위하여 보고서가 작성되는지에 따라 수신인이 결정되며, 종종 감사대상 기업의 주주나 지배기구를 수신인으로 한다.
업무수행이사주)	업무수행이사(engagement partner)는 감사업무와 감사업무 수행 및 발행된 감사보고서에 대하여 회계법인을 대신하여 책임을 지며, 자신이 담당하는 각각의 감사업무의 전반적인 품질에 대한 책임을 져야 한다. 상장기업의 일반목적 전체재무제표에 대한 감사보고서에는, ① 업무수행이사의 이름을 포함 ② 드문 상황으로서, 업무수행이사의 이름을 공시하는 것이 개인의 안전에 대한 유의적 위협을 발생시킨다고 합리적으로 예상되는 경우 : 포함하지 않고 감사인의 의도를 지배기구와 논의 ③ 상장기업 감사인의 업무수행이사 성명 기재의 기대효과 : 감사보고서 실명제로 감사에 대한 책임을 강화함으로써 감사품질을 제고할 수 있을 것으로 기대
감사보고서일	감사보고서일은 감사인이 재무제표에 대한 감사의견의 형성에 기초가 되는 충분하고 적합한 증거를 입수한 날보다 빠르지 않아야 한다. 이러한 감사증거에는 다음에 관한 증거들도 포함된다. ① 재무제표(관련 주석 포함)를 구성하는 모든 단위재무제표가 작성되었음. ② 인정된 권한을 가진 기구가 해당 재무제표에 대하여 책임을 진다고 주장하였음.

주) **(회계감사실무지침 2018-1) 업무수행이사 이름 공시 예외에 관한 회계감사실무지침**

구 분	주 요 내 용
개인의 안전에 대한 유의적 위협 발생이 합리적으로 예상되는 경우	• 다음의 경우 업무수행이사 이름 공시가 개인의 안전에 유의적 위협을 발생시킬 수 있다고 합리적으로 예상되는 경우로 봄 a. 감사의견이 변형되는 경우 b. 회사가 상장규정에서 요구하고 있는 재무비율과 재무성과 요건을 충족하지 못하여 상장폐지되거나 상장적격성 심사대상이 되는 경우 c. 기타 유의적 위협이 발생할 수 있다는 징후가 있는 경우 • 기타 유의적 위협이 발생할 수 있다고 합리적으로 예상할 수 있는 징후에 대한 예시

구 분	주 요 내 용
	• 감사인의 법적 책임 또는 법규 및 전문가적 제재 위협은 개인의 안전에 대한 유의적 위협에 해당되지 않음.
지배기구와의 논의	업무수행이사의 이름 공시 예외 요건이 감사의견 변형과 연관되어 있는 경우, 변형 문안 등에 대한 지배기구와의 커뮤니케이션을 할 때 함께 실시할 수 있음 업무수행이사 이름을 기재하지 않고자 하는 감사인의 의도를 구두로 전달하는 경우 그 사실과 관련 내용을 문서화함.
문서화	감사보고서에 업무수행이사 이름을 기재하지 않는 경우, 그 이유와 지배기구와 논의한 내용을 문서화함. 개인의 안전에 유의적 위협을 발생할 수 있다는 징후가 발생함에 따라 업무수행이사 이름을 공시하지 않는 경우, 그 유의적 위협의 발생 사실과 내용을 문서화함.

3 감사의견의 변형(Modified Audit Opinion)

감사인의 변형의견은 세 가지 유형, 즉 한정의견, 부적정의견, 의견거절이며 다음과 같은 각각의 상황에서 표명되는 의견이다(ISA 705 문단 A1).

감사의견의 변형을 초래한 사항의 성격	해당 사항이 재무제표에 미치거나 미칠 수 있는 영향의 전반성에 대한 감사인의 판단	
	중요하지만 전반적이지 아니한 경우	중요하며 동시에 전반적인 경우
재무제표가 중요하게 왜곡표시된 경우(경영진과 의견불일치)	한정의견	부적정의견
충분하고 적합한 감사증거를 입수할 수 없는 경우(감사범위의 제한)	한정의견	의견거절

여기서 말하는 전반적(Pervasive)의 의미는 다음과 같다(ISA 705 문단 5).

① 재무제표의 특정 요소, 계정과목 또는 항목에 국한되지 않음
② 재무제표의 특정 요소, 계정과목 또는 항목에 국한되지만 이들이 재무제표의 상당한 부분을 나타내거나 나타낼 수 있음.
③ 공시와 관련하여, 이용자가 재무제표를 이해하는데 근본적임.

(1) 재무제표가 중요하게 왜곡표시되는 경우(경영진과 의견의 불일치사항)

재무제표의 중요한 왜곡표시는 다음과 관련하여 발생될 수 있다(ISA 705 문단 A4~A7).

상 황	예 시
선택된 회계정책의 적합성	① 선택된 회계정책이 해당 재무보고체계와 일관성이 없는 경우 ② 재무제표(관련 주석 포함)가 공정한 표시를 달성하는 방식으로 기본적인 거래와 사건들을 나타내고 있지 않는 경우
선택된 회계정책의 적용	① 선택된 회계정책을 보고기간간 또는 유사한 거래와 사건에 일관되게 적용하지 않는 경우 등 경영진이 선택된 회계정책을 해당 재무보고체계와 일관되게 적용하지 않은 경우 (적용의 일관성) ② 선택된 회계정책의 적용방법으로 인한 경우(예, 의도하지 아니한 적용 오류)
재무제표 공시의 적합성(적절성)	① 재무제표가 해당 재무보고체계에서 요구하는 모든 공시를 포함하지 않은 경우 ② 재무제표 공시가 해당 재무보고체계에 따라 표시되지 않은 경우 ③ 공정한 표시를 달성하는 데 필요한 공시를 재무제표가 제공하지 않은 경우

다음은 재무제표가 중요하게 왜곡표시되는 경우 한정의견과 부적정의견을 표명하는 감사보고서가 적정의견 감사보고서와 차이가 발생하는 주요 내용 및 각각의 사례 예시이다.

❖ 적정의견 감사보고서와의 차이 ❖

	한정의견	부적정의견
감사의견 단락	우리의 의견으로는 … 한정의견근거 단락에 기술된 사항이 미치는 영향을 제외하고는 … 한국채택국제회계기준에 따라, 중요성의 관점에서 공정하게 표시하고 있음 등[주1)]	우리의 의견으로는 … 부적정의견근거 단락에 기술된 사항의 유의성으로 인하여 … 한국채택국제회계기준에 따라, 공정하게 표시하고 있지 않음 등[주2)]
감사의견근거 단락	① 해당 왜곡표시의 이유 및 해당 왜곡표시가 재무제표에 미치는 영향 설명 ② 이에 대한 계량적 내용을 포함 ③ 계량화하는 것이 실행가능하지 않다면 그러한 사실 … 한정의견을 위한 근거로서 충분하고 적합하다고 우리는 믿습니다.	① 해당 왜곡표시의 이유 및 해당 왜곡표시가 재무제표에 미치는 영향 설명 ② 이에 대한 계량적 내용을 포함 ③ 계량화하는 것이 실행가능하지 않다면 그러한 사실 … 부적정의견을 위한 근거로서 충분하고 적합하다고 우리는 믿습니다.

	한정의견	부적정의견
핵심감사사항 단락	… 우리는 한정의견근거 단락에 기술된 사항에 추가하여, 아래에 기술된 사항을 이 감사보고서에서 커뮤니케이션할 핵심감사사항으로 결정하였습니다.	우리는 부적정의견근거 단락에 기술된 사항을 제외하고는 감사보고서에서 커뮤니케이션할 다른 핵심감사사항은 없다고 결정하였습니다.
재무제표에 대한 경영진과 지배기구의 책임 단락	동일	동일
재무제표감사에 대한 감사인의 책임 단락	동일	동일
기타 법규의 요구사항에 대한 보고 단락	해당 사항 기술	해당 사항 기술

주1 재무제표의 중요한 왜곡표시로 인하여 한정의견을 표명하는 경우, 감사인은 감사의견에 다음 사항을 기술

(a) 재무제표를 공정표시체계(fair presentation framework)에 따라 보고할 경우	(b) 재무제표를 준수체계(compliance framework)에 따라 보고할 경우
감사인의 의견으로는 별첨된 재무제표는 한정의견근거 단락에 기술된 사항이 미치는 영향을 제외하고는, […]을 한국채택국제회계기준에 따라 중요성의 관점에서 공정하게 표시하고 있음 (또는 […]에 대하여 한국채택국제회계기준에 따라 진실하고 공정한 관점을 제시하고 있음)	감사인의 의견으로는 별첨된 재무제표는 한정의견근거 단락에 기술된 사항이 미치는 영향을 제외하고는, 중요성의 관점에서 한국채택국제회계기준에 따라 작성되었음

주2 부적정의견을 표명하는 경우, 감사인은 감사의견에 다음 사항을 기술

(a) 재무제표를 공정표시체계(fair presentation framework)에 따라 보고할 경우	(b) 재무제표를 준수체계(compliance framework)에 따라 보고할 경우
감사인의 의견으로는 별첨된 재무제표는 부적정의견근거 단락에 기술된 사항의 유의성으로 인하여, […]을 한국채택국제회계기준에 따라	감사인의 의견으로는 별첨된 재무제표는 부적정의견근거 단락에 기술된 사항의 유의성으로 인하여, 중요성의 관점에서 한국채택국제회계기준

공정하게 표시하고 있지 않음 (또는 […]에 대하여 한국채택국제회계기준에 따라 진실하고 공정한 관점을 제시하고 있지 않음)	에 따라 작성되지 않았음

① 한정의견 예시

독립된 감사인의 보고서

ABC주식회사의 주주 귀중 [또는 다른 적합한 수신인]

재무제표감사에 대한 보고

한정의견

우리는 ABC 주식회사(이하 "회사")의 재무제표를 감사하였습니다. 해당 재무제표는 20X1년 12월 31일 현재의 재무상태표, 동일로 종료되는 보고기간의 손익계산서(또는 포괄손익계산서), 자본변동표, 현금흐름표 그리고 유의적인 회계정책의 요약을 포함한 재무제표의 주석으로 구성되어 있습니다.

우리의 의견으로는 별첨된 회사의 재무제표는 이 감사보고서의 ***한정의견근거*** *단락에 기술된 사항이 미치는 영향을 제외하고는*, 회사의 20X1년 12월 31일 현재의 재무상태와 동일로 종료되는 보고기간의 재무성과 및 현금흐름을 한국채택국제회계기준에 따라, 중요성의 관점에서 공정하게 표시하고[또는, "…*현금흐름에 대하여 한국채택국제회계기준에 따라 진실하고 공정한 관점을 제시하고*"] 있습니다.

한정의견근거

ABC 주식회사의 재무상태표에는 재고자산이 XXX원으로 계상되어 있습니다. 경영진은 재고자산을 취득원가와 순실현가능가치 중 낮은 금액으로 표시하지 아니하고 취득원가로만 계상하였습니다. 이러한 회계처리는 한국채택국제회계기준에 위배된 것입니다. 회사의 기록에 따르면 만약 경영진이 취득원가와 순실현가능가치 중 낮은 금액으로 재고자산을 계상하였을 경우, 재고자산은 XXX원 만큼 감액되어 순실현가능가치로 계상되었어야 합니다. 따라서, 매출원가는 XXX원 만큼 증가되고 법인세 비용과 당기순이익 그리고 자본은 각각 XXX원, XXX원 및 XXX원 만큼씩 감소되었을 것입니다.

우리는 감사기준에 따라 감사를 수행하였습니다. 이 기준에 따른 우리의 책임은 이 감사보고서의 재무제표감사에 대한 감사인의 책임 단락에 기술되어 있습니다. 우리는 재무제표 감사와 관련된 대한민국의 윤리적 요구사항에 따라 회사로부터 독립적이며 그러한 요구사항에 따른 기타의 윤리적 책임들을 이행하였습니다. 우리가 입수한 감사증거가 *한정의견을 위한 근거로서* 충분하고 적합하다고 우리는 믿습니다.

핵심감사사항

핵심감사사항은 우리의 전문가적 판단에 따라 당기 재무제표감사에서 가장 유의적인 사항들입니다. 해당 사항들은 재무제표 전체에 대한 감사의 관점에서 우리의 의견형성 시 다루어졌으며, 우리는 이런 사항에 대하여 별도의 의견을 제공하지는 않습니다. 우리는 한정의견근거 단락에 기술된 사항에 추가하여, 아래에 기술된 사항을 이 감사보고서에서 커뮤니케이션할 핵심감사사항으로 결정하였습니다.

[*핵심감사사항 각각에 대한 기술*]

재무제표에 대한 경영진과 지배기구의 책임[3]

[적정의견의 경우와 동일]

재무제표감사에 대한 감사인의 책임

[적정의견의 경우와 동일]

기타 법규의 요구사항에 대한 보고

[적정의견의 경우와 동일]

이 독립된 감사인의 감사보고서의 근거가 된 감사를 실시한 업무수행이사는 [*이름*]입니다.

OO회계법인 대표이사 △△△

[*감사인의 주소*]

[*감사보고서일*]

3) 감사보고서 사례 전체에 사용되는, 경영진과 지배기구 용어는 특정 국가의 법규 체계에 적합한 기타의 용어로 대체될 필요가 있을 수 있음.

② 부적정의견 예시

독립된 감사인의 보고서

ABC주식회사의 주주 귀중 [또는 다른 적합한 수신인]

연결재무제표감사에 대한 보고

부적정의견

우리는 ABC 주식회사와 그 종속기업들(연결회사)의 연결재무제표를 감사하였습니다. 해당 연결재무제표는 20X1년 12월 31일 현재의 연결재무상태표, 동일로 종료되는 보고기간의 연결손익계산서 (또는 연결포괄손익계산서), 연결자본변동표, 연결현금흐름표 그리고 유의적인 회계정책의 요약을 포함한 연결재무제표의 주석으로 구성되어 있습니다.

*우리의 의견으로는 별첨된 연결회사의 연결재무제표는 이 감사보고서의 **부적정의견근거** 단락에 기술된 사항의 유의성 때문에* 연결회사의 20X1년 12월 31일 현재의 연결재무상태와 동일로 종료되는 보고기간의 연결재무성과 및 연결현금흐름을 한국채택국제회계기준에 따라 중요성의 관점에서 공정하게 표시하고 (또는, "… 연결현금흐름에 대하여 한국채택국제회계기준에 따라 진실하고 공정한 관점을 제시하고") 있지 않습니다.

부적정의견 근거

주석 X에서 설명된 바와 같이, 연결회사는 20X1년 중에 취득한 종속기업 XYZ의 중요한 자산과 부채에 대하여 취득일 현재의 공정가치를 아직 결정하지 못하여 종속기업 XYZ의 재무제표를 연결하지 않았습니다. 따라서 회사는 이 종속기업에 대한 투자를 취득원가 기준으로 회계처리 하였습니다. 한국채택국제회계기준에 따르면 회사는 종속기업 XYZ를 연결하고 잠정금액에 근거하여 회계처리 하여야 합니다. XYZ 종속기업이 연결대상에 포함되었다면 별첨된 연결재무제표의 많은 요소들이 중요하게 영향을 받을 것입니다. 종속기업 XYZ의 재무제표가 연결대상에 포함되지 않았으므로 별첨 연결재무제표에 미치는 영향은 결정되지 아니하였습니다.

우리는 감사기준에 따라 감사를 수행하였습니다. 이 기준에 따른 우리의 책임은 이 감사보고서의 연결재무제표감사에 대한 감사인의 책임 단락에 기술되어 있습니다. 우리는 연결재무제표 감사와 관련된 대한민국의 윤리적 요구사항에 따라 연결회사로부터 독립적이며 그러한 요구사항에 따른 기타의 윤리적 책임들을 이행하였습니다. 우리가 입수한 감사증거가 부적정의견을 위한 근거로서 충분하고 적합하다고 우리는 믿습니다.

핵심감사사항

우리는 부적정의견근거 단락에 기술된 사항을 제외하고는 감사보고서에서 커뮤니케이션할 다른 핵심감사사항은 없다고 결정하였습니다.

연결재무제표에 대한 경영진과 지배기구의 책임

[적정의견의 경우와 동일]

연결재무제표감사에 대한 감사인의 책임

[적정의견의 경우와 동일]

기타 법규의 요구사항에 대한 보고

[적정의견의 경우와 동일]

이 독립된 감사인의 감사보고서의 근거가 된 감사를 실시한 업무수행이사는 [*이름*] 입니다.

OO회계법인 대표이사 △△△

[*감사인의 주소*]

[*감사보고서일*]

(2) 충분하고 적합한 감사증거를 입수할 수 없는 경우 (감사범위의 제한)

감사인이 충분하고 적합한 감사증거를 입수하지 못하는 상황은 다음과 같다(ISA 705 문단 A8~A12).

상 황	예 시
기업의 통제를 벗어난 상황	① 기업의 회계기록이 파기·훼손된 경우 ② 유의적 부문의 회계기록이 정부 당국에 의해 무기한 압류 또는 압수된 경우
감사인 업무의 성격이나 시기와 관련된 상황	① 관계기업에 대한 회계처리에 지분법을 적용하도록 요구되는 상황에서, 감사인이 지분법의 적합한 적용여부를 평가하는 데 관계기업의 재무정보에 대하여 충분하고 적합한 감사증거를 입수할 수 없는 경우 ② 감사인이 그 선임시기 때문에 재고자산의 실사에 입회할 수 없는 경우 ③ 감사인이 실증절차를 수행하는 것만으로는 충분하지 않다고 판단하였으나, 기업의 통제가 효과적이지 않은 경우
경영진에 의한 제한	① 경영진이 재고자산 실사에 감사인의 입회를 막는 경우 ② 경영진이 특정 계정잔액에 대한 감사인의 외부조회를 막는 경우

다음은 충분하고 적합한 감사증거를 입수하지 못하는 경우 한정의견과 의견거절을 표명하는 감사보고서가 적정의견 감사보고서와 차이가 발생하는 주요 내용 및 각각의 사례 예시이다.

❖ 적정의견 감사보고서와의 차이 ❖

	한정의견	의견거절
감사의견 단락	우리의 의견으로는 … **한정의견근거 단락에 기술된 사항이 미치는 영향을 제외하고는** … 한국채택국제회계기준에 따라, 중요성의 관점에서 공정하게 표시하고 있음 등	… 감사계약을 체결하였습니다. 우리는 별첨된 연결회사의 연결재무제표에 대하여 의견을 표명하지 않습니다. 우리는 이 감사보고서의 **의견거절근거** 단락에서 기술된 사항의 유의성 때문에 연결재무제표에 대한 감사의견의 근거를 제공하는 충분하고 적합한 감사증거를 입수할 수 없었습니다.

	한정의견	의견거절
감사의견근거 단락	감사의견 변형이 초래된 이유를 자세하게 설명 (구체적인 감사범위 제한에 대한 설명) (마지막 문장) ~ 한정의견을 위한 근거로서 충분하고 적합하다고 우리는 믿습니다.	감사의견 변형이 초래된 이유를 자세하게 설명 (구체적인 감사범위 제한에 대한 설명)
핵심감사사항 단락	… 우리는 한정의견근거 단락에 기술된 사항에 추가하여, 아래에 기술된 사항을 이 감사보고서에서 커뮤니케이션할 핵심감사사항으로 결정하였습니다.	없음 (법규에서 요구하지 않는 한 의견거절을 표명하는 경우에는 핵심감사사항 단락을 포함하지 않음)
재무제표에 대한 경영진과 지배기구의 책임 단락	동일	동일
재무제표감사에 대한 감사인의 책임 단락	동일	… 그러나 우리는 이 감사보고서의 의견거절근거 단락에서 기술된 사항의 유의성 때문에 해당 재무제표에 대한 감사의견의 근거를 제공하는 충분하고 적합한 감사증거를 입수할 수 없었습니다. 우리는 재무제표 감사와 관련된 대한민국의 윤리적 요구사항에 따라 회사로부터 독립적이며 그러한 요구사항에 따른 기타의 윤리적 책임들을 이행하였습니다.
기타 법규의 요구사항에 대한 보고 단락	해당사항 기술	해당사항 기술

① 한정의견 예시

독립된 감사인의 보고서

ABC주식회사의 주주 귀중 [또는 다른 적합한 수신인]

연결재무제표감사에 대한 보고

한정의견

우리는 ABC 주식회사의 연결재무제표를 감사하였습니다. 해당 연결재무제표는 20X1년 12월 31일 현재의 연결재무상태표, 동일로 종료되는 보고기간의 연결손익계산서 (또는 연결포괄손익계산서), 연결자본변동표, 연결현금흐름표 그리고 유의적인 회계정책의 요약을 포함한 연결재무제표의 주석으로 구성되어 있습니다.

우리의 의견으로는 별첨된 연결회사의 연결재무제표는 이 감사보고서의 **한정의견근거** *단락에 기술된 사항이 미칠 수 있는 영향을 제외하고는*, 연결회사의 20X1년 12월 31일 현재의 연결재무상태와 동일로 종료되는 보고기간의 연결재무성과 및 연결현금흐름을 한국채택국제회계기준에 따라 중요성의 관점에서 공정하게 표시하고 [또는, "… 연결현금흐름에 대하여 한국채택국제회계기준에 따라 진실하고 공정한 관점을 제시하고"] 있습니다.

한정의견근거

연결회사는 기중에 취득한 해외관계기업 XYZ에 대한 투자에 대하여 지분법으로 회계처리하고 20X1년 12월 31일 현재 연결재무상태표에 XXX 원을 계상하고 있습니다. XYZ의 당기순이익 중 ABC 주식회사의 지분에 해당되는 금액은 ABC 주식회사의 동일로 종료되는 보고기간의 당기순이익에 포함되어 있습니다. 우리는 해외 관계기업 XYZ의 재무정보, 경영진 및 감사인에 대한 접근이 거절되어 20X1년 12월 31일 현재 ABC 주식회사가 XYZ에 대한 투자에 대하여 재무상태표에 계상한 금액, 그리고 XYZ의 당기순이익 중 ABC 주식회사의 지분에 해당되는 금액에 대하여 충분하고 적합한 감사증거를 입수할 수 없었습니다. 따라서 우리는 연결회사가 계상한 금액에 대하여 수정이 필요한지 여부를 결정할 수 없었습니다.

우리는 감사기준에 따라 감사를 수행하였습니다. 이 기준에 따른 우리의 책임은 이 감사보고서의 **연결재무제표감사에 대한 감사인의 책임** 단락에 기술되어 있습니다. 우리는 연결재무제표 감사와 관련된 대한민국의 윤리적 요구사항에 따라 연결회사로부터 독립적이며 그러한 요구사항에 따른 기타의 책임들을 이행하였습니다. 우리가 입수한 감사증거가 *한정의견을 위한*

근거로서 충분하고 적합하다고 우리는 믿습니다.

핵심감사사항

핵심감사사항은 우리의 전문가적 판단에 따라 당기 연결재무제표감사에서 가장 유의적인 사항들입니다. 해당 사항들은 연결재무제표 전체에 대한 감사의 관점에서 우리의 의견형성 시 다루어졌으며, 우리는 이런 사항에 대하여 별도의 의견을 제공하지는 않습니다. 우리는 한정의견근거 단락에 기술된 사항에 추가하여, 아래에 기술된 사항을 이 감사보고서에서 커뮤니케이션할 핵심감사사항으로 결정하였습니다.

[*핵심감사사항 각각에 대한 기술*]

연결재무제표에 대한 경영진과 지배기구의 책임

[적정의견의 경우와 동일]

연결재무제표감사에 대한 감사인의 책임

[적정의견의 경우와 동일]

기타 법규의 요구사항에 대한 보고

[적정의견의 경우와 동일]

이 독립된 감사인의 감사보고서의 근거가 된 감사를 실시한 업무수행이사는 [*이름*] 입니다.

OO회계법인 대표이사 △△△

[*감사인의 주소*]

[*감사보고서일*]

② 의견거절의 예시

독립된 감사인의 보고서

ABC주식회사의 주주 귀중 [또는 다른 적합한 수신인]

재무제표감사에 대한 보고

의견거절

우리는 ABC 주식회사(이하 "회사")의 재무제표에 대한 감사계약을 체결하였습니다. 해당 재무제표는 20X1년 12월 31일 현재의 재무상태표, 동일로 종료되는 보고기간의 손익계산서(또는 포괄손익계산서), 자본변동표, 현금흐름표 그리고 유의적인 회계정책의 요약을 포함한 재무제표의 주석으로 구성되어 있습니다.

우리는 별첨된 회사의 재무제표에 대하여 의견을 표명하지 않습니다. 우리는 이 감사보고서의 의견거절근거 단락에서 기술된 사항의 유의성 때문에 재무제표에 대한 감사의견의 근거를 제공하는 충분하고 적합한 감사증거를 입수할 수 없었습니다.

의견거절근거

우리는 20X1년 12월 31일 이후까지 회사의 감사인으로 선임되지 않았으며, 이에 우리는 당 보고기간의 기초와 기말의 재고자산 실사에 입회하지 못하였습니다. 우리는 회사의 재무상태표에 계상된 20X0년과 20X1년 12월 31일 현재의 재고자산 XXX원과 XXX원에 대하여 대체적인 방법으로도 그 수량에 대하여 만족할 수 없었습니다. 뿐만 아니라 회사가 20X1년 9월에 새로 도입한 매출채권전산시스템에 다수의 오류가 발생하였습니다. 경영진은 보고서일 현재 상기 시스템의 미비점을 교정하고 오류를 수정하는 과정에 있습니다. 우리는 회사의 재무상태표에 계상된 20X1년 12월 31일 현재의 매출채권 잔액 XXX에 대하여 대체적인 방법으로도 이를 확인하거나 검증할 수 없었습니다. 이와 같은 사항들의 결과, 우리는 기록되었거나 기록되지 아니한 재고자산과 매출채권, 그리고 손익계산서, 자본변동표, 현금흐름표의 구성요소에 관하여 수정이 필요한 사항이 발견되었을 것인지 여부를 결정할 수 없었습니다.

핵심감사사항

[*기술하지 않음*]

재무제표에 대한 경영진과 지배기구의 책임

[적정의견의 경우와 동일]

재무제표감사에 대한 감사인의 책임

우리의 책임은 회계감사기준에 따라 회사의 재무제표를 감사하고 감사보고서를 발행하는데 있습니다. 그러나 우리는 이 감사보고서의 의견거절근거 *단락에서 기술된 사항의 유의성 때문에 해당 재무제표에 대한 감사의견의 근거를 제공하는 충분하고 적합한 감사증거를 입수할 수 없었습니다.*

우리는 재무제표 감사와 관련된 대한민국의 윤리적 요구사항에 따라 회사로부터 독립적이며 그러한 요구사항에 따른 기타의 윤리적 책임들을 이행하였습니다.

기타 법규의 요구사항에 대한 보고

[적정의견의 경우와 동일]

이 독립된 감사인의 감사보고서의 근거가 된 감사를 실시한 업무수행이사는 [*이름*] 입니다.

OO회계법인 대표이사 △△△

[*감사인의 주소*]

[*감사보고서일*]

4 | 감사보고서 핵심감사사항 커뮤니케이션

2017년말 회계감사기준의 개정으로 상장회사에 대하여 핵심감사사항(Key audit matters, KAM)이 도입되었다. 핵심감사사항은 감사인의 전문가적 판단에 따라, 당기 재무제표감사에서 가장 유의적인 사항으로서 지배기구와 커뮤니케이션한 사항 중에서 선택된다(ISA 701 문단 8). 감사인은 감사위원회 등 기업의 내부감시기구와 협의하여 핵심감사사항을 선정하고 감사보고서에 핵심감사사항으로 선정한 이유, 감사인이 수행한 절차 및 그 결과를 기술하여야 한다. 핵심감사사항의 도입으로 감사보고서가 회사의 주요 재무적 이슈사항에 대해 더 구체적인 정보를 제공하여 유용성이 증대될 것으로 기대된다.

핵심감사사항은 2018년 12월 15일 이후 종료되는 보고기간의 재무제표에 대한 감사부터 단계적으로 적용된다. 즉, 자산 2조원 이상 상장회사(코넥스 제외)의 2018년 감사보고서(2019년 작성)부터 순차적으로 적용하여 2020년부터 전체 상장회사에 적용한다. 핵심감사사항은 상장회사에 적용하므로 수주산업에 속하는 비상장회사는 기존의 '수주산업 실무지침'을 적용하여야 한다.

❖ 핵심감사사항 기재와 계속기업가정 검토 시행시기 ❖

핵심감사사항 기재 시행시기		
상장회사* 규모	도입시기	비 고
자산 2조원 이상	2018년 감사보고서(2019년 작성)	감사위원회 의무설치
자산 1천억원 이상	2019년 감사보고서	상근감사 의무설치
전체 상장회사	2020년 감사보고서	–

* 유가증권시장 및 코스닥 상장회사(코넥스 상장회사 제외)

(1) 핵심감사사항의 의의

① 핵심감사사항에 대한 커뮤니케이션의 목적

핵심감사사항에 대한 커뮤니케이션의 목적은 다음과 같다.

핵심감사사항에 대한 커뮤니케이션의 목적 (ISA 701 문단 2)
① 수행된 감사에 대하여 **투명성을 제고**함으로써 감사보고서에서의 **커뮤니케이션 가치를 향상**
② 의도된 재무제표 이용자들(intended users of the financial statements, "의도된 이용자")이 감사인의 전문가적 판단에 따라, **당기 재무제표감사에서 가장 유의적인 사항들을 이해하**는 데 도움이 될 수 있도록 추가적인 정보를 제공
③ 의도된 이용자들이 기업과 감사받은 재무제표에서 **유의적경영진판단**(significant management judgment) **분야를 이해**하는 데 도움 제공

감사보고서에 감사받은 재무제표가 별첨되기 때문에 '감사보고서 이용자들'은 '의도된 재무제표 이용자들'과 동일하다고 간주된다. 감사보고서에서 핵심감사사항에 대한 커뮤니케이션은 또한 기업, 감사받은 재무제표, 또는 수행된 감사와 관련한 특정 사항에 관하여 의도된 이용자에게 경영진과 지배기구에 더 많이 관여할 수 있는 근거를 제공할 수도 있다(ISA 701 문단 2).

유의성(significance)은 상황이 고려된, 어떤 사항의 상대적 중요성으로서 기술될 수 있다. 어떤 사항의 유의성은 각 사항이 고려되고 있는 관점에서 감사인에 의해 판단된다. 유의성은 상대적 크기, 해당 성격과 대상에 미치는 영향, 그리고 의도된 이용자나 수신자가 보이는 관심과 같은, 양적 및 질적 요인의 관점에서 고려될 수 있다. 이는 지배기구와의 커뮤니케이션의 성격과 범위를 포함한 사실과 상황에 대한 객관적인 분석과 관련된다.

② 핵심감사사항에 대한 커뮤니케이션 제외 항목

감사보고서에서 핵심감사사항에 대하여 커뮤니케이션하는 것은 감사인이 재무제표 전체에 대하여 의견을 형성하는 맥락에서 이루어진다. 감사보고서에서 핵심감사사항에 대하여 커뮤니케이션하는 것이 다음의 각 항목에 해당되는 것은 아니다.

핵심감사사항에 대한 커뮤니케이션 제외 항목 (ISA 701 문단 4)
① 해당 재무보고체계에서 경영진에게 작성하도록 요구하거나 또는 공정한 표시를 달성하기 위해 필요한 재무제표 공시를 대체
② 특정 감사업무의 상황에서 요구되는 경우 감사인의 변형의견 표명을 대체
③ 계속기업으로서의 존속능력에 대하여 유의적 의문을 불러일으킬 수 있는 사건이나 상황과 관련한 중요한 불확실성이 존재하는 경우 감사기준서에 따른 보고를 대체
④ 개별 사항들에 대한 별도 의견

법규에서 요구하지 않는 한 의견거절을 표명하는 경우에는 핵심감사사항을 포함하지 않는다.

(2) 핵심감사사항의 결정

감사인은 다음의 단계를 거쳐 핵심감사사항을 선정한다.

핵심감사사항 선정 과정
① 회사 지배기구와 커뮤니케이션한 사항들 중에서,
② 감사인이 특별히 주의할 사항을 선정하고(즉, 유의적감사인주의(significant auditor attention)를 요구한 사항들을 선정하고),
③ 이 중에서 감사에서 가장 유의적인 사항들(matters of most significance)을 핵심감사사항으로 선정

즉, 감사인은 지배기구와 커뮤니케이션한 사항 중에서 감사를 수행하는데 있어 유의적감사인주의(significant auditor attention)를 요구한 사항들을 결정하여야 한다. 이 결정을 할 때, 감사인은 다음 사항을 고려하여야 한다(ISA 701 문단 9).

유의적감사인주의를 요구한 사항들을 결정할 때의 고려사항 (ISA 701 문단 9)
① 중요왜곡표시위험이 더 높게 평가되거나 유의적 위험으로 식별된 분야 ② 추정불확실성이 높은 것으로 식별된 회계추정치를 포함하여, 유의적경영진판단(significant management judgment)이 수반된 재무제표 분야와 관련되는 유의적감사인판단(significant auditor judgment) ③ 보고기간 중 발생한 유의적인 사건이나 거래가 감사에 미치는 영향

유의적감사인주의의 개념은 감사는 위험에 근거하며 재무제표의 중요왜곡표시위험의 식별과 평가, 그러한 위험에 대응하는 감사절차의 설계와 수행, 그리고 감사의견의 근거를 제공하기 위한 충분하고 적합한 감사증거의 입수에 중점을 둔다는 것을 인정한다. 유의적 위험(significant risk)이란 감사인이 판단할 때 감사상 특별한 고려가 요구되는 것으로 식별되고 평가된 중요왜곡표시위험이다. 유의적경영진판단과 유의적인 비경상적 거래와 관련된 분야는 종종 유의적 위험으로 식별될 수 있다. 그러므로 유의적 위험은 종종 유의적감사인주의를 요구하는 분야이다.

마지막으로 감사인은 위에 따라 결정된 사항 중 어떤 사항들이 당기 재무제표감사에서 가장 유의적인 사항들(matters of most significance), 즉 핵심감사사항인지를 결정하여야 한다(ISA 701 문단 10).

비록 비교재무제표가 표시되는 경우라도(즉, 감사의견이 재무제표가 표시되는 각각의 기간에 대하여 표명된 경우라도), 핵심감사사항에 대한 감사인의 결정은 당기 재무제표감사에서 가장 유의적인 사항들로 제한된다(ISA 701 문단 A10). 그러나 전기 재무제표감사에서 핵심감사사항이었던 사항이 계속해서 당기 재무제표감사에서도 핵심감사사항인지 여부를 감사인이 고려하는 것이 유용할 수 있다.

(3) 핵심감사사항에 대한 커뮤니케이션

감사인은 감사보고서의 "핵심감사사항"이라는 제목의 별도 단락에 적절한 소제목을 사용하여 각각의 핵심감사사항을 기술하여야 한다. 감사보고서의 이 단락에서 도입 문구는 다음 사항을 기술하여야 한다(ISA 701 문단 11).

① 핵심감사사항은 감사인의 전문가적 판단에 따라 [당기] 재무제표감사에서 가장 유의적인 사항임.

② 해당 사항은 재무제표 전체에 대한 감사의 관점에서, 재무제표 전체에 대한 감사의견을 형성할 때 다루어진 사항이며, 감사인은 이 사항에 대하여 별도의 의견을 제공하지 않음.

비교재무정보가 표시되는 경우, 핵심감사사항 단락의 도입 문구는 기술된 핵심감사사항이 오직 당기 재무제표감사에만 관련된다는 사실에 대한 주의를 환기시키는 문구로 조정하고, 해당 재무제표의 구체적인 대상기간(예를 들어, "20X1년 12월 31일로 종료되는 보고기간")에 대한 언급을 포함할 수 있다(ISA 701 문단 A33).

1) 변형의견 표명을 대체하기 위한 핵심감사사항의 기술 금지

감사인이 어떤 사항으로 인하여 감사의견을 변형해야 하는 경우 감사인은 감사보고서의 핵심감사사항 단락에서 해당 사항을 핵심감사사항으로 커뮤니케이션하여서는 안 된다(ISA 701 문단 12). 즉, 감사의견을 변형해야 하는 경우 감사인은 감사의견근거 단락에서 해당 사유를 기술하여야 한다.

2) 개별 핵심감사사항의 기술

감사보고서의 핵심감사사항 단락의 각각의 핵심감사사항에 대한 기술은 재무제표의 관련 공시에 대한 언급을 포함하여야 하고 다음 사항을 다루어야 한다(ISA 701 문단 13).

① 해당 사항이 감사에서 가장 유의적인 사항 중 하나로 고려되어 핵심감사사항으로 결정된 이유

② 해당 사항이 감사에서 다루어진 방법:
- 해당 사항에 가장 관련성이 있거나 평가된 중요왜곡표시위험에 특유한 감사인의 대응 및 접근방법
- 수행된 감사절차의 개략적인 개요
- 감사절차의 결과에 대한 암시
- 해당 사항과 관련한 주요 관찰사항
- 또는 이러한 요소들 중 일부의 결합

3) 핵심감사사항으로 결정된 사항이 감사보고서에 커뮤니케이션되지 않는 상황

감사인은 다음의 경우가 아니라면 감사보고서에 각각의 핵심감사사항을 기술하여야 한다(ISA 701 문단 14).

핵심감사사항으로 결정된 사항이 감사보고서에 커뮤니케이션되지 않는 예외적인 상황 (ISA 701 문단 14)
① 법규에서 해당 사항에 대한 공시를 배제함 ② 극히 드문 상황에서, 해당 사항을 감사보고서에 커뮤니케이션함으로써 발생할 수 있는 부정적 결과가 그러한 커뮤니케이션의 공익적 효익을 훨씬 넘어설 것이라고 합리적으로 예상되기 때문에 감사인이 감사보고서에 해당 사항을 커뮤니케이션해서는 안 된다고 결정함. 기업이 해당 사항에 관한 정보를 공시한 적이 있는 경우에는 동 문단을 적용해서는 안됨.

(즉, 기업이 해당 사항을 이미 공시한 적인 있는 경우에는 핵심감사사항으로 감사보고서에 기술하여야 함.)

감사인은 커뮤니케이션의 결과로 발생할 수 있는 부정적 결과의 유의성에 대한 경영진의 견해를 포함하여, 해당 사항의 공시가 적합하지 않다는 이유에 관한 서면진술을 경영진으로부터 입수하는 것이 필요하다고 고려할 수 있다. 또한 어떤 사항을 커뮤니케이션하지 않는다는 결정에 관하여 감사인이 고려하는 이슈들은 복잡하며, 유의적감사인판단과 관련된다. 따라서, 감사인은 법적 조언을 얻는 것이 적합하다고 고려할 수 있다.

4) 핵심감사사항의 기술과 감사보고서에 포함되도록 요구되는 다른 요소간의 상호작용

감사의견에 대하여 변형의견을 초래하는 사항 또는 계속기업으로서의 존속능력에 대하여 유의적 의문을 초래할 수 있는 사건이나 상황과 관련한 중요한 불확실성은 그 특성상 핵심감사사항이다. 그러나 그러한 상황에서, 이 사항들은 감사보고서의 핵심감사사항 단락에 기술되어서는 안 되며, 오히려 감사인은 다음의 절차를 수행하여야 한다(ISA 701 문단 15).

① 해당 감사기준서에 따라 이 사항들에 대하여 보고함
② 핵심감사사항 단락에 한정의견(부적정의견)근거 단락 또는 계속기업 관련 중요한 불확실성 단락에 대한 언급을 포함함 (핵심감사사항: … 우리는 한정의견(또는 부적정의견) 근거 단락(또는 계속기업 관련 중요한 불확실성 단락)에 기술된 사항에 추가하여, 아래에 기술된 사항을 이 감사보고서에서 커뮤니케이션할 핵심감사사항으로 결정하였습니다. …)

즉, ㉠ 한정의견이나 부적정의견의 경우에는 한정의견(부적정의견)근거 단락에 그 내용을 기술하고 계속기업 관련 중요한 불확실성이 있는 경우에는 계속기업 관련 중요한 불확실성 단락에 그 내용을 기술하고, ㉡ 핵심감사사항 단락에는 '㉠'에 기술된 사항에 추가하여 핵심감사사항을 기술한다.

5) 다른 상황에서의 핵심감사사항 단락의 형태와 내용

해당 기업과 해당 감사의 사실과 상황이 다음에 해당하는 경우에 감사인은 감사보고서에서 "핵심감사사항"이라는 제목의 별도 단락에 이 영향에 대한 설명을 포함하여야 한다(ISA 701 문단 16).

㉠ 커뮤니케이션할 핵심감사사항이 없다고 결정한 경우
㉡ 감사인이 핵심감사사항은 감사보고서에 커뮤니케이션 되지 않을 것이고, 핵심감사사항으로 결정된 다른 사항은 없다고 결정함
㉢ 커뮤니케이션할 핵심감사사항이 ⓐ 감사의견에 대하여 변형의견을 초래하는 사항 또는

ⓑ 계속기업으로서의 존속능력에 대하여 유의적 의문을 초래할 수 있는 사건에서 다루는 사항들뿐이라고 결정한 경우

감사인이 커뮤니케이션할 핵심감사사항이 없다고 결정한 경우, 감사보고서에는 다음 사례와 같이 표시한다(ISA 701 문단 A59).

감사인이 커뮤니케이션할 핵심감사사항이 없다고 결정한 경우, 감사보고서 사례
① 핵심감사사항이 없는 경우 1 (한정의견(부적정의견)근거 단락 또는 계속기업 관련 중요한 불확실성 단락도 없는 경우) … **핵심감사사항** 우리는 감사보고서에 보고해야 할 핵심감사사항이 없다고 결정하였습니다. … ② 핵심감사사항이 없는 경우 2 (한정의견(부적정의견)근거 단락 또는 계속기업 관련 중요한 불확실성 단락이 있는 경우) … **핵심감사사항** *한정의견(부적정의견)근거 단락 또는 계속기업 관련 중요한 불확실성 단락에 기술된 사항을 제외하고는*, 우리는 감사보고서에 보고해야 할 다른 핵심감사사항이 없다고 결정하였습니다. …

(4) 지배기구와의 커뮤니케이션

감사인은 지배기구와 다음 사항에 대하여 커뮤니케이션하여야 한다.

감사인이 지배기구와 커뮤니케이션할 사항 (ISA 701 문단 17)
① 감사인이 핵심감사사항이라고 결정한 사항들 ② 해당되는 경우, 해당 기업과 해당 감사의 사실과 상황에 따라, 감사보고서에 커뮤니케이션할 핵심감사사항이 없다는 감사인의 결정

(5) 문서화

감사인은 감사문서에 다음 사항을 모두 포함하여야 한다.

감사인이 감사문서에 포함할 사항 (ISA 701 문단 18)
① 유의적감사인주의를 요구한 사항들과, 이러한 사항들 각각이 핵심감사사항인지 아닌지 여부에 대한 감사인의 결정에 대한 논리적 근거 ② 해당되는 경우, 감사보고서에서 커뮤니케이션할 핵심감사사항이 없다거나 커뮤니케이션할 핵심감사사항이 ⓐ 감사의견에 대하여 변형의견을 초래하는 사항 또는 ⓑ 계속기업으로서의 존속능력에 대하여 유의적 의문을 초래할 수 있는 사건에서 다루는 사항들뿐 이라는 감사인의 결정에 대한 논리적 근거 ③ 해당되는 경우, 핵심감사사항으로 결정된 사항을 감사보고서에서 커뮤니케이션하지 않기로 한 감사인의 결정에 대한 논리적 근거

5 감사보고서의 강조사항문단과 기타사항문단

감사인은 다음과 같은 상황에서 강조사항 문단이나 기타사항문단으로 추가적인 커뮤니케이션을 할 수 있다(ISA 706 문단 7).

강조사항문단 (Emphasis of Matter Paragraph)	기타사항문단 (Other Matter Paragraph)
재무제표에 적절하게 ***표시되거나 공시되어 있지만***, 이용자가 재무제표를 이해하는 데 근본이 될 정도로 중요한 사항이라고 판단되어 감사인이 이러한 사항을 언급하는 감사보고서에 포함된 문단	재무제표에 ***표시되거나 공시되지 아니한 사항으로서*** 이용자가 감사, 감사인의 책임 또는 감사보고서를 이해하는데 관련성이 있다고 판단되어 감사인이 이러한 사항을 언급하는 감사보고서에 포함된 문단

(1) 강조사항문단

감사인은 재무제표에 표시되거나 또는 공시된 사항으로서 이용자가 재무제표를 이해하는 데 근본이 될 정도로 중요하다고 판단되어 이들에 대하여 이용자의 주의를 환기시켜야 할 필요가 있다고 고려하는 경우, 감사보고서에 강조사항문단을 포함시켜야 한다. 즉, 강조사항문단에서는 재무제표에 표시되거나 공시된 정보만이 언급되어야 한다. 감사인이 강조사항문단을 감사보고서에 기재하기로 결정한 경우에는 다음과 같은 원칙으로 감사보고서에 기재하여야 한다.

강조사항문단 감사보고서 기재시 원칙 (ISA 706 문단 9)
① "강조사항"이라는 용어를 포함하는 적합한 제목을 가진 감사보고서의 별도의 단락 내에 해당 문단을 포함함
② 강조될 사항 및 이를 상세하게 기술하고 있는 재무제표의 관련 공시의 위치를 명확하게 언급함. 강조사항문단에서는 재무제표에 표시되거나 공시된 정보만을 언급하여야 함
③ 강조된 사항과 관련하여 감사의견이 변형되지 않는다는 점을 나타냄

회계감사기준에 근거 감사보고서에 강조사항문단에 대한 요구사항이 포함된 감사기준서의 내용은 다음과 같다.

강조사항문단을 기재하여야 하는 상황 (ISA 706 보론 1)
① 감사업무 조건의 합의
② 후속사건
③ 특정목적 재무보고체계에 따라 작성된 재무제표의 감사 - 특별 고려사항

회계감사기준에서 강조사항문단이 필요할 수 있는 상황으로 열거하고 있는 상황은 다음과 같다.

강조사항문단이 필요할 수 있는 상황 (ISA 706 A4)
① 법규에 의해 규정된 재무보고체계가 그것이 법규에 의해 규정되었다는 사실을 제외하면 수용가능하지 않았을 경우
② 재무제표가 특수목적체계에 따라 작성되었음을 이용자에게 주의를 환기시키기 위한 경우
③ 감사보고서일 이후 감사인이 알게 된 사실로 인하여 감사인이 새로운 또는 수정된 감사보고서를 제공한 경우(즉, 후속사건)

추가로 아래와 같은 사안의 경우에는 위에서 반드시 감사보고서에 기재하여야 하는 상황이 아닌 강조사항문단을 포함시킬 필요가 있는지 여부를 고려하는 상황이다.

강조사항문단을 포함시킬 필요가 있는지 고려하는 상황 (ISA 706 문단 A5)
① 예외적인 소송이나 규제조치의 미래 결과에 대한 불확실성
② 재무제표일과 감사보고서일 사이에 발생한 유의적인 후속사건
③ 재무제표에 중요한 영향을 미치는 새로운 회계기준을 조기적용(허용된 경우) 하는 경우
④ 해당 기업의 재무상태에 유의적인 영향을 미쳤거나 계속해서 영향을 미치고 있는 주요 재해

따라서 과거 감사기준의 경우 만약 강조사항문단을 기재하지 않았을 경우 소송에서 문제가 야기되었을 때 감사기준에 명확하게 기재할 것인지에 대한 입장이 불명확했으나 이번 회계감사기준에 의하면 강조사항문단을 반드시 기재하여야 하는 항목과 기재할 것인지 고려할 사항으로 명확하게 구분이 되어있다는 것이 특징이다.

또한, 여기서 주의할 점은 감사보고서에 강조사항문단이 포함되어도 감사의견에는 영향을 미치지 아니한다. 따라서 감사인이 특정 감사업무 상황의 요구에 따라 한정의견 또는 부적정의견을 표명하거나 의견을 거절하는 경우를 대체하는 것은 아니다. 결국, 이 말은 강조사항문단이 반드시 적정의견을 표명할 때만 기재하는 것은 아니라는 것을 회계감사기준는 명확하게 규정하고 있다.

(2) 기타사항문단

감사인은 재무제표에 표시 또는 공시되지 아니한 사항으로서 이용자가 해당 감사, 감사인의 책임 또는 감사보고서를 이해하는데 관련성이 있다고 판단되어 이를 커뮤니케이션할 필요가 있다고 고려하는 경우, 다음의 경우가 모두 해당된다면 감사보고서에 기타사항문단을 포함하여야 한다(ISA 706 문단 10과 문단 11).

① 기타사항문단을 포함하는 것이 법규상 금지되어 있지 않음
② 해당 사항이 감사보고서에 커뮤니케이션되어야 하는 핵심감사사항으로 결정되지 않았음.

감사인이 감사보고서에 기타사항문단을 포함하는 경우, 감사인은 "기타사항" 또는 기타 적합한 제목을 가진 별도의 단락 내에 해당 문단을 포함하여야 한다.

회계감사기준에 근거 감사보고서에 기타사항문단에 대한 요구사항이 포함된 감사기준서의 내용은 다음과 같다.

기타사항문단을 기재하여야 하는 상황 (ISA 706 보론 1)
① 후속사건 ② 비교정보 - 대응수치 및 비교재무제표 ③ 감사받은 재무제표를 포함하고 있는 문서 내의 기타정보와 관련된 감사인의 책임

회계감사기준에서 기타사항문단이 필요할 수 있는 상황으로 열거하고 있는 상황은 다음과 같다.

기타사항문단이 필요할 수 있는 상황 (ISA 706 문단 A9~A14)
① 감사에 대한 이용자의 이해와 관련성이 있는 경우 ② 감사인의 책임이나 감사보고서에 대한 이용자의 이해와 관련성이 있는 경우 ③ 하나 이상의 재무제표에 대한 보고 ④ 감사보고서의 배포나 이용의 제한

■ 강조사항과 기타사항이 있는 감사보고서 예시

상황 (ISA 706 보론 3)
• 공정표시체계를 사용하는 상장기업의 전체재무제표에 대한 감사이며, 그룹감사가 아님 (즉, 감사기준서 600("그룹재무제표 감사 - 부문감사인이 수행한 업무 등 특별 고려사항")이 적용되지 아니함) • 기업의 경영진이 한국채택국제회계기준 (일반목적체계)에 따라 작성한 재무제표임 • 감사업무의 조건에는 감사기준서 210의 재무제표에 대한 경영진의 책임에 대한 기술이 반영되어 있음 • 감사인은 입수한 감사증거에 근거하여 적정의견이 적합하다고 결론내림 • 감사에 적용된 관련 윤리적 요구사항은 해당 국가의 감사와 관련된 윤리적 요구사항임 • 입수한 감사증거에 근거하여, 감사인은 감사기준서 570에 따라 계속기업으로서의 존속능력에 대하여 유의적 의문을 초래할 수 있는 사건이나 상황과 관련된 중요한 불확실성이 존재하지 않는다고 결론을 내림 • 재무제표일과 감사보고서일 사이에 생산설비에 화재가 발생하였고 기업은 후속사건으로 공시함. 감사인은 해당사항이 이용자가 재무제표를 이해하는 데 근본이 될 정도로 중요하다고 판단함. 해당사항은 당기 재무제표감사에서 유의적감사인주의를 요구하지 않았음 • 핵심감사사항은 감사기준서 701에 따라 커뮤니케이션 됨 • 대응수치가 표시되고 전기재무제표는 전임감사인으로부터 감사를 받았음. 감사인이 대응수치에 대한 전임감사인의 감사보고서를 언급하는 것이 법규상 금지되어 있지 않으며, 이에 따라 감사인은 전임감사인의 감사보고서를 언급하기로 결정함 • 재무제표에 대한 감시 책임자와 재무제표의 작성 책임자가 다름

• 재무제표에 대한 감사에 추가하여, 감사인은 현지 법률의 요구에 따른 기타의 보고책임을 지고 있음

⬇

독립된 감사인의 보고서

ABC주식회사의 주주 귀중 [또는 다른 적합한 수신인]

재무제표감사에 대한 보고

감사의견

우리는 ABC 주식회사(이하 "회사")의 재무제표를 감사하였습니다. 해당 재무제표는 20X1년 12월 31일 현재의 재무상태표, 동일로 종료되는 보고기간의 손익계산서(또는 포괄손익계산서), 자본변동표, 현금흐름표 그리고 유의적인 회계정책의 요약을 포함한 재무제표의 주석으로 구성되어 있습니다.

우리의 의견으로는 별첨된 회사의 재무제표는 회사의 20X1년 12월 31일 현재의 재무상태와 동일로 종료되는 보고기간의 재무성과 및 현금흐름을 한국채택국제회계기준에 따라, 중요성의 관점에서 공정하게 표시하고[또는, "…현금흐름에 대하여 한국채택국제회계기준에 따라 진실하고 공정한 관점을 제시하고"] 있습니다.

감사의견근거

우리는 감사기준에 따라 감사를 수행하였습니다. 이 기준에 따른 우리의 책임은 이 감사보고서의 **재무제표감사에 대한 감사인의 책임** 단락에 기술되어 있습니다. 우리는 재무제표감사와 관련된 대한민국의 윤리적 요구사항에 따라 회사로부터 독립적이며 그러한 요구사항에 따른 기타의 윤리적 책임들을 이행하였습니다. 우리가 입수한 감사증거가 감사의견을 위한 근거로서 충분하고 적합하다고 우리는 믿습니다.

강조사항[4)]

재무제표 이용자는 재무제표에 대한 주석 X 에 주의를 기울여야 할 필요가 있습니다. 재무제표에 대한 주석 X는 회사의 생산설비 화재의 영향을 기술하고 있습니다. 우리의 의견은 이 사항으로부터 영향을 받지 아니합니다.

핵심감사사항
핵심감사사항은 우리의 전문가적 판단에 따라 당기 재무제표감사에서 가장 유의적인 감사사항들 입니다. 해당 사항들은 전체재무제표감사의 관점에서 우리의 의견형성시 다루어졌으며, 우리는 이런 사항에 대하여 별도의 의견을 제공하지는 않습니다.

[*각각의 핵심감사사항에 대한 기술*]

기타사항
ABC 주식회사의 20X0년 12월 31일로 종료된 보고기간의 재무제표는 타감사인이 감사하였으며 이 감사인의 20X1년 3월 31일자 감사보고서에는 해당 재무제표에 대하여 적정의견이 표명되었습니다.

재무제표에 대한 경영진과 지배기구의 책임
[적정의견의 경우와 동일]

재무제표감사에 대한 감사인의 책임
[적정의견의 경우와 동일]

기타 법규의 요구사항에 대한 보고
[적정의견의 경우와 동일]

이 독립된 감사인의 감사보고서의 근거가 된 감사를 실시한 업무수행이사는 [*이름*] 입니다.

OO회계법인 대표이사 △△△
[*감사인의 주소*]
[*감사보고서일*]

4) **강조사항문단**은 **강조사항**문단에 포함된 정보의 상대적 유의성에 대한 감사인의 판단에 근거하여, **핵심감사사항** 단락 이전이나 다음에 직접적으로 표시될 수도 있다.

6 | 비교정보에 대한 보고

기업의 재무제표에 표시되는 비교정보는 다음과 같이 두 가지 접근법이 있으며 그 두 가지 방법의 본질적인 차이는 다음과 같다(ISA 710 문단 6).

	대응수치 접근법 (corresponding figures)	비교재무제표 접근법 (comparative financial statements)
의 미	① 전기의 금액과 기타 공시가 당기재무제표의 필수적인 부분으로 포함되며, 당기와 관련된 금액과 기타 공시 ("당기수치")와 관련하여서만 이해되도록 의도된 비교정보 ② 대응되는 금액과 공시가 어느 정도로 상세해야 되는지는 주로 당기수치와의 관련성에 의해 결정됨	① 전기의 금액과 기타 공시가 당기의 재무제표와 비교할 목적으로 포함되지만, 만약 감사를 받았다면 감사의견에서 언급되는 비교정보 ② 비교재무제표에 포함되는 정보의 수준은 당기재무제표의 경우와 비교가능한 수준
감사보고의 차이	재무제표에 대한 감사의견은 당기만을 언급함	재무제표에 표시된 각각의 기간을 언급함

채택될 접근법은 종종 법규에서 규정되지만 우리나라 현행 외감법에서는 비교재무제표 방식에 따라서 보고하여야 한다. 따라서 앞으로는 비교 재무제표 접근법에 대한 논의만을 하도록 한다.

(1) 비교정보에 대한 감사절차

감사인은 비교정보와 관련하여 다음과 같은 사항을 평가하여야 한다.

비교정보에 대한 감사절차 (ISA 710 문단 7)
① 비교정보가 전기에 표시되었던 금액 및 기타 공시와 일치하는지, 또는 적절한 경우 재작성된 금액 및 기타공시와 일치하는지 여부 ② 비교정보에 반영된 회계정책이 당기의 회계정책과 일관성이 있는지, 또는 회계정책의 변경이 있었다면 그러한 변경이 적절히 회계처리되고 적절하게 표시 및 공시되었는지 여부

(2) 비교정보에 대한 감사보고서의 형태

① 계속감사의 경우
  1) 비교재무정보 모두 적정의견을 표명하는 경우
  2) 비교재무정보에 대하여 모두 변형된 의견을 표명하는 경우
  3) 전기재무제표에 대한 의견이 이전의 의견과 다른 경우

② 초도감사의 경우
  1) 기초잔액에 대하여 충분하고 적합한 감사증거를 입수한 경우
    가. 기초잔액에 중요한 왜곡표시가 포함되어 있는 경우
    나. 기초잔액에 중요한 왜곡표시가 포함되어 있지 아니한 경우
  2) 기초잔액에 대하여 충분하고 적합한 감사증거를 입수하지 못한 경우
    가. 기말잔액 또한 충분하고 적합한 감사증거를 입수하지 못한 경우
    나. 기말잔액에 대해서는 충분하고 적합한 감사증거를 입수한 경우

비교재무제표에 대한 감사보고서는 다음의 대원칙을 가지고 발행하도록 되어 있다.

상황	감사보고서 형태	
계속감사	비교재무제표 각 보고기간에 대한 의견을 표명함. (하나의 보고서에 양 회계연도 의견표명)	
초도감사	전기재무제표가 타감사인에 의해 감사받은 경우	(Type 1) 전기재무제표에 대한 전임감사인의 감사보고서가 동 재무제표와 함께 재발행되는 유형 (두 개의 보고서 발행) (Type 2) 당기재무제표에 대한 의견을 표명하고 기타사항문단에 다음 사항을 기재하는 방법 (하나의 보고서에 양 회계연도 의견 기재) ① 전기재무제표는 전임감사인이 감사하였음. ② 전임감사인이 표명한 의견의 유형 그리고 동 의견이 변형되었으면 그 이유 ③ 전임감사인의 감사보고서일
	전기재무제표가 타감사인에 의해 감사받지 아니한 경우	기타사항문단에 비교재무제표는 감사받지 아니한 것이라고 기술 (하나의 보고서에 양 회계연도 언급)

① 계속감사의 경우

비교재무제표가 표시되는 경우 감사의견은 그 표명대상이 되는 재무제표의 각 보고기간을 언급하여야 한다. 비교재무제표에 대한 감사보고서는 표시된 각 기간의 재무제표에 대하여 적용되기 때문에, 감사인은 하나 이상 기간의 재무제표에 대하여는 한정의견 또는 부적정의견을 표명하거나 의견을 거절하면서 (또는 강조사항문단을 포함시키면서), 다른 기간의 재무

제표에 대하여는 이와 다른 의견을 표명할 수 있다.

1) 비교재무정보 모두 적정의견을 표명하는 경우

독립된 감사인의 보고서

ABC주식회사의 주주 귀중 [또는 다른 적합한 수신인]

재무제표감사에 대한 보고

감사의견

우리는 ABC 주식회사(이하 "회사")의 재무제표를 감사하였습니다. 해당 재무제표는 ***20X1년 12월 31일과 20X0년 12월 31일 현재의*** 재무상태표, 동일로 종료되는 보고기간의 손익계산서(또는 포괄손익계산서), 자본변동표, 현금흐름표 그리고 유의적인 회계정책의 요약을 포함한 재무제표의 주석으로 구성되어 있습니다.

우리의 의견으로는 별첨된 회사의 재무제표는 회사의 ***20X1년 12월 31일과 20X0년 12월 31일 현재의*** 재무상태와 동일로 종료되는 보고기간의 재무성과 및 현금흐름을 한국채택국제회계기준에 따라, 중요성의 관점에서 공정하게 표시하고[또는, "…현금흐름에 대하여 한국채택국제회계기준에 따라 진실하고 공정한 관점을 제시하고"] 있습니다.

감사의견근거

우리는 감사기준에 따라 감사를 수행하였습니다. 이 기준에 따른 우리의 책임은 이 감사보고서의 재무제표감사에 대한 감사인의 책임 단락에 기술되어 있습니다. 우리는 재무제표감사와 관련된 국제윤리기준과 함께 대한민국의 윤리적 요구사항에 따라 회사로부터 독립적이며 그러한 요구사항과 국제윤리기준에 따른 기타의 윤리적 책임들을 이행하였습니다. 우리가 입수한 감사증거가 감사의견을 위한 근거로서 충분하고 적합하다고 우리는 믿습니다.

핵심감사사항

핵심감사사항은 우리의 전문가적 판단에 따라 당기 재무제표감사에서 가장 유의적인 사항들입니다. 해당 사항들은 재무제표 전체에 대한 감사의 관점에서 우리의 의견형성 시 다루어졌으며, 우리는 이런 사항에 대하여 별도의 의견을 제공하지는 않습니다. 우리는 감사의견근거 단락에 기술된 사항에 추가하여, 아래에 기술된 사항을 이 감사보고서에서 커뮤니케이션할 핵심감사사항으로 결정하였습니다.

[핵심감사사항 각각에 대한 기술]

재무제표에 대한 경영진과 지배기구의 책임
[적정의견의 경우와 동일]

재무제표감사에 대한 감사인의 책임
[적정의견의 경우와 동일]

기타 법규의 요구사항에 대한 보고
[적정의견의 경우와 동일]

이 독립된 감사인의 감사보고서의 근거가 된 감사를 실시한 업무수행이사는 [*이름*]입니다.

OO회계법인 대표이사 △△△
[*감사인의 주소*]
[*감사보고서일*]

2) 비교재무정보에 대하여 모두 변형된 의견을 표명하는 경우

전기 감사보고서에 변형의견이 포함되어 있으나 변형을 초래한 사항이 해결되지 않고 있는 경우의 감사보고서는 다음과 같다(ISA 710 보론 사례4).

- 공정표시체계를 사용하는 상장기업 외 기업의 전체재무제표에 대한 감사이며, 그룹감사가 아님(즉, 감사기준서 600이 적용되지 아니함).
- 기업의 경영진이 한국채택국제회계기준 (일반목적체계)에 따라 작성한 재무제표임.
- 감사업무의 조건에는 감사기준서 210의 재무제표에 대한 경영진의 책임에 대한 기술이 반영되어 있음.
- 감사인은 당기의 감사와 관련하여, 당기재무제표와 전기재무제표 모두에 대하여 보고할 것이 요구됨.
- 이전에 발행된 전기의 감사보고서에는 한정의견이 포함되었음.
- 변형을 초래한 사항이 해결되지 않고 있음.
- 해당 사항이 당기의 수치에 미치거나 미칠 수 있는 영향이 당기재무제표와 전기재무제표 모

두에 중요하며, 감사의견의 변형이 요구됨.

- 감사에 적용된 관련 윤리적 요구사항은 해당 국가의 감사와 관련된 윤리적 요구사항임.
- 입수한 감사증거에 근거하여, 감사인은 감사기준서 570에 따라 계속기업으로서의 존속능력에 대하여 유의적 의문을 초래할 수 있는 사건이나 상황과 관련된 중요한 불확실성이 존재하지 않는다고 결론을 내림.
- 감사인은 감사기준서 701에 따라 핵심감사사항을 커뮤니케이션하도록 요구되지도 않고 감사인이 결정하지도 않음.
- 재무제표에 대한 감시 책임자와 재무제표의 작성 책임자가 다름.
- 재무제표에 대한 감사에 추가하여, 감사인은 현지 법률의 요구에 따른 기타의 보고책임을 지고 있음.

독립된 감사인의 보고서

[ABC주식회사의 주주 귀중 [또는 다른 적합한 수신인]

재무제표감사에 대한 보고

한정의견

우리는 ABC 주식회사(이하 "회사")의 재무제표를 감사하였습니다. 해당 재무제표는 *20X1년 12월 31일과 20X0년 12월 31일 현재의* 재무상태표, 동일로 종료되는 양 보고기간의 손익계산서(또는 포괄손익계산서), 자본변동표, 현금흐름표 그리고 유의적인 회계정책의 요약 요약을 포함한 재무제표의 주석으로 구성되어 있습니다.

우리의 의견으로는 별첨된 회사의 재무제표는 이 감사보고서의 한정의견근거 *단락에 기술된 사항이 미치는 영향을 제외하고는* 회사의 20X1년 12월 31일과 20X0년 12월 31일 현재의 재무상태와 동일로 종료되는 양 보고기간의 재무성과 및 현금흐름을 한국채택국제회계기준에 따라, 중요성의 관점에서 공정하게 표시하고 [또는, "*… 현금흐름에 대하여 한국채택국제회계기준에 따라 진실하고 공정한 관점을 제시하고*"] 있습니다.

한정의견근거

재무제표에 대한 주석 X에서 논의된 바와 같이, 상기 재무제표에는 감가상각비가 반영되지 않았으며, 이는 한국채택국제회계기준에 위배됩니다. 감가상각의 미실시는 경영진이 전기에 결정한 결과에 따른 것이며, 우리는 전기재무제표에 대하여 한정의견을 표명하였습니다. 정액법에 기초하여 건물에 대하여 연 5%, 기계장치에 대하여 연 20%의 상각률을 적용하면 20X1 보고기간과 20X0 보고기간의 당기순손실은 각각 XXX원과 XXX원이 증가되어야 하고, 유형자산은 20X1년말과 20X0년말에 각각 XXX원과 XXX원 만큼의 감가상각누계액 해당액만큼 감소되어야 합니다. 또한 20X1 보고기간과 20X0 보고기간의 누적손실은 각각 XXX원과 XXX원 만큼 증가되어야 합니다.

우리는 감사기준에 따라 감사를 수행하였습니다. 이 기준에 따른 우리의 책임은 이 감사보고서의 재무제표감사에 대한 감사인의 책임 단락에 기술되어 있습니다. 우리는 재무제표감사와 관련된 대한민국의 윤리적 요구사항에 따라 회사로부터 독립적이며 그러한 요구사항에 따른 기타의 윤리적 책임들을 이행하였습니다. 우리가 입수한 감사증거가 한정의견을 위한 근거로서 충분하고 적합하다고 우리는 믿습니다.

재무제표에 대한 경영진과 지배기구의 책임

[적정의견의 경우와 동일]

재무제표감사에 대한 감사인의 책임

[적정의견의 경우와 동일]

기타 법규의 요구사항에 대한 보고

[적정의견의 경우와 동일]

이 독립된 감사인의 감사보고서의 근거가 된 감사를 실시한 업무수행이사는 [*이름*]입니다.

OO회계법인 대표이사 △△△

[*감사인의 주소*]

[*감사보고서일*]

3) 전기재무제표에 대한 의견이 이전의 의견과 다른 경우

감사인이 당기의 감사와 관련하여 전기재무제표에 대하여 보고할 때 만약 **전기재무제표에 대한 감사의견이 해당 감사인이 이전에 표명한 의견과 다른 경우 감사인은 기타사항문단에 상이한 의견에 대한 중요한 사유를 공시하여야 한다**(ISA 710 문단 16).

즉, 전기재무제표에 대하여 감사인이 경영진과의 의견불일치 사유로 한정의견을 표명하였다고 가정하자. 이 경우 당기재무제표 감사시 만약 회사가 전기재무제표에 대한 오류를 수정하여 감사인에게 제시하였고 당기재무제표에 대해서는 중요한 왜곡표시가 발견되지 않았다고 가정하면 감사인은 올해 비교재무제표에 대하여 모두 적정의견을 표명하여야 한다. 이 때 감사인은 감사보고서에 전기재무제표에 대한 감사의견이 변경된 실질적인 이유에 대하여 기타사항문단에 그 내용을 기재하여야 한다.

② 초도감사의 경우

초도감사의 경우 감사보고서 발행 형태를 정리하기에 앞서 먼저 기초잔액에 대한 감사인의 감사절차에 대해서 정리할 필요가 있다. 감사인은 기초잔액에 당기재무제표에 중요하게 영향을 미치는 왜곡표시가 포함되어 있는지 여부에 대해 충분하고 적합한 감사증거를 입수하기 위하여 다음과 같은 절차를 수행하여야 한다.

기초잔액에 대한 감사절차 (ISA 510 문단 6,8)
① 전기의 마감잔액이 정확하게 당기로 이월되었는지, 또는 해당되는 경우 재작성되었는지 여부 ② 기초잔액에 적합한 회계정책이 반영되어 있는지 결정. 이 때 기초잔액에 반영된 회계정책이 당기재무제표에 일관되게 적용되고 있는지 확인 필요 그리고 회계정책이 변경되었다면 해당 내용이 재무보고체계에 따라 적절하게 처리, 표시 및 공시되었는지 여부에 대해 충분하고 적합한 감사증거를 입수 ⇨ 일반적으로는 회계정책 변경사유가 타당한지 그리고 해당 내용에 대한 회계처리가 적절하게 이루어졌는지 그리고 동 내용을 재무제표에 적절히 공시되었는지를 확인해 보아야 한다.[주1] ③ 다음 절차 중 하나 이상을 수행하여야 함[주2] 가. 전기재무제표가 감사를 받은 경우, 기초잔액에 관한 증거를 입수하기 위해 전임감사인의 감사조서를 검토함. 나. 당기에 수행된 감사절차가 기초잔액과 관련된 증거를 제공하는지 여부를 평가함. 다. 기초잔액에 관한 증거를 입수하기 위하여 특정의 감사절차를 수행함.

주1

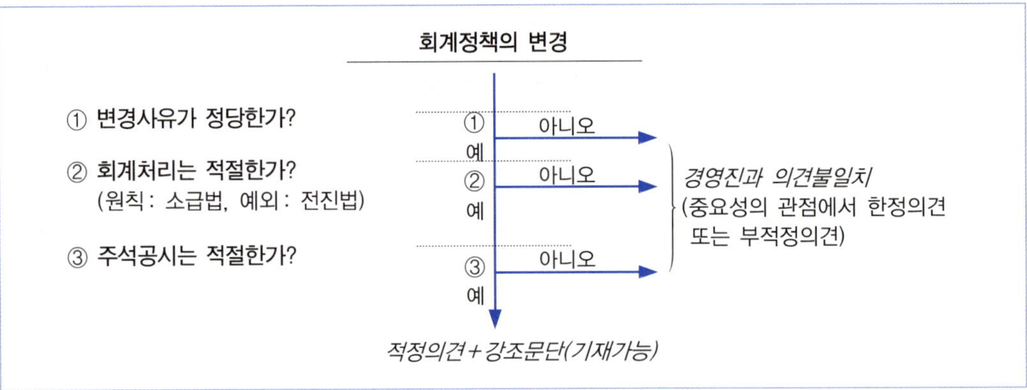

주2 전임감사인의 감사문서를 검토하는 경우에는 반드시 전임감사인의 전문가로서의 적격성과 독립성을 검토하여야 한다. 만약, 전임감사인의 감사문서를 검토하지 못하는 경우(전기 재무제표가 감사받지 아니한 경우도 포함) 감사인은 다음과 같이 계정과목별로 구체적인 감사절차를 수행하여야 한다. (ISA 510 문단 A6~A7)

항 목	구체적인 감사절차
매출채권 및 매입채무	당기 중 회수 및 지급여부 확인
재고자산	가. 당기 재고자산 실사에 입회하고 그 결과를 기초 재고수량과 조정함 나. 기초 재고자산의 항목을 평가하기 위한 감사절차를 수행함 다. 매출총이익과 기간귀속에 대하여 감사절차를 수행함.
비유동자산(공장, 설비)	기초잔액의 근거가 되는 회계기록과 기타의 정보를 검사
투자자산, 장기부채	가. 기초잔액의 근거가 되는 회계기록과 기타의 정보를 검사 나. 제3자로부터 확인

이러한 기초잔액과 관련된 충분하고 적합한 감사증거를 입수하기 위해 필요한 감사절차의 성격과 범위는 다음과 같은 사항에 따른다.

기초잔액 감사절차의 성격과 범위에 영향을 주는 요인 (ISA 510 문단 A3)

① 기업이 적용한 회계정책
② 계정잔액, 거래유형 및 공시의 성격과 당기재무제표에서 중요왜곡표시위험
③ 당기재무제표에 대한 기초잔액의 유의성
④ 전기재무제표가 감사받았는지 여부. 그리고 감사받은 경우 전임감사인의 의견이 변형되었는지 여부

위 내용을 바탕으로 아래는 상황별로 초도감사시 발행하는 감사보고서 형태를 살펴보기로 한다.

1) 기초잔액에 대하여 충분하고 적합한 감사증거를 입수한 경우 가. 기초잔액에 중요한 왜곡표시가 포함되어 있는 경우 나. 기초잔액에 중요한 왜곡표시가 포함되어 있지 아니한 경우 2) 기초잔액에 대하여 충분하고 적합한 감사증거를 입수하지 못한 경우 가. 기말잔액 또한 충분하고 적합한 감사증거를 입수하지 못한 경우 나. 기말잔액에 대해서는 충분하고 적합한 감사증거를 입수한 경우

1) 기초잔액에 대하여 충분하고 적합한 감사증거를 입수한 경우

가. 기초잔액에 중요한 왜곡표시가 포함되어 있는 경우

감사인이 초도감사시 기초잔액에 중요한 왜곡표시가 포함되어 있는 경우에는 다음과 같은 절차를 수행하여야 한다.

기초잔액에 중요한 왜곡표시 포함되어 있는 경우 후임감사인의 감사절차 (ISA 710 문단 18)
① 적합한 수준의 경영진, 그리고 지배기구의 모든 구성원이 그 기업의 경영에 참여하고 있지 않는 한 지배기구와 해당 왜곡표시를 커뮤니케이션한다. ② 전임감사인에게 알리도록 요청하여야 한다.

가-1. 전임감사인이 새로운 감사보고서를 발행하는데 동의한 경우

이러한 사실이 경영진에게 통보되어 전기 재무제표가 수정되고 전임감사인도 해당 사실을 통보받은 후 수정된 전기재무제표에 대해 새로운 감사보고서를 발행하는 데 동의한다면, 감사인은 당기에 대해서만 보고(적정의견)하여야 한다. 이 경우 전임감사인의 경우에는 후속사건의 재무제표가 발행된 후 감사인이 알게 된 사실에 해당되기 때문에 발행하는 새로운 감사보고서에는 이미 설명한 바와 같이 다음과 같은 강조사항 및 기타사항 문단을 기재하여야 한다.

강조사항 및 기타사항문단에 포함시켜야 할 내용 (ISA 560 문단 16)
① 이전에 발행한 재무제표를 수정한 이유 ② 수정한 이유를 더 넓게 논의한 재무제표의 주석을 참조하라는 문구 ③ 감사인이 이전에 발행한 보고서를 참조하라는 문구

가-2. 전임감사인이 새로운 감사보고서 발행에 동의하지 않는 경우

전임감사인은 전기재무제표에 대한 감사보고서를 재발행할 수 없거나, 또는 재발행을 원하지 않을 수 있다. 감사인은 감사보고서의 기타사항문단에 전임감사인은 수정전 전기재무제표

에 대하여 의견을 표명했다는 사실을 나타낼 수 있을 것이다. 뿐만 아니라, 감사인이 감사업무를 수행하면서 전기재무제표에 대한 수정이 적절하다는 점에 대해 만족할 만큼 충분하고 적합한 감사증거를 얻는다면, 감사보고서에 다음의 문구도 포함시킬 수 있을 것이다.

예 시
기타사항문단 "우리는 20X2 보고기간의 재무제표에 대한 감사의 일부로, 회사가 20X1 보고기간의 재무제표를 수정하기 위해 적용한 주석 X에서 기술되어 있는 조정사항들에 대하여도 감사를 수행하였습니다. 우리의 의견으로는, 동 조정사항들은 적절하며 바르게 적용되었습니다. 우리는 위의 조정사항을 제외하고는 회사의 20X1 보고기간의 재무제표에 대해 감사나 검토, 기타 어떠한 업무도 수행하지 않았습니다. 따라서 우리는 20X1년 보고기간의 재무제표 전체에 대하여 감사의견 또는 기타 어떠한 형태의 확신도 표명하지 아니합니다."

나. 기초잔액에 중요한 왜곡표시가 포함되어 있지 아니한 경우

전기재무제표가 전임감사인의 감사를 받은 경우, 전기재무제표에 대한 전임감사인의 감사보고서가 해당 재무제표와 함께 재발행되지 않는 한, 감사인은 당기재무제표에 대한 의견표명에 추가하여 기타사항문단에 다음 사항을 기재하여야 한다.

기타사항에 기재하여야 할 내용 (ISA 710 문단 17)
나-1. 전기재무제표는 전임감사인이 감사하였음 나-2. 전임감사인이 표명한 의견의 유형, 그리고 해당 의견이 변형되었으면 그 이유 나-3. 전임감사인의 감사보고서일

예 시
기타사항문단 ABC 주식회사의 20X0년 12월 31일로 종료된 재무제표는 타감사인이 감사하였으며, 동 감사인은 20X1년 3월 31일에 적정의견을 표명하였습니다.

2) 기초잔액에 대하여 충분하고 적합한 감사증거를 입수하지 못한 경우

가. 기말잔액 또한 충분하고 적합한 감사증거를 입수하지 못한 경우

기말잔액 또한 충분하고 적합한 감사증거를 입수하지 못하는 경우 당기 감사인은 당기 모든 재무제표에 대하여 한정 또는 의견거절을 표명한다. 이 때 비교재무제표로 공시가 되는 경우

전기 재무제표에 대해서는 위에서 언급한 기본 원칙을 적용하면 된다. 즉, 전기 재무제표가 감사받지 않았다면 기타사항에 전기 재무제표는 감사받지 않았다고 기재하면 되고 전기 재무제표가 감사를 받은 경우(전임 감사인이 감사보고서를 재발행하지 않았다고 가정)에는 기타사항에 전기 재무제표는 전임 감사인이 감사하였고 해당 의견의 종류, 그 의견이 적정이 아닌 경우 그 사유를 기재하면 된다.

나. 기말잔액에 대해서는 충분하고 적합한 감사증거를 입수한 경우

감사인은 기초잔액에 대한 감사증거를 수집하지 못한 상황에서 기말잔액에 대한 충분하고 적합한 감사증거를 수집한 경우라면 **법규가 허용되는 범위에서 재무상태에 대해서는 적정, 재무성과와 현금흐름에 대해서는 한정 또는 의견거절을 표명**한다. 만약, 법규가 이러한 재무제표별로 의견을 분리하는 것을 금지하고 있다면 모든 재무제표에 대한 범위제한으로 한정 또는 의견거절을 표명한다. 이는 위 가.번과 동일한 보고서 형태가 될 것이다.

7 | 그룹재무제표 감사(부문감사인이 수행한 업무 등 특별고려사항)

그룹재무제표 감사에 대해서 자세히 살펴보기 위해서는 다음의 용어 정의를 먼저 이해하여야 한다.

용어의 정의 (ISA 600 문단 9)
(1) **부문** – 그룹경영진 또는 부문경영진이 그룹재무제표에 포함되어야 하는 재무정보를 작성하는 대상인 실체 또는 사업활동
(2) **부문감사인** – 그룹감사를 위하여 그룹업무팀의 요청으로 부문과 관련된 재무정보에 대하여 업무를 수행하는 감사인.
(3) **부문경영진** – 부문재무정보를 작성할 책임이 있는 경영진
(4) **부문중요성** – 그룹업무팀이 부문에 대하여 설정한 중요성
(5) **그룹** – 그룹재무제표에 재무정보가 포함되는 모든 부문. 그룹은 항상 둘 이상의 부문을 가진다.
(6) **그룹감사** – 그룹재무제표에 대한 감사
(7) **그룹감사의견** – 그룹재무제표에 대한 감사의견
(8) **그룹업무수행이사** – 그룹감사업무와 그룹감사업무 수행 및 발행된 그룹재무제표에 대한 감사보고서에 대하여 회계법인을 대신하여 책임을 지는 파트너 또는 회계법인 내 기타의 사람. 공동감사인이 그룹감사를 수행하는 경우에는, 공동감사의 각 파트너들과 그 업무팀은 집합적으로 그룹업무수행이사와 그룹업무팀을 구성한다. 그러나 이 감사기준서는 공동

감사인(joint auditor) 사이의 관계 또는 공동감사인이 다른 공동감사인의 업무(joint engagement)와 관련하여 수행하는 업무에 대하여는 다루지 아니한다.

(9) **그룹업무팀**(그룹감사업무팀) - 그룹의 전반그룹감사전략을 수립하고 부문감사인과 커뮤니케이션하며 연결절차에 관한 업무를 수행하고 그룹재무제표에 대한 의견을 형성하는 기초로서 감사증거로부터 도출된 결론을 평가하는 그룹업무수행이사 등 파트너와 스태프

(10) **그룹재무제표** - 2개 이상 부문의 재무정보를 포함하는 재무제표. 그룹재무제표는 또한 모기업이 없는 동일 지배하에 있는 부문이 작성한 재무정보를 합산한 결합재무제표를 지칭하기도 한다.

(11) **그룹경영진** - 그룹재무제표를 작성할 책임이 있는 경영진

(12) **그룹 차원의 통제** - 그룹경영진이 그룹의 재무보고에 대하여 설계, 실행하고 유지하는 통제

(13) **유의적 부문** - 그룹업무팀이 다음 중 하나의 특성을 갖는 것으로 식별한 부문

(i) 그룹에 대하여 개별적으로 재무적 유의성을 가짐

(ii) 고유한 성격이나 상황으로 인하여 그룹재무제표의 유의적인 중요왜곡표시위험을 포함할 것 같음

(1) 그룹재무제표 감사의 의의

한국채택국제회계기준(K-IFRS)의 도입에 따라 연결재무제표가 주재무제표가 된 상황에서 해당 재무제표에 대한 감사위험 관리는 굉장히 중요한 이슈가 되었다. 이번 회계감사기준에서는 이러한 연결재무제표에 대한 감사를 진행함에 있어서 그룹감사인(연결재무제표 감사인)과 부문감사인(자회사 감사인)과의 업무조율 및 각각의 책임, 그리고 부문감사인의 감사보고서를 활용하는 경우 그룹감사인의 책임 등에 대해서 자세하게 규정을 하고 있다.

다만, 이러한 그룹재무제표 감사기준은 해당 상황의 필요에 맞도록 조정하는 경우 감사인이 그룹재무제표가 아닌 재무제표의 감사에 타감사인을 참여시키는 경우에도 유용할 수 있다. 예를 들어, 감사인은 원격지에 소재하는 재고자산의 실사에 입회하거나 유형자산을 검사할 때 타감사인을 참여시킬 수 있을 것이다.

(2) 그룹감사인의 책임 (ISA 600 문단 11 & A8~9)

감사인	책 임
그룹감사인	(1) 그룹재무제표에 대한 의견표명 책임을 져야 함 ⇨ 따라서, 법규에서 요구하지 않는 한, 그룹재무제표에 대한 감사보고서에는 부문감사인을 언급하여서는 안 된다. 법규상 부문감사인의 언급이 요구되는 경우에도, 부문감사인을 언급하더라도 그룹업무수행이사 또는 그룹업무수행이사가 속한 회계법인의 그룹감사의견에 대한 책임이 경감되지 아니함을 그룹재무제표에 대한 감사보고서에 나타내야 한다. (2) 그룹업무팀이 하나 이상의 부문재무정보에 대하여 충분하고 적합한 감사증거를 입수할 수 없어 그룹감사의견을 변형시키는 경우, 해당 상황을 적절히 설명하기 위해 부문감사인을 언급하는 것이 필요한 것이 아닌 한 그룹재무제표에 대한 감사보고서의 변형근거 단락에 부문감사인을 언급하지 않고 충분하고 적합한 감사증거를 입수하지 못한 이유를 기술한다.
부문감사인	그룹감사를 위하여 부문재무정보에 대한 업무를 수행하고 이에 대한 전반적인 감사 발견사항이나 결론 또는 의견에 대하여 책임을 지지만 그룹감사의견에 대한 책임은 그룹업무수행이사나 해당 그룹업무수행이사가 소속된 회계법인에 있다.

(3) 수임 및 계속

그룹업무수행이사는 품질관리목적상 그룹감사의견의 근거가 되는 연결절차 및 부문재무정보에 관한 충분하고 적합한 감사증거가 입수된다고 합리적으로 기대가능한지 여부를 결정하여야 한다. 그룹업무팀은 유의적일 것 같은 부문을 식별하는 데 충분하도록 해당 그룹과 부문 및 그 환경을 이해하여야 한다. 부문감사인이 그러한 부문의 재무정보에 대한 업무를 수행할 예정인 경우, 그룹업무수행이사는 그룹업무팀이 충분하고 적합한 감사증거를 입수하는데 필요한 만큼 부문감사인들의 업무에 관여할 수 있을 것인지 여부를 평가하여야 한다(ISA 600 문단 12).

1) 수임 또는 계속 단계에서의 이해 (ISA 600 문단 A10~A12)

신규감사의 경우 이해의 원천 (How)	① 그룹경영진이 제공한 정보 ② 그룹경영진과의 커뮤니케이션 ③ 해당되는 경우, 이전의 그룹업무팀, 부문경영진 또는 부문감사인과의 커뮤니케이션
그룹업무팀이 이해할 사항 (What)	① 법적 구조와 조직체계 등 그룹의 구조(즉, 그룹의 재무보고시스템이 조직화되어 있는 방법)

	② 그룹에 유의적인 부문사업활동(그러한 활동이 발생하는 산업과 규제적, 경제적, 정치적 환경 포함) ③ 공유 서비스센터 등 서비스조직의 이용 ④ 그룹 차원의 통제에 대한 기술서 ⑤ 연결절차의 복잡성 ⑥ 그룹업무수행이사가 소속된 회계법인이나 그 네트워크 회계법인에 소속되지 않은 부문감사인이 부문의 재무정보에 대한 업무를 수행할 것인지 여부, 그리고 그룹경영진이 둘 이상의 감사인을 선임한 논리적 근거 ⑦ 그룹업무팀이 다음의 권한을 보유하고 있는지 여부 1) 그룹지배기구, 그룹경영진, 부문지배기구, 부문경영진, 부문정보 및 부문감사인에 대하여 제약을 받지 않고 접근할 수 있음(그룹업무팀이 원하는 관련 감사문서를 포함함) 2) 그룹업무팀이 부문의 재무정보에 대해 필요한 업무를 수행할 수 있음
계속감사의 경우 충분하고 적합한 감사증거를 입수할 수 있는지 여부에 영향을 주는 요인	① 그룹구조의 변경(예: 매수, 매각, 그룹의 조직변경 또는 그룹재무보고시스템의 조직방법 변경) ② 그룹에 유의적인 부문사업활동의 변경 ③ 그룹지배기구, 그룹경영진, 또는 유의적 부문의 주요경영진의 구성변경 ④ 그룹경영진이나 부문경영진의 성실성 및 적격성에 관한 그룹업무팀의 우려 ⑤ 그룹 차원의 통제의 변경 ⑥ 해당 재무보고체계의 변경

2) 수임 또는 유지 결정 및 거부

위와 같은 그룹감사의 수임단계에서 이해를 통하여 그룹감사인은 해당 업무를 수임 또는 유지할 것인지 거부할 것인지를 결정하여야 한다. 만약, 그룹감사인이 해당 재무제표 감사와 관련하여 충분하고 적합한 감사증거가 나오지 않는다고 판단하는 경우 후속절차의 대원칙은 다음과 같다.

상 황
그룹경영진에 의한 제약에 따라 그룹업무팀이 충분하고 적합한 감사증거를 입수하는 것이 가능하지 않을 것으로 예상되며, 이로 인해 발생가능한 영향 때문에 그룹재무제표에 대한 의견표명을 거절하게 될 것으로 예상됨.

후속절차
① 신규업무인 경우 그 수임을 거절하며, 계속업무인 경우 관련 법규상 가능하다면 업무를 해지함. ② 법규에 의해 감사의 수임거부가 금지되거나 해지가 허용되지 아니한다면, 그룹재무제표에 대한 감사를 가능한 범위까지 수행하고 그룹재무제표에 대하여는 의견표명을 거절함.

다만, 충분하고 적합한 감사증거를 수집하지 못하는 상황별로 후속절차는 약간씩 변형되어서 수행되어야 한다. 각 상황별 후속절차는 다음과 같다.

상황 1 **유의적이지 않다고 생각되는 부문들로만 구성되어 있어서 충분하고 적합한 감사증거의 입수에 대한 기대가 되는 경우**

상 황
그룹이 유의적이지 않다고 생각되는 부문들로만 구성되어 있는 경우

후속절차 (①과 ②절차를 모두 수행)
① 일부 부문의 재무정보에 대한 업무를 수행함. ② 그 외 다른 부문들의 재무정보에 대하여 부문감사인이 수행한 업무에 대하여 충분하고 적합한 감사증거를 입수하기 위해 필요한 정도로 관여함

상황 2 **충분하고 적합한 감사증거를 제시하지 못하는 상황이 그룹경영진도 극복할 수 없는 상황**

상 황
그룹경영진이 극복할 수 없는 상황에 따라 정보에 대한 접근이 제한되는 경우(예 : 비밀유지 및 개인정보 보호 관련 법률에 의한 경우)

후속절차
① 충분하고 적합한 감사증거를 수집하기 위한 절차 수행 ② 해당 부문의 유의성이 증가하는 경우에는 감사인이 해당 감사에 대해서 충분하고 적합한 감사증거를 수집할 가능성은 낮아짐. 따라서, 충분하고 적합한 감사증거를 수집하지 못한다고 판단하는 경우에는 한정 또는 의견거절을 표명

상황 3 **그룹경영진이 유의적 부문의 정보에 대하여 충분하고 적합한 증거 접근을 제한하는 경우**

상 황
그룹경영진이 유의적 부문의 정보에 대한 접근권을 제한하는 경우

후속절차
그룹업무팀은 충분하고 적합한 감사증거를 입수할 수 없을 것이다. 따라서 수임을 거절하거나 계약을 해지하여야 한다. 단, 법규에 의해 감사의 수임거부가 금지되거나 해지가 허용되지 아니한다면, 그룹재무제표에 대한 감사를 가능한 범위까지 수행하고 그룹재무제표에 대하여는 의견표명을 거절함

상황 4 **그룹경영진이 유의적이지 않은 부문의 정보에 대하여 충분하고 적합한 증거 접근을 제한하는 경우**

상 황
그룹경영진이 유의적이지 않은 부문의 정보에 대한 접근을 제한하는 경우

후속절차
충분하고 적합한 감사증거를 수집할 수도 있지만 이러한 제한에 대한 사유는 그룹감사의견에 영향을 미칠 수 있을 것이다. 예를 들어 이와 같은 사유는 그룹업무팀의 질문에 대한 그룹경영진의 답변이나 그룹업무팀에 대한 그룹경영진의 진술에 있어 그 신뢰성에 영향을 줄 수 있다.

3) 감사업무의 조건

그룹수행이사는 그룹감사업무조건에 합의하여야 하며 해당 감사업무의 조건에는 다음과 같은 내용이 일반적으로 명시되어야 한다.

감사업무의 조건에 명시되는 내용 (ISA 600 문단 A20)
① 해당 재무보고체계 ② 그룹업무팀과 부문감사인간의 커뮤니케이션은 법규상 가능한 정도까지 제한없이 이루어져야 함. ③ 부문감사인, 부문지배기구 및 부문경영진간의 중요한 커뮤니케이션 내용(부문 내부통제의 유의적 미비점에 관한 커뮤니케이션 포함)은 그룹업무팀에도 커뮤니케이션 되어야 함 ④ 재무보고 사항에 관한 규제기관과 부문간의 중요한 커뮤니케이션 내용은 그룹업무팀에 커뮤니케이션되어야 함. ⑤ 다음의 사항은 그룹업무팀이 필요하다고 판단하는 정도까지 허용되어야 함 가. 부문정보, 부문지배기구, 부문경영진 및 부문감사인에 대한 접근(그룹업무팀이 원하는 관련 감사문서를 포함함) 나. 부문재무정보에 대한 업무를 그룹업무팀이 수행하거나 부문감사인이 수행하도록 요청함.

(4) 전반감사전략 및 감사계획

그룹업무팀은 일반적인 감사에 적용되는 동일한 논리로 그룹감사에 대한 전반감사전략과 감사계획을 수립하여야 하며 그룹업무수행이사는 그룹감사의 전반감사전략과 감사계획을 검토하여야 한다. 이러한 전반감사전략 및 감사계획에 대한 검토는 그룹업무수행이사가 그룹감사업무에 대한 지휘, 책임을 수행하는 데 중요한 부분이다.

(5) 그룹 및 부문과 그 환경에 대한 이해

감사인은 해당 실체와 그 환경을 이해함으로써 중요왜곡표시위험을 식별하고 평가하여야 한다. 그룹업무팀은 다음의 절차를 수행하여야 한다.

해당 실체와 그 환경을 이해하기 위하여 수행하여야 하는 절차 (ISA 600 문단 17)
① 업무의 수용 또는 유지 단계에서 입수한 그룹·부문과 그 환경(그룹 차원의 통제 포함)에 대한 이해를 강화함. ② 연결절차(그룹경영진이 부문들에 내린 지침 포함)를 이해함.

그룹경영진은 재무정보의 통일성과 비교가능성을 달성하기 위해 부문에 지침을 내리는 것이 일반적이다. 이러한 지침은 주로 그룹재무제표에 포함될 부문의 재무정보에 대한 요구사항을 명시하고 있으며 종종 재무보고절차에 관한 매뉴얼과 보고패키지가 포함되기도 한다. 보고패키지는 그룹재무제표에 통합될 재무정보를 제공하기 위한 표준양식으로 구성되어 있다. 그러나 이러한 보고패키지는 일반적으로 해당 재무보고체계에 따라 작성되고 공시되는 전체재무제표의 형태를 갖추지 않는다. 그룹경영진의 지침에 포함되는 사항은 일반적으로 다음과 같다.

그룹경영진 지시에 포함되는 사항 (ISA 600 문단 A25)
① 적용될 회계정책 ② 그룹재무제표에 적용되는 다음과 같은 법규상 또는 기타의 공시요구사항 가. 사업부문의 식별 및 보고 나. 특수관계 및 특수관계자 거래 다. 그룹 내부거래 및 미실현이익 라. 그룹 내부거래 계정잔액 ③ 보고일정

그룹업무팀은 부정이나 오류에 의해 그룹재무제표가 중요하게 왜곡표시될 위험에 대한 평가를 수행하는 데 충분하도록 그룹 및 부문과 그 환경에 대한 이해가 이루어져야 한다.

(6) 부문감사인에 대한 이해

그룹업무팀이 부문감사인에게 부문재무정보에 대한 업무의 수행을 요청하기로 계획하는 경우, 그룹업무팀은 다음 사항을 이해하여야 한다.

그룹업무팀이 부문감사인에 대하여 이해하여야 할 사항 (ISA 600 문단 19)
① 부문감사인이 그룹감사와 관련된 윤리적 요구사항을 이해하고 있으며 이를 준수할 것인지 여부, 특히 부문감사인이 독립적인지 여부 ② 부문감사인의 전문가적 적격성 ③ 그룹업무팀이 충분하고 적합한 감사증거를 입수하는 데 필요한 만큼 부문감사인들의 업무에 관여할 수 있을 것인지 여부 ④ 감사인을 적극적으로 감독하는 규제환경하에서 부문감사인이 업무를 수행하는지 여부

특히, 부문감사인의 적격성에 대해서는 다음과 같은 절차를 통하여 이해할 수 있을 것이다.

부문감사인의 적격성 파악하기 위한 절차 (ISA 600 문단 A38)
① 부문감사인이 그룹감사에서 부문감사인의 책임을 수행하는 데 충분할 만큼 그룹감사에 적용되는 감사기준과 기타의 기준에 대하여 지식을 보유하고 있는지 여부 ② 부문감사인이 해당 부문재무정보에 대한 업무를 수행하는 데 필요한 전문기술(예를 들어 해당 산업에 고유한 지식)을 보유하고 있는지 여부 ③ 해당되는 경우, 부문감사인이 그룹감사에서 부문감사인의 책임을 수행하는 데 충분할 만큼 해당 재무보고체계를 이해하고 있는지 여부(그룹경영진이 부문에 내리는 지침에는 종종 해당동 재무보고체계에 대한 특성이 기술된다)

이러한 그룹업무수행이사는 위와 같은 부문감사인에 대한 이해를 위하여 다음과 같은 절차를 수행할 수 있다.

부문감사인을 이해하기 위하여 수행하는 절차 (ISA 600 문단 A35)
① 공통의 모니터링 정책과 절차에 따라 운영되고 이를 준수하는 회계법인이나 네트워크 회계법인에 그룹업무팀과 부문감사인이 함께 속해있는 경우 품질관리 모니터링 시스템의 결과를 평가함 ② 부문감사인에게 독립성 및 적격성에 대하여 서면으로 확인해 줄 것을 요청함. ③ 부문감사인에게 독립성 및 적격성에 대하여 기술된 사항에 관한 질의서에 대해 답변을 작성할 것을 요청함 ④ 부문감사인이 소속된 전문직 조직이나 부문감사인의 전문자격증을 부여하는 기관 또는 기타의 제3자로부터 확인서를 입수함.

부문감사인이 그룹감사와 관련된 독립성 요구사항을 충족시키지 못하거나 그룹업무팀이 부문감사인의 적격성에 의구심이 발생한 경우, 그리고 충분하고 적합한 감사증거를 입수하는 데 필요한 만큼 부문감사인들의 업무에 관여할 수 없다고 판단되는 경우에는 그룹업무팀은 부문감사인에게 부문재무정보에 관한 업무수행을 요청하지 않고 직접 해당 부문의 재무정보에 관하여 충분하고 적합한 감사증거를 입수하여야 한다.

(7) 중요성

그룹업무팀은 다음과 같은 중요성을 결정하여야 한다.

그룹감사인이 결정하여야 하는 중요성의 세부내용 (ISA 600 문단 21)
① 전반그룹감사전략을 수립할 때 그룹재무제표 전체에 대한 중요성
② 그룹의 특정 상황에서 그룹재무제표 전체에 대한 중요성 보다 적은 금액의 왜곡표시가 그룹재무제표에 근거한 이용자의 경제적 의사결정에 영향을 줄 것으로 합리적으로 예상될 수 있는 거래유형, 계정잔액 또는 공시가 그룹재무제표에 존재하면, 이러한 특정 유형의 거래, 계정잔액 또는 공시에 적용될 중요성 수준(들).
③ 부문감사인이 그룹감사의 목적으로 감사 또는 검토를 수행할 예정인 경우, 그러한 부문들에 대한 부문중요성은 그룹재무제표 내의 미수정왜곡표시와 미발견왜곡표시의 합계가 그룹재무제표 전체에 대한 중요성을 초과할 확률을 적절하게 낮은 수준으로 감소시키기 위해, 그룹재무제표 전체에 대한 중요성보다 낮아야 한다.
④ 왜곡표시가 그 기준을 초과하면 그룹재무제표에 대하여 명백하게 사소하다(clearly trivial)고 간주할 수 없는 한도기준

부문감사인이 그룹감사의 목적으로 감사를 수행할 예정인 경우, 그룹업무팀은 부문 수준에서 결정된 수행중요성이 적합한지 평가하여야 한다. 또한, 부문이 법규 또는 기타의 이유로 감사를 받아야 하는 상황에서 그룹업무팀이 그룹감사의 감사증거를 제공하기 위해 동 감사를 이용하기로 결정하면, 그룹업무팀은 다음 사항이 이 기준서의 요구사항을 충족시키는지 여부를 결정하여야 한다.

① 해당 부문재무제표 전체에 대해 결정된 중요성
② 부문 수준에서 결정된 수행중요성

(8) 평가된 위험에 대한 대응

감사인은 재무제표의 평가된 중요왜곡표시위험에 대처하는 데 적합한 대응을 설계하고 수행하여야 한다. 그룹업무팀은 그룹업무팀 또는 그룹업무팀을 대신하는 부문감사인이 부문의 재무정보에 대하여 수행할 업무의 유형을 결정하여야 한다. 또한 그룹업무팀은 부문감사인의 업무에 대한 관여의 성격, 시기 및 범위를 결정하여야 한다.

연결절차 또는 부문재무정보에 대하여 수행할 업무의 성격, 시기 및 범위가 그룹 차원의 통제가 효과적으로 운영되고 있다는 기대에 근거하는 경우, 또는 실증절차만으로는 경영진

주장 수준의 충분하고 적합한 감사증거가 제공될 수 없는 경우에는, 그룹업무팀은 그와 같은 그룹 차원의 통제의 운영효과성을 테스트하거나 부문감사인이 이를 수행하도록 요청하여야 한다.

1) 부문의 재무정보에 대해 수행할 업무유형의 결정

부문이 유의적인지 유의적이지 않은지에 따라 다음과 같은 업무유형이 나뉘어진다.

유의적인 경우	① 재무적 유의성이 있는 경우 부문감사인은 부문의 재무정보에 대해 부문중요성을 적용하여 감사하여야 한다. ② 그룹재무제표에 대하여 중요한 왜곡표시의 유의적 위험을 포함하고 있는 부문의 경우 가. 부문중요성을 적용한 부문재무정보의 감사 나. 그룹재무제표의 중요한 왜곡표시에 대한 유의적 위험의 가능성과 관련된 하나 이상의 거래유형과 계정잔액 및 공시에 대한 감사 다. 그룹재무제표의 중요한 왜곡표시에 대한 유의적 위험의 가능성과 관련된 특정 감사절차
유의적이지 아니한 경우	그룹 수준의 분석적 절차를 수행

감사인은 위와 같은 절차를 통하여서도 그룹감사의견의 근거가 될 충분하고 적합한 감사증거를 입수할 수 있을 것으로 보고 있지 않은 경우 유의적이지 아니한 부문 중 일부를 선택하여 해당 부문의 재무정보에 대하여 다음의 절차 하나 이상을 수행하거나 부문감사인이 이를 수행하도록 요청하여야 한다.

가. 부문중요성을 적용한 해당 부문의 재무정보에 대한 감사
나. 하나 이상의 거래유형과 계정잔액 및 공시에 대한 감사
다 부문중요성을 적용한 해당 부문의 재무정보에 대한 검토
라. 특정의 절차

2) 부문감사인이 수행한 업무에 대한 관여

① 유의적 부문 ― 위험평가

부문감사인이 유의적 부문의 재무정보에 대하여 감사를 수행하면, 그룹업무팀은 그룹재무제표의 중요한 왜곡표시에 대한 유의적 위험을 식별하기 위하여 부문감사인의 위험평가에 관여하여야 한다. 그룹감사인의 이러한 관여의 성격과 시기 및 범위는 부문감사인에 대한 이해 정도에 영향을 받지만, 최소한 다음의 절차는 포함되어야 한다.

가. 그룹에 유의적인 부문의 사업활동에 대해 부문감사인이나 부문경영진과 토의함.
나. 부정이나 오류에 의해 부문의 재무정보가 중요하게 왜곡표시될 취약성에 대해 부문감사인과 토의함.
다. 그룹재무제표의 중요한 왜곡표시에 관하여 부문감사인이 식별한 유의적 위험의 문서화 내용을 검토함. 그러한 문서화는 식별된 유의적 위험에 대해 부문감사인이 내린 결론이 반영되고 있는 비망록의 형태를 취할 수도 있다.

② 그룹재무제표의 중요한 왜곡표시에 대해 식별된 유의적 위험 — 추가감사절차

그룹재무제표의 중요한 왜곡표시에 대한 유의적 위험이 부문감사인이 업무를 수행하는 부문에서 식별된 경우, 그룹업무팀은 동 위험에 대응하여 수행할 추가감사절차가 적절한지 평가하여야 한다. 그룹업무팀은 부문감사인에 대한 이해를 바탕으로 하여 추가감사절차에 관여할 필요가 있는지 여부를 결정하여야 한다.

(9) 연결절차에 대한 감사

그룹업무팀은 연결절차에 대하여 다음과 같은 절차를 수행하여야 한다.

연결절차에 대한 감사절차 (ISA 600 문단 32~37)

① 그룹업무팀은 그룹 차원의 통제 및 연결절차(그룹경영진이 부문들에게 내린 지침 포함)를 이해한다. 연결절차에 대하여 수행할 업무의 성격, 시기 및 범위가 그룹 차원의 통제가 효과적으로 운영되고 있다는 기대에 근거하거나, 실증절차만으로는 경영진주장 수준의 충분하고 적합한 감사증거가 제공될 수 없는 경우, 그룹업무팀은 그룹 차원의 통제의 운영효과성을 테스트하거나, 또는 그룹업무팀의 요청을 받은 부문감사인이 이를 테스트한다.

② 그룹업무팀은 연결절차에서 발생하는 그룹재무제표의 평가된 중요왜곡표시위험에 대응하여 연결절차에 대한 추가감사절차를 설계하고 수행하여야 한다. 여기에는 그룹재무제표에 모든 부문들이 포함되어 있는지에 대한 평가도 포함되어야 한다.

③ 그룹업무팀은 연결조정과 재분류의 적합성, 완전성 및 정확성을 평가하여야 하며, 또 부정위험요소나 경영진의 편의가능성 징후가 존재하는지 여부를 평가하여야 한다.[주]

④ 만약 어떤 부문재무정보가 그룹재무제표에 적용된 것과 동일한 회계정책에 따라 작성되지 아니한 경우에는, 그룹업무팀은 해당 부문의 재무정보가 그룹재무제표의 작성과 표시 목적을 위하여 적절하게 수정되었는지 여부를 평가하여야 한다.

⑤ 그룹업무팀은 부문감사인과의 커뮤니케이션에서 식별된 재무정보가 그룹재무제표에 포함되어 있는지 여부를 결정하여야 한다.

⑥ 그룹과 보고기간말이 다른 부문재무제표가 그룹재무제표에 포함된 경우, 그룹업무팀은 그러한 재무제표가 해당 재무보고체계에 따라 적합하게 조정되었는지 여부를 평가하여야 한다.

주 일상적인 거래처리 시스템을 거치지 않으면서 다른 재무정보에 적용되는 내부통제와 동일한 통제가 적용되지 않는 그룹재무제표의 보고금액은 연결절차상 그 조정이 요구될 수 있다. 이러한 조정사항의 적절성, 완전성 및 정확성에 대한 그룹업무팀의 평가에는 다음이 포함될 것이다.

연결조정분개 검토시 수행하여야 할 절차 (ISA 600 문단 A56)
가. 유의적 조정사항은 그 근거가 되는 사건이나 거래를 적합하게 반영하고 있는지 여부를 평가함. 나. 그룹경영진, 그리고 해당되는 경우 부문경영진은 유의적 조정사항을 올바르게 계산, 처리 및 승인하였는지 여부를 결정함. 다. 유의적 조정사항은 적절히 뒷받침되고 충분히 문서화되었는지 여부를 결정함. 라. 그룹 내부거래 및 미실현이익 그리고 그룹내부거래 계정잔액은 조정 및 제거되었는지를 점검함

(10) 후속사건

① 그룹업무팀이나 부문감사인이 부문의 재무정보에 대하여 감사를 수행하는 경우

그룹업무팀이나 부문감사인은 부문의 재무정보일과 그룹재무제표에 대한 감사보고서일 사이에 발생하여 그룹재무제표의 수정이나 공시가 요구될 수 있는 부문에서의 사건을 식별하기 위해 설계된 절차를 수행하여야 한다.

② 부문감사인이 부문의 재무정보에 대하여 감사 외의 업무를 수행하는 경우

그룹업무팀은 부문감사인이 그룹재무제표의 수정이나 공시가 요구될 수 있는 후속사건을 알게 되면 이를 그룹업무팀에게 통지하도록 부문감사인에게 요청하여야 한다.

(11) 부문감사인과의 커뮤니케이션

그룹업무팀은 부문감사인에 대해서 다음과 같은 커뮤니케이션을 수행하여야 한다(ISA 600 문단 40~41).

수행할 업무에 대한 커뮤니케이션	① 그룹업무팀이 자신의 업무를 활용할 것을 알고 있는 부문감사인이 그룹업무팀에 협조할 것을 확인해 주도록 하는 요청 ② 그룹감사와 관련된 윤리적 요구사항, 특히 독립성 요구사항 ③ 부문의 재무정보에 대한 감사나 검토를 수행하는 경우, 부문중요성(그리고 적용가능한 경우, 특정 거래유형, 계정잔액 또는 공시에 대한 중요성 수준들) 및 한도기준(즉, 왜곡표시가 그 기준을 초과하면 그룹재무제표에 대하여 명백하게 사소하다(clearly trivial)고 간주할 수 없는 한도기준)

	④ 부문감사인의 업무와 관련성이 있는 부정이나 오류로 인한, 그룹재무제표의 식별된 유의적인 중요왜곡표시위험. 부문에서 부정이나 오류로 인하여, 그룹재무제표에 대하여 기타의 유의적인 중요왜곡표시위험이 식별된 경우, 그룹업무팀은 부문감사인에게 그러한 식별된 유의적위험과 그러한 위험에 대한 부문감사인의 대응을 적시에 커뮤니케이션하도록 요청하여야 한다. ⑤ 그룹경영진이 작성한 특수관계자 목록 및 그룹업무팀이 알고 있는 기타의 특수관계자. 그룹업무팀은 부문감사인에게 그룹경영진이나 그룹업무팀이 이전에 식별하지 못한 특수관계자를 적시에 커뮤니케이션할 것을 요청하여야 한다. 그룹업무팀은 다른 부문감사인들에게 이러한 추가적인 특수관계자를 알릴 것인지 여부를 결정하여야 한다.
그룹업무팀의 결론과 관련성이 있는 사항	① 부문감사인이 그룹감사와 관련된 윤리적 요구사항(독립성 및 전문가적 적격성 포함)을 준수했는지 여부 ② 부문감사인이 그룹업무팀의 요구사항을 준수했는지 여부 ③ 부문감사인의 보고대상인 부문재무정보의 식별 ④ 그룹재무제표에 중요한 왜곡표시를 초래할 수 있는 법규위반 사례에 대한 정보 ⑤ 부문재무정보에 대한 미수정왜곡표시의 목록(이 목록에는 그룹업무팀이 커뮤니케이션한, 명백하게 사소한(clearly trivial) 왜곡표시의 한도기준에 미달되는 왜곡표시는 포함될 필요가 없다) ⑥ 경영진의 편의가능성을 나타내는 징후 ⑦ 부문수준에서 식별된 유의적인 내부통제 미비점에 대한 설명 ⑧ 부문감사인이 지배구조에게 커뮤니케이션했거나 커뮤니케이션할 것으로 기대되는 기타의 유의적 사항들(부문경영진, 부문수준 내부통제에 유의적 역할을 하는 직원, 또는 부문재무정보의 중요한 왜곡표시를 발생시키는 부정과 관련된 기타의 사람들이 연루되어 있는 부정이나 의심되는 부정 포함) ⑨ 그룹감사와 관련성이 있을 수 있거나, 부문감사인이 그룹업무팀의 주의를 끌고 싶어하는 기타사항들(부문감사인이 부문경영진에게 요청한 서면진술에 나타난 예외사항 포함) ⑩ 부문감사인의 전반적 발견사항, 결론 또는 의견

(12) 입수한 감사증거의 충분성과 적합성에 대한 평가

1) 부문감사인의 커뮤니케이션과 그 수행업무의 적절성에 대한 평가

그룹업무팀은 부문감사인의 커뮤니케이션을 평가하여야 한다. 그 과정에서 그룹업무팀은 다음의 절차를 수행하여야 한다.

그룹업무팀이 부문감사인의 커뮤니케이션 평가시 수행하는 절차 (ISA 600 문단 42)
① 이러한 평가에서 나타난 유의적 사항을 부문감사인, 부문경영진 또는 그룹경영진 중 적합한 대상과 토의함 ② 부문감사인의 감사문서 중 기타의 관련 부분을 검토할 필요가 있는지 여부를 결정함.

만약 그룹업무팀이 부문감사인의 업무가 불충분하다고 결론을 내린 경우에는, 어떠한 추가적인 절차가 수행되어야 할지 그리고 이 절차를 부문감사인이 수행할지 그룹업무팀이 수행할지 여부를 결정하여야 한다.

2) 감사증거의 충분성과 적합성

감사인은 감사위험을 수용가능한 낮은 수준까지 감소시키고 이에 따라 감사인이 감사의견의 기초가 되는 합리적인 결론을 도출할 수 있도록, 감사인은 충분하고 적합한 감사증거를 입수하여야 한다. 이 과정에서 그룹업무팀은 연결절차에 대하여 수행한 감사절차 및 부문재무정보에 대하여 그룹업무팀과 부문감사인이 수행한 업무를 통하여 그룹감사의견의 근거가 되는 충분하고 적합한 감사증거를 입수하였는지 여부를 평가하여야 하며 그룹업무수행이사는 (그룹업무팀이 식별하였거나 부문감사인이 커뮤니케이션한) 미수정왜곡표시들과, 충분하고 적합한 감사증거를 입수할 수 없었던 각 상황들이 그룹감사의견에 미치는 영향을 평가하여야 한다.

(13) 그룹경영진 및 그룹지배기구와의 커뮤니케이션

1) 그룹경영진과의 커뮤니케이션

그룹업무팀은 식별된 내부통제 미비점 중 어떠한 사항을 지배기구 및 그룹경영진과 커뮤니케이션할 것인지 결정하여야 한다. 그룹업무팀은 이러한 결정을 할 때 다음 사항을 고려하여야 한다(ISA 600 문단 46).

① 그룹업무팀이 식별한 그룹 차원의 내부통제미비점 ② 그룹업무팀이 부문의 내부통제에서 식별한 내부통제미비점 ③ 부문감사인이 그룹업무팀에게 주의를 환기시켰던 내부통제미비점

그룹업무팀이 부정을 식별하였거나 부문감사인이 그룹업무팀에게 주의를 환기시켰던 부정이 있는 경우나 부정의 존재가능성을 나타내는 정보가 있는 경우, 그룹업무팀은 부정의 예방과 발견에 주된 책임을 지고 있는 사람들에게 그들의 책임과 관련된 사항을 알리기 위하여 적합한 수준의 그룹경영진에게 이를 적시에 커뮤니케이션하여야 한다.

또한, 부문감사인은 법규 또는 기타의 이유로 부문의 재무제표에 대한 감사의견을 표명하도록 요구될 수 있다. 그러한 경우 부문의 재무제표에 유의적일 수도 있다고 그룹업무팀은 알게 되었으나 부문경영진은 이를 모를 수 있는 경우에는, 그룹업무팀은 그룹경영진에게 해당 사항을 부문경영진에게 알리도록 요청하여야 한다. 만약 그룹경영진이 이 사항을 해당 부문경영진에게 커뮤니케이션하는 것을 거부한다면 그룹업무팀은 이 사항을 그룹의 지배기구와 논의하여야 한다. 해당 사항이 해결되지 않고 있는 경우, 그룹업무팀은 법적 및 전문직 비밀유지 책임에 대한 고려하에, 부문감사인에게 이 사항이 해결될 때까지 부문의 재무제표에 대한 감사보고서를 발행하지 않도록 조언할지 여부를 고려하여야 한다.

2) 그룹지배기구와의 커뮤니케이션

그룹업무팀은 다음 사항에 대하여 그룹의 지배기구와 커뮤니케이션을 하여야 한다.

① 부문재무정보에 대하여 수행되는 업무유형의 개요
② 유의적 부문의 재무정보에 대하여 부문감사인이 수행할 업무에 대하여 그룹업무팀이 계획하고 있는 관여의 성격에 대한 개요
③ 부문감사인의 업무에 대한 그룹업무팀의 평가가 해당 감사인의 업무품질에 대하여 우려를 발생시키는 사례
④ 그룹감사에 대한 제한. 예를 들어, 그룹업무팀이 정보에 접근하는 데 제약이 가해진 경우
⑤ 경영진, 부문경영진, 그룹 차원의 통제에 유의적인 역할을 수행하는 종업원, 또는 그룹재무제표에 중요한 왜곡표시가 초래되는 부정과 관련된 기타의 사람들이 연루되어 있는 부정이나 의심되는 부정

(14) 문서화

그룹업무팀은 다음의 사항들을 감사문서에 포함시켜야 한다.

그룹재무제표 감사시 감사문서에 포함시켜야 하는 내용 (ISA 600 문단 50)
① 유의적인 부문을 파악하는 부문 분석 및 부문재무정보에 대하여 수행된 업무의 유형 ② 유의적 부문에 대하여 부문감사인이 수행한 업무에 대한 그룹업무팀의 관여의 성격, 시기 및 범위(해당되는 경우, 부문감사인의 감사문서와 그 결론 중 관련성이 있는 부문에 대한 그룹업무팀의 검토 포함) ③ 그룹업무팀의 요구사항에 대하여 그룹업무팀과 부문감사인 간에 이루어진 서면 커뮤니케이션

(15) 그룹재무제표에 대한 감사보고서 사례

기본적으로 그룹재무제표에 대한 감사보고서는 일반적인 개별재무제표에 대한 감사보고서와 동일하다. 다음은 그룹업무팀이 그룹감사의견의 근거가 되는 충분하고 적합한 감사증거를 입수할 수 없을 때 표명하는 한정의견의 예이다.

상 황
① 공정표시체계를 사용하는 상장기업 외 기업의 전체 연결재무제표에 대한 감사이며, 그룹감사임. (즉, 감사기준서 600이 적용됨) ② 기업의 경영진이 한국채택국제회계기준(일반목적체계)에 따라 작성한 연결재무제표임. ③ 감사업무의 조건에는 감사기준서 210의 연결재무제표에 대한 경영진의 책임에 대한 기술이 반영되어 있음. ④ 그룹업무팀은 지분법에 의해 회계처리되는 유의적 부문(재무상태표 자산총액 6천만 달러 중 1천5백만 달러에 해당됨)의 회계기록, 경영진, 또는 부문감사인에 접근하지 못하여 해당 부문과 관련하여 충분하고 적합한 감사증거를 입수할 수 없음. ⑤ 그룹업무팀은 감사를 받은 20X1년 12월 31일 현재의 부문재무제표와 이에 대한 감사보고서를 열람하였고, 해당 부문과 관련하여 그룹경영진이 가지고 있는 관련 재무정보를 고려하였음. ⑥ 그룹업무수행이사는 충분하고 적합한 감사증거를 입수하지 못하는 상황이 그룹재무제표에 미치는 영향이 중요하지만 전반적이지는 않다고 판단하고 있음.[5] ⑦ 감사에 적용된 관련 윤리적 요구사항은 모두 공인회계사윤리기준임. ⑧ 입수한 감사증거에 근거하여, 감사인은 감사기준서 570에 따라 계속기업으로서의 존속능력에 대하여 유의적 의문을 초래할 수 있는 사건이나 상황과 관련된 중요한 불확실성이 존재하지 않는다고 결론을 내림.

⑨ 감사인은 감사기준서 701에 따라 핵심감사사항을 커뮤니케이션하도록 요구되지 않으며, 커뮤니케이션하기로 결정하지도 않음.

⑩ 재무제표에 대한 감시 책임자와 재무제표의 작성 책임자가 다름.

⑪ 재무제표에 대한 감사에 추가하여, 감사인은 현지 법률의 요구에 따른 기타의 보고책임을 지고 있음.

독립된 감사인의 보고서

ABC주식회사의 주주 귀중 [또는 다른 적합한 수신인]

연결재무제표감사에 대한 보고

한정의견

우리는 XXX주식회사와 그 종속기업 (이하 "연결회사")의 연결재무제표를 감사하였습니다. 해당 연결재무제표는 20X1년 12월 31일 현재의 연결재무상태표, 동일로 종료되는 보고기간의 연결손익계산서(또는 연결포괄손익계산서), 연결자본변동표, 연결현금흐름표 그리고 유의적인 회계정책의 요약을 포함한 연결재무제표의 주석으로 구성되어 있습니다.

우리의 의견으로는 이 감사보고서의 한정의견근거 *단락에서 언급하고 있는 사항이 미칠 수 있는 영향을 제외하고*는 별첨된 연결재무제표는 연결회사의 20X1년 12월 31일 현재의 재무상태와 동일로 종료되는 보고기간의 재무성과 및 현금흐름을 *한국채택국제회계기준[또는 일반기업회계기준]*에 따라 중요성의 관점에서 공정하게 표시 (또는, "*…현금흐름에 대하여 한국채택국제회계기준[또는 일반기업회계기준]에 따라 진실하고 공정한 관점을 제시*")하고 있습니다.

한정의견 근거

XXX주식회사가 해당 보고기간에 취득하고 지분법으로 회계처리하는 해외 관계기업 YYY에 대한 투자주식은 20X1년 12월 31일 현재의 연결재무상태표에 1천5백만 달러로 계상되어 있으며, YYY의 순이익에 대한 XXX주식회사의 지분인 1백만 달러가 동일로 종료되는 보고기간의 연결손익계산서에 포함되어 있습니다. 우리는 YYY회사의 재무정보와 경영진 및 감사인에 대한 접근을 거부당하였습니다. 따라서 우리는 20X1년 12월 31일 현재의 XXX주식회사의 YYY

5) 그룹업무수행이사는 충분하고 적합한 감사증거를 입수하지 못하는 상황이 그룹재무제표에 미치는 영향이 중요하며 전반적이라고 판단되면, 감사기준서 705에 따라 의견을 거절할 것이다.

회사에 대한 투자주식 계상액 및 YYY회사의 해당 보고기간 순이익에 대한 XXX주식회사의 지분에 대하여 충분하고 적합한 감사증거를 입수하지 못하였습니다. 그 결과 우리는 이들 금액의 수정이 필요한지 여부를 결정할 수 없었습니다.

우리는 감사기준에 따라 감사를 수행하였습니다. 이 기준에 따른 우리의 책임은 이 감사보고서의 **연결재무제표감사에 대한 감사인의 책임** 단락에 기술되어 있습니다. 우리는 공인회계사윤리기준에 따라 연결회사로부터 독립적이며 공인회계사윤리기준에 따른 기타 윤리적 책임들을 이행하였습니다. 우리가 입수한 감사증거가 한정의견을 위한 근거로서 충분하고 적합하다고 우리는 믿습니다.

연결재무제표에 대한 경영진과 지배기구의 책임
[적정의견의 경우와 동일]

재무제표감사에 대한 감사인의 책임
[적정의견의 경우와 동일]

기타 법규의 요구사항에 대한 보고
[적정의견의 경우와 동일]

이 독립된 감사인의 감사보고서의 근거가 된 감사를 실시한 업무수행이사는 [*이름*]입니다.

OO회계법인 대표이사 △△△
[*감사인의 주소*]
[*감사보고서일*]]

8 감사받은 재무제표를 포함하고 있는 문서내의 기타정보와 관련된 감사인 책임

기타정보(Other Information)라 함은 감사받은 재무제표 및 해당 재무제표에 대한 감사보고서가 포함되어 있는 문서에 법규 또는 관습에 의해 포함되는(해당 재무제표와 이에 대한 감사보고서 외의) 재무정보와 비재무정보를 말한다.

기타정보의 예시 (ISA 720 문단 A3)
① 경영활동에 관한 경영진이나 지배기구의 보고서
② 재무에 대한 요약이나 강조사항
③ 고용데이터
④ 자본지출계획
⑤ 재무비율
⑥ 임원 및 이사의 성명
⑦ 선정된 분기단위 데이터

참고로 감사기준의 목적상 언론 보도자료 혹은 감사받은 재무제표와 이에 대한 감사보고서를 포함하고 있는 문서에 첨부되는 전송 메모(예, 표지서한), 재무분석가의 브리핑에 포함되어 있는 정보, 기업의 웹사이트에 있는 정보는 기타정보에 포함되지 아니한다.

(1) 기타정보에 대한 감사인 책임

감사인은 감사받은 재무제표와의 중요한 불일치를 식별하기 위해 기타정보를 열람하여야 한다. 감사인은 감사보고서일 전에 기타정보를 입수하기 위하여 경영진이나 지배기구와 적합한 합의를 하여야 한다. 만약 감사보고서일 전에 모든 기타정보를 입수하는 것이 불가능한 경우에는 감사인은 해당 기타정보를 실행가능한 한 가급적 조기에 열람하여야 한다. 이렇게 감사보고서일 전에 기타정보를 입수하는 이유는 예상되는 중요한 불일치 및 사실의 명백하고 중요한 왜곡표시를 경영진과 적시에 해결할 수 있기 때문이다. 기타정보가 언제 이용가능 할 것인지에 대하여 경영진과 합의하는 것이 도움이 될 것이다.

(2) 중요한 불일치를 발견한 경우 (ISA 720 문단 9~13)

감사보고서일 전에 발견	감사보고서일 후에 발견
① 재무제표의 수정이 필요하나 경영진이 수정을 거부하는 경우 : 한정 또는 부적정의견 ② 기타정보의 수정이 필요하나 경영진이 그러한 수정을 거부하는 경우 '지배기구의 모든 구성원이 그 기업의 경영에 참여하고 있지 않는 한' 다음의 하나의 절차를 수행 1) 감사보고서 : 적정의견에 해당 중요한 불일치를 기술하는 기타사항문단을 기재 2) 감사보고서 발행을 보류 3) 관련 법규나 관습상 가능한 경우, 감사업무를 해지	① 재무제표의 수정이 필요한 경우 : 후속사건 절차를 준용 ② 기타정보의 수정이 필요하고 경영진이 그러한 수정에 동의하는 경우 : 경영진이 이전에 발행된 재무제표와 이에 대한 감사보고서 및 해당 기타정보를 수령한 개인들에게 동 기타정보가 수정되었다는 것을 통지하였는지 검토 ③ 기타정보의 수정이 필요하나 경영진이 수정을 거부하는 경우 : '지배기구의 모든 구성원이 그 기업의 경영에 참여하고 있지 않는 한' 감사인은 기타정보에 대한 감사인의 우려를 지배기구에 통지하고 적합한 조치(감사인측 법률고문으로부터 조언을 얻는 것이 포함될 수 있음)를 취하여야 함.

(3) 사실의 중요한 왜곡표시를 발견한 경우 (ISA 720 문단 14~16)

기타정보의 중요한 불일치를 식별하기 위하여 기타정보를 열람한 결과로 감사인이 사실의 명백하고 중요한 왜곡표시를 알게 된 경우 감사인은 다음과 같은 절차를 수행하여야 한다.

단계	내용
1단계	경영진과 그 사항을 논의
2단계	경영진과 논의 후에도 사실의 명백하고 중요한 왜곡표시가 존재한다고 여전히 고려하고 있는 경우, 감사인은 경영진에게 기업의 법률고문과 같은 적격한 제3자의 자문을 받도록 요청하여야 하며, 감사인은 경영진이 받은 조언을 고려
3단계	사실의 중요한 왜곡표시가 존재한다고 결론을 내렸으나 경영진이 수정을 거부한다면 '지배기구의 모든 구성원이 그 기업의 경영에 참여하고 있지 않는 한' 감사인은 기타정보에 대한 감사인의 우려를 지배기구에 통지하고 적합한 추가조치를 취함

Q&A 사례문제 1: 기본적인 감사보고서 의견 및 감사보고서 형식

다음 질문 1번부터 12번까지는 여러 가지 독립적인 상황을 서술하고 있다. 목록 (가)에서는 감사인이 표명할 수 있는 의견의 종류가 열거되어 있으며, 목록 (나)에서는 각각의 상황에서 보고서의 변형형태를 서술하고 있다. 다음의 내용을 읽고 각각에 해당되는 의견과 보고서의 형식을 선택하시오.

❙ 가정 ❙

1) 특별한 언급이 없는 이상 감사인은 독립성을 갖추고 있다.
2) 특별한 언급이 없으면 전년도 재무제표는 적정의견이다.
3) 특별한 언급이 없으면 재무제표는 비교형식으로 표시되고 있지 않다.
4) 다음에서 설명하고 있는 상황 이외에는 적정의견을 줄 수 있는 상황이다.
5) 다음의 모든 상황은 중요하지만 전반적인 영향을 미치지는 않는 것으로 가정한다.

(1) 감사인은 보험회사의 복잡한 책임준비금 계산에 대해서 도움을 받기 위하여 보험계리인을 고용했으며, 책임준비금의 금액은 전체 재무제표에서 차지하는 비중이 35%에 해당되고 있다. 보험계리인의 계산결과와 감사대상회사의 계산결과가 근접하고 있으며 재무제표주석에는 관련된 내용이 적절하게 공시되어 있다.

(2) 감사대상회사는 20X5년 기말 현재 받을어음을 가지고 있다. 어음 발행자는 최근에 파산절차를 신청하였으나 감사대상회사의 장부에서는 받을어음 채권을 순실현가능가액으로 표시하고 있지 않으며, 현재 원금의 80% 정도는 못 받을 것으로 예상되고 있다.

(3) 감사대상회사는 기말재고실사를 실시한 이후 감사인을 고용하였으며, 감사인은 재무제표일 현재 기말재고자산에 대하여 충분하고 적합한 감사증거를 확보할 수 없는 상황이다.

(4) 감사대상회사는 기본 재무제표 이외에 기타 정보를 공시하고 있다. 감사인이 확인해 본 결과 기본 재무제표 이외의 기타정보에 있는 숫자가 감사인이 감사한 감사대상회사의 정보와 일치하고 있지 않다는 사실을 확인하였으며, 감사인은 감사대상회사에게 본 정보를 수정할 것을 요구하였으나 감사대상회사는 거절하였다.

(5) 감사대상회사의 재무제표는 리스계약과 관련하여 재무보고체계에서 요구하고 있는 중요 사항 공시를 누락하고 있다.

(6) 주감사인은 자신이 감사하는 감사대상회사가 100% 지분을 소유하고 있는 자회사를 감사한 부문감사인의 감사업무를 활용하기로 하였다. 자회사의 전체 자산과 수익이 연결재무제표에서 차지하는 비중은 각각 27%, 28%이다.

(7) 감사대상회사는 재고자산과 관련된 회계정책을 평균법에서 선입선출법으로 변경하였다. 이러한 회계정책의 변경은 재무제표의 비교가능성에 중대한 영향을 미치고 있음에도 불구하고 감사인은 그 변경에 동의를 하고 있으며, 그 내용은 재무제표에 적절하게 처리되고 공시되어 있다.

(8) 중요한 재무비율에서 부정적인 신호가 발생하고 있고 손실이 누적되고 있기 때문에 감사인은 감사대상회사가 계속기업으로서 중대한 불확실성이 존재한다는 사실을 알게 되었다. 감사대상회사는 이러한 불확실성과 관련하여 재무제표에 수정사항으로 반영한 것은 없지만, 재무제표 주석에 적절하게 공시하였다.

(9) 감사대상회사의 재무제표에 대하여 계속기업에 대한 가정이 합리적인지 여부를 검토해 본 결과, 계속기업의 가정이 타당하지 않은 것으로 감사인은 판단하였다.

(10) 올해 재무제표는 작년도 재무제표와 비교 첨부되는 것으로 가정하고 작년도 재무제표는 감사받지 아니한 재무제표이다. 당해 감사인은 기초 잔액에 대하여 충분하고 적합한 감사증거를 확보하였으며 중요한 왜곡표시를 발견하지 못하였다.

(11) 작년도 비교 첨부되는 재무제표는 경영진과의 의견불일치로 한정의견이 표명되었다. 작년도 재무제표는 사후 수정이 되어서 당해 연도 재무제표와 비교 표시되어 공표되었다. 작년도 재무제표와 올해 재무제표는 동일한 감사인에 의해서 감사되었다.

(12) 감사인은 회사의 계속기업으로서의 존속능력에 대한 경영진의 평가를 검토하기 위하여 평가를 요구하였지만 경영진이 감사인의 요구를 받아들이지 않았다. 다만, 회사가 이익을 실현하고 용이하게 금융기관에 접근할 수 있는 경우는 아니다.

❙목록(가)❙

〈의견의 종류〉

A. 한정의견 또는 부적정의견
B. 한정의견 또는 의견거절
C. 부적정의견 또는 의견거절
D. 한정의견
E. 적정의견
F. 부적정의견
G. 의견거절

❙목록(나)❙

〈감사보고서의 변형형태〉

H : 표준감사보고서의 수정이 없이 강조사항 또는 별도단락을 추가시켜서 상황을 설명한다.
I : 감사의견 단락을 수정하고 감사의견근거 단락에서 상황을 설명한다.
J : 감사인책임 단락을 수정하고 감사의견근거 단락에서 상황을 설명하고 감사의견 단락을 수정한다.
K : 경영진과 지배기구 책임 단락과 감사인 책임 단락을 수정하고 감사의견근거 단락에서 상황을 설명하고 감사의견 단락을 수정한다.
L : 강조사항문단을 추가시키지 않고 감사의견 단락에서 상황을 설명한다.
M : 표준감사보고서의 수정이 없이 기타사항을 추가시켜서 상황을 설명한다.
N : 강조사항을 추가시키고 감사의견 단락에서 상황을 설명한다.
O : 표준감사보고서를 발행한다.

풀 이

(1) (E, O)	(2) (D, I)	(3) (D, I)	(4) (E, M)
(5) (D, I)	(6) (E, O)	(7) (E, H)	(8) (E, H)
(9) (F, I)	(10) (E, M)	(11) (E, M)	(12) (D, I)

Q&A 사례문제 2 : 초도감사 시 기초잔액에 대한 감사절차 및 감사보고서 형식

(주)서울의 기말감사를 마치고, 감사문서를 검토받기 위하여 김철수 회계사는 꼼꼼해 파트너를 방문하여 다음과 같은 대화를 나누었다.

꼼꼼해: 서울주식회사의 기말감사는 잘 마쳤습니까? 특이사항은 없었나요?

김철수: 예. 올해는 내수경기가 안 좋아지기는 했지만 매출은 예년 수준을 유지했다고 합니다. 또한 회사 분들이 협조를 잘해주셔서, 초도감사를 큰 어려움 없이 마무리하였습니다.

꼼꼼해: 당기재무제표는 그렇고 감사계획 미팅에서도 언급했지만 초도감사인데 기초잔액 확인은 잘 하셨습니까? 우리가 [물음 1] 전기감사인의 감사문서 열람신청을 했다고 들었는데 수행이 되었나요? 그리고 내가 회사 사장님과 면담 시 작년에 문제가 있었다고 들었던 재고자산과 매입채무는 어떻게 확인하였나요?

김철수: 전기감사인에게 열람신청 공문을 보냈으나, 협조가 잘 안 되었습니다. 그래서 [물음 2] 대체적인 방법을 사용하였습니다.

꼼꼼해: 특히, 사장님 면담결과 동 회사의 특성상 대리점과의 매출 시에 반품이 많다고 들었는데 회사의 대리점에 대한 판매계약은 잘 검토해 보았나요?

김철수: 회사가 적용하고 있는 표준계약서를 살펴본 결과 계절별 출시일정에 맞추어 특정일까지 판매하지 못한 물품에 대하여는 60%까지 반품을 수용하는 것으로 되어 있었습니다.

꼼꼼해: 언제부터 그런 조건이 있었나요?

김철수: 반품수용률이 조금씩 다르지만 과거에서부터 계속 있었던 것으로 알고 있습니다.

꼼꼼해: 그렇다면 전기재무제표에 반품과 관련된 충당부채 등이 설정되어 있었나요?

김철수: 회사는 [물음 4] 계속적으로 반품되는 시점에 매출과 매입을 (−)분개처리하고 있습니다.

꼼꼼해: 아, 그리고 회사는 용인에 물류창고 및 공장이 있는데, 유형자산의 기초잔액은 어떻게 확인을 했나요?

김철수: 회사담당자와 면담결과 전기 말 및 기초에 판매단가 또는 매입단가의 변동이 거의 없었다는 설명을 듣고 문제가 없을 것으로 판단했습니다. 그리고 유형자산은 당회계연도에 신규취득이 별로 없었습니다. 따라서 [물음 6] 추가적인 확인은 할 필요가 없었습니다.

꼼꼼해: 전기에는 차입금이 많았습니다. 차입금은 어떻게 확인하였습니까?

김철수: 차입금은 전기와 크게 증감이 없어서 기말잔액에 대하여 은행조회서를 입수하였기 때문에 [물음 6] 추가적인 절차를 취하지는 않았습니다.

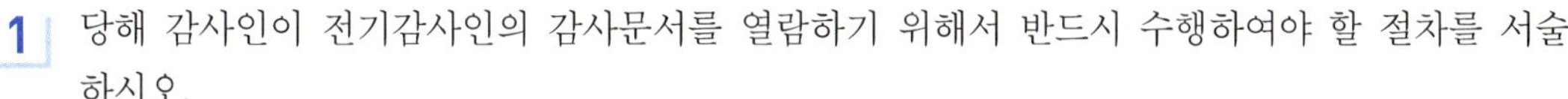

1 당해 감사인이 전기감사인의 감사문서를 열람하기 위해서 반드시 수행하여야 할 절차를 서술하시오.

풀이

전임감사인의 감사문서를 검토하는 경우에는 반드시 전임감사인의 전문가로서의 적격성과 독립성을 검토하여야 한다.

2 김철수 회계사가 재고자산 및 매입채무의 기초잔액에 대하여 수행하였을 것으로 생각되는 대체적 절차에 대하여 서술하시오.

풀이

매입채무의 경우에는 기초잔액의 지급사실 여부를 검토하여야 하며 재고자산의 경우에는 당기재고실사의 입회, 기말재고수량의 역추적에 의한 기초재고수량의 조정, 기초재고항목의 평가에 대한 감사절차, 매출총이익과 기간귀속에 대하여 감사절차를 수행하여야 한다.

3 김철수 회계사는 기초재고자산에 대하여 물음 2번의 절차를 통하여 충분하고 적합한 감사증거를 확보하여야 하지만 확보하지 못하였다.

(1) 만약 기말재고자산에 대해서는 충분하고 적합한 감사증거를 확보하였다고 가정한다면 서울회계법인이 표명할 수 있는 감사의견에 대하여 서술하시오. 단, 법규상 재무상태와 재무성과 및 현금흐름에 대한 구분의견이 가능하다고 가정하자.

(2) 서울회계법인이 기말재고자산에 대해서도 충분하고 적합한 감사증거를 확보하지 못한 상태에서 다음과 같이 감사보고서를 작성하였다고 하자. 감사보고서의 취약점을 지적하시오(감사보고서는 비교형식으로 발행되는 것으로 가정하고 전기감사인의 감사보고서가 재발행되는 상황은 아니라고 가정하자). 서울주식회사는 비상장회사이다.

독립된 감사인의 감사보고서

서울주식회사
주주 및 이사회 귀중

한정의견

우리는 서울주식회사의 재무제표를 감사하였습니다. 해당 재무제표는 20X1년 12월 31일 현재의 재무상태표와 동일로 종료된 보고기간의 손익계산서(또는 포괄손익계산서), 자본변동표, 현금흐름표 그리고 유의적인 회계정책의 요약을 포함한 재무제표의 주석으로 구성되어 있습니다.

우리의 의견으로는, 별첨된 회사의 재무제표는 이 감사보고서의 한정의견근거 단락에 기술된 사항이 미칠 수 있는 영향을 전제로, 회사의 20X1년 12월 31일 현재의 재무상태와 동일로 종료되는 보고기간의 재무성과 및 현금흐름을 한국채택국제회계기준에 따라 공정하게 표시하고 있습니다.

한정의견근거

우리는 20X1년 6월 30일에 회사의 감사인으로 임명되었기 때문에, 보고기간 개시일 현재의 재고자산 실사에 입회하지 못하였습니다. 대체적인 방법에 의해서도 동 20X0년 12월31일 현재 보유 중인 재고자산 수량에 대해 만족할만한 결과를 얻지 못하였습니다. 기초 재고자산이 재무성과와 현금흐름의 결정에 영향을 미치기 때문에, 우리는 손익계산서에 보고된 연간 손익과 현금흐름표에 보고된 영업활동으로부터의 순 현금흐름에 수정을 요하는 사항이 있는지 여부에 대하여 결정할 수 없었습니다. 우리는 우리가 입수한 감사증거가 한정의견을 위한 근거로서 충분하고 적합하다고 믿습니다.

재무제표에 대한 경영진과 지배기구의 책임

경영진은 한국채택국제회계기준에 따라 재무제표를 작성하고 공정하게 표시할 책임이 있습니다.

경영진은 재무제표를 작성할 때, 회사의 계속기업으로서의 존속능력을 평가하고 해당되는 경우 계속기업 관련 사항을 공시할 책임이 있습니다. 그리고 경영진이 기업을 청산하거나 영업을 중단할 의도가 없는 한 또는 그 외에는 다른 현실적인 대안이 없는 한, 회계의 계속기업전제의 사용에 대해서도 책임이 있습니다.

지배기구는 회사의 재무보고절차의 감시에 대한 책임이 있습니다.

재무제표감사에 대한 감사인의 책임

우리의 목적은 재무제표에 전체적으로 부정이나 오류로 인한 중요한 왜곡표시가 없는지에 대하여 합리적인 확신을 얻어 우리의 의견이 포함된 감사보고서를 발행하는데 있습니다. 합리적인 확신은 높은 수준의 확신을 의미하나 감사기준에 따라 수행된 감사가 항상 중요한 왜곡표시를 발견한다는 것을 보장하지는 않습니다. 왜곡표시는 부정이나 오류로부터 발생할 수 있으며 왜곡표시가 재무제표를 근거로 하는 이용자의 경제적 의사결정에 개별적으로 또는 집합적으로 영향을 미칠 것이 합리적으로 예상되면 그 왜곡표시는 중요하다고 간주됩니다.

이 독립된 감사인의 감사보고서의 근거가 된 감사를 실시한 업무수행이사는 홍길동입니다.

서울회계법인 대표이사 공인회계사 ×××
서울특별시 관악구 신림동 321번지
20X2년 3월 15일

풀이

(1) 법규가 금지하지 않는 한, 해당 상황에 적합하게 재무성과와 현금흐름에 대해서는 한정의견이나 의견거절, 그리고 재무상태에 대해서는 적정의견을 표명한다.

(2) ① 감사의견 단락에서 "전제로"라는 표현이 "제외하고는"이라는 표현으로 수정되어야 한다.
② 감사의견 단락에서 "중요성 관점"의 표현이 누락되어 있다.
③ 경영진과 지배기구 책임 단락에 경영진의 부정이나 오류에 의한 중요한 왜곡표시가 없는 재무제표를 작성하기 위해 필요하다고 결정한 내부통제에 대한 책임 언급이 누락되어 있음.
④ 전기재무제표는 타감사인이 감사하였으며 감사보고서 일자 및 감사의견이 포함되어 있는 기타사항 문단이 기재되어야 한다.

4 이러한 사실에 근거하여 전기감사인이 적정의견을 표명한 전기재무제표에 반품충당부채가 설정되지 않았음을 후임감사인이 발견하였으며 그 금액은 중요하다고 판단되었을 때 김철수 공인회계사가 수행하여야 할 절차를 서술하시오. 또한 회사가 재무제표에 대하여 반품충당부채를 설정한다고 가정하고 전임감사인이 감사보고서 재발행을 거부한다면 후임감사인이 발행하게 될 감사보고서에 포함시켜야 할 기타사항문단 내용에 대하여 서술하시오.

풀이

1.

기초잔액에 중요한 왜곡표시 포함되어 있는 경우 후임감사인의 감사절차 (ISA 710 문단 18)
① 적합한 수준의 경영진, 그리고 지배기구의 모든 구성원이 그 기업의 경영에 참여하고 있지 않는 한 지배기구와 해당 왜곡표시를 커뮤니케이션한다. ② 전임감사인에게 알리도록 요청하여야 한다.

2. 전임감사인이 감사보고서 재발행을 거부하는 경우 후임감사인 감사보고서에 기재하여야 할 기타사항문단의 내용

우선, 전임 감사인의 의견은 수정전 재무제표에 대한 것임을 밝히고 아래와 같은 기타사항 문단을 포함시킬 수 있다.

예 시
기타사항문단 "우리는 20X2 보고기간의 재무제표에 대한 감사의 일부로, 회사가 20X1 보고기간의 재무제표를 수정하기 위해 적용한 주석 X에서 기술되어 있는 조정사항들에 대하여도 감사를 수행하였습니다. 우리의 의견으로는, 동 조정사항들은 적절하며 바르게 적용되었습니다. 우리는 위의 조정사항을 제외하고는 회사의 20X1 보고기간의 재무제표에 대해 감사나 검토, 기타 어떠한 업무도 수행하지 않았습니다. 따라서 우리는 20X1년 보고기간의 재무제표 전체에 대하여 감사의견 또는 기타 어떠한 형태의 확신도 표명하지 아니합니다."

5 만약 회사가 재무제표에 대하여 반품충당부채를 설정하고 전임감사인이 감사보고서를 재발행한다고 가정하는 경우에 후임감사인인 김철수 회계사는 당기 재무제표에 대한 감사의견만을 표명하는 감사보고서를 발행하도록 되어 있다. 이 경우 전임감사인 감사보고서에 반드시 포함시켜야 하는 강조사항 또는 기타사항문단 내용을 서술하시오.

풀이

강조사항 및 기타사항문단에 포함시켜야 할 내용 (ISA 560 문단 16)
① 이전에 발행한 재무제표를 수정한 이유 ② 이를 자세히 기술하고 있는 재무제표의 주석을 참조하라는 문구 ③ 그리고 감사인이 이전에 제출한 보고서를 참조하라는 문구

6 유형자산 및 차입금에 대한 기초잔액에 대하여 김철수 공인회계사가 수행한 감사절차의 취약점을 지적하고 반드시 수행하였어야 할 대체적인 절차를 서술하시오.

풀이

기중에 증감이 크게 없었다 하더라도 감사인은 반드시 기초잔액에 대한 감사를 수행하였어야 한다. 따라서 유형자산에 대해서는 기초잔액의 근거가 되는 회계기록과 기타의 정보를 검사하여야 하며 차입금에 대해서는 제3자에 대한 조회를 통하여 기초잔액에 대한 감사증거를 입수할 수 있다.

Q&A 사례문제 3 : 감사보고서 사례 문제(2007년, KICPA 기출문제)

비상장회사인 한식주식회사는 국내에 소재하고 있는 비빔주식회사와 설렁주식회사에 대하여 각각 51%와 100%의 지분을 소유하고 있으며, 해외에 소재한 불고기주식회사의 지분 80%를 소유하고 있는 지주회사이다.

한식주식회사의 2006년 말 자산총액의 80%는 자회사에 대한 투자지분이며, 한식주식회사의 불고기주식회사에 대한 지분가액은 한식주식회사의 자산총액의 약 50%이다.

한식주식회사, 비빔주식회사와 설렁주식회사의 2006년 재무제표에 대한 감사업무는 우리나라회계법인이 수행하였으나, 불고기주식회사의 재무제표에 대한 감사업무는 양식회계법인이 수행하였다. 한식주식회사의 2005년 12월 31일로 종료하는 회계연도의 재무제표는 아름다운회계법인이 감사하였으며, 2006년 3월 15일자 감사보고서에는 적정의견이 표명되었다.

우리나라회계법인이 산정한 한식주식회사에 대한 중요성기준은 자산총액의 1%이다.

다음 각 물음의 상황은 독립적인 것으로 가정하시오.

1 우리나라회계법인은 한식주식회사의 2006년 기초잔액에 대하여 어떤 내용을 뒷받침하는 감사증거를 수집하여야 하는가?

풀이

기초잔액에 대한 감사절차 (ISA 510 문단 6,8)
1) 전기의 **마감잔액이 정확하게 당기로 이월**되었는지, 또는 해당되는 경우 재작성되었는지 여부 2) 기초잔액에 **적합한 회계정책이 반영되어 있는지 결정**. 이 때 **기초잔액에 반영된 회계정책이 당기재무제표에 일관되게 적용**되고 있는지 확인 필요 그리고 **회계정책이 변경**되었다면 해당 내용이 재무보고체계에 따라 적절하게 처리, 표시 및 공시되었는지 여부에 대해 충분하고 적합한 감사증거를 입수 ⇨ **일반적으로는 회계정책 변경사유가 타당한지 그리고 해당 내용에 대한 회계처리가 적절하게 이루어졌는지 그리고 동 내용을 재무제표에 적절히 공시되었는지를 확인**해 보아야 한다. 3) 다음 절차 중 하나 이상을 수행하여야 함

가. **전기재무제표가 감사를 받은 경우, 기초잔액에 관한 증거를 입수하기 위해 전임감사인의 감사조서를 검토**함.
나. 당기에 수행된 감사절차가 기초잔액과 관련된 증거를 제공하는지 여부를 평가함.
다. **기초잔액에 관한 증거를 입수하기 위하여 특정의 감사절차를 수행**함.

2 우리나라회계법인은 2006년 재무제표에 대한 감사보고서 발행 시 2006년 재무제표에 대하여만 감사의견을 표명하고, 비교표시된 2005년 재무제표가 타감사인에 의하여 감사되었다는 사실을 감사보고서에 기재할 수 있다. 이 경우 감사보고서는 변형되지 아니한 감사보고서와 비교해서 어떠한 내용이 추가되는지 3줄 이내로 간략하게 서술하시오.

풀이

감사인은 당기재무제표에 대한 의견의 표명 외에 기타사항문단에 다음 사항을 기재하여야 한다.

기타사항문단에 기재하여야 할 내용
1. 전기재무제표는 **전임감사인이 감사하였음**
2. 전임감사인이 **표명한 의견의 유형**, 그리고 해당 **의견이 변형되었으면 그 이유**
3. 전임감사인의 **감사보고서일**

3 우리나라회계법인은 한식주식회사에 대한 기초잔액 감사과정에서 비빔주식회사에 대한 투자지분의 평가에 중대한 오류가 있는 것을 발견하고, 한식주식회사 경영진의 동의를 받아 아름다운회계법인에게 2006년 3월 15일자 감사보고서에 첨부된 한식주식회사의 2005년 재무제표를 수정하도록 권고하였으나, 아름다운회계법인은 수정된 2005년 재무제표에 동의하지 않았다.
한편, 우리나라회계법인은 양식회계법인의 직업전문가로서의 능력과 양식회계법인에 의하여 수행된 감사업무를 검토한 후, 그룹 재무제표에 대한 충분하고 적합한 감사증거가 수집되었다고 판단하고 있다. 따라서, 우리나라회계법인은 불고기주식회사의 재무제표에 대한 양식회계법인의 감사보고서만을 기초로 하여 한식주식회사의 재무제표에 대한 감사의견을 형성하기로 하였다. 다음은 우리나라회계법인이 작성한 감사보고서초안이다.

감사인의 감사보고서

한식주식회사
대표이사 귀중

감사의견

우리는 한식주식회사(이하 "회사")의 연결재무제표를 감사하였습니다. 해당 연결재무제표는 20X1년 12월 31일 현재의 재무상태표, 동일로 종료되는 보고기간의 손익계산서(또는 포괄손익계산서), 자본변동표, 현금흐름표 그리고 유의적인 회계정책의 요약을 포함한 재무제표의 주석으로 구성되어 있습니다. 한식주식회사의 연결재무제표 중 일부 종속기업은 양식회계법인이 감사하였으며 그 부문에 대해서는 양식회계법인이 발행한 감사보고서에 기초하여 감사의견을 표명합니다.

우리의 감사절차 및 양식회계법인의 감사보고서에 근거한 우리의 의견으로는 별첨된 회사의 연결재무제표는 회사의 20X1년 12월 31일 현재의 재무상태와 동일로 종료되는 보고기간의 재무성과 및 현금흐름을 한국채택국제회계기준에 따라, 중요성의 관점에서 공정하게 표시하고 있습니다.

감사의견근거

우리는 감사기준에 따라 감사를 수행하였습니다. 이 기준에 따른 우리의 책임은 이 감사보고서의 재무제표감사에 대한 감사인의 책임 단락에 기술되어 있습니다. 우리는 재무제표감사와 관련된 국제윤리기준과 함께 대한민국의 윤리적 요구사항에 따라 회사로부터 독립적이며 그러한 요구사항과 국제윤리기준에 따른 기타의 윤리적 책임들을 이행하였습니다. 감사인은 위험을 평가할 때, 상황에 적합한 감사절차를 설계하기 위하여 기업의 연결재무제표 작성 및 공정한 표시와 관련된 내부통제를 고려합니다. 그 과정에서 필요하다면 내부통제의 효과성에 대하여 재무제표와는 다르게 소극적인 확신을 표명할 수도 있습니다. 우리가 입수한 감사증거가 감사의견을 위한 근거로서 충분하고 적합하다고 우리는 믿습니다.

연결재무제표에 대한 경영진과 지배기구의 책임

경영진은 한국채택국제회계기준에 따라 이 연결재무제표를 작성하고 공정하게 표시할 책임이 있으며, 부정이나 오류로 인한 중요한 왜곡표시가 없는 재무제표를 작성하는데 필요하다고 결정한 내부통제에 대해서도 책임이 있습니다.

경영진은 재무제표를 작성할 때, 회사의 계속기업으로서의 존속능력을 평가하고 해당되는 경우 계속기업 관련 사항을 공시할 책임이 있습니다. 그리고 경영진이 기업을 청산하거나 영업을 중단할 의도가 없는 한 또는 그 외에는 다른 현실적인 대안이 없는 한, 회계의 계속기업전제의 사용에 대해서도 책임이 있습니다.

지배기구는 회사의 재무보고절차의 감시에 대한 책임이 있습니다.

재무제표감사에 대한 감사인의 책임

우리의 목적은 재무제표에 전체적으로 부정이나 오류로 인한 중요한 왜곡표시가 없는지에 대하여 합리적인 확신을 얻어 우리의 의견이 포함된 감사보고서를 발행하는데 있습니다. 합리적인 확신은 높은 수준의 확신을 의미하나 감사기준에 따라 수행된 감사가 항상 중요한 왜곡표시를 발견한다는 것을 보장하지는 않습니다. 왜곡표시는 부정이나 오류로부터 발생할 수 있으며 왜곡표시가 재무제표를 근거로 하는 이용자의 경제적 의사결정에 개별적으로 또는 집합적으로 영향을 미칠 것이 합리적으로 예상되면 그 왜곡표시는 중요하다고 간주됩니다.

이 독립된 감사인의 감사보고서의 근거가 된 감사를 실시한 업무수행이사는 홍길동입니다.

우리나라회계법인 대표이사 김 ○ ○ (인)
서울특별시 ○○구 ○○동 ○○번지
2007년 3월 20일

회계감사기준에 근거하여 상기 감사보고서초안에 포함되어 있는 잘못된 부분 6곳을 지적하고 적절히 수정하시오.

구 분	잘못된 부분	수정 후 내용
(1)		
(2)		
(3)		
(4)		
(5)		
(6)		

풀이

구 분	잘못된 부분	수정 후 내용
(1)	감사인의 감사보고서 (제목)	독립된 감사인의 감사보고서
(2)	대표이사 귀중 (수신인)	주주 귀중 (수신인)
(3)	한식주식회사의 연결재무제표 중 일부 중속기업은 양식회계법인이 감사하였으며 그 부문에 대해서는 양식회계법인이 발행한 감사보고서에 기초하여 감사의견을 표명합니다.	감사의견 단락에서 부문감사인에 대한 언급을 한 부분은 삭제되어야 함.
(4)	우리의 감사절차 및 양식회계법인의 감사보고서에 근거한~	타감사인의 감사보고서를 기초로 한 의견표명한다는 사실은 감사보고서에 원칙적으로 언급하면 안됨.
(5)	그 과정에서 필요하다면 내부통제의 효과성에 대하여 재무제표와는 다르게 소극적인 확신을 표명할 수도 있습니다.	내부통제의 효과성에 대해서는 의견을 표명하지 않습니다.
(6)	기타사항문단이 누락되어 있음.	전임감사인의 의견은 수정전 재무제표에 대한 것임을 밝히고 일반적으로 아래와 같은 기타사항문단을 포함시킴.(주)

주

예 시
기타사항문단 “우리는 2006년 보고기간의 재무제표에 대한 감사의 일부로, 회사가 2005년 보고기간의 재무제표를 수정하기 위해 적용한 주석 X에서 기술되어 있는 조정사항들에 대하여도 감사를 수행하였습니다. 우리의 의견으로는, 동 조정사항들은 적절하며 바르게 적용되었습니다. 우리는 위의 조정사항을 제외하고는 회사의 2005년 보고기간의 재무제표에 대해 감사나 검토, 기타 어떠한 업무도 수행하지 않았습니다. 따라서 우리는 2005년 보고기간의 재무제표 전체에 대하여 감사의견 또는 기타 어떠한 형태의 확신도 표명하지 아니합니다.”

4 [물음 3]의 사례에서 우리나라회계법인이 불고기주식회사의 감사인인 양식회계법인의 감사결과를 활용할 수 없고, 불고기주식회사의 재무정보에 대하여 추가적 감사절차를 충분히 수행할 수 없었다면, 우리나라회계법인은 감사보고서의 변형을 고려하여야 할 것이다.
이 경우 우리나라회계법인이 변형하여야 할 사항 및 변형방법을 감사보고서의 문단별로 구분하여 제시하시오.

구 분	변형하여야 할 사항 및 방법
감사의견 단락	
감사의견근거 단락	
경영진과 지배기구 책임 단락	
감사인 책임 단락	

풀이

구 분	변형하여야 할 사항 및 방법
감사의견 단락	1. ~감사를 수임하였습니다. 2. 우리는 의견거절근거 단락에서 기술된 사항의 유의성으로 인하여 감사의견의 근거가 되는 충분하고 적합한 감사증거를 입수할 수 없었습니다. 따라서 우리는 회사의 재무제표에 대하여 의견을 표명하지 않습니다.
감사의견근거 단락	구체적으로 감사범위가 제한이 이루어진 내용을 설명
경영진과 지배기구 책임 단락	변형할 필요 없음.
감사인 책임 단락	감사의견근거 단락에서 설명하는 사유로 인하여 충분하고 적합한 감사증거를 입수할 수 없었습니다.

Q&A 사례문제 4 : 2008년, KICPA 기출문제

다음 각 상황은 독립적이다. 주어진 각 상황을 읽고 감사인은 다음 중 어떤 종류의 감사보고서를 발행하게 되는지 해당 번호를 기재하시오. 만약 주어진 상황 중에 감사인과 경영진 간의 의견불일치에 해당되는 사항이 존재한다면 그러한 사항에 대하여 감사인이 경영진에게 수정요구를 하였으나 경영진이 이를 받아들이지 않았다고 가정한다. 또한 그 의견불일치 사항이 중요하긴 하지만 재무제표에 전반적인 영향을 미치는 사항은 아니라고 가정한다.

① 강조사항 또는 기타사항문단이 포함되지 않은 적정의견보고서
② 강조사항 또는 기타사항문단이 포함된 적정의견보고서
③ 감사의견근거 단락이 추가되고 감사의견 단락이 변형된 한정의견보고서
④ 감사의견근거 단락이 추가되고 감사인책임 단락과 감사의견 단락이 변형된 한정의견보고서
⑤ 의견거절보고서
⑥ 부적정의견보고서

답안 양식 :

상황	감사보고서(해당 번호를 기재)
1	
2	
3	
4	

〈상황 1〉 (주)고려는 2007년 12월 31일 현재 단기자금 운용목적으로 거래소 상장회사인 (주)백제의 주식 2%(취득원가 100억 원, 시가 95억 원)를 취득하여 보유하고 있다. (주)고려는 2007년 결산 시 동 주식을 시가로 평가하며 평가손실 5억 원을 인식하여 재무제표에 반영하였다. 그런데 (주)고려의 2007년 재무제표에 대한 감사가 진행 중인 2008년 1월 20일에 (주)백제를 상대로 특허권 침해소송이 제기됨에 따라 (주)고려가 보유한 (주)백제 주식의 가격이 60억 원으로 하락하였다. 그러나 (주)고려의 경영진은 (주)백제의 주식가격 하락이 결산일 이후에 발생된 것이며, 결산시점에서 전혀 예측할 수 없었던 사안이므로 2007년 재무제표를 수정하지도 않았고 주석으로 공시하지도 않았다.

〈상황 2〉 (주)부여는 기계장치의 내용연수를 10년에서 12년으로, 건물의 내용연수를 20년에서 25년으로 변경하였다. 감사인이 판단할 때 이러한 내용연수의 변경은 타당한 것으로 평가된다. (주)부여는 내용연수 변경의 누적효과를 계산하여 기초이익잉여금에 반영하였으며 변경내용과 그 영향을 주석으로 적절히 공시하였다.

〈상황 3〉 (주)조선은 2007년 10월에 특허권침해와 관련하여 로열티와 손해배상금을 지급할 것을 요구하는 소송에 피소되었으며, (주)조선도 상대방을 제소하여 재판에 계류 중이다. 2007년 12월 31일 현재 최종재판결과는 예측할 수 없으며, 회사는 소송의 결과로 부담할 수 있는 손실에 대해 아무런 부채도 재무제표에 반영하지 않았다. 그러나 (주)조선은 이러한 사실을 주석으로 공시하였다. 감사인은 해당 소송이 중요한 사안이라고 판단하고 있다.

〈상황 4〉 (주)신라에너지는 2007년 12월 31일 현재 원유 100,000배럴을 재고자산으로 보유하고 있으며, 배럴당 구입원가는 1,000원이었다. 그런데 재무제표일로부터 감사보고서일 사이에 중동에서 전쟁이 발발하여 유가가 배럴당 2,000원으로 급등하였다. 이에 (주)신라에너지

는 재무제표일 후 중요한 가격변화를 반영하여 2007년 12월 31일 재무제표에 재고자산을 배럴당 2,000원으로 평가하여 보고하였다.

풀이

상황	감사보고서(해당 번호를 기재)
1	①
2	③
3	②
4	③

Q&A 사례문제 5 : 2010년, KICPA 기출문제

1 다음 각 사례는 서로 독립적이다. 다음과 같은 상황에서 감사인은 어떤 감사보고서를 발행하여야 하는지 또는 어떤 조치를 취하여야 하는지 보기에서 찾아 그 번호 및 판단의 근거를 기재하시오. 단, 주어진 상황 이외의 모든 것은 적절하게 회계처리되고 감사되었다고 가정한다. 또한 감사인은 중요한 사항에 대하여 강조사항 및 기타사항문단으로 기재할지 여부를 결정할 때 가능하면 강조사항 및 기타사항문단을 기재하는 정책을 가지고 있다.

< 보 기 >

번 호	내 용
①	강조사항문단이 포함되지 않은 적정의견 감사보고서
②	강조사항문단이 포함된 적정의견 감사보고서
③	감사의견 단락이 변형된 한정의견 감사보고서
④	강조사항문단이 포함되며, 감사의견 단락이 변형된 한정의견 감사보고서
⑤	감사인책임 단락과 감사의견 단락이 변형된 한정의견 감사보고서
⑥	강조사항이 포함되며, 감사인책임 단락과 감사의견 단락이 변형된 한정의견 감사보고서
⑦	감사인 책임 단락 및 감사의견 단락이 변형된 부적정의견 감사보고서
⑧	감사의견 단락이 변형된 부적정의견 감사보고서
⑨	의견거절 감사보고서
⑩	감사계약 해지

답안 양식 :

사 례	번 호	판단의 근거
사례 1		
사례 2		
사례 3		
사례 4		
사례 5		
사례 6		

〈사례 1〉 회사는 당해 연도에 처음으로 감사를 받게 되어 회계연도 개시일로부터 3개월이 지나 현 감사인과 감사계약을 체결하였다. 감사인은 감사계약을 체결한 후 재고조사를 즉시 실시하여 기초재고자산에 대한 충분하고 적합한 증거를 확보하였으나 담당공인회계사의 실수로 금액적으로 중요한 기초현금에 대한 충분하고 적합한 감사증거를 입수하지 못하였다. 그러나 기중의 현금거래에 대해서는 충분하고 적합한 증거를 확보하였다. 내부통제제도의 경우 소규모 기업인 점을 감안하여 평가를 생략하고 적절한 계획에 따라 실증절차를 수행하였다. 감사결과 상기 이외의 중요한 예외사항은 발견되지 않았다.

〈사례 2〉 당해 연도의 감사를 수행하고 있는 갑을 회계법인은 회사와의 독립성에 감사계약 당시 인지하지 못하였던 문제가 있다는 것을 기말감사 중에 인지하게 되었다. 즉, 감사를 수행하는 팀 이외의 다른 부서에서 기중에 회사의 자산 · 자본 · 그 밖의 권리 등의 전부를 매도하기 위한 동 자산 등에 대한 실사 · 재무보고 · 가치평가 및 그 매도거래에 대하여 의견을 제시하는 업무를 수행하고 보고서를 발행한 후 수수료를 받은 적이 있다. 또한 당해 매도거래는 감사수행일 현재 진행 중이며 계약이 성사될 가능성이 높다.

〈사례 3〉 갑(주)의 감사를 수행하고 있는 ABC 회계법인은 갑(주)의 매출 3,000억원(기말 현재 매출채권잔액은 500억원)의 전부가 갑(주)의 100% 출자회사인 을(주)에 대한 매출인 것을 알게 되었다. ABC 회계법인은 적절하게 채권 · 채무 조회서를 발송하여 감사현장 철수일 이전에 이를 회신받고, 그 이외에도 회계감사기준에서 정하는 적절한 절차를 수행하였다. 감사인은 갑(주)의 매출액은 적정하지만 매출채권의 경우 을(주)의 재무상태로 볼 때 회수가능성이 전혀 없다고 판단한다. 을(주)의 재무상태는 수년 전부터 좋지 않았지만, 특히 당해 연도 들어 더욱 악화되었다. 그러나 갑(주)는 전년도에도 유사한 상황이었지만 당해 연도 동안 채권을 회수하고 새로운 매출을 하는 등 활동적인 거래가 있는 만큼 현재의 매출채권도 내년 중 회수할 수 있을 것이라고 기대하기 때문에, 재무제표에 기재된 바와 같이 매출채권에 대한 대손충당금을 설정하지 않는 것이 바람직하다고 결론내렸다. 다만 갑(주)는 을(주)와의 거래 및 기말 현재 채권잔액의 내용을 주석에 기재하고 있다. 감사인은 갑(주)의 당해 연도 매출채권 잔액이 왜곡되었을 경우 재무제표 전체를 왜곡시킬 만큼 전반적인 사항이라고 판단하고 있다.

〈사례 4〉 갑(주)는 컴퓨터를 생산하여 판매하며, 2×10년 12월 31일이 결산일이다. 갑(주)는 기말 현재 3년 전에 생산하였으나, 판매하지 못하고 보유하고 있는 재고자산 500억원(총재고자산은 3,000억원)을 재무제표에 계상하고 있다. ABC 회계법인은 이들 재고가 정상적인 가격에 판매되는 것이 불가능하다고 판단하지만, 회사는 적절한 구매처만 만나면 정상적인 가격에 판매할 수 있다고 주장하고 있다. ABC 회계법인의 담당공인회계사가 시장조사를 해본 결과 비교가능한 제품의 현재 시장거래 가격은 220억원으로 추정되며, 여러 경로를 통해 이를 확인할 수 있었다. 기말감사를 수행하던 중 ABC 회계법인은 당해 진부화된 재고자산 중 50억원이 갑(주)의 100% 출자회사인 을(주)에 재무제표일 이후 55억원에 외상으로 판매되었다는 것을 알게 되었다. 또한 나머지 진부화된 재고자산에 대하여도 2개월 이내에 을(주)에 520억원에 판매하기로 계약된 사실도 알게 되었다. 그러나 을(주)는 폐기물처리업체이며 당해 거래 당시 자본이 잠식된 상태로 당좌거래가 정지된 상황이다. 갑(주)는 현재 감사받고 있는 재무제표를 수정할 의사가 전혀 없다. 감사인은 당기순이익에 미치는 영향이 200억원 이상이면 중요하다고 판단하고, 중요성 기준의 2배를 초과하는 예외사항에 대하여는 중요하고 전반적인 영향이라고 판단한다.

〈사례 5〉 갑(주)는 건설업을 영위하며, 2×10년 12월 31일이 결산일이다. 갑(주)에 대한 감사를 처음으로 수행하는 ABC 회계법인의 담당공인회계사는 기말 실증절차를 수행하는 과정에서 북유럽 건설현장의 재고자산 및 장비 등에 대한 실사를 수행하여야 하는 것을 인지하지 못하고 누락하였다. 이를 제외하고는 모든 감사절차는 회계감사기준에 따라 수행되었다. 주주총회일이 임박한 상황에서 북유럽의 화산폭발로 유럽행 비행기는 모두 결항되었으며 향후 1개월 이내에 비행편을 구하기가 불가능하다고 판단된다. 또한 주주총회 일정을 더 이상 연기하는 것도 불가능하다. 북유럽 건설현장의 재고자산 및 장비 등이 갑(주)의 재무제표에서 차지하는 비중은 총자산의 30%로서 업무담당이사 공인회계사는 이것이 왜곡되었을 경우 재무제표 전체를 왜곡시킬 만큼 전반적인 사항이며 실사 이외의 방법으로는 충분하고 적합한 감사증거를 확보할 수 없다고 판단하고 있다. 업무담당이사 공인회계사는 갑(주)의 경영진과 의견을 조율하는 과정에서 감사인이 충분하고 적합한 증거를 확보하지 못하였기 때문에 적정의견 이외의 감사의견을 표명할 것이라고 주장하고 있다. 그러나 회사의 경영진은 이는 전적으로 감사인의 잘못된 판단 때문에 발생한 문제이기 때문에 감사인은 적정의견을 표명하여야 한다고 주장하고 있다. 실제로 직전연도의 감사인은 적절한 시기에 모든 해외 건설 현장에 대한 실사를 수행하였으며, 북유럽의 건설현장은 2×10년 중에 새롭게 시작한 현장이다. 업무담당이사 공인회계사가 회계법인 내부에서 이 문제를 논의한 결과, 감사보고서를 발행하지 않았을 경우 회계법인의 예상 피해액이 워낙 막대하여 감사보고서를 발행하기로 하였다. 또한 갑(주)로서도 여러 가지 상황을 고려할 때 ABC 회계법인으로부터 감사보고서를 제출받을 수밖에 없는 상황이다.

〈사례 6〉 갑(주)는 사무용 의자를 제조・판매하고 있으며, 2×10년 12월 31일이 결산일이다. 갑(주)에 대한 감사를 계속적으로 수행하는 ABC 회계법인의 담당공인회계사는 연결재무제표에 대한 감사를 수행하고 적절한 감사의견을 표명하고자 한다. 연결 대상 종속회사 중 유럽 현지법인인 유레카 Ltd.의 재무제표감사는 현지 감사인에 의해 수행되었으며, 감사의견은 적정의견이었다. 담당공인회계사는 당해 현지 감사인이 현지 지역에 국한된 소규모 회계법인이며, 개업

이후 첫 감사 거래처가 유레카 Ltd.인 것을 알게 되었다. 유레카 Ltd.가 연결재무제표에서 차지하는 비중은 자산총계와 매출액 기준 모두 15%를 초과한다. 따라서 ABC 회계법인은 연결재무제표 감사를 위하여 현지에 공인회계사들을 직접 파견하여 다음과 같은 정보를 얻을 수 있었다.

"유레카 Ltd.의 재무제표는 현지 회계기준에 따르면 적정하지만, 갑(주)와 다른 종속회사가 따르고 있는 회계기준에 따르면 자산 중 20%가 과대계상되었다. 이러한 자산의 과대계상이 유레카 Ltd.의 재무제표에서 차지하는 비중은 중요하지만 갑(주)의 연결재무제표에 미치는 영향은 중요하지 않다"

갑(주)의 경영진은 유레카 Ltd.로 인한 어떤 사항도 수정반영하지 않겠다는 입장이다. 또한 지배회사와 유레카 Ltd.를 제외한 모든 종속회사의 재무제표는 ABC 회계법인이 감사하였으며, 감사의견은 적정의견이었다.

풀 이

사례	번호	판단의 근거
사례 1	①	역추적절차를 통하여 현금의 기초잔액에 대한 확인이 가능하므로 강조사항이 포함되지 않은 적정의견을 표명할 수 있다.
사례 2	⑩	실사 등의 업무는 감사업무와 동시에 제공할 수 없는 비감사업무에 해당하여 독립성이 훼손되었으므로 감사계약을 해지하여야 한다.
사례 3	⑧	대손충당금의 과소계상이 재무제표 전체를 왜곡시킬 만큼 전반적인 상황이므로 이러한 경영진과의 의견불일치의 내용을 의견근거 단락에 기재하고 부적정의견을 표명하여야 한다.
사례 4	③	특수관계자에 대한 매출거래가 정상적인 거래로 보기 어렵고 재고자산의 과대계상이 재무제표에 미치는 영향이 중요하므로 이러한 경영진과의 의견불일치 내용을 한정의견근거 단락에 기재하고 한정의견을 표명하여야 한다.
사례 5	⑨	재고자산 및 장비의 실사업무 누락에 대한 책임소재가 누구에게 있는지와 상관없이, 총자산의 30%를 차지하는 재고자산과 장비에 대한 충분하고 적합한 감사증거가 수집되지 아니하였으므로 재무제표에 중요하면서 전반적인 영향을 미치는 감사범위제한으로 보아 의견거절을 표명하여야 한다.
사례 6	①	종속회사 자산의 과대계상이 연결재무제표에서 차지하는 비중이 중요하지 않아 감사의견 형성에 영향을 미치지 않으므로 적정의견을 표명할 수 있다.

Q&A 사례문제 6 : 2011년, KICPA 기출문제 응용

기본 자료는 다음과 같다.

복합(주)은 2×10년에 설립되었으며, 2×11년 12월 31일 현재 연결자산총액이 1,000억원인 비상장회사이고, 한국채택국제회계기준을 도입하지 않았다. 복합(주)은 중국에 소재하는 단순(주)의 주식 100%를 2×11년 중에 취득하였다. 2×10년 12월 31일 현재 단순(주)의 자산총액은 원화 환산기준으로 300억원이었다. 연해회계법인은 2×10년부터 단순(주)의 외부감사인이며, 건연회계법인은 2×11년부터 복합(주)의 외부감사를 수행하기로 하였다. 건연회계법인은 단순(주)에 대한 회계감사에 연해회계법인의 감사결과를 활용할 계획이며, 부문감사인과의 책임한계를 구분하지 않을 것이다.

복합(주)은 2×11년 중에 중요성기준을 초과하는 거액의 순손실을 기록하였고, 2×11년 말 연결재무상태표에서 유동부채가 유동자산을 초과하며, 2×12년 중에 거액의 차입금을 상환하여야 하는 상황이다. 복합(주)의 경영진은 건연회계법인에게 영업실적 개선계획 및 향후 자금수지 개선계획에 대한 자료를 제시하였다. 건연회계법인이 복합(주)의 경영진이 제시한 계속기업가정에 대한 자료를 검토한 결과, 그 실현가능성이 있는 것으로 판단하였으나 존속능력에 중요한 불확실성은 존재하는 것으로 판단하였다. 이에 복합(주)의 경영진은 해당 내용을 주석으로 기재하기로 하였다.

건연회계법인은 2×12년 2월 11일에 단순(주)의 감사인인 연해회계법인으로부터 감사관련 자료를 모두 받았다. 건연회계법인이 최종적인 경영자 서면진술을 받은 날은 2×12년 2월 19일이었다. 복합(주)의 경영진은 외부 홍보를 위하여 감사보고서 일자를 2월 16일로 요청하였으며, 복합(주)의 정기주주총회일자는 3월 10일로 예정되어 있다.

아래의 물음은 각각 독립된 상황이다.

1 건연회계법인은 복합(주)의 2×11년 연결재무제표에 대한 감사보고서를 작성하면서 복합(주)의 2×10년 재무제표를 어떻게 비교표시할 것인지 고민하고 있다. 비교정보 표시에 관한 기준과 방법 2가지에 대한 개념을 각각 2줄 이내로 기술하시오.

답안 양식 :

	표시방법	
의 미		
감사보고의 차이		

풀이

	표시방법	
	대응수치 접근법	비교 재무제표 접근법
의 미	전기의 금액과 기타 공시가 당기재무제표의 필수적인 부분으로 포함되며, 당기와 관련된 금액과 기타 공시("당기수치")와 관련하여서만 이해되도록 의도된 비교정보.	전기의 금액과 기타 공시가 당기의 재무제표와 비교할 목적으로 포함되지만, 만약 감사를 받았다면 감사의견에서 언급되는 비교정보.
감사보고의 차이	재무제표에 대한 감사의견은 당기만을 언급함	재무제표에 표시된 각각의 기간을 언급함.

2 다음은 기본 자료의 내용을 반영하고 있는 건연회계법인의 복합(주)에 대한 연결감사보고서의 일부이다. 건연회계법인은 복합(주)의 2×11년 재무제표에 대해서만 감사의견을 제시하기로 하였으며, 비교표시 재무제표에 대한 의견은 전기 감사인의 감사의견을 이용하기로 하였다. 기초 잔액의 적정성을 확인하기 위한 감사절차는 모두 수행하였다. 기본 자료의 내용과 (물음 2)의 내용 이외에 추가적인 정보가 없다고 가정하고, 다음에 제시된 복합(주)의 연결감사보고서에서 잘못된 부분 중 6가지를 지적하고 그 이유를 각각 2줄 이내로 기술하시오.

답안 양식 :

잘못된 부분	이 유

독립된 감사인의 감사보고서

복합주식회사
주주 및 감사위원회 귀중

감사의견

우리는 첨부된 복합 주식회사 및 종속기업의 연결재무제표를 감사하였습니다. 동 연결재무제표는 2011년 12월 31일과 2010년 12월 31일 현재의 연결재무상태표와 동일로 종료된 보고기간의 연결손익계산서(또는 연결포괄손익계산서), 연결자본변동표 및 연결현금흐름표 그리고 중요한 회계정책의 요약과 그 밖의 설명정보로 구성되어 있습니다.

본 감사인과 타감사인의 감사결과를 기초로 한 본 감사인의 의견으로는 위 연결재무제표는 복합(주)와 그 종속회사의 2011년과 2010년 12월 31일 현재 재무상태와 (……중간 생략……) 현금흐름의 내용을 대한민국에서 일반적으로 인정된 회계처리기준에 따라 중요성의 관점에서 공정하게 표시하고 있습니다.

강조사항

재무제표 이용자는 재무제표에 대한 주석 X에 주의를 기울여야 할 필요가 있습니다. 재무제표에 대한 주석 X에서 설명하는 바와 같이 복합(주)는 단순(주)를 2×11년 중 취득하여 중요한 매출과 매입거래를 하고 있습니다. 이와 관련하여 2×11년 말 현재 채권과 채무가 OOO원 및 OOO원이 계상되어 있습니다. 우리의 의견은 이 사항으로부터 영향을 받지 아니합니다.

연결재무제표에 대한 경영진과 지배기구의 책임

감사위원회는 한국채택국제회계기준에 따라 연결재무제표를 작성하고 공정하게 표시할 책임이 있습니다. 경영진은 또한 부정이나 오류에 의한 중요한 왜곡표시가 없는 연결재무제표를 작성하기 위해 필요하다고 결정한 내부통제에 대한 책임이 있습니다.

(중간 생략)

이 독립된 감사인의 감사보고서의 근거가 된 감사를 실시한 업무수행이사는 홍길동입니다.

건연회계법인 대표이사 ABC(인)
서울특별시 AA구 BB동 CC번지
감사보고서 일자 2×12년 2월 11일

풀이

잘못된 부분	이 유
그 종속회사의 2010년과 2011년 12월 31일 현재의~	전기 재무제표는 타감사인이 감사하였으므로 "그 종속회사의 2011년 12월 31일 현재의~"로 수정하고 전기재무제표는 타감사인이 감사하였으며 감사보고서일자 및 감사의견을 포함한 기타사항문단을 기재하여야 한다.
이 연결재무제표를 적정하게 작성할 책임은 회사의 감사위원회에게 있으며~	"이 연결재무제표를 적정하게 작성할 책임은 회사경영진에게 있으며~"로 수정
본 감사인과 타감사인의 감사결과를 기초로 한 본 감사인의 의견으로는~	타감사인과 책임을 구분하는 내용을 감사보고서에 언급하여서는 안 됨.
계속기업가정의 불확실성에 대한 계속기업 관련 중요한 불확실성 단락 누락	계속기업가정에 중요한 불확실성이 존재하기 때문에 해당 내용을 계속기업 관련 중요한 불확실성 단락으로 기재하여야 함.
감사보고서일자 2×12년 2월 11일	최종적인 감사증거의 수집완료일은 경영자 서면진술을 수령한 2×11년 2월 19일이므로 이 날짜 이후로 감사보고서일이 되어야 함.

3 복합(주)의 연결재무제표에 대한 외부감사인은 건연회계법인이며, 자회사인 단순(주)의 외부감사인은 연해회계법인이다. 건연회계법인은 연결재무제표에 대한 감사업무 수행 시, 단순(주)의 재무제표에 대한 감사에 연해회계법인의 감사결과를 활용하고자 한다. 단순(주)의 재무제표가 중요한 경우 각각의 상황별로 건연회계법인이 연해회계법인의 감사결과를 활용하는 것이 가능

한지 여부와 그 이유를 각각 2줄 이내로 기술하시오. (단, 가능은 O로 표시, 불가능은 X로 표시)

•상황 1: 단순(주)의 경리담당자와 연해회계법인 담당이사가 부부 사이이다.

•상황 2: 단순(주)의 감사인과 복합(주)의 감사인 간에 충분한 업무협조가 이루어졌고, 복합(주)의 감사인은 자회사의 감사인을 자기책임하에 활용하였다.

•상황 3: 단순(주)의 감사인은 2×11년 12월 31일 현재의 기말 재고자산에 대한 실사 입회와 매출채권에 대한 조회절차를 수행하지 못하였다. 또한 복합(주)의 주감사인도 이와 관련하여 충분한 감사절차를 수행하지 못하였다.

구 분	여 부	이 유

풀 이

구 분	여 부	이 유
상황 1	×	유착위협으로 인하여 독립성이 훼손되므로, 부문감사인이 독립성을 만족하고 있지 않기 때문에 연해회계법인의 감사결과를 활용할 수 없다.
상황 2	○	건영회계법인과 연해회계법인 간에 충분한 업무협조가 이루어졌고, 건영회계법인은 연해회계법인을 자기책임하에 활용하였으므로, 연해회계법인의 감사결과를 활용할 수 있음.
상황 3	×	연해회계법인이 재고자산과 매출채권에 대한 중요한 감사절차를 수행하지 못하였고, 건연회계법인도 이와 관련하여 충분한 절차를 수행하지 못하였으므로 재고자산과 매출채권에 대한 연해회계법인의 감사결과를 활용할 수 없음.

4 건연회계법인이 연해회계법인을 활용하여 그룹재무제표를 감사하는 경우 건연회계법인이 그룹재무제표에 대한 책임을 연해회계법인과 구분할 수 있는지 여부에 대하여 서술하고 만약 연해회계법인을 활용하는 그룹재무제표를 감사하기로 계획한 경우 건연회계법인이 반드시 연해회계법인(부문감사인)에 대해서 이해하여야 하는 사항 4가지를 서술하시오.

풀 이

1. 그룹재무제표에 대한 책임을 져야 함 ⇨ 따라서, 그룹재무제표에 대한 감사보고서에는 부문감사인을 언급해서는 안 된다. 법규상 부문감사인의 언급이 요구되는 경우에도 그룹감사인의 책임이 경감되지 아니함을 그룹재무제표에 대한 감사보고서에 명시하여야 함

2.

그룹업무팀이 부문감사인에 대하여 이해하여야 할 사항 (ISA 600 문단 19)
(1) 부문감사인이 그룹감사와 관련된 윤리적 요구사항을 이해하고 있으며 이를 준수할 것인지 여부, 특히 부문감사인이 독립적인지 여부. (2) 부문감사인의 전문가적 적격성. (3) 그룹업무팀이 충분하고 적합한 감사증거를 입수하는 데 필요한 만큼 부문감사인들의 업무에 관여할 수 있을 것인지 여부 (4) 감사인을 적극적으로 감독하는 규제환경하에서 부문감사인이 업무를 수행하는지 여부

Q&A 사례문제 7 : 2012년, KICPA 기출문제 응용

X회계법인의 공인회계사 A는 회계감사경력 5년차이다. 공인회계사 A는 갑㈜의 회계감사 팀장(in-charge)을 맡고 있다. 공인회계사 A는 경력 3년차 1명, 2년차 1명, 그리고 1년차 2명으로 감사팀을 구성하였다.

갑㈜는 12월 31일이 결산일이며, 자산총계는 3천억 원, 부채총계는 2천억 원, 그리고 자본총계는 1천억 원이다. 매출액은 3천 5백억 원, 법인세비용차감전순이익은 250억 원, 당기순이익은 200억 원이다. 공인회계사 A는 감사를 계획함에 있어 X회계법인의 감사매뉴얼에 따라 당기순이익에 영향을 미치는 중요성금액을 2억 5천만 원, 그리고 중요하고 전반적인 영향을 미치는 금액기준으로 5억 원을 설정하였다.

당기순이익에는 영향을 미치지 않지만 재무제표의 구성상(예를 들면 계정분류의 오류, 당기순이익에 영향을 미치지 않는 특정 계정잔액의 왜곡 등) 중요하다고 판단하는 금액의 기준은 10억 원, 그리고 중요하고 전반적인 영향을 미치는 금액의 기준은 20억 원으로 설정하였다. 또한 재무제표에 중요한 영향을 미칠 가능성이 거의 없을 것으로 판단하는 금액의 기준은 5백만 원으로 설정하였다.

다음에 주어진 각각의 상황에 대해서, 항목별 답안을 아래 〈답안 양식〉에 따라 작성하시오. 단, 주어진 각 상황은 서로 독립적이다.

- 항목 1 : 감사인이 제시할 수 있는 감사보고서상 감사의견 및 강조사항과, 이 경우에 감사보고서 문단 중 수정해야 할 항목을 아래 <보기>에서 모두 찾아 기재
- 항목 2 : 주어진 상황이 경영자 서면진술에 미수정왜곡사항 등으로 추가할 사항인지 여부를 표시(○ 또는 ×)
- 항목 3 : 항목 1과 항목 2에 대한 판단 근거

〈보 기〉

감사의견과 강조사항 또는 기타사항	
①	적정의견
②	적정의견+강조사항
③	한정의견
④	한정의견+강조사항
⑤	부적정의견
⑥	부적정의견+강조사항
⑦	적정의견+기타사항

감사보고서 단락	
(가)	경영진과 지배기구책임 단락
(나)	감사의견근거 단락

답안 양식:

상황	(항목 1)		(항목 2)	(항목 3)
	감사의견과 강조사항	감사보고서 문단 수정	서면진술에 미수정왜곡사항 등으로 추가	판단의 근거
상황 1	①~⑦	(가)~(나) 또는 "없음"	O 또는 ×	
상황 2	〃	〃	〃	
상황 3	〃	〃	〃	
상황 4	〃	〃	〃	
상황 5	〃	〃	〃	

(상황 1) 감사팀은 12월 30일 갑㈜가 외상매입거래 3억 원을 누락한 사실을 발견하였다. 그러나 동 거래로 인한 재고자산은 재고자산 명세서와 기말 장부상 잔액에 포함되어 있었다. 회사는 감사인의 지적을 수용할 의사가 없다.

(상황 2) 갑㈜는 결산일로부터 1개월 전에 재고자산의 평가방법을 선입선출법에서 평균법으로 변경하였다. 감사인인 공인회계사 A는 이러한 회계변경이 변경효과는 중요하지만 회계기준에 어긋난다고 생각하지 않으며 해당 사안은 정보이용자에게 주의를 환기시켜야 하는 중요한 사안이라고 판단하고 있다. 갑㈜는 재고자산 평가방법의 변경에 대하여 회계기준에 따라 올바르게 재무제표에 표시하고 있다.

재고자산 중 일부는 고가의 컴퓨터이며 장부가액은 50억 원이다. 재고자산 실사결과 11억 원에 상당하는 재고수량이 부족하여 원인을 파악한 결과 정상적으로 접대비로 회계처리한 타계정 대체수량이 재고자산수불부에 반영되지 않았다는 것을 알게 되었고 재고자산수불부를 수정하는 것으로 처리하였다.

또한 현금예금 중 4억 원은 당기에 발생한 종업원의 횡령으로 당기 중에 배상조치하였으며 회사는 해당 금액 전액을 종업원에 대한 채권으로 계상하고 매월 2백만 원을 급여에서 공제(누적 공제액 4백만 원)하고 있다. 그러나 해당 종업원의 퇴직일이 불과

3개월밖에 남지 않았고, 해당 종업원은 이미 신용불량상태에 있으며 보유하고 있는 재산이 전혀 없는 상태이다. 또한 추후 다른 직장을 가질 가능성이 없으므로 감사인과 회사는 종업원이 퇴직할 때까지 받을 수 있는 급여 이외(퇴직금은 없다고 가정)에는 배상받지 못할 것이라고 판단하고 있다. 그러나 회사는 다른 종업원에게 경각심을 불러일으키기 위하여 해당 종업원이 사망할 때까지 장부와 재무제표에서 해당 배상원금을 순장부가액으로 유지하겠다는 정책을 가지고 있다. 또한 감사인에게도 이런 정책을 존중해 달라고 요구하면서 재무제표의 수정을 거부하였다.

(상황 3) 감사팀은 12월 30일 갑㈜가 외상매입거래 3억 원을 누락하였으며, 동 거래로 인한 미착재고도 재고자산명세서와 기말장부상 잔액에서 누락한 사실을 발견하였다. 또한 20개의 영업소 중 19개 영업소는 문제가 없었으나, 1개 영업소의 당기 매출총액 1억 원에 대해서는 매출증빙을 분실하였다고 주장하고 있다. 감사인은 어떠한 감사절차로도 해당 매출이 실제 발생하였다는 사실을 확인할 수 없었다.

갑㈜는 매입 누락과 관련한 모든 오류는 회계기준에 따라 수정하지만 특정 영업소의 매출장부 누락과 관련하여서는 회사가 작성한 장부가 사실에 근거한 것이기 때문에 어떠한 수정도 받아들일 수 없다는 방침이다.

(상황 4) 1년차 공인회계사 B는 유형자산 계정의 감사를 배정받았다. 유형자산의 총계는 300억 원이다. 감사 과정에서 당기의 감가상각비가 각각 100만 원, 20만 원, 5만 원 과소계상된 오류를 발견하였다. 공인회계사 B는 이 오류가 회계법인의 감사매뉴얼에서 정한 '재무제표에 중요한 영향을 미칠 가능성이 거의 없을 것으로 판단되는 명백하게 경미한 오류'에 해당되기 때문에 미수정왜곡표시항목에 포함하지 않았다.

모든 실증절차가 종료된 후 공인회계사 A가 수정하여야 할 사항을 집계한 결과 어떠한 수정사항도 없었다. 따라서 공인회계사 A는 갑㈜에 수정을 권고하지도 않고 감사를 종료하기로 결정하였다.

(상황 5) 감사과정에서 공인회계사 A는 어떠한 중요사항도 왜곡표시되지 않았다고 확신하였다. 갑㈜에 대한 감사는 종료되었으나 감사보고서는 발행 전이다. 갑㈜는 감사받은 재무제표를 이용하여 주요 재무비율을 계산하고 이를 사업보고서에 포함하였다. 동 사업보고서는 관련규정에서 정하고 있는 '감사인이 검토하여야 할 감사받은 재무제표를 포함하는 문서'에 해당한다.

공인회계사 A는 회사가 작성한 상기 사업보고서를 공시 전에 입수하고 검토과정에서 부채비율이 중요하게 잘못 계산되었다는 것을 알게 되었다. 그 원인은 회사의 담당자가 유동부채의 총계(800억 원)를 부채총계로 잘못보고 계산하였기 때문이다. 감사인은 지금이라도 사업보고서를 수정하도록 회사에게 권고하였으나 회사의 경영진은 이를 수정할 수 없다는 입장을 고수하고 있다. 또한 회사의 경영진은 감사받은 재무제표에는 오류가 없기 때문에 향후에도 감사보고서가 첨부된 사업보고서를 수정할 필요가 없다고 생각하고 있다.

풀이

상황	(항목 1)		(항목 2) 서면진술에 미수정왜곡사항 등으로 추가
	감사의견과 강조사항	감사보고서 문단 수정	
상황 1	3번	(나)	O
상황 2	4번	(나)	O
상황 3	1번	없음	O
상황 4	1번	없음	X
상황 5	7번	없음	X

(항목 3) 판단의 근거

〈상황 1〉 당기순이익에 영향을 주는 거래로서 동 왜곡표시는 중요한 금액(전반적이지는 않음)이기 때문에 경영진과 의견의 불일치로서 한정의견을 표명하여야 함. 이 경우 감사의견 단락을 수정하고 감사의견근거 단락을 추가하여야 한다. 또한 감사인이 판단한 중요한 왜곡표시 중에서 경영진이 재무제표에 반영하지 않은 금액은 경영자 서면진술에 동 금액을 포함시켜야 한다.

〈상황 2〉 불법행위미수금에 대한 대손충당금이 과소계상되어 있으며 동 왜곡표시는 중요한 금액(전반적이지는 않음)이기 때문에 경영진과 의견의 불일치로서 한정의견을 표명하여야 함. 이 경우 감사의견근거 단락을 추가하여야 하며, 또한 회계정책의 변경으로 인하여 강조사항을 기재하여야 한다. 해당 사안은 감사인이 판단한 중요한 왜곡표시 중에서 경영진이 재무제표에 반영하지 않은 금액이기 때문에 경영자 서면진술에 동 금액을 포함시켜야 한다.

〈상황 3〉 매출 계정에 대한 감사범위 제한이 발생하였지만 그 금액이 중요하지 아니하고 외상매입금에 대해서는 경영진이 해당 중요한 왜곡표시를 재무제표에 수정반영하였기 때문에 적정의견을 표명함. 다만, 동 금액이 재무제표에 중요한 영향을 미칠 가능성이 거의 없을 것으로 판단하는 금액의 기준보다는 크기 때문에 경영자 서면진술에 포함시켜야 한다.

〈상황 4〉 감가상각비 과소계상 금액은 중요하지 않기 때문에 적정의견을 표명함. 또한 동 금액은 재무제표에 중요한 영향을 미칠 가능성이 거의 없을 것으로 판단되기 때문에 경영자 서면진술에 포함시킬 필요도 존재하지 아니함.

〈상황 5〉 기타정보에 중요한 왜곡표시가 포함되어 있기 때문에 적정의견에 기타사항문단을 기재하여야 함. 동 사안이 재무제표와 관련된 왜곡표시는 아니기 때문에 경영자 서면진술에 포함되어야 할 내용은 아님.

Q&A 사례문제 8 : 연결재무제표 감사문제(2007년, KICPA 기출문제 응용)

지금까지 개별 재무제표에 대한 감사경험만 있는 나라회계법인의 정다은 회계사는 3개의 연결대상 종속회사(A, B, C)를 가지고 있는 지배회사 (주)우주의 연결재무제표에 대한 감사절차를 처음으로 수행하고 있다. 다음은 정다은 회계사가 수행하고 있는 연결재무제표에 대한 감사절차와 관련된 내용이다.

- 3개의 연결대상 종속회사 중 국내에 소재하는 A사의 재무제표는 타감사인이 감사하고 있으며, 미국에 소재하는 B사의 재무제표는 감사받지 않고 있다. 또한, 국내에 소재하는 C사의 재무제표는 지배회사인 (주)우주와 결산일이 상이하다.
- (주)우주의 회계팀장을 비롯한 경력 있는 팀원들 상당수가 당기 말에 임박하여 퇴사하고 신규 직원들이 입사함에 따라 (주)우주에서는 원활한 결산절차가 진행되지 못하고 있다. 이러한 상황에서 연결재무제표를 감사하게 된 정다은 회계사는 연결조정분개에 오류가 있음을 발견하였다. 그런데 새로 부임한 회계팀장을 비롯한 회계팀원들이 동 회계처리를 이해하지 못해 불가피하게 연결조정분개를 정다은 회계사가 직접 작성하였다.
- 정다은 회계사는 장기투자자산에 대한 감사절차를 수행하는 과정에서 투자자산의 장기보유 여부에 대한 경영진의 의도를 확인해 볼 수 있는 이용 가능한 다른 감사증거가 존재하지 않아 경영자서면진술을 대체적인 감사증거로 사용하였다.
- 정다은 회계사는 현장업무(field work)를 사실상 종결하는 시점에서 주주총회 및 이사회의사록의 완전성을 검토하기 위하여 의사록의 유지 및 보관 책임자에게 문서화된 경영자 서면진술을 징구하였다.

1 그룹재무제표 감사인인 나라회계법인이 종속회사의 부문의 재무정보에 대해 수행할 업무유형을 결정하는 데 있어서는 부문이 유의적인지 유의적이지 않은지에 따라 업무유형이 나뉘어 진다. 아래 표 양식에 맞춰서 업무유형에 대해서 서술해 보시오.

유의적인 경우	(Case 1) 재무적 유의성이 있는 경우 (Case 2) 그룹재무제표에 대하여 중요한 왜곡표시의 유의적 위험을 포함하고 있는 부문의 경우
유의적이지 아니한 경우	(Case 3)

풀 이

유의적인 경우	(Case 1) 재무적 유의성이 있는 경우 부문감사인은 부문의 재무정보에 대해 부문중요성을 적용하여 감사하여야 한다. (Case 2) 그룹재무제표에 대하여 중요한 왜곡표시의 유의적 위험을 포함하고 있는 부문의 경우

	1) 부문중요성을 적용한 부문재무정보의 감사 2) 그룹재무제표의 중요한 왜곡표시에 대한 유의적 위험의 가능성과 관련된 하나 이상의 거래유형과 계정잔액 및 공시에 대한 감사 3) 그룹재무제표의 중요한 왜곡표시에 대한 유의적 위험의 가능성과 관련된 특정 감사절차
유의적이지 아니한 경우	(Case 3) 그룹 수준의 분석적 절차를 수행

2 앞의 사례에 나타난 연결재무제표에 대한 감사과정에서 회계감사기준에 부합되지 않거나 불필요한 사항을 지적하고, 그 지적사항에 대한 올바른 감사수행절차를 기술하시오.

풀이

지적사항	올바른 감사수행절차
왜곡표시 사항(감가상각비와 미수수익)에 대한 수정금액과 수정분개를 감사인이 직접 작성	감사인의 최종 수정요구사항에 대한 수정분개 또는 주석공시내용 수정은 임직원이 직접 수행토록 함.
경영자 서면진술을 대체적인 감사증거로 사용하였다.	서면진술을 받지 않고는 충분하고 적합한 감사증거의 입수가 불가능할 수 있지만 그러한 서면진술이 필요한 감사증거를 제공하여도 동 진술 자체만으로는 해당 주장에 대한 충분하고 적합한 감사증거를 제공하지는 않는다.

3 정다은 회계사가 지배회사인 (주)우주와 관련된 다음의 업무를 수행할 수 있으면 O, 없으면 X로 표시하고 해당 업무를 수행할 수 있는 경우에는 동 업무를 수행하기 위해 필요한 절차를 1줄 이내로 기술하시오.

(1) 자산의 일부를 매도하기 위한 가치평가 및 그 매도거래에 대하여 의견을 제시하는 업무
(2) 내부회계관리제도의 감사 및 평가 또는 개선방안을 제시하는 업무
(3) 재무정보시스템을 구축하는 업무

구 분	O 또는 X	업무수행을 위해 필요한 절차
(1)		
(2)		
(3)		

풀이

구 분	O 또는 X	업무수행을 위해 필요한 절차
(1)	X	–
(2)	O	회사의 감사 또는 감사위원회의 동의
(3)	X	–

Q&A 사례문제 9 : 2008년, KICPA 기출문제

(주)대한은 지배회사로서 연결재무제표를 작성하여 공시하는 회사이며, 연결대상 회사는 (주)대한 이외에 종속회사 3개사와 지분법 적용대상회사 2개사로 구성되어 있다. 투명 회계사는 (주)대한이 작성하여 제시한 연결재무제표에 대한 회계감사를 수행하는 과정에서 다음과 같은 사실을 발견하였다.

(발견사항)

1. 회계처리 관련
   ① 당해년도 중 (주)대한은 판매법인인 종속회사에게 500억 원의 매출을 하였으며 동 매출채권을 금융기관에 할인하여 이를 기업회계기준에 따라 매각거래로 회계처리하였다. (주)대한은 연결재무제표 작성 시 상기 내부거래 관련손익(매출, 매출원가, 내부미실현손익)을 적정하게 상계하여 회계처리하였으며, 종속회사는 관련 재고자산을 기말 현재 보유하고 있다.
   ② (주)대한은 재고자산에 대하여 선입선출법을 적용하고 있으며, 동일한 업종을 영위하고 있는 종속회사는 재고자산에 대하여 평균법을 적용하고 있다.

2. 지분법적용대상회사 관련
   지분법적용대상인 2개사는 외부감사나 검토를 받고 있지 않다.

3. 종속회사 관련
   종속회사인 3개사의 개별재무제표의 자산 및 손익을 합한 규모는 전체 연결자산 및 연결손익에서 유의한 비율(70%)을 차지하며 회계감사를 모두 타회계법인에서 수행하고 있다.

다음 각 물음은 독립적인 상황이다. 각각의 물음에 답하시오.

1 상기 회계처리 관련하여 발견한 각각의 ①, ② 사항에 대하여 연결재무제표의 감사를 수행하는 투명 회계사가 연결회계처리 관련하여 고려할 사항을 구체적으로 기술하시오.

답안 양식 :

발견사항	연결회계 관점의 고려사항
①	
②	

풀 이

발견사항	연결회계 시 고려사항
①	내부거래이므로 차입거래로 인식하여야 하므로, 매입채무 500억 원을 차입금 500억 원으로 계정 재분류

②	연결모회사와 자회사의 회계처리 일치를 위하여 종속회사의 재고자산 방법을 선입선출법으로 변경하여 차액에 해당하는 재고자산 및 매출원가를 조정하여 반영

2 감사인의 검토나 감사를 받고 있지 않는 2개의 지분법 적용대상회사에 대하여 투명 회계사가 고려해야 할 사항과 이에 따른 연결감사절차를 기술하시오. (3줄 이내)

풀이

연결재무제표 관점에서 **유의성을 파악하여 유의적이라고 판단(재무적인 유의성 및 중요왜곡표시위험이 유의적이라고 판단)한 경우**, 연결감사인은 직접 **감사에 준하는 절차를 취하고, 유의적이라고 판단하지 않는 경우에는 연결재무제표와 관련하여 분석적 절차를 수행한다.**

3 만약, 투명 회계사가 전체 연결자산 및 연결손익에서 유의한 비율(70%)을 차지하는 종속회사 3개사의 감사인인 타감사인의 감사결과를 모두 활용할 수 없고, 투명 회계사 스스로도 회사의 자료제공 등의 도움을 받을 수 없어 추가적인 감사절차를 수행할 수 없다고 판단되는 경우 투명 회계사가 고려할 연결감사의견과 그 사유를 기술하시오.

풀이

종속회사가 전체 연결자산 및 손익에서 70%를 차지하므로 감사범위의 제한으로 **의견거절**을 표명

4 연결재무제표 감사시 감사인이 수행하여야 할 연결 절차에 대한 주요한 감사절차 중 실증절차 목적으로 수행하는 절차를 4가지 이상 서술하시오.

풀이

연결절차에 대한 감사절차 (ISA 600 문단 32~37)
(1) 연결조정과 재분류의 적절성, 완전성 및 정확성을 평가 (2) 만약 어떤 부문재무정보가 그룹재무제표에 적용된 것과 동일한 회계정책에 따라 작성되지 아니한 경우에는, 그룹업무팀은 해당 부문의 재무정보가 그룹재무제표의 작성과 표시 목적을 위하여 적절하게 수정되었는지 여부를 평가하여야 한다. (3) 부문감사인과의 커뮤니케이션에서 식별된 재무정보가 그룹재무제표에 포함되어 있는지 여부를 결정 (4) 그룹과 보고기간말이 다른 부문재무제표가 그룹재무제표에 포함된 경우, 그룹업무팀은 그러한 재무제표가 해당 재무보고체계에 따라 적합하게 조정되었는지 여부를 평가

Q&A 사례문제 10 : 2009년, KICPA 기출문제

갑(주)는 20X8년 12월 31일 현재 을(주)의 지분을 100%(20X3년 2월 12일 일괄취득), 병(주)의 지분을 100%(20X8년 4월 7일 일괄취득) 소유하고 있다. 갑(주)는 20X3년부터 연결재무제표를 작성해 오고 있다. 특히, 병(주)의 경우 사업영역을 확장하기 위하여 20X8년 4월 7일 지분의 100%를 일괄하여 취득한 것이다.

또한 갑(주), 을(주), 병(주)는 모두 비상장법인으로 주식회사등의 외부감사에 관한 법률에 따른 외부감사대상이며, 한국채택국제회계기준을 채택하지 않고 있다. 다음은 갑(주), 을(주), 병(주)의 재무관련 자료이다.

구 분	갑(주)재무제표(개별) 감사받은 재무제표 (20X8.12.31 기준)	을(주)재무제표(개별) 검토받은 재무제표 (20X8.12.31 기준)	병(주)재무제표(개별) 감사받지 아니한 재무제표 (20X8.12.31 기준)
당해 연도 자산총계	320억원	152억원	103억원
당해 연도 매출액	250억원	70억원	80억원
당기순이익	30억원	5억원	5억원
감사(검토)인	A회계법인	B회계법인	–
감사(검토)의견	적정의견	한정 (사유 : 2억원의 재고자산과 당기순이익의 과대계상)	–
지배회사와 종속회사 간의 내부거래	없음	없음	없음

갑(주)는 재무제표와 연결재무제표를 작성하여 A회계법인에게 회계감사를 받기로 하였다. 또한 갑(주)와 A회계법인은 갑(주) 주거래은행의 요구조건을 충족하기 위하여 재무제표에 대한 감사보고서와 연결재무제표에 대한 감사보고서를 20X9년 3월 10일까지 감사인이 회사에 제출하도록 계약을 체결하였다.

을(주)와 병(주)는 모두 결산일이 20X8년 6월 30일로서 갑(주)의 결산일과 서로 상이하기 때문에 20X8년 12월 31일 현재의 가결산재무제표를 작성하였다. 또한 을(주)는 가결산재무제표(20X8.12.31 기준)를 B회계법인으로부터 검토받아 갑(주)와 갑(주)의 감사인에게 제출하였다. 그리고 병(주)는 가결산재무제표(20X8.12.31 기준)를 감사받지 아니하고 갑(주)와 갑(주)의 감사인에게 제출하였다.

갑(주)는 재무제표와 연결재무제표를 작성할 때 을(주)의 경우 B회계법인으로부터 검토받은 재무제표를 이용하였으며, 병(주)의 경우 감사받지 아니한 재무제표를 이용하였다.

상기 정보를 이용하여 갑(주)의 20X8년 12월 31일 재무제표와 연결재무제표에 대한 감사와 관련된 다음 물음에 답하시오. 단, 다음 물음은 각각 서로 독립적이다.

1 갑(주)의 재무제표에는 자회사들에 대한 투자성과가 반영되어 있다. 또한 갑(주)를 감사하는 A회계법인은 재무제표감사를 수행할 때 가능한 한 가장 보수적인 입장에서 감사를 수행하려고 한다. 그렇다면 갑(주)의 재무제표에서 종속회사에 대한 투자계정을 감사할 때 감사증거로서 충분하고 적합한 종속회사의 재무제표가 되기 위하여 필요한 수준의 감사증거는 무엇인가? 이 경우 재무제표에 대한 감사보고서 감사의견 단락 중 "본 감사인의 의견으로는 상기 재무제표는 ……" 부분은 어떻게 표현하는 것이 가장 적합한가?
위 질문에 대하여 다음 보기 중에서 가장 적합한 것을 골라 그 번호와 사유를 답안 양식의 지시에 따라 기재하시오.

답안 양식 :

	필요한 수준의 감사증거		감사의견 단락
	을(주)	병(주)	
답 번호	아래 보기에서 번호를 골라 기입	아래 보기에서 번호를 골라 기입	아래 보기에서 번호를 골라 기입
이유 또는 근거	서술형으로 기재(3줄 이내)	서술형으로 기재(3줄 이내)	서술형으로 기재(3줄 이내)

<보기>
① B회계법인이 검토한 결과를 이용
② 감사받지 아니한 가결산 재무제표를 이용
③ A회계법인이 직접 감사한 재무제표를 이용
④ 본감사인의 감사와 타감사인의 검토보고서를 기초로 한 본감사인의 의견으로는 ……
⑤ 본감사인의 감사와 타감사인의 감사보고서를 기초로 한 본감사인의 의견으로는 ……
⑥ 본감사인의 의견으로는 ……
⑦ 본감사인의 감사와 타감사인의 검토보고서 및 감사받지 아니한 가결산재무제표를 기초로 한 본감사인의 의견으로는 ……
⑧ 예에서 제시하고 있지 않음.

풀이

	필요한 수준의 감사증거		감사의견 단락
	을(주)	병(주)	
답 번호	③	③	⑥
이유 또는 근거	가장 높은 확신을 제공하기 위해서는 직접 감사를 수행하는 것이 가장 보수적임.	가장 높은 확신을 제공하기 위해서는 직접 감사를 수행하는 것이 가장 보수적임.	주감사인이 직접 감사를 수행하였기 때문에 주감사인이 책임을 짐.

2 A회계법인은 을(주)의 검토받은 재무제표와 병(주)의 감사받지 아니한 재무제표를 기초로 작성된 갑(주)의 연결재무제표를 감사하였다. 다음은 A회계법인의 갑(주) 연결재무제표에 대한 감사와 관련된 정보이다.

1. 을(주)와 병(주) 각각 프랑스와 스페인에 소재하는 해외 현지법인으로서 감사보고서 제출일을 고려할 때 A회계법인은 을(주)와 병(주)의 재무제표에 대한 추가적인 감사절차를 수행할 수 없었다. 2. 갑(주), 을(주) 및 병(주) 상호 간에 내부거래가 전혀 없으며, 을(주)의 재고자산과 당기순이익이 각각 2억원 과대계상됨으로 인한 영향도 갑(주)의 연결재무제표에 모두 수정반영되었다. A회계법인의 연결분개에 대한 감사결과 예외사항은 발견되지 않았다.

상기에서 제시한 정보 이외에 감사의견에 영향을 미치는 사항은 없다고 가정한다. 갑(주)의 연결재무제표에 대한 A회계법인의 감사보고서에 기재될 사항을 다음 보기 중에서 가장 적합한 것을 골라 그 번호와 사유를 아래 양식의 지시에 따라 기재하시오.
단, A회계법인이 갑(주)의 연결재무제표에 대한 감사의견을 형성할 때 적용할 중요성기준은 다음과 같다.

	중요함	중요하고 전반적임.
감사인과 경영진 간의 의견불일치	당기순이익에 미치는 영향이 3억원 이상	당기순이익에 미치는 영향이 6억원 이상
연결감사 범위제한	감사범위가 제한된 당해 연도의 매출액이 갑(주), 을(주) 및 병(주)의 당해 연도 매출액을 모두 합한 금액에서 차지하는 비중이 10% 이상	감사범위가 제한된 당해 연도의 매출액이 갑(주), 을(주) 및 병(주)의 당해 연도 매출액을 모두 합한 금액에서 차지하는 비중이 30% 이상

답안 양식 :

	연결재무제표의 감사의견	연결재무제표의 강조사항문단
답 번호	아래 보기에서 번호를 골라 기입	아래 보기 ⑥~⑨ 중 해당 번호를 모두 기재
이유 또는 근거	서술형으로 기재(3줄 이내)	서술형으로 기재(3줄 이내)

<보기>
① 적정의견
② 한정의견－감사인과 경영진 간의 의견불일치
③ 한정의견－연결감사범위의 제한
④ 부적정의견
⑤ 의견거절
⑥ 종속회사가 각각 한정의견과 감사받지 아니한 재무제표라는 사실
⑦ 을(주)의 재무제표를 타검토인이 검토하였다는 것과 병(주)의 재무제표가 감사받지 아니한 재무제표라는 사실
⑧ 연결범위의 변동
⑨ 강조사항문단으로 기재할 사항 없음.

풀이

	연결재무제표의 감사의견	연결재무제표의 강조사항문단
답 번호	⑤	⑨
이유 또는 근거	감사를 받지 못한 종속회사의 매출액 규모는 연결재무제표상 중요하고 전반적이기 때문에 (150억/400억=37.5%) 의견거절을 표명	의견거절의 경우에는 의견근거 단락을 기재하여야 하며, 강조사항을 기재할 필요는 없다.

3 중요성기준을 포함한 다른 조건은 (물음 2)와 동일하고 다음의 정보만 (물음 2)와 상이하다고 가정한다.

1. 을(주)의 재고자산과 당기순이익이 각각 2억원 과대계상됨으로 인한 영향은 여전히 연결재무제표에 수정반영되지 않았다고 결론내렸다.
2. 병(주)의 20X8년 12월 31일 기준 가결산 재무제표는 A회계법인이 연결감사절차에서 필요한 충분하고 적합한 증거를 수집하였고, 그 결과 당해 재무제표가 일반적으로 인정된 회계처리기준에 따라 중요성의 관점에서 적정하다고 결론내렸다.

상기 자료를 이용하여 갑(주)의 연결재무제표에 대하여 A회계법인이 표명할 감사의견과 그 사유를 다음 보기 중에서 가장 적합한 것을 골라 그 번호와 사유를 답안 양식의 지시에 따라 기재하시오.

답안 양식 :

	연결재무제표의 감사의견	연결감사의견의 사유
답 번호/이유 또는 근거	아래 보기에서 번호를 골라 기입	서술형으로 기재(3줄 이내)

<보기>

① 적정의견

② 한정의견－감사인과 경영진 간의 의견불일치

③ 한정의견－연결감사범위제한

④ 부적정의견

⑤ 의견거절

풀이

	연결재무제표의 감사의견	연결감사의견의 사유
답 번호/이유 또는 근거	③	을회사의 경우 재무적 유의성이 있기 때문에 원칙적으로 감사절차를 수행하여야 한다. 하지만 검토절차밖에 이루어지지 않았기 때문에 감사범위제한으로 한정의견 (중요함 : 70억/400억=17.5%)

Q&A 사례문제 11 : 2012년, KICPA 기출문제

※ 아래 기본정보는 아래 문제에 공통적으로 적용되는 정보이다.

〈기본정보〉

오늘회계법인은 대한민국에 소재한 지배회사인 KR㈜의 2012년도 연결재무제표에 대한 감사계약을 체결하고 감사계획을 수립하고 있다. KR㈜는 미국, 중국, 일본 및 대만에 각각 1개씩의 종속회사를 보유하고 있으며 이 중 대만에 소재한 종속회사는 2012년 중에 인수한 종속회사이다. KR㈜ 및 종속회사들은 모두 12월말 결산법인이다.

오늘회계법인의 A회계사는 총매출액 규모, 당기순이익 규모, 총자산 규모의 금액적 중요성을 기준으로 미국에 소재한 US Co.와 중국에 소재한 CN Co.를 중요한 종속회사로 결정하였다. 지배회사와 각 종속회사의 감사인 현황, 주요 재무정보 및 각 감사인들이 판단한 중요성 금액은 아래와 같다.

[단위: 억 원](*)

	US Co.	CN Co.	JP Co.	TW Co.	연결 재무제표
소재국	미국	중국	일본	대만	
총매출액	₩ 460	₩ 420	₩ 210	₩ 90	₩1,285
내부거래매출	200	300	10	85	0
제3자 매출	260	120	200	5	1,285
당기순이익	₩ 35	₩ (55)	₩ 12	₩ 8	₩ 110
총자산	₩ 320	₩ 380	₩ 190	₩ 100	₩1,325
외부감사인	Boston Audit LLP	천안문 회계법인	메이지 회계법인	청도회계법인	오늘회계법인
중요성금액	₩ 5	₩ 4	₩ 3	₩ 2	₩ 15

* 해외종속회사의 재무정보는 원화상당액으로 환산된 금액임.

지배회사인 KR㈜와 4개 해외종속회사들은 수출거래를 통하여 내부 매출 · 매입거래를 수행하고 있으며 내부거래의 규모는 중요한 수준이다. KR㈜는 연결재무제표를 작성하는 과정에서 연결대상 회사간 내부거래를 제거하고 있다. 대만에 소재한 TW Co.는 외화표시 차입금의 미래현금흐름 변동위험을 회피하기 위해서 중요한 규모의 파생상품계약을 체결하고 있다.

오늘회계법인의 A회계사는 연결재무제표에 대한 충분한 감사증거를 확보하기 위하여 중요한 종속회사의 감사인인 Boston Audit LLP와 천안문회계법인의 감사계획과 결과를 유기적으로 협의하는 감사전략을 고려하고 있다.

※ 아래 물음들은 서로 독립적이다.

1 오늘회계법인의 A회계사가 연결감사목적으로 중요한 종속회사(유의적인 부문)를 결정할 때 고려한 요소 이외에 추가적으로 고려할 수 있는 요소를 상기의 기본정보에서 찾아서 3가지만 기술하시오(특정 종속회사가 중요한 종속회사로 포함되어야 하는지를 답변할 필요는 없으며 고려해야 할 사항의 기술만 요구됨).

풀이

1. 해당 자회사가 최초로 종속회사로 포함되었는지 여부
2. 해당 자회사의 복잡한 계약(중요한 규모의 파생상품계약) 체결 여부
3. 해당 자회사와의 내부거래가 차지하는 비중

2 오늘회계법인 A회계사가 KR㈜의 2012년 연결재무제표 감사에 종속회사 감사인인 Boston Audit LLP와 천안문회계법인의 감사결과를 활용할 수 있을지를 판단하려면 종속회사 감사인(부문감사인)의 독립성과 적격성 여부를 검토하여야 한다. 감사의 초기 계획단계에서 부문감사인의 적격성 여부를 파악하기 위한 방법으로써 회계감사기준에서 예시한 항목을 2가지만 기술하시오.

풀이

(1) 부문감사인이 그룹감사에서 부문감사인의 책임을 수행하는 데 충분할 만큼 **그룹감사에 적용되는 감사기준과 기타의 기준에 대하여 지식을 보유하고 있는지 여부**

(2) 부문감사인이 해당 부문재무정보에 대한 업무를 수행하는 데 **필요한 전문기술**(예를 들어 해당 산업에 고유한 지식)**을 보유하고 있는지 여부**

(3) 해당되는 경우, 부문감사인이 그룹감사에서 부문감사인의 책임을 수행하는 데 충분할 만큼 **해당 재무보고체계를 이해하고 있는지 여부**(그룹경영진이 부문에 내리는 지침에는 종종 해당 재무보고체계에 대한 특성이 기술된다)

3 지배회사 KR㈜의 감사인인 오늘회계법인 A회계사는 종속회사 US Co.의 감사인인 Boston Audit LLP로부터 US Co.의 매출채권에 대한 감사계획을 다음과 같이 보고받았다.

> "Boston Audit LLP는 매출채권의 고유위험이 높다고 판단하였으며 통제테스트를 통하여 통제위험은 보통수준인 것으로 판단하였다.
>
> 매출채권이 US Co.의 재무제표에서 중요한 계정과목인 점을 고려하여 매출채권에 대하여 낮은 수준의 적발위험을 적용하여 실증절차를 수행하기로 하고 다음과 같은 감사절차를 계획하였다.
>
> 매출채권 잔액에 대하여 적극적 조회절차를 수행하기로 하였다. 회사의 재무보고 일정을 고려하여 매출채권에 대해서 10월말을 기준일로 조회를 수행하고 11월과 12월 중의 매출채권 증가내역과 감소내역에 대해서 추가적으로 감사절차를 수행함으로써 12월말 매출채권 잔액에 대한 감사확신을 확보하기로 계획하였다. 조회의 범위는 최대수준의 표본을 추출하기로 하였다."

지배회사 감사인인 A회계사는 종속회사 US Co.의 매출채권에 대하여 현재 계획보다 더 낮은 수준의 적발위험을 적용하여 감사절차를 수행하는 것이 감사위험에 대한 더 적절한 대응방법이라고 판단하였다.
위 상황에서 Boston Audit LLP가 계획한 매출채권 외부조회절차에 대해서 어떠한 변경을 제안할 수 있겠는가? 3줄 이내로 기술하시오.

풀이

적발위험의 수준을 낮게 설정하는 경우 실증절차의 시기는 재무제표일 기준으로 수행하여야 한다. 따라서 외부조회는 12월 31일, 즉 재무제표일 기준으로 발송하여야 한다.

4 Boston Audit LLP는 종속회사 US Co.의 매출거래의 형태가 복잡하지 않아 고유위험이 보통의 수준이고 매출인식에 대한 통제테스트 결과 통제위험이 매우 낮다고 판단하여 매출액에 대하여 추가적인 실증감사절차를 수행하지 않겠다고 보고하였다.
A회계사는 매출액의 성격상 중요한 계정에 해당하므로 일정수준의 실증절차를 반드시 수행하여야 한다고 판단하고, Boston Audit LLP의 감사절차를 보완하도록 요청하였다. A회계사가 추가적인 실증절차가 필요하다고 판단한 이유를 회계감사기준에 근거하여 2가지 기술하시오(항목별로 각각 3줄 이내로 기술).

답안 양식 :

1	
2	

풀이

1	감사인의 위험평가에는 판단이 수반되므로 모든 중요왜곡표시위험이 식별되지 않을 수 있음.
2	경영진의 통제무력화 등 내부통제에 고유한계가 존재하기 때문임.

5 종속회사 CN Co.의 감사인인 천안문회계법인은 매출액과 관련한 고유위험이 높다고 판단하고 매출액과 관련한 통제테스트의 범위, 성격 및 시기를 확대하여 시행하였다. 통제테스트 결과, 통제위험이 매우 낮은 수준으로 판단하였다. 이에 따라 실증감사절차에서 요구되는 적발위험의 수준을 높은 수준으로 설정하고 실증절차를 수행하였다.
매출액에 대한 실증절차를 수행한 결과 매출인식요건을 충족하지 못하는 거래가 다수 발견되었다. 동 오류의 영향으로 매출액 및 매출채권이 각각 5억 원 만큼 과대계상되었다는 사실을 발견하였으며 종속회사 감사인은 동 사실을 CN Co.의 경영진에게 보고하였다.
위 사실을 보고받은 오늘회계법인 A회계사가 천안문회계법인의 CN Co. 매출액에 대한 감사위험 평가와 수행한 감사절차에 대하여 개선을 권고해야 할 사항은 무엇인가? 5줄 이내로 기술하시오.

풀이

적발위험의 수준을 높은 수준으로 설정하여 실증절차를 수행한 결과 매출인식 요건을 충족하지 못한 거래가 다수 발견되었다는 것은 회사 재무제표에 대한 왜곡표시위험이 높다는 것을 의미하기 때문에 감사계획 시 수립한 재무제표 왜곡표시위험 수준을 다시 조정하여 실증절차 범위를 확대 실시할 것을 고려해 보아야 한다.

6 종속회사 CN Co.의 감사인인 천안문회계법인은 CN Co. 재무제표에 대하여 충분한 감사절차를 수행하였고 2013년 1월 31일자로 적정의견을 표명하였다. 다만, 지속적인 손실로 인한 거액의 누적결손금과 2013년 중 만기가 도래하는 차입금의 상환능력과 관련한 불확실성을 사유로 계속기업으로서의 존속능력에 대한 중대한 의문이 존재한다고 판단하였고 동 사실을 감사보고서상 계속기업 관련 중요한 불확실성 단락으로 기재하였다.

2012년 12월말 현재 연결재무상태표에 포함된 CN Co.의 순자산가액과 관련 영업권 잔액은 각각 (−)10억 원과 40억 원이었다. 한편, KR㈜의 경영진은 2013년 2월 중에 CN Co.의 매각작업에 착수하여 오늘회계법인의 연결감사보고서 발행 이전인 2013년 3월 중순에 독립적인 제3자에게 매각절차를 완료하였으며 매각가액은 60억 원이었다.

종속회사 감사인인 천안문회계법인의 계속기업 존속능력에 대한 계속기업 관련 중요한 불확실성 단락 기재가 지배회사 감사인인 오늘회계법인이 수행해야 할 2012년 연결재무제표에 대한 감사절차에 영향을 미치는지 여부와 그 사유를 3줄 이내로 아래 답안 양식에 따라 기술하시오.

답안 양식 :

영향 여부	이 유

풀이

영향 여부	이 유
O	재무제표일로부터 적어도 1년이 되는 기간까지는 계속기업으로의 존속능력을 평가할 책임이 존재함. 또한 경영진의 자구책으로 재무제표일 이후 감사보고서 발행 전에 이루어진 종속기업 매각은 후속사건으로써 재무제표에 주석으로 추가 공시하여야 할 사건이기 때문에 반드시 감사인은 해당 사건에 대한 충분하고 적합한 감사증거를 입수하여야 함.

Q&A 사례문제 12 : 2013년, KICPA 기출문제

※ 아래 〈기본정보〉는 모든 문제에 공통적으로 적용되는 정보이다.

〈기본정보〉
X회계법인은 갑㈜의 2×13년 12월 31일로 종료하는 회계연도 연결재무제표 감사과정에서 다음의 상황을 파악하였다.

(1) 2×13년 1월 1일에 갑㈜는 을㈜ 발행주식의 60%를 ₩54,000에 취득하였다. 이 주식취득 시점의 갑㈜와 을㈜의 재무상태표는 다음과 같다(금액단위: 원).

	갑㈜	을㈜	
	장부금액	장부금액	공정가치
현 금	₩30,000	₩27,000	₩27,000
재 고 자 산	15,000	21,000	24,000
투 자 주 식	54,000	–	–
건 물(순액)	75,000	30,000	45,000
자산총계	₩174,000	₩78,000	
차 입 금	₩30,000	₩15,000	₩15,000
자 본 금	75,000	30,000	
(1주당 액면금액 ₩5,000)			
자본잉여금	24,000	15,000	
이익잉여금	45,000	18,000	
부채와자본총계	₩174,000	₩78,000	

* 갑㈜의 재무상태표는 을㈜ 주식 취득거래에 따른 회계처리 분개를 반영한 후의 재무상태표임.
* 갑㈜와 을㈜의 결산일은 12월 31일임.

(2) <기본정보>와 각 물음 항목에서 제시된 갑㈜와 을㈜의 재무정보와 연결조정분개의 금액은 회사가 제시하였으며, 이에 대한 감사인의 연결감사절차 결과에서 추가적 수정사항은 발견되지 않았다.

[요구사항]
각 물음에서 제시된 연결조정분개와 추가 정보를 읽고, 감사인이 추가적 수정사항이 없다고 결론 내리기 위해서 수행하였을 것으로 판단되는 <u>구체적 실증절차의 내용</u>을 아래 <답안 양식>에 따라서 답하시오.

답안 양식 :

물음 번호	해당 연결조정 분개의 내용	연결조정분개에 대한 구체적 실증절차의 내용 (각각 1줄 이내로 기재)
물음 1		(1)
		(2)
		(3)
물음 2		(1)
		(2)
물음 3		(1)
		(2)

※ 〈기본정보〉와 물음에서 제시된 상황을 제외하고는 추가적 연결조정 분개가 필요한 사항은 없다고 가정한다.
※ 개별재무제표상 계정금액 및 주식취득거래 자체에 대한 실증절차는 언급하지 마시오.

(물음 1) 다음 연결조정 회계처리의 적정성을 확인하기 위해서 감사인이 수행하였을 것으로 판단되는 <u>구체적 실증절차의 내용 3가지</u>를 기재하시오.

[연결조정 분개]

(차)	자 본 금	30,000	(대)	투 자 주 식	54,000
	자본잉여금	15,000		비지배지분	32,400
	이익잉여금	18,000			
	재고자산	3,000			
	건 물(순액)	15,000			
	영 업 권	5,400			
(차)	매출원가	3,000	(대)	재고자산	3,000
	감가상각비	1,500		감가상각누계액	1,500

[추가적 관련 정보]

* 상기 재고자산은 당기 중에 전액 외부 판매되었다.
* 상기 건물의 감가상각은 정액법을 적용하고, 내용연수는 취득시점부터 10년, 잔존가치는 ₩0임.

풀이

해당 연결조정 분개의 내용	연결조정분개에 대한 구체적 실증절차의 내용 (각각 1줄 이내로 기재)
1. 투자주식과 종속기업 자본계정과의 상계 2. 종속기업 자본계정 중 비지배지분 배분 3. 취득법에 따른 종속기업 자산의 공정가치 평가 4. 해당 자산의 공정가치와 장부가액과의 차액 조정분개	(1) 비지배지분율 파악을 위한 비지배지분 배분의 적정성 검토
	(2) 재고자산 및 유형자산의 공정가치 평가 적정성 검토
	(3) 재고자산의 외부 판매여부 파악 및 유형자산 감가상각의 적정성 검토(내용연수 및 잔존가치의 적정성 검토, 감가상각비 계산의 적정성 검토 포함)

(물음 2) 다음 연결조정 회계처리의 적정성을 확인하기 위해서 감사인이 수행하였을 것으로 판단되는 <u>구체적 실증절차의 내용 2가지</u>를 기재하시오.

[연결조정 분개]

(차)	매 출	300	(대)	매출원가	300
	매출원가	90		재고자산	90
	매입채무	300		매출채권	300

[추가적 관련 정보]

* 2×13년 중 갑㈜와 을㈜ 사이의 내부거래는 갑㈜가 판매가격 ₩300의 재고자산을 을㈜에게 판매한 거래만 있고 다른 내부거래는 없음.
* 상기 내부거래로 취득한 재고자산은 2×13년 12월 31일 현재 을㈜가 모두 기말재고자산으로 보유하고 있음.
* 2×13년말 현재 상기 내부거래 관련 매출채권과 매입채무 잔액은 각각 ₩300임.

풀이

해당 연결조정 분개의 내용	연결조정분개에 대한 구체적 실증절차의 내용 (각각 1줄 이내로 기재)
1. 내부거래제거 2. 미실현이익 제거	(1) **내부거래와 관련된 증빙검사 및 해당 분개 제거의 적정성 검토**
	(2) **미실현이익 적정성을 검토(하향판매된 재고자산이 여전이 미판매된 상태인지 검토 및 해당 재고자산의 매출총이익율 검토 포함)**

(물음 3) 다음 연결조정 회계처리의 적정성을 확인하기 위해서 감사인이 수행하였을 것으로 판단되는 <u>구체적 실증절차의 내용 2가지</u>를 기재하시오.

[연결조정 분개]

(차)	이익잉여금	10,200	(대)	비지배지분	10,200

[추가적 관련 정보]

* 을㈜의 2×13년 당기순이익은 ₩30,000임.
* 위 연결조정분개 금액은 (물음 1)과 (물음 2)의 다른 연결조정분개에서 발생한 비지배지분 영향항목의 효과를 모두 적절하게 고려한 후 산출되었음.

풀이

해당 연결조정 분개의 내용	연결조정분개에 대한 구체적 실증절차의 내용 (각각 1줄 이내로 기재)
종속기업 당기순이익 중 비지배지분 대체 분개	(1) **종속기업의 당기순이익 검토 및 비지배지분율 검토를 통한 대체 분개 적정성 확인**
	(2) 다른 연결조정분개에서 발생한 비지배지분 영향 항목의 효과를 모두 적절하게 반영하였는지 계산검증

(물음 4) 회계감사기준에 근거 연결조정분개 검토시 수행하여야 할 일반적인 절차 3가지 이상을 서술해 보시오.

풀이

가. 유의적 조정사항은 그 근거가 되는 사건이나 거래를 적합하게 반영하고 있는지 여부를 평가함.
나. 그룹경영진, 그리고 해당되는 경우 부문경영진은 유의적 조정사항을 바르게 계산, 처리 및 승인하였는지 여부를 결정함.
다. 유의적 조정사항은 적절히 뒷받침되고 충분히 문서화되었는지 여부를 결정함.
라. 그룹 내부거래와 미실현이익 그리고 그룹 내부계정의 잔액은 조정 및 제거되었는지 점검함.

Q&A 사례문제 13 : 2013년, KICPA 기출문제

다음과 같은 상황에서 감사인은 어떤 감사보고서를 발행해야 하는지 또는 어떤 조치를 취해야 하는지를 판단하려고 한다.

[요구사항]
아래에 주어진 각각의 <사례>에 대한 감사인의 판단내용을 다음 세 가지 항목으로 구분하여 기재하시오(각 항목별 답안을 아래 <답안 양식>에 따라 작성하시오. 단, [항목 1]과 [항목 2]의 해당 답을 <보기>에서 찾아 그 번호 및 판단의 근거를 기재할 것).

[항목1] 감사의견과 강조사항 또는 기타의 조치

[항목2] 감사보고서 문단 수정 내용
[항목3] 위 판단의 근거

※ 주어진 상황 이외의 모든 것은 적절하게 회계처리되고 감사되었다고 가정한다.
※ 감사인은 중요한 사항에 대하여 강조사항으로 기재할지 여부를 결정할 때 가능하면 강조사항을 기재하는 정책을 가지고 있다.
※ 주어진 각 사례는 서로 독립적이다.

〈보 기〉

감사의견과 강조사항 또는 기타의 조치	
①	적정의견
②	적정의견+강조사항
③	한정의견
④	한정의견+강조사항
⑤	부적정의견
⑥	부적정의견+강조사항
⑦	감사계약의 해지

감사보고서 문단	
(가)	감사인책임 단락
(나)	의견근거 단락

〈답안 양식〉

사 례	(항목 1)	(항목 2)	(항목 3)
	감사의견과 강조사항 또는 기타의 조치	감사보고서 문단 수정	판단의 근거
사례 1	①~⑦	(가)~(나) 또는 "없음"	
사례 2	〃	〃	
사례 3	〃	〃	
사례 4	〃	〃	
사례 5	〃	〃	

<사례 1>

감사인은 ㈜갑을의 2×12년 12월 31일로 종료되는 재무제표를 감사하고 있다. 주주총회일정과 감사계약서 등을 고려할 때 감사인은 2×13년 3월 5일까지 감사보고서를 회사에 제출하여야 한다. 실증절차를 위한 감사일정은 2×13년 2월 1일부터 2월 15일까지이다.

감사를 종료하는 날인 2월 15일 감사현장 책임자인 A회계사는 사전에 계획된 시간을 투입하고서도 감사증거를 충분하게 수집하지 못하였다고 판단하였다. 수집하지 못한 감사증거는 재무제표가 중대하게 왜곡될 수 있을 정도라고 판단하지만 전반적인 정도는 아니라고 판단한다.

감사인은 이를 회사와 협의한 결과 감사일정을 확대하여 해결할 수 있는 상황이 아니고 현재까지 수집된 증거로 감사보고서를 작성하여야 한다고 판단하고 있으며, 이러한 판단은 합리적이다.

감사인은 감사시간의 부족 이유가 회사의 의도적인 감사회피로 인한 것이고, 감사보고서 발행 이외에 다른 선택이 없다고 판단하고 있다.

<사례 2>

감사인은 ㈜ 갑을의 2×12년 12월 31일로 종료되는 재무제표를 감사하고 있다. 주주총회일정과 감사계약서 등을 고려할 때 감사인은 2×13년 3월 5일까지 감사보고서를 회사에 제출하여야 한다. 실증절차를 위한 감사일정은 2×13년 2월 1일부터 2월 15일까지이다.

감사를 종료하는 날인 2월 15일 감사현장 책임자인 A회계사는 사전에 계획된 시간을 투입하고도 감사증거를 충분하게 수집하지 못하였다고 판단하였다.

수집하지 못한 감사증거는 재무제표가 중대하게 왜곡될 수 있을 정도라고 판단하지만 재무제표에 전반적인 영향을 미치지는 아니한다고 판단한다. 감사인은 이를 회사와 협의한 결과 감사일정을 확대하여 해결할 수 있는 상황이 아니고 현재까지 수집된 증거로 감사보고서를 작성하여야 한다고 판단하고 있으며, 이러한 판단은 합리적이다.

감사인은 감사시간 부족 이유가 감사인의 잘못된 감사계획으로 인한 것이고 감사보고서 발행 이외에 다른 선택이 없다고 판단하고 있다.

<사례 3>

다음은 ㈜갑을의 2×13년 12월 31일 현재의 재무상태표와 2×13 회계연도의 포괄손익계산서 중 일부 내용이다.

재무상태표	
자산총계	2,000억원
부채총계	1,800억원
자본총계	200억원
이익잉여금	(−)450억원

포괄손익계산서	
매출액	1,800억원
매출원가	1,400억원
판매비와관리비	600억원
기타비용	100억원
당기순이익	(−)300억원

2×13 회계연도 ㈜갑을의 재무제표를 감사하는 감사인은 회사의 주된 거래처 중 하나인 ㈜ABC가 도산됨으로 인하여 ㈜ABC에 대한 채권잔액 200억원을 전액 회수할 수 없고 이로 인하여 유동성에 어려움을 겪을 것이라고 판단하고 있다. ㈜갑을은 채권잔액 200억원을 대손충당금을 설정하고 있다.

㈜갑을은 향후 3년간 미래현금흐름의 추정치와 유동성문제를 해결할 수 있는 자구책을 감사인에게 제시하였다.

그러나 감사인은 이러한 회사의 자구책이 실현가능성이 낮고 따라서 계속기업으로서 존속할 수 없다고 확신하고 있다. 그러나 회사는 매출액이 꾸준하게 성장해 왔고 자구책이 실현가능하기 때문에 계속기업으로서 존속 여부에 대한 의문은 합리적이지 않다고 주장하였다.

회사의 주장에도 불구하고 감사인과 회사의 서로 다른 의견은 좁혀지지 않았다. 감사의견을 형성하는데 필요한 중요성 금액은 20억이며 중요하면서 전반적인 정도는 50억원이다.

<사례 4>

XY회계법인의 감사본부 소속 감사팀은 ㈜갑을의 2×12 회계연도의 재무제표에 대한 감사절차를 종료하고 감사보고서를 작성하는 중이다. 감사결과 재무제표에 영향을 미치는 중요한 왜곡사항은 발견되지 않았다.

감사를 종결하는 과정에서 담당 감사팀은 XY회계법인의 또다른 부서인 컨설팅본부가 ㈜갑을의 2×12 회계연도의 매출채권 관리와 관련된 내부감사업무를 대행하는 서비스를 제공한 사실을 알게 되었다. 그러나 ㈜갑을의 매출은 대부분 현금거래 위주이기 때문에 재무제표일 현재 매출채권 잔액은 자산총계의 0.005%에 해당할 정도로 작다.

감사인은 왜곡표시된 금액이 자산총계의 0.1%를 초과할 경우 재무제표가 중요하게, 그리고 왜곡표시된 금액이 자산총계의 1%를 초과할 경우 재무제표가 중요하면서 전반적으로 왜곡표시되었다고 판단한다.

<사례 5>

XY회계법인은 ㈜갑을의 연결재무제표를 감사하였다. 감사의견을 판단하는 중요한 경우와 중요하면서 전반적인 판단기준은 지배회사와 연결대상회사의 별도재무제표에서 자산총계를 단순 합계한 금액의 각각 0.1%와 1%를 적용한다.

다음은 연결재무제표 작성과 관련된 회사의 당기말 현재 별도재무제표에서 발췌한 일부 내용이다.

	㈜ 갑을	종속회사1	종속회사2	종속회사3
자산총계	2,200억원	1,000억원	800억원	900억원
매출액	1,800억원	950억원	900억원	950억원
법인세비용 차감전순이익	50억원	20억원	5억원	당기 중 지분 모두 청산
감사인	XY회계법인	XY회계법인	XY회계법인	
감사의견	적정의견	적정의견	한정의견	
결산일	12월 31일	12월 31일	12월 31일	12월 31일
㈜ 갑을의 기말현재 지분율	지배회사	80%	90%	–

상기 자료에서 종속회사 2의 별도재무제표에 대한 한정의견의 사유는 제3의 거래처에 대한 대손

충당금 2억원 과소계상으로 인한 것이며, 이는 연결재무제표에서도 수정되지 않았다. 그 외 연결재무제표를 감사하는 과정에서 발견된 왜곡표시사항은 없으며, 직전회계연도에 연결대상에 포함되었던 종속회사 3은 당해 연도 중에 지분을 모두 청산하였다.

풀 이

사 례	(항목 1) 감사의견과 강조사항 또는 기타의 조치	(항목 2) 감사보고서 문단 수정	(항목 3) 판단의 근거
사례 1	③	(나)	감사범위제한이면서 중요하기 때문에 한정의견임.
사례 2	③	(나)	감사범위제한이면서 중요하기 때문에 한정의견임.
사례 3	⑤	(나)	계속기업가정이 타당하지 않기 때문에 부적정의견을 표명함
사례 4	⑦	없음	독립성 위배이기 때문에 감사계약을 해지하여야 함.
사례 5	① (*)	없음	적정의견이기 때문에 변형되지 않은 감사보고서 발행

(*) 과거 연결범위의 변동이 강조사항 기재로 열거되었으나 회계감사기준에서는 명시적으로 언급되어 있지 않아서 강조사항은 기재하지 않는 것으로 하였음.

Q&A 사례문제 14 : 2014년, KICPA 기출문제

다음은 독립된 감사인의 감사보고서 중 변형되지 않은 감사보고서이다. 이에 대한 다음 물음에 답하시오.

독립된 감사인의 감사보고서

우리특수강 주식회사
주주 및 이사회 귀중

감사의견
우리는 우리특수강 주식회사(이하 "회사")의 재무제표를 감사하였습니다. 해당 재무제표는 20X1년 12월 31일과 20X0년 12월 31일 현재의 재무상태표, 동일로 종료되는 보고기간의 손익계산서(또는 포괄손익계산서), 자본변동표, 현금흐름표 그리고 유의적인 회계정책의 요약을 포함한 재무제표의 주석으로 구성되어 있습니다.

우리의 의견으로는 별첨된 회사의 재무제표는 회사의 20X1년 12월 31일과 20X0년 12월 31일 현재의 재무상태와 동일로 종료되는 보고기간의 재무성과 및 현금흐름을 한국채택국제회계기준에 따라, 중요성의 관점에서 공정하게 표시하고 있습니다.

감사의견근거

우리는 감사기준에 따라 감사를 수행하였습니다. 이 기준에 따른 우리의 책임은 이 감사보고서의 재무제표감사에 대한 감사인의 책임 단락에 기술되어 있습니다. 우리는 재무제표감사와 관련된 국제윤리기준과 함께 대한민국의 윤리적 요구사항에 따라 회사로부터 독립적이며 그러한 요구사항과 국제윤리기준에 따른 기타의 윤리적 책임들을 이행하였습니다. 우리가 입수한 감사증거가 감사의견을 위한 근거로서 충분하고 적합하다고 우리는 믿습니다.

재무제표에 대한 경영진과 지배기구의 책임

경영진은 한국채택국제회계기준에 따라 이 재무제표를 작성하고 공정하게 표시할 책임이 있으며, 부정이나 오류로 인한 중요한 왜곡표시가 없는 재무제표를 작성하는데 필요하다고 결정한 내부통제에 대해서도 책임이 있습니다.

경영진은 재무제표를 작성할 때, 회사의 계속기업으로서의 존속능력을 평가하고 해당되는 경우 계속기업 관련 사항을 공시할 책임이 있습니다. 그리고 경영진이 기업을 청산하거나 영업을 중단할 의도가 없는 한 또는 그 외에는 다른 현실적인 대안이 없는 한, 회계의 계속기업전제의 사용에 대해서도 책임이 있습니다.

지배기구는 회사의 재무보고절차의 감시에 대한 책임이 있습니다.

재무제표감사에 대한 감사인의 책임

우리의 목적은 재무제표에 전체적으로 부정이나 오류로 인한 중요한 왜곡표시가 없는지에 대하여 합리적인 확신을 얻어 우리의 의견이 포함된 감사보고서를 발행하는데 있습니다. 합리적인 확신은 높은 수준의 확신을 의미하나 감사기준에 따라 수행된 감사가 항상 중요한 왜곡표시를 발견한다는 것을 보장하지는 않습니다. 왜곡표시는 부정이나 오류로부터 발생할 수 있으며 왜곡표시가 재무제표를 근거로 하는 이용자의 경제적 의사결정에 개별적으로 또는 집합적으로 영향을 미칠 것이 합리적으로 예상되면 그 왜곡표시는 중요하다고 간주됩니다.

이 독립된 감사인의 감사보고서의 근거가 된 감사를 실시한 업무수행이사는 한라산입니다.

XYZ 회계법인 대표이사 공인회계사 홍길동 (인)
서울 서대문구 서대문로 123
20X2년 2월 13일

1 상기 예시된 감사보고서에서 감사인이 특정일자를 감사보고서일로 지정하여 기재하는 이유(또는 효과)는 무엇인지 3줄 이내로 서술하시오.

풀이

감사보고서일 시점까지 감사인은 충분하고 적합한 감사증거를 입수하였으며 그 이후 감사대상회사에서 발생한 사건에 대해서는 책임을 지지 않겠다는 내용을 정보이용자에게 명확하게 전달하기 위함이다.

2 상기 감사보고서는 변형되지 않은 감사보고서(표준감사보고서)이다. 그러나 어떤 경우 감사의견에 강조사항문단(Emphasis of Matter paragraph) 또는 기타사항문단(Other Matter paragraph)이 추가될 수 있다. 강조사항문단과 기타사항문단의 개념을 비교하여 서술하시오(각각 3줄 이내로 서술할 것).

풀이

1. 강조사항문단

재무제표에 적절하게 표시되거나 공시되어 있지만, 이용자가 재무제표를 이해하는데 근본이 될 정도로 중요한 사항이라고 판단되어 감사인이 이러한 사항을 언급하는 감사보고서에 포함된 문단임.

2. 기타사항문단

재무제표에 표시되거나 또는 공시되지 아니한 사항으로서 이용자가 감사, 감사인의 책임 또는 감사보고서를 이해하는데 관련성이 있다고 판단되어 감사인이 이러한 사항을 언급하는 감사보고서에 포함된 문단임.

3 경영진과 감사인의 책임은 관련 법률 그리고 감사계약서에 의하여 정해져 있으며, 감사보고서에 양 당사자의 책임을 언급한다고 하여 양 당사자의 책임에 변화가 있는 것은 아니다. 그렇다면 감사보고서에 경영진과 감사인의 책임을 언급하는 이유는 무엇인가?(5줄 이내로 서술할 것)

풀이

감사인이 재무제표에 대한 감사의견을 표명하였다 할지라도 재무제표에 대한 궁극적인 책임은 경영자에게 있으며 감사인은 그러한 재무제표에 대한 의견표명책임만이 존재하고 그러한 의견도 재무제표에 대한 절대적인 확신이 아닌 합리적인 확신만을 제공한다는 사실을 정보이용자에게 알려주기 위함이다.

4 감사인이 한정의견을 표명할 수 있는 모든 경우를 각각 3줄 이내로 기재하시오.

풀이

1. 감사인이 충분하고 적합한 감사증거를 입수할 수 없고 그 상황이 재무제표에 중요하지만 전반적이지 않다고 감사인이 판단한 경우
2. 재무제표에 왜곡표시가 포함되어 있으며 그 상황이 재무제표에 중요하지만 전반적이지 않다고 감사인이 판단한 경우

※ 다음은 (물음 5)와 (물음 6)에 관련된 추가적 정보이다.

> 우리특수강 주식회사는 주식회사등의 외부감사에 관한 법률상 감사를 받아야 하는 회사이다. 감사인은 20X1년 2월 28일 우리특수강 주식회사와 20X1 회계연도의 재무제표에 대한 회계감사를 수행하기로 계약하였다(자산총계 7,000억원). 감사보수는 200백만원 고정보수이며, 추가적으로 어떤 상황이 발생하여도 감사보수를 변경할 수 없는 조건으로 계약하였다. 계약 당시 감사인은 감사원가가 150백만원일 것으로 추정하였다.
>
> 우리특수강 주식회사는 20X1년 5월 20일 이라크에 해외현지법인을 설립하였으며, 설립과 동시에 현지에서 영업활동을 활발하게 하고 있다. 감사인은 해외현지법인의 재무제표가 우리특수강 주식회사의 재무제표에 미칠 수 있는 영향이 중요하고 동시에 전반적(지분율 95%, 자산총계 4,000억원)일 수 있다고 판단하고 있으며, 회사 경영진은 해외현지법인의 설립과 관련된 정보를 주석에 적절하게 공시하고 있다. 감사인은 추가로 해외현지법인을 방문감사할 경우 100백만원의 감사원가가 추가로 투입될 것으로 추정하고 있다. 따라서 감사인은 소요되는 감사원가를 고려하여 해외현지법인을 방문하지 않고 감사의견을 형성하기로 결정하였다. 그러나 우리특수강 주식회사의 경영진은 "우리는 비상장회사로서 당해연도 재무제표를 기초로 하여 은행으로부터 2,000억원을 추가 차입할 것을 계획하고 있기 때문에 무엇보다 적정의견이 필요한 상황입니다. 우리는 어떤 상황에서도 감사증거 수집이 가능하도록 협력하겠습니다. 그러나 감사보수는 처음에 계약한 바와 같은 수준에서 지급할 것입니다"는 의견을 제시하고 있다.
>
> 물론 국내에서도 해외현지법인에 대한 제한된 감사증거를 수집할 수도 있지만 충분하고 적합한 수준에는 미치지 못한다. 또한 해외현지 회계법인을 활용하여 감사증거를 수집할 수도 없는 상황이다.
>
> 감사일정, 감사계약 및 관련 법률을 고려할 때 감사인은 감사계약을 해지할 수도 없으며, 감사보고서를 발행하여야만 하는 상황이다.

5 회계감사기준에 따르면 이와 같은 경우 (1) 감사인이 형성할 수 있는 감사의견은 무엇인지와, (2) 그 판단 근거를 다음 양식에 따라 서술하시오. (3) 또한 이 경우 감사보고서 발행 후 감사인이 겪을 수 있는 상황은 무엇인지 서술하시오(단, 상기 이외의 감사절차는 회계감사기준에 따라 수행되었다고 가정한다).

풀이

(1) 감사의견	의견거절
(2) 판단근거	충분하고 적합한 감사증거를 입수할 수 없었으며 그 상황이 재무제표에 중요하고 전반적인 영향을 미쳤기 때문임.
(3) 감사보고서 발행 후 감사인이 겪을 수 있는 상황	의견거절을 표명하고 나면 차기감사인 선임시 ① 감사계약이 해지될 수 있으며 더 나아가서 경영진은 감사인의 의견표명으로 자신들이 피해를 보았다고 판단하여 ② 감사인에게 소송을 제기할 수 있음.

6 위 상황에서 발행되어야 할 감사의견에 따라 상기 감사보고서에서 변경 또는 추가되어야 할 문단은 무엇인지 아래 <보기>에서 모두 지적하고 각각의 변경·추가될 내용을 요약하시오.

<보 기>

① 감사의견 단락
② 재무제표에 대한 경영진과 지배기구의 책임 단락
③ 재무제표감사에 대한 감사인의 책임 단락
④ 변형근거 단락

변경·추가할 문단 항목	변경·추가사항의 요약설명
[①~④ 중에서 선택하여 번호와 함께 기재]	

풀이

변경·추가할 문단 항목	변경·추가사항의 요약설명
[①~④ 중에서 선택하여 번호와 함께 기재]	
①	1. (첫 번째 문장) ~ 감사를 수임하였습니다. 2. 우리는 의견거절 근거 단락에서 기술된 사항의 유의성으로 인하여 감사의견의 근거가 되는 충분하고 적합한 감사증거를 입수할 수 없었고 따라서, 회사 재무제표에 대한 의견을 표명하지 않는다는 내용 기술
③	의견거절 근거 단락에 기술된 사항으로 인하여 감사의견의 근거를 제공하는 충분하고 적합한 감사증거를 입수할 수 없었다라고 기술하여야 함.
④	감사의견 변형이 초래된 이유를 자세하게 설명하여야 함. (구체적인 감사범위 제한에 대한 설명. 이 사례에서는 자회사에 대한 충분하고 적합한 감사증거를 수집하지 못하였다는 사실을 언급하여야 함)

7 다음은 회계감사기준의 그룹재무제표 감사기준에서 정한 그룹감사인의 책임 등에 대한 설명이다.

항목번호	해당 관련 내용 설명
(1)	그룹업무수행이사는 전문직 기준 및 법규의 요구사항에 따라 그룹감사 업무를 지휘·감독하고 수행하며, 발행된 그룹감사보고서에 대해서 책임을 진다. 따라서 (법규에서 별도로 요구하지 않는 한) 그룹재무제표 감사보고서에는 부문감사인을 언급하지 않는다.
(2)	그룹감사의 수용과 유지(acceptance and continuance)의 과정에서, 그룹경영진에 의한 제약으로 인해 그룹업무팀이 충분하고 적합한 감사증거 입수가 불가능하고, 그 결과 그룹재무제표에 대해서 의견거절을 표명하게 될 것으로 그룹업무수행이사가 결론을 내릴 경우에는, 그룹재무제표에 대한 감사를 가능한 범위까지 수행하고 그룹재무제표 감사보고서에는 의견표명을 거절한다.
(3)	그룹업무팀이 하나 이상의 부문재무정보에 대하여 충분하고 적합한 감사증거를 입수할 수 없어 그룹감사의견을 변형시킬 경우, 그룹재무제표 감사보고서의 변형근거 단락에 충분하고 적합한 감사증거를 입수하지 못한 이유를 기술한다.

[요구사항]

위 설명이 회계감사기준이 정한 내용과 일치하는지 여부를 O/X로 표시하고, X일 경우에는 잘못된 내용이 무엇인지 설명하시오(아래 답안양식 사용).

[답안양식]

번호	O/X	X 경우 잘못된 내용 설명 *[O인 경우엔 빈칸]*
([답안작성 예]	*O 또는 X*	*"xx" → "yy"로 수정*
(1)		
(2)		
(3)		

풀이

번호	O/X	X 경우 잘못된 내용 설명 *[O인 경우엔 빈칸]*
(1)	O	–
(2)	X	원칙적으로 계약을 해지하거나 수임해서는 아니된다. 그러나 해지가 금지되거나 불가능한 경우에는 가능한 범위까지 감사를 수행하고 해당 상황에 적합한 감사의견을 표명하여야 한다.
(3)	O	–

사례문제 15

다음 각각의 경우에 대하여 질문에 답하시오.

A사는 B사의 지분을 100% 보유하고 있는 모회사이며 2008년 사업년도에 A사가 직접 의결권 25%를 투자하고 B사를 통하여 25%를 추가로 투자하여 의결권 50%를 투자하고 D사의 추가적인 50% 투자를 통하여 제3국에 조인트벤처 형태로 C사를 설립하였다. A사는 합작투자계약서에 의거 C사가 설립할 예정인 공장의 완공일부터 3년간 C사 지분 25%를 추가취득 할 수 있는 콜옵션을 보유(행사가격: 행사통지일의 주당 공정가액)하고 있다. 콜옵션 행사 전 A사는 'C사 이사회 구성원의 과반수 이상을 임면할 수 있는 권한' 및 'C사 주총에서 과반수 이상의 의결권을 행사할 수 있는 권한'을 특별히 보유하고 있지 아니하고 있다. 2008년 C사는 해외 제 3국에서 공장을 완공하였으며 C사의 재무제표는 설립시점부터 서울회계법인이 감사하고 있다. 지금 현재 B사의 경우는 감사를 받지 아니하고 있으며 또 다른 A사의 자회사인 E사의 경우는 부산 회계법인의 감사를 받고 있는 상태이다. E사는 다른 회사와 지분관계를 가지고 있지는 아니하다. A사는 2009년 시점에서 콜옵션을 행사하여 추가적인 지분을 취득하였으며 이에 따라 2009년부터 A사는 C사를 포함한 연결재무제표를 작성하기 시작하였다.

또한, A사는 지분을 100% 소유하고 있는 싱가폴에도 ㈜Holdings라는 자회사를 보유하고 있으며 연결대상의 종속회사로서 연결 재무제표를 작성하였다. ㈜Holdings의 경우는 지금 현재 A사와 보고기간이 일치되고 있지 아니한 상태이며 현지 감사법인인 Trust Accounting firm에 의해서 감사를 받고 있고 연결재무제표에서 차지하는 비중은 재무적으로 유의적이지 아니하다. 단, 위험평가과정에서 ㈜Holdings에 흘러간 자금이 대표이사의 비자금 조성을 위한 자금흐름일수도 있을 것으로 감사인은 판단하고 있다.

(1) A사의 2008년 연결재무제표(B사와 E사, Holdings 포함)를 감사하는 한미회계법인의 김철수 회계사는 A사의 원가흐름의 가정이 선입선출법을 적용하여 원가계산을 하고 있으며 동일한 업종을 영위하고 있는 B사와 E사의 경우는 재고자산에 대하여 총평균법을 적용하고 있음을 알게 되었고 해당 내용과 관련해서 특별한 감사계획에 반영한 내용은 존재하지 아니한다.
(2) A사는 2008년 처음으로 연결재무제표를 작성하는 과정이었기 때문에 회사의 회계팀장을 포함한 다수의 팀원들이 연결재무제표의 작성과정에 대해서 사전적인 지식이 부족한 상황이었다. 이에 따라 김철수 회계사는 회사의 연결조정분개를 직접 작성하여 재무제표에 반영해 주었다.
(3) 김철수 회계사는 연결재무제표에 대한 감사업무를 수행하는 과정에서 충분하고 적합한 감사증거를 입수할 수 있는지를 판단하여야 하며, 이 경우 그룹경영진이 유의적 부문의 정보에 대하여 충분하고 적합한 감사증거 접근을 제한하는 경우 우선, 충분하고 적합한 감사증거를 수집하기 위한 절차를 수행하고 그럼에도 불구하고 충분하고 적합한 감사증거를 수집하기 못하는 경우에는 한정 또는 의견거절을 표명한다.
(4) A사의 재무제표는 2008년부터 IFRS를 적용하기 시작한 회사이며 B사의 경우는 A사의 건물을 임차하여 사용하고 있고 A사의 개별 재무제표상 해당 건물은 투자부동산으로 분류하고 시가평가

를 적용하고 있으며 해당 손익은 손익계산서상 관련 수익, 비용으로 인식하고 있다. 해당 건물은 연결재무제표상 투자부동산으로 계속 보고되고 있으며 다만, A사의 개별 재무제표상 임대료 수익과 B사의 개별 재무제표상 임차료 수익은 지배회사와 종속회사의 내부 거래이기 때문에 연결재무제표 작성시 해당 거래를 제거하는 분개를 장부에 반영하기로 의사결정 하였다.

(5) Holdings에 대한 감사는 재무적으로 유의적이지 않기 때문에 추가적인 절차는 수행하지 않기로 결정하였다.

1 위 상황에서 A사의 연결재무제표를 감사하고 있는 한미회계법인의 김철수 회계사가 수행한 절차나 생각하고 있는 내용 그리고 연결재무제표 작성에서 잘못된 부분을 7가지 지적하고 잘못된 내용은 올바른 내용으로 수정하시오. 또한, 위 (4)번과 같은 연결조정분개 검토시 감사인이 수행하여야 할 절차도 추가적으로 회계감사기준에 근거하여 3가지만 서술해 보시오.

번호	잘못된 내용	수정 내용
1		
2		
3		
4		
5		
6		
7		

풀이

번호	잘못된 내용	수정 내용
1	2009년부터 C사를 연결재무제표 대상에 포함시켰다.	2008년 C사가 공장완공을 하였고 그 시점부터 지분을 추가로 취득하는 콜옵션을 행사할 수 있으면 실제 콜옵션을 행사한 2009년부터가 아니라 2008년부터 C사는 연결재무제표 대상이 된다(2008년 금감원 해석지침). 그룹감사팀은 그룹재무제표에 모든 부문들이 포함되어 있는지에 대한 평가를 반드시 수행하여야 한다.
2	B사와 E사의 원가계산방법을 총평균법 사용한 측면	지배회사와 종속회사의 회계정책은 일치시켜야 한다. 따라서 지배회사가 선입선출법을 사용하는 경우 종속회사의 원가흐름의 가정도 선입선출법을 사용하여야 한다.
3	보고기간 말이 다른 Holdings 재무제표에 대한 추가적인 절차를 수행하지 않은 측면	그룹과 보고기간말이 다른 부문의 재무제표가 그룹재무제표에 포함되는 경우, 그룹업무팀은 그러한 재무제표가 해당 재무보고체계에 따라 적합하게 수정되었는지 여부를 평가하여야 함.

번호	잘못된 내용	수정 내용
4	회사의 연결조정분개를 김철수 회계사가 직접 작성한 측면	연결조정분개를 감사인이 직접 작성하여 재무제표에 반영하게 되면 자기검토위협에 따른 독립성 문제가 야기된다.
5	그룹경영진이 유의적 부문의 정보에 대하여 충분하고 적합한 증거 접근을 제한하는 경우 충분하고 적합한 감사증거를 수집하기 위한 절차 수행한 측면	이 경우에는 충분하고 적합한 감사증거를 입수할 수 없기 때문에 계약수임을 거절하거나 해지하여야 한다. 만약, 해지가 허용되지 아니하는 경우에는 의견거절을 표명함. 참고로 그룹경영진도 극복할 수 없는 상황이면 해당절차는 적합함.
6	연결재무제표상 자회사에 임대한 건물을 계속해서 투자부동산으로 분류한 측면	연결재무제표는 경제적 실체를 하나로 보는 것이기 때문에 종속회사에 대한 투자부동산은 유형자산으로 계정분류하여 평가증 금액은 기타포괄손익누계액으로 평가손 금액은 손익계산서상 손실로 반영하여야 한다.
7	Holdings에 대한 추가적인 감사절차를 수행하지 않은 측면	재무적으로 유의적이지 아니한 부문이라 하더라도 중요한 왜곡표시의 유의적 위험을 포함하고 있는 부문의 경우(비자금 조성과 같은 부정의 위험이 존재) 부문중요성을 적용한 부문재무정보에 대한 감사를 적용하거나 하나 이상의 거래유형과 계정잔액에 대한 감사, 또는 유의적 위험의 가능성과 관련된 특정의 감사절차를 수행하여야 한다.

〈참고〉 연결 조정분개 검토시 수행하여야 할 절차

1. 유의적 조정사항은 그 근거가 되는 사건이나 거래를 적합하게 반영하고 있는지 여부를 평가함.
2. 유의적 조정사항은 적절히 뒷받침되고 충분히 문서화되었는지 여부를 결정함.
3. 그룹 내부거래와 미실현이익 그리고 그룹 내부계정의 잔액은 조정 및 제거되었는지 결정함.

2 한미회계법인의 김철수 회계사(그룹수행이사)는 A사 연결재무제표 감사(그룹감사)업무조건에 합의하고 그에 따라 감사계약서를 작성하려고 한다. 일반적인 감사계약서에 포함되는 내용 이외에 그룹감사의 경우에 추가적으로 언급되어야 하는 내용을 회계감사기준에 근거하여 3가지만 서술해 보시오. 또한, 다른 연결대상 자회사(부문)에 대해서도 한미회계법인의 김철수 회계사가 감사인으로 선임된 경우 별도의 감사계약서를 작성할 것인지 여부를 결정할 때 고려하여야 할 요인을 4가지만 서술해 보시오.

풀이

1. 추가로 언급되어야 할 내용

① 그룹업무팀과 부문감사인과의 커뮤니케이션은 법규상 가능한 정도까지 제한없이 이루어져야 함.
② 부문의 유의적 내부통제 미비점 등 부문의 감사인과 지배기구 및 경영진간의 중요한 커뮤니케이션 내용은 그룹업무팀에도 통보되어야 함.
③ 재무보고 사항에 관한 규제기관과 부문 간의 중요한 커뮤니케이션 내용은 그룹업무팀에 통보되어

야 함.
④ 부문정보, 부문경영진 및 지배기구, 그리고 부문감사인에 대한 접근(감사문서 포함)이 그룹업무팀이 필요하다고 판단되는 정도까지는 허용되어야 함.

2. 고려사항

① 부문감사인을 선임하는 주체
② 부문에 대해 별도의 감사보고서가 발행되는지 여부
③ 지배기업의 소유정도
④ 부문 경영진의 지배기업으로부터의 독립성 정도

3 그룹재무제표 감사의 경우에는 중요왜곡표시위험을 식별하고 평가하기 위하여 해당 실체와 그 환경을 이해(내부통제 포함)하여야 하며 그 과정에서 그룹경영진이 부문들에 내린 지시 등 연결절차를 이해하여야 한다. 그룹경영진의 지시에 포함되는 사항으로서 그룹감사인이 이해하여야 하는 내용을 3가지만 회계감사기준에 근거하여 서술하시오.

풀이

1. 부문에 적용될 회계정책
2. 공시와 관련하여 특수관계 및 그 거래, 그룹 내부거래 및 미실현이익, 그룹 내부계정의 잔액과 관련한 요구사항
3. 보고일정

4 그룹업무팀이 부문감사인에게 부문재무정보에 대한 업무의 수행을 요청하기로 계획하는 경우 그룹업무팀이 부문감사인에 대해서 이해하여야 할 사항을 3가지 이상 서술하고, 그러한 부문을 이해하기 위하여 수행하는 절차를 회계감사기준에 근거하여 3가지 이상 서술하시오.

풀이

부문감사인에 대하여 이해하여야 할 사항	부문감사인을 이해하기 위하여 수행하는 절차
1. 부문감사인이 독립적인지 여부 2. 부문감사인의 전문가적 적격성 3. 그룹업무팀이 충분하고 적합한 감사증거를 입수하는 데 필요한 만큼 부문감사인들의 업무에 관여할 수 있는지 여부 4. 부문감사인들이 이들을 적극적으로 감독하는 규제환경하에서 업무를 수행하는지 여부	1. 부문감사인에게 독립성 및 적격성에 대하여 서면으로 확인해 줄 것을 요청함. 2. 독립성 및 적격성에 대하여 기술된 사항에 관한 질의서에 대해 답변을 작성할 것을 요청함. 3. 그룹업무팀과 부문감사인이 공통의 모니터링 정책과 절차에 따라 운영되는 회계법인인 경우 품질관리 모니터링 시스템 결과를 평가함. 4. 부문감사인이 소속된 전문직 조직이나 부문감사인의 전문자격증을 발행하는 기관 또는 기타의 제 3 자로부터 확인서를 입수함.

사례문제 16 : 2015년, KICPA 기출문제

대한민국에 소재하고 있는 지배회사인 ABC㈜는 3개의 종속회사를 보유하고 있다. ABC㈜ 및 종속회사의 결산일은 모두 12월 31일이다. 지배회사 및 종속회사의 20X5년 주요 정보는 다음과 같다.

(단위: 억원)

회사명	ABC㈜	A㈜	B㈜	C㈜
구 분	지배회사	종속회사	종속회사	종속회사
매 출 액	5,000	2,000	400	−
세 전 손 익	400	160	(−)18	(−)2
당 기 순 손 익	320	120	(−)15	(−)2
자 산 총 계	6,000	3,000	500	50
자 본 총 계	1,500	600	(−)100	48
외 부 감 사 인	X회계법인	Y회계법인	Z회계법인	감사받지 않음

상기 재무정보는 별도재무제표 기준이며, 연결실체간의 내부거래(매출·매입 및 채권·채무 등)는 없지만, ABC㈜는 B㈜의 금융기관 차입금 400억원에 대하여 지급보증을 제공하고 있다. C㈜는 신규사업을 위해 당기에 설립되었으며, 당기말 현재 사업을 준비 중이다.

X회계법인은 ABC㈜에 대한 20X5년 그룹감사를 수행하고 있으며, 중요성 기준은 세전이익의 5%로 설정하였다.

1 회계감사기준에서 규정하고 있는 그룹재무제표를 감사할 때 유의적 부문으로 식별하기 위한 2가지 특성을 서술하시오.

풀이

그룹에 대하여 개별적으로 재무적 유의성을 지니거나 특수한 성격이나 상황으로 인하여 그룹재무제표의 중요한 왜곡표시에 관하여 유의적 위험이 포함되어 있을 것으로 식별한 부문을 유의적 부문이라고 한다.

2 X회계법인이 ABC㈜에 대한 그룹재무제표를 감사할 때 유의적 부문을 식별하고 그 이유를 [답안양식]에 따라 서술하시오.

[답안양식]

부 문	유의적 부문 여부 (O 또는 X)	이 유
A㈜		
B㈜		
C㈜		

풀 이

부 문	유의적 부문 여부 (O 또는 X)	이 유
A㈜	O	A㈜의 세전손익이 연결세전손익에서 차지하는 비중이 중요하기 때문에 재무적 유의성을 지닌 부문이다.
B㈜	O	B㈜의 세전손익이 연결세전손익에서 차지하는 비중이 중요하지 않기 때문에 재무적 유의성은 없는 부문이지만, B㈜의 재무상태를 고려할 때(자본잠식 상태) ABC㈜의 지급보증충당부채에 대한 유의적 위험이 존재할 수 있다.
C㈜	X	새로 신설된 법인이라고 문제가 제시하였지만 특별히 유의적인 부문이라고 판단할 수 있는 문제의 상황이 존재하지 아니하기 때문에 재무적 유의성이나 유의적 위험 그 어느 관점에서도 유의적 부문이라고 판단할 수는 없다.

3 X회계법인이 부문감사인과 커뮤니케이션할 사항을 감사계획단계 및 감사종결단계로 구분하여 각각 4가지씩 열거하시오.

풀 이

1. 감사계획단계

(1) 그룹업무팀이 자신의 업무를 활용할 것을 알고 있는 부문감사인이 그룹업무팀에 협조할 것을 확인해 주도록 요청

(2) 그룹감사와 관련된 윤리적 요구사항, 특히 독립성 요구사항

(3) 부문의 재무정보에 대한 감사나 검토를 수행하는 경우, 부문중요성 및 그 값을 초과하는 경우 왜곡표시가 그룹재무제표에 명백하게 경미하다고 간주될 수 없는 기준치

(4) 부문감사인이 수행한 업무와 관련하여, 부정이나 오류에 의해 그룹재무제표가 중요하게 왜곡표시될 유의적 위험으로 식별된 사항

(5) 그룹경영진이 작성한 특수관계자 목록 및 그룹업무팀이 알고 있는 기타의 특수관계자

2. 감사종결단계

(1) 부문감사인이 독립성 및 전문가적 적격성 등 그룹감사와 관련된 윤리적 요구사항을 준수하였는지 여부

(2) 부문감사인이 그룹업무팀의 요구사항을 준수하였는지 여부

(3) 부문감사인의 보고대상인 부문재무정보의 식별

(4) 그룹재무제표에 중요한 왜곡표시를 초래할 수 있는 법규위반 사례에 대한 정보
(5) 부문재무정보에 대한 미수정왜곡표시의 목록
(6) 경영진의 편의가능성을 나타내는 징후
(7) 부문수준에서 유의적 내부통제 미비점으로 식별된 사항에 대한 설명
(8) 부문감사인의 전반적 발견사항, 결론 또는 의견 등

4 X회계법인의 김 회계사는 B㈜의 부문감사인인 Z회계법인의 박 회계사와 커뮤니케이션 과정에서 매출채권조회서 중 50% 가량이 회수되지 않았으며, 대체적인 절차도 수행하지 않았다는 것을 확인하였다. 미회수된 매출채권조회서의 금액은 그룹재무제표 관점에서 중요성 기준을 초과하며, X회계법인의 김 회계사는 Z회계법인의 매출채권에 대한 감사절차가 충분하지 않다고 판단하였다. 이러한 상황에서 ABC㈜의 그룹감사팀이 추가로 수행해야 할 감사절차를 서술하시오.

풀이

그룹업무팀이 부문감사인의 업무가 충분하지 않다고 결론을 내린 경우에는 어떠한 추가적 절차가 수행되어야 할지, 그리고 이 절차를 부문감사인이 수행할지 그룹업무팀이 수행할지 여부를 결정하여야 한다. 또한 이 과정에서 그룹업무팀은 그룹감사의견의 근거가 되는 충분하고 적합한 감사증거를 입수하였는지 여부를 평가하여야 하며 그러한 상황들이 그룹감사의견에 미치는 영향을 판단하여야 한다.

5 20X5년(1.1~12.31) ABC㈜의 감사보고서일은 20X6년 3월 2일이다. 김 회계사는 20X6년 3월 2일 부문감사인으로부터 다음과 같은 후속사건을 보고받았다.

구분	대상 회사	후속사건
(1)	모든 회사	세법 개정안이 20X6년 1월 2일자로 국회를 통과하여 확정되었으며, 이에 따라 20X6년 1월 1일 이후 개시하는 사업연도부터 법인세율이 기존 22%에서 20%로 변경된다. 법인세율 변경이 이연법인세자산·부채에 미치는 영향은 중요성 기준을 초과한다.
(2)	A㈜	20X6년 1월 3일 지방 소재 공장에서 화재가 발생하여 장부가액 120억원의 유형자산이 소실되었으며, 20X6년 3월 2일 현재 보험금 수령액은 확정되지 않았다.
(3)	B㈜	20X5년말 현재 계류 중이던 소송에서 20X6년 2월 28일에 패소 판결을 받았으며, 판결 결과 B㈜는 원고에게 100억원을 배상하여야 한다.

상기 후속사건이 ABC㈜의 연결재무제표에 미치는 영향을 판단하고 그 이유를 [답안양식]에 따라 서술하시오.

[답안양식]

구 분	연결재무제표 수정 여부 (O 또는 X)	이 유
(1)		
(2)		
(3)		

풀 이

구 분	연결재무제표 수정 여부 (O 또는 X)	이 유
(1)	X	보고기간 말 이후 법인세법 유효세율에 대한 변경은 수정을 요하지 않는 대표적 사건이다. 왜냐하면 재무제표일 현재 그 원인이 되는 사건이 존재하지 아니하였기 때문이다.
(2)	X	재무제표일 현재 그 원인이 되는 사건이 존재하지 아니하였기 때문에 재무제표를 수정할 필요는 없다.
(3)	O	재무제표일 현재 존재한 사건이며 후속사건 결과 그 금액이 확정된 사안이기 때문에 재무제표를 수정할 필요가 존재한다.

Q&A 사례문제 17 : 2016년, KICPA 기출문제

다음 각 물음은 서로 독립적이다. 다음의 자료를 고려하여 각 물음에서 감사인이 발행해야 할 감사보고서를 [답안양식]에 따라 서술하시오.

〈자료〉

1) 중요하다고 판단되는 중요성기준은 10억원, 중요할 뿐만 아니라 전반적이라고 판단되는 중요성기준은 30억원이다. 중요성의 판단은 해당 왜곡표시가 순자산(net asset)에 미치는 영향으로 판단한다.
2) 감사인이 설정한 수행중요성은 7억원이다.
3) 감사의견을 형성할 때 질적 요소는 고려하지 않는다.

[답안양식]

물음	감사의견	강조사항	기타사항	변형근거
	'적정의견, 한정의견, 부적정의견, 의견거절' 중 선택	'O' 또는 'X'	'O' 또는 'X'	

1 X회계법인은 전기부터 A㈜의 재무제표를 감사하고 있으며, A㈜는 전기부터 건물과 기계장치를 감가상각하지 않고 있다. X회계법인은 전기재무제표에 대하여 적정의견을 표명하였다. 만약 회계기준에 따라 감가상각한다면 20X1회계연도와 20X2회계연도의 당기순이익은 각각 6억원이 감소되어야 한다.

2 A㈜는 당기에 취득한 시장성있는 유가증권을 공정가치로 표시하지 않고 취득원가로 계상하였다. 만약 경영진이 해당 유가증권을 공정가치로 표시한다면, 단기매매금융자산은 12억원이 감소되어야 한다. 한편, 경쟁기업인 B㈜는 특허권 침해로 A㈜에게 소송을 제기하였다. 소송 결과는 예측할 수 없으며, 만약 패소한다면 A㈜의 기업 경영에 중대한 영향을 미치는 매우 이례적인 사건이 될 수 있다. A㈜는 해당 소송사건을 재무제표 주석으로 적절하게 기술하고 있다.

3 X회계법인은 A㈜가 지분법을 적용하고 있는 조인트벤처 투자지분의 재무정보에 대하여 충분하고 적합한 감사증거를 입수할 수 없었다. A㈜가 조인트벤처에 투자한 지분금액은 A㈜ 순자산의 20%(A㈜의 순자산: 500억원)에 해당한다.

4 A㈜의 당기말 재무상태표에는 재고자산이 100억원으로 계상되어 있다. 경영진은 재고자산을 취득원가와 순실현가능가치 중 낮은 금액으로 표시하지 않고, 취득원가로 계상하였다. 만약 경영진이 취득원가와 순실현가능가치 중 낮은 금액으로 재고자산을 계상한다면, 기말재고자산은 35억원 만큼 감액되어 순실현가능가치로 계상되어야 한다.

5 X회계법인은 당기부터 A㈜를 감사하고 있다. 전기 재무제표는 Y회계법인이 감사하였으며 전기 감사의견은 적정의견이었다. X회계법인은 Y회계법인에게 전기감사조서의 열람을 신청하였으나, 거절당하였다. 따라서 X회계법인은 기초잔액에 대하여 대체적 감사절차를 수행하였으며, 기초재고자산 4억원이 과대계상된 것으로 확인하였다.

풀이

물음	감사의견	강조사항	기타사항	변형근거
1	한정의견	X	X	(풀이 1)
2	한정의견	O	X	(풀이 2)
3	의견거절	X	X	(풀이 3)
4	부적정의견	X	X	(풀이 4)
5	적정의견	X	O	(풀이 5)

(풀이 1) 순자산에 미치는 영향은 감가상각누계액 기준으로 12억원이 과소계상되어 있으므로 재무제표에 중요한 왜곡표시가 존재하기 때문에 한정의견을 표명하는 것이 타당함.

(풀이 2) 순자산에 미치는 영향이 12억원이 과소계상되어 있으므로 재무제표에 중요한 왜곡표시가 존재하기 때문에 한정의견을 표명하는 것이 타당함. 다만, 예외적인 소송이 제기된 경우 기업에 중

대한 영향을 미치는 이례적인 사건이기 때문에 강조사항으로 기재하는 것이 타당함.

(풀이 3) 500억원의 20%인 100억원에 해당되는 부분(중요하고 전반적임)에 대하여 충분하고 적합한 감사증거를 입수하지 못하였기 때문에 의견거절을 표명하는 것이 타당함.

(풀이 4) 재무제표에 중요하고 전반적인 왜곡표시(35억원)가 존재하기 때문에 부적정의견을 표명하는 것이 타당함.

(풀이 5) 기초재고자산에 대한 왜곡표시가 존재하지만 중요하지 아니함. 다만, 초도감사이기 때문에 전기재무제표에 대하여 기타사항문단을 기재하여 해당 감사의견 및 감사보고서일자 등을 서술하여야 함.

Q&A 사례문제 18 : 2016년, KICPA 기출문제

지배회사 AtoZ㈜는 생명공학회사로서 바이오 제품을 주로 국내 및 신흥국에서 생산, 판매하고 있다. AtoZ㈜의 종속회사는 24개이며 **모두 해외에 소재**하고 있다. X회계법인은 20X2년도 부문감사에 대하여 사전감사계획을 수립하고 있다. AtoZ㈜의 20X1년도 재무정보는 아래와 같다. 그룹재무제표는 내부거래 등을 제외한 연결기준이며 부문정보는 별도기준이다.

(단위: 억원)

	그룹 재무제표	부문정보			
		A	B	C	D~Z (주1)
재무상태표 주요 항목(12월 31일)					
현금	600	270	60	50	140
매출채권	3,500	1,000	400	200	800
재고자산	2,500	800	300	150	500
유형자산	1,200	360	120	60	290
선급비용	325	150	50	20	30
매입채무	3,400	1,020	350	170	1,200
미지급비용	800	300	100	50	100
손익계산서 주요 항목					
매출	48,000	14,000	5,000	2,400	16,000
매출원가	32,000	9,600	3,000	1,600	8,000
판매관리비	6,000	1,800	230	180	1,500
세전순이익	10,000	3,000	800	1,160	3,000

(주 1) D~Z는 부문 D부터 부문 Z까지 21개 부문의 단순합산이다.

다음은 회계감사기준에 근거한 X회계법인의 내부감사매뉴얼의 일부이다.

> 1. 유의한 부문의 식별
>
> 그룹재무제표 벤치마크(예, 그룹세전순이익, 그룹영업이익 등) 기준으로 15%를 초과하는 부문은 재무적 유의성을 가지므로 명백한 반증이 없는 한 재무적으로 유의한 부문으로 식별한다.
>
> (사례)
>
> - 그룹재무제표 벤치마크: 그룹세전순이익
> - 그룹세전순이익 : 1,000억원
> - 부문X의 세전순이익 : 160억원 (그룹세전순이익의 16%)
> - 그룹재무제표 벤치마크의 15%를 초과하므로 부문 X를 재무적으로 유의한 부문으로 식별
>
> 2. 유의적이지 않은 부문의 감사절차
>
> 부문정보 전체는 유의한 부문이 아니더라도 해당부문에 그룹재무제표의 수행중요성을 초과하는 계정이 있다면 해당 계정에 대하여는 적절한 감사절차를 수행하여야 한다.

김 회계사는 20X2년 AtoZ㈜의 그룹 및 그 종속회사의 부문재무제표가 20X1년과 크게 다르지 않을 것이라고 예상하였다. 이에 따라 김 회계사는 내부감사매뉴얼에 근거하여 20X2년도 그룹재무제표 수준의 중요성기준(planned materiality)을 500억원(20X1년 세전순이익의 5%)으로, 수행중요성(performance materiality)을 250억원으로 설정하였다. 김 회계사는 해외부문이 모두 감사인의 신뢰도가 낮은 신흥국에 위치하고 있으므로 <u>그룹감사 목적으로 그룹감사인의 관여 정도를 강화할 예정</u>이다.

※ 다음의 각 물음은 문제에서 특별한 언급이 없는 한 독립적인 상황이다.

1 아래 자료는 그룹감사목적으로 부문정보에 대하여 수행할 업무유형을 결정(scoping)하기 위하여 김 회계사가 파악한 사실 및 결론을 문서화한 것이다.

〈자료〉

> (부문 A)
>
> **파악한 사실 :** 부문 A의 세전순이익은 그룹세전순이익의 30%에 해당.
>
> **결론 :** 부문 A는 그룹에 대하여 개별적으로 재무적 유의성을 가지므로 유의적 부문으로 식별하고 부문감사인에게 부문 A의 재무제표에 대하여 감사를 요청함.
>
> (부문 B)
>
> **파악한 사실 :** 부문 B의 세전순이익은 그룹세전순이익의 8%에 해당.
>
> **결론 :** 부문 B의 별도재무제표는 재무적으로 유의하지 않으므로 그룹감사목적으로 부문감사인에게 별도의 감사절차를 수행하도록 요구하지 않음.

(부문 C)

파악한 사실 : 부문 C의 세전순이익은 그룹세전순이익의 11.6%에 해당됨. 20X2년 3월에 주식을 취득하여 그룹재무제표에 신규 편입됨에 따라 그룹 공통의 시스템과 절차가 적용되지 않고 있으며, 내부감사업무도 수행되지 않았음.

결론 : 그룹세전순이익의 15% 미만이지만, 부문의 고유한 성격과 환경을 감안하여 부문 C를 유의적 부문으로 식별하고 부문감사인에게 부문 C의 재무제표에 대하여 감사할 것을 요청함.

(부문 D~Z)

파악한 사실 : 부문 D~Z의 세전순이익의 합계는 그룹세전순이익의 30%에 해당. 그러나 부문 D~Z 어느 하나의 부문도 재무적으로 유의하지 않음.

결론 : 부문 D~Z 21개 각각의 부문은 재무적으로 유의하지 않으므로 감사의 효율을 고려하여 별도의 감사절차를 수행하지 않음.

업무수행이사는 김 회계사가 문서화한 부문감사인과 관련된 결론을 검토하였다. 김 회계사의 **결론**에서 수정이 필요한 사항과 그 이유를 [답안양식]에 따라 서술하시오. 만약 수정할 필요가 없는 경우에는 "수정 요청 사항 없음"이라고 기재하시오.

[답안양식]

부문	수정이 필요한 사항	이유
A		
B		
C		
D~Z		

풀 이

부문	수정이 필요한 사항	이유
A	수정요청사항 없음.	재무적으로 유의적인 부문이기 때문에 감사절차를 취한 부분은 적절함.
B	감사절차를 취하여야 함.	재무적으로 유의적인 부문이기 때문에 (전기에 비해서 그룹전체 재무제표에 대한 중요성 기준이 변경되었음) 감사절차를 취하여야 함.
C	재무적으로 유의적인 부문으로 판단하여야 함.	재무적으로 유의적인 부문이기 때문에 중요한 왜곡표시의 유의적 위험을 포함하고 있는 절차와는 다른 범위의 감사절차가 취해질 수 있음.

부문	수정이 필요한 사항	이유
D~Z	재무적 유의성은 없지만 부문에 대하여 중요한 왜곡표시의 유의적 위험이 포함하고 있는 부문이 있는지 확인이 필요함.	유의적인 부문인지 아닌지 판단에 있어서는 재무적인 유의성뿐만 아니라 중요한 왜곡표시의 유의적 위험이 포함되어 있는지 여부도 판단해 보아야 함.

2 김 회계사는 그룹감사목적으로 해외에 소재한 부문감사인에게 부문정보에 대한 감사수행을 요청하기로 결정하였다. 김 회계사는 부문감사인에 대하여 대한민국의 윤리적 요구사항, 전문가적 적격성, 부문감사인의 업무에 관여할 수 있는지 여부, 감사인을 적극적으로 감독하는 규제환경인지 여부 등을 **이해**하고 그 **결론**을 아래 자료와 같이 문서화하였다.

〈자료〉

(부문 A)

부문감사인 이해결과 : 부문감사인이 20X2회계연도의 재무제표를 작성해 주고 있음을 확인하였다.

결론 : 부문감사인의 독립성이 훼손되었음. 이를 극복하기 위하여 그룹감사인이 부문감사인의 모든 감사조서를 제공받아 검토함.

(부문 C)

부문감사인 이해결과 : 부문감사인은 그룹재무보고체계인 K-IFRS에 대한 이해가 없어, 해당국가의 GAAP에 따른 감사의견만을 제시할 수 있는 것으로 확인되었다. 또한 해당 국가의 독립된 감독기관에 의한 감사품질 모니터링이 취약하여 감사인의 신뢰도가 전반적으로 낮은 것으로 파악되었다.

결론 : 그룹경영진에게 질문한 결과, 해당 국가의 GAAP과 K-IFRS 간에 차이가 발생하는 항목은 몇 가지 되지 않고 그룹재무제표에 미치는 영향은 중요하지 않을 것이라고 진술함. 이러한 내용을 향후 서면진술에 기재하고, 부문감사인이 해당국가의 GAAP에 의하여 수행한 감사결과를 신뢰하고 그룹감사 목적으로 수정 없이 사용하기로 함.

업무수행이사는 김 회계사가 문서화한 부문감사인과 관련된 결론을 검토하였다. 김 회계사의 **결론**에서 수정이 필요한 사항과 그 이유를 [답안양식]에 따라 서술하시오. 만약 수정할 필요가 없는 경우에는 "수정 요청 사항 없음"이라고 기재하시오.

[답안양식]

부문	수정이 필요한 사항	이유
A		
C		

풀 이

부문	수정이 필요한 사항	이유
A	부문감사인의 감사조사를 검토하는 절차가 아니라 다른 부문감사인 또는 그룹감사인이 직접 해당 부문에 대한 감사절차를 취하여야 한다.	독립성이 훼손된 부문감사인의 감사결과를 의존할 수는 없다.
C	그룹업무팀이 부문감사인의 적격성에 의구심이 발생하는 경우 부문감사인에게 부문재무정보에 관한 업무수행을 요청하지 않고 직접 해당 부문의 재무정보에 관하여 충분하고 적합한 감사증거를 입수하여야 한다.	유의적인 부문에 대하여 감사절차를 취한다는 의미는 그룹감사인이 감사절차를 직접 수행한 것과 동일한 수준의 확신이 제공되어야 하는데 부문감사인의 적격성에 의구심이 발생하는 상황에서는 해당 확신이 제공될 수 없다.

3 그룹감사인이 부문감사와 관련하여 그룹의 지배기구와 커뮤니케이션해야 하는 이유를 그룹감사인의 감사효익 관점에서 설명하시오.

풀 이

지배기구로부터 감사와 관련된 정보를 적시에 입수함으로써 훨씬 효율적이고 효과적인 감사가 가능하다.

4 부문감사와 관련하여 그룹감사인은 부문감사인에 대한 이해, 부문재무정보에 대해 수행할 업무유형의 결정, 부문감사 증거의 충분성과 적합성에 대한 평가 등을 수행하여야 한다. 그룹감사인이 부문감사를 직접 수행하는 주체가 아님에도 불구하고 이러한 업무를 수행하고 문서화하는 근본적인 이유를 서술하시오.

풀 이

그룹재무제표에 대한 의견표명책임은 일부 부문에 대한 감사가 부문감사인에 의해서 이루어졌다 하더라도 해당 의견은 그룹감사인이 책임을 져야 하고, 이러한 의견표명책임을 뒷받침하기 위해서는 해당 내용을 반드시 문서화하여야 한다.

Q&A 사례문제 19 : 2017년, KICPA 기출문제

감사인은 회계감사기준에 따라 감사를 수행하고 그 결과를 감사보고서로 제시한다. 감사보고에 대한 다음 물음에 답하시오.

※ 자료 : 아래 자료는 (물음 1)과 (물음 2)에 관련된 것이다.

A회계법인은 갑㈜의 20×1년 재무제표에 대한 회계감사를 수행하고 있다. 전기 재무제표는 B회계법인이 감사하였다(전기 감사의견은 적정의견임).

당기에 실증절차를 수행하던 현장 책임감사인인 홍 회계사는 기계장치의 감가상각과 관련하여 다음 사실을 발견하였다.

- 홍 회계사는 해당 기계장치의 내용연수를 10년으로 추정하였으며 기계공학 관련 외부공인기관도 내용연수가 10년이 합리적이라는 의견을 제시하였다.
- 홍 회계사는 해당 기계장치를 취득하였던 3년 전 내부결재서류를 확인하였다. 동 서류에서 회계담당자는 내용연수를 10년으로 기재하였으나, 승인과정에서 회계책임 임원이 30년으로 변경·승인하였음을 발견하였다. 기계장치 내용연수 차이로 인한 감가상각비 오류는 회계정보이용자를 오도할 수 있을 정도로 중요하다.

1 상기 감가상각 내용연수 오류와 관련하여, (1) 전기 재무제표와 (2) 전기 감사보고서에 대해서 홍 회계사가 취해야 할 ① 절차 및 ② 판단근거를 각각 나누어 서술하시오(아래 [답안양식]을 사용할 것).

[답안양식]

구 분	① 절차	② 판단 근거
(1) 전기 재무제표에 대해서 취해야 할 절차		*[세 줄 이상 서술]*
(2) 전기 감사보고서에 대해서 취해야 할 절차		*[세 줄 이상 서술]*

풀이

구 분	① 절차	② 판단 근거
(1) 전기 재무제표에 대해서 취해야 할 절차	적합한 수준의 경영진, 그리고 지배기구에게 해당 왜곡표시를 커뮤니케이션하여야 한다.	초도감사의 경우 후임감사인은 기초잔액에 중요한 왜곡표시가 포함되어 있는지 여부를 평가하여야 하며 이 상황의 경우 유형자산 기초잔액에 중요한 왜곡표시가 존재하기 때문에 해당 왜곡표시를 수정요구하여야 한다.
(2) 전기 감사보고서에 대해서 취해야 할 절차	전임감사인에게 해당 왜곡표시가 포함되어 있다는 사실을 통보받도록 요청하여야 한다.	전기 재무제표에 중요한 왜곡표시가 있음에도 불구하고 적정의견을 전임감사인이 표명하였기 때문에 해당 감사보고서를 수정발행요구하여야 한다.

2 (물음 1)에서 전기 감사인의 답변은, 전기 재무제표에 대한 감사보고서가 발행된 지 상당한 시간이 지났기 때문에 전기 감사인이 추가적으로 취할 수 있는 조치는 없다는 입장이다. A회계법인은 당기 재무제표에 대한 감사계약만 체결하였기 때문에 전기 재무제표에 대하여 감사절차를 수행할 권리와 의무는 없다.

[요구사항]
이러한 경우에 A회계법인이 감가상각비로 인한 전기 재무제표의 감사의견과 관련하여 당기의 감사보고서에 기재할 방법을 (1) 어느 **문단**에 (2) 어떻게 **표현**하여야 하는지 아래 [답안양식]에 따라 서술하시오(<u>단, 당기재무제표는 상기 수정사항의 영향이 회계기준에 따라 적절하게 반영되었다고 가정한다</u>).

[답안양식]

문단번호	문단에 포함될 내용 및 판단 근거
[아래 ①~⑦ 번호 중 선택하여 기재]	

<문단>
① 도입문단 ② 재무제표에 대한 경영진과 지배기구의 책임 ③ 감사인의 책임 ④ 변형근거문단 ⑤ 의견문단 ⑥ 강조사항문단 ⑦ 기타사항문단

풀이

문단번호	문단에 포함될 내용 및 판단 근거
⑦	전임감사인이 새로운 감사보고서 발행에 동의하지 않았기 때문에 기타사항 문단에 전임감사인은 수정전 전기재무제표에 대하여 의견을 표명했다는 사실을 나타내어야 한다.

3 C회계법인은 전기까지 D회계법인으로부터 감사를 받던 갑㈜의 당기(20X1년) 회계감사 업무를 수임하였다. 현장 책임감사인은 20X1년 실증절차를 수행함에 있어 기초잔액에 대한 확신을 제공하기 위해서 전기 감사인의 감사조서를 참조할 뿐만 아니라 전기 감사인과 커뮤니케이션할 필요가 있다고 판단하고 있다. 현장 책임감사인은 전기 감사인의 감사조서를 확보하는 것과 전기 감사인과 커뮤니케이션하는 일은 회사에 알리지 않고 비밀리에 이루어져야 한다고 판단하였다.

이에 따라 현장 책임감사인은 전기 감사인과 접촉하여 관련 감사조서와 필요한 정보를 확보하였다. 전기 감사인도 당기 감사인의 커뮤니케이션 요청에 적극 응하였고, 요청한 감사조서도 비밀리에 제공하였다. 이 절차의 결과, 현장 책임감사인은 기초잔액에 중요한 왜곡표시가 존재함을 발견하였고, 이 항목이 당기 재무제표를 중요하게 왜곡표시한다고 판단하였다.

[요구사항]
위 상황에서, ① 당기 감사인이 전기 감사인에게 취한 절차와 ② 이에 대한 전기 감사인의 대응절차가, (1) 현행 회계감사기준과 법률에 비추어 볼 때 **적절한 행위인지** 여부와 (2) 그 **판단 이유**를 각각 서술하시오(아래 [답안양식]을 사용할 것).

[답안양식]

구 분	(1) 적절성 *[O 또는 X로 표시]*	(2) 판단 이유
① 당기 감사인의 절차		
② 전기 감사인의 절차		

풀이

구 분	(1) 적절성 *[O 또는 X로 표시]*	(2) 판단 이유
① 당기 감사인의 절차	X	당기 감사인은 전임감사인 감사문서 열람을 하기 전에 반드시 감사대상회사의 승인을 받아야 한다. 왜냐하면 회사의 동의가 없으면 전임감사인은 현행법상 원칙적으로 감사문서를 공개할 수 없기 때문이다.

구 분	(1) 적절성 *[O 또는 X로 표시]*	(2) 판단 이유
② 전기 감사인의 절차	X	전임감사인은 현행 법규상 비밀유지의무가 존재하기 때문에 원칙적으로 회사의 동의를 얻어야 하지만 감사 중에 지득한 정보를 제3자에게 공개할 수 있기 때문이다.

4 최근 우리나라 일부 산업에 핵심감사사항을 감사보고서에 포함하는 제도가 도입되었고, 점차 다른 산업으로 확대하는 것을 논의 중에 있다. 다음은 핵심감사사항에 대한 설명들이다.

- 핵심감사사항은, 감사인이 회계감사를 수행하는 과정에서 회사 및 감사인에게 가장 유의하고 (most significant) 주의를 요구하는 항목에 대하여 중점 감사하고 그 감사 내용을 감사보고서에 상세히 기술하는 것을 의미한다.
- 기존 감사보고서는 재무제표가 회계처리기준에 따라 작성되었다는 것에 대한 독립된 감사인의 감사의견을 제시함으로써 재무제표(회계정보)에 대한 신뢰성을 제고하는 것에 초점을 맞추었다. 이러한 "예/아니오" 방식의 오랜 전통적 감사보고 방법은 감사보고서 이용자들이 감사인에게 기대하는 사항을 충족하지 못한다는 (기대차이가 있다는) 비판이 있었다.
- 그 결과, 최근 국제적으로 이러한 전통적 방식이 아닌, 감사보고서에 감사 자체에 대한 정보를 보고하도록 요구하는 변화가 진행 중에 있다. 핵심감사사항은 이러한 변화의 한 예이다.

[요구사항]

핵심감사사항을 감사보고서에 기재함으로써 얻을 수 있는 <u>두 가지 기대효과</u>를 서술하시오.

풀 이

이러한 주요 감사사항을 감사보고서에 기재하도록 하는 목적은 수행된 감사의 투명성을 제고하고 감사에서 감사인이 유의적으로 판단하고 있는 내용에 대하여 이용자들의 이해도를 높이기 위함이다. 결국 이러한 주요감사사항을 기재하게 되면 감사의 기대차이를 해결할 수 있는 하나의 방안이 될 수 있다.

5 다음은 어느 감사절차 상황을 설명한 것이다.

- A회계법인은 꽃돼지농장㈜의 20×1 회계연도(결산일: 12월 31일)의 재무제표감사를 수행하고 있다.
- 회사가 제시한 꽃돼지농장㈜의 재무제표는 도축용 돼지, 축사 및 그 밖의 자산이 각각 40%, 35% 및 25%로 구성되어 있다.
- A회계법인의 현장 책임회계사는 20×2년 1월 2일 도축용 돼지 축사를 방문하여 재고자산에 대한 실사과정에 입회하려고 한다.
- 회사는 재고자산의 실사를 효과적이고 효율적으로 실시하기 위하여 구체적인 실사계획을 수립하고 방문할 감사인들에게 가능한 모든 사항을 협조할 예정이다.
- 농장이 위치한 지역에 최근 구제역이 발생함에 따라, 지방자치단체는 해당 농장에 외부인의 방문을 금지하였다. 현장 책임회계사는 농장을 방문하는 것 이외에는 재고자산의 실재성을 확인할 수 있는 대체적 방법은 없다고 판단하였다.
- 회사는 재고자산의 실사에 대하여 입회할 수 없는 현재 상황에 어떠한 책임도 없다고 주장하고 있으며, 현장 책임회계사도 이에 동의하고 있다.

위 상황에서 감사인이 선택할 수 있는 **가장 적합한** 감사보고서의 번호를 아래 [보기]에서 골라 제시한 [답안양식]에 따라 그 근거와 함께 제시하시오.

[보기]

감사보고서	
①	적정의견 + 강조사항문단
②	적정의견 + 기타사항문단
③	한정의견 (회계처리기준 위배)
④	한정의견 (감사범위 제한)
⑤	부적정의견 + 강조사항문단
⑥	부적정의견 + 기타사항문단
⑦	의견거절

[답안양식]

감사보고서	판단의 근거
① ~ ⑦ 중에서 선택	*세 줄 이상 서술*

풀이

감사보고서	판단의 근거
⑦	재고자산에 대하여 실사입회 및 대체적절차를 통하여 충분하고 적합한 감사증거를 입수하지 못하였으며 또한 해당 항목이 재무제표에서 차지하는 비중이 중요하고 전반적인 상황이기 때문에 의견을 표명하지 않는 것이 바람직하다.

Q&A 사례문제 20 : 2018년, KICPA 기출문제

수주산업 감사 시 특별 고려사항에 대한 실무지침(이하, 회계감사실무지침 2016-1)은 사업보고서 제출대상법인인 수주산업에 대하여 핵심감사항목(KAM : key audit matters)을 강조사항으로 기술하도록 요구하고 있다.

감사인은 지배기구와 커뮤니케이션을 수행한 사항중에서 유의적 감사인주의를 요구한 사항을 파악하고 최종적으로 핵심감사항목을 선정하여 이를 중점적으로 감사하여야 한다. 회계감사실무지침 2016-1은 수주산업 감사와 관련하여 다섯 가지 핵심감사항목을 우선적으로 고려하도록 요구하고 있다.

감사인은 감사보고서에 핵심감사항목 선정 이유, 감사인이 수행한 절차 및 그 결과를 기술한다. 이에 따라 감사보고서가 회사의 주요 재무적 이슈사항에 대해 보다 구체적인 정보를 제공하게 되고, 감사보고서의 유용성이 증대할 것이다.

1 감사인이 최종적으로 핵심감사항목을 결정하는 과정에서 고려해야 할 세 가지 사항을 서술하시오.

풀이

첫째 회사 지배기구와 커뮤니케이션한 사항들 중에서 둘째, 감사인이 특별히 주의할 사항을 선정하고 (즉, 유의적 감사인 주의를 요구한 사항들을 선정하고) 셋째, 이 중에서 감사에서 가장 유의적인 사항들을 핵심감사사항으로 산정한다.

2 핵심감사항목에는 해당 사항이 핵심감사항목으로 결정된 이유, 중요왜곡표시위험에 대한 감사인의 대응 및 접근방법, 감사절차의 개요, 감사절차의 결과에 대한 암시, 주요 관찰사항 등이 포함된다. 이에 따라 감사인은 이전보다 방대하고 구체적인 내용을 감사보고서에 기재해야 한다. 핵심감사항목으로 결정된 사항을 감사보고서에 기재하지 않을 수 있는 예외적인 경우를 두 가지 서술하시오.

풀이

첫째, 법규에서 해당 사항에 대한 공시를 배제하는 경우이며 둘째, 극히 드문 상황에서, 해당 사항을 감사보고서에 커뮤니케이션함으로써 발생할 수 있는 부정적 결과가 그러한 커뮤니케이션의 공익적 효익을 훨씬 넘어설 것이라고 합리적으로 예상되기 때문에 감사인이 감사보고서에 해당 사항을 커뮤니케이션해서는 안 된다고 결정하는 경우이다.

3 지배기구와의 커뮤니케이션은 감사인과 지배기구 모두가 감사에 대하여 이해하고 건설적인 업무관계를 수립하는 데 도움이 된다.

[상황]

X회계법인은 상장기업인 A㈜의 재무제표를 감사하고 있다.

X회계법인은 지배기구를 식별하기 위하여 A㈜의 경영진과 이사회의 구성원을 검토하였다. A㈜의 경영진은 대표이사 사장, 부사장, 전무이사, 상무이사로 구성되어 있다. A㈜의 이사회는 경영집행에 참여하는 대표이사 사장 및 부사장과 경영집행에 참여하지 않는 사외이사 및 비상근 감사로 구성되어 있다.

X회계법인은 이사회 구성원 전원이 참석하는 이사회 개최 시기에 맞추어 커뮤니케이션하는 것이 비효율적이라고 판단하였다. 따라서 X회계법인은 경영진과 커뮤니케이션을 수행하고 있다.

X회계법인은 지배기구와 커뮤니케이션을 위한 안건으로 감사계획, 감사인의 독립성, 미수정왜곡표시, 감사 중 식별한 유의적 내부통제 미비점, 경영진진술서, 후속사건, 강조사항 등 회계감사기준에서 요구하는 사항을 포함시켰다.

X회계법인은 지배기구와의 커뮤니케이션을 연 1회 감사보고서 발행일 직전에 실시하고 있다. X회계법인은 지배기구와 대면하여 구두로 커뮤니케이션을 수행하며, 그 내용을 기록하여 감사문서로 보관하였다. X회계법인은 지배기구와 수행하는 양방향 커뮤니케이션을 통해 감사와 관련된 정보를 입수하고 있다.

[요구사항]

X회계법인의 지배기구와의 커뮤니케이션 과정에서 보완해야 할 사항 세 가지를 지적하고 그 이유를 서술하시오.

[답안양식]

번호	보완해야 할 사항	이유
①		
②		
③		

풀이

번호	보완해야 할 사항	이유
①	내부통제제도의 유의적 미비점을 구두로 커뮤니케이션을 한 점	내부통제제도의 유의적 미비점은 반드시 서면으로 커뮤니케이션하여야 한다.
②	경영진하고만 커뮤니케이션을 한 점	효과적인 커뮤니케이션을 위하여 사외이사 및 비상근감사가 참여하고 있는 이사회와 커뮤니케이션하여야 한다.
③	지배기구와의 커뮤니케이션을 연 1회에 한정하여 감사보고서일 이전에 수행한 점	지배기구와의 커뮤니케이션은 이슈가 발생한 적시에 수행하는 것이 효과적이다.

Q&A 사례문제 21 : 2019년, KICPA 기출문제

다음은 대한㈜의 독립된 감사인의 감사보고서 초안이다(단, 대한㈜는 자산총액 2조원 이상 유가증권시장 상장기업임).

※ 아래 각 물음은 서로 독립적이다.

독립된 감사인의 감사보고서

대한 주식회사
주주 및 이사회 귀중

감사의견

우리는 대한 주식회사(이하 "회사")의 재무제표를 감사하였습니다. 해당 재무제표는 2018년 12월 31일 현재의 재무상태표, 동일로 종료되는 보고기간의 손익계산서(또는 포괄손익계산서), 자본변동표, 현금흐름표 그리고 유의적인 회계정책의 요약을 포함한 재무제표의 주석으로 구성되어 있습니다.

우리의 의견으로는 별첨된 회사의 재무제표는 회사의 2018년 12월 31일 현재의 재무상태와 동일로 종료되는 보고기간의 재무성과 및 현금흐름을 한국채택국제회계기준에 따라, 중요성의 관점에서 공정하게 표시하고 있습니다.

감사의견근거

우리는 대한민국의 회계감사기준에 따라 감사를 수행하였습니다. 이 기준에 따른 우리의 책임은 이 감사보고서의 재무제표감사에 대한 감사인의 책임 단락에 기술되어 있습니다. 우리는 재무제표감사와 관련된 대한민국의 윤리적 요구사항에 따라 회사로부터 독립적이며 그러한 요구사항에 따른 기타의 윤리적 책임들을 이행하였습니다. 우리가 입수한 감사증거가 감사의견을 위한 근거로서 충분하고 적합하다고 우리는 믿습니다.

핵심감사사항

핵심감사사항은 우리의 전문가적 판단에 따라 당기 재무제표감사에서 가장 유의적인 사항들입니다. 해당 사항들은 재무제표 전체에 대한 감사의 관점에서 우리의 의견 형성 시 다루어졌으며, 우리는 이런 사항에 대하여 별도의 의견을 제공하지는 않습니다.

우리는 아래에 기술된 사항을 이 감사보고서에서 커뮤니케이션할 핵심감사사항으로 결정하였습니다.

[핵심감사사항 각각에 대한 기술]

재무제표에 대한 경영진과 지배기구의 책임

경영진은 한국채택국제회계기준에 따라 이 재무제표를 작성하고 공정하게 표시할 책임이 있으며, 부정이나 오류로 인한 중요한 왜곡표시가 없는 재무제표를 작성하는데 필요하다고 결정한 내부통제에 대해서도 책임이 있습니다.

경영진은 재무제표를 작성할 때, 회사의 계속기업으로서의 존속능력을 평가하고 해당되는 경우 계속기업 관련 사항을 공시할 책임이 있습니다. 그리고 경영진이 기업을 청산하거나 영업을 중단할 의도가 없는 한, 회계의 계속기업전제의 사용에 대해서도 책임이 있습니다.

지배기구는 회사의 재무보고절차의 감시에 대한 책임이 있습니다.

재무제표에 대한 감사인의 책임

우리의 목적은 재무제표에 전체적으로 부정이나 오류로 인한 중요한 왜곡표시가 없는지에 대하여 합리적인 확신을 얻어 우리의 의견이 포함된 감사보고서를 발행하는데 있습니다.

합리적인 확신은 높은 수준의 확신을 의미하나 감사기준에 따라 수행된 감사가 항상 중요한 왜곡표시를 발견한다는 것을 보장하지는 않습니다. 왜곡표시는 부정이나 오류로부터 발생할 수 있으며 왜곡표시가 재무제표를 근거로 하는 이용자의 경제적 의사결정에 개별적으로 또는 집합적으로 영향을 미칠 것이 합리적으로 예상되면 그 왜곡표시는 중요하다고 간주됩니다.

기타 법규의 요구사항에 대한 보고

[기타 법규의 요구사항에 대한 보고를 기술]

이 독립된 감사인의 감사보고서의 근거가 된 감사를 실시한 업무수행이사는 ○○○입니다.

가나다 회계법인 대표이사 △△△ (인)
서울특별시 ○○구 ○○로 1

2019년 2월 ××일

1 감사인은 재무제표 감사에서 지배기구와 양방향 커뮤니케이션을 수행하며, 특히 감사보고서의 핵심감사사항과 같은 '감사에서의 유의적 발견사항'에 대해서 커뮤니케이션을 한다.

[요구사항]
감사인과 지배기구 간 효과적인 양방향 커뮤니케이션으로 인해 얻을 수 있는 [A]효익 중 두 가지만 서술하고, '감사에서의 유의적 발견사항' 이외 [B]추가로 커뮤니케이션할 사항 중 두 가지만 제시하시오(아래 [답안양식]을 사용할 것).

[답안양식]

[A]	①
	②
[B]	①
	②

풀이

[A]	① 재무보고절차를 감시할 지배기구의 책임과 관련하여 유의적이며 관련성이 있는 관찰사항들을 지배기구에게 적시에 제공하여 지배기구가 재무보고절차를 감시하는 책임을 완수함으로써 재무제표의 중요왜곡표시위험을 감소시킨다.
	② 지배기구로부터 감사와 관련된 정보를 입수함으로써 훨씬 효율적이고 효과적인 감사가 가능하다.
[B]	① 재무제표와 관련된 감사인 책임
	② 계획된 감사범위와 시기

2 감사보고서에서 핵심감사사항은 재무제표에서 관련 공시에 대해 언급을 하면서 적절히 기술되어야 한다. 그리고 감사인은 핵심감사사항과 관련하여 문서화를 하여야 한다.

[요구사항]
대한㈜의 감사보고서 핵심감사사항 단락 중 [핵심감사사항 각각에 대한 기술]에서 [A]다루어져야 할 내용 두 가지를 서술하고, 감사인이 핵심감사사항과 관련하여 [B]감사문서에 문서화하여야 할 사항 세 가지를 서술하시오(아래 [답안양식]을 사용할 것).

[답안양식]

[A]	①
	②
[B]	①
	②
	③

풀 이

[A]	① 해당 사항이 감사에서 가장 유의적인 사항 중 하나로 고려되어 핵심감사사항으로 결정된 이유
	② 해당사항이 감사에서 다루어진 방법
[B]	① 유의적 감사인주의를 요구한 사항들과 이러한 사항들 각각이 핵심감사사항인지 아닌지 여부에 대한 감사인의 결정에 대한 논리적 근거
	② 해당되는 경우, 감사보고서에서 커뮤니케이션할 핵심감사사항이 없다거나 커뮤니케이션할 핵심감사사항이 감사의견에 대하여 변형의견을 초래하는 사항 또는 계속기업으로서의 존속능력에 대하여 유의적 의문을 초래할 수 있는 사건에서 다루는 사항들뿐이라는 감사인의 결정에 대한 논리적 근거
	③ 해당되는 경우, 핵심감사사항으로 결정된 사항을 감사보고서에서 커뮤니케이션하지 않기로 한 감사인의 결정에 대한 논리적 근거

3 2018년 말 대한㈜는 계속기업전제의 사용이 적합하나 중요한 불확실성이 존재하므로 관련 내용을 주석에 공시할지 여부에 대해 검토 중이다.

[요구사항]

[A]주석에 적절히 공시할 경우 대한㈜의 ①최종 감사의견 및 ②현재 '감사보고서 초안'이 어떻게 수정되어야 하는지, [B]주석에 공시하지 않을 경우 대한㈜의 ①최종 감사의견 및 ②현재 '감사보고서 초안'이 어떻게 수정되어야 하는지를 서술하시오(아래 [답안양식]을 사용할 것).

[답안양식]

[A]	①
	② *두 줄 이내 서술*
[B]	①
	② *두 줄 이내 서술*

풀 이

[A]	① 적정의견
	② 계속기업 관련 중요한 불확실성이라는 제목의 별도 단락을 감사보고서에 포함시켜야 한다.
[B]	① 한정 또는 부적정의견
	② 감사의견단락을 수정하고 해당 의견이 변형된 이유를 감사의견근거 단락문단에 기재하여야 한다.

4 대한㈜는 계속기업으로서 존속능력에 의문을 초래할 수 있는 사건이나 상황이 식별되었으나 감사인은 입수된 감사증거를 근거로 중요한 불확실성이 존재하지 않는다고 결론을 내렸다. 이때 감사인은 해당 재무보고체계의 요구사항에 비추어 재무제표에 이러한 사건이나 상황에 대한 적절한 공시가 이루어지는지 여부를 평가하여야 한다. 이러한 제도의 도입취지와 기대효과를 각각 2줄 이내로 서술하시오.

풀 이

도입취지는 회사의 존속에 영향을 미칠 수 있는 사건 발생 시, 그 내용이 적절히 공시되었는지에 대한 감사인의 평가를 강화하기 위함이며, 기대효과는 회사 경영에 부정적인 사건 발생시, 그 사건이 회사의 존속에 영향을 미치는지 여부와는 관계없이 공시가 이루어짐에 따라 이해관계자들에게 보다 많은 정보가 제공될 수 있다.

5 다음은 대한㈜를 감사하고 있는 담당회계사와 그 상급자인 현장책임회계사와의 대화 내용이다.

> **(현장책임회계사)** 올해부터 감사보고서에 포함해야 할 정보량이 많아졌으므로 감사보고서 작성에 신중을 기해주십시오.
>
> **(담당회계사)** 네. 먼저 핵심감사사항을 주목해볼 만합니다. 그런데 대한㈜의 핵심감사사항은 동종산업의 특성을 고려한다면 많은 것 같습니다. 핵심감사사항이 너무 많으면 정보이용자가 간과할 우려도 있을 것 같습니다. 대한㈜의 감사보고서 초안을 보니 강조사항문단이 없는데, 핵심감사사항 중 몇 개의 항목은 강조사항문단으로 보고하는 방안은 어떠신지요?

[요구사항]

감사인은 재무제표에 표시되거나 공시된 사항으로서 정보이용자가 재무제표를 이해하는데 중요하다고 판단되어 이들의 주의를 환기시켜야 할 필요가 있다고 고려하는 경우 감사보고서에 강조사항문단을 포함한다.

이러한 경우, [A]강조사항문단에 포함되기 위한 조건은 무엇이며, 감사인이 감사보고서에 [B]강조사항문단을 포함시키는 경우 준수해야 할 사항을 서술하시오(아래 [답안양식]을 사용할 것).

[답안양식]

[A]	①
	②
[B]	①
	②
	③

풀 이

[A]	① 재무제표에 표시된 정보이거나
	② 재무제표 주석에 공시된 정보이어야 한다.

[B]	① 강조사항이라는 용어를 포함하는 적합한 제목을 가진 감사보고서의 별도의 단락 내에 해당문단을 포함함.
	② 강조될 사항 및 이를 상세하게 기술하고 있는 재무제표의 관련 공시의 위치를 명확하게 언급함. 강조사항문단에서는 재무제표에 표시되거나 공시된 정보만을 언급하여야 함.
	③ 강조된 사항과 관련하여 감사의견이 변형되지 않는다는 점을 나타냄.

6 감사보고서에 업무수행이사의 이름을 표명하는 것은 상장기업의 일반목적 전체재무제표에 대한 감사보고서 이용자에게 추가적인 투명성을 제공하기 위함이다.

[요구사항]
감사인이 감사보고서에 업무수행이사의 이름을 공시하지 않을 수도 있는데, 이러한 경우는 어떠한 상황이며, 이때 감사인이 추가적으로 취해야 할 조치를 서술하시오.

풀이

업무수행이사의 이름을 공시하는 것이 개인의 안전에 대한 유의적 위협을 발생시킨다고 합리적으로 예상되는 경우 업무수행이사의 이름을 포함하지 않을 수 있으며 이 경우 감사인의 의도를 지배기구와 논의하여야 한다.

Q&A 사례문제 22 : 2020년, KICPA 기출문제

가나다회계법인의 A기업 감사팀(이하 '그룹감사팀')은 A기업의 20X1년 12월 31일로 종료하는 회계연도의 연결재무제표를 처음으로 감사하게 되어 부문감사인 활용을 고려하고 있다. 가나다회계법인은 국내에서만 업무를 수행할 수 있다. 다음 물음에 답하시오.

※ 아래 각 물음(상황)은 서로 독립적이다.

다음 [상황 1]은 (물음 1)~(물음 4)에 관련된 것이다.

[상황 1]

A기업, 국내자회사1 및 해외자회사1은 생산 및 판매를 담당하고 있으며, 개별적·재무적으로 유의적인 부문에 해당한다.

국내자회사2는 개별적·재무적으로 유의하지는 않으나, 그룹 내의 외환거래를 담당하는 회사이다.

해외자회사2는 개별적·재무적으로 유의하지는 않으나, 전기에 고객과의 소송으로 인한 거액의 충당부채 인식으로 인하여 손실이 발생하였으며, 해당 소송은 당기에도 진행 중이다.

해외자회사3과 해외자회사4는 개별적 · 재무적으로 유의하지 않은 부문이며, 해외자회사5는 전기에 설립되어 영업을 준비 중인 회사이다.

1 그룹감사팀이 개별적 · 재무적으로 유의한 부문의 부문재무정보에 대하여 수행할 수 있는 업무유형을 서술하시오.

풀이

재무적 유의성이 있는 경우 부문감사인은 부문의 재무정보에 대해 부문중요성을 적용하여 감사하여야 한다.

2 그룹감사팀이 개별적 · 재무적으로 유의하지 않은 국내자회사2와 해외자회사2를 **유의적 부문**으로 결정하였다면, 이러한 부문의 부문재무정보에 대하여 수행할 수 있는 업무유형 **세 가지**를 서술하시오.

풀이

첫째, 부문중요성을 적용한 부문재무정보를 감사하거나
둘째, 그룹재무제표의 중요한 왜곡표시에 대한 유의적 위험의 가능성과 관련된 하나 이상의 거래유형과 계정잔액 및 공시에 대한 감사를 수행하거나
셋째, 그룹재무제표의 중요한 왜곡표시에 대한 유의적 위험의 가능성과 관련된 특정 감사절차를 수행하여야 한다.

3 그룹감사팀이 해외자회사3, 해외자회사4 및 해외자회사5를 **유의적이지 않은 부문**으로 결정하였고, 그룹감사의견의 근거가 되는 충분하고 적합한 감사증거를 그룹감사팀이 입수할 수 있는 상황이라면, 효율적인 연결재무제표감사를 위하여 이러한 부문의 부문재무정보에 대하여 수행할 수 있는 **가장** 적합한 업무유형을 서술하시오.

풀이

그룹 수준의 분석적 절차를 수행한다.

4 그룹감사팀이 연결재무제표의 유의적인 중요왜곡표시위험을 식별하기 위하여 유의적 부문의 부문재무정보에 대한 업무를 수행하려는 부문감사인의 위험평가에 관여해야 하는 경우, 최소한 수행하여야 할 절차 **세 가지**를 서술하시오.

풀이

첫째, 그룹에 유의적인 부문의 사업활동에 대해 부문감사인이나 부문경영진과 토의하여야 하며
둘째, 부정이나 오류에 의해 부문의 재무정보가 중요하게 왜곡표시될 취약성에 대해 부문감사인과 토의하여야 하고
셋째, 그룹재무제표의 중요한 왜곡표시에 관하여 부문감사인이 식별한 유의적 위험의 문서화 내용을 검토하여야 한다.

다음 [상황 2]는 (물음 5)와 관련된 것이다.

[상황 2]

그룹감사팀은 20X2년 3월 15일에 연결재무제표에 대한 감사보고서를 발행하려고 계획하고 있다.

그룹감사팀은 20X2년 3월 14일 현재 다른 모든 부문의 부문감사인으로부터 업무지침서에 따른 각종 보고자료를 입수하였으나, 유의적 부문인 해외자회사2의 부문재무정보에 대한 업무를 수행하는 부문감사인 Z로부터 후속사건보고서를 입수하지 못하였다.

한편, A기업의 감사위원회는 아직 연결재무제표발행승인을 하지 않았다.

5 그룹감사팀은 부문감사인 Z로부터 전기 이전에 시작된 소송사건이 20X2년 3월 7일에 최종 확정되었으며, 이로 인하여 해외자회사2가 충당부채로 계상한 금액이 수정되어야 한다는 사실을 20X2년 3월 14일에 알게 되었다. 수정을 요하는 금액이 수행중요성에는 현저히 미달하지만 명백하게 사소하다고 간주할 수 없는 한도 기준은 초과하는 상황이라면, 그룹감사팀이 수행하여야 할 절차를 서술하시오(단, 다른 왜곡표시는 발견되지 않은 것으로 가정함).

풀이

해당 수정사항에 대해서 재무제표에 반영할 것을 경영진에게 권고하여야 한다.

Q&A 사례문제 23 : 2020년, KICPA 기출문제

㈜한국여행은 2019사업연도(2019년 1월 1일~2019년 12월 31일)를 마지막으로 X회계법인과의 3년 감사계약이 종료되어 감사인을 변경하려고 한다. ㈜한국여행의 2019년 말 현재 자산총계는 5조 원이며, 주권상장법인으로 감사위원회가 설치되어 있다. 다음 물음에 답하시오.

※ 아래 각 물음은 서로 독립적이다.

1 2018년에 「주식회사등의외부감사에관한법률(이하 '외감법')」이 개정되면서, 감사인 선임기한이 변경되었다. 참고로, 외감법 개정 전의 감사인 선임기한은 사업연도 개시일로부터 4개월 이내였다.

(1) 현행 외감법에 근거할 때, ㈜한국여행은 2020사업연도의 감사인을 언제까지 선임해야 하는지 서술하시오.

풀이

자산총액이 2조 원이 넘어가는 상장법인의 경우는 사업연도 개시일 전까지 감사인을 선임하여야 한다.

(2) 외감법 개정을 통해 감사인 선임기한을 변경한 취지를 '공인회계사 윤리기준'의 독립성 훼손 위협요인과 연계하여 서술하시오.

풀 이

감사인의 교체압력위협으로 인하여 독립성이 훼손될 수 있는 개연성을 감소시키기 위함이다.

2 ㈜한국여행은 2020사업연도의 회계감사인으로 Y회계법인을 선임하였다. Y회계법인은 당기재무제표에 중요하게 영향을 미치는 왜곡표시가 기초잔액에 포함되었는지를 확인하는 과정에서 전임 감사인인 X회계법인의 감사 조서를 열람하지 못하였다. 이외에 Y회계법인은 전기 마감잔액이 당기에 이월되었음을 확인하였고, 기초 잔액에 적합한 회계정책이 반영되어 있음을 확인하였다. Y회계법인은 매출채권과 재고자산의 기초잔액에 대한 충분하고 적합한 감사증거를 수집하기 위해 어떠한 감사절차를 추가로 수행할 수 있는지 각각 **한 가지**만 간략히 서술하시오.

[답안양식]

계정과목	감사절차
① 매출채권	
② 재고자산	

풀 이

계정과목	감사절차
① 매출채권	당기 중 회수 여부 확인한다.
② 재고자산	당기 재고자산 실사에 입회하고 그 결과를 기초 재고수량과 조정하며 기초 재고자산의 항목을 평가하기 위한 감사절차를 수행하고 매출총이익과 기간귀속에 대하여 감사절차를 수행한다.

3 ㈜한국여행의 2020사업연도 감사인인 Y회계법인은 당기 재무제표에 대한 감사를 수행하면서 2019년 12월 31일로 종료되는 회계연도의 매출인식과 관련한 오류를 발견하였다. 동 오류로 인해 2019년도 재무제표의 수정이 필요한 상황이다. Y회계법인은 전기재무제표를 타감사인이 감사한 경우 관련내용을 감사보고서 기타사항문단에 기재하고 있다. 다음의 **각 독립적인 상황별로** Y회계법인이 2020년 감사보고서 **기타사항문단**에 기재해야 할 내용을 제시하시오.

상황	내용
A	㈜한국여행은 비교재무제표를 수정하는 방식으로 오류를 수정하고, 전기오류수정에 대한 세부내역을 주석에 공시하였다. X회계법인은 수정된 전기재무제표에 동의하지 않아 어떠한 조치도 취하지 않았다. Y회계법인은 당기 재무제표에 대한 감사계약만 체결하였으며, 당기 재무제표에는 동 오류의 영향이 회계기준에 따라 적절하게 반영되었다.

B	㈜한국여행은 오류를 수정하여 2019년 12월 31일로 종료되는 회계연도의 재무제표를 수정하였으며, Y회계법인이 외감법에 따른 감사보고서를 발행하기 전에 전임감사인인 X회계법인은 수정된 전기재무제표에 대해 새로운 감사보고서를 발행(감사보고서일: 2020년 10월 28일)하였다.

풀이

A	후임감사인은 감사보고서의 기타사항문단에 전임감사인은 수정전 전기재무제표에 대하여 의견을 표명했다는 사실을 나타낼 수 있을 것이다.
B	전기 재무제표는 전기감사인이 감사하였으며 2020년 10월 28일자로 감사의견은 적정이었다는 사실을 기술하여야 한다.

4 ㈜한국여행의 2020사업연도 감사인인 Y회계법인은 당기 재무제표에 대한 감사를 수행 중이다. 다음의 **각 상황별로** Y회계법인이 2020년 감사보고서에 보고할 **① 감사의견**, **② 감사보고서 문단**(각 상황의 내용이 세부적으로 기술되는 문단), **③ 판단근거**를 서술하시오.

※ 아래 각 상황은 서로 독립적이며, 각 상황에 주어진 사항 외의 거래는 적절하게 회계처리되고 감사되었다고 가정한다.

상황	내용
C	Y회계법인은 매출채권의 실재성을 확인하기 위해 ㈜한국여행의 전체 거래처 10곳에 조회서를 발송하기로 하였다. 10곳 중 ㈜ABC(매출채권 잔액 5억 원)는 ㈜한국여행과 분쟁 중이며, 매출채권 조회가 해당 분쟁에 영향을 미칠 수 있다는 이유로 경영진이 조회서 발송을 거부하였다. Y회계법인은 동 사유가 합리적이라 판단하여 대체적 감사절차를 수행하였으나 충분하고 적합한 감사증거를 입수할 수 없었다. 재무제표 전체에 대한 중요성은 35억 원이다.
D	㈜한국여행은 코로나19의 영향으로 기 예약된 여행의 70% 이상이 취소되는 등 영업환경이 크게 악화되었다. ㈜한국여행은 코로나19로 인해 계속기업으로서의 존속능력에 대한 불확실성이 증가하고 있다고 판단하여 이를 주석으로 공시하였다. Y회계법인은 ㈜한국여행이 단기 유동성 문제를 해결하기 위해 계획한 자금조달이 예정대로 원활히 진행되고 있어 회계의 계속기업전제의 적용은 타당하다고 판단하였다. 그러나 코로나19 상황이 지속될 경우 계속기업으로서의 존속능력에 대한 중요한 불확실성이 존재한다고 판단하였다.

[답안양식]

① 감사의견	
② 감사보고서 문단	'의견근거문단, 강조사항문단, 기타사항문단, 계속기업 관련 중요한 불확실성 문단, 기술하지 않음' 중에 선택
③ 판단근거	①, ②에 대한 판단근거를 서술

풀 이

C번

① 감사의견	적정의견
② 감사보고서 문단	기술하지 않음
③ 판단근거	충분하고 적합한 감사증거가 입수되지 아니하였으나 그 항목이 중요하지 아니하기 때문임.

D번

① 감사의견	적정의견
② 감사보고서 문단	계속기업 관련 중요한 불확실성 문단 기재
③ 판단근거	계속기업 가정이 타당한 상황에서 계속기업 관련 중요한 불확실성이 주석에 기재가 되어 있기 때문에 감사의견은 적정이며 다만, 해당 사항을 강조하기 위하여 계속기업 관련 중요한 불확실성 문단을 별도로 기재하여야 한다.

5 ㈜한국여행의 2020사업연도 감사인인 Y회계법인은 감사보고서를 발행하면서 의견을 표명하지 아니하였다. 다음은 감사보고서의 일부이다. ①~⑤ 중 잘못된 부분을 <u>모두</u> 지적하고 적절하게 수정하시오.

> **독립된 감사인의 감사보고서**
>
> 주식회사 한국여행
> 주주 및 이사회 귀중
>
> **재무제표감사에 대한 보고**
>
> ① **감사의견**
> ② 우리는 주식회사 한국여행(이하 '회사')의 재무제표를 감사하였습니다.
> ③ 해당 재무제표는 2020년 12월 31일 현재의 재무상태표, 동일로 종료되는 보고기간의 포괄손익계산서, 자본변동표, 현금흐름표 그리고 유의적인 회계정책의 요약을 포함한 재무제표의 주석으로 구성되어 있습니다.
>
> ④ 우리는 별첨된 회사의 재무제표에 대하여 의견을 표명하지 않습니다.
> ⑤ 우리의 의견으로는 이 감사보고서의 의견거절근거 단락에서 기술된 사항의 유의성 때문에 재무제표에 대한 감사의견의 근거를 제공하는 충분하고 적합한 감사증거를 입수할 수 없었습니다.
>
> — 이하 생략 —

[답안양식]

잘못된 부분	수정내용
①~⑤ 중 선택	

풀이

잘못된 부분	수정내용
①	의견거절
②	(생략) ~ 감사계약을 체결하였습니다.
⑤	우리는 이 감사보고서의 의견거절근거 단락에서 ~ (생략)

Q&A 사례문제 24 : 2021년, KICPA 기출문제

다음은 ㈜나그네의 감사보고서 일부이다.

독립된 감사인의 감사보고서

주식회사 나그네
주주 및 이사회 귀중

… (중략) …

계속기업 관련 중요한 불확실성

재무제표에 대한 주석 40에 주의를 기울여야 할 필요가 있습니다. 회사는 20×1년 12월 31일로 종료되는 보고기간에 영업손실 600억 원, 당기순손실 900억 원이 발생하였으며, 당기 말 현재 유동부채가 유동자산을 1,000억 원 초과하고 있습니다. 이러한 사건이나 상황은 주석 40에서 설명하고 있는 다른 사항과 더불어 회사의 계속기업으로서의 존속능력에 유의적 의문을 제기할 만한 중요한 불확실성이 존재함을 나타냅니다. 우리의 의견은 이 사항으로부터 영향을 받지 아니합니다.

핵심감사사항

핵심감사사항은 우리의 전문가적 판단에 따라 당기 재무제표감사에서 가장 유의적인 사항들입니다. 우리는 영업권 손상평가를 핵심감사사항으로 선정하였습니다. 동 핵심감사사항과 관련하여 우리가 수행한 주요 감사절차는 다음과 같으며 감사절차 수행 결과 중요한 예외사항은 발견되지 않았습니다.

- 경영진에게 질문 및 관찰을 통하여 현금창출단위 구분 및 영업권 등 배분 절차에 대한 이해 및 적절성 검토

> -경영진이 손상 평가에 사용한 외부전문가의 적격성, 역량 및 객관성 평가
> -사업계획의 적정성 평가를 위하여 전년도 사업계획과 실제 결과의 비교
> -내부 가치평가전문가를 활용하여 시장 및 회사 고유의 정보를 기초로 재계산된 할인율과 경영진이 적용한 할인율의 비교
>
> … (이하 생략) …

1 핵심감사사항은 감사인의 전문가적 판단에 따라 당기 재무제표감사에서 가장 유의적인 사항을 의미한다. 감사인은 지배기구와 커뮤니케이션한 사항 중에서 감사를 수행하는데 있어 유의적감사인주의를 요구한 사항들을 결정하여야 하며, 그 중에서 가장 유의적인 사항들을 핵심감사사항으로 정한다. 감사인이 유의적감사인주의를 요구한 사항들을 결정할 때 고려할 요소를 세 가지 서술하시오.

풀이

첫째, 중요왜곡표시위험이 더 높게 평가되거나 유의적 위험으로 식별된 분야
둘째, 추정불확실성이 높은 것으로 식별된 회계추정치를 포함하며, 유의적 경영진판단이 수반된 재무제표 분야과 관련되는 유의적감사인판단
셋째, 보고기간 중 발생한 유의적 사건이나 거래가 감사에 미치는 영향

2 핵심감사사항과 관련된 감사절차는 모두 적절하였다고 가정할 경우, 위 감사보고서의 핵심감사사항 단락에서 부족하거나 잘못된 점 두 가지를 찾아 서술하시오(단, 아래 <예시>는 제외할 것).

> *<예시>*
> *계속기업 관련 중요한 불확실성 단락 미언급*

풀이

첫째, 핵심감사사항과 관련하여 별도의 의견을 제공하지 않는다는 내용 미언급
둘째, 해당 사항이 감사에서 가장 유의적인 사항 중 하나로 고려되어 핵심감사사항으로 결정된 이유

3 계속기업으로서의 존속능력에 대하여 유의적 의문을 초래할 수 있는 사건이나 상황과 관련한 중요한 불확실성은 그 특성상 핵심감사사항이다. 또한 감사기준서에 따르면 지배기구의 모든 구성원이 그 기업의 경영에 참여하고 있지 않는 한, 감사인은 계속기업으로서의 존속능력에 유의적 의문을 초래할 수 있다고 식별된 사건 또는 상황에 대하여 지배기구와 커뮤니케이션하여야 한다. 이때 감사인이 지배기구와 커뮤니케이션할 사항 중 세 가지만 서술하시오.

풀이

첫째, 사건이나 상황이 중요한 불확실성을 구성하는지 여부
둘째, 재무제표의 작성에 있어 경영진의 회계의 계속기업전제 사용이 적합한지 여부
셋째, 재무제표의 관련 공시의 적절성

넷째, 해당되는 경우, 감사보고서에 대한 시사점

4 ㈜나그네는 영업권의 손상평가를 위하여 외부전문가를 활용하였다. 감사인이 핵심감사사항인 영업권 손상평가에 대한 감사와 관련하여 감사증거로 사용할 정보가 동 외부전문가의 수행 업무를 이용하여 작성되었다면, 감사인은 경영진측 전문가가 수행한 업무의 유의성을 고려하여 어떤 절차를 수행하여야 하는지 <u>두 가지</u>를 서술하시오(단, 위 감사보고서의 핵심감사사항 단락에 기재된 '외부전문가의 적격성, 역량 및 객관성 평가'를 **<u>제외</u>**할 것).

풀 이

첫째, 경영진측 전문가가 수행한 업무를 이해하여야 함.
둘째, 관련 경영진 주장에 대한 감사증거로서, 경영진측 전문가가 수행한 업무의 적합성을 평가함.

Q&A 사례문제 25 : 2021년, KICPA 기출문제

한국회계법인의 그룹업무팀은 지배기업 A의 그룹재무제표 감사를 수행하고 있다. 다음은 그룹업무팀의 그룹감사 관련 조서 중 일부를 발췌한 내용이다. 아래 내용을 기초로 각 물음에 답하시오. 단, 각 물음의 상황은 서로 독립적이다.

〈지배기업 및 종속기업에 대한 정보〉
지배기업 A는 다음과 같이 4개의 종속기업을 보유하고 있으며, 지배기업 A와 각 종속기업을 부문으로 식별하였다.

-각 부문에 대한 지배기업 A의 지분율

(단위: %)

부문	B	C	D	E
지분율	100	90	60	70

〈주요 재무정보〉

(단위: 억 원)

구분	그룹	부문				
		A	B	C	D	E
세전손익	100	15	110	(−)9	3	2
매출액	900	200	700	50	30	25
총자산	2,000	600	1,400	100	40	30

※ 그룹재무정보는 내부거래 등을 제외한 연결재무제표상 금액이며, 부문재무정보는 별도(개별)재무제표상 금액이다.

〈그룹재무제표 전체에 대한 중요성(이하 '그룹중요성')〉
1) 그룹중요성 결정시 벤치마크: 그룹세전이익
2) 그룹중요성: 5억 원(그룹세전이익 100억 원의 5%)

〈유의적 부문 및 유의적이지 않은 부문〉
1) 유의적 부문: 부문 A, B, C
2) 유의적이지 않은 부문: 부문 D, E

1 다음은 그룹업무팀이 중요성과 관련하여 수행한 감사절차이다.

항목	설명
①	그룹업무팀은 왜곡표시가 그 기준을 초과하면 그룹재무제표에 대하여 명백하게 사소하다(clearly trivial)고 간주할 수 없는 한도기준을 결정하였다.
②	부문 B는 그룹감사의 목적으로 부문감사인이 감사를 수행할 예정이다. 그룹업무팀은 이러한 부문 B에 대해 부문 수준에서 결정된 수행중요성의 적합성을 평가하였다.
③	부문 B는 그룹감사의 목적으로 부문감사인이 감사를 수행할 예정이다. 그룹업무팀은 부문 B의 부문중요성을 부문 B 세전이익(110억 원)의 5%인 5.5억 원으로 결정하였다.

위의 각 항목(①~③)별로 그룹업무팀이 수행한 절차가 적절한지 여부를 기재하고, 적절하지 않은 경우 그 이유를 서술하시오.

[답안양식]

항목	적절한가? (예, 아니오)	적절하지 않은 경우, 그 이유 서술
①		
②		
③		

풀이

항 목	적절한가? (예, 아니오)	적절하지 않은 경우, 그 이유 서술
①	예	–
②	예	–

③	아니오	부문감사인이 그룹감사의 목적으로 감사를 수행할 경우 그룹재무제표 내의 미수정왜곡표시와 미발견왜곡표시의 합계가 그룹재무제표 전체에 대한 중요성을 초과할 확률을 적절하게 낮은 수준으로 감소시키기 위해 그룹재무제표 전체에 대한 중요성보다 낮아야 한다.

2 다음은 그룹업무팀이 부문재무정보에 대하여 수행할 업무유형의 결정과 관련하여 수행한 감사절차이다.

항목	설명
①	그룹업무팀은 그룹에 대한 개별적인 재무적 유의성으로 인하여 부문 B를 유의적 부문으로 식별하였다. 그룹업무팀은 부문 B의 부문감사인에게 그룹재무제표의 발생가능한 유의적인 중요왜곡표시위험과 관련된 특정 감사절차를 수행하도록 요청하였다.
②	부문 C는 그룹에 대해 개별적으로 재무적 유의성이 있지 않다. 다만, 그룹업무팀은 부문 C가 그룹재무제표에 대하여 유의적인 중요왜곡표시위험을 포함하고 있을 것 같아서 유의적 부문으로 식별하였다. 그룹업무팀은 부문 C의 부문감사인에게 부문중요성을 사용하여 부문재무정보에 대한 감사를 수행하도록 요청하였다.
③	유의적이지 않은 부문들(D, E)에 대해서는 부문감사인에게 별도의 절차를 요구하지 않고 그룹업무팀이 그룹 수준의 분석적 절차를 수행하였다.

위의 각 항목(①~③)별로 그룹업무팀이 수행한 절차가 적절한지 여부를 기재하고, 적절하지 않은 경우 그 이유를 서술하시오.

[답안양식]

항목	적절한가? (예, 아니오)	적절하지 않은 경우, 그 이유 서술
①		
②		
③		

풀 이

항목	적절한가? (예, 아니오)	적절하지 않은 경우, 그 이유 서술
①	아니오	재무적 유의성이 있는 경우 부문감사인은 부문의 재무정보에 대해 부문중요성을 적용하여 감사하여야 한다.
②	예	–
③	예	–

Q&A 사례문제 26 : 2021년, KICPA 기출문제

한국회계법인의 업무수행이사인 나투명 회계사는 감사과정에서 다음과 같은 상황에 직면하였다. 단, 주어진 각 상황과 물음은 서로 독립적이다.

[상황 1] 나투명 회계사는 ㈜대한의 20×1년 12월 31일로 종료되는 보고기간의 재무제표를 감사하고 있다. 나투명 회계사는 20×2년 1월 30일에 ㈜대한의 공장에 대규모 화재가 발생하여 제조설비가 전소되었다는 사실을 기말감사과정에서 알게 되었다. 화재 손실에 대한 손해사정 결과, 화재 손실금액은 500억 원으로 추정되었으며 ㈜대한의 경영진은 이 금액을 유의적이라고 판단하고 있다. 그러나 ㈜대한은 대외신인도 하락을 우려하여, 화재 발생사실과 손실금액을 주석에 공시하지 않았다. 이러한 사항이 재무제표에 미치는 영향은 중요하며 전반적이라고 판단된다.

[상황 2] [상황 1]과 기본적인 정보는 동일하다. 다만, ㈜대한은 화재 발생사실과 손실금액을 주석으로 적절하게 공시하였다.

[상황 3] 나투명 회계사는 ㈜민국의 20×1년 12월 31일로 종료되는 보고기간의 재무제표를 감사하고 있다. 나투명 회계사는 감사절차 중의 하나로 재고자산 실사에 입회하려고 하였으나, ㈜민국의 거부로 재고자산 실사에 입회하지 못하였다. 나투명 회계사는 ㈜민국의 재고자산이 재무제표에서 차지하는 비중이 중요하다고 판단하여 대체적 감사절차를 수행하였으나, 충분하고 적합한 감사증거를 입수하지 못하였다. 이러한 재고자산 실사 입회 제한이 재무제표에 미치는 영향은 중요하지만 전반적이지는 않다고 판단된다.

[상황 4] 나투명 회계사는 ㈜만세의 20×1년 12월 31일로 종료되는 보고기간의 재무제표를 감사하고 있다. 전기 재무제표는 코리아회계법인이 감사하였으며, 전기 감사의견은 적정의견이다. 나투명 회계사는 당기 재무제표에 중요하게 영향을 미치는 왜곡표시가 기초잔액에 포함되었는지를 확인하는 과정에서 전임 감사인인 코리아회계법인의 감사조서를 열람하지 못하였다. 나투명 회계사는 매출채권 기초잔액에 대한 감사절차로서 당기 중의 회수내역을 검토한 결과, 기초 매출채권이 5억 원 과대계상 된 것을 확인하였다. ㈜만세는 기초 매출채권의 과대계상액을 당기비용으로 인식하였다. 동 금액은 중요하지만, 전반적이지는 않다고 판단된다.

[상황 5] 나투명 회계사는 ㈜만세의 20×1년 12월 31일로 종료되는 보고기간의 재무제표를 감사하고 있다. 나투명 회계사는 이사회의사록을 검토하던 중 ㈜만세의 경영진이 공개하지 않았던 특수관계자 및 특수관계자 거래를 새롭게 알게 되었다. 나투명 회계사는 경영진의 특수관계자 및 특수관계자 거래 정보의 미공개가 의도적이라 판단하였고, 이러한 상황에서 추가적인 감사절차를 수행하려고 하였으나 경영진의 거부로 충분하고 적합한 감사증거를 수집하지 못하였다. 추가적인 감사절차를 수행하지 못한 영향은 중요하며 전반적이라고 판단된다.

1 위의 각 상황에서 나투명 회계사는 어떤 감사보고서를 발행해야 하는지 아래 <보기>에서 고르시오(단, 제시된 상황 외에는 모두 적정하며, 감사인이 강조사항문단과 기타사항문단을 포함시킬 필요가 있다고 고려할 수 있는 상황에서는 해당 문단을 포함하는 것으로 가정할 것).

<보기>

감사의견
① 적정의견
② 한정의견
③ 부적정의견
④ 의견거절

강조사항 또는 기타사항
(가) 없음
(나) 강조사항
(다) 기타사항

[답안양식]

구분	감사의견	강조사항 또는 기타사항
[상황 1]	①~④	(가)~(다)
[상황 2]	①~④	(가)~(다)
[상황 3]	①~④	(가)~(다)
[상황 4]	①~④	(가)~(다)
[상황 5]	①~④	(가)~(다)

풀이

구분	감사의견	강조사항 또는 기타사항
[상황 1]	③	(가)
[상황 2]	①	(나)
[상황 3]	②	(가)
[상황 4]	②	(다)
[상황 5]	④	(가)

2 [상황 1]과 같이 공시가 요구되는 정보의 미공시와 관련하여 재무제표의 중요한 왜곡표시가 존재하는 경우, 나투명 회계사가 수행하여야 할 절차를 서술하시오.

풀이

해당 왜곡표시를 해당 재무보고체계에 따라 재무제표에 반영할 것을 권고하며 동 내용을 지배기구와 커뮤니케이션 하여야 한다.

3 재무제표일과 감사보고서일 사이에 발생한 [상황 1]과 같은 사건들이 모두 식별되었다는 충분하고 적합한 감사증거를 입수하기 위해 나투명 회계사가 수행하여야 할 절차를 **세 가지** 서술하시오(단, 아래 <예시>는 제외할 것).

> *<예시>*
> *기업의 최근 후속 중간재무제표가 있다면 이를 열람함*

풀이

첫째, 재무제표에 영향을 미칠 수 있는 후속사건이 발생했는지 여부에 대하여 경영진, 그리고 적절한 경우 지배기구에 질문하여야 한다.

둘째, 재무제표일 후에 개최된 주주, 경영진, 그리고 지배기구의 회의에 대하여 회의록을 열람한다.

셋째, 기업의 법률고문에게 소송과 배상청구에 관하여 질문한다.

넷째, 경영진에게 재무제표일 이후에 발생한 사건으로서 해당 재무보고체계에 따라 수정이나 공시가 필요한 사건이 모두 수정 또는 공시되었다는 서면진술을 요청하여야 한다.

4 ㈜대한의 감사보고서일은 20×2년 2월 25일이며, 나투명 회계사가 [상황 1]에서 제시한 사건을 재무제표 발행일 전인 20×2년 3월 2일에 알게 되었다고 가정하자. ㈜대한의 경영진은 화재 발생사실과 손실금액을 주석에 공시한 수정재무제표를 제시하였으며, 나투명 회계사는 제시된 수정재무제표에 대하여 후속사건에 대한 추가 감사절차를 20×2년 3월 15일에 종료하였다. 나투명 회계사가 추가감사절차를 (1) 모든 후속사건에 대해 수행한 경우와 (2) 해당 수정사항에만 한정하여 수행한 경우 감사보고서일자를 어떻게 기재하여야 하는지 **가능한 방법을 모두** 서술하시오(단, 해당 후속사건의 영향에 대해서만 경영진이 재무제표를 수정하고 재무제표 승인권자가 이에 대해서만 승인하는 것이 법규나 재무보고체계에서 금지되지 않는다고 가정할 것).

[답안양식]

구분	(1) 모든 후속사건에 대해 수행	(2) 해당 수정사항에만 한정하여 수행
감사보고서일		① 방법1 ② 방법2

풀이

구분	(1) 모든 후속사건에 대해 수행	(2) 해당 수정사항에만 한정하여 수행
감사보고서일	수정된 재무제표의 이사회승인날짜보다 빠르지 않은 날짜로서 해당 후속사건에 대한 충분하고 적합한 감사증거 수집이 완료된 날짜 즉, 3월 15일자 (Redate)	① 방법1 원래 감사보고서일자로 하면서 후속절차가 해당 사안에 한정하여 수행되었다는 설명을 포함시킨 강조 또는 기타사항문단을 기재 ② 방법2 이중감사보고서 일자로 기재 (Dual Date)

5 위 [상황 5]에서 나투명 회계사가 새롭게 알게 된 특수관계자 거래가 정상적인 사업과정을 벗어난 유의적인 거래라고 가정하자. 이 경우 해당 거래의 근거 계약이나 약정이 존재한다면, 이를 검사하여 감사인이 평가하여야 할 사항은 무엇인지 서술하시오.

풀이

첫째, 해당 거래의 사업상 논리적 근거에 비추어 볼 때, 그러한 거래가 부정한 재무보고를 수행하거나 자산횡령을 은폐하기 위해 체결되었음을 나타내는지 여부
둘째, 당해 거래의 조건이 경영진의 설명과 일관성이 있는지 여부
셋째, 당해 거래가 해당 재무보고체계에 따라 적합하게 회계처리되고 공시되었는지 여부

Q&A 사례문제 27 : 2022년, KICPA 기출문제

다음은 주권상장법인인 ㈜한국의 20×1년 12월 31일로 종료되는 보고기간의 재무제표 감사에 관련된 상황이다.

[상황 : 감사완료단계]

> **(업무팀원)** 유상사급에 대한 검토 결과 과거부터 매출액이 과대계상되었다는 결론을 얻었습니다. 이에 대해 ㈜한국은 당기에 감사인이 갑자기 바뀌면서 전임 감사인은 제기하지 않았던 복잡한 문제를 제기한다는 입장입니다.
>
> **(업무품질관리검토자)** 총액 · 순액 매출인식은 언제나 중요합니다. 특히 유상사급 문제는 올해 품질관리검토시 중점 검토사항입니다.
>
> **(업무수행이사)** 우선 전임 감사인과 의견을 나눠보고, 이 상황이 20×1년 ㈜한국의 감사보고서에 미치는 영향부터 검토해보겠습니다.

1 업무수행이사의 '20×1년 ㈜한국의 감사보고서에 미치는 영향 검토' 지시에 따라 업무팀원은 필요한 감사절차를 수행한 후 다음과 같은 기타사항 문단 초안을 작성하였다.

> 우리는 20×1년 재무제표에 대한 감사의 일부로서, 재무제표에 대한 주석 X에서 설명하는 바와 같이 20×0년 재무제표를 수정하기 위해 적용된 조정사항들에 대하여도 감사를 수행하였습니다.
>
> 우리의 의견으로는, 해당 조정사항들은 적절하며 바르게 적용되었습니다. 우리는 위의 조정사항을 제외하고는 회사의 20×0년 재무제표에 대하여 감사나 검토, 기타 어떠한 계약도 체결하지 않았습니다.
>
> 따라서 우리는 20×0년 재무제표 전체에 대하여 감사의견 또는 기타 어떠한 형태의 확신도 표명하지 아니합니다.

이러한 상황은 전임 감사인이 전기재무제표에 대한 감사보고서를 ('A') 상황이며, 당기 감사인은 감사계약을 체결하고 수정의 적절성에 대하여 만족할 만큼 충분하고 적합한 감사증거를 ('B') 경우이다.

〈요구사항〉
'A'와 'B'에 들어갈 적절한 표현을 각각 1줄 이내로 서술하시오.

풀 이

A : 재발행 하지 않는
B : 입수한

2 업무품질관리검토자는 재무제표 감사의 품질관리를 위해 검토 종결시 검토한 감사업무에 대해 문서화하여야 한다. 업무품질관리검토자가 문서화해야 할 사항 **세 가지**를 각각 1줄 이내로 서술하시오.

풀 이

첫째, 업무품질관리 검토에 관하여 회계법인의 정책에서 요구되는 절차를 수행하였음.
둘째, 업무품질관리 검토는 감사보고서일 이전에 종료되었음.
셋째, 검토자는 업무팀이 내린 유의적 판단과 도달된 결론이 적합하지 않았다고 판단할 만한 어떠한 미해결 사항도 인지하고 있지 아니함.

Q&A 사례문제 28 : 2022년, KICPA 기출문제

주권상장법인인 ㈜한국은 해외 종속기업(A, B, C)을 보유하고 있으며, 감사위원회를 구성하고 있다. 유일 회계법인은 ㈜한국의 연결재무제표에 대한 감사를 수행하고 있다.

〈부문 정보〉

(단위: 억원)

구분	㈜한국	해외 종속기업			조정 합계
		A	B	C	
매출액	6,000	1,000	400	200	7,440
세전이익	400	60	15	12	480
당기순손익	300	30	(-)5	2	332
자산 총계	8,000	150	120	80	8,200
부채 총계	4,000	100	140	60	4,100

- 조정합계 금액은 연결재무제표 장부금액이며, 그 외의 정보는 ㈜한국과 종속기업의 별도재무제표 금액임.
- 부문 A, B, C의 매출액은 모두 ㈜한국이 제조한 제품을 외부고객에게 판매하여 발생한 것임.
- 부문 A와 부문 B는 해외 현지 회계법인을 감사인으로 선임하였고, 부문 C는 회사 규모를 고려하여 감사인을 선임하지 않음.
- 당기 중 부문 B에서 영업담당 직원에 의한 자금횡령 사실을 발견함.

〈그룹업무팀의 그룹감사 업무〉

- 유일회계법인은 그룹재무제표 전체의 중요성을 세전이익의 5%(24억원)로, 그룹에 대한 개별적인 재무적 유의성을 판단하는 기준을 총 외부 매출액의 10%로 결정함.
- 그룹감사의 수임단계에서 부문에 대한 감사절차에 범위제한은 없다고 판단함. 특히, 부문 B의 부정 관련 이슈도 포렌식 전문가를 활용하여 충분한 감사 대응이 가능하다고 판단함.

1 각 부문별로 유의적 부문인지 여부, 유의적 부문 여부를 결정한 이유, 부문정보에 대해 그룹업무팀 또는 그룹업무팀을 대신하는 부문감사인이 수행가능한 <u>모든</u> 업무유형을 아래와 같은 양식으로 표현할 때, 각 란에 포함되어야 할 내용을 기재 또는 서술하시오(단, 그룹업무팀의 그룹감사와 관련한 전문가적 판단이 유효하다고 가정함).

[유의적 부문 결정 및 수행가능한 업무유형]

부문명	유의적 부문 여부 (예, 아니오)	유의적 부문 여부 결정이유	수행가능한 모든 업무유형
㈜한국	①	②	③
A	④	⑤	⑥
B	⑦	⑧	⑨
C	⑩	⑪	⑫

[답안양식]

①	
⋮	
⑫	

풀이

①	예
②	그룹 재무제표에 대한 감사이기 때문임.
③	그룹 재무제표에 대하여 그룹 전체 재무제표 중요성 기준을 적용하여 감사절차를 수행하여야 함.
④	예
⑤	재무적 유의성이 있는 부문이기 때문임.
⑥	부문의 재무정보에 대해 부문중요성을 적용하여 감사하여야 함.
⑦	예
⑧	중요한 왜곡표시의 유의적 위험을 포함하고 있는 부문이기 때문임.
⑨	첫째, 부문중요성을 적용한 부문재무정보의 감사 둘째, 그룹재무제표의 중요한 왜곡표시에 대한 유의적 위험의 가능성과 관련된 하나 이상의 거래유형과 계정잔액 및 공시에 대한 감사 셋째, 그룹재무제표의 중요한 왜곡표시에 대한 유의적 위험의 가능성과 관련된 특정 감사절차
⑩	아니오
⑪	재무적 유의성도 없으며 유의적 위험을 포함하고 있지 아니한 부문이기 때문임.
⑫	그룹 수준의 분석적 절차를 수행

2 그룹업무팀이 부문감사인의 적격성을 파악하기 위해 확인해야 하는 항목 <u>두 가지</u>를 각각 1줄 이내로 서술하시오(단, 아래 <예시>는 제외할 것).

> *<예시> 부문감사인이 해당 부문재무정보에 대한 업무를 수행하는 데 필요한 전문기술을 보유하고 있는지 여부*

풀이

첫째, 그룹감사에 적용되는 감사기준과 기타의 기준에 대하여 지식을 보유하고 있는지 여부
둘째, 그룹감사에서 부문감사인의 책임을 수행하는 데 충분할 만큼 해당 재무보고체계를 이해하고 있는지 여부

3 그룹업무팀은 부문 B의 자금횡령에 ㈜한국의 상법상 이사인 재무담당 임원 나허세가 연루되어 있다는 사실을 발견하였다. 그룹업무팀이 나허세의 부정행위와 관련하여 의사소통해야 할 회사 내 상대, 각 상대별 의사소통 유형 및 관련 근거를 <u>모두</u> 기재하시오.

[답안양식]

구분	의사소통 상대	의사소통 유형 (통보, 보고, 커뮤니케이션)	관련 근거 (회계감사기준, 외부감사법)
①			
②			
③			

풀 이

구분	의사소통 상대	의사소통 유형 (통보, 보고, 커뮤니케이션)	관련 근거 (회계감사기준, 외부감사법)
①	감사 또는 감사위원회	통보	외부감사법 & 회계감사기준
②	주주총회	보고	외부감사법
③	증권선물위원회	보고	외부감사법

Q&A 사례문제 29 : 2022년, KICPA 기출문제

A회계법인은 주권상장법인인 ㈜민국의 연결재무제표에 대한 감사를 수행하고 있으며, ㈜민국의 해외투자와 관련하여 다음과 같은 사항을 인지하였다.

- ㈜민국은 20×1년 4분기 중 해외법인에 200억원을 신규 투자하여 40%의 지분을 확보함.
- 피투자 해외법인은 조세회피처에 본사를 둔 실체가 없는 회사(paper company)임.
- 피투자 해외법인의 나머지 60% 지분은 3인의 다른 주주가 소유함.
- 피투자 해외법인의 자산은 대부분 해외 소재 투자부동산으로 구성되어 있음.

A회계법인은 재무제표 전체에 대한 중요성 기준을 30억원으로, 중요할 뿐만 아니라 전반적이라고 판단되는 금액 기준을 중요성 기준금액의 4배로 결정하였다.

1 다음은 A회계법인이 주요 감사항목이라 판단한 사항이며, 그 이외에 고려할 감사항목은 없는 것으로 가정한다.

- 20×1년 3분기까지 해외 매출의 기간귀속, 특수관계자 거래 공시, 그룹감사 관련 사항을 감사위원회와 커뮤니케이션함.
- 해외 매출의 기간귀속 및 특수관계자 거래 공시를 유의적 감사인주의가 요구되는 사항으로 판단함.
- 20×1년 4분기 중의 해외 신규 투자거래 발생사실이 연간감사에 가장 유의적인 사항일 가능성이 높다고 판단하고 있으며, 감사위원회와 추가적인 커뮤니케이션을 수행하여 핵심감사사항을 결정할 계획임.

㈜민국은 상장법인이므로 핵심감사사항을 선정하여야 한다. 감사인이 핵심감사사항 선정과정에서 고려해야 하는 사항 **세 가지**를 서술하고, 이러한 고려사항들을 ㈜민국의 상황에 적용하는

경우 각 고려사항별로 관련 감사항목을 모두 기재하시오.

[답안양식]

구분	고려사항	감사항목
①		
②		
③		

풀 이

구분	고려사항	감사항목
①	지배기구와 커뮤니케이션 사항	첫째, 해외매출의 기간귀속 둘째, 특수관계자 거래 공시 셋째, 그룹감사 관련 사항
②	유의적 감사인주의를 요구한 사항 선정	첫째, 해외매출의 기간귀속 둘째, 특수관계자 거래 공시
③	가장 유의적인 사항 선정	해외 신규투자거래

2 A회계법인이 해외 신규 투자와 관련하여 계약서 등 감사종료시점까지 입수가능한 모든 감사증거를 확인한 결과 발견된 사항은 다음과 같다.

- 기타 주주 3인에 대한 정보, 기타 주주 3인과 ㈜민국과의 관계, 기타 주주 3인 간의 관계 등을 확인할 수 없음.
- 피투자법인의 해외 소재 투자부동산에 대해 감사보고서일 현재까지 실재성을 확인하기 어려움.
- 감사팀은 해당 사항을 감사에서 가장 유의적인 사항으로 판단함.

위와 같은 상황에서 A회계법인은 (1) 감사의견 및 핵심감사사항 항목을 감사보고서에 어떻게 반영해야 하는지 1줄 이내로 서술하고, (2) 그와 같이 반영해야 하는 근거를 2줄 이내로 서술하시오.

풀 이

감사에서 가장 유의적인 사항과 관련하여 충분하고 적합한 감사증거를 입수하지 못하였기 때문에 의견거절을 표명하여야 한다. 이 경우 의견거절 근거문단에 해당 사안에 대하여 기술하고 의견거절에 대한 근거를 자세하게 설명하기 때문에 핵심감사사항을 포함하지 않는다.

사례문제 30 : 2023년, KICPA 기출문제

다음은 재무제표에 대한 감사보고와 관련된 물음이다.

1 다음은 감사의견이 적정이며 강조사항이나 기타사항이 포함되지 않은 표준감사보고서 중 일부이다. 제시된 표준감사보고서에서 수정이 필요한 부분을 모두 찾아 어떻게 수정해야 할지를 서술하시오.

> **독립된 감사인의 감사보고서**
>
> ABC 주식회사의 주주 및 이사회 귀중
>
> **감사의견**
>
> 우리는 ABC 주식회사(이하 "회사")의 재무제표를 감사하였습니다. 해당 재무제표는 2022년 12월 31일 현재의 재무상태표, 동일로 종료되는 보고기간의 포괄손익계산서, 자본변동표, 현금흐름표로 구성되어 있습니다.
>
> 우리의 의견으로는 별첨된 회사의 재무제표는 회사의 2022년 12월 31일 현재의 재무상태와 동일로 종료되는 보고기간의 재무성과 및 현금흐름을 한국채택국제회계기준에 따라, 공정하게 표시하고 있습니다.
>
> **감사의견근거**
>
> 우리는 감사기준에 따라 감사를 수행하였습니다. 이 기준에 따른 우리의 책임은 이 감사보고서의 재무제표감사에 대한 감사인의 책임 단락에 기술되어 있습니다. 우리는 재무제표감사와 관련된 대한민국의 윤리적 요구사항에 따라 회사로부터 독립적이며 그러한 요구사항에 따른 기타의 윤리적 책임들을 이행하였습니다. 우리가 입수한 감사증거가 감사의견을 위한 근거로서 적합하다고 우리는 믿습니다.
>
> --- 중 략 ---
>
> **재무제표에 대한 경영진과 지배기구의 책임**
>
> 경영진은 한국채택국제회계기준에 따라 이 재무제표를 작성하고 공정하게 표시할 책임이 있으며, 부정이나 오류로 인한 중요한 왜곡표시가 없는 재무제표를 작성하는 데 필요하다고 결정한 내부통제에 대해서도 책임이 있습니다. 지배기구는 회사의 재무보고절차의 감시에 대한 책임이 있습니다.
>
> **재무제표감사에 대한 감사인의 책임**
>
> 우리의 목적은 재무제표에 전체적으로 부정이나 오류로 인한 중요한 왜곡표시가 없는지에 대하여 확신을 얻어 우리의 의견이 포함된 감사보고서를 발행하는데 있습니다.
>
> 왜곡표시는 부정이나 오류로부터 발생할 수 있으며 왜곡표시가 재무제표를 근거로 하는 이용자의 경제적 의사결정에 개별적으로 또는 집합적으로 영향을 미칠 것이 합리적으로 예상되면 그 왜곡표시는 중요하다고 간주됩니다.
>
> --- 이하 생략 ---

[답안양식]

단락	수정
감사의견	
감사의견근거	*(예시) 감사증거가 충분하다는 표현을 추가하여야 함.*
경영진과 지배기구의 책임	
감사인의 책임	

풀이

단락	수정
감사의견	감사대상에 주석이 포함되어야 함. 중요성의 관점이라는 표현이 누락되었음.
감사의견근거	*(예시) 감사증거가 충분하다는 표현을 추가하여야 함.*
경영진과 지배기구의 책임	계속기업가정의 타당성을 평가할 책임이 누락되었음.
감사인의 책임	합리적인 확신을 제공한다는 표현으로 수정되어야 함.

2 감사보고서에 감사보고서일자를 이중으로 기재하는 경우가 있다. 어떤 경우에 이중 감사보고서일자가 기재될 수 있는지 구체적으로 서술하시오.

풀이

경영진이 후속사건을 반영하여 재무제표를 수정하기 전의 수정전 재무제표에 대한 감사보고서일은 원칙적으로 변경하지 않고 후속사건에 대한 수정사항에 한하여 추가적인 일자를 포함하여 해당 수정사건에 대해서만 책임을 지는 경우에 사용

3 감사인은 식별된 왜곡표시가 감사에 미치는 영향과 미수정왜곡표시가 재무제표에 미치는 영향을 평가한다. 각 항목별 설명이 적절한지 여부를 기재하고, 적절하지 않은 경우 그 이유를 <u>2줄 이내로 서술하시오.</u>

항목	설명
①	감사인은 식별한 왜곡표시를 모두 집계하고, 경영진에게 이러한 왜곡표시의 수정을 요청하여야 한다.
②	감사인은 미수정 왜곡표시가 재무제표에 미치는 영향을 평가하기 전에, 전반감사전략 수립 시 결정한 중요성이 적합한지를 재평가하여야 한다.
③	감사인의 요청으로 경영진이 거래유형, 계정잔액 혹은 공시를 조사하여 발견된 왜곡표시들을 모두 수정한 경우에, 감사인이 수행할 추가적인 감사절차는 없다.
④	감사인은 미수정왜곡표시가 개별적으로 또는 집합적으로 중요한지 여부를 결정할 때, 과거 보고기간의 미수정왜곡표시가 재무제표에 미치는 영향을 고려할 필요가 없다.

풀이

항목	설명
①	명백하게 사소한 금액의 왜곡표시는 집계표에 포함시키거나 경영진에게 수정요구할 필요 없음.
②	타당함.
③	경영진이 조사하여 발견한 왜곡표시를 모두 수정하였다고 하여 감사인이 추가적인 절차를 수행하지 않아서는 아니됨.
④	당해연도 왜곡표시를 집계하는 경우에는 과거 미수정왜곡표시 중에 당기에 미치는 영향도 누적하여 판단하여야 함.

4 감사인은 필요하다고 판단한 경우, 강조사항문단과 기타사항문단을 통해 감사보고서 이용자의 주의를 환기할 수 있다. 강조사항문단과 기타사항문단에 대한 각 항목별 설명이 적절한지 여부를 기재하고, 적절하지 않은 경우 그 이유를 3줄 이내로 서술하시오.

항목	설명
①	재무제표에 적절하게 표시되거나 공시되어 있지만 이용자가 재무제표를 이해하는 데 필요한 사항이라고 판단되면, 감사보고서의 유용성을 높이기 위해 강조사항문단을 포함한다.
②	감사보고서에 강조사항문단이 포함되어도 감사의견에는 영향을 미치지 아니한다.
③	강조사항문단은 핵심감사사항 단락 다음에 표시되어야 한다.
④	계속감사에서 비교재무제표가 표시될 때 전기재무제표에 대한 감사의견이 이전에 표명한 의견과 달라지는 경우, 상이한 의견에 대한 중요한 사유를 기타사항문단에 포함하여야 한다.

풀이

항목	설명
①	타당함. (단, 필요한 사항이 아니라 근본적이라는 표현이 보다 타당한 표현이긴 하지만 해당 설명이 타당하지 않은 것은 아님).
②	타당함.
③	타당하지 아니함. 강조사항문단은 핵심감사사항문단 전후 순서에는 요구사항이 존재하지 아니함.
④	타당함.

㈜A는 국내외 종속기업 12개를 보유하고 있다. 한국회계법인의 그룹업무팀은 ㈜A의 연결재무제표 감사를 수행하고 있다.

- 그룹업무팀은 ㈜A와 각 종속기업을 부문으로 식별하였다. 부문의 개별적인 재무적 유의성을 판단하는 벤치마크를 매출로 정하고 매출의 15%를 초과하는 부문을 유의적 부문으로 간주하기로 하였다.
- 부문 ㈜A와 ㈜B는 개별적인 재무적 유의성을 가진다.
- 부문 ㈜C는 개별적인 재무적 유의성이 없다. 그룹업무팀은 ㈜C가 연결재무제표에 유의적인 중요왜곡표시위험을 포함하고 있을 것으로 판단하여 유의적 부문으로 식별하였다.
- 나머지 10개 부문은 유의적이지 않은 부문이다. 다만, 10개 부문의 매출을 합하면 연결재무제표에서 차지하는 비중이 20%이다. 따라서 그룹업무팀은 유의적이지 않은 부문 중 ㈜D를 추출하여 부문재무정보에 대한 업무를 수행하기로 하였다.

5 그룹업무팀은 회계감사기준에 따른 최소한의 그룹감사절차로는 그룹감사의견의 근거가 되는 충분하고 적합한 감사증거를 입수하지 못할 것이라고 판단하여, 유의적이지 않은 부문인 ㈜D의 재무정보에 대한 업무를 수행하기로 하였다. 여기서 최소한의 그룹감사절차란 어떤 업무를 말하는지 세 가지를 기재하시오.

풀이

1. 부문중요성을 적용한 해당 부문의 재무정보에 대한 감사
2. 하나 이상의 거래유형과 계정잔액 및 공시에 대한 감사
2. 특정의 감사절차

6 다음은 부문재무정보에 대하여 수행할 업무유형의 결정과 관련하여 그룹업무팀이 수행한 절차이다.

항목	수행한 절차
①	그룹업무팀은 부문 ㈜B의 부문감사인에게 부문중요성을 사용하여 해당 부문의 재무정보에 대한 검토를 수행하도록 요청하였다.
②	그룹업무팀은 부문 ㈜C의 부문감사인에게 연결재무제표의 발생가능한 유의적인 중요왜곡표시위험과 관련된 하나 이상의 거래유형, 계정잔액 또는 공시에 대한 감사를 수행하도록 요청하였다.
③	그룹업무팀은 부문 ㈜D의 부문감사인에게 부문중요성을 사용하여 해당 부문의 재무정보에 대한 감사를 수행하도록 요청하였다.

위의 각 항목별로 그룹업무팀이 수행한 절차가 적절한지 여부를 기재하고, 적절하지 않은 경우 그 이유를 3줄 이내로 서술하시오.

풀 이

항목	수행한 절차
①	재무적 유의성이 있는 부문으로써 부문중요성을 적용하여 부문 재무정보에 대하여 감사절차를 수행하여야 함.
②	적절함.
③	적절함.

7 다음은 그룹업무팀이 중요성과 관련하여 수행한 감사절차이다.

항목	수행한 절차
①	그룹업무팀은 연결재무제표 전체에 대한 중요성을 세전이익 200억원의 5%인 10억원으로 결정하였다.
②	그룹업무팀은 모든 부문에 대하여 부문중요성의 합이 연결재무제표 전체에 대한 중요성과 일치하도록 각 부문중요성을 결정하였다.
③	그룹업무팀은 부문 ㈜B, ㈜C, ㈜D의 부문감사인이 부문 수준에서 설정한 수행중요성의 적합성을 평가하였다.
④	그룹업무팀은 각 부문감사인에게 왜곡표시가 그 기준을 초과하면 연결재무제표에 대하여 명백하게 사소하다(clearly trivial)고 간주할 수 없는 한도기준을 정하도록 요청하였다.

위의 각 항목별로 그룹업무팀이 수행한 절차가 적절한지 여부를 기재하고, 적절하지 않은 경우 그 이유를 서술하시오.

풀 이

항목	수행한 절차
①	적절함.
②	부문중요성은 그룹재무제표 내의 미수정왜곡표시와 미발견왜곡표시의 합계가 그룹재무제표 전체에 대한 중요성을 초과할 확률을 적절하게 낮은 수준으로 감소시키기 위하여 그룹재무제표 전체에 대한 중요성보다 낮아야 함.
③	적절함.
④	해당 금액은 그룹감사인이 설정하여 부문감사인에게 통보하여야 함.

Q&A 사례문제 31 : 2024년, KICPA 기출문제

다음은 재무제표에 대한 감사의견의 형성 및 감사보고와 관련된 물음이다.

1 감사인이 재무제표 전체에 중요한 왜곡표시가 없다고 결론을 내릴 수 있을 정도로 충분하고 적합한 감사증거를 입수할 수 없는 경우, 감사인은 감사의견을 변형시켜야 한다. 감사인이 충분하고 적합한 감사증거를 입수하지 못하는 상황은 <보기>와 같은 이유에서 발생할 수 있다.

<보기>

① 기업의 통제를 벗어난 상황 ② 감사인 업무의 성격이나 시기와 관련된 상황 ③ 경영진에 의한 제한

<보기>에 해당하는 예를 각각 두 가지만 기재하시오.

[답안양식]

보기	예
①	㉠ ㉡
②	㉠ ㉡
③	㉠ ㉡

풀이

본문 참조

2 감사인이 충분하고 적합한 감사증거를 입수하지 못하는 상황 중 '경영진에 의한 제한'이 발생한 경우, 이러한 상황이 해당 감사와 관련하여 감사인에게 어떠한 점을 시사하는지 2줄 이내로 서술하시오.

풀이

경영진의 정직, 성실에 대한 의구심이 발생하는 상황으로써 재무제표에 미치는 영향이 전반적이고 중요한 것으로 판단할 수 있다.

3 경영진에 의한 감사범위의 제한이 발생하였고, 감사인이 대체적 감사절차를 수행하여도 충분하고 적합한 감사증거를 입수할 수 없는 상황이다. 이러한 감사범위의 제한이 재무제표에 미치

는 영향은 중요하며 동시에 전반적이라고 판단된다.

(1) 재무제표에 미치는 영향이 전반적이라고 감사인이 판단하는 경우를 두 가지 기재하시오.

(2) 이러한 상황에서 발행되는 감사보고서는 적정의견인 표준감사보고서의 '감사의견' 단락과 비교하여 어떻게 변경되어야 하는지 모두 서술하시오(단, 감사보고서의 문장을 동일하게 서술할 필요는 없으며, 감사보고서에 기술되는 순서대로 답하여야 함).

풀이

(1) 가. 재무제표의 특정 요소, 계정과목 또는 항목에 국한되지 않음.
나. 재무제표의 특정 요소, 계정과목 또는 항목에 국한되지만 이들이 재무제표의 상당한 부분을 나타내거나 나타낼 수 있음.
다. 공시와 관련하여 이용자가 재무제표를 이해하는 데 근본적임.

(2) 가. 우리는 재무제표에 대한 감사계약을 체결하였습니다.
나. 재무제표에 대하여 의견을 표명하지 않습니다.
다. 의견거절근거 단락에서 기술된 사항의 유의성 때문에 연결재무제표에 대한 감사의견의 근거를 제공하는 충분하고 적합한 감사증거를 입수할 수 없었습니다.

4 적정의견인 표준감사보고서의 '감사의견근거' 단락과 비교하여 (물음 3)의 상황에서 발행되는 감사보고서에 포함하여서는 안 되는 감사보고서 요소 두 가지를 기재하시오.

풀이

1. 감사기준에 따라 감사를 수행하였다는 내용
2. 수집한 감사증거가 충분하고 적합하다는 내용

5 감사보고서에서 핵심감사사항에 대한 커뮤니케이션의 목적은 수행된 감사에 대하여 투명성을 제고함으로써 감사보고서에서의 커뮤니케이션 가치를 향상시키는 데 있다. 감사인은 예외적인 상황이 아니라면 감사보고서의 '핵심감사사항'이라는 제목의 별도 단락에 적절한 소제목을 사용하여 각각의 핵심감사사항을 기술하여야 한다.

(1) 감사보고서 핵심감사사항 단락의 도입문구에 기술해야 할 사항 두 가지를 기재하시오.

(2) 감사보고서 핵심감사사항 단락의 개별 핵심감사사항에 대한 기술에서 다루어야 할 사항 두 가지를 기재하시오.

풀이

(1) 첫째, 핵심감사사항은 감사인의 전문가적 판단에 따라 당기 재무제표 감사에서 가장 유의적인 사항임.
둘째, 본 사항은 재무제표 전체에 대한 감사의견을 형성할 때 다루어진 사항이며, 감사인은 이 사항에 대하여 별도의 의견을 제공하지 않음.

(2) 첫째, 해당 사항이 감사에서 가장 유의적인 사항 중 하나로 고려되어 핵심감사사항으로 결정된 이유.
둘째, 해당 사항이 감사에서 다루어진 방법.

Q&A 사례문제 32 : 2024년, KICPA 기출문제

한국회계법인의 그룹업무팀은 ㈜대한의 연결재무제표 감사를 수행하고 있다. 다음 상황은 (물음 1)~(물음 3)과 관련된다.

[상황]

- ㈜대한은 해외종속기업 ㈜A, ㈜B, ㈜C, ㈜D를 보유하고 있다.
- ㈜A, ㈜B, ㈜C는 유의적 부문이며 부문감사인에게 부문 재무정보에 대한 업무를 요청하기로 하였다.
- ㈜D는 유의적이지 않은 부문이며 그룹수준의 분석적절차를 수행하기로 하였다.
- ㈜A는 소재국가의 법규에 따라 감사를 받아야 한다.

1 그룹업무팀이 그룹차원의 통제의 운영효과성을 테스트하거나 부문감사인에게 테스트하도록 요청하여야 하는 경우를 두 가지로 나누어 기재하시오.

풀이

첫째, 그룹 차원의 통제의 설계가 효과적으로 되어 있고 그러한 통제에 의존하여 그룹재무제표 실증감사절차를 수행하려고 계획하는 경우

둘째, 그룹재무제표에 대하여 실증절차만으로는 충분하고 적합한 감사증거를 수집하지 못할 것으로 판단하는 경우

2 다음은 그룹업무팀이 각 부문감사인을 이해한 내용과 그에 대응하여 수행한 절차이다. 그룹업무팀이 수행한 절차가 적절한지 여부를 기재하고, 적절하지 않은 경우 그 이유를 1줄 이내로 서술하시오.

항목	수행한 절차
①	㈜A의 부문감사인은 ㈜A가 보유하고 있는 파생상품의 공정가치를 평가하고 있어 독립성이 훼손되었다. 이를 극복하기 위하여 그룹업무팀이 부문감사인의 모든 감사조서를 제공받아 검토하였다.
②	㈜B의 부문감사인은 해당 산업을 감사한 경험이 없기 때문에 산업전문성이 결여되어 있는 것으로 판단하였다. 이를 극복하기 위하여 그룹업무팀이 부문감사인의 위험평가절차에 관여하고 중요왜곡표시위험이 식별된 거래유형, 계정 또는 공시에 대한 감사조서를 검토하였다.
③	㈜C는 소재국가의 개인정보보호 관련 법규가 엄격하여 그룹업무팀이 부문감사인의 조서에 직접 접근하는 것이 제한되어 있다. 이를 극복하기 위하여 그룹업무팀은 관련 정보를 자세히 포괄하는 감사결과요약서를 작성하여 제출하도록 부문감사인에게 요청하였다.

[답안양식]

항목	적절한가? (예, 아니오)	적절하지 않은 경우, 그 이유
①		
②		
③		

풀이

항목	적절한가? (예, 아니오)	적절하지 않은 경우, 그 이유
①	아니오	부문감사인의 독립성이 훼손된 경우 해당 부문감사인의 업무는 활용할 수가 없음.
②	아니오	부문감사인의 적격성에 의구심이 발생하는 경우 부문감사인에게 부문재무정보에 관한 업무수행을 요청하지 않고 직접 해당 부문의 재무정보에 관하여 충분하고 적합한 감사증거를 입수하여야 함.
③	예	

3 다음은 한국회계법인의 그룹업무팀과 부문감사인이 그룹재무제표 감사에 적용하는 중요성에 대한 설명이다. 설명이 적절한지 여부를 기재하고, 적절하지 않은 경우 그 이유를 1줄 이내로 서술하시오.

항목	설명
①	그룹업무팀은 모든 부문에 대해 그룹재무제표 전체에 대한 중요성보다 낮은 부문중요성을 결정한다.
②	부문감사인이 ㈜A를 감사하기 위해 설정한 재무제표 전체에 대한 중요성보다 그룹업무팀이 결정한 부문중요성이 작을 수 있다. 이 경우 부문감사인이 수행한 ㈜A에 대한 감사를 그룹업무팀이 그룹감사 목적으로 이용하려면, 부문감사인은 부문중요성을 기준으로 수행중요성을 결정해야 한다.
③	그룹업무팀은 그룹재무제표에 대하여 명백하게 사소하다(clearly trivial)고 간주할 수 없는 한도기준을 각 부문마다 다르게 설정한다. 부문감사인은 부문재무정보에서 식별된 왜곡표시가 이러한 한도기준을 초과하는 경우에는 그룹업무팀에 커뮤니케이션한다.

[답안양식]

항목	적절한가? (예, 아니오)	적절하지 않은 경우, 그 이유
①		
②		
③		

풀이

항목	적절한가? (예, 아니오)	적절하지 않은 경우, 그 이유
①	아니오	부문중요성은 그룹재무제표 전체에 대한 중요성의 일정 비율로 설정되어야 할 필요가 없으므로 모든 부문중요성의 합계는 그룹재무제표 전체에 대한 중요성을 초과할 수 있다.
②	아니오	부문감사인이 법규에 의해서 별도로 중요성을 설정한 경우 그룹업무팀은 무조건 그룹 차원의 부문중요성을 사용하도록 지시할 필요는 없고 그 중요성이 그룹재무제표 감사 측면에서 타당한지 여부를 결정하여야 함.
③	예	

Q&A 사례문제 33 : 2025년, KICPA 기출문제

다음은 초도감사 및 기타 상황별 감사절차에 대한 물음이다. ㈜대한은 건강보조식품을 개발, 제조 및 판매하는 회사로 코스닥시장에 기업공개(Initial Public Offering, "IPO")를 준비 중이며, 당기에 민국회계법인이 지정감사인으로 선정되었다. 각 물음은 독립적이다.

1 현장책임회계사인 나고민 회계사가 ㈜대한에 대해 계획한 아래 감사절차가 적절한지 여부를 기재하고, 적절하지 않은 경우 그 이유를 2줄 이내로 서술하시오.

항목	감사절차
①	감사인은 초도감사절차의 일환으로 전기 감사조서 열람을 계획하였으나, 전임감사인의 과도한 비용청구 등의 사유로 조서열람이 무산되었다. 이에 나고민 회계사는 기초잔액에 대해 충분하고 적합한 감사증거 수집이 불가능하다고 판단하여 감사의견을 변형할 예정이다.
②	㈜대한은 전년도에 전환상환우선주를 발행하였다. 나고민 회계사는 전환상환우선주 발행과 관련하여 부채·자본 분류에 중요한 회계처리 오류가 있음을 발견하였다. 이는 당기 재무제표에 중요하게 영향을 미칠 수 있는 왜곡표시가 기초잔액에 존재하는 상황이므로, 나고민 회계사는 전임감사인과 직접 커뮤니케이션을 수행할 계획이다.
③	나고민 회계사는 전환상환우선주와 관련하여 당기말 평가 뿐 아니라 전년도 발행일의 회계처리 및 전기말 평가와 관련하여서도 내부전문가를 참여시킬 계획이다.
④	회사는 본사 및 공장 외에 경기도 소재 제3의 물류업체인 ㈜거점물류를 이용하고 있다. ㈜거점물류가 보관하고 있는 회사의 재고자산 금액은 회사의 연평균 총 재고자산 금액의 약 10%, 중요성금액의 약 30% 수준이다. 과거에 동 물류업체에서 물건이 도난, 분실되는 사건이 있었으나, 금액적 중요성이 크지 않으므로 나고민 회계사는 타처보관증을 입수하는 감사절차로 충분하다고 판단하고 있다.

[답안양식]

항목	적절한가? (예, 아니오)	적절하지 않은 경우, 그 이유
①		
⋮		
④		

풀이

항목	적절한가? (예, 아니오)	적절하지 않은 경우, 그 이유
①	아니오	전임감사인의 감사문서를 열람하지 못하는 경우 후임감사인은 대체적인 감사절차를 통하여 기초잔액에 대하여 충분하고 적합한 감사증거를 수집하여야 한다.
②	아니오	해당 기초잔액의 중요한 왜곡표시를 지배기구와 커뮤니케이션하고 전임감사인에게 알리도록 요청하여야 한다.
③	예	
④	아니오	해당 장소에서 과거에 도난, 분실이 있었던 장소이기 때문에 질적으로 중요한 부문일 수 있고 따라서 보다 신뢰성 있는 감사증거(예: 실사 또는 실사입회, 타처보관 조회서 발송)를 입수하여야 한다.

2 다음은 ㈜대한이 발행한 전환상환우선주에 대한 감사절차와 관련하여 업무수행이사인 이형식 회계사와 금융상품 계정담당자인 김대충 회계사가 나눈 대화이다.

- 이형식 회계사: 김대충 회계사님, 회사 재무제표에서 전환상환우선주가 가장 중요한 계정인 것 같은데 잘 파악하고 있나요? 우선 중요왜곡표시위험 평가부터 논의해 보시죠.
- 김대충 회계사: 네, 회계추정치이고 기초자산이 비상장주식이라 추정의 불확실성이 높다고 판단해서 유의적위험이 있는 계정으로 결정했습니다. 파생상품 평가 부분은 내부전문가인 박평가 회계사를 참여시킬 계획입니다.
- 이형식 회계사: 네, 박평가 회계사는 가치평가에 대한 업무경험이 많고 매년 독립성확인서도 제출하고 있으니 믿고 맡길만 합니다. 그런데 김대충 회계사님은 이런 복합금융상품 계정에 대한 감사경험이 있나요?
- 김대충 회계사: 특별히 경험은 없지만 어차피 이 계정에 대한 평가는 박평가 회계사가 수행하니까 제 경험이 크게 문제되지는 않을 것 같습니다.
- 이형식 회계사: 그럴 수 있겠네요. 회사의 회계추정치에 대한 내부통제는 이해했나요? 회사가 코스닥시장에 상장하면 위험이 높아지니 감사절차를 철저히 할 필요가 있습니다.
- 김대충 회계사: 통제에 의존할 계획이 아니라서 바로 실증절차를 수행할 예정입니다.
- 이형식 회계사: 알겠습니다. 잘 준비하시고 논의할 사항이 있으면 수시로 연락합시다.

위의 대화에서 잘못된 감사절차 <u>두 가지</u>를 각각 <u>1줄 이내</u>로 서술하시오.

풀이

첫째, 유의적 위험이 있는 경우 보다 효과적인 감사절차를 수행하기 위해서는 보다 경험있는 회계사에 의해서 감사가 수행되어야 한다.
둘째, 유의적 위험과 관련된 내부통제는 반드시 이해하여야 하며 생략해서는 안 된다.

3 다음을 읽고 물음에 답하시오.

[상황]

> 현장책임회계사인 나고민 회계사는 감사보고서일에 알았더라면 감사보고서를 수정할 원인이 될 수도 있었던 사실을 20x6년 3월 20일에 회사로부터 전달받았다. 감사보고서는 아직 회사에게 전달되지 않았다. 이에 나고민 회계사는 후속사건 감사절차를 고민하고 있다.
>
> • 재무제표일: 20x5년 12월 31일
> • 감사보고서일: 20x6년 3월 15일
> • 주주총회일: 20x6년 3월 29일
> • 감사보고서 공시(예정)일: 20x6년 4월 12일

위의 상황과 관련하여 나고민 회계사가 고려 중인 후속사건 감사절차에 대한 설명 중 빈칸에 들어갈 내용을 기재하시오.

> 나고민 회계사는 이 후속사건 감사절차에 대해 업무수행이사와 논의한 결과, 감사인의 책임의 성격은 (①)임을 확인하였다.
>
> 이후 나고민 회계사는 이 후속사건에 대해 다음의 절차를 고려하고 있다.
>
> • 절차 1 (②)
> • 절차 2 (③)
> • 절차 3 (④)
>
> 회사가 후속사건을 반영하여 재무제표를 수정할 경우, 나고민 회계사는 감사보고서를 수정하는 두 가지 방법 중 하나를 고려할 생각이다.
>
> • 방법 1 (⑤)
> • 방법 2 (⑥)

풀이

① 소극적 책임
② 경영진, 그리고 적절한 경우 지배기구와 이 사항을 토의함.
③ 재무제표의 수정이 필요한지 여부를 결정함.
④ 재무제표의 수정이 필요하다고 결정했다면 경영진이 재무제표에 이 사항을 어떻게 반영할 것인지 질문함.

⑤ 이 사건 이외의 모든 후속사건절차를 새로운 보고서일자까지 수행하고 수정된 재무제표 승인일보다 빠르지 않는 날짜로 보고서 날짜를 수정하는 방법

⑥ 이 사건 이외의 후속사건에 대한 절차는 원래의 감사보고서일자까지 수행하며 해당 사건에 한정하여 후속사건 감사절차를 수행하고 이중감사보고서 일자로 발행하거나 원래의 감사보고서 일자에 강조사항 또는 기타사항문단을 기재하는 방법

※ 다음은 그룹감사에 대한 물음이다. 각 물음은 독립적이다.

[상황]

K회계법인은 상장기업인 ㈜A의 20x3년부터 20x5년까지 3개년 회계연도의 감사인으로 선임되었다. ㈜A는 국내 및 해외에 10개의 종속기업을 보유하고 있다. K회계법인의 감사팀(이하 "그룹업무팀")은 개별적인 재무적 유의성으로 2개 종속기업을 유의적 부문으로 식별하였고, 부문의 고유한 성격이나 환경으로 인하여 그룹재무제표에 유의적인 중요왜곡표시위험을 포함하고 있을 것으로 보아 4개 종속기업을 유의적 부문으로 식별하였다. 나머지 4개 종속기업은 유의적 부문에 해당하지 않는다고 결정하였다. 그룹업무팀의 유의적 부문에 대한 결정은 3년간 변동되지 않았다.

4 그룹업무팀은 그룹감사와 관련된 요구사항을 적시에 커뮤니케이션하기 위하여 유의적 부문에 해당하는 6개 종속기업의 감사인에게 지침서한(group audit instruction)을 발송하기로 결정하였다. 다음은 그룹업무팀이 작성한 지침서한 초안이다. 다음 지침서한에서 그룹업무팀이 부문감사인의 감사계획 수립과 관련하여 커뮤니케이션하여야 하지만 누락한 사항 <u>세 가지</u>를 각각 <u>1줄 이내</u>로 서술하시오.

지침서한(group audit instruction)

수신: 부문감사인

본 감사인(이하 "그룹업무팀")은 ㈜A의 20x5년 12월 31일자로 종료되는 보고기간의 그룹재무제표 감사(이하 "그룹감사")를 수행합니다. 본 서한은 그룹감사를 위하여 그룹업무팀의 요구사항을 부문감사인(이하 "귀 감사인")과 커뮤니케이션하기 위한 목적으로 발송합니다.

다음 사항은 귀 감사인의 업무계획수립과 관련된 사항입니다. 지침서한은 다음의 내용으로 구성되어 있습니다.

1. 귀 감사인이 그룹업무팀에 협조할 것을 확인하도록 하는 요청
2. 감사수행 일정
3. 그룹경영진과 그룹업무팀의 방문예정일, 부문경영진과 귀 감사인과의 회의예정일
4. 귀 감사인이 수행할 업무와 귀 감사인이 수행할 업무의 용도(그룹업무팀의 관여 계획 포함)
5. 그룹경영진이 작성한 특수관계자 목록 및 그룹업무팀이 알고 있는 기타 특수관계자

별첨: 부문감사인 확인서 양식

풀 이

첫째, 그룹감사와 관련된 윤리적 요구사항 특히 독립성 요구사항
둘째, 부문의 재무정보에 대한 감사나 검토를 수행하는 경우, 부문중요성 및 한도기준
셋째, 부문감사인의 업무와 관련성이 있는 부정이나 오류로 인한, 그룹재무제표의 식별된 유의적인 중요왜곡표시위험

5 ㈜A의 종속기업인 ㈜C의 감사인은 그룹업무팀의 지침서한에 따라 다음과 같이 확인서를 제출하였다. 다음 확인서에서 부문감사인이 그룹업무팀에게 커뮤니케이션하여야 하지만 누락한 사항을 세 가지만 각각 1줄 이내로 서술하시오.

> **부문감사인 확인서**
>
> 수신: 그룹업무팀
>
> 본 서한은 귀 감사인의 지침서한에 따라서 ㈜A의 20x5년 12월 31일자로 종료되는 보고기간의 그룹재무제표가 20x5년 12월 31일 현재의 그룹의 재무상태와 동일로 종료되는 보고기간의 재무성과 및 현금흐름을 한국채택국제회계기준에 따라 중요성의 관점에서 공정하게 표시하고 있는지에 대한 의견표명을 위해 귀 감사인이 수행하고 있는 ㈜A의 그룹재무제표에 대한 감사와 관련하여 제공하는 것입니다.
>
> 본 확인서는 다음 내용으로 구성되어 있습니다.
> (a) 그룹업무팀의 요구사항을 준수했는지 여부
> (b) 본 감사인의 보고대상인 부문재무정보
> (c) 그룹재무제표에 중요한 왜곡표시를 초래할 수 있는 법규위반 사례에 대한 정보
> (d) 그룹감사와 관련성이 있을 수 있거나, 그룹업무팀의 주의가 필요한 사항
> (e) 본 감사인의 전반적 발견사항, 결론 또는 의견

풀 이

첫째, 부문감사인이 그룹감사와 관련된 윤리적 요구사항
둘째, 그룹재무제표에 중요한 왜곡표시를 초래할 수 있는 법규위반사례에 대한 정보
셋째, 부문재무정보에 대한 미수정왜곡표시의 목록

6 그룹업무팀은 과거 2년 동안 유의적인 부문에 해당하지 않는다고 결정한 4개 종속기업에 대해서 그룹수준의 분석적 절차와 그룹차원의 통제 및 연결절차에 대한 업무를 수행하였다. 그룹업무팀의 업무수행이사는 이와 같은 절차만으로 그룹감사의견의 근거가 되는 충분하고 적합한 감사증거를 입수하기 어려울 수도 있다고 판단하였다. 이 경우 그룹업무팀은 네 가지 절차 중 하나 이상을 수행하여야 한다. 네 가지 절차 모두를 각각 1줄 이내로 서술하시오.

풀이

첫째, 부문중요성을 적용한 해당 부문의 재무정보에 대한 감사
둘째, 하나 이상의 거래유형과 계정잔액 및 공시에 대한 감사
셋째, 부문중요성을 적용한 해당 부문의 재무정보에 대한 검토
넷째, 특정의 절차수행

※ 다음은 감사보고서 및 기타정보에 대한 물음이다. 각 물음은 독립적이다.

7 아래에 제시된 각 항목은 감사보고서의 일부로 오류가 존재한다. 각 항목별로 적절하지 않은 이유를 2줄 이내로 서술하시오(단, 답안양식에 수정된 문구를 기재할 필요 없음).

항목	감사보고서
①	감사의견 우리는 ㈜A의 재무제표를 감사하였습니다. 해당 재무제표는 20x5년 12월 31일과 20x4년 12월 31일 현재의 재무상태표, 동일로 종료되는 양 보고기간의 포괄손익계산서, 자본변동표, 현금흐름표 그리고 유의적인 회계정책의 요약을 포함한 재무제표의 주석으로 구성되어 있습니다. 재무상태, 재무성과와 현금흐름에 대한 한정의견 우리의 의견으로는 별첨된 재무상태표, 포괄손익계산서, 자본변동표와 현금흐름표는 이 감사보고서의 한정의견근거 단락에서 기술된 사항이 미칠 수 있는 영향을 제외하고는, 20x4년 12월 31일 현재의 재무상태와 20x5년 12월 31일과 20x4년 12월 31일로 종료되는 양 보고기간의 재무성과 그리고 현금흐름의 내용을 한국채택국제회계기준에 따라 중요성의 관점에서 공정하게 표시하고 있습니다. 재무상태에 대한 의견 우리의 의견으로는 별첨된 재무상태표는 회사의 20x5년 12월 31일 현재의 재무상태를 한국채택국제회계기준에 따라 중요성의 관점에서 공정하게 표시하고 있습니다.
②	감사의견 ... 생략 ... 우리의 의견으로는 별첨된 회사의 20x5년 12월 31일자로 종료되는 재무제표는 중요성의 관점에서 20x5년 2월 1일에 회사와 ㈜B 간에 체결된 계약서 제10항의 재무보고조항에 따라 진실하고 공정한 관점을 제시하고 있습니다.
③	의견거절근거 ... 생략 ... 이에 따라 우리는 ... 생략 ... 포괄손익계산서와 자본변동표 및 현금흐름표의 구성요소들에 수정이 필요한지 여부를 결정할 수 없었습니다.

	핵심감사사항 ... 생략 ... 우리는 의견거절근거 단락에 기술된 사항에 추가하여, 아래에 기술된 사항을 이 감사보고서에서 커뮤니케이션할 핵심감사사항으로 결정하였습니다. ... 이하 생략 ...

풀이

1. 기초잔액에 중요한 왜곡표시가 존재하여 재무상태에 대해서는 적정의견을 표명하고 경영성과와 현금흐름에 대해서 한정의견을 표명하는 경우 20X4년 12월 31일 현재 재무상태에 대한 적정의견을 표명하는 내용은 삭제되어야 함.
2. 재무제표를 준수체계에 따라 보고할 경우 의견표명은 해당 기준에 따라 중요성 관점에서 작성되었다라고 표현하여야 한다. (진실하고 공정한 관점을 제시하고 있다라는 표현이 불가함)
3. 의견거절을 표명하는 경우 핵심감사사항은 기재하지 아니한다.

8 아래에 제시된 각 항목은 상장기업에 대한 감사보고서의 일부이다. 적정의견이 표명되었으며 일반적인 상황을 가정한다. 각 항목별로 적절한지 여부를 기재하고, 적절하지 않은 경우 그 이유를 2줄 이내로 서술하시오(단, 답안양식에 수정된 문구를 기재할 필요 없음).

항목	감사보고서
①	**재무제표감사에 대한 감사인의 책임** ... 생략 ... 왜곡표시는 부정이나 오류로부터 발생할 수 있으며 왜곡표시가 재무제표를 근거로 하는 이용자의 경제적 의사결정에 개별적으로 또는 집합적으로 영향을 미칠 것이 합리적으로 예상되면 그 왜곡표시는 중요하다고 간주됩니다. K회계법인 대표이사 김철저 ... 이하 생략 ...
②	**감사의견근거** ... 생략 ... 우리가 입수한 감사증거가 감사의견을 위한 근거로서 충분하고 적합하다고 우리는 믿습니다. **재무제표에 대한 경영진과 지배기구의 책임** 경영진은 한국채택국제회계기준에 따라 이 재무제표를 작성하고 공정하게 표시할 책임이 있으며 ... 생략 ... 책임이 있습니다. ... 이하 생략 ...

[답안양식]

항목	적절한가? (예, 아니오)	적절하지 않은 경우, 그 이유
①		
②		

풀이

항목	적절한가? (예, 아니오)	적절하지 않은 경우, 그 이유
①	아니오	상장법인의 경우 적정의견표명 시 업무수행이사의 이름이 기재되는 것이 원칙이다.
②	아니오	상장법인의 경우 적정의견을 표명 시 핵심감사사항을 기재하여야 한다.

9 상장기업 ㈜A의 감사인은 ㈜A의 사업보고서와 감사보고서간에 중요한 불일치가 있는 경우, 감사받은 재무제표의 신뢰성이 손상될 수 있으므로 ㈜A의 20x5년 12월 31일자로 종료되는 보고기간의 사업보고서를 감사보고서일 전에 검토하였다. 중요한 불일치가 몇 건 발견되었는데, 감사받은 재무제표의 수정이 필요한 경우는 아닌 것으로 판단하였다. 현재 ㈜A의 경영진은 사업보고서에 존재하는 중요한 불일치의 수정을 거부하고 있다. 감사인은 법률상 감사계약을 해지할 수 없고, 감사보고서 발행을 보류할 수도 없는 상황이다. 이 경우 감사인이 취할 수 있는 조치는 무엇인지 2줄 이내로 서술하시오.

풀이

적정의견을 표명하되 해당 중요한 불일치를 기술하는 기타사항 문단을 기재하여 보고서를 발행한다.

제18장

특정목적 감사기준 및 중간재무제표 검토기준

지금까지 살펴본 내용은 다음과 같이 연차 재무제표에 대하여 일반목적 재무보고체계(General-Purpose Financial Reporting Framework. 예로, 한국채택국제회계기준 및 일반기업회계기준 등)에 따라 공정하게 표시하고 있는지 여부에 대하여 합리적인 확신을 제공하는 업무에 대해서 살펴보았다. 이번 장에서는 다음과 같은 인증업무에 대해서 살펴보기로 한다.

인증대상	충분하고 적합한 증거 (행위기준)	준거기준	확신의 수준 (인증보고서)
연차재무제표	회계감사기준(New ISA)	일반목적 재무보고체계 (예 : 한국채택국제회계기준)	적극적 확신
연차재무제표	회계감사기준(New ISA) 특정목적 감사기준서	특정목적 재무보고체계 (예 : 현금수지 회계기준)	적극적 확신
연차재무제표 중 단위재무제표 및 특정요소, 계정 또는 항목의 감사	회계감사기준(New ISA) 특정목적 감사기준서	일반목적 재무보고체계 또는 특정목적 재무보고체계	적극적 확신
연차재무제표에 대한 요약재무제표	회계감사기준(New ISA) 특정목적 감사기준서	일반목적 재무보고체계 또는 특정목적 재무보고체계	적극적 확신
중간재무제표	중간재무제표 검토준칙	일반목적 재무보고체계 (예 : 한국채택국제회계기준)	소극적 확신

참고로 제10장에서 배웠던 내부회계관리제도에 대한 검토업무도 인증업무에 들어가는 대표적인 업무이다.

인증대상	충분하고 적합한 증거 (행위기준)	준거기준	확신의 수준 (인증보고서)
내부회계관리제도	내부회계관리제도 검토기준	내부회계관리제도 설계 및 운영개념체계	소극적 확신

다음부터는 위 인증업무(실무적으로 중요성이 떨어지는 요약재무제표 내용은 제외)에 대한 내용을 살펴보기로 한다.

1 특정목적 재무보고체계에 따라 작성된 재무제표에 대한 감사

(1) 특정목적 체계 및 특정목적 재무제표의 의의

특정목적 재무제표(Special-Purpose Financial Statement)란 특정목적 재무보고체계(Special- Purpose Financial Reporting Framework)에 따라서 작성된 재무제표를 말한다. 여기서 말하는 특정목적 재무보고체계라 함은 특정이용자의 재무정보 요구를 충족시키도록 설계된 재무보고체계를 말하는 것으로서 다음과 같은 예가 있을 수 있다.

특정목적 재무보고체계 (ISA 800 문단 A1)
① 세무신고서에 첨부하는 전체재무제표에 적용된 세무목적 회계기준 ② 실체가 채권자들을 위해 작성하는 현금흐름정보에 적용된 현금수지회계기준 ③ 규제기관의 요구사항을 충족하기 위해 해당 규제기관이 제정한 재무보고규정 ④ 사채발행 약정, 차입약정, 프로젝트 지원 등 계약상의 재무보고조항

(2) 감사업무 수임시 고려사항

일반적으로 감사계약을 수임하기 전에는 반드시 감사인은 재무제표 작성에 적용된 재무보고체계의 수용 여부를 결정하여야 한다. 특정목적 재무제표 감사에 있어서 감사인은 동 재무제표가 작성되는 목적을 이해하여야 한다.

재무보고체계의 수용성을 결정할 때 고려사항 (ISA 800 문단 8)
① 의도된 이용자 ② 해당 재무보고체계가 그 상황에서 수용할 수 있는지 결정하기 위해 경영진이 취한 조치

(3) 감사의 계획수립 및 수행시 고려사항

감사인이 특정목적 재무제표에 대한 감사절차를 수행하는 경우에도 일반목적 재무제표에 대한 감사절차와 원칙적으로 차이는 발생하지 아니한다. 다만, 당해 감사업무의 상황에서 특별한 고려를 요하는 항목이 있는지 고려하여야 하며 다음과 같은 내용은 특정목적 재무제표 감사에서 특별히 고려를 요하는 항목이다.

특정목적 재무제표 감사에서 특별히 고려를 요하는 항목 (ISA 800 문단 A9~12)
① 일반적으로 재무제표 이용자들에게 중요한 사항인지 여부는 전체 이용자 집단의 공통적인 재무정보 요구를 고려하여 판단하지만 특정목적 재무제표 감사의 경우는 의도된 이용자들의 재무정보 요구를 고려하여 판단한다. ② 경영진은 감사 중에 식별된 왜곡표시에 따라 작성된 재무제표와 같이 특정목적 재무제표의 경우 경영진은 감사 중에 식별된 왜곡표시가 기준금액에 미달되는 경우 수정 또는 조정되지 않을 기준금액에 대하여 의도된 이용자들과 합의할 수도 있다. ③ 감사기준에 따른 지배기구와의 커뮤니케이션은 지배기구가 재무제표의 작성을 감독할 책임이 있는지 여부에 바탕을 두고 있다. 하지만 특정목적 재무제표의 경우, 지배기구가 그러한 책임을 갖지 않을 수도 있다. 그러한 경우 특정목적 재무제표의 감사에는 이러한 지배기구와의 커뮤니케이션이 관련성이 없을 수 있다. ④ 재무제표가 어떤 계약의 규정에 따라 작성된 경우 감사인은 재무제표 작성에 있어 당해 계약에 대하여 경영진이 유의적인 해석을 하였으면, 이를 이해하여야 한다.

(4) 의견형성 및 보고서 고려사항

특정목적 재무제표에 대한 감사보고서에 기재하여야 할 사항 (ISA 800 문단 12~14)
① 해당 재무보고체계(특정목적 재무보고체계)의 기술. 따라서 그 결과 재무제표가 다른 목적에는 적합하지 않을 수 있다는 것에 대하여 감사보고서의 이용자들에게 주지시키는 강조사항 문단을 포함 ② 재무제표의 작성목적과 필요한 경우 의도된 이용자들을 기술하거나 그러한 정보를 포함하고 있는 특정목적 재무제표의 주석을 언급 ③ 경영진이 그러한 재무제표를 작성할 때 어떤 재무보고체계를 선택한 경우, 재무제표에 대한 경영진의 책임 설명에는 해당 재무보고체계가 그 상황에서 수용가능하다고 결정한 경영진의 책임도 언급

다음은 특정목적 재무제표에 대한 감사보고서 예시이다.

예시 1 : 상황

가. 실체의 경영진이, 규제기관의 요구사항을 충족하기 위해 해당 규제기관이 제정한 재무보고규정(즉, 특정목적체계)에 따라 재무제표를 작성하였음. 경영진은 재무보고체계에 대한 선택권을 가지고 있지 않음.
나. 해당 재무보고체계는 공정표시체계임.
다. 감사업무의 조건에는 감사기준서 210의 재무제표에 대한 경영진의 책임에 대한 기술이 반영되어 있음.
라. 감사보고서의 배포와 이용이 제한되어 있지 아니함.
마. 감사인은 기타사항문단에서 ABC 주식회사가 일반목적체계에 따라 작성한 동일 기간의 재무제표에 대해서도 감사보고서를 발행했다는 사실을 언급하고 있음

독립된 감사인의 감사보고서

[적합한 수신인]

우리는 별첨된 ABC 주식회사의 재무제표를 감사하였습니다. 해당 재무제표는 20X1년 12월 31일 현재의 재무상태표, 동일로 종료되는 보고기간의 손익계산서(또는 포괄손익계산서), 자본변동표 및 현금흐름표, 그리고 유의적인 회계정책의 요약과 그 밖의 설명정보로 구성되어 있습니다. ABC 주식회사의 경영진은 Z규정 제Y항의 재무보고규정에 근거하여 해당 재무제표를 작성하였습니다.

재무제표에 대한 경영진의 책임

경영진은 Z규정 제Y항의 재무보고규정을 준수하여 이 재무제표를 작성하고 공정하게 표시할 책임이 있으며, 부정이나 오류로 인한 중요한 왜곡표시가 없는 재무제표를 작성하는데 필요하다고 결정한 내부통제에 대해서도 책임이 있습니다.

감사인의 책임

우리의 책임은 우리가 수행한 감사를 근거로 해당 재무제표에 대하여 의견을 표명하는데 있습니다. 우리는 감사기준에 따라 감사를 수행하였습니다. 이 기준은 우리가 윤리적 요구사항을 준수하며 재무제표에 중요한 왜곡표시가 없는지에 대한 합리적인 확신을 얻도록 감사를 계획하고 수행할 것을 요구하고 있습니다.

감사는 재무제표의 금액과 공시에 대한 감사증거를 입수하기 위한 절차의 수행을 포함합니다. 절차의 선택은 부정이나 오류로 인한 재무제표의 중요왜곡표시위험에 대한 평가 등 감사인의 판단에 따라 달라집니다. 감사인은 이러한 위험을 평가할 때, 상황에 적합한 감사절차를 설계하기 위하여 실체의 재무제표 작성 및 공정한 표시와 관련된 내부통제를 고려합니다. 그러나 이는 내부통제의 효과성에 대한 의견을 표명하기 위한 것이 아닙니다. 감사는 또한 재무제표의 전반적 표시에 대한 평가뿐 아니라, 재무제표를 작성하기 위하여 경영진이 적용한 회계정책의 적합성과 경영진이 도출한 회계추정치의 합리성에 대한 평가를 포함합니다.

우리가 입수한 감사증거가 감사의견을 위한 근거로서 충분하고 적합하다고 우리는 믿습니다.

감사의견

우리의 의견으로는 회사의 재무제표는 ABC 주식회사의 20X1년 12월 31일 현재의 재무상태와 동일로 종료되는 보고기간의 재무성과 및 현금흐름을 Z규정 제Y항의 재무보고규정에 따라, 중요성의 관점에서 공정하게 표시하고[또는, "현금흐름에 대하여 Z규정 제Y항의 재무보고규정에 따라 진실하고 공정한 관점을 제시하고"] 있습니다.

회계처리기준

감사의견에는 영향을 미치지 않는 사항으로서, 이 보고서의 이용자는 회사의 회계처리기준을 기술하고 있는 재무제표에 대한 주석 X에 주의를 기울일 필요가 있습니다. 해당 재무제표는 ABC주식회사가 규제기관 DEF의 요구사항을 충족하는 것을 지원하기 위해 작성되었습니다. 따라서 해당 재무제표는 다른 목적에는 적합하지 않을 수 있습니다.

기타사항

ABC주식회사는 20X1년 12월 31일로 종료되는 보고기간에 대해 별첨 재무제표 외에 한국채택국제회계기준에 따른 별도의 재무제표를 작성하였으며, 우리는 이에 대하여 20X2년 3월 31일자로 ABC주식회사의 주주에게 별도의 감사보고서를 발행하였습니다.

[감사인의 서명]
[감사보고서일]
[감사인의 주소]

예시 2 : 상황

가. 파트너십조직의 경영진이 소속 파트너들의 개인소득세 신고서 작성을 지원하기 위해, X국의 세무목적 회계기준(즉, 특정목적체계)에 따라 해당 재무제표를 작성하였음. 경영진은 재무보고체계에 대한 선택권을 가지고 있지 않음.
나. 해당 재무보고체계는 준수체계임.
다. 감사업무의 조건에는 감사기준서 210의 재무제표에 대한 경영진의 책임에 대한 기술이 반영되어 있음.
라. 감사보고서의 배포와 이용은 제한되어 있음.

독립된 감사인의 감사보고서

[적합한 수신인]

우리는 별첨된 ABC 파트너십 조직의 재무제표를 감사하였습니다. 해당 재무제표는 20X1년 12월 31일 현재의 재무상태표와 동일로 종료된 보고기간의 손익계산서(또는 포괄손익계산서) 그리고 유의적인 회계정책의 요약과 그 밖의 설명정보로 구성되어 있습니다. ABC 파트너십조직의 경영진은 세무목적 회계기준을 적용하여 해당 재무제표를 작성하였습니다.

재무제표에 대한 경영진의 책임

경영진은 X국의 세무목적 회계기준에 따라 재무제표를 작성할 책임이 있으며, 부정이나 오류로 인한 중요한 왜곡표시가 없는 재무제표를 작성하는데 필요하다고 결정한 내부통제에 대해서도 책임이 있습니다.

감사인의 책임

우리의 책임은 우리가 수행한 감사를 근거로 해당 재무제표에 대하여 의견을 표명하는데 있습니다. 우리는 감사기준에 따라 감사를 수행하였습니다. 이 기준은 우리가 윤리적 요구사항을 준수하며 재무제표에 중요한 왜곡표시가 없는지에 대한 합리적인 확신을 얻도록 감사를 계획하고 수행할 것을 요구하고 있습니다.

감사는 재무제표의 금액과 공시에 대한 감사증거를 입수하기 위한 절차의 수행을 포함합니다. 절차의 선택은 부정이나 오류로 인한 재무제표의 중요왜곡표시위험에 대한 평가 등 감사인의 판단에 따라 달라집니다. 감사인은 이러한 위험을 평가할 때, 상황에 적합한 감사절차를 설계하기 위하여 해당 파트너쉽 조직의 재무제표 작성과 관련된 내부통제를 고려합니다. 그러나 이는 내부통제의 효과성에 대한 의견을 표명하기 위한 것이 아닙니다. 감사는 또한 재무제표의 전반적 표시에 대한 평가뿐 아니라, 재무제표를 작성하기 위하여 경영진이 적용한 회계정책의 적합성과 경영진이 도출한 회계추정치의 합리성에 대한 평가를 포함합니다.

우리가 입수한 감사증거가 감사의견을 위한 근거로서 충분하고 적합하다고 우리는 믿습니다.

감사의견

우리의 의견으로는 ABC 파트너쉽조직의 20X1년 12월 31일로 종료되는 보고기간의 재무제표는 중요성의 관점에서 X국의 [관련 소득세법을 기술]에 따라 작성되었습니다.

회계처리기준과 보고서의 배포 제한

감사의견에는 영향을 미치지 않는 사항으로서, 이 보고서의 이용자는 회사의 회계처리기준을 기술하고 있는 재무제표에 대한 주석 X에 주의를 기울일 필요가 있습니다. 별첨 재무제표는 ABC 파트너십 조직의 파트너들의 소득세 신고서 작성을 지원하기 위해 작성되었습니다. 따라서 해당 재무제표는 다른 목적에는 적합하지 않을 수 있습니다. 우리의 보고서는 ABC 파트너십조직 및 그 파트너들만을 위한 것이며 그 밖의 다른 당사자들에게 배포되어서는 아니됩니다.

[감사인의 서명]
[감사보고서일]
[감사인의 주소]

2 | 단위재무제표와 특정요소, 계정 또는 항목의 감사

(1) 단위재무제표와 특정요소(계정, 항목) 감사의 의의

감사인은 재무제표 전체에 대한 의견을 표명하지 않고 재무상태표나 재무제표의 특정 계정과목에 대해서만 의견 표명을 의뢰받을 수도 있다. 예를 들어, 자산, 부채에 대한 영업양수도를 하는 상황에서 자산, 부채를 승계해 오는 경우에 영업양수인은 영업양도인의 재무성과에는 관심이 없을 수 있다. 이 경우 다른 재무제표는 제외하고 재무상태표에 대해서만 일반목적 또는 특정목적 재무보고체계에 따라 감사의견 즉, 인증을 받을 수 있다. 또는 임대차 계약서에서 임대인이 임차인의 매출액에 일정 비율만큼을 임대료를 받기로 한 경우 두 이해관계자간에는 임차인의 매출액이 가장 중요한 재무정보일 수 있다. 이 경우 임차인의 재무성과 중 매출액에 대해서만 외부감사인에게 인증을 받을 수도 있다.

(2) 업무 수임시 고려사항, 감사 계획 및 수행시 고려사항

연차재무제표에 대한 일반적인 감사절차와 차이가 날 필요가 없다. 따라서 업무 수임시 고려할 내용이나 감사 계획 및 수행은 원칙적으로 기본적인 감사절차와 동일하게 진행하며 상황에 맞게 적절하게 변경하여 적용한다.

(3) 의견형성 및 보고 관련 고려사항

감사인이 기업의 전체 재무제표에 대한 감사업무와 더불어 단위재무제표 또는 재무제표의 특정요소에 대한 보고를 하기 위한 업무를 수행한다면 감사인은 각 업무에 대하여 별도로 의견을 표명하여야 한다.

단, 여기서 주의할 점은 감사인이 기업의 전체 재무제표에 대하여 부적정의견을 표명하거나 의견을 거절하여야 한다고 결론을 내린다면 감사인은 동일한 감사보고서에서 전체재무제표에 일부를 구성하는 단위재무제표 또는 전체재무제표의 일부를 구성하는 특정요소에 대하여 적정의견을 표명하는 것은 허용하지 않는다. 이는 그 같은 적정의견은 기업의 전체재무제표에 대한 부적정의견 또는 의견거절과 모순되기 때문이다.

하지만, 기업의 전체재무제표에 대하여 부적정의견을 표명하거나 의견을 거절하여야 한다고 결론을 내렸지만, 그럼에도 불구하고 전체 재무제표에 포함된 특정요소에 대한 독립적인 감사의 관점에서, 감사인이 그 구성요소에 대하여 적정의견을 표명하는 것이 적합하다고 생각한다면, 감사인은 다음 조건하에서만 그렇게 할 수 있다.

전체재무제표가 부적정 또는 의견거절이지만 특정요소에 대하여 적정표명이 가능한 상황 (ISA 805 문단 16)
① 감사인이 그렇게 하는 것이 법규에 의해 금지되지 않음. ② 그러한 의견이 표명된 감사보고서가 부적정의견 또는 의견거절을 포함한 감사보고서와 함께 공표되지 않음. ③ 특정요소가 기업의 전체재무제표의 주요부분을 구성하지 않음.

단, 위 예외는 단위재무제표에 대한 감사보고서에는 적용되지 아니한다. 즉, 전체 재무제표가 부적정의견 또는 의견이 거절되었다면 비록 단위재무제표에 대한 감사보고서가 부적정의견 또는 의견거절이 포함된 감사보고서와 함께 공표되지 않는 경우라 하더라도 단위재무제표에 대하여 적정의견을 표명해서는 안된다. 왜냐하면 단위재무제표는 전체재무제표의 주요한 부분을 구성하는 것으로 간주되기 때문이다.

예시 : 상황

가. 재무상태표(즉, 단위재무제표)에 대한 감사
나. 재무상태표는 X국의 재무상태표 작성과 관련된 재무보고체계의 요구사항에 따라 실체의 경영진이 작성함.
다. 해당 재무보고체계는 다양한 이용자의 공통된 재무정보 수요를 충족하기 위해 설계된 공정표시체계임.
라. 감사업무의 조건에는 감사기준서 210의 재무제표에 대한 경영진의 책임에 대한 기술이 반영되어 있음.
마 감사인은 감사의견에 "중요성의 관점에서 공정하게 표시하고 있다"라는 문구를 사용하는 것이 적합하다고 결정함.

독립된 감사인의 감사보고서

[적합한 수신인]

우리는 별첨된 ABC 주식회사의 20X1년 12월 31일 현재의 재무상태표와 유의적인 회계정책의 요약과 그 밖의 설명정보(이하 "재무제표"라고도 한다)를 감사하였습니다.

재무제표에 대한 경영진의 책임

경영진은 재무제표 작성과 관련된 X국의 재무보고체계의 요구사항에 따라 이 재무제표를 작성하고 공정하게 표시할 책임이 있으며, 부정이나 오류로 인한 중요한 왜곡표시가 없는 재무제표를 작성하는 데 관련된 내부통제에 대해서도 책임이 있습니다.

감사인의 책임

우리의 책임은 우리가 수행한 감사를 근거로 해당 재무제표에 대하여 의견을 표명하는데 있습니다. 우리는 감사기준에 따라 감사를 수행하였습니다. 이 기준은 우리가 윤리적 요구사항을 준수하며 재무제표에 중요한 왜곡표시가 없는지에 대한 합리적인 확신을 얻도록 감사를 계획하고 수행할 것을 요구하고 있습니다.

감사는 재무제표의 금액과 공시에 대한 감사증거를 입수하기 위한 절차의 수행을 포함합니다. 절차의 선택은 부정이나 오류로 인한 재무제표의 중요왜곡표시위험에 대한 평가 등 감사인의 판단에 따라 달라집니다. 감사인은 이러한 위험을 평가할 때, 상황에 적합한 감사절차를 설계하기 위하여 실체의 재무제표 작성 및 공정한 표시와 관련된 내부통제를 고려합니다. 그러나 이는 내부통제의 효과성에 대한 의견을 표명하기 위한 것이 아닙니다. 감사는 또한 재무제표의 전반적 표시에 대한 평가뿐 아니라, 재무제표를 작성하기 위하여 경영진이 적용한 회계정책의 적합성과 경영진이 도출한 회계추정치의 합리성에 대한 평가를 포함합니다.

우리가 입수한 감사증거가 감사의견을 위한 근거로서 충분하고 적합하다고 우리는 믿습니다.

의견

우리의 의견으로는 회사의 재무제표는 ABC 주식회사의 20X1년 12월 31일 현재의 재무상태를 이 재무제표 작성에 관한 X국의 재무보고체계의 요구사항에 따라, 중요성의 관점에서 공정하게 표시하고 있습니다.

[감사인의 서명]
[감사보고서일]
[감사인의 주소]

3 재무제표 검토 업무

공인회계사는 자본시장과금융투자업에관한법률에 의하여 주권상장법인의 중간재무제표에 대한 검토업무를 수행하도록 되어 있다. 외감법상 주권상장법인의 연차재무제표에 대해서는 감사를 통한 적극적 확신을 표명하도록 되어 있으나 중간재무제표에 대해서는 감사보다는 낮은 수준의 확신인 소극적 확신을 제공하도록 되어 있다. 다음은 재무제표감사와 이러한 중간재무제표검토업무의 차이점을 정리해 보도록 한다.

(1) 재무제표 검토업무와 재무제표 감사업무의 비교

❖ 재무제표감사와 검토업무의 비교 ❖

	재무제표 감사	검 토
(1) 목적	재무제표가 중요성의 관점에서 해당 재무보고체계에 따라 작성되었는지에 관해 감사인이 의견(적극적인 확신 또는 합리적인 확신)을 표명함으로써 의도된 재무제표의 이용자의 신뢰수준을 향상시키는데 있다.	질문과 분석적 절차 등에 의하여 분, 반기재무제표가 일반적으로 인정된 회계처리기준에 중요하게 위배되어 작성된 사항이 있는지를 검토하여 보고함으로써 분, 반기재무제표의 신뢰성을 제고하고 반기재무제표의 이용자가 회사에 관하여 올바른 판단을 할 수 있도록 함.
(2) 제공하는 확신의 수준	적극적 확신(절대적인 확신은 아님. 합리적인 확신 또는 높은 수준의 확신)	소극적 확신(제한적인 확신 또는 중간 수준의 확신)
(3) 확신에 대한 보고서문구 사례	우리의 의견으로는 회사의 재무제표는 20X1년 12월 31일 현재의 재무상태와 동일로 종료된 보고기간의 재무성과 및 현금흐름을 한국채택국제회계기준에 따라, 중요성의 관점에서 공정하게 표시하고 있습니다.	본인의 검토결과 상기 20X6년의 반기재무제표는 중요성의 관점에서 일반적으로 인정된 회계처리기준에 위배되어 작성되었다는 점이 발견되지 아니하였습니다.
(4) 계약서에 포함되어야 할 내용	① 재무제표감사의 목적과 범위 ② 재무제표에 대한 경영진의 책임 ③ 재무제표에 대한 감사인의 책임 ④ 재무제표 작성을 위한 재무보고체계의 식별 ⑤ 감사인에 의해 발행될 보고서의 예상되는 형태와 내용에 대한 언급	① 중간재무제표 검토업무의 목적 ② 중간재무제표에 대한 경영진의 책임 ③ 검토의 범위(공인회계사의 책임) ④ 효과적인 내부통제의 구축 및 운영, 그리고 모든 재무기록과 관련 정보를 이용할 수 있도록 하게 할 경영진의 책임 ⑤ 보고서의 수신인 등 발행될 보고서의 예상 형식과 내용 ⑥ 감사가 수행되지 아니하였으므로 감사의견을 표명할 수 없다는 사실.
(5) 중요성 기준의 적용	재무제표 전체 수준 및 계정과목 또는 거래유형별 중요성 기준을 고려하여 감사절차 수행	검토업무 수행 시에도 재무제표에 대한 감사의견 표명 시 적용하였을 중요성에 관한 사항을 동일하게 고려 : 완화하여 적용하지 아니함.
(6) 기업 및 기업환경에 대한 이해	위험평가 및 감사계획 수립을 위하여 반드시 수행하여야 함.	검토절차에도 반드시 수행되어야 함.

(7) 위험평가과정에서의 내부통제제도에 대한 이해 및 통제테스트	위험평가과정에서 내부통제제도는 반드시 이해하여야 함. 그리고 내부통제제도에 의존하는 추가감사절차를 계획하는 경우 통제테스트를 반드시 수행함.	내부통제의 유의적 미비점과 같이 재무회계 및 보고에 있어 지속적인 유의성을 갖고 있는 문제를 고려하고 경영진의 권한남용을 통해 내부통제를 무력화할 위험 등 감사시 파악된 유의적 위험은 고려하나 통제테스트까지 수행하지는 아니함.
(8) 감사(검토) 절차	검사, 관찰, 질문, 외부조회, 재계산, 분석적 절차, 재수행	주로 질문과 분석적 절차수행. 단, 전년도 감사에서 감사보고서를 변형시킨 사항과 수정 또는 미수정된 왜곡표시가 있는 경우 이러한 사항들이 중간재무제표에 미치는 영향을 고려하여야 함.
(9) 서면진술	반드시 징구하여야 함.	반드시 징구하여야 함.
(10) 행위기준	회계감사기준(New ISA)	중간재무제표 검토준칙
(11) 판단기준	일반적으로 한국채택국제회계기준(K-IFRS)	일반적으로 한국채택국제회계기준(K-IFRS)
(12) 보고서 제출 대상 및 제출 기한	① 회사 : 정기주주총회 1주일 전까지 제출 ② 증권선물위원회 및 한국공인회계사회 : 정기주주총회 종료 후 2주일 이내 제출	① 반기재무제표 : 사업연도 개시일부터 6월간의 반기보고서를 그 기간경과 후 45일 내에 금융위원회와 거래소에 제출 ② 분기재무제표 : 사업연도 개시일로부터 3월간 및 9월간의 분기보고서를 각각 그 기간경과 후 45일 내에 금융위원회와 거래소에 제출
(13) 근거법령	일반적으로 외감법	자본시장과금융투자업에관한법률
(14) 독립성 만족 여부	인증업무이기 때문에 반드시 독립성이 만족되어야 함.	인증업무이기 때문에 반드시 독립성이 만족되어야 함.
(15) 확신을 제공하는 대상 재무제표	재무상태표, (포괄)손익계산서, 자본변동표, 현금흐름표	재무상태표, (포괄)손익계산서, 자본변동표, 현금흐름표
(16) 보고서 변형 사유	① 경영진과 의견불일치(회계기준위배) ② 감사범위 제한	① 경영진과 의견불일치(회계기준위배) ② 중요한 검토절차에 대한 범위제한

(2) 검토보고서 예시

1) 적정의견 검토보고서

반기재무제표에 대한 검토보고서

(적절한 수신인)

검토대상 재무제표

본인은 별첨 ×××주식회사의 반기재무제표를 검토하였습니다. 동 재무제표는 20X1년 6월 30일 현재의 재무상태표, 동일로 종료되는 3개월 및 6개월 보고기간의 손익계산서, 현금흐름표 및 자본변동표 그리고 유의적 회계정책에 대한 요약과 기타의 서술정보로 구성되어 있습니다.

재무제표에 대한 경영진의 책임

경영진은 회계기준에 따라 이 재무제표를 작성하고 공정하게 표시할 책임이 있으며, 부정이나 오류에 의한 중요한 왜곡표시가 없는 재무제표를 작성하는데 필요하다고 결정한 내부통제에 대해서도 책임이 있습니다.

감사인의 책임

본인의 책임은 상기 재무제표에 대하여 검토를 실시하고 이를 근거로 이 재무제표에 대하여 검토결과를 보고하는데 있습니다.
본인은 분반기재무제표 검토준칙에 따라 검토를 실시하였습니다. 이 기준은 본인이 재무제표가 중대하게 왜곡표시되지 아니하였다는 것에 관해 보통수준의 확신을 얻도록 검토를 계획하고 실시할 것을 요구하고 있습니다. 검토는 주로 질문과 분석적절차에 의거 수행되므로 감사보다는 낮은 수준의 확신을 제공합니다. 본인은 감사를 실시하지 아니하였으므로 감사의견을 표명하지 아니합니다.

검토의견

본인의 검토결과 상기 재무제표가 회계기준에 따라 중요성의 관점에서 공정하게 표시하지 않은 사항이 발견되지 아니하였습니다.

서울특별시 ××구 ××로
××회계법인
대표이사 ×××(인)
20X1년 ×월 ×일

2) 중요한 왜곡표시에 의한 한정 검토보고서

반기재무제표에 대한 검토보고서

(적절한 수신인)

검토대상 재무제표

본인은 별첨 ×××주식회사의 반기재무제표를 검토하였습니다 . 동 재무제표는 20X1년 6월 30일 현재의 재무상태표, 동일로 종료되는 3개월 및 6개월 보고기간의 손익계산서, 현금흐름표 및 자본변동표 그리고 유의적 회계정책에 대한 요약과 기타의 서술정보로 구성되어 있습니다.

재무제표에 대한 경영진의 책임

경영진은 회계기준에 따라 이 재무제표를 작성하고 공정하게 표시할 책임이 있으며, 부정이나 오류에 의한 중요한 왜곡표시가 없는 재무제표를 작성하는데 필요하다고 결정한 내부통제에 대해서도 책임이 있습니다.

감사인의 책임

본인의 책임은 상기 재무제표에 대하여 검토를 실시하고 이를 근거로 이 재무제표에 대하여 검토결과를 보고하는데 있습니다.
본인은 분반기재무제표 검토준칙에 따라 검토를 실시하였습니다. 이 기준은 본인이 재무제표가 중대하게 왜곡표시되지 아니하였다는 것에 관해 보통수준의 확신을 얻도록 검토를 계획하고 실시할 것을 요구하고 있습니다. 검토는 주로 질문과 분석적절차에 의거 수행되므로 감사보다는 낮은 수준의 확신을 제공합니다. 본인은 감사를 실시하지 아니하였으므로 감사의견을 표명하지 아니합니다.

한정의견의 근거

경영진이 제공한 정보에 의하면, ×××주식회사는 대손충당금에 대하여 회계기준에 따라 적정하게 설정하고 있지 아니합니다. 이로 인하여 회계기준에 의하였을 경우보다 매출채권 및 유동자산은 각각 ××× 만큼 감소되어야 하며, 중간기간의 순이익과 처분 전 이익잉여금은 각각 ×××백만원 감소표시 되어야 합니다.

한정의견

본인의 검토결과 한정의견의 근거문단에 기술된 사항이 미치는 영향을 제외하고는 상기 재무제표가 회계기준에 따라 중요성의 관점에서 공정하게 표시하지 않은 사항이 발견되지 아니하였습니다.

서울특별시 ××구 ××로
××회계법인
대표이사 ×××(인)
20X1년 ×월 ×일

만약, 중요한 왜곡표시로 부적정의견 검토보고서가 발행되는 경우는 검토의견문단이 다음과 같이 수정되어야 한다.

부적정의견

본인의 검토결과 부적정의견의 근거문단에 기술된 사항이 *재무제표에 미치는 광범위한 영향 때문에* 상기 재무제표는 회계기준에 따라 중요성의 관점에서 *공정하게 표시하고 있지 아니합니다.*

3) 중요한 검토범위제한으로 인한 한정 검토보고서

반기재무제표에 대한 검토보고서

(적절한 수신인)

검토대상 재무제표

본인은 별첨 ×××주식회사의 반기재무제표를 검토하였습니다 . 동 재무제표는 20X1년 6월 30일 현재의 재무상태표, 동일로 종료되는 3개월 및 6개월 보고기간의 손익계산서, 현금흐름표 및 자본변동표 그리고 유의적 회계정책에 대한 요약과 기타의 서술정보로 구성되어 있습니다.

재무제표에 대한 경영진의 책임

경영진은 회계기준에 따라 이 재무제표를 작성하고 공정하게 표시할 책임이 있으며, 부정이나 오류에 의한 중요한 왜곡표시가 없는 재무제표를 작성하는데 필요하다고 결정한 내부통제에 대해서도 책임이 있습니다.

감사인의 책임

본인의 책임은 상기 재무제표에 대하여 검토를 실시하고 이를 근거로 이 재무제표에 대하여 검토결과를 보고하는데 있습니다.
본인은 분반기재무제표 검토준칙에 따라 검토를 실시하였습니다. 이 기준은 본인이 재무제표가 중대하게 왜곡표시되지 아니하였다는 것에 관해 보통수준의 확신을 얻도록 검토를 계획하고 실시할 것을 요구하고 있습니다. 검토는 주로 질문과 분석적절차에 의거 수행되므로 감사보다는 낮은 수준의 확신을 제공합니다. 본인은 감사를 실시하지 아니하였으므로 감사의견을 표명하지 아니합니다.

한정의견의 근거

회사는 매출액과 매출채권의 적정성 평가를 위한 분석적 절차를 위하여 제시하여야 할 기본정보를 제공하지 못하고 있습니다. 그 이유는 해당 기록이 화재로 인하여 분실이 되었으며 회사는 관련 자료를 복구중에 있으나 이러한 기록이 매출채권 및 매출액의 적정성을 입증할 수 있을지는 불확실합니다.

한정의견

본인의 검토결과 한정의견의 근거문단에 기술하고 있는 매출채권 기록의 소실이 없었을 경우 발견하였을 재무제표에 대한 수정사항을 제외하고 상기 재무제표가 회계기준에 따라 중요성의 관점에서 공정하게 표시하지 않은 사항이 발견되지 아니하였습니다.

서울특별시 ××구 ××로
××회계법인
대표이사 ×××(인)
20X1년 ×월 ×일

Q&A 사례문제 1: 인증업무 관련 기출문제(2006년, KICPA 기출문제)

1 다음 내용을 토대로 다음에 제시된 각각의 계약내용을 읽고 물음에 답하시오.

공인회계사는 그 직무를 높은 수준으로 수행하고 공익에 부합되게 하여 공인회계사에 대한 사회적 신뢰를 제고하기 위하여 공인회계사 윤리기준을 준수하여야 한다. 한편, 회계감사기준은 일반적으로 인정된 회계처리기준에 따라 작성된 재무제표 이외에 기타 재무정보에 대한 경영진의 주장에 대하여 감사의견에 준하는 높은 수준의 확신을 제공하는 업무에 준용할 수 있다. 여기에서 확신(assurance)이란 정보의 작성자가 정보이용자에게 제시하는 주장과 관련한 감사인의 만족을 말하며, '인증'이라는 용어로도 표현된다.

〈계약 A〉
사회복지재단 '깨끗한 나라'는 연말연시에 불우이웃돕기를 위한 자선냄비를 통하여 수입된 기부금을 한푼도 남김없이 불우이웃돕기에 사용하였을 뿐만 아니라, 기부금의 수입과 지출, 모금방법, 모금된 후원금의 관리와 집행절차 등이 관련법규와 정관에 준거하여 투명하고 적정하게 이루어지고 있다는 내용의 보고서를 작성하고, 이를 명성 있는 회계법인으로부터 확인받고자 한다.
사회복지재단 '깨끗한 나라'는 아직 일반대중에게 널리 알려져 있지 않기 때문에, 명성 있는 회계법인을 통하여 투명성과 적정성을 확인받고 이를 신문지상을 통해 홍보하게 되면 많은 사람들의 관심을 끌게 되어 다음연도부터는 더 많은 자선기부금을 받을 것으로 예상하고 있다. 신문지상을 통해 홍보되는 내용 중에는 기부금 수입과 지출명세, 회계법인의 명칭, 확인내용 등이 자세히 언급될 예정이다. 이러한 의도로 사회복지재단 '깨끗한 나라'는 회계법인과 용역계약을 체결하려고 한다.

〈계약 B〉
방송용 학습교재를 자체 제작하여 시중서점을 통하여 판매하는 공영방송인 ABS(주)는 최근 제작수량과 판매단가 결정에 큰 어려움을 겪고 있다. 이는 방송용 학습교재의 특성상 교재의 수요예측이 어려울 뿐만 아니라 정확한 제작원가를 알 수 없어 ABS(주)는 시중에 나와 있는 참고서나 교재의 정가 수준으로 방송용 학습교재의 판매단가를 책정함으로써, 소비자단체나 언론으로부터 너무 비싸다는 지적을 받고 있기 때문이다.

따라서 ABS(주)의 경영진은 방송용 학습교재의 과목별 제작원가를 정확하게 산출할 수 있는 원가계산시스템의 구축과 합리적인 수요파악을 위한 기법을 자문받기 위하여 명성 있는 회계법인과 용역계약을 체결하려고 한다.

❖ 회계법인에서는 앞에 제시한 계약 A와 계약 B의 성격을 (가) 확신을 제공하는 인증업무에 해당하는지, (나) 공인회계사의 독립성 준수가 필요한지, (다) 공인회계사 윤리기준을 준수해야 하는지에 대해 판단한 다음 수임 여부를 결정하기로 하였다. 귀하가 회계법인의 담당이사라면 어떻게 판단할 것인가? 아래에 제시된 표에 따라 답하고, 그 이유를 설명하시오(단, 각각의 경우 회계법인은 계약당사자의 재무제표감사업무에 관여하고 있지 않다고 가정한다).

	확신의 제공과 인증업무 해당 여부	공인회계사의 독립성 준수 여부	공인회계사 윤리기준의 준수 여부
(예) 외감법에 의한 재무제표 감사계약	합리적 확신을 제공하는 인증업무	준수하여야 함.	준수하여야 함.
계약 A			
계약 B			

풀이

	확신의 제공과 인증업무 해당 여부	공인회계사의 독립성 준수 여부	공인회계사 윤리기준의 준수 여부
계약 A	합리적 수준의 확신을 제공하는 인증업무	준수하여야 함.	준수하여야 함.
계약 B	확신을 제공하지 않으며, 인증업무에 해당되지 않는다.	반드시 독립성이 요구되는 것은 아니다.	준수하여야 함.

2 공인회계사가 수행할 수 있는 아래의 업무 중에서 인증업무개념체계를 적용할 수 있는 업무를 선택하시오.

① 합의된 절차 수행업무
② 현금기준 재무제표에 대한 감사업무
③ 재무제표 일부항목에 대한 감사업무
④ 재무제표 작성업무
⑤ 추정재무제표 검토업무
⑥ 세무대리업무
⑦ 컨설팅 또는 자문업무
⑧ 소송과정에서 회계, 감사, 세무 등의 문제와 관련하여 증언을 하기로 한 업무
⑨ 재무제표 검토업무

풀이

②, ③, ⑤, ⑨

사례문제 2: 인증업무 관련문제

다음 각 상황을 읽고 물음에 답하시오. 단, 해당 상황은 아래 물음에서 각각 별개의 상황으로 간주하시오.

[상황 1]

(주)서울은 신문 및 광고를 제작하고 판매하는 비상장기업으로서 조만간 코스닥에 상장할 목표를 가지고 있다. 전기 기준으로 매출액은 250억 원, 당기순이익 4억 원, 자산규모는 300억 원, 자기자본은 50억 원이며 코스닥에 상장하기 위해서는 자본이익률(ROE)이 5% 이상은 달성되어야 함을 회계부장인 김철수는 잘 알고 있는 상태이다. 신문 및 광고시장의 지나친 경쟁업체 간의 단가경쟁과 포화상태를 고려해 볼 때 쉽게 이 시장에서 이익률을 상승시키기는 것은 쉽지 않다는 것을 김철수 부장은 너무나 잘 알고 있기 때문에 보다 수익성이 좋은 온라인 PC게임 제조업체를 인수할 목적으로 그 업종의 가장 대표회사인 (주)부산의 대표이사 최창민 씨를 만나 회사의 매각의사를 조심스럽게 타진하였다. 이에 (주)부산의 대표이사 최창민도 충분한 가격을 받는 조건이라면 회사를 매각할 수 있다는 의사표시를 해왔으며 이에 따라 100% 주식양수도 MOU(Memorandum Of Understanding : 양해각서)를 작성하였다. 이 양수도 계약의 내용에 의하면 서로 간의 합의된 절차에 의하여 매수가격을 3개월 내 제시하고 합의가 이루어지는 경우 그 매수가격에 의하여 그 시점으로부터 1개월 내 양수도하는 것으로 협의가 되었다. 이에 따라 (주)서울은 (주)부산의 주식가치를 평가하기 위하여 한미회계법인을 그 담당 공인회계사로 선임하여 이를 진행하려고 한다.

[상황 2]

(주)서울은 3개월 후 (주)부산이 제시하는 주식가격에 의하여 주식양수를 하려고 하였으나 현재 당장 유동성이 풍부하지 못한 관계로, 김철수 부장은 추가적인 자금 100억 원을 차입할 목적으로 주거래은행인 선한은행의 대출담당자인 고수란 부장을 만났다. 이에 고수란 부장은 지금까지 (주)서울의 은행거래실적이 훌륭하지만 대출금액이 너무 높기 때문에, 만약 (주)서울이 (주)부산을 인수하였을 경우 (주)서울의 재무상태와 경영성과에 대해서 상당부분 관심을 가지고 그러한 자료를 제시받길 원하고 있다. 이에 김철수 부장은 (주)서울이 (주)부산이 운영하고 있는 온라인 PC게임 제조업체를 인수하였을 경우 발생할 수 있는 synergy effect 등을 고려하여 추정재무정보를 작성하였고 이를 선한은행에 제출하려고 한다. 다만, 선한은행의 입장에서는 이러한 추정재무정보에 대한 신뢰성이 의심스러운 관계로 추정재무정보의 신뢰성에 대한 확신을 받도록 (주)서울에게 요구하였으며 이에 따라 (주)서울은 한미회계법인을 그 업무담당 공인회계사로 선임하였다.

[상황 3]

(주)서울이 제시한 추정재무정보에 근거하여 선한은행은 (주)서울이 원하는 100억 원을 대출해 주기로 내부적으로 의사결정을 하고 (주)서울과 선한은행은 10년 만기 일시상환 연 금리 5%로 차입계약서를 작성하였다. 다만, 선한은행은 (주)서울이 (주)부산을 인수한 이후 만기상환일까지 순운전자본을 50억 원 이상으로 유지하길 원하고 있으며, 또한 그러한 조건이 매년 이행되고 있는지 여부에 대하여 외부전문가의 보고서를 받길 원하고 있다. 이에 따라 (주)서울은 이러한 보고서 발행업무를 한미회계법인에게 의뢰하고 한미회계법인은 매년 (주)서울의 재무제표에 대한 감사보고서 이외에 이러한 조건이 매년 이행되고 있는지 여부에 대한 보고서도 발행하려고 한다.

[상황 4]
(주)서울은 (주)부산을 인수한 이후 synergy effect로 인한 수익성의 향상으로 드디어 코스닥상장에 성공하였고 이에 따라 (주)서울의 노동조합에서는 종업원들에게 이러한 결과의 혜택을 다시 돌려주길 원하고 있으며 (주)서울의 대표이사 권창민 씨는 이에 대한 여러 가지 안을 고려해 볼 것을 김철수 부장에게 지시하였다. 이에 회계부장 김철수 씨는 Stock option, 우리사주조합, profit sharing 등 여러 가지 종업원 혜택 프로그램을 고민하다가 결국은 매출액에 10% 연동으로 상여금을 지급하는 프로그램이 가장 회사 재무상태에 적합하다는 결론을 내리고 대표이사 권창민 씨에게 이 결과를 보고하였다. 이에 따라 노동조합과 (주)서울은 향후 매년 매출액의 10%를 종업원들에게 기본급에 추가로 지급하기로 약속하였다. 다만, 노동조합에서는 매출액에 대한 적정성에 대하여 외부전문가의 의견을 첨부하길 원하고 있으며 이에 따라 (주)서울은 한미회계법인에게 이러한 업무수행을 의뢰하였다.

1 상황 1번부터 상황 4번까지를 별개의 상황으로 가정하고 각각 상황별 업무의뢰를 받은 한미회계법인이 수행하는 업무의 성격에 대하여 아래의 표를 작성해 보시오.

	확신제공 여부	윤리기준 준수 여부	품질관리기준 준수 여부	독립성 요구 여부	인증업무 해당여부
〈예시〉 일반적인 역사적 재무제표 감사업무	확신제공함	준수하여야 함	준수하여야 함	만족되어야 함	인증업무
상황 1					
상황 2					
상황 3					
상황 4					

풀이

	확신제공 여부	윤리기준 준수 여부	품질관리기준 준수 여부	독립성 요구 여부	인증업무 해당여부
상황 1	확신제공하지 않음	준수하여야 함	준수하여야 함	만족될 필요 없음	관련서비스
상황 2	확신 제공함	준수하여야 함	준수하여야 함	만족되어야 함	인증업무
상황 3	확신 제공함	준수하여야 함	준수하여야 함	만족되어야 함	인증업무
상황 4	확신 제공함	준수하여야 함	준수하여야 함	만족되어야 함	인증업무

2 상황 4번과 관련하여 (주)서울의 재무제표감사도 한미회계법인이 수행하는 경우라 가정하자. (주)서울의 재무제표에 대하여 경영진의 의견불일치로 인한 부적정의견을 한미회계법인은 표명한 상태이다. 이 경우 한미회계법인이 (주)서울의 매출액에 대한 적극적 확신업무를 요구받았

을 경우 업무를 수행할 수 있는지 여부를 서술하고 만약 가능하다면 어떠한 경우에 가능하며 불가능하다면 그 이유는 무엇인지 서술하시오.

풀이

1. 전체 재무제표에 대하여 부적정의견을 표명하거나 의견표명을 거절한 경우 특정 항목에 대한 감사의견은 원칙적으로 표명할 수 없다. 왜냐하면 그 같은 적정의견은 기업의 전체재무제표에 대한 부적정의견 또는 의견거절과 모순되기 때문이다.

2.

전체재무제표가 부적정 또는 의견거절이지만 특정요소에 대하여 적정표명이 가능한 상황 (ISA 805 문단 16)
① 감사인이 그렇게 하는 것이 **법규에 의해 금지되지 않음.**
② 그러한 의견이 표명된 감사보고서가 **부적정의견 또는 의견거절을 포함한 감사보고서와 함께 공표되지 않음.**
③ 특정요소가 기업의 전체재무제표의 **주요부분을 구성하지 않음.**

Q&A 사례문제 3 : 인증업무 관련사건

공인회계사는 그 직무를 높은 수준으로 수행하고 공익에 부합되게 하여 공인회계사에 대한 사회적 신뢰를 제고하기 위하여 공인회계사 윤리기준을 준수하여야 한다. 한편, 회계감사기준은 일반적으로 인정된 회계처리기준에 따라 작성된 재무제표 이외에 기타 재무정보에 대한 경영진의 주장에 대하여 감사의견에 준하는 높은 수준의 확신을 제공하는 업무에 준용할 수 있다. 여기에서 확신(assurance)이란 정보의 작성자가 정보이용자에게 제시하는 주장과 관련한 감사인의 만족을 말하며, "인증"이라는 용어로도 표현된다.

〈사례 A〉

사회복지법인 A재단은 2007년 결산을 함에 있어 재무상태표, (포괄)손익계산서, 기금변동표 및 현금흐름표를 작성하였다. 관련법규에 따르면 A재단은 의무적으로 회계감사를 받지 않아도 되며, 주무관청에 재무상태표만 제시하면 된다. 그러나 A재단에 출연금 90%를 출연한 출원자는 반드시 재무상태표, (포괄)손익계산서, 기금변동표 및 현금흐름표를 작성하여 회계법인으로부터 회계감사기준에 따라 감사받은 후 자신에게 보고할 뿐만 아니라 다수의 기부자들을 위하여 홈페이지에 공시하도록 요구하고 있다.

〈사례 B〉

거래소에 상장된 제약회사 B(주)는 미국에 본사를 두고 있는 ABC Co.가 지분의 100%를 소유하고 있다. ABC Co.는 우리나라뿐만 아니라 세계 여러 나라에 자회사를 두고 있으며, 매년 세계 각국의 자회사에 대한 경영평가를 목적으로 개별 국가의 회계기준에 따른 재무제표에 추가하여 국제회계기준에 따라 작성한 감사받은 재무제표를 요구하고 있다. 이에 B(주)는 한국회계기준에 따라 재무제표를 작성할 뿐만 아니라 국제회계기준에 따라 재무제표를 작성하고 회계감사기준에 따라 감사를 받고자 한다.

❖ 앞의 사례 A와 사례 B(사례 B의 경우 국제회계기준에 따른 재무제표만에 국한하여 고려할 것)의 성격이 (가) 확신을 제공하는 인증업무에 해당하는지, (나) 공인회계사의 독립성 준수가 필요한지, (다) 공인회계사 윤리기준을 준수해야 하는지에 대해 판단한 다음 수임 여부를 결정하기로 하였다. 귀하가 회계법인의 담당이사라면 어떻게 판단할 것인가? 아래에 제시된 표에 따라 답하고, 그 이유를 설명하시오.

	확신의 제공과 인증업무 해당 여부	공인회계사의 독립성 준수 여부	공인회계사 윤리기준의 준수 여부
(예) 외감법에 의한 재무제표 감사계약	합리적 확신을 제공하는 인증업무	준수하여야 함	준수하여야 함
계약 A			
계약 B			

풀이

	확신의 제공과 인증업무 해당 여부	공인회계사의 독립성 준수 여부	공인회계사 윤리기준의 준수 여부
계약 A	합리적 확신을 제공하는 인증업무임	준수하여야 함	준수하여야 함
계약 B	합리적 확신을 제공하는 인증업무임	준수하여야 함	준수하여야 함

Q&A 사례문제 4 : 인증업무 관련(2007년, KICPA 기출문제)

사립대학인 최고대학교의 도서관은 학생들의 편의를 제공하기 위하여 도서관의 좌석을 공정하게 배정하는 도서관좌석배정시스템을 운영하고 있다. 이 시스템은 도서관 좌석을 원하는 학생이 매주 월요일까지 대학의 홈페이지에 원하는 날짜와 시간을 학번과 함께 입력하면, 매주 화요일에 전자추첨방식에 의하여 좌석을 지정하여 주는 시스템이다.
전자추첨방식의 운영은 내부회계관리제도 설계 및 운영개념체계에 근거한 통제절차에 따라 적절히 문서화되고, 사립대학 중점사항검토 및 보고요령에 준거하여 학교법인의 감사에 의해 평가되고 있으며, 평가결과 및 평가자료는 5년간 보관된다.
대학은 도서관좌석배정시스템 운영의 신뢰성을 제고하기 위하여 공인회계사인 당신에게 도서관좌석배정시스템의 전자추첨방식이 투명하게 운영되고 있다는 것에 대하여 제한적 확신을 제공하는 인증업무를 수행할 수 있는지 문의하였다.

❖ 당신이 이러한 업무를 수임할 수 있는지 여부를 인증업무개념체계에서 언급하고 있는 인증업무의 5가지 구성요소에 근거하여 분석하고, 그 결과에 따라 수임가능 여부를 판단하시오.

구분	구성요소	분석/판단내용
(1)	삼자관계	
(2)	인증대상	
(3)	준거기준	
(4)	증거	
(5)	인증보고서	
(6)	수임가능 여부	

풀이

구분	구성요소	분석/판단내용
(1)	삼자관계	공인회계사, 인증대상업무책임자(도서관장 또는 총장), 의도된 이용자(학생)의 삼자관계 성립
(2)	인증대상	도서관좌석배정시스템의 전자추첨방식
(3)	준거기준	내부회계관리제도 설계 및 운영개념체계
(4)	증거	전자추첨방식의 운영은 내부회계관리제도 설계 및 운영개념체계에 근거한 통제절차에 따라 적절히 문서화되고 학교법인의 감사에 의해 평가되며, 평가결과 및 평가자료는 5년간 보관되므로 접근할 수 있는 적합하고 충분한 증거가 있음.
(5)	인증보고서	인증대상정보에 관하여 획득한 제한적 확신을 담고 있는 결론이 보고서에 제한적 확신업무의 성격에 적합한 형태로 포함되도록 예정될 수 있음.
(6)	수임가능 여부	위의 5가지 구성요소를 모두 만족하고 있으므로 수임 가능한 것으로 판단

Q&A 사례문제 5 : 중간재무제표 검토준칙 관련

1 왕치밀 회계사는 강원(주)와 다음과 같은 내용을 포함한 검토계약서를 작성하였다. 다음 검토계약서 내용 중 누락된 내용을 지적하시오.

① 수행될 검토업무의 목적
② 재무제표에 대한 경영진의 책임
③ 검토의 범위
④ 검토업무와 관련하여 요구되는 각종 기록, 서류 및 정보에 대한 제한 없는 접근에 대한 경영진의 책임 및 내부통제제도에 대한 경영진의 책임
⑤ 발행될 검토보고서의 형식과 내용

풀이

감사를 수행하지 아니하였기 때문에 의견을 표명할 수 없다는 사실을 계약서에 명시하여야 한다.

2 검토계약 후 강원(주) 연차재무제표에 대하여 왕치밀 회계사가 검토업무를 수행하였을 경우 감사업무를 수행하였을 경우와 비교하여 다음과 같은 형태로 다음의 질문에 답하시오.

〈예〉 한국공인회계사회에서 제정한 공인회계사 윤리기준을 준수하여야 한다.(감사 : Y, 검토 : Y)

① 업무수행 시 전문가적인 의구심을 가지고 계획을 수립하고 업무를 수행하여야 한다.
② 업무를 수행하는 회계사는 독립성이 만족되어야 한다.
③ 업무의 성격, 시기 및 범위를 결정할 때 중요성에 관한 사항을 고려하여야 한다.
④ 후속사건으로서 재무제표에 공시하거나 재무제표를 수정할 사항이 있는지 질문해야 한다.
⑤ 원칙적으로 관련 보고서일자 이후에 발생된 사건까지 확인하는 절차를 수행할 책임은 없다. 또한 관련 보고서일자가 경영진에 의해 재무제표가 승인된 일자보다 빠를 수는 없다.
⑥ 기업 및 기업의 환경에 대한 이해를 수행하여야 한다.
⑦ 주주총회, 이사회에서 재무제표에 영향을 미칠 조치가 있었을 경우 이에 대하여 질문을 하여야 한다.
⑧ 회사에 대한 경험과 동종업계의 관행에 근거한 예측치에 일치되는 것으로 예상되는 재무제표의 구성요소 간의 개연성 등을 검토하여야 한다.
⑨ 소송 및 배상청구와 관련하여 외부법률고문에 대하여 외부조회서를 발송하여야 한다.
⑩ 매출채권에 대한 외부조회 및 재고자산에 대한 실사입회를 원칙적으로 수행하여야 한다.
⑪ 통상적으로 판단기준은 일반적으로 인정된 회계처리기준이다.
⑫ 재무제표상 중요하게 왜곡표시되었다고 믿을 만한 사유가 있다면 변형된 보고서의 발행이 요구되는지 여부를 확인하기 위해 필요한 추가절차 또는 보다 확대된 절차를 수행하여야 한다.
⑬ 재무제표에 대하여 보통수준의 확신을 제공할 수 있도록 계획되며, 이와 같은 확신은 소극적 확신의 형태로 보고서에 표시된다.
⑭ 재무제표가 일반적으로 한국채택 국제회계기준에 따라 중요성의 관점에서 적정하게 작성되지 아니하였다는 점을 발견한 경우와 중요한 범위의 제한이 있었을 경우 반드시 보고서가 변형되어야 한다.

풀이

①	②	③	④	⑤	⑥	⑦
(Y, Y)	(Y, Y)	(Y, Y)	(Y, Y)	(Y, Y)	(Y, Y)	(Y, Y)

⑧	⑨	⑩	⑪	⑫	⑬	⑭
(Y, Y)	(Y, N)	(Y, N)	(Y, Y)	(Y, Y)	(N, Y)	(Y, Y)

3 서울회계법인의 왕치밀 회계사는 강원(주)에 대하여 20X3년도 7월 26일자로 검토보고서를 발행하기로 하였다. 단, 강원(주)의 재무제표는 비교형식으로 공시되어 있지 아니하다.

(1) 다음은 왕치밀 회계사가 작성한 올해 검토보고서 내용이다. 잘못된 부분을 지적하시오.

반기재무제표에 대한 검토보고서

(적절한 수신인)

검토대상 재무제표

본 감사인은 별첨 ×××주식회사의 반기재무제표를 검토하였습니다. 동 재무제표는 20X3년 6월 30일 현재의 재무상태표, 동일로 종료되는 3개월 및 6개월 보고기간의 손익계산서, 현금흐름표 및 자본변동표 그리고 유의적 회계정책에 대한 요약과 기타의 서술정보로 구성되어 있습니다.

재무제표에 대한 경영진의 책임

경영진은 회계기준에 따라 이 재무제표를 작성하고 공정하게 표시할 책임이 있습니다.

감사인의 책임

본 감사인의 책임은 상기 재무제표에 대하여 검토를 실시하고 이를 근거로 이 재무제표에 대하여 검토결과를 보고하는데 있습니다.
본 감사인은 분반기재무제표 검토준칙에 따라 검토를 실시하였습니다. 이 기준은 본 감사인이 재무제표가 왜곡표시되지 아니하였다는 것에 관해 보통수준의 확신을 얻도록 검토를 계획하고 실시할 것을 요구하고 있습니다. 검토는 주로 분석적절차에 의거 수행되므로 감사보다는 낮은 수준의 확신을 제공합니다.

검토의견

본 감사인의 검토결과 상기 재무제표가 회계기준에 따라 공정하게 표시하지 않은 사항이 발견되지 아니하였습니다.

서울시 관악구 신림 9동 321번지
서울회계법인
대표이사 왕치밀
20X3년 7월 26일

풀이

① 경영진 책임문단에 부정이나 오류에 의한 중요한 왜곡표시가 없는 재무제표를 작성하는데 필요하다고 결정한 내부통제에 대한 책임 문장이 누락됨.
② 감사인이라는 표현을 전부 본인이라는 표현으로 수정하여야 함.
③ 감사인 책임문단에 재무제표가 중대하게 왜곡표시되지 아니하였다는 확신을 제공한다고 표현하여야 함.
④ 감사인 책임문단에 질문 절차가 누락되어 있음.
⑤ 감사인 책임문단에 감사를 수행하지 아니하였기 때문에 의견을 표명할 수 없다는 문장을 기재하여야 함.
⑥ 검토의견 문단에 중요성의 관점이라는 문구가 누락되어 있음.

(2) 검토업무가 제공하는 확신의 수준을 감사와 비교하여 언급하고 그 내용을 가장 잘 확인해 볼 수 있는 사례문구를 지적하시오.

풀이

감사는 적극적인 확신을 제공하기 때문에 의견문단에서 '본 감사인의 의견으로는~'으로 시작이 되지만 검토는 소극적인 확신(보통의 확신)을 제공하기 때문에 '본인의 검토결과로는~'으로 시작이 된다.

(3) 다음의 경우 왕치밀 회계사가 회사와 제3자에 대해 주식회사등의 외부감사에 관한 법률에 의한 손해배상책임을 지는지의 여부에 대하여 논하시오.

1) 왕치밀 회계사는 강원(주)의 재고자산실사에 입회하기 위하여 이동하던 중 불의의 교통사고로 계획된 일자에 입회하지 못하였다. 건강이 회복된 후 왕치밀 회계사는 회사의 담당자에게 재고자산의 수량과 진부화 여부에 대하여 질문하고 추가적으로 분석적 절차를 수행하는 것으로 감사절차를 종료하고 적정의견을 표명하였다. 이후 강원(주)는 도산하였으며 왕치밀 회계사가 속한 회계법인은 주주로부터 피소되었다.
2) 왕치밀 회계사는 강원(주)의 반기재무제표 검토를 실시하면서 주로 질문과 분석적 절차에 의존하여 검토절차를 수행하고 표준검토보고서를 발행하였다. 이후 강원(주)는 도산되었으며 왕치밀 회계사가 속한 회계법인은 주주로부터 피소되었다.

풀이

1) 예 : 재고자산 수량과 적정성에 대한 충분하고 적합한 증거수집방법은 재고자산의 실사 또는 실사의 입회이다. 다만, 실시 불가능한 사유로 인하여 실사에 입회하지 못하였다면, 다른 날짜를 정하여 적절히 재고자산에 대한 실사 또는 입회하여 대체적인 절차를 수행하여야 한다. 사례의 경우는 실사 또는 실사입회를 다른 날짜에 하는 것이 가능하였음에도 불구하고 질문과 분석적 절차를 사용한 것은 감사인이 정당한 주의의무를 다하지 않은 귀책사유가 된다.
2) 아니오 : 검토에 있어 주된 감사절차는 질문 및 분석적 절차이다. 따라서 사례의 경우 검토인은 정당한 주의의무를 다하였다.

(4) 서울회계법인은 중간재무제표 검토준칙의 내용을 중심으로 교육을 실시하였다. 서울회계법인이 교육한 중간재무제표 검토준칙의 주요 내용은 다음과 같다. 아래에서 제시된 주요 내용요약 중 항목별 밑줄 친 부분 중 잘못된 부분을 올바르게 수정하여 답하시오.

항 목	주요 내용요약
①	검토인은 재무제표가 <u>중요하게</u> 왜곡표시될 수 있는 상황이 존재한다는 전문가적 의구심을 갖고 검토계획을 수립하고 검토업무를 수행
②	분기검토는 검토의 대상이 되는 정보에 중요한 왜곡표시가 없다는 것에 대한 보통수준의 확신을 제공할 수 있도록 계획되며 이와 같은 확신은 <u>적극적 확신</u>의 형태로 보고서에 표시

③	감사와 비교할 경우 검토업무는 수행하는 절차가 한정되어 있으므로 감사업무 수행 시에 비하여 중요성의 판단기준을 완화하여 적용한다.
④	검토인은 검토보고서가 당해 회사에 전달되는 시점까지 발생된 사건에 대해서 검토절차를 수행하여야 한다.

풀이

항 목	잘못된 부분	수정 후
2	적극적 확신	소극적 확신
3	완화하여 적용한다.	완화하여서는 안 된다.
4	회사에 전달되는 시점까지	검토보고서일자까지

Q&A 사례문제 6 : 회계감사 및 검토(2010년, KICPA 기출문제)

❖ 회계감사 및 검토절차와 관련된 다음의 물음에 답하시오.

(물음) 다음은 회계감사를 공부하는 스터디 모임에서 구성원이 서로 토의하고 있는 내용이다. 다음 중 부적절한 사항 2가지를 아래 양식에 따라 그 번호를 쓰고 판단의 근거를 서술하시오.

답안 양식 :

번호	판단의 근거

(1) 고유위험과 통제위험이 높을수록, 감사인의 감사비용은 높아진다.

(2) 적정의견은 재무제표가 어떤 오류도 없이 회계기준을 완전하게 따르고 있다는 것을 의미하지는 않는다.

(3) 감사인이 목표로 한 위험, 고유위험, 통제위험이 각각 10%, 20%, 30%일 경우 감사인은 고유위험과 내부통제제도의 평가과정에서 실수가 없었는지를 재차 확인하는 것만으로는 감사절차를 종결지을 수 없다.

(4) 감사계약을 체결할 당시 내부통제제도가 취약하다고 판단한 감사인은 감사계획을 수립하는 과정에서 전수검사를 통하여 내부통제제도를 평가하는 것이 효율적이라고 판단하였다.

(5) 회사의 임직원에 의한 내부공모, 위조 또는 변조 등 문서의 허위성 여부에 대한 검사 및 판단은 재무제표 감사의 범위에 포함되지 아니한다.

(6) 회사의 내부통제제도가 취약하다면 감사인은 재무제표에 대한 감사보고서에 적정의견을 표명할 수 없다.

(7) 강조사항문단은 감사의견에 영향을 미치지 않기 때문에 감사인은 강조사항문단을 기재하더라도 적정의견을 표명할 수 있다.
(8) 동일한 회계기간의 동일한 회사에 대하여 서로 다른 회계법인이 감사할 경우에 중요성 기준은 서로 달라질 수 있다.
(9) 재무제표의 검토는 질문과 분석적 절차 등 제한된 절차를 기초로, 재무제표가 일반적으로 인정된 회계처리기준에 중요하게 위배되어 작성되었다고 믿게 하는 사항이 발견되었는지 여부에 대하여 보고하는 것을 목적으로 한다.
(10) 반기재무제표에 대한 검토의 경우 특별히 관심을 가져야 할 정도로 중요한 예외사항을 인지하지 못한 경우 질문과 분석적 절차만으로도 충분하고 적합한 증거를 확보할 수 있다.
(11) 검토는 검토의 대상이 되는 정보에 중요한 왜곡표시가 없다는 것에 대한 보통수준의 확신을 제공할 수 있도록 계획되며, 이와 같은 확신은 소극적 확신의 형태로 보고서에 표시된다.
(12) 동일한 재무제표에 대하여 검토업무를 수행하는 경우와 감사업무를 수행하는 경우를 비교할 때 검토업무의 경우 감사업무를 수행할 때에 비하여 중요성의 판단기준을 완화해서는 안 된다.

풀이

번호	판단의 근거
(4)	내부통제제도가 취약하다고 판단하는 경우는 통제위험을 높게 평가하고 실증절차에 의존하는 감사를 수행하여야 한다.
(6)	감사인은 회사의 내부통제제도의 적정성에 대하여 의견을 표명하는 것이 아니라 재무제표에 대하여 의견을 표명하는 것이다.

Q&A 사례문제 7 : 2015년, KICPA 기출문제

「자본시장과 금융투자업에 관한 법률」에서는 주권상장법인의 중간재무제표에 대해 감사인의 검토를 받도록 규정하고 있다. 중간재무제표에 대한 검토업무는 감사보다는 낮은 수준의 확신인 소극적 확신을 제공한다.

1 다음은 감사인의 재무제표 검토업무에 대한 설명이다. 다음 중 적절하지 않은 항목 3가지를 지적하고 [답안양식]에 따라 올바른 내용으로 수정하여 서술하시오.

(1) 감사업무와 동일하게 검토업무 수행시에도 감사인의 독립성은 반드시 만족되어야 한다.
(2) 일반적으로 검토업무에서는 검사, 관찰 또는 조회를 통한 계정잔액 테스트가 요구되지 않는다.
(3) 검토업무는 소극적 확신을 제공하므로 적극적 확신을 제공하는 감사업무에 비해 중요성 기준을 완화하여 적용한다.
(4) 감사인은 검토보고서일 후에 발생된 후속사건을 확인하는 다른 절차를 수행할 필요는 없다.

(5) 검토업무는 감사를 실시한 것이 아니므로 경영진의 서면진술을 반드시 입수할 필요는 없다.
(6) 감사인은 업무의 편의와 효율을 위하여 연간재무제표에 대한 특정 감사절차를 중간재무제표에 대한 검토절차와 동시에 수행할 수 있다.
(7) 검토의견의 종류는 감사의견과 달리 적정의견과 부적정의견 두 가지만 존재한다.

[답안양식]

항목번호	올바르게 수정된 서술

풀 이

항목번호	올바르게 수정된 서술
(3)	검토업무는 소극적 확신을 제공하지만 적극적 확신을 제공하는 감사업무를 수행할 때에 비하여 **중요성의 판단기준을 완화해서는 안 된다**.
(5)	검토업무의 경우에도 **경영진의 서면진술을 반드시 징구하여야 한다**.
(7)	검토의견의 경우에도 **감사의견과 동일하게 적정, 한정, 부적정, 의견거절이 존재한다**.

2 다음은 적정의견이 표명된 검토보고서의 일부 내용이다. 다음 (①)~(③)에 들어갈 적절한 용어나 표현을 [답안양식]에 따라 기재하시오.

반기재무제표에 대한 검토보고서

(적절한 수신인)

검토대상 재무제표

– 생략 –

재무제표에 대한 경영진의 책임

– 생략 –

감사인의 책임

본인의 책임은 상기 재무제표에 대하여 검토를 실시하고 이를 근거로 이 재무제표에 대하여 검토결과를 보고하는데 있습니다.

본인은 (①)에 따라 검토를 실시하였습니다. 이 기준은 본인이 재무제표가 중대하게 왜곡표시되지 아니하였다는 것에 관해 보통수준의 확신을 얻도록 검토를 계획하고 실시할 것을 요구하고 있습니다. 검토는 주로 질문과 (②)에 의거 수행되므로 감사보다는 낮은 수준의 확신을 제공합니다.

본인은 감사를 실시하지 아니하였으므로 감사의견을 표명하지 아니합니다.

검토의견
본인의 검토결과 상기 재무제표가 회계처리기준에 따라 중요성의 관점에서 (③).

서울특별시 OO구 OO동 OO로 OO
X회계법인 대표이사 김 O O (인)
20X1년 OO월 OO일

[답안양식]

번 호	적절한 용어 또는 표현
①	
②	
③	

풀 이

번 호	적절한 용어 또는 표현
①	분반기 재무제표 검토준칙
②	분석적 절차
③	공정하게 표시되지 않은 사항이 발견되지 아니하였습니다.

Q&A 사례문제 8 : 2023년, KICPA 기출문제

1 주권상장법인 등은 「자본시장과 금융투자업에 관한 법률」에 따라 분·반기재무제표를 제출하여야 한다. 다음은 주권상장법인 중간재무제표 검토에 대한 설명이다. 각 항목별로 설명이 적절한지 여부를 기재하고, 적절하지 않은 경우 그 이유를 서술하시오.

항목	설명
①	중간재무제표 검토의 업무수행기준은 회계감사기준이다.
②	중간재무제표 검토업무에서는 내부통제 테스트를 수행하지 않는 것이 일반적이다.
③	중간재무제표의 검토업무는 감사와 동일한 수준의 적극적 확신을 제공한다.
④	중간재무제표에 대한 검토의견의 종류는 연간재무제표에 대한 감사의견의 종류와 동일하다.
⑤	중간재무제표 검토의 경우에도 연간재무제표에 대한 감사와 마찬가지로 경영진으로부터 서면진술을 수령한다.

풀이

항목	설명
①	중간재무제표 검토의 업무수행기준은 중간재무제표(분 · 반기재무제표) 검토준칙임.
②	적절함.
③	검토업무는 소극적 확신만을 제공함.
④	적절함.
⑤	적절함.

저자 소개

이창우(李昌雨)

서울대학교 경영학과 졸업
University of Illinois at Urbana-Champaign(회계학 석사)
University of California, Berkeley(경영학 박사)
한국공인회계사(1979), 미국공인회계사(1983)
삼일회계법인 근무(1977~79)
New York University 교수(1987~92)
공인회계사시험출제위원, 세무사시험출제 및 선정위원
행정고등고시시험출제 및 선정위원
회계기준위원회 위원(2002~2005)
현재: 서울대학교 경영대학 교수(1992~)
　　　회계감사기준위원회 위원(2005~)

〈저서〉
회계학핸드북(공저), 서울대학교 출판부
재무제표의 이해(공저), 율곡출판사
원가관리회계(공저), 박영사

송혁준(宋赫埈)

서울대학교 영어영문학과 졸업
서울대학교 대학원 경영학과 석사과정 졸업(경영학 석사)
서울대학교 대학원 경영학과 박사과정 졸업(경영학 박사)
한국공인회계사시험출제위원, 한국경영학회 감사
한국중소기업학회 부회장
현재: 덕성여자대학교 사회과학대학 회계학과 교수

전규안(全圭安)

서울대학교 경영학과 졸업
서울대학교 대학원 경영학과 석사과정 졸업(경영학 석사)
서울대학교 대학원 경영학과 박사과정 졸업(경영학 박사)
한국공인회계사, 삼일회계법인 · 삼정회계법인 근무
공인회계사시험출제위원
세무사시험출제 및 선정위원
감정평가사시험선정위원
관세사시험출제위원
현재: 숭실대학교 경영대학 회계학과 교수(1999~)

〈저서〉
회계학핸드북(공저), 서울대학교 출판부
원가관리회계(공저), 박영사
친절한 회계원리(공저), 탐진

권오상(權五祥)

서울대학교 경영학과 졸업
한국공인회계사, 미국공인회계사(Delaware주)
삼일회계법인 근무
기획재정부 세제발전심의위원
현재 : 한미회계법인 부대표이사
　　　이화여자대학교 경영대학원 겸임교수
　　　산업통상자원부 사업재편심의위원

송정선(宋政鮮)

연세대학교 경영학과 졸업
한국공인회계사, 국제정보시스템감사인(CISA, 1999 합격)
안진회계법인 전산감사 담당 파트너
한국공인회계사회 Information Technology분야 출제위원
행정안전부 재난분과 정책자문위원
국토교통부 주택도시기금 위험관리위원
국방부 감사 및 청렴 자문위원
법무법인 지평 자금세탁방지제도 전문위원
한양대학교 경영학과 겸임교수
현재 : 삼도회계법인 전무이사
　　　㈜퓨처코어 투명경영위원장 겸 감사위원
　　　한국자금세탁방지학회 연구위원

〈저서: 공동연구용역 및 공동번역〉
전사적위험관리와 기업의 내부통제, 한국상장회사협의회
리스크 인텔리전스: 불확실성 시대의 위기경영, 한빛비즈

저자와의
합의로
인지 생략

2026 회계감사 Study Guide

공저자 이창우 · 송혁준 · 전규안 · 권오상 · 송정선
발행자 한헌주
발행처 도서출판 **경문사**
서울특별시 서대문구 독립문로 21-9
전화 738-7035 / FAX. 722-4678
E-mail : kmsp@korea.com ; 홈페이지 : http://www.kmsp.co.kr
등 록 1995년 11월 9일 제300-1995-138호
2005년 1월 30일 초 판 발행
2026년 2월 27일 2026년판 발행

정가 50,000원

ISBN 978-89-420-0089-0 93320